DER LITERATUR BROCKHAUS

Band 2

DER
LITERATUR
BROCKHAUS

Grundlegend überarbeitete
und erweiterte Taschenbuchausgabe
in 8 Bänden

Herausgegeben
von Werner Habicht,
Wolf-Dieter Lange und der
Brockhaus-Redaktion

Band 2: Bot – Dub

B.I.-Taschenbuchverlag
Mannheim · Leipzig · Wien · Zürich

Redaktionelle Leitung: Gerhard Kwiatkowski
Redaktionelle Bearbeitung: Ariane Braunbehrens M.A.,
Heinrich Kordecki M.A., Dr. Rudolf Ohlig,
Heike Pfersdorff M.A., Cornelia Schubert M.A.,
Maria Schuster-Kraemer M.A.,
Dr. Margarete Seidenspinner, Birgit Staude M.A.,
Marianne Strzysch

Redaktionelle Leitung der Taschenbuchausgabe:
Maria Schuster-Kraemer M.A.
Redaktionelle Bearbeitung der Taschenbuchausgabe:
Vera Buller, Dipl.-Bibl. Sascha Höning,
Rainer Jakob, Birgit Staude M.A.

Die Deutsche Bibliothek – CIP-Einheitsaufnahme
Der **Literatur-Brockhaus**: in acht Bänden / hrsg. von
Werner Habicht, Wolf-Dieter Lange und der Brockhaus-Redaktion. –
Grundlegend überarb. und erw. Taschenbuchausg. –
Mannheim; Leipzig; Wien; Zürich: BI-Taschenbuchverl.
ISBN 3-411-11800-8
NE: Habicht, Werner [Hrsg.]
Grundlegend überarb. und erw. Taschenbuchausg.
Bd. 2. Bot – Dub. – 1995
ISBN 3-411-11821-0

Satz: Bibliographisches Institut (DIACOS Siemens) und
Mannheimer Morgen Großdruckerei und Verlag GmbH
Druck. Klambt-Druck GmbH, Speyer
Bindearbeit: Augsburger Industriebuchbinderei
Printed in Germany
Gesamtwerk: ISBN 3-411-11800-8
Band 2: ISBN 3-411-11821-0

Bot

Bote, Hermann, *um 1460, † Braunschweig 1520, niederdt. Chronist und Schriftsteller. – Schrieb polit. Lieder (1488) und verfaßte während eines Aufenthalts in Lübeck 1490–93 sein ›Radbuch‹ (›Dat Boek van veleme Rade‹). Sein bedeutendstes Werk ist das ›Schichtbuch‹ (›Dat Schichtbok‹), in dem er die Geschichte der Braunschweiger Volksaufstände (1293–1510) vom Standpunkt der Patrizier aus behandelt; kurz vor seinem Tod verfaßte er die didakt. Spruchsammlung ›De Köker‹ (entst. vor 1520, erste Ausg. 1711 hg. v. F. A. Hackmann).
Ausgaben: Ausw. aus den Werken von H. B. Hg. v. G. CORDES. Wolfenbüttel 1948. – H. B. Der Köker. Hg. v. G. CORDES. Tüb. 1963.

Botelho, Abel Acácio de Almeida [portugies. bu'teλu], *Tabuaço (Distrikt Vila Real) 23. Sept. 1856, † Buenos Aires 24. April 1917, portugies. Schriftsteller. – Offizier, Abgeordneter, Senator, zuletzt portugies. Botschafter in Argentinien; Verfasser von gesellschaftskrit., am frz. Naturalismus geschulten Romanen und Dramen. Erfolgreich war v. a. ›O barão de lavos‹ (R., 1891) aus dem Zyklus ›Patologia social‹ (5 Bde., 1891–1910).
Weitere Werke: Germano (Dr., 1886), Mulheres da Beira (En., 1898).
Literatur: MOISÉS, M.: A ›Patologia social‹ de A. B. São Paulo 1962.

Botenbericht, Kunstgriff der Dramentechnik: durch einen ep. Bericht werden Ereignisse, die sich außerhalb der Szene abspielten und die für die Handlung von Bedeutung sind, auf der Bühne vergegenwärtigt. Häufig in der antiken Tragödie und im klass. frz. Drama. – ↑ auch Teichoskopie.

Botenlauben, Otto von, mhd. Minnesänger, ↑ Otto von Botenlauben.

Botew (tl.: Botev), Christo, *Kalofer (Okrag Plowdiw) 6. Jan. 1849, ✕ bei Wraza 1. oder 2. Juni 1876, bulgar. Lyriker. – In Rußland beeinflußt von den revolutionären Ideen M. A. Bakunins und N. G. Tschernyschewskis; redigierte Zeitungen; trat als Führer des bulgar. Freiheitskampfes gegen die Türken hervor; revolutionär-demokrat. Literat. Sein dichter. Werk ist wenig umfangreich, gehört aber zum Besten der bulgar. Literatur. B. fand in heroischer, teilweise auch volksliedhafter Lyrik neue sprachl. Ausdrucksmöglichkeiten; kennzeichnend für seinen dramat. Stil sind die euphon. Elemente.
Werk: Haiduken (Poem, 1871, dt. 1964).
Ausgabe: Ch. Botev. Săbrani săčinenija. Sofia 1976. 3 Bde.
Literatur: STOJANOV, Z.: V sveta na Ch. Botev. Sofia 1976.

Botez, Demostene [rumän. bo'tez], *Hulub-Truşeşti (Judeţ Botoşani) 2. Juli 1893, † Bukarest 18. März 1973, rumän. Schriftsteller. – Korrespondierendes Mitglied der Rumän. Akademie ab 1962; veröffentlichte v. a. Gedichte (›Floarea pămîntului‹ [= Die Blume der Erde], 1920; ›În faţa timpului‹ [= Im Zeitwandel], 1967), daneben auch Novellen, Essays, Reisebücher und Übersetzungen (bes. aus dem Französischen und aus dem Russischen).

Botez, Eugeniu P. [rumän. bo'tez], rumän. Schriftsteller, ↑ Bart, Jean.

Boto, Eza, kamerun. Schriftsteller, ↑ Beti, Mongo.

Böttcher, Maximilian, *Schönwalde (Altmark) 20. Juni 1872, † Eisenach 16. Mai 1950, dt. Schriftsteller. – Zuerst Journalist, dann freier Schriftsteller; seine zahlreichen Romane und Dramen sind von volkstüml., sozialen, patriotisch-nationalist. und geschichtl. Motiven bestimmt. B. schrieb auch erfolgreiche Berliner Volksstücke und Tiergeschichten; Drehbücher.

Werke: Waldkinder (R., 1903), Schlagende Wetter (Dr., 1906), Der Weg zum Erfolg (Lsp., 1911), Die Freyhoffs (R., 1917), Hochzeit im Moor (E., 1933), Krach im Hinterhaus (Lsp., 1934; als R., 1936), Krach im Vorderhaus (R., 1940).

Bötticher, Hans, dt. Schriftsteller, ↑ Ringelnatz, Joachim.

Botto, Ján, * Skalník 25. Jan. 1829, ↑ Banská Bystrica 28. April 1881, slowak. Dichter. – Romantiker, von L. Štúr beeinflußt und angeregt; die heimatl. Volksdichtung lieferte ihm viele Stoffe; bed. Balladendichter; gestaltete in dem Epos ›Smrt’ Jánošíkova‹ (= Jánošíks Tod, 1862) das trag. Lebensende eines edlen Briganten.
Ausgabe: J. B. Súborné dielo. Preßburg 1955.

Botto, Ján, slowak. Lyriker (* 1876, ↑ 1958), ↑ Krasko, Ivan.

Bottomley, Gordon [engl. ˈbɔtəmlɪ], * Keighley (York) 20. Febr. 1874, ↑ Carnforth 25. Aug. 1948, engl. Schriftsteller. – Ging in seiner frühen Lyrik von den Präraffaeliten und O. Wilde aus. Als Dramatiker in der Nachfolge W. B. Yeats’ wählte er für seine Versdramen kelt. heroische Themen. Er verfaßte auch Vorspiele zu zwei Tragödien von Shakespeare (›King Lear’s wife‹, 1915; ›Gruach‹, 1921).
Weitere Werke: Poems at white nights (1899), Poems of thirty years (1925), Deirdre (Schsp., 1944), Kate Kennedy (Schsp., 1945).
Ausgabe: G. B. Poems and plays. Hg. v. C. C. Abbot. London 1953.

Bouchet, Jean [frz. buˈʃε], * Poitiers 31. Jan. 1476, ↑ 1558 (?), frz. Dichter und Geschichtsschreiber. – Befreundet mit F. Rabelais; gehört noch zur Schule der ↑ Rhétoriqueurs; schrieb allegor. und moral. Traktate, größtenteils in Versen (u. a. ›Épîtres morales et familières‹, 1545), ferner Genealogien und Chroniken (u. a. ›Les annales d’Acquitaine‹, 1524).
Literatur: Hamon, A.: Un grand rhétoriqueur poitevin, J. B. Paris 1901.

Bouchor, Maurice [frz. buˈʃɔːr], * Paris 16. Nov. 1855, ↑ ebd. 17. Jan. 1929, frz. Schriftsteller. – Trat schon früh mit lyr. Dichtungen abseits des zeitgenöss. Parnasse hervor (›Chansons joyeuses‹, 1875; ›Les symboles‹, 2 Bde., 1888–95); machte sich besonders verdient um die Erneuerung der mittelalterlichen Mysterienspiele sowie als Übersetzer und Sammler alter Volkslieder.
Weitere Werke: Chants populaires pour les écoles (Volkslieder, 3 Bde., 1895–1909), Saynetes et farces (Stücke, 1913), Mystères bibliques (Stücke, 1929).

Boucicault, Dion [engl. ˈbuːsɪkoʊ], eigtl. Dionysius Lardner Boursiquot, * Dublin 26. Dez. 1822 (1820?), ↑ New York 18. Sept. 1890, ir. Dramatiker – Frühe Übersiedlung nach England; 1853 Auswanderung in die USA. Ab 1837 Schauspieler; 1862–72 Theaterleiter in London. Erfolgreich war schon sein erstes Theaterstück ›The London assurance‹ (1841). Verfaßte dann insgesamt 132 Melodramen, darunter Adaptationen frz. Vorlagen und Dramatisierungen von Romanen (u. a. von Ch. Dickens) sowie populäre ir. Komödien (›The Colleen bawn‹, 1860; ›Arragh-na Pogue‹, 1864; ›The Shaughraun‹, 1874), ferner ›The poor of New York‹ (1857), ›The Octoroon; or, Life in Louisiana‹ (1859) mit einer melodramat. Darstellung der Sklaverei in Louisiana und die Dramatisierung von W. Irvings ›Rip Van Winkle‹ (1865, nach J. Jefferson [* 1829, ↑ 1905]).
Ausgabe: The Dolman B. Hg. v. A. Nicoll. Dublin 1964.
Literatur: Rahill, F.: World of melodrama. University Park (Pa.) 1967. – Hogan, R.: B. New York 1969. – Fawkes, R.: D. B. A biography. Salem 1983.

Boudier-Bakker, Ina [niederl. buˈdiːrˈbakər], * Amsterdam 15. April 1875, ↑ Utrecht 26. Dez. 1966, niederl. Schriftstellerin. – Schrieb unter dem Einfluß von M. Emants und v. a. von É. Zola psychologisch vertiefte Familienromane.
Werke: Het beloofde land (Prosa, 1903), Armoede (R., 1909), Der Spiegel (R., 1917, dt. 1941), Der Ruf aus der Tiefe (R., 1930, dt. 1939), Goud uit stro (R., 1950), Kleine kruisvaart (R., 1955), Finale (R., 1957), Honger (Nov., 1962).
Literatur: I. B.-B. tachtig jaar. Een album amicorum. Amsterdam 1955. – Edinga, H.: Tien huizen, duizend levens. Het leven van I. B.-B. Amsterdam 1969.

Boudou, Joan [frz. buˈdu], okzitan. Schriftsteller, ↑ Bodon, Joan.

Bouhélier, Saint-Georges de [frz. bueˈlje], frz. Schriftsteller, ↑ Saint-Georges de Bouhélier.

Boularan, Jacques [frz. bula'rã], frz. Schriftsteller, ↑ Deval, Jacques.

Boulevardkomödie [bulə'va:r; frz., von mittelniederdt. bolwerk = Bollwerk], Bez. für publikumswirksame Komödien, die zuerst in den Privattheatern an den Pariser Boulevards (*Boulevardtheater,* gegr. um die Jahrhundertwende) gespielt wurden. Zwischen 1820 und 1850 trug E. Scribe durch seine Komödien und ↑ Vaudevilles zur Ausbreitung des Unterhaltungstheaters bei, ihm folgten V. Sardou und E. Labiche; die eigentl. B. blühte gegen 1900 auf (A. Capus, G. Feydeau und G. Courteline); Hauptvertreter nach 1918 waren Alfred Savoir (* 1883, † 1934), M. Pagnol, J. Deval, T. Bernard und M. Rostand, in den 30er Jahren S. Guitry, nach dem Zweiten Weltkrieg M. Achard und A. Roussin. – Die B. ist typ. Großstadttheater und hat sich in ähnl. Weise auch in anderen Ländern entwickelt, so in England (F. Lonsdale, W. S. Maugham, N. Coward, A. Ayckbourn), in der BR Deutschland (A. von Ambesser, C. Goetz), in der DDR (R. Strahl), in Österreich (A. Schnitzler, H. Bahr), in Ungarn (F. Molnár), in den USA die Broadway comedies (u. a. N. Simon).
Literatur: BRISSON, P. A. F.: Le théatre des anneés folles. Genf 1943. – CHRISTENSON, K. M.: Das zeitgenöss. frz. Boulevardtheater. Diss. Wien 1978. – LEISENTRITT, G.: Das eindimensionale Theater: Beitrag zur Soziologie des Boulevardtheaters. Mchn. 1979. – HUBER, J.: Das dt. Boulevardtheater. Diss. Mchn. 1986. 2 Tle. – KLOTZ, V.: Bürgerl. Lachtheater. Neuausg. Rbk. 1987.

Boulle, Pierre [frz. bul], * Avignon 20. Febr. 1912, † Paris 31. Jan. 1994, frz. Schriftsteller. – Schauplatz seiner Werke ist oft Südostasien, wo B. 1936–47 als Ingenieur gelebt hat. Am bekanntesten wurde sein Roman ›Die Brücke am Kwai‹ (1952, dt. 1956; verfilmt 1957); schrieb daneben auch [phantast.] Erzählungen und Science-fiction-Romane (›Der Planet der Affen‹, 1963, dt. 1965; ›Miroitement‹, 1982, u. a.).
Weitere Werke: William Conrad (R., 1950), Le sacrilège malais (R., 1951), Contes de l'absurde (En., 1951), E = mc² (En., 1957), Les jeux de l'esprit (R., 1971), Les oreilles du jungle (R., 1972), Les vertus de l'enfer (R., 1974), Histoires perfides (En., 1976), Der brave Leviathan (R.,

1977, dt. 1978), Les coulisses du ciel (R., 1979), Der Falklands-Wal (R., 1983, dt. 1985), L'univers ondoyant (Essay, 1987), Le professeur Mortimer (R., 1988), Le malheur des uns ...(R., 1989).
Literatur: ROY, P.: P. B. et son œuvre. Paris 1970.

Bouquinist [buki'nɪst; frz.], Antiquar; bes. der Straßenbuchhändler am Seineufer in Paris.

Bourdet, Édouard [frz. bur'dɛ], * Saint-Germain-en-Laye (Yvelines) 26. Okt. 1887, † Paris 17. Jan. 1945, frz. Dramatiker. – War 1936–40 Leiter der Comédie-Française; Verfasser bühnenwirksamer, meist heiterer Sittenstücke, in denen er u. a. auch das Problem der Homosexualität behandelte.
Werke: Le Rubicon (Dr., 1910), Die Gefangene (Dr., 1926, dt. 1930), Vient de paraître (Dr., 1928), Le sexe faible (Dr., 1929), La fleur des pois (Dr., 1932), Papa (Dr., 1944, dt. 1946).
Ausgabe: É. B. Théâtre. Paris 1948–61. 5 Bde.
Literatur: BOURDET, D.: É. B. et ses amis. Paris 1946. – WELTON, A. J.: É. B. Man of the theater. Diss. Columbia University New York 1966.

Bourges, Élémir [frz. burʒ], * Manosque (Basses-Alpes) 26. März 1852, † Paris 13. Nov. 1925, frz. Schriftsteller. – Lebte zurückgezogen und einsam im Wald von Fontainebleau, wo er sich, beeinflußt von S. Mallarmé und R. Wagner, ganz der Arbeit an wenigen philosoph. Romanen widmete. In ›La nef‹ (2 Bde., 1904–22), einem metaphysisch gefärbten Epos, behandelt er das Prometheusmotiv. 1900 wurde er Mitglied der Académie Goncourt.
Weitere Werke: Le crépuscule des dieux (R., 1884), Sous la hache (R., 1885), Les oiseaux s'envolent et les feuilles tombent (R., 1893).
Literatur: BUZZINI, L.: É. B. Paris 1951.

Bourget, Paul [frz. bur'ʒɛ], * Amiens 2. Sept. 1852, † Paris 25. Dez. 1935, frz. Schriftsteller. – Journalist; v. a. bed. als Kritiker und Anreger. Wandte sich gegen die Milieutheorie des Naturalismus und schrieb psycholog., von der kath. Tradition bestimmte Romane, Dramen und Essays, auch Reiseberichte und Lyrik. 1894 Mitglied der Académie française.
Werke: Psycholog. Abhandlungen über zeitgenöss. Schriftsteller (2 Bde., 1883–86, dt. 1903), Eine Liebestragödie (R., 1886, dt. 1899), André Cornelis (R., 1887, dt. 1895), Der Schüler (R., 1889, dt. 1892), Ehescheidung (R., 1904, dt. 1905), Der Emigrant (R., 1907, dt. 2 Bde., 1909), Des Todes Sinn (R., 1915, dt. 1916).

Ausgabe: P. B. Œuvres. Paris 1885–1911. 34 Bde.

Literatur: SEILLIÈRE, BARON E.: B., psychologue et sociologue. Paris 1937. – MANSUY, M.: Un moderne P. B. De l'enfance au ›Disciple‹. Paris 1961. – NOLA, J.-P. DE: P. B. Paris 1981.

Bourgogne, Hôtel de [frz. ɔtɛldə-bur'gɔɲ], Residenz der Herzöge von Burgund in Paris, 1548 von den Confrères de la Passion gekauft, die hier das erste bed. Pariser Theater einrichteten. Aus der Vereinigung u. a. der Schauspieltruppe des H. de B. mit der früheren Truppe Molières entstand 1680 die ↑Comédie-Française; danach spielten im H. de B. bis 1783 italien. Komödianten.

Literatur: DEIERKAUF-HOLSBOER, S. W.: Le théâtre de l'Hôtel de Bourgogne. Paris 1968–70. 2 Bde.

Bourillon, Henri [frz. buri'jõ], frz. Schriftsteller, ↑Hamp, Pierre.

Boursault, Edme [frz. bur'so], * Mussy l'Évêque (heute Mussy-sur-Seine, Aube) im Okt. 1638, † Montluçon 15. Sept. 1701, frz. Schriftsteller. – Sekretär der Herzogin von Angoulême, später Steuereinnehmer in Montluçon. Verfaßte Polemiken gegen Molière (›Le portrait du peintre‹, 1663), N. Boileau-Despréaux und J. Racine; fand, obwohl in vielen Gattungen dichtend, dauernden Erfolg nur mit seinen Lustspielen, insbes. mit dem Sittenstück ›Le Mercure galant‹ (1679) und den mit der Erzählung einer Fabel versehenen satir. Komödien ›Aesopus in der Stadt‹ (1690, dt. 1723) und ›Aesopus bey Hofe‹ (1701, dt. 1723); literarisch bed. ist auch sein Briefwechsel.

Literatur: PIETTE, R. M.: Les comédies de B. Diss. Los Angeles 1971.

Bousoño, Carlos [span. bou'soɲo], * Boal (Prov. Oviedo) 1923, span. Lyriker und Essayist. – Prof. an der Univ. Madrid. Aus dem Umkreis von D. Alonso stammender Autor, dessen Werk lyr. Dichtung von hoher Sensibilität und z. T. religiöser Inspiration sowie literaturkrit., dichtungstheoret. und literarhistor. Untersuchungen umfaßt.

Werke: Subida al amor (Ged., 1945), Seis calas en la expresión literaria española. Prosa – poesía – teatro (Essay, 1951, [4]1969; mit D. Alonso), Hacia otra luz (Ged., 1952), Teoría de la expresión poética (Essay, 1952, [4]1966), La poesía de Vicente Aleixandre (Essay, 1956, [2]1968), Noche del sentido (Ged., 1957), Poesías completas (1961), Oda en la ceniza (Ged., 1967), Las monedas contra la losa (Ged., 1973), El irracionalismo poético (Essay, 1977), Épocas literarias y evolución (2 Bde., 1981).

Ausgabe: Ich bin der König aus Rauch. Poesie aus Spanien. Hg. v. G. LASCHEN u. a. Bremerhaven 1991.

Bousquet, Joë [frz. bus'kɛ], * Narbonne 19. März 1897, † Carcasonne 30. Sept. 1950, frz. Schriftsteller. – Seit seiner Kriegsverwundung (1918) gelähmt; dem Surrealismus nahestehender Lyriker, Romancier und Essayist mit Neigung zum Sinnbildhaften und Anklängen an die dt. Romantik.

Werke: Une passante bleue et blonde (Tagebuch, 1934), Lumière infranchissable pourriture (Essay, 1935), Traduit du silence (Tagebuch, 1941), La connaissance du soir (Ged., 1945), Le meneur de lune (R., 1946), La tisane de sarments (R., 1946), La neige d'un autre âge (Tagebuch, hg. 1953), Lettres à poisson d'or (Essays, hg. 1968).

Ausgaben: J. B. Œuvre romanesque complète. Paris 1979–84. 4 Bde.

Literatur: NELLI, R.: J. B. Paris 1975.

Boutelleau, Jacques [frz. butɛ'lo], frz. Schriftsteller, ↑Chardonne, Jacques.

Boutens, Pieter Cornelis [niederl. 'bɔutəns], * Middelburg 20. Febr. 1870, † Den Haag 14. März 1943, niederl. Dichter. – Schrieb vom Symbolismus und von den Präraffaeliten beeinflußte düstere Lyrik aus dem Konflikt von Idee und Wirklichkeit, die zu klass. Schönheit reifte. In späteren Werken kam es zu einer Verschmelzung platon. und christl. Gedankenguts. B. übersetzte u. a. Homer, Aischylos, Sophokles, Sappho, Platon, Goethe und Novalis.

Werke: Praeludiën (Ged., 1902), Stemmen (Ged., 1907), Vergeten liedjes (Ged., 1909), Carmina (Ged., 1912), Zomerwolken (Ged., 1922), Bezonnen verzen (Ged., 1931).

Ausgabe: P. C. Verzamelde werken. Den Haag 1943–54. 7 Bde.

Literatur: STOLS, A. A. M.: Bibliographie van het werk van P. C. B. Maastricht 1925. – CLERCK, K. DE: Uit het leven van P. C. B. Amsterdam 1964.

Bowen, Elizabeth [engl. 'bouɪn], * Dublin 7. Juni 1899, † London 22. Febr. 1973, engl. Schriftstellerin. – Verfasserin psycholog., von V. Woolf und H. James beeinflußter Romane, Kurzgeschichten und Essays. Treffende Porträtierung insbes. von Jugendlichen und Frauengestalten aus dem Bürgertum sowie Darstellung von deren zumeist desillusionierenden Erfahrungen (›Gen Norden‹, R., 1932, dt. 1948; ›Das Haus in Paris‹, R., 1935, dt. 1947; ›Der Tod des Herzens‹, R., 1938, dt. 1949), wobei die realist. Schilderung allmählich zugunsten einer mythisierenden in den Hintergrund tritt (›Eine Welt der Liebe‹, R., 1955, dt. 1958; ›Die kleinen Mädchen‹, R., 1964, dt. 1965; ›Seine einzige Tochter‹, R., 1969, dt. 1973).

Weitere Werke: Der dämon. Liebhaber (Kurzgeschichten, 1945, dt. 1947), Pictures and conversations (Sammlung der letzten Arbeiten, hg. 1975), Die ferne Stadt Kôr (En., dt. Ausw. 1985), Efeu kroch übers Gestein (En., dt. Ausw. 1987). **Literatur:** HEATH, W. W.: E. B. An introduction to her novels. Madison (Wis.) 1961. – GLENDINNING, V.: E. B. New York 1977. – LASSNER, E.: E. B. London 1989.

Bowles, Jane [Sidney] [engl. bo͜ʊlz], geb. J. Auer, * New York 22. Febr. 1917, † Málaga 4. Mai 1973, amerikan. Schriftstellerin. – Private Erziehung in der Schweiz; ab 1938 ⬭ mit P. Bowles; lebte ab 1952 in Tanger. Zeigt in ihrem Werk den Verlust der Sicherheit im Alltagsleben anhand des instabilen Verhältnisses zwischen der Welt der Objekte und der Welt der Menschen auf.

Werke: Zwei sehr ernsthafte Damen (R., 1943, dt. 1984), In the summer house (Dr., 1954, dt. EA 1987), Einfache Freuden (En., 1966, dt. 1985), Feminine wiles (En., Sketche, ein Stück, Briefe, hg. 1976), Eine richtige kleine Sünde (Prosa, dt. Ausw. 1988). **Ausgabe:** J. B. Collected works. New York 1966. **Literatur:** The life and work of J. B. New York ²1982. – DILLON, M.: J. B. Lauter kleine Sünden. Dt. Übers. Hamb. 1993.

Bowles, Paul [engl. bo͜ʊlz], * New York 30. Dez. 1910, amerikan. Schriftsteller und Komponist. – 1938–73 ⬭ mit J. Bowles; lebt in Tanger; schrieb Abenteuerromane, in denen er Existenzprobleme, v. a. von Westeuropäern und Amerikanern in der Konfrontation mit fremden Kulturen in Nordafrika sowie in Asien und Lateinamerika (›Himmel über der Wüste‹, R., 1949, dt. 1952; ›Gesang der Insekten‹, R., 1966, dt. 1988) darstellt; auch Musikkritiker, Komponist von Bühnen- und Filmmusik und einer Oper.

Weitere Werke: So mag er fallen (R., 1952, dt. 1953), Das Haus der Spinne (R., 1955, dt. 1959), Rastlos (Autobiogr., 1972, dt. 1990), The thicket of spring (Ged., 1972), Next to nothing (Ged., 1976), Collected stories 1939–1976 (En., 1979, dt. Ausw. 1988 u. d. T. ›Allal‹), Next to nothing. Collected poems 1926–1977 (1981), Mitternachtsmesse (En., 1981, dt. 1989), Zeitstellen (Kurzgeschichten, 1984, dt. 1989), Eisfelder (En., dt. Ausw. 1990), Tagebuch Tanger 1987–1989 (1991, dt. 1991).

Literatur: STEWART, L. D.: P. B. The illumination of North Africa. Carbondale (Ill.) 1974. – MILLER, J.: P. B. A descriptive bibliography. Santa Barbara 1985. – POUNDS, W.: P. B. The inner geography. New York 1985. – SAWYER-LAUÇANNO, C.: An invisible spectator. A biography of P. P. New York 1989. – BRIATTE, R.: P. B. 2117 Tanger Socco. Ein Leben. Dt. Übers. Rbk. 1991.

Bowles, William Lisle [engl. bo͜ʊlz], * Kings Sutton (Northamptonshire) 24. Sept. 1762, † Salisbury 7. April 1850, engl. Dichter und Kritiker. – Nebst Prosaarbeiten verfaßte er Lyrik; bes. seine ›Fourteen sonnets elegiac and descriptive ...‹ (1789, mehrfach revidiert, 1794 u. d. T. ›Sonnets with other poems‹) fanden Beachtung und wurden von romant. Dichtern wie R. Southey und S. T. Coleridge geschätzt; war auch Herausgeber der Werke A. Popes (10 Bde., 1806).

Weitere Werke: The spirit of discovery (Ged., 1805), The grave of the last Saxon (Ged., 1822), Hermes Britannicus (Prosa, 1928). **Literatur:** RIETMANN, O.: W. L. B. Dornach 1940.

Box, Edgar [engl. bɔks], Pseudonym des amerikan. Schriftstellers Gore ↑ Vidal.

Boy [poln. bɔj], Pseudonym des poln. Schriftstellers Tadeusz ↑ Żeleński.

Boyd, Martin [à Beckett] [engl. bɔɪd], * Luzern 10. Juni 1893, † Rom 3. Juni 1972, austral. Romancier. – Kam als Kleinkind nach Victoria, Architekturstudium in Melbourne, ab 1915 Kriegsdienst in der brit. Armee, danach Journalist; Ordensmitglied eines anglikan. Franziskanerklosters; lebte abwechselnd in Australien und Europa. Veröffentlichte seine ersten Romane unter dem Pseudonym Martin Mills. Sein Lieblingsthema, Leben und Aufstieg engl. Einwanderer, behandelt er bes. eindrucksvoll in der Form der Familiensaga (u. a. ›The Montforts‹, 1928) durch realist. Darstellung des gesellschaftl. Milieus, einfühlsame Naturschilderungen und humorvoll-satir. Erzählhaltung.

Weitere Werke: A single flame (Autobiogr., 1939), Lucinda Brayford (R., 1946), Such pleasure (R., 1949), The cardboard crown (1952), A difficult young man (1955), Outbreak of love (1957), When blackbirds sing (R., 1962), Day of my delight (Autobiogr., 1965). **Literatur:** FITZPATRICK, K. E.: M. B. Melbourne 1963. – NIALL, B. M.: M. B. Melbourne u. New York 1974.

Boyd, Nancy [engl. bɔɪd], Pseudonym der amerikan. Schriftstellerin Edna St. Vincent † Millay.

Boyd, William [Andrew Murray] [engl. bɔɪd], * Accra (Ghana) 7. März 1952, engl. Schriftsteller. – Studium in Nizza, Glasgow und Oxford; lebt als freier Schriftsteller in London; wurde durch seine der engl. Tradition kom. Erzählens verpflichteten Romane bekannt (zuerst ›A good man in Africa‹, 1981), von denen namentlich ›An ice-cream war‹ (1982, dt. 1986 u. d. T. ›Zum Nachtisch Krieg‹) über den 1. Weltkrieg in Afrika auch grimmige Züge annimmt. Schreibt auch Dramen sowie für Film und Fernsehen.

Weitere Werke: On the Yankee station and other stories (En., 1981) Stars und Bars (R., 1984, dt. 1988), School ties (R., 1985), Die neuen Bekenntnisse (R., 1987, dt. 1989), Brazzaville Beach (R., 1990, dt. 1993), Aunt Julie (R., 1990), The blue afternoon (R., 1993).

Bøye, Karin Maria, * Göteborg 26. Okt. 1900, † Alingsås 24. April 1941, schwed. Schriftstellerin. – Lehrerin, Mitarbeiterin verschiedener z. T. linksgerichteter Zeitungen und Zeitschriften. In ihrem Lyrik und Prosa umfassenden Werk spiegelt sich vor allem die persönl. Problematik, aber auch ihr dadurch geprägtes Engagement für die Freiheit des Individuums in z. T. schonungsloser Offenheit wider. In einem lebenslangen, letztendlich vergebl. Kampf versuchte sie, beeinflußt durch die Psychoanalyse S. Freuds, zwischen Idee und Wirklichkeit, Pflicht und Neigung zu vermitteln. Ihre Lyrik (zumeist in symbolistischer Form) orientiert sich, was die Versstruktur anbelangt, zunächst am Vorbild klassischer Einfachheit, um dann in den beiden letzten Sammlungen eine mehr avancierte Form anzunehmen. Am bekanntesten wurde ihr utopischer Roman ›Kallo-

cain‹ (1940, dt. 1947), der, in der Tradition J. I. Samjatins und A. Huxleys stehend, mit seiner düsteren Zukunftsvision eines totalitären Staates bereits G. Orwells ›1984‹ vorwegnimmt. Ein eindrucksvolles Porträt ihrer faszinierenden Persönlichkeit gibt Peter Weiß in seiner ›Ästhetik des Widerstands‹.

Weitere Werke: Moln (Ged., 1922), Gömda land (Ged., 1924), Härdarna (Ged., 1927), Astarte (R., 1931, dt. 1949), Merit vaknar (R., 1933), För trädets skull (Ged., 1935), För lite (R., 1936), De sju dödssynderna (Ged., hg. 1941), Brennendes Silber (Ged., dt. Ausw. 1963).

Literatur: ABENIUS, M.: K. B. Stockholm 1965.

Boy-Ed, Ida, * Bergedorf (heute zu Hamburg) 17. April 1852, † Lübeck-Travemünde 13. Mai 1928, dt. Schriftstellerin. – Unternahm große Reisen; schrieb Unterhaltungsromane und Novellen, die z. T. in sozialkrit. und frauenrechtl. Tendenz gute Schilderungen des Lebens in Lübeck und in der holstein. Landschaft (›Geschichten aus der Hansestadt‹, 1909) geben. Wies schon früh auf die Bedeutung von Th. Mann hin.

Weitere Werke: Männer der Zeit (R., 3 Bde., 1885), Dornenkrone (R., 1886), Fanny Förster (R., 1889), Aus Tantalus' Geschlecht (R., 2 Bde., 1891), Die Lampe der Psyche (R., 1896), Ein königl. Kaufmann (R., 1910), Charlotte von Kalb (1912), Das Martyrium der Charlotte von Stein (1916), Germaine von Staël (1922). **Literatur:** MENDELSSOHN, P. DE: I. B.-Ed. Lübeck 1975.

Boyesen, Hjalmar Hjorth, * Fredriksvern (heute Stavern, Verw.-Gebiet Vestfold) 23. Sept. 1848, † New York 4. Okt. 1895, norweg.-amerikan. Schriftsteller. – Emigrierte 1869 in die USA, Verfasser von Essays und Romanen. In seinem ersten Roman ›Gunnar‹ (1874) spiegelt sich das Heimweh nach seiner Heimat, später schrieb B. realistisch-satirisch scharfgezeichnete Bilder der amerikan. Gesellschaft.

Weitere Werke: The golden calf (R., 1892), The social strugglers (R., 1893), Essays on Scandinavian literature (1895).

Boyle, Kay [engl. bɔɪl] * Saint Paul (Minn.) 19. Febr. 1903, † Millvalley (Calif.) 27. Dez. 1992, amerikan. Schriftstellerin. – Ihre sich über 30 Jahre erstreckenden Aufenthalte in Europa sowie ihre dritte Heirat mit einem Österreicher bilden den Hintergrund ihrer Romane und

Kurzgeschichten. In der geschichtl. Verstrickung der Kriegs- und Nachkriegszeit beweisen ihre Helden tatkräftigen Mut, stoßen allerdings an die Grenzen menschl. Vermögens. Der Glaube an den Wert emotionaler Bindung steht über Versagen und Verzweiflung.

Werke: Wedding day (En., 1930), Das Schweigen der Nachtigall (R., 1931, dt. 1993), My next bride (R., 1934), The white horses of Vienna (Kurzgeschichten, 1936), His human majesty (R., 1949), Der rauchende Berg. Geschichten aus Nachkriegsdeutschland (1951, dt. 1991), Generation ohne Abschied (R., 1959, dt. 1962), Collected poems (1962), The underground woman (R., 1975), Fifty stories (En., 1980), Words that must somehow be said (Essays, 1985), Eisbären und andere (En., dt. Ausw. 1992.

Boyle, Roger, Baron Broghill, Earl of Orrery (seit 1660) [engl. bɔɪl]. * Lismore (Irland) 25. April 1621, † 16. Okt. 1679, engl. Politiker und Dichter. – Unterstützte Cromwell bei der Unterwerfung Irlands, schloß sich später der Restauration an, wurde 1668 wegen illegaler Steuererhebung angeklagt, aber freigesprochen. Verfaßte einen ›Treatise of the art of war‹ (1677), den Roman ›Parthenissa‹ (1654), heroische Tragödien in klassizist. Stil, Lustspiele und Gedichte.

Ausgabe: R. B. The dramatic works. Hg. v. W. S. CLARK. Cambridge (Mass.) 1937. 2 Bde.

Boyle, T[om] Coraghessan [engl. bɔɪl], eigtl. Thomas John B., * Peekskill (N. Y.) 2. Dez. 1948, amerikan. Schriftsteller. – Prof. für Englisch an der University of Southern California in Los Angeles; Verfasser humorist. Kurzgeschichten, in denen er den Einbruch des Bizarr-Phantastischen in die normale Alltagswelt – wie etwa die Liebesaffäre einer Frau mit einem Nietzsche-lesenden Schimpansen – imaginiert (›The descent of man‹, 1979; ›Greasy Lake und andere Geschichten‹, 1985, dt. 1993), sowie von Romanen, in denen geschichtl. Material, Mythen und Legenden als Folie für die satir. Sicht der Gegenwart dienen. So verbindet ›Wassermusik‹ (1981, dt. 1987) histor. Afrikaexpeditionen mit den skrupellosen Praktiken eines Betrügers; ›World's end‹ (1987, dt. 1989) kontrastiert das Leben holländ. Kolonisten im 17. Jh. in New York mit den die Geschichte wiederholenden Verhaltensweisen ihrer Nachfahren in der amerikan. Gegenwart. ›Grün

ist die Hoffnung: eine Pastorale‹ (1984, dt. 1990) verpflanzt einen enttäuschten Lehrer von der Schule auf eine Marihuanafarm.

Weitere Werke: Wenn der Fluß voll Whisky wär (En., 1989, dt. 1991), Der Samurai von Savannah (R., 1990, dt. 1992), Willkommen in Wellwille (R., 1993, dt. 1993).

Boylesve, René [frz. bwa'lɛːv], eigtl. R. Tardiveau, * La Haye-Descartes (Indre-et-Loire) 14. April 1867, † Paris 14. Jan. 1926, frz. Schriftsteller. – Behandelt in seinen Romanen als sensibler, exakter Beobachter das Leben der kleinen Provinzstadt, vornehmlich der Touraine, von konservativem (jedoch nicht bürgerlich-engem) Standpunkt. 1918 Mitglied der Académie française.

Werke: Le médecin des dames de Néans (R., 1896), Le parfum des îles Borromées (R., 1898), Mademoiselle Cloque (R., 1899), La becquée (R., 1901), La leçon d'amour dans un parc (R., 1902), L'enfant à la balustrade (R., 1903).
Literatur: MÉNARD, J.: L'œuvre de B. Paris 1957.

Boyson, Emil [norweg. 'bɔisɔn], * Bergen 4. Juli 1897, † Oslo 1. Juni 1979, norweg. Schriftsteller. – Seine Lyrik, von J. Ch. F. Hölderlin und den frz. Symbolisten, die er auch übersetzte, beeinflußt, gestaltet Grenzsituationen menschl. Existenz; Traum und Wirklichkeit sind im Erzählwerk verschmolzen.

Werke: Gjemt i mørket (Ged., 1939), Sjelen og udyret (Ged., 1946), Gjenkjennelse (Ged., 1957).

Boy-Żeleński, Tadeusz [poln. 'bɔjʒɛ-'lɛi̯ski], poln. Schriftsteller, † Żeleński, Tadeusz.

Božić, Mirko [serbokroat. 'bɔːʒitɕ], * Sinj 21. Sept. 1919, kroat. Schriftsteller. – Schildert in Dramen, Romanen und Erzählungen realistisch die Existenzprobleme der dalmatin. Bevölkerung.

Werke: Kurlani (R., 1951), Neisplakani (= Die Unbeweinten, R., 1955), Tijela i duhovi (= Körper und Geister, R., 1981).

Božilov, Božidar Borisov, bulgar. Schriftsteller, † Boschilow, Boschidar Borissow.

Braak, Menno ter, * Eibergen (Prov. Geldern) 26. Jan. 1902, † Den Haag 14. Mai 1940, niederl. Schriftsteller. – Mit-Hg. der Zeitschrift ›Forum‹, scharfsinniger Kritiker; entschiedener Gegner des Nationalsozialismus; nahm sich nach dem Einmarsch der Deutschen das Leben; schrieb v. a. zeitkrit. und moralphilosoph. Essays; auch autobiographisch bestimmte Romane.

Werke: Het carnaval der burgers (Essay, 1930), Hampton Court (R., 1931), Afscheid van domineesland (Essay, 1931), Démasqué der schoonheid (Essay, 1932), Het nationaalsocialisme als rancuneleer (Essay, 1937), De nieuwe elite (Essay, 1939).
Ausgabe: M. ter B. Verzameld werk. Amsterdam 1949–50. 7 Bde.
Literatur: HENRARD, R.: M. ter B. Brügge u. Utrecht 1968.

Braaten, Oskar [norweg. ˌbroːtən], * Christiania (heute Oslo) 25. Nov. 1881, † ebd. 17. Juli 1939, norweg. Schriftsteller. – Gibt in seinem Erzählwerk (u. a. ›Kring fabrikken‹, Nov.n, 1910; ›Ulvehiet‹, R., 1919; ›Opover‹, R., 1924) und Dramen (›Ungen‹, 1911; ›Den store barnedåpen‹, 1925) realist. Schilderungen aus dem Arbeitermilieu Oslos.
Ausgabe: O. B. Verker. Oslo ²1952. 6 Bde.
Literatur: LIND, A.: O. B. Oslo 1962.

Brabander, Gerard den, eigtl. Jan Gerardus Jofriet, * Den Haag 3. Juli 1900, † Amsterdam 4. Febr. 1968, niederl. Lyriker. – Gedichte mit sarkast., später melanchol. Tönen; übersetzte R. M. Rilke und Erich Kästner.
Werke: Vaart (1932), Cynische portretten (1934), Opus 5 (1937), De holle man (1945), De steenen minaar (1946), Parijse sonnetten (1947), Verzamelde gedichten (1966).

Bracciolini, Francesco [italien. bratˈʃoˈliːni], * Pistoia 26. Nov. 1566, † ebd. 31. Aug. 1645, italien. Dichter. – Schrieb mehrere Dramen, darunter das Pastoraldrama ›L'amoroso sdegno‹ (1597), ferner das Epos ›Della croce racquistata‹ (1605, vollständig 1611; nach dem Vorbild von T. Tassos ›Gerusalemme liberata‹) und das den übertriebenen Gebrauch der klass. Mythologie wirksam parodierende kom. Epos ›Dello scherno degli dei‹ (1618, vollständig 1625), sein berühmtestes Werk.
Ausgabe: F. B. Lettere sulla poesia. Hg. v. G. BALDASSARRI. Rom 1979.
Literatur: BARBI, M.: Notizia della vita e delle opere di F. B. Florenz 1897. – DAVOLI, A.: Bibliografia storica del poema piacevole ›Lo scherno degli dei‹ di F. B. pistoiese. Reggio Emilia 1930. – ROSSI, L.: F. B. In: Dizionario biografico degli Italiani. Rom 1971. Bd. 13. S. 634.

Bracciolini, Gian Francesco, italien. Humanist, ↑ Poggio Bracciolini, Gian Francesco.

Bracco, Roberto, * Neapel 21. Sept. 1862, † Sorrent 20. April 1943, italien. Dramatiker. – Literatur- und Theaterkritiker; 1923 Abgeordneter; als Liberaler von den italien. Faschisten verfolgt. Schrieb, ausgehend von H. Ibsen und M. Maeterlinck, zahlreiche psychologisch fundierte, realist. Dramen und Komödien, die sich durch glänzenden, oft frivolen Dialog auszeichnen (›Don Pietro Caruso‹, 1895; ›Untreu‹, 1895, dt. 1900; ›Die herbe Frucht‹, 1904, dt. 1905; ›Ad armi corte‹, 1910; ›Il piccolo santo‹, 1910; ›I pazzi‹, 1922); auch Novellist (›Smorfie gaie e smorfie tristi‹, 5 Bde., 1909).
Ausgabe: R. B. Opere. Lanciano 1935–38. 21 Bde.
Literatur: GASTALDI, M.: Una coscienza: R. B., la vita, le opere e la persecuzione. Mailand 1945. – STAEUBLE, A.: Tra Ottocento e Novecento: Il teatro di R. B. Turin 1959. – GALEOTA, U.: R. B. Neapel 1967.

Brachmann, Luise, * Rochlitz 9. Febr. 1777, † Halle/Saale 17. Sept. 1822, dt. Lyrikerin und Erzählerin. – Durch Novalis zu dichter. Betätigung angeregt. Einige ihrer Gedichte wurden von Schiller in die ›Horen‹ und den ›Musenalmanach‹ aufgenommen.
Werke: Lyr. Gedichte (1800), Gedichte (1808), Romant. Blüthen (Nov.n, 2 Bde., 1817–23), Das Gottesurteil (Epos, 1818), Novellen (1819), Novellen und kleine Romane (1822).

Brachvogel, Albert Emil, * Breslau 29. April 1824, † Berlin 27. Nov. 1878, dt. Schriftsteller. – Graveur, später Schauspieler und Sekretär; bekannt v. a. als Verfasser des Romans ›Friedemann Bach‹ (3 Bde., 1858). Als Dramatiker (bes. erfolgreich ›Narciß‹, 1857) und Erzähler geschickt und voller Phantasie, doch mit Neigung zur Effekthascherei.
Weitere Werke: Seelenwanderung (Ged., 1854), Adelbert vom Babanberge (Dr., 1858), Der Usurpator (dramat. Ged., 1860), Der fliegende Holländer (R., 4 Bde., 1871), Die Männer der neuen dt. Zeit (Biographien, 20 Bde., 1872–75).
Literatur: MITTELMANN, F.: A. E. B. u. seine Dramen. Lpz. 1910.

brachykatalektischer Vers, in der antiken Metrik ein Vers, der um seine zwei letzten Elemente gekürzt ist. – ↑ auch katalektisch.

Brachylogie [griech.], knapper, prägnanter Stil; entspricht lat. ›brevitas‹. Sprichwörtlich ist die lakon. B. (Platon, ›Protagoras‹); als künstler. Gestaltungsmittel typisch z. B. für Sallust, Tacitus; in der dt. Literatur in den Novellen von H. von Kleist. – ↑ dagegen Ellipse.

Brackenridge, Hugh Henry [engl. 'brækənrɪdʒ], * bei Campbeltown (Schottland) 1748, † Carlisle (Pa.) 25. Juni 1816, amerikan. Schriftsteller. – Kam 1753 nach Pennsylvania, studierte Theologie und war Kaplan im Revolutionskrieg, dann Jurastudium; trat politisch und literarisch für die entstehende amerikan. Nation ein; befreundet mit J. Madison (1809–17 Präsident der USA); verfaßte zus. mit Ph. Freneau ›A poem, on the rising glory of America‹ (1772) und schrieb zwei Dramen; als sein bedeutendstes Werk gilt der u. a. von M. de Cervantes Saavedra und J. Swift beeinflußte Schelmen- und Abenteuerroman ›Modern chivalry‹ (4 Bde., 1792–1815), eine Satire auf die unfähigen Vertreter der Demokratie.

Literatur: HEARTMAN, CH. F.: A bibliography of the writings of H. H. B. New York 1917. Nachdr. 1968. – NEWLIN, C. M.: The life and writings of H. H. B. Princeton (N. J.) 1932. Nachdr. Mamaroneck (N. Y.) 1971. – MARDER, D.: H. H. B. New York 1967.

Bradbury, Malcolm [engl. 'brædbəri], * Sheffield 7. Sept. 1932, engl. Schriftsteller. – Seit 1970 an der University of East Anglia in Norwich; aus seinen dortigen Schriftstellerseminaren gingen etl. bed. jüngere Autoren hervor (u. a. I. McEwan, K. Ishiguro, M. Gee, R. Tremain). In seinen im akadem. Milieu angesiedelten Romanen beleuchtet B. komisch-satir. Probleme des Liberalismus und der moral. Verantwortung. Schreibt auch Hör- und Fernsehspiele sowie literaturkrit. Arbeiten.

Werke: Eating people is wrong (R., 1959), Stepping westward (R., 1965), Possibilities. Essays on the state of the novel (1973), Der Geschichtsmensch (R., 1975, dt. 1980), After dinner game (3 Fsp.e, 1982), The modern American novel (Abh., 1983), Wechselkurse (R., 1983, dt. 1989), Cuts (Nov., 1987), Mensonge (Essay 1987), No, not Bloomsbury (Essays, 1987), Doctor Criminale (R., 1992).

Bradbury, Ray Douglas [engl. 'brædbərɪ], * Waukegan (Ill.) 22. Aug. 1920, amerikan. Schriftsteller. – Von E. A. Poe beeinflußter Autor gesellschaftskrit. Science-fiction-Romane und pessimist. Kurzgeschichten; gestaltet in ›Fahrenheit 451‹ (R., 1953, dt. 1955) seine Vorstellung vom totalitären Staat der Zukunft; auch Filmdrehbücher, Dramen und Gedichte.

Ray Douglas Bradbury

Weitere Werke: Die Mars-Chroniken (Kurzgeschichten, 1950; dt. 1972), Der illustrierte Mann (Kurzgeschichten, 1951, dt. 1962), Geh nicht zu Fuß durch stille Straßen (Kurzgeschichten, 1953, dt. 1970), Löwenzahnwein (R., 1957, dt. 1983), Medizin für Melancholie (Kurzgeschichten, 1959, dt. 1969), Das Böse kommt auf leisen Sohlen (R., 1962, dt. 1969), I sing the body electric (Kurzgeschichten, 1969, dt. Teilausgabe 1973 u. d. T. Gesänge des Computers, 1983 u. d. T. Die vergessene Marsstadt, vollständig 1984 u. d. T. Das Kind von morgen), Pillar of fire and other plays (Stücke, 1975), Lange nach Mitternacht (Kurzgeschichten, 1976, dt. 1979), The complete poems of B. (1982), Saurier-Geschichten (En., 1983, dt. 1985), Der Tod ist ein einsames Geschäft (R., 1985, dt. 1987), Friedhof für Verrückte (R., 1990, dt. 1992), The Toynbee Convector (1988, dt. Die Laurel-und-Hardy-Liebesgeschichte u. a. Erzählungen, 1990).

Literatur: NOLAN, W. F.: The B. companion. Detroit 1975. – R. B. Hg. v. M. H. GREENBERG u. J. D. OLANDER. New York 1980. – JOHNSON, W. L.: R. B. New York 1980. – TOUPONCE, W. F.: R. B. and the poetics of reverie. Fantasy, science fiction, and reader. Ann Arbor (Mich.) 1984.

Braddon, Mary Elizabeth [engl. brædn], * London 4. Okt. 1837, † Richmond (heute zu London) 4. Febr. 1915, engl. Schriftstellerin. – Verfaßte über 70

spannende, sehr erfolgreiche Unterhaltungsromane. Großen Erfolg hatte sie v.a. mit ›Lady Audley's Geheimnis‹ (3 Bde., 1862, dt. 1863); schrieb auch Schauspiele.
Weitere Werke: Aurora Floyd (R., 1863), Henry Dunbar (R., 1864, dt. 1865), The green curtain (R., 1911).

Bradford, William [engl. 'brædfəd], *Austerfield (England) im März 1590, † Plymouth (Mass.) 9. (19.?) Mai 1657, amerikan. Schriftsteller. – War Mitglied der Separatisten-Kirche in England; 1609 Flucht nach Amsterdam und Aufenthalt in Leiden bis zur Übersiedlung nach Neuengland mit den Pilgervätern auf der ›Mayflower‹ (1620); hatte eine führende Stellung bei der Gründung der Kolonie in Plymouth, deren Gouverneur er zwischen 1621 und 1656 (mit Ausnahme von 5 Jahren) war. Verfaßte 1630–51 seine ›History of Plymouth plantation‹ (gedr. 1856), eines der bedeutendsten, auch literarisch wertvollen Dokumente des kulturellen Lebens der Kolonialzeit.
Literatur: WESTBROOK, P. D.: W. B. Boston (Mass.) 1978.

Bradley, Edward [engl. 'brædlɪ], Pseudonym Cuthbert Bede, *Kidderminster 25. März 1827, † Lenton 12. Dez. 1889, engl. Geistlicher und Schriftsteller. – B.s Ruhm beruht auf dem Roman ›The adventures of Mr. Verdant Green, an Oxford freshman‹ (1853 ff.), einer novellist., humorvollen Darstellung des Oxforder Universitätslebens. Weniger erfolgreich war die Fortsetzung, ›Little Mr. Bouncer and his friend Verdant Green‹ (1878). Weiter schrieb B. Werke über Schottland (›Glencraggon‹, 1861; ›Fotheringhay‹, 1885), Erzählungen, Kinderbücher, Beiträge für ›Punch‹.

Bradley, Marion Zimmer [engl. brædlɪ], *Albany· (N.Y.) 3. Juni 1930, amerikan. Schriftstellerin. – Seit den 70er Jahren populäre Bestsellerautorin von Science-fiction-Romanen. Am bekanntesten ist die nicht in chronolog. Folge erschienene Darkover-Serie, in der die Bewohner des Terran Empire den auf dem mittelalterl. Planeten Darkover lebenden, technologiefeindl., nur auf ihre geistige Kräfte vertrauenden Wesen kontrastiert sind (u.a. ›Die blutige Sonne‹,

1964, dt. 1967; ›Landung auf Darkover‹, 1972, dt. 1973; ›Hasturs Erbe‹, 1975, dt. 1981; ›Herrin der Stürme‹, 1978, dt. 1979). Neuerdings schreibt sie Sciencefiction-Romane, die literar. sowie musikal. Vorlagen verarbeiten, die Artus-Sage in ›Die Nebel von Avalon‹ (1982, dt. 1983) bzw. ›Die Zauberflöte‹ in ›Tochter der Nacht‹ (1984, dt. 1985), und deren weibl. Protagonisten feminist. Themen vertreten (›Die Matriarchen von Isis‹, 1978, dt. 1979, 1987 u. d. T. ›Die Frauen von Isis‹; ›Die schwarze Schwesternschaft‹, 1983, dt. 1985).
Weitere Werke: Die Jäger vom roten Mond (R., 1973 zus. mit P. E. Zimmer, dt. 1975), Die Flüchtlinge des roten Mondes (R., 1979, zus. mit P. E. Zimmer, dt. 1981), Das Schwert der Amazone (R., 1985, dt. 1986), Die Feuer von Troia (R., 1987, dt. 1988), Spells of wonder (R., 1989).
Ausgabe: M. Z. B.'s Darkover. Hg. v. H. J. ALPERS. Meitingen 1983.
Literatur: WISE, S.: The Darkover Dilemma. Problems of the Darkover Series. Baltimore (Md.) 1976. – BREEN, W.: The Darkover concordance. Berkeley (Calif.) 1978. – ARBUR, R.: M. Z. B. Mercer Island (Wash.) Neuaufl. 1986.

Bradstreet, Anne [engl. 'brædstriːt], geb. Dudley, *Northampton (England) 1612 oder 1613, † North Andover (Mass.) 16. Sept. 1672, amerikan. Dichterin. – Gehörte zus. mit ihren Eltern und ihrem Mann zur Gruppe der Puritaner, die 1630 unter der Führung von John Winthrop (*1588, †1649) nach Neuengland übersiedelte und dort die Massachusetts Bay Colony gründete. Anne B., die sich an der religiösen Dichtung Englands orientierte, gilt als erste amerikan. Dichterin. Die sehr persönlich gehaltenen, meist an ihren Mann und ihren Sohn gerichteten Gedichte religiösen Inhalts wurden zunächst ohne ihr Wissen von ihrem Schwager 1650 in London u. d. T. ›The tenth muse, lately sprung up in America‹, 1678 mit einigen Ergänzungen postum als ›Several poems‹ in Boston veröffentlicht. Neben diesen frühen Gedichten umfaßt ihr Werk eine Verserzählung (›The four monarchies‹), Prosaerzählungen, religiöse Meditationen und eine kurze Autobiographie (›Religious experiences‹).
Ausgabe: The complete works of A. B. Hg. v. J. R. MCELRATH JUN. u. A. P. ROBB. Boston (Mass.) 1981.

Literatur: WHITE, E. W.: A. B. ›The tenth muse‹. New York 1971. – STANFORD, A.: A. B.: The worldly puritan. An introduction to her poetry. New York 1974. – Critical essays on A. B. Hg. v. P. CROWELL. Boston (Mass.) 1983. – MARTIN, W.: An American triptych. A. B., Emily Dickinson, Adrienne Rich. Chapel Hill 1984. – Puritan poets and poetics. Hg. v. P. WHITE u. H. T. MESEROLE. University Park (Pa.) 1985.

Bradūnas, Kazys [litauisch bra-'du:nas], * Kiršai 2. Nov. 1917, litauischer Lyriker. – Lebt in den USA, da er wegen seiner christl. Grundhaltung 1944 die Emigration vorzog. Erdverbundene Dichtung in bildhafter, rhythmisch breiter Sprache; vorwiegend Gestaltung des bäuerl. Lebens.

Braga, Alberto [portugies. 'braɣɐ], * Foz do Douro bei Porto 4. Okt. 1851, † ebd. 22. Aug. 1911, portugies. Schriftsteller und Journalist. – Schrieb seinerzeit sehr beliebte Erzählungen (u. a. ›Contos da minha lavra‹, 1879; ›Contos da aldeia‹, 1880; ›Contos escolhidos‹, 1892) und zwei Dramen.

Braga, Joaquim Teófilo Fernandes [portugies. 'braɣɐ], * Ponta Delgada (Azoren) 24. Febr. 1843, † Lissabon 28. Jan. 1924, portugies. Gelehrter und Schriftsteller. – Buchdruckerlehre, Jurastudium; 1872 Prof. für neuere Literatur; 1910/11 und 1915 Präsident der Republik. Bed. Volkskundler und Literaturkritiker, als Lyriker (›Visão dos tempos‹, 4 Bde., 1894/95) und Erzähler weniger erfolgreich. Begründete die portugies. Volkskunde und Literaturwiss., er sammelte und interpretierte portugies. Volksdichtung.

Weitere Werke: História da poesia popular portuguesa (1867, ²1902–05 in 2 Bden.), Cancioneiro popular (1867), História do romantismo em Portugal (1880), Contos tradicionais do povo portuguêz (2 Bde., 1883, ²1914/15), História da Universidade de Coimbra (4 Bde., 1892–1902), Gil Vicente e as origens do teatro nacional (1898).
Literatur: CARREIRO, J. B. T.: Vida de T. B. Resumo cronológico. Coimbra 1955.

Bragg, Melvyn [engl. bræg], * Wigton (North Cumbria) 6. Okt. 1939, engl. Schriftsteller. – Fernsehmoderator; Verfasser von Romanen über krisenhafte zwischenmenschl. Beziehungen, oft vor dem Naturhindergrund des nordengl. Lake District (aus dem B. stammt), so der

›Tallentire‹-Familientrilogie (›The hired man‹, 1969; ›A place in England‹, 1970; ›Kingdome come‹, 1980), des histor. Romans ›The maid of Buttermere‹ (1987) und des Briefromans ›A time to dance‹ (1990). Schrieb auch Biographien bed. Schauspieler (›Laurence Olivier‹, 1984, dt. 1988; ›Rich. The life of Richard Burton‹, 1988).

Weitere Werke: For want of a nail (R., 1965), The second inheritance (R., 1966), Without a city wall (R., 1968), The nerve (R., 1971), Josh Lawton (R., 1972), The silken net (R., 1974), Autumn manoeuvres (R., 1978), Love and glory (R., 1983).

Bragi (B. Boddason), altnorweg. Dichter des 9. Jahrhunderts. – Erhalten sind Reste seiner ›Ragnarsdrápa‹, eines in kunstreichem Skaldenstil gedichteten Gesanges auf einen Schild mit Bildern aus Sage und Mythologie; später wurde B. als Sprecher in Odins Halle zum Gott erhöht, den Snorri Sturluson als Meister der Dichtkunst und Beredsamkeit unter den Asen aufführt.

Braginski (tl.: Braginskij), Emil (eigtl. Emmanuel) Weniaminowitsch ↑ Rjasanow, Eldar Alexandrowitsch.

Brāhmaṇa, Texte in Sanskrit, die sich an die vier Veden anschließen. Aus den Sammlungen der Lieder (›saṃhitā‹) geht nicht hervor, an welcher Stelle und mit welcher Absicht die Hymnen im Ritual verwendet werden. Ersteres wird von den Opferhandbüchern (›śrautasūtra‹) festgelegt, letzteres ist Thema der Brāhmaṇas. Es werden die Bezüge erklärt, die zwischen Tageszeit, begleitender Handlung, sprachl. Besonderheiten des Liedes usw. und der angerufenen Gottheit bestehen. Ziel ist es, eine Einheit zwischen dem aktuellen Opfer und dem Kosmos mit all seinen Aspekten herzustellen. Einige B.s sind so alt wie die dazugehörigen Lieder (etwa 1000 v. Chr.), andere dagegen Jahrhunderte jünger. – ↑ auch Āraṇyakas.

Ausgaben: Das Aitareya B. Hg. v. TH. AUFRECHT. Bonn 1879. – Kauṣītaki – B. Hg. v. E. R. SREEKRISHNA SARMA. Wsb. 1968.
Literatur: OLDENBERG, H.: Vorwissenschaftl. Wiss. Die Weltanschauung der B.-Texte. Gött. 1919. – GONDA, J.: Vedic literature (Saṃhitās and B.s). Wsb. 1975.

Braine, John [engl. breɪn], * Bradford (Yorkshire) 13. April 1922, † London

28. Okt. 1986, engl. Schriftsteller. – Stammte aus einfachen Verhältnissen; arbeitete als Bibliotheksangestellter; seit 1957 freier Schriftsteller. Seine frühen Romane ›...und nähme doch Schaden an seiner Seele‹ (1957, dt. 1957, 1960 u. d. T. ›Der Weg nach oben‹) und ›Ein Mann der Gesellschaft‹ (1962, dt. 1963) artikulieren realistisch den Protest der ›Angryyoung-men‹-Bewegung gegen bestehende Gesellschaftsstrukturen, in denen sozialer Aufstieg mit Integritätsverlust erkauft wird. Weitere Romane befassen sich mit religiösen und moral. Konflikten in der modernen Welt (›The jealous god‹, 1964; ›The crying game‹, 1968), wobei B. zu einem konservativen Standpunkt gelangte. Schrieb auch Spionageromane (›The pious agent‹, 1975; ›Finger of fire‹, 1977).

John Braine

Weitere Werke: Denn die einen sind im Dunkeln (R., 1959, dt. 1960), Stay with me till morning (R., 1970), The queen of a distant country (R., 1972), Waiting for Sheila (R., 1976), J. B. Priestley (Biogr., 1978), One and last love (R., 1981), The two of us (R., 1984) These golden days (R., 1985).
Literatur: LEE, JAMES W.: J. B. New York 1968. – SALWAK, D.: J. B. and John Wain. A reference guide. Boston (Mass.) 1980.

Bräker, Ulrich, genannt ›der arme Mann im Toggenburg‹, * Näbis im Toggenburg 22. Dez. 1735, † Wattwil (Kanton Sankt Gallen) 11. Sept. 1798, schweizer. Schriftsteller. – Sohn eines Kleinbauern, Hirtenjunge, Knecht, Diener eines preuß. Werbeoffiziers, desertierte nach erzwungener Teilnahme am Siebenjährigen Krieg, lebte als Weber in seiner

Heimat. Als Autodidakt hatte er sich besonders literar. Kenntnisse angeeignet. Er schrieb ›Etwas über William Shakespeares Schauspiele‹ (1780), hinterließ Tagebücher, die Teilnahme an seinem Schicksal erregen. Bed. ist seine ›Lebensgeschichte und Natürl. Ebentheuer des Armen Mannes im Tockenburg‹ (1789), in der er in unbefangener Frische und schlichter Sprache, teilweise mit Dialekt durchsetzt, sein Leben, sein Fühlen und Denken und seine Umwelt beschreibt.
Ausgaben: U. B. Werke. Bearb. v. H.-G. THALHEIM. Bln. u. Weimar ²1966. – U. B. Leben u. Schrr. des Armen Mannes im Tockenburg. Hg. v. S. VOELLMY u. H. WEDER. Zü. 1978. 2 Bde. – Chronik U. B.: Auf der Grundl. der Tageb. 1770–1798. Hg. v. H. GRABER u. a. Bern 1985. – U. B. Lebensgesch. u. Natürl. Ebentheuer des Armen Mannes im Tockenburg. Eingel. v. HANS MEYER. Zü. 1985.
Literatur: VOELLMY, S.: U. B., der arme Mann im Tockenburg. Zü. 1923. – MAYER, HANS: Aufklärer u. Plebejer. U. B., der arme Mann im Tockenburg. In: MAYER: Von Lessing bis Thomas Mann. Pfullingen 1959. – VOELLMY, S.: Lieblingslektüre U. B.s, des armen Mannes im Tockenburg. Basel u. Stg. 1975. – Die Tageb. des Armen Mannes im Toggenburg als Geschichtsquelle. Hg. v. P. WEGELIN. Flawil 1978. – BÖNING, H.: U. B. Der Arme Mann aus dem Toggenburg. Leben, Werk u. Zeitgesch. Königstein i. Ts. 1985.

Brąkman, Willem Pieter Jacobus, * Den Haag 13. Juni 1922, niederl. Schriftsteller. – Arzt, begann als Schriftsteller erst verhältnismäßig spät mit z. T. autobiograph. Prosa, in der er die Probleme junger Menschen schildert.
Werke: Een winterreis (R., 1961), Die ene mens (R., 1961), De gehoorzame dode (R., 1964), Debielen en demonen (1969), Zes subtiele verhalen (1978), De bekentenis van de heer K. (1985), Pop op de bank (Autobiogr., 1989).

Bramarbas [Herkunft unsicher], einer der Namen der kom. Bühnenfigur des großsprecher. Maulhelden; der Name findet sich zuerst in dem anonymen Gedicht ›Cartell des B. an Don Quixote‹, das J. B. Mencke 1710 im Anhang seiner ›Vermischten Gedichte‹ veröffentlichte.

Brambach, Rainer, * Basel 22. Jan. 1917, † ebd. 14. Aug. 1983, schweizer. Schriftsteller. – War in verschiedenen Berufen tätig (u. a. im Landschaftsbau), ab etwa 1960 freier Schriftsteller. Bevor-

zugte die knappe Form für seine [Natur]lyrik und Prosa; seine ›Gelegenheitsgedichte‹ sprechen selbsterlebte Ich-Erfahrungen aus.
Werke: Tagwerk (Ged., 1959), Wahrnehmungen (Prosa, 1961), Marco Polos Koffer (Ged., 1968; mit. J. Federspiel), Ich fand keinen Namen dafür (Ged., 1969), Für sechs Tassen Kaffee u. a. Geschichten (1972), Kneipenlieder (Ged., 1974; mit F. Geerk), Wirf eine Münze auf. Gesammelte Gedichte (1977), Auch im April (Ged., 1983), Zeit wär's (Ged. und Prosa, hg. 1985).

Brancati, Vitaliano, * Pachino bei Syrakus 24. Juli 1907, † Turin 25. Sept. 1954, italien. Schriftsteller. – Zunächst Gymnasiallehrer in Sizilien, nach Kriegsende freier Schriftsteller in Rom; Verfasser satirisch-humorist., gesellschaftskrit. Romane und Novellen, bes. aus dem Leben der Sizilianer; Dramatiker und Essayist.
Werke: Leonardos Freude (R., 1941, dt. 1989), Don Giovanni in Sizilien (R., 1942, dt. 1958), Der Alte mit den Stiefeln (En., 1945, dt. 1991), Bell'Antonio (R., 1949, dt. 1961, auch u. d. T. Schöner Antonio), Paolo, der Heißblütige (R., hg. 1955, dt. 1963), Raphael (Kom., hg. 1957, dt. 1962), Walzertraum (En., hg. 1982, dt. 1990).
Literatur: LEUBE, A.: V. B. In: Italien. Lit. der Gegenwart in Einzeldarstt. Hg. v. J. HÖSLE u. W. EITEL. Stg. 1974. S. 298. – AMOROSO, G.: B. Florenz 1978. – SIPALA, P. M.: V. B. Introduzione e guida allo studio dell'opera brancatiana. Storia e antologia della critica. Florenz 1978. – V. B. nella cultura europea. Hg. v. P. M. SIPALA. Syrakus 1987.

Brandanlegende, um 1150 entstandenes mittelfränk. Gedicht, das von den wunderbaren Reiseabenteuern handelt, die der ir. Heilige Brandan auf seiner 9jährigen Jenseitsreise erlebt. Die seit dem 10. Jh. in einer lat. Fassung (›Navigatio Sancti Brendani‹) bekannte, wohl auf kelt. Seefahrergeschichten (›imrama‹) zurückgehende Sage hat sich darauf in einem Zeitraum von etwa 6 Jahrhunderten fast in ganz Europa in volkssprachl. Versionen verbreitet; am Anfang steht der altfrz. ›Voyage de Saint Brendan‹ des Benoit von 1106. Neben der B. gibt es im deutschsprachigen Gebiet u. a. noch eine mitteldt. Bearbeitung aus dem 14. Jh., erhalten sind auch ein Prosavolksbuch und eine Übersetzung durch J. Hartlieb.
Literatur: SCHREIBER, G.: Der ir. Seeroman des Brandan. In: Festschr. Franz Dornseiff zum 65. Geburtstag. Hg. v. H. KOSCH. Lpz. 1953. –

EBEL, U.: Die literar. Formen der Jenseits- u. Endzeitvisionen. In: Grundr. der roman. Literaturen des MA. Bd. 6, 1. Hg. v. H. R. JAUSS. Hdbg. 1968. S. 181. – LEHANE, B.: The quest of three abbots. Pioneers of Ireland's golden age. London 1968.

Brandão, Ignácio de Loyola, brasilian. Schriftsteller, ↑ Loyola Brandão, Ignácio de.

Brandão, Raul Germano [portugies. brɐn'dɐ̯u], * Foz do Douro bei Porto 12. März 1867, † Lissabon 5. Dez. 1930, portugies. Schriftsteller. – Zunächst Offizier, dann Journalist und Schriftsteller; anfangs Naturalist; Novellist und Dramatiker: visionär, abgründig und geheimnisvoll (Einfluß E. A. Poes, F. M. Dostojewskis, E. T. A. Hoffmanns u. a.).
Werke: Impressões e paisagens (Nov.n, 1890), A farsa (Nov., 1903), Os pobres (R., 1906), Húmus (R., 1917), O doido e a morte (Dr., 1923), Teatro (Dramen, 1923), Os pescadores (Tageb., 1923).
Literatur: SCOTTI-ROSIN, M.: Geschichtsbild, Gesellschaftskritik u. Romantechnik R. B.s. Diss. Bochum 1970.

Brandenburg, Hans, eigtl. Bernhard Johannes Alfred B., * Barmen (heute zu Wuppertal) 18. Okt. 1885, † Bingen 8. Mai 1968, dt. Schriftsteller. – Kam 1903 nach München, wo sein Interesse u. a. dem Theater und der Erneuerung des Tanztheaters (›Das neue Theater‹, 1926) galt, Zusammenarbeit mit M. Wigman und R. von Laban; schrieb neben traditionsgebundener Lyrik humorvolle Erzählungen und breit angelegte Romane, die sich mit Zeitfragen, Liebes- und Eheproblemen auseinandersetzten; auch Biographien und Dramen.
Weitere Werke: In Jugend und Sonne (Ged., 1904), Erich Westenkott (R., 1907), Gesang über den Saaten (Ged., 1912), Der moderne Tanz (1913), Das Zimmer der Jugend (R., 1920), Der Sieg des Opfers (Wort- und Tanzspiel, 1921), Pankraz der Hirtenbub (E., 1924), Schicksalsreigen (2 R.e, 1933), Vater Öllendahl (R., 1938), München leuchtet (Erinnerungen, 1953), Im Feuer unserer Liebe (Autobiogr., 1956), Unterm verschleierten Mond (Ged., 1963), Alles um Liebe (En., 1965).

Brandes, Edvard, eigtl. E. Cohen, * Kopenhagen 21. Okt. 1847, † ebd. 20. Dez. 1931, dän. Schriftsteller. – Bruder von Georg B., dessen Ideen er unterstützte; bed. Dramaturg (u. a. ›Dansk skuespilkunst‹, 1880; ›Fremmed skuespilkunst‹, 1881) und Theaterkritiker. Seine Dramen sind weniger bedeutend, obwohl sie die Problematik des Naturalismus bis hin zur äußersten Konsequenz entwickeln.

Brandes, Georg, eigtl. Morris Cohen, *Kopenhagen 4. Febr. 1842, †ebd. 19. Febr. 1927, dän. Literarhistoriker, Kritiker und Biograph. – Studierte Jura und Philosophie; bereiste viele europ. Länder, hielt Vorlesungen in Kopenhagen, lebte einige Jahre in Berlin, erhielt 1902 eine staatl. Professur. B. begann als Positivist, stand unter dem Einfluß von H. Taine, Ch. A. Sainte-Beuve, A. Comte und dem Utilitaristen J. S. Mill. Als tonangebend in der nationalradikalen Bewegung zog er sich den Haß konservativer und kirchl. Kreise zu. Literarisch propagierte er Realismus und Naturalismus, wandte sich gegen die Stagnation im 19. Jh., öffnete Skandinavien den Blick für die europ. Literatur, an die er so den Anschluß ermöglichte. Er gilt noch heute als Urheber der antiklerikalen und internat. Geistesrichtung in Skandinavien. Er wandte sich gegen S. Kierkegaards Auffassung vom Christentum und erkannte früh die Bedeutung F. Nietzsches. B. schrieb Reisebücher über Rußland und Polen; brillant sind seine geistreichen Abhandlungen über Kierkegaard (1877), Lasalle (dt. 1877, dän. 1881), Disraeli (1878), Shakespeare (3 Bde., 1895/96, dt. 1895/96), Goethe (2 Bde., 1914, dt. 1930), Voltaire (2 Bde., 1916/17, dt. 1923), Cäsar (2 Bde., 1918, dt. 1925), Michelangelo (1921, dt. 1924) u. a.

Weitere Werke: Die Hauptströmungen der europ. Literatur des 19. Jh. (6 Bde., 1872–90, dt. 1872–96), Danske personligheder (Essays, 1889), Menschen und Werke (Essays, dt. 1894), Dt. Persönlichkeiten (1901, dt. 1924).

Ausgaben: G. B. Ausgew. Schrr. Dt. Übers. Lpz. 1900. 9 Bde. – G. B. Ges. Schrr. Dt. Übers. Mchn. 1902–07. Bd. 1–9 u. 20 (m. n. e.).

Literatur: IPSEN, A.: G.B., en bog om ret og uret. Kopenhagen 1902–03. 3 Bde. – NATHANSEN, H.: Jude oder Europäer. Porträt v. G. B. Übers. v. E. MAGNUS. Ffm. 1931. – FENGER, H.: Den unge B., miljø, venner, rejser, kriser. Kopenhagen 1957. – BREDSDORFF, E.: Henrik Pontoppidan og G. B. Kopenhagen 1964. 2 Bde. – HERTEL, H. C./MØLLER KRISTENSEN, S.: Den politiske G. B. Kopenhagen 1973. – RUE, H.: Om G. B. Kopenhagen 1973. – MØLLER KRISTENSEN, S.: G. B. Kitikeren, liberalisten, humanisten. Kopenhagen 1980. – PHILIPP, G.: Den ukendte G. B. Kopenhagen 1982.

Brandstaetter, Roman [poln. 'brantstɛtɛr], *Tarnów 3. Jan. 1906, †Posen 28. Sept. 1987, poln. Schriftsteller. – Stammte aus der jüd. Intelligenz, konvertierte zum Katholizismus, im 2. Weltkrieg in der Sowjetunion, im Iran und in Palästina, 1947/48 Kulturattaché in Rom; begann mit Gedichten, bekannter jedoch als Dramatiker, v. a. durch das Stück ›Das Schweigen‹ (1957, dt. 1961), das die moral. Probleme im Sozialismus zum Thema hat; Übersetzer Shakespeares und der Psalmen.

Weitere Werke: Der Weg nach Assisi. Meditationen aus Schmerz und Frieden (1947, dt. 1959), Powrót syna marnotrawnego (= Die Rückkehr des verlorenen Sohnes, Dr., 1948), Die Leute vom toten Weinberg (Dr., UA 1957, dt. 1958), Das Lied von meinem Christus (Ged., 1960, dt. 1961), Der Tag des Zorns (Dr., 1962, dt. 1964), Jezus z Nazarethu (R., 4 Bde., 1967–73), Assisi war ein neuer Anfang (Prosa, 1976, dt. 1982).

Alois Brandstetter

Brandstetter, Alois, *Pichl bei Wels, (Oberösterreich) 5. Dez. 1938, österr. Schriftsteller und Literarhistoriker. – Studierte Geschichte und Germanistik in Wien. 1972–74 Prof. in Saarbrücken, seit 1975 in Klagenfurt. Autor von satir. Romanen und Erzählungen, in denen meist ein Außenstehender auf humorist. Weise das Geistes- und Gesellschaftsleben Österreichs nach 1945 kommentiert.

Werke: Zu Lasten der Briefträger (R., 1974), Der Leumund des Löwen (En., 1976), Die Abtei

(R., 1977), Vom Schnee der vergangenen Jahre (En., 1979), Die Mühle (R., 1981), Über den grünen Klee der Kindheit (Erinnerungen, 1982), Altenehrung (R., 1983), Die Burg (R., 1986), Kleine Menschenkunde (Essays, 1987), Vom Manne aus Eicha (R., 1991), Vom Hörensagen. Eine poet. Akustik (1992), Almträume (E., 1993).

Brandt, Geeraerdt, *Amsterdam 25. Juli 1626, † Rotterdam 12. Okt. 1685, niederl. Dichter und Geschichtsschreiber. – Sein den Hamletstoff behandelndes Greuelstück ›De veinzende Torquatus‹ (1644) wurde in Amsterdam mit großem Erfolg aufgeführt; B. schrieb auch Epigramme und Biographien (von P. C. Hooft und J. van den Vondel), kirchenhistor. Werke.

Brandt, Jørgen Gustava, *Kopenhagen 13. März 1929, dän. Schriftsteller. – Seit 1969 Mitglied der Dän. Akademie; vielseitiges Werk, charakterisiert durch Humor, Ironie und vitale Sprachgewalt. Oft sind Alltag und irreale Regionen auf myst. Weise miteinander verbunden; schrieb als Mitglied des ›Heretica‹-Kreises (↑dänische Literatur) zunächst symbolistisch-existentielle Lyrik, später konkrete Texte.

Werke: Korn i Pelegs mark (Ged., 1949), Tjørneengen (Ged., 1953), Janushoved (Ged., 1962), Kvinden på Lüneburg Hede (R., 1969), Pink champagne (R., 1973), Jatharam (Ged., 1976), Ophold (Ged., 1977), Københavnerluft (Nov., 1977), Afmagt (Ged., 1977), By (Ged., 1983), Saften og døden (Ged., 1984), Sangbog (Ged., 1984).

Brandt, Willem, eigtl. Willem Simon Brand Klooster, *Groningen 6. Sept. 1905, † Bussum (Nordholland) 29. April 1981, niederl. Dichter. – In seinen Gedichten kommt seine enge Verbundenheit mit Indonesien (1927–55 dort Journalist), zum Ausdruck; später befaßte er sich mit existentialist. Lebensproblemen.

Werke: Tropen (Ged., 1938), Twe vaderlanden (Ged., 1954), Tussen steen en bamboe (Ged., 1956), Wildernis (Ged., 1962), Verzamelde gedichten (1965), De gedichten van een vrijmetselaar (1974), Het land van terugkomst (Ged., 1976).

Brandys, Kazimierz, *Łódź 27. Okt. 1916, poln. Schriftsteller. – 1946 Mitarbeiter in der Redaktion der ›Kuźnica‹ (= Schmiede), 1956–60 im Redaktionskomitee der ›Nowa Kultura‹ (= Neue Kultur); seit 1984 in Paris; behandelt in

seinen Werken Probleme des Kriegs und der Nachkriegszeit in Polen, später auch der Intelligenz.

Werke: Miasto niepokonane (= Die unbesiegte Stadt, E., 1946), Między wojnami (= Zwischen den Kriegen, R.-Tetralogie, 1948–51; davon dt. 4. Bd.: Der Mensch stirbt nicht, 1955), Die Verteidigung Granadas (E., 1956, dt. 1959), Die Mutter der Könige (R., 1957, dt. 1959), Briefe an Frau Z., Erinnerungen aus der Gegenwart 1957–61 (3 Tle., 1958–62, dt. 1965; fortgesetzt durch Joker, 1966, dt. 1968, und: Der Marktplatz, 1968, dt. 1971), Die Art zu leben (R., 1963, dt. 1970), Variationen in Briefen (R., 1972, dt. 1975), Der Einfall (R., 1974, dt. 1990), Miesiące (= Monate, Tageb., 4 Tle., Paris 1981–87, z. T. dt. 1984 u. d. T. Warschauer Tagebuch. Die Monate davor. 1978–1981), Rondo (R., 1982, dt. 1988).

Literatur: ZIOMEK, J.: K. B. Warschau 1964.

Brandys, Marian, *Wiesbaden 25. Jan. 1912, poln. Schriftsteller. – Bruder von Kazimierz B.; verfaßte literar. Skizzen und Reportagen (›Begegnungen in Italien‹, 1949, dt. 1953) sowie histor. Prosa (›Koniec świata szwoleżerów‹ [= Das Ende der Welt der leichten Reiter], 5 Tle., 1972–79).

Weiteres Werk: Maria Walewska, Napoleons große Liebe (histor. Biogr., 1969, dt. 1971).

Branislav, František [tschech. 'branjislaf], *Beroun 19. Juni 1900, † Komořany bei Prag 25. Sept. 1968, tschech. Lyriker. – Pflegte außer sozialist. Lyrik auch die nuancierte, stimmungsvolle, unideolog. [Natur]lyrik; während des 2. Weltkrieges patriot. Gedichte. Dt. erschienen 1962 die Kindergedichte ›Musikanten, eilt herbei ...‹ (1960).

Weiteres Werk: Milostný nápěv (= Liebesmelodie, Ged., 1951).

Branner, Hans Christian [dän. 'bran'ər], *Kopenhagen 23. Juni 1903, †ebd. 24. April 1966, dän. Schriftsteller. – Studierte Philosophie, war Verlagsangestellter, dann freier Schriftsteller. Er schrieb Romane, Novellen, Bühnenstücke und Hörspiele; verfaßte psycholog. Romane, die den Menschen in seiner Einsamkeit und Angst zeigen; daneben auch humorvolle und iron. Erzählungen. Bes. gelangen ihm Kindergestalten, deren Verhältnis zur Welt der Erwachsenen er präzis erfaßt.

Werke: Ein Dutzend Menschen (R., 1936, dt. 1938), Regen in der Nacht (Hsp., 1937, dt. 1937), Traum um eine Frau (R., 1941, dt. 1948), Die

Geschichte von Borge (R., 1942, dt. 1948), Rote Pferde im Schnee (Nov., 1944, dt. 1971), Angst (Nov., 1947), Der Reiter (R., 1949, dt. 1957), Søskende (Schsp., 1952), Erzählungen (dt. Ausw. 1967).
Literatur: VOSMAR, J.: H. C. B. Kopenhagen 1959. – FREDERIKSEN, E.: H. C. B. Kopenhagen 1966. – OTTOSEN, L.: H. C. B.s tidlige forfatterskab. Kopenhagen 1975. – SKYUM-NIELSEN, E.: Ideologi og æstetik i H. C. B.s sene forfatterskab. Kopenhagen 1980.

Brant, Sebastian, *Straßburg 1457 oder 1458, †ebd. 10. Mai 1521, dt. Schriftsteller. – Studierte Jura in Basel, wo er 1489 zum Doktor beider Rechte promovierte und Dekan der jurist. Fakultät wurde; nach seiner Übersiedlung nach Straßburg Stadtsyndikus und Advokat, von 1503–21 dort Stadtschreiber; persönl. Beziehungen zu Maximilian I. brachten ihm den Titel eines kaiserl. Rates und Pfalzgrafen ein; als volkstüml. Aufklärer nimmt er, der kaisertreu und von der Reformation nicht beeinflußt war, eine Mittlerstelle zwischen der mittelalterl. Weltanschauung und dem Humanismus ein; Zeugnis seiner didakt. Bestrebungen ist sein Hauptwerk, das 1494 in Basel gedruckte ›Narrenschiff‹. Es verfolgte, ganz in der spätmittelalterl. Tradition stehend, eine lehrhafte Tendenz; in 111 einzelnen Gestalten, die an Bord des Narrenschiffes segeln, werden Torheiten und menschl. Unzulänglichkeiten scharf gegeißelt und verurteilt. Das volkstüml. Werk, das sich infolge der Verbindung von Wort und Bild (Einfügung von Holzschnitten) großer Beliebtheit erfreute, gilt als Ausgangspunkt der überaus reichen Narrenliteratur und hat auf Spätere (u.a. Erasmus von Rotterdam, Th. Murner, H. Sachs, J. Fischart, Abraham a Sancta Clara) bed. Einfluß ausgeübt. B. schrieb auch religiöse, politisch-histor. Gedichte, übersetzte (›Facetus‹, 1496; ›Cato‹, 1498) und gab moralisierende Spruchsammlungen heraus.
Weitere Werke: Varia carmina (Ged., 1498), Der Heiligen Leben (1502), Der Freidank (Bearbeitung, 1508), Tugent Spyl (Dr., UA 1512; hg. 1554).
Ausgaben: Narrenschiff. Hg. v. F. ZARNCKE. Lpz. 1854. Nachdr. Darmst. 1973. – Das neue Narrenschiff (Faksimile der Ausg. Straßburg 1496). Hg. v. W. BESCH u.a. Whm. 1981. – S. B. Das Narrenschiff. Nach der Erstausg. ... Hg. v. M. LEMMER. Tüb. ³1986.

Literatur: ZARNCKE, F.: Zur Vorgesch. des Narrenschiffs. Lpz. 1868–71. 2 Tle. – GAIER, U.: Studien zu S. B.s Narrenschiff. Tüb. 1966. – KÖNNEKER, B.: Wesen u. Wandlung der Narrenidee im Zeitalter des Humanismus. B., Murner, Erasmus. Wsb. 1966. – ZEYDEL, E. H.: S. B. New York 1967. – BASCHNAGEL, G.: ›Narrenschiff‹ u. ›Lob der Torheit‹: Zusammenhänge u. Beziehungen. Ffm. u.a. 1979. – KNAPE, J.: S.-B.-Bibliogr. Tüb. 1990. – Sébastien B., 500e anniversaire de la nef des folz. 1494–1994. Ausst.-Kat. Basel 1994.

Brantôme, Pierre de Bourdeille, Seigneur de [frz. brã'to:m], *Bourdeille (Dordogne) um 1540, †Brantôme (Dordogne) 15. Juli 1614, frz. Schriftsteller. – Führte als Soldat und Kammerherr ein abenteuerl. Leben, nahm an den frz. Religionskriegen und Kämpfen u.a. in Italien, Spanien, Portugal teil und lebte zeitweilig auch am frz. Königshof; sein literar. Ruhm knüpft sich an eine Reihe erst 1665/66 veröffentlichter Memoiren, die er ab 1589, nachdem er sich infolge eines schweren Unfalls aus dem öffentl. Leben hatte zurückziehen müssen, schrieb; obwohl sich an seine Werke (›Das Leben der galanten Damen‹, hg. 1665, dt. 1904, erstmals dt. 1850; ›Vies des dames illustres‹, hg. 1665; ›Vies des hommes illustres et des grands capitaines français‹, hg. 1665, u.a.) keine historisch-krit. Maßstäbe anlegen lassen, geben sie doch ein farbiges Bild der zeitgenöss. frz. Gesellschaft.
Ausgabe: P. de Bourdeille, Seigneur de B. Œuvres complètes. Hg. v. L. LALANNE. Paris 1864–82. 11 Bde.
Literatur: COTTRELL, R. D.: B.: The writer as portraitist of his age. Genf 1970. – DE PIAGGI, G.: Società militare e mondo femminile nell'opera di B. Salerno 1970. – GRIMALDI, A.: B. et le sens de l'histoire. Paris 1971.

Brasch, Thomas, *Westow (Yorkshire) 19. Febr. 1945, dt. Schriftsteller. – Sohn des späteren Stellvertretenden Ministers für Kultur der ehem. DDR, Horst B.; in der DDR mehrmals aus polit. Gründen exmatrikuliert, 1968/69 inhaftiert, 1969–72 Arbeit im Bertolt-Brecht-Archiv, danach freier Schriftsteller. Siedelte 1976 nach Berlin (West) über. Von seinen subjektivist. Gedichten, Erzählungen, Theaterstücken und Szenarien erschienen 1977 u.a. ›Vor den Vätern sterben die Söhne‹ (En.), Alltagserfahrungen mit Staat und Menschen in der DDR, und ›Kargo‹. 32. Versuch auf einem untergehenden Schiff aus der eigenen Haut zu kommen‹. Drehte die Spielfilme ›Engel aus Eisen‹ (1981) und ›Domino‹ (1982). **Weitere Werke:** Poesiealbum 89 (Ged., 1975), Die argentin. Nacht (E., 1977), Der Papiertiger (Dr., 1977), Lieber Georg (Dr., 1979), Der schöne 27. September (Ged., 1980), Mercedes (Dr., UA 1983), Der dreibeinige Hund (Essays, 1983), Frauen. Krieg (Hsp., 1989), Liebe Macht Tod oder Das Spiel von Romeo und Julia (1990), Brunke wohnt. Brunke weint. Brunke will was (Ged., 1993). **Literatur:** Arbeitsbuch T. B. Hg. v. M. HÄSSEL u. a. Ffm. 1987.

brasilianische Literatur, die Periode völliger kultureller Abhängigkeit vom Mutterland Portugal erstreckt sich von der Besitznahme Brasiliens ab 1500 bis etwa 1750. Rein informative Funktion hatten im **16. Jahrhundert** die landeskundl. Darstellungen von Manuel da Nóbrega (* 1517, † 1570), Gabriel Soares de Sousa (* 1540, † 1591) u. a. Die erste literarisch bed. Persönlichkeit war der Jesuit J. de Anchieta. Beachtlich wegen seiner Naturschilderungen war das Lobgedicht ›Prosopopeia‹ (1601) von Bento Teixeira (* 1545, † 1618). Bedingt durch die Kämpfe gegen Holländer und Engländer erwachte im **17. Jahrhundert** das Nationalgefühl der Brasilianer. Es schlug sich nieder in der ›História da custódia do Brasil‹ (1627) des Franziskaners Vicente do Salvador (* 1564, † 1636) bis hin zur ›História da América portuguesa‹ (1730) des Jesuiten Sebastião da Rocha Pita (* 1660, † 1738). Das kulturelle Zentrum war während jener Zeit die damalige Hauptstadt Bahia, aus der auch der Wegbereiter des Gongorismus, G. de Matos Guerra stammte. Bahianer waren gleichfalls Manuel Botelho de Oliveira (* 1636, † 1711), dessen Gedichtband ›Música do Parnaso‹ (1705) das erste gedruckte Buch eines brasilian. Lyrikers ist, sowie Nuno Marques Pereira (* 1652, † 1728). Sein allegor. Prosawerk ›Peregrino da América‹ (1728) fand bes. in Portugal weite Verbreitung.

Um die **Mitte des 18. Jahrhunderts** verlagerte sich der kulturelle Brennpunkt in den wirtschaftlich aufstrebenden Diamantendistrikt Minas Gerais. Mit dem *Arcadismo* bzw. der sog. *Escola Mineira*

begann die Epoche der Neutralisierung des portugies. Einflusses und der Orientierung an frz. und italien. Vorbildern. Der Beginn der Bewegung wird mit der Herausgabe der bukolisch anakreont. ›Obras poéticas‹ (1768) von Cláudio Manuel da Costa (* 1729, † 1789) angesetzt. Der überragende Lyriker der Zeit war T. A. Gonzaga. Weitere Lyriker waren Manuel Ignácio da Silva Alvarenga (* 1749, † 1814) und Domingos Caldas Barbosa (* 1740, † 1800). Neben der Lyrik kultivierte der Arcadismo v. a. die ep. Dichtung. J. B. da Gama behandelte in seinem Blankvers-Epos ›O Uruguai‹ (1769) den Kampf der Portugiesen gegen einen von Jesuiten geschürten Indianeraufstand in Uruguay. Das Epos ›Caramurú‹ (1781) des Augustiners Frei José de Santa Rita Durão behandelte die Kolonialgeschichte bis zur Gründung von Rio de Janeiro.

Um **1830,** mit dem Einsatz der **Romantik,** begann die Periode der literar. Unabhängigkeit vom Mutterland. Einer der Begründer der romant. Poesie war D. J. Gonçalves de Magalhães. Den ersten Höhepunkt erlebte die Romantik mit A. Gonçalves Dias. Die Spätromantik konzentrierte sich in São Paulo, zeitweise um den Byron-Zirkel der jurist. Fakultät, die *Sociedade Epicureia.* Hier trafen mehrere Dichter zusammen, denen das Gefühl weltschmerzl. Trauer gemeinsam war. M. A. Álvares de Azevedo, Luís José Junqueira Freire (* 1832, † 1855), Casimiro de Abreu (* 1839, † 1860) und Bernardo José da Silva Guimarães (* 1825, † 1884 [?]). Als Reaktion auf den romant. Subjektivismus entstand die sozial-engagierte *Escola Condoreira.* Ihr Anliegen war die Aufhebung der Sklaverei, das seinen stärksten dichter. Ausdruck in der Lyrik von A. de Castro Alves fand. Mitstreiter für die Emanzipation der Schwarzen war Tobias Barreto (* 1839, † 1889). Im Bereich der erzählenden Prosa wurde die Romantik von der kraftvollen Persönlichkeit des J. M. de Alencar repräsentiert. Neben indianist. Romanen wie ›Der Guarany‹ (1857, dt. 1873) schrieb er histor., regionalist. und – bereits im Zeichen des Realismus – gesellschaftskrit. Romane. Vor Alencar hatte bereits Manuel Antônio de Almeida (* 1830, † 1861) mit seinen ›Memórias de um sargento de milícias‹ (1854/55) den realist. Roman eingeführt. Der beliebteste Roman des 19. Jh. war ›Inocência‹ (1872, dt. 1899) des Visconde de Taunay, eine in realist. Schilderungen eingebettete romant. Liebesgeschichte. Von den **70er Jahren des 19. Jahrhunderts** an entwickelten sich parallel die Strömungen des **Parnassianismus** und **Symbolismus** in der Lyrik, des **Realismus** und **Naturalismus** in Prosa und Theater. Sprachl. und formale Perfektion war das Ideal von Lyrikern wie Teófilo Dias (* 1857, † 1889), Alberto de Oliveira (* 1857, † 1937), R. Correia. Hauptwerk des brasilian. Parnaß war O. Bilacs Gedichtband ›Poesias‹ (1880, erweitert 1902). Die wichtigsten Symbolisten waren J. da Cruz e Sousa und Alphonsus de Guimarães (* 1870, † 1921). Im Bereich der Prosa übernahm A. Azevedo die naturalist. Techniken É. Zolas. Ein wichtiges Zeitdokument war Júlio Ribeiros (* 1845, † 1890) schonungslos offener Roman ›A carne‹ (1888). Außerhalb des Naturalismus nahm der Romancier J. M. Machado de Assis einen überragenden Platz ein.

Zunehmend gewann der Nordosten des Landes an Bedeutung für die Literatur, bes. unter dem Gesichtspunkt, zu einer Wesensbestimmung der *Brasilidade* zu gelangen. Außer den regionalist. Erzählungen ›Wildnis‹ (1896, dt. 1913) von H. Coelho Neto und ›Pelo Sertão‹ (1897) von Alfonso Arinos de Melo Franco (* 1868, † 1916) war der umfangreiche Essay ›Os sertões‹ (1902) von E. da Cunha einer der wichtigsten Beiträge der Zeit zu einer krit. Selbstbesinnung. Auch der Roman ›Canaã‹ (1902) von J. Pereira da Graça Aranha, der die europ. Einwanderung unter dem Aspekt der Akkulturation analysiert, wird als Ausgangspunkt eines neuen Verhältnisses zur nat. Wirklichkeit angesehen.

Von hier führte ein gerader Weg zur kulturellen Revolution des brasilian. **Modernismo,** der 1922 anläßlich der ›Semana de arte moderna‹ von São Paulo mit einem umfassenden Programm in Erscheinung trat. Die Exponenten und Theoretiker der Bewegung waren zunächst M. Morais de Andrade und O. de An-

drade, Lyriker, Romancier, Dramatiker und Hg. der wichtigsten Literaturzeitschrift ›Antropofagia‹. Die Impulse, die vom Modernismo ausgingen, sind noch bis in die Gegenwart zu verspüren. Allerdings begann bald nach 1922 die Aufsplitterung in kleine Gruppen – die bekannteste war der *›Verde-amarelismo‹* des radikalen Nationalisten Plínio Salgado (* 1901, † 1975) – oder die eigenständige Entwicklung einzelner Autoren. Der Lyriker M. Bandeira Filho kam vom Symbolismus und schloß sich mit dem Band ›Libertinagem‹ (1930) endgültig dem Modernismo an. Ronald de Carvalho (* 1893, † 1935) übertrug in dem Gedichtband ›Toda a América‹ (1926) die Ideen des Modernismo auf die Dimensionen ganz Lateinamerikas. Guilherme de Almeida (* 1890, † 1969) bekannte sich mit ›Raça‹ (1925) zur polit. Doktrin Salgados. J. de Lima, der populärste Lyriker Brasiliens, übernahm den Fundus der Traditionen und der Folklore seiner näheren Heimat Alagoas und goß ihn um in moderne Formen. C. Drummond de Andrade verschmolz Ironie mit Gesellschaftskritik und Metaphysik. In reicher Motiv- und Formensprache gestaltete die Lyrikerin C. Meireles das Thema menschl. Schuld und Unzulänglichkeit. Im Gebiet der erzählenden Prosa entstanden mehrere große Romanzyklen über den Werdegang der einzelnen brasilian. Regionen, die durch das soziolog. Werk von G. Freyre angeregt wurden: ›O ciclo da cana de açúcar‹ (1932–43) von J. Lins do Rêgo Cavalcanti (* 1901, † 1957), ›São Bernardo‹ (1934, dt. 1960) von G. Ramos, die Werke von R. de Queiroz und J. Amado sowie ›O tempo e o vento‹ (1949–62) von É. Veríssimo. Ihren bisherigen Höhepunkt erreichte die regionale Thematik in den sprachlich erfindungsreichen Sertão-Romanen und Erzählungen von J. Guimarães Rosa und den experimentierfreudigen, mythisch-dramat. Romanen (›Corpo vivo‹, 1962, dt. 1966; ›Das Fort‹, 1965, dt. 1969) von A. Aguiar Júnior.

Auf dem Gebiet der *Lyrik* formierte sich **ab 1945** die Bewegung des **Neomodernismo,** die sich zunächst v. a. um kosmopolitisch orientierte Erneuerung und formale Strenge bemühte, zunehmend jedoch auch zu sozialkrit. Aussage tendiert. Zu ihren wichtigsten Vertretern gehören Domingos Carvalho da Silva (* 1915), J. Cabral de Melo Neto, Marcos Konder Reis (* 1922), José Paulo Moreira da Fonseca (* 1922), Ledo Ivo, Thiago de Melo (* 1926), J. Ribamar Ferreira Gullar. V. a. in São Paulo entwikkelte sich daneben der von der strukturalist. Linguistik ausgehende **Concretismo,** wobei im Anschluß an die von H. de Campos ins Leben gerufene Gruppe um die Zeitschrift ›Noigandres‹ (1952–56) weitere Gruppen von *Neoconcretistas* entstanden. Repräsentativ für die erzählende *Prosa* der **Gegenwart,** in der die Psychopathologie des Alltags und der zwischenmenschl. Beziehungen mit phantast., grotesken und absurden Elementen verschmilzt, sind die Kurzgeschichten von D. Trevisan oder das von Chaos und Verzweiflung geprägte Weltbild der Romane von C. Lispector. Mit bereits beträchtl. Œuvres sind weitere jüngere Prosaautoren hervorgetreten: L. Fagundes Telles, O. Lins, José Rubem Fonseca (* 1925), A. Dourado, Nélida Piñón (* 1935), I. de Loyola Brandão, M. Scliar, J. U. Ribeiro, M. Souza u. a. Hinter dem internat. Rang, den brasilian. Lyrik, Erzählkunst und Essayistik erreicht haben, blieb das *Theater* zurück, wenn man nicht im Film dessen legitimes Substitut sieht. Zu den namhaftesten Theaterautoren zählen Nelson Rodrigues (* 1913, † 1980), Guilherme de Oliveira Figueiredo (* 1915), und A. Suassuna.

Literatur: ROMERO, S.: História da literatura brasileira. Rio de Janeiro ⁵1953/54. 5 Bde. – SOARES AMORA, A.: História da literatura brasileira: séculos XVI–XX. São Paulo ³1960. – CASTELO, J. A.: A literatura brasileira. São Paulo 1962. – A literatura brasileira. São Paulo 1965–67. 6 Bde. – FONTANA, D. F.: Literatura brasileira. Síntese histórica. São Paulo ²1968. – Lateinamerikan. Lit. der Gegenwart in Einzeldarstt. Hg. v. W. EITEL. Stg. 1978. – FOSTER, D. W./REIS, R.: A dictionary of contemporary Brazilian authors. Tempe (Ariz.) 1981. – PATAI, D.: Myth and ideology in contemporary Brazilian fiction. East Brunswick (N.J.) 1983. – WERNECK SODRÉ, N.: História da impresa no Brasil. São Paulo 1983. – B. L. Materialien. Hg. v. M. STRAUSFELD. Ffm. 1984. – Dictionary of Brazilian literature. Hg. v. I. STERN. New York

1988. – Enciclopédia de literatura brasileira. Hg. v. A. COUTINHO. Rio de Janeiro 1990. 2 Bde. – B. L. der Zeit der Militärherrschaft (1964–1984). Hg. v. D. BRIESEMEISTER. Ffm. 1992. – Studien zur b. L. Hg. v. R.-G. MERTIN u. a. Ffm. 1993.

Brasillach, Robert [frz. brazi'jak], * Perpignan 31. März 1909, † Paris 6. Febr. 1945, frz. Schriftsteller. – Offizierssohn; besuchte die École normale supérieure; als Mitarbeiter von Ch. Maurras und der Zeitschrift ›L'Action Française‹ engagierter Antisemit und Faschist; wurde 1945 als Kollaborateur hingerichtet; schrieb Literaturchroniken und -essays (›Les quatre jeudis‹, 1944) und Romane (›Uns aber liebt Paris‹, 1936, dt. 1953; ›Ein Leben lang‹, 1937, dt. 1938), beeinflußt von J. Giraudoux und Alain-Fournier; als Lyriker und Dramatiker unbedeutend.

Ausgabe: Œuvres complètes de R. B. Hg. v. H. BARDÈCHE. Paris 1963–66. 12 Bde.

Literatur: KUNNAS, T.: Drieu La Rochelle, Céline, B. et la tentation fasciste. Paris 1972. – ORY, P.: Les collaborateurs: 1940–1945. Paris 1977. – QUADFLIEG, H.: R. B. und das Theater. Diss. Bonn 1977. – ZIMMERMANN, H.: Littérature et fascisme. Le destin posthume de R. B. In: Romanist. Zs. für Literaturgesch. 5 (1981), S. 340. – BRASSIÉ, A.: R. B. ou Encore un instant de bonheur. Paris 1987. – LOUVRIER, P.: B., l'illusion fasciste. Paris 1989. – PELLICIER, P.: B. ... le maudit. Paris 1989.

Brătescu-Voineşti, Ion Alexandru [rumän. brə'teskuvoi̯'neʃtj], * Tîrgovişte 1. Jan. 1868, † Bukarest 14. Dez. 1946, rumän. Schriftsteller. – Jurist und Politiker; Verfasser von psycholog. Erzählungen mit zeitkrit. Tendenz.

Werke: În lumea dreptăţii (En., 1906), Întuneric şi lumină (En., 1912).

Literatur: ZACIU, M.: I. A. B.-V. In: Viaţa Romînească 9 (1956), S. 173.

Brątny, Roman, eigtl. R. Mularczyk, * Krakau 5. Aug. 1921, poln. Schriftsteller. – War am Warschauer Aufstand beteiligt; seit 1963 Redakteur der Zeitschrift ›Kultura‹; veröffentlichte Gedichte (u. a. ›Pogarda‹ [= Verachtung], 1944), Romane, in denen er v. a. aktuelle Probleme behandelt (›Trzech w linii prostej‹ [= Drei in einer geraden Linie], 1970), Drehbücher und Essays. Dt. erschienen die Romane ›Kolumbus Jahrgang 20‹ (3 Bde., 1957, dt. 1961), ›Die Hunde‹ (1977, dt. 1983).

Weitere Werke: Rok w trumnie (= Ein Jahr im Sarg, E., 1983), cdn (= Fortsetzung folgt, R., 1986).
Literatur: NAWROCKI, W.: B. Warschau 1972.

Braumann, Franz, * Seekirchen (Land Salzburg) 2. Dez. 1910, österr. Schriftsteller. – Bauernsohn; Lehrer, Volksschuldirektor in Köstendorf, seit 1961 freier Schriftsteller; schrieb lebendige, naturnahe, alpenländ. Bauern- und Heimatromane; auch Lyriker und Erzähler von Märchen und Sagen; schrieb viele Jugendbücher, v. a. Abenteuerromane, die zum großen Teil auf authent. Material beruhen, u. a. ›Ritt nach Barantola‹ (1958), für den er den Österr. Staatspreis für Kinder- und Jugendliteratur 1958 erhielt.
Weitere Werke: Friedl und Vroni (R., 1932), Gold in der Taiga (E., 1957), Tal der Verheißung (Jugendb., 1960), Die schwarzen Wasser von Anahim (E., 1962, Neuausg. 1983 u. d. T. Die Feuer der Wildnis), Qumran, Tal der Geheimnisse (E., 1964), Unternehmen Paraguay (R., 1967), Der weiße Tiger (En., 1972), Das Haus über dem See (R., 1978), Aufstieg zum Dach der Welt (E., 1982), Alpenländ. Sagenreise (Geschichten, 1989), Glück des Reisens (Reiseberichte, 1992).

Braun, Andrzej, * Łódź 19. Aug. 1923, poln. Schriftsteller. – Redakteur bei der Zeitschrift ›Nowa Kultura‹; Korrespondent in China; Verfasser von Romanen, Erzählungen, Reportagen und Gedichten; Vertreter des Antistalinismus, v. a. mit dem Roman ›Die gepflasterte Hölle‹ (1957, dt. 1958).
Weitere Werke: Szramy (= Wunden, Ged., 1948), Zdobycie nieba (= Die Eroberung des Himmels, E., 1964), Bunt (= Der Aufstand, R., 1976), Rzeczpospolita chwilowa (= Die zeitweilige Republik, R., 1982).

Braun, Felix, * Wien 4. Nov. 1885, † Klosterneuburg 29. Nov. 1973, österr. Lyriker, Erzähler und Dramatiker. – Studierte Germanistik und Kunstgeschichte; befreundet mit H. von Hofmannsthal; 1939 Emigration nach England, 1951–63 Dozent am Reinhardt-Seminar in Wien. Als Lyriker dem Wiener Impressionismus, als Dramatiker hes F. Grillparzer verpflichtet; charakteristisch ist die christlich-konservative Grundhaltung; auch Essayist, Übersetzer und Hg. von Anthologien.
Werke: Gedichte (1909), Der Schatten des Todes (R., 1910), Tantalos (Trag., 1917), Die Hei-

lung der Kinder (En., 1925), Agnes Altkirchner (R., 1927), Kaiser Karl V. (Trag., 1936), Der Stachel in der Seele (R., 1948), Das Licht der Welt (Autobiogr., 1949), Die Eisblume (Essays, 1955), Orpheus (Trag., 1961), Das weltl. Kloster (En., 1965), Das Nelkenbeet (Ged., 1966).
Literatur: F. B. zum 80. Geburtstag. Einf. v. I. EMICH. Wien 1966. – DENCKER, K. P.: Literar. Jugendstil im Drama... Studien zu F. B. Wien 1971.

Braun, Lily, geb. von Kretschmann, * Halberstadt 2. Juli 1865, † Berlin 8. Aug. 1916, dt. Schriftstellerin. – Mitarbeiterin an sozialdemokrat. Zeitschriften und führend in der dt. Frauenbewegung tätig; Mitglied der SPD. Neben Romanen und Dramen, die über ihre Zeit hinaus kaum Bedeutung haben, steht ihr Memoirenwerk, das v. a. als Zeugnis der Zeit wichtig ist.
Werke: Die Frauenfrage, ihre geschichtl. Entwicklung und ihre wirtschaftl. Seite (1901), Im Schatten der Titanen (Memoiren, 1908), Memoiren einer Sozialistin (2 Bde., 1909–11), Mutter Maria (Trag., 1913), Lebenssucher (R., 1915).
Ausgabe: L. B. Ges. Werke. Bln. 1923. 5 Bde.
Literatur: VOGELSTEIN, J.: L. B. Bln. 1922. – BORKOWSKI, D.: Rebellin gegen Preußen. Das Leben der L. B. Ffm. 1985.

Braun, Mattias, * Köln 4. Jan. 1933, dt. Schriftsteller. – Lebt in Österreich; trat v. a. als Bühnenautor hervor. Antike Dramen (›Die Troerinnen‹, UA 1957; ›Medea‹, UA 1958; ›Die Perser‹, 1961) bearbeitete er zeitgemäß. Seine Dramen stehen denen B. Brechts nahe.
Weitere Werke: Ein Haus unter der Sonne (Hsp., 1953; Dr., UA 1954), Plädoyer (Dr., UA 1954), Die Frau des Generals (Dr., UA 1954), Der Teufel stiehlt kein Bein (Kom., UA 1962), Die Komödie von Reineke Fuchs (UA 1965), Elektras Tod (Dr., 1970), Elisabeth Tudor (Dr., 1972).

Braun, Volker, * Dresden 7. Mai 1939, dt. Schriftsteller. – Zunächst Drucker, Tiefbauarbeiter; nach Philosophiestudium Mitarbeiter am Berliner Ensemble; Lyriker, Erzähler und Dramatiker; schreibt über gesellschaftspolit. Themen in der sozialist. Gesellschaft; wesentlich ist die Suche nach demjenigen Ort, an dem der einzelne leben und sich engagieren kann; erhielt 1992 den Schiller-Gedächtnispreis des Landes Baden-Württemberg.
Werke: Provokation für mich (Ged., 1965), Kipper Paul Bauch (Dr., 1966, 1972 u. d. T. Die Kip-

per), Hinze und Kunze (Dr., UA 1968), Das ungezwungene Leben Kasts. Drei Berichte (1972), Gegen die symmetr. Welt (Ged., 1974), Es genügt nicht die einfache Wahrheit. Notate (1975), Tinka (Dr., 1975), Unvollendete Geschichte (E., 1975), Guevara oder der Sonnenstaat (Schsp., UA 1977), Training des aufrechten Gangs (Ged., 1979), Großer Frieden (Schsp., 1979), Simplex Deutsch (Schsp., 1980), Dmitri (Dr., UA 1982), Hinze-Kunze-Roman (1985), Transit Europa (Dr., 1987), Die Übergangsgesellschaft (Dr., 1987), Böhmen am Meer (Dr., 1992).

Volker Braun

Literatur: ROSELLINI, J.: V. B. Mchn. 1983. – PROFITLICH, U.: V. B. Stg. u. Mchn. 1985.

Braunburg, Rudolf, *Landsberg (Warthe) 19. Juli 1924, dt. Schriftsteller. – Kriegsteilnahme als Pilot, bis 1955 Lehrer, 1956–79 Flugkapitän. Fast alle seine Unterhaltungsromane und Erzählungen spielen in der Welt des Fliegens; auch Sach- und Jugendbücher.
Werke: Dem Himmel näher als die Erde (R., 1957), Zwischenlandung (R., 1970), Nachtstart (R., 1977), Kennwort Königsberg (R., 1980), Massurengold (R., 1981), Ein Leben auf Flügeln (Autobiogr., 1981), Die schwarze Jagd (R., 1983), Menschen am Himmel (R., 1985), Rauschende Brunnen (R., 1986), Hinter Mauern (R., 1989), En Route. Autobiographie eines Fliegers (1990), Das Kranichopfer (E., 1991).

Bräunig, Werner, *Chemnitz 12. Mai 1934, † Halle/Saale 14. Aug. 1976, dt. Schriftsteller. – War nach seiner Schlosserlehre in verschiedenen Berufen tätig, u.a. Bergarbeiter und Journalist. Erzähler, Lyriker, Hör- und Fernsehspielautor, der sich dem >Bitterfelder Weg< in der Darstellung sozialist. Wirklichkeit verpflichtet fühlte, was ihn allerdings nicht vor offizieller Kritik schützte; Auseinandersetzung mit Alltagsproblemen, die sich aus dem Übergang zum Sozialismus ergeben.
Werke: Für eine Minute (Ged., 1960; mit H. Salomon), In diesem Sommer (En., 1960), Prosa schreiben (Essays, 1968), Gewöhnl. Leute (En., 1969), Ein Kranich am Himmel. Unbekanntes und Bekanntes (hg. 1981).

Brautigan, Richard [engl. 'brɔːtɪgən], *Tacoma (Wash.) 30. Jan. 1935, † Bolinas (Calif.) im Sept. (am 25. Okt. aufgefunden) 1984, amerikan. Schriftsteller. – Erste Gedichte im Kreis der Beat-Lyriker (A. Ginsberg, L. Ferlinghetti u. a.) in San Francisco ab 1954; begründete seinen Ruhm durch seine Romane in den 60er Jahren, die ihn zur Kultfigur der Hippie-Bewegung machten; fand deshalb auch wenig Beachtung bei der akadem. Literaturkritik. Mit seinen collageartigen, fragmentar. Erzählungen, die die amerikan. Geschichte (>Ein konföderierter General aus Big Sur<, 1964, dt. 1979), Mythen (>Forellenfischen in Amerika<, 1967, dt. 1971) und Lebensformen (>In Wassermelonen Zucker<, 1968, dt. 1970) parodieren, kreierte er einen neuen Erzählstil, in dem traditionelle Strukturen wie Charakter und Handlung lyrisch aufgelöst werden. Sein Interesse für Zen-Buddhismus inspirierte sein Spätwerk (>Sombrero fallout: A Japanese novel<, R., 1976; >The Tokyo-Montana express<, Prosa-Ged., 1980; >So the wind won't blow it all away<, R., 1982) vor seinem Freitod.
Weitere Werke: Die Pille gegen das Grubenunglück von Springhill und 104 andere Gedichte (1968, dt. 1980), Die Abtreibung. Eine histor. Romanze 1966 (R., 1971, dt. 1985), Die Rache des Rasens, Geschichten 1962–1970 (1971, dt. 1978), Das Hawkline-Monster. Ein seltsamer Western... (1974, dt. 1986), Willard und seine Bowlingtrophäen. Ein perverser Kriminalroman (R., 1975, dt. 1980), Träume von Babylon. Ein Detektivroman (1977, dt. 1983).
Literatur: CHÉNETIER, M.: R. B. London 1983. – FOSTER, E. H.: R. B. Boston (Mass.) 1983. – GROSSMANN, C.: R. B. Pounding at the gates of American literature. Unterss. zu seiner Lyrik u. Prosa. Hdbg. 1986.

Brautlacht, Erich, *Rheinberg (Rheinland) 5. Aug. 1902, † Kleve 28. Dez. 1957, dt. Schriftsteller. – Studierte Jura; zuletzt Amtsgerichtsrat in Kleve. In seinen Erzählungen und Romanen schildert B. seine niederrhein.

Heimat und ihre Menschen; humorvolle, liebenswürdige Darstellung.

Werke: Die Pöppelswycker (Nov.n, 1928), Das Testament einer Liebe (R., 1936, 1940 u.d.T. Das Vermächtnis einer Liebe), Meister Schure (R., 1939), Der Spiegel der Gerechtigkeit (En., 1942), Das Beichtgeheimnis (R., 1956), Versuchung in Indien. Der Fall Warren Hastings (R., hg. 1958).

Brautwerbungssagen, Sagen, bei denen das Motiv der Brautwerbung im Mittelpunkt steht. Dabei wird meist eine streng abgeschirmte Fürstentochter durch einen vornehmen Freier umworben. Das Thema der Brautwerbung war in der zweiten Hälfte des 12. und im 13. Jh. sehr beliebt, z. B. in der sogenannten ↑ Spielmannsdichtung (›König Rother‹, entst. um 1150), teils auch im Heldenepos (›Kudrun‹, entst. im 13. Jh.). Wenn nach abgewiesener Brautwerbung eine Entführung erfolgt, spricht man von **Entführungssagen.**
Literatur: MERTENS, V., u. a.: Brautwerbungsepos, Brautwerbungsmotiv. In: Lex. des MA. Bd. 2. Mchn. u. Zü. 1983.

Bråvallaschlachtlied ['bro:vala], wahrscheinlich im 11. Jh. entstandenes, im 12. Jh. neu bearbeitetes altnord. Lied, das nur in späteren Prosaschriften überliefert ist; schildert die angebl. Schlacht zwischen Schweden und Gauten gegen Ende der Völkerwanderungszeit, möglicherweise aber auch einen myth. Kampf. Das B. wurde 1900 u. d. T. ›Bravalla-Lied‹ ins Deutsche übersetzt.

Brawe, Joachim Wilhelm Freiherr von, * Weißenfels 4. Febr. 1738, † Dresden 7. April 1758, dt. Bühnenschriftsteller. – Schrieb 1757, von G. E. Lessing gefördert, das bürgerl. Trauerspiel ›Der Freygeist‹ (gedr. 1758) sowie das histor. Trauerspiel ›Brutus‹ (gedr. 1768), in dem B. erstmals in einem dt. Drama den reimlosen fünffüßigen Jambus verwendete.

Braxatoris, Andrej, slowak. Dichter, ↑ Sládkovič, Andrej.

Brazdžionis, Bernardas [litauisch braz'dʒjo:nɪs], * Stebeikeliai 2. Febr. 1907, litauischer Dichter. – Bis 1944 in Kaunas Leiter des Maironis-Museums; nach vorübergehenden Aufenthalten in Deutschland und Österreich lebt B. in den USA; seine vom Symbolismus beeinflußte Lyrik ist Ausdruck von B.' bibel-

gläubiger Grundhaltung; häufiges Motiv ist die Sehnsucht des Menschen nach Gott in der Gestalt des alttestamentl. Jahwe. B. schrieb auch für Kinder und patriot. Dichtung.

Brazil, Felix ['bra:zi:l], Pseudonym des dt. Lyrikers Wilhelm ↑ Klemm.

Breban, Nicolae [rumän. bre'ban], * Baia Mare 1. Febr. 1934, rumän. Schriftsteller. – War 1970–73 Chefredakteur der Zeitschrift ›România literară‹; lebt heute in Frankreich. Verbindet in seinen großangelegten Romanen die detaillierte Milieubeschreibung (bes. der rumän. Provinz) mit einer scharfen, ins Unbewußte dringenden Personenanalyse. Altersbedingte Verfallserscheinungen und kindl. Triebe (›În absența stapînilor‹ [= In Abwesenheit der Herren], 1966), Homosexualität und Mystifikationslust (›Kranke Tiere‹, 1968, dt. 1973), die Liebe als Ich-gefährdende Macht (›Îngerul de ghips‹ [= Der Gipsengel], 1973), die Mittelmäßigkeit als Bedingung der Herrschsucht (›Bunavestire‹ [= Verkündigung], 1977) gehören zu seinen bevorzugten Themen.

Brébeuf, Georges de [frz. bre'bœf], * Sainte-Suzanne-sur-Vire oder Thorigny (Calvados) 1618, † Venoix bei Caen 1661, frz. Dichter. – Befreundet mit P. Corneille; schrieb geistreich-preziöse Lyrik, burleske Werke (›L'Énéide de Virgile en vers burlesques‹, 1650; ›Lucain travesty en vers enjouez‹, 1656) und religiöse Gedichte (›Entretiens solitaires‹, 1660); wurde v. a. berühmt durch seine Versübertragung von Lukans' ›Pharsalia‹ (1654).

Brechbühl, Beat, * Oppligen (Kanton Bern) 28. Juli 1939, schweizer. Schriftsteller. – Arbeitete zunächst als Setzer und Verlagshersteller, gründete 1987 einen Verlag; seit 1971 freier Schriftsteller; auch Graphiker. Schreibt gesellschaftskrit. Gedichte sowie Romane mit individualist. und skurrilen Elementen; auch Kinderbücher und Hörspiele. Seit 1993 Präsident des Deutsch-schweizer. P.E.N.-Zentrums.
Werke: Spiele um Pan (Ged., 1962), Lakon. Reden (Ged., 1965), Kneuss (R., 1970), Nora und der Kümmerer (R., 1974), Mörmann und die Ängste des Genies (R., 1976), Geschichten vom

Schnüff (Kinderb., 1976), Traumhämmer (Ged., 1977), Schnüff, Maria und 10 Paar Bratwürste (Kinderb., 1982), Temperatursturz (Ged., 1984), Die Glasfrau u. a. merkwürdige Geschichten (1985), Dschingis, Bommel und Tobias (Kinderb., 1986), Liebes Ungeheuer Sara (R., 1991).

Brecht, Arnolt, Pseudonym des dt. Schriftstellers Artur † Müller.

Brecht, Bert[olt], eigtl. Eugen Berthold Friedrich B., * Augsburg 10. Febr. 1898, † Berlin 14. Aug. 1956, dt. Schriftsteller und Regisseur. – Erste literar. Schreibversuche seit 1913; studierte in München einige Semester Literatur und Medizin; 1922 wurde erstmals ein Stück von ihm aufgeführt (›Trommeln in der Nacht‹, entst. 1919, gedr. 1922), und sein erstes Buch wurde veröffentlicht (›Baal‹, entst. 1918/19); zeitweise Theaterkritiker (für das Augsburger USPD-Blatt ›Der Volkswille‹) und Dramaturg; seit 1924 ständig in Berlin, zunächst bei Max Reinhardt, dann freier Schriftsteller und Regisseur; arbeitete gelegentlich auch für Film und Funk. 1933 Emigration; lebte u. a. in der Schweiz, in Dänemark (1933–39), wo er (mit W. Bredel und L. Feuchtwanger) Hg. der in Moskau erscheinenden Zeitschrift ›Das Wort‹ war, Schweden, Finnland, in den USA (1941–47); 1949 endgültige Rückkehr nach Berlin (Ost), wo er mit seiner Frau, der Schauspielerin Helene Weigel (* 1900, † 1971), die Theatergruppe ›Berliner Ensemble‹ gründete und zu Weltruhm führte; diese prakt. Theaterarbeit wurde auch nach B.s Tod von seiner Witwe und seinen Schülern erfolgreich fortgesetzt. B. gehört als teils realist., teils satirisch-grotesker Erzähler, Lyriker, Balladen- und Moritatendichter, v. a. aber als Theatertheoretiker und Dramatiker (›Stückeschreiber‹) nicht zu den bedeutendsten und vielseitigsten, sondern auch zu den einflußreichsten Autoren des 20. Jahrhunderts. Bes. bestimmend für sein Leben und Schaffen wurde die Erfahrung des 1. Weltkrieges, die ihn zum erbitterten Kriegsgegner machte, und die allmähl. Hinwendung zum Marxismus (ab 1926). Politisch umstritten, versuchte B. immer bewußter, seine Dichtung in den Dienst der kommunist. Weltanschauung zu stellen, ohne aber selbst je der Partei beizutreten.

Bert[olt]
Brecht

Sein Schaffen entwickelte sich vom rauschhaft bejahten Nihilismus und Individualismus der Frühwerke mit ihrer farbigen Realitätsfülle – z. B. ›Baal‹, ›Im Dickicht der Städte‹ (entst. 1921–24, gedr. 1927), ›Mann ist Mann‹ (entst. 1924–26, gedr. 1926), ›Die Dreigroschenoper‹ (entst. 1928, gedr. 1929) – zum Glauben ans Kollektiv und zur strengen Disziplin der sog. ›Lehrstücke‹ – z. B. ›Die Maßnahme‹ (entst. 1929/30, gedr. 1931), ›Die hl. Johanna der Schlachthöfe‹ (entst. 1929–31, gedr. 1932), ›Die Mutter‹ (nach Gorki; entst. 1931/32, gedr. 1933) –, um schließlich zu dramen der Exilzeit – z. B. ›Leben des Galilei‹ (1. Fassung entst. 1938/39, 3. Fassung gedr. 1957), ›Mutter Courage und ihre Kinder‹ (entst. 1939, gedr. 1949), ›Herr Puntila und sein Knecht Matti‹ (entst. 1940, gedr. 1950), ›Der gute Mensch von Sezuan‹ (entst. 1938–41, gedr. 1953), ›Der kaukas. Kreidekreis‹ (entst. 1944/1945, gedr. 1954) – diese Gegensätze in dichterisch vollendeter Synthese zu versöhnen. Der Zwiespalt zwischen menschl. Freiheit und sozialer Gerechtigkeit, Glücksverlangen des einzelnen und Notwendigkeit des Opfers ist das Grundproblem, um das B. ständig kreist. Seine äußerst bühnenwirksamen Gestalten, zumeist arme Leute, zeichnet er bald deftig, bald zart, stets aber prall von Leben und mit jener faszinierend-aggressiven Mischung aus Anglizismen, Latinismen, süddt. Umgangssprache, Lutherbibel und Parodistischem, die den B.-Ton so unverwechselbar macht. Fast gleichzeitig mit den Stücken entstand die Theorie des sog. ›ep. [später auch dialekt.] Theaters‹ – Hauptwerke: ›Der Messingkauf‹ (entst. 1939/40, gedr. 1963) und ›Kleines Organon für das Theater‹ (entst. 1948, gedr. 1954) –, die auf die Aktivierung des Zuschauers durch Erkenntnis zielt und deren Schlüsselbegriff die vieldiskutierte Verfremdung (›V-Effekt‹) ist. B., der als Dramatiker u. a. mit L. Feuchtwanger, E. Piscator, C. Neher, K. Weill, P. Dessau und H. Eisler zusammenarbeitete und z. T. auch selber komponierte, schrieb außer Lyrik – z. B. ›Hauspostille‹ (1927), ›Svendborger Gedichte‹ (1939) – auch Romane, Kurzgeschichten, ›Kalendergeschichten‹ (1949), Hörspiele, Dialoge, Pamphlete, lehrhafte Prosa, ein Ballett (›Die sieben Todsünden [der Kleinbürger]‹, entst. 1933, gedr. 1959), ein fragmentar. Oratorium (›Dt. Misere‹, entst. 1944–47; mit P. Dessau) u. a.; Vorbilder und Vorlagen entnahm er der gesamten Weltliteratur; viele Bearbeitungen, so v. a. das ›Leben Eduards des Zweiten von England‹ nach Ch. Marlowe (1924; mit L. Feuchtwanger), erheben sich zum Rang eigenständiger Schöpfungen; besondere Beachtung verdienen auch die postum veröffentlichten ›Schriften zur Literatur und Kunst‹ (1966), die ›Schriften zur Politik und Gesellschaft‹ (1968) sowie die aufschlußreichen ›Texte für Filme‹ (1969). 1922 wurde B. für seine Stücke ›Trommeln in der Nacht‹, ›Baal‹ und ›Im Dickicht‹ mit dem Kleist-Preis ausgezeichnet; zahlreiche weitere Ehrungen folgten.

Weitere Werke: Aufstieg und Fall der Stadt Mahagonny (Oper, 1929, mit K. Weill), Dreigroschenroman (1934), Furcht und Elend des Dritten Reiches (Szenenfolge, entst. 1934–38, gedr. 1945), Die Geschäfte des Herrn Julius Caesar (R.-Fragment, entst. 1938/39, gedr. 1957), Das Verhör [später: Die Verurteilung] des Lukullus (Hsp., 1940; Oper 1951, mit P. Dessau), Flüchtlingsgespräche (Dialoge, entst. hpts. 1940/41, gedr. 1961), Der aufhaltsame Aufstieg des Arturo Ui (Dr., entst. 1941, gedr. 1957), Die Gesichte der Simone Machard (Dr., entst. 1942/43, gedr. 1956), Die Tage der Commune (Dr., entst. 1948/49, gedr. 1957), Turandot oder Der Kongreß der Weißwäscher (Dr., entst. 1953/54, gedr. 1967).

Ausgaben: B. B. Versuche. Ffm. 1977. 4 Bde. – B. B. Tagebücher 1920–22. Autobiograph. Aufzeichnungen 1920–54. Hg. v. H. RAMTHUN. Ffm. 1979. – B. B. Briefe. Hg. v. G. GLAESER. Ffm.

1981. 2 Bde. – Werke. Hg. v. W. HECHT u. a. Bln. u. a. 1988 ff. Auf 30 Bde. ber., bisher 22 Bde. erschienen.
Literatur: ANDERS, G.: Bert B. Zü. 1962. – MÜNSTERER, H. O.: Bert B. Zü. 1963. – WILLETT, J.: Das Theater B. B.s. Dt. Übers. Rbk. 1964. – B. B.-Arch. Mchn. Bestandsverz. des literar. Nachlasses. Bln. 1969 ff. – GRIMM, R.: B. B. Stg. ³1971 (mit Bibliogr.). – GRIMM, R.: B. B. Nbg. ⁶1972. – MAYER, HANS: Anm. zu B. Ffm. ⁴1973. – SCHUHMANN, K.: Der Lyriker B. B. 1913–33. Mchn. ²1974. – WEKWERTH, M.: Schrr. Arbeit mit B. Bln. ²1975. – BRONNEN, A.: Tage mit B. B. Neuausg. Ffm. 1976. – HINCK, W.: Die Dramaturgie des späten B. Gött. ⁶1977. – B. B. Hg. v. H. L. ARNOLD. Mchn. ²1978–79. 2 Bde. – B. B. Sein Leben in Bildern und Texten. Hg. v. W. HECHT. Ffm. 1978. – RISCHBIETER, H.: B. B. Neuausg. Velber 1978. – KLOTZ, V.: B. B. Wsb. ⁵1980. – JESKE, W.: B. B.s Poetik des Romans. Ffm. 1984. – KNOPF, J.: B.-Hdb. Neuausg. Stg. 1984–86. 2 Bde. – VÖLKER, K.: B. B. Eine Biogr. Neuausg. Rbk. 1988. – MITTENZWEI, W.: Das Leben des B. B. ... Bln. ⁴1989. 2 Bde. – B.s Theorie des Theaters. Hg. v. W. HECHT. Ffm. ²1992. – The Cambridge companion to B. Hg. v. P. THOMSON u. a. Cambridge 1994. – FUEGI, J.: B. & Co. New York 1994. – KESTING, M.: B. B. Rbk. 356.–359. Tsd. 1994.

Brechung, Durchbrechung einer metr. Einheit durch die Syntax; so kann z. B. der syntakt. Einschnitt beim Reimpaar zwischen den beiden Reimpaarversen liegen (↑ Reimbrechung) oder im Innern eines Verses (↑ Versbrechung); weiter kann im Drama ein Vers ›gebrochen‹, d. h. auf mehrere Sprecher verteilt sein (↑ Antilabe). – ↑ auch Enjambement, ↑ Strophensprung.

Bredel, Willi, * Hamburg 2. Mai 1901, † Berlin 27. Okt. 1964, dt. Schriftsteller. – Metalldreher, früh Mitglied der KPD, 1933 KZ-Haft, Flucht über Prag nach Moskau, 1945 Rückkehr nach Deutschland; 1953–57 Chefredakteur der Zeitschrift ›Neue Dt. Literatur‹ in Berlin (Ost); Mitglied des ZK der SED, ab 1962 Präsident der Akademie der Künste der DDR. B. ist in seinem Erzählwerk dem sozialist. Realismus verpflichtet; neben zeitgenöss. Darstellung des sozialist. Bewegung, des Lebens der Arbeiter, seiner eigenen Erfahrungen des KZ-Aufenthaltes, der Kriegswirren schrieb B. bes. polit. Gesellschaftsromane. Als Hauptwerk gilt die Romantrilogie ›Verwandte und Bekannte‹ (›Die Väter‹, entst. 1941, gedr. 1943; ›Die Söhne‹, 1949; ›Die Enkel‹,

1953), die z. T. autobiograph. Geschichte einer Hamburger Arbeiterfamilie über mehrere Generationen vom ausgehenden 19. Jh. bis zum Zusammenschluß von KPD und SPD in der SBZ 1946.

Weitere Werke: Maschinenfabrik N. & K. (R., 1931), Rosenhofstraße (R., 1931), Die Prüfung (R., 1935), Der Spitzel (En., 1935), Dein unbekannter Bruder (R., 1937), Begegnung am Ebro (Bericht, 1939), Das schweigende Dorf (En., 1949), 50 Tage (Reportage, 1950), Die Vitalienbrüder (R., 1950), Vom Ebro zur Wolga (En., 1954), Ein neues Kapitel (R.-Trilogie, 1959–64), Unter Türmen und Masten (Geschichte Hamburgs, 1960). **Ausgabe:** W. B. Ges. Werke in Einzelausgg. Bln. u. Weimar ¹⁻³1962–76. 14 Bde. **Literatur:** W. B. Bearb. v. H. BUNGE. Bln. 1965. – BOCK, L.: W. B. Bln. ⁶1980.

Breden, Christiane von, österr. Lyrikerin und Erzählerin, ↑ Christen, Ada.

Bredero, Gerbrand Adriaenszoon [niederl. 'bre:dǝro], * Amsterdam 16. März 1585, † ebd. 23. Aug. 1618, niederl. Dichter. – Nach Aufführung seines ersten Dramas, ›Treur-spel van Rodd'rick ende Alphonsus‹ (1616), wurde er in die Gilde der Rederijkers aufgenommen; einer der bedeutendsten niederl. Dramatiker des 17. Jahrhunderts. Am besten gelangen ihm realist. Szenen, namentlich die kulturhistorisch wertvollen Komödien und Possen, in denen er Menschen aus dem Amsterdamer Alltag darstellte (›Spaanschen Brabander‹, 1618). In seiner Lyrik knüpfte er an die Volkslieddichtung an.

Weitere Werke: Het moortje (Lsp., 1617), Klucht van de koe (Lsp., 1619), Boertigh, amoreus en aendachtigh groot lied-boeck (Ged., hg. 1622). **Ausgabe:** De werken van G. A. B. Hg. v. G. STUIVELING u. a. Culemborg 1970–83. 12 Bde. **Literatur:** KNUTTEL, J. A. N.: B. Amsterdam ²1968. – STUIVELING, G.: Memoriaal van B. Culemborg 1970.

Bregendahl, Maria, * Fly (Jütland) 6. Nov. 1867, † Kopenhagen 22. Juli 1940, dän. Schriftstellerin. – 1893–1900 ∞ mit J. Aakjer; im Mittelpunkt ihrer stimmungsvollen, psychologisch vertieften Romane stehen Land und Menschen ihrer Heimat Jütland.

Werke: Billeder af Sødalsfolkenes liv (R., 7 Bde., 1914–23; daraus dt. Jungvolk, 1927; Der Goldgräber-Peter, 1928), Holger Hauge og hans hustru (R., 4 Bde., 1934/35; daraus dt. Holger

und Kirstine, 1938), Die Mühle (E., 1936, dt. 1943).

Brehm, Bruno, * Ljubljana 23. Juli 1892, † Altaussee (Steiermark) 5. Juni 1974, österr. Schriftsteller. – Offizier im 1. Weltkrieg, danach Studium der Kunstgeschichte; nach dem Anschluß Österreichs (1938) Ratsherr in Wien, ab 1941 Präsident der Wiener Kulturvereinigung. Schildert in seinen histor. Unterhaltungsromanen bes. die Welt des alten Österreich, betont dabei den Gedanken vom großdt. Volk; seine Auseinandersetzung mit dem Nationalsozialismus in der Romantrilogie ›Das zwölfjährige Reich‹ (›Der Trommler‹, 1960; ›Der böhm. Gefreite‹, 1960; ›Wehe den Besiegten allen‹, 1961) ist wenig überzeugend.

Weitere Werke: Apis und Este. Das war das Ende. Weder Kaiser noch König (R.-Trilogie, 1931–33, zus. 1951 u. d. T. Die Throne stürzen), Aus der Reitschul'! (R., 1951), Am Ende stand Königgrätz (R., 1964).

Breitbach, Joseph, * Koblenz 20. Sept. 1903, † München 9. Mai 1980, dt. Schriftsteller und Journalist. – Lebte seit 1929 in Paris und in der Normandie; Freund J. Schlumbergers, um dt.-frz. Verständigung bemüht; schrieb in dt. und frz. Sprache; Mitarbeiter des ›Figaro‹ und (unter dem Pseudonym Jean Charlot Saleck) 1948–51 der ›Zeit‹; sein Roman ›Bericht über Bruno‹ (1962), der in fesselnder Darstellung die Spielregeln der Macht schildert, wurde in zahlreiche Sprachen übersetzt; auch Erzählungen und Dramen.

Weitere Werke: Rot gegen Rot (En., russ. 1928, dt. 1929), Jean Schlumberger (Essay, 1954), Das Jubiläum (Kom., dt. 1960), Clemens (R.-Fragment, dt. 1963), Genosse Veygond (Dr., 1970), Requiem für die Kirche (Melodrama, UA 1971), Die Rabenschlacht (En., 1973), Feuilletons zu Literatur und Politik (1978), Das blaue Bidet oder das eigtl. Leben (En., 1978).

Breitinger, Johann Jakob, * Zürich 1. März 1701, † ebd. 13. Dez. 1776, schweizer. Philologe und Schriftsteller. – Studierte Theologie und Philologie und wurde Gymnasiallehrer (für Hebräisch und Griechisch) in Zürich. Freund und Mitarbeiter J. J. Bodmers, den er in dem Literaturstreit gegen J. Ch. Gottsched unterstützte; zusammen mit Bodmer trat er in seiner ›Crit. Dichtkunst...‹ (2 Bde., 1740) für eine relative Betonung des poet.

Enthusiasmus ein und vertrat die Theorie, daß das Kunstwerk nicht allein belehren und unterhalten, sondern durch das ›Wunderbare‹ das Gemüt bewegen solle; neben Arbeiten zur Schweizer Geschichte und Altertumskunde gab er auch Werke mhd. Schriftsteller heraus.

Weitere Werke: Crit. Abhandlung Von der Natur den Absichten und dem Gebrauche der Gleichnisse (1740), Vertheidigung der Schweitzer. Muse Herrn D. A. Hallers (1744). **Literatur:** BRÄKER, J.: Der erzieher. Gehalt in J. J. B.s ›Crit. Dichtkunst‹. St. Gallen 1950. – MÖLLER, U.: Rhetor. Überlieferung u. Dichtungstheorie im frühen 18. Jh. Studien zu Gottsched, B. u. G. Fr. Meier. Mchn. 1983. – †auch Bodmer, Johann Jakob.

Brekke, Paal Emanuel [norweg. ‚brɛkə], *Røros 17. Sept. 1923, †Oslo 2. Dez. 1993, norweg. Schriftsteller. – Hatte als Lyriker in den 50er und 60er Jahren maßgebl. Anteil bei der Übernahme und Umsetzung modernist. Tendenzen in Norwegen; übersetzte 1949 T. S. Eliots ›The waste land‹.

Werke: Jeg gikk lange veier (Ged., 1945), På flukt (R., 1946), Skyggefektning (Ged., 1949), Aldrende Orfeus (R., 1951), Og hekken vokste kjempehøy (R., 1953), Løft min krone, vind fra intet (Ged., 1957), Roerne fra Itaka (Ged., 1960), En munnfull av Ganges (Reportage, 1962), Det skjeve smil i rosa (Ged., 1965), Granatmannen kommer (Ged., 1968), Aftenen er stille (Ged., 1972).

Bremer, Claus, *Hamburg 11. Juli 1924, dt.-schweizer. Schriftsteller. – Studium der Philosophie, Literatur- und Kunstgeschichte, Ausbildung zum Schauspieler; Dramaturg, Regisseur, lebt in der Schweiz; v. a. experimentelle Lyrik (Figurentexte u. a.), die er auch selbst kommentiert (›Texte und Kommentare‹, 1968); auch Essayist und Übersetzer.

Weitere Werke: poesie (Ged., 1954), tabellen und variationen (1960), Theater ohne Vorhang (Essay, 1962), ideogramme (Ged., 1964), Anlaesse (1970), Farbe bekennen (Essay, 1983), Man trägt keine Mützen nach Athen (Ged., 1984), hände weg von meinem ferrari. Ged., Texte & Essays (1994).

Bremer, Fredrika, *Tuorla bei Turku 17. Aug. 1801, †Årsta (heute zu Stockholm) 31. Dez. 1865, schwed. Schriftstellerin. – Stammte aus einer vermögenden Bürgerfamilie, unternahm große Reisen durch Europa und Amerika; begann mit romantisierenden, humorvollen Schilderungen aus dem alltägl. Familienleben; später – in Auflehnung gegen die Stellung der unterdrückten Frau – entstanden ihre sozial und religiös bestimmten Romane, mit denen sie als Vorkämpferin der Frauenemanzipation an die Öffentlichkeit trat.

Werke: Die Familie H. (R., 1829, dt. 1830/31), Die Töchter des Präsidenten (R., 1834, dt. 1841), Die Nachbarn (R., 1837, dt. 1841), Das Haus (R., 1839, dt. 1840), Hertha (R., 1856, dt. 1856). **Ausgaben:** F. B. Ges. Schrr. Dt. Übers. Lpz. 1857–63. 50 Bde. – F. B.s brev. Ges. u. hg. v. K. JOHANSON u. E. KLEMAN. Stockholm 1915–20. 4 Bde. **Literatur:** ADLERSPARRE, K. S./LEIJONHUFVUD, S.: F. B. Stockholm 1896. 2 Bde. – FÄRNSTRÖM, E.: F. B. och E. G. Geijer. Stockholm 1964. – CARSTEN MONTÉN, K.: F. B. in Deutschland. Neumünster 1981.

Fredrika Bremer (Lithographie, 1846)

Bremer Beiträger, Sammelname für die Gründer und Mitarbeiter (meist Leipziger Studenten) der 1744–48 im Verlag des Bremer Buchhändlers N. Saurmann erschienenen Zeitschrift ›Neue Beiträge zum Vergnügen des Verstandes und Witzes‹ (kurz ›Bremer Beiträge‹). Die B. B. waren ursprünglich Anhänger J. Ch. Gottscheds und (seit 1741) Mitarbeiter der von J. J. Schwabe herausgegebenen moral. Wochenschrift ›Belustigungen des Verstandes und Witzes‹, in der Gottscheds Vorstellungen propagiert wurden. Sie distanzierten sich durch die Gründung eines eigenen Organs von Gottscheds Literaturfehde gegen J. J. Bodmer und J. J. Breitinger. Zwar blieben sie Gottsched verpflichtet (strenge Beachtung der Regeln, Vorliebe für lehrhafte, moralisierende Dichtung), doch trug die

Tatsache, daß sie in ihrer Zeitschrift Polemik ausschlossen, zur Minderung von Gottscheds Einfluß bei. Ihr poet. Schaffen wurde nachhaltig von A. von Haller und F. von Hagedorn beeinflußt; 1746 schloß sich F. G. Klopstock den B. B.n an: 1748 veröffentlichten sie in ihrer Zeitschrift die ersten drei Gesänge des ›Messias‹. Die publizierten Beiträge zeichneten sich durch größere Natürlichkeit und Subjektivität der Sprache, stärkere Lebensnähe, mehr Phantasie, Empfindung und Gefühl (↑ Empfindsamkeit) aus. Damit trugen sie wesentlich zur Überwindung der rationalen Phase der Aufklärung bei. – Hg. der ›Bremer Beiträge‹ war K. Ch. Gärtner, seit 1747 N. D. Giseke; zu den Mitarbeitern zählten J. A. Cramer, J. A. Ebert, G. W. Rabener, J. A. und J. E. Schlegel, J. F. W. Zachariae, Ch. F. Gellert, F. G. Klopstock u. a. Die Beiträge erschienen anonym, über die Aufnahme wurde von den B. B.n gemeinsam entschieden. Insgesamt kamen 4 Bde. zu je 6 Stücken heraus.

Ausgabe: Dt. National Litteratur. Hg. v. J. KÜRSCHNER. Bd. 43–44: B. B. Hg. v. F. MUNCKER. Bln. u. Stg. 1889. 2 Bde. Nachdr. Tokio u. Tüb. 1974.
Literatur: SCHRÖDER, CH. M.: Die ›Bremer Beiträge‹. Bremen 1956. – Reallex. der dt. Literaturgesch. Begr. v. P. MERKER u. W. STAMMLER. Hg. v. W. KOHLSCHMIDT u. W. MOHR. Bln. ²1958. Bd. 1. S. 185.

Bremond, Henri [frz. brə'mõ], * Aix-en-Provence 31. Juli 1865, † Arthez-d'Asson (Basses-Pyrénées) 17. Aug. 1933, frz. Literaturkritiker und Schriftsteller. – War 1882–1904 Jesuit, dann Weltgeistlicher; Verfasser einer monumentalen ›Histoire littéraire du sentiment religieux en France …‹ (11 Bde., 1916–33, Register-Bd. 1962) sowie von religionsgeschichtl. und literar. Essays, in denen er sich gegen Intellektualismus und Neuklassizismus wandte (u. a. ›La poésie pure‹, 1926; ›Prière et poésie‹, 1927). Mitglied der Académie française seit 1923.

Literatur: AUTIN, A.: H. B. Paris 1946. – CURTIUS, E. R.: H. B. und die frz. Mystik. In: CURTIUS: Frz. Geist im 20. Jh. Bern u. Mchn. ²1960. S. 437.

Brennan, Christopher [engl. 'brɛnən], * Sydney 1. Nov. 1870, † Lewisham (Sydney) 5. Okt. 1932, austral. Lyriker und Literaturwissenschaftler. – 1892–94 Reisestipendium nach Deutschland, wo er sich intensiv mit frz. Symbolismus sowie europ. Klassik und Geistesgeschichte beschäftigte und seine spätere Frau Anna E. Werth kennenlernte. Ihr widmete er seine Liebesgedichte ›XVIII poems‹ und ›XXI poems: Towards the source‹ (beide 1897). Seine intellektuell gehaltvolle, stellenweise dunkle Lyrik variiert gern das Thema der ewigen Suche nach dem Ideal der Vollkommenheit. Strukturell bevorzugte er die Form des Gedichtzyklus im Stil des ›livre composé‹. Diese an H. Regnier, Ch. Baudelaire und S. Mallarmé erinnernden Sequenzenformen verwirklichte er am deutlichsten in ›Poems‹ (1913).

Weitere Werke: A chant of doom and other verses (Ged., 1918), The burden of Tyre (Ged., hg. 1953).
Literatur: CHISHOLM, A. R.: Ch. B.: The man and his poetry. Sydney 1946. – MCAULEY, J. P.: Ch. B. Melbourne 1973. – CLARK, A.: C. B. A critical biography. Carlton (Victoria) 1980.

Brenner, Arvid, eigtl. Helge Heerberger, * Berlin 6. Juli 1907, † Spånga 3. Jan. 1975, schwed. Schriftsteller dt.-schwed. Herkunft. – Seit 1933 in Schweden; schildert in seinen ersten Romanen die Machtergreifung des Nationalsozialismus und dt. Emigrantenschicksale; die Hauptfiguren seiner späteren Werke sind oft wenig lebenstüchtige und dennoch nicht kompromißbereite Menschen, die in einem einfühlsamen, bisweilen auch iron. Ton geschildert werden; übersetzte u. a. H. Hesse.

Werke: Kompromiss (R., 1934), Ny vardag (R., 1936), En dag som andra (R., 1939), Rum för ensam dam (R., 1941), Vintervägen (R., 1945), Stranden mitt emot (R., 1953), Fixeringsbild (Nov., 1955).
Literatur: AHLMO-NILSSON. B.: A. B.s romaner. Göteborg 1972.

Brenner, Hans Georg, Pseudonym Reinhold Th. Grabe, * Barranowen (Ostpreußen) 13. Febr. 1903, † Hamburg 10. Aug. 1961, dt. Schriftsteller. – Studium der Philosophie, Literatur- und Theatergeschichte, nach Kriegsgefangenschaft Redakteur und Lektor; schrieb v. a. Gedichte und Erzählungen mit gesellschaftskrit. Stoffen aus der jüngsten Vergangenheit; auch Dramen und Übersetzungen.

Werke: Fahrt über den See (R., 1934), Der Hundertguldentanz (E., 1939), Nachtwachen (R., 1940), Drei Abenteuer Don Juans (En., 1941), Sonette eines Sommers (1943), Das ehrsame Sodom (R., 1950), Treppen (En. und Hsp., hg. 1962).

Brenner (tl.: Bĕrẹnẹr), Josef Chajm, * Nowy Młyny (heute in der Ukraine) 11. Sept. 1881, † Tel Aviv-Jaffa 2. Mai 1921, hebr. Schriftsteller und Publizist. – War in der sozialist. jüd. Bewegung der Ukraine tätig; emigrierte 1904 nach Großbritannien, kam 1909 nach Palästina, wo er als Publizist wirkte und einer der Führer der palästinens. Arbeiterbewegung wurde; setzte sich für eine friedl. Zusammenarbeit mit den Arabern ein; wurde während eines arab. Pogroms ermordet; schrieb sozialkrit. Romane und Novellen, die teilweise durch einen brutalen Realismus gekennzeichnet sind, außerdem ein Drama und Essays; übersetzte L. N. Tolstoi, F. M. Dostojewski und G. Hauptmann ins Hebräische.
Literatur: WAXMAN, M.: A history of Jewish literature. New York 1960. S. 92. – Enc. Jud. Bd. 4, 1972, S. 1347.

Brenner, Sophia Elisabeth, geb. Weber, * Stockholm 29. April 1659, † ebd. 14. Sept. 1730, schwed. Dichterin. – Tochter eines aus Deutschland stammenden Bildhauers; erste bed. schwed. Literatin, verfaßte meist moralisierende Gelegenheitsgedichte (›Poetiske dikter‹, 2 Bde., 1713–32).

Brenner, Der, 1910 von Ludwig von Ficker (* 1880, † 1967) gegr. österr. Zeitschrift für Kunst und Kultur, die 1910–14 halbmonatlich, von 1915 an unregelmäßig als Jahrbuch erschien und 1954 mit der 18. Folge eingestellt wurde. Zunächst eine expressionist. Zeitschrift, seit dem Ende der 20er Jahre zunehmend katholisch orientiert. Im B. erschienen 1911 Erstdrucke G. Trakls, ferner Veröffentlichungen von Th. Däubler, Th. Haecker und anderen.

Brennglas, Adolf, Pseudonym des dt. Journalisten und Schriftstellers Adolf † Glaßbrenner.

Brentano, Bernard von, * Offenbach am Main 15. Okt. 1901, † Wiesbaden 29. Dez. 1964, dt. Schriftsteller. – Journalist, 1933 Emigration in die Schweiz, lebte seit 1949 in Wiesbaden. In seinen wichtigsten Werken, den beiden Romanen ›Theodor Chindler‹ (1936) und ›Franziska Scheler‹ (1945), schildert er den Zerfall einer bürgerl. Familie. Krit. Auseinandersetzung mit Krieg, Kapitalismus, Sozialismus und Nationalsozialismus.
Weitere Werke: Gedichte (1923), Kapitalismus u. schöne Literatur (Essays, 1930), Der Beginn der Barbarei in Deutschland (Kampfschrift, 1932), Berliner Novellen (1934), Prozeß ohne Richter (R., 1937), Phädra (Schsp., 1939), Die ewigen Gefühle (R., 1939), Das unerforschl. Gefecht (E. in Versen, 1946; 1949 u. d. T. Martha und Maria), Du Land der Liebe (Autobiogr., 1952), Schöne Literatur und öffentl. Meinung (Essays, 1962).
Literatur: B. B. Hg. v. B. GOLDMANN. Mainz 1992.

Brentano, Bettina, dt. Dichterin, † Arnim, Bettina von.

Brentano, Clemens, * Ehrenbreitstein (heute zu Koblenz) 9. Sept. 1778 (nach eigenen Angaben: 8. Sept. = Mariä Geburt), † Aschaffenburg 28. Juli 1842, dt. Schriftsteller. – Sohn der Maximiliane B., geb. von La Roche, und des italien. Kaufmanns Pietro Antonio B., Bruder der Bettina von Arnim. Zunächst kaufmänn. Ausbildung, seit 1797 Studium der Berg- und Kameralwissenschaften in Halle/Saale und Jena; Bekanntschaft mit Ch. M. Wieland, J. G. Herder, Goethe, den Brüdern A. W. und F. Schlegel, J. G. Fichte, L. Tieck und anderen. 1801 in Göttingen Freundschaft mit A. von Arnim, mit dem er dann in Heidelberg die Volksliedersammlung ›Des Knaben Wunderhorn‹ (3 Bde., 1806–08) herausgab; 1803 Ehe mit Sophie Mereau; 1808–18 meist in Berlin, wo er mit H. von Kleist und J. Frhr. von Eichendorff verkehrte. 1816 unerwiderte Liebe zu Luise Hensel, die seine Rückkehr zum kath. Glauben bewirkte. 1818–24 lebte er zurückgezogen in Dülmen im Münsterland bei der stigmatisierten Nonne Anna Katharina Emmerick (* 1774, † 1824), deren Visionen er literarisch frei verarbeitete. Nach ihrem Tod führte er ein unstetes Leben. – B. war einer der bedeutendsten Dichter der Hochromantik. Sehnsüchtiges Verlangen und Weltschmerz, Sinneslust und Enthaltsamkeit standen sich bei B. unmittelbar gegenüber. Er übersetzte aus dem Spanischen und Italienischen, versuchte sich in fast allen literar. Gattungen; schuf mit dem ›verwilderten‹ Roman ›Godwi‹ (2 Bde., 1801) die Form des romant. Romans, doch lag ihm die Großform weniger. Als meisterhafter Erzähler erwies er sich dagegen in den Novellen und in den teils neu-, teils nachgedichteten, schlichtvolkstümlich gehaltenen Märchen. Seine bedeutendsten Schöpfungen vollbrachte er auf dem Gebiet der Lyrik, in seinen durch persönl. Ausdrucksstärke, große Musikalität und Sprachbeherrschung ausgezeichneten Liedern und Gedichten. In seinen Dramen, in dem auf Wortwitz aufgebauten Lustspiel ›Ponce de Leon‹ (1804) und in der myth. Tragödie ›Die Gründung Prags‹ (1815), macht sich neben Shakespeares Einfluß v. a. der P. Calderón de la Barcas bemerkbar. B. betätigte sich auch als Zeichner (insbes. als Karikaturist) und schuf Kupferstiche zu einigen seiner Werke.

Clemens
Brentano

Weitere Werke: Aus der Chronika eines fahrenden Schülers (1818), Geschichte vom braven Kasperl und dem schönen Annerl (E., 1838), Gockel, Hinkel, Gackeleia (Märchen, 1838), Romanzen vom Rosenkranz (vollständig hg. 1912).
Ausgaben: C. B. Sämtl. Werke u. Briefe. Hg. v. J. BEHRENS u. a. Stg. 1975 ff. Auf etwa 42 Bde. ber. (bisher 21 Bde. erschienen). – C. B.: Werke. Hg. v. F. KEMP. Mchn. 2-³1978–80. 4 Bde. – C. B. Des Knaben Wunderhorn. Alte dt. Lieder. Mchn. 1984. 3 Bde. – Der andere B. Hg. v. H. BOETIUS. Ffm. 1985.
Literatur: DIEL, J. B.: C. B. Freib. 1877. 2 Bde. Nachdr. Bern 1970. – PFEIFFER-BELLI, W.: C. B. Ein romant. Dichterleben. Freib. 1947. – HOFF-MANN, WERNER: C. B. Mchn. u. Bern 1966. – ENZENSBERGER, H. M.: B.s Poetik. Neuausg. Mchn. 1973. – MITTAG, S.: C. B. Hdbg. 1978. – Lieb, Leid u. Zeit. Über C. B. Hg. v. W. BÖHME. Karlsr. 1979. – C. B. Hg. v. D. LÜDERS. Tüb. 1980. – KASTINGER RILEY, H. M.: C. B. Stg. 1985. – BRANDSTETTER, G.: Erotik u. Religiosität. Eine Studie zur Lyrik C. B.s. Mchn. 1986. – C. B. 1778–1842. Hg. v. HARTWIG SCHULTZ. Bern u. a. 1993. – GÜNZEL, K.: Die B.s. Zü. 1993.

Brentano, Maximiliane, * Mainz 31. Mai 1756, † Frankfurt am Main 19. Nov. 1793, Jugendfreundin Goethes. – Tochter von Sophie von La Roche, Mutter von Clemens B. und Bettina von Arnim; das Schicksal ihrer unglückl. Ehe mit dem italien. Kaufmann Pietro Antonio B. verwob Goethe mit seinem Roman ›Werther‹.

Brenton, Howard [engl. 'brɛntən], * Portsmouth (Hampshire) 13. Dez. 1942, engl. Dramatiker. – Ist wie H. Barker, Snoo Wilson und D. Hare, mit dem er häufig zusammenarbeitet, Verfasser von polit., grotesk schockierenden schwarzen Komödien. Oft bestimmen Sexualität und Gewalt die Auseinandersetzung von anarch. Individuum und repressiver Gesellschaft (›Zahn um Zahn‹, 1970, dt. um 1970; ›Christie in love‹, 1970; ›Magnificence‹, 1973; ›Brassneck‹, 1974, dt. 1974, mit D. Hare; ›Idioten des Glücks‹, 1979, dt. 1994; ›Genius‹, 1983, dt. EA 1984; ›Prawda‹, 1985, dt. 1986, mit D. Hare), wobei die Chancen eines positiven polit. Wandels pessimistisch beurteilt werden. Folgerichtig stellt B. der Darstellung einer Rechtsdiktatur in ›The Churchill play‹ (1974) die Kritik an einer stalinist. Linksdiktatur in ›Weapons of happiness‹ (1976) gegenüber. Neben literar. Werken (›Macbeth‹ in ›Thirteenth night‹, 1981) nutzt B. auch histor. Figuren oder Vorgänge zur satir. Bloßlegung gegenwärtiger Verhältnisse (›Wesley‹, 1970; ›Scott of the Antarctic‹, 1972; ›Hitler dances‹, 1972; ›The Romans in Britain‹, 1980).
Weitere Werke: Bloody poetry (Dr., 1985), H. I. D. (Hess is dead) (Dr., 1989), Diving for pearls (R., 1989), Berlin Bertie (Dr., 1992, dt. EA 1993).
Literatur: BULL, J.: New British political dramatists: H. B., D. Hare, T. Griffiths, and D. Edgar. London u. a. 1984. – BOON, R.: B. The playwright. London 1991.

Breton, André [frz. brə'tõ], * Tinchebray (Orne) 19. Febr. 1896, † Paris

34 Bréton de los Herreros

28. Sept. 1966, frz. Schriftsteller. – Lernte während des Medizinstudiums S. Freud und dessen Lehre kennen, die auf die Grundlage seines literar. Schaffens, die † Écriture automatique, nicht ohne Einfluß blieb. Von den Symbolisten ausgehend, gelangte er in der dichter. Erforschung des Unbewußten zu eigener, in metaphernreicher Sprache gestalteter Aussage. Mit L. Aragon und Ph. Soupault gründete er 1919 die Zeitschrift ›Littérature‹. 1920 legte er gemeinsam mit Soupault ›Les champs magnétiques‹ (dt. 1981 u. d. T. ›Die magnet. Felder‹) als ersten automat. Text der damit beginnenden surrealist. Bewegung vor. Als Theoretiker und Programmatiker des Surrealismus gab er seine beiden berühmten Manifeste ›Manifeste du surréalisme‹ (1924) und ›Second manifeste du surréalisme‹ (1930, beide dt. 1968 u. d. T. ›Die Manifeste des Surrealismus‹) heraus. Von einem idealist. Revolutionsbegriff ausgehend, war B. von 1927 bis 1935 Mitglied der KPF; sein Antistalinismus war jedoch bereits seit 1933 evident. Während sich sein künstler. Werk konsequent im Sinne des Surrealismus weiterentwickelte, wurde B. v. a. nach dem 2. Weltkrieg auch Chronist und Promulgator der Bewegung (Internationale Surrealismus-Ausstellung 1947; Vorreden zu literar. Wiederentdeckungen wie Ch. R. Maturin und D. Panizza, 1960).

Weitere Werke: Mont de piété (Ged., 1919), Nadja (Prosa, 1928, dt. 1960), Der Surrealismus und die Malerei (Essays, 1928, dt. 1967), Die kommunizierenden Röhren (Ged., 1932, dt. 1973), L'air et l'eau (Ged., 1934), L'amour fou (Ged., 1937, dt. 1970), Arkanum 17 (Ged., 1947, dt. 1993), Ode an Charles Fourier – Surrealismus und utop. Sozialismus (1947, dt. 1982), Entretiens (Essays, 1952), Das Weite suchen. Reden und Essays (1953, dt. 1981), L'art magique (1957), Perspective cavalière (Artikel 1952–66, hg. 1970).

Ausgabe: A. B. Œuvres complètes. Hg. v. M. BONNET. Paris 1988–92. 2 Bde.

Literatur: GRACQ, J.: A. B., quelques aspects de l'écrivain. Paris 1948. – LENK, E.: Der springende Narziß. A. B.s poet. Materialismus. Mchn. 1971. – BALAKIAN, A.: A. B., magus of surrealism. New York 1971. – CARROUGES, M.: A. B. et les données fondamentales du surréalisme. Paris 1971. – BONNET, M.: A. B. Naissance de l'aventure surréaliste. Paris 1975. – VIELWAHR, A.: Sous le signe des contradictions. A. B. de 1913 à 1924. Paris 1980. – VOGT, U.: Le

point noir. Politik u. Mythos bei B. Ffm. u. Bern 1982. – PLOUVIER, P.: Poétique de l'amour chez A. B. Paris 1983. – LAVERGNE, P.: B. et le mythe. Paris 1985. – BÉHAR, H.: A. B. Le grand indésirable. Paris 1990. – ZOTZ, V. H. M.: A. B. Rbk. 1990.

Bretón de los Herreros, Manuel [span. breˈtɔn de los ɛˈrrɛrɔs], *Quel (Prov. Logroño) 19. Dez. 1796, †Madrid 8. Nov. 1873, span. Dichter. – 1837 Mitglied der Span. Akademie (ab 1847 deren ständiger Sekretär); ab 1847 Direktor der Nationalbibliothek; außerordentlich fruchtbarer und einflußreicher Dramatiker: schrieb insgesamt etwa 200 Bühnenstücke, teils Originale (etwa 100, meist aus dem Madrider und Volksleben), teils Bearbeitungen fremder (bes. frz.) Dramen, zum größten Teil in Versen. B. de los H. trat auch als Lyriker und Satiriker hervor.

Werke: A Madrid me vuelvo (Kom., 1828), Marcela o ¿acuál de los tres? (Kom., 1831), Muérete y verás (Kom., 1837), Ella es él (Kom., 1838), El pelo de la dehesa (Kom., 1840), Escuela de matrimonio (Kom., 1852).

Ausgaben: M. B. de los H. Obras. Hg. v. J. H. HARTZENBUSCH. Madrid ²1883–84. 5 Bde. – B. de los H. Lustspiele. Dt. Übers. v. J. FASTENRATH. Dresden 1897.

Literatur: LE GENTIL, G.: Le poète M. B. de los H. et la société espagnole de 1830 à 1860. Paris 1909. – FLYNN, G. C.: M. B. de los H. Boston 1978.

bretonische Literatur, die ältere **breton.** Literatur ist von geringer Bedeutung, da schon im MA die politisch und kulturell führenden Bevölkerungsschichten zur frz. Sprache übergingen. Aus der Zeit vor 1450 sind keine literar. Zeugnisse erhalten. Die Sprache ist nur aus Glossen, Namen und wenigen Inschriften bekannt.

Von der Mitte des 15. Jh. an existiert eine **mittelbreton.** Literatur meist religiösen Inhalts: Mysterienspiele, Passionen und Heiligenleben. Sie sind lat. oder frz. Vorbildern nachgestaltet und von geringem literar. Wert. Jedoch ist in den älteren Werken z. T. noch die kunstvolle altkelt. Metrik bewahrt. Zu den ältesten Denkmälern gehören: ›Buez santes Nonn‹ (= Das Leben der hl. Nonn, um 1460), ›Passion‹ (Grand mystère de Jésus, 1530), ›Mirouer de la mort‹ (1575).

Im **19. Jahrhundert** entstand erstmals eine eigenständige b. Literatur. Die von

Th. C. H. La Villemarqué herausgegebene angebl. Volksliedersammlung ›Barzaz-Breiz‹ (1839, dt. 1859 u. d. T. ›Breton. Volkslieder‹) erwies sich später als Eigendichtung. Echt sind dagegen die von F.-M. Luzel gesammelten breton. Volkslieder: ›Gwerziou Breiz-Izel‹ (2 Bde., 1868–74) und ›Soniou Breiz-Izel‹ (2 Bde., 1890). Zu erwähnen sind die Lyriker A. Brizeux und Prosper Proux (* 1811, † 1873). Die eigentl. Blüte der b. L. fällt ins 20. Jahrhundert. Die bedeutendsten Vertreter sind J.-P. Calloc'h, der Dramatiker Tanguy Malmanche (* 1875, † 1953), von dem ›Gurvan, ar marc'heg estrañjour‹ (= Gurvan, der fremde Ritter, 1945) und ›Ar baganiz‹ (= Die Heiden, 1945) stammen, und Jakez Riou (* 1899, † 1937), dessen Sammlung von Kurzgeschichten u. d. T. ›Geotenn ar werc'hez‹ (= Das Gras der Jungfrau) 1934 erschien. Von Bedeutung sind weiterhin Fañch Al Lay, Youenn Drezen, Roperh Er Mason (R. Le Masson), Pierre Hélias und der Kreis um die von R. Hemon gegründete Zeitschrift ›Gwalarn‹ (1925–44), die seit 1947 u. d. T. ›Al-Liamm‹ erscheint.
Nach einer Phase der Bemühung um Anschluß an weltliterar. Standards (zahlreiche Übersetzungen und eine nicht unumstrittene orthograph. Reform zur Vereinheitlichung der Dialekte durch Roparz Hemon (* 1900, † 1977) ist die neuere b. L. gekennzeichnet durch verstärkte Begegnung mit den Literaturen der Dritten Welt, deren Ausgangssituation (fremde, bes. frz. Sprachdominanz, eine weitgehend nur mündlich überlieferte Tradition, das Gefühl der Entfremdung in der herrschenden Kultur) mit der eigenen, als kolonial empfundenen Lage verglichen wird. Keltizität wird nun zunehmend aufgefaßt als imaginativ-überrationale Antithese zum frz. ›Kartesianismus‹, der Kampf um kulturelle Emanzipation fließt dazu oft mit sozialem Klassenkampf zusammen. Als Autoren sind zu nennen: Per Denez (* 1921; Gedichte, Zeitschrift ›Ar Vro‹ [= ›Das Land]), Per-Jakez Hélias (* 1914; Gedichte, Drama ›An Isild a-heul‹ [= ›Die zweite Isolde‹], 1969), Añjela Duval (* 1905, † 1982; Gedichte), Ronan Huon (* 1922; Gedichte, Novellen, Zeitschrift ›Al-Liamm‹

[= ›Das Bindeglied‹]), Paol Keineg (* 1944; Gedichte in frz. und breton. Sprache). Eine besondere Stellung nimmt der von der Begegnung mit Amerika (Jack Kerouac, den Beatniks) geprägte Dichter, Bildhauer und Musiker Youenn Gwernig (* 1925; Gedichtband ›An toull en nor‹ [= ›Das Loch in der Tür‹], 1972) ein, der durch die Spannung zwischen urbaner Entfremdung und heimatl. Idylle Anliegen der b. L. typisch vertritt. Für die Verbreitung spielt heutzutage die Schallplatte (Vertonungen in Chansonform; als ›Popmusik‹ durch Alan Stivell) eine wichtige Rolle.
Ausgaben: LA VILLEMARQUÉ, TH. C. H. UTE DE: Chants populaires de Bretagne. Barzaz-Breiz. Paris ⁶1867. Nachdr. Paris 1961. – LOTH, J.: Chrestomathie bretonne. Paris 1890. – LUZEL, F.-M.: Légendes chrétiennes de la Basse-Bretagne. Paris 1967. 2 Bde. – LUZEL, F.-M.: Contes populaires de la Basse-Bretagne. Paris 1968. 3 Bde. – Breton. Märchen. Hg. v. R. SOUPAULT. Köln 1983. 28. Tsd.
Literatur: ROUSSE, J.: La poésie bretonne au XIXᵉ siècle. Paris 1895. – LE BRAZ, A.: Le théâtre celtique. Paris 1907. – HERRIEU, L.: La littérature bretonne depuis les origines jusqu'au XXᵉ siècle. Hennebont 1943. – HEMON, R.: La langue bretonne et ses combats. La Baule 1947. – RUDEL, Y. M.: Panorama de la littérature bretonne, des origines à nos jours. Rennes 1950. – DENEZ, P.: Modern Breton literature. In: Literature in Celtic countries: Taliesin Congres lectures. Hg. v. J. E. C. WILLIAMS. Cardiff 1971. – YANN-BER PIRIOU: Défense de cracher par terre et de parler breton. Paris 1971. – GOURVIL, F.: Langue et littérature bretonnes. Paris ⁴1976. – LAMBERT, P.-Y.: Les littératures celtiques. Paris 1981.

Bretonne, Nicolas Restif de La, frz. Schriftsteller, † Restif de La Bretonne, Nicolas.

Brettner, Hildur, schwed. Schriftstellerin, † Dixelius, Hildur.

Breuer, Lee [engl. ˈbrɔɪə], * Philadelphia (Pa.) 6. Febr. 1937, amerikan. Dramatiker. – Regisseur am San Francisco Actors' Workshop (1963–65) und bei verschiedenen Dramen, die unter dem Einfluß der Arbeiten des Berliner Ensembles und J. Grotowskis (* 1933) in Europa aufgeführt wurden (1965–70). Seit 1970 Regiearbeiten bei der Schauspielgruppe Mabou Mines in New York. In seinen innovativen und experimentellen Stücken adaptiert B. dramat. Vorlagen wie S. Beckett in ›The lost ones‹ (UA 1976) oder Sophokles in ›Gospel at Colonnus‹ (UA 1983), parodiert die moderne Kultur (›Shaggy dog animation‹, UA 1978) und bemüht sich um die Ausweitung des Theaters auf eine visuelle Performance im Sinne des ›total theatre‹ (›A prelude to death in Venice‹, UA 1980; ›Sister Suzie cinema‹, UA 1980). Auch Performancegedichte (›Hajj‹, 1982).

Breytenbach, Breyten [afrikaans 'brəitənbax], Pseudonym Jan Blom, * Bonnievale (Kapprovinz) 16. Sept. 1939, südafrikan. Schriftsteller. – Siedelte 1961 nach Paris über; 1973 wurde ihm ein befristetes Visum zur Teilnahme an einem Literatursymposium der ↑ Sestigers erteilt; bei einem erneuten Versuch, 1975 Südafrika (mit gefälschtem Paß) zu betreten, wurde er verhaftet und zu neun Jahren Haft verurteilt, aus der er 1982 nach Frankreich abgeschoben wurde. In der Haft führte er ein Tagebuch, das als ›Wahre Bekenntnisse eines Albino-Terroristen‹ (1984, dt. 1984) erschien.

Weitere Werke: Lotus (Ged., 1970), Skryt (Ged., 1970), Met ander woorde (1973), Die boom achter die maan (1974), Kreuz des Südens, schwarzer Brand (Ged. und Prosa, 1974, dt. 1977), Augenblicke im Paradies (R., 1976, dt. 1983), Mouroir. Spiegelungen eines Romans (1983, dt. 1987), Schlußakte Südafrika (Ged. und Prosa, 1984, dt. 1986), Erinnerung an Schnee und Staub (R., 1989, dt. 1992), Return to paradise (1993).

Breza, Tadeusz [poln. 'brɛza], * Siekierzyńce (Wolynien) 31. Dez. 1905, † Warschau 19. Mai 1970, poln. Schriftsteller. – Entstammt dem Landadel, 1929–32 im diplomat. Dienst; Tätigkeit am Theater, 1955–59 Kulturattaché in Rom. B. behandelte polit. und soziale Probleme der poln. Gesellschaft in der Vor- und Nachkriegszeit.

Werke: Die Mauern von Jericho (R., 1946, dt. 1973), Himmel und Erde (R., 2 Bde., 1950, dt. 1980), Das Gastmahl des Balthasar (R., 1952, dt. 1955), Das eherne Tor. Röm. Aufzeichnungen (1960, dt. 1962), Audienz in Rom (R., 1960, dt. 1962), Eifersucht (R., hg 1973, dt 1979).

Literatur: BEŁKOT, J.: Rozpad i trwanie. O prozie T. Brezy. Łódź 1980.

Brězan, Jurij [sorb. 'briɛzan], * Räkelwitz (Landkreis Kamenz) 9. Juni 1916, [ober]sorb. Schriftsteller. – 1937/38 Emigration (ČSR, Polen), 1938/39 in Dresden inhaftiert; wichtiger Vertreter der sorb. Gegenwartsliteratur, schreibt auch in dt. Sprache. Verfasser von Romanen, Erzählungen, Gedichten, Dramen und Jugendbüchern; bed. Übersetzer von Lyrik. Sein Hauptwerk ist die zeitgeschichtlich interessante, autobiographisch bestimmte Romantrilogie ›Der Gymnasiast‹ (dt. und sorb. 1958), ›Semester der verlorenen Zeit‹ (dt. und sorb. 1960), ›Mannesjahre‹ (dt. und sorb. 1964), die als Hanusch-Trilogie bekannt wurde.

Weitere Werke: Auf dem Rain wächst Korn (En. und Ged., dt. und sorb. 1951), 52 Wochen sind ein Jahr (R., dt. 1953, sorb. 1955), Die Reise nach Krakau (E., dt. und sorb. 1966), Die schwarze Mühle (E., dt. und sorb. 1968), Krabat oder die Verwandlung der Welt (R., 1976), Bild des Vaters (R., 1982), Mein Stück Zeit (Autobiogr., 1989).

Ausgabe: J. B. Ausgew. Werke in Einzelausgg. Bln. 1986. 4 Bde.

Literatur: Betrachtungen zum Werk J. B.s. Einl. u. Bibliogr. v. J. KEIL. Bautzen 1976.

Březina, Otokar [tschech. 'brɛzina], eigtl. Václav Jebavý, * Počátky 13. Sept. 1868, † Jaroměřice nad Rokytnou 25. März 1929, tschech. Lyriker. – Lehrer; B., der zu den führenden tschech. Symbolisten zählt (Einfluß v. a. Ch. Baudelaires), begann mit pessimist. Gedichten, doch kam er bald zu hymn. Lyrik, in der er, beeinflußt v. a. von der Antike und der Mystik, alle Gegensätze auflöste und einen Zustand der absoluten Harmonie pries, der durch fortlaufende Evolution erreicht werden kann; bed. Verdienste um den literar. Essay, den er – neben F. X. Šalda – in die tschech. Literatur einführte. B.s Werke beeindrucken durch Fülle und Vielfalt ihrer Sprache und durch ihren Symbolreichtum, freie Rhythmen stehen neben metrisch und strophisch gegliederten Gedichten.

Werke: Winde von Mittag nach Mitternacht (Ged., 1897, dt. 1920), Baumeister am Tempel (Ged., 1899, dt. 1920), Hände (Ged., 1901, dt. 1908), Musik der Quellen (Essay, 1903, dt. 1923).

Ausgabe: O. B. Spisy. Prag 1933. 3 Bde.

Literatur: KUDIČEK, J.: O. B. Brünn 1971. = HEFTRICH, U.: O. B. Hdbg. 1993.

Brezovački, Tito [serbokroat. 'brɛzəvatʃki], * Zagreb 4. Jan. 1757, † ebd. 29. Okt. 1805, kroat. Schriftsteller. – Pfarrer, zuletzt in Zagreb. Bedeutendster

Dramatiker seiner Zeit, schrieb in kajkav. und štokav. Dialekt, auch lat.; didaktisch-aufklärer. Züge.

Werk: Mathias Grabantzias diak (= Mathias Grabantzias, der Zauberlehrling, Kom., 1804).

Br̥hatkathā [sanskr. = Große Erzählung], von Guṇāḍhya in einer Volkssprache verfaßter Märchenroman, entstanden um 300 n. Chr. Die verlorene B. ist nur aus späteren Bearbeitungen und Auszügen bekannt. Sie behandelte die zahlreichen Abenteuer des Prinzen Naravāhanadatta.

Literatur: LACÔTE, F.: Contribution à l'histoire des contes indiens. Essai sur Guṇâdhya et la Brhatkathâ. Paris 1908. – WINTERNITZ, M.: Gesch. der ind. Lit. Bd. 3. Lpz. 1908–20. Nachdr. Stg. 1968.

Bridges, Robert Seymour [engl. 'brɪdʒɪz], * Walmer (Kent) 23. Okt. 1844, † Oxford 21. April 1930, engl. Schriftsteller. – Arzt bis 1881, dann freier Schriftsteller, mit G. M. Hopkins befreundet, dessen Gedichte er postum herausgab, 1913 ›poet laureate‹. B. war bes. als Lyriker bedeutsam. Sein Hauptwerk ist die philosophische Dichtung ›The testament of beauty‹ (1929). Er schrieb auch poet. Dramen, meist mit antiken Stoffen, sowie einflußreiche literaturkrit. Essays, u. a. über J. Milton (1893) und J. Keats (1895).

Weitere Werke: Poems (1873), The growth of love (Sonette, 1876), Eros and Psyche (Ged., 1885), The return of Ulysses (Dr., 1890), Achilles in Scyros (Dr., 1890), Poetical works (1912).

Ausgabe: R. S. B. Poetical works. New York 1936. Nachdr. 1978. 6 Bde.

Literatur: GUÉRARD, A. JUN.: R. B. New York 1965. – HAMILTON, L. T.: R. B. An annotated bibliography, 1873–1988. Newark (Del.) 1991. – PHILLIPS, C.: R. B. A biography. Oxford 1992.

Bridie, James [engl. 'braɪdɪ], eigtl. Osborne Henry Mavor, * Glasgow 3. Jan. 1888, † Edinburgh 29. Jan. 1951, schott. Dramatiker. – Arzt, 1947 Mitbegründer des ›Glasgow Citizens' Theatre‹. Mit dem Drama ›The anatomist‹ (1931) und der Komödie ›Tobias und der Engel‹ (1931, dt. 1946) wurde er bekannt. Den größten Erfolg erzielte er mit ›Daphne Laureola‹ (Kom., 1949, dt. 1950). Seine vom Stil G. B. Shaws beeinflußten Stücke sind meist gegenwartsbezogene Dramatisierungen bibl., histor. und myth. Stoffe.

Sie zeichnen sich durch Humor, groteske Situationskomik, geistreiche Dialoge und eine reizvolle Mischung von Phantasie und Realistik aus.

Weitere Werke: Jonas und der Walfisch (Dr., 1932, dt. 1960), Ein Seelsorger schläft (Dr., 1933, dt. 1956), Susanne im Bad (Dr., 1937, dt. 1947), Herr Bolfry (Dr., 1943, dt. 1947).

Literatur: BANNISTER, W.: J. B. and his theatre. London 1955. – LUYBEN, H. L.: J. B. Clown and philosopher. Philadelphia (Pa.) 1965. – NENTWICH, M.: Der ›schott. Shaw‹. Unterss. zum dramat. Werk von J. B. Ffm. u. a. 1977.

Brief [in ahd. Zeit aus vulgärlat. breve (scriptum) ›kurzes (Schreiben), Urkunde‹], an einen abwesenden Adressaten gerichtete schriftl. Mitteilung, die eine mündl. Aussprache ersetzt, ›Hälfte eines Dialogs‹ (Aristoteles). Neben dieser privaten Funktion wurde der B. auch für andere Zwecke verwendet, so als Selbstzeugnis des Autoren, als offizieller B. für amtl. Anweisungen und Erlasse oder als (meist polit.) Druckmittel in der Gestalt eines ›offenen B.es‹, der sich nur scheinbar an einen bestimmten Adressaten, in Wirklichkeit jedoch an die breite Öffentlichkeit richtet. Schließlich kann sich der B. auch zu einer literar. Kunstform verselbständigen.

Die **Geschichte** des B.es reicht bis ins *Altertum* zurück: Bruchstücke finden sich schon auf Tontafeln der Babylonier und Assyrer. Der älteste erhaltene umfangreichere B. wurde vom Pharao Pepi II. um 2200 v. Chr. an einen Gaufürsten von Assuan geschrieben. Auf ägypt. Papyrus sind darüber hinaus viele private und amtl. Original-B.e aus dem 3. bis 1. Jt. v. Chr. erhalten. Auch das AT überliefert eine Reihe von B.en, darunter als bekanntestes Beispiel den B. Davids an Joab (sogenannter ›Uriasbrief‹ in 2. Samuel 11, 14). Im klass. Altertum wurden B.e in der Regel auf Papyrus oder auf zusammenklappbare, mit Wachs bezogene Holztäfelchen geschrieben. Unter den B.sammlungen bekannter Persönlichkeiten dieser Epoche nimmt der Briefwechsel M. T. Ciceros, der über 900 B.e in 37 Büchern umfaßt, nicht nur seines Umfangs wegen eine Sonderstellung ein. Cicero stilisierte seine B.e und wollte in ihnen ein breiteres Publikum ansprechen. Damit leitete er bereits zur spätantiken Form des Prosa-B.es über, wie sie bei Qu. A. Symmachus, Sidonius Apollinaris oder bei Cassiodorus anzutreffen ist. Mit dem nicht minder bed. B.wechsel Plinius' des Jüngeren verbindet Ciceros B.e die Tatsache, daß sie aus einem konkreten Anlaß heraus für eine bestimmte Situation verfaßt wurden.

Von ganz anderer Art sind dagegen die **literarischen Briefe** oder **Kunstbriefe**. Im wesentlichen handelt es sich hierbei um fingierte B.e, bei denen die B.form lediglich zur Verbrämung bzw. Einkleidung philosoph. oder schöngeistiger Traktate dient, so etwa bei Empedokles, Aristoteles, Epikur oder bei den ›Epistulae morales‹ (entst. von 62 an) von L. A. Seneca dem Jüngeren. Zu den Kunst-B.en sind auch die B.gedichte zu rechnen, wie sie etwa Horaz mit seinen ›Epistulae‹ (20–13, dt. ›Briefe‹, 1728) oder Ovid mit den ›Epistulae ex Ponto‹ (12–16, dt. 1727, 1858 u. d. T. ›Briefe aus dem Pontus‹) geschaffen haben. Fingierte B.e fanden sogar Eingang ins Geschichtswerk des Thukydides, wo sie nicht selten als Dokumente mißverstanden wurden. Darüber hinaus kannte man auch in der Antike bereits den *offenen Brief* als ein wirksames polit. Mittel; bekannteste Beispiele hierfür sind die B.e des Isokrates an Philipp II. von Makedonien oder des Sallust an G. I. Caesar. Schließlich bedienten sich auch christl. Autoren zu vornehmlich seelsorger. Zwecken der B.form. Die B.e des Apostels Paulus sowie die sieben sog. ›Katholischen B.e‹ des NT sind ebenso beredte Zeugnisse hierfür wie die B.e großer Kirchenväter (z. B. Ambrosius, S. E. Hieronymus, A. Augustinus). – Im *MA* wurde die B.kunst v. a. von Klerikern, die sich der lat. Sprache bedienten, an den Höfen und in den Klöstern gepflegt. Persönl. B.e waren dabei ebenso geläufig wie B.e geistl. oder polit. Prägung. Eine Sonderform dieser Epoche stellen die seit dem 12. Jh. auftauchenden *Mystikerbriefe* mit metaphys. Inhalten dar. Mit der höf. Kultur und der Ausweitung des Kreises der Schreibkundigen auch auf Nichtkleriker wurde erstmals die Volkssprache in B.en verwendet. Trotzdem lebte in den wiss. B.wechseln der Humanisten (wie F. Petrarca, K. Celtis, J. Reuchlin und Erasmus von Rotterdam), die sich am Vorbild Ciceros orientierten, sowie bis ins 18. Jh. in den gelehrten B.en und in vielen amtl. Schreiben der Kanzleien die lat. Sprache weiter. Der Liebes-B. erreichte in P. Abälards wohl fingiertem B.wechsel mit Heloïse, der seiner ›Historia calamitatum mearum‹ (entst. zw. 1133 und 1136) beigefügt ist, literar. Niveau. Einen ersten Höhepunkt des *deutschsprachigen Briefes* stellt die sehr markante und in persönl. Ton gehaltene Korrespondenz Luthers dar. In *Frankreich* entwickelte sich seit dem 17. Jh. bis zur Gegenwart eine hohe B.kultur, die den Schwerpunkt auf stilist. Eleganz legt (B. Pascal, Madame de Sévigné, Voltaire, J.-J. Rousseau, D. Diderot, Madame de Staël, G. Flaubert, M. Proust, A. Gide). Das frz. Vorbild fand auch in *Deutschland* lebhafte Nachahmung. Im Barock etwa begnügte man sich nicht nur mit der Nachahmung des gekünstelt-eleganten B.stils, sondern man bevorzugte auch die frz. Sprache. Eine Ausnahme stellen die in sehr persönl. Stil gehaltenen dt. Briefe Liselottes von der Pfalz dar. Die zuvor schon vereinzelt kritisierte frz. Überfremdung wurde erst durch J. Ch. Gottsched und Ch. F. Gellert (›Briefe, nebst einer prakt. Abhandlung von dem guten Geschmack in Briefen‹, 1751) zugunsten größerer Natürlichkeit überwunden. Von dieser Zeit an verlief die Geschichte des B.stils parallel zur allgemeinen literar. Entwicklung. Einerseits bildete sich eine subjektiv-emotionale B.sprache heraus, die im *Pietismus* (J. Spener), in der *Empfindsamkeit* (F. G. Klopstock), im *Sturm und Drang* und in der *Romantik* (C. Brentano, A. von Arnim, B. von Arnim) geistvolle und ausdrucksstarke Beispiele hervorbrachte. Daneben aber entwickelte sich ein rationaler, wenn auch vom jeweiligen Autor individuell ausgeprägter B.stil, der in der *Aufklärung* (G. E. Lessing, J. J. Winckelmann, G. Ch. Lichtenberg), in der *dt. Klassik* (Goethe, Schiller, W. von Humboldt, I. Kant, G. W. F. Hegel) und im *Realismus* (Th. Storm, G. Keller, Th. Fontane) nachweisbar ist. Eine Sonderform ist der ↑ Briefroman. Auch für *philosoph.* und *literaturkrit. Traktate* diente die B.form als äußerer Rahmen, so etwa bei J. G. von Herder (›Briefe zur Beförderung der Humanität‹, 10 Sammlungen, 1793–97) oder bei Schiller (›Über die ästhet. Erziehung des Menschen‹, 1795). Auch im *20. Jh.* werden in den Gesamtausgaben wissenschaftlich, politisch oder literarisch wichtiger Persönlichkeiten B.e veröffentlicht, die Rückschlüsse etwa auf die jeweilige Weltanschauung erlauben. Nicht wenige von ihnen besitzen hohes literar. Format, so etwa die B.e von R. M. Rilke, H. von Hofmannsthal, R. Musil, H. Hesse, Th. Mann, F. Kafka oder E. Lasker-Schüler. Starke satir. Züge tragen schließlich die ›Filserbriefe‹ (›Briefwechsel eines bayr. Landtagsabgeordneten‹, 1909; ›Jozef Filsers Briefwexel‹, 1912) von L. Thoma. Eine Neubelebung des B.es versuchte im Anschluß an A. Camus (›Lettres à un ami allemand‹, 1944) H. Böll (›Brief an einen jungen Katholiken‹, 1958). Allgemein ist jedoch im 20. Jh. ein Verfall der Kunst des B.schreibens zu beobachten.

Ausgaben: Epistolographi Graeci. Hg. v. R. HERCHER. Paris 1873. – Monumenta Germaniae Historica. Epistolae. Hg. v. P. EWALD u. a. Bln. 1887–1939. 8 Bde. Nachdr. Köln u. a. 1978–85. – Dt. Privatbriefe des MA. Hg. v. G. STEINHAUSEN. Bln. 1899–1907. 2 Bde. – OEHL, W.: Dt. Mystikerbriefe des MA. 1 100–1550. Mchn. 1931. – Dt. Menschen. Eine Folge von B.en. Luzern 1936. – HEYNEN, W.: Das Buch dt. B.e. Wsb. 1957. Erweiterte Teilausg.: Dt. B.e des 20. Jh. Hg. v. W. HEYNEN. Mchn. 1962. – RÜDIGER, H.: B.e des Altertums. Hg. v. W. RÜEGG. Zü. u. Stg. 1965. – Erot. B.e der griech. Antike. Hg. u. übers. v. B. KYTZLER. Mchn. 1967.
Literatur: BENTLEY, R.: A Dissertation upon the epistles of Phalaris. London 1777. – PETER, H.: Der B. in der röm. Lit. Lpz. 1901. Nachdr. Hildesheim 1965. – ROSENO, A.: Die Entwicklung der B.theorie u. 1655–1709. Wzb. 1933. – MAYSER, E.: B.e im mhd. Epos. In: Zs. f. dt. Philologie 59 (1934/35). – ERDMANN, C.: Studien zur B.lit. Deutschlands im 11. Jh. Lpz. 1938. Neudr. Stg. 1952. – Reallex. der dt. Literaturgesch. Begr. v. P. MERKER u. W. STAMMLER. Hg. v. W. KOHLSCHMIDT u. W. MOHR. Bd. 1. Bln. ²1958. S. 186. – BROCKMEYER, R.: Gesch. des dt. B.es v. Gottsched bis zum Sturm u. Drang. Diss. Münster 1959. – WELLEK, A.: Zur Phänomenologie des B.es. In: Sammlung 15 (1960), S. 339. – ROGGE, H.: Fingierte B.e als Mittel polit. Satire. Mchn. 1966. – STEINHAUSEN, G.: Gesch. dt. B.es (1. u. 2. Tl. in einem Bd.). Zü. ²1968. – BRÜGGEMANN, D.: Gellert, der gute Geschmack u. die üblen B.steller. In: Dt. Vjschr. f. Literaturwiss. u. Geistesgesch. 45 (1971). – HONNEFEL-

DER, G.: Der B. im Roman. Bonn 1975. – SCHMALE, F. J., u. a.: B., B.literatur, B.sammlungen. In: Lex. des MA. Bd. 2. Mchn. u. Zü. 1983.

Briefgedicht, Briefe in Gedichtform; auch Gedichte, die in Briefe eingefügt oder Briefen beigelegt sind. Das MA pflegte den in Verse gefaßten Widmungsbrief, in den Volkssprachen den poet. Liebesgruß (↑ Minnebrief, ↑ Minnesalut). Die Gattung lebte wieder auf im Barock und bei den Anakreontikern. Zahlreiche private B.e enthält v. a. der Briefwechsel Goethes mit Frau von Stein. Nach der Romantik wurde das B. seltener. – ↑ auch Brief.

Briefroman, Sonderform des Romans, die aus einer Folge von Briefen, Tagebuchnotizen od. ähnl. Dokumente eines oder mehrerer fingierter Verfasser besteht, ohne erzählende Verbindungstexte. Nach mehreren Vorstufen, die sich alle auf Ovids ›Heroides‹ zurückführen lassen, entwickelte sich der eigentl. B. in der ↑ Empfindsamkeit des 18. Jahrhunderts. Erster bed. Vertreter war der Engländer S. Richardson mit seinen Briefromanen ›Geschichte der Pamela, oder die belohnte Tugend eines Frauenzimmers‹ (1740, dt. 1772), ›Clarissa Harlowe‹ (1748, dt. 1790/91) und ›Geschichte Herrn Carl Grandisons‹ (1754, dt. 1754/ 1755). In Frankreich fand J.-J. Rousseaus Roman ›Die neue Heloise oder Briefe zweier Liebenden‹ (1761, dt. 1761–66) zahlreiche Nachahmer, so etwa P. A. F. Choderlos de Laclos mit ›Gefährliche Liebschaften‹ (1782, dt. 1899, erstmals dt. 1783). Angeregt von Richardson griff in Deutschland Ch. F. Gellert in seinem Roman ›Das Leben der schwed. Gräfin von G...‹ (1747/1748) als erster zu Briefeinlagen. Ihm folgten u. a. J. K. A. Musäus mit seinem B. ›Grandison der Zweite‹ (1760–62) und S. von La Roches ›Geschichte des Fräulein von Sternheim‹ (1771). Den Höhepunkt des dt. B.s markierte Goethes Roman ›Die Leiden des jungen Werthers‹ (1774). Eng am Vorbild Richardsons orientierten sich weitere B.e des späten 18. Jh., so L. Tiecks ›Geschichte des Herrn William Lovell‹ (1795/96), J. Ch. F. Hölderlins ›Hyperion oder der Eremit in Griechenland‹ (1797–99) und Ch. M. Wielands ›Aristipp und einige seiner Zeitgenossen‹

(1800–02). Während im 19. Jh. der dialogisierte Roman den B. verdrängte, wurde die Briefform in Romanen des 20. Jh. vereinzelt wieder verwendet, so in den Romanen ›Der letzte Sommer‹ (1910) von R. Huch und ›Herr Meister‹ (1963) von W. Jens.

Literatur: JOST, F.: L'évolution d'un genre. Le roman épistolaire dans les lettres occidentales. In: JOST: Essais de littérature comparée. Bd. 2. Frib. 1968. S. 86 (mit Bibliogr.). – VOSSKAMP, W.: Dialog. Vergegenwärtigung beim Schreiben u. Lesen. Zur Poetik des B.s im 18. Jh. In: Dt. Vjschr. für Literaturwiss. u. Geistesgesch. 45 (1971), S. 80. – CARRELL, S. L.: Le soliloque de la passion féminine ou le dialogue illusoire. Étude d'une formule monophonique de la littérature épistolaire. Tüb. 1982.

Briefsteller, ursprünglich Berufsbezeichnung für jemanden, der für andere Briefe abfaßte, dann Bez. für einen Leitfaden zum Abfassen formal vollendeter Briefe zu den verschiedensten Anlässen, veranschaulicht durch prakt. Beispiele. Solche Anleitungen lassen sich schon im 2. Jh. v. Chr. bei den Griechen nachweisen. Die Blütezeit fiel in die Barockzeit, in der auf stilist. Eleganz und gesellschaftl. Regeln höchster Wert gelegt wurde. Als umfangreichstes Werk dieser Art gilt J. F. Heynatz' ›Handbuch zur richtigen Verfertigung und Beurteilung aller Arten schriftlicher Aufsätze des gemeinen Lebens überhaupt und insbesondere der Briefe‹ (5 Bde., 1773–93). Den Übergang zum natürlichen Briefstil beeinflußten Ch. F. Gellerts ›Briefe, nebst einer praktischen Abhandlung von dem guten Geschmack in Briefen‹ (1751) nachhaltig. Später kennt man Briefsteller fast nur noch für bestimmte Berufsgruppen.

Literatur: ROCKINGER, L.: Über B. und Formelbücher in Deutschland während des MA. Mchn. 1861. – NICKISCH, R. M. G.: Die Stilprinzipien in den dt. B.n des 17. u. 18. Jh.s. Gött. 1969 (mit Bibliogr.).

Briet, Marguerite [frz. bri'ε], frz. Schriftstellerin, † Crenne, Hélisenne de.

Brieux, Eugène [frz. bri'ø], * Paris 19. Jan. 1858, † Nizza 6. Dez. 1932, frz. Dramatiker. – Sohn eines Arbeiters, Autodidakt, Journalist; behandelte dem Zeitgeschmack entsprechend in naturalist. Thesentheater für die Pariser Bürgerszene soziale, moral. und sozialeth. Fragen. Wurde 1909 Mitglied der Académie française.

Werke: Blanchette (Dr., 1892), Les trois filles de Monsieur Dupont (Dr., 1897), Le berceau (Dr., 1898), Die rote Robe (Dr., 1900, dt. 1901), Die Schiffbrüchigen (Dr., 1903, dt. 1903).

Brigadere, Anna, * Kalnamuiža bei Terweten (lett. Tērvete) 1. Okt. 1861, † Terweten (lett. Tērvete) 25. Juni 1933, lett. Dichterin. – In ihrer anfangs realist., später durch Neuromantik und Impressionismus beeinflußten Dichtung gestaltete sie Stoffe der Volksüberlieferung. Ihre bedeutendsten Werke sind Märchendramen (›Der Däumling‹, 1903, dt. 1922). Außerdem schrieb sie erzählende Werke und Lyrik.

Brighella [italien. bri'gεlla; zu briga = Mühe, Unannehmlichkeit; Plural: brighe = Händel], Figur der Commedia dell'arte: ein verschlagener Bediener, der die Ausführung der von ihm angezettelten Intrigen meist der zweiten Bedientenrolle der Commedia dell'arte, dem † Arlecchino überläßt. Er tritt in weißer Livree mit grünen Querborten, weißem Umhang und schwarzer Maske mit Bart auf; spricht meist im Dialekt der Bergamasken.

Literatur † Commedia dell'arte.

Brik, Elsa, frz. Schriftstellerin russ. Herkunft, † Triolet, Elsa.

Brillat-Savarin, Jean Anthelme [frz. brijasava'rɛ̃], * Belley (Ain) 1. April 1755, † Paris 2. Febr. 1826, frz. Schriftsteller. – Rat des Kassationsgerichtshofes; machte sich literarisch einen Namen v. a. durch seine ›Physiologie des Geschmacks‹ (2 Bde., 1826, dt. 1865), ein geistvoll geschriebenes Lehrbuch der zeitgenöss. Gastronomie und der Tafelfreuden.

Brincken, Gertrud von den, verh. Schmied-Kowarzik, * Zabeln (heute Sabile, Lettland) 18. April 1892, † Regensburg 17. April 1982, dt.-balt. Schriftstellerin. – Lebte bis 1927 v. a. in Lettland, danach u. a. in Frankfurt am Main, ab 1950 in Regensburg; schrieb Gedichte, heimatverbundene Erzählungen, Romane.

Werke: Lieder und Balladen (1918), Aus Tag und Traum (Ged., 1920), Herbst auf Herrenhöfen (R., 1939), Unsterbl. Wälder (R., 1941), Niemand (R., 1943), Aina (E., 1959), Abschied (Ged. und Prosa, 1961), Ismael (Fragment, 1971), Judas Ischarioth (Ged., 1975), Wellenbrecher (Ged., 1976), Die Sintflut steigt (Dr., 1977), Land unter (Erinnerungen, 1977), Nächte (R., 1981).

Brinckman, John, * Rostock 3. Juli 1814, † Güstrow 20. Sept. 1870, niederdt. Lyriker und Erzähler. – Jura- und Philologiestudium, 1839 aus polit. Gründen Flucht nach New York, 1842 Rückkehr, Lehrer. Neben F. Reuter hervorragendster Vertreter der mecklenburg. Literatur. Schrieb Seemannslieder, Kinderreime, humorvolle Erzählungen aus dem Seefahrer- und Kaufmannsmilieu, Tierfabeln. Am bekanntesten wurde die Erzählung aus dem Rostocker Schiffermilieu um 1800, ›Kasper-Ohm un ick‹ (1855, erweitert 1868; Bd. 2 der Erzählungen ›Aus dem Volk für das Volk‹, 1854/55).
Weitere Werke: Der heilige Damm (Legende, 1839), Vagel Grip (Ged., 1859), Peter Lurenz bi Abukir (E., 1869), Uns' Herrgott up Reisen (R., 1870).
Ausgabe: J. B. Nachlaß. Hg. v. A. RÖMER. Bln. 1904–06. 4 Bde.
Literatur: SCHMIDT, WILHELM: J. B. In: Beitrr. zur Gesch. der niederdt. Dichtung. Hg. v. E. PÖSCHEL. Bd. 4. Rostock 1914. – Festschr. zum 150. Geburtstag v. J. B. Güstrow 1964.

Brink, André Philippus [afrikaans brŋk], * Vrede (Oranje-Freistaat) 29. Mai 1935, südafrikan. Erzähler, Kritiker und Essayist. – Prof. für moderne Literatur an der Univ. in Grahamstown; lebt seit 1991 in Kapstadt; gilt als führendes Mitglied der †Sestigers, von der er sich jedoch nach 1968 löste, um zu einer politisch deutlicheren Aussage zu gelangen. Bereits seine Erstlingswerke ›Lobola vir die lewe‹ (R., 1962) und ›Nicolette und der Botschafter‹ (R., 1963, dt. 1966) verhalfen dem afrikaansen Roman zu internat. Ansehen. B. bricht formal und inhaltlich sowohl mit literar. Konventionen als auch mit sexuellen, religiösen und polit. Tabus. ›Kennis van die aand‹ (R., 1973) wurde deshalb als erster afrikaanser Roman wegen seiner Thematik, die sich gegen das ›Gesetz gegen die Unmoral‹ wandte, bis 1981 verboten. In ›Stimmen im Wind‹ (R., 1975, dt. 1981) behandelt B. die Grenzbereiche von Toleranz und Verständnis zwischen den Rassen; in ›Stein des Anstoßes‹. Als Schriftsteller in Südafrika‹ (autobiogr. Texte, 1983, dt. 1987) fragt er nach der vom ›Belagerungszustand‹

geprägten Funktion des liberalen Schriftstellers.
Weitere Werke: Bagasie (Dr., 1965), Die rebelle (Dr., 1970), Blick ins Dunkel (R., 1974, dt. 1991), Gerugte van reën (R., 1978), Weiße Zeit der Dürre (R., 1979, dt. 1984), Die Nilpferdpeitsche (R., 1982, dt. 1985), Die Pestmauer (R., 1984, dt. 1988), Zeit des Terrors (R., 1991, dt. 1994), Im Gegenteil (R., 1993, dt. 1994).

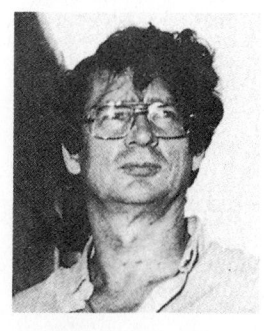

André
Philippus
Brink

Brink, Jan ten, * Appingedam 15. Juni 1834, † Leiden 19. Juli 1901, niederl. Literarhistoriker und Schriftsteller. – Prof. für niederl. Literatur an der Univ. Leiden; schrieb neben literarhistor. Arbeiten Biographien, Novellen und Romane, die z. T. gute Charakterzeichnungen aufweisen.
Werke: Ostind. Damen und Herren (Nov.n, 2 Bde., 1866, dt. 4 Tle., 1868), Der Schwiegersohn der Frau von Roggeveen (R., 2 Bde., 1871–73, dt. 2 Bde., 1876).

Brinkman, Carl Gustav Freiherr (seit 1835) von (Karl Gustav Brinckmann), * Nacka 24. Febr. 1764, † Stockholm 25. Dez. 1847, schwed. Diplomat und Schriftsteller. – Jugendfreund F. Schleiermachers; seit 1792 schwed. Diplomat; selbst literarisch tätig, stand B. in engem Kontakt (berühmt sein umfangreicher Briefwechsel) mit geistig führenden Zeitgenossen, v. a. mit den Brüdern A. und W. von Humboldt, F. Gentz, Madame de Staël und L. Tieck.

Brinkmann, Rolf Dieter, * Vechta 16. April 1940, † London 23. April 1975 (Verkehrsunfall), dt. Schriftsteller. – Buchhändlerlehre, Studium der Pädagogik, ab 1967 freier Schriftsteller. Veröffentlichte von der jüngeren amerikan. Schriftstellergeneration, v. a. von

F. O'Hara beeinflußte Erzählungen, einen Roman und Gedichte, in denen er mit Vorliebe Eindrücke aus der Alltagswelt darstellt, wobei er Sprache, Bilder und Stoffe aus der Welt des Films, der Werbung, der Comic strips u. a. verwendet; erhielt 1975 (postum) den Petrarca-Preis; Hg. moderner amerikan. Lyrik (›ACID‹, 1969); auch Hörspiele und Kurzfilme.

Weitere Werke: Ihr nennt es Sprache (Ged., 1962), Die Umarmung (En., 1965), Raupenbahn (En., 1966), Was fraglich ist wofür (Ged., 1967), Keiner weiß mehr (R., 1968), Die Piloten (Ged., 1968), Gras (Ged., 1970), Westwärts 1 & 2 (Ged., hg. 1975), Rom, Blicke (Aufzeichnungen, hg. 1979), Standphotos, Gedichte, 1962–70 (hg. 1980), Erkundungen für die Präzisierung des Gefühls für einen Aufstand (Tageb., hg. 1987). **Literatur:** R. D. B. Hg. v. H. L. ARNOLD. Mchn. 1981. – LAMPE, G. W.: Ohne Subjektivität. Interpretation zur Lyrik R. D. B.s vor dem Hintergrund der Studentenbewegung der 60er Jahre. Tüb. 1983. – SPÄTH, S.: R. D. B. Stg. 1989.

Briod, Betty [frz. bri'o], schweizer. Schriftstellerin, † Saint-Hélier, Monique.

Brion, Marcel [frz. bri'õ], * Marseille 21. Nov. 1895, † Paris 23. Okt. 1984, frz. Schriftsteller, Literaturkritiker und Kunsthistoriker. – Verfaßte u. a. ›Machiavelli und seine Zeit‹ (1943, dt. 1957), ›Goethe‹ (1950, dt. 1982), ›L'Allemagne romantique‹ (4 Bde., 1962–78), ›Die frühen Kulturen der Welt‹ (1959, dt. 1964), ›Die Medici‹ (1969, dt. 1970), ›Paul Cézanne‹ (1975) sowie [romantischphantast.] Romane, u. a. ›Das grüne Schlößchen 'La Folie'‹ (1945, dt. 1959), ›Les miroirs et les gouffres‹ (1968), ›La fête de la tour des âmes‹ (1974), ›Villa des hasards‹ (1984), ›Les vaines montagnes‹ (hg. 1985). 1964 wurde B. Mitglied der Académie française.

Bristow, Gwen [engl. 'brɪstoʊ], * Marion (S. C.) 16. Sept. 1903, † New Orleans 17. Aug. 1980, amerikan. Schriftstellerin. – War 1925–33 Reporterin in New Orleans; schrieb v. a. Romane, die das Leben in Louisiana und Kalifornien schildern.

Werke: Louisiana-Trilogie (mit den Teilen: Tiefer Süden, R., 1937, dt. 1939; Die noble Straße, R., 1938, dt. 1950, Am Ufer des Ruhms, R., 1940, dt. 1951), Kaliforn. Sinfonie (R., 1950, dt. 1959), Alles Gold der Erde (R., 1969, dt. 1970), Melodie der Leidenschaft (R., 1980, dt. 1980).

Brítting, Georg, * Regensburg 17. Febr. 1891, † München 27. April 1964,

dt. Schriftsteller. – Nach Studium und Kriegsteilnahme ab 1920 freier Schriftsteller, v. a. Lyriker und Erzähler. Höhepunkt seiner Erzählkunst war der eigenwillige, humorist. Roman ›Lebenslauf eines dicken Mannes, der Hamlet hieß‹ (1932). Überschäumende Lebensfülle und Landschaftserlebnis kommen in seiner Lyrik zum Ausdruck; schrieb auch Dramen.

Weitere Werke: Der verlachte Hiob (Nov.n, 1921), Michael und das Fräulein (En., 1927), Gedichte (1931), Die kleine Welt am Strom (En., 1933), Der ird. Tag (Ged., 1935), Der bekränzte Weiher (En., 1937), Der Schneckenweg (En., 1941), Lob des Weines (Ged., 1944), Die Begegnung (Ged., 1947), Der Eisläufer (En., Ged., 1948), Afrikan. Elegie (E., 1953), Der unverstörte Kalender (Ged., hg. 1965), Anfang und Ende (Erzähltes und Dramatisches aus dem Nachlaß, 1967). **Ausgaben:** G. B. Das Große G.-B.-Buch. Hg. v. I. SCHULDT-BRITTING. Mchn. 1977. – Sämtl. Werke. Hg. v. W. SCHMITZ. Mchn. 1987 ff. Auf 6 Bde. ber. Bisher 3 Bde. erschienen. **Literatur:** BODE, D.: G. B. Stg. 1962. – G. B. 1891–1964. Hg. v. B. GAJEK u. a. Ffm. 1993.

Brizeux, Auguste [frz. bri'zø], * Lorient 12. Sept. 1803, † Montpellier 3. Mai 1858, frz. Dichter. – Wuchs in der Bretagne auf, wohin er auch später zeitweilig zurückkehrte. B. besang seine Jugendgeliebte in der Idylle ›Marie‹ (1831) und seine breton. Heimat in den Dichtungen ›Primel et Nola‹ (1842) sowie ›Les Bretons‹ (Epos, 1845), einem umfassenden Bild breton. Volkslebens; auch Übersetzer Dantes (1841).

Ausgabe: A. B. Œuvres. Hg. v. A. DORCHAIN. Neuaufl. Paris 1910–12. 4 Bde. **Literatur:** LECIGNE, C.: B., sa vie et ses œuvres. Paris 1898. – Mélanges B. Sondernummer der ›Nouvelle Revue de Bretagne‹ 7 (1953).

Brjussow (tl.: Brjusov), Waleri Jakowlewitsch [russ. 'brjusəf], * Moskau 13. Dez. 1873, † ebd. 9. Okt. 1924, russ.-sowjet. Schriftsteller. – Aus wohlhabender Kaufmannsfamilie; entwickelte, seiner Erziehung nach den Prinzipien eines radikalen Materialismus entsprechend, früh sozialist. Neigungen und wurde später Mitglied der KP; außerordentl. Sprachbegabung und sicheres Formgefühl. Für seine Lyrik, die den frz. Parnassiens richtungweisende Anregungen verdankt, waren formale und ästhet. Probleme wesentlicher als weltanschaul. Fragen. Seine Verskunst ist weniger musikalisch als plastisch. Von bes. Bedeutung ist B.s Großstadtlyrik. Als wegweisender Formkünstler Führer der russ. Symbolisten; auch histor. Romane; übersetzte u. a. Vergil, Dante, Goethe, E. A. Poe und P. Verlaine.

Werke: Chefs d'œuvre (Ged., 1895), Me eum esse (Ged., 1897), Tertia vigilia (Ged., 1900), Urbi et orbi (Ged., 1903), Das fahle Pferd (Poem, 1904, dt. 1921), Die Republik des Südkreuzes (En., 1905, dt. 1908), Erduntergang (Schsp., 1905, dt. 1909), Stéphanos (Ged., 1906), Der feurige Engel (R., 2 Bde., 1908, dt. 1910), Der Siegesaltar (R., 1911, dt. 1913).
Ausgaben: V. J. Brjusov. Sobranie sočinenij. Moskau 1973–75. 7 Bde. – V. B. Chefs d'œuvre. Gedichte aus neun Bänden. Dt. Übers. Sachseln 1986.
Literatur: BURLAKOV, N. S.: V. Brjusov. Moskau 1975. – DANIELJAN, E. S.: Bibliografija V. J. Brjusova. Jerewan 1976. – FLICKINGER, B.: V. Brjusov. Mchn. 1976.

Brlić-Mažuranić, Ivana [serbokroat. 'br̩litɛma.ʒuranitɛ], *Ogulin 18. April 1874, †Zagreb 21. Sept. 1938, kroat. Schriftstellerin. – Erste moderne Kinderschriftstellerin ihrer Heimat (›kroatischer Andersen‹); empfing Anregungen aus slawischer Mythologie und Volksmärchen.
Werk: Aus Urväterzeiten (Märchen, 1916, dt. 1933).

Broadway [engl. 'brɔːdwɛɪ], eine der Hauptstraßen von New York, die diagonal durch Manhattan verläuft und v. a. durch ihre Theater zwischen der 42. und 66. Straße bekannt ist; der B. gilt als Zentrum des amerikan. Unterhaltungstheaters, das keine festen Ensembles kennt, sondern für jede Inszenierung neue zusammenstellt, in denen Stars dominieren; am B. entstand Anfang des 20. Jh. das ↑Musical als typ. amerikan. Theaterform; der B. erlangte in den 30er Jahren aber auch größere Bedeutung für die Geschichte des amerikan. Dramas (bes. M. Anderson, L. Hellman und E. Rice) und ist auch in jüngerer Zeit in der Lage, neben erfolgreichen Boulevardstücken (v. a. N. Simon) und Shakespeare-Inszenierungen die großen Erfolge von E. O'Neill, A. Miller, T. Williams, Th. Wilder, E. Albee sowie u. a. auch von D. Fo an sich zu ziehen; kennzeichnend

ist jedoch der Ruf des B.s für populäres Theater mit enger Bindung an Markt und Kommerz, die kaum Platz für Experimente und Avantgardetheater läßt; in Opposition zum B. gruppieren sich seit 1950 experimentelle Avantgardebühnen und Alternativtheater (↑Off-Broadway, ↑Off-Off-Broadway).
Literatur: ATKINSON, J. B.: B. New York 1970.

Brocchi, Virgilio [italien. 'brɔkki], *Orvinio (Rieti) 19. Jan. 1876, †Genua 7. April 1961, italien. Schriftsteller. – Schrieb über 50 naturalist., sozial engagierte Romane unter dem Einfluß É. Zolas, u. a. ›La gironda‹ (1909), ›L'isola sonante‹ (R.-Tetralogie, 1911–20), ›Miti‹ (1917), ›Il destino in pugno‹ (1923), ›Il tramonto delle stelle‹ (1938), ›Gagliarda‹ (1947), ›Il suggello di Satana‹ (1948), ›Il laccio‹ (1954).

Broch, Hermann, *Wien 1. Nov. 1886, †New Haven (Conn.) 30. Mai 1951, österr. Schriftsteller. – Besuch einer Textilfachschule, bis 1927 Leiter der väterl. Textilfabrik, 1928–31 Studium der Mathematik, Philosophie und Psychologie, dann freier Schriftsteller. Bei der Besetzung Österreichs 1938 verhaftet, nach Freilassung emigrierte er in die USA. Als

Hermann Broch

einer der ersten in der dt. Literatur sprengte er die traditionelle Erzählweise, verwendete neue Stilmittel (innerer Monolog, Wechsel der Ausdrucksformen je nach Gegenstand), bezog er wiss. Erkenntnisse, Reflexionen und Träume in seine Dichtung ein. Theoretisch setzte er sich in Essays mit der neuen Dichtung auseinander (›James Joyce und die Gegenwart‹, 1936). In der Romantrilogie ›Die Schlafwandler‹ (›Pasenow...‹, 1931; ›Esch...‹, 1931; ›Huguenau...‹, 1932) machte er den Werte- und Persönlichkeitszerfall deutlich. In dem sog. ›Bergroman‹ (entst. in den 1930er Jahren und 1950/51), von dem drei Fassungen existieren, die 1953 von F. Stössinger unter dem von B. selbst nie erwogenen Titel ›Der Versucher‹ zu einer Version kombiniert und herausgegeben wurden, wird eine scheinbar heile Gemeinschaft, gehalten von einem erstarrten Christentum, durch den Einbruch von Dämonen zu Massenwahn und Ritualmord getrieben (Deutung der Hitler-Zeit). B.s Hauptwerk ist der Roman ›Der Tod des Vergil‹ (1945): Der sterbende Vergil ahnt, daß einer kommen wird, der sich selbst zum Opfer bringt. Beginnend mit der äußersten Realitätsebene, verschmelzen Handlung, Gedanke, Geschichte und Mythos miteinander. Der Ganzheitsschau entsprechend weitet sich die Sprache von beschreibender, reflektierender Prosa zu hymn. Lyrik von überströmendem Reichtum. Durch magische Wort- und Satzassoziationen verbunden, stehen stat. und dynam. Sprachelemente, Gedanke und Dichtung, Vers und Prosa nebeneinander. In seinen letzten Lebensjahren beschäftigte sich B. v. a. mit Problemen der Massenpsychologie.

Weitere Werke: Die unbekannte Größe (R., 1933), Die Entsühnung (Dr., UA 1934 u. d. T. Denn sie wissen nicht, was sie tun; als Hsp., 1961), Die Schuldlosen (R., 1950), Hofmannsthal und seine Zeit (hg. 1964).
Ausgaben: H. B. Ges. Werke in zehn Bden. Ffm. 1968. – H. B. Bergroman. Hg. v. F. Kress u. a. Ffm. 1969. 4 Bde. – B., H./Brody, D.: Briefwechsel 1930–1951. Hg. v. B. Hack u. a. Ffm. 1971. – H. B. Kommentierte Werkausg. Hg. v. P. M. Lützeler. Ffm. Neuausg. 1986. 13 Bde. in 17 Tlen.
Literatur: Koebner, Th.: H. B. Mchn. u. Bern 1965. – Durzak, M.: H. B. Stg. 1968. – Steinecke, H.: H. B. u. der polyhistor. Roman. Bonn 1968. – Schlant, E.: Die Philosophie H. B.s. Mchn. u. Bern 1971. – Durzak, M.: H. B.: Dichtung u. Erkenntnis. Stg. 1978. – Koopmann, H.: Der klass.-moderne Roman in Deutschland. Th. Mann, A. Döblin, H. B. Stg. 1983. – Lützeler, P. M.: H. B. Eine Biogr. Ffm. 1988. – Roethke, G.: Zur Symbolik in H. B.s Werken. Tüb. 1992.

Brockes, Barthold Hinrich, * Hamburg 22. Sept. 1680, † ebd. 16. Jan. 1747, dt. Dichter. – Jurastudium, Bildungsreisen durch europ. Länder. Senator, mehrere diplomat. Missionen in europ. Hauptstädten, Amtmann. Gründete 1714 die ›Teutschübende Gesellschaft‹ (seit 1716 ›Patriot. Gesellschaft‹). Begann mit galanten Gedichten im Stil G. Marinos, strebte unter dem Einfluß von A. Pope und J. Thomson, die er übersetzte, nach einfacher, klarer Darstellung. Von Bedeutung ist die Entwicklung des Naturgefühls in seiner Lyrik. G. F. Händel komponierte einige Oratorien nach B.-Texten. Sein Hauptwerk ist die umfangreiche Gedichtsammlung ›Ird. Vergnügen in Gott‹ (9 Bde., 1721–48), eine dichter. Umsetzung der Theodizee von G. W. Leibniz, in der auch das Kleinste und Einfachste Beachtung und Eingang in die Kunst findet; enthält neben den eigenen Dichtungen auch Übersetzungen, u. a. v. A. Houdar de La Motte und E. Young.

Ausgaben: B. B. Auszug der vornehmsten Gedichte aus dem Ird. Vergnügen in Gott (Faksimile der Ausg. von 1738). Stg. 1965. – B. H. B. Ird. Vergnügen in Gott bestehend in physical. u. moral. Ged. (Faksimile der Ausg. v. 1735–48). Bern 1970. 9 Bde.
Literatur: B. H. B. (1680–1747). ... Neue Forsch. Hg. v. H.-D. Loose. Hamb. 1980. – Guntermann, G.: B. Heinrich B.' ›Ird. Vergnügen in Gott‹ u. die Gesch. seiner Rezeption in der dt. Germanistik. Bonn 1980.

Brod, Max, * Prag 27. Mai 1884, † Tel Aviv-Jaffa 20. Dez. 1968, österr.-israel. Schriftsteller. – Jurist; zeitweilig Beamter, später Theater- und Musikkritiker; Zionist, emigrierte 1939 nach Tel Aviv, dort Dramaturg; Freund F. Werfels und F. Kafkas, den er vielfach förderte und dessen Werk er (gegen Kafkas Willen) rettete und postum herausgab. Vielseitiger Schriftsteller mit weitgespanntem Themenkreis; kulturphilosoph. Essays, histor. Romane, Novellen, z. T. autobiograph. Inhalts, Liebesromane unterschiedl. Qualität, religiöse Dichtung, Dramen. Als Hauptwerk gilt der Roman ›Tycho Brahes Weg zu Gott‹ (1916), der 1. Bd. der Romantrilogie ›Kampf um Wahrheit‹ (2. Bd.: ›Reubeni, Fürst der Juden‹, 1925; 3. Bd.: ›Galilei in Gefangenschaft‹, 1948); bed. Abhandlungen (›Heidentum, Christentum, Judentum‹, 1921; ›Diesseits und Jenseits‹, 2 Bde.,

1947); B. trat auch als Lyriker und Übersetzer hervor.

Weitere Werke: Jüdinnen (R., 1911), Eine Königin Esther (Dr., 1918), Sozialismus im Zionismus (Essays, 1920), Das Zauberreich der Liebe (R., 1928), Lord Byron kommt aus der Mode (Schsp., 1929), Stefan Rott... (R., 1931), Die Frau, die nicht enttäuscht (R., 1934), Heinrich Heine (Monogr., 1934), Franz Kafka (Biogr., 1937), Der Meister (R., 1952), Das Schloß (Dr. nach Kafka, 1953), Armer Cicero (R., 1955), Mira (R., 1958), Streitbares Leben (Autobiogr., 1960, erweitert 1969), Die Rosenkoralle (E., 1961), Johannes Reuchlin und sein Kampf (Monogr., 1965), Gesang einer Giftschlange (Ged., 1966), Das Unzerstörbare (Essays, 1968), Von der Unsterblichkeit der Seele (hg. 1969).

Ausgabe: Im Streit um Kafka u. das Judentum. Der Briefwechsel zw. M. B. u. H.-J. Schoeps. Hg. v. H.-J. SCHOEPS. Königstein i. Ts. 1985.

Literatur: M. B. Ein Gedenkbuch (1884–1968). Hg. v. H. GOLD. Tel Aviv 1969. – PAZI, M.: M. B. Bonn 1970. – DORN, A. M.: Leiden als Gottesproblem. Eine Unters. zum Werk von M. B. Freib. 1981. – WESSLING, B. W.: M. B. Gerlingen 1984. – BÄRSCH, C.-E.: M. B. im Kampf um das Judentum. Wien 1992.

Brodski (tl.: Brodskij), Iossif Alexandrowitsch, in den USA Joseph Brodsky, * Leningrad (heute Petersburg) 24. Mai 1940, russ. Lyriker. – In der Sowjetunion verfolgt, 1972 Ausweisung, lebt in den USA; schreibt neben persönl. Bekenntnis- und Gedankenlyrik v. a. religiös bestimmte Gedichte mit trag. Grundton; auch Dramatiker. B. erhielt 1987 den Nobelpreis für Literatur.

Werke: Ausgewählte Gedichte (dt. 1966), Ostanovka v pustyne (= Halt in der Wüste, Ged., 1970), Einem alten Architekten in Rom (Ged., dt. Auswahl 1978), Röm. Elegien u. a. Gedichte (1982, dt. 1985), Novye stansy k Avguste (= Neue Stanzen an Augusta, 1983), Marmor (Dr., 1984, dt. 1988), Erinnerungen an Leningrad (engl. 1986, dt. 1987), Flucht aus Byzanz (Essays, engl. 1986, dt. 1988), An Urania (Ged., 1987, dt. 1994), Ufer der Verlorenen (Prosa, dt. 1991).

Literatur: J. B.: razmerom podlinnika (Festschr. zum 50. Geburtstag). Reval 1990.

Bródy, Sándor [ungar. 'bro:di], * Eger 23. Juli 1863, † Budapest 12. Aug. 1924, ungar. Schriftsteller und Journalist. – Sein umfangreiches naturalist. Erzählwerk ist von unterschiedl. Wert. B. gab, oft wenig auf künstler. Niveau bedacht, in erzählenden und dramat. Werken ein Bild des Budapester Alltagslebens. Die Vorzüge seiner besten Werke zeigen sich

in der lebensvollen Darstellung der Zeitereignisse vom Standpunkt des krit. Chronisten und in der Behandlung aktueller sozialer Fragen in Dramen (u. a. ›Die Lehrerin‹, 1908, dt. 1909).

Weitere Werke: Ein ärztl. Faust (R., 1888, dt. 1893), Der Held des Tages (R., 1902, dt. 1913), A dada (= Die Amme, Dr., 1902), A medikus (= Der Medizinstudent, Dr., 1911).

Brodziński, Kazimierz [poln. brɔ-'dziĭski], * Królówka (Galizien) 8. März 1791, † Dresden 10. Okt. 1835, poln. Dichter. – Mit der dt. Literatur vertraut; Soldat unter Napoleon, später Prof. für Literatur und Ästhetik. B. stand bes. unter dem Einfluß J. G. von Herders; bed. Kritiker; in patriot. Elegien Vorbereiter der Romantik; Ablehnung des poln. Pseudoklassizismus; Nachwirkung der Empfindsamkeit in der bäuerl. Idylle ›Wiesław‹ (1820, dt. 1867); wichtig als Übersetzer, u. a. aus dem Deutschen (Goethe, Schiller).

Weiteres Werk: O klasyczności i romantyczności, tudzież o duchu poezji polskiej (= Über Klassizismus und Romantik sowie über den Geist der poln. Dichtung, 1818).

Ausgabe: K. B. Dzieła. Breslau 1959. 2 Bde.

Literatur: WITKOWSKA, A.: K. B. Warschau 1968. – BITTNER, I.: B. – historiozof. Breslau 1981.

Broekhuizen, Johan van [niederl. 'brukhœyzə], latin. Janus Broukhusius, * Amsterdam 20. Nov. 1649, † Amstelveen 15. Dez. 1707, niederl. Dichter. – Schrieb in nlat. Sprache Gedichte, v. a. in der Art des Properz und Tibulls, deren Werke er 1702 und 1707 herausgab; seine wenigen niederl. Gedichte zeigen den deutl. Einfluß von P. C. Hooft.

Werke: Gedichten (1677), Carmina (1684), Poemata (hg. 1711).

Brofeldt, Johannes [schwedisch 'bru:fɛlt], finn. Schriftsteller, ↑ Aho, Juhani.

Brofferio, Angelo, * Castelnuovo Calcea (Asti) 6. Dez. 1802, † Locarno 28. Mai 1866, italien. Dichter. – Schrieb zahlreiche Lieder in piemontes. Dialekt (›Canzoni piemontesi‹, 1839) unter dem Einfluß P. J. de Bérangers, Dramen (u. a. ›Eudossia‹, 1825; ›Vitige, re de' Goti‹, 1840) nach dem Vorbild von V. Alfieri und A. Manzoni sowie Prosawerke (›I miei tempi‹, 2 Bde., hg. 1857).

Literatur: BOTTASSO, E.: A. B. Turin 1961. – A. B. Mostra bibliografica nel centenario della morte. Hg. v. E. BOTTASSO. Turin 1966.

Bröger, Achim, eigtl. Joachim Karl B., *Erlangen 16. Mai 1944, dt. Kinder- und Jugendbuchautor. – Enkel von Karl B.; seit 1979 freier Schriftsteller. Viele seiner Bücher wurden von Gisela Kalow (*1946) illustriert, u. a. ›Guten Tag, lieber Wal‹ (1974), ›Das wunderbare Bettmobil‹ (1976), ›Bruno verreist‹ (1978), ›Bruno und das Telefon‹ (1983), ›Tschüss, lieber Wal‹ (1985). Schreibt auch Erzählungen, Hör- und Fernsehspiele sowie Theaterstücke für Kinder und Jugendliche. Mit seinen Erzählartikeln in ›Meyers Großem Kinderlexikon‹ (1981) hat er einen neuen Lexikontyp für Kinder geschaffen; für seine Kindergeschichte ›Oma und ich‹ (1986) erhielt er 1987 den Jugendliteraturpreis.

Weitere Werke: Der Ausredenerfinder (1973), Herr Munzel geht die Wand hoch (1976), Moritzgeschichten (1979), Pizza und Oskar (1982), In Wirklichkeit ist alles ganz anders (1982), Auf Zehenspitzen und Katzenpfoten (1983), Spätschichttage sind Spaghettitage (1985), Geschwister ... nein danke (1987), Ich mag dich (1989), Hand in Hand (1990), Zwei Raben mit Rucksack und viele ganz andere Geschichten zum Lesen und Vorlesen (1990), Heini eins bis fünf (1991), Nickel spielt Lehrerin (1993).

Bröger, Karl, *Nürnberg 10. März 1886, †Erlangen 4. Mai 1944, dt. Lyriker und Erzähler. – Arbeiter, sozialdemokrat. Journalist, freier Schriftsteller; Mitarbeit in der Jugendbewegung; 1933 als SPD-Mitglied kurze Zeit im KZ Dachau. Obwohl er den Nationalsozialisten, die seine Gedichte z. T. für ihre Zwecke mißbrauchten, Zugeständnisse machte (er erhoffte sich von ihnen die Überwindung der Klassengegensätze, wurde jedoch nie Parteimitglied), hielt er am sozialdemokrat. Gedanken fest. Themen seiner Dichtung sind das Erlebnis des Krieges und die Welt des Arbeiters. ›Der Held im Schatten‹ (1919) ist der autobiograph. Bericht seines Aufstiegs aus dem Proletariat.

Weitere Werke: Kamerad, als wir marschiert (Ged., 1916), Soldaten der Erde (Ged., 1918), Die 14 Nothelfer (Legenden, 1920), Tod an der Wolga (Weihespiel, 1923), Jakob auf der Himmelsleiter (E., 1925), Unsere Straßen klingen (Ged., 1925), Bunker 17 (R., 1929), Guldenschuh (R., 1934), Nürnberg (R., 1935), Geschichten vom Reservisten Anzinger (1939).

Literatur: HEINSEN-BECKER, G.: K. B. u. die Arbeiterdichtung seiner Zeit. Nbg. 1977. – MÜLLER, GERHARD: Für Vaterland u. Republik. Monogr. des Nürnberger Schriftstellers K. B. Pfaffenweiler 1986.

Broke, Arthur [engl. brʊk], engl. Übersetzer und Schriftsteller, †Brooke, Arthur.

Brolsma, Reinder, *Stiens 23. Mai 1882, †Leeuwarden 23. Nov. 1953, westfries. Schriftsteller. – Führender Vertreter der typisch westfries. Gattung des Bauernromans; schildert in zahlreichen Romanen und Kurzgeschichten mit kühlem Realismus, aber nicht ohne Humor, Leben und Leiden der kleinen Leute; sein bedeutendster Roman ist das trag. Bauernepos ›Groun en minsken‹ (1940); wichtig ferner die Romantrilogie ›It Heechhôf‹ (1926), ›It Aldlân‹ (1938) und ›Richt‹ (1947).

Weitere Werke: Bylâns de wei (En., 1940), Sa seach ik Fryslân (En., 1951), Folk fan Fryslân (En., 1952).

Brome, Richard [engl. bru:m], †London (?) 1652, engl. Dramatiker. – Diener, Freund und Schüler B. Jonsons; Fortsetzer der elisabethan. Tradition, bis 1642 die engl. Theater durch das Parlament geschlossen wurden. B.s bestes Stück, das romant. Intrigenstück ›A jovial crew, or the merry beggars‹, wurde als letztes Stück aufgeführt. B. zeichnete in seinen über 20, z. T. mit anderen gemeinsam verfaßten Bühnenstücken anschaul., realist. Kulturbilder aus dem damaligen London.

Bromfield, Louis [engl. 'brɔmfi:ld], *Mansfield (Ohio) 27. Dez. 1896, †Columbus (Ohio) 18. März 1956, amerikan. Schriftsteller. – Sohn eines Farmers; studierte zunächst Landwirtschaft, dann Philologie und Philosophie; war Journalist, später freier Schriftsteller; lebte 1925–38 in Frankreich, dann auf seiner Farm in Ohio. Verfasser vielgelesener Gesellschaftsromane; besonders erfolgreich war der Indienroman ›Der große Regen‹ (1937, dt. 1939). Schrieb auch Kurzgeschichten.

Weitere Werke: Das Leben der Lily Shane (R., 1924, dt. 1954), Die Besessenen (R., 1925, dt. 1957), Olivia Pentland (R., 1926, dt. 1932; Pulitzerpreis 1927), Welch eine Frau (R., 1927, dt. 1956), Nacht in Bombay (R., 1940, dt. 1941),

Traum in Louisiana (R., 1941, dt. 1943), Mrs. Parkington (R., 1943, dt. 1947).
Literatur: BROWN, M.: L. B. and his books. An evaluation. London 1956. – ANDERSON, D. D.: L. B. New York 1964.

Broniewski, Władysław [poln. brɔ-'njefski], *Płock 17. Dez. 1897, †Warschau 10. Febr. 1962, poln. Lyriker. – Maßgebender marxist. Dichter; gehörte zur futurist. Skamander-Gruppe; Einflüsse von W. W. Majakowski und S. A. Jessenin; schrieb neben revolutionärer Lyrik und Kriegsgedichten zarte Liebeslyrik. In dt. Übersetzung liegen vor: ›Hoffnung‹ (Ged., dt. Auswahl 1953), ›Pariser Kommune‹ (Poem, 1929, dt. 1955).
Weitere Werke: Trzy salwy (= Drei Salven, Ged., 1925), Krzyk ostateczny (= Der letzte Aufschrei, Ged., 1939), Drzewo rozpaczające (= Der verzweifelnde Baum, Ged., 1945).
Literatur: BUJNICKI, T.: W. B. Warschau 1972. – LICHODZIEJEWSKA, F.: Twórczość W. B.ego. Warschau 1973.

Bronnen, Arnolt, eigtl. Arnold Bronner, Pseudonym A. H. Schelle-Noetzel, *Wien 19. Aug. 1895, †Berlin 12. Okt. 1959, österr. Schriftsteller. – Gehörte mit B. Brecht und F. Bruckner zu den Bühnenavantgardisten im Berlin der 20er Jahre, wechselte 1929 von der Linken zur äußersten Rechten über (Freundschaft mit J. Goebbels bis 1933); 1937 Ausschluß aus der Reichsschrifttumskammer, 1943 Übersiedlung nach Österreich, wo er sich dem kommunist. Widerstand anschloß; ab 1955 Theaterkritiker in Berlin (Ost). Seine expressionist. Dramen zeigen Bühnensicherheit, reiche Phantasie, überhitzte Sprache und grelle Effekte. Seine Bühnenexperimente waren umstritten, seine exzsse Darstellung erot. Themen löste literar. Skandale aus. In seinem ep. Werk war B. weniger extrem.
Werke: Vatermord (Dr., 1920), Die Geburt der Jugend (Dr., 1922), Die Exzesse (Lsp., 1923), Anarchie in Sillian (Dr., 1924), Ostpolenzug (Schsp., 1926), O. S. (= Oberschlesien; R., 1929), Roßbach (R., 1930), Kampf im Äther ... (R., 1935), arnolt bronnen gibt zu protokoll (Autobiogr., 1954), Aisopos (R., 1956), Tage mit Bertold Brecht (Erinnerungen, hg. 1960).
Literatur: KLINGNER, E.: A. B. Hildesheim 1974.

Bronnen, Barbara, *Berlin 19. Aug. 1938, dt.-österr. Schriftstellerin. – Wuchs in Österreich auf, lebt seit 1957 in München; Journalistin, freie Schriftstellerin.

Schreibt Jugendbücher, Sachbücher, Hörspiele und Romane, drehte einen Fernsehfilm über ihren Vater (›Auf der Suche nach Arnolt Bronnen‹, 1980). Ihr Interesse gilt widersprüchl. Menschen, z. B. Frauen, die ihre Ansprüche, als ganzer Mensch zu leben, möglicherweise auch auf Kosten des Mannes verwirklichen. In ihrem Roman ›Die Tochter‹ (1980) setzte sie sich mit ihrem Vater auseinander.
Weitere Werke: Wie mich mein Kind bekommen hat (Jugendb., 1977), Mütter ohne Männer (Sachb., 1978), Die Diebin (R., 1982), Die Überzählige (R., 1984), Die Briefstellerin (R., 1986), Liebe um Liebe (R., 1989), Donna Giovanna (R., 1992).

Bronner, Arnold, österr. Schriftsteller, ↑ Bronnen, Arnolt.

Bronner, Franz Xaver, *Höchstädt a. d. Donau 23. Dez. 1758, †Aarau 12. Aug. 1850, schweizer. Dichter. – Benediktinernovize, floh nach Zürich, war längere Zeit Lehrer, dann Bibliothekar; schrieb in der Art S. Geßners empfindsame Idyllen aus dem Fischerleben.
Werke: Fischergedichte und Erzählungen (2 Bde., 1787), Neue Fischergedichte und Erzählungen (2 Bde., 1794), Leben, von ihm selbst beschrieben (3 Bde., 1795–97), Lustfahrten ins Idyllenland (2 Bde., 1833).
Literatur: RADSPIELER, H.: F. X. B. Aarau 1967.

Brontë, Anne [engl. 'brɔntɪ], Pseudonym Acton Bell, *Thornton (Yorkshire) 17. Jan. 1820, †Scarborough (Yorkshire) 28. Mai 1849, engl. Schriftstellerin. – Jüngste der literarisch tätigen Töchter eines nach England ausgewanderten ir. Geistlichen; schuf in der Kindheit zus. mit ihrer Schwester Emily die Phantasiewelt ›Gondal‹; trug zur Gedichtsammlung ihrer Schwestern bei (›Poems by Currer, Ellis and Acton Bell‹, 1846) und verfaßte die Romane ›Agnes Grey‹ (1847, dt. 1851) und, mit autobiograph. Hintergrund, ›Wildfell Hall‹ (3 Bde., 1848, dt. 4 Bde., 1850).
Ausgabe ↑ Brontë, Charlotte.
Literatur: GÉRIN, W.: A. B. Neuausg. London 1975. – LE GUERN, J.: A. B. (1820–49). La vie et l'œuvre. Lille 1977. 2 Bde. – LANGLAND, E.: A. B., the other one. London 1989. – CHITHAM, E.: A life of A. B. Oxford 1991. – ↑ auch Brontë, Charlotte.

Brontë, [Patrick] Branwell [engl. 'brɔntɪ], *Thornton (Yorkshire) 26. Juni

48 Brontë

1817, † Haworth (Yorkshire) 24. Sept. 1848, engl. Schriftsteller. – Bruder von Anne, Emily und Charlotte B.; schuf in der Kindheit zusammen mit Charlotte die Phantasiewelt ›Angria‹; verfaßte Gedichte und betätigte sich als Kunstmaler. **Ausgabe:** The poems of P. B. B. A new annotated and enlarged edition of the Shakespeare Head B. Hg. v. T. WINNIFRITH. New York 1983. **Literatur:** DU MAURIER, D.: The infernal world of B. B. London 1960. – † auch Brontë, Charlotte.

Charlotte Brontë (Stahlstich)

Brontë, Charlotte [engl. 'brɔntɪ], Pseudonym Currer Bell, * Thornton (Yorkshire) 21. April 1816, † Haworth (Yorkshire) 31. März 1855, engl. Schriftstellerin. – Älteste der B.-Schwestern, der die Fürsorge für ihre jüngeren Geschwister zufiel; war Gouvernante und Internatslehrerin und stand, im Gegensatz zu ihren Schwestern, zeitweise in Verbindung zu literar. Kreisen Londons. Sie betrieb die Herausgabe der Sammlung ›Poems by Currer, Ellis and Acton Bell‹ (1846) mit eigenen sowie von ihren Schwestern Emily und Anne verfaßten Gedichten. In der Kindheit schuf sie zusammen mit ihrem Bruder Branwell die Phantasiewelt ›Angria‹ (›Erzählungen aus Angria‹, dt. Ausw. 1987). Charlotte B. schrieb erfolgreiche, autobiographisch gefärbte Romane, die wegen der krit. Auseinandersetzung mit der Rolle der Frau (›Jane Eyre‹, 3 Bde., 1847, dt. 1850) sowie mit sozialen Fragen (›Shirley‹, 3 Bde., 1849, dt. 1850) Aufsehen erregten. **Weitere Werke:** Villette (R., 3 Bde., 1853, dt. 1853), Der Professor (R., entst. 1846, 2 Bde., hg. 1857, dt. 1858), Emma (R.-Fragment, hg. 1860).

Ausgaben: The Shakespeare Head B. Hg. v. T. J. WISE u. J. A. SYMINGTON. Oxford 1931–38. 19 Bde. – An edition of the early writings of Ch. B. Hg. v. CH. ALEXANDER. Oxford 1987–91. 2 Bde. **Literatur:** GASKELL, E. C.: The life of Ch. B. London 1857. Nachdr. 1975. – HANSON, L./HANSON, E. M.: The four B.s. London 1949. Nachdr. Hamden (Conn.) 1967. – MARTIN, R. B.: The accents of persuasion. Ch. B.'s novels. London 1966. – GÉRIN, W.: Ch. B. The evolution of genius. Oxford 1967. – PETERS, M.: Unquiet soul. A biography of Ch. B. Nachdr. London u. a. 1975. – BLOM, M. H.: Ch. B. London u. Boston (Mass.) 1977. – BENTLEY, P.: The B.s and their world. New York 1979. – WILSON, R. L.: The B.s. New York 1980. – ALEXANDER, CH.: The early writings of Ch. B. Oxford 1983. – Die B.-Schwestern. Leben und Werk in Daten und Bildern. Hg. v. E. MALETZKE u. CH. SCHÜTZ. Ffm. 1985. – FRASER, R.: Ch. B. London 1988. – MALETZKE, E.: Das Leben der B.s. Eine Biogr. Neuausg. Ffm. 15.–17. Tds. 1993. – TRAZ, R. DE: Die Familie B. Dt. Übers. Neuausg. Ffm 1993.

Brontë, Emily Jane [engl. 'brɔntɪ], Pseudonym Ellis Bell, * Thornton (Yorkshire) 30. Juli 1818, † Haworth (Yorkshire) 19. Dez. 1848, engl. Schriftstellerin. – Verbrachte – wie ihre Schwester Anne B., mit der sie in der Kindheit die Phantasiewelt ›Gondal‹ erfand – ihr Leben zumeist im Haus des Vaters; literarisch bedeutendste der Schwestern. Verfaßte den überwiegenden Teil der in dem Band ›Poems by Currer, Ellis and Acton Bell‹ (1846) gesammelten Gedichte der B.-Schwestern. In ihrem Hauptwerk ›Wutheringshöhe‹ (R., 3 Bde., 1847, dt. 1851, 1958 u. d. T. ›Die Sturmhöhe‹) verbinden sich Romantik und Realismus, Schaueratmosphäre und psycholog. Charakteranalyse in der Darstellung der dämon. Haßliebe zweier Menschen inmitten der rauhen, oft gespenst. Moor- und Heidelandschaft Yorkshires. **Ausgabe:** E. B. Gedichte/Poems. Dt. u. engl. Hg. v. E. ORT. Mchn. ²1990. 2 Bde.. – † auch Brontë, Charlotte. **Literatur:** SPARK, M./STANFORD, D.: E. B. Her life and work. London ⁴1966. – HEWISH, J.: E. B. London 1969. – E. B. Hg. v. J.-P. PETIT. Harmondsworth 1973. – DINGLE, H.: The mind of E. B. London 1974. – GÉRIN, W.: E. B. Oxford u. a. 1978. – DAVIES, S.: E. B. The artist as a free woman. Manchester 1983. – E. B. criticism 1900–82. An annotated checklist. Hg. v. J. M. BARCLAY. Westport (Calif.) 1984. – FRANK, K.: A chainless soul. A life of E. B. London 1990. – CHITHAM, E.: E. B. Eine Lebensbeschreibung.

Dt. Übers. Gött. 1993. – †auch Brontë, Charlotte.

Brooke (Broke), Arthur [engl. brʊk], † 1563 (Schiffsunglück im Kanal), engl. Übersetzer und Schriftsteller. – Verfasser der Versübersetzung ›The tragicall historye of Romeus and Julieit‹ (1562) nach F. de Belleforests (* 1530, † 1583) ›Histoire tragique‹ (zurückgehend auf eine Novelle M. Bandellos). B. änderte das Original ab, u. a. erfand er die Gestalt der Amme. Seine Übersetzung diente Shakespeare als Hauptquelle für sein Drama ›Romeo und Julia‹.

Brooke, Henry [engl. brʊk], * Rantavan (Cavan) um 1703, † Dublin 10. Okt. 1783, ir. Schriftsteller. – Sohn eines Geistlichen, Jurastudium in Dublin; ab 1724 in London, mit A. Pope, D. Garrick und J. Swift befreundet. Sein Hauptwerk ist ›The fool of quality‹ (5 Bde., 1764–70), ein stark moralisierender Erziehungsroman.
Weitere Werke: Universal beauty (Ged., 1735), Gustavus Vasa (Dr., 1739).

Brooke, Rupert Chawner [engl. brʊk], * Rugby (Warwickshire) 3. Aug. 1887, † auf Skiros bei Euböa 23. April 1915, engl. Lyriker. – Schrieb stark patriotisch gestimmte Lyrik; sein Sonett ›The soldier‹ wurde zum klass. engl. Gedicht des 1. Weltkrieges.
Weitere Werke: The Bastille (Ged., 1905), Lithuania (Dr., 1915), 1914 and other poems (Ged., 1915).
Ausgabe: The poetical works of R. B. Hg. v. G. KEYNES. London ²1970.
Literatur: HASSALL, CH.: R. B. A biography. London 1972. – PEARSALL, R. B.: R. B., the man and poet. Amsterdam 1974. – LEHMANN, J.: R. B. His life and his legend. London 1980.

Brooke-Rose, Christine [engl. 'brʊk-'roʊz], * Genf 1926, engl. Schriftstellerin. – Studierte in Oxford, war Journalistin (1956–68), seit 1975 Prof. für engl. Sprache und Literatur an der Universität Paris. Nach witzig-satir. Gesellschaftsromanen (›The languages of love‹, 1957; ›The Sycamore tree‹, 1958; ›The dear deceit‹, 1960; ›The middlemen: A satire‹ 1961) wandte sich B.-R. einer experimentellen Schreibweise zu, die selbstreflexive Züge trägt und mit wiss. Konzepten und Kodes spielt. In den der Science-fiction nahestehenden Romanen ›Out‹ (1964) und ›Such‹ (1966) handelt es sich dabei

um den Bereich der Biochemie bzw. der Astrophysik, in ›Between‹ (1968) um die Semantik und in ›Thru‹ (1975) unter dem Einfluß der Tel-Quel-Gruppe um Erzähl- und Sprachtheorie. In ›Amalgamemnon‹ (1984) verbindet sich diese Sprachbesessenheit mit dem Thema weibl. Rollenzwänge.
Weitere Werke: Xorandor (R., 1986) Verbivore (R., 1990), Texterminations (R., 1991), Stories, theories and things (Essays, 1991).
Literatur: BIRCH, S.: Ch. B.-R. and contemporary fiction. Oxford 1994.

Brook Farm [engl. 'brʊk 'fɑːm], Bez. für eine 1841 bei West Roxbury (Mass.) in der Nähe von Boston von dem amerikan. Schriftsteller G. Ripley und anderen Transzendentalisten gegründete Genossenschaft sozial-utop. Prägung, die dann zunehmend von den Theorien des frz. Sozialphilosophen Charles Fourier (* 1772, † 1837) beeinflußt wurde (1844 *Brook Farm Phalanx*). Mußte 1847 aufgegeben werden. N. Hawthornes Roman ›Blithedale‹ (1852, dt. 1870) schildert das Leben auf der Farm.
Literatur: BURTON, K. K.: Paradise planters, the story of the B. F. London u. a. 1939. Neudr. New York 1973. – SWIFT, L.: B. F. Syracuse (N. Y.) 1973.

Brookner, Anita [engl. 'brʊknə], * London 16. Juli 1928, engl. Schriftstellerin und Kunsthistorikerin. – Verfaßte u. a. die kunsthistor. Werke ›Watteau‹ (1968) und ›Jacques-Louis David‹ (1980) sowie eine Reihe von Romanen, oft über die Probleme alleinstehender Frauen, wobei sie mit feiner Ironie über Ungerechtigkeiten im Leben moralisiert.
Weitere Werke: A start in life (R., 1981), Providence (R., 1982), Seht mich an (R., 1983, dt. 1986), Hotel du lac (R., 1984, dt. 1986; Booker-Preis 1984), Tugend und Laster (1985, dt. 1988), Vergangenheit ist ein anderes Land (R., 1986, dt. 1990), Winterreise nach Venedig (R., 1987, dt. 1989), Nachzügler (R., 1988, dt. 1991), Lewis Percy (R., 1989), Kurzes Leben (R., 1990, dt. 1991), Verlorene Wünsche (R., 1991, dt. 1993), Fraud (R., 1992), A family romance (R., 1993).
Literatur: SKINNER, J.: The fiction of A. B. Illusions of romance. London 1992.

Brooks, Cleanth [engl. brʊks], * Murray (Ky.) 16. Okt. 1906, amerikan. Literaturkritiker. – Prof. für engl. Literatur an der Louisiana State University (1932–47) und der Yale University (1947–84). Sein von den Wertvorstellungen der Southern

Agrarians oder Fugitives in Vanderbilt geprägtes Literaturverständnis führte in der langjährigen Zusammenarbeit mit R. P. Warren bei der Herausgabe der Zeitschrift ›The Southern review‹ (1935 bis 1942) sowie bed. Interpretationsbände (›Understanding poetry‹, 1938; ›Understanding fiction‹, 1943) zur Herausbildung der literaturwiss. Methode des ↑ New criticism. Sein Hauptinteresse galt den Dichtern der Moderne (›Modern poetry and the tradition‹, 1939; ›The well-wrought urn‹, 1947, dt. Teilausg. u. d. T. ›Paradoxie im Gedicht. Zur Struktur der Lyrik‹; ›The hidden God‹, 1963) sowie den Autoren der Südstaaten, v. a. W. Faulkner (u. a. ›William Faulkner: The Yoknapatawpha country‹, 1963; ›William Faulkner: Toward Yoknapatawpha and beyond‹, 1978; William Faulkner: First encounters‹, 1983).

Weitere Werke: Modern rhetoric (1956; mit R. P. Warren), Literary criticism: A short history (1957; mit W. K. Wimsatt), A shaping joy (1972), The language of the American South (1985).

Literatur: PATNAIK, J. N.: The aesthetics of New criticism. Atlantic Highlands (N. J.) 1983.

Brooks, Gwendolyn [engl. brʊks], * Topeka (Kans.) 7. Juni 1917, amerikan. Schriftstellerin. – Unterrichtete Lyrik an verschiedenen Universitäten. Hauptthema ihres von persönl. Erfahrungen geprägten Werkes ist die Welt der Schwarzen in den Großstädten der USA. Dem anfänglich rein literar. Interesse in ›A street in Bronzeville‹ (Ged., 1945), ›Annie Allen‹ (Ged., 1949; Pulitzerpreis 1950), ›Maud Martha‹ (R., 1953) und ›The bean eaters‹ (Ged., 1960) folgte in den 60er und 70er Jahren eine Politisierung der Kunst im Sinne der Bürgerrechtsbewegung (›In the Mecca‹, Ged., 1968; ›Riot‹, Ged., 1969; ›Family pictures‹, Ged., 1970).

Weitere Werke: Bronzeville boys and girls (Kinderb., 1956), Selected poems (1963), Report from part one. An autobiography (1972), Primer for blacks (Essays, 1980), Young poet's primer (Essays, 1980), To disembark (Ged., 1981), Very young poets (Ged., 1983).

Ausgabe: The world of G. B. New York 1971.

Literatur: REDMOND, E. B.: Drumvoices. The mission of afro-american poetry. Garden City (N. Y.) 1976. – SHAW, H. B.: G. B. Boston (Mass.) 1980. – KENT, G. E.: A life of G. B. Lexington (Ky.) 1990.

Brooks, Van Wyck [engl. brʊks], * Plainfield (N. J.) 16. Febr. 1886, † Bridgewater (Conn.) 2. Mai 1963, amerikan. Literaturkritiker – B.s Interesse galt einer auf soziolog. Basis beruhenden Neubewertung der amerikan. Literatur. Dabei ging er von einer auf den Puritanismus zurückzuführenden Vernachlässigung geistiger zugunsten materieller Werte in der amerikan. Kultur aus (›The wine of the Puritans‹, Studie, 1908), der er in seinem Hauptwerk, der Literaturgeschichte ›Makers and finders‹ (5 Bde., 1936–1952; Pulitzerpreis 1973 für Bd. 1), eine auf den demokrat. und humanist. Idealen W. Whitmans aufbauende literar. Tradition entgegenzusetzen sucht.

Weitere Werke: An autobiography (1965), Letters and leadership (1918), The ordeal of Mark Twain (1920), The pilgrimage of Henry James (1925), Emerson and others (1927), Sketches in criticism (1932), The writer in America (1953), From a writer's notebook (1955, erweitert 1958), An autobiography (1965).

Literatur: VITELLI, J. R.: V. W. B. New York 1969. – HOOPES, J.: V. W. B.: In search of American culture. Amherst (Mass.) 1977. – V. W. B. The critic and his critics. Hg. v. W. WASSERSTROM. Port Washington (N. Y.) 1979.

Brophy, Brigid [engl. 'brəʊfɪ], * London 12. Juni 1929, engl. Schriftstellerin. – Verfasserin von Romanen, Kurzgeschichten und Bühnenstücken (›Der Einbrecher‹, 1968, dt. EA 1969) sowie kulturkrit. Arbeiten, u. a. über A. Beardsley (1968). Ihre zunehmend experimentellen Romane werfen die Frage nach dem Ausgleich zwischen der vitalist. Kraft des Eros und dem zerstörer. Prinzip des Thanatos auf. Anregungen kommen von S. Freud (›Black ship to hell‹, Studie, 1962) und von G. B. Shaw (›Der Schneeball‹, R., 1964, dt. 1966; ›The adventures of God in his search for the black girl‹, Kurzgeschichten, 1973). Der Roman ›In transit‹ (1969) verweist mit Hilfe unterschiedlichster Erzählstile auf den Identitäts- und Sprachzerfall der Hauptfigur und zudem auf den Übergangszustand des Romans als Gattung. Beispiel für die von B. selbst als barock bezeichnete Schreibweise ist auch die polit. Allegorie ›Palace without chairs‹ (R., 1978).

Weitere Werke: Hackenfeller's ape (R., 1953), Flesh (R., 1962), Mozart the dramatist (Abh., 1964).

Literatur: DOCK, L. A.: B. B., artist in the baroque. Diss. Wisconsin 1976.

Brorson, Hans Adolph, * Randrup (Jütland) 20. Juni 1694, † Ripen 3. Juni 1764, dän. Psalmendichter. – War seit 1741 Bischof in Ripen; schrieb und übersetzte unter pietistisch-dt. Einfluß zahlreiche barocke Kirchenlieder und Psalmen, die in der Sammlung ›Troens rare klenodie‹ (1739) weite Verbreitung fanden und auch in die offiziellen Gesangbücher aufgenommen wurden.
Literatur: KOCH, L. J.: B.-Studier. Kopenhagen 1936.

Brosbøll, Carl [dän. 'brɔsbøl], Pseudonym Carit Etlar, * Fredericia 7. Aug. 1816, † Gentofte bei Kopenhagen 9. Mai 1900, dän. Schriftsteller. – Schrieb zahlreiche spannende histor. Romane und Novellen, auch Erzählungen aus dem jütländ. Volksleben ohne höhere literar. Ansprüche.
Werke: Madsalune (R., 1841), Der Gjöngenhäuptling (R., 1853, dt. 1891), Dronningens vagtmester (R., 1855), Arme Leute (En., 1878, dt. 1882).

Broschüre [frz.], Druckwerk von geringem Umfang, dessen Buchblock oder Falzbogen nicht mit einer festen Buchdecke umgeben, sondern in einen gefalzten Kartonumschlag eingehängt (d. h. eingeleimt oder eingeheftet) ist.

Broszkiewicz, Jerzy [poln. brɔʃ'kjɛvitʃ], * Lemberg 6. Juni 1922, poln. Schriftsteller. – Hg. von Zeitschriften, seit 1959 Chefdramaturg am Volkstheater in Nowa Huta; schrieb Romane und v. a. Theaterstücke (u. a. ›Lullek‹, UA 1960, dt. 1962; ›Das Ende des 6. Buches‹, UA 1964, dt. 1964).
Weitere Werke: Skandal in Hellberg (Dr., 1962, dt. 1966), Samotny podróżny (= Der einsame Reisende, R., 1973), Mały seans spirytystyczny (= Eine kleine spiritist. Séance, R., 1979).
Literatur: FIK, M.: B. Warschau 1971.

Brouka, Pjatrus (Pjotr Uszinawitsch) [weißrussisch 'brɔuka], * Putilkowitschi (Gebiet Witebsk) 25. Juni 1905, † Minsk 24. März 1980, weißruss.-sowjet. Lyriker. – Trat früh für die kommunist. Ideen ein. Schrieb anfangs lyrisch-stimmungsvolle Gedichte, später patriot. und aktuelle Versdichtungen und Prosaerzählungen, die sich mit Problemen des Kommu-

nismus im Sinne des sozialist. Realismus auseinandersetzen.

Brousek, Antonín [tschech. 'brɔusɛk], * Prag 25. Sept. 1941, tschech. Schriftsteller. – Bis 1969 Redakteur in Prag, danach Emigration nach Berlin (West); schreibt modernist. Lyrik (›Wunderschöne Sträflingskugel‹, dt. Ausw. 1969).
Weiteres Werk: Zimní spánek (= Winterschlaf, Ged., 1980).

Brouwer, Jelle Hindriks [niederl. 'brɔuwər], * Beetsterzwaag 23. Aug. 1900, † Leeuwarden 22. Jan. 1981, westfries. Dichter. – 1941–56 Prof. für Friesisch an der Univ. Groningen, einer der Initiatoren der Fryske Akademy zu Leeuwarden, 1956–62 deren wiss. Direktor; schrieb traditionelle, formal vollendete Lyrik, zahlreiche Biographien; übersetzte u. a. aus den skand. Sprachen, Mit-Hg. der Werke Gysbert Japicx'.
Werke: De gouden ûre (Ged., 1930), In string fersen (Ged., 1934), Dúnsân (Ged., 1962).

Brouwers, Jeroen Godfried Maria [niederl. 'brɔurs], * Batavia (heute Jakarta) 30. April 1940, niederl. Schriftsteller. – Schreibt Romane, Kurzgeschichten und Essays; Meister der Polemik.
Werke: Joris Ockeloen en het wachten (R., 1967), Zonsopgangen boven zee (R., 1977), Zachtjes knetteren de letteren (Anekdoten, 1975), Kladboek. Polemieken, opstellen, herinneringen (1979), Versunkenes Rot (R., 1981, dt. 1984), Winterlicht (R., 1984).

Browallius, Irja Agnes [schwed. bru-'valiʊs], * Helsinki 13. Okt. 1901, † Lidingö (bei Stockholm) 9. Dez. 1968, schwed. Schriftstellerin. – Schildert in ihren Romanen und Erzählungen, oft ein fatalist. Zug anhaftet, mit den Mitteln eines scheinbar veralteten Realismus, aber einer subtilen modernen Psychologie das Leben in der schwed. Provinz.
Werke: Synden på Skruke (R., 1937), Elida von den Höfen (R., 1938, dt. 1939), Einmal wird es tagen (R., 1941, dt. 1945), Ringe auf dem Wasser (R., 1942, dt. 1944), Vänd ryggen åt Sivert (R., 1957), Singen möchte Sippa (R., 1957, dt. 1965), Die fremde Mutter (R., 1959, dt. 1967).

Brown, Charles Brockden [engl. braʊn], * Philadelphia (Pa.) 17. Jan. 1771, † ebd. 22. Febr. 1810, amerikan. Schriftsteller. – Kurze Laufbahn als Rechtsanwalt, lebte dann als erster amerikan. Berufsschriftsteller und Journalist in New

York und Philadelphia; kam hier mit den neuesten europ. literar. Strömungen in Berührung. Bekannt durch Kritiken, Essays und als Hg. verschiedener Zeitschriften, etablierten bes. seine im Anschluß an engl. Vorbilder (A. Radcliffe, W. Godwin) verfaßten Schauerromane seinen literar. Ruf. Als sein Hauptwerk gilt ›Wieland oder die Verwandlung‹ (R., 1798, dt. 1973) mit der psycholog. Darstellung religiöser Wahnvorstellungen; bedeutsame Rolle des amerikan. Lokalkolorits. Schrieb auch Gedichte und trat in seinem Werk bes. für die Emanzipation der Frau ein (›Alcuin: A dialogue‹, 1798).

Weitere Werke: Ormond (R., 1799), Edgar Huntly oder der Nachtwandler (R., 1799, dt. 3 Bde., 1857), Arthur Mervin oder die Pest in Philadelphia (R., 2 Bde., 1799/1800, dt. 4 Bde., 1858).
Ausgabe: The novels and related works of Ch. B. B. Hg. v. S. J. KRAUSE u. S. W. REID. Kent (Ohio) 1977–82. 2 Bde.
Literatur: CLARK, D. L.: Ch. B. B.: Pioneer voice of America. Durham (N. C.) 1952. Nachdr. New York 1966. – PARKER, P. L.: Ch. B. B. A reference guide. Boston (Mass.) 1980. – Critical essays on Ch. B. B. Hg. v. B. ROSENTHAL. Boston (Mass.) 1981. – GRABO, N. S.: The coincidental art of Ch. B. B. Chapel Hill (N. C.) 1981.

Brown, George Mackay [engl. braʊn], * Stromness (Orkneyinseln) 17. Okt. 1921, schott. Schriftsteller. – Lyr. und erzähler. Werke des von E. Muir beeinflußten und geförderten konvertierten Katholiken (1961) beschwören das von nord. Mythen und Folklore geprägte Fischer- und Farmerleben auf den Orkneyinseln. Auch Dramen und Gedichte.

Werke: The storm (Ged., 1954), Loaves and fishes (Ged., 1959), The year of the whale (Ged., 1965), A calendar of love (En., 1967), A time to keep (En., 1969), An Orkney tapestry (Essays und Ged., 1969), Greenvoe (R., 1972), Magnus (R., 1973), Hawkfall, and other stories (En., 1974), The sun's net (En., 1976), Selected poems (Ged., 1977), Six lives of Frankle the cat (R., 1980), Andrina (En., 1983), Time in a red coat (R., 1984), The golden bird: two Orkney stories (En., 1987), Selected poems, 1945–1983 (Ged., 1991), Vinland (R., 1992).
Literatur: BOLD, A.: G. M. B. Edinburgh 1978.

Brown, John [engl. braʊn], * Biggar (Schottland) 22. Sept. 1810, † Edinburgh 11. Mai 1882, schott. Essayist. – Lebte als Arzt in Edinburgh; Verfasser humorvoller Essays von hohem stilist. Niveau,

die gesammelt u. d. T. ›Horae subsecivae‹ (3 Bde., 1858–82) erschienen.

Brown, William Hill [engl. braʊn], * Boston (Mass.) 1. Dez. 1765, † Murfreesboro (N. C.) 2. Sept. 1793, amerikan. Schriftsteller. – Schrieb 1789 den ersten amerikan. Roman ›The power of sympathy; or, the triumph of nature‹, der lange Zeit der Schriftstellerin Sarah Wentworth Morton (* 1759, † 1846) zugeschrieben wurde, einen weiteren Roman (›Ira and Isabella; or, the natural children‹, hg. 1807), Gedichte, Essays, Fabeln, eine Komödie und die Tragödie ›West Point preserved‹ (hg. 1797).

Ausgabe: W. H. B. Selected poems and verse fables, 1784–1792. Hg. v. R. WALSER. Newark (N. J.) 1982.
Literatur: PETTER, H.: The early American novel. Columbus (Ohio) 1971. – DAVIDSON, CATHY N.: ›The Power of Sympathy‹ reconsidered. W. H. B. as literary craftsman. In: Early American Literature 10 (1975/76), S. 14.

Brown, William Wells [engl. braʊn], * Lexington (Ky.) 1813, † Chelsea (Minn.) 6. Nov. 1884, amerikan. Schriftsteller. – Sohn einer Sklavin und eines Plantagenbesitzers, nach Flucht in den Norden (1834) bed. Reformer, Historiker, Schriftsteller und privatgelehrter Mediziner. Als führender Mitarbeiter der Abolitionistenbewegung nahm er an der Pariser Friedenskonferenz (1849) teil. Wichtigste literar. Werke sind die autobiograph. ›Narrative of W. W. B.: a fugitive slave‹ (1847) und der erste afroamerikan. Roman ›Clotelle; or, the president's daughter: A narrative of slave life in the United States‹ (1853). Außerdem verfaßte er ein Drama, drei bed. histor. Abhandlungen über den Ursprung und das Schicksal der Schwarzen sowie Reiseberichte über seine Eindrücke in Europa und in dem nach dem Bürgerkrieg befreiten Süden der USA.

Literatur: FARRISON, W. E.: W. W. B. Author and reformer. Chicago (Ill.) 1969. – HEERMANCE, J. N.: W. W. B. and Clotelle; a portrait of the artist in the first negro novel. Hamden (Conn.) 1969.

Browne, Charles Farrar [engl. braʊn], * Waterford (Maine) 26. April 1834, † Southampton 6. März 1867, amerikan. Humorist. – Journalist; bekannt als Artemus Ward nach einer von ihm erfundenen humorist. Figur, deren Briefe er

u. d. T. ›Artemus Ward's sayings‹ seit 1857 im ›Cleveland Plain Dealer‹ veröffentlichte; seit 1859 bei der Zeitschrift ›Vanity Fair‹ in New York; auch Beiträge für den ›Punch‹; beeinflußte u. a. Mark Twain.

Werke: Artemus Ward: His book (Skizzen, 1862), Artemus Ward: His travels (Skizzen, 1865), Artemus Ward in London (hg. 1869). **Literatur:** AUSTIN, J. C.: Artemus Ward. New York 1964.

Browne, Sir (seit 1671) Thomas [engl. braʊn], * London 19. Okt. 1605, † Norwich 11. Okt. 1682, engl. Arzt und Schriftsteller. – Erzogen in Winchester und Oxford; studierte Medizin u. a. in Leyden; praktizierte als Arzt in Norwich; betrieb zoolog. und botan. Studien. Seine Schriften, insbes. ›Religio medici‹ (1643, dt. 1746 u. d. T. ›Religion eines Arztes‹), ›Pseudodoxia epidemica‹ (1646) und ›Hydriotaphia, or urneburiall‹ (1658) umkreisen Grundfragen der menschl. Bestimmung, setzen sich mit tradierten Wissenschaftsauffassungen auseinander und reflektieren die Spannungen des 17. Jh. zwischen wundergläubiger Religiosität und empir. Wiss. im Zwiespalt der eigenen Haltung. Die ausladende und ausgefeilte Sprache des intellektuellen Aufspürens des Wunderbaren macht B. zu einem der bedeutendsten Meister engl. Barockprosa.

Ausgaben: Th. B. Works. Hg. v. G. L. KEYNES. Neuausg. Chicago (Ill.) 1964. 4 Bde. u. Neuausg. London 1964. – Religio Medici. Dt. Übers. u. hg. v. W. VON KOPPENFELS. Bln. 1978. **Literatur:** MERTON, E. S.: Science and imagination in Sir Th. B. New York 1949. – FINCH, J. S.: Sir Th. B. London 1950. – BENNETT, J. S.: Sir Th. B. Cambridge 1962. – NATHANSON, L.: The strategy of truth. A study of Sir Th. B. Chicago 1967. – POST, J. F. S.: Sir Th. B. Boston (Mass.) 1987.

Browne, Thomas Alexander [engl. braʊn], austral. Romancier, ↑ Boldrewood, Rolf.

Browne, William [engl. braʊn], * Tavistock (Devon) 1591 (?), † Oxford 1643 (?), engl. Dichter. – Jurist; gehörte zum Kreis der an E. Spenser orientierten Dichter (Spenserianer); schrieb graziöse Schäferdichtungen, die von J. Milton und J. Keats bewundert wurden. Sein Hauptwerk sind die ›Britannia's pas-

torals‹ (Buch 1: 1613; Buch 2: 1616; Buch 3: hg. 1852).

Browning, Elizabeth Barrett [engl. ˈbraʊnɪŋ], geb. Barrett, * Coxhoe Hall (Durham) 6. März 1806, † Florenz 29. Juni 1861, engl. Dichterin. – Ihre Jugend war überschattet durch das streng patriarchal. Elternhaus, eine langwierige Krankheit sowie durch den Tod des

Elizabeth Barrett Browning (Zeichnung von Field Talfourd)

Lieblingsbruders Edward. Eine positive Wendung brachte die heiml. Heirat (1846) mit Robert B. sowie die anschließende Flucht nach Italien. In ihren ›Sonetten aus dem Portugiesischen‹ (1847, dt. 1903, 1908 von R. M. Rilke) verleiht sie ihrer Liebe dichter. Ausdruck. Der Versroman ›Aurora Leigh‹ (1857, dt. 1907) über das Leben einer Schriftstellerin verbindet die Liebesthematik mit sozialen Problemen, wie der Frauenfrage. Das politisch-soziale Interesse wird bestimmend in ›Casa Guidi windows‹ (Ged., 1851) über den italien. Freiheitswillen sowie in ›Poems before congress‹ (1860).

Ausgabe: The poetical works of E. B. B. Hg. v. H. W. PRESTON. Boston (Mass.) 1974. **Literatur:** TAPLIN, G. B.: The life of E. B. B. New Haven (Conn.) 1957. Nachdr. 1970. – HAYTER, A.: Mrs. B. London 1962. – RADLEY, V. L.: E. B. B. New York 1972. – LUPTON, M. J.: E. B. B. Long Island (N. Y.) 1972. – MANDER, R.: Mrs. B. London 1980. – COOPER, H.: E. B. B., woman and artist. Chapel Hill (N. C.) 1988. – FORSTER, M.: E. B. B.: a biography. London 1988. – STEPHENSON, G.: E. B. B. and the poetry of love. Ann Arbor 1989.

Browning, Robert [engl. ˈbraʊnɪŋ], * Camberwell (heute zu London) 7. Mai

1812, † Venedig 12. Dez. 1889, engl. Dichter. – Mit Ausnahme eines Studiums der griech. Sprache unsystemat., aber ungewöhnlich umfassende Bildung, z. T. unter Anleitung des Vaters, eines wohlhabenden Bankbeamten, der auch die Frühwerke des Sohnes auf eigene Kosten erscheinen ließ. Lebte bis zum Tod seiner Frau Elizabeth Barrett B. in Italien; danach Rückkehr nach England; empfing dort hohe Ehrungen. Seine Frühwerke zeigen den Einfluß von P. B. Shelley, bes. die Verserzählung ›Pauline‹ (1833); der Mißerfolg dieser Bekenntnisdichtung war einer der Gründe für seine Bemühung um Objektivierung von Subjektivität und für die spätere Bevorzugung der Form des dramat. Monologs, dessen Gegenstand oft Künstlergestalten sind (›Men and women‹, Ged., 2 Bde., 1855; ›Dramatis personae‹, Ged., 1864). Aus dramat. Monologen setzt sich auch B.s Hauptwerk, die ep. Großdichtung ›Der Ring und das Buch‹ (4 Bde., 1868/69, dt. 1927), zusammen. Freilich verhinderte bei vielen Werken die Neigung zum Lakonischen, zum Obskuren und zu schwer erschließbaren Anspielungen die unmittelbare Publikumswirkung. Heute indes lassen sich in B.s Dichtung die Ansätze zu modernen poet. Techniken erkennen.

Weitere Werke: Paracelsus (Dr., 1835, dt. 1904), Sordello (Epos, 1840), Pippa geht vorüber (lyr. Dr., 1841, dt. 1903), Dramatic lyrics (Ged., 1842), Die Tragödie einer Seele (Trag., 1846, dt. 1903), Dramatic idylls (Ged., 2 Serien, 1879/80), Asolando (Ged., 1889).

Ausgaben: R. B. Works. Centenary edition. Hg. v. F. G. KENYON. New York 1912. 10 Bde. Nachdr. 1966. – The complete works of R. B. Hg. v. R. A. KING JR. u. a. Athens (Ohio) 1969 ff. Auf 14 Bde. berechnet. – The poetical works of R. B. Hg. v. I. JACK u. MARGARET SMITH. Oxford 1983 ff.

Literatur: DREW, PH.: The poetry of R. B. A critical introduction. London 1970. – GRIFFIN, W. H.: The life of R. B. Hamden (Conn.) Neuaufl. 1972. – ARMSTRONG, I.: R. B. Athens (Ohio) 1975. – IRVINE, W./HONAN, P.: The book, the ring and the poet. A biography of R. B. London u. a. 1975. – FLOWERS, B. S.: B. and the modern tradition. London 1976. – SLINN, E. W.: B. and the fictions of identity. Totowa (N. J.) 1982. – ERICKSON, L.: R. B. His poetry and his audience. Ithaka (N. Y.) 1984. – MARTIN, L. D.: B.'s dramatic monologues and the post-romantic subject. Baltimore 1985. – DREW, PH.: An annotated critical bibliography of R. B. London 1990.

Brú, Heðin [färöisch briụ], eigtl. Hans Jacob Jacobsen, * Skálavík (Färöer) 17. Aug. 1901, † Tórshavn 18. Mai 1987, färöischer Schriftsteller. – Fuhr als Fischer zur See, studierte Landwirtschaft, ab 1942 Landwirtschaftsbeauftragter für die Färöer. Hauptthema seiner v. a. durch subtile Personencharakterisierung gekennzeichneten Romane und Novellen sind die Menschen und ihr Alltagsleben auf den Färöern sowie die durch die wirtschaftl. und strukturellen Wandlungen unseres Jh. hervorgerufenen geistigen Veränderungen.

Werke: Lognbrá (= Luftspiegelungen, R., 1930), Fastatøkur (= Fester Griff, R., 1933), Fjallaskuggin (= Felsschatten, Nov.n, 1936), Des armen Mannes Ehre (R., 1940, dt. 1966, 1971 u. d. T. Ketil und die Wale), Flókatröll (= Schafe mit loser Wolle, Nov.n, 1948), Purkhús (= Schafhaus, Nov.n, 1966), Men lívið lær (= Aber das Leben lacht, R., 1970), Tað stóra takið (= Die große Kraftanstrengung, R., 1972).

Bruant, Aristide [frz. bry'ã], * Courtenay (Loiret) 6. Mai 1851, † Paris 11. Febr. 1925, frz. Dichter. – Schrieb eine große Anzahl Chansons im Pariser Argot voll Ironie, Mitleid und Zynismus und trug diese Lieder mit großem Erfolg in den berühmten Pariser Künstlerkabaretts selbst vor; er veröffentlichte auch Gedichtsammlungen und Romane (›Les bas-fonds de Paris‹, 1897; ›La princesse du trottoir‹, 1925) sowie ein Wörterbuch des Argot (1901).

Ausgabe: A. B. Dans la rue. Chansons et monologues. Paris 1977. 2 Bde.

Literatur: ZÉVAÈS, A.: A. B. Paris 1943. – A. B. Présentation par Mouloudji, saivie de A. B. par lui-même. Paris 1972.

Bruckner, Ferdinand, eigtl. Theodor Tagger, * Wien 26. Aug. 1891, † Berlin 5. Dez. 1958, österr.-dt. Dramatiker. – Studierte in Wien und Paris Philosophie, Musik, Medizin und Jura, gründete 1923 in Berlin das Renaissance-Theater, ging 1933 nach Österreich zurück und emigrierte dann über die Schweiz und Frankreich in die USA (1936), wo er gemeinsam mit H. Mann, B. Brecht und A. Döblin den Aurora-Verlag gründete. Nach der Rückkehr 1951 war er Dramaturg in Berlin (West). B. schrieb bühnenwirksame Dramen, außerdem Essays und Lyrik; er begann als Expressionist, wurde dann zum entscheidenden Vertreter der Neuen Sachlichkeit; kraß naturalist., zeit- und gesellschaftskrit. Stücke, deren Wirkung durch bühnentechn. Effekte (Etagengliederung der Szene) noch gesteigert wurde, Darstellung der desillusionierten Generation seiner Zeit in ihrer Problematik; daneben histor. Dramen. Im Spätwerk bevorzugte B. das streng geformte Versdrama, z. T. mit antiken Stoffen.

Werke: Von der Verheißung des Krieges und den Forderungen an den Frieden (Essays, 1915), Die Vollendung eines Herzens (Nov., 1917), Der zerstörte Tasso (Ged., 1919), Krankheit der Jugend (Dr., 1929), Die Verbrecher (Dr., 1929), Elisabeth von England (Dr., 1930), Timon (Trag., 1932), Die Rassen (Dr., 1934), Dramen unserer Zeit (2 Bde., 1945), Simon Bolivar (Dr., 1945), Heroische Komödie (UA 1946, gedr. 1948), Der Tod einer Puppe (Dr., 1956), Das irdene Wägelchen (Dr., 1957).
Literatur: LEHFELDT, CH.: Der Dramatiker F. B. Göppingen 1975. – ENGELHARDT, D.: F. B. als Kritiker seiner Zeit. Diss. Aachen 1984.

Bruckner, Karl, * Wien 9. Jan. 1906, † ebd. 25. Okt. 1982, österr. Jugendschriftsteller. – Verfasser realist., in viele Sprachen übersetzter Jugendromane, die oft die Schicksale von Kindern in fremden Ländern zum Thema haben; weite Verbreitung (übersetzt in über 20 Sprachen) fand der Roman eines jap. Mädchens, das den Atombombenabwurf auf Hiroschima überlebt, 10 Jahre danach jedoch an den Spätfolgen stirbt (›Sadako will leben!‹, 1961); zahlreiche Preise, u. a. Österr. Staatspreis für Kinder- und Jugendliteratur 1956.
Weitere Werke: Die Spatzenelf (1949), Die Wildspur (1952), Die Strolche von Neapel (1955), Der Weltmeister (1956), Der goldene Pharao (Sachb., 1957), Lale, die Türkin (1958), Nur zwei Roboter (1966), Yossi und Assad (1971), Tuan im Feuer (1977).
Literatur: K. B. Hg. v. R. BAMBERGER. Wien 1966.

Brückner, Christine, geb. Emde, * Schmillinghausen (Landkreis Waldeck) 10. Dez. 1921, dt. Schriftstellerin. – Bibliothekarin, heute freie Schriftstellerin; schreibt Novellen, Dramen, Hörspiele und Romane, die meist schicksalhaftes Geschehen in einem verwickelten und rätselhaften Dasein gestalten; hatte

großen Erfolg mit ihrer sog. ›Poenichen-Trilogie‹ (›Jauche und Levkojen‹, R., 1975; ›Nirgendwo ist Poenichen‹, R., 1977; ›Die Quints‹, R., 1985).
Weitere Werke: Ehe die Spuren verwehen ... (R., 1954), Ein Frühling im Tessin (R., 1960), Die Zeit danach (R., 1961), Letztes Jahr auf Ischia (R., 1964), Der Kokon (R., 1966), Das glückl. Buch der a. p. (R., 1970), Mein schwarzes Sofa (Aufzeichnungen, 1981), Wenn du geredet hättest, Desdemona. Ungehaltene Reden ungehaltener Frauen (1983), Hat der Mensch Wurzeln (autobiograph. Texte, 1988), Die letzte Strophe (R., 1989), Die Stunde des Rebhuhns (Autobiogr., 1991).

Brüdermärchen, altägypt. Erzählung aus der Zeit um 1200 v. Chr., erhalten auf dem Papyrus d'Orbiney (jetzt im Brit. Museum). Es berichtet von zwei göttl. Brüdern, Anubis und Bata. Die Frau des älteren Bruders verleumdet Bata, so daß Anubis ihm nach dem Leben trachtet. Er wird jedoch errettet und geht nach Asien, wo die Götter ihm eine Frau schaffen. Diese läßt ihn töten, doch Anubis belebt Bata neu. Nach zwei Inkarnationen (Stier, Baum) besteigt Bata den Pharaonenthron. Das Märchen zeigt starke myth. Züge und enthält zahlreiche Motive, die aus jüngeren Märchen anderer Völker bekannt sind. In einigen Fällen läßt sich direkter Einfluß nachweisen. In der Märchenforschung spielt das B. deswegen und wegen seines hohen Alters eine große Rolle.
Ausgabe: Altägypt. Märchen. Hg. v. E. BRUNNER-TRAUT. Köln [6]1983.

Bruder Rausch (Broder Rusche) niederdeutsche Verserzählung des 15. Jh., in der Teufel unter diesem Namen als Klosterbruder sein Unwesen treibt, bis er sich in einer belauschten Teufelversammlung verrät. Ihre Grundlage hat die Erzählung in einem Teufelsexempel des späten 13. Jh., in dem das vorbildl. Klosterleben der Mönche den Teufel anlockt, während er in der Verserzählung zum willkommenen Helfer für ihr liederl. Leben wird. Später wird die Erzählung (in hochdeutschen Drucken seit dem 16. Jh.) mit dem dän. Kloster Esrom in Verbindung gebracht. Seit dem 16. Jh. wird die Geschichte auch in Dänemark, später in Schweden, den Niederlanden und in England überliefert. Im 19. Jh.

erfuhr sie Neugestaltungen in Dänemark und Deutschland (W. Hertz, 1882). **Literatur:** Die dt. Lit. des MA. Verfasserlex. Begr. v. W. STAMMLER. Hg. v. K. RUH u. a. Bd. 1. Bln. ²1978.

Bruder Węrnher, mhd. Fahrender und Spruchdichter, ↑ Wernher, Bruder.

Brudziński, Wiesław Leon [poln. bru-'dziiski], Pseudonym Well, * Łódź 20. Febr. 1920, poln. Satiriker. – Veröffentlichte Feuilletons, Humoresken sowie Aphorismen, die der poln. Tradition des Epigramms verpflichtet sind (dt. Auswahlen: ›Katzenjammer‹, dt. 1966; ›Die rote Katz‹, dt. 1970).

Bruère-Desrivaux, Marc René [frz. bryɛrderi'vo], ragusan. Dichter frz. Herkunft, ↑ Bruerović, Marko.

Bruerović, Marko [serbokroat. bru-'ɛːrɔvitɕ], auch M. Bruerević, eigtl. Marc René Bruère-Desrivaux, * Lyon vor 1770, † auf Zypern 25. Nov. 1823, ragusan. Dichter frz. Herkunft. – Sohn des frz. Konsuls in Ragusa (Dubrovnik); schrieb neben serbokroatisch auch in frz., lat. und italien. Sprache; bed. Dichter der ragusan. Literatur vor der napoleon. Besetzung; seine kroat. Dichtungen zeichnen sich durch stilist. Eleganz aus; er verfaßte v. a. Episteln, ferner eine Komödie.

Brües, Otto [bryːs], * Krefeld 1. Mai 1897, † ebd. 18. April 1967, dt. Schriftsteller. – Studierte Germanistik und Kunstgeschichte, Redakteur, dann freier Schriftsteller; schrieb unterhaltende Romane, deren Schauplatz die niederrhein. Landschaft ist, außerdem volkstüml. Dramen mit religiösen oder histor. Themen.

Werke: Die Heilandsflur (Trag., 1923), Rhein. Sonette (Ged., 1924), Jupp Brand (R., 1927), Der Walfisch im Rhein (R., 1931), Das Mädchen von Utrecht (E., 1933), Das Gauklerzelt (R., 1939), Nord. Symphonie (Essay, 1943), Der Silberkelch (R., 2 Bde., 1948), Honigkuchen und Picasso (E., 1966), ... und immer sang die Lerche (Autobiogr., 1967).

Bruggen, Carry (Carolina Lea) van [niederl. 'brʏxə], geb. de Haan, * Smilde 1. Jan. 1881, † Laren 16. Nov. 1932, niederl. Schriftstellerin. – Schrieb neben Essays v. a. autobiographisch bestimmte Romane. Eine treffende Schilderung ihrer Jugend ist ›Het huisje aan de sloot‹ (1921).

Weitere Werke: De verlatene (R., 1910), Heleen (R., 1913), Eva (R., 1926). **Literatur:** JACOBS, M. A.: C. van B., haar leven en literair werk. Gent 1962.

Bruggen, Jochem van [afrikaans 'brœxə], * Groede (Niederlande) 29. Sept. 1881, † Magaliesburg (Transvaal) 22. Mai 1957, südafrikan. Schriftsteller. – Kam 1893 nach Südafrika und nahm am Burenkrieg teil; sein Werk ist bed. für die afrikaanse Literatur der 30er Jahre, weil es einerseits an die idealist. Tradition von Totius anknüpfte, andererseits aber durch detaillierte Milieuschilderungen und Typisierung der Charaktere die Wendung von der Romantik zum Realismus vollzog. Die Handlung beschränkt sich auf bewährte Schauplätze, die aufgrund der hierarch. Struktur der Gesellschaft miteinander in Wettstreit treten. Die Sicherheit einer in sich geschlossenen Gemeinschaft erscheint als erstrebenswerte Idylle.

Werke: Teleurgestel (R., 1918), Ampie (R., 3 Bde., 1924–42), Booia (R., 1931), Die sprinkaanbeampte van Sluis (R., 1933), Kranskop I: Oupa (R., 1943), Die weduwee (R., 1956).

Bruheim, Jens Magnus [norweg. ˌbrʉːhɛim], * Skjåk 15. Febr. 1914, norweg. Schriftsteller. – Verbindet in seiner Lyrik traditionelles Naturgefühl mit zeitnahem Engagement; schreibt auch Gedichte für Kinder.

Werke: Stengd dør (Ged., 1941), Yta og djupe (Ged., 1945), På skålvekti (Ged., 1947), Spegelen (Ged., 1950), Bilete med bakgrunn (Ged., 1957), Ved kjelda (Ged., 1972).

Brulez, Raymond [niederl. bry'leː], * Blankenberge 18. Okt. 1895, † Brüssel 17. Aug. 1972, fläm. Schriftsteller. – Gab der fläm. Prosa eine stark intellektuelle Note. Als sein Hauptwerk gilt der 1920 entstandene, 1930 publizierte Roman ›André Terval‹. In der Memoirenliteratur schlug B. mit dem vierbändigen Zyklus ›Mijn woningen‹ (›Het huis te Borgen‹, 1950; ›Het pakt der triumviren‹, 1951; ›De haven‹, 1952; ›Het mirakel der rozen‹, 1954) einen neuen Weg ein. Seine Novelle ›De verschijning te Kallista‹ (1953) bildet einen Höhepunkt in der fläm. Novellistik.

Literatur: JONCKHEERE, K.: R. B. Brüssel 1961.

Bruller, Jean [frz. bry'lɛːr], frz. Schriftsteller, ↑ Vercors.

Brun, Johan Nordahl [norweg. brʉ:n], *Byneset bei Drontheim 21. März 1745, †Bergen 26. Juli 1816, norweg.-dän. Dichter. – Schrieb unter dem Einfluß des frz. Klassizismus, v. a. Voltaires, in Kopenhagen die Versdramen ›Zarine‹ (1772) und ›Einer Tambeskielver‹ (1772); ab 1804 als Bischof von Bergen konservativer Vertreter des nachbarocken Zeitalters mit bed. polit. Einfluß; verfaßte auch populäre Kirchenlieder.
Literatur: WINSNES, A. H.: J. N. B. Kristiania (= Oslo) 1919. – BULL, TH.: J. N. B.; en minnetale. Oslo 1945.

Brun, Vincent, Pseudonym des österr. Schriftstellers Hans †Flesch-Brunningen.

Bruni, Leonardo, auch L. Aretino genannt, *Arezzo um 1369, †Florenz 9. März 1444, italien. Humanist. – Wurde 1405 päpstl. Sekretär, 1416 erlangte er das Bürgerrecht von Florenz; 1427 gewählter Kanzler der Republik Florenz. Einer der hervorragendsten Humanisten im Kreise des Cosimo de'Medici; bekannt als Übersetzer griech. Autoren (u. a. Plutarch, Aristoteles, als lat. Schriftsteller und Briefschreiber, aber auch als Verfechter der Volkssprache (Biographien Dantes, F. Petrarcas und G. Boccaccios in italien. Sprache) und als Historiograph; Hauptwerk: ›Historiarum Florentini populi libri XII‹ (gedr. 1610).
Ausgabe: L. Aretino B. Humanistisch-philosoph. Schriften mit einer Chronologie seiner Werke u. Briefe. Hg. u. erl. v. H. BARON. Lpz. 1928.
Literatur: BARON, H.: Humanistic and political literature in Florence and Venice of the Quattrocento. Cambridge (Mass.) 1935.

Brunk, Sigrid, *Braunschweig 14. Sept. 1937, dt. Schriftstellerin. – Arbeitete zunächst als Malerin, Graphikerin und Dekorateurin. Schreibt Romane, Erzählungen und Fernsehspiele; sie beschreibt realistisch und desillusionierend Situationen aus der Alltagswelt und dem Berufsleben, v. a. aus der Sicht der Frau.
Werke: Irische Erzählung (1967), Ledig, ein Kind (R., 1972), Das Nest (R., 1975), Der Besiegte (R., 1977), Der Magier (R., 1979), Flammen (En., 1981).

Brunne, Robert of [engl. brʌn], engl. Dichter, †Mannyng, Robert.

Brunner, John [engl. 'brʌnə], *Preston Crowmarch (Oxfordshire) 24. Sept. 1934, engl. Schriftsteller. – Schreibt Science-fiction-Romane und -Erzählungen, engagiert sich für die Anti-Atomwaffenbewegung. In seinen Werken ist eine deutl. Wende ablesbar von der übl. Darstellung der Erforschung des Alls (›Der Kolonisator‹, R., 1963, dt. 1975; ›Sie schenkten uns die Sterne‹, R., 1976, dt. 1978) zur Beschreibung des Planeten Erde und menschl. Probleme der Gegenwart und nahen Zukunft, wie z. B. der Bevölkerungsexplosion (›Morgenwelt‹, R., 1968, dt. 1980), der Kriegsindustrie (›Morgen geht die Welt aus den Angeln‹, R., 1969, dt. 1970), der Umweltverschmutzung (›Schafe blicken auf‹, R., 1972, dt. 1978) oder einer Art Kommunikationsexplosion (›Der Schockwellenreiter‹, R., 1975, dt. 1979). Verfaßt auch Romane, die nicht der Science-fiction zuzurechnen sind, sowie Gedichte.
Literatur: The happening worlds of J. B. Hg. v. J. W. DE BOLT. Port Washington (N.Y.) 1975.

Brunngraber, Rudolf, *Wien 20. Sept. 1901, †ebd. 5. April 1960, österr. Schriftsteller. – Schrieb Tatsachenromane mit kultur- und gesellschaftskrit. Tendenz, die in zahlreiche Sprachen übersetzt, z. T. auch verfilmt wurden.
Werke: Karl und das 20. Jh. (R., 1933), Radium (R., 1936), Opiumkrieg (R., 1939), Zucker aus Cuba (R., 1941), Der Tierkreis (En., 1946), Der Weg durch das Labyrinth (R., 1949), Der tönende Erdkreis (R., 1951), Heroin (R., 1951), Die Schlange im Paradies (R., 1958).

Bruno, Giordano, Taufname Filippo B., *Nola bei Neapel 1548, †Rom 17. Febr. 1600, italien. Naturphilosoph. – 1563 Dominikaner in Neapel, entzog sich 1576 einer Festnahme wegen Häresie durch Flucht, die ihn an zahlreiche europ. Universitäten führte. Fiel 1592 durch Verrat in die Hände der Inquisition, die ihm v. a. wegen seiner Lehren von der Unendlichkeit der Welt und der Vielheit und Gleichwertigkeit der Weltsysteme den Prozeß machte. Er wurde nach siebenjähriger Haft verbrannt. – B. schließt die Unendlichkeit des Weltalls aus der Unendlichkeit Gottes, die die Annahme verbiete, Gott könne nur Endliches geschaffen haben. Die Erde und die übrigen Planeten umkreisen die

Sonne. Elemente der Natur sind kleinste Einheiten oder ›Monaden‹, eine Vorstellung, die später Leibniz übernahm. Neben philos. Abhandlungen, Lehrgedichten und Dialogen schrieb B. Sonette und eine Komödie (›Candelaio‹, 1582).

Weitere Werke: Das Aschermittwochsmahl (philosoph. Dialoge, 1584, dt. 1904), Von der Ursache, dem Prinzip und dem Einen (1584, dt. 1872), Eroici furori oder Zwiegespräche vom Helden und Schwärmer (philosoph. Dialoge, 1585, dt. 1898), De monade numero et figura (1591).
Ausgaben: Jordani Bruni Nolani opera latine conscripta. Hg. v. F. FIORENTINO u. a. Neapel u. Florenz 1879–91. 3 Bde. in 8 Tlen. Nachdr. Stg. 1961–62. – G. B. Heroische Leidenschaften u. individuelles Leben. Ausw. Hamb. 1957. – G. B. Dialoghi italiani. Hg. v. G. GENTILE u. G. AQUILECCHIA. Florenz ³1958.
Literatur: SINGER, D. W.: G. B. his life and thought. Neuaufl. New York 1968. – GALLI, G.: La vita e il pensiero di G. B. Mailand 1973. – CAROUTCH, Y.: G. B. Le voyant de Venise. Paris 1975. – STERN, F. B.: G. B. Vision einer Weltsicht. Meisenheim 1977. – INGEGNO, A.: Cosmologia e filosofia nel pensiero di G. B. Florenz 1978. – KIRCHHOFF, J.: G. B. Rbk. 1980. – G. B. Tragik eines Unzeitgemäßen. Hg. v. W. Hirt. Tüb. 1993.

Brus, Günter, * Ardning 27. Sept. 1938, österr. Künstler und Schriftsteller. – Mitbegründer des ›Wiener Aktionismus‹; 1969–79 in Berlin, seitdem in Graz. Als bildender Künstler zahlreiche Ausstellungen, daneben literar. Tätigkeit. Der Roman ›Der Geheimnisträger‹ (1984) gibt den Maler als Verfasser zu erkennen, indem er in surrealist. Manier aus formal perfekten Sätzen eine farbige, phantastisch-wuchernde Sprachwelt entstehen läßt; auch künstler. Ausstatter von Büchern anderer Schriftsteller.

Weitere Werke: Irrwisch (R., 1971), Stillstand der Sonnenuhr. Dichtungen, Bild-Dichtungen und Imprimaturen 1977–1983 (1983), Amor und Amok (Prosa, 1987).

Brust, Alfred, * Insterburg 15. Juni 1891, † Königsberg (Pr) 18. Sept. 1934, dt. Schriftsteller. – Verfasser von Gedichten, Romanen, Erzählungen und Dramen; von F. M. Dostojewski und L. N. Tolstoi beeinflußt; v. a. seine Dramen zeigen oft expressionist. Anklänge. Einige seiner Ideendramen ragen über das übrige, provinziell gebundene Werk hinaus. Sein Schaffen wurde beherrscht von dem

Dualismus zwischen geistiger Sehnsucht und triebhafter Sinnlichkeit.

Werke: Das Spiel Christa ... (Dr., 1918), Die Schlacht der Heilande (Dr., 1920), Tolkening (Dramentrilogie, 1921–24), Die verlorene Erde (R., 1926), Ich bin (Ged., 1929), Der Lächler von Dunnersholm (En., 1931), Eisbrand. (R., 1933).
Ausgabe: A. B. Dramen 1917–1924. Mchn. 1971.

Brutus, Dennis [engl. 'bruːtəs], * Salisbury 28. Nov. 1924, südafrikan. Lyriker. – Verließ 1966 Südafrika, lebte in England; seit 1970 in den USA; hält in knappen Versen Augenblicke menschl. Existenz fest und klagt immer wieder die Unterdrückung schwarzer Menschen in Südafrika an.

Werke: Sirens, knuckles, boots (Ged., 1963), Letters to Martha, and other poems from a South African prison (Ged., 1968), A simple lust (Ged., 1973), China poems (Ged., 1975), Strains (Ged., 1975), Stubborn hope (Ged., 1978).
Ausgabe: D. B. Ausgew. v. B. FORSTREUTER. Übertragen v. K. H. BERGER (Kürbiskern – Zeit-Gedichte). Mchn. 1981.

Bruun, Laurids [dän. bru:'n], * Odense 25. Juni 1864, † Kopenhagen 5. Nov. 1935, dän. Erzähler. – Verfasser spannender Reise- und Kriegsbücher, histor. Romane, Familien- und Problemromane; bes. Erfolg hatte er mit dem Van-Zanten-Zyklus.

Werke: Der König aller Sünder (R., 1903, dt. 1904), Der Ewige (R., 4 Bde., 1905/06, dt. 1907), Van Zantens glückl. Zeit (R., 1908, dt. 1910), Van Zantens Insel der Verheißung (R., 1910, dt. 1911), Van Zantens wundersame Reise (R., 1927, dt. 1928), Van Zantens törichte Liebe (R., 1930, dt. 1931).

Bruyère, La, frz. Schriftsteller, ↑ La Bruyère, Jean de.

Bruyn, Günter de [brɔyn], * Berlin 1. Nov. 1926, dt. Schriftsteller. – Lebt in Berlin, seit 1961 als freier Schriftsteller. Wurde 1974 Präsidiumsmitglied im P.E.N.-Zentrum der DDR, seit 1991 Vizepräsident der Dt. Akademie für Sprache und Dichtung. Erzähler und Hörspielautor, schreibt auch Parodien und Nachdichtungen; seine Themen sind v. a. private Schicksale vor dem Hintergrund der sozialist. Gesellschaft. Trotz formaler Experimente in der Tradition der Novelle stehend, versucht er, klass. Formen und Autoren für die Kritik an der Gegenwart fruchtbar zu machen. Erhielt 1990 den Heinrich-Böll-Preis.

Günter
de Bruyn

Werke: Ein schwarzer, abgrundtiefer See (En., 1963), Maskeraden (Parodien, 1966), Buridans Esel (R., 1968), Preisverleihung (R., 1972), Das Leben des Jean Paul Friedrich Richter (Biogr., 1975), Tristan und Isolde (1975; nach Gottfried von Straßburg), Märk. Forschungen (E., 1978), Babylon (En., 1980), Neue Herrlichkeit (R., 1984), Lesefreuden. Über Bücher und Menschen (1986), Varianten eines Lebens (En., 1988), Jubelschreie, Trauergesänge. Deutsche Befindlichkeiten (1991), Zwischenbilanz (Autobiogr., 1992).
Literatur: HIRDINA, K.: G. de B. Sein Leben u. Werk. Bln. 1983. – G. de B. Materialien zu Leben u. Werk. Hg. v. U. WITTSTOCK. Ffm. 1991.

Bryant, William Cullen [engl. 'braiənt], * Cummington (Mass.) 3. Nov. 1794, † New York 12. Juni 1878, amerikan. Dichter. – War Anwalt, dann Journalist, Hg. der ›Evening Post‹. B.s Ruhm als des ersten bed. Lyrikers Amerikas gründet sich auf zahlreiche kleinere Gedichte, die nach der Art W. Cowpers eine sorgfältige, flüssige Form mit zarter, nachdenkl. Stimmung, ernstem, kühlem Ton und streng puritanisch.-moral. Lebensauffassung verbinden. Sie sind teils Reflexionen über Leben und Tod (›Thanatopsis‹, entst. 1811, veröffentlicht 1817), teils Naturschilderungen (›A forest hymn‹, 1860) oder indian. Lieder. Von seinen Reisen berichtete B. in ›Letters of a traveller; or notes of things seen in Europe and America‹ (1850) und in ›Letters from the East‹ (1869). Auch Übersetzer griech. (Homer) und röm. Autoren.
Weitere Werke: Poems (Ged., 1821), Poems (1832), The fountain (Ged., 1842), The whitefooted deer (Ged., 1844), Thirty poems (1864), Orations and addresses (1873).
Literatur: McLEAN, A. F.: W. C. B. New York 1964. – BROWN, CH. H.: W. C. B. New York

1971. – PHAIR, J. T.: A bibliography of W. C. B. and his critics: 1808–1972. Troy (N.Y.) 1975. – BRADLEY, W. A.: W. C. B. Neuaufl. Philadelphia (Pa.) 1977. – W. C. B. and his America. Centennial conference proceedings 1878–1978. Hg. v. S. BRODWEIS. New York 1983.

Bryll, Ernest, * Warschau 1. März 1935, poln. Schriftsteller. – Lyriker und Erzähler, der seine Themen aus der Welt des Dorfes nimmt; auch Dramatiker und Übersetzer aus dem Tschechischen; Filmkritiker.
Werke: Ojciec (= Der Vater, R., 1964), Na szkle malowane (= Auf Glas gemalt, Singspiel, 1970), Wieczernik (= Abendmahlsraum, Stück, 1984), Adwent (Ged., 1986).
Literatur: MELKOWSKI, S.: B. Warschau 1974.

Brzechwa, Jan [poln. 'bʒɛxfa], eigtl. J. Lesman, * Żmerynka 15. Aug. 1900, † Warschau 2. Juli 1966, poln. Dichter. – Lyriker; Satiriker und Moralist; verfaßte Kinderbücher und pädagogisch-didakt. Märchen.
Werk: Die Akademie des Meisters Klex (Kinderb., 1946, dt. 1957).
Literatur: SKROBISZEWSKA, H.: B. Warschau 1965.

Brzękowski, Jan [poln. bʒɛŋ'kɔfski], * Wiśnicz Nowy 18. Dez. 1903, † Paris 3. Aug. 1983, poln.-frz. Schriftsteller. – Gehörte zur ›Krakauer Avantgarde‹; Redakteur in Paris und Korrespondent poln. Zeitungen; während des 2. Weltkriegs im diplomat. Dienst, ab 1946 frz. Staatsbürger; schrieb Gedichte, zuerst polnisch (›Odyseje‹ [= Odysseen], 1948), dann auch frz., Romane und poetolog. Abhandlungen; ferner u. a. ›Szkice literackie i artystyczne 1925–1970‹ (= Literar. und künstler. Skizzen 1925–1970, 1978).

Brzozowski, Stanisław [poln. bʒɔ-'zɔfski], eigtl. Leopold S. B., Pseudonym Adam Czepiel, * Maziarnia (Bezirk Chelm) 28. Juni 1878, † Florenz 30. April 1911, poln. Kritiker und Schriftsteller. – In russ. Haft wegen Geheimbündelei; bedeutendster poln. Literaturkritiker der Zeit vor dem 1. Weltkrieg. Sein wichtigstes Werk ist der Roman ›Flammen‹ (1908, dt. 1920) über die russ. revolutionäre Intelligenz; neben weiteren Zeitromanen auch Dramen.
Weiteres Werk: Legenda Młodej Polski (= Die Legende des ›Jungen Polen‹, Abh., 1909).

Ausgabe: S. B. Dzieła. Warschau u. Krakau 1973.

Literatur: WALICKI, A.: S. B. – drogi myśli. Warschau 1977. – GOŚLICKI, J.: Der junge B. Diss. Zü. 1980 [Masch.]. Teildruck. – WYKA, M.: B. i jego powieści. Krakau 1981.

Bubennow (tl.: Bubennov), Michail Semjonowitsch [russ. bubɪn'nɔf], *Wtoroje Polomoschnowo 21. Nov. 1909, †Moskau 3. Okt. 1983, russ.-sowjet. Schriftsteller. – Lehrer; erzählte im Sinne des sozialist. Realismus vom Heldentum im Krieg, von Aufbau und Fortschritt. **Werke:** Unsterblichkeit (E., 1940, dt. 1956), Die weiße Birke (R., 2 Bde., 1947–52, dt. 1955), Adlersteppe (R., 1959, dt. 1961), Stremnina (= Starke Strömung, R., 1970). **Ausgabe:** M. S. Bubennov. Izbrannye proizvedenija. Moskau 1973. 2 Bde.

Buber, Martin, *Wien 8. Febr. 1878, †Jerusalem 13. Juni 1965, jüd. Religionsforscher und Religionsphilosoph. – Wuchs bei seinem Großvater Salomon B. in Lemberg auf, studierte in Wien, Berlin, Leipzig und Zürich, gab 1916–24 die Zeitschrift ›Der Jude‹ und mit J. Wittig und V. von Weizsäcker 1926–30 ›Die Kreatur‹ heraus; 1923–33 Prof. für jüd. Religionswissenschaft und Ethik in Frankfurt am Main. Nach dem Verzicht auf sein Amt 1933 ging er 1938 nach Palästina und war 1938–51 Prof. für Philosophie und Soziologie an der Univ. in Jerusalem; erhielt 1952 den Friedenspreis des Dt. Buchhandels, 1963 den Erasmus-Preis. Führende Persönlichkeit des Judentums seiner Zeit, gab v.a. dem Zionismus seine literar. Begründung und machte Westeuropa mit der religiösmyst. Welt des Chassidismus bekannt; schuf mit F. Rosenzweig eine neue Übersetzung des AT, die in dt. Sprache die Gewalt des hebr. Textes bewahrt (›Die Schrift‹, 15 Bde., 1925–38, neu bearb. 1954–62). **Weitere Werke:** Die Legende des Baalschem (1908), Ich und Du (1923), Königtum Gottes (1932), Gog und Magog (hebr. 1943, dt. 1950), Moses (hebr. 1945, dt. 1950), Dialog. Leben (ges. philosoph. und pädagog. Schriften, 1947), Der Weg des Menschen nach der chassid. Lehre (hebr. 1947, dt. 1948), Die Erzählungen der Chassidim (1949), Schriften über das dialog. Prinzip (1954), Begegnungen (Autobiogr., 1961), Elija (Mysterienspiel, 1963). **Ausgabe:** M. B. Werke. Hg. v. M. B. Hdbg. u. Mchn. 1962–64. 3 Bde.

Literatur: M. B. Hg. v. P. A. SCHILPP u. M. FRIEDMAN. Dt. Übers. Stg. 1963. – SCHAEDER, G.: M. B. Gött. 1966. – OLIVER, R.: M. B. Hdbg. 1968. – KOHN, H.: M. B. Köln ⁴1979. – M. B. (1878–1965). Internat. Symposium ... Hg. v. W. LICHARZ u. a. Ffm. ²1991. 2 Bde. – WEHR, G.: M. B. Rbk. ¹¹1992. – WOLF, S.: M. B. zur Einf. Hamb. 1992.

Buber, Paula, dt. Schriftstellerin, †Munk, Georg.

Bubnys, Vytautas [litauisch bʊb'ni:s], *Čiudiškiai 9. Sept. 1932, litauischer Schriftsteller. – Schildert in seinen Romanen, Erzählungen und Dramen offen und objektiv die schwierigen Prozesse, die das litauische Volk, v.a. die Bauern, seit der Sowjetisierung durchzumachen hatten: Kollektivierung, Verstädterung, Auseinandersetzung mit der jüngsten Vergangenheit. **Werke:** Aberonas (R., 1969), Dürstende Erde (R., 1971, dt. 1976), Po vasaros dangum (= Unter dem Sommerhimmel, R., 1973), Nesėtų rugių žydėjimas (= Das Blühen des ungesäten Roggens, R., 1976), Pilnaties valandą (= In der Stunde des Vollmonds, 1985).

Buch, Hans Christoph, *Wetzlar 13. April 1944, dt. Schriftsteller. – Begann früh zu schreiben, v.a. Erzählungen; bekannt wurde er Anfang der 1970er Jahre v.a. durch seine literaturtheoret. Essays z.B. zur Klassikerrezeption und zum Problem der Autonomie von Literatur bei gleichzeitigem polit. Engagement der Autoren; umfangreiche Herausgebertätigkeit. 1984 versuchte er sich mit seinem ersten Roman ›Die Hochzeit von Port au Prince‹ wieder als Erzähler zu etablieren. **Weitere Werke:** Unerhörte Begebenheiten (En., 1966), Aus den neuen Welt. Nachrichten und Geschichten (1975), Bericht aus dem Innern der Unruhe. Gorlebener Tagebuch (1979), Zumwalds Beschwerden. Eine schmutzige Geschichte (1980), Karibische Kaltluft. Reportagen (1985), Waldspaziergang (Essays, 1987), Rede des toten Kolumbus am Tag des Jüngsten Gerichts (R., 1992).

Buch [ursprünglich (als Plural) Bez. für die zusammengehefteten Buchenholztafeln, auf die man schrieb], mehrere zu einem Ganzen zusammengeheftete beschriebene, bedruckte oder auch leere Blätter bzw. Bögen, die in einen Umschlag oder Bucheinband eingebunden sind. Als B. bezeichnet man darüber hinaus jedes geheftete oder klebegebundene (Broschüre, Taschenbuch) literar. Erzeugnis. Nach Adressat, Inhalt und Art der Darstellung unterscheidet man z. B. das belletrist. B., Fachbuch, Sachbuch, Jugendbuch, Bilderbuch.

Geschichte: Die Anfänge des B.es liegen im dunklen. Längere zusammenhängende Texte wurden jedoch schon in den frühen Kulturkreisen auf verschiedensten Beschreibmaterialien festgehalten. So wurden im Vorderen Orient seit etwa 3000 v. Chr. Tontafeln benutzt, die nach der Beschriftung getrocknet und gebrannt wurden. Bedeutendster Fund ist die Tontafel-›Bibliothek‹ des Assyrerkönigs Assurbanipal in Ninive. Ein weiterer Beschreibstoff war Leder. Die Bücher der Inder waren zusammengeschnürte Palmblätter, in China benutzte man mindestens seit 1300 v. Chr. mit Bändern zusammengehaltene Bambus- oder Holzstreifen. Zuerst bei den Ägyptern, dann auch bei den Griechen und Römern wurde als pflanzl. Beschreibstoff das entsprechend präparierte Mark der Papyrusstaude verwendet. Zunächst waren nur Einzelblätter in Gebrauch, seit dem 2. Jt. v. Chr. wurden die Papyri zu Rollen aus aneinandergeklebten Blättern vereinigt (↑ Buchrolle). In Kleinasien (v. a. in Pergamon) nahm – bedingt durch ein ägypt. Ausfuhrverbot für Papyrus – seit dem 2. Jh. v. Chr. der Gebrauch des Pergaments als Beschreibstoff einen raschen Aufschwung. Das geschlagene und geglättete, aber ungegerbte Schafs-, Kalbs- oder Ziegenleder bot den Vorteil beidseitiger Beschreibbarkeit und größerer Haltbarkeit. Bereits die Griechen und Römer banden beschriebene wachsbezogene Holztafeln an der linken Längsseite zusammen und näherten sie damit der heutigen B.form an. Etwa seit Christi Geburt wurden nach dem gleichen Verfahren auch Papyrus- und Pergamenthefte angefertigt, da die immer umfangreicher gewordenen Rollen unhandlich waren. Diese sogenannte Kodexform verdrängte seit dem 4. Jh. n. Chr. die Rolle immer mehr. Da das Material Pergament sehr kostbar war, wurden manche Kodizes nach Abschaben der ersten Beschriftung neu beschrieben. Ein solches Exemplar nennt man Palimpsest oder ›codex re-

scriptus‹. Die aus dem Kodex entwickelten Bücher, die durch Zusammenheften vieler gleichgroßer, in der Mitte gefalteter und ineinandergelegter Pergamentblätter entstanden und zwischen Holzdeckeln oder -rahmen eingebunden sind, stellen die Grundform des heutigen B.es dar. Seit dem 13./14. Jh. wurde die Seitenzählung üblich. Die mittelalterl. Kodizes sind v. a. von Mönchen geschriebene Einzelexemplare und dank ihrer kunstvollen Ausstattung durch Buchmalerei kostbare kulturelle Zeugnisse ihrer Epoche. Das Format der Kodizes war sehr unhandlich, doch waren auch kleinere Formate durchaus schon bekannt. Das Aufkommen des Papiers und die Erfindung des B.drucks ermöglichten die Entwicklung des B.es bis zu seiner heutigen Gestalt. Das Papier wurde zwar bereits nach chin. Tradition Anfang des 2. Jh. n. Chr. durch Ts'ai Lun hergestellt, gelangte aber erst im 8. Jh. zu den Arabern und mit diesen nach Südeuropa. Es dauerte bis zum 14./15. Jh., ehe das Papier mehr und mehr das Pergament verdrängte. Mit dem Druck der Bibel durch J. Gutenberg im Jahre 1455 beginnt die Neuzeit der B.geschichte. Das B., bis dahin nur wenigen Gebildeten und Privilegierten zugänglich, wurde durch immer größere Auflagen weiten Kreisen der Bevölkerung erschlossen. Gutenberg druckte in der Regel Auflagen von 150–200 Exemplaren, seit 1480 teilweise bis 1 000. Von Luthers Übersetzung des NT (Septemberbibel) wurden 1522 schon 5 000 Exemplare gedruckt. Zwischen 1534 und 1574 wurden 100 000 Exemplare der vollständigen Bibelübersetzung Luthers verkauft. V. a. die Reformation profitierte von der raschen Entwicklung der Drucktechnik. Während die ersten gedruckten Bücher, die sogenannten Wiegendrucke oder Inkunabeln, noch die Handschriften nachzuahmen versuchten, entwickelte sich im 16. Jh. nach und nach eine eigenständige B.form mit Titelblatt, Druckerzeichen, Datierung, Angabe des Druckortes, Kapitelüberschriften, Register und durchgehender Bezifferung. Schließlich setzte sich auch das kleinere Format durch. Die fortschreitende Industrialisierung ließ nach und nach das B. zur Massenware werden.

Es ist bis heute bedeutendster Kommuni-
kations- und Kulturträger.
Literatur: BLANCK, H.: Das B. in der Antike.
Mchn. 1992. – FUNKE, F.: B.kunde. Mchn.
⁵1992.

Buchan, John [engl. 'bʌkən], 1. Baron
Tweedsmuir, * Perth 26. Aug. 1875,
† Montreal 11. Febr. 1940, schott. Schriftsteller und Historiker. – Studierte in Oxford, später Politiker; 1935 Ernennung
zum Baron und zum Gouverneur von
Kanada. Verfaßte außer histor., meist
biograph. Werken (›Sir Walter Scott‹,
1932; ›Oliver Cromwell‹, 1934; ›Augustus‹, 1937) v. a. aktuell und spannend
gestaltete Abenteuerromane (›Die 39
Stufen‹, 1915, dt. 1967; ›Grünmantel‹,
1915, dt. 1971).

Buchbesprechung ↑ Rezension.

Buch der Briefe, wertvolle Sammlung der armen. Literatur, die eine Fülle
von Dokumenten zur inneren und theolog. Geschichte Armeniens enthält.
Ausgabe: ISMIREANTZ, J.: Girk' t'ġt'oc'. Tiflis
1901.

Buchdrama ↑ Lesedrama.

Buchdruck, das älteste, in der heutigen Form auf die um 1440 erfolgte Erfindung J. Gutenbergs zurückgehende
Druckverfahren. Der B. zählt zur Gruppe
der Hochdruckverfahren, d. h. der Druck
erfolgt von einer Druckform, bei der die
druckenden Stellen erhöht liegen. Derartige Hochdruckformen werden beim
Flachformdruck aus verschiedenen Bestandteilen (Drucktypen, Gußzeilen,
Druckplatten) zusammengesetzt. Beim
Rotationsdruck werden um den Platten-
zylinder der Rotationsdruckmaschine
halbrunde Stereotyp- oder aus einem
Stück bestehende Wickeldruckplatten
befestigt. Beim Druckvorgang werden
die erhöhten Stellen der Druckplatte mit
Druckfarbe eingefärbt und durch An-
pressen auf den Druckträger (v. a. Papier) übertragen.
Geschichte: Vorformen des B.s sind bereits in der Antike nachzuweisen. So
kannte man in Ägypten und Rom ein
gefärbte Stein- oder Metallstempel mit
figürl. Darstellungen, Buchstaben oder
ganzen Wörtern. Diese Methode wurde
bis ins MA angewendet. Der Beginn des
eigentl. B.s erfolgte jedoch in China, wo

nach chin. Tradition Ts'ai Lun Anfang
des 2. Jh. n. Chr. Papier herstellte und vor
über 1200 Jahren die Technik des Tafel-
oder Blockdrucks erfand. Dabei wurde
in eine Holz- oder Metallplatte der Text
eingeschnitzt oder eingeschlagen. Da
jede Druckplatte nur einmal verwendet
werden konnte, baute man bereits im
11. Jh. diese Technik durch den Einsatz
beweg. Lettern aus gebranntem Ton aus.
Die Araber führten die Methode des Ta-
feldrucks Ende des 14. Jh. in Westeuropa
ein. Bahnbrechend wirkte sich die Erfindung des mechan. B.s durch J. Gutenberg
aus. Er entwickelte seit etwa 1436 in
Straßburg, seit 1440 in Mainz einzelne
beweg. und daher beliebig kombinier-
bare, aus Metall gegossene Lettern (sogenannte Typenstempel) und konstruierte
zur Vervielfältigung eine Druckerpresse.
Seine Leistung lag in der Bewältigung
des Problems des Letterngusses, der verwendeten Metallegierung und des Pres-
sens. Die neue Technik verbreitete sich
sehr rasch über ganz Europa und war die
Ursache, daß die Klosterschreibschulen
und die profanen Schreibstuben durch
Druckereien abgelöst wurden. Um 1500
gab es schon 200 Druckereien in insgesamt 60 dt. Städten. In Italien wurde die
Technik sehr bald verfeinert. Allein in
Venedig zählte man um 1500 bereits 150
Druckereien. Bis 1570 war die Umstellung von der Handschrift auf den Druck
überall vollzogen. Die Drucker bemühten sich zunächst um möglichst vollkom-
mene Nachahmung der Handschriften.
Deshalb sind viele frühe Drucke kaum
von handgeschriebenen Büchern zu unterscheiden, zumal zunächst farbige Initialen, Federzeichnungen und sonstige
künstl. Ausgestaltungen weiterhin von
Hand eingefügt wurden. Erst nach und
nach wurden auch diese Schmuckformen
mechanisch vervielfältigt. Neue Schrift-
arten entsprachen den techn. Erforder-
nissen des B.s immer besser, so v. a. die
von Nicolas Jenson (* um 1420, † 1480)
entwickelte und seit 1520 allgemein
verwendete Antiqua sowie die der got.
Schrift ähnelnde Fraktur. Bes. seit dem
19. Jh. wurde die Drucktechnik immer
mehr vervollkommnet. – Die Bedeutung
des B.s für die kulturelle Entwicklung
der Menschheit kann nicht hoch genug

eingeschätzt werden. Zur Schaffung einer einheitl. Schriftsprache trug der B. ebenso maßgeblich bei wie bis in die Gegenwart zur Breitenwirkung kultureller, polit. und religiöser Strömungen wie Ideen.

Literatur: LINDE, A. VAN DER: Gesch. der Erfindung der B.kunst. Bln. 1886. 3 Bde. – BARGE, H.: Gesch. der B.erkunst von ihren Anfängen bis zur Gegenwart. Lpz. 1940. – GIESEKE, M.: Der B. in der frühen Neuzeit. Ffm. 1991. – FUNKE, F.: Buchkunde. Mchn. ⁵1992.

Bücherei ↑ Bibliothek.

Bücherverbot, das bis 1966 im kath. Kirchenrecht verankerte Verbot, Bücher, die gegen die Glaubens- und Sittenlehre der kath. Kirche verstießen, herauszugeben, zu lesen, aufzubewahren, zu übersetzen oder zu verbreiten.

Bücherverbrennung, die religiös oder politisch motivierte öffentl. Verbrennung verfemter Bücher. Besonders seit der Inquisition wurde die Bücherverbrennung häufig aufgrund des ↑ Bücherverbots der kath. Kirche (z. B. Bücher von Konfuzius, Ovid, Dante, Luther, Savonarola) praktiziert. Ein herausragendes Beispiel polit. Art war die Verbrennung reaktionärer Literatur durch Studenten beim Wartburgfest vom 18. Oktober 1817. Besonderes Aufsehen erregte die am 10. Mai 1933 in den dt. Universitätsstädten vollzogene Verbrennung von Büchern solcher Autoren, die den Nationalsozialisten mißfielen (u. a. S. Freud, W. Hasenclever, E. Kästner, H. Mann, E. E. Kisch, Erich M. Remarque, E. Toller, K. Tucholsky, A. Zweig). – ↑ auch Exilliteratur.

Literatur: RAFETSEDER, H.: B.en. Wien 1988.

Buchformat, Maßeinheit, nach der die Größe eines Buches angegeben wird. Neben der Angabe von Breite × Höhe (in cm) gibt es Formatbezeichnungen für Größengruppen, die sich vom Vorgang des Falzens der Druckbogen herleiten. Die Zahl der beim Falzen entstehenden Blätter führte zu den Formatbezeichnungen: 2 Blatt (2°, *Folio*), 4 Blatt (4°, *Quart*), 8 Blatt (8°, *Oktav*), 12 Blatt (12°, *Duodez*), 16 Blatt (16°, *Sedez*).
Die Formatbezeichnung kann auch auf die Höhe eines Buches bezogen werden (querformatige Bücher erhalten den Zusatz ›Quer-‹, z. B. Quer-Oktav). Es werden verwendet:

Sedez:	bis 15 cm Höhe
Klein-Oktav:	bis 18,5 cm Höhe
Oktav:	bis 22,5 cm (oder 25 cm) Höhe
Groß-Oktav:	bis 25 cm Höhe
Lexikon-Oktav:	bis 30 cm Höhe
Quart:	bis 35 cm Höhe
Groß-Quart:	bis 40 cm Höhe
Folio:	bis 45 cm Höhe
Groß-Folio:	über 45 cm Höhe

Nach den Richtlinien der Dt. Bibliothek in Frankfurt am Main werden die B.e von Werken unter 10 cm und über 45 cm Höhe in Zentimetern angegeben.

Buchgemeinde ↑ Buchgemeinschaft.

Buchgemeinschaft (Buchgemeinde, Buchklub, Lesering), verlagsartiges Unternehmen, das für seine Bücher Käufer sucht, die sich ähnlich den Abonnenten von Zeitschriften für eine bestimmte Mindestzeit (meist ein Jahr) zur Abnahme einer festgelegten Anzahl von Büchern verpflichten. Die von der B. angebotenen Bücher sind zumeist vorher bereits in einem Verlag erschienen, von dem die betreffende B. eine Lizenz erworben hat. Die Kunden (Mitglieder) der B. können in der Regel aus dem Angebot der B. frei wählen, erhalten jedoch bei Nichtausübung des Wahlrechts ein von der B. als ›Vorschlagsband‹ bestimmtes Buch (die meisten B.en führen auch Schallplatten in ihren Programmen). Dieses Verfahren bringt einerseits eine Risikominderung für die B., andererseits eine beträchtl. Verbilligung der Bücher für die Käufer. Deshalb nahmen die B.en v. a. in den wirtschaftl. Notzeiten nach den beiden Weltkriegen jeweils einen bes. Aufschwung. Die histor. Wurzeln der B. liegen jedoch in den Bestrebungen, bestimmte weltanschaul. Ideologien zu verbreiten: Um die Mitte des 19. Jh. und teilweise noch früher begannen kirchl., gewerkschaftl. u. a. Standesorganisationen, ihren Mitgliedern Informationsschriften und Bücher in die Hand zu geben, die ihre Bestrebungen unterstützen und fördern halfen. – Heute gehören zu den wichtigsten Unternehmen: ›Bertelsmann Lesering‹, ›Dt. Bücherbund‹, ›Büchergilde Gutenberg‹, ›Dt. Buchgemeinschaft‹, in Österreich ›Buchgemeinschaft‹, in der Schweiz die B. ›Ex Libris‹, in den USA der ›Book-of-the-Month-Club‹.

Buchhandel, Wirtschaftszweig, der durch Herstellung, Vervielfältigung und Verbreitung literar., wiss., philosoph., polit. u. a. Werke deren wirtschaftl. Nutzung ermöglicht und die technisch-ökonom. Voraussetzung für die günstige Vermittlung zwischen Literatur und Gesellschaft bildet. Gegenstände des B.s sind durch graph., photomechan. und phonograph. Vervielfältigung marktfähig gemachte geistige Erzeugnisse, insbes. Bücher und Zeitschriften, ferner Landkarten, Atlanten, Globen, Kalender, Kunstblätter, Lehr- und Lernmittel, Spiele, Musikalien, Schallplatten u. a. Bild- und Tonträger sowie sonstige der Information und Unterhaltung dienende Medien, in neuester Zeit z. B. Computerdisketten und CD-ROM-Produkte sowie Videocassetten. Vielfach bietet der B. auch Zeitungen und Zeitschriften, daneben Papier-, Schreib- und Büroartikel an.

Struktur: Der dt. B. ist als mehrstufiges System strukturiert mit herstellendem B. (Verlag), verbreitendem B. (v. a. Sortiment), Zwischen-B. und den ↑ Buchgemeinschaften. Innerhalb dieser Stufen entspricht eine mehr oder weniger weitgehende Spezialisierung der Differenziertheit der künstler., wiss., fachl., vertriebl. u. a. Aufgaben.

Im **Verlagsbuchhandel** wählt der Verleger oder der für die Verlagsentscheidung zuständige Lektor unter den von den Autoren angebotenen Manuskripten aus, was er für veröffentlichenswert, marktgerecht, erfolgsträchtig oder förderungswürdig erachtet. Häufig und in zunehmendem Maße wird aber auch ein Verlagsprogramm längerfristig geplant, zu dessen Ausführung Autoren gesucht und verpflichtet werden. Bes. bei wiss., fachl. Informations- und Diskussionsliteratur ist der Verleger häufig Anreger, Koordinator, Organisator und Finanzier von Einzel-, Sammel-, Reihen- und enzyklopäd. Werken.

Der Verlag erwirbt durch Vertrag mit dem Autor das Recht zur wirtschaftl. Verwendung des ›geistigen Eigentums‹ des Urhebers *(Urheberrecht, Verlagsrecht).* Der Autor erhält ein Honorar in Form eines prozentualen Anteils vom Preis der verkauften Bücher oder als Pauschale. Der Verlag nutzt das Verlagsrecht außer zur Buchveröffentlichung auch zur Verbreitung des Werks durch Rundfunk, Fernsehen, Zeitungsabdruck, Bühnenaufführung, Verfilmung, Übersetzung usw. (Nebenrechte). Mit der techn. Herstellung seiner Erzeugnisse beauftragt der Verlag fremde oder auch eigene Betriebe (graph. Gewerbe). Er bestimmt über die Buchgestalt (Satz, Druck, Papier, Einband, Illustration usw.). Er setzt den Verkaufspreis fest, zu dessen Einhaltung er den Endverkäufer verpflichtet (Preisbindung, fester Ladenpreis), und bestimmt den Händlerrabatt. Die Verlagskalkulation ist meist eine ›Mischkalkulation‹, bei der die erfolgreichen Bücher die weniger erfolgreichen mittragen und oft erst ermöglichen. Die Anzahl der dt. Verlage ist im Laufe des 19. Jh. von gut 300 auf über 3 000 gewachsen; in den letzten Jahren ist die Zahl allerdings stark rückläufig mit zunehmender Tendenz zur Bildung von Großbetrieben. Die offizielle Statistik des Dt. Buchhandels e. V. ›Buch und Buchhandel in Zahlen‹ verzeichnet 1994 für die BR Deutschland 2 248 Verlage, die sich auf rund 400 Orte verteilen. Schwerpunktorte sind München, Stuttgart, Frankfurt am Main, Berlin, Hamburg, Köln und Bonn. Zahlenmäßig überwiegen Kleinst- und Kleinverlage, umsatzmäßig haben jedoch den größten Anteil am Gesamtumsatz die Großverlage.

Der **verbreitende Buchhandel** bezieht die fertigen Verlagserzeugnisse direkt beim Verlag oder über den Zwischen-B., er ist die Einzelhandelsstufe zum Verkauf an den Endabnehmer. Die wesentlichste Form ist der Sortiments-B. mit offenem Ladengeschäft. Aus der Vielzahl lieferbarer Bücher und unter unablässiger Beobachtung der raschen Neuproduktion trifft der Buchhändler für sein ›Sortiment‹ die für seinen jeweiligen Kundenkreis und seinen individuellen Einsatz angemessene Auswahl. Weitere Betriebsformen sind der Reise-B., der seine Kunden durch reisende Buchvertreter anspricht und vorwiegend auf Großobjekte mit Ratenzahlung spezialisiert ist, der Versand-B., der durch Anzeigen und Prospektversand wirbt, der werbende Buch- und Zeitschriftenhandel mit Schwerpunkt im Abonnementsgeschäft, der durch die Standortbesonderheit charakterisierte Bahnhofs-B., der Warenhaus-B. und das ↑ Antiquariat, ferner der Kunst- und der Musikalienhandel. Zahlreiche Firmen betreiben zwei oder mehr dieser Sparten in Kombination. Das ›Adreßbuch für den deutschsprachigen B. 1994/1995‹ nennt für die BR Deutschland etwa 7 200 Firmen des verbreitenden B.s und 1 100 sog. Buchverkaufsstellen (zumeist Schreibwarenhandlungen, die auch Bücher verkaufen), in rund 1 000 Orten; für Österreich sind etwa 1 600, für die Schweiz 1 100 Firmen verzeichnet.

Auch im verbreitenden B. überwiegen die kleinen und mittleren Betriebe. Trotz der im letzten Jahrzehnt kontinuierlich zunehmenden Umsätze des Sortiments-B.s ist wegen der überproportional steigenden Kostenbelastung die durchschnittl. Ertragslage im Vergleich zu anderen Branchen ungünstig. Dadurch ergibt sich eine Tendenz zu zwischen- und überbetriebl. Kooperation, zum Vertrieb zentral und folglich billiger eingekaufter Bücher über Ladenketten mit schmalem Sortiment sowie zur Konzentration auf gängige Titel. Neben der Lagerhaltung spielt im Sortiment das Besorgungsgeschäft – die Beschaffung vom Kunden verlangter, nicht vorrätiger Bücher – eine wichtige Rolle. Für Prüfung von Neuerscheinungen gibt es für Sortimenter und Kunden in begrenzten Fällen die Möglichkeit des Bezugs mit befristetem Rückgaberecht, bei wiss. und Fachliteratur kann ein Titel der Lagervorräte ›bedingt‹ (à condition) vom Verlag bezogen werden, d. h. Unverkauftes kann in diesen Ausnahmefällen zurückgenommen werden.

Der **Zwischenbuchhandel** fungiert für einen Teil der Sortimentskäufe – v. a. das Besorgungsgeschäft – wegen der Möglichkeit des Bezugs von Büchern verschiedener Verlage aus einer Hand mit kurzen Wegen als rationale Lieferquelle. Seine Betriebsformen sind die Verlagsauslieferung, der Kommissions-B., das

Barsortiment und das Großantiquariat. Die Kataloge der Barsortimente sind neben dem ›Verzeichnis lieferbarer Bücher‹ (VLB) und der ↑ Deutschen Nationalbibliographie der Deutschen Bibliothek die wichtigsten Nachschlagewerke des Buchhandels.

Die ↑ Buchgemeinschaften stellen eine Sonderform des B.s dar, weil sie sowohl verlegerisch tätig sind als auch direkt an ihre Abnehmer verbreiten.

Die **Buchproduktion** wuchs im 19. Jh. durch Bevölkerungswachstum, Beseitigung des Analphabetismus, techn. Fortschritt und Wissensentwicklung explosionsartig und erreichte 1913 mit insgesamt 34 871 Titeln in Deutschland einen Höhepunkt. Nach dem Zweiten Weltkrieg zeigt die Entwicklung nach einem Rückgang auf etwa 2 500 Titel 1945/46 einen starken Wiederanstieg. Der Anteil der Taschenbücher an der Titelproduktion ist von 1 070 im Jahre 1961 auf 11 104 im Jahre 1993 (16,5 % der Gesamttitel) gewachsen. Der Durchschnittsladenpreis der Neuerscheinungen betrug in der BR Deutschland 1951 = 6,84 DM, 1960 = 12,13 DM, 1970 = 15,82 DM, 1980 = 23,75 DM, 1984 = 30,06 DM, 1986 (nach geänderter Modalität) = 25,47 DM, 1992 = 37,44 DM, 1993 = 38,70 DM. Der Preiswettbewerb im B. ist durch den festen Ladenpreis begrenzt, empfängt aber andererseits kräftige Anstöße durch ›Verramschung‹ von Überproduktion, durch Taschenbuch- und Buchgemeinschaftsausgaben, Niedrigpreisproduktionen der Warenhäuser und scharfe Konkurrenz im Bereich der Dienstleistungen.

Organisation: Die berufsständ. Spitzenorganisation des B.s in der BR Deutschland ist der ↑ Börsenverein des Deutschen Buchhandels e. V., Frankfurt am Main und Leipzig, der in der Zeit des Bestehens der DDR in zwei Vereine getrennt war und seit 1991 wieder zu einer Organisation verschmolzen ist. Er setzt die Tradition des 1825 in Leipzig gegründeten Börsenvereins fort. Träger der wirtschaftl. Unternehmungen der B.sorganisation ist die Buchhändler-Vereinigung GmbH in Frankfurt am Main, in deren Verlag das Fachorgan des B.s, das ›Börsenblatt für den Deutschen Buchhandel‹, die ›Dt. Nationalbibliographie‹, das ›Adreßbuch für den deutschsprachigen B.‹ u. a. erscheinen. Die Dt. Bibliothek ist als zentrale Archivbibliothek und als bibliograph. Informationszentrum die Nationalbibliothek der BR Deutschland (Sitz Frankfurt am Main; analoge Funktion hatte für das Dt. Reich und für die ehem. DDR die Dt. Bücherei in Leipzig). Zu den Schulen des B.s in der BR Deutschland gehören die Dt. Buchhändlerschule in Frankfurt am Main als zentrale Aus- und Fortbildungsstätte (allerdings wird der größere Teil des buchhändler. Nachwuchses in regionalen Fachklassen an Berufsschulen ausgebildet), die Fachschule des Dt. B.s als Institution der berufl. Fortbildung und das Dt. Buchhändler-Seminar, dessen ›Kurse‹ mit dem Ziel der Vermehrung qualifizierter Mitarbeiter und der Förderung ihres berufl. Aufstiegs veranstaltet werden. – Alljährlich findet im Frühjahr in Leipzig, im Herbst in Frankfurt am Main die Buchmesse statt; letztere ist innerhalb des internat. B.s von größter wirtschaftl. Bedeutung und bildet auch ein literar. bedeutendes Ereignis. Die Ausstellungs- und Messe-GmbH des Börsenvereins veranstaltet auch Buchausstellungen im Ausland.

Geschichte: In der Antike wurde bei Ägyptern, Griechen und Römern mit Pergament- und Papyrusrollen gehandelt, deren Texte Schreibern (häufig Sklaven) diktiert worden waren. Im mittelalterl. Abendland wurden Texte v. a. in den Klöstern abgeschrieben. Der Handschriftenhandel hatte jedoch nur geringe Bedeutung; erst im 12./13. Jh. und später durch das Aufkommen des billigen Papiers wurde er lebhafter. Der Durchbruch erfolgte im 15. Jh. mit der Verbesserung des Buchdrucks durch J. Gutenberg. Im gleichen Jh. erschienen wohl ca. 27 000 (überwiegend lat.) Titel mit einer Auflage von durchschnittlich 200 bis 300 Exemplaren. Reisende Buchhändler (Buchführer) besorgten die Verbreitung der Bücher auf Messen und Märkten. In der 2. Hälfte des 17. Jh. erschienen viele Almanache und Kalender als Bildungsmaterial für breitere Volkskreise. Zur gleichen Zeit wurde die Honorarzahlung an die Autoren von seiten der Verleger

üblich, die zunehmend nur Verleger blieben, nachdem sie vorher meist auch Drucker und Buchhändler waren. Im 18. Jh. nahm beim Mittelstand das Interesse am Lesen zu. Die Ausbreitung der Schulpflicht bewirkte ebenfalls, daß die Anzahl der Neuerscheinungen von 628 im Jahre 1714 auf rund 3 900 im Jahre 1800 ansteigen konnte. An ihrem Vertrieb waren um 1800 in Deutschland rund 500 Buchhandlungen beteiligt, die sich bis 1834 auf 860 vermehrten. Die Buchhändler begannen, Bücher zur Ansicht zu versenden und Reisende einzusetzen, die die Bücher dem Publikum an der Haustür anboten. Die Auflagenhöhe der neu erscheinenden Bücher lag in der 1. Hälfte des 19. Jh. bei etwa 1 000 Exemplaren, es gab aber auch schon Werke, die in weitaus höheren Stückzahlen verbreitet wurden. Die Voraussetzungen dafür schufen u. a. die Ausbreitung der Volksbüchereien und die Gründung von Bildungsvereinigungen, die Lesezirkel unterhielten. Die Anzahl der Neuerscheinungen erreichte 1900 rund 25 000 Titel, u. a. eine Folge der 1867 im Dt. Reich aufgehobenen Verlagsprivilegien und der Einführung einer begrenzten Schutzfrist, wodurch z. B. die Klassiker von verschiedenen Verlagen herausgebracht werden konnten. Der damit einsetzende Preiswettbewerb wirkte sich positiv auf die Ausbreitung der Bücher aus, es begann die Zeit der billigen Reihen (z. B. Reclam) und die der preiswerten Volksausgaben (z. B. Meyer). Neue Käuferschichten wurden Ende des 19. Jh. durch Entstehen des modernen Antiquariats erschlossen. Nach dem 1. Weltkrieg kam eine Blütezeit für die Buchgemeinschaften, ebenso nach dem 2. Weltkrieg. Nach 1945 wurde der B. der DDR mit dem alten Zentrum Leipzig weitgehend in die sozialist. Kulturpolitik und Wirtschaftsordnung einbezogen. Zuletzt gab es rund 1 000 Buchhandlungen. Der B. der Bundesrepublik Deutschland mit dem Zentrum Frankfurt am Main gewann ab 1950 wieder Anschluß an den internat. Buchhandel.

Literatur: SCHULZE, FRIEDRICH: Der dt. B. u. die geistigen Strömungen der letzten hundert Jahre. Lpz. 1925. Nachdr. Hildesheim 1990. – WITTMANN, R.: Gesch. des dt. B.s. Mchn. 1991.

Buchheim, Lothar-Günther, * Weimar 6. Febr. 1918, dt. Verleger, Schriftsteller, Photograph und Maler. – Nach Kunststudium in Dresden und München im 2. Weltkrieg Kriegsberichterstatter bei der Marine. 1951 Gründung eines Kunstbuchverlags, der v. a. Bildbände über dt. Expressionisten herausbrachte, von deren Werken B. auch eine bed. Sammlung zusammentrug. Wurde als Schriftsteller bekannt durch seinen Roman ›Das Boot‹ (1973), in dem er aufgrund eigener Erlebnisse die Brutalität und Sinnlosigkeit des dt. U-Boot-Krieges eindringlich darstellt (verfilmt 1981).

Weitere Werke: Der Busenfreund (R., 1961), U-Boot-Krieg (1976), Mein Paris – eine Stadt vor 30 Jahren (1977), Der Luxusliner (R., 1980), Sächs. Heimat. Meine Jugend ... (1991).

Buchholtz (Bucholtz, Buchholz), Andreas Heinrich, * Schöningen 25. Nov. 1607, † Braunschweig 20. Mai 1671, dt. Schriftsteller. – 1641–47 Prof. in Rinteln, seit 1663 Superintendent in Braunschweig; schrieb Andachtsbücher, religiöse Gedichte (›Geistl. Teutsche Poëmata‹, 1651) sowie die umfangreichen heroisch-galanten Romane ›Des Christl. Teutschen Groß-Fürsten Herkules und der Böhm. Königl. Fräulein Valiska Wunder-Geschichte‹ (2 Tle., 1659/60) und ›Der Christl. Königl. Fürsten Herkuliskus und Herkuladisla ... anmuthige Wunder-Geschichte‹ (1665). Übersetzer von Horaz und Lukian.

Literatur: STÖFFLER, F.: Die Romane des A. H. B. Diss. Marburg 1918. – SPRINGER-STRAND, I.: Barockroman u. Erbauungslit. Studien zum Herkulesroman von A. H. B. Bern u. Ffm. 1975.

Buchholtz, Johannes [dän. 'bukhɔls], * Odense 22. Febr. 1882, † Struer 5. Aug. 1940, dän. Schriftsteller. – Schrieb v. a. liebenswürdig-idyll. Romane und Novellen, in denen er oft mit bizarrem Humor dän. Kleinstadtleben darstellte.

Werke: Egholms Gott (R., 1915, dt. 1920), Die Wunder der Klara van Haag (R., 1916, dt. 1928), Unter dem goldenen Baum (R., 1925, dt. 1925), Susanne (R., 1931, dt. 1932), Dr. Malthes Haus (R., 1936, dt. 1940), Gute kleine Stadt (R., 1937, dt. 1939).

Buchillumination ↑ Buchmalerei.

Buchillustration, Ausstattung gedruckter Bücher mit Bildern, entweder auf der Textseite oder auf bes. Blättern bzw. Seiten, wobei die Bilder den Text erläutern sollen. Nach Erfindung der Buchdruckerkunst (seit 1440) galt zunächst die Buchmalerei noch als Vorbild für die Buchillustration. Dabei wurde meist der Holzschnitt (oft koloriert) bevorzugt. Vornehmlich volkssprachl. Werke, so etwa Erbauungsliteratur, Fabelsammlungen, Volksbücher und Novellen, Reisebeschreibungen und Chroniken wurden zu dieser Zeit illustriert. Ihre Blüte erlebte die B. vom **Ende des 15. bis zur Mitte des 16. Jahrhunderts** in Deutschland, Italien und Frankreich. Bed. Maler wie A. Altdorfer, H. Baldung, genannt Grien, H. Burgkmair d. Ä., L. Cranach d. Ä., A. Dürer, H. Holbein d. J. u. a. fertigten Holzschnitte für B.en an. Bes. häufig wurde die Bibel illustriert. Bedeutung erlangten auch die Illustrationen für medizin., botan. und sonstige wiss. Werke. Seit der **zweiten Hälfte des 16. Jahrhunderts** verdrängte der Kupferstich mehr und mehr den Holzschnitt. **Im 17. Jahrhundert** spielten die Familien de Bry und Merian mit topograph. Kupferstichwerken eine beherrschende Rolle. Bis weit ins **18. Jahrhundert** war die frz. B. (F. Boucher, H. F. Gravelot, Ch. Eisen, Ch. N. Cochin d. J., J.-M. Moreau) vorbildlich. In Deutschland erreichten die Illustrationen D. Chodowieckis große Popularität. Neue Techniken erprobten engl. Buchillustratoren wie William Blake (* 1757, † 1827) und Thomas Bewick (* 1753, † 1828). Einen neuen Aufschwung leitete im **19. Jahrhundert** u. a. die Erfindung der Lithographie durch Alois Senefelder (* 1771, † 1834) sowie die Anwendung photomechan. Reproduktionsverfahren ein, allerdings nicht selten auf Kosten des künstler. Wertes. Hervorragende Leistungen in der eher durch Quantität als durch Qualität der B.en gekennzeichneten Folgezeit erbrachten in den verschiedensten graph. Techniken Künstler wie L. Richter, A. von Menzel und M. von Schwind in Deutschland sowie E. Delacroix, G. Doré, H. Daumier oder Grandville in Frankreich. Auch im **20. Jahrhundert** widmen sich führende Künstler (in Deutschland u. a. L. Corinth, M. Slevogt, E. Barlach, A. Kubin, O. Kokoschka,

HAP Grieshaber, H. Antes) der Buchillustration.

Literatur: Die B. in Deutschland, Österreich u. der Schweiz seit 1945. Hg. v. W. TIESSEN. Neu-Isenburg 1968 ff. (bisher 5 Bde. erschienen). – KUNZE, H.: Gesch. der B. in Deutschland. Ffm. u. a. 1975. 2 Bde. – GECK, E.: Grundzüge der Gesch. der B. Darmst. 1982. – WENDLAND, H.: Die B. Von den Frühdrucken bis zur Gegenwart. Aarau 1987. – Die B. des 18. Jh. in Deutschland u. die Auflösung des überlieferten Historienbildes. Bearb. v. HANS J. MEIER. Mchn. 1994.

Buchklub ↑ Buchgemeinschaft.

Büchlein,
1. kleines Buch; häufig als Titelwort kürzerer, meist erbaul. Schriften.
2. literaturwissenschaftl. Begriff für den gereimten mhd. Liebesbrief und für mhd. didakt. Reimpaardichtungen, die das Thema ›Minne‹ dichterisch gestalten.

Buchmalerei (Buchillumination, Miniaturmalerei), der Bildschmuck einer Handschrift. Vorläufer der B. finden sich bereits seit etwa 2000 v. Chr. auf ägypt. Papyri. Die eigentl. Entfaltung und Blüte erlebte die B. jedoch zwischen der Spätantike (frühestes erhaltenes Beispiel um 400 n. Chr.) und dem 16. Jh. auf Pergamenthandschriften. Die Erfindung des Buchdrucks verurteilte die B. zum Aussterben. – Neben kleineren und größeren Textbildern (sogenannte Miniaturen) kennt die B. v. a. ornamentale Formen wie die Ausgestaltung des Anfangsbuchstabens (Initial) und der Überschriften sowie die Verzierung des Blattrandes und des Zeilenausgangs. V. a. wurden kirchl. Texte zum liturg. Gebrauch (Bibeln, Psalter, Stundenbücher, Andachtsbücher, Heiligenviten) durch Buchmaler illustriert; aber auch enzyklopäd. Werke christlich-erbaul. Gehaltes sowie wissenschaftl. Texte erfuhren eine ähnl. künstler. Ausgestaltung. Die bedeutendsten Schulen der B. befanden sich zur Karolingerzeit in Aachen, Reims, Metz und Tours, zur Zeit der sächs. Kaiser auf der Reichenau, in Köln, Trier-Echternach, Salzburg, Regensburg, Hildesheim und Fulda. Ein berühmtes Beispiel der B. aus der 1. Hälfte des 14. Jh. ist die ›Große Heidelberger Liederhandschrift‹.

Literatur: GRABAR, A.: Das frühe MA vom 4. bis zum 11. Jh. Teilweise dt. Übers. v. K. G. HEMMERICH. Genf 1957. – ANCONA, P. DE/AESCHLI-MANN, E.: Die Kunst der B. Übers. v. K. BERISCH. Köln 1969. – WEITZMANN, K.: Spätantike u. frühchristl. B. Übers. v. B. SAUERLÄNDER u. H. PREIMESBERGER. Mchn. 1977.

Buchmesse, Buchausstellung, bei der sich Verleger, Buchhändler, Bibliothekare und Autoren treffen. Die Tradition der B.n reicht bis ins 15. Jh. zurück, als die Messen von Frankfurt am Main und Leipzig Bedeutung erlangten. Dominierte zunächst die Frankfurter B., so führten Zensurstreitigkeiten zwischen dem prot. Rat der Stadt Frankfurt und der kaiserl.-kath. Bücherkommission dazu, daß der dt. Buchhandel seinen Schwerpunkt mehr nach Leipzig verlegte. Von etwa 1700 bis zum Ende des 2. Weltkriegs behauptete Leipzig mit der Ostermesse seine führende Position. Seit der Neubelebung im Jahr 1949 hat sich die alljährlich im Herbst stattfindende **Frankfurter Buchmesse** zur größten internat. Buchausstellung entwickelt, während der der ↑ Friedenspreis des Börsenvereins des Deutschen Buchhandels verliehen wird. Die **Leipziger Buchmesse** wird seit dem 2. Weltkrieg im Rahmen der Leipziger Messe im Frühjahr veranstaltet.

Büchner, August, * Dresden 2. Nov. 1591, † Wittenberg 12. Febr. 1661, dt. Dichter. – Seit 1616 Prof. für Poesie in Wittenberg; setzte sich für die Verbreitung der Theorien seines Freundes M. Opitz ein, denen er als Lyriker selbst folgte; in seiner ›Anleitung zur dt. Poeterey‹ (hg. 1665) ergänzte u. auf Anregung des befreundeten Komponisten Heinrich Schütz (* 1585, † 1672) die Opitzsche Poetik um die Einführung des Daktylus, den er als Dichter auch erstmalig in den Strophenliedern des von Schütz vertonten Singballetts ›Orpheus‹ (1638) anwandte.

Weitere Werke: Nachtmal des Herrn (Ged., 1628), Weynacht-Gedanken (Ged., 1638), Kurzer Weg-Weiser zur Dt. Tichtkunst (hg. 1663). **Literatur:** BORCHERDT, H. H.: A. B. u. seine Bedeutung f. die dt. Lit. des 17. Jh. Mchn. 1919.

Büchner, Georg, * Goddelau bei Darmstadt 17. Okt. 1813, † Zürich 19. Febr. 1837, dt. Dramatiker. – Arztsohn, studierte in Straßburg und Gießen Medizin, Naturwiss., Geschichte und Philosophie; gründete 1834 die geheime

Georg
Büchner

›Gesellschaft für Menschenrechte‹ mit dem Ziel des Umsturzes der reaktionären Verhältnisse im Großherzogtum Hessen, mußte wegen seiner revolutionären Flugschrift ›Der hess. Landbote‹ (1834) im Frühjahr 1835 nach Straßburg fliehen und war seit Okt. 1836 Privatdozent für Medizin in Zürich. – B. steht als Dramatiker zwischen Romantik und Realismus. In der Formgebung teilweise noch dem Sturm und Drang verbunden, erscheint er durch die Wahl seiner Stoffe und die Art ihrer Behandlung, die Charakterzeichnung (psycholog. Durchleuchtung der Personen und ihrer Handlungen) und die scharfe Hervorhebung des Sozialen (naturalist. Milieudarstellung) neben Ch. D. Grabbe als der bedeutendste Bahnbrecher des neuen Dramas. Seine Technik der Aneinanderreihung von Szenen und Bildern ohne kausalen Zusammenhang kann als Vorwegnahme des ep. Stils gelten; entsprechend modern erscheint die Auflösung des klass. Dialogs zu expressionistisch wirkendem Monologfetzen. Kennzeichnend für B.s pessimist. Weltschau ist die passive Haltung seiner trag. Figuren: Über die Sinnlosigkeit des Daseins verzweifelnd, treiben sie in ihr Verderben. 1835 schrieb B. das Drama ›Dantons Tod‹ (UA 1912), das, bei aller realist. Schilderung von revolutionärem Pathos erfüllt, an der Frz. Revolution den unbedingten ›Fatalismus der Geschichte‹ zeigt. Von gleich großer Bedeutung ist das 1836 entstandene, unvollendet gebliebene Drama ›Woyzeck‹ (gedr. 1879, UA 1913), die Tragödie eines armen Gequälten, der, durch Liebe und

Eifersucht in seinen Gefühlen verwirrt, zum Mörder seiner Geliebten wird. Außerdem hinterließ B. das zeitsatir. Lustspiel ›Leonce und Lena‹ (entst. 1836, gedr. 1842, UA 1885) sowie ein Novellenfragment über den Sturm-und-Drang-Dichter J. M. R. Lenz.

Ausgaben: G. B. Werke u. Briefe. Hg. v. F. BERGEMANN. Ffm. 1979. 2 Bde. – G. B. Sämtl. Werke u. Briefe. Hg. v. R. LEHMANN. Mchn. ³1979–82. 3 Bde. – G. B. Ges. Werke. ... Faksimiles. Hg. v. THOMAS M. MAYER. Königstein i. Ts. 1987. 10 Bde. – G. B. an ›Hund‹ u. ›Kater‹, Unbekannte Briefe des Exils. Hg. v. E. GILLMANN u. a. Marburg 1993.
Literatur: VICTOR, K.: G. B. Bern 1949. – SCHLICK, W.: Das G. B.-Schrifttum bis 1965. Hildesheim 1968. – G. B. Hg. v. W. MARTENS. Darmst. ³1973. – KOBEL E.: G. B. Das dichter. Werk. Bln. u. a. 1974. – HINDERER, W.: B.-Kommentar zum dichter. Werk. Mchn. 1977. – PENZOLDT, G.: G. B. Neuausg. Mchn. 1977. – WITTKOWSKI, W.: G. B. Hdbg. 1978. – JANCKE, G.: G. B. Genese u. Aktualität seines Werkes. Königstein i. Ts. ³1979. – G. B. Hg. v. H. L. ARNOLD. Mchn. ¹⁻²1981–82. 2 Bde. – KNAPP, G. P.: G. B. Stg. ²1984. – G. B. Hg. v. THOMAS M. MAYER. Ffm. 1987. – Studien zu G. B. Hg. v. H.-G. WERNER. Bln. 1988. – JOHANN, E.: G. B. Rbk. 130.–133. Tsd. 1989. – MAYER, HANS G.: G. B. u. seine Zeit. Ffm. ⁸1992. – HAUSCHILD, J.-C.: G. B. Biogr. Stg. 1993.

Büchnerpreis ↑ Georg-Büchner-Preis.

Bucholtz, Andreas Heinrich, dt. Schriftsteller, ↑ Buchholtz, Andreas Heinrich.

Buchrolle, älteste, in der Antike gebräuchl. Form des ↑ Buches. Die B. bestand aus Papyrus- oder Pergamentblättern, die zu langen Bahnen aneinandergeklebt waren. Die Beschriftung erfolgte in der Breite der einzelnen Blätter in Spalten (Kolumnen). Der Leser rollte die B. von rechts nach links auf. Seit sich im 4./5. Jh. das geheftete Buch (Kodex) immer mehr durchsetzte, wurden solche Rollen nur noch für spezielle liturgische Zwecke (Exultet-Rollen mit bildlichen Darstellungen der Ostergeschichte, die für das Volk sichtbar waren) angefertigt.
Literatur: BLANCK, H.: Das Buch in der Antike. Mchn. 1992.

Buchstabenschrift, Bez. für eine Schrift, bei der die Buchstaben als Zeichen dienen. Von ihr zu unterscheiden sind die Morphemschrift (traditionell auch

70 Bučinskaja

als ›Wortschrift‹ bezeichnet), die Morpheme (kleinste sprachl. Zeichen bzw. kleinste bedeutungstragende Formen; entweder Wörter oder Teile von Wörtern) als Zeichen verwendet, sowie die ↑Silbenschrift, in der ein Zeichen jeweils eine Silbe wiedergibt. Vorstufe all dieser Schriftformen ist die ↑Bilderschrift (Piktographie).

Literatur: GELB, J. G.: Von der Keilschrift zum Alphabet. Grundll. einer Schriftwiss. 1958.

Bučinskaja, Nadežda Aleksandrovna, russ. Schriftstellerin, ↑Teffi, Nadeschda Alexandrowna.

Buck, Pearl S[ydenstricker] [engl. bʌk], Pseudonym John Sedges, * Hillsboro (W.Va.) 26. Juni 1892, † Danby (Vt.) 6. März 1973, amerikan. Schriftstellerin. – Tochter eines Missionars, wuchs in China auf; Studium in den USA, 1922–32 Prof. für engl. Literatur in Nanking. In ihrem Werk schildert sie in lebensvollen Bildern und schlichter Sprache den chin. Menschen im Konflikt zwischen Tradition und Moderne und tritt für eine auf Menschenliebe gegründete Verständigung zwischen den Rassen und Nationen ein. Es gelang ihr, das Verständnis des Westens für China zu verstärken. Für ihren Roman ›Die gute Erde‹ (1931, dt. 1933), der zus. mit den beiden Romanen ›Söhne‹ (1932, dt. 1933) und ›Das geteilte Haus‹ (1935, dt. 1935) eine Trilogie bildet, erhielt sie 1932 den Pulitzerpreis und 1938 den Nobelpreis für Literatur. Gleichwertig neben ihren besten Büchern stehen die in ›The spirit and the flesh‹ (1944) zusammengefaßten Biographien ihrer Eltern (›Gottesstreiter im fernen Land‹, 1936, dt. 1937, 1956 u. d. T. ›Der Engel mit dem Schwert‹, und ›Die Frau des Missionars‹, 1936, dt. 1936) sowie ihre Übersetzung des chin. Räuberromans ›Shui-hu chuan‹ aus dem 13. Jh., ›All men are brothers‹ (1933).

Weitere Werke: Ostwind – Westwind (R., 1930, dt. 1934), Die Mutter (R., 1934, dt. 1934), Land der Hoffnung, Land der Trauer (R., 1939, dt. 1940), Die Frauen des Hauses Wu (R., 1946, dt. 1948), Mein Leben, meine Welten (Autobiogr., 1954, dt. 1955), Die Töchter der Madame Liang (R., 1969, dt. 1971), Mandala (R., 1970, dt. 1973), The lovers and other stories (En., hg. 1977), The woman who was changed and other stories (En., hg. 1979).

Pearl S. Buck

Literatur: HARRIS, TH. F.: P. S. B. New York 1969–71. 2 Bde. – DOYLE, P. A.: P. S. B. Neuaufl. Boston (Mass.) 1980. – STIRLING, N.: P. B. A woman in conflict. Piscataway (N.J.) 1983.

Buckinx, Pieter Geert [niederl. 'bʏkɪŋks], * Kortessem 6. Febr. 1903, † Brüssel 21. Jan. 1987, fläm. Dichter. – Tief im Katholizismus verwurzelt; seine Lyrik hat Bekenntnischarakter und ist durch sprachl. Disziplin, äußerste Konzentration und tiefe Menschlichkeit gekennzeichnet.

Werke: De doortocht (Ged., 1927), Wachtvuren (Ged., 1929), De dans der kristallen (Ged., 1936), Droomvuur (Ged., 1940), De verzoeking der armoede (Ged., 1950), De zevende dag (Ged., 1961), Spaanse gedichten (hg. 1989).

Buczkowski, Leopold [poln. butʃ'kɔfski], * Nakwasza (Podolien) 15. Nov. 1905, † Warschau 27. April 1989, poln. Schriftsteller. – Widerstandskämpfer im 2. Weltkrieg; in experimentellen Romanen thematisierte er das Grauen des Krieges (Trilogie: ›Czarny potok‹ [= Der schwarze Bach], 1954; ›Dorycki krużganek‹ [= Der dor. Kreuzgang], 1957; ›Pierwsza świetność‹ [= Die erste Herrlichkeit], 1966).

Weitere Werke: Oficer na nieszporach (= Der Offizier bei der Vesper, R., 1975), Wszystko jest dialogiem (= Alles ist Dialog 1984).

Budak, Mile, * Sveti Rok (Lika) 30. Aug. 1889, † Belgrad 7. Juli 1945, kroat. Erzähler. – Jurist und Politiker; setzte sich für einen nationalkroat. Staat ein; als Kriegsverbrecher hingerichtet. Lyriker und hervorragender Erzähler. Sein Roman ›Herdfeuer‹ (4 Bde., 1938, dt. 1943) ist eine Darstellung des Bauernlebens in B.s kroat. Heimat.

Budạnzew (tl.: Budancev), Sergei Fjodorowitsch, *Glebkowo (Gouv. Rjasan) 10. Dez. 1896, †6. Febr. 1940 (?), russ.-sowjet. Schriftsteller. – B. wurde von der sowjet. Kritik wegen seiner eigenwilligen Schilderung histor. Ereignisse und seiner individualist. Einstellung angegriffen; 1956 rehabilitiert.

Werke: Mjatež (= Meuterei, R., 1925), Povest' o stradanijach uma (= Erzählung von den Leiden des Geistes, R., 1929).

Būdavas, Stasius [litauisch 'bu:davas], *Papilė 3. Mai 1908, † North Palm Beach (Fla.) 9. Sept. 1966, litauischer Dichter. – Priester; floh 1944 nach Österreich, lebte seit 1948 in den USA; verfaßte Lyrik, Dramen und v. a. Romane, in denen er die litauischen Lebensbedingungen in Vergangenheit und Gegenwart, auch in der Nachkriegszeit, darstellte.

Buddhasvāmin, ind. oder nepales. Dichter. – Verfaßte wahrscheinlich im 9. Jh. seinen ›Bṛhatkathāślokasaṃgraha‹, eine Zusammenfassung der verlorenen ↑›Bṛhatkathā‹ des Guṇāḍhya in Sanskritversen.

Ausgaben: Buddhasvāmin: Bṛhat-Kathā Çlokasaṃgraha. Sanskrit u. frz.; hg. u. übers. v. F. LACÔTE. Paris 1908–29. 2 Bde. – Bṛhatkathāślokasaṃgraha. Hg. v. V. S. AGRAWALA mit Sanskrittext. Benares 1974.
Literatur: HAEBLER, C.: Die ind. Lebensverhältnisse nach B.'s Bṛhatkathāślokasaṃgraha dargestellt. Diss. Lpz. 1958. – MATEN, E. P.: B.'s Bṛhatkathāślokasaṃgraha. Leiden 1973.

Buddingh', Cees [niederl. 'bʏdɪŋ], eigtl. Cornelis B.', *Dordrecht 7. Aug. 1918, †ebd. 24. Nov. 1985, niederl. Dichter. – Gehörte zum Forum-Kreis, doch versuchte er immer, die neuesten ausländ. Einflüsse (Surrealismus, Jazz, Nonsense-Poesie) in seinen Gedichten zu verarbeiten.

Werke: Het geïrriteerde lied (Ged., 1941), Gorgelrijmen (Ged., 1953), Deze kant boven (Ged., 1965), Verzamelde gedichten (1971), Gedichten: 1974–1985 (hg. 1986).

Buero Vallejo, Antonio [span. 'bu̯ero βa'ʎexo], *Guadalajara 29. Sept. 1916, span. Dramatiker. – Nahm am Span. Bürgerkrieg auf republikan. Seite teil, wurde nach Kriegsende zum Tode verurteilt, später begnadigt; bis 1946 inhaftiert. Gehört zu den führenden span. Dramatikern der Generation nach dem Bürgerkrieg; hatte v. a. großen Erfolg mit seinem zweiten Bühnenstück, dem preisgekrönten Problemdrama ›Historia de una escalera‹ (1950) über die Menschen einer Madrider Mietskaserne. Seit 1971 ist B. V. Mitglied der Span. Akademie. 1986 erhielt er als erster Dramatiker den Premio Miguel de Cervantes.

Weitere Werke: La tejedora de sueños (Dr., 1952), Hoy es fiesta (Kom., 1957), Das Konzert zum Heiligen Ovide. Parabel in drei Akten (1962, dt. 1977), Doctor Valmy (1976), Der Traum der Vernunft (Dr., 1970, dt. 1973), Die Stiftung. Fabel in zwei Teilen (1974, dt. 1975), La detonación (Dr., 1979), Caimán (Dr., 1981), Diálogo secreto (Dr., 1985), Lázaro en el Laberinto (Dr., UA 1986).
Literatur: CORTINA, J. R.: El arte dramático de A. B.V. Madrid 1969. – GONZÁLEZ-COBOS DAVILA, C.: A. B.V., el hombre y su obra. Salamanca 1979. – RUGGERI MARCHETTI, M.: Il teatro di A. B. V., o il processo verso la verità. Rom 1981. – FLOECK, W.: A. B. V. In: Krit. Lex. der roman. Gegenwartsliteraturen. Hg. v. W.-D. LANGE. Losebl. Tüb. 1984 ff. – GRIMM, R.: Ein iber. ›Gegenentwurf‹? A. B. V., Brecht u. das moderne Welttheater. Mchn. 1991.

Bụgaj, Jan, Pseudonym des poln. Lyrikers Krzysztof Kamil ↑ Baczyński.

Bugajew (tl.: Bugaev), Boris Nikolajewitsch [russ. bu'gajıf], russ.-sowjet. Schriftsteller, ↑ Bely, Andrei.

Buğra, Tarik [türk. bu:'ra], *Akşehir (Anatolien) 1918, türk. Erzähler und Romancier. – In Istanbul Tätigkeit als Journalist bei verschiedenen großen Tageszeitungen; analysiert in seinem erzähler. Werk Innen- wie Außenwelt seiner Hauptfiguren – Angehörige der türk. Mittelschicht – in teils essayistisch-distanzierter, teils lyr. Reflexion.

Werke: Yarın diye bir şey yoktur (= Es gibt kein Morgen, En., 1952), Hikayeler (= Ausgewählte En., 1969), Yağmur beklerken (= Auf den Regen warten, R., 1981).

Büheler, Hans der ['by:lər], mhd. Epiker, ↑ Hans von Bühel.

Bühnau, Ludwig, Pseudonym des österr. Schriftstellers Hermann ↑ Schreiber.

Bühne, Spielfläche (meist erhöht) für Theateraufführungen, die in der Regel von den Zuschauern abgegrenzt ist. Die B. wird nach den Seiten hin durch die Hinter-B. und die Seiten-B.n erweitert. Die sog. Vor-B. liegt vor der B.nöffnung, die vom ↑Proszenium umfaßt und vom Vorhang abgeschlossen wird. Der *eiserne Vorhang* dient als feuersicherer Abschluß gegen den Zuschauerraum.

Bühnenmaschinerie: Die umfangreichen techn. Einrichtungen der Bühnenmaschinerie lassen sich in folgende Baugruppen einteilen: 1. feste und bewegl. Obermaschinerie, 2. feste und bewegl. Untermaschinerie, 3. Sicherheitseinrichtungen. Zur Untermaschinerie gehören u. a. die Unter-B.n, die Versenkungen und die Antriebselemente, entsprechend den unterschiedl. B.nsystemen. Der Bühnenboden trägt mehrere Unterteilungen (B.npodien), die eventuell mit weiteren Einzelversenkungen ausgestattet, elektrisch oder hydraulisch bewegt werden können. Zur Obermaschinerie zählen alle oberhalb des B.nbodens liegenden maschinellen Einbauten. Sie sind zum großen Teil im Rollenboden (fälschlich oft als Schnürboden bezeichnet) untergebracht. Der Rollenboden ist ein über dem B.nraum liegendes Geschoß aus stählernen Trägern oder Fachwerken; meist stützt er auch die Dachkonstruktion des B.nhauses. Senkrecht zu den parallel zur B.nöffnung geführten Hauptträgern liegen die Träger für die Rollenverlagerungen der Zugvorrichtungen. Der Rollenboden nimmt außerdem Arbeitsgalerien und Beleuchtungsbrükken, Verbindungstreppen, Vorhänge, Prospekte, Flugwerke, Berieselungsanlagen u. a. Sicherheitsvorrichtungen auf. Seine Höhe beträgt bei großen Häusern bis über 30 Meter. Das Bühnenportal ist ein Bestandteil der bewegl. Obermaschinerie und befindet sich unmittelbar hinter dem eisernen Vorhang. Es schirmt die verschieden großen B.nbilder nach dem Zuschauerraum hin ab. Die beiden meist von Hand bewegbaren Türme begrenzen das Portal nach den Seiten hin, während die fahrbare Beleuchterbrücke mit Seilaufhängung und elektromotor. Seilwinde den oberen Abschluß bildet. Die Türme dienen zur Aufstellung von Projektionsapparaten und sonstigen Beleuchtungsgeräten. Neben diesen ortsfest plazierten Portalanlagen gibt es aber auch solche, die beliebig in der Längsachse des B.nhauses verschoben werden können. Dadurch ist die Möglichkeit gegeben, die

starre Guckkastenbühne in eine Raum-B. zu verwandeln.

Der Rundhorizont ist eine große Leinwand, die in ihrer Höhe vom B.nboden bis zum Rollenboden reicht und die ganze B.nfläche umspannt. Für die Ausleuchtung des Rundhorizontes benötigt man Spezialleuchten, die in den Horizontleuchtengestellen untergebracht sind.

Die Bühnenbeleuchtungsanlage umfaßt alle techn. Einrichtungen für die Beleuchtung der Bühne. Man setzt u. a. Seitenlichter, Kulissenständer, Oberlichter über dem B.nbild, Fußlichter längs der B.nvorderkante und Rampen ein. Die Beleuchtungsanlagen werden durch den Beleuchter von der Beleuchtungszentrale aus gesteuert.

Bes. Bühnengeräusche werden seit alters maschinell erzeugt, obgleich derartige Effekte heute auf elektroakust. Wege in den Szenenablauf eingeblendet werden können (Tonbandgeräte u. a.).

Bühnensystem: Nach der Einführung des Eisenbaues für die Konstruktion von B.nmaschinen entstanden etwa seit der Mitte der achtziger Jahre des 19. Jh. die modernen B.nsysteme, die im Zusammenwirken von B.nhausanordnung und Maschinerie einen zweckentsprechenden Aufbau und die rasche Verwandlung der B.nbilder ermöglichen. Am häufigsten wird die *Drehbühne* verwendet: Im B.nboden ist eine kreisförmige Fläche eingelassen, die sektorenartig mit den einzelnen Szenenbildern bebaut ist. Bei der Drehung gelangen die einzelnen Ausschnitte vor die B.nöffnung. Neben dieser sog. festen Dreh-B. gibt es auch Drehscheiben, die im Bedarfsfall auf den B.nboden aufgesetzt werden; außerdem werden doppelte Dreh-B.n (Einbau einer kleineren Scheibe in die Hauptdreh-B.) verwendet. Das Drehbühnensystem zeichnet sich durch Schnelligkeit und Geräuschlosigkeit des Szenenwechsels aus. Eine weitere Möglichkeit der Verwandlung ergibt die *Schiebebühne*, d. h. der Szenenwechsel mit Hilfe von sogenannten Bühnenwagen, flachen, auf Rollen leicht bewegl. Podien. Sie werden entweder durch einen Elektromotor angetrieben oder von B.narbeitern geschoben. Die Verwandlung geschieht dadurch, daß die gesamte Dekoration des vorherigen Bildes auf einem großen B.nwagen von der Spielfläche in die Seiten- oder Hinter-B. geschoben und an ihrer Stelle eine neue Dekoration eingefahren wird. Daneben verwendet man auch kleinere B.nwagen, auf denen nicht das ganze B.nbild, sondern nur einzelne Praktikabeln (feste B.naufbauten) in die Szene geschoben werden. Weiter ist die *Versenkbühne* zu nennen, bei der die Verwandlung durch hydraul. Heben oder Senken des B.nbodens erreicht wird. Bei der *Doppelstockbühne* schließlich sind zwei übereinanderliegende Spielflächen starr miteinander verbunden, die eine im Ausgangszustand in der Höhe der Spielebene, die andere in der Unterbühne. Zum Szenenwechsel wird die gesamte Konstruktion angehoben, wodurch die Dekoration der oberen Spielfläche in die Obermaschinerie verschwindet.

Diese verschiedenen B.nsysteme werden häufig miteinander kombiniert. So wird z. B. die Versenk-B. mit der Schiebe-B. verbunden, indem über das versenkte B.nbild von der Seite oder von hinten ein B.nwagen mit der neuen Dekoration gefahren wird. Eine weitere Möglichkeit ist die kombinierte Dreh- und Versenkbühne. Man spricht hierbei von einer *Drehzylinderbühne*.

Geschichte: Die B. des antiken Dramas ist ursprünglich der runde Tanzplatz (↑ Orchestra) vor dem Tempel des Dionysos mit dem Altar des Gottes als Mittelpunkt; die B. ist, dem sakralen Charakter der frühen ↑ Tragödie entsprechend, noch kult. Raum. Die Literarisierung des Dramas (seit Aischylos) führte zur Trennung von B. und Kultstätte: als Spielfläche diente ein einfaches Podest (↑ Proskenion) vor der ↑ Skene; der ↑ Chor hielt sich in der Orchestra auf, zu der er auf zwei Aufmarschstraßen (Parodoi) Zugang hatte. Die Skene rückte mehr und mehr in das Zentrum des Theaters; sie schloß in klass. Zeit die auf einen Halbkreis reduzierte Orchestra nach rückwärts ab; die Verwendung von Theatermaschinen ist nachweisbar.

Auch das ↑ geistliche Spiel des MA fand zunächst im sakralen Raum (Kirche) statt; die Zunahme weltl. Elemente bedingte jedoch seine Verlegung auf Straßen und öffentl. Plätze. Typ. B.nformen sind, neben dem neutralen Podium, die *Wagenbühne* (in England seit 1264; die verschiedenen Schauplätze sind auf einzelne Wagen verteilt) und die *Simultan-Raum-Bühne* (die Schauplätze sind an verschiedenen Plätzen in der Stadt aufgebaut); in beiden Fällen bewegen sich Schauspieler und Zuschauer von Schauplatz zu Schauplatz); jünger ist die *Simultan-Flächen-Bühne* (die einzelnen Schauplätze sind nebeneinander auf einem größeren Podium; Kölner ›Laurentius-B.‹, 1581). – Die B.nformen des 16. Jh. waren z. T. Weiterbildungen des neutralen B.npodiums: die *Meistersingerbühne* grenzt die Spielfläche auf dem Podium seitlich und nach rückwärts durch Vorhänge ab; bei der *Terenzbühne (Badezellenbühne)* des Humanistendramas bilden den rückwärtigen Abschluß des Podiums durch Säulen oder Pfeiler getrennte ›Häuser‹, die entweder verhängt sind oder, geöffnet, Einblick in kleine Innenräume (›Badezellen‹) gewähren; die niederl. Rederijkerbühne teilt die Spielfläche durch einen Vorhang in Vorder- und Hinter-B., wobei die Hinter-B. v. a. der Andeutung der Innenräume dient. Die englische *Shakespearebühne* (zuerst 1576; Globe-Theatre 1599; durch die ↑ englischen Komödianten nach Deutschland gebracht) verwendet auch eine gegliederte Bühnenrückwand mit Ballustrade als Abschluß der offenen Hauptspielfläche. Neue B.nformen entwickelte die italien. Renaissance. Das klassizist. Teatro Olimpico in Vicenza (begonnen 1580 durch A. Palladio) ist eine Nachbildung röm. Theaterbauten (in Anlehnung an ›De architectura‹ von [Marcus] Vitruvius [Pollio], bekannt seit 1414, dt. 1912–14 u. d. T. ›Zehn Bücher über Architektur‹). Die *Winkelrahmenbühne* (in Ferrara seit 1508; S. Serlio) besteht aus einer breiten Vorder-B. (Spiel-B.) und einer schmalen nach hinten ansteigenden Hinter-B. (Bild-B.), auf der mit Hilfe zweier rechts und links angebrachter, mit bemalter Leinwand bespannter, stumpfwinkliger Winkelrahmen und eines nach rückwärts abschließenden perspektivisch gemalten ↑ Prospekts u. a. die Illusion einer Straßenflucht vorgetäuscht wird. Die Winkelrah-

men-B., die nicht verhängbar ist und einen Bildwechsel während des Stückes nicht zuläßt, ist eine Vorform der sich im 17. Jh., gleichzeitig mit dem Entstehen fester Theaterbauten, allgemein durchsetzenden neuzeitl. *Guckkastenbühne.* Beim Guckkastensystem sind Zuschauerraum und B.nraum architektonisch getrennt. Den Zuschauern wird durch einen in die Architektur des Hauses einbezogenen Rahmen hindurch (B.nrahmen, B.nportal) nur ein Teil des B.nraumes sichtbar. Während der Verwandlung ist der Rahmen durch einen Vorhang verschlossen. Die Frühform der Guckkastenbühne *(Telaribühne)* arbeitete mit dem Telarisystem (seit 1589; an die Stelle der Winkelrahmen treten Telari): mehrere entlang der linken und rechten B.nseite aufgestellte, drehbare Prismenpfeiler, bei denen auf den jeweils dem Publikum abgewandten Seiten andere, zum jeweiligen rückwärtigen, aufrollbaren Prospekt passende B.nmalereien angebracht waren. Normalform ist bis ins späte 19. Jh. die *Kulissenbühne* (seit 1620; Erfinder G. B. Aleotti; anstelle der Winkelrahmen blw. Telari treten die paarweise nach rückwärts gestaffelten seitlich verschiebbaren Kulissen; der Prospekt ist im Rollenboden aufgehängt und vertikal auswechselbar).
Eine bes. Rolle in der neuzeitl. Theatergeschichte spielt neben der Guckkastenbühne die *Freilichtbühne,* entstanden im Zusammenhang mit den Versuchen, das antike Drama im Sinne eines (kult.) Festspiels erneut zu beleben; als ›Naturtheater‹ dient die Freilichtbühne den Aufführungen höf. Liebhabertheater des 17./18. Jh. (z. B. Goethes Singspiele der Weimarer Zeit) sowie volkstüml. Laientheater des 19./20. Jahrhunderts. – ↑auch Theater.

Literatur: VINCKE, G. FRHR. VON: Ges. Aufss. zur B.ngesch. Hamb. 1893. – VELDE, A. VAN DER: Engl. B.nverhältnisse im 16. u. 17. Jh. Görlitz 1894. – WICKHAM, G.: Early English stages. London 1959–81. 3 Bde. – UNRUH, W.: ABC der Theatertechnik. Halle/Saale ²1959. – UNRUH, W.: Theatertechnik. Bln. u. Bielefeld 1969. – JOB, H./OSTERTAG, R.: Theater für morgen. Stg. 1970. – BADENHAUSEN, R./ZIELSKE, H.: B.nformen, B.nräume, B.ndekorationen. Bln. 1974. – Der Raum des Theaters. Hg. v. H. HUESMANN. Mchn. 1977.

Bühnenanweisungen, erläuternde Bemerkungen des Bühnenautors zu Bühnenbild und Dekoration, Masken und Kostümen, Gestik und Mimik der Schauspieler, Bühnenmusik und sonstigen akust. Effekten, überhaupt zum äußeren Ablauf eines Bühnenwerks. Sie sind gedacht als Anleitung für Regisseur, Bühnenbildner und Schauspieler, aber auch für den Leser. B. sind teils in den Sprechtext eingeschoben, teils den Szenen vorangestellt. Bereits im antiken Drama kannte man kurze B.; in Umfang und Form sind sie abhängig vom Verhältnis des Autors zur Bühnenkunst; bei Werken, deren Autoren nur eine Auslegung ihres Textes anstreben oder die den Nachdruck auf realistische Darstellung des Bühnengeschehens legen, sind die B. in der Regel sehr präzise und ausführlich.

Literatur: SCHIFFER, G.: Die szen. Bemerkung in den Dramen J. W. v. Goethes. Diss. Mchn. 1945 [Masch.]. – STERZ, E.: Der Theaterwert der szen. Bemerkungen im dt. Drama v. Kleist bis zur Gegenwart. Bln. 1963. – STEINER, J.: Die Bühnenanweisung. Gött. 1969.

Bühnenaussprache, für die Bühne festgelegte normierte Aussprache des Hochdeutschen; Versuche zur Regelung der Aussprache gehen auf Goethes Tätigkeit als Theaterleiter in Weimar zurück; Th. Siebs faßte Ende des 19. Jh. die von einer Kommission festgelegten Regeln in seinem Buch ›Dt. Bühnenaussprache‹ (1898, ¹⁹1969 u. d. T. ›Dt. Aussprache‹) zusammen. Die B. wurde auch für Schulen o. ä. verbindlich.

Literatur: SIEBS, TH.: Dt. Aussprache. Hg. v. H. DE BOOR u. a. Bln. ¹⁹1969.

Bühnenbearbeitung, Abänderung einer dramat. Dichtung durch Kürzung, Zusammenziehung, Ergänzung, Umstellung von Szenen und ähnl. Eingriffe, mit deren Hilfe das Werk den konkreten Anforderungen einer bestimmten Aufführung angepaßt werden soll. Anlaß für solche Umgestaltungen können techn. Schwierigkeiten, Zugeständnisse an den Publikumsgeschmack, Auflagen der Zensur, der Versuch der Modernisierung oder aber auch die Willkür eines Regisseurs bzw. Dramaturgen sein. Dramen von Shakespeare, Molière, G. E. Lessing, Schiller und Goethe erfuhren nicht selten

B.en; die neuere Dramaturgie kehrt dagegen meist zur Urform von Bühnenstükken zurück. – ↑auch Adaptation, ↑Dramatisierung.

Bühnenbild, einer bestimmten Inszenierung entsprechende künstler. Gestaltung des Bühnenraumes durch den Bühnenbildner (meist in Zusammenarbeit mit einem Bühnenmaler, der die Dekorationen malt) mit architekton. und techn. Mitteln und mit Hilfe von Requisiten. Ob im antiken Theater die Szene bereits illusionistisch ausgestaltet wurde, ist umstritten. Die Bühnen des MA und zum größten Teil auch noch des 16.Jh. begnügten sich meist mit der Andeutung der räuml. Verhältnisse; daneben wurden Requisiten verwendet (Thron, Tisch u.a.). Die neuzeitl. Illusionsbühne (als Guckkastenbühne) wurde im Italien der Renaissance entwickelt, v.a. für die prunkvolle Ausstattung der Opern und ↑Trionfi; die Szene war perspektivisch gemalt (zunächst Zentralperspektive mit einem zentralen Fluchtpunkt – Giacomo Torelli [* 1608, † 1678] in Paris vermutlich erster professioneller Bühnenmaler; Inigo Jones [* 1573, † 1652] und Lodovico Ottavio Burnacini [* 1636, † 1707] in Wien), seit dem 18.Jh. Winkelperspektive mit mehreren Fluchtpunkten (Ferdinando Galli da Bibiena [* 1657, † 1743]); rückwärtiger Abschluß durch den Prospekt, seitlich durch Kulissen. Die Theatermaschinerie wurde ausgebaut (Flugapparate, Versenkungen u.a.). Klassizist. Strömungen (frz. Haute tragédie, J. Ch. Gottsched, Karl Friedrich Schinkel im frühen 19.Jh.) versuchten immer wieder, gegen die Illusionsbühne eine möglichst neutrale, schlichte Bühnengestaltung durchzusetzen. Ausgangspunkt war u.a. die Forderung der Einheit des Orts (↑drei Einheiten). Das Theater des 19.Jh. ersetzte den älteren Bühnenillusionismus durch den Bühnenrealismus der ↑Meininger (die sich um die histor. Authentizität der Dekoration und Kostüme bemühten) und des ↑Naturalismus. Trotz perfektionist. Bühnentechnik kehrte das Theater des 20.Jh. mehr und mehr zu neutraler oder symbol. Bühnengestaltung zurück: Rückgriff auf die klassizist. Bühnenarchitektur Schinkels (Bühnenbildner am Schauspielhaus in Berlin) bei Edward Gordon Craig (›Craigism‹; einfache geometr. Figuren als Grundformen der Spielfläche (Scheiben in Quadrat-, Rechteck-, Kreis- oder Ellipsenform), Lichtregie anstelle gemalter Dekorationen, parallel zu choreograph. Stilisierung der Bewegung auf der Bühne bei Adolphe Appia und in seiner Nachfolge in Wieland Wagners Bayreuther und Stuttgarter Inszenierungen; Treppenbühnen seit dem Expressionismus, heute bei Josef Svoboda; Popbühne bei Wilfried Minks; Verzicht auf jede Gestaltung der Bühne bei P. Weiss bei einigen seiner Stücke. Das moderne Theater arbeitet zum Teil sogar mit bewußt antiillusionistischen Mitteln (wie bei der Brechtbühne); so dient z.B. die Offenlegung der Bühnenmaschinerie zur Durchbrechung des Guckkastensystems.
Literatur: SCHÖNE, G.: Die Entwicklung der Perspektivbühne von Serlio bis Galli-Bibiena. Lpz. 1933. – TINTELNOT, H.: Barocktheater u. barocke Kunst. Bln. 1939. – BURRIS-MEYER, H.: Scenery for the theatre. Boston 1948. – SCHUBERTH, O.: Das B. Mchn. 1955. – JUNG, O.: Der Theatermaler Ch. F. Beuther u. seine Welt. Mit einer Gesch. des B.s von der Renaissance bis zur Romantik v. C. Niessen. Hg. v. C. NIESSEN. Emsdetten 1963. – ZIELSKE, H.: Handlungsort und B. im 17.Jh. Bln. 1965. – Bühne u. bildende Kunst im 20.Jh. Hg. v. H. RISCHBIETER. Velber 1968. – SOLF, S.: Festdekoration und Groteske. Baden-Baden 1975. – REINKING, W.: Spiel u. Form. Werkstattbericht eines Bühnenbildners zum Gestaltwandel der Szene in den zwanziger und dreißiger Jahren. Hamb. 1979.

Bühnenhaus, Teil des Theatergebäudes, der die Bühne enthält, ferner Ankleide-, Aufenthalts-, Probe-, Lagerräume sowie Werkstätten.

Bühnenmanuskript, der einer Inszenierung zugrundeliegende Text eines Theaterstückes (›Spieltext‹), der entweder von der Druckfassung abweicht (↑Bühnenbearbeitung) oder nicht gedruckt vorliegt.

Bühnenmusik, die zu einem Bühnenwerk (Schauspiel, Oper, Operette) gehörende Musik, die selbst einen Teil der Handlung bildet oder in enger Beziehung zu ihr steht. In der Oper und Operette wird unter B. eine auf der Bühne gespielte Musizierszene verstanden (z.B. die Tanzszene in W. A. Mozarts ›Don Giovanni‹, 1787), im Schauspiel die **Inzi-**

denzmusik, d. h. eine für den Handlungsablauf unentbehrl. musikal. Beigabe wie Fanfaren, Märsche, Tanz- oder Liedeinlagen (z. B. Gesang der Ophelia in Shakespeares ›Hamlet‹, entst. um 1601, gedr. 1603/04). B. wird auf oder hinter der Bühne oder, wenn das Musizieren auf der Szene nur vorgetäuscht wird, im Orchesterraum gespielt. Zur B. wird meist auch die **Schauspielmusik** gezählt, die die Akte eines Dramas mit Ouvertüre, Zwischenakts- und Schlußmusik umrahmt und Teile der Handlung untermalt oder ausdeutet. Schauspielmusik wird stets im Orchesterraum ausgeführt und ist, da vom Autor nicht eingeplant, austauschbar und entbehrlich.

Musik als Element der gespielten Handlung findet sich in antiken Tragödien, geistl. Spielen des MA, in italien. Renaissancedramen und engl. Maskenspielen des 16. und 17. Jahrhunderts. B.en entstanden im 17. Jh. zu den Dramen Shakespeares (u. a. von H. Purcell), der selbst vielfach Lied- und Tanzszenen und Instrumentalmusik vorsah, ferner zu Werken von P. Calderón de la Barca, F. Lope de Vega, P. Corneille, J. Racine und Molière, für den J.-B. Lully schrieb. In der 2. Hälfte des 18. Jh. erhoben J. Ch. Gottsched (1730), G. E. Lessing (1767–69) u. a. die Forderung, daß die bei Schauspielen übl. Musikumrahmungen auch in innerer Beziehung zum Drama stehen müßten. Dichter wie Goethe und Schiller verlangten ausdrücklich Musik zu ihren Schauspielen. L. van Beethoven schrieb die B. zu Goethes ›Egmont‹ (1809/10), E. T. A. Hoffmann zu Schillers ›Die Braut von Messina‹ (1813), J. N. Hummel zu F. Grillparzers ›Die Ahnfrau‹ (1823) und A. Lortzing zu Ch. D. Grabbes ›Don Juan und Faust‹ (1829). Berühmt wurden im 19. Jh. v. a. die B.en von F. Mendelssohn Bartholdy zu Shakespeares ›Ein Sommernachtstraum‹ (1826–42), von R. Schumann zu Lord Byrons ›Manfred‹ (1848/49), G. Bizet zu A. Daudets ›L'Arlésienne‹ (1872) und E. Grieg zu H. Ibsens ›Peer Gynt‹ (1874/75). Nach 1920 entstanden B.en oft in Zusammenarbeit zwischen Regisseur und Komponist. Für Max Reinhardt komponierten u. a. E. Humperdinck (v. a. zu Shakespeare), R. Strauss, F. von Weingartner

und E. d'Albert. Eine neue Qualität erhielt die B. in den Werken von B. Brecht (K. Weill, H. Eisler, P. Dessau), in denen der Musik im Sinne des † epischen Theaters eine bes. Rolle bei der Interpretation des Textes zukommt. Zu erwähnen sind an neueren Komponisten D. Milhaud und A. Honegger mit B.en für J. Anouilh, P. Claudel, J. Cocteau, A. Gide, ferner C. Orff (›Ein Sommernachtstraum‹, 1939–64) sowie M. Lothar (Hauskomponist am Preuß. Staatstheater in Berlin und am Bayer. Staatstheater in München) und J. Andriessen (Hauskomponist der Haager Schauspielgesellschaft ›De Haagse Comedie‹). – Die elektroakustischen Anlagen der heutigen Theater bieten die Möglichkeit der Einspielung von B., die den oft differenzierten Regieanweisungen zeitgenössischer Dramatiker gerecht wird.

Literatur: WALDTHAUSEN, E. VON: Die Funktion der Musik im klass. dt. Schauspiel. Diss. Hdbg. 1921 [Masch.]. – ABER, A.: Die Musik im Schauspiel. Lpz. 1926. – BROWN, H. M.: Music in the French secular theater, 1400–1550. Cambridge (Mass.) u. London 1963. – STERNFELD, F. W.: Music in Shakespearean tragedy. London 1963. – OSTHOFF, W.: Theatergesang und darstellende Musik in der italien. Renaissance. Tutzing 1969. 2 Bde.

Bührer, Jakob, * Zürich 8. Nov. 1882, † Locarno 22. Nov. 1975, schweizer. Schriftsteller. – Setzte sich in seinen satir. Romanen und Dramen, oft unter Verwendung histor. Themen, kritisch mit der bürgerl. Gesellschaft der Schweiz auseinander.

Werke: Das Volk des Hirten (Spiele, 1918), Kilian (R., 1922), Die Pfahlbauer (Kom., 1932), Im roten Feld (R., 3 Bde., 1935–51), Die rote Mimmi (Kom., 1946), Yolandas Vermächtnis (R., 1957), Eines tut not. Ein Zwiegespräch (1965).

Buhturi, Al (tl.: Al-Buḥturī) [al'bʊxturi], * Manbidsch (Syrien) 821; † ebd. 897, arab. Dichter. – Wichtige Begegnung mit Abu Tammam, auf dessen Empfehlung hin er mehrere Jahre Lobdichter in Maarrat An Numan war; eine Zeitlang Hofdichter in Bagdad; schrieb elegante, stilistisch gewandte Gedichte, die z. T. von histor. Interesse sind; bedeutender ist jedoch die nach dem Vorbild Abu Tammams angelegte ›Hamāsaʰ‹, eine Anthologie altarab. Gedichte, wegen der Vielfalt der aufgenommenen Stoffe.

Literatur: BROCKELMANN, K.: Gesch. der arab. Litteratur. Suppl.-Bd. 1. Leiden ²1943. S. 125. – Enc. Islam, Bd. 1. ²1960, S. 1289.

Bui-Hu'u-Nghia [vietnames. buị hịụ ŋịə̣], eigtl. Bui-Quang-Nghia, *Long Tuyên (Prov. Cân Tho') 1807, †1872, vietnames. Schriftsteller. – In vielen seiner feinfühligen Gedichte geißelt B.-H.-N., der wegen seines Widerstandes gegen die frz. Annexion Kotschinchinas (1868) verhaftet worden war, die Schrekken des Krieges oder beklagt den frühen Tod seiner Frau. Der ehel. Treue hat er in seinem Theaterstück ›Kim-Thach kyduyên‹ (= Die wunderbare Vereinigung von Kim und Thach) ein Denkmal gesetzt.

Ausgabe: Bui-Hu'u-Nghia: L'union merveilleuse de Kim et Thach. Frz. Übers. In: Bull. de la Societé des Études Indochinoises. N.S. 9 (1934), S.112.
Literatur: DU'Ó'NG-DÌNH-KHUÊ: Les chefs d'œuvres de la littérature Vietnamienne. Saigon 1966. S.315.

bukolische Diärese [griech.-lat.; griech.], Verseinschnitt (↑Diärese) nach dem 4. Versfuß des Hexameters; bei Homer sowie in der griech. und lat. bukol. Dichtung häufig.

bukolische Dichtung (Bukolik) [zu griech. boukólos = (Rinder)hirt] (Hirtendichtung), Werke poet. Kleinkunst, die im Hirtenmilieu spielen und Hirten zu handelnden Personen haben, die meist im Wechselgesang auftreten. – Die b. D. ist eine typ. Schöpfung der hellenist. Poesie; als ihr Begründer gilt Theokrit, die letzten nennenswerten Vertreter sind Moschos aus Syrakus und Bion aus Smyrna (beide 2.Jh. v.Chr.); eine Wiederbelebung erfuhr die b. D. in dem Hirtenroman ›Daphnis und Chloe‹ von Longos.
In die röm. Literatur fand die b.D. im 1.Jh. v.Chr. Eingang durch Vergil mit seinen Hirtengedichten ›Eclogae‹ (42–39), auch ›Bucolica‹ genannt, deren Handlungsorte Oberitalien und Arkadien sind. Nach ihm erlebte die b. D. erst in der Zeit Neros eine Renaissance durch Calpurnius Siculus; im 3./4. Jh. n.Chr. verfaßte Nemesianus aus Karthago Gedichte bukol. Inhalts. Die b. D. lebte in der italien. Renaissance (F. Petrarca, G. Boccaccio) wieder auf. Im 16. und 17.Jh. entfaltete sich die ›Schäferei‹ als europ. Mode. – ↑auch Schäferdichtung, ↑arkadische Poesie.

Literatur: SNELL, B.: Arkadien. Die Entdeckung einer geistigen Landschaft. In: SNELL: Die Entdeckung des Geistes. Hamb. ³1955. – Europ. Bukolik u. Georgik. Hg. v. K. GARBER. Darmst. 1976.

Bukowski, Charles [engl. bʊ'kɔvskɪ], *Andernach 16. Aug. 1920, †San Pedro (Calif.) 9. März 1993, amerikan. Schriftsteller. – Sohn eines Amerikaners und einer Deutschen, kam 1922 mit den Eltern in die USA; nach Wanderleben ab 1956 in Los Angeles ansässig. Auf der Basis seiner eigenen Erfahrungen schrieb er in knappem Stil harte, smutzige Stories, Romane und Gedichte über das Leben in den Randzonen der bürgerl. amerikan. Gesellschaft. Schockwirkung durch die Darstellung brutaler Gewalt, obszöner Sexualität und des Schmutzes der Gosse. Dt. erschienen u.a. ›Gedichte, die einer schrieb, bevor er im 8. Stockwerk aus dem Fenster sprang‹ (1968, dt. 1974), ›Aufzeichnungen eines Außenseiters‹ (1969, dt. 1970), ›Der Mann mit der Ledertasche‹ (R., 1971, dt. 1974), ›Kaputt in Hollywood‹ (En., 1972, dt. 1976, 1978 u.d.T. ›Das Leben und Sterben im Uncle-Sam-Hotel‹), ›Das Liebesleben der Hyäne‹ (R., 1978, dt. 1984), ›Das Schlimmste kommt noch oder fast eine Jugend‹ (R., 1982, dt. 1983), ›Hot water music‹ (En., 1983, dt. 1985), ›Flinke Killer‹ (Ged., dt. Ausw. 1987), ›Hollywood‹ (R., 1989, dt. 1990), ›Jeder zahlt drauf. Stories‹ (1990, dt. 1993).

Charles Bukowski

78 Bulatović

Literatur: FOX, H.: Ch. B. A critical and bibliographical study. Somerville (Mass.) 1971. – FOGEL, A.: Ch. B. A comprehensive checklist (1946–1982). Miami 1982. – CHERKOVSKI, N.: Das Leben des Ch. B. Dt. Übers. Mchn. 1993.

Bulatović, Miodrag

[serbokroat. bu,la:tɔvitɕ], * Okladi bei Bijelo Polje (Montenegro) 20. Febr. 1930, † Igalo (Montenegro) 14. März 1991, serb. Schriftsteller. – Schrieb Erzählungen und v. a. Romane, in denen er sich in origineller und drast. Sprache mit Themen aus der Kriegszeit und der jüngsten Vergangenheit befaßt, ferner als eine Art Fortsetzung zu S. Becketts ›Warten auf Godot‹ das Drama ›Godot ist gekommen‹ (1965, dt. 1966).

Weitere Werke: Wolf und Glocke (R., 1958, dt. 1962), Der rote Hahn fliegt himmelwärts (R., 1959, dt. 1960), Die Liebenden (En., dt. Ausw. 1962), Der Held auf dem Rücken des Esels (R., 1964, dt. 1965), Der Krieg war besser (R., dt. 1968, serbokroat. 1969), Die Daumenlosen (R., 1975, dt. 1975), Peti prst (= Der fünfte Finger, R., 1977), Gullo Gullo (R., 1983).

Bulgakow

(tl.: Bulgakov), Michail Afanasjewitsch [russ. bul'gakəf], * Kiew 15. Mai 1891, † Moskau 10. März 1940, russ.-sowjet. Schriftsteller. – Zunächst Arzt. Der nach 1953 rehabilitierte Autor war früher wegen der objektiven Darstellung der Kriegserlebnisse während der Revolutionszeit in dem Roman ›Die weiße Garde‹ (1924, vollständig 1966, dt. 1969; dramatisiert u. d. T. ›Die Tage der Geschwister Turbin‹, 1926, dt. 1928) angegriffen worden; auch seine grotesken Satiren auf die sowjet. Wirklichkeit erregten Mißfallen. Sein Hauptwerk, an dem er bis zu seinem Tod arbeitete, ist der Roman ›Der Meister und Margarita‹ (1966/67, vollständig 1974, dt. 1968). Starker Einfluß von N. W. Gogol, dessen ›Tote Seelen‹ er dramatisierte; auch Dramen um die Gestalten A. S. Puschkins, Molières und Don Quijotes.

Weitere Werke: D'javoliada (= Teufelsspuk, E., 1925), Pochoždenija Čičikova (= Tschitschikows Abenteuer, E., 1925), Hundeherz (E., entst. 1925, hg. 1968, erstmals in der Sowjetunion 1987, dt. 1968), Sojkas Wohnung (Kom., 1926, dt. 1929), Die Flucht (Dr., entst. 1926–28, UA 1957, dt. EA 1970), Das Leben des Herrn de Molière (R., entst. 1932/33, hg. 1962, dt. 1971), Theaterroman (entst. 1936/1937, hg. 1965, dt. 1969, auch u. d. T. Aufzeichnungen eines Toten).

Ausgaben: Michael A. B. Prosa. Bühnenstücke. Dt. Übers. Hamb. 1981. 2 Bde. – M. A. Bulgakov. Sobranie sočinenij. Ann Arbor (Mich.) 1982 ff. Auf 10 Bde. ber. (bisher 5 Bde. erschienen). – M. B. Die Treppe ins Paradies. Erzählungen, Feuilletons, Tagebb., Briefe. Hg. v. R. SCHRÖDER. Dt. Übers. Bln. 1991. – M. A. B. Ges. Werke. Dt. Übers. Bln. 1992 ff. Auf 13 Bde. berechnet.

Literatur: PROFFER, E.: An internat. bibliography of works by and about M. Bulgakov. Ann Arbor (Mich.) 1976. – WRIGHT, A. C.: M. Bulgakov. Toronto 1978. – RIGGENBACH, H.: M. Bulgakovs Roman ›Master i Margarita‹. Bern u. a. 1979. – PROFFER, E.: M. Bulgakov. Ann Arbor 1984. – M. B. Manuskripte brennen nicht. Eine Biogr. in Briefen u. Tagebb. Hg. v. JULIE CURTIS. Dt. Übers. Ffm. 1991. – BULGAKOWA, J.: Margarita u. der Meister. Tagebb., Erinnerungen. Dt. Übers. Bln. 1993.

bulgarische Literatur,

die ältere **bulgar. Literatur** knüpft an das kirchlichliterar. Wirken der beiden Slawenlehrer Kyrillos und Methodios (↑ kirchenslawische Literatur) und ihrer Schüler Kliment, Naum, Konstantin von Preslaw u. a. an und erreichte unter dem bulgar. Zaren Simeon dem Großen (893–927) eine Blüte. Zu den wichtigsten Werken zählen die Lobreden Kliments, das lehrhafte Evangelium Konstantins von Preslaw und v. a. das Hexaemeron (›Šestodnev‹ [= Sechstagewerk]) des Joan Eksarch und der berühmte apologet. Traktat des Mönchs Chrabar (9./10. Jh.), dazu vom späten 12. bis zum Ende des 14. Jh. Apokryphen, Heiligenleben, erbaul. und weltl. Literatur (›Barlaam und Josaphat‹; Trojaroman; Alexanderroman). Unter der Türkenherrschaft (1396–1878) wurde das kirchlich-religiöse Schrifttum in bescheidenem Maße tradiert (die geistes- und kulturgeschichtl. Isolation ließ nur Impulse nur spät und spärlich eindringen). Lediglich die nach dem byzantin. Prediger Damaskinos Studites († 1577) benannten Damaskine (Predigtsammlungen) und aus Rußland eindringende geistl. Literatur und Sprache hellen dieses düstere Bild der b. L. seit dem 16./17. Jh. langsam auf. Unberührt davon aber entwickelte sich eine reiche Volksdichtung (Brauchtums- und Heldenlieder).

Die **neuere bulgar. Literatur** begann mit der ›Istorija slavjanobălgarska‹ (= slawobulgar. Geschichte, 1762, gedr. 1844) des Athosmönchs Paissi, der seine volkstumsindifferenten Landsleute zu Nationalbewußtsein und Pflege der eigenen Sprache und Kultur aufrief. Im Zuge dieser nat. Wiedergeburt wurde v. a. ein Bildungsprogramm (Schulwesen) realisiert, das die Grundlage für die nach der Mitte des 19. Jh. einsetzende eigtl. b. L. legte. Diese Literatur diente zunächst dem Befreiungskampf gegen die Türkenherrschaft und verherrlichte nach 1878 den nat. Sieg. Die bedeutendsten Dichter sind Georgi Rakowski (* 1821, † 1867; u. a. ›Gorski pätnik‹ [= Der Bergwanderer], Versepos, 2 Tle., 1857–61), der Lyriker Petko R. Slaweikow, der Erzähler L. Karawelow und der Lyriker Ch. Botew. Die zentrale Dichterpersönlichkeit nach der Befreiung ist I. Wasow, der mit seinem Roman ›Unter dem Joch‹ (3 Bde., 1889/1890, dt. 1918) ein Kolossalgemälde des Aprilaufstands von 1876 schuf. Eine gewisse Distanzierung von dem Pathos der Befreiungsdichtung bedeutet A. I. Konstantinows satir. Roman ›Baj Ganju‹ (1895, dt. 1908). Um die Jahrhundertwende drangen russ., frz., auch dt. literar. Strömungen in Bulgarien ein: der Lyriker und Epiker Pentscho Slaweikow und der Symbolist P. K. Jaworow seien stellvertretend für diese sich um die Zeitschrift ›Misäl‹ formierende Gruppe genannt. Die Zwischenkriegszeit brachte in der Lyrik (Nikolai Rainow [* 1889, † 1954], E. Bagrjana) und v. a. in der realist., sozialkrit. Prosa (Elin Pelin, Michail Kremen [* 1884, † 1964], bes. J. Jowkow) und den histor. Roman (Fani Popowa-Mustafowa [* 1902], Stojan Pawlow Sagortschinow [* 1889, † 1969]) bed. Leistungen; von den bekannteren Dramatikern seien Ratscho Stojanow (* 1883, † 1951), Stefan Kostow (* 1879, † 1939) und L. Stojanow erwähnt. Die Nachkriegsliteratur ist im wesentl. nach den Maximen des sozialist. Realismus ausgerichtet (so z. B. S. Z. Daskalow, P. Weschinow), gewinnt jedoch in der Prosa (D. Dimow, D. Talew, G. S. Karaslawows, E. Stanew) zunehmende Selbständigkeit. Die Jahre nach 1956 und bes. die 60er Jahre zeigten bed. Leistungen in der Lyrik P. Penews, N. J. Furnadschiews, W. S. Chantschews, P. Ch. Matews, B. N. Dimitrowas. Die Dorfprosa

fand in J. D. Raditschkow und I. Petrow ihre besten Vertreter. Histor. Romane veröffentlichten W. P. Mutaftschiewa und weiterhin E. Stanew, in den 70er Jahren D. S. Futschedschiew und auch P. Weschinow. Als erfolgreiche Dramatiker wurden v. a. G. G. Dschagarow und J. D. Raditschkow bekannt. Namen der 80er Jahre sind u. a. G. Belew, I. Golew und E. Sugarew (Lyrik) sowie D. Korudschiew und W. Paskow (Prosa).

Literatur: MANNING, C. A./SMAL-STOCKI, R.: History of modern Bulgarian literature. New York 1960. Nachdr. Westport 1974. – KONSTANTINOV, G. u. a.: Bălgarski pisateli. Sofia 1961. – Istorija na bălgarskata literatura. Hg. v. S. BOŽKOV u. a. Sofia 1962–76. 4 Bde. – GERLINGHOFF, P.: Bibliograph. Einf. in das Studium der neueren b. L. (1850–1950). Meisenheim 1969. – MOSER, CH. A.: A history of Bulgarian literature 865–1944. Den Haag 1972. – Rečnik na bălgarskata literatura. Hg. v. G. CANEV. Sofia 1976–82. 3 Bde. – Očerci po istorija na bălgarskata literatura sled 9. septemvri 1944 godina. Sofia 1979–80. 2 Bde. – Lit. Bulgariens: 1944 bis 1980. Hg. v. T. SHETSCHEW u. a. Bln. 1981. – A biobibliographical handbook of Bulgarian authors. Hg. v. K. L. BLACK. Engl. Übers. Columbus (Ohio) 1981. – Trinadeset veka bălgarska literatura. Sofia 1983 (mit engl. u. russ. Zusammenfassung). – MARTIN, T. M.: Der bulgar. Diabolismus. Eine Studie zur bulgar. Phantastik zw. 1920 und 1934. Wsb. 1993.

Bull, Jacob Breda [norweg. bʉl], * Rendalen 28. März 1853, † ebd. 7. Jan. 1930, norweg. Schriftsteller. – Vater von Olaf B.; schildert in seinem Erzählwerk Natur und Menschen des heimatl. Østerdal, schrieb außerdem histor. Romane, religiöse und vaterländ. Lieder.

Werke: Lichte Rache (R., 1906, dt. 1915), Die Brautfahrt (R., 1908, dt. 1913).

Bull, Olaf [norweg. bʉl], * Christiania (heute Oslo) 10. Nov. 1883, † ebd. 23. Juni 1933, norweg. Lyriker. – Schrieb formvollendete Gedichte von großer sprachl. Schönheit abseits aller literar. Strömungen; tiefe Melancholie, Einsamkeit und das Wissen um die Macht des Todes, daneben psycholog. Einfühlungsvermögen in die geheimsten menschl. Seelenregungen zeichnen sein Werk aus.

Werke: Digte (Ged., 1909), Stjernerne (Ged., 1924), Metope (Ged., 1927), Oinos og Eros (Ged., 1930).

Literatur: GREIFF, T.: O. B. Oslo 1952. – OFSTAD, E.: O. B.s lyrikk. Oslo 1955.

Bullinger, Heinrich, * Bremgarten (AG) 4. Juli 1504, † Zürich 17. Sept. 1575, schweizer. Reformator und Dramatiker. – Lehrer und Prediger in Kappel und Bremgarten, Anhänger Zwinglis, 1531 dessen Nachfolger in der Leitung des Zürcher Kirchenwesens. B. bemühte sich um die Einheit des Protestantismus in der Schweiz. Literarisch bemerkenswert ist sein Drama ›Lucrezia und Brutus‹ (1533), eine Bearbeitung des bekannten, u. a. auch in der Kaiserchronik behandelten Stoffes aus der röm. Geschichte.

Bullins, Ed [engl. ˈbʊlɪnz], * Philadelphia (Pa.) 2. Juli 1935, amerikan. Dramatiker. – Studium in Kalifornien; 1967–73 Hausdramatiker und stellvertretender Direktor des New Lafayette Theatre in Harlem (N.Y.). 1969–74 Hg. des ›Black Theatre Magazine‹. In seinen zahlreichen Dramen, seinem Roman ›The reluctant rapist‹ (1973) und in seinen Erzählungen (›The hungered one: Early writings‹, 1971) thematisiert B. die zerrüttete Existenz der Schwarzen in den Stadtghettos. Bei der Verfolgung seines Ziels, ein schwarzes Gruppenbewußtsein zu schaffen, nimmt er einen militanten Standpunkt der weißen Kultur gegenüber ein und evoziert mit Gesang und Tanz afrikan. Stammesmythen.

Weitere Werke: The electronic nigger and other plays (Dramen, 1969), The duplex. A black love fable in four movements (Dr., 1971), Four dynamite plays (Dramen, 1971), The theme is blackness (Dramen, 1973).

Literatur: Essays on contemporary American drama. Hg. v. H. BOCK u. A. WERTHEIM. Ffm. 1981. – FABRE, G.: Drumbeats, masks and metaphor. Contemporary Afro-American theatre. Cambridge (Mass.) 1983.

Bulwer-Lytton, Edward George Earle Lytton, 1. Baron Lytton of Knebworth (seit 1866) [engl. ˈbʊlwə ˈlɪtn], * London 25. Mai 1803, † Torquay 18. Jan. 1873, engl. Schriftsteller und Politiker. – 1831–41 als Liberaler, 1852–66 als Konservativer Mitglied des Unterhauses, ab 1866 Mitglied des Oberhauses; 1858/59 Kolonialminister. Einer der beliebtesten Schriftsteller seiner Zeit, v. a. durch seine Bühnenstücke (›The lady of Lyons‹, 1838; ›Money‹, 1840, u. a.) und histor. Romane (›Die letzten Tage von Pompeji‹, 3 Bde., 1834, dt.

1834; ›Rienzi, der letzte Tribun‹, 3 Bde., 1835, dt. 1836, auch u. d. T. ›Der letzte der Tribunen‹; hiernach schuf R. Wagner seine Oper), Kriminalromane (›Pelham‹, 3 Bde., 1828, dt. 1833; ›Eugen Aram‹, 3 Bde., 1832, dt. 1833) und okkulten Romane (›Zanoni‹, 3 Bde., 1842, dt. 1842; ›Das Geschlecht der Zukunft‹, 1871, dt. 1874). Bed., von Arno Schmidt z. T. neu übersetzte Gesellschaftsromane sind ›Dein Roman. 60 Spielarten engl. Daseins‹ (4 Bde., 1853, dt. 1973, erstmals dt. 1853), ›Was wird er damit machen?‹ (4 Bde., 1859, dt. 1971, erstmals dt. 1859) und ›Kenelm Chillingly‹ (3 Bde., 1873, dt. 1874).

Literatur: LYTTON, V. A. G. R. EARL: The life of E. B. London 1913. 2 Bde. – FLOWER, S. J.: B.-L. Princes Risborough 1963. – SCHMIDT, ARNO: Was wird er damit machen? In: A. SCHMIDT: Der Triton mit dem Sonnenschirm. Stg. ²1971. Nachdr. Ffm. 1985. – CHRISTENSEN, A. C.: E. B.-L.: The fictions of new regions. Athens (Ga.) 1976. – CAMPELL, J. L.: E. B.-L. London 1986.

Bumi – Papa (tl.: Mpoumē – Papa), Rita, * Hermupolis (auf Syros) 28. Dez. 1905, † Athen 8. Juli 1984, neugriech. Lyrikerin und Erzählerin. – Schrieb revolutionäre Lyrik und von sozialpolit. Engagement erfüllte Prosa; in dt. Übersetzung erschienen ›Zwölf Gedichte an die Freiheit‹ (griech. und dt. 1982).

Weitere Werke: Kainurgia chloē (= Neues Grün, Ged., 1949), Ho paranomos lychnos (= Die illegale Leuchte, Ged., 1952), Lampro phthinoporo (= Leuchtender Herbst, Ged., 1961), Chilia skotómena koritsia (= Tausend getötete Mädchen, Ged., 1963), He magikē phlogera (= Die Zauberflöte, Ged., 1964), Phos hilaron (= Heiteres Licht, Ged., 1966), Ho mauros adelphos (= Der schwarze Bruder, Ged., 1973), Morgan-Ionnēs, ho gyalinos prinkipas kai hoi metamorphoseis tu (= Morgan-Johannes, der gläserne Prinz und seine Verwandlungen, Ged., 1976).

Bunčák, Pavol (Pavel) [slowak. ˈbuntʃaːk], * Skalica 4. März 1915, slowak. Schriftsteller. – Schrieb surrealist. und meditative Lyrik (›Spáč s kvetinou‹ [= Schläfer mit Blume], 1978); auch Verfasser von Erinnerungen (›Hriešna mladost'‹ [= Sündige Jugend], 1973), Übersetzer (aus dem Französischen, Polnischen und Lateinischen) und Literaturwissenschaftler.

Bundahischn (mittelpers. Bundahisn
[...ʃən]) [mittelpers. = Urschöpfung]
(auch ›zandāgāhlh‹ = Kenntnis aus dem
Zend genannt), eine der beiden großen
kompilator. Enzyklopädien des Zoroastrismus, die in zwei stark voneinander
abweichenden Rezensionen erhalten ist:
die umfangreichere Fassung (›Größerer
B.‹) stammt aus der iran., die kürzere
(›Ind. B.‹) aus der ind. Handschriften-
tradition. Die den beiden Rezensionen
zugrundeliegende Endredaktion des in
mittelpers. Sprache (sog. Buchpehlewi)
verfaßten, anonymen Werkes ist Ende
des 9. Jh. anzusetzen. Hauptthemen sind
die Urschöpfung des Ormazd (Ahura
Masda) und die Natur der ird. Kreatu-
ren. Viele Stellen stammen direkt aus der
mittelpers. ›Awesta‹-Übersetzung.
Ausgaben: Der Bundehesh. Hg. v. F. JUSTI. Lpz.
1868. – The Būndahishn. Faksimile des TD Ma-
nuskripts Nr. 2. Hg. v. T. D. ANKLESARIA. Bombay 1908. – Zand-ākāsīh, Iranian or Greater
Bundahisn. Transliteriert u. ins Engl. übers. v.
B. T. ANKLESARIA. Bombay 1956.
Literatur: BOYCE, M.: Middle Persian literature.
In: Hdb. der Orientalistik. Hg. v. B. SPULER.
Abt. 1, Bd. 4, 2, Lfg. 1. Leiden 1968.

Bundahisn ↑ Bundahischn.

Bunić Vučić, Ivan (Dživo) [serbo-
kroat. ˌbuːnit͡ɕˌvut͡ʃit͡ɕ], *Ragusa (heute
Dubrovnik) 1591, †ebd. 1658, ragusan.
Lyriker. – Hervorragendster Lyriker der
ragusanisch-štokavischen Barocklitera-
tur; war Zeitgenosse von I. Gundulić;
schuf originelle, eigenständige Beiträge
zur petrarkistischen Schäferpoesie; ferner schrieb er ein Magdalena-Epos
(›Mandaljena pokornica‹, 1630).

Bunin, Iwan Alexejewitsch, *Woro-
nesch 22. Okt. 1870, †Paris 8. Nov. 1953,
russ. Schriftsteller. – Emigrierte 1920
nach Frankreich; bedeutender russ.
Dichter der Emigration. Nobelpreis
1933. B. schrieb Lyrik und Epik, bei der
er die kleine Form (Novelle und Erzählung) bevorzugte. Die Lyrik B.s ist im
allgemeinen distanzierter als seine Erzählwerke, mit denen er in der Art der
Darstellung an die frz. Realisten (bes.
G. Flaubert) anknüpfte und die russ. Tradition A. S. Puschkins, I. A. Gontscharows und I. Turgenjews fortsetzte. Genaue Schilderungen sozialer Zustände,
psycholog. Beobachtung und Darstellung von Landschaftseindrücken werden

Iwan
Alexeje-
witsch Bunin

in späteren Werken durch mehr stim-
mungshafte, abstrakte, visionäre, pessimist. Eindrücke abgelöst. B.s Bemühen
galt einer einfach-klaren klass. Literatursprache. ›Das Dorf‹ (R., 1910, dt. 1936)
ist sein erstes großes Werk, in dem er eine
lebendige Darstellung der russ. Verhältnisse gibt. ›Die Grammatik der Liebe‹
(1929, dt. 1935) gestaltet in 9 Erzählungen die Liebe als furchtbare Fessel. Meisterhaft ist die Novelle ›Der Herr aus San
Francisco‹ (1916, dt. 1922), die vom Tod
eines Reichen berichtet. Seine bedeutendste Erzählung, ›Ssuchodol‹ (1912, dt.
1966), handelt vom Zerfall einer Adelsfamilie.
Weitere Werke: Die Antonower Äpfel (E., 1900,
dt. 1903), Der Kelch des Lebens (E., 1913, dt.
1959), Mitjas Liebe (Nov., 1925, dt. 1925), Žizn'
Arsen'eva (= Das Leben Arsenjews, R., 2 Tle.,
1930–39; Tl. 1 dt. 1933 u. d. T. Im Anbruch der
Tage), Dunkle Alleen (En., 1943, dt. 1959), Ein
letztes Wiedersehen (En., dt. Auswahl 1964),
Nächtl. Gespräch (En., dt. 1990).
Ausgabe: I. A. B. Sobranie sočinenij. Moskau
1965–67. 9 Bde.
Literatur: KRYZYTSKI, S.: The works of I. B. Den
Haag u. Paris 1971. – ELBEL, A.: Die Erzählun-
gen I. B.s. 1890–1917. Gießen 1975. – MI-
CHAJLOV, O.: Strogij talant. J. B. Moskau 1976. –
WOODWARD, J. B.: I. B. Chapel Hill (N. C.) 1980.

Bunje, Karl, *Neuenburg (heute zu
Zetel, Landkreis Ammerland) 8. Nov.
1897, †Oldenburg 6. April 1985, niederdt. Schriftsteller. – Verfaßte meist niederdt. Volksstücke, Komödien und humorist. Erzählungen (z. T. ins Hochdt.
übertragen); wurde v. a. bekannt durch
seine Komödie ›De Etappenhas‹ (1935,
hochdt. 1936 u. d. T. ›Der Etappenhase‹);
auch Hör- und Fernsehspiele.

Weitere Werke: Der Jungfernkrieg (Kom., 1939), Der Horcher an der Wand (Kom., 1941), Up Düwels Schuvkar (Kom., 1947), Die Harmonika (E., 1949), Das Hörrohr (Kom., 1954, niederdt. 1955), Jan Spin (En., 1955), De Swiensteert (Kom., 1962).

Bunraku (Dschoruri), jap. Puppentheater, das Ende des 16. Jh. aus Rezitation, Puppenspiel und Samisenmusik (jap. Lautenmusik) entstand und seine Blütezeit unter dem Sänger Gidaju und dem Dramatiker Tschikamatsu Monsaemon Anfang des 18. Jh. hatte; Rezitator, Samisen-Spieler und die z. T. von mehreren Puppenspielern geführten einen Meter großen Puppen gestalten die histor. (›dschidaimono‹) oder bürgerl. Dramen (›sewamono‹), die aus dem Konflikt zwischen sozialer Verpflichtung (›giri‹) und natürl. Gefühlen (›nindscho‹) leben.
Literatur: LOMBARD, F. A.: An outline history of the Japanese drama. Nachdr. der Ausg. 1929. New York 1966. – HIRONAGA, SH.: B.; Japan's unique puppet theatre. Tokio 1964. – KEENE, D.: The art of the Japanese puppet theatre. Tokio 1965. – DUNN, CH. J.: The early Japanese puppet drama. London 1966. – BARTH, J.: Japans Schaukunst im Wandel der Zeiten. Wsb. 1973.

Bunting, Basil [engl. 'bʌntɪŋ], * Scotswood (Northumberland) 1. März 1900, † Hexham 17. April 1985, engl. Lyriker. – War Journalist und Musikkritiker, lebte zeitweise in Italien (wo er mit E. Pound befreundet war); im 2. Weltkrieg Diplomat in Persien; lehrte dann an brit. und amerikan. Universitäten. Seine von Pound beeinflußte objektivist., schneidende, dabei oft in Analogie zu musikal. Formen gestaltete, satirisch-meditative Lyrik fand erst seit den sechziger Jahren breite Resonanz (›Collected poems‹, 1968, 1978). Die autobiograph. Dichtung ›Briggflatts‹ (1966) verwebt persönl. Erinnerung mit dem Bewußtsein der Geschichte.
Ausgaben: Briggflatts und andere Geschichten. Dt. Übers. Nachwort v. E. SCHENKEL. Graz u. Wien 1990. – B. B. Uncollected poems. Hg. v. R. CADDELL. Oxford 1991.
Literatur: B. B.: man and poet. Hg. v. C. F. TERRELL. Orono (Maine) 1981. – MAKIN, P.: B.: the shaping of his verse. Oxford 1992.

Bunyan, John [engl. 'bʌnjən], * Elstow bei Bedford 28. Nov. 1628, † London 31. Aug. 1688, engl. Schriftsteller. – War zunächst Kesselflicker, wurde dann Laienpriester einer puritan. Gemeinschaft, verfaßte Erbauungsbücher. Wegen Mißachtung eines Predigtverbots der Stuarts war er mehrmals (u. a. 1660–72) im Gefängnis. Dort schrieb er sein Hauptwerk ›The pilgrim's progress‹ (2 Tle., 1678–84, dt. 1685 u. d. T. ›Eines Christen Reise nach der Seeligen Ewigkeit…‹), in dem er mit realist. Anschaulichkeit eine Allegorie vom Weg des Christenmenschen zur Erlösung samt den die christl. Existenz bedrohenden oder rettenden Kräften darstellt. Das Buch, eines der meistgelesenen und meistübersetzten Werke der Weltliteratur, erfuhr auch zahlreiche Bearbeitungen und Dramatisierungen.
Weitere Werke: The life and death of Mr. Badman (didakt. Werk, 1680, dt. 1685 u. d. T. Mr. Quaats Leben und Sterben…), the holy war (Allegorie, 1682).
Ausgaben: The complete works of J. B. Hg. v. H. STEBBING. London 1859–60. 4 Bde. Nachdr. New York u. Hildesheim 1970. – Miscellaneous works of J. B. Hg. v. R. SHARROCK. Oxford 1976 ff. (bisher 7 Bde. erschienen).
Literatur: BROWN, J.: J. B. His life, times and work. London 1885. Revidierte Ausg. von F. M. HARRISON 1928. – TALON, H.: J. B. The man and his works. Engl. Übers. London 1951. – SHARROCK, R.: J. B. London 1954. – HAFERKAMP, B.: B. als Künstler. Stilkrit. Studien zu seinem Hauptwerk ›The Pilgrim's Progress‹. Tüb. 1963. – FURLONG, M.: Puritan's progress. A study of J. B. London 1975. – BACON, E. W.: Pilgrim and dreamer. J. B., his life and work. Exeter 1983. – BATSON, E. B.: J. B. London 1984. – HILL, CH.: A turbulent, seditious, and factious people. J. B. and his church. Oxford 1988. – B. in our time. Hg. v. R. G. COLLMER. Oxford 1989.

Buonarroti, Michelangelo [italien. buonar'rɔːti], italien. Bildhauer, Maler, Baumeister und Dichter, ↑ Michelangelo.

Burak, Sevim, * Istanbul 1931, † ebd. 1. Jan. 1984, türk. Erzählerin. – Veröffentlichte seit den fünfziger Jahren in verschiedenen literar. Zeitschriften v. a. Erzählungen, daneben einen Roman und ein Theaterstück. Sehr erfolgreich war ihre Erzählungssammlung ›Yanık saraylar‹ (= Verbrannte Palais, 1965), in dem das Schicksal meist weibl. Protagonisten, die oft in einer irrealen Welt zwischen Vergangenheit und Gegenwart leben, nachgezeichnet wird.

Burchiello, Il [italien. il bur'kjɛllo], eigtl. Domenico di Giovanni, * Florenz

1404, † Rom 1449, italien. Dichter. – Barbier in Florenz, mußte 1434 wegen einiger Sonette gegen Cosimo de' Medici fliehen und kam 1445 nach Rom. Er erhielt den Namen B. vielleicht nach den Sonetten, in denen er absichtlich die verschiedensten Dinge zusammenbrachte, wie Zufall und Reim es fügten (›alla burchia‹ = aufs Geratewohl); viele seiner rund 150 Sonette sind scherzhaft, oft frivol, andere voll bitterer Satire auf die Zeit.

Ausgaben: Dom B. Le più belle pagine del B. e dei burchielleschi. Hg. v. E. GIOVANNETTI. Mailand 1923. – B.s ›Rime di corrispondenza‹ and poems on poetry. Hg. v. A. SHELDON WEST VIVARELLI. High Wycombe 1970. **Literatur:** FUBINI, M.: Sulla poesia del B. In: FUBINI: Studi sulla letteratura del Rinascimento. Florenz 1947. S. 13. – BANFI, L.: Domenico di Giovanni, detto il B. In: Nuova Antologia 463 (1953). – WATKINS, R.: Il B. (1404–1449). Poverty, politics and poetry. In: Italian Quarterly 14 (1970), S. 21.

Burckhardt, Carl Jacob, * Basel 10. Sept. 1891, † Vinzel (Waadt) 3. März 1974, schweizer. Historiker, Schriftsteller und Diplomat. – Seit 1918 Attaché in Wien, wo er mit H. von Hofmannsthal Freundschaft schloß. 1932 Prof. für Geschichte in Genf; 1937–39 Hoher Kommissar des Völkerbundes in Danzig. 1944–48 Präsident des Internat. Komitees vom Roten Kreuz, 1945–1950 Gesandter der Schweiz in Paris. Bekannt wurde B. durch seine histor. Biographie ›Richelieu‹ (4 Bde., 1935–67) und seine für die Vorgeschichte des Kriegsausbruchs 1939 bedeutsamen Erinnerungen ›Meine Danziger Mission 1937–1939‹ (1960). Ferner verfaßte B. zahlreiche histor. und literar. Essays und Erzählungen. 1954 erhielt er den Friedenspreis des Dt. Buchhandels.

Ausgaben: C. J. B. Ges. Werke. Bern u. a. 1971. 6 Bde. – C. J. B. u. Max Rychner. Briefe 1926–1965. Hg. v. C. MERTZ-RYCHNER. Ffm. ³1971. – C. J. B. Briefe. Hg. v. I. METZGER-BUDDENBERG. Ffm. 1985.

Burda [arab.], Titel eines Preisgedichts auf Mohammed von dem ägypt. Dichter Al Busiri (†um 1295). Er schrieb es, nachdem ihn im Traum der Prophet mit Hilfe seines Mantels von einer Lähmung geheilt haben soll.

Ausgabe: Busîrî, M.: Die B. Übers. v. C. A. RALFS. Wien 1860. **Literatur:** Enc. Islam, Suppl. ²1981, S. 158.

Burger, Hermann, * Burg (AG) 10. Juli 1942, † Brunegg (Aargau) 1. März 1989, schweizer. Schriftsteller. – Privatdozent für dt. Literatur an der ETH Zürich und in Aarau. Arbeitete u. a. über P. Celan und über die schweizer. Gegenwartsliteratur; wurde bekannt mit seinem Roman ›Schilten. Schulbericht zuhanden der Inspektorenkonferenz‹ (1976), in dem ein psychisch kranker Lehrer seiner Schulbehörde erklärt, warum er in seinem Unterricht ständig vom Tod redet und seine Schüler z. B. in Friedhofskunde unterrichtet; auch der Roman ›Die künstliche Mutter‹ (1982) berührt die Grenze zwischen Psychoanalyse und Phantastik; postum erschien 1989 u. d. T. ›Brunsleben‹ der erste Band des auf 4 Teile angelegten Romans ›Brenner‹. Der zweite Band u. d. T. ›Menzenmang‹ wurde 1992 als Fragment veröffentlicht. B.s Werk ist gekennzeichnet durch Todesangst, die durch Sprache und Realität in Schranken gehalten wird.

Weitere Werke: Rauchsignale (Ged., 1967), Bork (Prosastücke, 1970), Diabelli (En., 1979), Kirchberger Idyllen (Ged., 1980), Ein Mann aus Wörtern (Essays, 1983), Blankenburg (En., 1986), Die allmähliche Verfertigung der Idee beim Schreiben. Frankfurter Poetik-Vorlesungen (1986), Als Autor auf der Stör (1987), Der Schuß auf die Kanzel (E., 1988). **Literatur:** Schauplatz als Motiv. Materialien zu H. B.s Roman ›Schilten‹. Zü. u. Mchn. 1977. – Salü, Hermann. In memoriam H. B. Hg. v. K. ISELE. Eggingen 1991.

Bürger, Gottfried August, * Molmerswende (Landkreis Hettstedt) 31. Dez. 1747, † Göttingen 8. Juni 1794, dt. Schriftsteller. – Nach dem Studium der Theologie 1772–84 Amtmann in Altengleichen bei Göttingen, seit 1789 unbesoldeter Prof. für dt. Literatur, Philologie, Geschichte und Philosophie in Göttingen; Freundschaft mit J. H. Voß, L. Ch. H. Hölty und den Brüdern Stolberg; leidenschaftl. Liebe zu Auguste (genannt Molly), der jüngeren Schwester seiner Frau Dorette Leonhard, die er nach deren Tod (1784) heiratete. B., als Dichter dem ›Göttinger Hain‹ nahestehend, brachte – neben Goethe – mit seinen Balladen einen neuen, volkstüml.

Ton in die dt. Dichtung. Ep., dramat. und lyr. Elemente sind am besten vereinigt in der leidenschaftl. und spannungsreichen Ballade ›Lenore‹ (1774), die B.s Balladenwerk krönt (daneben sind bes. zu nennen ›Der wilde Jäger‹, ›Das Lied vom braven Mann‹). Seine Gedichte und formvollendeten Sonette hinterlassen einen weniger starken Eindruck, ausgenommen die ›Molly-Lieder‹, die Schiller wegen mangelnder Distanz tadelte. Mit den Übersetzungen und Erweiterungen der Münchhausen-Geschichten von R. E. Raspe (›Wunderbare Reisen zu Wasser und Lande ...‹, 1786, erweitert 1789), erzielte B. starke Wirkung; auch Übersetzungen (Homer, Shakespeare [›Macbeth‹, 1783]) und ästhet. Schriften, in denen er allerdings nicht selbständig ist, runden sein Werk ab.

Gottfried August Bürger (nach einem Stich von J. D. Fiorillo)

Weitere Werke: Gedichte (1778, 1789), Lehrbuch der Aesthetik (hg. 1825), Lehrbuch des Dt. Styles (hg. 1826).
Ausgaben: G. A. B. Sämtl. Schrr. Gött. 1796–1802. 4 Bde. Nachdr. Hildesheim 1970. – Briefe v. u. an G. A. B. Hg. v. A. STRODTMANN. Bln. 1874, 4 Bde. Nachdr. Bern 1970. – G. A. B. Sämtl. Werke. Gött. 1829. 6 Bde. – G. A. B. Sämtl. Werke. Hg. v. W. VON WURZBACH. Lpz. ²1924. – G. A. B. Werke in 1 Bd. Ausgew. u. eingel. v. L. KAIM-KLOOCK u. S. STRELLER. Bln. u. Weimar ⁴1973. – G. A. B. Sämtl. Werke. Hg. v. G. u. H. HÄNTZSCHEL. Neuausg. Ffm. 1988.
Literatur: WURZBACH, W. VON: G. A. B. Sein Leben u. seine Werke. Lpz. 1900. – BLENKINSOP, E. S.: B. s originality. Oxford 1936. – KAIM-KLOOCK, L.: G. A. B. Bln. 1963. – LITTLE, W. A.: G. A. B. New York 1974. – HÄNTZSCHEL, G.: G. A. B. Mchn. 1988.

bürgerliches Trauerspiel, während der Aufklärung im 18. Jh. entstandene, das Schicksal von Menschen bürgerl. Standes gestaltende dramat. Gattung. Sie steht damit in Widerspruch zu den seit Renaissance und Barock gültigen Regeln, denen zufolge die Handlungsträger der Tragödie ausschließlich Angehörige eines hohen Standes sein sollten (↑Ständeklausel, ↑Fallhöhe). Dieser inhaltl. Wandel findet seinen Niederschlag auch in der sprachl. Form, das b. T. ist nicht in Versform, sondern in Prosa abgefaßt. Als erster Schritt in die Richtung des b. T.s darf die noch in Versen gedichtete Tragödie ›Cardenio und Celinde, Oder Unglücklich Verliebete‹ (1657) von A. Gryphius gelten, in deren Vorwort sich der Autor entschuldigt: ›Die Personen, so eingeführt, sind fast zu niedrig vor ein Trauerspiel ...‹. Das eigentl. b. T. jedoch entstand in England. G. Lillos ›Der Kaufmann von London, oder Begebenheiten George Barnwells‹ (1731, dt. 1755) war Vorbild für die Entwicklung der Gattung auf dem Kontinent. Zunächst wird die Konfrontation des selbstbewußt gewordenen und von den Ideen der Aufklärung beseelten Bürgertums mit der Adelswillkür in den Blickpunkt gerückt. Hervorragendstes Beispiel hierfür ist G. E. Lessings ›Emilia Galotti‹ (1772). Mit ›Miß Sara Sampson‹ (1755) hatte Lessing, beeinflußt von den kunsttheoret. Äußerungen D. Diderots, bereits Jahre zuvor das b. T. in Deutschland populär gemacht. In Frankreich führte die Entwicklung über die klassizist. Komödie, die durch das Zurückdrängen des Komischen und Satirischen zur rührseligen ↑Comédie larmoyante geworden war. Diderot gestaltete diese Gattung um, indem er sie von den rührseligen Zügen befreite (›Der natürl. Sohn‹, 1757, dt. 1760; ›Der Hausvater‹, 1758, dt. 1760). In den b. T.en der Folgezeit wurden die trag. Aspekte banalisiert. Die so gestalteten erfolgreichen Rühr- oder Hausvaterstücke (↑Rührstück) mündeten in die Tradition der ↑sächsischen Komödie (seit Ch. F. Gellert nach frz. Vorbild) und lebten bis weit ins 19. Jh. fort. Das in Form und Sprache geschlossenste b. T. ist Schillers ›Kabale und Liebe‹ (1784). Die Thematik des b. T.s wurde in zahlreichen Dramen des Sturm und Drangs aufgegriffen, der die soziale Anklage und die Auflehnung des Individuums gegen die Gesellschaft in den Vordergrund stellte (H. L. Wagner, ›Die Kindermörderin‹, 1776; J. M. R. Lenz, ›Der Hofmeister‹, 1774, ›Die Soldaten‹, 1776; F. M. Klinger u. a.). – Im 19. Jh. wurde die bürgerl. Tragödie zur Kritik am bürgerl. Stand und seiner moral. Verhärtung, wie in Ch. F. Hebbels ›Maria Magdalene‹ (1844). Nur noch bedingt in diese Tradition lassen sich im Naturalismus die Trauerspiele stellen, die zwar im Bürgermilieu spielen, in denen aber entweder eine allgemeine sozialkrit. Tendenz überwiegt oder die zu Pathologien der Familie werden (G. Hauptmann, ›Das Friedensfest‹, 1890, und ›Einsame Menschen‹, 1891). – ↑auch Aufklärung.

Literatur: VALDASTRI, I.: Preisschrift über das b. T. Lpz. 1794. Faksimile Mchn. 1969. Mit einer Einl. hg. v. A. WIERLACHER. – KRUEGER, J.: Zur Frühgesch. der Theorie des b. T.s. In: Worte u. Werte. Hg. v. G. ERDMANN u. A. EICHSTAEDT. Bln. 1961. – DAUNICHT, R.: Die Entstehung des b. T.s in Deutschland. Bln. ²1965. – WIERLACHER, A.: Das bürgerl. Drama: seine theoret. Begründung im 18. Jh. Mchn. 1968. – WIESE, B. VON: Die dt. Tragödie von Lessing bis Hebbel. Hamb. ⁸1973. – WILLENBERG, K.: Tat u. Reflexion. Zur Konstitution des bürgerl. Helden im dt. Trauerspiel des 18. Jh. Stg. 1975. – WALACH-HAARMANN, D.: Der aufrechte Bürger, seine Welt u. sein Theater. Zum b. T. im 18. Jh. Mchn. 1980. – PIKULIK, L.: ›B. T.‹ u. Empfindsamkeit. Köln ²1981. – GUTHKE, K. S.: Das dt. b. T. Stg. ⁴1984. – SZONDI, P.: Die Theorie des b. T.s im 18. Jh. Ffm. ⁶1986. – BENJAMIN, W.: Ursprung des dt. Trauerspiels. Ffm. ⁵1990. – MÖNCH, C.: Abschrecken oder Mitleiden. Das dt. b. T. im 18. Jh. Tüb. 1993.

Burgess, Anthony [engl. 'bɜ:dʒɪs], eigtl. John B. Wilson, weiteres Pseudonym Joseph Kell, * Manchester 25. Febr. 1917, † London 25. Nov. 1993, engl. Schriftsteller und Kritiker. – War Dozent für engl. Literatur, 1954–59 Education Officer in Malaysia und Brunei; ab 1959 freier Schriftsteller und mehrfach Gastdozent in den USA. B.'s formal und inhaltlich vielfältige Romane weisen eine von J. Joyce beeinflußte Vorliebe für stilist. Variation und Wortspielerei sowie eine Neigung zu Satire und schwarzem Humor auf. In ›Time for a tiger‹ (R., 1956), ›The enemy in the blanket‹ (R., 1958) und ›Beds in the East‹ (R., 1959; alle drei 1972 u. d. T. ›The Malayan trilogy‹) sowie in ›A vision of battlements‹ (entst. 1949, gedr. 1965) verarbeitet B. eigene Erfahrungen. In den Romanen um den Dichter und abtrünnigen Katholiken Enderby (›Inside Mr. Enderby‹, 1963, ›Enderby outside‹, 1968, beide zus. dt. 1991 u. d. T. ›Enderby. Ein Doppel-Roman‹; ›Das Uhrwerk-Testament‹, 1975, dt. 1981) entfaltet sich der für B. kennzeichnende Konflikt zwischen repressiver Ordnung und anarch. Freiheit. Pessimist. Zukunftsbilder entwirft er in den Anti-Utopien ›Uhrwerk Orange‹ (1962, dt. 1972; verfilmt von S. Kubrik, 1971), ›The wanting seed‹ (1962) und in Auseinandersetzung mit G. Orwell in ›1985‹ (R., 1978, dt. 1982). Auf histor. Figuren greift er in der fiktiven Rekonstruktion von Shakespeares Liebesleben ›Nothing like the sun‹ (1964) sowie in ›Napoleonsymphonie‹ (1978, dt. 1982) zurück. Schrieb auch literaturwiss. Arbeiten (›The novel now‹, 1967; ›Shakespeare‹, 1970, dt. 1982; ›Joysprick. An introduction to the language of J. Joyce‹, 1973), Kritiken, Fernsehspiele, Kinderbücher (›Der lange Weg zur Teetasse‹, 1976, dt. 1985). Seine Autobiographie bilden die Bände ›Little Wilson and big God‹ (1986) und ›You've had your time‹ (1990).

Weitere Werke: Tremor (R., 1966, dt. 1980), Rom im Regen (R., 1976, dt. 1987), Der Fürst der Phantome (R., 1980, dt. 1984), Erlöse uns, Lynx (R., 1982, dt. 1986), Enderby's dark lady or No end to Enderby (R., 1984), Das Reich der Verderbnis (R., 1985, dt. 1985), The piano players (R., 1986). D. H. Lawrence. Ein Leben in Leidenschaft (Abh., 1985, dt. 1990), Der Mann am Klavier (R., 1986, dt. 1989), Any old iron (R., 1989), The devil's mode (En., 1989), Mozart and the Wolf Gang (Anthologie, 1991), A dead man in Deptford (R., 1993).

Literatur: DE VITIS, A. A.: A. B. New York 1972. – AGGELER, G.: A. B. The artist as novelist. Alabama University 1979. – BREWER, J.: A. B. bibliography. Metuchen (N. J.) u. London 1980. – GHOSH-SCHELLHORN, M.: A. B. Ffm. 1986. – STINSON, J. J.: A. B. revisited. Boston (Mass.) 1991.

Burggraf, Waldfried, dt. Dramatiker, ↑Forster, Friedrich.

Burgtheater (ursprünglich ›Theater an der Burg‹, bis 1918 ›Hof-Burgtheater‹), österr. Bundestheater in Wien, 1741 von Kaiserin Maria Theresia gegründet (›Theater nächst der Burg‹), 1776 durch Kaiser Joseph II. Nationaltheater. Bis

1888 war es im Ballhaus, seither in dem von G. Semper und K. Hasenalter entworfenen Bau am Ring (1944 ausgebrannt, 1955 wiederhergestellt). Der eigentl. geistige Gründer des B.s war J. Schreyvogel, der 1814–32 als Dramaturg das klass. Repertoire schuf (Grillparzer-Uraufführungen) und hervorragende Darsteller verpflichtete. Durch H. Laube, der es 1849–67 leitete, errang das B. die führende Rolle unter den dt.-sprachigen Bühnen; Laubes Pflege galt dem Wort, bes. dem Konversationston. Im Ggs. zu Laubes mehr geistiger Regieführung legte F. Dingelstedt, 1870–81 Leiter des B.s, das Hauptgewicht auf das Bildmäßige. Spätere Direktoren waren u.a. A. von Wilbrandt, P. Schlenther, H. Thimig, R. Aslan, J. Gielen, E. Häussermann, P. Hoffmann, G. Klingenberg, A. Benning; seit 1986 ist C. Peymann Direktor.

Burian, Emil František, * Pilsen 11. Juni 1904, † Prag 9. Aug. 1959, tschech. Dramatiker. – Gründete 1934 das modernist. Theater ›D 34‹, das er als Dramaturg betreute; schrieb v.a. Dramen sowie Lyrik und Prosa, oft mit sozialer Problematik; auch Komponist.
Werk: Die Sieger (R., 1955, dt. 1959).

burjatische Literatur (burjätische Literatur), die Literatur der mongol. Burjaten bis zur Mitte des 19.Jh. unterscheidet sich thematisch nicht von der Literatur der anderen mongol. Stämme. Der weitaus größte Teil der burjat. Dichtung dieser Zeit wurde mündlich überliefert und erst in späterer Zeit aufgezeichnet. Die Burjaten haben das aus Tibet stammende ›Geser Khan-Epos‹ zu einem ep. Erzählzyklus von mehr als 22 000 alliterierenden Verszeilen ausgeformt, die von Rhapsoden vorgetragen wurden. Weitere berühmte Epen sind ›Qan Qarangyui‹ (= König Finster), ›Erensei‹, ›Sagaadai mergen‹ u. a., die heute alle in vorbildl. Ausgaben vorliegen. Im Zeitraum von 1852 bis 1887 verfaßten D. Lombozeren, Tobojew, P. Jumsunow u. a. mehr als sieben burjat. Chroniken. Die Veränderungen der russ. Oktoberrevolution 1917 führten zur Entwicklung einer modernen b. L.; beeinflußt von M. Gorki, war es v. a. Ch. N. Namsarajew, der Motive der

alten folklorist. Dichtung mit modernen Themen verband. Zeitgenöss. Dichter wie I. Wylkow, I. Matulewitsch, T. Trubatschow wurden als Lyriker bekannt. Es entstand eine Reihe angesehener moderner Romane. Die Zeit des 2. Weltkriegs fand besonderen patriot. dichter. Ausdruck. Die moderne b. L. hat auch auf dem Gebiet des Dramas eigene Wege beschritten und mit burjat. Schauspielen und Komödien zur Entstehung eines Nationaltheaters beigetragen.
Literatur: Letopisi chorinskich burjat. Bd. 1. Moskau 1935. – RINCHEN, B.: Four Mongolian historical records. Delhi 1959. – ULANOV, A.: Burjatskij geroičeskij ėpos. Ulan-Ude 1963. – CYDENDAMBAEV, C. B.: Burjatskie istoričeskie chroniki i rodoslovnye. Ulan-Ude 1972. – SOKTOEV, A. B.: Stanovlenie chudožestvennoj literatury Burjatii dooktjabr'skogo perioda. Ulan-Ude 1976.

Burk, Michael, * Erlangen 7. Sept. 1924, dt. Schriftsteller. – Kabarettist, Filmregisseur, Drehbuchautor; veröffentlichte 1970 seinen ersten Roman, ›Im neunten Himmel von Paris‹; widmete sich seitdem ganz dem Genre des Unterhaltungsromans.
Weitere Werke: Das Tribunal (R., 1973), Keine Stunde ist zuviel (R., 1975), Ein Wunsch bleibt immer (R., 1977), Dann gnade Dir Gott (R., 1978), Das goldene Karussell (R., 1979), Aller Menschen Sehnsucht (R., 1981), Bis auf die nackte Haut (R., 1982), Auf einmal ist Hoffnung (R., 1983), Wer weiß schon, wer der andere ist (R., 1984), Das Spiel gehört zum Leben (R., 1988), Solange die Menschen noch lieben (R., 1989).

Burkart von Hohenfels, schwäb. Minnesänger, † Burkhart von Hohenfels.

Burkart, Erika, eigtl. Erica Marguerite Erényi, * Aarau 8. Febr. 1922, schweizer. Schriftstellerin. – 1946–56 Primarlehrerin; seit 1966 freie Schriftstellerin. Schreibt in erster Linie sensible, teilweise melanchol. Gedichte voll Musikalität, die der traditionellen Form verpflichtet sind. Verfaßte auch Romane und Prosa.
Werke: Der dunkle Vogel (Ged., 1953), Geist der Fluren (Ged., 1958), Ich lebe (Ged., 1964), Die weichenden Ufer (Ged., 1967), Moräne (R., 1970), Die Transparenz der Scherben (Ged., 1973), Die Freiheit der Nacht (Ged., 1981), Sternbild des Kindes (Ged., 1984), Die Spiele der Erkenntnis (R., 1985), Ich suche den blauen Mohn (Ged., 1989), Die Zärtlichkeit der Schatten (Ged., 1991).

Burke, Edmund [engl. bəːk], * Dublin
12. Jan. 1729, † Beaconsfield 9. Juli 1797,
brit. Publizist und Politiker. – In seiner
Schrift ›Betrachtungen über die frz. Revolution‹ (1790; dt. von F. Gentz, 2 Bde.,
1793–94) verurteilte er die Ziele der Frz.
Revolution und ihrer Parteigänger in
Großbritannien. Die Schrift erregte großes Aufsehen und wurde eine wesentl.
theoret. Grundlage des europ. Konservatismus. Die Erfahrung der traditionellen
engl. Institutionen und Rechte als
Grundvoraussetzung der engl. Verfassung
veranlaßten B., den rationalist. Staats-
idealen der Aufklärung eine organ. Staats-
lehre entgegenzustellen, auf die sich sowohl konservative Reformer (Freiherr vom
Stein, A. Müller, F. K. von Savigny) als
auch die Vertreter der Restauration be-
riefen. – Begründete eine psycholog. Ästhetik (›A philosophical enquiry ...‹, 1757),
die u. a. Kant und Lessing beeinflußte.
Literatur: AYLING, S.: E. B.: his life and opinions. London 1988.

Burke, Kenneth [Duva] [engl. bəːk],
* Pittsburgh (Pa.) 5. Mai 1897, amerikan.
Kritiker und Schriftsteller. – War zunächst Musikkritiker und Mitarbeiter bei
Fachzeitschriften, dann Prof. für Literaturkritik an verschiedenen Universitäten.
Neben philosoph. Studien (›Permanence
and change. An anatomy of purpose‹,
1935, Neudr. 1965) und literaturkrit.
Schriften (›Dichtung als symbol. Handlung. Eine Theorie der Literatur‹, 1941,
dt. 1966), in denen er die Technik des
›close reading‹ der New Critics mit linguist., psycholog., theolog. und soziolog.
Erkenntnissen verbindet, schreibt er
auch Kurzgeschichten (›The complete
white oxen‹, 1968) und Gedichte (›Collected poems, 1915–1967‹, 1968); bed.
als Übersetzer von Th. Mann, E. Ludwig,
O. Spengler und H. von Hofmannsthal.
Literatur: RUECKERT, W. H.: K. B. and the
drama of human relations. Minneapolis (Minn.)
1963. – KIMBERLING, C. R.: K.B.'s dramatism
and popular arts. Bowling Green (Ohio) 1982. –
Representing K. B. Hg. v. H. WHITE u. M. BROSE.
Baltimore (Md.) 1983.

Burkhart (Burkart) **von Hohenfels,**
schwäb. Minnesänger aus der 1. Hälfte
des 13. Jahrhunderts. – Urkundlich
nachgewiesen zwischen 1212 und 1242;
dichtete bilderreiche [Minne]lieder im

höf. Stil, wobei er zahlreiche volkstüml.
Elemente verwendete (Einfluß Walthers
von der Vogelweide und Neidharts von
Reuenthal).
Literatur: JAEHRLING, H.: Die Gedichte B.s v. H.
Hamb. 1970. – MERTENS, V.: B. v. H. In: Lex.
des MA. Bd. 2. Mchn. u. Zü. 1983.

Burla (tl.: Burlā), Jehuda, * Jerusalem
18. Sept. 1886, † Tel Aviv-Jaffa 7. Nov.
1969, israel. Schriftsteller. – Stammt aus
einer sephard. Jerusalemer Rabbinerfa-
milie; wurde Lehrer; schrieb von den
ostjüd. Erzählern sowie von der dt. sozialist. und russ. Literatur beeinflußte Romane und Erzählungen über das Leben
der oriental. Juden. Dt. erschien 1937 die
Novelle ›In den Sternen geschrieben‹.
Literatur: WAXMAN, M.: A history of Jewish literature. New York 1960. S. 189. – Enc. Jud.,
Bd. 4, 1972, S. 1524.

burlesk [frz., zu italien. burla = Spaß,
Posse], seit der Mitte des 16. Jh. in Italien
charakterisierend für eine neue Stilart
derben Spotts verwendet (z. B. F. Berni
u. a. ›Opere burlesche‹, 1552), seit 1643
auch in Frankreich (P. Scarron, ›Recueil
de quelques vers burlesques‹). Durch
Scarrons Äneisparodie ›Le Virgile trave-
sti‹ (1648–52) wird die Bez. b. bis zu Marivaux in Frankreich kennzeichnend für
das Verfahren der Epenparodie: skurrile
Verwandlung des Erhabenen ins Alltägli-
che, Reduktion des intellektuellen, seel.
Bereichs aufs Physiologische. Dieser
›b.e‹ Stil greift seit der 2. Hälfte des
17. Jh. auf England über, z. B. S. Butler,
›Hudibras‹ (1663–78, dt. 1765), oder
J. Gay, ›Die Bettleroper‹ (1728, dt. 1960,
erstmals dt. 1770). In Deutschland wird
der Begriff b. seit D. G. Morhof (1682)
diskutiert und als eine Form des Komischen bestimmt, die, ohne satir. Absicht, die hohen und erhabenen Seiten
menschl. Handelns durch Beziehung auf
seine natürlich-physiolog. Wirklichkeit
relativiert. – In der Literaturkritik wird
die Bez. b. auch auf andere und wesentlich ältere Werke der Weltliteratur übertragen, z. B. auf die ›Batrachomyoma-
chia‹, die antipetrarkist. Lyrik u. a.
Literatur: FLÖGEL, K. F.: Gesch. des Burlesken.
Lpz. 1794. – WEST, A. W. H.: L'influence française dans la poésie burlesque en Angleterre,
entre 1660 et 1700. Paris 1930. – BAR, F.: Le
genre burlesque en France au XVIIᵉ siècle. Paris
1960. – WERNER, D.: Das Burleske. Diss. FU

Bln. 1968. – GENETTE, G.: Palimpsestes. Paris 1982.

Burleske, zu ↑burlesk gebildeter Begriff für ein kürzeres, derb-kom. Improvisationsstück in der Art der Commedia dell'arte, dann auch für ein Werk, das der Posse und Farce nahesteht. Ein bekanntes Beispiel ist Goethes Stück ›Götter, Helden und Wieland‹ (1774).
Literatur: KITCHIN, G.: A survey of burlesque and parody in English. Edinburgh u. London 1931. Nachdr. New York 1967. – HEMPEL, W.: Parodie, Travestie u. Pastiche. In: German.-Roman. Mschr. N. F. 15 (1965), S. 150.

Burliuk, David [engl. bɔ:'lju:k], russ. Dawid Dawidowitsch Burljuk, * Semirotowschtschina (Gouv. Charkow) 21. Juli 1882, † New York 10. Febr. 1967, russ.-amerikan. Maler und Schriftsteller. – 1910 gründete er mit W. W. Majakowski u. a. in Moskau die erste Futuristengruppe (Manifest 1912). 1920 verließ B. Rußland, ging nach Japan und 1922 nach New York. Um 1910 entwickelte er den ›Kubofuturismus‹, in dem splittrige Formen zu Bewegungsabläufen geordnet sind. – 1924 erschien von ihm eine Gedichtsammlung in New York.
Literatur: DREIER, K. S.: B. New York 1944. 2 Tle.

Burman, Ben Lucien [engl. 'bɜ:mən], * Covington (Ky.) 12. Dez. 1895, † New York 12. Nov. 1984, amerikan. Schriftsteller. – Schrieb Romane über das Leben am Mississippi (›Mississippi‹, 1929; ›Steamboat round the bend‹, 1933; ›Der große Strom‹, 1938, dt. 1939) und in Nordafrika (›Straße des lachenden Kamels‹, 1959, dt. 1962), ferner eine Serie von Tierfabeln (›Ein Waschbär erzählt vom Hochwasser in der Katzfisch-Bucht‹, 1952, dt. 1958; ›Der Waschbär gibt nicht auf‹, 1961, dt. 1970; ›Hochverrat in der Katzfischbucht‹, 1977, dt. 1980; ›Friedensfest in der Katzfischbucht‹, 1980, dt. 1982).

Burnett, Frances Eliza Hodgson [engl. bɔ'nɛt, 'bɔ:nɪt], * Manchester 24. Nov. 1849, † Plandome (N.Y.) 29. Okt. 1924, amerikan. Schriftstellerin engl, Herkunft. – Wanderte 1865 nach den USA aus (1905 naturalisiert); wurde zunächst durch Romane aus dem Leben der engl. Bergleute bekannt, schrieb dann vorwiegend Kinderliteratur, u. a.

›Der kleine Lord‹ (R., 1886, dramatisiert 1888, dt. 1904).

Burney, Fanny [engl. 'bɔ:nɪ], eigtl. Frances B., verh. d'Arblay, * King's Lynn 13. Juni 1752, † London 6. Jan. 1840, engl. Schriftstellerin. – Heiratete 1793 den emigrierten frz. General Alexandre d'Arblay; lebte 1802–12 in Frankreich. Schrieb Romane, Bühnenstücke und Tagebücher, in denen sie Zeitgenossen porträtierte (S. Johnson, D. Garrick u. a.) und ihre Erlebnisse als Hofdame verwertete. Erfolgreich waren v. a. ihre Romane (›Evelina‹, 3 Bde., 1778, dt. 1930; ›Cecilia‹, 5 Bde., 1782; ›Camilla‹, 5 Bde., 1796; ›Wanderer‹, 5 Bde., 1814), in denen sie amüsant, gelegentlich auch etwas boshaft, Ereignisse aus dem Leben der bürgerl. Gesellschaft schilderte.
Ausgaben: The journals and letters of F. B. Hg. v. J. HEMLOW. Oxford 1972–81. 10 Bde. – The early journals and letters of F. B. Hg. v. L. E. TROIDE. Oxford 1988–1990. 2 Bde. – The complete plays of F. B. Hg. v. P. SABOR u. a. London 1994.
Literatur: KILPATRICK, S.: F. B. Briarcliff Manor (N. Y.) 1981. – DEVLIN, D. D.: The novels and journals of F. B. London 1986. – DOODY, M. A.: Frances B.: the life in the works. Cambridge 1988. – ROGERS, K. M.: Frances B. The world of ›female difficulties‹. Hemel Hempstead/New York 1990.

Burns, Alan [engl. bɔ:nz], * London 29. Dez. 1929, engl. Schriftsteller. – Schreibt experimentelle, durch Fragmentierung, Collage und surreale Bildlichkeit gekennzeichnete Romane, häufig um die Themen Gewalt und Tod. So schildern die von Bildern M. Ernsts und Pieter Brueghels des Älteren inspirierten Romane ›Europe after the rain‹ (1965) und ›Babel‹ (1969) das Chaos des modernen Lebens.
Weitere Werke: Dreamerika! (R., 1972), The angry brigade (R., 1973), Memento Palach (Dr., UA 1970, gedr. 1974, dt. 1972), The day daddy died (R., 1981), Revolutions of the night (R., 1986).

Burns, Robert [engl. bɔ:nz], * Alloway bei Ayr 25. Jan. 1759, † Dumfries 21. Juli 1796, schott. Dichter. – Stammte aus einer armen Bauernfamilie; seine Bildung war teils vom Vater vermittelt, teils autodidaktisch erworben; freudlose Jugend. Hatte großen Erfolg mit seiner ersten Gedichtpublikation (›Poems chiefly in the

Scottish dialect‹, 1786). Er verlor jedoch die Sympathien seiner Gönner wegen seines freien Lebenswandels, seiner Klerikersatiren und seiner positiven Einstellung zur Frz. Revolution. Gegen Ende seines Lebens wachsende Neigung zu alkohol. Exzessen. Bedeutendster schott. Dichter neben W. Scott und Vorläufer der Romantik. In seinen volkstüml. lyr. und ep. Dichtungen verwertet er oft alte schott. Quellen. Wegen ihres drast. Humors wurde die urwüchsige, balladeske Verserzählung ›Tam o' Shanter‹ (1790, dt. 1839) berühmt. B. schrieb ferner anschaul. Naturlyrik, schlichte Liebesgedichte, [pro-schott., patriot.] Lieder (›My heart's in the Highlands‹, ›Auld lang syne‹), die zu Volksliedern wurden, auch humorvolle, ländl. Idyllen.

Robert Burns (Zeichnung nach einem Gemälde von A. Nasmyth).

Ausgaben: R. B. Lieder u. Balladen. Dt. Übers. Lpz. ²1886. – R. B. Poetry. Hg. v. W. E. HENLEY u. TH. F. HENDERSON. Edinburgh 1896–97. 4 Bde. Neuausg. in 1 Bd. Edinburgh 1901. – R. B. Complete works. London u. Glasgow 1937. – R. B. Poems and songs. Hg. v. J. KINSLEY. London u. New York 1969. – R. B. Liebe u. Freiheit. Lieder u. Ged. zweisprachig. Hg. v. R. CAMERER u. a. Hdbg. 1988. **Literatur:** FITZHUGH, R. T.: R. B. The man and the poet. Boston (Mass.) 1970. – DOUGLAS, H.: R. B. A life. London 1976. – LINDSAY, M.: R. B. The Burns encyclopedia. New York 1980. – FOWLER, R. H.: R. B. London 1988. – BOLD, A.: A B. companion. London 1991.

Burroughs, Edgar Rice [engl. 'bʌrooz], * Chicago 1. Sept. 1875, † Los Angeles 19. März 1950, amerikan. Schriftsteller. – Verfasser der bekannten phantast. ›Tarzan‹-Romane, deren erster Band, ›Tarzan bei den Affen‹ (1914, dt.

1924), zahlreiche Fortsetzungen hatte, die in über 50 Sprachen übersetzt sowie verfilmt wurden und seit 1929 auch den Stoff für eine populäre Comic strip-Serie lieferten. Daneben auch Science-fiction; am bekanntesten wurde die Serie der Mars-Romane, u. a.: ›Die Prinzessin vom Mars‹, 1917, dt. 1972; ›Die Götter des Mars‹, 1918, dt. 1972; ›Synthetic men of Mars‹, 1940.

Weitere Werke: Tarzans Rückkehr aus dem Urwald (R., 1915, dt. 1924), Tarzans Tiere (R., 1916, dt. 1925), Piraten der Venus (R., 1934, dt. 1970), Auf der Venus verschollen (R., 1935, dt. 1970), The wizard of Venus (R., hg. 1970). **Literatur:** HEINS, H. H.: A golden anniversary bibliography of E. R. B. West Kingston (R. I.) 1964. – FARMER, PH. J.: Tarzan alive. Garden City (N.Y.) 1972. – PORGES, I.: E. R. B. Provo (Utah) 1975. – LUPOFF, R. A.: Barsoom: E. R. B. and the martian vision. Baltimore 1976. – HOLTSMARK, E. B.: Tarzan and tradition. Classical myth in popular literature. Westport 1981.

Burroughs, John [engl. 'bʌrooz], * bei Roxbury (N.Y.) 3. April 1837, † in Ohio 29. März 1921, amerikan. Schriftsteller. – Freund von W. Whitman und Th. Edison; stark von R. W. Emerson und bes. H. D. Thoreau angeregt, dessen Gabe der Naturschilderung ihn begeisterte; in seinen Naturessays, die er als literar. Genre etablierte, verbindet er Beobachtung und Reflexion im Sinne des amerikan. Transzendentalismus; Studien über Whitman. **Werke:** Birds and poets (Essays, 1877), Riverby (Essays, 1894), Literary values (Essays, 1902), Time and change (Essays, 1912). **Ausgabe:** The writings of J. B. New York 1904–29. 23 Bde. **Literatur:** BARRUS, C.: The life and letters of J. B. Boston (Mass.) u. New York 1925. 2 Bde. – SWIFT, H. H.: The edge of April. New York 1957. – WESTBROOK, P.: J. B. New York 1974.

Burroughs, William S[eward] [engl. 'bʌrooz], * Saint Louis (Mo.) 5. Febr. 1914, amerikan. Schriftsteller. – Abgebrochene Studien der Anthropologie (Harvard University) und Medizin (Wien), rastloses Leben und Reisen in den USA, in Mexico und Südamerika; Aufenthalte in Tanger, Paris, London (1953–74), Rückkehr in die USA, lebt in Lawrence (Kans.). Rauschgiftsüchtig von 1944 bis 1957 (›Junkie. Bekenntnisse eines unbekehrten Rauschgiftsüchtigen‹, 1953, dt. 1963; unzensierte Fassung: ›Junky‹, 1977); zus. mit J. Kerouac und

A. Ginsberg einer der bedeutendsten Vertreter der avantgardist. Beat generation. Drogeninduzierte Halluzinationen und persönl. Erfahrungen bestimmen seinen bekanntesten Roman, ›The naked lunch‹ (1959, dt. 1962), sowie die Romantrilogie ›Soft machine‹ (1961, dt. 1971), ›The ticket that exploded‹ (1962), ›Nova express‹ (1964, dt. 1970), in denen hinter der apokalypt. Vision einer technisierten Welt die satir. Absicht B.s erscheint. Ähnlich der Collage in der Malerei und der Montage im Film verwendet er in Anlehnung an den Maler Brion Gysin, aber auch an T. Tzara, G. Stein, T. S. Eliot und J. Dos Passos, die Cut-up-Methode, um die durch die Sprache ausgeübten geistigen Kontrollsysteme der Gesellschaft zu durchbrechen. Die Radikalität dieser Technik weicht seit ›Die wilden Boys‹ (R., 1971, dt. 1980) konventionellen Erzählmitteln der Popliteratur und einer noch stärkeren Hinwendung zur eigenen, von Sexualität als befreiender, kreativer Kraft bestimmten Person der Kindheit und Jugend (›Exterminator!‹, R., 1973), die allerdings Todesahnung mit einschließt (›Dead roads‹, R., 1983, dt. 1985).

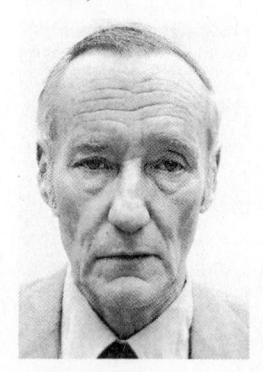

William
S. Burroughs

Weitere Werke: Die letzten Worte von Dutch Schultz (R., 1970, dt. 1971), Die Städte der roten Nacht (R., 1981, dt. 1982), Western lands (R., 1987, dt. 1988).
Literatur: ODIER, D.: Der Job. Interview mit W. S. B. Dt. Übers. Köln 1973. – TYTELL, J.: Naked angels. The lives and literature of the Beat generation. New York 1976. – MAYNARD, J./MILES, B.: W. S. B. A bibliography, 1953–73. Charlottesville (Va.) 1978. – GOODMAN, M. B.: Contemporary literary censorship. The case history of B.' Naked Lunch. Metuchen (N. J.) 1981. – MILES, B.: W. S. B. Eine Biographie. Dt. Übers. Hamb. 1994.

Burssens, Gaston [niederl. 'bʏrsəns], * Dendermonde 18. Febr. 1896, † Antwerpen 29. Jan. 1965, fläm. Lyriker. – Schrieb Gedichte im Stil des Expressionismus, teils mit surrealist. Einschlag, anfangs stark experimentell, später in klass. Form. Seine bedeutendste Gedichtsammlung ist ›Pegasus van Troja‹ (1952); auch Prosa (›Fabula rasa‹, 1945).

Burte, Hermann, eigtl. H. Strübe, * Maulburg bei Lörrach 15. Febr. 1879, † Lörrach 21. März 1960, dt. Schriftsteller und Maler. – Von F. Nietzsche entscheidend beeinflußt, schrieb B. einst vielgespielte Dramen und den Weltanschauungsroman ›Wiltfeber der ewige Deutsche‹ (1912), der in völkischer Gesinnung ein germanisch-nationales Sendungsbewußtsein verherrlicht. Daneben formalkonservative Lyrik, Mundartgedichte, Übersetzungen.

Weitere Werke: Patricia (Sonette, 1910), Katte (Dr., 1914), Madlee (Ged., 1923), Anker am Rhein (Ged., 1938), Psalter um Krist (Ged., 1953), Stirn unter Sternen (Ged., 1957).

Burton, Robert [engl. bə:tn], Pseudonym Democritus Junior, * Lindley (Leicester) 8. Febr. 1577, † Oxford 25. Jan. 1640, engl. Schriftsteller. – Studierte in Oxford, lebte dort als Gelehrter, hatte auch geistl. Ämter. Sein Nachruhm beruht auf dem Buch ›The anatomy of melancholy‹ (1621, danach mehrfach erweitert; teilweise dt. 1952 u. d. T. ›Schwermut der Liebe‹). Es beschreibt die Melancholie als Modekrankheit der Zeit und schlägt Therapien vor, schwillt aber zu einer umfassenden Betrachtung des Lebens und der Torheiten des Menschen und der Gesellschaft an und kompiliert dafür in üppiger Zitierung medizin., naturwiss., philosoph. und literar. Wissen. Der Prosastil ist von barocker Vielseitigkeit. B. verfaßte auch die 1617 in Oxford aufgeführte lat. Komödie ›Philosophaster‹.

Ausgaben: R. B. Die Anatomie der Melancholie. Dt. Ausw. v. W. v. KOPPENFELS. Mainz 1988. – R. B. The anatomy of melancholy. Hg. v. TH. C. FAULKNER u. a. Oxford 1989 ff. Auf 3 Bde. berechnet (bisher 2 Bde. erschienen).

Literatur: BABB, L.: Sanity in Bedlam. A study of R. B.'s Anatomy of Melancholy. East Lansing (Mich.) 1959. – SIMON, J. R.: R. B. (1577–1640) et l'anatomie de la mélancolie. Paris 1964. – FOX, R. A.: The tangled chain. The structure of disorder in the Anatomy of Melancholy. Berkeley (Calif.) u. London 1976. – O'CONNELL, M.: R. B. Boston (Mass.) 1986.

Bury, Richard de [engl. ˈbɛrɪ], eigtl. R. Aungerville, * bei Bury Saint Edmunds (Suffolk) 24. Jan. 1287, † Durham 14. April 1345, englischer Bibliophile und Schriftsteller. – War Erzieher Eduards III., als dieser noch Prince of Wales war; wurde 1333 Bischof von Durham, 1334 Lordkanzler. Leidenschaftl. Büchersammler; schrieb in lat. Sprache den berühmten Traktat über die Bibliophilie ›Philobiblon‹ (erster Druck 1473, dt. 1912).

Ausgabe: Ricardus d'Aungerville. Philobiblon. Krit. Ausg. Hg. v. A. ALTAMURA. Neapel 1954.

Busch, Wilhelm, * Wiedensahl bei Stadthagen 15. April 1832, † Mechtshausen (heute zu Seesen) 9. Jan. 1908, dt. Schriftsteller, Zeichner und Maler. – Studium am Polytechnikum in Hannover, an den Kunstschulen in Düsseldorf, Antwerpen und München. Dort Mitarbeiter der ›Fliegenden Blätter‹ und der ›Münchner Bilderbogen‹ (1859–71), nachdem er sich auch als Laiendarsteller, Verfasser von Singspielen und Sammler von Märchen, Sagen und Liedern (›Ut oler Welt‹) betätigt hatte. B. ist Meister des epigrammat. knappen Textes, verbunden mit satir. Bilderfolgen, die das in den kom. Kulminationspunkten scharf Beobachtete in einfachste Linien und Sentenzen auflösen. B., der von Ch. Darwin und A. Schopenhauer beeinflußt war, gibt damit seiner skeptisch-distanzierten Weltsicht und der Forderung nach einer menschlicheren Gesellschaft Ausdruck; gleichzeitig stellt er das Spießbürgertum in seiner Verlogenheit und Selbstzufriedenheit bloß. In der Meinung, ›für die Gesellschaft nicht genug dressiert zu sein‹, zog er sich früh in seinen Geburtsort zurück und übersiedelte 1899 nach Mechtshausen. Dort entstanden die Lyrikbände ›Kritik des Herzens‹ (1874), ›Zu guter Letzt‹ (1904) und ›Sein und Schein‹ (hg. 1909). Neben den Bildergeschichten, die ihn berühmt machten (v. a. ›Max und Moritz‹, 1865), sind zahlreiche selbständige Graphikblätter erhalten; als Maler (dessen Werkverzeichnis rund 950 Bilder umfaßt, die, von der niederländ. Malerei des 17. Jh. beeinflußt, dem Frühimpressionismus zugerechnet werden können) wurde er erst nach seinem Tod bekannt.

Wilhelm Busch (Selbstbildnis, 1894)

Weitere Werke: Bilderpossen (1864), Der Hl. Antonius von Padua (1870), Die fromme Helene (1872), Herr und Frau Knopp (1876), Maler Klecksel (1884), Eduards Traum (Prosa, 1891), Der Schmetterling (E., 1895).

Ausgaben: W. B. Sämtl. Werke. Hg. v. O. NÖLDEKE. Mchn. 1943. 8 Bde. – W. B. Gesamtausg. Hg. v. O. NÖLDEKE. Mchn. ⁴1958. 6 Bde. – W. B. Histor.-krit. Gesamtausg. Hg. v. F. BOHNE. Zü. 1960. 4 Bde. – W. B. Das Gesamtwerk des Zeichners u. Dichters. Hg. v. H. WERNER. Stg. 1967. 6 Bde. – W. B. Sämtl. Briefe. Kommentierte Ausg. Hg. v. F. BOHNE. Hann. 1968–69. 2 Bde. Nachdr. Hann. 1982.

Literatur: NOVOTNY, F.: W. B. als Zeichner u. Maler. Wien 1949. – LOTZE, D. P.: W. B. Boston (Mass.) 1979. – BEER, U.: ›... gottlos u. beneidenswert‹. W. B. u. seine Psychologie. Mchn. 1982. – UEDING, G.: W. B. Das 19. Jh. en miniature. Neuausg. Ffm. 1986. – KRAUS, J.: W. B. Rbk. 48.–50. Tsd. 1991. – SICHELSCHMIDT, G.: W. B. Von der Weisheit des Herzens. ... Eine Biogr. Düss. 1992. – WESSLING, B. W.: W. B. Philosoph mit spitzer Feder. Mchn. 1993.

Büscher, Josef, * Oberhausen 10. März 1918, † Gelsenkirchen 19. Sept. 1983, dt. Schriftsteller. – Stammte aus einer Bergmannsfamilie, 1945–73 Bergmann; schriftueller. Tätigkeit seit 1945, Gründungsmitglied der Dortmunder Gruppe 61; beschrieb in seinen Gedichten und Erzählungen den Alltag der Bewohner des Ruhrgebiets.

Werke: Auf allen Straßen (Ged., 1964), Gedichte (1965), Stechkarten (Texte, 1971), Sie erkannten ihre Macht (Schsp., 1976), Zwischen Tackenberg und Rothebusch (En., 1978).

Busenello (Businello), Giovanni Francesco [italien. buze'nɛllo, buzi'nɛllo], * Venedig 1598, † Legnaro (Padua) 1659, italien. Dichter. – Marinist; dichtete auch in venezian. Mundart; Librettist F. Cavallis und C. Monteverdis (›L'incoronazione di Poppea‹, 1642).

Busi, Aldo, * Montichiari (Prov. Brescia) 25. Febr. 1948, italien. Schriftsteller. – Schrieb sich in den 1980er Jahren mit umstrittenen, teilweise autobiographisch geprägten Romanen und Reisetagebüchern in die erste Reihe der neueren Literatengeneration Italiens. Bes. Aufsehen wegen vermeintl. Obszönität erregte er mit dem Roman ›Sodomie in corpo 11‹ (1988). Nebenher auch Übersetzer. (u. a. Goethe, L. Caroll) und journalist. Tätigkeit.

Weitere Werke: Seminar über die Jugend (R., 1984, dt. 1989), La delfina bizantina (R., 1986), Altri abusi (1989), Le persone normali (R., 1992), Manuale del perfetto gentilomo (Essay, 1992), Vendita galline km 2 (R., 1993).

Busken Huet, Conrad [niederl. 'bʏskə hy'ɛt], * Den Haag 28. Dez. 1826, † Paris 6. Mai 1886, niederl. Schriftsteller. – Entstammte einer hugenott. Familie, studierte kalvinist. Theologie; theolog. Kritiker (›Brieven over den bijbel‹, 1858). Sein Vorbild als literar. Kritiker war Ch. A. Sainte-Beuve; seine literar. Kritiken wurden 1881–88 u. d. T. ›Litterarische fantasiën en kritieken‹ in 26 Bänden herausgegeben.

Weitere Werke: Rembrandt's Heimath (3 Bde.), 1862–64, dt. 2 Bde., 1886/87), Lidewyde (R., 1868, dt. 1874).

Ausgabe: C. B. H. Verzamelde werken. Haarlem 1912. 40 Bde.

Buson, jap. Dichter, ↑ Josa Buson.

Busse, Carl, Pseudonym Fritz Döring, * Lindenstadt (heute zu Międzychód, Woiwodschaft Posen) 12. Nov. 1872, † Berlin 3. Dez. 1918, dt. Schriftsteller. – Journalist; begann, von Th. Storm und D. von Liliencron beeinflußt, mit neuromant. Lyrik; später folgten zahlreiche Unterhaltungsromane und Erzählungen, in denen er seine Heimat, bes. die westpreuß. Kleinstadt, schilderte; auch literarhistor. Schriften.

Werke: Gedichte (1892), Ich weiß es nicht (Autobiogr., 1892), Träume (Nov.n, 1895), Jugendstürme (R., 1896), Jadwiga (R., 2 Bde., 1899), Die Schüler von Polajewo (Nov.n, 1901), Vagabunden (Ged., 1901), Im poln. Wind (En., 1906), Das Gymnasium zu Lengowo (R., 2 Bde., 1907), Lena Küppers (R., 2 Bde., 1910), Flugbeute (En., 1914), Sturmvogel (Nov.n, 1917).

Busse, Hermann Eris, * Freiburg im Breisgau 9. März 1891, † ebd. 15. Aug. 1947, dt. Schriftsteller. – Volksschullehrer; schrieb vorwiegend volkstüml. Bauern- und Heimatromane der alemann. Landschaft in kraftvoller Sprache; erwähnenswert ist seine Romantrilogie ›Bauernadel‹ (1930: ›Das schlafende Feuer‹, 1929; ›Markus und Sixta‹, 1929; ›Der letzte Bauer‹, 1930), die sich mit dem Einbruch der Technik in altes Brauchtum auseinandersetzt.

Weitere Werke: Opfer der Liebe (En., 1926), Peter Brunnkant (R., 1927), Das Jahr der Seele (Ged., 1932), Der Tautr
äger (R., 1938), Der Erdgeist (Saga, 1939).

Bussy-Rabutin [frz. bysiraby'tɛ̃], eigtl. Roger de Rabutin, Graf von Bussy, * Épiry (Nièvre) 13. April 1618, † Autun 9. April 1693, frz. Schriftsteller. – Vetter der Madame de Sévigné; General; Mitglied der Académie française (1665); fiel bei Hof in Ungnade wegen seiner zuerst handschriftlich verbreiteten und 1665 in Lüttich gedruckten ›Histoire amoureuse des Gaules‹ (dt. 1666), die den Lebenswandel einer Reihe von Hofdamen bloßstellte und B.-R. 1665/66 in die Bastille brachte.

Weitere Werke: Mémoires (2 Bde., hg. 1696), Correspondance (hg. 1696).

Literatur: ORIEUX, J.: B.-R., le libertin galant homme (1618–1693). Paris 1958, Neuaufl. 1969. – ROUBEN, C.: B.-R. épistolier. Paris 1974. – DUCHÊNE, J.: B.-R. Paris 1992.

Busta, Christine, eigtl. Ch. Dimt, * Wien 23. April 1915, † ebd. 3. Dez. 1987, österr. Lyrikerin. – Studium der Germanistik und Anglistik, ab 1950 Bibliothekarin in Wien. B. gestaltet in ihren Gedichten, die von mytholog. und christl. Themen geprägt sind, aktuelle Lebensprobleme, wobei sie die Schöpfungsgeschichte als Ausgangspunkt für die Kritik an der heutigen Welt, die vom Menschen gefährdet ist, nimmt; erhielt 1969 den Großen Österr. Staatspreis.

Werke: Der Regenbaum (Ged., 1951), Lampe und Delphin (Ged., 1955), Die Scheune der Vö-

gel (Ged., 1958), Die Sternenmühle (Ged. für Kinder, 1959), Unterwegs zu älteren Feuern (Ged., 1965), Salzgärten (Ged., 1975), Wenn du das Wappen der Liebe malst (Ged., 1981), Inmitten aller Vergänglichkeit (Ged., 1985), Der Regenengel (Legenden, hg. 1988).
Literatur: HATZENBICHLER, I.: Motive u. Themen in der Lyrik Ch. B.s. Diss. Graz 1979.

Bustani, Al, Sulaiman, * Bkischtain 22. Mai 1856, † New York 1. Juni 1925, christl.-libanes. Schriftsteller und Politiker. – 1908 Abgeordneter von Beirut in Konstantinopel, 1913 für kurze Zeit Minister für Handel und Landwirtschaft, 1924 Auswanderung nach den USA. Für die moderne arab. Renaissance v.a. als Schriftsteller von Bedeutung; übersetzte zum ersten Mal die ›Ilias‹ ins Arabische (1904).
Literatur: Enc. Islam, Suppl., Fasz. 3–4, ²1981, S. 161.

Bustos Domecq, H. [span. 'busto̞z ðo'mɛk], gemeinsames Pseudonym der argentin. Schriftsteller Jorge Luis ↑ Borges und Adolfo ↑ Bioy Casares.

Bustrophedon [griech. = in der Art der Ochsenkehre (beim Pflügen)] (Furchenschrift), regelmäßiger Wechsel der Schreibrichtung von Zeile zu Zeile in altgriech. und altlat. Inschriften. Eventuell Zwischenstadium zwischen phönik. Linksläufigkeit und europ. Rechtsläufigkeit der Schrift; vereinzelt auch in Runeninschriften.

Butler, Frederick Guy [engl. 'bʌtlə], * Cradock (Kapprovinz) 21. Jan. 1918, südafrikan. Kritiker, Lyriker und Dramatiker. – Deutet in seinen Dramen die südafrikan. Rassenproblematik oft ins Persönliche und Symbolische um.
Werke: Stranger to Europe (Ged., 1952), The dam (Dr., 1953), The dove returns (Dr., 1956), South of the Zambesi (Ged., 1966), Cape Charade (Dr., 1968), Root or die (Dr., 1970), Selected poems (Ged., 1975), Karoo morning (Autobiogr., 1977), Songs and ballads (1978), Richard Gush of Salem (Dr., 1982), Bursting world (Autobiogr., 1983).

Butler, Samuel [engl. 'bʌtlə], ≈ Strensham (Worcestershire) 8. Febr. 1612, † London 25. Sept. 1680, engl. Schriftsteller. – Stammte aus bäuerl. Familie; konservative, royalist. Erziehung; wurde zunächst Page der Gräfin von Kent, stand dann während der Regie-

rungszeit O. Cromwells als Sekretär im Dienst des hohen puritan. Beamten Sir Samuel Luke, schloß sich aber nach der Restauration den Anhängern der Stuarts an; starb in Armut. B.s Hauptwerk, das von Cervantes' ›Don Quijote‹ beeinflußte komisch-heroische Epos ›Hudibras‹ (3 Bde., 1663–78, dt. von J. J. Bodmer, 1765), ist eine gegen die Schwächen des Puritanismus gerichtete Verssatire. Form und Handlung sind sorglos konstruiert; prägnanter Witz und gelungene Satire machten das Werk zu einem der bedeutendsten parodist. Bücher der engl. Literatur. Weniger bekannt wurden B.s satir. Charakterskizzen.
Ausgabe: S. B. Complete works. Hg. v. A. R. WALLER u. R. LAMAR. London 1905–28, 3 Bde.
Literatur: RICHARDS, E. A.: Hudibras in the burlesque tradition. New York 1937. Neuaufl. New York 1972. – WASSERMANN, G. R.: S. ›Hudibras‹ B. Boston (Mass.) 1976.

Butler, Samuel [engl. 'bʌtlə], * Langar (Nottinghamshire) 4. Dez. 1835, † London 18. Juni 1902, engl. Schriftsteller. – Brach sein Theologiestudium ab und ging als Schafzüchter nach Neuseeland; führte ab 1865 ein zurückgezogenes Leben in London. Maler, Musiker und Romancier, verfaßte auch Schriften zur Kunsttheorie und wandte sich in Essays gegen den Mechanismus der Darwinschen Evolution. Verfaßte auch originelle Beiträge zu Fragen der Shakespeare- und Homerforschung; Homerübersetzungen in Prosa. Gibt in seinem utop. Roman ›Ergindwon oder Jenseits der Berge‹ (1872, dt. 1879; Fortsetzung: ›Erewhon revisited‹, R., 1901) ein satir. Zerrbild einer grotesken Welt. Der Roman ›Der Weg allen Fleisches‹ (entst. 1872–84, hg. 1903, dt. 1929) verbindet Autobiographisches mit dichter. Gestaltung von seinen Ideen und Theorien. B.s Bedeutung beruht auf seiner Rolle als Mitgestalter der nachviktorian. engl. Literatur; starker Einfluß auf G. B. Shaw.
Ausgabe: S. B. The Shrewsbury edition of the works. Hg. v. H. F. JONES u. A. T. BARTHOLOMEW. London 1923–26. 20 Bde.
Literatur: JONES, H. F.: S. B. A memoir. Folcroft (Pa.) 1919. Neuaufl. 1973. 2 Bde. – FURBANK, P. N.: S. B. 1835–1902. Cambridge (Mass.) 1948. Hamden (Conn.) ²1971. – SIMONSEN, K.: Erzähltechnik u. Weltanschauung in S. B.s literar. Werken. Bern u. Ffm. 1974. – JEFFERS, TH.: S. B.

94 **Butor**

revalued. University Park (Pa.) 1981. – Breuer, H.-P./Parsell, R. (Hg.): S. B., an annotated bibliography. New York 1990. – Raby, P.: S. B., a biography. London u. a. 1991.

Butor, Michel [frz. by'tɔːr], *Mons-en-Barœul (Nord) 14. Sept. 1926, frz. Schriftsteller. – Studierte Philosophie in Paris, war Lehrer, dann Verlagslektor; seit 1975 Prof. für modernes Französisch an der Univ. Genf. Bed. Vertreter und Theoretiker des Nouveau roman; beeinflußt u. a. von M. Proust und J. Joyce. Die traditionellen Erzählformen entsprechen nach seiner Meinung nicht mehr den Gegebenheiten einer veränderten Erfahrungswelt, weshalb es unmöglich ist, alle neu auftauchenden vielschichtigen Informationen und Beziehungen mit den bisher übl. Mitteln eines allwissenden Autors zu erfassen und zu gestalten. Der Roman wird deshalb zu einem komplexen System verschiedenartigster Bedeutungsbeziehungen der Wirklichkeitserfahrung. Dem entspricht eine unlösbare Einheit von Realismus, Symbolismus und Naturalismus. Diese Theorie suchte B. in seinen Romanen ins Dichterische umzusetzen. Er schrieb außerdem auch Hörspiele und Gedichte sowie zahlreiche Prosatexte und Essays zu Literatur, Malerei und Musik.

Michel Butor

Werke: Paris – Passage de Milan (R., 1954, dt. 1967), Der Zeitplan (R., 1956, dt. 1960), Paris–Rom oder Die Modifikation (R., 1957, dt. 1958), Stufen (R., 1960, dt. 1964), Repertoire (Essays, 5 Bde., 1960–82, dt. 3 Bde., 1963–65), Mobile (R., 1962, dt. in: Orte, 1966), Description de San Marco (Ged., 1963, dt. zus. mit Mobile in: Orte, 1966), Illustrations 1–4 (Ged., 1964–76), Bildnis des Künstlers als junger Affe (Prosa, 1967,

dt. 1967), Essais sur le roman (1969), Die Wörter in der Malerei (Prosa, 1969, dt. 1992), Intervalle (E., 1973), Matière de rêves (Prosa, 5 Bde., 1975–85), Boomerang (1978), Envois (Prosa, 1980), Brassée d'avril (1982), Exprès (Envois 2, 1983). – Fenster auf die innere Passage/Fenêtre sur le passage intérieur (Prosa, frz. u. dt. 1986). – Avant-goût 1–4 (Prosa, 4 Bde., 1984–92), Improvisations sur Rimbaud (Essays, 1989), L'embarquement de la reine de Saba, d'après le tableau de Claude Lorrain (Prosa, 1989), Transit A; Transit B. Le génie du lieu 4 (Prosa 1992).
Literatur: Wolfzettel, F.: M. B. u. der Kollektivroman. Hdbg. 1969. – Aubral, F.: B. Paris 1973. – Quéréel, P.: ›La modification‹ de B. Paris 1973. – Thiele, G.: Die Romane B.s. Hdbg. 1975. – Lydon, M.: Perpetuum mobile. A study of the novels and aesthetics of B. Edmonton 1981. – Ringger, K.: M. B. In: Frz. Lit. des 20. Jh. Gestalten u. Tendenzen. Hg. v. W.-D. Lange. Bonn 1986. S. 385. – Fürstenberger, B.: M. B.s literar. Träume. Hdbg. 1989. – La création selon M. B. Hg. v. M. Calle-Gruber. Paris 1991.

Bütow, Hans ['by:to], *Osnabrück 27. Nov. 1900, †Hamburg 11. Okt. 1991, dt. Journalist und Schriftsteller. – Ab 1935 an verschiedenen Zeitungen tätig, u. a. Feuilletonleiter in Mainz und Frankfurt am Main; ab 1954 Leiter der staatl. Pressestelle in Hamburg, 1957 ebd. persönl. Referent des 1. Bürgermeisters. Neben Feuilletonbeiträgen, Essays und Übersetzungen aus dem Englischen schrieb er humorvolle Erzählungen und Romane; seine Erinnerungen erschienen unter dem Untertitel ›Aufzeichnungen eines alten Mannes‹: ›Rede, mein Gedächtnis, rede‹ (1972), ›Dies alles bleibt zurück‹ (1979), ›Willkommen und Abschied‹ (1982).
Weitere Werke: Aus dem Tagebuch eines Reservisten (E., 1940), Schlafende Gorgo (En., 1948), Hände über der See (Skizzen, 1961), Alle Träume dieser Welt (R., 1969), Die Harfe im grünen Feld (R., 1978).

Butschinskaja (tl.: Bučinskaja), Nadeschda Alexandrowna, russ. Schriftstellerin, †Teffi, Nadeschda Alexandrowna.

Butti, Enrico Annibale, *Mailand 19. Febr. 1868, †ebd. 29. Nov. 1912, italien. Schriftsteller. – Wagnerianer; gelangte als Dramatiker und Romancier, vom Naturalismus (Verismus) ausgehend, zu einer mehr idealist. Richtung und zum psycholog. Roman.

Werke: Der Automat (R., 1892, dt. 1905), L'anima (R., 1893), L'incantesimo (R., 1897), Gli atei (Dramentrilogie, 1900–03), Il cuculo (Dr., 1907), Il castello del sogno (Dr., 1910). Literatur: FERRARI, P.: E. A. B. nel teatro del secondo Ottocento. Padua 1971. – GOLINI, V. F.: E. A. B. From idealism to decadentism. Ann Arbor (Mich.) 1977.

Butzenscheibenlyrik, von P. Heyse geprägter, abwertender Ausdruck für episch-lyr. Dichtungen in der Nachfolge J. V. von Scheffels (›Der Trompeter von Säckingen‹, 1854; ›Frau Aventiure‹, 1863; ›Gaudeamus‹, 1868) und seiner Vorläufer G. Kinkel (›Otto der Schütz‹, 1846), O. von Redwitz, O. Roquette (›Waldmeisters Brautfahrt‹, 1851), B. Sigismund (›Lieder eines fahrenden Schülers‹, 1853) u. a. Diese Dichtungen waren seit dem dt.-nationalen Aufschwung nach 1870 bes. beliebt. Thema der B. ist das MA als unwirklich-künstl. Idylle, als heile Welt der Kaiserherrlichkeit, der Ritterkultur, des Minnesangs, der Wein- und Burgenromantik und eines freien Vagantentums. Vertreter der B. sind v. a. Rudolf Baumbach (›Lieder eines fahrenden Gesellen‹, 1878; ›Spielmannslieder‹, 1882) und Julius Wolff (›Singuf‹. Rattenfängerlieder‹, 1881; ›Lurlei‹, 1886; ›Der fahrende Schüler‹, 1900, u. a.), die beim Publikum großen Erfolg hatten und gleichzeitig massiver Kritik der Naturalisten ausgesetzt waren.

Buyrette, Pierre Laurent [frz. bɥiʼrɛt], frz. Schauspieler und Dramatiker, ↑ Belloy, Dormont de.

Buzzati, Dino [italien. budʼdzaːti], eigtl. D. B.-Traverso, * Belluno 16. Okt. 1906, † Mailand 28. Jan. 1972, italien. Schriftsteller. – Studierte Jura, war Journalist, im 2. Weltkrieg Kriegsberichterstatter und Marineoffizier. Chefredakteur des ›Corriere della Sera‹. B. zählt zu den bedeutendsten Schriftstellern des modernen Italien. Sein von F. Kafka und M. Maeterlinck beeinflußtes Erzählwerk behandelt in einer durch Sprache und Form zum Ausdruck gebrachten Dualität von Realismus und symbolhafter Absurdität das Phänomen der Angst und die Fragwürdigkeit menschl. Existenz. Sein Hauptwerk ist der Roman ›Die Festung‹ (1940, dt. 1954, 1942 u. d. T. ›Im vergessenen Fort‹). Den Romanen und Erzählun-

gen entsprechen in der Art die Bühnenwerke, als deren bestes ›Das Haus der sieben Stockwerke‹ (1953, dt. 1953) gilt. Weitere Werke: Die Männer vom Gravetal (R., 1933, dt. 1936), Das Geheimnis des Alten Waldes (R., 1935, dt. 1948), Die sieben Boten (En., 1942, dt. 1957), Das Königreich der Bären (Kinderb., 1945, dt. 1962), Panik in der Scala (R., 1949, dt. 1952), Des Schicksals roter Faden (En., 1954, dt. 1955), Der Hund, der Gott gesehen hatte (En., dt. Ausw. 1956), Esperimento di magia (En., 1958), Amore (R., 1963, dt. 1964), Orphi und Eura (Bildergeschichte, 1969, dt. 1970), Le notti difficili (En., 1971), Il reggimento parte all'alba (En., hg. 1985).

Literatur: KANDUTH, E.: Wesenszüge der modernen italien. Erzählliteratur. Gehalte u. Gestaltung bei B., Piovene u. Moravia. Hdbg. 1968. – SUTTER, C.-D.: D. B. Diss. Zü. 1970. – STEMPEL, U.: Realität des Phantastischen. Unters. zu den Erzählungen D. B.s. Ffm. u. a. 1977. – Cahiers D. B. Paris (seit 1977). – DONAT, J. A.: The restless world of D. B.'s fiction. Diss. New Brunswick (N. J.) 1978. – BAUMANN, B.: D. B. Unterss. zur Thematik in seinem Erzählwerk. Hdbg. 1980. – CASATI, M. R. TAMBLING: The fantastic in the works of B. and Landolfi. Ann Arbor (Mich.) 1981. – LAGANÀ GION, A.: D. B., un autore da rileggere. Venedig 1983. – UNFER, D.: Le frontiere del desiderio. Una lettura di ›Il deserto dei Tartari‹ di D. B. Odense 1984. – WOLFFHEIM, F.: D. B. In: Krit. Lex. der roman. Gegenwartsliteraturen. Hg. v. W.-D. LANGE. Losebl. Tüb. 1984 ff. – SUFFRAN, M./PANAFIEU, Y.: D. B. Paris 1991.

B. V. [engl. ˈbiːˈviː], Pseudonym des schottischen Dichters James ↑ Thomson (* 1834, † 1882).

Byatt, Antonia Susan [engl. ˈbaɪət], * Sheffield 24. Aug. 1936, engl. Schriftstellerin. – Lehrte engl. Literatur in London. In ihren Romanen verbindet sich darsteller. Realismus zunehmend mit symbol., mytholog. und literar. Anspielungen. Nach dem konventionellen Bildungsroman ›Shadow of a sun‹ (1964) verknüpft B. in ›The game‹ (1967) den Konflikt zweier Schwestern mit Anspielungen auf den Garten Eden sowie auf die literar. Kindheitsphantasien der Brontës. Der erste Teil einer geplanten Tetralogie über die Zeit seit der Krönung von Elisabeth II. (1952), der Roman ›The virgin in the garden‹ (1978), verweist auf einer zweiten Ebene auf das Zeitalter von Elisabeth I. (Fortsetzung: ›Still life‹, R., 1985). In ›Besessen‹ (R., 1990, dt. 1993; Booker-Preis 1990) ist Gegenwartsbewußtsein auf fiktive Texte des 19. Jh. bezogen. B. ist auch Verfasserin literaturkrit. Arbeiten (›Wordsworth and Coleridge in their time‹, 1970; ›Degrees of freedom. The novels of Iris Murdoch‹, 1965) hervorgetreten.

Weitere Werke: Sugar and other stories (En., 1987), Angels and insects (1992), Morpho Eugenia (R., 1992, dt. 1994).

Bykaŭ, Wassil Uladsimirawitsch [weißruss. 'bikaṷ], russ. Wassili Wladimirowitsch Bykow, * Bytschki (Gebiet Witebsk) 19. Juni 1924, weißruss. Schriftsteller. – Verfasser von Romanen und Erzählungen, die er selbst ins Russische übersetzte und deren Hauptthema das Erlebnis des Krieges ist. Ins Deutsche wurden u. a. übersetzt ›Die dritte Leuchtkugel‹ (E., 1962, dt. 1964), ›Eine Alpenballade‹ (E., 1964, dt. 1970), ›Die Toten haben keine Schmerzen‹ (R., 1966, dt. 1967), ›Die Schlinge‹ (R., 1970, dt. 1972), ›Wolfsrudel‹ (E., 1974, dt. 1975), ›Zeichen des Unheils‹ (R., 1984, dt. 1984).

Weitere Werke: Die Kiesgrube (R., 1987, dt. 1988), Im Nebel (E., 1987, dt. 1990), Oblava (= Treibjagd, E., 1991).

Ausgabe: W. Bykau. Romane u. Novellen. Dt. Übers. Köln 1985. 2 Bde.

Bylinen [russ. = was gewesen ist], von I. Sacharow (1839) eingeführter Begriff für russ. Heldenlieder (neben der volkstüml. russ. Bez. **Starinen**) nach einer Formel des ›Igorliedes‹ (1187) ›po bylinam‹ (= in Übereinstimmung mit den Ereignissen). B. sind in Rußland bis heute als mündl. Volkskunst lebendig; sie berichten, mehr oder weniger frei und z. T. märchenhaft-phantastisch ausgeschmückt, über histor. Ereignisse und Personen (Wladimir den Heiligen, Iwan den Schrecklichen, Peter den Großen u. a.). Sie bestehen in der Regel aus etwa 500–600 reimlosen Versen beliebiger Länge mit ausgeprägter Mittelzäsur; jeweils nur ein Erzählgerüst und ein gewisser Formelbestand sind fixiert: diese werden im Sprechgesang (begleitet von einem Saiteninstrument) frei improvisierend zu einer Byline ausgestaltet. Die ältesten B. entstanden im 11. und bes. im 12. Jh. in Kiew, dem damaligen (höf.) Kulturzentrum; im 13./14. Jh. in Nowgorod; zur höchsten Blüte gelangten die B. im 16. Jh. in Moskau. Mit der 1551 einsetzenden Verfolgung der berufsmäßigen B.sänger (Skomorochi) und ihrer Verbannung aus Moskau erlosch allmählich der Brauch des B.vortrags in den höheren Schichten. Er lebte in entlegeneren bäuerl. Gebieten Rußlands weiter und wurde zur Volkskunst; anstelle von Berufssängern trugen Bauern oder Fischer, seit der Mitte des 19. Jh. auch Frauen B. vor. Bekannt sind seit Beginn des 19. Jh. die Sängerfamilien Rjabinin und Krjukow. Aufzeichnungen von B. erfolgten meist nicht durch die B.sänger selbst, sondern durch gelehrte Sammler, z. B. durch den engl. Pfarrer in Moskau R. James (1619), von P. N. Rybnikow (1860), A. F. Hilferding (1873, ⁴1949), B. und J. M. Sokolow (1918 und 1948).

Literatur: CHADWICK, N. K.: Russian heroic poetry. Cambridge 1932. – TRAUTMANN, R.: Die Volksdichtung der Großrussen. Bd 1: Das Heldenlied (B.). Hdbg. 1935. – BOWRA, C. M.: Heldendichtung. Dt. Übers. Stg. 1964. – ASTACHORA, A. M.: Byliny. Moskau und Leningrad 1966.

Byns, Ann [niederl. bɛins], fläm. Dichterin, ↑ Bijns, Anna.

Byrne, John Keyes [engl. bəːn], ir. Dramatiker, ↑ Leonard, Hugh.

Byron, George Gordon Noel Lord [engl. 'baɪərən], * London 22. Jan. 1788, † Mesolongion (Griechenland) 19. April 1824, engl. Dichter. – Verlor früh den Vater und wurde von seiner zur Hysterie neigenden Mutter erzogen; erbte 1798 Titel und Vermögen seines Großonkels, dadurch Möglichkeit einer Ausbildung in Harrow und Cambridge; trotz körperl. Behinderung hervorragender Sportler; während der Universitätszeit erste Veröffentlichungen; nach persönl. und polit. Tätigkeit Reise nach Südeuropa und dem Nahen Osten; 1815 Heirat, 1816 Scheidung; wegen Skandalgeschichten gesellschaftlich boykottiert, was B. veranlaßte, England für immer zu verlassen; Reise in die Schweiz; Bekanntschaft mit P. B. Shelley; dann in verschiedenen Städten Italiens bis zur Fahrt nach Griechenland, wo er bald nach Aufnahme seiner polit. und militär. Tätigkeit im Dienst der griech. Freiheitsbewegung starb. Romantiker sowohl im Leben als auch im Werk. Exzentrisch, von Unruhe getrieben, die Gesellschaft durch Liebesverhältnisse schockierend, sich begeisternd, aber auch schroff ablehnend. B. stand z. T. noch unter dem Einfluß der formalen Klarheit des Klassizismus. Die Mischung von Melancholie, stilist. und formaler Ironie, heiterem Witz und scharfer Satire, wie sie in dem ep. Fragment ›Don Juan‹ (16 Cantos, 1819–24, dt. 1832) zu finden ist, wurde auch für die byronist. Modedichtung des 19. Jh. kennzeichnend. Lockere, oft sorglose Formung, sprachl. Virtuosität und Vorliebe für das Satanische waren Gründe für den Erfolg seiner Verserzählungen, ferner sein Sinn für interessante Thematik – etwa in ›Ritter Harold's Pilgerfahrt‹ (4 Cantos, 1812–18, dt. 1836) – und für exot., bes. oriental. Stoffe, wie in ›Der Gjaur‹ (1813, dt. 1820) und ›Der Korsar‹ (1814, dt. 1816). In seinen bedeutendsten Dramen, ›Manfred‹ (1817, dt. 1819) und ›Cain‹ (1821, dt. 1831), wird die dramat. Struktur durch lyr. Elemente aufgelockert.

George Gordon Noel Lord Byron (Zeichnung von C. Jäger nach einem zeitgenössischen Bildnis)

Weitere Werke: Lara (Ged., 1814, dt. 1821), Der Gefangene von Chillon (Dichtung, 1816, dt. 1821), Die beiden Foscari (Trag., 1821, dt. 1839), Marino Faliero (Trag., 1821, dt. 1840), Sardanapal (Trag., 1821, dt. 1825), Die Vision des Gerichts (Ged., 1822, dt. 1839), Himmel und Erde. Ein Mysterium (Dr., 1823, dt. 1837).
Ausgaben: G. G. B. The works. Hg. v. E. H. COLERIDGE u. R. E. PROTHERO. London ²1898–1904. 12 Bde. Nachdr. London 1966–67. 13 Bde. – Lord B.'s Werke. Dt. Übers. Hg. v. F. BRIE. Lpz. 1912. 4 Bde. – G. G. N. Lord B. Sämtl. Werke. Dt. Übers. Hg. v. SIEGFRIED SCHMITZ. Mchn. 1977–78. 3 Bde. – Lord B. The complete poetical works. Hg. v. J. J. McGANN. Oxford 1980–90. 7 Bde. – Briefe u. Tagebücher.

Dt. Übers. Neu hg. v. L. A. MARCHAND. Ffm. 1985. – Lord B.: The complete miscellaneous prose. Hg. v. A. NICHOLSON. Oxford 1991.
Literatur: ESCARPIT, R.: Lord B.: un tempérament littéraire. Paris 1956–57. 2 Bde. – MARCHAND, L. A.: B. A biography. New York 1957. 3 Bde. – THORSLEV, P. L.: The Byronic hero. Minneapolis (Minn.) 1962. MARCHAND, L. A.: B.'s poetry. London 1965. – MAUROIS, A.: Don Juan oder das Leben B.s. Dt. Übers. Hamb. 1969. – McGANN, J. J.: Fiery dust. B.'s poetic development. Chicago u. London 1968. – TRUEBLOOD, P. G.: Lord B. New York 1969. – MARCHAND, L. A.: B. A portrait. London 1971. – JUMP, J. D.: B. London 1972. – BLACKSTONE, B.: B. A survey. London 1975. – MANNING, P. J.: B. and his fictions. Detroit 1978. – KELSALL, M.: B.'s politics. Brighton 1987. – B., Augustan and romantic. Hg. v. A. RUTHERFORD. London 1990.

Byronịsmus [baı...], nach dem engl. Schriftsteller Lord Byron benannte Stil- und Lebenshaltung in der Restaurationszeit des 19. Jh.; von den Vertretern des B. werden die Empfindungen der Melancholie, Zerrissenheit, des Pessimismus und Nihilismus als Ausdruck ihres Lebensgefühls literarisch kultiviert. Leben und Dichten der ›Byroniden‹ sind charakterisiert durch aggressive Verachtung der kulturellen und moral. Werte Europas und demonstrativ narzißt. Betrachtung des eigenen Individualismus durch Genießen von Einsamkeit, Ruhelosigkeit und Lebensüberdruß. Schon vor Byron wurde ein analoges Persönlichkeitsideal in Frankreich literarisch gestaltet (F. R. de Chateaubriand, É. P. de Senancour, B. H. Constant de Rebecque). Zum B. gehören weiter G. Leopardi, A. Mickiewicz, A. S. Puschkin, J. J. Lermontow, P. B. Shelley, Th. Gautier, A. de Musset; typ. dt. Vertreter des B. sind A. von Platen und Ch. D. Grabbe.

Literatur: VIETOR, K.: Die Tragödie des held. Pessimismus. In: Dt. Vjschr. f. Literaturwiss. 12 (1934), S. 173. – HOF, W.: Pessimist.-nihilist. Strömungen in der dt. Lit. vom Sturm u. Drang bis zum Jungen Deutschland. Tüb. 1970. – SENGLE, F.: Biedermeierzeit. Bd. 1. Stg. 1971–80. 3 Bde. – HOFFMEISTER, G.: Byron und der europ. B. Darmst. 1983.

byzantịnische Literatụr, die b. L., deren Anfänge sich an die hellenist. und die patrist. Literatur anschließen, die bis zur Gründung Konstantinopels zurückreicht und mit der Eroberung Konstantinopels durch die Türken endet, umfaßt alle literar. Gattungen, die im Byzantin.

Reich mit seinem christlich-theokrat. Charakter in griech. Sprache entstanden sind: kirchl. und weltl. Dichtung, Historiographie, Chronographie, Kirchengeschichte und theolog. Schrifttum sowie andere fachwissenschaftl. Werke, Sammlungen, Anthologien u. a.

Melische liturgische Dichtung: Die z. Z. Alexanders des Großen beginnende Ausspracheänderung des antiken Griechisch, die sich in der hellenist. Zeit vollzog, brachte mit sich den Zusammenbruch des in der Antike übl. quantitierenden Versmaßes (Kombination zwischen langen und kurzen Silben). In Erinnerung an den ursprüngl. melod. Vortrag der Quantitätspoesie der Antike entstand die gesungene mel. kirchl. Dichtung der byzantin. Zeit, deren Text und Melos gleichzeitig vom Dichter geschaffen wurden. Ihre Besonderheit sind freie Verse innerhalb derselben Strophe und die genaue Übereinstimmung aller Strophen untereinander, d. h. die gleiche Silbenzahl und die gleiche Akzentuierung für den ersten Vers aller Strophen, den zweiten Vers aller Strophen usw., so daß alle Strophen nach dem gleichen Melos gesungen werden können. Als ranghöchster Dichter dieser Gattung gilt Romanos der Melode (erste Hälfte des 6. Jh.) in Konstantinopel. Mit Romanos erlebte die erste Phase der Gattung, die Kontakiendichtung, ihren Höhepunkt. Die zweite Phase, die Dichtung der Kanones, als deren Begründer Andreas von Kreta gilt und deren erfolgreichste Vertreter der bekannte Theologe Ioannes von Damaskus und sein Freund Kosmas von Jerusalem (oder Kosmas Maiuma) waren, verdrängte fast die Kontakien aus der Liturgie. Die späteren Kanones- und Kontakiendichter wurden Hymnographen genannt, weil sie nur die Texte auf vorhandene ältere Melodien schrieben. Weitere Kanonesdichter waren u. a. Theodoros Studites, Joseph der Hymnograph (* 816, † 886) sowie die Dichterin Kasiane oder Kasia (9. Jh.). Als die Aufnahme neuer Texte in die Liturgie langsam aufhörte, verkümmerte die mel. Dichtung der Byzantiner. Zur religiösen byzantin. Dichtung zählen auch die bekannten ›Divini Amores‹ des Mystikers Symeon des neuen Theologen.

Weltliche Dichtung: Der theokrat. Charakter der byzantin. Gesellschaft ließ kein freies Aufblühen der weltl. Dichtung zu. Eine Ausnahme bildete das Epigramm, das von den Anfängen bis in die Spätzeit gepflegt wurde. Bekannte Epigrammdichter waren der auch als Historiker bekannte Agathias, genannt Scholastikos, Georgios Pisides, Ioannes Geometres (erste Hälfte des 10. Jh.), Christophoros Mytilenaios (* 1000, † 1050) u. a. Vom 11. Jh. an entstanden auch andere Dichtungen: Lehrgedichte, Gelegenheitsgedichte, histor. und romanhafte Dichtungen, wie z. B. die von Konstantinos Manassis (erste Hälfte des 12. Jh.), Theodoros Prodromos, dem durch altphilolog. Fachwissen und Gelehrsamkeit gekennzeichneten Ioannes Tzetzes, Hofdichter Manuel Philes (13./14. Jh.), der zahllose Verserzeugnisse über diverse (auch triviale) Themen und Bittgedichte schrieb.

Historiographie und Chronographie: Eines der bedeutendsten Kapitel der b. L. stellt die meist nach klass. Vorbildern (Herodot, Thukydides) orientierte Historiographie, in attizisierendem Griechisch geschrieben, dar. Ihre hervorragenden Vertreter von den Anfängen bis in die Spätzeit sind: Prokopios von Kaisareia (6. Jh.), Agathias, Georgios Pisides, Konstantinos Porphyrogennetos (10. Jh.), Leon Diakonos (10. Jh.), Michael Attaliates (11. Jh.), Nikephoros Bryennios (* 1062, † nach 1137), Anna Komnena (* 1083, † 1153/54), Niketas Choniates (* 1155, † 1215/16), Georgios Akropolites (* 1217, † 1282), Georgios Pachymeres (* 1242, † 1310), Nikephoros Gregoras (* 1295, † nach 1359), die Historiker der letzten Kämpfe um Konstantinopel Dukas (* etwa 1400, † 1470), Sphrantzes (* 1401, † 1478), Laonikos Chalkokondyles (* 1423 oder 1430, † 1490), Michael Kritobulos (* Anfang des 15. Jh., † 1470). In einfacherem Griechisch verfaßt trat die ebenso bed., für die byzantin. Mentalität charakterist. Chronographie hervor, mit Werken u. a. von Georgios Synkellos († 810), Theophanes dem Bekenner († 819), Patriarch Nikephoros († 829), Georgios Monachos (Weltchronik bis Basileios I., 867), den als Theophanes Continuatus bezeichneten Chronisten des 10. Jh., Ioannes Skylitzes (11. Jh.), Ioannes Zonaras (* Ende des 11. Jh., † Mitte des 12. Jh.), Konstantinos Manassis (12. Jh.), Michael Glykas (12. Jh.), Leontios Machairas (15. Jh.) und Georgios Bustrones (15. Jh.). Beispiele der volkstüml. Chronographie sind die als Volksbuch bekannte und in der byzantin. Zeit vielgelesene Weltchronik (von der Erschaffung der Welt bis 563) des Ioannes Malalas (6. Jh.), in holpriger Volkssprache geschrieben und voller Anachronismen und märchenhafter Vorstellungen, und das ›Chronikon Paschale‹ (entst. zwischen 630 und 640).

Kirchengeschichte und Theologie: Einen großen Raum nimmt das theolog. Schrifttum ein: Kirchengeschichte mit Eusebios von Caesarea als Wegweiser, Sokrates für die Zeit von 306 bis 439, Sozomenos von 329 bis 429, Theodoretos von Kyrrhos von 325 bis 429, Euagrios von 431 bis 593 u. a. Werke bed. Theologen folgten den Schriften der Kirchenväter, z. B. von Kyrillos von Alexandria († 444), des Mystikers Dionysios Areopagites (nach 450), Maximos des Bekenners (* um 580, † 662), des Verfassers der ›Quelle der Erkenntnis‹, Ioannes von Damaskus, des Theodoros Studites, des Niketas Stethatos (11. Jh.), des Michael Kerullarios (* um 1000, † 1058), der Markos Eugenikos (* 1391 oder 1392, † 1444 oder 1445) und Bessarion (* 1403 [?], † 1473), mit ihren polem. Schriften im Streit zwischen der röm. und der orthodoxen Kirche. Viele von ihnen widmeten sich der Bekämpfung von Heräsien, vornehmlich des Monophysitismus, Monotheletismus, der Bilderstürmer u. a., um die Einheit und Reinheit der kirchl. Dogmenlehre vor Verfälschungen zu bewahren.

Unter den Mystikern ragten Ioannes Scholastikos (6. Jh.), mit seinem grundlegenden Werk ›Die Klimax‹, Nikolaos Kabasilas (Chamaetos, 14. Jh.), der Verfechter der Lehre des Hesychasmus, Gregorios Palamas (14. Jh.) u. a. hervor. Die Predigt als eine rhetor. Leistung, die auch die Dichtung stark beeinflußte, errang eine beachtl. Stellung innerhalb der byzantin. Literatur. Durch die Kunst der Rhetorik zeichnen sich die Werke des Erzbischofs von Athen, Michael Chonia-

tes (* 1138, † 1222) und des Polyhistors Theodoros Metochites (* Ende des 13. Jh., † 1332), des schon erwähnten Nikephoros Gregoras u. a. aus.

Humanistische Renaissance: Zwei große Persönlichkeiten des byzantin. Geisteslebens trugen wesentlich zum Wiederaufleben des antiken Bildungsideals bei: der Patriarch Photios, bekannt auch als Dichter von Kanones und als Dogmatiker, dessen Gelehrsamkeit in der byzantin. Zeit unübertroffen blieb und der uns durch seine ›Myriobiblos‹ die Kenntnis der verlorenen Werke der Antike vermittelte, und der Platoniker Michael (Konstantinos) Psellos (* 1018, † 1078), der fast über alle Gebiete der Geisteswissenschaften geschrieben und platon. Philosophie gelehrt hat. Als letzter Neuplatoniker trat Georgios Gemistos Plethon († 1453) hervor, der die christl. Religion durch eine platon. Lehre ersetzen wollte. Unter den Anthologien ragt bes. die Anthologia Palatina aus dem 10. Jh. hervor; daneben die Heiligenlegendensammlung des Symeon Metaphrastes (zweite Hälfte des 10. Jh.) und das unter dem Namen ›Suda‹ (Suidas) bekannte große byzantin. Wort- und Sachlexikon aus dem 10. Jahrhundert.

Volkssprachliche Literatur: Der um die Jahrtausendwende im Byzantin. Reich weitverbreitete Volksliederzyklus auf den Heros Digenis Akritas kündigte das Entstehen einer b. L. in der Volkssprache an, durch die in den nächsten Jahrhunderten der bis dahin bestehende Unterschied zwischen Schrift- und Volkssprache manifester wurde, so daß sich letzthin der Anspruch der lebendigen gesprochenen griech. Sprache – neben ihrer konservierten älteren Form –, als Ausdrucksmittel für literar. Schrifttum anerkannt zu werden, legitimierte. Zur b. L. in der Volkssprache gehören u. a. das in sechs Redaktionen überlieferte Epos von Digenis Akritas (10.–12. Jh.), das das Leben und die Taten des gleichen Helden des Volksliederzyklus besingt, das Mahngedicht ›Spaneas‹ (12. Jh.), das Bittgedicht an den Kaiser Manuel Komnenos II. des Michael Glykas, die derben Bettelgedichte des Ptochoprodromos (12. Jh.), der byzantin. Alexanderroman (mehrere byzantin. Bearbeitungen), der

100 byzantinische Literatur

Roman ›Achilleis‹ (14./15. Jh.), mehrere Ritterromane, beeinflußt von westl. Vorbildern (14. Jh.), die bei den Byzantinern beliebten und vielgelesenen Tiergeschichten (z. B. ›Vierfüßler‹, ›Physiologos‹, ›Pulologos‹ u. a.). Im 14. Jh. kündeten die berühmten rhodischen Liebeslieder und die kret. Literatur (Bergades' ›Apokopos‹, die Werke von Marinos Falieros, von Stephanos Sachlikis u. a.) das Aufkommen der eigentl. ↑neugriechischen Literatur an.

Literatur: KRUMBACHER, K., u. a.: Gesch. der b. Litteratur. Von Justinian bis zum Ende des oström. Reiches. Mchn. ²1897. Nachdr. New York 1970. 2 Bde. – EHRHARD, A.: Überlieferung u. Bestand der hagiograph. u. homilet. Lit. der griech. Kirche von den Anfängen bis zum Ende des 16. Jh. 1. Tl. Lpz. 1936–52. 3 Bde. Nachdr. Osnabrück 1965. – KRIARAS, E.: Byzantina hippotika mythistoremata. Athen 1955. – TOMADAKIS, N. B.: Byzantine grammatologia 1204–1453. Athen 1957. – MORAVCSIK, G.: Byzantinoturcica. Bd. 1. Bln. ²1958. – TOMADAKIS, N. B.: Eisagoge eis ten byzantinen philologian. Athen ²1958. – BECK, H.-G.: Kirche u. theolog. Lit. im byzantin. Reich. Mchn. 1959. – TOMADAKIS, N. B.: Syllabos byzantinon meleton kai keimenon. Athen 1961. – DÖLGER, F.: Eucharistērion. Neuaufl. der ›Byzantin. Dichtung in der Reinsprache‹ (1948) nebst einigen Überss. aus neugriech. Dichtungen. F. Dölger zum 70. Geburtstage... Mchn. u. a. 1961. – KNÖS, B.: L'histoire de la littérature néo-grecque. La période jusqu'en 1821. Stockholm 1962. – BECK, H.-G.: Gesch. der byzantin. Volkslit. Mchn. 1971. – HUNGER, H.: Die hochsprachl. profane Lit. der Byzantiner. Mchn. 1978. 2 Bde. – HUNGER, H.: B. L. In: Lex. des MA. Bd. 2. Mchn. u. Zü. 1983.

C

Čaadaev, Petr Jakovlevič, russ. Publizist, Kultur- und Religionsphilosoph, ↑ Tschaadajew, Pjotr Jakowlewitsch.

Caballero, Fernán [span. kaβa'ʎero], Pseudonym der span. Schriftstellerin Cecilia Böhl de Faber, ↑ Fernán Caballero.

Cabanis, José [frz. kaba'nis], * Toulouse 24. März 1922, frz. Schriftsteller. – Jurist; lebt in Toulouse. Seine Romane, die meist in Südwestfrankreich spielen, sind in realist. Stil geschrieben und behandeln u. a. die Problematik von Künstlerschicksalen sowie von Vater-Sohn-Beziehungen. Bed. Essayist; 1976 wurde er mit dem Großen Preis der Académie française ausgezeichnet; seit 1990 ist der Mitglied der Académie française.

Werke: L'âge ingrat (R., 1952), L'auberge fameuse (R., 1953), Le fils (R., 1956), Les mariages de raison (R., 1958), Schlage doch, gewünschte Stunde (R., 1960, dt. 1962), Trugbild der Nacht (R., 1964, dt. 1966), Gabrielle und die Schlacht von Toulouse (R., 1966, dt. 1968), Le sacre de Napoléon (Essay, 1970), Les profondes années (Tageb. 1939–1945, 1976), Saint-Simon (Essay, 1976), Michelet, le prêtre et la femme (Essay, 1978), Lacordaire et quelques autres (Essay, 1982), Le musée espagnol de Louis-Philippe: Goya (Essay, 1985), L'escaldieu: journal 1947–1953 (1987), Chateaubriand (Essays, 1988), Le crime de Torcy (R., 1990), Mauriac, le roman et Dieu (Essays, 1991).
Literatur: JOYE, J.-C.: L'œuvre romanesque de C. Delémont 1978. – BRIESENMEISTER, D.: J. C. In: Krit. Lex. der roman. Gegenwartsliteraturen. Hg. v. W.-D. LANGE. Losebl. Tüb. 1984 ff.

Cabaret Voltaire [frz. kabaʀɛvɔl'tɛːr] ↑ Dadaismus.

Cabell, James Branch [engl. 'kæbəl], * Richmond (Va.) 14. April 1879, † ebd. 5. Mai 1958, amerikan. Schriftsteller. – Esoterischer, von E. A. Poe, F. Rabelais und der Troubadourdichtung beeinflußter Romancier, der oft selbstironisch und oft sarkastisch-satirisch mit der fiktionalen frz. Provinz Poictesme seinen Ro-

manzyklus eine myth. Scheinwelt darstellt, aus der die Romanhelden meist resignierend in den bürgerl. Alltag zurückkehren; seine Vorliebe für erot. Szenen, bes. in dem Roman ›Jürgen‹ (1919, dt. 1928), trug ihm den Vorwurf der Obszönität ein.

Weitere Werke: The line of love (Kurzgeschichten, 1905), The cream of the jest (R., 1917), Figures of earth (R., 1921), Smirt (R., 1934), Hamlet had an uncle (R., 1940), Let me lie (Essays, 1947), As I remember it (Autobiogr., 1955).
Literatur: HALL, J. N.: J. B. C., a complete bibliography. New York 1974. – INGE, M. TH.: J. B. C. Centennial essays. Baton Rouge (La.) 1983.

Cabet, Étienne [frz. ka'bɛ], * Dijon 1. Jan. 1788, † Saint Louis (Mo.) 9. Nov. 1856, frz. Schriftsteller und utop. Sozialist. – Zunächst Rechtsanwalt, gründete 1834 die Zeitschrift ›Le Populaire‹, in der er Louis Philippe heftig angriff; noch 1834 wegen Majestätsbeleidigung angeklagt; floh nach London, wo er den christlich und sozialistisch inspirierten utop. Staatsroman ›Reise nach Ikarien‹ (1842, dt. 1894) schrieb. Ab 1848 lebte er mit einer Schar ›Ikarier‹ in den USA, konnte jedoch seine Ideen eines Gemeinwesens auf humanitärer und kommunist. Basis nicht verwirklichen.
Literatur: PRUDHOMMEAUX, J.: Icarie et son fondateur C. Paris ²1926. – ANGRAND, P.: É. C. et la République de 1848. Paris 1948. – ALEXANDRIAN, S.: Le socialisme romantique. Paris 1979.

cabinet des fées, Le [frz. ləkabinɛde'fe], Sammlung von frz. Feenund Zaubermärchen (8 Bde., 1749–61; 41 Bde., 1785–89), erste dt. Übersetzung 1761–66 u. d. T. ›Das Cabinet der Feen‹ (9 Bde.). Die Anthologien sind Ausdruck der vorrevolutionären Sensibilität in Frankreich, die sich gegen den Rationalismus R. Descartes' oder der Aufklärer subversiv und folgenreich wie Ch. Perrault oder J.-J. Rousseau wandte.

102 Cable

Ausgabe: Nouveau cabinet des fées. Teilnachdruck der Ausg. Paris 1785–89. Genf 1978. 18 Bde.
Literatur: BARCHILON, J.: Le conte merveilleux français de 1690 à 1790. Paris 1975. – ROBERT, R.: Le conte de fées littéraire en France. Nancy 1982.

Cable, George Washington [engl. kɛɪbl], *New Orleans 12. Okt. 1844, †Saint Petersburg (Fla.) 31. Jan. 1925, amerikan. Schriftsteller. – Teilnehmer am Bürgerkrieg auf seiten der Südstaaten. Beschäftigte sich mit dem Rassenproblem (›The negro question‹, Essays, 1890). Wegen seiner schwarzenfreundl. Haltung oft angefeindet. Schilderte in fesselnden Romanen das Leben der Kreolen und der Gesellschaft von Louisiana (am überzeugendsten in ›Die Grandissimes‹, R., 1880, dt. 1881). Gehört wie der mit ihm befreundete Mark Twain zu den führenden Vertretern der ›local colorschool‹ und des amerikan. Realismus.
Weitere Werke: Aus der alten Kreolenzeit (Kurzgeschichten, 1879, dt. 1900), Madame Delphine (Nov., 1881), John March, Southerner (R., 1894), Lovers of Louisiana (E., 1918).
Ausgabe: G. W. C. Collected works. New York 1879–1918. Nachdr. 1970. 19 Bde.
Literatur: BUTCHER, G.: G. W. C. New York 1959. – TURNER, A.: G. W. C. A biography. Baton Rouge (La.) 1966. – RUBIN, L. D.: G. W. C. The life and times of a southern heretic. New York 1969. – Critical essays on G. W. C. Hg. v. A. TURNER. Boston (Mass.) 1980. – The Grandissimes: Centennial essays. Hg. v. TH. J. RICHARDSON. Jackson (Minn.) 1981.

Cabral de Melo Neto, João [brasilian. ka'bral di 'melu 'nɛtu], *Recife 9. Jan. 1920, brasilian. Lyriker. – War als Diplomat in Spanien, England, Frankreich und Senegal tätig; einer der wichtigsten Vertreter des um 1945 einsetzenden ›Neomodernismo‹, der eine Kosmopolitisierung des 1922 entstandenen ›Modernismo‹ anstrebt. Die Welt von C. de M. N.s metaphernlosen, fast mathematisch nüchternen Gedichten ist v.a. sein Heimatstaat Pernambuco, dessen sozialen Problemen er sich immer intensiver zugewandt hat.
Werke: Pedra do sono (Ged., 1942), O engenheiro (Ged., 1945), Der Hund ohne Federn (Ged., 1950, dt. 1970), Tod und Leben des Severino. Pernambukan. Weihnachtsspiel (Drama, 1956, dt. 1975), Paisagens com figuras (Ged., 1956), Dois parlamentos (Ged., 1961), Terceira feira (Ged., 1961), A educação pela pedra (Ged., 1966), Ausgewählte Gedichte (dt. 1969), Museu de tudo (Ged., 1975), A escola das facas (Ged., 1980), Agrestes (Ged., 1985).
Ausgabe: J. C. de M. N. Poesias completas (1940–1965). Rio de Janeiro ⁴1986.

Cabrera Infante, Guillermo [span. ka'βrera in'fante], *Gibara 22. April 1929, kuban. Schriftsteller. – Lebt seit 1965 im Exil in London; seit 1979 brit. Staatsbürger. Sein Hauptwerk, der Roman ›Drei traurige Tiger‹ (1967, dt. 1987), der in den letzten Monaten der Batista-Diktatur spielt, kreist in kunstvoller Verschachtelung von Handlungsfragmenten um das Verhältnis von Sprache und Realität. Autobiographisch ist der Roman ›La Habana para un infante difunto‹ (1979). C. I. ist auch als Filmkritiker und Drehbuchautor hervorgetreten.
Weitere Werke: Así en la paz como en la guerra (E., 1960), Ansicht der Tropen im Morgengrauen (R., 1974, dt. 1992), O (Essays, 1975), Exorcismos de esti(l)o (1976), Arcadia todas las noches (Essays, 1978), Rauchzeichen (engl. 1987, dt. 1987).
Literatur: ÁLVAREZ-BORLAND, I.: Discontinuidad y ruptura en G. C. I. Gaithersburg (M. D.) 1983). – HERNÁNDEZ LIMA, D.: Versiones y reversiones históricas en la obra de C. I. Madrid 1990.

Caccia ['katʃa; italien. = Jagd], italien. lyrisch-musikal. Gattung des 14. und 15.Jh., die onomatopoetisch eine Jagd oder turbulente Szenen des Volkslebens nachahmt. Der Begriff C. bezeichnet sowohl die Texte als auch ihre musikal. Form (meist ein Kanon).

Cadalso y Vázquez, José [span. ka-'ðalso i 'βaθkeθ], *Cádiz 8. Okt. 1741, ✕ Gibraltar 27. Febr. 1782, span. Dichter. – Fiel als Kavallerieoberst bei der Belagerung Gibraltars; einer der wichtigsten Vermittler frz. und engl. Literatur seiner Zeit für Spanien. Seine Tragödie ›Sancho García‹ (1771) bringt die strengen Regeln der frz. Tragödie auf die span. Bühne; dem Gefühlsgehalt nach sind seine Werke bereits romantisch. Einfluß auf die Schule von Salamanca, insbes. auf den mit ihm befreundeten J. Meléndez Valdés.
Weitere Werke: Los eruditos a la violeta (Satire, 1772), Cartas marruecas (Satiren, hg. 1793), Noches lúgubres (Prosa, entst. 1768–74, hg. 1798).
Literatur: GLENDINNING, O. N. V.: Vida y obra de C. Span. Übers. Madrid 1962. – HUGHES, J. B.: J. C. y las cartas marruecas. Madrid

1969. – LOPE, H.-J.: Die Cartas marruecas v. J. C. Ffm. 1973. – SEBOLD, R. P.: El primer romántico ›europeo‹ de España. Madrid 1974. – EDWARDS, J. K.: Tres imágenes de J. C. El crítico, el moralista, el creador. Sevilla 1976.

Cadasa, Gamzat, dagestan. Dichter, † Zadassa, Gamsat.

Caderas, Gian Fadri, * Modena 12. Juli 1830, † Samaden 25. Nov. 1891, rätoroman. Dichter. – Hervorragender Vertreter der rätoroman. Literatur; schrieb in oberengadin. Mundart Komödien (›Il farmacist‹, 1864), Novellen und lyr. Gedichte (›Rimas‹, 1865; ›Fluors alpinas‹, 1883; ›Sorrirs e larmas‹, 1887; z. T. dt. übersetzt), die die Natur, die Heimat und das Heimweh zum Thema haben.

Cadmon [engl. 'kɛdmən], christl. Dichter ags. Sprache, † Caedmon.

Cadou, René-Guy [frz. ka'du], * Sainte-Reine-de-Bretagne (Loire-Atlantique) 15. Febr. 1920, † Louisfert (Loire-Atlantique) 4. März 1951, frz. Schriftsteller. – War Dorfschullehrer; schrieb z. T. von F. Jammes und M. Jacob beeinflußte Lyrik, die von Naturliebe, Religiosität und dem Bewußtsein der Einsamkeit des Dichters vor der Erkenntnis der Bewegungen der Zeit charakterisiert ist (u. a. ›Brancardiers de l'aube‹, 1937; ›Forges du vent‹, 1938; ›La vie rêvée‹, 1944; ›Les biens de ce monde‹, 1951; ›Hélène ou le règne végétal‹, 2 Bde., hg. 1955), ferner einen Roman (›La maison d'été‹, hg. 1955) und zwei Essays über G. Apollinaire.
Ausgabe: R.-G. C. Œuvres poétiques complètes. Paris 1973. 2 Bde.
Literatur: MONCELET, CH.: Vie et passion de C. La Roche Blanche 1976. – BANBURY, M. T.: The poetry of C. Diss. Univ. Sheffield 1982. – MONCELET, CH.: C. Les liens de ce monde. Paris 1983.

Caecilius von Kalakte (tl.: Kaikílios) [tsɛ...], griech. Rhetor des 1. Jh. v. Chr./ 1. Jh. n. Chr. aus Kalakte (Sizilien). – Führender und extremer Vertreter des Attizismus: nur wenige Fragmente seiner Schriften (v. a. zum rhetor. System, speziell zu Stilfragen [z. B. eine Abhandlung über Figuren]; ferner biographische Untersuchungen zu Rhetoren) sind erhalten. Er soll mit seinem Werk ›Über die Stilgattung der zehn Redner‹ maßgeblich am

Kanon der zehn attischen Redner beteiligt gewesen sein.

Caecilius Statius [tsɛ...], † Rom 168 v. Chr., röm. Komödiendichter. – Kelte, vielleicht aus Mediolanum (heute Mailand). Von seinen Stücken (Palliaten [† Palliata]) sind etwa 40 Titel überliefert und knapp 300 Verse oder Versfragmente erhalten. Die bevorzugte Quelle für seine Bearbeitungen war Menander; die bei A. Gellius überlieferten Texte (›Noctes Atticae‹ 2,23; 3,16) vermitteln einen Eindruck von seiner an Plautus erinnernden Technik.
Ausgaben: RIBBECK, O.: Scaenicae romanorum poesis fragmenta. Bd. 2. Lpz. ²1873. Nachdr. Hildesheim 1962. – Remains of old Latins. Neuausg. Lat. u. engl. Hg. v. E. H. WARMINGTON. Bd. 1. Cambridge (Mass.) u. London 1935.

Caedmon (Cadmon, Cedmon) ['kɛːtmən, engl. 'kɛdmən], hl., † um 680, erster bekannter christl. Dichter ags. Sprache. – War Kuhhirte in Northumbria, als er (nach einem Bericht Bedas) im Traum die Gabe des Dichtens erhielt. Wurde daraufhin in Whitby als Laienbruder ins Kloster aufgenommen und mit der Dichtung ags. Bibelparaphrasen beauftragt. Erhalten ist nur ein Fragment eines Schöpfungsliedes (9 Langzeilen in freiem Zeilenstil).
Ausgabe: Three Northumbrian poets. Hg. v. ALBERT HUGH SMITH. London ²1968.
Literatur: WRENN, C. L.: The poetry of C. London 1947.

Caeiro, Alberto [portugies. kɐ'ɐiru], Pseudonym des portugies. Lyrikers Fernando † Pessoa.

Caërdal [frz. kaɛr'dal], Pseudonym des frz. Schriftstellers André † Suarès.

Caesar, Gaius Iulius (Cäsar, Gajus Julius), * Rom 13. Juli 100, † ebd. 15. März 44, röm. Staatsmann und Schriftsteller. – Stand als Neffe des Marius und Schwiegersohn des Lucius Cornelius Cinna schon in jungen Jahren auf seiten der revolutionären Kräfte; stieg in den verhältnismäßig ruhigen sechziger Jahren mit scharf gegen die regierende Senatsaristokratie gerichtetem Kurs zum Konsulat (59) auf. Er beherrschte nunmehr im Bunde mit Pompeius und Crassus (1. Triumvirat), während die republikan. Verfassung äußerlich fortbestand, die gesamte Politik; er vollbrachte durch die Eroberung Galliens (58–51) eine Leistung von weltgeschichtl. Rang. Das Bündnis des Pompeius mit dem Senat führte zum Bürgerkrieg (49–45). C. strebte, nachdem er sämtl. Gegner besiegt hatte, die Alleinherrschaft an und wurde als ›Tyrann‹ von einer Verschwörergruppe unter Brutus und Cassius ermordet.

Umfassend literarisch gebildet, zeichnete er sich auf vielerlei Weise als Redner und Schriftsteller aus; sein Wort bekundet dieselbe treffsichere Genialität wie sein Handeln. Von seinen Briefen existieren noch sechs Stücke als Beilagen in Ciceros Korrespondenz an Atticus; die Reden sind trotz ihrer einstigen Berühmtheit untergegangen. Die Reste der grammat. Schrift ›De analogia‹ (= Über die Regelmäßigkeit) lassen erkennen, daß C.s Schreibweise auf gründl. Nachdenken beruhte; unter den leitenden Gesichtspunkten werden Kürze, Klarheit und Meidung alles Ungewöhnlichen genannt. So bleiben die beiden erhaltenen Geschichtswerke von C. als ›Commentarii‹, d. h. als stilistisch anspruchslose Berichte vom äußeren Geschehensablauf aufgezeichnet; schon die Zeitgenossen bewunderten die Eleganz, die gleichwohl erreichte unaufdringl. Formvollendung. Das ›Bellum Gallicum‹ schildert Buch für Buch die Feldzüge der Jahre 58–52; Höhepunkt ist der Aufstand des Vercingetorix (Buch 7). C.s General Hirtius rundete das Werk mit einem 8. Buch über die Ereignisse der Jahre 51/50 ab. Das ›Bellum civile‹ (über die Jahre 49–48) blieb unfertig und unvollendet liegen; die Fortsetzungen – ›Bellum Alexandrinum‹, ›Bellum Africanum‹, ›Bellum Hispaniense‹ – stammen von je verschiedenen Verfassern aus C.s Anhängerschaft. Die ›Commentarii‹ haben v. a. als Geschichtsquellen gewirkt; das ›Bellum Gallicum‹ rückte erst im 19. Jh. wegen seines militär. Stoffes zur bevorzugten Anfangslektüre des Lateinunterrichts auf.

Ausgaben: C. Iulii Caesaris Commentarii. Hg. v. A. KLOTZ. Lpz. [1–4]1926–64. 3 Bde. – C. Iulii Caesaris Commentarii de bello civili. Hg. v. F. KRANER u. a. Bln. [12]1959. – C. De bello Gallico. Hg. v. F. KRANER u. a. Dublin u. Zü. [20–21]1960.

Literatur: ADCOCK, F. E.: C. als Schriftsteller. Übers. v. U. GAETZSCHMANN. Gött. [2]1962. – RASMUSSEN, D.: C.s Commentarii. Gött. 1963. – RAMBAUD, M.: L'art de la déformation historique dans les commentaires de César. Paris [2]1966. – MUTSCHLER, F.-H.: Erzählstil und Propaganda in C.s Kommentarien. Hdbg. 1975. – C. Hg. v. D. RASMUSSEN. Darmst. [3]1980. – MEIER, CH.: C. Mchn. Neuausg. 1986.

Caesarius von Heisterbach, mlat. Schriftsteller und Historiker, ↑ Cäsarius von Heisterbach.

Caesius Bassus, †79 n. Chr. (?), röm. Lyriker. – Befreundet mit Persius, dessen Satiren er aus dem Nachlaß herausgab; seine Identität mit einem gleichnamigen Theoretiker der Metrik wird angenommen.

Cahan (tl.: Kohen [Kahan]), Yaakov [hebr. kɔ'hɛn (ka'han)], *Sluzk (Gebiet Minsk) 28. Juni 1881, †Tel Aviv-Jaffa 20. Nov. 1960, israel. Schriftsteller. – Kam 1934 nach Palästina; einer der bekanntesten Dichter der hebr. Renaissance; Verfasser von Lyrik, Erzählungen und 28 Dramen in Vers oder Prosa, die v. a. bibl. und histor. Stoffe zum Thema haben; Übersetzer Goethes (u. a. von ›Faust I‹) und H. Heines.

Literatur: WAXMAN, M.: A history of Jewish literature. New York 1960. S. 398. – Enc. Jud. Bd. 5., 1972, S. 16.

Cahiers de la Quinzaine [frz. kaje-dlakɛ̃'zɛn; = Hefte über die (letzten) vierzehn Tage], im Jan. 1900 von Ch. Péguy gegründete literar. Reihe, deren Hefte bis Juli 1914 regelmäßig 14täglich erschienen; sie umfaßte 229 Nummern in 15 Serien und zeichnete sich durch bes. Sorgfalt der typograph. Gestaltung aus. Die C. de la Qu. sind ein histor. und literar. Dokument ersten Ranges über die Zeit zu Beginn des 20. Jh. In ihnen veröffentlichte Péguy außer eigenen Werken erstmals viele Arbeiten später berühmt gewordener Schriftsteller (u. a. von R. Rolland [›Johann Christof‹], G. Sorel, J. Benda, Jean und Jérôme Tharaud, J. Schlumberger, A. Suarès). Von 1925 an gab sein Sohn Marcel mehrere neue Serien der Hefte heraus.

Literatur: HALÉVY, D.: Péguy et les C. de la Qu. Paris 1941.

Cahiers du Sud [frz. kajedy'syd; = Hefte des Südens], 1913 von Jean Ballard (*1893, †1973) in Marseille gegründete, v. a. der europ. Lyrik gewidmete literar. Zeitschrift, die ab 1926 von Léon Gabriel Gros (* 1905) geleitet wurde und bis Ende Dez. 1966 erschien. Von ihr kam auch eine Reihe wichtiger Sondernummern heraus, so z. B. über das elisabethan. Theater (1933), P. Valéry (1946), P. Éluard (1952), H. von Hofmannsthal (1955); 1947 wurden in den C. du S. ungedruckte Arbeiten F. Kafkas veröffentlicht.

Caillavet, Gaston Arman de [frz. kaja'vɛ], * Paris 13. März 1869, † Essendiéras (Dordogne) 14. Jan. 1915, frz. Schriftsteller. – Schrieb bühnenwirksame, den Zeitgeschmack treffende Komödien, die sich durch Witz und Ironie auszeichnen; die besten entstanden nach 1900 in Zusammenarbeit mit Robert de Flers, u. a. ›Le roi‹ (1908), ›Primerose‹ (1911), ›L'habit vert‹ (1913).

Caillois, Roger [frz. kaj'wa], * Reims 3. März 1913, † Paris 21. Dez. 1978, frz. Schriftsteller. – War ab 1953 Chefredakteur der Zeitschrift ›Diogène‹ und 1967–71 Leiter der Abteilung für kulturelle Entwicklung bei der UNESCO tätig. Verfasser zahlreicher soziolog., philosoph. und literar. Studien; bedeutender Übersetzer und Herausgeber lateinamerikan. Autoren; wurde 1971 Mitglied der Académie française. Die Vielfalt der von ihm behandelten Themen und der von ihm entwickelten Aktivitäten – so zählt er auch mit M. Leiris und G. Bataille 1938 zu den Begründern des Collège de Sociologie – machen C. zu einer der großen literar. Figuren des frz. 20. Jh., die in den Übergängen zwischen Evidenz und Geheimnis Möglichkeiten einer Vereinigung von Sensibilität und Intellekt nachspürt.

Werke: Le mythe et l'homme (1938), Les impostures de la poésie (1944), Le rocher de Sisyphe (1945), Poétique de Saint-John Perse (1954), Pontius Pilatus. Ein Bericht (1961, dt. 1963), Steine (1970, dt. 1983), Der Krake. Versuch über die Logik des Imaginativen (1973, dt. 1986), Approches de l'imaginaire (1974), Obliques (1975), Pierres réfléchies (1975), Approches de la poésie (1978), Le fleuve Alphée (1978), Le champ des signes (hg. 1979), La nécessité d'esprit (hg. 1981).
Literatur: BOSQUET, A.: R. C. Paris 1971. – R. C. In: La Nouvelle Revue Française (320), Sept. 1979. – FELGINE, O.: R. C. Paris 1994.

Cain, James Mallahan [engl. kɛɪn], * Annapolis (Md.) 1. Juli 1892, † University Park (Md.) 27. Okt. 1977, amerikan. Schriftsteller. – Schrieb außer Einaktern und Filmdrehbüchern naturalist. Romane mit oft kriminalist. Einschlag, in denen er die psych. Vorgänge bei triebhaften Charakteren darzustellen versuchte. Am bekanntesten wurde der Roman ›Die Rechnung ohne den Wirt‹ (1934, dt. 1950, auch u. d. T. ›Wenn der Postmann zweimal klingelt‹), der A. Camus nach eigener Aussage als Modell für seinen Roman ›Der Fremde‹ diente.

Weitere Werke: Die andere Macht (R., 1942, dt. 1959), Blutiger Schmetterling (R., 1947, dt. 1971), Der hellgrüne Falter (R., 1948, dt. 1975), Eine schöne junge Witwe (R., 1962, dt. 1974), Tödl. Begierde (R., 1965, dt. 1976), Das Mädchen, das vom Himmel fiel (R., 1975, dt. 1977), Zarte Hände hat der Tod (R., 1976, dt. 1981), The baby in the ice box (En., 1981).
Literatur: Tough guy writers of the thirties. Hg. v. D. MADDEN. Carbondale (Ill.) 1968. – MADDEN, D.: J. M. C. New York 1970. – HOOPES, R.: C. The biography of J. M. C. New York 1982.

Čajak, Ján [slowak. 'tʃajak], * Liptovský Svätý Ján 19. Dez. 1863, † Petrovec 29. Mai 1944, slowak. Schriftsteller. – Stellte in realist. Erzählungen und Romanen das provinzielle Leben seiner Heimat dar; Schilderung des Brauchtums der Slowaken im jugoslaw. Staat; Hauptwerk ist der Gesellschaftsroman ›Rodina Rovesných‹ (= Familie Rovesný, 1909).
Literatur: ŠIMKOVIČ, A.: Dielo J. Č.a. Preßburg 1964.

Čaks, Aleksandrs [lett. tʃaks], eigtl. A. Čadarainis, * Riga 27. Okt. 1901, † ebd. 8. Febr. 1950, lett. Dichter und Erzähler. – Begann unter dem Einfluß W. W. Majakowskis, entwickelte alsbald einen eigenen Stil mit kühner Metaphorik und virtuoser Handhabung der Verstechnik; entdeckte als erster das Thema der Großstadt in der lett. Literatur; wurde trotz seiner Parteinahme für das neue Regime zum Vorbild auch für die junge Dichtergeneration im Exil.

Werke: Pasaules krogs (= Die Weltschenke, Ged., 1929), Mana paradīze (= Mein Paradies, Ged., 1931), Mūžības skārtie (= Von der Ewigkeit berührt, Poem, 1937–39), Mana mīlestība (= Meine Liebe, En., hg. 1958).

Caldarẹlli, Nazareno, italien. Schriftsteller, † Cardarelli, Vincenzo.

Calderón, Serafín Estébanez, span. Schriftsteller, † Estébanez Calderón, Serafín.

Calderón, Ventura García, peruan. Schriftsteller, † García Calderón, Ventura.

Calderón de la Barca, Pedro [span. kalde'rɔn de la 'βarka], * Madrid 17. Jan. 1600, † ebd. 25. Mai 1681, span. Dramatiker. – Aus altadliger Familie, besuchte 1608–13 ein Jesuitenkolleg; Freund Lope de Vegas; 1614–18 Theologie- und Jurastudium, Soldat, 1635 Hofdramatiker; wurde 1651 Geistlicher, 1663 Ehrenkaplan Philipps IV. Neben Lope de Vega der bedeutendste span. Dramatiker des sog. Goldenen Zeitalters, der anders als jener die Inspiration zu seinem Werk nahezu ausschließlich aus der gelehrten Tradition von Antike und Christentum gewann. Entscheidender Beweggrund der Handlungen seiner Stücke ist die Ehre, die die in histor. oder allegor. Beispielhaftigkeit erstarrten Normen einer zum Untergang verurteilten aristokrat. Ordnung spiegelt. Von C. de la B. sind rund 120 Comedias (weltl. Dramen) und 80 Autos sacramentales (geistl. Dramen) sowie 20 kleinere Werke bekannt. Der Bogen seines dramat. Schaffens reicht von Entremeses über Zarzuelas und Comedias heroicas (für den Hof) zu Komödien, religiösen und philosoph. Dramen. Die Gattung der Autos sacramentales, denen er sich nach 1651 ganz widmete, führte er zu höchster Vollendung. Seine Dramen zeigen stets das Gespür ihres Verfassers für bühnenwirksame Strukturierung der Handlung, die die psycholog. Nuancierung bes. der weibl. Charaktere ebenso stützt wie der metaphernreiche Stil, dessen normative Strenge nicht selten in die Nähe scholast. Disputierens gerät. C. de la B.s Werke, die die höchste Entfaltung des span. Barockdramas bedeuten, haben zumindest seit dem 19. Jh. großen Einfluß auf verschiedene Nationalliteraturen (Deutschland [u. a. A. W. Schlegel, J. von Eichendorff, F. Grillparzer], Frankreich, England) ausgeübt und sind im Deutschland des 20. Jh. v. a. durch H. von Hofmannsthals Nachdichtung des Dramas ›Das große Welttheater‹ (entst. um 1635 [?], gedr. 1675, dt. 1846; die Welt als Bühne, auf der die Menschen vor Gott ihre Rolle spielen) u. d. T. ›Das Salzburger große Welttheater‹ (1922) bekannt geblieben.

Weitere Werke: Der standhafte Prinz (Dr., entst. 1629, gedr. 1636, dt. 1809), Dame Kobold (Kom., entst. um 1629, gedr. 1636, dt. 1822), Das Haus mit zwei Türen (Dr., 1632, dt. 1821, 1753 u. d. T. Ein Haus, das zwei Eingänge hat, ist hart zu bewahren), Die Andacht zum Kreuz (Dr., 1634, dt. 1803), Balthasars Nachtmahl (Dr., entst. um 1634 [?], gedr. 1664, dt. 1846), Über allen Zauber Liebe (Dr., entst. 1635, dt. 1803), Das Leben ist Traum (Dr., 1636, dt. 1812), Der wundertätige Magus (Dr., entst. 1637, gedr. 1663, dt. 1816), Der Richter von Zalamea (Dr., entst. 1642, gedr. 1651, dt. 1803), Die Tochter der Luft (Dr., UA 1653, gedr. 1664, dt. 1821), Das Schisma von England (Dr., 1672, dt. 1875).

Pedro Calderón de la Barca
(zeitgenössischer Stich)

Ausgaben: Span. Theater. Schauspiele von Don P. C. de la B. Dt. Übers. v. A. W. Schlegel. Bln. 1803–09. 2 Bde. – Don P. C. de la B. Schauspiele. Dt. Übers. Hg. v. D. Gries. Bln. 1-2 1840–42. 8 Bde. – Don P. C. de la B. Ausgew. Werke in 10 Bden. Dt. Übers. Hg. v. W. v. Wurzbach. Lpz. 1911 (mit Biogr.). – P. C. de la B. Obras completas. Hg. v. Á. Valbuena Prat u. Á Valbuena Briones. Madrid 1951–59. 3 Bde. – C. Dramen. Dt. Übers. Mchn. 1963. – P. C. de la B. Comedias. Hg. v. D. W. Cruickshank u. J. E. Varey. London 1973. 19 Bde.
Literatur: Valbuena Prat, Á.: C. Su personalidad, su arte dramático, su estilo y sus obras. Barcelona 1941. – Kommerell, M.: Beiträge zu einem dt. C. Ffm. 1946. 2 Bde. Bd. 1: 2 1974 u. d. T. Die Kunst C.s. – Gerstinger, H.: C. Velber 1967. – Calderoniana. Hg. v. H. Flasche. Bln. 1968 ff. (bisher 13 Bde. erschienen). – Franzbach, M.: Unterss. zum Theater C.s in der europ. Literatur vor der Romantik. Mchn.

1974. – KAUFMANN, B.: Die Comedia C.s. Studien zur Interdependenz von Autor, Publikum u. Bühne. Bern u. Ffm. 1976. – VALBUENA BRIONES, Á.: C. y la comedia nueva. Madrid 1977. – NEUMEISTER, S.: Mythos u. Repräsentation. Die mytholog. Festspiele C.s. Mchn. 1978. – REICHENBERGER, K./REICHENBERGER, R.: C. Bibliograph. Hdb. der C.-Forsch. Kassel 1979 ff. (bisher 2 Bde. erschienen). – FLASCHE, H.: Über C. Wsb. 1980. – Approaches to the theater of C. Hg. v. M. D. McGAHA. Washington (D.C.) 1982. – P.C. de la B. (1600–1681). Hg. v. T. HEYDENREICH. Erlangen 1982. – HILDNER, D. J.: Reason and the passions in the comedias of C. Amsterdam 1982. – TER HORST, R.: C. The secular plays. Lexington (Ky.) 1982. – C.: 1600–1681. Bamberger Vortrr. zum 300. Todesjahr. Hg. v. G. DENZLER. Bamberg 1983. – C. Fremdheit u. Nähe eines span. Barockdramatikers. Hg. v. Á. SAN MIGUEL. Ffm. 1988.

Caldwell, Erskine [engl. 'kɔːldwəl], * Moreland (Ga.) 17. Dez. 1903, † Paradise Valley (Ariz.) 11. April 1987, amerikan. Schriftsteller. – Sohn eines presbyterian. Geistlichen, lernte durch den Beruf des Vaters und eigene Reisen die Südstaaten kennen; Studium am Erskine College und an der University of Virginia; Journalist und Rundfunkreporter, Filmautor; Reiseberichte u. a. über Spanien, China, die Tschechoslowakei sowie Kriegsberichte aus der Sowjetunion. Themen von C.s Romanen sind die Disintegration des alten Südens der USA und die Degeneration seiner Bewohner, die daraus resultierende Verarmung und geistige Deformierung, die sich bis zur sexuellen Perversion steigert. In naturalist. Manier erscheint der Mensch als Opfer der Umstände und Erbanlagen. Beste Beispiele dafür sind die Romane ›Die Tabakstraße‹ (1932, dt. 1948), ›Gottes kleiner Acker‹ (1933, dt. 1948), ›Der Wanderprediger‹ (1935, dt. 1954), ›Ein heißer Tag‹ (1940, dt. 1952), in denen die ausweglose Situation durch Humor gebrochen ist. Kritik an dieser fiktionalen Darstellung erwiderte C. durch faktograph. Berichte, z. T. mit Photographien 012ner späteren Frau Margaret Bourke-White (* 1904, † 1971) in ›You have seen their faces‹ (1937). Insgesamt über 50 Werke zur Lage im Süden, darunter auch ein Beitrag zur Bürgerrechtsbewegung (›In search of Bisco‹, 1965).
Weitere Werke: Opossum (R., 1948, dt. 1952), Licht in der Dämmerung (R., 1952, dt. 1957),

Erskine
Caldwell

Gewisse Frauen (Kurzgeschichten, 1957, dt. 1958), Mississippi-Insel (R., 1968, dt. 1971), The weather shelter (En., 1969), The Earnshaw neighborhood (En., 1971), Annette (R., 1973), The sacrilege of Alan Kent (En., 1976), Stories of life, north and south (1983).
Literatur: KORGES, J.: E. C. Minneapolis (Minn.) 1969. – COOK, S. J.: From Tobacco Road to Route 66. Chapel Hill (N.C.) 1976. – Critical essays on E. C. Hg. v. S. MACDONALD. Boston (Mass.) 1981.

Caldwell, [Janet] Taylor [engl. 'kɔːldwəl], Pseudonym Max Reiner, * Prestwich bei Manchester (England) 7. Sept. 1900, † Greenwich (Conn.) 30. Aug. 1985, amerikan. Schriftstellerin. – Tochter nach Amerika ausgewanderter schott. Eltern, kam 1907 in die USA; Stenographin und Journalistin. Schrieb zahlreiche erfolgreiche Unterhaltungsromane, darunter eine Reihe von Familienromanen aus der amerikan. Vergangenheit.
Werke: Einst wird kommen der Tag (R., 1938, dt. 1939), The eagles gather (R., 1940), The final hour (R., 1944), Diese Seite der Unschuld (R., 1946, dt. 1947), Der Anwalt des Teufels (R., 1952, dt. 1979), Das Größte aber ist die Liebe (R., 1956, dt. 1956), Geliebter und berühmter Arzt (R., 1959, dt. 1960), Mit dem Herz eines Löwen (R., 1970, dt. 1970), Die Armaghs (R., 1971, dt. 1972), Das Ende aller Unschuld (R., 1976, dt. 1977), Durch die Nacht leuchtet der Strom (R., 1978, dt. 1980), Antworte wie ein Mann (R., 1981, dt. 1981).
Literatur: STEARN, J.: The search for a soul: T. C.'s psychic lives. Boston (Mass.) u. Garden City 1973.

Calé, Walter [ka'leː], * Berlin 8. Dez. 1881, † ebd. 3. Nov. 1904, dt. Schriftsteller. – Studierte Jura, dann Philosophie; impressionist. Lyriker, dessen Dichtungen neben scharfem Intellekt eine anrührende Naivität zeigen; an Novalis und R. M. Rilke erinnernd; vernichtete vor seinem Selbstmord alle ihm zugängl. Manuskripte. Seine ›Nachgelassenen Schriften‹ (Gedichte, Dramenfragment, Romanfragmente) erschienen 1907.

Calembour [kalã'bu:r; frz. = Wortspiel], scherzhaftes Spiel mit der unterschiedl. Bedeutung gleich oder ähnlich lautender Wörter (↑ Homonyme, ↑ Homograph). Das Wort C., dessen Herkunft ungewiß ist, findet sich im Französischen seit dem 18. Jh. (D. Diderot); es wurde u. a. in Verbindung gebracht mit dem dt. Volksbuch ›Der Pfarrer vom Kalenberg‹. – ↑ auch Kalauer.

Calgari, Guido, * Biasca (Tessin) 13. Dez. 1905, † Pescia 8. Sept. 1969, schweizer. Literarhistoriker und Schriftsteller. – Ab 1952 Prof. für italien. Sprache und Literatur an der Eidgenöss. Techn. Hochschule in Zürich; veröffentlichte neben literaturwiss. Arbeiten (u. a. ›Die vier Literaturen der Schweiz‹, 1958, dt. 1966) auch Erzählungen (›Karge Erde‹, 1933, dt. 1940; ›Racconti sgradevoli‹, 1957), Gedichte (›Le porte del mistero‹, 1929) und Dramen (›Il campo del sangue‹, 1936).

Caliban, Pseudonym des dt. Kritikers und Essayisten Willy ↑ Haas.

Călinescu, George [rumän. kəli-'nesku], * Bukarest 19. Juni 1899, † ebd. 12. März 1965, rumän. Schriftsteller und Kritiker. – Ab 1945 Prof. für moderne Literatur in Bukarest, ab 1946 Direktor des Instituts für Literaturgeschichte und Volkskunde der Akademie. Verfaßte außer Monographien (u. a. über M. Eminescu, 1932) eine umfangreiche rumän. Literaturgeschichte (›Istoria literaturii române de la origini pînă în prezent‹, 1941), die wegen ihrer ästhetisch-psycholog. Interpretation sowie ihres Informationsreichtums berühmt ist. Begann als Lyriker, schrieb dann auch Dramen und v. a. Romane: in ›Rätsel um Ottilie‹ (1938, dt. 1959) analysiert er die Lebensart und Geisteshaltung des Bukarester Bürgertums Anfang des 20. Jh., in ›Rendezvous und Audienzen‹ (1953, dt. 2 Bde., 1969) und ›Schicksal einer Lebedame‹ (1960, dt. 2 Bde., 1965) stellt er das Schicksal des schaffenden Künstlers in der sozialist. Gesellschaft dar.

Weitere Werke: Cartea nunții (= Buch der Hochzeit, R., 1933), Poezii (Ged., 1937).
Ausgabe: G. C. Opere. Bukarest 1965–79. 15 Bde.
Literatur: DUȚA, M.: G. C. In: Lit. Rumäniens 1944–1980. Einzeldarstt. V. einem Autorenkollektiv unter Leitung v. Z. DUMITRESCU-BUȘULENGA u. M. BUCUR. Bln. 1983. S. 153.

Calisher, Hortense [engl. 'kælɪʃə], * New York 20. Dez. 1911, amerikan. Schriftstellerin. – Studium am Barnard College in New York; seit 1956 Gastprofessorin an verschiedenen amerikan. Universitäten. Analysiert in ihren erfolgreichen Erzählungen mit ellipt. Prosa und feinem Humor die Regungen des menschl. Herzens im allgemeinen und die Psyche der Frau im besonderen. In ihrer Autobiographie ›Herself‹ (1972) stellt sie ihre feminist. Kunstauffassung dar.

Weitere Werke: Der Eindringling (R., 1961, dt. 1967), Textures of life (R., 1963), Extreme magic (En., 1964), The railway police and the last trolley ride (En., 1966), Queenie (R., 1971), Standard dreaming (R., 1972), On keeping women (R., 1977), Mysteries of motion (R., 1983), Saratoga hot (R., 1985), Age (R., 1987).
Ausgabe: Collected stories of H. C. New York 1975.

Callaghan, Morley Edward [engl. 'kæləhən], * Toronto 22. Febr. 1903, † ebd. 25. Aug. 1990, kanad. Schriftsteller. – Universitätsstudium in Toronto, nicht praktizierender Jurist; als Reporter Kollege E. Hemingways am ›Daily Star‹ in Toronto, 1929 in Künstlerkreisen (Hemingway, J. Joyce, F. S. Fitzgerald) in Paris (›That summer in Paris‹, 1963). In seinen engl. Sprache verfaßten lakon. Kurzgeschichten von Anfang an meisterlich (›A native argosy‹, 1929; ›Morley Callaghan's stories‹, 1959). Im Roman (erster Roman: ›Strange fugitive‹, 1928) gelingt ihm der Durchbruch mit drei durch moral. Anliegen, Novellenstruktur und das Thema der Wirtschaftskrise geprägten Werken: ›Such is my beloved‹ (1934), ›They shall inherit the earth‹ (1935), ›More joy in heaven‹ (1937).

Weitere Werke: The loved and the lost (R., 1951), A passion in Rome (R., 1961), Close to the sun again (R., 1977), Our lady of the snows (R., 1985).
Literatur: HOAR, V.: M. C. Toronto 1969.

Callimachus, griech. Schriftsteller,
↑ Kallimachos.

Calloc'h, Jean-Pierre [breton. 'kalox],
* Île de Groix (Bretagne) 1888, ✕ bei
Saint-Quentin 1917, breton. Dichter. –
Schrieb von der Mystik beeinflußte Ge-
dichte: ›Ar en deulin‹ (mit frz. Überset-
zung: ›À genoux‹, hg. 1921).

Calpurnius Siculus, Titus, röm. Bu-
koliker des 1. Jh. n. Chr. – Schrieb in
Nachahmung Vergils 7 Eklogen, die z. T.
den jungen Kaiser Nero verherrlichen. In
den Handschriften folgen 4 ähnl. Stücke,
die erst im 19. Jh. als Eigentum des Nemesianus (aus Karthago, 3. Jh. n. Chr.)
erkannt wurden.
Ausgabe: Calpurnii et Nemesiani Bucolica.
Hg. v. C. GIARRATANO. Neapel ³1943. – T. C. S.
und die Einsiedler. Gedichte lat. u. dt. Hg. u.
übers. v. D. KORZENIEWSKI. Darmst. 1971.
Literatur: SCHMID, WOLFGANG: Panegyrik u.
Bukolik in der neron. Epoche. In: Bonner Jbb.
des Rhein. Landesmuseums 153 (1953), S. 63.

Calverley, Charles Stuart [engl. 'kæl-
vəlɪ], * Martley (Worcester) 22. Dez. 1831,
† Folkestone (Kent) 17. Febr. 1884, engl.
Dichter. – Schrieb außer Übersetzungen,
u. a. von Theokrit, beschaul. Gelegen-
heitslyrik (›Verses and translations‹,
1862, revidiert 1871); bes. berühmt durch
oft nachgeahmte Stilparodien (›Fly
leaves‹, 1872).
Ausgabe: Ch. S. C. The English poems. Hg. v.
H. D. SPEAR, Atlantic Highlands (N. J.) 1974.

Calvin, Johannes [kal'vi:n, frz. kal'vɛ̃],
eigtl. Jean Cauvin, * Noyon (Oise)
10. Juli 1509, † Genf 27. Mai 1564, frz.-
schweizer. Reformator. – Nach humanist., theolog. und jurist. Studien erlebte
er eine langsame innere Wandlung zum
ev. Glauben, geriet in Konflikt mit der
kirchl. Lehrmeinung und mußte 1533 Paris verlassen; 1536 veröffentlichte er in
Basel sein Hauptwerk, die ›Institutio
christianac religionis‹, eine systemat.
Darstellung des ref.-christl. Glaubens
(mehrfach umgearbeitet; von C. selbst
1541 ins Französische übersetzt); ab 1541
endgültig in Genf, wo er die Genfer Kirche straff organisierte, mit grausamer
Härte gegen Andersdenkende vorging
und eine neue Kirchenordnung einführte. Kirchengeschichtlich von großer
Bedeutung, hatte C. bes. Einfluß auf die

frz., niederl. und engl. Reformation;
wichtigste Punkte seiner Lehre sind Prä-
destination und Abendmahlslehre, worin
er von Luther abweicht. Seine Sprache,
geschult durch die Disputation der scholast. Jurisprudenz sowie (bes. hinsicht-
lich der rhetor. Prosa) durch ein intensi-
ves Studium sowohl der Kirchenväter
(v. a. Ioannes Chrysostomos) als auch
der Autoren der klass. Antike (v. a. Cicero), ist bilderreich, jedoch einfach und
klar und dient nur der Darstellung seiner
Gedanken; für die Entwicklung des ev.
Predigtstils von großer Bedeutung; auch
Bibelkommentare und polem. Schriften
(›Traicté des reliques‹, 1543; ›Traicté des
scandales‹, 1550; ›De la prédestination
éternelle‹, 1552). C. gilt als einer der besten Prosaschriftsteller des 16. Jahrhunderts.
Ausgabe: Joannis C.i opera quae supersunt omnia. Hg. v. W. BAUM u. a. Braunschweig u. Bln.
1863–1900. 59 Bde. Nachdr. Saarbrücken 1964.
Literatur: DOUMERGUE, E.: Jean C., les hommes
et les choses de son temps. Lausanne
1899–1927. 7 Bde. – DANKBAAR, W. F.: C., sein
Weg u. sein Werk. Dt. Übers. Neukirchen-
Vluyn ²1966. – STAEDTKE, J.: J. C. Gött. u. a.
1969. – WENDEL, F.: C. et l'humanisme. Paris
1976. – SELINGER, S.: C. against himself. Hamden (Conn.) 1984.

Calvino, Italo, * Santiago de las Vegas (Kuba) 15. Okt. 1923, † Siena 19. Sept.
1985, italien. Schriftsteller. – Wuchs in
San Remo auf; Studium der Philosophie

Italo Calvino

und Literatur; schloß sich 1943 der antifaschist. Partisanenbewegung an; Lektor
des Verlages Einaudi in Turin; 1959–67
Mit-Hg. (mit E. Vittorini) der Literaturzeitschrift ›Il Metabò‹. Schrieb anfangs

politisch engagierte, neorealist. Werke (›Wo Spinnen ihre Nester bauen‹, R., 1947, dt. 1965), später hintergründige, märchenhaft-phantast. Romane und Erzählungen. Bekannt wurden v. a. die Romane ›Der geteilte Visconte‹ (1952, dt. 1957), ›Der Baron auf den Bäumen‹ (1957, dt. 1966) und ›Der Ritter, den es nicht gab‹ (1959, dt. 1963), die C. 1960 zu einer Trilogie u. d. T. ›I nostri antenati‹ zusammenfaßte. Auch Verfasser von Essays und Hg. von Märchen (›Italien. Märchen‹, 1967, dt. 1975) und phantast. Erzählungen (›Racconti fantastici dell'ottocento‹, 1983).

Weitere Werke: Erzählungen (1958, dt. 1964), Die argentin. Ameise (En., 1958, dt. 1972), Marcovaldo oder Abenteuer eines einfachen Mannes in der Stadt, nach dem Kalender erzählt (R., 1963, dt. 1967), Der Tag eines Wahlhelfers (E., 1963, dt. 1964), Kosmokom. Geschichten (1965, dt. 1969), Die unsichtbaren Städte (R., 1972, dt. 1977), Das Schloß, darin sich Schicksale kreuzen (En., 1974, dt. 1978), Wenn ein Reisender in einer Winternacht (R., 1979, dt. 1983), Palomar (R., 1983, dt. 1985), Cosmicomics (En., 1984, dt. 1989), Kybernetik und Gespenster. Überlegungen zu Literatur und Gesellschaft (Essays, dt. Ausw. 1984), Abenteuer eines Lesers (En., dt. Ausw. 1986), Unter der Sonne des Jaguar (En., hg. 1986, dt. 1987), Sechs Vorschläge für das nächste Jahrtausend. Harvard-Vorlesungen (hg. 1988, dt. 1991), Die Mülltonne und andere Geschichten (dt. Ausw. 1994).

Ausgabe: I. C. I libri degli altri. Lettere 1947 bis 1981. Hg. v. G. TESIO. Turin 1991.

Literatur: SCHWADERER, R.: I. C. In: Italien. Lit. der Gegenwart in Einzeldarstt. Hg. v. J. HÖSLE. Stg. 1974. S. 270. – EVERSMANN, S.: Poetik u. Erzählstruktur in den Romanen I. C.s. Mchn. 1979. – ADLER, S. M.: C., the writer as fablemaker. Potomac (Md.) 1979. – CANNON, J.: I. C., writer and critic. Ravenna 1981. – MONDELLO, E.: I. C. Pordenone 1990.

Calvo, Pedro Prado, chilen. Schriftsteller, ↑ Prado Calvo, Pedro.

Calvo Sotelo, Joaquín [span. 'kalβo], * La Coruña 5. März 1905, † Madrid im April 1993, span. Schriftsteller. – Jurastudium; Journalist; verfaßte vieldiskutierte, bühnenwirksame Dramen, von denen bes. ›Die Mauer‹ (1954, dt. 1958) auch außerhalb Spaniens bekannt wurde; auch Erzählungen, Reiseberichte und Essays.

Weitere Werke: La vida inmóvil (Dr., 1939), Plaza de Oriente (Dr., 1947), La visita que no tocó el timbre (Dr., 1949), Criminal de guerra (Dr., 1951), La herencia (Dr., 1958), Dinero (Dr., 1962), El proceso de arzobispo Carranza

(Dr., 1964), La amante (Dr., 1968), Una noche de lluvia (Dr., 1969), El alfil (Dr., 1971), Un hombre puro (Dr., 1973).

Literatur: GUERRERO ZAMORA, G.: El teatro de humor en España. Madrid 1966. S. 123. – KLEIN, R. B.: J. C. S. Reactionary, conservative, or a liberal for the times? In: Revista de Estudios Hispáicos 17 (Alabama 1983), S. 135.

Calvus, Gaius Licinius Macer, * Rom 82, † 47, röm. Dichter. – Freund Catulls, gehörte dem Neoterikerkreis an. Verfasser erfolgreicher, stilistisch ausgefeilter Reden im attizist. Stil, polit. Gedichte, u. a. gegen Pompeius, Caesar, und eines Epyllions ›Io‹, vielleicht nach dem Vorbild des Kallimachos.

Calzabigi, Ranieri [italien. kaltsa'bi:dʒi], * Livorno 23. oder 24. Dez. 1714, † Neapel im Juli 1795, italien. Dichter. – Betrieb 1757 mit G. G. Casanova eine Lotterie in Paris, 1761–74 Finanzbeamter in Wien; lebte 1780 in Neapel. Stand in enger Beziehung zu P. Metastasio, dessen Werke er 1755 mit einer programmat. Einleitung (›Dissertazione su le poesie drammatiche del sig. Abate P. Metastasio‹) herausgab. Bedeutsam wurde seine Zusammenarbeit mit Ch. W. Gluck, für den er die Libretti zu den Opern ›Orpheus und Eurydike‹ (1762), ›Alceste‹ (1767), ›Paris und Helena‹ (1770) verfaßte.

Weiteres Werk: Poesie e prose diverse (2 Bde., 1793).

Camaj, Martin [alban. 'tsamaj], * Dukagjin (Nord-Albanien) 21. Juli 1925, † München 12. März 1992, alban. Schriftsteller. – Ab 1971 Prof. an der Univ. München; neben stilistisch ausgefeilter Prosa, darunter dem mit Gedichten durchsetzten Roman ›Djella‹ (1958) und dem gleichnishaften Roman ›Rrathë‹ (= Im Bann der Kreise, 1978), v. a. Lyriker; verband archaische Traditionen mit modernen Strukturen und verwies über ihre Hauptelemente Phantasie, Traum, Ironie und Symbol auf eine hinter den äußeren Erscheinungen liegende Wirklichkeit (›Njeriu më vete e me tjerë‹ [= Mit sich zu Rate gehen], 1978, und ›Dranja‹, 1981).

Weitere Werke: Nji fyell ndër male (= Eine Flöte in den Bergen, Ged., 1953), Kanga e vërrinit (= Lied der Winterweiden, Ged., 1954), Poezi 1953–1967 (Ged., 1981), Shkundullima (= Das Erdbeben, Nov.n, 1981).

Cambaceres, Eugenio [span. kamba-'seres], * Buenos Aires 1843, † Paris 1888, argentin. Schriftsteller. – Sohn reicher frz. Einwanderer; Jurist, Kongreßabgeordneter. Beeinflußt von É. Zolas Naturalismus, gestaltete er in seinen Romanen ein krit., z.T. satir. Bild der argentin. Oberschicht.

Werke: Potpourri (R., 1881), Música sentimental (R., 1884), Sin rumbo (R., 1885), En la sangre (1887).

Cambridger Lieder [engl. 'kɛɪmbrɪdʒ] ↑ Carmina Cantabrigiensia.

Camenzind, Josef Maria, * Gersau 27. Febr. 1904, † Küßnacht am Rigi 19. Sept. 1984, schweizer. Schriftsteller. – Kath. Priester; schrieb volkstüml. Romane, in denen er seine Kindheit, die heimatl. Welt mit ihren Menschen anschaulich darstellt.

Werke: Mein Dorf am See (En., 1934), Ein Stubenhocker fährt nach Asien (Autobiogr., 1939), Schiffmeister Balz (R., 1941), Der Sohn des Vagabunden (E., 1951), Majestäten und Vaganten (En., 1953), Marcel und Michael (E., 1959), Der Kurgast aus Berlin (En., 1964).

Camino Galicia, León Felipe [span. ka'mino ga'liθia], span. Lyriker, ↑ León Felipe.

Camões, Luís Vaz de [portugies. ka-'mõiʃ], * Lissabon (oder Coimbra?) im Dez. 1524 oder im Jan. 1525, † Lissabon 10. Juni 1580, portugies. Dichter. – Aus verarmtem Adelsgeschlecht, Jugend und Studium in Coimbra, erwarb klass. Bildung; ging 1542 nach Lissabon, lebte wohl auch am Hofe, schrieb Dramen und Gedichte, teils auf Bestellung. Ein unsteter Lebenswandel führte ihn, nachdem er wegen eines Duells des Hofes verwiesen worden war, nach Afrika (Verlust des rechten Auges im Kampf vor Ceuta), Goa und in andere portugies. Besitzungen; ab 1558 Nachlaßverwalter in Macao. Wegen Händel und angeblich unregelmäßiger Geschäftsführung mehrfach im Gefängnis. Erhielt für seine Kriegstaten (Malabar, Molukken) und literar. Verdienste königl. Ehrensold. C., der ab 1570 in Lissabon lebte, starb trotzdem in Armut (vermutlich an der Pest). 1572 wurden ›Die Lusiaden‹ (dt. 1806) gedruckt, C.' Hauptwerk und das bedeutendste portugies. Epos, in dem in 10 Ge-

Luís Vaz de Camões (Stich von E. F. Lignon nach einem Gemälde von F. Gérard)

sängen (nach dem Vorbild von Vergils ›Äneis‹) die histor. Taten der Portugiesen, bes. die Fahrt Vasco da Gamas nach Indien, in mytholog. Rahmen dargestellt sind. Chroniken, Tagebücher, Reiseberichte und nicht zuletzt C.' eigene Fahrten waren die Quellen dieses Werkes, dessen Held das portugies. Volk ist. Voller Dynamik und Spannung, in sprachl. Meisterschaft (beeindruckende realist. Natur- und Schlachtenschilderungen) zeigt das Epos die mannigfaltigen geistigen und künstler. Strömungen der Zeit. Als Lyriker schuf C. nach petrarkist. Anfängen (Kanzonen) v.a. vollendete Sonette und Redondilhas, die möglicherweise von eigenem Erleben getragen sind. Weniger bekannt sind seine drei Komödien ›Filodemo‹ (entst. um 1544, gedr. 1587, dt. 1885), ›König Seleukos‹ (entst. nach 1544, gedr. 1645, dt. 1885) und ›Die Amphitryone‹ (entst. vor 1549, gedr. 1587, dt. 1885). C.' Werke sind der bedeutendste Beitrag Portugals zur Weltliteratur. Die europ. Wiederentdeckung C.' im 19.Jh. erfolgte durch die dt. Romantiker, bes. durch die Brüder Schlegel und W. von Humboldt.

Ausgaben: L. de Camoes. Die Lusiaden. Portugies. u. dt. Hg. v. O. FRHR. VON TAUBE. Freib. 1949. – Luiz de C. Sonette. Dt. Übers. Hg. v. O. FRHR. VON TAUBE. Wsb. 11.–17. Tsd. 1959. – Luiz de C. Obra completa. Hg. v. A. SALGADO JÚNIOR. Rio de Janeiro 1963. – L. de C. Lirica completa. Hg. v. M. DE LURDES SARAIA. Lissabon 1980. 2 Bde.

Literatur: LE GENTIL, G.: Camõens, l'œuvre épique et lyrique. Paris 1954. – SARAIVA, A. J.: L. de C. Lissabon 1959. – HATZFELD, H.: Manuelinischer Stil in den Sonetten des C. In: Aufss. zur portugies. Kulturgesch. 1 (1960), S. 94. –

SCHNEIDER, REINHOLD: Das Leiden des C. oder Untergang u. Vollendung der portugies. Macht. Köln u. Olten Neuausg. 1963. – CIDADE, H.: L. de C. Lissabon ³1979. – BRANCO, J. DE FREITAS: A música na obra de C. Lissabon 1979. – ANSELMO, A.: C. e a censura inquisitorial. In: Arquivos do Centro Cultural Português 16 (1981), S. 513. – BARRETO, J. F.: Micrologia camoniana. Hg. v. A. PINTO DE CASTRO. Lissabon 1982. – LYRA, P.: O dilema ideológico de C. e Pessoa. Rio de Janeiro 1985.

Camon, Ferdinando, * Urbana (Provinz Padua) 14. Nov. 1935, italien. Schriftsteller. – Nach histor. Studien in Padua Tätigkeit als Literaturkritiker (›Il mestiere di poeta‹, 1965; ›Il mestiere di scrittore‹, 1973; ›Letteratura e classi subalterne‹, 1974), Zeitschriftenautor und Hg. der Reihe ›La nuova critica‹ (seit 1968). C. entwirft in seiner Lyrik (›Fuori storia‹, 1967; ›Liberare l'animale‹, 1973; Premio Viareggio) und in seinen Romanen (›Der fünfte Stand‹, 1970, dt. 1974; ›Das ewige Leben‹, 1972, dt. 1981; ›Ein Altar für die Mutter‹, 1978, dt. 1982; Premio Strega) vor dem Hintergrund der bäuerl. Gesellschaft des Veneto Formen sozialer wie spiritueller Erstarrung und deren mögl. Überwindung.
Weitere Werke: La moglie del tiranno (Studie, 1969), Occidente (R., 1975), Avanti popolo (Studie, 1977), La malattia chiamata uomo (R., 1981), Storia di Sirio (R., 1984), Il canto delle balene (R., 1989; Premio Campiello 1989).
Literatur: KANDUTH, E.: F. C. In: Krit. Lex. der roman. Gegenwartsliteraturen. Hg. v. W.-D. LANGE. Losebl. Tüb. 1984ff.

Campana, Dino, * Marradi (Prov. Florenz) 20. Aug. 1885, † Castel Pulci bei Florenz 1. März 1932, italien. Schriftsteller. – Führte ein vagabundierendes Leben in Südamerika und Europa, zeitweise Mitarbeiter an literar. Zeitschriften, ab 1918 in einer psychiatr. Klinik. Seine teils impressionist., teils symbolist. Gedichte sind wesentlich von F. Nietzsche und A. Rimbaud beeinflußt.
Werk: Canti orfici (Ged., 1914).
Literatur: GALIMBERTI, C.: D. C. Mailand 1967. – D. C. oggi. Florenz 1973. – JACOBBI, R.: Invito alla lettura di D. C. Mailand 1976. – LI VIGNI, I.: Orfismo e poesia in D. C. Genua 1983.

Campanella, Tommaso, * Stilo (Kalabrien) 5. Sept. 1568, † Paris 21. Mai 1639, italien. Philosoph und Utopist. – 1583 Dominikaner. Wurde 1591 in Rom der Ketzerei angeklagt und eingekerkert, während der Prozesse veröffentlichte er polit. Schriften. Nach Freilassung 1598 Initiator eines Aufruhrs in Kalabrien, von den Spaniern 1599–1629 in Neapel und Rom in Kerkerhaft gehalten. Dort verfaßte er sein von Th. More beeinflußtes, berühmtestes Werk ›Der Sonnenstaat‹ (entst. 1602, 2. Fassung 1611, lat. erschienen 1623, dt. 1900, erstmals dt. 1789), sein philosophisch bedeutendstes Werk ›Metafisica‹ (1638) und die ›Theologia‹. 1634 floh er nach Frankreich. C.s Metaphysik basiert auf drei ›Primalitäten‹: Macht, Weisheit, Liebe. Die Utopie des ›Sonnenstaates‹ ist das idealisierte Programm der eigenen polit. Aktionen: die Herrschaft priesterl. Philosophen und Wissenschaftler; Privateigentum ist als Grundübel der Gesellschaft abgeschafft. Schrieb auch dem Zeitgeschmack entsprechende Lyrik (›Poesie‹, 1622).
Ausgabe: T. C. Tutte le opere. Hg. v. L. FIRPO. Mailand 1954.
Literatur: BADALONI, N.: T. C. Mailand 1965. – DUCROS, F.: T. C. poète. Paris 1969. – TUSCANO, P.: Poetica e poesia di T. C. Mailand 1969. – BOCK, G.: T. C., polit. Interesse u. philosoph. Spekulation. Tüb. 1974. – AHRBECK, R.: Morus, C., Bacon. Köln 1977. – PALADINO, V.: Ultimi studi campanelliani. Messina 1978.

Campanile, Achille, * Rom 28. Sept. 1899, † Lariano (heute zu Velletri) 4. Jan. 1977, italien. Schriftsteller. – Journalist; wurde v. a. bekannt als Autor von Komödien sowie von humorist., grotesken Romanen und Erzählungen; auch Drehbücher.
Werke: Centocinquanta la gallina canta (Kom., 1924), Ma che cosa è questo amore? (R., 1927), Cantilena all'angolo della strada (R., 1933), Avventura di un'anima (R., 1945), Gli asparagi e l'immortalità dell'anima (R., 1974), L'eroe (R., 1976).
Literatur: CALENDOLI, G.: A. C. In: Letteratura italiana IV, 4: I contemporanei. Mailand 1974. S. 399.

Campbell, Joseph [engl. kæmbl], eigtl. Seosamh Mac Cathmhaoil, * Belfast 1879, † Lackan (Wicklow) 13. Juli 1944, ir. Schriftsteller. – Zeitweilig in den USA, dort Universitätsdozent. Schrieb Dramen als Beiträge zur ir. Theaterrenaissance, die er in Ulster unterstützte; verfaßte auch Lyrik im Volksliedton und stellte in Prosaskizzen das ir. Leben dar.

Werke: Rushlight (Ged., 1906), The mountainy singer (Ged., 1909), Judgment (Dr., 1912), The earth of Cualann (Ged., 1917). **Ausgabe:** J. C. Collected poems. Hg. v. A. CLARKE. Dublin 1963.

Campbell, Roy, eigtl. [Ignatius] Royston [Dunnachie] C. [engl. kæmbl], * Durban 2. Okt. 1901, † bei Setúbal (Portugal) 22. April 1957, südafrikan. Lyriker, Erzähler und Essayist. – Konvertierte zum Katholizismus und kämpfte im Span. Bürgerkrieg auf seiten Francos; übersetzte frz., span. und portugies. Schriftsteller. Sein Werk trägt myst., klass. und romant. Züge, enthält aber auch volkstüml., satir. und polem. Elemente.

Werke: The wayzgoose (Ged., 1928), Adamastor (Ged., 1930), The Georgiad (Ged., 1931), Flowering rifle (Ged., 1939), Talking Bronco (Ged., 1946), Ritter ohne Furcht mit Tadel (Autobiogr., 1951, dt. 1953), Portugal (Essays, 1957), Selected poetry (Ged., hg. 1981). **Literatur:** WRIGHT, D.: Roy C. London 1961. – ALEXANDER, P.: Roy C. Kapstadt 1982.

Campbell, Thomas [engl. kæmbl], * Glasgow 27. Juli 1777, † Boulogne-sur-Mer 15. Juni 1844, schott. Schriftsteller. – Jurist, danach freier Schriftsteller; Verfasser publizist. und enzyklopäd. Arbeiten; zeitweilig Lordrektor der Universität Glasgow. Wurde v. a. bekannt durch seine Lehrdichtung ›Die Freuden der Hoffnung‹ (1799, dt. 1838), die formal dem Klassizismus, gehaltlich der Romantik nahesteht und mit der er die Forderung Polens nach Freiheit unterstützte; er schrieb auch Elegien, Balladen, die seinerzeit vielgelesene romant. Verserzählung ›Gertrude of Wyoming‹ (1809) und patriot. Lyrik. **Literatur:** DIXON, W. M.: Th. C. Glasgow 1928.

Campbell, William Edward March [engl. kæmbl], amerikan. Schriftsteller, † March, William.

Campbell, William Wilfred [engl. kæmbl], * Berlin (heute Kitchener, Ontario) 1. Juni 1861, † bei Ottawa 1. Jan. 1918, kanad. Schriftsteller. – 1886–91 Geistlicher, dann Staatsbeamter. Manchmal zu den ›Confederation poets‹ gezählt, geht er doch in Naturlyrik und dramat. Gedichten (›Lake lyrics and other poems‹, 1889; ›The dread voyage‹, 1898) mit Stimmungen des Grauens und des Hoffnungslosigkeit über den Stil des 19. Jh. hinaus. Auch ›Empire‹-Anhänger

(›Sagas of vaster Britain...‹, Ged., 1914), Dramatiker, Romancier und Reiseautor (›The beauty, history, romance, and mystery of the Canadian Lake Region‹, 1910). **Literatur:** KLINCK, C. F.: W. C., a study in late provincial Victorianism. Toronto 1942. Neudr. Ottawa 1977.

Campbell Praed, Mrs. [engl. 'mɪsɪz 'kæmbl 'preɪd], Pseudonym der austral. Schriftstellerin Rosa Caroline † Praed.

Campe, Joachim Heinrich, * Deensen bei Holzminden 29. Juni 1746, † Braunschweig 22. Okt. 1818, dt. Pädagoge; Sprachforscher, Jugend- und Reiseschriftsteller. – C. studierte ev. Theologie, war Hauslehrer in der Familie von Humboldt. 1776/77 Mitarbeiter des von J. B. Basedow gegründeten Philanthropins in Dessau, leitete 1777–85 in Hamburg und Trittau eigene Erziehungsanstalten. 1786 bis 1805 wirkte C. als Schulrat an der Braunschweig. Schulreform mit. Mit anderen norddt. Pädagogen zusammen versuchte er, das dt. aufklärer. Erziehungsdenken auf die gesamte Erziehung (Charaktererziehung, allgemeine Bildung und Berufsbildung) hin auszulegen und sammelte das Gedankengut dieser ersten pädagog. Reformbewegung in Deutschland in einem Kompendium u. d. T.: ›Allgemeine Revision des gesamten Schul- und Erziehungswesens‹ (16 Bde., 1785–92). Bekannt wurde C. v. a. durch seine Übersetzung und Bearbeitung des Robinson-Crusoe-Romans von D. Defoe (›Robinson d. J.‹, 2 Tle., 1779/80); daneben trat er auch als Reiseschriftsteller hervor, wobei bes. die ›Briefe aus Paris zur Zeit der Revolution geschrieben‹ (1790) von Bedeutung sind.

Weitere Werke: Das Testament (Satire, 1766), Theophron oder der erfahrne Rathgeber für die unerfahrne Jugend (1783), Väterl. Rath für meine Tochter (1789), Wörterbuch der dt. Sprache (5 Bde., 1807–11). **Ausgabe:** Sämtl. Kınder- u. Jugendschrr. Neue Gesamtausg. der letzten Hand. Brsw. 1830. Nachdr. Do. 1979. **Literatur:** LEYSER, J.: J. H. C. Ein Lebensbild aus dem Zeitalter der Aufklärung. Brsw. ²1896. 2 Bde. – ARNOLD, K.: J. H. C. als Jugendschriftsteller. Diss. Lpz. 1905. – HOLZ, G.: J. H. C. als Sprachreiniger u. Wortschöpfer. Diss. Tüb. 1951 [Masch.]. – FERTIG, L.: C:s polit. Erziehung. Eine Einf. in die Pädagogik der Aufklärung. Darmst. 1977.

Campert, Jan Remco Theodoor [niederl. 'kampərt], * Spijkenisse 15. Aug. 1902, † KZ Neuengamme 12. Jan. 1943, niederl. Schriftsteller. – Journalist; wurde 1942 wegen Begünstigung von Juden ins KZ eingeliefert; schrieb v. a. sensible, wehmütig-romant. Lyrik, daneben auch Gedichte für die Résistance; außerdem Kriminaldramen.

Werke: Verzen (Ged., 1925), Het verliefde lied (Ged., 1928), Klokslag twaalf (Dr., 1933; mit W. Corsari), Verzamelde gedichten (hg. 1947).
Literatur: HOEKSTRA, H. G.: Over J. C. Amsterdam 1946.

Campert, Remco Wouter [niederl. 'kampərt], * Den Haag 28. Juli 1929, niederl. Schriftsteller. – Sohn von Jan Remco Theodor C.; debütierte 1951 mit der Gedichtsammlung ›Vogels vliegen toch‹; schreibt auch Erzählungen, Romane und Filmszenarios.

Weitere Werke: Bij hoog en bij laag (Ged., 1959), Het leven is verrukkulluk (R., 1961), Hoera-Hoera (Ged., 1965), Betere tyden (Ged., 1970), In het wilde weg (Ged., 1972), De Harm en Miepje Kurk Story (R., 1983), Een neger uit Mozambique (Ged., 1988).

Camphuysen, Dirck Raphaelsz. [niederl. 'kamphœyzə], * Gorinchem 1586, † Dokkum 19. Juli 1627, niederl. Dichter und Theologe. – Prediger in Vleuten bei Utrecht, 1619 als Arminianer vertrieben, lebte in Dokkum als Flachshändler. Er lehnte jede kirchl. Gemeinschaft ab und machte die Bergpredigt zur Richtschnur seiner theolog. Anschauung, die auch seine Dichtung bestimmte. C. gab eine freie Bearbeitung der Psalmen heraus.
Werke: Stichtelijke rijmen (Ged., 1624), Uytbreiding over de psalmen Davids... (1630).
Literatur: RADEMAKER, L. A.: Didericus C., zijn leven en werken. Gouda 1898.

Campion, Thomas [engl. 'kæmpiən], * London 12. Febr. 1567, † ebd. 1. März 1620, engl. Dichter und Musiker. – Studierte Jura und Medizin, praktizierte als Arzt in London. Er schrieb Maskenspiele für Hofaufführungen sowie graziöse Liedlyrik, die er z. T. selbst vertonte (u. a. vier ›Books of Ayres‹, Ged., 1610–17), sowie lat. Gedichte und Epigramme. In einer literaturkrit. Schrift schlug er die Abschaffung des Reims vor. C. verfaßte auch ein Lehrbuch des Kontrapunkts.
Ausgabe: Th. C. Works. Hg. v. W. R. DAVIS. New York 1970.

Literatur: KASTENDIECK, M. M.: Th. C., England's musical poet. New York 1963. – LOWBURY, E./SLATER, T./YOUNG, A.: Th. C., poet, composer, physician. London 1970. – LINDLEY, D.: Th. C. Leyden 1986.

Campistron, Jean Galbert de [frz. kãpis'trõ], * Toulouse 1656, † ebd. 11. Mai 1723, frz. Dramatiker. – Befreundet mit J. Racine; schrieb höf. Tragödien nach dem Vorbild Racines, gestaltete jedoch die Tragik nicht durch innere Konflikte, sondern durch Häufung äußerer Geschehnisse. Verfaßte auch zwei Komödien sowie Operntexte für J.-B. Lully. 1701 Mitglied der Académie française.
Werke: Virginie (Trag., 1683), Andronic (Trag., 1685), Tiridate (Trag., 1691), Le jaloux désabusé (Kom., 1709).
Literatur: WAGNER, J. M.: The tragic theater of J. G. de C. Emory Univ. 1972. – JONES, D. F.: J. de C. A study of his life and work. University of Mississippi 1979.

Campo, Estanislao del, Pseudonym Anastasio el Pollo, * Buenos Aires 7. Febr. 1834, † ebd. 6. Nov. 1880, argentin. Dichter. – Politisch tätig; kämpfte auf seiten der Unitarier von Buenos Aires gegen die Föderalisten; in seinem Hauptwerk, der Dichtung ›Fausto. Impresiones del gaucho Anastasio el Pollo en la representación de esta obra‹ (1866), wird parodistisch-sentimental im Gauchodialekt der Fauststoff nachempfunden; daneben romant. Dichtungen (›Poesías‹, 1870).
Literatur: ALONSO, A.: El manuscrito del ›Fausto‹ en la colección Martiniano Leguizamón. Buenos Aires 1943. – MUJICA LAÍNEZ, M.: Vida de Anastasio el Pollo. Buenos Aires 1948.

Campoamor y Campoosorio, Ramón de [span. kampoa'mor i kampoo'sorio], * Navia (Asturien) 24. Sept. 1817, † Madrid 12. Febr. 1901, span. Schriftsteller. – Jurist; u. a. Mitglied der Cortes und Staatsrat; 1861 Mitglied der Span. Akademie. Wurde berühmt durch seine über 200 lyrisch-didakt. ›Doloras‹ (1845, dt. Ausw. 1901 u. d. T. ›Span. Gedichte‹), die vielfach nachgeahmt, aber auch angefeindet wurden; veröffentlichte außer dramat. und novellist. Arbeiten v. a. polit., philosoph. und ästhet. Schriften.
Weitere Werke: Lo absoluto (1865), El drama universal (Dichtung, 1869), Pequeños poemas (Ged., 5 Bde., 1871–92), Poética (Abh., 1883), Humoradas (Ged., 1886), La metafisica y la poesía (1891).

Ausgaben: R. María de las Mercedes de C. y C. Obras completas. Hg. v. D. U. GONZÁLEZ SERRANO u. a. Madrid Neuausg. 1901–03. 8 Bde. – R. de C. y C. Obras poéticas completas. Madrid ⁵1949.
Literatur: GONZÁLEZ BLANCO, A.: Campoamor. Biografía y estudio crítico. Madrid 1912. – GAOS, V.: La poética de Campoamor. Madrid ²1969.

Campos, Álvaro de [portugies. 'kɐmpuʃ], Pseudonym des portugies. Lyrikers Fernando António Nogueira de Seabra ↑ Pessoa.

Campos, Haroldo de [brasilian. 'kɐmpus], * São Paulo 19. Aug. 1929, brasilian. Lyriker. – Zus. mit Décio Pignatari (* 1927) und Augusto de Campos (* 1931) begründete er 1952 in São Paulo die Dichtergruppe Noigandres, die unter Berufung auf S. Mallarmé, G. Apollinaire, E. Pound, J. Joyce und andere, sowie unter Einbeziehung der Formen und Erkenntnisse der Musik A. Weberns, P. Boulez' und K. Stockhausens und der Bilder P. Mondrians eine von Subjektivismus und Abbildungsfunktion befreite, ›konkrete‹ Lyrik postulierte.
Werke: O auto do possesso (Ged., 1949), Revisão de Sousândrade (Essay, 1964; Hg.), Teoria da poesia concreta (Essay, 1965; zus. mit A. de Campos und D. Pignatari), Signantia quasi coelum (Ged., 1979).

Camus, Albert [frz. ka'my], * Mondovi (Algerien) 7. Nov. 1913, † bei Villeblevin (Yonne) (Autounfall) 4. Jan. 1960, frz. Schriftsteller. – Aus einer Arbeiterfamilie, studierte [als Werkstudent] Philosophie in Algier, war dann Schauspieler und Bühnenautor; Reisen nach Spanien, Italien, in die Tschechoslowakei und in Afrika; während des 2. Weltkrieges Mitglied der Résistance, Mitbegründer ihrer Zeitung ›Combat‹; Tätigkeit als Journalist und Verlagslektor; 1944 Bekanntschaft, 1952 Bruch mit J.-P. Sartre, veranlaßt durch die Essays ›Der Mensch in der Revolte‹ (1951, dt. 1953), die einer total konzipierten Revolution eine begrenzte Revolte entgegenstellten und C. den Vorwurf des Verrats an der Arbeiterklasse eintrugen. Von 1954 an zahlreiche Versuche einer Vermittlung im Algerienkonflikt. 1957 erhielt C. den Nobelpreis für Literatur. Sein Werk wird dem Existentialismus zugerechnet; es umfaßt Romane, Erzählungen, philosoph. und literar. Essays, Theaterstücke, Tagebuchaufzeichnungen. Nach C. verlangt der Mensch nach einer sinnvollen Welt, findet aber keinen Sinn vor; gegen dieses Absurde revoltiert er, wenn auch mit begrenztem Erfolg. In der Revolte erfährt der Mensch jedoch die Möglichkeit der Solidarität im Kampf für ein besseres Dasein. Der sinnstiftende Freiheitsspielraum, den es zu erringen gilt, hat eine Grenze, setzt ein Maß zwischen Einwilligung in Knechtschaft und Anmaßung der Herrschaft. Dem Nein zu Gott und Selbstmord (die Einsicht des Absurden) und dem Nein zu Geschichte und Mord (die Einsicht der Revolte) folgt ein Ja zum Leben (die Einsicht des Maßes), das als ›mittelmeerisches Denken‹ von C. in vielfältigen Bildern (Sonne, Meer, Glück, Mittag, Sand usw.) und klassisch einfachem Stil gestaltet wird. Der Mensch muß leben und sterben lernen, resümiert C. auf der Grundlage des von ihm abgewandelten, das Denken durch die Tat der Revolte ersetzenden Kartesischen Schlusses: ›Ich empöre mich, also sind wir‹.

Albert Camus

Weitere Werke: Hochzeit des Lichts (Essays, 1938, dt. 1954), Der Mythos von Sisyphos (Essays, 1942, dt. 1950), Der Fremde (R., 1942, dt. 1948), Caligula (Dr., 1942, dt. 1947), Das Mißverständnis (Dr., 1944, dt. 1950), Die Pest (R., 1947, dt. 1948), Der Belagerungszustand (Dr., 1948, dt. 1955), Die Gerechten (Dr., 1950, dt. 1950), Heimkehr nach Tipasa (Essays, 1954, dt. 1957), Der Fall (R., 1956, dt. 1957), Das Exil und das Reich (En., 1957, dt. 1958), Die Besessenen (Dr., 1959, dt. 1959), Tagebuch 1935–42 (hg. 1962, dt. 1963), Tagebuch 1942–51 (hg. 1964, dt. 1967), Der glückl. Tod (R., entst.

1936–38, hg. 1971, dt. 1972), Reisetagebücher (hg. 1978, dt. 1980), Tagebuch. März 1951–Dezember 1959 (hg. 1989, dt. 1991), Le premier homme (autobiograph. R.-Fragment, hg. 1994). **Ausgaben:** A. C. Literar. Essays. Dt. Übers. Rbk. 1959. – A. C. Théâtre, récits, nouvelles. Hg. v. R. Quilliot. Paris 1962. – A. C. Ges. Erzählungen. Dt. Übers. Sonderausg. Rbk. ⁵1970. – A. C. Dramen. Dt. Übers. Sonderausg. Rbk. 124.–127.Tsd. 1980. – A. C. Œuvres complètes. Hg. v. R. Grenier. Paris 1983–84. 9 Bde. **Literatur:** Lebesque, M.: A. C. Dt. Übers. Rbk. 119.–125.Tsd. 1974. – Gay-Crosier, R.: C. Darmst. 1976. – Mélançon, M.: A. C. Analyse de sa pensée. Paris 1976. – Schlette, H. R.: A. C. Welt u. Revolte. Freib. 1980. – Fitch, B. T.: The narcissistic text. A reading of C.' fiction. Toronto 1982. – Pieper, A.: A. C. Mchn. 1984. – Rath, M.: A. C. Absurdität u. Revolte. Ffm. 1984. – Wernicke, H.: A. C. Aufklärer – Skeptiker – Sozialist. Hildesheim 1984. – Lottmann, H. R.: C. Eine Biographie. Dt. Übers. Hamb. 1986. – Grenier, R.: A. C., soleil et ombre. Paris 1987.

Cāṇakya ['tʃaːnakja] ↑ Kauṭilya.

Canción [kansi'ɔn, span. kan'θiɔn; zu lat. cantio = Gesang], Bez. für zwei span. lyr. Kunstformen mit stolligem Strophenbau. 1. Die mittelalterl. C. (auch C. trovadoresca) in Acht- und Sechssilbern; meist aus einer einzigen Strophe, der ein kurzes Motto vorausgeschickt war. 2. Die Renaissance-C. (auch C. petrarquista) aus meist vier bis zwölf gleichgebauten Strophen aus gemischten Elf- und Siebensilbern. Sie schloß in der Regel mit einer Geleitstrophe (↑ Envoi). Die Renaissance-C. wurde in der 1. Hälfte des 16. Jh. aus Italien übernommen und war in ihrer strengen Form eine Nachahmung der von F. Petrarca bevorzugten ↑ Kanzone.

Cancioneiro [portugies. kẽsịu'nẹịru; zu portugies. cançăo = Lied] (span. Cancionero), in der galic., portugies. und span. Literatur Sammlung lyr. Gedichte. – Die wertvollsten C.s sind die drei Sammelhandschriften, die die höf. und nichthöf. altgalic. Lyrik der Pyrenäenhalbinsel von der 1. Hälfte des 13. Jh. bis zur 1. Hälfte des 14. Jh. überliefern: der **Cancioneiro da Ajuda** aus dem Ende des 13. Jh. oder dem Anfang des 14. Jh. (er enthält ohne Verfassernennung, z. T. fragmentarisch, 310 Gedichte v. a. des 13. Jh.), der **Cancioneiro da Vaticana,** eine italien. Handschrift des 15./

16. Jh. (enthält 1 205 meist ebenfalls anonyme Gedichte des 13. und 14. Jh.), der **Cancioneiro da Biblioteca Nacional** (italien. Handschrift des 16. Jh., auch C. Colocci-Brancuti; mit 1 567 Gedichten. Er enthält Lyrik des 13./14. Jh.). – Der um 1445 von J. A. de Baena für span. Hofkreise zusammengestellte und nach ihm benannte **Cancionero de Baena** enthält schon überwiegend Dichtungen in kastil. Sprache. Unter den zahlreichen gedruckten span. Cancioneros ist der bedeutendste der **Cancionero general** von 1511, zusammengestellt von H. del Castillo. Nach seinem Vorbild stellte der Portugiese G. de Resende seine Sammlung von Liebeslyrik und satir. Gedichten zusammen (**Cancioneiro Geral,** 1516). Er enthält Lyrik aus der 2. Hälfte des 15. Jh. und dem Anfang des 16. Jh. von portugies. und span. Dichtern.

Ausgaben: C. da Vaticana. Hg. v. E. Monaci. Halle/Saale 1875. – C. Colocci-Brancuti. Hg. v. E. Molteni. Halle/Saale 1880. – C. da Ajuda. Hg. v. C. Michaelis de Vasconcellos. Halle/Saale 1904. Nachdr. Turin 1966. 2 Bde. – G. de Resende. C. Geral. Hg. v. A. J. Goncalvez Guimarāis. Coimbra 1910–1917. 5 Bde. – Cancionero de Palacio. Hg. v. F. Vendrell de Millás. Barcelona 1945. – H. del Castillo. Cancionero general. Faksimile-Ausg. v. A. R. Rodríguez-Moñino. Madrid 1958. – Cancionero de Juan Alfonso de Baena. Hg. v. J. Mᴬ. Azáceta. Madrid 1966. 3 Bde.
Literatur: La música en la corte de los Reyes católicos. Hg. v. H. Anglés. Madrid 1941. – Le Gentil, P.: La poésie lyrique espagnole et portugaise à la fin du moyen âge. Rennes 1949–53. 2 Bde. – Asensio, E.: Poética y realidad en el cancionero peninsular de la edadd media. Madrid 1957. – Clark, D. C.: Morphology of fifteenth century Castilian verse. Pittsburgh 1964. – Fraker, Ch. F.: Studies on the ›Cancionero de Baena‹. Chapel Hill (N. C.) 1966. – Steunou, J./Knapp, L.: Bibliografia de los cancioneros castellanos del siglo XV y repertorio de sus géneros poéticos. Paris 1975. – Crabbé Rocha, A.: Garcia de Resende e o C. geral. Lissabon 1979.

Canda Baradāi ['tʃanda bara'daːi], *Lahore 1126, †Tarain 1192, ind. Dichter. – Minister am Hofe von Prithvīrāja Cauhūṇa, des letzten Hindukönigs von Delhi. Sein Werk ›Prithvīrāja Rāsau‹ beschreibt das ritterl. Leben der Radschputen und die Romanze seines Herrn. Die überlieferte Fassung mit mehr als 100 000 Strophen enthält zwar den alten Text,

doch auch umfangreiche Einschübe aus allen Epochen bis zum 17. Jahrhundert.
Ausgaben: Prithvīrāj Rāso. Hg. v. M. V. PANDYA, R. K. u. S. S. DAS. Benares 1904–13. – GRIERSON, G.: The lay of Alha. Engl. Übers. London. 1923.

Candel, Francisco [span. kan'dɛl], *Casas Altas (Valencia) 31. Mai 1925, span. Schriftsteller. – Verfasser sozialkrit. Romane, die v. a. das Elend der untersten Bevölkerungsschichten zum Thema haben.
Werke: Dort, wo die Stadt ihren Namen verliert (R., 1957, dt. 1959), Pueblo (R., 1961), La carne en el asador (R., 1966), Inmigrantes y trabajadores (Essays, 1972), Algo más sobre los otros catalanes (R., 1973), Diario para los que creen en la gente (R., 1973), Los otros catalanes viente años despues (Essay, 1986), El juramento y otros relatos (En., 1987).
Ausgabe: F. C. Obra completa. Barcelona 1969.
Literatur: VAULÉON, B.: Recherche linguistique et création romanesque chez F. C. In: Les Langues néo-latines 73 (1979), S. 70.

Caṇḍidās, Ananta Baḍu [tʃan-'di:da:s], bengal. Dichter des 15. Jahrhunderts. – Der wegen seiner Liebe zu einer niederkastigen Frau aus seinem Stand verstoßene Brahmane C. schrieb myst. Liebesgedichte, deren Echtheit teilweise umstritten ist. In seinem 1916 wiederentdeckten ›Srikṛṣnakīrttana‹ (= Preis Krischnas) besang er die Liebe Krischnas zu Rādhā.
Ausgaben: Chandidasa. Les Amours de Radha et de Krichna. Frz. Übers. v. MAN'HA (G. MASSET). Paris 1927. – Candidasa. Srikrisnakirttan. Hg. v. V. RAY. Kalkutta ⁵1954.
Literatur: SEN, S.: Chandidas. Delhi 1971.

Canetti, Elias [span. ka'neti], *Rustschuk (heute Russe, Bulgarien) 25. Juli 1905, †Zürich 14. August 1994, Schriftsteller. – Sohn spanisch-jüd. Eltern; seine Muttersprache war Spanisch, außerdem lernte er in seiner Kindheit Englisch, Französisch und Deutsch; 1911 Übersiedlung nach England, dann Wohnsitze in Wien, Zürich und Schulbesuch in Frankfurt am Main; ab 1924 studierte er in Wien Naturwissenschaften (kam mit K. Kraus in Berührung); 1928/29 mehrmals in Berlin, wo er u. a. G. Grosz und B. Brecht kennenlernte; 1938 Emigration nach England, lebte seitdem v. a. in London. Schrieb in dt. Sprache prägnant-scharfsinnige Romane und Dramen mit meist satir. Unterton; auch

Essays und kulturphilosoph. Schriften. Sein Hauptwerk, der bereits 1930/31 entstandene Roman ›Die Blendung‹ (gedr. 1936) erzählt die Geschichte des Sinologen Kiens, der nur mit seinen Büchern lebt und Begegnungen mit anderen Menschen möglichst vermeidet. Die Figuren, unfähig zur Kommunikation, benützen einander nur zur Befriedigung ihrer eigenen Wahnideen und Triebe; sie werden, ebenso wie in den Dramen ›Hochzeit‹ (1932) und ›Komödie der Eitelkeiten‹ (1950), aus ihrem sprachl. Verhalten heraus aufgebaut; C. selbst hat dafür den Begriff der ›sprachl. Maske‹ gebraucht. Im deutschsprachigen Raum wurde C. erst relativ spät bekannt, v. a. durch sein autobiograph. Werk ›Die gerettete Zunge. Geschichte einer Jugend‹ (1977), ›Die Fackel im Ohr. Lebensgeschichte 1921–1931‹ (1980), ›Das Augenspiel. Lebensgeschichte 1931–1937‹ (1985). Erhielt 1972 den Georg-Büchner-Preis, 1981 den Nobelpreis für Literatur.

Elias Canetti

Weitere Werke: Masse und Macht (philosoph. Werk, 1960), Die Befristeten (Dr., 1964), Aufzeichnungen 1942 bis 1948 (1965), Die Stimmen von Marrakesch (Reiseaufzeichnungen, 1968), Der andere Prozeß. Kafkas Briefe an Felice (Essay, 1969), Alle vergeudete Verehrung. Aufzeichnungen 1949–60 (1970), Die gespaltene Zukunft. Aufsätze und Gespräche (1972), Die Provinz des Menschen. Aufzeichnungen 1942–72 (1973), Das Gewissen der Worte (Essay-Sammlung, 1975), Das Geheimherz der Uhr. Aufzeichnungen 1978–85 (1987).
Ausgaben: E. C. Dramen. Neuausg. Mchn. ²1976. – E. C. Werke. Mchn. 1992 ff. (auf 8 Bde. ber. Bisher 4 Bde. erschienen).
Literatur: BARNOUW, D.: E. C. Stg. 1979. – FETH, H.: E. C.s Dramen. Ffm. 1980. – E. C. Hg.

v. H. L. ARNOLD. Mchn. [3]1982. – PIEL, E.: E. C. Mchn. 1984. – E. C.s Anthropologie u. Poetik. Hg. v. S. H. KASZYŃSKI. Mchn. 1985. – Hüter der Verwandlung. Beitr. zum Werk E. C.s. Mchn. 1985. – E. C. Londoner Symposium. Hg. v. A. STEVENS u. a. Stg. 1991. – FALK, T. H.: E. C. New York 1993. – BARTH, M.: C. versus C. Ffm. 1994. – MEIDL, E. M.: Soziale Kritik im Werk E. C.s (1929–1952). Ffm. u. a. 1994.

Canfield, Dorothy [engl. 'kænfi:ld], eigtl. Dorothea Frances C., verh. Fisher, * Lawrence (Kans.) 17. Febr. 1879, † in Vermont 9. Nov. 1958, amerikan. Schriftstellerin. – Verfaßte pädagog. Schriften unter dem Einfluß von Maria Montessori sowie Romane über Menschen und Themen, die sie aus eigenem Erleben kannte.
Werke: A Montessori mother (Essays, 1912), Die schwingende Saite (R., 1915, dt. 1948), The deepening stream (R., 1930), Seasoned timber (R., 1939), Four square (Kurzgeschichten, 1949), Vermont tradition (1953).

Canitz, Friedrich Rudolf Ludwig Freiherr von, * Berlin 27. Nov. 1654, † ebd. 11. Aug. 1699, dt. Schriftsteller. – Jurastudium, Bildungsreise, kurfürstl. Kammerjunker, Beamter, diplomat. Missionen; als Vorbild der Hofdichter schrieb C. in steifer Manier lehrhaft witzige, nüchterne Lyrik und Satiren. Dem barocken Überschwang kritisch gegenüberstehend, verkörpert C. die Wende zur Aufklärung (Vorbild N. Boileau-Despréaux).
Werk: Neben-Stunden unterschiedener Gedichte (hg. 1700).

Cankar, Ivan [slowen. 'tsa:ŋkar], * Vrhnika bei Ljubljana 10. Mai 1876, † Ljubljana 11. Dez. 1918, slowen. Schriftsteller. – Lebte in Wien, dann v. a. in Ljubljana; Schöpfer des neuen slowen. Prosastils. Seine dramat. Werke und Versdichtungen erreichen nicht den Rang seiner Romane und Erzählungen, die kritisch das Leiden der Menschen an ihrer Umwelt darstellen; neben F. Prešeren einer der bedeutendsten Dichter Sloweniens.
Werke: Am Steilweg (R., 1902, dt. 1965), Das Haus zur barmherzigen Mutter Gottes (E., 1904, dt. 1930), Martin Kačur, der Idealist (E., 1906, dt. 1985), Der Knecht Jernej (E., 1907, dt. 1929), Aus dem Florianital (En., 1908, dt. 1947), Spuk im Florianital (Kom., 1908, dt. 1953).
Ausgabe: I. C. Zbrano delo. Ljubljana 1976. 30 Bde.

Literatur: WALDER, W.: I. C. als Künstlerpersönlichkeit. Graz u. Köln 1954. – MORAVEC, D.: I. C. Ljubljana 1974.

Cansever, Edip [türk. dʒɑnsɛ'vɛr], * Istanbul 8. Aug. 1928, † ebd. 28. Mai 1986, türk. Lyriker. – Bedeutendster Vertreter einer esoter. Poésie pure, die bes. seit den sechziger Jahren als Gegenbewegung zur versachlichten ›Gârip‹-Dichtung (= fremdartige Dichtung) der vierziger und fünfziger Jahre in der türk. Lyrik an Bedeutung gewonnen hat; einzelne Gedichte wurden ins Deutsche übersetzt in: ›Moderne türk. Lyrik‹ (1971) und in ›Akzente‹, Heft 6 (1980).

Canso [provenzal. = Lied, Kanzone (von lat. cantio = Gesang)] (Cansoneta, Vers), lyr. Gattung, die hpts. von Liebe und Verehrung handelt; in der provenzal. Dichtung häufiger belegt und von den Troubadours selbst am höchsten eingeschätzt. Sie besteht gewöhnlich aus 5–6 gleichgebauten Strophen (Coblas) von bestimmter Verszahl (überwiegend 8 oder 9), meist mit Geleit (↑Tornada). – Klass. Vertreter dieser durch ihre enge Verbindung mit Musik bzw. musikal. Strukturen (Rhythmus) ebenso artifiziellen wie komplizierten Liedgattung des provenzal. Minnesangs sind u. a. Bernart de Ventadour, Giraut de Borneil, Gaucelm Faidit, Arnaut Daniel.
Literatur: MÖLK, U.: Trobar clus, trobar leu. Studien zur Dichtungstheorie der Trobadors. Mchn. 1968. – KÖHLER, E.: Zur Struktur der altprovenzal. Kanzone. In: KÖHLER: Esprit u. arkad. Freiheit. Ffm. [2]1972. S. 22. – RIEGER, D.: Gattungen u. Gattungsbezeichnungen der Trobadorlyrik. Tüb. 1976.

Cantar [span. = Lied],
1. span. volkstüml. lyr. Form (↑Copla).
2. C. [de gesta], span. Heldenepos; es verherrlichte vor dem Hintergrund der Kämpfe zwischen Mauren und Christen die Taten geschichtl. (Cid, Fernán González) und sagenhafter Helden (Bernardo del Carpio, Sieben Infanten von Lara). Ihre Blütezeit wird im 12./13. Jh. vermutet. Erhalten sind im wesentlichen fragmentarisch nur der ›Cantar de mío Cid‹, das ›Poema de Fernán González‹, die ›Mocedades de Rodrigo‹, ›Roncesvalles‹ und ›Los siete infantes de Lara‹.
Literatur: Reliquias de la poesía épica española. Hg. v. R. MENÉNDEZ PIDAL. Madrid 1951. – LANGE, W.-D.: Die altspan. Lit. In:

Neues Hdb. der Literaturwiss. Bd. 6: Europ. Früh-MA. Hg. v. K. VON SEE. Wsb. 1985. S. 377.

Cantar de mío Cid [span. kan'tar ðe 'mio 'θið] ↑ Cid, el.

Cantemir, Antioh Fürst [rumän. kan...], russ. Kantemir, Antioch Dmitrijewitsch Fürst, * Konstantinopel (heute Istanbul) 21. Sept. 1708, † Paris 11. April 1744, russ. Schriftsteller rumän. Abstammung. – Sohn von Dimitrie C.; wuchs ab 1711 in Rußland auf; Diplomat in England (ab 1732) und Frankreich (ab 1738); Freund Montesquieus, Briefpartner Voltaires; Vertreter einer weltoffenen, westeurop. orientierten Dichtung im Sinne der Aufklärung. Seine Vorbilder waren Horaz und N. Boileau-Despréaux, stilistisch stand er dem Klassizismus nahe. C. unterstützte mit seinen bedeutendsten Werken, den Satiren (dt. Übers. 1752), die Reformen Peters I. und den Kampf gegen die Unbildung; er trat auch als bed. Übersetzer (Anakreon, Horaz, Montesquieu) hervor.
Literatur: GRASSHOFF, H.: A. D. Kantemir u. Westeuropa. Bln. 1966. – STANCHFIELD, G. V.: Russian baroque. A. D. Kantemir. Diss. Florida 1977.

Cantemir, Dimitrie [rumän. kan...], * Fălciu (Kreis Vaslui) 26. Okt. 1673, † Dimitrowka bei Charkow 21. Aug. 1723, Fürst der Moldau (1693 und 1710/ 1711), rumän. Gelehrter und Schriftsteller. – Verbrachte in der Jugend 17 Jahre als Geisel der Türken in Konstantinopel. Verbündete sich mit Peter dem Großen, um die Moldau von osman. Oberhoheit zu befreien, wurde aber mit diesem 1711 am Pruth besiegt und mußte seine letzten Lebensjahre als Vertrauter des Zaren in Rußland verbringen. Erster rumän. Wissenschaftler von internat. Ruf (Mitglied der Berliner Akademie, 1714). Verfaßte eine der ersten Geschichten des Osman. Reiches (›Geschichte des osman. Reiches nach seinem Anwachsen und Abnehmen‹, lat. 1715/16, dt. 1745), die erste geographisch-ethnograph. rumän. Monographie (›Historisch-geograph. und polit. Beschreibung der Moldau‹, lat. 1716, dt. 1771) und den ersten rumän. Sittenroman (zugleich satir. Schlüsselroman), ›Istoria ieroglifică‹ (= Die Hieroglyphengeschichte, 1705).

Literatur: PANAITESCU, P. P.: D. C., viața și opera. Bukarest 1958.

Canth, Minna [schwed. kant], eigtl. Ulrika Vilhelmiina, geb. Johnsson, *Tampere 19. März 1844, † Kuopio 12. Mai 1897, finn. Schriftstellerin. – Verfaßte idyll. Erzählungen und Dramen aus dem Volksleben, fand später, unter dem Einfluß der modernen skand. und frz. Literatur, zu einer tendenziösen, aber aktuellen Wirklichkeitsschilderung. Ihre Vorbilder waren u. a. H. Ibsen, B. Bjørnson, G. de Maupassant und É. Zola. Minna C. setzte sich für soziale Gerechtigkeit und Frauenemanzipation ein. Ihre Dramen hatten bed. Einfluß auf das finn. Theater. Zahlreiche ihrer Novellen sind in dt. Anthologien erschienen, u. a. in ›Finnland im Bilde seiner Dichtung‹ (1899), ›Vom Land der tausend Seen‹ (1910), ›Finnische Skizzen‹ (1957) und ›Finnen erzählen‹ (1964).
Werke: Työmiehen vaimo (= Die Frau des Arbeiters, Trag., 1885), Hanna (E., 1886), Blinde Klippen (Dr., 1887, dt. 1907), Kovan onnen lapsia (= Die Kinder des Unglücks, Dr., 1888), Die Trödel-Lopo (E., 1889, dt. 1910), Papin perhe (= Die Pfarrersfamilie, Trag., 1891), Sylvi (Trag., 1893, dt. 1908), Anna Liisa (Dr., 1895).

Cantica [lat. = Gesänge], **1.** die gesungenen Partien des röm. Dramas; in der altröm. Komödie, v. a. bei Plautus, Monologe und Dialoge, die u. a. in Monodien, Duette, Terzette aufgelöst sind, streng geschieden von den gesprochenen Partien (↑ Diverbia). Die von Flötenmusik begleiteten C. wurden z. T. nicht durch die Schauspieler, sondern durch hinter der Bühne postierte Sänger (Cantores) vorgetragen, während die Schauspieler sich auf pantomim. Ausdruck beschränkten. **2.** spät.- und mittellat. Bez. für monod. Gesangsstücke mit vorwiegend geistl. Texten.
Literatur: LEO, F.: Die plautin. C. u. die hellenist. Lyrik. Gött. 1897. – LEO, F.: Plautini Forsch. zur Kritik u. Gesch. der Komödie. Zü. ³1973.

Cantiga [span. und portugies. = Lied, Lobgesang], iber. Volks- und Kunstlieder; im engeren Sinne die zwei zweitausend hpts. in den drei großen ↑ Cancioneiros des 14. und 15. Jh. und in dem religiösen Liederbuch des Königs Alfons des Weisen gesammelten Zeugnisse der galicisch-portugies. Lyrik des MA.

Cantilène [frz. kãti'lɛn], der von der nahezu synonymen mittellat. ›cantilena‹ abgeleitete Begriff besitzt ein großes Bedeutungsspektrum in Literatur und Musik des MA. Mit C. bezeichnet man nicht nur Tierlaute oder kleinere lyrisch-ep. Texte wie die ›Eulaliasequenz‹, sondern im weltl. Bereich auch kurze Preis- und Heldenlieder sowie Liebes-, Tanz-, Scherz- und Klagelieder und im geistl. Kontext bes. die gesungenen Teile der Liturgie. Seit dem 13.Jh. verweist C. auf einen mehrstimmigen weltl. Liedsatz. – In der Diskussion über die Entstehung der Chansons de geste spielt der Begriff seit dem 19.Jh. eine wichtige Rolle im Rahmen der Argumentation der sogenannten Traditionalisten.
Literatur: MENÉNDEZ PIDAL, R.: La chanson de Roland y el neotradicionalismo. Orígenes de la épica románica. Madrid 1959. – SANDERS, E. H.: Cantilena and discant in 14th century England. In: Musica Disciplina 19 (1965), S.7. – SICILIANO, I.: Les chansons de geste en l'épopée. Mythes, histoire, poèmes. Turin 1969.

Cạnto [italien. = Gesang, Lied], längerer Abschnitt einer Versdichtung; ursprünglich vielleicht ein Vortragspensum; u. a. bei italien. Epikern, z. B. bei Dante (›Die göttl. Komödie‹, entst. nach 1313 bis 1321, gedr. 1472, dt. 1767–69).

Cantù, Cesare [italien. kan'tu], * Brivio (Prov. Como) 5. Dez. 1804, † Mailand 11. März 1895, italien. Historiker und Schriftsteller. – 1848 Mitglied der provisor. Regierung in Mailand, 1861–67 Abgeordneter im italien. Parlament, später Leiter des Mailänder Staatsarchivs. Freund und Bewunderer A. Manzonis, den er in seinen erzählenden Werken nachahmte, so in seinem weitverbreiteten, vom erwachenden nat. Selbstbewußtsein der Italiener geprägten Roman ›Margherita Pusterla‹ (1838, dt. 1841). Bes. Erfolg hatte er mit seinen volkstümlich gehaltenen histor. Arbeiten, u. a. mit der den kirchl. Standpunkt vertretenden ›Allg. Weltgeschichte‹ (35 Bde., 1838–46, dt. 13 Bde., 1858–69).
Literatur: VIGANÒ, G. B.: C. C. Rom 1960. – GOOCH, G. P.: Gesch. u. Geschichtsschreiber im 19.Jh. Dt. Übers. Ffm. 1964.

Canzọne ↑ Kanzone.

Canzoniẹre [italien. (zu ↑ Kanzone)], Sammlung von Liedern oder anderen lyr. Gedichten; am berühmtesten ist der ›C.‹ F. Petrarcas auf Madonna Laura (um 1350, gedr. 1470). – ↑ auch Cancioneiro.

Cao-Ba-Quat [vietnames. kạu ba kụat], Pseudonyme Cuc-Du'o'ng und Mân-Hiên, * Phu Thi (Prov. Băc Ninh) (?), † 1854, vietnames. Dichter. – Verscherzte sich u. a. durch seine Kritik an der Feudalhierarchie und als Fürsprecher des von einer korrupten Beamtenschaft ausgebeuteten Volkes die Gunst des Hofes; wurde als Lehrer in die Provinz So'n Tây abgeschoben, was ihn veranlaßte, sich der Aufstandsbewegung des Kronprätendenten Lê-Duy-Cu' anzuschließen. Die Revolte wurde niedergeschlagen und C.-B.-Qu. mit seiner Familie hingerichtet. Sein Hauptwerk ist ›Cao-Ba-Quat-thi-tâp‹ (= Gesammelte Gedichte des Cao-Ba-Quat).
Literatur: DU'O'NG-DÌNH-KHUÊ: Les chefs d'œuvre de la littérature Vietnamienne. Saigon 1966. S. 276.

Cao Xueqin, chin. Schriftsteller, ↑ Ts'ao Chan.

Cao Yu, chin. Dichter, ↑ Ts'ao Yü.

Cao Zhan, chin. Dichter, ↑ Ts'ao Chan.

Cao Zhi, chin. Dichter, ↑ Ts'ao Chih.

Capdevila, Arturo [span. kaβðe'βila], * Córdoba 14. März 1889, † Buenos Aires 20. Dez. 1967, argentin. Schriftsteller. – War Prof. für Philosophie und Soziologie in Córdoba; veröffentlichte mehr als 100 Bücher, darunter Essays über histor., medizin., linguist. und jurist. Gegenstände, sowie Dramen, Romane, Reisebeschreibungen und Gedichtbände (›Melpómene‹, 1912; ›El libro de la noche‹, 1917; ›Córdoba azul‹, 1940; ›Romances de las fiestas patrias‹, 1959, u. a.). V. a. seine deklamator. klangvolle Lyrik fand einst den Beifall des argentin. Bildungsbürgertums.
Ausgabe: A. C. Obras escogidas. Madrid 1958.
Literatur: ESTRELLA GUTIÉRREZ, F.: A. C. Buenos Aires 1961.

Čapek, Josef [tschech. 'tʃapɛk], * Hronov 23. März 1887, † KZ Bergen-Belsen im April 1945, tschech. Schriftsteller, Maler, Karikaturist und Illustrator. – Mitarbeiter und Kritiker bei Publikationsorganen; nach Zusammenarbeit mit seinem Bruder Karel Č. eigenständiges, von Pessimismus geprägtes dichter. Schaffen; Ausdruck der Lebensangst und einer fast nihilist. Weltanschauung (›Schatten der Farne‹, R., 1930, dt. 1936); auch Feuilletons und Jugendbücher (›Geschichte vom Hündchen und Kätzchen‹, 1929, dt. 1958).

Ausgabe: ↑ Čapek, Karel.
Literatur: PEČÍRKA, J.: J. Č. Prag 1961.

Čapek, Karel [tschech. 'tʃapɛk], * Malé Svatoňovice 9. Jan. 1890, † Prag 25. Dez. 1938, tschech. Schriftsteller. – Redakteur, Feuilletonist, Dramaturg; erste Werke gemeinsam mit seinem Bruder Josef Č.; in ersten selbständigen Werken beschäftigen ihn metaphys. Probleme, doch weil er die Unerreichbarkeit einer absoluten Lösung einsah, wandte er sich der Welt des kleinen Mannes zu, sie thematisch, formal und sprachlich übereinstimmend gestaltend, ohne tiefere Bezüge außer acht zu lassen. Kühn sind seine utop. Romane (›Das Absolutum oder die Gottesfabrik‹, 1923, dt. 1924; ›Krakatit‹, 1924, dt. 1949; ›Der Krieg mit den Molchen‹, 1936, dt. 1937), in denen er Themen des wiss.-techn. Fortschritts und Fragen der modernen Zivilisation überwiegend satirisch behandelte. Ein Welterfolg war ›R. U. R.‹ (1920, dt. 1922 u. d. T. ›W. U. R.‹), eine utop. Tragikomödie über die Herstellung eines Maschinenmenschen, der seinen Schöpfer schließlich vernichtet; auch Erzählungen, Reiseberichte, Kinderbücher, Übersetzungen aus dem Französischen, Feuilletons über Zeitereignisse, eine Biographie T. G. Masaryks.

Weitere Werke: Gottesmarter (Nov., 1917, dt. 1918), Aus dem Leben der Insekten (Dr., 1921, dt. EA 1968, mit Josef Č.), Die Sache Makropulos (Kom., 1922, dt. 1927), Aus einer Tasche in die andere (Anti-Detektivgeschichten, 1929, dt. 1936), Das Jahr des Gärtners (Prosa, 1929, dt. 1937), Hordubal (R., 1933, dt. 1933), Povětroň (= Der Meteor, R., 1934), Obyčejný život (= Das gewöhnl. Leben, R., 1934), Die weiße Krankheit (Dr., 1937, dt. 1937), Die erste Kolonne (R., 1937, dt. 1938), Die Mutter (Dr., 1938, dt. 1957).

Ausgaben: Spisy bratří Čapků. Prag 1932–48. 51 Bde. – K. Č. Spisy. Prag 1981 ff.
Literatur: MATUŠKA, A.: K. Č. Prag 1964. Nachdr. Norwood (Pa.) 1984. – K. Č. – beletrista. Brünn 1978. – HALÍK, M.: K. Č. Prag 1983.

Čapek-Chod, Karel Matěj [tschech. 'tʃapɛk'xot], * Domažlice (Westböhm. Gebiet) 21. Febr. 1860, † Prag 3. Nov. 1927, tschech. Schriftsteller und Journalist. – Schrieb Novellen und Romane in naturalist. Stil mit Neigung zu grotesker Übertreibung; Ausgestaltung des Psychologischen.

Werke: Kašpar Lén, der Rächer (R., 1908, dt. 1957), Turbina (= Die Turbine, R., 1916), Antonín Vondrejc (R., 1918).
Literatur: RYŠÁNKOVÁ, H.: K. M. Č.-Ch. Pilsen 1972.

Capékerne, Jean [frz. kape'kɛrn], Pseudonym des frz. Schriftstellers Charles ↑ Le Goffic.

Capella, Martianus, lat. Schriftsteller, ↑ Martianus Capella.

Capellanus, Andreas, lat. Schriftsteller, ↑ Andreas Capellanus.

Capitano [italien. = Hauptmann], kom. Figur der Commedia dell'arte; der prahlsüchtige Offizier (↑ Bramarbas), der seine Wirkung aufs Publikum aus dem Kontrast zwischen rhetor. Heldentum und tatsächl. Feigheit erzielt.

Capitolo [italien. = Kapitel],
1. ↑ Kapitel.
2. seit dem Ende des 14. Jh. in Italien verbreitete Gedichtform in ↑ Terzinen für meist lehrhafte Abhandlungen, auch polit., idyllisch-eleg. und später erot. Themen. Sie wurde im 16. Jh. hauptsächlich für Parodien des ↑ Petrarkismus, für Satiren und burleske Spöttereien verwendet (v. a. von F. Berni, B. Varchi, F. M. Molza und L. Tansillo). Der Begriff C. stammt aus F. Petrarcas in ›capitoli‹ eingeteiltem Werk ›Die Triumphe‹ (entst. vermutlich ab 1352, gedr. 1470, dt. 1578).

Capote, Truman [engl. kə'poʊtɪ], eigtl. T. Streckfus Persons, * New Orleans 30. Sept. 1924, † Los Angeles 25. Aug. 1984, amerikan. Schriftsteller. – Beeinflußt u. a. von J. Joyce und W. Faulkner schildert C., meisterhaft detailliert und originell in der Darstellung, die exotisch-dekadente Gesellschaft des amerikan. Südens, aus der die Gestalten seines Romans ›Die Grasharfe‹ (1951, dt. 1952; dramatisiert 1952) in eine symbolhafte Traumwelt entfliehen. Sensationelle Beachtung fand der analyt. Tatsachenroman ›Kaltblütig‹ (1966, dt. 1966), zu dem ihm ein Familienmord im Mittelwesten die Anregung gab. Dieser Erfolg lähmte seine Schaffenskraft, so daß der lange angekündigte Schlüsselroman ›Answered prayers‹ nur in Auszügen (›Esquire‹, 1975) veröffentlicht wurde (hg. 1987, dt. 1987 u. d. T. ›Erhörte Gebete. Der unvollendete Roman‹). In ›Musik für Chamäleons‹ (Kurzgeschichten, 1980, dt. 1981) suchte er Regeneration in der Zuwendung zu seinem eigenen Leben.

Truman
Capote

Weitere Werke: Andere Stimmen, andere Stuben (R., 1948, dt. 1950, 1961 u. d. T. Andere Stimmen, andere Räume), Baum der Nacht (Nov.n, 1949, dt. 1957), Das Blumenhaus (Dr., 1955, dt. 1959), Frühstück bei Tiffany (R., 1958, dt. 1959), Chrysanthemen sind wie Löwen (E., 1967, dt. 1970), Wenn die Hunde bellen (En. und Berichte, 1973, dt. 1974), Eine Weihnacht (Memoiren, 1983, dt. 1984).
Literatur: GARSON, H. S.: T. C. New York 1980. – STANTON, R. J.: T. C., a primary and secondary bibliography. Boston (Mass.) 1980. – REED, K. T.: T. C. Boston (Mass.) 1981. – RUDISILL, M./SIMMONS, J. C.: T. C.: The story of his bizarre and exotic boyhood by an aunt who helped raise him. New York 1983. – CLARKE, G.: T.C. Biographie. Dt. Übers. Mchn. Neuausg. 1993.

Capriccio [ka'prɪtʃo; italien. = Laune, unerwarteter Einfall], in der Literatur ungenaue Bez. für ein phantasievolles Prosastück, das diesen Namen zumeist im Untertitel führt, z. B.: ›Prinzessin Brambilla. Ein C. nach Jakob Callot‹ (1821) von E. T. A. Hoffmann.

Caproni, Giorgio, * Livorno 7. Jan. 1912, † Rom 22. Jan. 1990, italien. Schriftsteller. – Volksschullehrer; 1943 Mitglied der italien. Widerstandsbewe-

gung; Mitarbeiter zahlreicher Zeitschriften. C.s klangvolle Lyrik, die, zunächst autobiographisch inspiriert, traditionelle Formen mit moderner Sensibilität zu verbinden suchte (›Come un' allegoria‹, 1936), öffnete sich darauf dem Florentiner Hermetismus (›Finzioni‹, 1942; ›Cronistoria‹, 1943; ›Stanze della funicolare‹, 1952) und spürte dann mit zunehmender sprachl. Verdichtung den archetyp. Betroffenheiten und zivilisator. Ängsten der Zeitgenossen nach (›Congedo del viaggiatore ceremonioso‹, 1965; ›Il franco cacciatore‹, 1982). C. hat sich auch als Übersetzer G. Apollinaires, L. F. Célines, R. Chars, J. Genets und M. Prousts einen Namen gemacht.

Weitere Werke: Ballo a Fontanigorda (Ged., 1938), Giorni aperti (Prosa, 1942), Il gelo della mattina (Prosa, 1954), Il passaggio d'Enea (Ged., 1956, italien. und dt. Ausw. 1990 u. d. T. Gedichte), Il seme del piangere (Ged., 1959), Il muro della terra (Ged., 1975), Il labirinto (Prosa, 1984), Poesie. 1932–1986 (1989).
Ausgabe: G. C. Tutte le opere. Mailand 1983.
Literatur: BARBUTO, A.: Il destino d'Enea. Saggio sulla poesia di G. C. Rom 1980. – IACOPETTA, A.: G. C. Miti e poesia. Rom 1981. – SURDICH, L.: G. C. Un ritratto. Genua 1990.

Captatio benevolentiae [lat. = Haschen nach Wohlwollen], Bez. für Redewendungen, mit denen ein Redner zu Beginn seines Vortrages oder ein Autor am Anfang seines Werkes um das Wohlwollen des Publikums wirbt.

Capuana, Luigi, * Mineo bei Catania 28. Mai 1839, † Catania 29. Nov. 1915, italien. Schriftsteller. – Journalist und Lehrer; ab 1902 Prof. für Ästhetik und Stilistik in Catania. Wurde unter dem Einfluß H. de Balzacs und É. Zolas zum Begründer des verist. Romans in Italien. In zahlreichen Novellen und Romanen bemühte er sich um objektive Behandlung verwickelter psycholog. Fragen; auch Kritiker und Kinderbuchautor sowie Sammler sizilian. Theaterstücke; weniger erfolgreich mit eigenen Dramen.
Werke: Giacinta (R., 1879), Le appassionate (Nov. 1893), Le paesane (Nov. 1894), Der Marchese von Roccaverdina (R., 1901, dt. 1967), Rassegnazione (R., 1907).
Literatur: TRAVERSA, V. R.: L. C., critic and novelist. Den Haag u. Paris 1968. – MADRIGNANI, C. A.: C. e il naturalismo. Bari 1970. – Il ›Comparatico‹ di L. C. e gl'inizi del verismo. Hg. v. A. ALEXANDER. Rom 1971. – CIBALDI, A.:

C. Brescia ³1973. – DAVIES, J.: The realism of L. C. London 1979. – CALIRI, F.: Il primo C. La prosa narrativa. Rom 1981.

Capus, Alfred [frz. ka'py], * Aix-en-Provence 25. Nov. 1858, † Neuilly-sur-Seine 1. Nov. 1922, frz. Schriftsteller. – Journalist; ab 1894 Redakteur, ab 1914 Mit-Hg. der Zeitung ›Le Figaro‹; schrieb von iron. Optimismus erfüllte realist. Romane und Bühnenstücke. 1914 Mitglied der Académie française.
Werke: Wer zuletzt lacht ... (R., 1890, dt. 1901), La veine (Dr., 1901), Notre jeunesse (Dr., 1904), Robinson (R., 1910).
Ausgabe: A. C. Théâtre complet. Paris 1910–23. 8 Bde.

Čapygin, Aleksej Pavlovič, russ.-sowjet. Schriftsteller, ↑Tschapygin, Alexei Pawlowitsch.

Caragiale, Ion Luca [rumän. kara-'dʒale], * Haimanale (heute Ion Luca C.) bei Dîmboviţa 29. (30.?) Jan. 1852, † Berlin 22. Juni 1912, rumän. Schriftsteller. – Stammte aus einer Schauspielerfamilie; theaterverbundenes Leben; ging 1904 ins Exil. Einer der Schöpfer des rumän. Nationaltheaters; bedeutendster rumän. Dramatiker, der mit den Mitteln der Satire und Ironie in Komödien, dramat. Novellen und Skizzen unbarmherzig und mit karikaturist. Übertreibung die Schwächen seiner Umwelt darstellt und kritisiert; heftige Angriffe gegen Bourgeoisie und nationalist. Engstirnigkeit.
Werke: Eine stürm. Nacht (Kom., 1878, dt. 1956), Ein verlorener Liebesbrief (Kom., 1889, dt. 1942), Eine Osterkerze (Nov., 1889, dt. 1892), Năpasta (= Das Unheil, Dr., 1890), Sünder (En., 1892, dt. 1896), Schiţe nouă (= Neue Skizzen, 1910).
Ausgaben: I. L. C. Opere. Hg. v. P. ZARIFOPOL u. Ş. CIOCULESCU. Bukarest 1930–39. 6 Bde. – I. L. C. Opere. Hg. v. A. ROSETTI, Ş. CIOCULESCU u. L. CĂLIN. Bukarest 1959–65. 4 Bde. – I. L. C. Werke. Dt. Übers. v. M. SORA u. a. Bukarest 1962.
Literatur: MARIN, P.: I. L. C. Bibliografie de recomandare. Bukarest 1964. – ROMAN, I.: C. Bukarest 1964. – CIOCULESCU, Ş.: Viaţa lui I. L. C. Bukarest ³1972. – TAPPE, E. D.: I. L. C. New York 1974. – ↑auch Alecsandri, Vasile.

Caragiale, Matei Ion [rumän. kara-'dʒale], * Bukarest 25. März 1885, † ebd. 17. Jan. 1936, rumän. Schriftsteller. – Unehel. Sohn von Ion Luca C.; vielseitig begabter, durch Auslandsaufenthalte und Reisen gebildeter, in hohen Ämtern tätiger Autor von Gedichten und Romanen

(›Die Ritter vom Alten Hof‹, 1929, dt. 1963), in denen er mit feinem Stilgefühl eine unwirkl., fast traumhafte Welt gestaltet; größter Manierist der rumän. Prosa.
Literatur: COTRUS, O.: Opera lui Mateiu I. C. Bukarest 1977. – GEORGE, A.: M. I. C. Bukarest 1981.

Carcano, Giulio, * Mailand 7. Aug. 1812, † Lesa am Lago Maggiore 30. Aug. 1884, italien. Schriftsteller. – War 1848 Sekretär der provisor. Regierung in Mailand, 1848–50 im polit. Exil in Piemont in der Schweiz, 1859 Prof. der Ästhetik und 1868 Sekretär des Istituto Lombardo in Mailand. In seiner Lyrik und in seinen erfolgreichen Erzählwerken Schüler A. Manzonis, aber auch der frz. und engl. Romantik; übersetzte Shakespeare; auch Dramatiker.
Werke: Ida della Torre (Vers-Nov., 1834), Angiola Maria (R., 1839), Damiano (R., 1850), Gabrio e Camilla (R., 1874).
Ausgabe: G. C. Opere complete. Mailand 1892–96. 10 Bde.
Literatur: BLEYER, A.: G. C. Romane u. Prosanovellen. Innsbruck 1902. – BERNETTI, F.: Vita ed opera letteraria di G. C. Rom 1918. – DURANTI, R.: La doppia mediazione di C. In: Il teatro del personaggio. Shakespeare sulla scena italiana dell'800. Hg. v. L. CARETTI. Rom 1979. S. 81.

Carco, Francis [frz. kar'ko], eigtl. François Carcopino-Tusoli, * Nouméa (Neukaledonien) 3. Juli 1886, † Paris 26. Mai 1958, frz. Schriftsteller. – Sohn kors. Eltern, lebte ab 1910 in Paris. 1937 wurde er Mitglied der Académie Goncourt. Seine Gedichte, deren erste Sammlung u. d. T. ›La bohème et mon cœur‹ (1912) erschien, stehen unter dem Einfluß F. Villons, Ch. Baudelaires und P. Verlaines. Seine Romane aus der Bohemewelt des nächtl. Paris – Dirnen und Zuhälter stehen im Mittelpunkt der Darstellung – enthalten ausgezeichnete Milieuschilderungen und sind in objektiver und leidenschaftsloser Darstellung von einem Hauch ironisch-humorvoller, bisweilen wehmütiger Poesie umgeben. C. schrieb außerdem Erzählungen, Dramen, Lebenserinnerungen, Essays, Kritiken und Reportagen; auch bed. Studien über Künstler.
Weitere Werke: Jésus-la-Caille (R., 1914, dt. 1922), An Straßenecken (R., 1919, dt. 1925), Der

Gehetzte (R., 1922, dt. 1924), Rien qu'une femme (R., 1923), De Montmartre au Quartier Latin (Erinnerungen, 1927), Rue Pigalle (R., 1928), Verlaine (Biogr., 1939), Poésies complètes (1955), Utrillo (Biogr., 1956, dt. 1958). **Literatur:** WEINER, S.S.: F.C. The career of a literary bohemian. New York 1952. – CHABANEIX, PH.: F.C., une étude. Paris ²1960.

Carcopino-Tusoli, François [frz. karkɔpinotyzɔ'li], frz. Schriftsteller, ↑ Carco, Francis.

Cardarelli, Vincenzo, eigtl. Nazareno Caldarelli, * Tarquinia 1. Mai 1887, † Rom 15. Juni 1959, italien. Schriftsteller. – Journalist, beeinflußte mit seiner 1919 gegr. Zeitschrift ›La Ronda‹ stark die italien. Literatur nach dem 1. Weltkrieg. C. lehnte jede Art von Neuromantik ab und forderte einen neuen, strengen Klassizismus nach dem Vorbild G. Leopardis. Er schrieb technisch vollendete Lyrik und nüchterne, oft schmucklose Prosa.
Werke: Viaggi nel tempo (Prosa, 1920), Terra genitrice (Prosa, 1924), Il sole a picco (Ged. und Prosa, 1929), Poesie (Ged., 1936), Poesie nuove (Ged., 1946), Solitario in Arcadia (Prosa, 1947). **Ausgabe:** V. C. Opere complete. Hg. v. G. RAIMONDI. Mailand 1962.
Literatur: RISI, R.: V. C. Prosatore e poeta. Bern 1951. – DE MATTEIS, C.: Cultura e poesia di V. C. Lucera 1971. – FUSELLI, R.: V. C. Studio critico. Bologna 1976. – DEI, A.: La speranza è nell'opera. Saggio sulle poesie di C. Mailand 1979. – PARRA CRISTADORO, D.: C., poeta della memoria. Poggibonsi 1980.

Cardenal, Ernesto [span. karðe'nal], * Granada (Nicaragua) 20. Jan. 1925, nicaraguan. Lyriker. – Priester; nahm aktiv am Kampf gegen das Somoza-Regime teil; gründete 1965 die christl. Kommune Solentiname; lebte 1977–79 im Exil; 1979–90 Kulturminister. Verbindet in seinen prosanahen, z. T. an die Sprache der Psalmen angelehnten Dichtungen religiöses Empfinden mit polit. Engagement. Erhielt u. a. 1980 den Friedenspreis des Börsenvereins des Deutschen Buchhandels.
Werke: Die Stunde Null (Ged., 1960, dt. 1979), Zerschneide den Stacheldraht (Ged., 1964, dt. 1967, 1977 u d T Psalmen), Gebet für Marilyn Monroe u.a. Gedichte (1965, dt. 1972), Man muß Fische säen in den Seen (Ged., 1970, dt. 1981), Das Buch von der Liebe (Prosa, 1970, dt. 1971), In Kuba. Ein Reisebericht (1972, dt. 1972), Das Evangelium der Bauern von Solentiname (Gespräche, 1975, dt. 2 Bde., 1976–78),

Ausgewählte Gedichte (span. und dt. 1980), Heimweh nach der Zukunft (Ged., 1981, dt. 1981), Wir sind Sternenstaub (Ged., dt. Ausw. 1993). **Ausgabe:** E. C. Das poet. Werk. Dt. Übers. Wuppertal 1985–89. 9 Bde.
Literatur: CALABRESE, E.: E.C., poeta de la liberación latinoamericana. Buenos Aires 1975. – SCHOPF, R.: Zur Genese u. Entwicklung der engagierten Dichtung E. C.s. Ffm. u. a. 1985. – KOCH, H. H.: E.C. Mchn. 1992.

Ernesto
Cardenal

Cardinal, Marie [frz. kardi'nal], * Algier 9. März 1929, frz. Schriftstellerin. – Nach Philologiestudium bis 1960 Tätigkeit als Lehrerin im Ausland, darauf journalist. Mitarbeit an mehreren Wochenzeitschriften. Ihre Romane (u. a. ›Écoutez la mer‹, 1962; ›La mule du corbillard‹, 1964; ›La souricière‹, 1965; ›Der Schlüssel liegt unter der Matte‹, 1975, dt. 1980) behandeln engagiert und entschieden weibl. Selbstfindungsprozesse in schwierigen psychosozialen Situationen (Einsamkeit, Armut, Alter) und beleuchten kritisch Einzelbedingungen familiärer Beziehungen. Ihr autobiograph. Roman ›Schattenmund. Roman einer Analyse‹ (1975, dt. 1977) und ihr Reisebericht ›Die Reise nach Algerien oder Im Garten meiner Kindheit‹ (1980, dt. 1982) zeigen neben der Feministin die empfindsame, bewegte Zeitgenossin auf der Suche nach sich selbst und nach ihren Ursprüngen
Weitere Werke: Die Irlandreise (R., 1978, dt. 1979), Selbstgespräche mit Klytämnestra (R., 1984, dt. 1984), Die große Verwirrung (R., 1987, dt. 1988), So, als wäre nichts gewesen (R., 1990, dt. 1992), Les jeudis de Charles et Lulla (R., 1993).

Cardoso Pires, José [portugies. kɐr'dozu 'piriʃ], portugies. Schriftsteller, ↑ Pires, José Cardoso.

Cardoza y Aragón, Luis [span. kar'dosa i ara'gon], * Antigua 21. Juni 1904, guatemaltek. Schriftsteller. – Lebt seit 1955 in Mexiko, dessen Malerei er mehrere Essays und Untersuchungen gewidmet hat. Er ist zunächst mit avantgardist. Lyrik (u. a. ›Maelstrom‹, 1926) hervorgetreten. Sein monumentales Hauptwerk ›El río, novelas de caballería‹ (1986) ist teils Autobiographie, teils poetolog. Essay, teils eine umfassende Darstellung der Kultur und Geschichte Guatemalas.
Weitere Werke: Pequeña sinfonía del Nuevo Mundo (lyr. Prosa, 1948), Guatemala, las líneas de su mano (Essay, 1955), Mexikan. Malerei von heute (Essay, 1964, dt. 1965), Miguel Ángel Asturias. Casi novela (Essay, 1991).

Carducci, Giosuè [italien. kar'duttʃi], Pseudonym Enotrio Romano, * Valdicastello (heute zu Pietrasanta, Toskana) 27. Juli 1835, †Bologna 16. Febr. 1907, italien. Lyriker und Literarhistoriker. – Wuchs in den pisan. Maremmen auf, wo sein Vater Landarzt war. 1856/57 Lehrer der Rhetorik; ab 1860 Prof für italien. Literatur in Bologna. Gilt als bedeutendster Lyriker seiner Zeit. In feierl., pathet. und schwungvoller Sprache verherrlichte er die Größe einer held. Vergangenheit, die er der passiven Selbstbetrachtung seiner als dekadent empfundenen Zeit vorhielt. Höhepunkt seines dichter. Schaffens erreichte er in den formsicheren ›Odi barbare‹ (3 Bde., 1877–89, dt. 1913), die in der Nachgestaltung antiker Metren der nat. Begeisterung seiner Kunst die entsprechende Ausdrucksform verliehen. C. war auch führend auf dem Gebiet der italien. Philologie und Literaturgeschichte. 1906 erhielt er den Nobelpreis für Literatur.
Weitere Werke: Rime (Ged., 1857), Juvenilia (Ged., 1857), Inno a Satana (Ged., 1863), Levia Gravia (Ged., 1868), Bozetti critici e discorsi letterari (1872), Poesie (1871), Nuove poesie (1873), Studi letterari (1874), Ça ira (Ged., 1883, dt. 1893), Rime e ritmi (1899).
Ausgaben: G. C. Gedichte. Dt. Übers. Hg. v. F. HEFTI. Bern 1937. – Edizione nazionale delle opere di G. C. Bologna 1944–58. 30 Bde.
Literatur: Albo carducciano. Iconografia della vita e delle opere di G. C. Bologna 1909. Nachdr. 1980. – RUSSO, L.: C. senza retorica. Bari 1957. – BUSETTO, N.: G. C., l'uomo, il poeta, il critico e il prosatore. Padua 1958. – CROCE, B.: G. C. Bari ⁶1961. – SANTORO, M.: Introduzione al C. critico. Neapel 1968. – BIAGINI, M.: Il poeta della terza Italia. Vita di G. C. Mailand Neuaufl. 1971. – BINNI, W.: C. e altri saggi. Turin 1972. – MATTESINI, F.: Per una lettura storica di C. Mailand 1975. – PASQUAZI, S.: Genesi e modi della poesia carducciana. Rom 1977. – ROBECCHI, F.: C., poeta barbaro. Mailand 1981.

Car Emin, Viktor [serbokroat. 'tsar-ˌɛmin], * Kraj bei Lovran 1. Nov. 1870, †Opatija 17. April 1963, kroat. Schriftsteller. – Schrieb außer journalistischen Arbeiten und Kinderbüchern Erzählungen, Romane und Dramen, in denen er in nationalistischer Tendenz den Kampf der Istrier um Erhaltung des Volkstums darstellte; behandelte in seinen Werken auch soziale und wirtschaftliche Fragen.

Carette, Louis [frz. ka'rɛt], belg. Schriftsteller, ↑Marceau, Félicien.

Carew, Jan [engl. kə'ru:], * Agricola Rome (Guyana) 24. Sept. 1920, guyan. Schriftsteller. – Lebt in den USA; Verfasser lebendig geschriebener, z. T. autobiograph. Romane über das Leben in seiner Heimat; schrieb auch Bühnenstücke (mit seiner Frau Sylvia Wynter), Hör- und Fernsehspiele sowie Kinderbücher.
Werke: Schwarzer Midas (R., 1958, dt. 1959), Wilde Küste (R., 1958, dt. 1961), The last barbarian (R., 1961), Moskau ist nicht mein Mekka (R., 1964, dt. 1965), Stranger than tomorrow (En., 1976), Sea drums in my blood (Ged., 1981).

Carew, Thomas [engl. 'kæəri], * West Wickham (Kent) um 1595, □ London 23. März 1640 (?), engl. Lyriker. – Erster Vertreter der höfisch-galanten Kavalierdichtung in England; schrieb formal gewandte, elegant stilisierte Gedichte auf Ereignisse höf. Lebens; sein Maskenspiel ›Coelum Britannicum‹ (1634) entstand im Auftrag König Karls I.
Ausgabe: The poems of Th. C., with his masque Coelum Britannicum. Hg. v. R. DUNLAP. Oxford 1949.

Cariteo, il, italien. Dichter und Humanist, ↑Gareth, Benedetto.

Carit Etlar, Pseudonym des dän. Schriftstellers Carl ↑Brosbøll.

Carlé, Erwin [kar'le:], dt. Schriftsteller, ↑Rosen, Erwin.

Carlén, Emilie, schwed. Schriftstellerin, ↑Flygare-Carlén, Emilie.

Carleton, William [engl. 'kɑːltən], * Prillisk bei Clogher (Tyrone) 4. März 1794, † Sandford (Dublin) 30. Jan. 1869, ir. Erzähler. – Sohn eines Farmers; die genaue Kenntnis der bäuerl. Lebensbedingungen und der Psyche der Landbewohner verwertete er in seinen realist. Romanen, Novellen und Skizzen.

Werke: Traits and stories of the Irish peasantry (Kurzgeschichten, 2 Bde., 1830–33), Fardorougha, the miser (R., 1837).

Carling, Finn [norweg. 'karliŋ], * Oslo 1. Okt. 1925, norweg. Schriftsteller. – Seine Entwicklung als Romanschriftsteller führte ihn von kurzen, stilisierten hin zu mehr psychologisch begründeten Romanen, v. a. über Außenseiter.

Werke: Arenaen (R., 1951), Piken og fuglen (R., 1952), Desertøren (R., 1956). Kilden og muren (Autobiogr., 1958, Neuausg. 1965), Blind verden (Essays, 1962), De homofile (Essays, 1965), Skapende sinn (Essays, 1970), Gjesten (R., 1970).

Carlson, Stig [schwed. 'kɑːrlsɔn], * Falköping 7. Aug. 1920, † ebd. 8. Febr. 1971, schwed. Schriftsteller. – Mitarbeiter verschiedener Zeitschriften; setzte sich für die Verbreitung zeitgenöss. Lyrik ein; schrieb selbst Gedichte, in denen sich in bes. Maße die Probleme seiner Zeit widerspiegeln.

Werke: Sjukjournal (Ged., 1945), Sorgens testamente (Ged. 1946), Mellanålder (Ged., 1951), Mittlinje (Ged., 1956), Frågaren (Ged., 1961), Då, nu, sedan (Ged., 1969).

Carlyle, Thomas [engl. kɑː'laɪl], * Ecclefechan (Dumfries) 4. Dez. 1795, † London 4. Febr. 1881, schott. Essayist und Geschichtsschreiber. – Gab das in Edinburgh begonnene Theologiestudium auf, war zeitweilig Lehrer, dann freier Schriftsteller; ab 1865 Lordrektor der Univ. Edinburgh. Angeregt und beeinflußt wurde C. bes. von der dt. Literatur, von J. G. von Herder, insbes. von Goethe, dessen ›Wilhelm Meister‹ er übersetzte, von Schiller, Jean Paul, Novalis und der Philosophie des dt. Idealismus. Zu seinen Hauptwerken gehören ›Sartor Resartus oder Leben und Meinungen des Herrn Teufelsdröckh‹ (1834, dt. 1855/1856), eine antiromant., autobiograph. Schrift, die eine von Goethes ›Wilhelm Meister‹ beeinflußte Weltanschauung der Entsagung und des moral. Werts der Arbeit entwickelt, und die Vortragsreihe

›Über Helden, Heldenverehrung und das Heldentümliche in der Geschichte‹ (1841, dt. 1853). Sein eigenwilliger, kraftvoller, oft hymnisch-pathet. Stil zeigt Einflüsse der dt. Syntax, der Kanzelrhetorik und der Bibelsprache. Entscheidender Impuls für C.s Schaffen war sein prophet. Aktionswille gegen utilitaristisch-materialist., demokrat. ›Dekadenz‹, der gegenüber er die brit. Nation in neuer ethisch-religiöser Bindung zu sittlich-patriot. Bewährung führen wollte. Er reaktivierte und popularisierte die traditionelle brit. Sendungsideologie und fügte ihr in Verbindung von Puritanismus und Einflüssen G. W. F. Hegels und J. G. Fichtes neue, auf den Imperialismus weisende Elemente hinzu: Seine Kennzeichnung des brit. Volkes als Heldenvolk und zugleich Gottesvolk setzte elitär eine gottgewollte Ungleichheit der Völker voraus. Dem brit. Volk erwachse daraus Aufgabe, Recht und weltmissionar. Verpflichtung, seinen Glauben und seine Zivilisation über unzivilisierte Völker zu verbreiten. Die wohltätig-missionar. Herrschaft legitimiere die notwendige Gleichsetzung von Macht und Recht.

Weitere Werke: Leben Schillers (1825, dt. 1830), On history (1830), Die frz. Revolution (3 Bde., 1837, dt. 1844), Lectures on German literature (1837), Einst und Jetzt (1843, dt. 1899), Geschichte Friedrichs II. von Preußen, genannt Friedrich der Große (6 Bde., 1858–65, dt. 1859–69), Goethe (1888, dt. 1912).

Ausgaben: Th. C. Ausgew. Werke. Dt. Übers. Lpz. ¹⁻²1895–1907. 9 Bde. – The works of Th. C. (Centenary edition). London 1896–99. 30 Bde.

Literatur: FROUDE, J. A.: Th. C. London 1882–84. Nachdr. 1970. 4 Bde. – BAUMGARTEN, O.: C. u. Goethe. Tüb. 1906. – HARROLD, CH. F.: C. and German thought: 1819–34. New Haven (Conn.) 1934. 8 Bde. Nachdr. New York 1978. – SYMONS, J.: Th. C. London 1952. – IKELER, A. A.: Puritan temper and transcendental faith. C.'s literary vision. Columbus (Ohio) 1972. – CAMPBELL, I.: Th. C. London 1974. – WARING, W.: Th. C. Boston (Mass.) 1978. – LE QUESNE, A. L.: C. Oxford 1982. – ROSENBERG, J. D.: C. and the burden of history. Cambridge (Mass.) 1985. – FASBENDER, TH.: Th. C. Idealist. Geschichtssicht u. visionäres Heldenideal. Wzb. 1989. – TARR, R. L.: Th. C.: a descriptive bibliography. Oxford 1989. – VAN DER BOSSCHE, CH. R.: C. and the search for authority. Columbus (Ohio) 1991.

Carman, William Bliss [engl. 'kɑːmən], * Fredericton (New Brunswick) 15. April 1861, † New Canaan (Conn.)

8. Juni 1929, kanad. Lyriker und Essayist. – War nach Studien in Kanada, Großbritannien und den USA sowie berufl. Versuchen Journalist in New York und Neuengland; lebte ab 1908 in Connecticut, von wo aus er populäre Dichterlesungen in Kanada durchführte. Seine mehr als 50 Gedichtbände zeugen von Naturnähe, romantischen und mystischen Einflüssen (W. Wordsworth, R. W. Emerson), formaler Vielfalt, später zunehmend auch spekulativen und visionären Neigungen.

Werke: Low tide on Grand Pré. A book of lyrics (Ged., 1893), Songs from Vagabondia (1894, in Zusammenarbeit mit dem amerikan. Dichter R. Hovey verfaßt).
Literatur: STEPHENS, D.: B. C. New York 1966.

Carmelita, il, italien. Dichter, ↑ Spagnoli, Giovan Battista.

Carmen [lat.],
1. altröm. Kultlied, rituelles Gebet, Zauber- und Beschwörungsformel u. a.
2. in der lat. Klassik ein [lyr.] Gedicht, auch ↑ Ode (z. B. bei Horaz).
3. mittelalterl. weltl. oder geistl. Gedicht, insbes. auch ↑ Vagantenlied.

Carmen figuratum [lat.] ↑ Figurengedicht.

Carmenstil, archaischer Stil der rhythm. Kultlieder, Zaubersprüche, Beschwörungsformeln usw., die sich als älteste Dichtungsformen in fast allen Sprachen nachweisen lassen.

Carmen Sylva

Carmen Sylva ['karmən 'zılva], eigtl. Elisabeth, Königin von Rumänien, * Schloß Monrepos bei Neuwied 29. Dez. 1843, † Bukarest 2. März 1916, Schriftstellerin. – Gattin des Fürsten Karl von Hohenzollern (seit 1881 König Carol I. von Rumänien), widmete sich nach dem Tod ihres einzigen Kindes der Literatur, schrieb (in dt. Sprache) in neuromant., impressionist. Stil zarte, oft schwermütige Gedichte, Erzählungen und Dramen, Volksballaden und Lebenserinnerungen; bes. Erfolg hatte sie mit der Gestaltung rumän. Themen. Schrieb auch Unterhaltungsromane (mit M. Kremnitz unter dem Pseudonym Dito und Idem) und Übersetzungen aus dem Rumänischen (›Rumän. Dichtungen‹, 1881; ›Lieder aus dem Dimbovitzathal‹, 1889).

Weitere Werke: Stürme (Dichtungen, 1881), Ein Gebet (Nov., 1882), Aus C. S.'s Königreich (Märchen, 2 Bde., 1883–87), Mein Rhein (Dichtungen, 1884), Frauenmuth (6 Dramen, 1890), Heimath! (Ged., 1891), Geflüsterte Worte (Essays, 5 Bde., 1903–12).

Carmi (tl.: Karmī, T., eigtl. C. Charney, * New York 1925, israel. Lyriker. – Wuchs in New York in einem hebräisch-sprachigen Heim auf und wanderte 1947 in Palästina ein, wo er den Unabhängigkeitskrieg als Offizier mitmachte; in seiner unsentimentalen Lyrik spiegelt sich sein soziales Engagement; so schildert er im Gedichtband ›En peraḥīm šeḥōrīm‹ (= Es gibt keine schwarzen Blumen, 1953) das Leben in einem frz. Heim für jüd. Flüchtlingskinder; der Gedichtband ›Šeleg bi-Yerūšālayim‹ (= Schnee in Jerusalem, 1956) enthält neben reiner Lyrik auch soziale Protestgedichte. C.s Zweisprachigkeit befähigt ihn zu Übersetzungen vom Englischen ins Hebräische und umgekehrt.

Literatur: Enc. Jud. Bd. 5, 1972, S. 188.

Carmiggelt, Simon Johannes [niederl. kar'mıxəlt], * Den Haag 7. Okt. 1913, † Amsterdam 30. Nov. 1987, niederl. Schriftsteller. – Meister der in der niederl. Literatur beliebten Kleingattung ›cursiefje‹, kurze, erzählende, humorist. Prosaskizzen mit subtilen Sprachspielen, die durch scharfe Beobachtung und bewußtes Understatement gekennzeichnet sind; schrieb auch Poesie mit diesen Merkmalen. Die meisten Skizzen, die zunächst in der Tageszeitung ›Het Parool‹ erschienen, sind in einer Reihe von Büchern gesammelt worden, u. a. ›Honderd dwaasheden‹ (1946), ›Allemaal onzin‹

(1948), ›Vliegen vangen‹ (1955), ›Kroeglopen‹ (1965), ›Fluiten in het donker‹ (1966), Mijn moeder had gelijk (1969), ›Gewoon maar doorgaan‹ (1971). **Literatur:** RUITER, C. DE: Over het proza van S. C. Amsterdam 1979.

Carmina Burana [mlat. = Lieder aus Beuren], berühmte mittelalterl. Anthologie mit überwiegend lat. Texten des (11.) 12. und 13. Jh., überliefert in einer Pergamenthandschrift des 13. Jh., die 1803 im bayer. Kloster Benediktbeuern entdeckt wurde; sie befindet sich heute in der Bayer. Staatsbibliothek München (Clm 4660). Die Bez. C. B. stammt von J. A. Schmellers Ausgabe der Handschrift (1847). Der ursprüngl. Bestand der Handschrift ist verändert durch Umstellung einzelner Lagen und durch Blattverluste. Heutiger Umfang: 112 Blätter und 7 Einzelblätter, die 1901 als ›Fragmenta Burana‹ veröffentlicht wurden. Der Grundstock der Handschrift ist von drei Schreibern angelegt, die z. T. auf ältere Sammlungen zurückgriffen. Als Auftraggeber vermutet man einen hochgestellten Geistlichen. – Die Handschrift ist mit acht farbigen Miniaturen und einer um 1300 nachgetragenen Federzeichnung geschmückt. Die rund 250 Texte sind in vier Gruppen gegliedert: 1. moralisch-satir. Dichtungen: 55 Gedichte über die Vergänglichkeit des Glücks, die Verderbtheit der Welt, den Verfall der Sitten und Gelehrsamkeit usw.; 2. Liebes-, Tanz- und Frühlingslieder (131 Nummern); an die Liebesklagen schließen sich Todesklagen an; 3. Lieder von Trunk und Spiel, darunter die Vagantenbeichte des Archipoeta; 4. geistl. Schauspiele: ein Weihnachtsspiel und ein Osterspiel stehen im Kodex, in den ›Fragmenta Burana‹ überdies ein Passionsspiel und ein Emmausspiel. Die Texte, von denen über die Hälfte nur hier bezeugt sind, sind anonym überliefert, einzige Ausnahmen sind zwei Gedichte des Marners. Zwischen den lat. Gedichten finden sich wenige lat.-dt. und lat.-frz. Mischtexte, außerdem 45 mhd. Strophen, von denen einige in anderen Handschriften Dietmar von Aist, Reinmar von Hagenau, Heinrich von Morungen, Walther von der Vogelweide oder Neidhart zugewiesen sind. Auf rhythm. Lieder folgen jeweils metr.

Verse, die sentenzhaft die Quintessenz der vorhergehenden enthalten. Viele Texte sind mit Notenzeichen (Neumen) versehen. – Die C. B. gelten als Inbegriff der mittelalterlichen † Vagantendichtung. Diese Klassifizierung trifft im eigentl. Sinne nur auf einen Teil der Texte (v. a. in der Gruppe 3) zu, andere sind Scholarenpoesie und weltl. Klerikerpoesie. Neben einer bohemehaften Carpediem-Thematik finden sich Memento-mori-Töne, neben überschäumender Lebensfreude Polemik, Parodie beißende Satire, v. a. auf kirchl. Mißstände.

Ausgaben: C. B. Lat. u. Dt. Lieder u. Gedichte einer Hs. des 13. Jh. aus Benediktbeuern. Hg. v. J. A. SCHMELLER. Breslau ⁴1904. – C. B. Hg. v. A. HILKA u. O. SCHUMANN. Fortgef. v. B. BISCHOFF. Hdbg. ¹⁻²1961–78. 2 Bde. in 4 Tlen. – C. B. Die Gedichte des Codex Buranus. Nach der krit. Ausg. v. A. HILKA u. O. SCHUMANN, abgeschlossen v. B. BISCHOFF. Zü. u. Mchn. 1974. – C. B. Übers. v. C. FISCHER u. H. KUHN. Nach der v. B. BISCHOFF abgeschlossenen Ausg. Hg. v. A. HILKA u. a. Mchn. 1975. – Vagantendichtung. Eingel. u. übers. v. K. LANGOSCH. Bremen 1984. – C. B. Lieder der Vaganten. Lat. u. dt. Nach L. LAISTNER hg. v. R. DÜCHTING. Gerlingen ⁶1993.

Literatur: SPANKE, H.: Der Codex Buranus als Liederb. In: Zs. f. Musikwiss. 13 (1931), S. 241. – STEER, G.: Zur Herkunft des clm 4660. In: Zs. f. dt. Altertum u. dt. Lit. 112 (1983), S. 1. – SCHALLER, D., u. a.: C. B. In: Lex. des MA. Bd. 2. Mchn. u. Zü. 1983. – SAYCE, O.: Plurilingualism in the C. B. A study of the linguistic and literary influences on the codex. Göppingen 1992.

Carmina Cantabrigiensia [mlat. = Lieder aus Cambridge] (Cambridger Lieder), Sammlung von meist aus dem 10. und 11. Jh. stammenden Texten, die Teil (10 Blätter) seit etwa 1700 in der Universitätsbibliothek Cambridge aufbewahrten Kodex ist. Die Handschrift stammt aus dem 11. Jh., vermutlich wurde sie in Saint Augustin in Canterbury von einer aus Deutschland stammenden Vorlage abgeschrieben, die wahrscheinlich von einem gelehrten Sammler aus dem Gebiet am Rhein u. a. aus je einer älteren Textsammlung frz. und dt. Herkunft zusammengetragen worden war. Die C. C. bestehen aus 50 lat. Texten (darunter 2 lat.-dt. Mischgedichte) verschiedener Form (bed. die Verwendung der Sequenz) und unterschiedl. Inhalts (u. a. Preislieder, ernste

und heitere Erzählungen, Vagantenlieder, Texte erot. Inhalts [z. T. getilgt], gelehrte Prosa, Ausschnitte aus antiken Dichtungen), die starke geistl. Elemente zeigen und wohl alle zum musikal. Vortrag bestimmt waren. Sie stellen eines der bedeutendsten Kultur- und Literaturdokumente des frühen MA dar.
Ausgaben: The Cambridge songs. Lat. u. engl. Hg. v. K. H. BREUL. London 1915. – C. C. Hg. v. W. BULST. Hdbg. 1950. – C. C. Die Cambridger Lieder. Hg. v. K. STRECKER. Bln. ³1967.
Literatur: BULST, W.: Zur Vorgesch. der Cambridger u. a. Sammlungen. In: Histor. Vjschr. 27 (1932), S. 827. – DRONKE, P., u. a.: Die unveröffentlichten Gedichte der Cambridger Liederhandschrift. In: Mlat. Jb. 17 (1982), S. 54. – BULST, W.: Lat. MA. Hg. v. W. BERSCHIN. Hdbg. 1984. S. 111.

Carmontelle [frz. karmõ'tɛl], eigtl. Louis Carrogis, * Paris 15. Aug. 1717, † ebd. 26. Dez. 1806, frz. Schriftsteller und Maler. – Verfaßte für den Hof des Herzogs von Orléans zahlreiche literarisch nicht bedeutende, jedoch zur Nachahmung der Gattung anregende ›Proverbes dramatiques‹ (8 Bde., 1768–81) und kann als der eigentliche Begründer dieses auf die erste Hälfte des 17. Jh. zurückgehenden Genres angesehen werden, dessen bedeutendster Vertreter A. de Musset wurde.
Literatur: BRENNER, C. D.: Le développement du proverbe dramatique en France et sa vogue au XVIIIᵉ siècle. Berkeley (Calif.) 1937. – HERRMANN, M.: Das Gesellschaftstheater des Louis Carrogis de C. (1717–1806). Meisenheim 1968.

Carner, Josep [katalan. kər'ne], * Barcelona 5. Febr. 1884, † Uccle bei Brüssel 4. Juni 1970, katalan. Lyriker. – Studierte Rechts- und Literaturwiss. in Barcelona; im diplomat. Dienst u. a. in Frankreich und Mexiko; bis 1954 Prof. in Brüssel; entwickelte sich unter dem Einfluß des frz. Symbolismus zum einflußreichsten Vertreter des katalan. Modernismo; auch Übersetzer (Molière, Shakespeare).
Werke: Els fruits saborosos (Ged., 1906), El verger de les galaníes (Ged., 1911), La inútil ofrena (Ged., 1924), Nabí (Ged., 1941), Arbres (Ged., 1954).

Carnot, Maurus * Samnaun (Graubünden) 26. Jan. 1865, † Disentis (Graubünden) 2. Jan. 1935, schweizer. Schriftsteller. – Benediktiner; schrieb in dt. und rätoroman. Sprache Erzählungen, Dramen und Gedichte, deren Stoffe er der

Geschichte seiner Heimat und der Heiligenlegende entnahm.
Werke: General Demont (E., 1906), Wo die Bündnertannen rauschen (E., 1913), Das erste Heiligtum am Rhein (Dr., 1923), Der Graue Bund (Dr., 1924, dt. 1926), Die Geschichte des Jörg Jenatsch (1930), Im Lande der Rätoromanen (1934), Poesias (Ged., hg. 1944).
Literatur: ZURKINDEN, O.: Pater M. C. (1865–1935). Ilanz 1944. – ZURKINDEN, O.: Heinrich Hansjakob u. der Graubündner Schriftsteller Pater M. C. Freib. 1961.

Caro, Annibale, * Civitanova Marche 19. Juni 1507, † Rom 17. Nov. 1566, italien. Schriftsteller. – Studierte in Florenz, stand im Dienste der Gaddi, später der Farnese. Die meisten Werke wurden erst nach seinem Tod gedruckt. Am berühmtesten sind die Übersetzung von Vergils ›Äneis‹ (›L'Eneide‹, hg. 1581) in reimlosen Versen und das ›Rime‹ (hg. 1569). Sein Lustspiel ›Gli straccioni‹ (hg. 1582) zeichnet sich durch Komik und sprachl. Geschicklichkeit aus. Elegant in der Diktion und meisterhaft im Stil sind seine Briefe (›Lettere familiari‹, 2 Bde., hg. 1572–74).
Ausgaben: Opere del commendatore Annibal C. Hg. v. A. F. SEGHEZZI u. a. Mailand 1807–12. 8 in 7 Bden. – A. C. Opere. Hg. v. V. TURRI. Bd. 1. Bari 1912 (m. n. e.). – A. C. Opere. Hg. v. S. JACOMUZZI. Turin 1974.
Literatur: GRECO, A.: A. C.; Cultura e poesia. Rom 1950. – OLIVIERI, C.: L'Eneide del C. Turin u. a. 1965.

Caro, José Eusebio, * Ocaña (Santander) 5. März 1817, † Santa Marta (Magdalena) 28. Jan. 1853, kolumbian. Lyriker. – Journalist; konservativer Kongreßabgeordneter, Finanzminister. Seine sehr persönl., leidenschaftl. Lyrik entwickelt sich vom Klassizismus zur Romantik und geht in der Verwendung neuer metr. Kombinationen dem Modernismo voraus. Seine Gedichte wurden u. d. T. ›Poesías‹ (1857) gesammelt herausgegeben.
Literatur: MARTÍN, J. L.: La poesia de J. E. C. Bogotá 1966.

Carol [engl. 'kærəl; zu altfrz. carole = langsamer Rundtanz, vielleicht von griech.-lat. chorea/chorela = Reigentanz oder von griech.-lat. choraula = Flötenspieler, der den Reigentanz begleitet], ursprünglich ein engl. volkstüml. Tanzlied (Rundtanz), das mit dem frz. ↑ Virelai und dem italien. ↑ Ballata verwandt ist.

Die Strophen wurden meist als Solo vorgetragen, der Kehrreim vom Chor. Gesungen und getanzt wurden C.s gewöhnlich zu jahreszeitl. Festen, v. a. zu Weihnachten (Christmas-C.); Blütezeit war das 15. Jahrhundert. – Seit dem 16. Jh. werden vor allem volkstümliche Weihnachtslieder als C.s bezeichnet. – ↑auch Lullabies, ↑Noël.

Literatur: ROUTLEY, E.: The English C. London 1958. Nachdr. Westport (Conn.) 1973. – DEARMER, P., u. a.: The Oxford book of C.s. New York u. London ²³1964. – GREENE, R. L.: The early English C.s. Oxford ²1977. – GREENE, R. L.: C. In: Lex. des MA. Bd. 2. Mchn. u. Zü. 1983.

Caron de Beaumarchais, Pierre Augustin [frz. karõdbomar'ʃɛ], frz. Dramatiker, ↑Beaumarchais, Pierre Augustin Caron de.

Carossa, Hans, * Bad Tölz 15. Dez. 1878, † Rittsteig bei Passau 12. Sept. 1956, dt. Schriftsteller. – War Arzt, im 1. Weltkrieg Bataillonsarzt; wurde 1941 Präsident der von J. Goebbels initiierten ›Europ. Schriftsteller-Vereinigung‹; gehörte keiner literar. Modeströmung an. Gestaltete in seinem gesamten Werk eigene Erlebnisse, die er in klarer, reifer Sprache, elegantem, mitunter überhöhtem Stil und interessanter Schilderung symbolhaft zu Allgemeingültigkeit erheben will. Aus seiner humanist. Grundhaltung konfrontiert er göttl. Ordnung und weltl. Unordnung miteinander. Durch innere Einkehr versucht er (auf Kosten der Wirklichkeitserfassung), unter der Oberfläche der Dinge den Sinn der Schöpfung zu ›schauen‹.

Werke: Gedichte (1910), Doktor Bürgers Ende (E., 1913), Eine Kindheit (Autobiogr., 1922), Rumän. Tagebuch (1924), Verwandlungen einer Jugend (Autobiogr., 1928), Der Arzt Gion (R., 1931), Geheimnisse des reifen Lebens (R., 1936), Das Jahr der schönen Täuschungen (Autobiogr., 1941), Aufzeichnungen aus Italien (1946), Der Tag des jungen Arztes (Autobiogr., 1955), Vorspiele. Geschichte einer Kindheit (hg. 1984).

Ausgaben: H. C. Sämtl. Werke. Ffm. 1978. 2 Bde. H. C. Tagebb Hg v F. KAMPMANN-CAROSSA. Ffm. 1986 ff. Auf 3 Bde. berechnet. Bisher 2 Bde. erschienen.

Literatur: Über H. C. Hg. v. V. MICHELS. Ffm. 1978. – FALKENSTEIN, H.: H. C. Bln. 1983. – H. C. Leben u. Werk ... Hg. v. E. KAMPMANN-CAROSSA. Ffm. 1993.

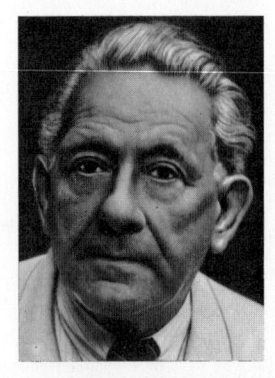

Hans
Carossa

Carpelan, Bo [schwed. karpə'lɑːn], * Helsinki 25. Okt. 1926, schwedischsprachiger finn. Lyriker und Literaturkritiker. – Seine virtuos reduzierte lyr. Sprache ist einzigartig in der schwedischsprachigen Literatur; außer ins Finnische wurden viele seiner Werke in zahlreiche Sprachen übersetzt; u. a. in den dt. Anthologien ›Licht hinterm Eis‹ (1957), ›Junge Lyrik Finnlands‹ (1958), ›Panorama moderner Lyrik‹ (1960–63), ›Finn. Lyrik aus hundert Jahren‹ (1973).

Werke: Som en dunkel värme (Ged., 1946), Variationer (Ged., 1950), Minus sju (Ged., 1952), Objekt för ord (Ged., 1954), Andreas (Kinderb., 1959, dt. 1962), Din gestalt bakom dörren (Hsp.e, 1960), Rösterna i den sena timmen (R., 1968), Gården (Ged., 1969), Vandrande skugga (En., 1977), Jag minns att jag drömde (Prosa, 1979), Dikter från 30 ar (Ged., 1980), Dagen vänder (Ged., 1983), Marginalia (Ged., 1984), Axel (R., 1986), Ár som löv (Ged., 1989).

Carpenter, Edward [engl. 'kaːpɪntə], * Brighton 29. Aug. 1844, † Guildford (Surrey) 28. Juni 1929, engl. Schriftsteller. – Studierte in Cambridge, gab die kirchl. Laufbahn auf und wurde zum Propagandisten sozialer Reformen. Beeinflußt von W. Whitman, den er in Amerika besuchte, erhielt C. auch Anregungen durch die Dichtung W. Blakes und W. Morris' sowie die ind. Philosophie. Er schrieb außer weltanschaul. Werken, in denen er die Zivilisation ablehnt und für ein einfaches Leben eintritt, Gedichte und seine Lebenserinnerungen; sein Hauptwerk ist die Dichtung ›Towards democracy‹ (1883).

Weitere Werke: Englands Ideal. Soziale Betrachtungen (1887, dt. 1912), Chants of labour (Ged., 1888), Die Zivilisation, ihre Ursachen und ihre Heilung (Essay, 1889, dt. 1903), My days and dreams (Autobiogr., 1916).
Literatur: A bibliography of E. C. Hg. v. der Central Library, Sheffield. Sheffield 1949. – TSUZUKI, C.: E. C. (1844–1929). Cambridge 1980.

Carpentier, Alejo [span. karpen'tiɛr], * Havanna 26. Dez. 1904, † Paris 24. April 1980, kuban. Schriftsteller frz.-russ. Herkunft. – Lebte 1928–39 in Paris; 1941 Prof. für Musik, später Schriftsteller in Venezuela; nach der Revolution F. Castros Direktor des Staatsverlages; ab 1966 Kulturattaché der kuban. Botschaft in Paris. Wurde u. a. 1977 mit dem span. Premio Miguel de Cervantes ausgezeichnet. C., einer der größten lateinamerikan. Romanciers, hat in seinem Œuvre ein monumentales, facettenreiches Fresko der Geschichte und Gegenwart des karib. Raums entworfen. Ansatzpunkt seiner virtuos komponierten Romane ist die Konzeption des ›wunderbar Wirklichen‹, die er im Vorwort zu seinem Roman ›Das Reich von dieser Welt‹ (1949, dt. 1964) programmatisch darlegte und die sich auf das Substrat des myth. und archaischen Denkens der farbigen Bevölkerung beruft. Auch Essayist.
Weitere Werke: Poèmes des Antilles (Ged., 1929), Ecué-Yamba-O (R., 1933), Die Flucht nach Manoa (R., 1949, dt. 1958, 1979 u. d. T. Die verlorenen Spuren), Finale auf Kuba (R., 1956, dt. 1960), Explosion in der Kathedrale (R., 1962, dt. 1964), Staatsraison (R., 1974, dt. 1976, 1989 u. d. T. Die Methode der Macht), Barockkonzert (Nov., 1974, dt. 1976), Le Sacre du printemps (R., 1978, dt. 1993), Die Harfe und der Schatten (R., 1979, dt. 1979), Stegreif und Kunstgriff (Essays, dt. Ausw. 1980).
Ausgabe: Obras completas de A. C. Mexiko 1983 ff. Auf 14 Bde. berechnet (bisher 8 Bde. erschienen).
Literatur: MOCEGA-GONZÁLEZ, E. P.: La narrativa de A. C. New York 1975. – MOCEGA-GONZÁLEZ, E. P.: A. C. Estudios sobre su narrativa. Madrid 1980. – ARMBRUSTER, C.: Das Werk A. C.s. Chronik der ›Wunderbaren Wirklichkeit‹. Ffm. 1982. – HERLINGHAUS, H.: A. C. Mchn. 1991. – DILL, H.-O.: Lateinamerikan. Wunder u. kreol. Sensibilität. Der Erzähler u. Essayist A. C. Hamb. 1993.

Carrasquilla, Tomás [span. karras-'kija], * Santo Domingo (Antioquia) 17. Jan. 1858, † Medellín 19. Dez. 1940,

kolumbian. Schriftsteller. – Ministerialbeamter und Feuilletonist. Seine Romane und Erzählungen, die zumeist auf Geschichte und Gegenwart seiner Heimatprovinz Antioquia bezogen sind, gelten wegen ihrer außerordentlich nuancierten Psychologie in Verbindung mit subtilen Verfremdungen exakt beobachteter Realität als Vorläufer der gegenwärtigen kolumbian. Literatur.
Werke: Frutos de mi tierra (R., 1896), Grandeza (R., 1910), El padre Casafús (En., 1914), El zarco (R., 1922), La marquesa de Yolombó (R., 1928), Hace tiempos (R., 3 Bde., 1935/36).
Ausgabe: T. C. Obras completas. Hg. v. B. A. GUTIÉRREZ. Medellín 1958. 2 Bde.
Literatur: LEVY, K. L.: T. C. Boston (Mass.) 1980.

Carrer, Luigi, * Venedig 12. Febr. 1801, † ebd. 23. Dez. 1850, italien. Dichter. – Museumsdirektor in Venedig. Beeinflußt von U. Foscolo, pflegte er bes. Idylle, Hymne und Ballade und verwendete große Sorgfalt auf ansprechende Form; auch als Literarhistoriker bedeutend.
Werke: Poesie (1831), Ballate (1834), L'anello di sette gemme o Venezia e la sua storia (Prosa, 1838).
Literatur: BALDUINO, A.: Romanticismo e forma poetica in L. C. Venedig 1962. – CONSOLI, D.: L. C. critico. In: Otto-Novecento 3 (1979), S. 221.

Carrera Andrade, Jorge, * Quito 28. Sept. 1903, † ebd. 7. Nov. 1978, ecuadorian. Lyriker. – War diplomat. Vertreter Ecuadors u. a. in Frankreich, Japan, England, verschiedenen lateinamerikan. Ländern sowie bei den UN und der UNESCO. Gilt als bedeutendster Lyriker seines Landes. Die Frühphase seiner Gedichte kennzeichnet eine zunehmend konsequentere Umsetzung rein visueller Erfahrungen und Eindrücke in Sprachmaterial. Humanitäres und polit. Engagement tritt ab ›El tiempo manual‹ (Ged., 1935) in den Vordergrund. Das Spätwerk ab ›Lugar de origen‹ (Ged., 1945) führt zurück in seine heimatl. Tropenlandschaft.
Weitere Werke: Boletines de mar y tierra (Ged., 1930), Biografía para uso de los pájaros (Ged., 1937), Hombre planetario (Ged., 1963), Floresta de los guacamyos (Ged., 1964), El volcán y el colibrí (Ged., 1970), Poemas. Gedichte (span. und dt. Ausw. 1980).

Ausgabe: J. C. A. Obra poética completa. Quito 1976.

Carrere Moreno, Emilio, *Madrid 18. Dez. 1881, †ebd. 30. April 1947, span. Schriftsteller. – Autor zahlreicher Erzählungen, Gedichte und Komödien, der v. a. das Leben der Boheme von Madrid und der untersten Bevölkerungsschichten schilderte; neben R. Darío beeinflußte ihn v. a. P. Verlaine, dessen Gedichte er hervorragend übersetzte.

Werke: El caballero de la muerte (Ged., 1909), La canción de la farándula (Kom., 1912), Del amor, del dolor y del misterio (Ged., 1915), Nocturnos de otoño (Ged., 1920).
Ausgabe: E. C. M. Obras completas. Madrid 1919–27. 17 Bde.
Literatur: GÓMEZ DE LA SERNA, R.: Retratos contemporáneos. Buenos Aires ²1944. S. 241.

Carrier, Roch [frz. ka'rje], *Sainte-Justine-de-Dorchester (Quebec) 13. Mai 1937, kanad. Schriftsteller. – Nach Universitätsstudien in Montreal und an der Sorbonne zeitweilig in der Leitung des Théâtre du Nouveau Monde in Montreal; auch Hochschullehrer. Auf ›Jolis deuils‹ (1964), phantast. und allegor. Geschichten, folgte seine bekannte Romantrilogie ›La guerre, yes sir!‹ (1968), ›Floralie, où es-tu?‹ (1969), ›Il est par là le soleil‹ (1970), überwiegend ländlich, traumhaft, grotesk; verfaßte auch Bühnenbearbeitungen seiner Romane und Theaterstücke (›La celeste bicyclette‹, 1980).

Weitere Werke: Le deux-millième étage (R., 1973), Le jardin des délices (R., 1975), Les enfants du bonhomme dans la lune (En., 1979), La dame qui avait des chaînes aux chevilles (R., 1981), De l'amour dans la ferraille (R., 1984), Fin (R., 1992).
Literatur: BOND, D.: C.'s fiction. In: Canadian literature (1979).

Carrogis, Louis [frz. karɔ'ʒi], frz. Schriftsteller und Maler, †Carmontelle.

Carroll, Lewis [engl. 'kærəl], eigtl. Charles Lutwidge Dodgson, *Daresbury (Cheshire) 27. Jan. 1832, †Guildford 14. Jan. 1898, engl. Schriftsteller. – Lehrte 1855–81 Mathematik am Christ Church College in Oxford. Wurde berühmt durch seine grotesken, humor- und phantasiereichen Romane ›Alice's Abenteuer im Wunderland‹ (1865, dt. 1870, 1923 u. d. T. ›Alice im Wunderland‹) und ›Alice im Spiegelreich‹ (1871,

Lewis Carroll

dt. 1923, 1962 u. d. T. ›Alice hinter den Spiegeln‹), die er zunächst zur Unterhaltung für Kinder geschrieben hatte. Dabei verwertete C. bizarre Konstruktionen der natürl. Sprache, Widersprüchlichkeiten des Sprachgebrauchs und logisch-semant. Paradoxien in so meisterhafter Weise, daß Figuren und Zitate aus diesen Büchern nicht nur populär geworden sind, sondern auch ihren festen Platz in der log. und philosoph. Literatur gefunden haben. Der bes. Reiz dieser Werke liegt in den Nonsenspartien, in den Wortspielen sowie darin, daß die Wörter und ihre Beziehungen zueinander wichtiger genommen werden als die Realität. C.s langes Nonsensgedicht ›Die Jagd nach dem Schnark – Agonie in acht Krämpfen‹ (1876, dt. 1968) gilt als Paradigma seiner Gattung. In seinem Spätwerk ›Sylvie und Bruno‹ (1889, dt. 1980; ›Sylvie und Bruno concluded‹, 1893) unternahm er den Versuch, mehrere Handlungsebenen (›degrees of consciousness‹) miteinander zu verbinden.

Ausgaben: The diaries of L. C. Hg. v. R. L. GREEN. New York 1954. 2 Bde. – The works of L. C. Hg. v. R. L. GREEN. London 1965.
Literatur: WILLIAMS, S. H./MADAN, F.: The L. C. handbook. Hg. v. R. L. GREEN. Folkstone u. London Neuaufl. 1970. – GATTÉGNO, J.: L. C., une vie. Paris 1974. – REICHERT, K.: L. C. Mchn. 1974. – KELLY, R.: L. C. Boston (Mass.) 1977. – CLARK, A.: L. C. A biography. London 1979. – GIULIANO, E.: L. C., an annotated bibliography 1960–1977. Brighton 1981. – STÜNDEL, D.: Charles Lutwidge Dodgson alias L. C. Siegen 1982. – L. C. Interviews and recollections. Hg. v. M. N. COHEN. Iowa City (Iowa) 1989.

Carroll, Paul Vincent [engl. 'kærəl], * Blackrock (Louth) 10. Juli 1900, † Bromley (heute zu London) 20. Okt. 1968, ir. Dramatiker. – War 1921–37 Lehrer in Glasgow, dann freier Schriftsteller und Leiter des zus. mit J. Bridie gegründeten Glasgow Citizens' Theatre. Schrieb satirisch-gesellschaftskrit., darstellerisch überwiegend realist. Stücke über das ländl. Leben in Irland, insbes. über den Konflikt zwischen kirchl. Autorität und weltl. Individualität.
Werke: Quell unter Steinen (Dr., 1937, dt. 1951), Die ewige Torheit (Dr., 1945, dt. 1951), Der Teufel kam aus Dublin (Dr., 1952, dt. 1962), Der widerspenstige Heilige (Dr., 1955, dt. 1957).

Carter, Angela [engl. 'kɑːtə], * Eastbourne 7. Mai 1940, † London 16. Febr. 1992, engl. Schriftstellerin. – Ihre Romane sind alptraumhafte, grotesk-makabre Phantasien um Sexualität und Gewalt von suggestiver Bildkraft, die, orientiert an dekonstruktivist. Theorien, die Relation von Täter und Opfer (›Shadow dance‹, 1965; ›Das Haus des Puppenmachers‹, 1967, dt. 1988; ›Helden und Schurken‹, 1969, dt. 1989), von Realitäts- und Lustprinzip (›Die infernal. Traummaschinen des Doktor Hoffman‹, 1972, dt. 1984), Männlichem und Weiblichem (›The passion of new Eve‹, 1977, dt. 1987 u. d. T. ›In der Hitze der Stadt‹), Wirklichkeit und Mythos (›Nächte im Zirkus‹, 1984, dt. 1986; ›Wie's uns gefällt‹, 1991, dt. 1992) aufspüren. Der Ambivalenz dieser Begriffspaare geht sie auch in ihrer krit. Studie über den Marquis de Sade nach (›Sexualität ist Macht. Die Frau bei de Sade‹, 1978, dt. 1981).
Weitere Werke: Das tätowierte Herz (R., 1971, dt. 1993), Blaubarts Zimmer (En., 1979, dt. 1982), Schwarze Venus (En., 1985, dt. 1990).

Carteromaco, Niccolò, italien. Dichter, † Forteguerri, Niccolò.

Carton, Florent [frz. kar'tõ], Sieur d'Ancourt, frz. Dramatiker, † Dancourt.

Cartujano, el [span. ɛl kartu'xano], span. Dichter, † Padilla, Fray Juan de.

Carver, Raymond [engl. 'kɑːvə], * Clatskanie (Oreg.) 25. Mai 1938, † Port Angeles (Wash.) 2. Aug. 1988, amerikan. Schriftsteller. – Prof. für Englisch an der Syracuse University im Staat New York (1980–83); schildert in seinen Gedichten und Kurzgeschichten das nicht immer einfache Leben der Arbeiter in Oregon und Washington. Am gelungensten sind seine auch persönl. Erfahrungen entstammenden soziolog. und psycholog. Beobachtungen des menschl. Zusammenlebens in ›Kathedrale‹ (Kurzgeschichten, 1983, dt. 1985).
Weitere Werke: Winter insomnia (Ged., 1970), Will you please be quiet, please? (Kurzgeschichten, 1976), Wovon wir reden, wenn wir von Liebe reden (Kurzgeschichten, 1981, dt. 1989), Fires (Essays und Ged., 1983), Where water comes together with other water (Ged., 1985), Ultramarine (Ged., 1986), Where I'm calling from (Kurzgeschichten, 1988), A new path to the waterfall (Ged., hg. 1989), No heroics, please. Uncollected writings (hg. 1991), Gorki unterm Aschenbecher (Ged., dt. Ausw. 1992), Warum tanzt ihr nicht (En., dt. Ausw. 1992).
Ausgabe: The stories of R. C. London 1985.

Cary, [Arthur] Joyce [Lunel] [engl. 'kɛərɪ], * Londonderry 7. Dez. 1888, † Oxford 29. März 1957, ir. Schriftsteller. – Studierte in Oxford und an der Kunstakademie in Edinburgh, war 1913–20 im Verwaltungsdienst in Nigeria, ab 1920 freier Schriftsteller in England. Eine außergewöhnlich anschaul. Erzählgabe und die Fähigkeit, Menschen und Ereignisse in gleicher Weise zu charakterisieren, zeichnen das umfangreiche literar. Werk C.s aus, das vorwiegend Romane umfaßt, die, obwohl sie Szenen skurriler Komik aufweisen, doch von einer trag. Grundstimmung erfüllt sind. Bekannt wurde v. a. die Romantrilogie ›Frau Mondays Verwandlung‹ (1941, dt. 1949), ›Im Schatten des Lebens‹ (1942, dt. 1948) und ›Des Pudels Kern‹ (1944, dt. 1949), in der die gleichen Begebenheiten von jeweils einer anderen Person dargestellt werden.
Weitere Werke: Aissa gerettet (R., 1932, dt. 1954), Vielgeliebter Charly (R., 1940, dt. 1962), Damals in Dunamara (R., 1941, dt. 1971), Schwestern (R., 1946, dt. 1951), Banges Glück (R., 1949, dt. 1953), Auf Gnade und Ungnade (R., 1952, dt. 1954), Chester Nimmo (R., 1953, dt. 1956), Spiel ohne Ehre (R., 1955, dt. 1957), Cock Jarvis (R., hg. 1974).
Literatur: O'CONNOR, W. V.: J. C. New York 1966. – COOK, C.: J. C. Liberal principles. Totowa (N. J.) 1981. – ADAMS, H.: J. C.'s trilogies. Pursuit of the particular real. Gainesville (Fla.) 1983. – ROBY, K. E.: J. C. Boston (Mass.) 1984. – BISHOP, A.: J. C., gentleman rider. London 1988. – MAKINEN, M.: J. C. a descriptive bibliography. London 1989.

Casa, Giovanni Della, italien. Dichter, ↑ Della Casa, Giovanni.

Casaccia, Gabriel [span. ka'saksia], eigtl. Benigno Gabriel C. Bibolini, * Asunción 20. April 1907, paraguay. Schriftsteller. – Lebt seit 1935 in Argentinien. Seine schon sehr früh mit modernen Techniken gestalteten Romane entfalten im Rahmen der fiktiven Kleinstadt Areguá im paraguayisch-argentin. Grenzgebiet ein umfassendes psycholog. und soziales Panorama der Exilierten.

Werke: La Babosa (R., 1952), La llaga (R., 1964), Los exiliados (R., 1966), Los herederos (R., 1975).

Literatur: MARINI PALMIERI, E.: ›La Babosa‹ de G. C. o La tragicomedia de la irresponsabilidad: notas. Asunción 1988.

Casa de las Américas [span. 'kasa ðe las a'merikas], kuban. Kulturzentrum, das von führender Bedeutung für die Entwicklung der gesamten lateinamerikan. Kultur ist; 1960 unter Leitung von Haydée Santamaría († 1980) gegr., versteht sich die C. de las A. ausdrücklich als Teil der internat. Kunst und Literatur. Die C. de las A. umfaßt u. a. ein literaturwissenschaftl. Forschungszentrum, publiziert v. a. zeitgenöss. Werke lateinamerikan. Literatur und Philosophie, gibt eine literar. Zeitschrift gleichen Namens heraus und verleiht v. a. *Literaturpreise:* der Preis für Essays wird jährlich vergeben, die Preise für Prosa (bes. Roman), Drama, Lyrik, auch für Literatur in engl., frz., portugies. Sprache alle zwei Jahre. Die C. de las A. organisiert auch internat. Ausstellungen und seit 1966 Musikfestspiele.

Casal, Julián del, * Havanna 7. Nov. 1863, † ebd. 21. Okt. 1893, kuban. Lyriker. – Journalist; gehört zu den Wegbereitern des Modernismo; Kennzeichen seiner Lyrik ist die Plastizität der Beschreibungen, die sich mit düsterer Melancholie verbindet; bevorzugte exot. Motive.

Werke: Hojas al viento (1890), Nieve (1892), Bustos y rimas (1893).

Ausgaben: I del C. Poesías. Havanna 1963. – I del C. Prosas. Havanna 1963–64. 3 Bde.

Casanova, Giacomo Girolamo, nannte sich G. G. C., Chevalier de Seingalt, * Venedig 2. April 1725, † Schloß Dux (Nordböhm. Gebiet) 4. Juni 1798, italien. Abenteurer und Schriftsteller. – Studierte Theologie und Jura in Padua; bereiste in wechselnden Diensten ganz Europa, hielt sich u. a. an den Höfen Friedrichs II., Josephs II. und Katharinas II. auf und war ständig in Händel verwickelt (u. a. 1755 in Venedig wegen Atheismus eingekerkert, 1756 Flucht aus den Bleikammern), bis er schließlich 1785 Bibliothekar des Grafen Waldstein in Dux wurde, wo er in frz. Sprache seine berühmten, auch zahlreiche erot. Abenteuer enthaltenden Lebenserinnerungen schrieb. Die Ausgabe der Handschriften (›Histoire de ma vie‹, 6 Bde., hg. 1960–62, dt. in 12 Bden. 1964–67 u. d. T. ›Geschichte meines Lebens‹) zeigt die hohe kulturhistor. Bedeutung seines Werkes. Er verfaßte auch einen utop. Roman (›Eduard und Elisabeth oder Die Reise in das Innere des Erdballs‹, 1787, dt. 3 Bde., 1968/69), mit dem er Vorläufer von J. Verne und H. G. Wells wurde, sowie histor., mathemat. und literar. Schriften, Bühnenstücke, Libretti und eine dreibändige, unvollendet gebliebene Übersetzung der ›Ilias‹ (1775). – C. wurde auch Hauptgestalt zahlreicher literar. Werke, in denen einzelne seiner Abenteuer (den Memoiren entnommen oder frei erfunden) im Mittelpunkt der Handlung stehen: u. a. Dramen von H. von Hofmannsthal (›Der Abenteurer und die Sängerin‹, 1899), A. Schnitzler (›Die Schwestern oder C. in Spa‹, 1919), C. Sternheim (›Der Abenteurer‹, 1924), H. Eulenberg (›C.s letztes Abenteuer‹, 1928), Erzählungen von A. Schnitzler (›C.s Heimfahrt‹, 1918), J. Gregor (›C. in Petersburg‹, 1947), M. Grengg (›Die letzte Liebe des Giacomo C.‹, 1948).

Ausgaben: Giacomo C. Ges. Briefe. Dt. Übers. Bln. 1969–70. 2 Bde. – G. G. C. Vermischte Schrr. Aus dem gelehrten u. literar. Werk. Dt. Übers. Hg. v. E. STRAUB. Bln. 1971. – G. G. C. Gesch. meines Lebens. Hg. v. E. LOOS. Dt. Übers. v. H. v. SAUTER. Bln. 1985. 6 Bde.

Literatur: CHILDS, J. R.: Casanoviana. An annotated world bibliography of Jacques C. de Seingalt and of works concerning him. Wien 1956. – FURLAN, F.: C. et sa fortune littéraire. Bordeaux 1971. – ALDEN, M. B.: C. in German literature. Charlottesville 1974. – D'ANCONA, A.: Viaggiatori e avventurieri. Florenz 1974. – CHIARA, P.: Il vero C. Mailand 1977. – CHILDS, J. R.: C.: die große Biogr. Dt. Übers. Mchn. 1977. – GERVASO, R.: C. u. seine Zeit. Dt. Übers.

Giacomo
Girolamo
Casanova
(Stich nach
einer
Zeichnung
von J. Berka,
entstanden
in Prag)

Mchn. 1977. – BACCOLO, L.: Vita di C. Mailand 1979. – VANNUCCI, M.: Arpalice per G. C. Diario veneziano. Florenz 1983. – MARCEAU, F.: C. Sein Leben, seine Abenteuer. Dt. Übers. Düss. 1985.

Cäsarius von Heisterbach, * Köln um 1180, † Heisterbach (heute zu Königswinter) nach 1240, mlat. Schriftsteller und Geschichtsschreiber. – Trat 1199 in das Zisterzienserkloster Heisterbach ein, wo er gegen Ende seines Lebens wahrscheinlich Prior war. Seine wundergläubigen, kulturhistorisch wertvollen Schriften umfaßten nach einem von ihm selbst (um 1240) zusammengestellten Verzeichnis 36 Werke, davon 32 theolog. Inhalts; dazu sind mindestens 5 später vollendete hinzu zu zählen. Neben Predigten über bibl. Themen ist bes. der ›Dialogus miraculorum‹ (1219–23) von Bedeutung, eine Niederschrift von etwa 750 Exempla (Predigtmärlein). Eine inhaltlich verwandte Sammlung, 87 Exempla in zwei Büchern, die ›Libri miraculorum‹ (1225/26), blieb unvollendet. An histor. Schriften verfaßte C. eine Biographie des Erzbischofs Engelbert von Köln, die Lebensbeschreibung der hl. Elisabeth von Thüringen sowie eine selbständige Fortsetzung des Katalogs der Kölner Erzbischöfe von 1167 bis 1238.

Literatur: Repertorium fontium historiae medii aevi. Bd. 3: Fontes C. Rom 1970. S. 101. – WAGNER, F.: Caesarius v. H. In: Lex. des MA. Bd. 2. Mchn. u. Zü. 1983.

Cascales, Francisco, ≈ Murcia 13. März 1564, † ebd. 30. Nov. 1642, span. Schriftsteller. – War Professor in Cartagena und Murcia; geschätzter Humanist, der die ›Ars poetica‹ des Horaz über-

setzte, neben weiteren Abhandlungen selbst eine Poetik verfaßte (›Tablas poéticas‹, 1617) und sich in den ›Cartas filológicas‹ (1624) als Gegner L. de Góngoras y Argotes erwies.

Literatur: GARCÍA SORIANO, J.: El humanista F. C., su vida y sus obras. Estudio biográfico, bibliográfico y crítico. Madrid 1924. – BALLESTER, J.: El licenciado C. Murcia 1964. – GARCÍA BERRIO, A.: Introducción a la poética clasicista. C. Barcelona 1975.

Caselli, Jean [frz. kazɛl'li], Pseudonym des frz. Schriftstellers Henri ↑ Cazalis.

Casey, John [engl. 'kɛɪsɪ], ir. Dramatiker, ↑ O'Casey, Sean.

Casona, Alejandro, eigtl. A. Rodríguez Álvarez, * Besullo (Asturien) 23. März 1903, † Madrid 17. Sept. 1965, span. Dramatiker. – War Schulinspektor, bevor er sich, zunächst als Leiter einer Jugend-, dann einer Wanderbühne, ganz dem Theater zuwandte; seit dem Span. Bürgerkrieg 1939–62 in der Emigration (Buenos Aires); Verfasser bühnenwirksamer, lyrisch-poet. Stücke, deren Figuren er gern im Bereich zwischen Phantasie und Wirklichkeit ansiedelt.

Werke: Prohibido suicidarse en primavera (Kom., 1937), Frau im Morgengrauen (Kom., 1944, dt. 1949), La barca sin pescador (Kom., 1945), Bäume sterben aufrecht (Kom., 1949, dt. 1950), La tercera palabra (Kom., 1953), Ines de Castro (Dr., 1955, dt. 1956).

Ausgabe: A. C. Obras completas. Madrid [5-6]1967. 2 Bde.

Literatur: GURZA, E.: La realidad caleidoscópica de A. C. Oviedo 1968. – BERNAL LABRADO, H.: Símbolo, mito y leyenda en el teatro de C. Oviedo 1972. – CERVELLÓ-MARGALEF, J. A.: A. C. Estudios sobre su teatro con una bibliografía sobre el tema. Diss. Köln 1974. – SCHMIDKONZ, E.: Die Dramen A. C.s u. die span. Kritik der sechziger Jahre. Diss. Mchn. 1977.

Casper, Daniel, dt. Schriftsteller, ↑ Lohenstein, Daniel Casper.

Cassiodorus, Flavius Magnus Aurelius (Cassiodor), * Scylaceum (heute Squillace, Kalabrien) um 485, † Kloster Vivarium bei Squillace um 580, röm. Staatsmann, Gelehrter und Schriftsteller. – Aus begüterter und angesehener süditalien. Familie syr. Ursprungs stammend, hatte C. unter Theoderich dem Großen verschiedene hohe Staatsämter inne und leitete unter dessen Tochter

Amalusantha die Zivilverwaltung Italiens. Seinem Vorsatz, die röm. Bevölkerung mit der Gotenherrschaft auszusöhnen, sollte auch seine 12 Bücher umfassende Geschichte der Goten (›Historia Gothorum‹) dienen, die nur in einem überarbeiteten Auszug des Jordanes erhalten ist. Er hat dieses Ziel in zahllosen Briefen und Erlassen zum Ausdruck gebracht, von denen er im Jahre 537 eine Sammlung von 468 ›Variae [epistolae et formulae]‹ veröffentlichte. Neben philosophisch-theolog. (›De anima‹ [= Von der Seele], Psalmenkommentar) und histor. Schriften (Weltchronik bis 519 n. Chr. sowie eine Kirchengeschichte in 12 Büchern, nach griech. Vorlagen) verfaßte C., nachdem er sich 538 aus dem Staatsdienst zurückgezogen und auf väterl. Grundbesitz seine klösterl. Lebens- und Studiengemeinschaft ›Vivarium‹ gegründet hatte, ein ›Lehrbuch der göttl. und weltl. Wissenschaften‹ (›Institutiones divinarum et saecularium litterarum‹). Durch die von ihm angeregte Sammel- und Abschreibetätigkeit hat er geholfen, das antike Geisteserbe zu bewahren, und war darin beispielgebend für das Mönchtum des hl. Benedikt.

Ausgabe: C. Institutiones. Hg. v. R. A. B. MY-NORS. Oxford 1937. – C. Expositiones psalmorum. Turnhout 1958. 2 Bde. – Cassiodori Senatoris Variae. Hg. v. TH. MOMMSEN. In: Monumenta Germaniae historica. Scriptores auctores antiquissimi. Bd. 12. Bln. u. Zü. ²1961.
Literatur: BESSELAAR, J. J. VAN DEN: C. Senator; Leven en werken. Haarlem 1950. – O'DONNELL, J. J.: C. Berkeley (Calif.) 1979. – ALONSO-NUÑEZ, J. M., u. a.: C. In: Lex. des MA. Bd. 2. Mchn. u. Zü. 1983.

Cassirer, Ernst, *Breslau 28. Juli 1874, † New York 15. Mai 1945, dt. Philosoph. – 1919 Prof. an der neugegründeten Univ. Hamburg; 1933 Emigration nach England, später nach Schweden und schließlich in die USA. Die Philosophie C.s knüpft an I. Kants Vernunftkritik an (›Das Erkenntnisproblem in der Philosophie und Wiss. der neueren Zeit‹, 4 Bde., 1906–57), deren Rahmen er aber beträchtlich erweitert. So bezieht C. auch andere ›Erzeugnisse der geistigen Kultur‹ wie Mythen, Kunst, Religion und Sprache in seine Betrachtungen ein. Damit gelangt er zu einer umfassenden Kulturkritik. Zentral für C.s Philosophie ist der Symbolbegriff: Der Mensch verwirklicht sich selbst, indem er Symbole gebraucht, er ist ›animal symbolicum‹ (›Philosophie der symbol. Formen‹, 3 Bde., 1923–29). Die kulturelle Entwicklung wird geprägt von zwei Tendenzen: Während die eine nach Konservierung der Form strebt, trachtet die andere nach der Auflösung aller festen Formen. Diese These untermauert C. mit zahlreichen Betrachtungen zu Kunst- und Geistesgeschichte (›Zur Logik der Kulturwiss.‹, 1942).

Weitere Werke: Was ist der Mensch? Versuch einer Philosophie der menschl. Kultur (engl. 1944, dt. 1960), Vom Mythus des Staates (engl. hg. 1946, dt. [vollständig] 1949).
Literatur: PAETZOLD, H.: E. C. Zur Einf. Hamb. 1993.

Cassius Dio Cocceianus, * Nizäa um 155, † um 235, griech. Geschichtsschreiber. – Unter Septimius Severus Suffektkonsul, später Prokonsul der Prov. Africa und Statthalter der Prov. Dalmatia und Pannonia superior (222/223–228); 229 Konsul zusammen mit Kaiser Severus Alexander, danach Rückzug aus dem polit. Leben. Er verfaßte eine Schrift über Träume und eine Biographie Arrians (beides verloren); seine ›Röm. Geschichte‹ (Rhōmaïkè historia) in 80 Büchern reichte von den Anfängen bis 229 n. Chr. (Bücher 36–60 fast vollständig überliefert; für den Rest sind byzantin. Exzerpte vorhanden), ihr Wert als Quelle ist hoch.

Ausgabe: Dios Roman history. Griech. u. engl. Hg. v. E. CARY. London u. New York 1914–27. 9 Bde.
Literatur: FECHNER, D.: Unterss. zu C. D.s Sicht der Röm. Republik. Hildesheim 1986.

Cassola, Carlo, * Rom 17. März 1917, † Montecarlo (Prov. Lucca) 29. Jan. 1987, italien. Schriftsteller. – Studium in Rom; nahm an den Partisanenkämpfen in der Toskana teil; Journalist; bis 1962 Gymnasiallehrer in Grosseto; verfaßte realistisch-folklorist. Romane und Erzählungen, meist aus der Zeit des Kriegsendes und der Nachkriegszeit, die v. a. in seiner toskan. Heimat spielen.

Werke: Fausto e Anna (R., 1952; Premio Strega), Il taglio del bosco (En., 1955), Mara (R., 1960, dt. 1961; Premio Strega), Ein sprödes Herz (R., 1961, dt. 1963), Erinnerung an ein Mädchen (R., 1966, dt. 1970), Ada (R., 1967),

Paura e tristezza (R., 1970), Monte Mario (R., 1973), Gisella (R., 1974), L'antagonista (R., 1976), Un uomo solo (R., 1978). **Literatur:** HIRDT, W.: C. C. In: Italien. Lit. der Gegenwart in Einzeldarstt. Hg. v. J. HÖSLE u. W. EITEL. Stg. 1974. S. 410. – FERRETTI, G. C.: Letteratura e ideologia. Bassani, C., Pasolini. Rom 1974. – MACCHIONI JODI, R.: C. Florenz ²1976. – BERTACCHINI, R.: C. C. Introduzione e guida allo studio dell'opera cassoliana. Storia e antologia della critica. Florenz 1977.

Cassou, Jean [frz. ka'su], Pseudonym Jean Noir, * Deusto (heute zu Bilbao) 9. Juli 1897, † Paris 15. Jan. 1986, frz. Schriftsteller und Kunsthistoriker. – Studierte Hispanistik in Paris; 1940–44 Mitglied der Résistance; 1946–65 Chefkonservator des Musée d'Art Moderne in Paris, 1965 Prof. an der École Pratique des Hautes Études. Bed. Kunstinterpret, der gelegentlich in seinen Werken revolutionäre Ideen verteidigte. Schrieb außer zahlreichen kunstkrit. und literar. Essays und Monographien vor der dt. Romantik und dem Surrealismus beeinflußte Romane und Erzählungen sowie Gedichte in klass. Form und Sprache, die den Einfluß span. Tradition zeigen. Bed. Übersetzer span. Literatur.
Werke: Das Schloß Esterhazy (R., 1926, dt. 1927), La clef des songes (R., 1929), Le Greco (1931), Souvenirs de la terre (R., 1933), Pour la poésie (Essay, 1935), Das Massaker von Paris (R., 1935, dt. 1948), 33 Sonette aus dem Gefängnis (1943, dt. 1957), Alterslose Kinder (Nov.n, 1946, dt. 1948), La rose et le vin (Ged., 1953), Die Impressionisten und ihre Zeit (1953, dt. 1953), Le livre de Lazare (R., 1955), Chagall (1965, dt. 1966), Le voisinage des cavernes (R., 1971), Musique mise en paroles (Ged., 1976), Une vie pour la liberté (Autobiogr., 1981). **Ausgabe:** J. C. Œuvre lyrique/Das lyr. Werk. Hg. v. H. WEDER. Dt. u. frz. Sankt Gallen 1971. 2 Bde. **Literatur:** J. C. Entretiens avec J. Rousselot. Hg. v. J. ROUSSELOT. Paris 1965. – J. C. Hg. v. P. GEORGEL. Paris 1967.

Castelein, Matthijs de [niederl. kɑstə'lɛin], * Pamele bei Oudenaarde (Flandern) um 1489, † ebd. 1550, niederl. Dichter. – Priester und päpstl. Notar; C. war der bedeutendste Rederijker seiner Zeit, deren poet. Gesetze er in dem Traktat in Versen ›De const van rhetoriken‹ (postum 1555) niederlegte.

Castellanos, Rosario [span. kaste'janɔs], * Mexiko 25. Mai 1925, † ebd. 7. Aug. 1974, mex. Schriftstellerin. – Mit-

arbeiterin am Instituto Indigenista von Mexiko, Professorin für Anthropologie, 1971–74 Botschafterin in Israel; stellt in mythisch-bildhafter Sprache in den Romanen ›Die neun Wächter‹ (1957, dt. 1962) und ›Das dunkle Lächeln der Catalina Díaz‹ (1962, dt. 1993) die Konflikte zwischen weißer und indian. Kultur in Chiapas dar; schrieb außerdem Gedichte, Erzählungen und Essays.
Weitere Werke: Sobre cultura femenina (Essay, 1950), Los convidados de agosto (En., 1964), Poesía no eres tú (Ged., 1972), El uso de la palabra (Essays, 1974). **Literatur:** PACHECO, J. E.: R. C. Mexiko 1962. – MEGGED, N.: R. C. Un largo camino a la ironía. Mexiko 1984.

Castelli, Ignaz Franz, * Wien 6. März 1781, † ebd. 5. Febr. 1862, österr. Schriftsteller. – Schrieb unter verschiedenen Pseudonymen; verfaßte, bearbeitete und übersetzte, meist aus dem Französischen, rund 200 vielgespielte Unterhaltungs- und Modestücke; auch Erzählungen und Gedichte, z. T. in niederösterr. Mundart.
Werke: Poet. Versuche (Ged., 1805), Poet. Kleinigkeiten (5 Bde., 1816–26), Bären (Anekdoten, 12 Bde., 1825–32), Gedichte in niederösterr. Mundart (1828). **Literatur:** MARTINEZ, W.: I. F. C. als Dramatiker. Diss. Wien 1932.

Castelnuovo, Elías [span. kastɛl'nuoβo], * Montevideo 2. Aug. 1893, † Buenos Aires 11. Okt. 1982, argentin. Schriftsteller. – Lebte seit frühester Jugend in Buenos Aires; gehörte in den zwanziger Jahren zur sozial-engagierten ›Boedo‹-Gruppe; schrieb v. a. Erzählungen und Theaterstücke, in denen das Elend des Proletariats zu apokalypt. Visionen gesteigert wird.
Werke: Aus der Tiefe (En., 1923, dt. 1949), Malditos (En., 1924), Entre los muertos (En., 1926), En nombre de Cristo (Dr., 1928), El arte y las masas (Essay, 1935), Calvario (R., 1949), Jesucristo, montonero de Judea (Essay, 1971).

Castelnuovo, Enrico [italien. kastel'nuɔ:vo], * Florenz 16. Febr. 1839, † Venedig 16. Febr. 1915, italien. Schriftsteller. – Lebte hpts. in Venedig, war Chefredakteur der Zeitung ›La Stampa‹ und ab 1872 Prof. an der Handelshochschule. In seinen gemütvollen, sprachlich eleganten Romanen und Novellen setzte er sich mit sozialen Problemen seiner Zeit auseinander.

Werke: Il professor Romualdo (R., 1878), Nella lotta (R., 1880), An venezian. Fenstern (Nov.n, 1885, dt. 1901), Il fallo d'una donna onesta (R., 1897), I Moncalvo (R., 1908).
Literatur: RECCHILONGO, B.: E. C. In: Diziona-rio biografico degli Italiani. Bd. 21. Rom 1978. S. 818.

Castelo Branco, Camilo [portugies. kɐʃˈtɛlu ˈβrɐŋku], Visconde de Correia Botelho (seit 1885), * Lissabon 16. März 1825, † São Miguel de Seide (Minho) 1. Juni 1890, portugies. Schriftsteller. – Wuchs in ärml. Verhältnissen auf; stu-dierte eine Zeitlang Medizin; Journalist; erblindete zunehmend. Seine späten, romantisch-satir. Romane bilden den Übergang zur modernen realist. Dich-tung und zugleich einen Höhepunkt der portugies. Literatur. Auch Novellist, Ly-riker, Dramatiker und Literarhistoriker.
Werke: Das Verhängnis der Liebe (R., 1862, dt. 1988), Amor de salvação (R., 1864), Novelas do Minho (En., 12 Bde., 1875–77), Eusébio Ma-cário (R., 1879), A Brasileira de Prazins (R., 1882), Nas trevas (Ged., 1890).
Ausgabe: C. C. B. Obras. Hg. v. P. A. M. PEREIRA u. J. DO PRADO COELHO. Lissabon. Neuausg. 1966–79. 80 Bde.
Literatur: LACAPE, H.: C. C. B. Paris 1941. – CHORÃO, J. BIGOTE: C. C. B. Lissabon 1979. – PRADO COELHO, J. DO: Introdução à novela ca-miliana. Coimbra ²1983. 2 Bde.

Castelvetro, Lodovico, * Modena um 1505, † Chiavenna 21. Febr. 1571, ita-lien. Gelehrter und Schriftsteller. – War Prof. der Rechte in Modena; mußte 1557 wegen der Anklage der Ketzerei fliehen, wurde in Abwesenheit verurteilt und hielt sich bis zu seiner Rückkehr (1567) in Frankreich, der Schweiz und in Öster-reich auf, wo er auch am Hofe Maximili-ans II. weilte, dem er sein bedeutendstes Werk, die Übersetzung und den Kom-mentar der ›Poetik‹ des Aristoteles (›Poetica d'Aristotele vulgarizzata e spo-sta‹, 1570) widmete, eine der wichtigsten Quellen für die Theorien der frz. Klassik. Mit einer Reihe von Schriften, u. a. gegen B. Varchi (›Correzione di alcune cose nel Dialogo delle lingue del Varchi‹, hg. 1572), leistete er wichtige Beiträge zur Festlegung der italien. Schriftsprache.
Ausgabe: C. Poetica d'Aristotele vulgarizzata e sposta. Hg. v. W. ROMANI. Rom u. Bari 1978–79. 2 Bde.
Literatur: CHARLTON, H. B.: C.'s theory of po-etry. Manchester 1913. – SAITTA, G.: Il pensiero

italiano nell'umanesimo e nel rinascimento. Bd. 2. Bologna 1950. – MELZI, R. C.: C.'s an-notations to the ›Inferno‹. A new perspective in the 16th century criticism. Den Haag u. Paris 1966.

Casti, Giovanni Battista (oder Giam-battista), * Acquapendente (Prov. Vi-terbo) 29. Aug. 1724, † Paris 5. Febr. 1803, italien. Dichter. – Priester; unternahm zahlreiche Reisen, lebte am Hof Jo-sephs II. in Wien und Katharinas II. in Petersburg; 1790 von Kaiser Franz II. zum Hofdichter ernannt, nach 1796 in Paris. Außer arkad. Dichtungen, seinen Opern (›Melodrammi giocosi‹, hg. 1824) und galanten Versnovellen (›Novelle ga-lanti‹, 1793, erweitert in 3 Bden. 1804) schrieb er ›Poema tartaro‹ (1787), eine Satire auf Katharina II. Außerdem ver-faßte er ›Die redenden Thiere, ein epi-sches Gedicht in 26 Gesängen‹ (3 Tle., 1802, dt. 1817), ein satirisches Epos auf die politischen Verhältnisse in Frank-reich.
Literatur: BERGH, H. VAN DEN: G. C., 1724–1803. L'homme et l'œuvre. Brüssel 1951. – MURESCU, G.: Le occasioni di un liber-tino (G. B. C.). Messina u. Florenz 1973. – ZABO-KLICKI, K.: La poesia narrativa di G. C., 1724–1803. Warschau 1974.

Castiglione, Baldassarre Graf [ita-lien. kastiʎˈʎoːne], * Casatico bei Mantua 6. Dez. 1478, † Toledo (Spanien) 7. Febr. 1529, italien. Schriftsteller. – Humani-stisch gebildet, lebte an den Höfen von Urbino und Mantua; Gesandtschaftsrei-sen nach England, Frankreich und Rom; im Auftrag Klemens' VII. ab 1525 Nun-tius bei Karl V. in Spanien; befreundet mit Raffael und Giulio Romano. Sein Hauptwerk ›Il libro del cortegiano‹ (1528, dt. 1565 u. d. T. ›Der Hofmann‹), das in viele Sprachen übersetzt wurde, ist eine humanistisch-höf. Bildungslehre, in der sich noch typisch mittelalterl. Züge mit dem neuen Menschenbild der Re-naissance verbinden; bed. v. a. als kultur-histor. Quelle. C. schrieb auch Gedichte im Renaissancestil, lat. Epigramme und Elegien; als Zeitdokument von Interesse ist sein Briefwechsel (›Lettere‹, 2 Bde., hg. 1769).
Ausgaben: B. C. Il libro del Cortegiano. Hg. v. V. CIAN. Florenz ⁴1947. – Il libro del Cortegiano con una scelta delle opere minori di B. C. Hg. v. B. MAIER. Turin 1969.

Literatur: CARTWRIGHT, J.: B. C., the perfect courtier. His life and letters; 1478–1529. London 1908. 2 Bde. – ROSSI, M.: B. C., la sua personalità, la sua prosa. Bari 1946. – LOOS, E.: B. C.s Libro del Cortegiano. Studien zur Tugendauffassung des Cinquecento. Ffm. 1955. – WOODHOUSE, J. R.: B. C. A reassessment of the courtier. Edinburgh 1978. – La corte e ›Il cortegiano‹. Hg. V. C. OSSOLA u. A. PROSPERI. Rom 1980. 2 Bde. – C. The ideal and the real in renaissance culture. Hg. V. R. W. HANNING u. D. ROSAND. New Haven (Conn.) 1983.

Castilho, António Feliciano [portugies. kɐʃ'tiʎu], Visconde de (seit 1870), *Lissabon 28. Jan. 1800, †ebd. 18. Juni 1875, portugies. Dichter. – Erblindete mit sechs Jahren fast ganz; trotzdem Jurastudium, später pädagog. Tätigkeit. Wurde bekannt durch die bukol. Dichtung ›Cartas de Eco a Narciso‹ (1821). Seine Gedichte stehen zwischen arkad. Klassizismus und Romantik und zeichnen sich durch eleg. Wohllaut, Gefühl und zarte Naturschilderungen aus (›Amor e melancolia‹, 1826; ›A noite do castelo‹, 1836; ›Os ciúmes do bardo‹, 1836); auch Übersetzer (Shakespeare, Goethe u. a.).
Ausgabe: Obras completas de A. F. de C. Lissabon 1903–10. 80 Bde.
Literatur: CASTILHO, J. DE: Memórias de C. Coimbra ²1926–34. 7 Bde. – CASTELO BRANCO CHAVES, J. A.: C. Alguns aspectos vivos da sua obra. Lissabon 1935. – ALBUQUERQUE, L. DE: C. e o ensino popular. In: Notas para a história do ensino em Portugal. Coimbra 1960. S. 169.

Castillejo, Cristóbal de [span. kasti-'ʎexo], *Ciudad Rodrigo um 1490, †Wien (oder Wiener Neustadt?) 12. Juni 1550, span. Dichter. – Führte in seiner Jugend ein abenteuerl. Leben; 1525 Sekretär König Ferdinands I. in Wien; bekämpfte zugunsten der überkommenen span. Formen den klassisch-italien. Stil in der Poesie.
Ausgabe: C. d. C. Obras. Hg. V. J. DOMÍNGUEZ BORDONA. Madrid ³1926–28. 4 Bde.
Literatur: NICOLAY, C. I.: The life and works of C. de C., the last of the nationalists in Castilian poetry. Philadelphia 1910.

Castillo, Michel del [frz. kas'tijo], *Madrid 3. Aug. 1933, frz. Schriftsteller. – Sohn eines Franzosen und einer Spanierin; floh während des Span. Bürgerkrieges mit seiner Mutter nach Frankreich; als Kind im KZ Mauthausen; lebt heute in Paris. Schildert die erschüttern-

den Erlebnisse seiner Jugend in dem Buch ›Elegie der Nacht‹ (1953, dt. 1958). ›Der Plakatkleber‹ (1958, dt. 1961) ist ein Roman über die Auswirkungen des Spanischen Bürgerkrieges auf menschl. Schicksale.
Weitere Werke: Die Gitarre (R., 1957, dt. 1960), Manège espagnol (R., 1961, dt. 1962), Tara (R., 1962, dt. 1964), Der Tod der Gabrielle Russier. Geschichte einer verfemten Liebe (R., 1970, dt. 1971), Le sortilège espagnol (R., 1977), Les cyprès meurent en Italie (R., 1979), Die Nacht der Entscheidung (R., 1981, dt. 1984; Prix Renaudot 1981), La gloire de Dina (R., 1984), Le démon de l'oubli (R., 1987), Mort d'un poète (R., 1989), Une femme en soi (R., 1991), Le crime des pères (R., 1993), Rue des Archives (R., 1994).

Castillo Solórzano, Alonso de [span. kas'tiʎo so'lɔrθano], *Tordesillas (Prov. Valladolid) 1584, †Zaragoza oder in Italien um 1648, span. Schriftsteller. – Studierte vermutlich in Salamanca; ab 1619 in Madrid; ging im Gefolge des Marqués de los Vélez nach Italien; schrieb zahlreiche Schelmenromane und -novellen in höfisch-gemäßigtem Ton, u. a. ›Leben und seltsame Begebenheiten der Dona Rufina‹ (1642, dt. 1731).
Literatur: DUNN, P. N.: C. S. and the decline of the Spanish novel. Oxford 1952. – SOONS, A.: A. de C. S. Boston (Mass.) 1978.

Castro, Américo, *Rio de Janeiro 4. Mai 1885, †Lloret de Mar (Prov. Gerona) 25. Juli 1972, span. Gelehrter und Kritiker. – Schüler R. Menéndez Pidals; war 1915–39 Prof. für span. Sprache und Literatur in Madrid; verließ dann Spanien, anschließend Prof. an verschiedenen amerikan. Universitäten, zuletzt in Princeton (N. J.) und Harvard. Sein vielseitiges und umfangreiches Werk umfaßt neben hervorragenden Ausgaben klass. span. Autoren und philolog. Studien v. a. Arbeiten zur span. Geschichte und der Herausbildung der nat. und kulturellen Identität der Spanier (›Spanien. Vision und Wirklichkeit‹, 1954, dt. 1957; ›Origen, ser y existir de los españoles‹, 1959, 1965 u. d. T. ›Los españoles‹) sowie zur Literatur, u. a. über Lope de Vega, Cervantes (›El pensamiento de Cervantes‹, 1925), Theresia von Ávila und die span. Romantiker.
Weitere Werke: Lengua, enseñanza y literatura (1924), ›España en su historia (2 Bde., 1948), De

la edad conflictiva (1961, [4]1976), Cervantes y los casticismos españoles (1966), Españoles al margen (hg. 1973).
Literatur: Collected studies in honour of A. C.'s eightieth year. Hg. v. M. P. HORNIK. Oxford 1965. – LAÍN ENTRALGO, P.: Estudios sobre la obra de A. C. Madrid 1971. – PEÑA, A.: A. C. y su visión de España y de Cervantes. Madrid 1975. – A. C. and the meaning of Spanish civilization. Hg. v. J. RUBIA BARCIA u. S. MARGARETTEN. Berkeley (Calif.) u. London 1976.

Castro, Eugénio de [portugies. 'kaʃtru], *Coimbra 4. März 1869, †ebd. 17. Aug. 1944, portugies. Schriftsteller. – Journalist und Diplomat, 1914–39 Prof. für frz. Literatur in Coimbra; 1889 in Paris Berührung mit den Symbolisten. Führte in Übersetzungen und mit eigenen Werken den Symbolismus in Portugal ein. Seine ästhet. Auffassungen beeinflußten auch die span. Literatur.
Werke: Canções de Abril (Ged., 1884), Horas (Ged., 1888), Oaristos (Ged., 1890), Belkiss, rainha de Sabá, d'Axum e do Hymiar (Dr., 1894), Sagramor (Dr., 1895), Salome (Dr., 1896, dt. 1934), Konstanze (Vers-E., 1900, dt. 1935), Últimos versos (Ged., 1938).
Ausgabe: Obras poéticas de E. de C. Lissabon 1927–44. 10 Bde.
Literatur: RAMOS, F.: E. de C. e a poesia nova. Lissabon 1943. – PEREIRA, J. C. SEABRA: Decadentismo e simbolismo na poesia portuguesa. Coimbra 1975.

Castro, José Maria Ferreira de [portugies. 'kaʃtru], *Salgueiros (Distrikt Aveiro) 24. Mai 1898, †Porto 29. Juni 1974, portugies. Schriftsteller. – Lebte 1910–19 in Brasilien, dann wieder in Portugal. Seine Stärke liegt in der Darstellung menschl. Konflikte in ländl. Milieu; berühmt wurde der Roman ›Die Auswanderer‹ (1928, dt. 1953), in dem er das Leben der Emigranten am Amazonas schilderte.
Weitere Werke: Die Kautschukzapfer (R., 1930, dt. 1933), Karge Erde (R., 1934, dt. 1955), Wolle und Schnee (R., 1947, dt. 1954), A missão (Nov.n, 1954), O instinto supremo (R., 1968).
Ausgabe: Obras completas de F. de C. Lissabon 1958–61. 3 Bde.
Literatur: BRASIL, J.: F. de C. Lissabon 1961. – Livro do cinquentenário da vida literária de F. de C. Lissabon 1968. – F. de C. Hg. v. Á. SALEMA. Lissabon 1974.

Castro, Rosalía de, *Santiago 21. Febr. 1837, †Padrón (Prov. La Coruña) 15. Juli 1885, span. Lyrikerin. – Illegitime Tochter eines Priesters; ∞ mit dem galic. Historiker M. Murguía; lebte in ihrer Heimatprovinz Galicien, der sie auch in ihrer Dichtung zeitlebens verbunden blieb. Ihre vielfach schwermütigen Gedichte, z. T. in galic. Mundart, gehören zu den innigsten und persönlichsten der span. Lyrik des 19. Jh.; gilt heute als wichtige Vorläuferin des span. Modernismo.
Werke: La hija del mar (R., 1859), Cantares gallegos (Ged., 1863), Follas novas (Ged., 1880), An den Ufern des Sar (Ged., 1884, dt. 1987).
Ausgabe: R. de C. Obras completas. Hg. v. V. GARCÍA MARTI. Madrid Neuausg. 1982. 2 Bde.
Literatur: POULLAIN, C.: R. C. de Murguía et son œuvre poétique (1836–85). Lille 1972. – MAYORAL, M.: La poesía de R. de C. Madrid 1974. – KULP-HILL, K.: R. de C. Boston (Mass.) 1977. – CARBALLO CALERO, R.: Estudios rosalianos. Aspectos da vida e da obra de R. de C. Vigo 1979. – ALBERT ROBATTO, M.: R. de C. y la condición femenina. Madrid 1981.

Castro Alves, Antônio de [brasilian. 'kastru 'alvis], *bei Muritiba (Bahia) 14. März 1847, †Bahia (heute Salvador) 6. Juli 1871, brasilian. Dichter. – Jurastudium, früh politisch und literarisch tätig; in leidenschaftl., bildstarker Sprache setzte er sich in romant. Gedichten und Dramen für die Abschaffung der Sklaverei ein.
Werke: Espumas flutuantes (Ged., 1870), Gonzaga ou a revolução de minas (Dr., hg. 1875), Vozes de África (Ged., hg. 1880), Os escravos (Ged., hg. 1883).
Ausgabe: A. de C. A. Obra completa. Hg. v. E. GOMES. Rio de Janeiro 1960.
Literatur: HORCH, H. J.: A. de C. A. (1847–1871). Seine Sklavendichtung u. ihre Beziehung zur Abolition in Brasilien. Bln. 1957. – ZAGURY, E.: C. A. de todos nós. Rio de Janeiro [2]1976.

Castro y Bellvís, Guillén de [span. 'kastro i βel'βis], *Valencia 1569, †Madrid 28. Juli 1631, span. Dramatiker. – Kavallerieoffizier; lebte seit 1619 in Madrid; einer der hervorragendsten Dramatiker der Schule Lope de Vegas, mit dem er befreundet war. Bevorzugte wie dieser nat. und heroische Motive. Sein bedeutendstes Werk, das Drama ›Las mocedades del Cid‹ (1618, dt. 1885 u. d. T. ›Der Cid‹, in: Span. Theater, Bd. 2, hg. v. A. F. von Schack, 1886) mit der Fortsetzung ›Las hazañas del Cid‹ (1618) liegt P. Corneilles ›Cid‹ (1637) zugrunde.

Weitere Werke: La justicia en la piedad (Dr.), Los malcasados de Valencia (Kom.), Don Quijote de la Mancha (Dr.).
Literatur: FLOECK, W.: Las Mocedades del Cid v. G. de C. u. Le Cid v. P. Corneille. Ein neuer Vergleich. Diss. Bonn 1968. – WILSON, W. E.: G. de C. New York 1973. – ARENS, A.: Zur Tradition u. Gestaltung des Cid-Stoffes. Wsb. 1975.

Catalepton [griech. = das Geringfügige], unter Vergils Namen überlieferte Sammlung kleinerer Gedichte, wahrscheinlich des 1. Jh. n. Chr., die nur z. T. von ihm stammen.

Catch [engl. kætʃ = das Fangen], im England des 17. und 18. Jh. beliebter, metrisch freier Rundgesang, meist heiteren, epigrammatisch zugespitzten Inhalts, musikalisch als Kanon dargeboten. Dabei wurden durch die Verflechtung der verschiedenen Stimmen einzelne Wörter oder Satzteile so hervorgehoben, daß sich Wortspiele, Doppelsinnigkeiten und oft derbe Scherze ergaben. – Das C.singen löste im 17. Jh. das Madrigalsingen ab und wurde, da es weniger kunstvoll war, in allen Kreisen bes. bei Gelagen üblich; die älteste Sammlung stammt von 1609, berühmte Sammlungen sind ›The musicall banquett‹, hg. von J. Playford (1651), und ›C. that c. can‹, hg. von J. Hilton (1652); auch von H. Purcell sind C.es, z. T. zu sehr obszönen Texten, überliefert.

Catene ↑ Katene.

Caterina da Siena, italien. Dichterin und Mystikerin, ↑ Katharina von Siena.

Cather, Willa [engl. 'kæðə], * Winchester (Va.) 7. Dez. 1873, † New York 24. April 1947, amerikan. Schriftstellerin. – Farmerstochter angloir. Abstammung; Studium an der University of Nebraska, Englischlehrerin in Pittsburgh, Journalistin und leitende Mitarbeiterin von ›McClure's Magazine‹ in New York; Europareisen, Freundschaft mit Sarah O. Jewett und Henry James; nach Krise 1922 Eintritt in die Episkopalkirche; lebte in New York. Sie schrieb kultivierte Romane über die Besiedlung des Westens durch Einwandererfamilien (›Neue Erde‹, 1913, dt. 1946, 1948 u. d. T. ›Zwei Frauen‹, 1991 u. d. T. ›Unter den Hügeln die kommende Zeit‹; ›Antonia‹, 1918, dt. 1928, 1987 u. d. T. ›Meine Antonia‹), setzte sich meist in Kurzgeschichten mit der James'schen Problematik der Künst-

lerexistenz auseinander (›Youth and the bright Medusa‹, 1920) und zeigte nostalgisch in der fiktionalisierten Biographie des Bischofs Lamy die Rolle der kath. Kirche für die Stabilisierung des Südwestens auf (›Der Tod kommt zum Erzbischof‹, R., 1927, dt. 1940). Ihre Erzählungen sind gekennzeichnet durch psycholog. Durchdringung, eine Mischung aus Realismus und Romantik und eine gewisse Wehmut, die ein Bild von der ›heilen‹ Welt der Vergangenheit heraufbeschwört.

Willa Cather

Weitere Werke: Traum vergangener Zeit (R., 1912, dt. 1964, 1992 u. d. T. Alexanders Brücke), Einer von uns (R., 1922, dt. 1928, 1992 u. d. T. Sei leise, wenn du gehst; Pulitzerpreis 1923), Frau im Zwielicht (R., 1923, dt. 1929, 1959 u. d. T. Die Frau, die sich verlor, 1992 u. d. T. Sei leise, wenn du gehst), Eine alte Geschichte (R., 1926, dt. 1962), Lucy Gayheart (R., 1935, dt. 1957), The old beauty and others (En., hg. 1948).
Ausgaben: The novels and stories of W. C. Boston (Mass.) 1937–41. 13 Bde. – W. C. Collected short fiction. Hg. v. V. FAULKNER. Lincoln (Nebr.) ²1972.
Literatur: The art of W. C. Hg. v. B. SLOTE u. V. FAULKNER. Lincoln (Nebr.) 1974. – GERBER, PH.: W. C. Boston (Mass.) 1975. – LATHROP, J.: W. C. A checklist of her published writing. Lincoln (Nebr.) 1975. – ROBINSON, PH. CL.: Willa. The life of W. C. New York 1983. – WOODRESS, J.: W. C. A literary life. Lincoln (Nebr.) 1987. – WASSERMAN, L.: W. C. A study of the short fiction. Boston (Mass.) 1991.

Cato, Marcus Porcius C. Censorius (C. Maior, C. der Ältere), * Tusculum (beim heutigen Frascati) 234, † 149, röm. Staatsmann und Schriftsteller. – Stieg, obwohl nicht zur Senatsaristokratie gehörend, bis zum Konsulat auf (195); die

Strenge seiner Zensur brachte ihm den Beinamen Censorius ein (184). Er kämpfte gegen die Scipionen, lehnte die griech. Kultur aufs schärfste ab, trat für Roms Untertanen ein und verfolgte Karthago mit unerbittlichem Haß. Stehende Schlußformel seiner Senatsreden war: ›Ceterum censeo Carthaginem esse delendam‹ (= im übrigen meine ich, daß Karthago zerstört werden muß).

Von seinen Schriften ist lediglich das recht altertümlich wirkende Lehrbuch über die Landwirtschaft (›De agricultura‹) erhalten, als einziges Prosawerk der röm. Vorklassik. In seinen ›Libri ad Marcum filium‹ (= Bücher an den Sohn Marcus) hatte er einen ganzen Zyklus von Fachdisziplinen behandelt: Landwirtschaft, Medizin, Rhetorik und Kriegswesen. Er hat als erster Römer die Erzeugnisse seiner polit. und prozessualen Beredsamkeit veröffentlicht (als Einlagen in seinem Geschichtswerk; als Sammlung); von 79 Reden sind Fragmente erhalten. Sein Geschichtswerk ›Origines‹ (= Ursprünge, d.h. Grundlagen des Staates) war eine Frucht des Alters; es behandelte in den Büchern 1–3 die röm. und italische Frühgeschichte und in den Büchern 4–7 Roms Entwicklung vom 1. Pun. Krieg bis auf die eigene Zeit. Es war als erstes Beispiel der Gattung in lat. Sprache abgefaßt und beendete hiermit die bisherige Praxis der röm. Historiographen, sich ausschließlich der Griechischen zu bedienen.

Ausgaben: Historicorum Romanorum Fragmenta. Hg. v. H. PETER. Bd. 1. Lpz. ²1914. S. 55 (Fragmente der Origines). – Oratorum Romanorum Fragmenta liberae rei publicae. Hg. v. H. MALCOVATI. Turin ²1955 (Fragmente der Reden). – Des M. C. Belehrung über die Landwirtschaft. Lat. u. dt. Hg. v. P. THIELSCHER. Bln. 1963. – C. De agricultura. Vom Landbau. Hg. v. O. SCHÖNBERGER. Mchn. 1980. **Literatur:** ASTIN, A. E.: C. the censor. Oxford 1978. – KIENAST, D.: C., der Zensor. Darmst. 1979.

Cats, Jacob, * Brouwershaven (Seeland) 10. Nov. 1577, † Den Haag 12. Sept. 1660, niederl. Staatsmann und Dichter. – Studierte Jura, war Rechtsanwalt, wurde unter dem Einfluß seiner religiösen Frau Kalvinist; 1636–51 Ratspensionär von Holland und Westfriesland, 1645 gleichzeitig Großsiegelbewahrer; wirkte durch sein dichter. Werk didaktisch (›Vater Cats‹) auf breite Bevölkerungsschichten; aus den mühelos, manchmal etwas nachlässig gebauten Versen, die den Volkston sicher trafen, klingt tiefe Frömmigkeit.

Werke: Monita amoris virginei. Maechdenplicht ... (Ged., 1618, dt. 1707 u. d. T. Jungfern-Pflicht oder Amt der Jungfrauen ...), Silenus Alcibiadis sive Proteus (meist Sinn'- en minnebeelden en., Ged. und Prosa, lat., frz., niederl., 1618), Selfstryt (1620), Houwelyck (Ged., 1625, dt. 1711 u. d. T. Die Heurath), Spiegel van den ouden en nieuwen tijdt (1632), Klagende maeghden (1633), 's werelts begin, midden, eynde, besloten in den trouringh (1637, dt. 1659 u. d. T. Trauungs-Betrug, unlängst in Holland geschehen ...). **Ausgaben:** J. C. Sinnreiche Werke u. Gedichte. Dt. Übers. Hamb. 1710–17. 8 Bde. – J. C. Alle de wercken. Hg. v. J. VAN VLOOTEN. Dordrecht 1855–62. 19 Bde. – J. C. Alle de wercken. Hg. v. W. N. WOLTERINK. Dordrecht 1880. 19 Bde. **Literatur:** SCHROETER, S.: J. C.' Beziehungen zur dt. Lit. Diss. Hdbg. 1905. – Aandacht voor C. bij zijn 300ste sterfdag. Hg. v. P. MINDERAA. Zwolle 1962. – STRENGHOLT, L., u. a.: Vier eeuwen J. C. Brouwershaven 1977.

Caṭṭopādhyāya, Bankimcandra [tʃatopa'dja:ja], bengal. Schriftsteller, ↑ Chatterji, Bankimchandra.

Catull (Gaius Valerius Catullus), * Verona um 84, † Rom um 54 v.Chr., röm. Lyriker. – Entstammte einer vornehmen Familie; sein Vater war mit Caesar bekannt; kam etwa 66 v.Chr. nach Rom, lebte dort, an einer polit. Karriere nicht interessiert, seinen dichter. Neigungen. Er und seine Freunde, v.a. Calvus und Helvius Cinna (die sog. ↑ Neoteriker, die ›Modernen‹), führten eine neue Form des Dichtens ein, die nach hellenist. Vorbild Gelehrsamkeit mit einer ausgefeilten Form zu verbinden suchte. Seine Lyrik (116 Gedichte blieben durch einen einzigen Codex erhalten) besteht teils aus kunstvollen längeren Werken, teils aus einer bunten Fülle von Gelegenheitsgedichten: Preis der Freundschaft, Hochzeitslieder, Spott- und Schimpfverse, polit. Invektiven u. a. Stark erlebnisbedingt sind die berühmten Gedichte auf die Geliebte ›Lesbia‹ (der Deckname huldigt Sappho), d. h. auf eine Clodia, wohl die Gattin des Q. Caecilius Metellus Celer (Konsul 60 v.Chr.); ihre zupackende Sprache bekundet mit seltener Unmittelbarkeit eine tiefe Leidenschaft. C. wirkte

auf die röm. Elegiker (Properz u.a.),
dann erst wieder, nach langer Verschol-
lenheit, auf Lyriker der Neuzeit, von
F. Petrarca bis zur Gegenwart.

Ausgaben: C. Sämtl. Gedichte. Hg. u. übers. v.
O. WEINREICH. Mchn. 1969. – C. Eingel. v.
W. KROLL. Stg. ⁶1980.
Literatur: QUINN, K.: Catullus. An interpreta-
tion. London 1972. – C. Hg. v. R. HEINE.
Darmst. 1975. – GRANALOLO, J.: Catulle, ce vi-
vant. Paris 1982. – SCHMIDT, ERNST A.: C. Hdbg.
1985.

Cau, Jean [frz. ko], * Bram (Aude)
8. Juli 1925, † Paris 18. Juni 1993, frz.
Schriftsteller. – War 1945–57 Sekretär
J.-P. Sartres, dann Redakteur; 1949–54
Literaturkritiker der Zeitschrift ›Les
Temps modernes‹. Sein von Sartre stark
beeinflußter Roman ›Das Erbarmen
Gottes‹ (1961, dt. 1962; Prix Goncourt
1961) schildert Gedanken und Probleme
von vier Mördern, die in einer Zelle eingeschlossen sind. C. schrieb auch Erzählungen, Essays und Dramen. Sein kon-
servativ-realist. Werk brandmarkt Formen des zeitgenöss. Lebens, die für ihn
Ausdruck des Verfalls sind.

Jean Cau

Weitere Werke: Les écuries de l'Occident.
Traité de morale (Essay, 1973), La grande pro-
stituée. Traité de morale II (Essay, 1974), Les
otages (R., 1976), Le chevalier, la mort et le diable (R., 1977), Discours de la décadence (Essay,
1978), La conquête de Zanzibar (R., 1980), Mon
lieutenant (R., 1985), Proust, le chat et moi
(Prosa, 1984), Croquis de mémoire (Porträts,
1985), Sévillanes (Prosa, 1987), La grande maison (R., 1989).

Causerie [kozə'riː; frz. = Unterhaltung, Plauderei], leichtverständl., unter-
haltend dargebotene Abhandlung (oder
Vortrag) über Fragen der Literatur,

Kunst usw., im Anschluß an Ch. A.
Sainte-Beuves Sammlung literaturkrit.
Aufsätze u.d.T. ›C.s du lundi‹ (15 Bde.,
1851–62).

Causes grasses [frz. koz'grɑːs =
fette Fälle], Gattung des spätmittelalterl.
frz. Profantheaters, in dem Mitglieder
der ↑Basoche das Justizwesen parodier-
ten.

Caute, David [engl. koʊt], * Alexan-
dria 16. Dez. 1936, engl. Schriftsteller. –
Historiker und politisch links engagierter
Verfasser von experimentellen Roma-
nen, zum Teil mit afrikan. Hintergrund
(›At fever pitch‹, 1959; ›The decline of
the West‹, 1966), von Dramen, Hör- und
Fernsehspielen. Seine Trilogie ›The con-
frontation‹ besteht aus einem Roman
(›The occupation‹, 1971), einem Essay
(›The illusion‹, 1971) und einem Drama
(›Demonstration‹, 1970, dt. um 1970).

Weitere Werke: Comrade Jacob (R., 1961), The
fourth world (Dr., 1973), Fallout (Hsp., 1973),
Brecht and company (Fsp., 1976), The K-factor
(R., 1983), The Zimbabwe tapes (Hsp., 1983),
Henry and the dogs (Hsp., 1986), News from
nowhere (Dr., 1986), Dr. Orwell and Mr. Blair
(R., 1994).

Cauvin, Jean [frz. ko'vɛ̃], frz.-schwei-
zer. Reformator, ↑Calvin, Johann.

Cauwelaert, August van [niederl.
'kɔu̯wɑlaːrt], * Onze-Lieve-Vrouw-Lom-
beek 31. Dez. 1885, † Antwerpen 4. Juli
1945, fläm. Erzähler. – Seine ersten Erzählungen, dynamisch-vitalist. Novellen,
erschienen 1929 u.d.T. ›Het licht achter
den heuvel‹. Als Vorgänger des fläm.
Realismus veröffentlichte er den Roman
›Der Gang auf den Hügel‹ (1934, dt.
1937). Alle späteren Arbeiten haben, wie
dieser, das Gerichtsleben zum Thema;
eine dt. Auswahl erschien 1948 u.d.T.
›Das Mädchen Roberta u.a. Erzählungen eines Richters‹.

Literatur: WALSCHAP, G.: A. v. C. Brüssel 1959.

Cavalcąnti, Guido, * Florenz um
1255, † ebd. 27. (28.?) Aug. 1300, italien.
Dichter. – Aus einer uralten Florentiner
Patrizierfamilie; mit Dante befreundet;
Guelfe; nahm zeitweilig am polit. Leben
in Florenz teil. Neben Dante der bedeutendste Dichter des Dolce stil nuovo und
ein von Aristoteles und der oriental. Philosophie beeinflußter Denker. Seine Gedichte sind von überraschender Gefühls-

intensität, Gedankentiefe und großer Zartheit. Bekannt wurden v. a. die Kanzone ›Perch'io non spero di tornar giammai‹ und das gelehrte ›dunkle‹ Gedicht ›Donna mi priega, perch'io voglia dire‹ über die Natur der Liebe.

Ausgaben: G. C. Rime. Hg. v. G. FAVATI. Mailand u. Neapel 1957. – Poeti del Duecento. Hg. v. G. CONTINI. Mailand u. Neapel 1961. – Sämtl. Gedichte. Tutte le rime. Italien. u. dt. Hg. v. T. EISERMANN u. W. KOPELKE. Tüb. 1990. **Literatur:** VOSSLER, K.: Die philosoph. Grundll. zum süßen ›neuen Stil‹ des Guido Guinizelli, G. C. u. Dante Alighieri. Hdbg. 1904. – SHAW, J. E.: G. C.'s theory of love. The canzone d'amore and other related problems. Toronto 1949. – HOWARD, L. H.: G. C. An introductory essay and a commentary. Ann Arbor (Mich.) 1976. – JACOFF, R.: The poetry of G. C. Diss. New Haven (Conn.) 1977. – BRUNI, F.: G. C. In: Lex. des MA. Bd. 2. Mchn. u. Zü. 1983. – EISERMANN, T.: C. oder die Poetik der Negativität. Tüb. 1992.

Cavaleiro de Oliveira [portugies. kɐvɐˈlɐiru ðə oliˈvɐirɐ], portugies. Schriftsteller, ↑ Oliveira, Francisco Xavier de.

Cavalier poets [engl. kævəˈlɪə 'pouɪts], lockere Bez. für eine Gruppe anakreont. engl. Lyriker des 17. Jh., die z. T. dem Hof Karls I. nahestande. Als Hauptvertreter gelten R. Herrick, Th. Carew, Sir J. Suckling, R. Lovelace.

Čavčavadze, Il'ja Grigor'evič, georg. Dichter, ↑ Tschawtschawadse, Ilja Grigorjewitsch.

Caviceo, Iacopo [italien. kaviˈtʃɛːo], * Parma 1. Mai 1443, † Montecchio (Reggio Emilia) 3. Juni 1511, italien. Schriftsteller. – Priester und berühmter Kanzelredner; Verfasser des allegor. Romans ›Il libro del Peregrino‹ (3 Bücher, 1508), in dem er die Geschichte des Edelmannes Peregrino und der Bürgertochter Ginevra erzählt, die sich erst nach vielen Abenteuern und Gefahren finden können. Das von G. Boccaccios ›Filicolo‹ beeinflußte Werk war im 16. Jh. in Italien weit verbreitet und wurde bald ins Französische und Kastilische übersetzt.

Literatur: SIMONA, L.: Giacomo C. Uomo di chiesa, d'armi e di lettere. Bern u. Ffm. 1974.

Caxton, William [engl. 'kækstən], * in Kent um 1422, † London 1491, engl. Buchdrucker. – Lebte ab 1441 als Kaufmann in Brügge, stand dann in den Diensten von Margarete, Herzogin von Burgund. Erlernte 1470–72 in Köln und später in Brügge die Buchdruckerkunst und gründete 1476 in London die erste Druckerei Englands. Bis zu seinem Tod erschienen bei ihm rund 100 Werke in engl. Sprache, darunter auch zahlreiche [eigene] Übersetzungen. C. druckte nahezu alle für ihn erreichbare Literatur in engl. Sprache und erwarb sich dadurch um die Entwicklung der engl. Schriftsprache große Verdienste.

Literatur: HITTMAIR, R.: W. C. Englands erster Drucker u. Verleger. Innsbruck 1931. – DEACON, R.: A biography of W. C. The first English editor, printer, and merchant. London 1976. – PENNINGER, F. E.: W. C. Boston (Mass.) 1979.

Cayrol, Jean [frz. kɛˈrɔl], * Bordeaux 6. Juni 1911, frz. Schriftsteller. – Studierte Jura und Literatur; 1937 Bibliothekar; als Résistancemitglied 1942 verhaftet, 1943–45 im KZ Mauthausen. Christlicher Lyriker, Romancier und Essayist von metaphysisch-visionärem Einschlag; Grundthema ist das Verhältnis Mensch und Welt. Auch Autor von Filmdrehbüchern (u. a. zu ›Nacht und Nebel‹, 1955, und ›Muriel‹, 1963, von A. Resnais). Seit 1973 Mitglied der Académie Goncourt.

Weitere Werke: Je vivrai l'amour des autres (R.-Trilogie, 1947–50), Im Bereich einer Nacht (R., 1954, dt. 1961), Der Umzug (R., 1956, dt. 1958), Die Fremdkörper (R., 1959, dt. 1959), Die kalte Sonne (R., 1963, dt. 1965), Histoire d'un désert (Prosa, 1972), Histoire de la mer (Prosa, 1973), Kakémono hôtel (R., 1974), Histoire de la forêt. Récit (1975), Il était une fois Jean Cayrol (Autobiogr., 1982), Un mot d'auteur (Bericht, 1983), Les châtaignes. Récit (Bericht, 1984). Qui suis-je? Une mémoire toute fraîche. Récits (1984), Poèmes clefs (Ged., 1985), Des nuits plus blanches que nature (Nov.n, 1987), À voix haute (Ged., 1990), De vive voix (Ged., 1991), À pleine voix (Ged., 1992), D'une voix céleste (Ged., 1994).
Ausgabe: J. C. Œuvre poétique. Paris 1988. **Literatur:** FRITZ, W. H.: J. C.s ›lazarenische‹ Prosa. Wsb. u. Mainz 1967. – OSTER, D.: J. C. Paris 1973.

Cazalis, Henri [frz. kazaˈlis], Pseudonyme Jean Caselli, Jean Lahor, * Cormeilles-en-Parisis 9. März 1840, † Genf 1. Juli 1909, frz. Schriftsteller. – Studierte Orientalistik; befreundet mit S. Mallarmé; gehörte zur frz. Dichtergruppe der Parnassiens. Vertrat in seinen pessimist., formstreng gestalteten Gedichten

die philosoph. Anschauungen Sully Prudhommes; auch Einfluß der buddhist. Philosophie.

Werke: Melancholia (Ged., 1868), Le livre du néant (Ged., 1872), L'illusion (Ged., 1875), Histoire de la littérature hindoue (1888).
Literatur: PETITBON, R.: L'influence de la pensée religieuse indienne dans le romantisme et le Parnasse. Jean Lahor. Paris 1962. 2 Tle. – JOSEPH, L. A.: H. C., sa vie, son œuvre, son amitié avec Mallarmé. Paris 1972.

Cazotte, Jacques [frz. ka'zɔt], * Dijon 17. Okt. 1719, † Paris 25. Sept. 1792 (guillotiniert), frz. Schriftsteller. – Lebte 1747–61 als Marineangestellter in Martinique, dann in Paris; gehörte okkultist. Kreisen an; starb als überzeugter Anhänger der Monarchie. Schrieb u. a. das in L. Ariostos Manier gehaltene Prosaepos ›Olivier‹ (1762), die in Italien und Spanien spielende phantast. Erzählung ›Der verliebte Teufel‹ (1772, dt. 1791, 1780 u. d. T. ›Biondetta‹) sowie viele Märchen in arab. Stil.

Literatur: SHAW, E. P.: J. C. (1719–1792). Cambridge (Mass.) 1942. – MILNER, M.: Le diable dans la littérature française de C. à Baudelaire, 1772–1861. Paris 1960. 2 Bde. – RIEGER, D.: J. C. Ein Beitrag zur erzählenden Lit. des 18. Jh. Hdbg. 1969.

Céard, Henry [frz. se'a:r], * Bercy bei Paris 18. Nov. 1851, † Paris 16. Aug. 1924, frz. Schriftsteller. – War 1883–95 Vizedirektor der Stadtbibliothek in Paris, 1876–94 auch Theaterkritiker. Schrieb als Anhänger des Naturalismus (er gehörte zu É. Zolas Kreis von Médan) u. a. eine wenig erfolgreiche Dramatisierung des Romans ›Renée Mauperin‹ der Brüder Goncourt (1888), das Sittenstück ›Les résignés‹ (1889) und den die Bretagne schildernden pessimist. Roman ›Terrains à vendre au bord de la mer‹ (1906).

Literatur: DEFFOUX, L./ZAVIE, E.: Le groupe de Médan. Paris 1920. – FRAZEE, R.: H. C., idéaliste détrompé. Paris 1963. – BURNS, C. A.: H. C. et le naturalisme. Birmingham 1982.

Cecchi, Emilio [italien. 'tʃekki], * Florenz 14. Juli 1884, † Rom 5. Sept. 1966, italien. Schriftsteller. – Journalist und Literaturkritiker bei verschiedenen Zeitungen, 1919 Mitbegründer der Zeitschrift ›La Ronda‹, die für die Erneuerung des Klassizismus in der italien. Literatur eintrat. Schrieb effektvolle, geschliffene Essays und Gedichte, ferner Reisebücher und literaturkrit. Studien.

Werke: Pesci rossi (Prosa, 1920), Corse al trotto (Prosa, 1936), Arkadien. Erlebtes Griechenland (Reiseb., 1936, dt. 1949), Bitteres Amerika (Reiseb., 1939, dt. 1942), Ritratti e profili (Essays, 1957), Nuovo continente (Reiseb., 1959).
Literatur: SCUDDER, G.: Bibliografia degli scritti di E. C. Rom 1970. – DI BIASE, C.: E. C. Florenz 1982. – MACCHIONI JODI, R.: E. C. Mailand 1983.

Cecchi, Giovan[ni] Maria [italien. 'tʃekki], * Florenz 15. März 1518, † Villa Gangalandi bei Florenz 28. Okt. 1587, italien. Dramatiker. – Wollhändler und Notar in Florenz; schrieb nach dem Vorbild von Plautus und Terenz Komödien (›La moglie‹, ›L'assiuolo‹, ›La dote‹ u. a.) und Farcen, die den Zeitgeist widerspiegeln, sowie volksnahe Sacre rappresentazioni (geistl. Spiele), von denen die meisten ungedruckt erhalten sind.

Ausgaben: G. M. C. Commedie. Hg. v. G. MILANESI. Florenz 1899. 2 Bde. – G. M. C. Drammi spirituali inediti. Hg. v. R. ROCCHI. Florenz 1895–1900. 2 Bde.
Literatur: RIZZI, F.: Le commedie osservate di G. M. C. e la commedia classica del secolo XVI. San Casciano 1904. – RIZZI, F.: Delle farse e commedie morali di G. M. C. San Casciano 1907. – FERRARO, B. G.: Catalogo delle opere di G. M. C. In: Studi e problemi di critica testuale 23 (1981), S. 39.

Čech, Svatopluk [tschech. tʃex], * Ostředek (Mittelböhm. Gebiet) 21. Febr. 1846, † Prag 23. Febr. 1908, tschech. Dichter. – Jurist, Redakteur; schuf ein fast alle Gattungen umfassendes Werk; anfänglich byronist. Züge, die er zugunsten einer nat., sozial und panslawistisch ausgerichteten Dichtung aufgab.

Werke: Im Schatten der Linde (Vers-E., 1879, dt. 1897), Himmelsschlüssel (Märchen, 1883, dt. 1892), Lieder des Sklaven (Ged., 1895, dt. 1897).
Ausgabe: S. Č. Sebrané spisy. Prag 1899–1915. 30 Bde.

Čechov, Anton Pavlovič, russ. Schriftsteller, ↑ Tschechow, Anton Pawlowitsch.

Cederborgh, Fredrik [schwed. ˌse:dərbɔrj], * Lindesberg (Örebro) 17. Juni 1784, † auf Dalkarlshyttan 17. Jan. 1835, schwed. Schriftsteller. – Erzähler, der – v. a. die kleine Form verwendend – humorvoll, idyll., auch satir. und selbstiron. Themen aus seinem Lebenskreis gestaltete. Gesammelt erschienen seine Werke

u. d. T. ›Ungdoms tidsfördrif‹ (3 Bde., 1834).

Cedmon ['keːtmɔn], christl. Dichter ags. Sprache, ↑ Caedmon.

Ceiriog [engl. 'kaɪərɪɔg], walis. Dichter, ↑ Hughes, John Ceiriog.

Cejnowa, Florian Stanisław, kaschub. Schriftsteller, ↑ Cenowa, Florian Stanisław.

Celadon (Seladon), dt. Schriftsteller, ↑ Greflinger, Georg.

Čelakovský, František Ladislav [tschech. 'tʃɛlakɔfskiː], * Strakonice 7. März 1799, † Prag 5. Aug. 1852, tschech. Dichter und Philologe. – Hauslehrer, Redakteur, Bibliothekar, Prof. für Slawistik; Einfluß der dt. Klassik und Romantik; sammelte nach dem Vorbild J. G. von Herders slaw. Volkslieder und Sprichwörter; schuf Nachdichtungen von Volksliedern und Epigramme nach dem Vorbild G. E. Lessings; seine Liebeslyrik verliert durch nüchterne Diktion an Reiz; übersetzte u. a. Goethe, Herder und W. Scott.

Werke: Widerhall russ. Lieder (1829, dt. 1833), Widerhall tschech. Lieder (1839, dt. 1919). **Literatur:** DOLANSKÝ, J.: F. L. Č. Prag 1952. – ZÁVODSKÝ, A.: F. L. Č. Prag 1982.

Celan, Paul [tse'laːn], eigtl. P. Antschel, * Tschernowzy 23. Nov. 1920, † Paris Ende April 1970, Lyriker. – Sohn deutschsprachiger jüd. Eltern, aufgewachsen in Tschernowzy in Rumänien, wo die Nationalsozialisten 1941 ein Getto errichteten; 1942 Deportation und Tod der Eltern. 1942–44 in einem Arbeitslager; ab 1948 in Paris (frz. Staatsbürger); hervorragender Übersetzer, bes. frz. (A. Rimbaud, P. Valéry, R. Char) und russ. (A. Blok, O. Mandelschtam) Lyrik. Seine Dichtung steht unter dem Einfluß des Symbolismus und Surrealismus frz. Prägung. C.s abstrakte Verse werden von einer sehr persönl. Sprachsensibilität, einer eigenen Welt von Metaphern, Motiven, Bildern und Farben und einer eindringl. Melodie bestimmt. Er thematisiert, immer allerdings indirekt, das grausige Geschehen im Getto, das er selbst erleben mußte und den Mißbrauch der Sprache durch die Nationalsozialisten. Wurde mehrfach ausgezeichnet, 1960 erhielt er den Georg-Büchner-Preis.

Werke: Der Sand aus den Urnen (Ged., 1948), Mohn und Gedächtnis (Ged., 1952), Von Schwelle zu Schwelle (Ged., 1955), Sprachgitter (Ged., 1959), Die Niemandsrose (Ged., 1963), Atemwende (Ged., 1967), Fadensonnen (Ged., 1968), Lichtzwang (Ged., hg. 1970), Schneepart (Ged., hg. 1971), Zeitgehöft. Späte Gedichte aus dem Nachlaß (hg. 1976).

Paul Celan

Ausgaben: P. C. Werke. Hg. v. B. ALLEMANN. Ffm. 1990 ff. (bisher 3 Bde. erschienen). – P. C. Ges. Werke. Hg. v. B. ALLEMANN. Ffm. ²1992. 5 Bde. **Literatur:** Über P. C. Hg. v. D. MEINECKE. Ffm. ²1973. – BURGER, H.: P. C. Auf der Suche nach der verlorenen Sprache. Zü. u. Mchn. 1974. – BUHR, G.: C.s Poetik. Gött. 1976. – MENNINGHAUS, W.: P. C. Ffm. 1980. – NIELSEN, K. H./PORS, H.: Index zur Lyrik P. C.s. Mchn. 1981. – PAUSCH, H.: P. C. Bln. 1981. – CHALFEN, I.: P. C. Ffm. 1983. – SZONDI, P.: C.-Studien. Ffm. Neuaufl. 1983. – JANZ, M.: Vom Engagement absoluter Poesie. Zur Lyrik u. Ästhetik P. C.s. Königstein i. Ts. 1984. – P. C. Hg. v. H. L. ARNOLD. Mchn. ²1984. – COLIN, A. D.: P. C. Hologramme der Dunkelheit. Mchn. 1993. – Der glühende Leertext. Annäherungen an P. C.s Dichtung. Hg. v. C. JAMME u. a. Mchn. 1993. – LEUTNER, P.: Wege durch die Zeichen-Zone. Stéphane Mallarmé u. P. C. Stg. 1994.

Cela Trulock, Camilo José [span. 'θela tru'lɔk], * Padrón (Prov. La Coruña) 11. Mai 1916, span. Schriftsteller. – Sohn eines span. Vaters und einer engl. Mutter; studierte in England und Spanien Jura und nahm am Bürgerkrieg teil; 1957 Mitglied der Span. Akademie; lebt auf Mallorca. Gründete 1956 die Literaturzeitschrift ›Papeles de Son Armadans‹ (bis 1979 erschienen). Begann mit surrealist. Gedichten und wandte sich dann dem Roman zu. Eine außerordentl. Sprachbegabung, ungewöhnl. Formexperimente, kraß naturalist. Schilderungen kennzeichnen sein literar. Schaffen, das keiner literar. Richtung angehört und von der klass. span. Literatur ebenso beeinflußt ist wie von den naturalist. Romanen der Moderne. Schrieb auch Feuilletons und Reiseberichte. 1989 erhielt C. T. den Nobelpreis für Literatur.

Werke: Pascual Duartes Familie (R., 1942, dt. 1949), Pabellón de reposo (R., 1944), Der Bienenkorb (R., 1951, dt. 1964), Mrs. Caldwell spricht mit ihrem Sohn (R., 1953, dt. 1961), La Catira (R., 1955), Geschichten ohne Liebe (1962, dt. 1968), San Camilo 1936 (R., 1969), Oficio de tinieblas 5 (R., 1973), Rol de cornudos (R., 1976), Mazurka für zwei Tote (R., 1983, dt. 1991), Memorias, entendimientos y voluntades (Autobiogr., 1993).
Ausgaben: C. J. C. Obras completas. Barcelona 1962 ff. (bisher 14 Bde. erschienen). – Ein Vagabund im Dienste Spaniens (Reise-En., dt. Auswahl 1990).
Literatur: FOSTER, D. W.: Forms of the novel in the work of C. J. C. Columbia (Mo.) 1967. – McPHEETERS, D. W.: C. J. C. New York 1969. – ILIE, P.: La novelística de C. J. C. Madrid [2]1971. – HENN, D.: C. J. C. La Colmena. London 1974.

Celaya, Gabriel [span. θe'laja], span. Schriftsteller, † Múgica Celaya, Gabriel.

Celestina [span. θeles'tina], dramat. Prosawerk in Dialogform, das nicht zur Aufführung bestimmt war und 1499 zunächst ohne Titel und Verfasserangabe in 16 Akten, 1501 u. d. T. ›Comedia de Calisto y Melibea‹ und 1502 als ›Tragicomedia de Calisto y Melibea‹ in 21 Akten erschien (dt. 1520 u. d. T. ›Ain hipsche Tragedia von zwaien liebhabenden Mentschen‹). Vermutlich stammt es ganz oder teilweise von Fernando de † Rojas. Das vielfach nachgeahmte und oft übersetzte Werk wurde v. a. unter dem Namen einer der Hauptpersonen, der Kupplerin Celestina, bekannt.

Ausgaben: C. Dt. Übers. v. E. HARTMANN u. F. R. FRIES. Bremen 1959. – Tragicomedia de Calixto y Melibea. Libro también llamado La C. Hg. v. M. CRIADO DE VAL u. G. D. TROTTER. Madrid [3]1970. – F. DE ROJAS: La C. oder Tragikomödie von Calisto u. Melibea. Dt. Übers v. F. VOGELGSANG. Ffm. 1989.
Literatur: LIDA DE MALKIEL, M. R.: La originalidad artística de La C. Buenos Aires 1962. – FERNÁNDEZ MÁRQUEZ, P.: Los personajes de la C. Mexico 1970. – MANDEL, A. SCH.: La C. studies. A thematic survey and bibliography 1824–1970. Metuchen (N. J.) 1971. – LEUBE, E.: Die C. Mchn. 1971. – HEUGAS, P.: La Célestine et sa

descendance directe. Bordeaux 1973. – CRIADO DE VAL, M.: La C. y su contorno social. Barcelona 1977.

Céline, Louis-Ferdinand [frz. se'lin], eigtl. L. F. Destouches, * Courbevoie 27. Mai 1894, † Meudon 1. Juli 1961, frz. Schriftsteller. – Aus relativ gesicherten kleinbürgerl. Verhältnissen stammend, studierte C. nach Abschluß einer Handelslehre und nach dem Kriegsdienst Medizin. Bereits seine Dissertation über I. Semmelweis (1924) umreißt zwei Zentren seines Denkens: das soziale Engagement und die Geschichte. Wurde Arzt im Armenviertel von Paris; Mitglied einer medizin. Kommission des Völkerbundes, bereiste in dieser Eigenschaft Afrika und Amerika. Kleinbürgerl. Sozialisation und subjektive Erfahrungen mit kapitalist. und kommunist. Gesellschaften machten ihn zum fanat. Antisemiten und erklärten Hitleranhänger. 1944 als Kollaborateur verurteilt, floh er nach Dänemark und kehrte erst nach Aufhebung des gegen ihn ergangenen Urteils (1951) nach Frankreich zurück. C.s literar. Werk umfaßt eine Biographie, eine Komödie, polit. Pamphlete und Essays, fünf Tanzszenen (›ballets‹) und neun zumeist autobiographisch inspirierte Romane. Wie in seinem Leben war C. auch als Literat Anarchist, Streiter wider alle Konformismen, Sucher neuer Entschiedenheiten. Als Moralist zeichnete er mit pessimist. Radikalität die ewig gleiche animal. Natur des Menschen, beschrieb, von der Vorstellung des Todes inspiriert und besessen, pornographisch und skatologisch Exzeß und Delirium, verwandelte den stets neu verhüllten Suizid in Literatur. Die Sprache wurde sein Lebensraum; er suchte die Ordnung des Diskurses realistisch zu zerstören, um leisen und grellen Empfindungen halluzinatorischen Ausdruck zu verleihen.

Werke: Reise ans Ende der Nacht (R., 1932, dt. 1933; Prix Renaudot 1932), Tod auf Borg (R., 1936, dt. 1937, 1963 u. d. T. Tod auf Kredit), Mea culpa (Pamphlet, 1936, dt. 1937), Guignol's Band (R., 1944, dt. 1985), Gespräche mit Professor Y (Essays, 1955, dt. 1986), Von einem Schloß zum andern (R., 1957, dt. 1960), Norden (R., 1960, dt. 1969), Rigodon (R., hg. 1969).
Ausgaben: Œuvres de L.-F. C. Hg. v. J. A. DUCOURNEAU. Paris 1966–69. 5 Bde. – L.-F. C. Œuvres. Hg. v. F. VITOUX. Paris 1981–83. 9 Bde.

Literatur: L.-F. C. Cahiers de l'Herne 3 u. 5. Hg. v. D. DE ROUX u. a. Neuaufl. 1972. – MORAND, J.: Les idées politiques de L.-F. C. Paris 1972. – Cahiers Céline. Paris 1976 ff. (bisher 8 Bde. erschienen). – GIBAULT, F.: C. Paris 1977–81. 3 Bde. – FÖRSTER, E.: Romanstruktur u. Weltanschauung im Werk L.-F. C.s. Hdbg. 1978. – FIORIOLI, E.: C. e la Germania. Verona 1982. – ROUX, D. DE: La mort de C. Paris 1983. – DAUPHIN, J. P./FOUCHÉ, P.: Bibliographie des écrits de L.-F. C. 1918–1984. Paris 1985. – BARDÈCHE, M.: L.-F. C. Paris 1986. – THESS, H.: L.-F. C. In: Frz. Lit. des 20. Jh. Gestalten u. Tendenzen. Hg. v. W.-D. LANGE. Bonn 1986. S. 259. – VITOUX, F.: La vie de C. Paris 1988. – ALMÉRAS, PH.: C. Entre haines et passions. Paris 1994. – HENRY, A.: C., écrivain. Paris 1994.

Celliers, Jan François Elias [afrikaans səl'je:], *Wagenmakersvallei bei Wellington (Kapprovinz) 12. Jan. 1865, † Johannesburg 1. Juni 1940, südafrikan. Schriftsteller. – 1919–29 Prof. für Literatur an der Univ. Stellenbosch; machte Geschichte und Lebensraum der Buren zum Gegenstand seiner Dichtung.

Werke: Die vlakte en ander gedigte (1908), Martjie (Ged., 1911), Die saaier (Ged., 1918), Jopie Fourie (Ged., 1920), Die lewenstuin (Ged., 1923), Liefdelewe (Ged., 1924), Orlogsdagboek (Tagebuch, hg. 1979).

Literatur: NIENABER, P. J.: J. C., ons volksdigter. Johannesburg 1951.

Cellini, Benvenuto [italien. tʃel'li:ni], *Florenz 3. Nov. 1500, † ebd. 14. Febr. 1571, italien. Goldschmied, Medailleur und Bildhauer. – War 1529–40 v. a. Münzstempelmeister und Medailleur in päpstl. Diensten in Rom, 1540–45 am Hof Franz' I. von Frankreich; 1545 trat er in den Dienst Cosimos I. de' Medici in Florenz. Seine Werke gehören dem Manierismus an (bed. u. a. das Bronzestandbild des Perseus in der Loggia de' Lanzi, Florenz). Genialer Künstler, der sich im vollen Bewußtsein seiner Persönlichkeit über soziale und religiöse Schranken hinwegsetzte und ein Leben voller Wagnisse und Händel führte. Sein Leben stellte er in italien. Umgangssprache, gemischt mit Erdichtetem, in einer kulturhistorisch bedeutsamen Autobiographie (›Vita‹, begonnen 1558, hg. 1728), die von Goethe 1803 ins Deutsche übersetzt wurde (›Leben des B. C. Florentinischen Goldschmieds und Bildhauers von ihm selbst geschrieben‹), dar.

Literatur: Convegno sul tema B. C., artista e scrittore. Rom 1972. – WEINTRAUB, K. J.: The value of the individual. Self and circumstance in autobiography. Chicago u. London 1978. – CERVIGNI, D. S.: The Vita of B. C. Literary tradition and genre. Ravenna 1979. – ARNALDI, I.: La vita violenta di B. C. Rom 1986.

Celsus, Aulus Cornelius, röm. Schriftsteller des 1. Jh. n. Chr. – Verfasser eines enzyklopäd. Werkes ›Artes‹, von dem sich nur acht Bücher über die Medizin erhalten haben, die als Quelle für die Geschichte der Medizin von großer Bedeutung sind. Die im MA in Vergessenheit geratenen Schriften wurden 1426 wiederentdeckt und von den Humanisten den Werken der griech. medizin. Autoritäten, Hippokrates und Galen, gleichgestellt.

Ausgabe: A. C. C.: Über die Arzneiwiss. Dt. Übers. Brsw. ²1906. Nachdr. Hildesheim u. Darmst. 1967.

Literatur: BAADER, G.: Überlieferungsprobleme des A. C. C. In: Forsch. u. Fortschritte 34 (1960), S. 215.

Celtis (Celtes), Konrad ['tsɛltɪs ('tsɛltɛs)], eigtl. K. Pickel oder Bickel, *Wipfeld bei Schweinfurt 1. Febr. 1459, † Wien 4. Febr. 1508, dt. Humanist. – Sohn eines Weinbauern, studierte u. a. in Köln und bei R. Agricola in Heidelberg, kam über Erfurt und Rostock schließlich nach Leipzig, wo er die ›Ars versificandi et carminum‹ (1486), die erste Poetik des dt. Humanismus, herausgab; 1487 in Nürnberg durch Kaiser Friedrich III. zum Dichter gekrönt. C. reiste nach Italien, Böhmen, Polen und Ungarn, verbreitete den Humanismus und gründete nach dem Vorbild der italien. Akademien gelehrte Gesellschaften. Er lehrte in Ingolstadt und Wien, dort die ersten theatral. Aufführungen am Hof. Er führte planmäßigere Lehrmethoden ein, reinigte das Latein, förderte das Studium der Griechischen und der Rechtswiss.; er entdeckte die Dramen der Hrotsvit von Gandersheim und ›Ligurinus‹, ein lat. Epos über Friedrich Barbarossa, und gab Tacitus' ›Germania‹ heraus. Eigene Dichtungen, bes. die ›Quatuor libri amorum‹ (1502) nach dem Vorbild Ovids, zeugen von Sprachgewandtheit und formaler Begabung. Oden und Epigramme, bes. unter Einfluß von Horaz, prunkvolle lat. Festspiele.

Ausgaben: K. C. Fünf Bücher Epigramme. Hg. v. K. HARTFELDER. Bln. 1881. Nachdr. Hildesheim 1963. – K. C. Poeta laureatus. Hg. v. K. ADEL. Graz u. Wien 1960.
Literatur: BEZOLD, F. VON: C., der dt. Erzhumanist. In: Histor. Zs. 49 (1883), S. 1 u. 193. – SPITZ, L. W.: Conrad C. The German arch-humanist. Cambridge (Mass.) 1957. – SEIDLMAYER, M.: Wege u. Wandlungen des Humanismus. Hg. v. H. BARION. Gött. 1965. – KEMPER, R.: Die Redaktion der Epigramme des C. Kronberg i. Ts. 1975.

Cemal Süreya [türk. dʒɛˈmɑl syrɛˈjɑ], *Erzincan 1931, türk. Dichter. – Veröffentlichte seit 1947 vier Gedichtbände; gehört zu einer eher verinnerlichten poet. Bewegung, die sich von der versachlichenden Tendenz der ›Garip‹-Dichtung (= fremdartige Dichtung) der vierziger und fünfziger Jahre in der Türkei abhob, ohne jedoch jemals in extreme Esoterik und Hermetik zu verfallen.
Werk: Sevda sözleri (= Melanchol. Liebesworte, gesammelte Ged., 1984).

Cena, Giovanni [italien. ˈtʃeːna], *Montanaro Canavese 12. Jan. 1870, †Rom 6. Dez. 1917, italien. Schriftsteller. – War 1904–17 Chefredakteur der Zeitschrift ›Nuova Antologia‹; sein starkes soziales Interesse (C. gründete ungefähr 80 Kindergärten und Schulen für die arme Bevölkerung, v. a. im Gebiet der Pontin. Sümpfe) zeigt sich sowohl in seinen melanchol., von A. Graf beeinflußten Gedichten (›Madre‹, 1897; ›In umbra‹, 1899; ›Homo‹, 1907) wie auch in seinem Roman ›Mahnungen‹ (1904, dt. 1907), der stark autobiograph. Züge trägt.
Ausgabe: G. C. Opere complete. Turin 1928–29. 5 Bde.
Literatur: FRANZE, G.: G. C., poeta e apostolo dell'educazione. Manduria 1976.

Cénacle [frz. seˈnakl], frz. Dichter- und Künstlerkreise der Romantik; Ausgangspunkt war die literar. Zeitschrift ›La Muse française‹ (1823/24, gegr. von E. Deschamps), deren Mitarbeiter sich seit 1824 im Salon Ch. Nodiers trafen. 1827 gründete V. Hugo den eigentl. C., dem bis 1829 die bedeutendsten frz. Romantiker angehörten (u. a. A. de Vigny, A. de Musset, E. und A. Deschamps, Ch. A. Sainte-Beuve, Th. Gautier, P. Mérimée, G. de Nerval). 1829 bildete sich um den Bildhauer Jehan du Sei-

gneur der sog. ›Petit C.‹ (mit P. Borel als Primus inter pares), dessen Intention sich auf eine umfassende Erneuerung der Gesellschaft durch die als Totalität begriffene Kunst richtete.
Literatur: GAUTIER, TH.: Histoire du romantisme … Paris ⁴1884. – SÉCHÉ, L.: Le C. de la ›Muse française‹, 1823–1827. Paris 1908. – SÉCHÉ, L.: C. de Joseph Delorme. Paris 1912. 2 Bde. – MARTINO, P.: L'époque romantique en France, 1815–1830. Paris 1944. – DUMONT, N.: Nerval et les bousingots. Paris 1958.

Cendrars, Blaise [frz. sãˈdraːr], eigtl. Frédéric Sauser, *La Chaux-de-Fonds 1. Sept. 1887, †Paris 21. Jan. 1961, frz. Schriftsteller. – Vater Schweizer, Mutter Schottin; vagabundierte als junger Mann durch die Welt (China, Sibirien, Afrika, Südamerika), kurzes Medizinstudium, in verschiedenen Berufen tätig, verlor als Fremdenlegionär eine Hand, lebte seit dem 1. Weltkrieg in Paris, u. a. mit G. Apollinaire und M. Chagall befreundet. Sein stark autobiograph. Werk umfaßt Lyrik und Erzählwerke. In seinen vom Futurismus beeinflußten Gedichten verwendet er ungewohnte, frappierende Bilder; sprachl. Reichtum, starke, jazzartig wirkende Suggestivkraft. Die Helden seiner anarchist., rauschhaften Romane sind Abenteurer oder Sonderlinge. Sein Werk gab der literar. Avantgarde wesentl. Anregungen.
Werke: Poèmes élastiques (Ged., 1919), Gold (R., 1925, dt. 1930), Moravagine (R., 1926, dt. 1928, 1961 u. d. T. Moloch), Kleine Negermärchen (1928, dt. 1960), Mireilles kleines Tagebuch (Autobiogr., 1929, dt. 1930, 1963 u. d. T. Dan Yack), Wahre Geschichten (1937, dt. 1938), L'homme foudroyé (Autobiogr., 1945), Madame Thérèse (R., 1956, dt. 1962).
Ausgaben: B. C. Werke in Einzelausgg. Dt. Übers. Düss. ¹⁻²1960 ff. – B. C. Œuvres complètes. Paris 1968–71. 15 Bde.
Literatur: MILLER, H.: B. C. Paris 1951. – T'SERSTEVENS, A.: L'homme que fut B. C. Paris 1972. – CHADOURNE, J.: B. C., poète du cosmos. Paris 1973. – BOCHNER, J.: B. C. Discovery and re-creation. Toronto 1978. – LEROY, C.: B. C. vingt ans après. Paris 1983. – C. entdecken. Hg. v. P. BURRI. Basel 1986. – CENDRARS, M.: B. C. Neuausg. Paris 1993. – FERNEY, F.: B. C. Paris 1993.

Cenowa (Ceynowa, Cejnowa), Florian Stanisław [poln. tsɛˈnova], kaschub. Cenova, *Sławoszyno (Woiwodschaft Gdańsk) 5. Mai 1817, †Bukowiec (Woiwodschaft Gdańsk) 26. März 1881, kaschub. Schriftsteller. – Bemühte sich um eine eigenständige kaschub. Literatur; verfaßte volkstüml. und folklorist. Werke und eine kaschub. Grammatik.

Centlivre, Susannah [engl. sɪnt'lɪvə], *in der Grafschaft Lincoln oder in Irland 1667 (?), †London 1. Dez. 1723, engl. Schauspielerin und Dichterin. – Verfasserin von vielgespielten Lustspielen nach frz. Vorbildern, u. a. ›The busy body‹ (UA 1709), ›The wonder! A woman keeps a secret‹ (1714) und ›A Gotham election‹ (1715).
Literatur: BOWYER, J. W.: The celebrated Mrs. C. Dorham (N. C.) 1952.

cent nouvelles nouvelles, Les [frz. lesãnuvɛlnu'vɛl], älteste frz. Novellensammlung, entstanden um 1462, gedruckt 1486 (dt. 1907 u. d. T. ›Die 100 neuen Novellen‹), von einem oder mehreren unbekannten Verfassern (darunter möglicherweise Antoine de La Salle), behandelt meist frivole Stoffe (z. T. alte Fabliau- und Farcenmotive) im Stil G. Boccaccios, jedoch gröber und kunstloser; auch kulturgeschichtlich als Sittenbild der frz. Gesellschaft des ausgehenden MA interessant.
Ausgabe: Les c. n. n. Krit. Ausg. Hg. v. P. CHAMPION. Paris 1928. 3 Tle.
Literatur: DUBUIS, R.: Les c. n. n. et la tradition de la nouvelle en France au moyen âge. Grenoble 1973.

Cento [lat. = Flickwerk], Gedicht, das aus einzelnen Versen bekannter Dichter zusammengesetzt ist. In der Antike wurden bes. die Werke Homers und Vergils für Centones ausgeschlachtet. C.dichtungen können aus parodist. Absicht entstehen (z. B. die ›Gigantomachia‹ des Hegemon von Thasos) oder aus Freude am artist. Spiel, wie der aus lat. Klassikerversen kombinierte ›C. nuptialis‹ (= Hochzeits-C.) von Ausonius. Ein dritter Anlaß findet sich bei christl. Dichtern: Sie wandten die C.technik an, um klass. Verse heidn. Dichter mit christl. Inhalt zu versehen, wie die aus Hexametern Vergils zusammengestellte Schöpfungs- und Heilsgeschichte der Römerin Proba Falconia (4. Jh. n. Chr.) oder die im 12. Jh. vom Tegernseer Mönch Metellus verfaßten Erbauungslieder aus Versen der ›Eklogen‹ Vergils und der Oden des Horaz. Von Oswald von Wol-

kenstein ist ein C. aus Versen Freidanks überliefert; Verse F. Petrarcas verwertete H. Maripetro im ›Petrarca spirituale‹ (1536); noch im 17. Jh. schuf Étienne de Pleure aus Versen Vergils eine Lebensgeschichte Christi (›Sacra Aeneis‹, 1618), ebenso der schott. Geistliche Alexander Ross (›Virgilius Evangelizans‹, 1634).
Literatur: DELEPIERRE, J. O.: Centoniana. Tableau de la littérature du centon, chez les anciens et chez les modernes. London 1874–75. 2 Bde. – LAMACCHIA, R.: Dall'arte allusiva al c. In: Atene e Roma 5. Serie 3 (1958).

cento novelle antiche, Le [italien. le 'tʃɛnto no'vɛlle an'ti:ke], italien. Novellensammlung, †Novellino, Il.

Čep, Jan [tschech. tʃɛp], *Myslechovice (Nordmähr. Gebiet) 31. Dez. 1902, †Paris 25. Jan. 1974, tschech. Schriftsteller. – Verlagsredakteur, Exil ab 1948 (Frankreich); stellte die bäuerl. Sphäre dar; Menschen auf der Suche nach Gott finden zu einfachem, erdverbundenem Leben zurück; der Roman ›Ruf der Heimat‹ (1935, dt. 1935) schildert die Gefährdung der bäuerl. Weltordnung durch Krieg und Zivilisation; dt. erschien 1962 die Auswahl ›Zeit und Wiederkehr. Bilder aus Böhmen und Mähren‹.

Ceram, C. W., eigtl. Kurt W. Marek, *Berlin 20. Jan. 1915, †Hamburg 12. April 1972, dt. Schriftsteller. – Mitarbeiter verschiedener Zeitungen und Zeitschriften, 1947 Cheflektor, 1954–71 in den USA. Sein sog. Roman der Archäologie ›Götter, Gräber und Gelehrte‹ (1949), ein fesselnd und farbig geschriebener Bericht über die archäolog. Forschung der letzten 200 Jahre, wurde zum Bestseller und in alle Weltsprachen übersetzt; er wurde zum Vorbild für die moderne Sachbuchliteratur.
Weitere Werke: Enge Schlucht und schwarzer Berg (1955), Provokator. Notizen (1960; unter K. W. Marek), Eine Archäologie des Kinos (1965), Der erste Amerikaner (engl. 1971, dt. 1972).

Cereteli, Akakij Rostomovič, georg. Dichter, †Zereteli, Akaki Rostomowitsch.

Cerkovski, Canko Bakalov, bulgar. Schriftsteller, †Zerkowski, Zanko Bakalow.

Černichovskij, Saul, hebr. Schriftsteller, †Tschernichowski, Saul.

Cernuda, Luis [span. θεr'nuða], * Sevilla 21. Sept. 1902, † Mexiko 6. Nov. 1963, span. Lyriker. – Studierte Jura in Sevilla; Lektor in Toulouse; emigrierte 1938; u. a. 1945–47 Prof. für span. Literatur in London; dann in den USA, zuletzt in Mexiko; starb im Exil. Gehört zur Generation von 1927; Dichter der Sehnsucht und des idealen Schönen, vom L'art-pour-l'art-Gedanken ausgehend und sich romant. Auffassungen nähernd; auch Essayist und Übersetzer (J. Ch. F. Hölderlin u. a.). Hauptwerk ist die Lyriksammlung ›La realidad y el deseo‹ (1936, oft erweitert, [3]1958, Neuausg. 1965).

Weitere Werke: Ocnos (Prosa, 1942, erweitert 1949), Estudios sobre poesía española contemporánea (1957), Poesía y literatura (Essays, 1960), Das Wirkliche und das Verlangen (Ged., span. und dt. Ausw. 1978).
Ausgaben: L. C. Poesía completa. Barcelona 1974. – L. C. Prosa completa. Barcelona 1975.
Literatur: Müller, Elisabeth: Die Dichtung L. C.s. Genf 1962. – Ancet, J.: L. C. Paris 1972. – Harris, D.: L. C. A study of the poetry. London 1973. – Capote Benot, J. M.: El surrealismo en la poesía de L. C. Sevilla 1976. – Jiménez-Fajardo, S.: L. C. Boston (Mass.) 1978. – Ramos Ortega, M.: La prosa literaria de L. C. El libro Ocnos. Sevilla 1982.

Černyševskij, Nikolaj Gavrilovič, russ. Publizist, ↑ Tschernyschewski, Nikolai Gawrilowitsch.

Cersne, Eberhard von, mhd. Minnesänger, ↑ Eberhard von Cersne.

Cervantes-Preis ↑ Premio Miguel de Cervantes.

Cervantes Saavedra, Miguel de [sɛr'vantɛs, span. θɛr'βantes saa'βeðra], * Alcalá de Henares, vielleicht 29. Sept. 1547, ≈ 9. Okt. 1547, † Madrid 23. April 1616, span. Dichter. – Sohn eines armen Chirurgen; umfassende humanist. Studium in Madrid; begleitete 1569 Kardinal J. Acquaviva nach Rom; war dann in Kriegsdiensten, 1571 Verstümmelung der linken Hand in der Seeschlacht von Lepanto; wurde von alger. Piraten gefangen und war 5 Jahre (1580–85) als Sklave in Algier; nach mehreren Fluchtversuchen losgekauft; in Spanien u. a. Steuereintreiber, oft ohne Stellung, 1597/98 und 1602 in Schuldhaft. C. S. verfaßte ein alle literar. Gattungen umfassendes Werk, das seine Spannung aus der Auseinandersetzung mit Geist und Geschichte der Epoche und deren Überhöhung ins Überzeitliche gewinnt. Während seine zumeist in Dramen und Novellen eingestreute Lyrik und seine u. a. von biograph. Erfahrungen inspirierten Dramen – abgesehen von den ›Zwischenspielen‹ (1615, dt. 1845) – nur geringere Bedeutung besitzen, gehören seine Novellen und Romane, insbes. sein ›Don Quijote‹ zum festen Bestand der Weltliteratur. Vor dem Hintergrund einer sowohl eigentümlich span. (J. de Montemayor) als auch übernat. bukolisch-arkad. und neuplaton. Tradition entwarf C. S. in seinem Hirtenroman ›Galathea‹ (1585, dt. 1830) Möglichkeiten von Rationalisierung und Moralisierung der Liebe, in seinen formvollendeten 12 ›Novelas ejemplares‹ (1613, dt. 1779 u. d. T. ›Moral. Novellen‹, 1961 u. d. T. ›Exemplar. Novellen‹) fing er zeitgenöss. span. Lebensweisheit ein. Der Roman ›El ingenioso hidalgo Don Quixote de la Mancha‹ (2 Tle., 1605–15, dt. 1621, 1956 u. d. T. ›Der sinnreiche Junker Don Quijote von der Mancha‹) war als Satire auf die zeitgenöss. Ritterromane gedacht. C. S. erzählt in grandioser Erfindungsgabe die tragikom. Abenteuer Don Quijotes, eines armen Adligen, der in einer Traumwelt verflossener Ritterherrlichkeit lebt, und seines treuen, pfiffigen, bäuerlich-nüchternen Waffenträgers Sancho Pansa, in denen der Ggs. zwischen weltfremdem Idealismus und prakt. Vernunft verkörpert ist. Die dt. Romantiker (L. Tieck, A. W. von Schlegel), die C. S. neu entdeckten, sahen im ›Don Quijote‹ den trag. Kampf des Idealisten gegen die Wirklichkeit. Den Spaniern zu Ende des 19. Jh. (M. de Unamuno y Jugo, Azorín, R. de Maeztu y Whitney) galt der ›Don Quijote‹ als Ausdruck span. Wesens.

Weitere Werke: Numancia (Dr., entst. um 1585, gedr. 1784, dt. 1810), Die Reise zum Parnaß (ep. Gedicht, 1614, dt. 1968), Die Leiden des Persiles und der Sigismunda (phantast. Abenteuer-R., hg. 1617, dt. 1837, 1746 u. d. T. Persilus und Sigismunda, nord. Historie).
Ausgaben: Leben u. Thaten des scharfsinnigen Edlen Don Quixote v. la Mancha. Dt. Übers. v. L. Tieck. Bln. [4]1860. 2 Bde. – M. de C. S. Sämmtl. Romane u. Novellen. Dt. Übers. Stg. 1839–42. 12 Bde. – M. de C. S. Obras completas. Hg. v. R. Schevill u. A. Bonilla. Madrid 1914–41. 19 Bde. – M. de C. S. Obras completas.

Faksimiledruck der Urausg. Hg. v. der Real Academia Española. Madrid 1917–23. 7 Bde. – M. de C. S. Gesamtausg. Dt. Übers. Hg. v. A. M. ROTHBAUER. Stg. 1963–70. 4 Bde. – M. de C. Novelas ejemplares. Hg. v. P. HENRÍQUEZ UREÑA. Buenos Aires 1966. 2 Bde.

Miguel de Cervantes Saavedra

Literatur: HATZFELD, H.: ›Don Quijote‹ als Wortkunstwerk. Lpz. 1927. – ASTRANA MARÍN, L.: Vida ejemplar y heróica de M. de C. S. ... Madrid 1948–58. 7 Bde. – SÁNCHEZ, A.: C. Bibliografía fundamental (1900–1959). Madrid 1961. – RILEY, E. C.: C.'s theory of the novel. Oxford 1962. – KRAUSS, W.: M. de C. Leben u. Werk. Nw. u. Bln. 1966. – Don Quijote. Forschung u. Kritik. Hg. v. H. HATZFELD. Darmst. 1968. – PREDMORE, R. L.: C. New York u. London 1973. – CLOSE, A.: The romantic approach to ›Don Quixote‹. Cambridge 1978. – NAVARRO GONZÁLEZ, A.: Las dos partes del Quijote. Salamanca 1979. – GAOS, V.: C. Novelista, dramaturgo, poeta. Barcelona 1979. – MACKENDRICK, M.: C. Boston (Mass.) 1980. – BYRON, W.: C. Der Dichter des Don Quichote u. seine Zeit. Dt. Übers. v. H. NEVES. Ffm. 1984. – DIETERICH, A.: M. de C. Rbk. 1984. – WILLIAMSON, E.: Halfway-house of fiction. Don Quixote and Arthurian romance. Oxford 1984. – NABOKOV, V.: Die Kunst des Lesens. C'. ›Don Quijote‹. Dt. Übers. Ffm. 1985. – RILEY, E. C.: Don Quijote. Winchester (Mass.) 1986. – STROSETZKI, CH.: M. de C. Epoche-Werk-Wirkung. Mchn. 1991. – Zeitschriften: Anales Cervantinos. Madrid 1951 ff. – C. Gainesville (Fla.) 1981 ff.

Cervinus, Aelius Lampridius, eigtl. Ilija Crijević, * Ragusa (Dubrovnik) 1463, † 15. Sept. 1520, ragusan. Humanist und Dichter. – Schüler des Pomponius Laetus in Rom; begeistert von der lateinischen Sprache, schrieb er Oden, Hymnen und Elegien; 1484 ›poeta laureatus‹.

Césaire, Aimé [frz. se'zɛːr], * Basse-Pointe (Martinique) 25. Juni 1913, frz.

Schriftsteller. – Studierte in Paris, 1939 Rückkehr nach Martinique; Gymnasiallehrer, 1945 Bürgermeister von Fort-de-France und 1946 Abgeordneter seiner Heimat in Paris; seit 1958 Vorsitzender der von ihm gegründeten Fortschrittspartei auf Martinique (Parti Progressiste Martiniquais). Sein literar. Werk vereinigt frz. Kultur und afrikan. Erbe. Seine explosive, aufbegehrende Dichtung – die polit. Essays sind ein Bekenntnis zu Afrika – verkörpert seine Sehnsucht nach einer Zukunft ohne menschl. Gegensätze. C. bereicherte die frz. Dichtung durch eine neue Empfindungswelt, neue Bilder, einen elementaren Rhythmus und eine persönl. Sprache. Neben L. S. Senghor und L.-G. Damas gilt C. als der bedeutendste Vertreter der afrikan. philosoph. und polit. Ideologie der ↑ Négritude.

Werke: Und die Hunde schwiegen (Dr., 1946, dt. 1956), Les armes miraculeuses (Ged., 1946), Zurück ins Land der Geburt (Ged., 1947, dt. 1962), Soleil cou coupé (Ged., 1948), Corps perdu (Ged., 1950), Über den Kolonialismus (Essay, 1950, dt. 1968), Die Tragödie von König Christoph (Dr., 1963, dt. 1964), Im Kongo (Dr., 1966, dt. 1966), An Afrika (Ged., dt. Ausw. 1968), Ein Sturm (Dr., 1969, dt. 1970), Gedichte (1982, dt. 1987), Moi, laminaire ... (Ged., 1982). **Ausgaben:** A. C. Œuvres complètes. Hg. v. J.-P. CÉSAIRE. Paris 1976. 3 Bde. – La poésie. Hg. v. D. MAXIMIN. Paris 1994.

Aimé Césaire

Literatur: KESTELOOT, L./KOTCHY, B.: A. C., l'homme et l'œuvre. Paris 1973. – KLAFFKE, C.: Kolonialismus im Drama. A. C.s Geschichte, Literatur u. Rezeption. Bln. 1979. – WALKER, K. L.: La cohésion poétique de l'œuvre césairienne. Tüb. 1979. – SONGOLO, A.: A. C., une poétique de la découverte. Paris 1985. – CON-

FIANT, R.: A.C. Une traversée paradoxale du siècle. Paris 1993. – LEBRUN, A.: Pour A. C. Paris 1994.

Cesarec, August [serbokroat. tsɛˌsa-rɛts], *Zagreb 4. Dez. 1893, †bei Zagreb Mitte Juli 1941, kroat. Schriftsteller. – Kommunist; von polit. Gegnern erschossen. Mit M. Krleža der bedeutendste sozial engagierte kroat. Schriftsteller der Zwischenkriegszeit; schrieb Lyrik, Erzählungen, Romane (›Careva kraljevina‹ [= Des Kaisers Königreich], 1925), Essays, Reisebeschreibungen; schilderte v. a. den sorgenvollen Alltag der unteren Schichten; bed. Kritiker und Übersetzer.
Ausgabe: A. C. Izabrana djela. Zagreb 1946–64. 12 Bde.

Cesarić, Dobriša [serbokroat. 'tsɛsa-ritɛ], *Slavonska Požega 10. Jan. 1902, †Zagreb 18. Dez. 1980, kroat. Lyriker. – Beamter; Theaterleiter in Zagreb. Schrieb Lyrik (›Der erleuchtete Weg‹, 1953, dt. 1956) mit Motiven des Verhältnisses von Welt und Mensch, der Bedeutung der Natur und des Wesens dichter. Existenz; übersetzte u. a. Goethe, H. von Kleist, H. Heine, A. S. Puschkin.
Ausgabe: D. C. Izabrane pjesme i pripjevi. Sarajevo 1975.

Cesarotti, Melchiorre [italien. tʃeza-'rɔtti], *Padua 15. Mai 1730, †Selvazzano bei Padua 4. Nov. 1808, italien. Dichter und Gelehrter. – Ab 1768 Prof. für hebr. und griech. Sprache in Padua. Trat weniger mit eigenen Werken als mit einer Nachdichtung des Ossian (›Le poesie di Ossian‹, 2 Bde., 1763) hervor und übte damit großen Einfluß auf die zeitgenöss. italien. Dichter, bes. auf V. Alfieri aus. Übersetzte auch Homer.
Weitere Werke: Saggio sulla filosofia delle lingue (Essay, 1785), Saggio sulla filosofia del gusto (Essay, 1785).
Ausgabe: M. C. Opere scelte. Hg. v. G. ORTO-LANI. Florenz 1945–46. 2 Bde.
Literatur: MARZOT, G.: Il gran C. Florenz 1949 (mit Bibliogr.). – CALIRI, F.: Note sulla posizione linguistica di M. C. Reggio Calabria 1973.

Cesbron, Gilbert [frz. sɛs'brõ], *Paris 13. Jan. 1913, †ebd. 12. Aug. 1979, frz. Schriftsteller. – Studierte Jura an der École des sciences politiques; ab 1935 am Rundfunk (Paris, später Luxemburg); Verfasser von zeitbezogenen sozialengagierten Romanen, die v. a. auf das Dokumentarische ausgerichtet sind,

von Essays, Theaterstücken und Lyrik. Schrieb über das Arbeiterpriestertum in dem Roman ›Die Heiligen gehen in die Hölle‹ (1952, dt. 1953).
Weitere Werke: Il est minuit, docteur Schweitzer (Schsp., 1952), Wie verlorene Hunde (R., 1954, dt. 1954), Es ist später, als du denkst (R., 1958, dt. 1959), Journal sans date (Essays, 5 Bde., 1963–83), Winterpaläste des Glücks (R., 1966, dt. 1966), Ce que je crois (1970), Merci, l'oiseau! (Ged., 1976), Mais moi je vous aimais (R., 1977), Un vivier sans eau (En., 1979), Tant d'amour perdu (En., 1981).
Ausgabe: G. C. Théâtre. Paris 1960–61. 2 Bde.
Literatur: BARLOW, M.: G. C., témoin de la tendresse de Dieu. Paris 1965. – DETRY, M.: Profil perdu. Un autre regard sur l'œuvre de G. C. Paris 1978. – BARLOW, M.: La foi de G. C. Paris 1989.

Céspedes, Alba de [italien. 'tʃɛspe-des], *Rom 11. März 1911, italien. Schriftstellerin. – Vater Kubaner, Mutter Italienerin. War Mitarbeiterin an ›Epoca‹ und ›La Stampa‹, gründete und leitete 1944–48 die literar. Zeitschrift ›Mercurio‹. Schrieb erfolgreiche Erzählungen und Romane, in denen sie mit psycholog. Geschick v. a. die Probleme der Frau in Familie und Beruf darlegt. Mit lyr. Texten äußerte sie sich u. a. auch zum Mai 1968 in Frankreich (›Chanson des filles de mai‹, 1969, italien. 1970 u. d. T. ›Le ragazze di maggio‹).
Weitere Werke: Der Ruf ans andere Ufer (R., 1938, dt. 1938), Flucht (En., 1940, dt. 1947), Das verbotene Tagebuch (R., 1952, dt. 1955, 1972 u. d. T. Allein in diesem Haus), Die Reue (R., 1963, dt. 1965), Die Bambolona (R., 1967, dt. 1970), Sans autre lieu que la nuit (R., frz. 1973, italien. 1976 u. d. T. Nel buio della notte).

Céspedes, Augusto [span. 'sespeðes], *Cochabamba 6. Febr. 1904, bolivian. Schriftsteller und Politiker. – Jurist, Mitbegründer des antiimperialist. Movimiento Nacional Revolucionario, zeitweise Botschafter Boliviens, Parlamentsabgeordneter. Seine Erzählungen ›Sangre de mestizos‹ (1936) sind eines der ersten und eindrucksvollsten Zeugnisse des Chacokriegs (1932–35), an dem er selbst als Soldat teilnahm. Sein Roman ›Teufelsmetall‹ (1946, dt. 1964) behandelt das Elend der Zinnminenarbeiter in Zusammenhang mit den skrupellosen Praktiken der Minenbesitzer und Politiker. C. ist außerdem Verfasser brillanter, bissiger Essays zur Geschichte Boliviens.

Weitere Werke: El dictador suicida (Essay, 1956), El presidente colgado (Essay, 1966), Trópico enamorado (R., 1968), Crónicas heroicas de una guerra estúpida (Berichte, 1975).

Cetina, Gutierre de [span. θe'tina], *Sevilla um 1520, †in Mexiko gegen 1557, span. Dichter. – Kämpfte als Soldat in Deutschland und Italien und ging später nach Mexiko, wo sich seine Spur verliert; Lyriker aus der Schule von Garcilaso de la Vega; Vorbilder waren F. Petrarca und L. Ariosto; sein Thema ist die arkad. Liebe; führte in Spanien das Madrigal ein.

Ausgabe: G. de C. Obras. Hg. v. J. HAZAÑAS Y LA RÚA. Sevilla 1895. 2 Bde.
Literatur: WITHERS, A. M.: The sources of the poetry of G. de C. Philadelphia 1923.

Ceuppens, Rik [niederl. 'kø:pəns], fläm. Schriftsteller, ↑Michiels, Ivo.

Ceyhun, Demirtaş [türk. dʒɛi'hun], *Adana 1934, türk. Erzähler. – Behandelt in seinen Erzählungen und Romanen v.a. soziale Probleme der Türkei, etwa Landflucht und Verstädterung, und deren Rückwirkung auf die vielfach hilflosen Individuen.
Werke: Çamaşan (En., 1972), Apartman (= Das Appartement, E., 1975).

Ceynowa, Florian Stanisław, kaschub. Schriftsteller, ↑Cenowa, Florian Stanisław.

Chadourne, Marc [frz. ʃa'durn], *Brive-la-Gaillarde 23. Mai 1895, †Cagnes-sur-Mer (Alpes-Maritimes) 31. Jan. 1975, frz. Schriftsteller. – 1920–27 Beamter im Kolonialdienst; berichtet in seinen Romanen von Menschen, die aus innerer Unruhe das Abenteuer suchen; schrieb auch Reportagen über China, Amerika und die UdSSR.
Werke: Vasco (R., 1927), Cécile de la folie (R., 1930), Unser Himmel ist heute (R., 1947, dt. 1949), Quand Dieu se fit Américain (R., 1950), Restif de la Bretonne ou le siècle prophétique (Essay, 1958).

Chadschu-je Kermani (tl.: Ḫwāǧū-i Kirmānī), Kamaloddin [pers. xɑ'dʒu:je kermɑ'ni:], *Kerman 1281, †Schiras 1352 oder 1361, pers. Dichter. – Panegyriker vieler Herrscher; Anhänger des Suflsmus, sein geistiger Führer war Ala' oddoule Semnani. Als Meister des Ghasels steht er zwischen Saadi und Hafes; Verfasser von 5 bedeutenden romant. und myst. Epen, die später oft als Vorlagen

für Miniaturen dienten, sowie eines Diwans (›Ṣanāyi'u l-kamāl‹ = Die Künste des Vollkommenen).
Literatur: RYPKA, J.: Iran. Literaturgesch. Lpz. 1959. S. 252.

Chaijam, Omar, pers. Gelehrter und Dichter, ↑Omar Chaijam.

chakassische Literatur, aus der traditionellen chakass. (abakan-turk.) Volksdichtung, die auch außertürk., insbes. mongol. Elemente aufgenommen hatte, entwickelte sich in sowjet. Zeit eine neue Kunstliteratur, deren Ausgangspunkt die zunächst auf alten Traditionen fußende Lyrik war. Neue Gattungen (Prosa- und Bühnendichtung) führte zuerst M. S. Kokow (*1913, †1941) ein. Der bekannteste chakass. Literat der neueren Zeit ist Nikolai Georgijewitsch Domoschakow (*1916, †1976), der sich als Lyriker und Erzähler – auch als Autor des ersten chakass. Romans – einen Namen gemacht hat und gleichzeitig als Philologe mit zahlreichen Veröffentlichungen über die einheim. Sprache hervorgetreten ist.
Literatur: KATANOV, N. F.: Chakasskij fol'klor. Abakan 1963. – TROJAKOV, P. A.: Očerki razvitija chakasskoj literatury. Abakan 1963. – BRANDS, H. W.: Nachrevolutionäre Literaturen sibir. Turkvölker. In: Zs. der Dt. Morgenländ. Gesellschaft 113 (1963/64), S. 565. – Philologiae Turcicae Fundamenta. Bd. 2: Beitrr. zur Lit. der Türkvölker. Dt., engl. u. frz. Hg. v. L. BAZIN u. a. Wsb. 1965.

Chalid (tl.: Ḫālid), Muhammad (Khalid), *Al Adwa (Gouv. Asch Scharkijja) 5. Juni 1920, ägypt. Schriftsteller. – Tritt in seinem Buch ›Min hunā nabda'‹ (= Von hier beginnen wir, 1950, engl. 1953 u. d. T. ›From here we start‹) v. a. für den weltl. demokrat. Staat auf der Grundlage islam. Tradition ein und wendet sich gegen den religiösen Totalitarismus der Muslimbruderschaft.

Challans, Mary [engl. 'tʃælənz], engl. Schriftstellerin, ↑Renault, Mary.

Chalupka, Ján [slowak. 'xalupka], *Horná Mičiná 28. Okt. 1791, †Brezno (Mittelslowak. Gebiet) 15. Juli 1871, slowak. Dramatiker. – Lehrer, dann ev. Geistlicher. Das antike Drama, Ch. M. Wieland und v. a. die Wiener Posse gaben Ch. formale und stilist. Anregungen für seine Lustspiele, in denen er zu polit., kulturellen und kirchl. Fragen Stellung nahm.

Werke: Kocúrkovo (= Krähwinkel, Kom., 1830), Bendeguez, Gyula Kolompos und Pista Kurtaforint (Prosaposse, erschienen auf dt. 1841).
Literatur: J. Ch. 1871–1971. Hg. v. L. BARTKO. Martin 1973.

Chalupka, Samo [slowak. 'xalupka], *Horná Lehota 27. Febr. 1812, †ebd. 19. Mai 1883, slowak. Lyriker. – Bruder von Ján Ch.; ev. Theologe; setzte sich für die nat. Wiedergeburt seines Volkes ein; wandelte sich unter dem Einfluß L. Štúrs vom Klassizisten zum Romantiker; Annäherung an die Volkspoesie; verfaßte patriot. Lyrik und Balladen mit histor. Stoffen; vieles vertont.

Chamfort [frz. ʃãˈfɔːr], eigtl. Sébastien Roch Nicolas, *bei Clermont (heute Clermont-Ferrand) 6. April 1741, †Paris 13. April 1794, frz. Schriftsteller. – Unbekannter Herkunft; von dem Gewürzhändler François Nicolas aufgezogen; besuchte das Collège des Grassins, war Hauslehrer, Sekretär und Bibliothekar. Verkehrte in den vornehmen Salons, bezog eine Pension des Königs, suchte aber seine Unabhängigkeit zu wahren; 1781 Mitglied der Académie française. War begeisterter Anhänger der Revolution; die diktator. Wende durch M. de Robespierre lehnte er jedoch ab. Bei seiner Verhaftung machte er einen Selbstmordversuch, an dessen Folgen er einige Monate später starb. Schrieb Gedichte, Fabeln, die erfolgreiche Tragödie ›Mustapha et Zéangir‹ (1777), Komödien (›Die junge Indianerin‹, 1764, dt. 1777), Ballette und literaturkrit. Arbeiten. Verfasser einflußreicher zeitkrit. Anekdoten und Aphorismen (›Maximen, Charakterzüge und Anekdoten‹, hg. 1796, dt. 2 Bde., 1797, dt. Ausw. zuletzt 1973 in: ›Die frz. Moralisten‹, Bd. 1, hg. v. F. Schalk).
Weitere Werke: Éloge de Molière (1769), Éloge de La Fontaine (1774).
Ausgabe: Ch. Œuvres. Hg. v. C. ROY. Paris 1960.
Literatur: TEPPE, J.: Ch. Sa vie, son œuvre, sa pensée. Paris 1950. – ARNAUD, R.: Sébastien-Roch N. Ch. Ein Moralist im 18. Jh. Mchn. 1966. – ARNAUD, C.: Ch. Paris 1988.

Chamisso, Adelbert von [ʃaˈmɪso], eigtl. Louis Charles Adélaïde de Chamisso de Boncourt, *Schloß Boncourt (Champagne) 30. Jan. 1781, †Berlin 21. Aug. 1838, dt. Schriftsteller. – Aus lothring. Adelsfamilie, die, durch Beschlagnahme ihres Besitzes im Verlauf der Frz. Revolution verarmt, nach Deutschland zog. In Berlin 1796 Page der Königin Louise. Im Kreis des ›Nordsternbundes‹ näherer Zugang zu dt. Sprache und Literatur, 1803–05 Mit-Hg. des sog. ›Grünen Musenalmanachs‹. 1801 Leutnant der preuß. Armee, in der er 1806 am Feldzug gegen Napoleon I. teilnehmen mußte, danach Entlassung. Er widmete sich nunmehr der Literatur und Wissenschaft, hatte Verbindung zu A. von Arnim, C. Brentano, W. Grimm und H. von Kleist. Durch Vermittlung A. W. Schlegels Aufenthalt bei Madame de Staël in Frankreich. Nach deiner Rückkehr Studium der Medizin, Botanik, Zoologie in Berlin, wo er zugleich in freundschaftl. Umgang mit E. T. A. Hoffmann, F. de la Motte Fouqué u. a. (†Serapionsbrüder) lebte. 1814 schloß er ›Peter Schlemihl's wundersame Geschichte‹ ab, die Erzählung von dem Mann, der seinen Schatten verkaufte; sie wurde im demselben Jahr von F. de la Motte Fouqué herausgegeben und machte Ch. weltweit berühmt. 1815–18 nahm er an einer wiss. ausgerichteten Weltumsegelung teil, von der er eine meisterhafte Beschreibung gab (›Bemerkungen und Ansichten auf einer Entdeckungsreise ...‹, 1821; ›Reise um die Welt‹, 1836). Ab 1819 Kustos an den Berliner Botan. Gärten. Erst in jüngster Zeit finden seine naturwiss. Schriften wieder größere Beachtung, die tiefe Einsichten in die Evolutionsgeschichte verraten und zukunftweisende ökolog. Zusammenhänge aufdecken. Beim Skizzieren der gesichteten Pflanzen und Tiere sowie der Fixierung allgemeiner Impressionen kam ihm seine Begabung als Zeichner zustatten. Darüber hinaus gelang ihm die Entwicklung eines eigenen Prosastils, der Sachbericht und persönl. Bekenntnis verbindet. Das Deutsche, das für ihn ursprünglich eine Fremdsprache war, hat er bis ins tiefste Wesen erfaßt. Davon zeugt nicht zuletzt seine Lyrik, mit der er sich weiterhin beschäftigte (er war ab 1833 Mit-Hg. des ›Dt. Musenalmanachs‹) und von der er 1831 eine größere Sammlung u. d. T. ›Gedichte‹ veröffentlichte. Sie weist ihn in Stoff und Form als Romantiker aus, der jedoch mehr und mehr den Übergang zur polit. und sozialen Dichtung des Vormärz findet (›Der Bettler und sein Hund‹, ›Die alte Waschfrau‹); ›Das Riesenspielzeug‹ und ›Die Sonne bringt es an den Tag‹ zeigen ihn als volkstüml. Balladendichter. Modernste Thematik wird in ›Das Dampfroß‹ (1830) verarbeitet, dem ersten Eisenbahngedicht der deutschen Literatur.

Adelbert von Chamisso

Ausgaben: A. v. Ch. Sämtl. Werke. Nach dem Text der Ausg. letzter Hand. Hg. v. J. PERFAHL. Mchn. 1975. 2 Bde. – A. v. Ch. Sämtl. Werke. Hg. v. W. FEUDEL u. CH. LAUFER. Mchn. 1982. 2 Bde. – A. v. Ch.: ›... und lassen gelten, was ich beobachtet habe‹. Hg. v. R. SCHNEEBELI-GRAF. Bln. 1983.
Literatur: HITZIG, J. E.: A. v. Ch. Leben u. Briefe. Lpz. 1839–40. 2 Bde. – A. v. Ch. Peter Schlemihls wundersame Geschichte. Erll. u. Dokumente. Hg. v. D. WALACH. Stg. 1982. – SCHWANN, J.: Vom ›Faust‹ zum ›Peter Schlemihl‹. Kohärenz und Kontinuität im Werk A. v. Ch.s. Tüb. 1984. – LAHNSTEIN, P.: A. v. Ch. Neuausg. Ffm. 1987. – FEUDEL, W.: A. v. Ch. Lpz. ³1988. – SCHLEUCHER, K.: A. v. C. Bln. 1988.

Champfleury, Jules [frz. ʃäflœ'ri], eigtl. Jules François Félix Husson, weiteres Pseudonym J. Fleury, * Laon 17. Sept. 1821, † Sèvres 6. Dez. 1889, frz. Schriftsteller und Kritiker. – War ab 1887 Museumsdirektor in Sèvres; schrieb zahlreiche realist. Romane und Erzählungen aus seinem eigenen Erlebnisbereich. Er verfaßte außerdem eine ›Histoire générale de la caricature‹ (1865–85) und verschiedene Werke zur Kunst- und Literaturgeschichte. In der Auseinandersetzung um den Realismusbegriff in den Künsten ergriff er Partei für die Position G. Courbets.

Weitere Werke: Chien-Caillou (En., 1847), Les aventures de Mademoiselle Mariette (En., 1853), Les bourgeois de Molinchart (R., 3 Bde., 1855), Le réalisme (Manifest, 1857).
Literatur: HELLER, A. B. JR.: Ch.'s contribution to French literary realism. Diss. Syracuse (N. Y.) 1960. – FLANARY, D. A.: Ch. The realist writer as art critic. Ann Arbor (Mich.) 1980.

Chamsa (tl.: Chamza), Chakim-sade, Pseudonym Nijasi, * Kokand 6. März 1889, † Schachimardan (Chamsaabad) 18. März 1929, usbek.-sowjet. Schriftsteller. – Begründer der usbek. Sowjetliteratur, schrieb v. a. Dramen, die die Revolution verherrlichen, ferner Gedichte; auch Komponist. Ch. hatte großen Einfluß auf die Entwicklung der mittelasiat. Sowjetliteratur.

Chamson, André [frz. ʃä'sõ], * Nîmes 6. Juni 1900, † Paris 9. Nov. 1983, frz. Schriftsteller. – War Bibliothekar an der Bibliothèque Nationale, 1933–35 Kurator des Nationalmuseums in Versailles, 1934 Mitglied des Kabinetts Daladier; im 2. Weltkrieg im Stab der 5. Armee; 1959 Direktor der Archives de France. Schildert in seinen ersten Romanen ›... der nicht mit den anderen ging‹ (1925, dt. 1949), ›Les hommes de la route‹ (1927), ›Das Verbrechen der Gerechten‹ (1928, dt. 1930) und ›Die Herberge in den Cevennen‹ (1934, dt. 1934) die menschl. Nöte der Cevennenbewohner; heimatgebundener Erzähler in der Tradition des psychologisch-realist. Romans, der mit der Problematik den Rahmen des Bauernromans durchbricht. Später wandte er sich v. a. Zeitproblemen zu. Auch polit. und philosoph. Essays. 1956 Mitglied der Académie française.

Weitere Werke: Der Wunderbrunnen (R., 1945, dt. 1950), Blüte unterm Schnee (R., 1951, dt. 1953), Le chiffre de nos jours (R., 1954), Comme une pierre qui tombe (R., 1964), La superbe (R., 1967), La tour de Constance (R., 1970), Les taillons ou la terreur blanche (R., 1974), Sans peur (R., 1977), Il faut vivre vieux (Erinnerungen, hg. 1984).
Literatur: BORIN, F./DENTAN, Y.: La longue route de Ch. Paris 1980. – CASTEL, G.: A. Ch. et l'histoire. Une philosophie de la paix. Paris 1980.

Chančev, Veselin Simeonov, bulgar. Schriftsteller, ↑ Chantschew, Wesselin Simeonow.

Chandler, Raymond Thornton [engl. 'tʃɑ:ndlə, 'tʃændlə], * Chicago 23. Juli 1888, † La Jolla (Calif.) 26. März 1959, amerikan. Kriminalschriftsteller. – Gab 1929 seine Laufbahn im Ölgeschäft auf und begann Kriminalgeschichten und -romane zu schreiben, deren Erfolg auf spannende Handlungsführung und die knappe, milieugerechte Diktion zurückgeht; die Figur des Detektivs Philip Marlowe verbindet die Romane. Ch. gehört zus. mit D. Hammett zur harten, realist. Schule der Kriminalschriftsteller; auch Drehbücher.
Werke: Der tiefe Schlaf (R., 1939, dt. 1956), Lebewohl, mein Liebling! (R., 1940, dt. 1953, 1958 u. d. T. Betrogen und gesühnt), Das hohe Fenster (R., 1942, dt. 1956), Einer weiß mehr (R., 1943, dt. 1949), Red wind (Kurzgeschichten, 1946), Die kleine Schwester (R., 1949, dt. 1956), Der lange Abschied (R., 1954, dt. 1956), Einsame Klasse (R.-Fragment, fortgesetzt v. R. B. Parker, hg. 1989, dt. 1990).
Literatur: LUHR, W.: R. Ch. and film. New York 1982. – SPEIR, J.: R. Ch. New York 1983. – MACSHANE, F.: R. Ch. Eine Biographie. Dt. Übers. v. CH. HOTZ. Zü. 1984. – DEGERING, TH.: R.Ch. Rbk. 1989. – LIESBROCK, H.: Die Suche nach dem Menschen. R. Ch.s Sprachkunst. Ffm. 1993.

Chang Chieh (Zhang Jie) [chin. dʒaŋdziɛ], * Peking 27. April 1938, chin. Schriftstellerin. – Veröffentlicht seit 1978 Erzählungen und Romane über soziale Themen, in denen sie insbes. ein neues Bild der chin. Frau zeigt; in dt. Übersetzung liegen vor ›Schwere Flügel‹ (R., 1981, dt. 1985). ›Die Arche‹ (E., 1983, dt. 1985), ›Solange nichts passiert, geschieht auch nichts‹ (Satiren, dt. 1987), ›Liebes-Erzählungen‹ (dt. 1987).

Channing, William Ellery [engl. 'tʃæniŋ], * Boston (Mass.) 29. Nov. 1818, † Concord (Mass.) 23. Dez. 1901, amerikan. Schriftsteller. – War Mitglied des Transzendentalistenkreises von Concord; befreundet mit H. D. Thoreau; schrieb Gedichte und Essays.
Werke: Poems (1843), Poems, second series (1847), Thoreau, the poet-naturalist (Biogr., 1873, erweitert hg. 1902).
Literatur: HUDSPETH, R. N.: E. Ch. New York 1973.

Chansa, Al (tl.: Al-Ḫansā'), * um 575, † 664, altarab. Dichterin. – Beklagt in ihrem Diwan (hg. 1888, frz. Übersetzung 1889) den Tod ihrer beiden gefallenen Brüder.
Literatur: Enc. Islam Bd. 4, ²1978, S. 1027.

Chanson [frz. ʃᾶ'sō = Lied; zu lat. cantio = Gesang],
1. seit dem Ende des 11. Jh. in Frankreich jedes lyr. Lied für eine Singstimme, bes. das Minnelied der Trouvères (bei den Troubadours ›canso‹; im Minnesang ›liet‹). Seit dem Ende des 13. Jh. tritt das mehrstimmige Ch. als eine der Hauptformen mittelalterl. Liedkunst neben ↑ Rondeau, ↑ Virelai und ↑ Ballade. Am Anfang des 14. Jh. war das Ch. überwiegend dreistimmig mit liedhafter (gesungener) Oberstimme und zweistimmiger (instrumentaler) Begleitung. In rein vokaler Form weitete es sich zur Vierstimmigkeit aus und fand seinen Höhepunkt in den Kompositionen von Josquin Desprez. In die Instrumentalmusik übertragen wurde das Ch. zur Kanzone. Im 16. Jh. wurde das Ch. zu einer bürgerl. Gesellschaftskunst mit erzählendem, oft frivolem Text und meist homophonem Satz.
2. seit dem 17. Jh. bezeichnet Ch. allgemein Strophenlieder sowohl galanten als auch politisch-satir. Inhalts. Im 17. Jh. und 18. Jh. dominierte das galante Ch., daneben das stark politisch akzentuierte, meist anonyme Ch., u. a. mit scharfer Kritik am absolutist. Regime. Die Frz. Revolution stellt einen Höhepunkt der polit. Ch.dichtung dar, bes. bekannt ›Ça ira‹ und ›La Carmagnole‹. An das polit. Ch. der Frz. Revolution knüpfte P. J. de Béranger, der früh zum ›Chansonnier national‹ erhobene Volksdichter. Heute umfaßt im Französischen das Ch. alle Arten des ein- und mehrstimmigen Liedes. Im engeren Sinne stellt es eine literarisch-musikal. Vortragsgattung dar. Das Ch. wird von einem Interpreten unter Begleitung meist nur eines Instruments gesungen oder rezitiert, wobei die mim. und gest. Gestaltung des Vortrags eine bed. Rolle spielt. Typisch ist eine strenge Strophengliederung, meist bes. betont durch einen Refrain. Die Thematik von Ch.s bewegt sich auf einer sehr großen Bandbreite: sie reicht von iron., satir. Kritik an politisch-gesellschaftl. Positionen über die witzige Darstellung eines bestimmten Milieus bis hin zu

mondäner Selbstdarstellung oder zur lyr. Gestaltung einer Augenblicksstimmung, bes. einer Liebesbeziehung, oft als Vertonung eines lyr. Gedichts.

Seine Ausprägung fand das Ch. der Gegenwart seit Mitte des 19. Jh. in Pariser Cafés (P. J. de Béranger, Beuglant, A. Bruant). In Deutschland wurde es seit der Jahrhundertwende in Kabaretts (›Elf Scharfrichter‹, ›Überbrettl‹) bevorzugt. Seine heutige weite Verbreitung verdankt es v. a. Film, Funk und Fernsehen. Mit Interpreten wie M. Chevalier, G. Brassens, B. Vian, Ch. Aznavour, G. Bécaud, Y. Montand, É. Piaf, J. Gréco, J. Brel hatte es weltweite Ausstrahlung. Als dt. Repräsentanten des polit. und sozialkrit. Ch.s gelten u. a. die oft als ›Liedermacher‹ bezeichneten W. Biermann, F. J. Degenhardt, D. Süverkrüp, R. Mey und K. Wecker.

Literatur: TIERSOT, J.: Histoire de la ch. populaire en France. Paris 1889. Nachdr. Genf 1978. – PIERRE, C.: Les hymnes et ch.s de la Révolution. Paris 1904. – BARBIER, P./VERNILLAT, F.: Histoire de France par les ch.s. Paris 1957–61. 8 Bde. – DRAGONETTI, R.: La technique poétique des trouvères dans la ch. courtoise. Brügge 1960. – THIBAULT, G.: La ch. française au XVᵉ siècle. In: Histoire de la musique. Hg. v. R. MANUEL. Bd. 1. Paris 1960. – RUTTKOWSKI, W. V.: Das literar. Ch. in Deutschland. Bern u. Mchn. 1966. – VERNILLAT, F./CHARPENTREAU, J.: Dictionnaire de la ch. française. Paris 1968. – SCHULZ-KOEHN, J.: Die ch. de la ch. Güt. 1969. – VANDERWERF, H.: The ch.s of the troubadours und trouvères. Utrecht 1972. – SCHMIDT, FELIX: Das Ch. Ffm. ²1982. – VERNILLAT, F./CHARPENTREAU, J.: La ch. française. Paris ³1983. – QUINTUS, V.: Karikatur als Wirkungsmittel im oppositionellen Ch. Bérangers. Ffm. 1983. – SCHUH, H.-M.: Ch. In: Lex. des MA. Bd. 2. Mchn. u. Zü. 1983.

Chanson de geste [frz. ʃãsõd'ʒɛst], frz. Heldenepos des MA, in dem Stoffe aus der nat. Geschichte (↑ Heldensage), insbes. aus der Karolingerzeit, gestaltet sind (daher auch ›nat. Epen‹). Ihre Form ist die Laissenstrophe (↑ Laisse), bei der eine wechselnde Anzahl von Versen (zwischen 2 und 1443) durch ↑ Assonanz verbunden sind; beliebteste Versform sind der Zehnsilbler mit Zäsur nach der 4. Silbe (↑ Vers commun) und der Zwölfsilbler mit Zäsur nach der 6. Silbe (↑ Alexandriner). Gesangsvortrag wird allgemein angenommen, doch ist nur eine Melodie

in Zusammenhang mit der Epenparodie ›Audigier‹ erhalten. Es handelt sich dabei um eine formelhafte Zeilenmelodie, die den textl. Gegebenheiten leicht anzupassen war. Die Vortragenden waren Spielleute, Begleitinstrument war die ›viële‹ (Fidel), seit dem 14. Jh. die ›cifonie‹ (Drehleier). – Insgesamt sind etwa 80 Ch.s de g. überliefert, die meisten anonym; die erhaltenen Zeugnisse entstanden im 11.–13. Jh.; bei den Gedichten, deren Verfasser namentlich bekannt sind (Bertrand de Bar-sur-Aube, Adenet le Roi u. a.), handelt es sich um bewußt kunstvolle, oft im Stil dem höf. Roman angenäherte Bearbeitungen älterer Fassungen.

Über die **Entstehung** der Ch. de g. war sich die Forschung lange Zeit nicht einig. Hatte man zunächst in der Nachfolge J. G. von Herders und A. von Arnims angenommen, die Epen seien wie die Volkslieder dem dichtenden Volksgeist zu verdanken (L. Gautier, G. Paris; ›Kantilenentheorie‹), so setzte die antiromant. Reaktion auf diese These mit Ph. A. Becker, J. Bédier (›Pilgerstraßentheorie‹) und E. R. Curtius auf das schöpfer. Individuum und die gelehrte Adaptation von im allgemeinen lat. oder lateinisch inspirierten Vorlagen. Den Konflikt zwischen diesen beiden Richtungen, den ›Traditionalisten‹ und den ›Individualisten‹, löste im wesentlichen erst die 1953 publizierte Text einer in volkssprachlich beeinflußtem Latein geschriebenen Kurzfassung des altfrz. ›Rolandsliedes‹ aus dem span. Kloster San Millán de la Cogolla, die ›Nota emilianense‹ von 1065, die das Vorhandensein mündlich tradierter Epenfassungen eindeutig belegte. In einer Position, die man mit R. Menéndez Pidal als ›Neotraditionalismus‹ bezeichnet, geht man nun – nicht unbeeinflußt von Feldforschungen zur serbokroat. und mongol. Epik – davon aus, daß die z. T. jahrhundertelang nur mündlich weitergegebenen Texte aus dem Zufall der Überlieferung heraus schriftlich erhalten sind, und daß verschiedene Fassungen desselben Stoffes als in sich selbständige, an bestimmten Publikumserwartungen orientierte Spielmannsvarianten anzusehen seien. Mit der zunehmenden Verschriftlichung der literar. Kultur in

Frankreich zum Ende des 12. Jh. geht auch die gattungsmäßige Konsolidierung der Ch. de g. einher, die sich in Zyklenbildung und stärkerer Integration von Erzählmustern des höf. Romans äußert. Dies ändert jedoch nichts an der grundsätzl. Bestimmung der Ch.s de g. zum mündl. Vortrag. Den moralisch-didakt. Nutzen der Gattung, der auf einem immer wieder vorgenommenen Rekurs auf die Geschichte beruht, würdigt der Musiktheoretiker Jean de Grouchy zum Ende des 13. Jh. nicht nur mit dem Hinweis auf ihre unterhaltende und entspannende Wirkung, sondern auch mit dem auf ihre Fähigkeit, das Gemeinwesen (›civitas‹) funktionsfähig zu erhalten.

Die Ch. de g. zeigt, ähnlich den skand. ↑Fornaldar sögur und auch den dt. Heldenepen, eine Tendenz zur zykl. Verknüpfung, oft nach genealog. Gesichtspunkten. Man unterscheidet **3 große Zyklen,** sogenannte ›Gesten‹: 1. den Zyklus um das karoling. Herrschergeschlecht (›La geste de Charlemagne‹, ›La geste du roi‹, dt. ›Karls‹- oder ›Königsgeste‹): Zentralfiguren sind Karl der Große und seine 12 Pairs; älteste Gedichte des Zyklus, der insgesamt etwa 15 Epen umfaßt, sind das ›Rolandslied‹ (›Chanson de Roland‹) und die Karlsreise (›Pèlerinage de Charlemagne à Jérusalem‹); 2. den Zyklus um das Vasallengeschlecht Garins de Monglane, zu dem u. a. Wilhelm von Orange gehört (›La geste de Guillaume d'Orange‹, ›La geste de Garin‹, dt. ›Wilhelmsgeste‹): ältestes und bedeutendstes Gedicht des Zyklus ist das ›Wilhelmslied‹ (›Chanson de Guillaume‹); insgesamt etwa 20, oft wenig originelle Gedichte; 3. die Empörerzyklen (›La geste de Doon de Mayence‹ bzw. ›Le cycle féodal‹): gemeinsames Grundmotiv: ein vom König oder Kaiser vermeintlich oder wirklich begangenes Unrecht veranlaßt einen Vasallen zur Auflehnung und zur Verbrüderung mit den inneren und äußeren Feinden des Reiches; die Kämpfe ziehen sich über mehrere Generationen hin; wichtig ist gerade bei diesen Gedichten ihre Aktualität; ältestes Epos dieser Gruppe ist ›Gormont et Isembart‹; weitere Empörerepen: ›Raoul de Cambrai‹, das Gedicht von den vier Haimonskindern (›Les quatre fils Ay-

mon‹), ›Girart de Roussillon‹. Wichtige Epen und kleinere Gesten außerhalb der großen Zyklen: ›Amis und Amile‹, ›Huon de Bordeaux‹, der Zyklus um Ereignisse des 1. Kreuzzuges (einschl. der märchenhaften Epen vom Schwanenritter), die ›Lothringer‹-Geste (›Geste des Loherains‹) und als Seitentrieb des Empörerzyklus die ›Geste de Nanteuil‹.

Die **Stoffe** der Ch. de g. fanden z. T. schon sehr früh) Eingang in andere literar. Gattungen; Prosabearbeitungen einzelner Epen, umfangreiche kompilator. Werke in Reimpaaren, später auch in Prosa, span. Romanzen, italien. Kunstepen der Renaissance (L. Ariosto, ›Orlando furioso‹, 1516, dt. 1631–36, 1908 u. d. T. ›Der rasende Roland‹). – Ein selbständiges, von der frz. Ch. de g. (einschl. der wenigen provenzal. Epen) unabhängiges Heldengedicht hat in der mittelalterl. Romania nur noch Spanien mit dem ›Cantar de mío Cid‹ aufzuweisen (↑Cid, el; ↑auch Cantar). Bei den anderen span. und bes. den zahlreichen italien. Heldenepen handelt es sich dagegen entweder um Bearbeitungen frz. Ch. de g. oder um phantasievolle Neuschöpfungen nach deren Vorbild.

Literatur: PARIS, G./MEYER, P.: Histoire poétique de Charlemagne. Paris ⁴1909. – SICILIANO, I.: Les origines du ch.s de g. Frz. Übers. Paris 1951. – RIQUER, M. DE: Les ch.s de g. françaises. Frz. Übers. Hg. v. I. CLUZEL. Paris ²1957. – CURTIUS, E. R.: Gesammelte Aufss. zur roman. Philologie. Bern u. Mchn. 1960. – MENÉNDEZ PIDAL, R.: La Chanson de Roland et la tradition épique des Francs. Paris ²1960. – MANDACH, A. DE: Naissance et développement de la Ch. de g. en Europe. Genf u. Paris 1961–80. 4 Bde. – BÉDIER, J.: Les légendes épiques. Recherches sur la formation des ch.s de g. Paris ³1966. 4 Bde. – BECKER, PH. A.: Zur roman. Literaturgesch. Ausgew. Studien u. Aufss. Bern 1967. – RYCHNER, J.: La ch. de g. Essai sur l'art épique des jongleurs. Genf u. Paris ²1967. – SICILIANO, I.: Les ch.s de g. et l'épopée. Mythes-histoire-poèmes. Turin 1969. – MÜLLER, FRANZ W.: Menéndez Pidal u. die Rolandsliedforschung. Wsb. 1971. – KLOOCKE, K.: Joseph Bédiers Theorie über den Ursprung der Ch. de g. und die daran anschließende Diskussion zwischen 1908 und 1968. Göppingen 1972. – ADLER, A.: Ep. Spekulanten. Versuch einer synchron. Gesch. des altfrz. Epos. Mchn. 1974. – Altfrz. Epik. Hg. v. H. KRAUSS. Darmst. 1978. – Europ. Heldendichtung. Hg. v. K. VON SEE. Darmst. 1978. – METZ, M.: Zu Tradition u. Perspektive in der Geographie der Chanson de Roland. Ffm. 1981. – BARTELS, H.: Epos – die Gattung in der Geschichte. Eine Begriffsbestimmung vor dem Hintergrund der Hegelschen ›Ästhetik‹ anhand von ›Nibelungenlied‹ und ›Chanson de Roland‹. Hdbg. 1982. – SINCLAIR, K. V.: Tristan de Nanteuil, thematic infrastructure and literary creation. Tüb. 1983. – Essor et fortune de la ch. de g. dans l'Europe et l'Orient latin. Vorwort v. A. LIMENTANI. Modena 1984.

Chanson de Guillaume [frz. ʃãsõdgi'jo:m] (Chanson de Guillelme, Archamp), um 1130–40 entstandenes, in einer aus England stammenden Handschrift der Mitte des 13. Jh. überliefertes altfrz. Heldengedicht (Chanson de geste), das 1903 wiederentdeckt wurde und im Brit. Museum aufbewahrt wird. Es besteht aus zwei Teilen, der eigtl. ›Ch. de G.‹ sowie einem Zusatz, der sog. ›Chanson de Rainoart‹, und umfaßt 3 554 Verse in Zehnsilblern. Ältestes erhaltenes Wilhelmslied, inhaltlich zum großen Teil übereinstimmend mit dem ↑›Aliscans‹, dessen unverkennbarer Vorläufer der 1. Teil ist, und Vorbild für ›Le covenant Vivien‹. – ↑auch Wilhelmszyklus.

Ausgaben.: La Ch. de G. Hg. v. D. MACMILLAN. Paris 1949–50. 2 Bde. – Ch. de G. Dt. Übers. u. eingel. v. B. SCHMOLKE-HASSELMANN. Mchn. 1983.
Literatur: BECKER, PH. A.: Das Werden der Wilhelm- u. der Aimerigeste. Lpz. 1939. – WHATELET-WILLEM, J.: Recherches sur la Ch. de G. Paris 1976.

Chanson de Guillelme [frz. ʃãsõdgi-'jɛlm), andere Bez. für ↑Chanson de Guillaume.

Chanson de Roland [frz. ʃãsõdrɔ'lã], altfrz. Heldenepos, ↑Rolandslied.

Chanson de toile [frz. ʃãsõdə'twal] (Ch. d'histoire), nach dem Gesang beim Weben benannte Gattung der altfrz. Trouvèrelyrik, die eine einfache Liebesgeschichte, meist zwischen Ritter und Mädchen, in episch-histor. Rahmen erzählt.

Literatur: ZINK, M.: Belle-Essai sur les Ch.s de t. Paris 1978.

Chanson dramatique [frz. ʃãsõdrama'tik] ↑Rollengedicht.

Chansonnier [ʃãsɔni'e:; frz.], im frz. Spät-MA Bez. für eine Liederhandschrift (↑auch Cancioneiro); seit dem Ende des 17. Jh. in der modernen Bed. ›Liedermacher‹ belegt.

Chant [frz. ʃã = Gesang], meist ernstes Lied zu feierl. Anlässen; zum Singen bestimmtes Gedicht, Ode, Hymne; im Französischen auch eine Handlungseinheit des Epos.

Chantefable [frz. ʃãt'fɑ:bl], Mischform der frz. mittelalterl. Literatur aus erzählenden Prosapartien, die rezitiert, und monolog. oder dialog. Versabschnitten, die gesungen wurden. – Die einzige erhaltene Ch. ist die Liebesnovelle ›Aucassin et Nicolette‹ (Anfang 13. Jh., anonym).

Chant royal [frz. ʃãrwa'jal], frz. Gedichtform des 14.–16. Jh.; sie besteht aus 5 Strophen (in Zehn-, seltener in Achtsilblern) und einem Geleit (↑ Envoi), Themen: u. a. religiöse Erbauung, Spruchweisheiten, Kommentierung polit. Ereignisse.

Chantschew (tl.: Chančev), Wesselin Simeonow [bulgar. 'xantʃɛf], * Stara Sagora 4. April 1919, † Sofia 3. Nov. 1966, bulgar. Schriftsteller. – Redakteur und Dramaturg; bulgar. Kulturrat in Warschau und Paris; schrieb lyr. Gedichte (›Stichove v palaskite‹ [= Gedichte im Patronengurt], 1954), auch Schauspiele, Kinder- und Drehbücher; bed. Übersetzungen aus dem Französischen, Russischen und Polnischen.

Chao Shu-li (Zhao Shuli) [chin. dʒau-ʃuli], * Ch'ingshui (Schansi) 24. Sept. 1906, † T'aiyüan (Schansi) 1970, chin. Schriftsteller. – Anhänger der kommunist. Bewegung und des sozialist. Realismus, schrieb ab 1942 Erzählungen und Romane über das ländl. Milieu; in dt. Übersetzung liegen die Erzählung ›Die Lieder des Li Yü-ts'ai‹ (dt. 1950) und der Roman ›Die Wandlung des Dorfes Lidjaschuang‹ (dt. 1952) vor.

Chapbooks [engl. 'tʃæpbʊks], seit dem 19. Jh. in England belegte Bez. für populäre ↑ Flugblätter, ↑ Broschüren und Bücher von kleinem Umfang und Format, die bes. durch fliegende Händler (›chapmen‹) in England und Nordamerika vertrieben wurden. – Neben verschiedenen literar. Kleinformen und Gebrauchsliteratur wurden in dieser Form v. a. ↑Volksbücher verbreitet (u. a. ›Dr. Faustus‹).

Chapelain, Jean [frz. ʃa'plɛ̃], * Paris 4. Dez. 1595, † ebd. 22. Febr. 1674, frz. Kritiker und Dichter. – Universal gebildet und als persönl. Berater und Günstling Richelieus an der Gründung der Académie française beteiligt, deren Statuten er erarbeitete und deren Wörterbuch (das erst 1694 erschien) er veranlaßte. Galt seit seiner Vorrede zu G. Marinos ›Adone‹ (1623) als erste literar. Persönlichkeit und vor der Zeit N. Boileau-Despréaux als der bedeutendste Kritiker Frankreichs. Seine Sonette und Madrigale fanden großen Beifall. Das mißlungene Epos ›La pucelle ou la France délivrée‹ (12 Gesänge 1656, weitere 12 Gesänge hg. 1882) wurde von Boileau-Despréaux aus Rivalitätsgründen vernichtend kritisiert. Literaturgeschichtl. Wert haben seine Briefe (›Lettres‹, 2 Bde., hg. 1880–83).
Weitere Werke: Lettre sur les vingt-quatre heures (Schr., 1630), De la poésie représentative (Studie, 1635).
Literatur: COLLAS, G.: J. Ch., 1595–1674. Paris 1912. – HUNTER, A. C.: Lexique de la langue de Ch. Genf 1967.

Chapelle [frz. ʃa'pɛl], eigtl. Claude Emmanuel L[h]uillier, * La Chapelle-Saint-Denis bei Paris 1626, † Paris 12. (?) Sept. 1686, frz. Dichter. – Unehel. Sohn eines Parlamentsrates, der ihn später anerkannte; führte ein sehr freies Leben; befreundet mit N. Boileau-Despréaux, J. de La Fontaine, Molière und J. Racine. Schrieb außer epikureischen Gedichten mit François de Bachaumont (* 1624, † 1702) u. a. die anschaul. Reiseschilderung ›Voyage en Provence et en Languedoc‹ (1663, teils in Versen, teils in Prosa) und ist Mitverfasser einer polemisch-satir. Schrift gegen Anna von Österreich.

Chapman, George [engl. 'tʃæpmən], * bei Hitchin (Hertford) 1559 (?), † London 12. Mai 1634, engl. Dichter und Dramatiker. – Vermutlich in Oxford klassisch gebildeter Zeitgenosse Shakespeares. Er verfaßte Tragödien nach Stoffen aus der Geschichte und der frz. Zeitgeschichte, die mit spannungsreichen Handlungen und deklamator. Sprache eine stoische Grundhaltung zur Geltung bringen, u. a. ›The tragedy of Bussy d'Ambois‹ (Trag., UA 1604, erschienen 1607), ›The revenge of Bussy d'Ambois‹ (Trag., UA um 1610, erschienen 1613; beide auch wegen ihrer Analogien zu Shakespeares ›Hamlet‹ von Interesse), ›The conspiracy and tragedy of Charles Duke of Byron, Marshall of France‹ (Trag., 1608), ›Chabot, Admiral of France‹ (Trag., entst. um 1612, hg. 1639), ›Caesar and Pompey‹ (UA um 1605, erschienen 1631). Zu seinen temperamentvollen satir. Komödien gehören ›All fools‹ (Kom., 1605), ›The gentleman usher‹ (1606), sowie ›Eastward hoe!‹ (1605; mit B. Jonson und J. Marston). Den größten Ruhm jedoch erwarb sich Ch. mit den Übersetzungen Homers, ›Iliad‹ (1611) und ›Odyssey‹ (1614/15).
Ausgaben: G. Ch. Works. Hg. v. R. H. SHEPHERD und A. C. SWINBURNE. London 1874–75. 3 Bde. – The plays of G. Ch. The comedies. Hg. v. A. HOLADAY. Urbana (Ill.) 1970.
Literatur: JACQUOT, J.: G. Ch. Paris 1951. – LORD, G. DE F.: Homeric renaissance. The Odyssey of G. Ch. London 1956. – MACLURE, M.: G. Ch. A critical study. Toronto 1966. – SPIVACK, C.: G. Ch. New York 1967. – BRADBROOK, M. C.: G. Ch. London 1977. – SNARE, G.: The mystification of G. Ch. Durham (N. C.) 1989.

Chappaz, Maurice [frz. ʃa'pa], * Martigny 21. Dez. 1916, schweizer. Schriftsteller. – Schreibt in frz. Sprache; Hauptthemen seiner ausdrucksstarken, bilderreichen Lyrik und Prosa sind die von der modernen Technik bedrohte Landschaft des heimatl. Wallis und seine Bewohner.
Werke: Testament du Haut-Rhône (Ged., 1953), Die Walliser (Prosa, 1965, dt. 1968), Rinder, Kinder und Propheten (Prosa, 1968, dt. 1976), Lötschental (Prosa, 1975, dt. 1979), Die Zuhälter des ewigen Schnees. Ein Pamphlet (1976, dt. 1976), Entre Dieu et diable (Ged., 1981), Le livre de C. (Ged., 1986), La veillée des Vikings (Autobiographisches, 1990), L'océan (Prosa, 1993).
Ausgabe: M. Ch. Poésie. Einl. v. M. RAYMOND. Vevey 1980–82. 3 Bde.
Literatur: ALTWEGG, J.: M. Ch. Leben u. Schreiben im Savro-Kanton. In: ALTWEGG: Leben u. Schreiben im Welschland. Zü. 1983. S. 24. – Zs. Écriture 27 (1986), Sondernr. M. Ch.

Char, René [frz. ʃa:r], * L'Isle-sur-la-Sorgue (Vaucluse) 14. Juni 1907, † Paris 19. Febr. 1988, frz. Lyriker. – Zunächst Anhänger des Surrealismus, von dem er sich 1938 jedoch wieder löste, um nach einer Zeit des Experimentierens seinen eigenen Stil herauszubilden. Während des 2. Weltkriegs Mitglied der Résistance

(›Hypnos‹, Ged., 1946, dt. 1963). Schilderte in kühnen Bildern und dunklen Metaphern die heimatl. Landschaft der Provence, trat in der Begegnung mit Krieg und Tod für die Idee menschl. Würde, für Mut und Brüderlichkeit ein. Schrieb auch einige Dramen.

Weitere Werke: Le marteau sans maître (Ged., 1934), Dehors la nuit est gouvernée (Ged., 1938), Les matinaux (Ged., 1950), Ird. Girlande (Ged., dt. Ausw. 1955), La parole en archipel (Ged., 1962), Commune présence (Ged., 1965), Le nu perdu (Ged., 1971, dt. und frz. Ausw. 1984 u. d. T. Rückkehr stromauf), La nuit talismanique (Ged., 1972), Aromates chasseurs (Ged., 1976), Chants de la Balandrane (Ged., 1977), Fenêtres dormantes et portes sur le toit (Ged., 1979), Vertrauen zum Wind (Ged., frz. und dt. Ausw., 1984), Die Nachbarschaften Van Goghs (Ged., 1985, frz. und dt. 1990), Lob einer Verdächtigen (Ged., hg. 1988, frz. u. dt. 1989), Schattenharmonie (Ged. und Prosa, frz. und dt. Ausw. 1991).
Ausgaben: R. Ch. Poésies. Dichtungen. Frz.-dt. Hg. v. J.-P. WILHELM u. J. HÜBNER. Ffm. 1959–68. 2 Bde. – Œuvres complètes de R. Ch. Einl. v. J. ROUDAUT. Paris 1983.
Literatur: Cahier R. Ch. Cahiers de l'Herne 15 (1971). – CAWS, M. A.: The presence of R. Ch. Princeton (N.J.) 1976. – LAWLER, J. R.: R. Ch. The myth and the poem. Princeton (N. J.) 1978. – PIORE, N. K.: Lightning. The poetry of R. Ch. Boston (Mass.) 1981. – MATHIEU, J.-C.: La poésie de R. Ch. ou le sel de la splendeur. Paris 1984–85. 2 Bde. – VEYNE, P.: R. Ch. en ses poèmes. Paris 1990. – NOGACKI, E.: R. Ch. Valenciennes 1992.

Charakter [ka...; griech. = eingeprägtes Zeichen], Figur in der erzählenden Prosa oder im Drama, die durch ihre einmaligen, individuellen, oft höchst widersprüchl. Charaktereigenschaften geprägt ist.

Charakterdrama [ka...], Drama, das sich aus der Darstellung eines Charakters entwickelt; der Gang der Handlung wird von der bes. charakterl. Disposition der Dramenfigur entscheidend bestimmt (u. a. Shakespeares ›Hamlet‹, 1603, dt. 1766; Goethes ›Torquato Tasso‹, 1790; H. Ibsens ›Peer Gynt‹, 1867, dt. 1881); vom Ch. unterscheiden sich das ↑ Handlungsdrama und das ↑ Ideendrama.

Charakterkomödie [ka...], Komödie, deren kom. Wirkung im Unterschied zur ↑ Situationskomödie weniger auf Verwicklungen der Handlungsstränge als vielmehr auf der Darstellung einer typ.

Eigenschaft eines bestimmten Charakters beruht.

Charakterrolle [ka...], Theaterrolle, bei der die Darstellung eines Charakters gefordert ist.

Charaktertragödie [ka...], Tragödie, die sich aus dem Charakter des (oder der) Helden entwickelt.

Charalambiew Schafarow (tl.: Charalambiev Žafarov), Dobri [bulgar. xara'lambief ʒa'farof], bulgar. Schriftsteller, ↑ Nemirow, Dobri.

Chardonne, Jacques [frz. ʃar'dɔn], eigtl. J. Boutelleau, *Barbezieux (Charente) 2. Jan. 1884, †La Frette (Val-d'Oise) 30. Mai 1968, frz. Schriftsteller. – Studierte in Paris Jura und war dort 1921–43 Verlagsdirektor. Behandelt mit guter psycholog. Beobachtungsgabe in seinen Romanen individuelle und soziale Konflikte. Eines seiner Hauptthemen ist die Propagierung der bürgerl. Konvenienzehe als Mittel zur Überwindung existentieller Einsamkeiten.

Werke: L'épithalame (R., 1921), Eva oder das unterbrochene Tagebuch (1930, dt. 1932), Les destinées sentimentales (R.-Trilogie, 1934–36), Chimériques (E., 1948), Matinales (E., 1956), Propos comme ça (Prosa, 1966).
Ausgabe: J. Ch. Œuvres complètes. Paris 1951–55. 6 Bde.
Literatur: VANDROMME, P.: J. Ch., c'est beaucoup plus que Ch. Lyon 1962. – GUITARD-AUVISTE, G.: Ch. ou l'incandescence sous le givre. Paris 1984.

Chardscha [arab.] (Jarcha), Bez. für die 1947 in der Synagoge von Kairo wiedergefundenen roman. Schlußstrophen zu umfangreichen arab. Sinngedichten (Muwashshaḥas, auch Muwaššaḥas) aus dem Spanien des 11. und 12. Jahrhunderts. Die zumeist vierzeiligen, in archaischem Mozarabisch oder ausnahmsweise Vulgärarabisch abgefaßten Texte, die aufgrund ihrer Überlieferung in hebr. oder arab. Schrift sehr schwer zu entziffern sind, gehören zur Gattung des mittelalterl. Frauenliedes. Die bisher bekannten, rund 60 Ch.s wurden den gelehrten, reflektierten Sinngedichten als Element liedhaft-volkstüml. Spontaneität und Offenheit beigegeben. Ihre Entdeckung bezeugte u. a. erneut Existenz und Bed. nur mündlich verbreiteter volkssprachl. Dichtung im MA.

Literatur: FRENK, M.: La lírica pretrovadoresca. In: Grundriß der roman. Literaturen des MA. Bd. 2, 1, 2. Hg. v. E. KÖHLER. Hdbg. 1979.

Charge ['ʃarʒə; frz.; eigtl. = Bürde (z. B. eines Amtes); zu charger = beladen], Nebenrolle in einem Drama mit meist einseitig gezeichnetem Charakter; das Überziehen einer (solchen) Rolle nennt man **Chargieren.**

Charis (tl.: Charēs), Petros, eigtl. Ioannis Marmariadis, * Athen 26. Aug. 1902, neugriech. Schriftsteller. – Schrieb psychologisch nuancierte symbolist. Erzählungen; auch Literaturkritiker und Essayist; Hg. der seit 1927 erscheinenden renommierten Literatur-Zeitschrift ›Nea Hestia‹.

Werke: Hē teleutaia nychta tēs gēs (= Die letzte Nacht der Erde, En., 1924, dt. Ausw. 1980), Makrynos kosmos (= Ferne Welt, En., 1944), Krisimē hōra (= Kritische Stunde, Essays 1944), Phōta sto pelagos (= Lichter auf dem Meer, En., 1958), Hotan hoi hagioi katabainun stē gē (= Wenn die Heiligen auf die Erde herabsteigen, En., 1965), Hē megalē nychta (= Die lange Nacht, En., 1969), Hēmeres orgēs (= Tage des Zorns, R., 1979), Rembasmos sto chartē (= Gedankenspiel vor der Landkarte, En., 1982).

Charisi, Juda ben Salomo, span.-jüd. Dichter und Übersetzer, ↑Juda Al Charisi Ben Salomo.

Chariton von Aphrodisias ['ça:...] (tl.: Charítōn), griech. Romanschriftsteller des 1. Jh. v. Chr. oder spätestens um 200 n. Chr. – Sein Liebesroman in 8 Büchern ›Tà peri Chaírćan kaì Kallirrhóēn‹ (= Chaireas und Kallirhoe, dt. 1753) ist der älteste erhaltene griech. Roman.

Ausgabe: Charitonis Aphrodisiensis de Chaerea et Callirhoe. Hg. v. W. E. BLAKE. Oxford 1938. **Literatur:** PETRI, R.: Über den Roman des Ch. Meisenheim 1963.

Charles, J. B. [frz. ʃarl], eigtl. Willem Hendrik Nagel, * Zwolle 25. Aug. 1910, † Oegstgeest bei Leiden 29. Juli 1983, niederl. Schriftsteller. – V. a. bekannt durch seine preisgekrönte Erzählung ›Volg het spoor terug‹ (1953), die von seinen Erlebnissen und Erfahrungen als Widerstandskämpfer im 2. Weltkrieg beeinflußt ist.

Weitere Werke: Terzinen van de Mei (Ged., 1944), Waarheen daarheen (Ged., 1954), Ekskuseer mijn linkerhand (Ged., 1959), Van het kleine koude front (E., 1962).

Charles d'Orléans [frz. ʃarldɔrle'ã], Herzog von Orléans (seit 1407), Graf von Angoulême, * Paris 24. Nov. 1394, † Amboise 5. Jan. 1465, frz. Dichter. – Vater von Ludwig XII.; geriet bei Azincourt in engl. Gefangenschaft, aus der er erst 1440 gegen Zahlung eines hohen Lösegeldes wieder befreit werden konnte. Nach seiner Rückkehr zog er die Dichter seiner Zeit an seinen Hof in Blois. Seine Lyrik bestimmen in der Nachfolge von Guillaume de Machault und E. Deschamps die gattungsspezif. (Ballade, Rondeau) und themat. Konventionen des frz. Spät-MA: der verzweifelt Liebende, die Aufspaltung des Ichs in Herz und Verstand, die allegor. Verhüllung existentieller Konflikte. Der Zeitbezug artikuliert sich historisch, klagend. Dichtung wird Ch. d'O. zum Ausweg aus seiner polit. und sozialen Einsamkeit, die Sprache zu der Wirklichkeit, die er virtuos in Formen und Inhalte zu zwingen vermag.

Ausgabe: Ch. d'O. Poésies. Hg. v. P. CHAMPION. Paris 1923–27. 2 Bde. Neuausg. 1956. **Literatur:** FOX, J. H.: The lyric poetry of Ch. d'O. Oxford 1969. – MCLEOD, E.: Ch. d'O., prince and poet. London 1969. – HARRISON, A. T.: Ch. d'O. and the allegorical mode. Chapel Hill (N. C.) 1975. – PLANCHE, A.: Ch. d'O. ou la recherche d'une beauté. Paris 1975. – FEIN, D. A.: Ch. d'O. Boston (Mass.) 1983. – YENAL, E.: Ch. d'O. New York 1984.

Charles-Roux, Edmonde [frz. ʃarl-'ru], * Neuilly-sur-Seine 17. April 1920, frz. Schriftstellerin. – Wuchs in Prag und Rom auf; Mitglied der Résistance, 1954–66 Chefredakteurin der Zeitschrift ›Vogue‹; begeisterte sich früh für die moderne italien. Literatur (E. Vittorini), die zus. mit der Landschaft des italien. Südens, im wesentlichen ihr Werk inspiriert. Seit 1983 Mitglied der Académie Goncourt.

Werke: Palermo vergessen (R., 1966, dt. 1967; Prix Goncourt 1966), Elle, Adrienne (R., 1971), Chanel (Biogr., 1974, dt. 1976, 1988 u. d. T. Coco Chanel. Ein Leben), Le temps Chanel (Album, 1979), Stèle pour un bâtard (R., 1980), Une enfance sicilienne (R., 1981), Un désir d'Orient. La jeunesse d'Isabelle Eberhardt (Biogr., 1988).

Charly, Louise [frz. ʃar'li], frz. Dichterin, ↑Labé, Louise.

Charms, Daniil Iwanowitsch [russ. xarms], eigtl. D. I. Juwatschow, * Petersburg 12. Jan. 1906, † in der Haft 2. Febr. 1942, russ.-sowjet. Schriftsteller. – Dramatiker, Lyriker und Prosaist; bed. Vertreter der absurden Kunst als Protest gegen das inhaltlose Gleichmaß des Alltäglichen; schrieb auch Kinderbücher; 1941 verhaftet; wurde um 1956 (nur) als Kinderdichter rehabilitiert; dt. Werkauswahlen erschienen 1983 (›Geschichten von Himmelkumov und anderen Persönlichkeiten‹) sowie 1970, 1984 (›Fälle‹) und 1985 (›Fallen‹); in den 90er Jahren erschienen ›Zwischenfälle‹ (dt. 1990) und ›Die Kunst ist ein Schrank. Aus den Notizbüchern 1924–1940‹ (dt. 1992).

Ausgabe: D. I. Ch. Sobranie proizvedenij. Bremen 1978–80. 3 Bde.

Literatur: NAKHIMOVSKY, A. S.: D. Kharms and A. Vvedensky. From the language of nonsense to the absurdity of life. Diss. Cornell University Ithaca (N. Y.) 1976. – STOIMENOFF, L.: Grundll. u. Verfahren des sprachl. Experiments im Frühwerk von D. I. Ch. Ffm. 1984.

Charonkreis ['ça:...], Berliner Dichterkreis um den Lyriker O. zur Linde; in dessen 1904 zus. mit R. Pannwitz gegründeter Zeitschrift ›Charon‹ versuchte der Ch., durch die Schaffung eines neuen urweltl., nordisch geprägten Mythos in der Dichtung eine neue Zeit durch die Abwendung von der Außenseite der Dinge zu propagieren. Die Dichtungen des Ch.es nahmen so Züge des Expressionismus vorweg. Weitere Mitglieder: K. Röttger, R. Pannwitz (bis 1906), R. Paulsen und E. Bockemühl. Zu Beginn des Ersten Weltkrieges mußte die Zeitschrift ihr Erscheinen einstellen. ›Charon-Nothefte‹ wurden 1920–22 (13 Hefte) herausgegeben.

Charrière, Henri-Antoine [frz. ʃa-'rjɛ:r], * Saint-Étienne-de-Lugdarès (Ardèche) 16. Nov. 1906, † Madrid 29. Juli 1973, frz. Schriftsteller. – Lehrersohn; nach dem frühen Tod der Mutter häufig Disziplinprobleme in Schule und Marine; 1931 unter Mordanklage gestellt und zu lebenslängl. Zwangsarbeit verurteilt; ab Mitte der 40er Jahre Aufbau einer neuen Existenz in Venezuela. Erlangte mit dem Bericht über sein Sträflingsleben ›Papillon‹ (1969, dt. 1970) Weltruhm (Übersetzungen in mehr als 20 Sprachen). Mit der u. d. T. ›Banco‹ (1972, dt. 1973) vorgelegten Fortsetzung konnte er nicht an den Erfolg von ›Papillon‹ anknüpfen.

Literatur: SALLAGER, E.: H.-A. Ch. In: Krit. Lex. der roman. Gegenwartsliteraturen. Hg. v. W.-D. LANGE. Losebl. Tüb. 1984 ff.

Charrière, Isabelle Agnès Élisabeth de [frz. ʃa'rjɛ:r], geb. van Tuyll van Serooskerken van Zuylen, Pseudonym Abbé de La Tour, * Schloß Zuylen bei Utrecht 20. Okt. 1740, † Colombier (Kanton Neuenburg) 27. Dez. 1805, schweizer. Schriftstellerin niederl. Herkunft. – Lebte seit ihrer Heirat 1761 in der Schweiz; eng mit B. H. Constant de Rebecque befreundet. Verfaßte in frz. Sprache außer einigen Dramen eine Reihe von Romanen, die sich – meist in Briefform – durch klare, lebhafte Darstellung auszeichnen.

Werke: Lettres neuchâteloises (R., 1784), Caliste ou lettres écrites de Lausanne (R., 1787), Lettres à Constant d'Hermenches (hg. 1909).

Ausgabe: I. A. É. de Ch. Œuvres complètes. Genf 1985. 10 Bde.

Literatur: KIMSTEDT, C.: Frau v. Ch. (1740–1805). Bln. 1938. – FAUCHIER-DELAVIGNE, M.: Belle et Benjamin. Genf 1964.

Charta 77 ['karta; griech.-lat.], von einer tschechoslowak. Bürgerrechtsgruppe unter Führung des ehem. Außenministers J. Hájek, des Dramatikers V. Havel und des Philosophen J. Patočka (* 1907, † 1977) am 1. Jan. 1977 veröffentlichte Proklamation, in der die Respektierung der Menschen- und Bürgerrechte gefordert wird; dann auch Name für die Gruppe selbst. Zu den Schriftstellern, die unterzeichnet haben, zählen u. a. L. Vaculík, P. Kohout und J. Kolář.

Chartier, Alain [frz. ʃar'tje], * Bayeux um 1385, † Avignon 30. März 1430, mittelfrz. Dichter. – Studierte in Paris, war Sekretär Karls VI. und Karls VII. und wurde mit wichtigen diplomat. Missionen beauftragt, u. a. bei Kaiser Sigismund und am schott. Hof. Ch. ist Verfasser politisch-didakt. Schriften in lat. und frz. Sprache sowie von Liebeslyrik in den Traditionen des höf. Minnerituals und allegor. Dichtungen nach dem Beispiel des ›Rosenromans‹ sowie moralisch-lehrhafter Überlieferungen in der Folge von A. Prudentius Clemens' ›Psychomachia‹.

Werke: Livre des quatre dames (Ged., 1416), Le quadrilogue invectif (Prosa, 1422), La belle

dame sans merci (Ged., 1424), Traité de l'espérance (Prosa, 1428).
Ausgaben: A. Ch. The poetical works of A. Ch. Hg. v. J. C. LAIDLAW. London u. New York 1974. – A. Ch. Les œuvres latines. Hg. v. P. BOURGAIN-HEMERYCK. Paris 1977.
Literatur: HOFFMANN, E. J.: A. Ch., his work and reputation. New York 1942 (mit Bibliogr.). Nachdr. Genf 1975. – WALRAVENS, C. J. H.: A. Ch. Études biographiques. Amsterdam 1971. – ZINSER, J. C.: Ch.: Political and religious rhetoric in the French and Latin prose writings of A. Ch. University Wisconsin-Madison 1977. – CHAMBRAND NANI, CH.: Rhétorique et syntaxe dans la prose d'A. Ch. Padua 1981.

Chartier, Émile [frz. ʃarˈtje], frz. Philosoph und Schriftsteller, † Alain.

Chase, Mary Ellen [engl. tʃɛis], * Blue Hill (Maine) 24. Febr. 1887, † Northampton (Mass.) 28. Juli 1973, amerikan. Schriftstellerin. – War 1926–55 Prof. für engl. Literatur am Smith College (Mass.); schrieb populäre, von der Region Neuenglands beeinflußte Romane, Essays, Biographien, autobiograph. Werke und Kinderbücher.
Werke: Genien der Kindheit (Autobiogr., 1932, dt. 1948), Mary Peters (R., 1934, dt. 1947), Silas Crockett (R., 1935), Am Rande der Dunkelheit (R., 1957, dt. 1964), Die größere Liebe (R., 1960, dt. 1961).
Literatur: WESTBROOK, P. D.: M. E. Ch. New York 1965.

Chastellain (Châtelain), Georges [frz. ʃastəˈlɛ̃, ʃɑˈtlɛ̃], * bei Aalst (Flandern) um 1415, † Valenciennes 20. März 1475, frz. Geschichtsschreiber und Dichter. – Bekleidete nach längerem Aufenthalt in Frankreich (1435–46) im burgund. Hofdienst wichtige Ämter als Rat und Hofchronist. Sein Hauptwerk ist neben Dichtungen im Stil der Grand Rhétoriqueurs die nur zu einem Drittel erhaltene Chronik Frankreichs und Burgunds (behandelter Zeitraum 1419–75).
Ausgabe: Œuvres de G. Ch. Hg. v. J. KERVYN DE LETTENHOVE. Brüssel 1863–66. 8 Bde.
Literatur: HOMMEL, L.: Ch. Brüssel 1945. – DELCLOS, J. C.: Le témoignage de G. Ch., historiographe de Philippe le Bon et de Charles le Téméraire. Genf 1980.

Chateaubriand, François René Vicomte de [frz. ʃatobriˈɑ̃], * Saint-Malo 4. Sept. 1768, † Paris 4. Juli 1848, frz. Schriftsteller und Politiker. – Entstammte einem alten Adelsgeschlecht; verbrachte seine Jugend auf dem elterl. Schloß in der Bretagne, wo er mit einer

schwermütigen Schwester zus. aufwuchs. Trat schließlich in die Armee ein; entzog sich 1791 der Frz. Revolution durch eine Reise nach Nordamerika; lebte 1793 bis 1800 in Großbritannien, wo er 1797 seinen ›Essai sur les révolutions‹ veröffentlichte, der ihm die polit. Kreise öffnete. Nach dem Tod seiner Mutter fand er einen festen Halt im christl. Glauben, nachdem er einem freigeistigen Atheismus gehuldigt hatte. Sein Essay ›Der Geist des Christentums‹ (5 Bde., 1802 [zus. mit den Novellen ›René‹, dt. 1802, und ›Atala‹, 1801, dt. 1805], dt. 2 Bde., 1856/57, Tl. 1–4 erstmals dt. 1803/04), eine Reaktion auf die religiöse Indifferenz der Aufklärung, ist eine romant. Verklärung des Christentums. 1800 Rückkehr nach Frankreich, wo er unter Napoleon eine unstete polit. Karriere begann; 1804 Bruch mit dem Kaiser; Reisen nach Griechenland, Palästina, Ägypten und Spanien; unter den Bourbonen erneut politisch aktiv; zunächst polit. Schriften; Pair von Frankreich, Gesandter in Berlin (1820) und London (1822); 1823 als Außenminister verantwortlich für die Intervention in Spanien; 1828 Gesandter in Rom. 1830 zog er sich aus dem polit. Leben zurück. Seit 1811 Mitglied der Académie française; befreundet mit Madame J. F. J. A. Récamier. Bedeutendster und einflußreichster Vertreter der frz. Frühromantik, neigte Ch. zu träumer. Melancholie (›René-Stimmung‹) und lyr. Gefühlsüberschwang, gestaltete seine Themen mit sprachl. Eleganz, wobei die Grenzen zu rhetor. Pathos fließend waren, und lebte im Zwiespalt von Empfinden und Erkennen, den er in seinem Werk eindrucksvoll nachzeichnete. Er schrieb auch zeit- und kulturgeschichtlich wertvolle Memoiren.

Weitere Werke: Die Märtyrer (R., 2 Bde., 1809, dt. 1809/10), Tagebuch einer Reise von Paris nach Jerusalem (Reisebericht, 1811, dt. 3 Bde., 1812), Die Natchez (R., 2 Bde., 1826, dt. 1827/1828), Die Abenteuer des letzten der Abenceragen (Nov., 1826, dt. 1843), Von Jenseits des Grabes. Denkwürdigkeiten (20 Bde., 1848–50, dt. 16 Tle., 1848/49, 1968 gekürzt u. d. T. Erinnerungen).
Ausgaben: Graf Franz August v. Ch. Sämmtl. Werke. Dt. Übers. Freib. 1827–38. 66 Bde. – Ch. Œuvres complètes. Hg. v. CH. A. SAINTE-BEUVE. Paris 1859–61. 12 Bde. – Ch. Œuvres ro-

manesques et voyages. Hg. v. M. REGARD. Paris 1969. 2 Bde. – Ch. Correspondance générale. Hg. v. B. D'ANDLAU u. a. 1977 ff. (bisher 5 Bde. erschienen). **Literatur:** SAINTE-BEUVE, CH. A.: Ch. et son groupe littéraire sous l'Empire. Hg. v. M. ALLEM. Paris Neuaufl. 1948. 2 Bde. – RICHARD, J. P.: Paysage de Ch. Paris 1967. – BARBÉRIS, P.: Ch. Une réaction au monde moderne. Paris 1976. – SIEBURG, F.: Ch. Tyrannei u. Tugend. Mchn. Neuaufl. Tb.-Ausg. 1976. – PAINTER, G. D.: Ch. A biography. London 1977 ff. Auf 3 Bde. berechnet. – LENTZEN, M.: F.-R. de Ch. In: Frz. Lit. des 19. Jh. Bd. 1. Hg. v. W.-D. LANGE. Hdbg. 1979. S. 189. – MEIVOR, G. K.: Images du paradis perdu. Ch. et l'Amérique. Montpellier 1980. – ORMESSON, J. D.: Mon dernier rêve sera pour vous. Une biographie sentimentale de Ch. Paris 1982. – LELIÈVRE, M.: Ch. polémiste. Bd. 1: L'écrivain de combat. Paris 1983. – RICHARD, N.: Ch. Le paradis de la rue d'Enfer. Toulouse 1985. – CABANIS, J.: Ch. Lyon 1988. – VINET, A.: Ch. Lausanne 1990.

Châteaubriant, Alphonse de Brédenbec de [frz. ʃatobri'ã], * Rennes 25. März 1877, † Kitzbühel 2. Mai 1951, frz. Schriftsteller. – Während des 2. Weltkrieges Kollaboration mit der dt. Besatzung; lebte nach dem Krieg unerkannt in Tirol bis zu seinem Tod. Schrieb konservativ-regionalist. Romane, die in einer wirren Mischung christl. und nationalsozialist. Elemente zu verbinden suchen. **Werke:** Herr von Lourdines (R., 1911, dt. 1942; Prix Goncourt 1911), Schwarzes Land (R., 1923, dt. 1925), Die Meute (Nov.n, 1927, dt. 1938), Die Antwort des Herrn (R., 1933, dt. 1936), Geballte Kraft (Essays, 1937, dt. 1938), Écrits de l'autre rive (Essays, 1950), Lettre à la chrétienté mourante (Essay, 1951), Cahiers 1906–51 (hg. 1955). **Literatur:** MAUGENDRE, L.-A.: A. de Ch., 1877–1951. Paris 1977.

Chat-Noir [frz. ʃa'nwa:r = schwarze Katze], erstes literar. Künstlerkabarett auf dem Montmartre; gegr. 1881, bestand bis 1896; in ihm trat u. a. auch A. Bruant auf.

Chatrian, Alexandre, frz. Schriftsteller, ↑ Erckmann-Chatrian.

Chatterji, Bankimchandra [engl. 'tʃætədʒɪ, 'tʃaːtədʒiː], eigtl. Bankimcandra Caṭṭopādhyāya, * Kantalpura (Bengalen) 27. Juni 1838, † Kalkutta 8. April 1894, bengal. Schriftsteller. – Gilt als ›Vater des bengal. Romans‹; neben historischen Werken, die unter dem Einfluß von W. Scott entstanden, schrieb er sozialkrit.

Romane. Aus ›Ānandamaṭh‹ (= Kloster der Wonne, R., 1882, engl. [5]1906 u. d. T. ›The abbey of bliss‹) stammt das Lied des ind. Freiheitskampfes ›Bande Mātaram‹ (= Ich verehre die Mutter [d.h. Indien]). Ch.s späteres Schaffen war v. a. religiösen Themen gewidmet. **Weitere Werke:** Kopal Kundala (R., 1866, dt. 1886), Viṣavṛkṣa (R., 1873, engl. 1884 u. d. T. The poison tree). **Literatur:** DĀSA GUPTA, J.-K.: A critical study of the life and novels of Bankimcandra. Diss. Kalkutta 1937.

Chatterji, Saratchandra [engl. 'tʃætədʒɪ, 'tʃaːtədʒiː], eigtl. Ṣaraccandra Caṭṭopādhyāya, * Debanandapur 15. Sept. 1876, † Kalkutta 16. Jan. 1938, bengal. Schriftsteller. – Beklagt das Elend der bengal. Mittelklasse und hier bes. das der Frauen. Sein einfacher Stil ließ ihn nach R. Tagore zum beliebtesten Romancier seiner Heimat werden. Viele seiner Romane wurden von Śiśir Kumār Bhāduṛī für die Bühne bearbeitet. **Ausgabe:** Ṣ. Ch. Ṣarat-sāhitya-saṃgraha. Kalkutta 1954–65. 13 Bde.

Chatterton, Thomas [engl. 'tʃætətn], * Bristol 20. Nov. 1752, † London 24. oder 25. Aug. 1770, engl. Dichter. – Sohn eines Lehrers, wuchs in Bristol auf und war Schreiber bei einem Rechtsanwalt; er verehrte begeistert das MA und schrieb mit Hilfe eines Chaucer-Glossars Gedichte im Stil und in der Orthographie des MA, die er als Werke eines fiktiven Mönchs Thomas Rowley herausgab. Er beging, nachdem die angeblich aufgefundenen mittelalterl. Handschriften als Fälschungen erkannt waren und er sich vergeblich als Schriftsteller zu behaupten versuchte, mit 17 Jahren Selbstmord. Erst nach seinem Tod entdeckte man Ch.s dichter. Begabung, Originalität und schöpfer. Phantasie. Sein Schicksal wurde öfter literarisch gestaltet, u. a. von A. de Vigny (›Ch.‹, Dr., 1835, dt. 1850), E. Penzoldt (›Der arme Ch.‹, R., 1928), P. Ackroyd (›Ch.‹, R., 1988). **Ausgabe:** Th. Ch. The complete works. Hg. v. D. S. TAYLOR u. B. B. HOOVER. Oxford 1971. 2 Bde. **Literatur:** RICHTER, H.: Th. Ch. Wien u. Lpz. 1900. Nachdr. New York 1964. – MEYERSTEIN, E. H. W.: A life of Ch. New York u. London 1930. – COTTLE, B.: Th. Ch. Bristol 1963. – TAYLOR, D. S.: Th. Ch.'s art. Princeton 1978. – KA-

PLAN, L. J.: The family romance of the impostor-poet Th. Ch. Neuausg. Berkeley (Calif.) 1989.

Chatwin, [Charles] Bruce [engl. 'tʃæt-wɪn], *Sheffield 13. Mai 1940, † Nizza 18. Jan. 1989, engl. Schriftsteller. – War 1959–66 beim Londoner Auktionshaus Sotheby tätig; studierte dann Archäologie; unternahm Reisen u. a. in den Sudan, nach Afghanistan, Südamerika und Australien, worüber er 1972–75 für das ›Sunday Times Magazine‹ schrieb. Sein erstes Buch ›In Patagonien‹ (1977, dt. 1981) zeigt die Verbindung von einfühlender Beobachtung des Reiseberichts und überhöhender Fiktion, von der dann auch seine glänzend geschriebenen Romane gekennzeichnet sind, so ›Der Vizekönig von Ouidah‹ (R., 1980, dt. 1982) über die Geschichte des Sklavenhandels zw. Brasilien und Afrika und ›Traumpfade‹ (R., 1987, dt. 1990) über rituelle Wanderungen austral. Aborigines; sowie, weniger exotisch, ›Auf den schwarzen Berg‹ (R., 1982, dt. 1983) über Wales und ›Utz‹ (R., 1988, dt. 1989) über die Leidenschaft eines Kunstsammlers im kommunist. Prag. Verfaßte auch Texte für Fotobücher.

Chatzopulos (tl.: Chatzopoulos), Konstantinos, Pseudonym Petros Vassilikos, *Agrinion 1868, † auf dem Schiff zwischen Korfu und Brindisi 12. Aug. 1920, neugriech. Schriftsteller. – Jurastudium, 1899–1902 und 1905–14 in Deutschland, symbolist. Lyriker und sozialkrit. Erzähler, angeregt von der sozialist. Bewegung in Deutschland; auch bed. Übersetzer (u. a. Goethes ›Faust I‹, ›Iphigenie‹; H. von Hofmannsthal, F. Grillparzer).

Werke: Tragudia tēs eremias (= Lieder der Einsamkeit, Ged., 1898), Ta elegeia kai ta eidyllia (= Elegien und Idyllen, Ged., 1898), Agapē sto chorio (= Liebe im Dorf, E., 1910), Ho pyrgos tu Akropotamu (= Die Burg am Akropotamos, R., 1915), Tassi sto skotadi (= Tasso im Dunkel, En., 1916), To phthinopōro (= Der Herbst, R., 1917), Bradynoi thryloi (= Abendl. Sagen, Ged., 1920).

Chaucer, Geoffrey [engl. 'tʃɔːsə], *London um 1340, † ebd. 25. Okt. 1400, mittelengl. Dichter. – Entstammte dem aufstrebenden Bürgertum, fand Zugang zum Hof, wo er zunächst Page war und dem er später als Beamter in verschiedenen Funktionen (u. a. im Zollwesen)

Geoffrey Chaucer in einer Handschrift des 15. Jh., gemalt von seinem Schüler Thomas Occleve

diente, protegiert von Herzog John of Gaunt. Der Kriegsdienst führte ihn nach Frankreich, diplomat. Missionen u. a. nach Italien, mit dessen literar. Kultur (G. Boccaccio, F. Petrarca) er in Berührung gekommen sein muß. Vorübergehend scheint er in Ungnade gefallen und in wirtschaftl. Schwierigkeiten geraten zu sein. Ch.s Dichtung war anfangs an zeitgenöss. frz. Vorbildern orientiert, u. a. am ›Rosenroman‹ des Guillaume de Lorris, den er (zumindest teilweise) in engl. Verse übersetzte. Diesen Einfluß zeigt etwa die eleg. Liebesvision ›The book of the duchess‹ (1369), vermutlich für John of Gaunt aus Anlaß des Todes von dessen Frau verfaßt. Prägend war auch sein Studium lat. Autoren, bes. des Boethius, dessen ›De consolatione Philosophiae‹ er übersetzte. Auf italien. Anregungen basieren sodann die Liebesdebatte ›Das Parlament der Vögel‹ (entst. zw. 1375 und 1385, dt. 1883), die Fragment gebliebene Dichtung ›Legende von den guten Weibern‹ (entst. zw. 1372 und 1382, dt. 1883) und die tragisch-kom. Verserzählung ›Troilus and Criseyde‹ (etwa 1385), eine im Sinne mittelalterlich-höf. Liebesauffassung umgestaltete Adaptation von Boccaccios ›Il Filostrato‹. Ch.s Hauptwerk, ›The Canterbury tales‹ (begonnen etwa 1386, gedr. um 1476 von W. † Caxton, dt. 1827 [nur 5 Erzählungen] u. d. T. ›Canterburysche Erzählungen‹), bringt, verbunden durch die Rahmenhandlung von einer Wallfahrt zum Grab des hl. Thomas in Canterbury, eine Sammlung von Geschichten (zumeist in Versen), die den Pilgern in den Mund gelegt sind (nur 24 von den geplanten rund 120 wurden fertiggestellt). Die lebendig charakterisierten Pilger verschiedener Stände stellen einen Querschnitt der mittelalterl. Gesellschaft dar; ihre Geschichten bilden ein Spektrum (z. T. humorvoll ironisierter) mittelalterl. Erzählgattungen, von der Ritterromanze über die Heiligenlegende bis zur derb-drast. Schwankerzählung. Ch.s Werk ist ein Höhepunkt der spätmittelalterl. engl. Literatur. Es hat der (mittel-)engl. Sprache Londons literar. Geltung verschafft und blieb für die engl. Dichtung des gesamten 15. Jh. wegweisend.

Weitere Werke: Anelida und Arcite (Ged., etwa 1374 [?]), Das Haus der Fama (Dichtung, etwa 1380, dt. 1883), A treatise on the Astrolabe (Abh., 1391).
Ausgaben: G. Ch. Werke. Dt. Übers. v. A. v. DÜRING. Straßburg 1883–86. 3 Bde. Bd. 2 u. 3 in 1 Bd. Neu hg. v. L. HOEVEL. Mchn. 1975. 3 Bde. – G. Ch. Die Canterbury-Tales. Übers., eingel. u. hg. v. M. LEHNERT. Mchn. 1985. – The Riverside Ch. Hg. v. L. D. BENSON. Boston (Mass.) [3]1987.
Literatur: SCHOECK, R. J./TAYLOR, J.: Ch. criticism. Notre Dame (Ind.) 1960–61. 2 Bde. Bd. 1 [9]1975, Bd. 2 [7]1971. – Ch. life records. Hg. v. M. M. CROW u. C. C. OLSON. Oxford 1966. – KEAN, P. M.: Ch. and the making of English poetry. London 1972. 2 Bde. – MEHL, D.: G. Ch.: Eine Einf. in seine erzählenden Dichtungen. Bln. 1973. – BAUGH, A. C.: Ch. Arlington Heigths [2]1977. – G. Ch. Hg. v. W. ERZGRÄBER. Darmst. 1983. – BREWER, D.: An introduction to Ch. London u. New York 1984. – The Cambridge Ch. companion. Hg. v. P. BOITANO. Cambridge 1986. – JORDAN, R. M.: Ch.'s poetics and the modern reader. Berkeley (Calif.) u. a. 1987. – HOWARD, D. R.: Ch. New York 1987. – ALLEN, M./FISCHER, J. H.: The essential Ch. An annotated bibliography of major modern studies. London 1987. – COOPER, H.: Oxford Guides to Ch. Oxford 1989 ff. Auf 3 Bde. berechnet. – KISER, L.: Truth and textuality in Ch.'s poetry. Hanover (N. H.) 1991. – RIEHLE, W.: G. Ch. Rbk. 1994.

Chaulieu, Guillaume Amfrye, Abbé de [frz. ʃoʹljø], * Fontenay-en-Vexin (Eure) 1639, † Paris 27. Juni 1720, frz. Dichter. – Entstammte einer reichen Familie, stand im Dienst mehrerer hoher Aristokraten; lebte später in wohlhabenden Verhältnissen in Paris. Seine literar. Wirksamkeit ist eng mit den ›cours galantes‹ unter Ludwig XIV. verbunden. Für sie verfaßte er z. T. an J. de La Fontaine gemahnende, libertinistisch und

epikureisch-deistisch inspirierte Gelegenheitsdichtungen zu Freude, Liebe, Alter und Tod, mit denen er sich zum Anakreon oder Horaz seiner Zeit stilisieren wollte (›Poésies‹, hg. 1724; mit Ch. A. de La Fare [* 1644, † 1712]).
Literatur: LACHÈVRE, F.: Le libertinage au XVIIIe siècle. Les derniers libertins. Paris 1924. – BOURIQUET, G.: L'abbé de Ch. et le libertinage au Grand Siècle. Paris 1972.

Chaussée, Pierre Claude Nivelle de La, französischer Dramatiker, ↑ La Chaussée, Pierre Claude Nivelle de.

Chawaf, Chantal [frz. ʃaʹwaf], eigtl. Germaine Marie-Antoinette Ch., * Paris 15. Nov. 1943, frz. Schriftstellerin. – Lieferte mit ihren Romanen ›Rétable – La rêverie‹ (1974), ›Blé de sémence‹ (1976), ›Le soleil et la terre‹ (1977), ›Maternité‹ (1979), ›Landes‹ (1980), ›Crépusculaires‹ (1981) und ›L'intérieur des heures‹ (1987) wesentl., poetisch-sinnl., ebenso enthüllende wie zarte Beschreibungen zu Situationen und Identität der Frau in dieser Zeit.
Weitere Werke: Rédemption (R., 1989), L'éclaircie (R., 1990), Vers la lumière (R., 1993).
Literatur: HEYMANN, B.: Textform u. weibl. Selbstverständnis. Die Romane von Hélène Cixous u. Ch. Ch. Whm. 1991.

Chayefsky, Paddy [engl. tʃaɪʹɛfskɪ], * New York 29. Jan. 1923, † ebd. 1. Aug. 1981, amerikan. Dramatiker. – Studium in New York; entdeckte während der Rekonvaleszenz von einer Kriegsverwundung in London das Theater; Reisen nach Israel und in die Sowjetunion. Schrieb erfolgreiche, später auch verfilmte Fernsehstücke wie ›Marty‹ (1953) und Dramen, in denen er den Wunsch nach glückl. Liebesbeziehungen (›Der zehnte Mann‹, 1959, dt. 1963), die jüd. Geschichte und Religion (›Gideon‹, 1961, dt. 1963) sowie die Behauptung des Individuums in kommunist. (›The passion of Josef D.‹, 1964) bzw. kapitalist. Ländern (›The latent heterosexual‹, 1968) thematisierte. Verfaßte danach Filmdrehbücher und einen Science-fiction-Roman (›Die Verwandlungen des Edward J.‹, 1978, dt. 1979).
Literatur: CLUM, J. M.: P. Ch. Boston (Mass.) 1976.

Chedạmmu-Mythos, myth. Erzählung aus dem Mythenkreis um den churrit. Göttervater Kumarbi, nur lückenhaft in hethit. Sprache erhalten: Chedammu, Kind Kumarbis und einer Meertochter, wächst als riesiger Schlangendrache im Wasser heran und vernichtet gefräßig Tausende von Lebewesen. Um die Menschheit vor der drohenden Gefahr zu retten, wendet sich die Göttin Ischtar an den Götterrat, muß aber schließlich, ähnlich wie im ›Ullikummi-Lied‹, selbst ihre Reize in Nacktheit zu Chedammus Überwältigung einsetzen. Das Ende des Mythos ist unsicher.

Literatur: SIEGELOVÁ, J.: Appu-Märchen u. Ḫedammu-Mythos. Wsb. 1971. S.35.

Chedid, Andrée [frz. ʃeˈdid], * Kairo 20. März 1920, frz. Schriftstellerin libanes. Herkunft. – Verbrachte ihre Jugend in Ägypten; seit 1946 in Paris ansässig. Als Lyrikerin (u.a. ›Textes pour une figure‹, 1949; ›Textes pour un poème‹, 1950; ›Double-pays‹, 1965; ›Contrechant‹, 1969; ›Visage premier‹, 1972; ›Voix multiples‹, 1974; ›Cérémonial de la violence‹, 1976; ›Gemalte Worte oder Der Falter hat keine Mähne‹, dt. Ausw. 1979; ›Épreuves du vivant‹, 1983), Dramatikerin (u.a. ›Bérénice d'Égypte‹, 1968) und Romanautorin (u.a. ›Le sommeil délivré‹, 1953; ›Le sixième jour‹, 1962; ›La cité fertile‹, 1972; ›Nefertiti et le rêve d'Akhnaton‹, 1974; ›Les marches de sable‹, 1981; ›La maison sans racines‹, 1985) in gleicher Weise um Definition und Beschreibung des Individuums vor Universum und Geschichte bemüht. Ihre dichte poet. Sprache verweist darüber hinaus in immer neuen Annäherungen auf die Ineinssetzung von Existenz und Literatur.

Weitere Werke: Mondes Miroirs Magies (Nov.n, 1988), L'enfant multiple (R., 1989), À la mort, à la vie (Nov.n, 1992).
Literatur: KNAPP, B. L.: A. Ch. Amsterdam 1984.

Cheever, John [engl. ˈtʃiːvə], * Quincy (Mass.) 27. Mai 1912, † Ossining (N. Y.) 18. Juni 1982, amerikan. Schriftsteller. – Gestaltet in seinen Kurzgeschichten und Romanen die Welt der Vorstädte. Finanziellem Wohlstand steht geistiger Verfall gegenüber. Die Ironie der Ereignisse, in denen die Figuren gefangen sind, führen zum Untergang einer guten Familie in Neuengland (›Die lieben Wapshots‹, R.,

1957, dt. 1958; ›Die schlimmen Wapshots‹, R., 1964, dt. 1967), zur Verbitterung über das eigene Leben (›Die Bürger von Bullet Park‹, R., 1969, dt. 1972) bis zu Drogenabhängigkeit, Gefängnisstrafe und Homosexualität (›Falconer‹, R., 1977, dt. 1981). Verschiedene seiner Kurzgeschichten wurden für das Theater (›The way some people live‹, 1943) bzw. für das Fernsehen (›The stories of John Cheever‹, 1978; Pulitzerpreis 1979) inszeniert.

Weitere Werke: The enormous radio and other stories (Kurzgeschichten, 1953), The housebreaker of Shady Hill and other stories (Kurzgeschichten, 1958), The brigadier and the golf widow (Kurzgeschichten, 1964), The world of apples (Kurzgeschichten, 1973), Kein schöner Land (R., 1982, dt. 1984), Tagebücher (hg. 1991, dt. 1994).
Literatur: BOSHA, F. J.: J. Ch.: A reference guide. Boston (Mass.) 1981. – CHEEVER, S.: Home before dark. A biographical memoir of J. Ch. Boston (Mass.) 1984. – DONALDSON, S.: J. Ch., a biography. New York 1988.

Chelčický, Petr [tschech. ˈxɛltʃitski:], * Chelčice bei Wodňan (Vodňany) um 1390, † ebd. um 1460, tschech. hussit. Laientheologe, Sozialtheoretiker und Schriftsteller. – Landedelmann; waldens. Einfluß; geistiger Vater der Böhm. Brüder; innerhalb des Hussitismus vertrat er am radikalsten die Urkirchlichkeit und erstrebte hieraus eine Neuordnung; verwarf Mönchtum und Kriegsdienst; lehnte jede weltl. Obrigkeit und polit. Organisation sowie die damalige Ständeordnung ab.

Werke: Postilla (um 1435), Das Netz des Glaubens (entst. zw. 1433 und 1440, gedr. 1521, dt. 1924).
Literatur: MIKA, A.: P. Ch. Prag 1963.

Chemnizer (tl.: Chemnicer), Iwan Iwanowitsch [russ. xɪmˈnitsər], * Festung Jenotajew (Gebiet Astrachan) 16. Jan. 1745, † bei Smyrna (heute İzmir) 30. März 1784, russ. Fabeldichter. – Sohn eines sächs. Militärarztes; war im Militärdienst und als Beamter tätig; zuletzt Vizekonsul in Smyrna. Schrieb in Anlehnung an Ch. F. Gellert satirisch-didakt. Fabeln, auch Fabelübersetzungen (u.a. J. de La Fontaine); er gilt als Vorläufer I. A. Krylows.

Chenevière, Jacques [frz. ʃənˈvjɛːr], eigtl. Alexandre Guérin, * Paris 17. April

1886, † Genf 22. April 1976, schweizer. Schriftsteller. – Verfaßte zunächst Lyrik, dann heiter-iron. Erzählungen und Romane, die meist traumhaft-phantast. Stoffe gestalten und durch vortreffl. psycholog. Beobachtung gekennzeichnet sind; schrieb in frz. Sprache.

Werke: Les beaux jours (Ged., 1909), Die einsame Insel (R., 1918, dt. 1927), Innocences (Nov.n, 1924), Les messagers inutiles (R., 1926), Les aveux complets (Nov.n, 1931), Erkenne dein Herz (R., 1935, dt. 1939), Herbe Frucht (R., 1943, dt. 1949), Le bouquet de la mariée (R., 1955).

Chénier, André [de] [frz. ʃe'nje], * Konstantinopel (heute Istanbul) 30. Okt. 1762, † Paris 25. Juli 1794, frz. Lyriker. – Sohn eines frz. Konsuls in Konstantinopel und einer Levantinerin, Bruder von Marie-Joseph Ch.; kam 1765 nach Frankreich; 1782/83 Offizier, 1784/85 Reisen in die Schweiz und nach Italien; 1787–90 Botschaftssekretär in London; wandelte sich angesichts des Terrors vom Anhänger zum Gegner der Frz. Revolution und mußte aus Paris fliehen. Nach einjährigem Aufenthalt in Versailles wurde er im April 1794 verhaftet und als Monarchist hingerichtet. Obwohl zu seinen Lebzeiten außer polit. Aufsätzen vor zwei Gedichte erschienen, ›Hymne à la France‹ und ›Le jeu de paume‹, gilt Ch. als bedeutendster frz. Lyriker des 18. Jahrhunderts. Formal an antiken Vorbildern orientiert, weist er in seinen Idyllen und Elegien, Oden und Hymnen durch Erlebnistiefe und Natürlichkeit des Empfindens auf die Dichtung der Romantik hin. Im Gefängnis dichtete er seine erschütternden, die Revolution verdammenden ›Jamben‹ (hg. 1839 von Ch. A. Sainte-Beuve, dt. 1946) und sein berühmtestes Gedicht, ›La jeune captive‹. Gedankentiefe, bewundernswerte Beherrschung von Vers und Sprache, klar erfaßte und poetisch gestaltete Bilder sowie Vergleiche zeichnen seine Dichtungen aus, die erst im Laufe der Zeit bekannt geworden sind (hg. 1819).

Ausgabe: A. Ch. Œuvres complètes. Hg. v. G. WALTER. Paris ³1958.
Literatur: DIMOFF, P.: La vie et l'œuvre d'A. Ch. jusqu'à la Révolution française 1762–1790. Paris 1936. 2 Bde. – WALTER, G.: A. Ch., son milieu et son temps. Paris 1947. – FABRE, J.: Ch. Paris

1966. – AUBARÈDE, G. D': A. Ch. Paris 1970. – TÖNS, U.: Studien zur Dichtung A. Ch.s. Münster 1970. – QUILLEN, E.: L'Angleterre et l'Amérique dans la vie et la poésie d'A. Ch. Bern 1982.

Chénier, Marie-Joseph [de] [frz. ʃe-'nje], ≈ Konstantinopel (heute Istanbul) 11. Febr. 1764 (* 2. Febr. 1764?), † Paris 10. Jan. 1811, frz. Schriftsteller. – Bruder von André Ch.; Anhänger der Frz. Revolution und Napoleons; Mitglied des Konvents, des Rates der Fünfhundert, später des Tribunats und Generalinspekteur für das Unterrichtswesen; wandte sich gegen die Diktatur und wurde 1806 aus den Staatsämtern entfernt; verherrlichte die Revolution mit patriot. Hymnen und zeitgebundenen, histor. Tragödien. Mitglied der Académie française seit 1803.

Werke: Charles IX (Dr., 1789), Jean Calas (Dr., 1793), Caïus Gracchus (Dr., 1793), Fénelon (Dr., 1793), Timoléon (Dr., 1795).
Ausgabe: Œuvres de M.-J. Ch. Paris 1823–27. 8 Bde.
Literatur: LIÉBY, A.: Étude sur le théâtre de M.-J. Ch. Paris 1901. – BINGHAM, A. J.: M.-J. Ch., early political life and ideas (1789–1794). New York 1939. – HAMICHE, D.: Le théâtre et la révolution. Paris 1973.

Ch'en Jo-hsi (Chen Ruoxi) [chin. tʃənrʊɔ̃ci], * Taipeh (Taiwan) 1938, chin. Schriftstellerin. – Literar. Versuche während des Studiums (bis 1961 in Taipeh, bis 1966 in den USA); lehrte ab 1969 engl. Literatur in Nanking. Ihre Erfahrungen dort schlugen sich in zahlreichen krit. Kurzgeschichten nieder; die bekannteste Sammlung über den Landrat Yin erschien 1976 in Taipeh, 1978 auch in der VR China (in dt. Übersetzung 1979 u. d. T. ›Die Exekution des Landrats Yin und andere Stories aus der Kulturrevolution‹). Sie verließ 1973 die VR China, seit 1979 in den USA (seit 1988 amerikan. Staatsbürgerin).

Weiteres Werk: Heimkehr in die Fremde (R., 1978, dt. 1991).

Cheraskow (tl.: Cheraskov), Michail Matwejewitsch [russ. xɪ'raskəf], * Perejaslaw (Perejaslaw-Chmelnizki) 5. Nov. 1733, † Moskau 9. Okt. 1807, russ. Schriftsteller. – Aus altem Adelsgeschlecht; Militärlaufbahn, dann im Universitätsdienst; Klassizist mit Neigung zur Empfindsamkeit; vielseitiger Literat;

bes. Erfolg hatte er mit dem heroischen Epos ›Rossijada‹ (1779) aus der Zeit Iwans des Schrecklichen.

Chérau, Gaston [frz. ʃe'ro], * Niort 6. Nov. 1872, † Boston (Mass.) 20. April 1937, frz. Schriftsteller. – Setzte in Anlehnung an G. Flaubert und É. Zola den naturalist. Roman fort, zeichnete in kräftigen Zügen die Bürger und Bauern der Provinz.

Werke: Monseigneur voyage (R., 1904), Le monstre (R., 1913), Valentine Pacquault (R., 1921), Le flambeau du Riffault (R., 1925), L'enfant du pays (R., 1932).

Cherbuliez, Victor [frz. ʃɛrby'lje], Pseudonym G. Valbert, * Genf 19. Juli 1829, † Combs-la-Ville (Seine-et-Marne) 1. Juli 1899, frz. Schriftsteller. – Schrieb nach dem Vorbild von G. Sand eine Reihe psycholog. Familien- und Gesellschaftsromane, u.a. ›Der Graf Kostia‹ (1863, dt. 1887), ›Isabella, oder der Roman einer rechtschaffenen Frau‹ (1866, dt. 1867), ›Ladislas Bolski‹ (1869, dt. 1872), daneben Studien über Kunst, Literatur und Politik (›Das polit. Deutschland seit dem Prager Frieden‹, 1870, dt. 1870). 1881 Mitglied der Académie française.

Chessex, Jacques [frz. ʃɛ'sɛ], * Payerne 1. März 1934, schweizer. Schriftsteller. – Gymnasiallehrer; schreibt in frz. Sprache Gedichte, Kritiken, Essays, Romane und Novellen; wurde bekannt mit dem Roman ›Der Kinderfresser‹ (1973, dt. 1975; Prix Goncourt 1973), die Geschichte der Zerstörung einer Existenz durch ein übermächtiges Vaterbild.

Weitere Werke: Chant de printemps (Ged., 1955), Mona (R., 1976, dt. 1978), Bréviaire (Ged., 1976), Le séjour des morts (Nov.n, 1977), Bernsteinfarbene Augen (R., 1979, dt. 1979), Judas le transparent (R., 1982), Le calviniste (Ged., 1983), Feux d'orée (En., 1984), Der Verworfene (R., 1987, dt. 1989), Flaubert ou le désert en abîme (Essay, 1991), Dreigestirn (R., 1992, dt. 1993), Les élégies de Yorick (Ged., 1994).

Literatur: ALTWEGG, J.: Monsieur Bovary in der waadtländ. Provinz. In: ALTWEGG: Leben und Schreiben im Welschland. Zü. 1983. S. 34.

Chesterfield, Philip Dormer Stanhope, 4. Earl of [engl. 'tʃɛstəfi:ld], * London 22. Sept. 1694, † ebd. 24. März 1773, engl. Schriftsteller. – War ab 1726 Mitglied des Oberhauses, wo er liberale Ansichten vertrat; 1745/46 Vizekönig von Irland, 1746–48 Staatssekretär, zog sich dann ins Privatleben zurück. Berühmt wurde Ch. durch die ›Briefe an seinen Sohn‹ (2 Bde., hg. 1774, dt. 6 Bde., 1774–77), die, elegant und geistreich geschrieben, skrupellos Ratschläge erteilen, wie man gesellschaftlich avanciert. Ch. ist auch Verfasser polit. Schriften.

Ausgaben: The letters of Ph. D. S., Earl of Ch. Hg. v. LORD MAHON. London 1845–53. 5 Bde. – Earl of Ch. Briefe an seinen Sohn Philip Stanhope über die anstrengende Kunst, ein Gentleman zu werden. Dt. Übers. v. F. BERGER. Mchn. 1984.

Literatur: SHELLABARGER, S.: Lord Ch. and his world. Boston (Mass.) 1951. – BREWER, S. M.: Design for a gentleman. London 1963.

Gilbert Keith Chesterton

Chesterton, Gilbert Keith [engl. 'tʃɛstətən], * London 29. Mai 1874, † Beaconsfield (Buckinghamshire) 14. Juni 1936, engl. Schriftsteller. – Entstammte einer wohlhabenden prot. Familie; Besuch der Kunstschule in London; journalist. Tätigkeit, Mitarbeiter liberaler Zeitschriften, freier Schriftsteller ab 1900. Enge Freundschaft mit H. Belloc. 1922 Übertritt zum Katholizismus. Betätigte sich in allen literar. Gattungen, der Hauptakzent liegt jedoch auf seinem Prosawerk; immer wieder wird der Leser mit Paradoxa, Parodien, Witz, Humor und verblüffenden Effekten überrascht. Schrieb neben Gedichten (Balladen, Trinklieder) geistreiche, philosophisch bestimmte und satirisch-phantast. Romane sowie literar. und sozialkrit. Essays. Größte Verbreitung fanden die den herkömml. Kriminalroman parodierenden Pater-Brown-Geschichten, in denen sich ein unscheinbarer kath. Priester als Meisterdetektiv bewährt.

Werke: Robert Browning (Biogr., 1903), Der Held von Notting Hill (R., 1904, dt. 1927), Häretiker (Essay, 1905, dt. 1912), Der Mann, der Donnerstag war (R., 1908, dt. 1910), Was unrecht ist an der Welt (Essay, 1910, dt. 1924), Priester und Detektiv (En., 1911, dt. 1920), The ballad of the white horse (Ged., 1911), Poems (1915), Der Mann, der zuviel wußte (R., 1922, dt. 1925), Das Geheimnis des Pater Brown (R., 1927, dt. 1929), Collected poems (1933), Skandal um Pater Brown (En., 1935, dt. 1958).

Ausgaben: G. K. Ch. A selection from his nonfictional prose. Hg. v. W. H. AUDEN. London 1970. – G. K. Ch. Selected stories. Hg. v. K. AMIS. London 1972. – Collected works. Hg. v. GEORGE J. MARLIN u. a. San Francisco. 1986 ff. Bisher 35 Bde. erschienen.

Literatur: WARD, M.: G. K. Ch. Dt. Übers. Regensburg 1956. – FABRITIUS, R. M.: Das Komische im Erzählwerk G. K. Ch.s. Tüb. 1964. – An index to G. K. Ch. Hg. v. J. W. SPRUG. Washington (D. C.) 1966. – BOYD, I.: The novels of G. K. Ch. A study in art and propaganda. London 1975. – HUNTER, L.: G. K. Ch. London 1979. – RIBSTEIN, M.: G. K. Ch., création romanesque et imagination (1874–1936). Paris 1981. – COREN, M.: Gilbert. The man who was G. K. Ch. London 1988.

Chetagurow (tl.: Chetagurov), Konstantin Lewanowitsch [russ. xɪta'gurɐf] (osset. K'osta Chetägkaty), *Nar 15. Okt. 1859, †Georgijewsko-Ossetinskoje 1. April 1906, osset. Dichter. – Schöpfer der osset. Literatursprache und der bedeutendste osset. Dichter (v. a. Lyriker und Dramatiker); zentrales Thema seiner Werke (v. a. ›Iron fändyr‹ [= Die osset. Leier], Ged., 1899) ist der Kampf gegen die zaristisch-russ. Herrschaft und die Not der unfreien osset. Bauern. Auf eine weitere Wirkung über die kaukas. Welt hinaus zielten seine Gedichte, Dramen und sonstigen Publikationen in russ. Sprache.

Ausgabe: K. Chetagurov. Sobranie sočinenij. Moskau 1959–61. 5 Bde.

Cheti, ägypt. Dichter um 2000 v. Chr. – Von ihm sind erhalten eine Lebenslehre für einen Schulanfänger, in der vor handwerkl. Berufen gewarnt und der Beamtenberuf gepriesen wird, ferner ein Nilhymnus und die postume Lehre König Amenemhets I.

Literatur: BRUNNER, H.: Die Lehre des Ch., Sohnes des Duauf. Glückstadt 1944.

Chevallier, Gabriel [frz. ʃəva'lje], *Lyon 3. Mai 1895, †Cannes 5. April 1969, frz. Schriftsteller. – Besuchte die Kunstschule, später Journalist und Zeichner. Wurde berühmt durch seinen Roman ›Clochemerle‹ (1934, dt. 1951), in dem teils humorvoll gemütlich, teils beißend satirisch das Leben in einem Weindorf des Beaujolais dargestellt ist.

Weitere Werke: Clarisse Vernon (R., 1933), Flegeljahre in Sainte-Colline (R., 1937, dt. 1959), Clochemerle-Babylon (R., 1951, dt. 1956), Clochemerle wird Bad (R., 1963, dt. 1964), Liebeskarussell (R., 1968, dt. 1969).

Chevy-Chase-Strophe [engl. 'tʃɛvɪ-'tʃɛɪs], Strophenform, die für die englisch-schott. Volksballade typisch ist; benannt nach der Ballade von der Jagd (chase) auf den Cheviot Hills (16. Jh.), die Th. Percys Balladensammlung ›Reliques of ancient English poetry‹ (1765) eröffnet. – Die Ch.-Ch.-S. ist eine vierzeilige Strophe, bei der Vierheber (1. und 3. Zeile) und Dreiheber (2. und 4. Zeile) abwechseln; die Versfüllung ist frei, die †Kadenzen sind durchgehend männlich. Die Strophenform der Chevy-Chase-Ballade findet sich auch in der dt. und skand. Dichtung des Spät-MA (Hugo von Montfort; dt. und skand. Volksballaden). Im 18. Jh. wird die Ch.-Ch.-S. nach engl. Vorbild in die dt. Dichtung erneut eingeführt und v. a. in Gedichten patriot. Prägung verwendet (F. G. Klopstock; J. W. L. Gleim, ›Preuß. Kriegslieder...‹, 1758); wie in der engl. Romantik (S. T. Coleridge) wird sie im 19. Jh. auch für Kunstballaden (M. Graf von Strachwitz, Th. Fontane) verwendet.

Chézy, Helmina de [frz. ʃe'zi], eigtl. Wilhelmine de Ch., geb. von Klencke, *Berlin 26. Jan. 1783, †Genf 28. Jan. 1856, dt. Schriftstellerin. – Enkelin der A. L. Karsch; epigonal spätromant. Gedichte, Erzählungen und Romane; ihre Lebenserinnerungen (›Unvergessenes‹, 2 Bde., postum 1858) schildern die Begegnungen mit literarisch bed. Zeitgenossen (u. a. Jean Paul, A. von Chamisso, L. Tieck, C. M. von Weber); bekannt blieb das Libretto zu Webers Oper ›Euryanthe‹.

Weitere Werke: Gedichte der Enkelin der Karschin (2 Bde., 1812), Erzählungen und Novellen (2 Bde., 1822), Norika (Reisebuch, 1833).

Chiabrera, Gabriello [italien. kia-'brɛ:ra], * Savona 8. oder 18. Juni 1552, † ebd. 14. Okt. 1638, italien. Dichter. – Versuchte in fast allen Dichtungsarten (Heldenepen, Dramen u. a.), ist aber nur als Lyriker von Bedeutung; Bewunderer der Griechen und der Pléiade; leitete durch seine Gedichte in pindarischer und anakreontischer Form die Umbildung der italien. Versmaße ein, die in der klassischen Lyrik des 18. Jh. zur Vollendung kam.

Werke: Gotiade (Ged., 1582), Firenze (Ged., 1615), L'Amedeide (Ged., 1620), Foresto (Ged., hg. 1653).
Ausgabe: G. Ch. Canzonette, rime varie, dialoghi. Hg. v. L. NEGRI. Turin 1952. Nachdr. 1968.
Literatur: GIRARDI, E. N.: Esperienza e poesia di G. Ch. Mailand 1950. – GETTO, G.: G. Ch., poeta barocco. In: GETTO: Barocco in prosa e in poesia. Mailand 1969. S. 123. – TURCHI, M.: G. Ch. e la lirica del classicismo barocco. In: Studi in memoria di L. Russo. Pisa 1974. S. 50.

Chiarelli, Luigi [italien. kia'rɛlli], * Trani 7. Jan. 1880, † Rom 20. Dez. 1947, italien. Dramatiker. – Begann als Journalist in Mailand, wandte sich jedoch bald dem Theater zu, daneben Kritiker, auch Maler; parodierte in einer Reihe sog. ›grotesker‹ Dramen überkommene gesellschaftl. Konventionen, u. a. in seinem erfolgreichsten Stück ›La maschera ed il volto‹ (1917).

Literatur: LO VECCHIO MUSTI, M.: L'opera di L. Ch. Rom 1942.

Chiari, Pietro [italien. 'kia:ri], * Brescia 1711 (?), † ebd. 1785, italien. Schriftsteller. – Jesuit, Hofdichter und Prof. in Modena, lebte später in Parma und Venedig; als Bühnenschriftsteller Gegner C. Goldonis, den er eifersüchtig nachahmte (›Il filosofo veneziano‹, 1754); schrieb außerdem rund 40 Abenteuerromane, meist nach engl. und frz. Vorbild (u. a. ›La filosofessa italiana‹, 1753).

Literatur: SOMMI PICENARDI, G. F.: Un rivale del Goldoni: L'abate Ch. e il suo teatro comico. Mailand 1902. – ORTOLANI, D.: Note ad alcuni romanzi di P. Ch. In: Studi di filologia e letteratura 2/3 (1975), S. 281.

Chiasmus [çi...; griech.; nach der Gestalt des griech. Buchstabens Chi = χ], rhetor. Figur; kreuzweise syntakt. Stellung von aufeinander bezogenen Wörtern oder Redeteilen, z. B. ›Eng ist die

Welt und das Gehirn ist weit‹ (Schiller, ›Wallensteins Tod‹, 1800). – Ggs. ↑ Parallelismus.

Chiavacci, Vincenz [kia'vatʃi], * Wien 15. Juni 1847, † ebd. 2. Febr. 1916, österr. Schriftsteller. – Eisenbahnbeamter, dann Feuilletonredakteur in Wien, befreundet mit L. Anzengruber; schrieb humorist. Skizzen aus dem Wiener Alltag, schuf typ. Gestalten, so die Frau Sopherl vom Wiener Obstmarkt und den Herrn Adabei.

Werke: Aus dem Kleinleben der Großstadt (Skizzen, 1884), Frau Sopherl vom Naschmarkt (Posse, 1892), Wiener Typen (Skizzen, 1894), Wiener vom alten Schlag (Skizzen, 1895).

Chiesa, Francesco [italien. 'kiɛ:za], * Sagno bei Mendrisio (Tessin) 5. Juli 1871, † Lugano 13. Juni 1973, schweizer. Schriftsteller. – Gymnasiallehrer in Lugano; bed. Vertreter der italienischsprachigen Literatur der Schweiz, v. a. als Lyriker und Erzähler; begann mit Kunstlyrik im Zeichen des italien. Klassizismus, der Parnassiens und P. Verlaines (›Kalliope‹, 220 Sonette, 1907, dt. 1959; ›I viali d'oro‹, Ged., 1911), wandte sich dann v. a. heimatgebundener Epik zu (›Geschichten aus der Jugendzeit‹, 1920, dt. 1922; ›Schicksal auf schmalen Wegen‹, Nov.n, 1941, dt. 1943).

Weitere Werke: Märzenwetter (R., 1925, dt. 1927), Racconti del mio orto (En., 1929), La zia Lucrezia (En., 1956), Ricordi dell'età minore (E., 1963).
Literatur: ADORF, J.: F. Ch.s dichter. Welt. Bern 1948. – F. Ch. Vita e opere (1871–1971). Hg. v. P. SCANZIANI u. a. Chiasso 1971.

Chiffre ['ʃifər; frz.; ursprüngl. = Null (wie mlat. cifra)], Stilfigur, die bes. in der

Francesco
Chiesa
(Gemälde
von Pietro
Chiesa)

modernen Lyrik beliebt ist und von G. Benn theoretisch begründet wurde. Dabei nehmen einfache, meist bildhafte Wörter oder Wortverbindungen unabhängig von ihrer ursprüngl. Bedeutung einen vom Autor gesetzten Sinn an, der aus dem Zusammenhang erschlossen werden muß, z. B. ›Flug‹ für den als Aufbruch in Unbekanntes, Unendliches verstandenen Prozeß des Dichtens bei O. Loerke.

Literatur: KILLY, W.: Wandlungen des lyr. Bildes. Gött. ⁷1978.

Chiffregedicht [ˈʃɪfər], ein aus einzelnen Versen anderer Gedichte zusammengestellter Text, bei dem statt dieser Verse nur ihr Fundort (Band, Seite, Zeile) zitiert wird. Beispiele im Briefwechsel Marianne von Willemers mit Goethe. – ↑auch Cento.

Chikamatsu Monzaemon, jap. Dichter, ↑Tschikamatsu Monsaemon.

Chilam Balam [span. tʃiˈlam baˈlam; Maya], Dorfchroniken der Maya von Yucatán (Mexiko), deren bedeutendste aus Chumayel, Maní und Tizimin stammen. Chilam (eigtl. = Mundstück) waren Wahrsagepriester, Balam (eigtl. = Jaguar) war eine Metapher für das Geheimnisvolle sowie ein Eigenname. Die Chroniken sind mit lat. Buchstaben in Mayasprache niedergeschrieben, die erhaltenen Fassungen späte Kopien aus dem 17. und 18. Jh.; enthalten v. a. histor. Berichte und Prophezeiungen, ferner Abhandlungen über Mayamedizin, europ. und Mayaastronomie, Rituale, Übersetzungen span. Novellen u. a.

Ausgabe: The Book of Ch. B. of Chumayel. Maya u. engl. Übers. v. R. L. ROYS. Norman (Okla.) Neuaufl. 1967.

Child, Lydia Maria [engl. tʃaɪld], geb. Francis, * Medford (Mass.) 11. Febr. 1802, † Wayland (Mass.) 20. Okt. 1880, amerikan. Schriftstellerin. – Veröffentlichte u. a. eine der ersten Schriften gegen die Sklaverei (›An appeal in favor of that class of Americans called Africans‹, 1833); 1840–44 Hg. des ›Anti-Slavery-Standard‹; auch pädagog. Schriften und Erzählungen (›Philothea. A romance‹, 1836).

Ausgabe: L. M. Ch. Selected letters, 1817–1880. Hg. v. M. MELTZER u. P. G. HOLLAND. Amherst (Mass.) 1982.

Literatur: OSBORNE, W.: L. M. Ch. Boston (Mass.) 1980.

chilenische Literatur [tʃi..., çi...], am Beginn der während der Kolonialzeit kärgl. Literatur Chiles steht Pedro de Oñas (* 1570, † 1643[?]) erstes Epos ›Arauco domado‹ (1596), in dem er dem Epos ›La Araucana‹ (1569–89) des span. Dichters A. de Ercilla y Zúñiga folgte, dem Stoff jedoch eine neue Struktur gab. Die erste klischeefreie Würdigung der Landesnatur findet sich in der Prosachronik ›Histórica relación del reino de Chile‹ (1646) des Jesuitenpaters Alonso de Ovalle (* 1601, † 1651). Wie in den meisten anderen Ländern Lateinamerikas führte die Unabhängigkeit von Spanien zu breiter literar. Entfaltung. Die 1842 in Santiago gegründete ›Sociedad literaria‹, in der sich mehrere Schüler des geborenen Venezolaners A. Bello zusammenfanden, proklamierte im Geist der **Romantik** eine nat. Literatur. Wortführer der Bewegung war der Essayist und Romancier José Victorino Lastarria (* 1817, † 1888); ihre namhaftesten Mitglieder waren Salvador Sanfuentes (* 1817, † 1860), Francisco Bilbao (* 1823, † 1865), Guillermo Blest Gana (* 1829, † 1904), Guillermo Matta (* 1829, † 1899), Eusebio Lillo (* 1826, † 1910). Die Überwindung der Romantik durch den **Realismus** zeichnete sich zunehmend in den Romanen von A. Blest Gana ab. Exakte Beobachtung, verbunden mit sozialem Protest, in den Erzählungen von Baldomero Lillo (* 1867, † 1923), Kritik an Lebensführung und Einstellung der Oberschicht Chiles in den Romanen von Luis Orrego Luco (* 1866, † 1949) lassen den Kontakt mit dem **Naturalismus** Frankreichs und der Iber. Halbinsel erkennen. Der Aufenthalt des nicaraguan. Dichters R. Darío in Santiago de Chile und Valparaíso (1886) brachte der chilen. Lyrik neue Impulse und ließ einen Ableger des **Modernismo** entstehen, von dessen bekannteren Vertretern – M. Magallanes Moure, Francisco Contreras (* 1880, † 1932), Carlos Mondaca (* 1881, † 1928) – jedoch keiner zu übernat. Ruhm gelangte. Bedeutender ist der außerhalb des Modernismo wirkende Carlos Pezoa Véliz (* 1879, † 1908), der die Not und bescheidenen Freuden der unteren Bevölkerungsschichten behandelte.

Mit dem **20. Jahrhundert** befreite sich Chile aus der postkolonialen Unsicherheit und errang v. a. in der **Lyrik** ein weltweit anerkanntes Niveau. Gabriela Mistral wurde als erster Schriftsteller Lateinamerikas 1945 mit dem Nobelpreis für Literatur ausgezeichnet. V. Huidobro entwickelte und verwirklichte die revolutionäre Theorie des ›Creacionismo‹. P. de Rokha stellte seine Dichtungen in den Dienst polit. Agitation gegen Kapitalismus und Faschismus. Auch P. Neruda ergriff nach einem ichbezogenen, weltschmerzl. Frühwerk Partei im Kampf der polit. Systeme. Im Schatten dieser Großen sind weitere Lyriker mit beachtl. Leistungen hervorgetreten: Ángel Cruchaga Santa María (* 1893, † 1964), Juan Guzmán Cruchaga (*1895; auch Autor von Theaterstücken), Juvencio Valle (* 1900), Rosamel del Valle (* 1901, † 1963), Humberto Díaz Casanueva (* 1908), Julio Barrenechea (* 1910), N. Parra, dessen iron. erfindungsreiche ›Poemas y antipoemas‹ (1954) neue Maßstäbe setzten, Miguel Arteche (* 1926), Enrique Lihn (* 1929), Efraín Barquero (* 1930), Jorge Teillier (* 1935) und Raúl Zurita (* 1951). – **Prosa:** Lyriker und Prosaautor war P. Prado Calvo. Seine originellste Schöpfung ›Alsino‹ (1920) stellt eine Mischung aus Prosagedicht, Roman, Märchen und anarchist. Lebensphilosophie dar. Der nach A. Blest Gana profilierteste Romancier Chiles war E. Barrios. Sein Ausgangspunkt war weniger die Analyse der Gesellschaft als die des psych. Individualdramas. Um dieses ging es auch in den zunächst noch naturalist. Romanen von J. Edwards Bello. Mit experimentellen Techniken und surrealist. Effekten gestaltete Jenaro Prieto (* 1889, † 1946) seine gesellschaftssatir. Romane. – M. Latorre war das Oberhaupt einer Schule dokumentar. regionalist. Autoren, in deren Nähe stand der von W. Faulkner beeinflußte M. Rojas. Der regionalist. Schule gehörten auch J. Marín und Marta Brunet (* 1901, † 1967) an. Grenzgebiete menschl. Bewußtseins behandelte María Luisa Bombal (* 1910, † 1980). Zunehmend werden von den jüngeren Romanautoren Stil- und Kompositionstechniken stärker kontrolliert als vorher, so von C. Droguett, F. Alegría, E. Lafourcade. Neuer Techniken bedient sich auch die agitator. sozialkrit. Literatur; dies zeigen u. a. die Romane von Nicomedes Guzmán (* 1914, † 1964) und Volodia Teitelboim (* 1916). Im chaot. Universum J. Donosos wird auf indirekte Weise die Sozialstruktur des Landes sichtbar gemacht. – Durch Studentengruppen erlebte das **Theater** einen beträchtl. Aufschwung. Zu den bekannteren Dramatikern zählen Isidora Aguirre (* 1919), Egon Wolff (* 1926), Sergio Vodanovic (* 1928) und Luis Alberto Heiremans (* 1928, † 1964), I. Radrigán und Marco Antonio de la Parra (* 1952).

Nach dem **Militärputsch vom 11. Sept. 1973** wurde eine kulturelle Struktur zerstört, an der zunehmend auch benachteiligte Bevölkerungsschichten partizipiert hatten. Zahlreiche Schriftsteller, die ins Exil gehen mußten, haben indes ihr literar. Schaffen fortgesetzt, wobei die Thematisierung der sozioökonom. und polit. Situation vor dem Putsch ihr Hauptanliegen ist. Zu den namhaftesten exilierten Autoren, von denen die meisten im Verlauf der 80er Jahre zurückkehrten, gehören neben Droguett, Alegría und Donoso: E. Lihn, J. Edwards, Poli Délano (* 1936), Mauricio Wacquez (* 1939), A. Skármeta, I. Allende, Ariel Dorfman (* 1942).

Literatur: MERINO REYES, L.: Panorama de la literatura chilena. Washington 1959. – SILVA CASTRO, R.: Panorama literario de Chile. Santiago de Chile 1961. – DYSON, J. P.: La evolución de la crítica literaria en Chile. Santiago de Chile 1965. – GOIC, C.: La novela chilena. Los mitos degradados. Santiago de Chile 1968. – Kunst u. Kultur des demokrat. Chile. Hg. v. M. JÜRGENS u. TH. METSCHER. Fischerhude 1977. – SKÁRMETA, A.: Narrativa chilena después del golpe. In: Casa de las Américas 112 (1979), S. 83. – Chilean writers in exile. Hg. v. F. ALEGRÍA u. a. Trumansburg (N. Y.) 1981. – FERNÁNDEZ, T.: El teatro Chileno contemporáneo (1941–73). Madrid 1982. – MONTES, H./ORLANDI, J.: Historia de la literatura chilena. Santiago de Chile [10]1982. – SZMULEWICZ, E.: Diccionario de la literatura chilena. Santiago de Chile [2]1984. – La poesía chilena actual (1960–1984) y la crítica. Hg. v. R. YAMAL. Concepción 1988.

chinesische Literatur [çi...], die ältesten chin. Schriftzeugnisse – Inschriften auf Orakelknochen und Bronzegefäßen – haben polit. und religiösen Charakter. Sie stammen aus der **Shang-Zeit** (16.–11. Jh.).

Erst unter den **Chou** (11. Jh.–256) entstanden poet., philosoph. und histor. Schriften. Von den fünf ›Klassikern‹ prägten bes. das ›Shih-ching‹ (= Buch der Lieder) mit seinen Volks- und Hofliedern sowie Ritualgesängen, das ›Shu-ching‹ (= Buch der Urkunden), eine Sammlung histor. Dokumente, und das Orakelbuch ›I-ching‹ (= Buch der Wandlungen) die spätere chin. Kultur.

Angesichts der polit. Zerrissenheit des Landes boten nach 500 v. Chr. ›Hundert Schulen‹ von Philosophen unterschiedl. Lehren für eine bessere Ordnung von Staat und Gesellschaft an. Ahnherr der chin. Philosophie ist Konfuzius mit seiner Lehre von Menschlichkeit und Rechtlichkeit. Nach seinem Annalenwerk ›Ch'un-ch'iu‹ (= Frühling und Herbst) wurde eine ganze Epoche benannt. Die Denker K'ung Chi, Hsün Tzu und Meng Tzu setzten seine Lehre fort, der Sozialethiker Mo Tzu vertrat eine Gegenposition. Die bed. Taoisten Laotse, Chuang Tzu und Lieh Tzu forderten demgegenüber einen individualistisch anmutenden Rückzug aus der Gesellschaft; Lehren, die starr am Gesetz festhielten, wie die des Kuan Tzu, riefen, obwohl dem Taoismus in manchen Zügen verwandt, nach einer rigorosen staatl. Ordnungspolitik. Sammlungen von Ritualschriften, z. B. das ›Li-chi‹ (= Aufzeichnungen über die Sitte), boten umfassende Vorschriften für das soziale Leben, die philosoph. Summa des Lü Puwei faßte das Geistesleben des klass. China in mustergültiger Weise zusammen. Erste Zeugnisse der Erzählkunst finden sich in Kleinschriften wie ›Yen Tan-tzu‹ (= Prinz Tan von Yen) und ›Mu t'ien-tzu chuan‹ (= Überlieferungen über den Himmelssohn Mu), die über histor. Vorgänge berichten, im ›Shan-hai ching‹ (= Klassiker der Meere und Berge) mit seinen Mythenfragmenten und in histor. Erzählungen, eingebettet in eine Chronik wie das ›Tso-chuan‹ (= Überlieferungen des Tso). Die Dichtkunst wurde aus südchin. Tradition um

300 v. Chr. neu belebt durch das ›Ch'u-tz'u‹ (= Gesänge aus dem Süden) des Ch'ü Yüan. Rhapsod. Gesänge mit polit. und religiösem Hintergrund kündeten von Erhebung über die reale Welt und schufen – inhaltlich und formal – eine neue Dichtungstradition.

Die **Dynastie der Ch'in** (221–206) gründete das chin. Einheitsreich. Durch eine allgemeine Bücherverbrennung 213 wollte sie, in ihrer Literaturfeindlichkeit, das Erbe der Vergangenheit auslöschen. Die nachfolgende **Dynastie der Han** (206 v. Chr. – 220 n. Chr.) mußte zunächst also Anknüpfungspunkte suchen. Ssu-ma Hsiang-ju setzte in bewegenden Prosagedichten die ›Ch'u-tz'u‹ fort, Tung Chung-shu söhnte den Konfuzianismus mit anderen alten Philosophen aus, im ↑›Huai-nan tzu‹ des Liu An liegt eine umfassende Darstellung des Taoismus vor, Liu Hsiang ordnete das aus der Vergangenheit Überlieferte in Philosophen- und Anekdotensammlungen. Die Geschichtsschreibung erhielt durch Ssu-ma Ch'ien in seinem ›Shih-chi‹ (= Histor. Aufzeichnungen) mustergültige Grundlagen, auf denen Pan Ku und seine Schwester Pan Chao mit ihrem ›Hanshu‹ (= Buch der Han) fußen. Bald drängten indes die Philosophen Yang Hsiung und Wang Ch'ung zu neuer und krit. Auseinandersetzung mit der Vergangenheit.

Während die Zeit der Han oft rückwärtsgewandt erscheint, führten die folgenden **Jahrhunderte der Reichstrennung** (221–589) in mehrere, gleichzeitig herrschende Staaten zu neuen Ufern. Buddhist. Lehren setzten sich in China durch, der Taoismus erlebte eine neue Blüte. Beide regten zur Entdeckung von Individuum und Landschaft als Themen der Dichtung an, deren bedeutendste Vertreter Ts'ao Chih und T'ao Ch'ien waren. Am Ende der Epoche faßten Anthologien das Erreichte anschaulich zusammen: das ›Yü-t'ai hsin-yung‹ (= Neue Gesänge von der Jadeterrasse) sammelte Liebesgedichte, das ›Wen-hsüan‹ (= Ausgewählte Literatur) Lyrik und Musterprosa, und die erste Poetik ›Wen-hsin tiao-lung‹ (= Herzensbildung und Das Schnitzen von Drachen) übte Literaturkritik. Sinnfälligsten Ausdruck fand diese politisch zerrissene, jedoch vergeistigte Zeit in einem Werk ganz anderer Art, der Witz- und Anekdotensammlung ›Shih-shuo hsin-yü‹ (= Neue Worte zu den Argumentationen der Welt). Erste Reiseberichte buddhist. Pilger nach Indien, wie der des Fa-hsien, machten in China die übrige asiat. Welt bekannt.

Das **Weltreich der T'ang** (618–906) war Chinas Goldenes Zeitalter. Seine Kultur nahm Anregungen aus aller Welt auf, Literatur und Kunst wurden zu wesentl. Bestandteilen des Alltagslebens. Von den über 2000 bekannten Dichtern verkörperte der Literat und Maler Wang Wei eine neue Innerlichkeit, buddhist. Stimmungen fanden sich bei Han-shan, der ernste und formenstrenge Tu Fu weckte ein soziales Gewissen, Li Po erging sich in exzentr. Wein- und Naturverbundenheit, fand betörende Bilder und Po Chü-i pflegte eine heitere Volksnähe. Dichter am Ende der Dynastie der T'ang, Tu Mu und Li Ho, neigten zu manierist. Entzükkungen. Li Yü wurde einer der ersten Meister in einer neuen Form, dem freieren Tz'u-›Lied‹. Das ›Gedicht‹, dessen Verse aus entweder fünf oder sieben Wörtern bestanden, hatte strenge Wortton- und Wortfolgeregeln zu beachten. Nur wenige Dichter, z. B. Tu Fu, beherrschten diese vollkommen. Demgegenüber war das ›Lied‹ nur an eine vorgegebene ›Weise‹ gebunden. Dieses löste bald das Shih-›Gedicht‹, dessen inhaltl. und formale Möglichkeiten erschöpft schienen, in der Wertschätzung der Literaten ab. In der Prosaliteratur setzte sich die Novelle durch. In an alte Biographien angelehnter Weise erzählte sie von Helden, Geistern, Liebesbegegnungen, manchmal gar – so über die Dichterin Yü Hsüan-chi – als Psychogramm. Der Stil dieser Werke entfernte sich bewußt von der Kunstsprache bisheriger Prosa und orientierte sich an der klaren und schlichten Sprache der alten Philosophen. Han Yü regte diese Hinwendung zum Ku-wen (= alter Stil) an. – Erste Zeugnisse einer volksnahen Erzählliteratur, die pien-wen-Texte aus Tun-huang, sind überliefert; diese verwandeln (›pien‹) klass. oder buddhist. Texte (›wen‹) in eine allgemein verständl. Spra-

che und literar. Form. Philosophie und Geschichtsschreibung fanden angesichts der Überbetonung der schönen Literatur unter den T'ang jedoch keine Meister. In Geschichtsschreibung und Philosophie fand erst die **Sung-Zeit** (907–1280) neue Anfänge. Der Neokonfuzianismus eines Chu Hsi begründete eine neue Orthodoxie, die bald viele Bereiche des Lebens für Jahrhunderte erstarren ließ. Monumentale Enzyklopädien sind Früchte eines kulturellen Konservatismus, staatspolit. Reformversuche wie der des Wang An-shih wurden zurückgewiesen, Ssu-ma Kuang verfaßte eine lebbändige Universalgeschichte als ›umfassenden Spiegel zur Hilfe bei der Regierung‹. Die neue Form der Tz'u-Lieder liebte zunächst leichtere Stoffe, Liebesleid und -weh zumeist, die auf vorgegebene Melodien geschrieben wurden. Ou-yang Hsiu, Lu Yu, die Dichterin Li Ch'ing-chao schöpften die Möglichkeiten der Form voll aus, Su Tung-p'o gab ihr neuen, sozialen Gehalt, löste sie aber gleichzeitig von der Melodie. Dichter wie Huang T'ing-chien pflegten jedoch auch noch die alten Gedichtformen der T'ang-Zeit, die in feinsinnigen ›Shih-hua‹ (= Gespräche über die Dichtkunst) von Literaten wie Yen Yü besprochen wurden. Bei alledem erstarrte die Literatur allmählich in Konventionen. Von den beliebten Geschichtenerzählern auf den Marktplätzen, über die erste Aufzeichnungen berichten, und über das volksnahe Schauspiel führten jedoch Wege in die Zukunft.

Nach der Eroberung Chinas durch die **mongolische Dynastie Yüan** (1280–1367) gewannen diese neuen Gattungen Kraft. Da die traditionelle Literatursprache unter den Fremdherrschern bedeutungslos wurde, drückte sich Protest gegen die Eroberer in der Volkssprache aus. Kuan Han-ch'ing und Wang Shih-fu sind die berühmtesten Dramenschreiber, Kao Ming stand ihnen kaum nach. Der ›Kreidekreis‹ (›Hui lan chi‹) des Li Hsing-tao wirkte sogar in Europa nach. Die im Norden des Landes entstandenen Dramen zeichnete ein heroischer Zug aus, die Südl. Dramen gaben sich empfindsamer.

Aus Volksaufständen gegen die Eroberer ging die **Ming-Dynastie** (1368–1644), die despot. Züge trug, hervor. Unter ihr verarmte die Dichtung vollends und wurde zum Zeitvertreib der Gelehrten. Das Drama, vertreten durch den gewandten Schreiber T'ang Hsien-tsu, gewann an Raffinement. Rudimentär bereits vorgebildet, entstand der Roman, in allgemein verständl. Sprache geschrieben, überkommene und neue Stoffe aufgreifend. Das ›San-kuo chih‹ (= Denkwürdigkeiten der Drei Reiche) des Lo Kuan-chung erschien als eine Art chin. Heldenepos, das ›Shui-hu chuan‹ (dt. 1934 u. d. T. ›Die Räuber vom Liang Schan Moor‹) von Shih Nai-an als eine Räuber- und Rebellengeschichte, Wu Ch'eng-en spottete im ›Hsi-yu chi‹ (= Aufzeichnungen über eine Reise in den Westen) über verschiedene Religionen, das ›Chin-p'ing-mei‹ (= Pflaumenblüten in goldener Vase) gab sich als Sittenroman. Solche Romane, die in der neuentstandenen Mittelschicht Anklang fanden, wurden oft nachgeahmt. Gleiches galt für die Erzählungen von Ch'ü Yu und bes. Feng Meng-lung, von denen viele in die populäre Anthologie ↑›Chin-ku ch'i-kuan‹ eingingen. Auch die Philosophie reagierte mit neuen Denkansätzen wie denen des Wang Yang-ming auf die Erstarrung des polit. und sozialen Lebens.

Die neuen Eroberer Chinas, die **Mandschu-Dynastie Ch'ing** (1644–1911), förderten – anders als die Mongolen – die chin. Kultur. Eine neue, scharfsinnige Geistigkeit vergewisserte sich abermals der gesamten chin. Tradition. Trotzdem stellten sich bed. Denker wie Ku Yen-wu und Wang Fu-chih nicht in den Dienst der Dynastie. Unter den Dichtern ragten, immer noch den alten Formen verpflichtet, Wang Shih-chen und Yüan Mei hervor. P'u Sung-ling pflegte die kurze Erzählung, das Drama fand in Li Yü und K'ung Shang-jen noch einmal lebensnahe Autoren. Vorzügliches leisteten die Romanciers: Ts'ao Chan schrieb mit seinem ›Hung-lou meng‹ (= Der Traum der roten Kammer) für Jahrhunderte das Lieblingsbuch der chin. Jugend, Wu Ching-tzu in ›Ju-lin wai-shih‹ (= Die Gelehrten) und Li Ju-chen in ›Ching-hua yüan‹ (= Die Verbindung zwischen Spiegel und Blüte) verspotteten kaum verhüllt soziale Verhältnisse ihrer Zeit. Li

Ju-chen zeichnete ein lebensnahes Bild der Frau, eine Frau machte auch Wen K'ang zur Titelgestalt eines Romans. Bald sank der soziale Roman zu bloßer Unterhaltung, gar zur Pornographie herab. Polit. Romane von Tseng P'u, Wu Wo-yao, Liu O und anderer trugen dann zum Ende der Dynastie bei, das auch ein Reformdenker wie K'ang Yu-wei nicht aufzuhalten vermochte.

Die polit. **Revolution von 1911,** die das Kaiserhaus stürzte, zog die literar. nach sich. Hu Shih war deren Vorkämpfer. Die Romanciers und Dramatiker Pa Chin, Mao Tun, Lao She und Ting Ling lehnten sich an europ. Vorbilder an, der realist. Roman war ihr Wegweiser. Der universal gebildete Kuo-Mo-jo sowie der ekstat. Hsü Chih-mo revolutionierten die Dichtkunst. In literar. Zeitschriften, deren wichtigste die ›Hsin Ch'ing-nien‹ (= Neue Jugend) des Ch'en Tu-hsiu war, und literar. Gesellschaften blühten die Fehden. Yü Ta-fu, Yeh Shao-chün, Ping Hsin, Shen Ts'ung-wen u. a. belebten die literar. Diskussion. Unübersehbar bleibt jedoch, daß es nur selten gelang, die aus Europa und Amerika gewonnenen Anregungen in gültige neue Werke umzusetzen. Einzig Lu Hsün schrieb eine Prosa von Weltgeltung, weltbekannte Literaten wie Lin Yü-t'ang schrieben Salonliteratur.

Die **Literatur der Gegenwart:** Nachdem Mao Tse-tung 1942 in Yenan auf einer Konferenz über Literatur und Kunst Richtlinien für eine dem sozialist. Realismus verpflichtete ›linke‹ Literatur verkündet hatte, verstummte die literar. Diskussion, auch als Begleiterscheinung des chin.-jap. Krieges (1937–45). Nach Gründung der Volksrepublik China stand die Literatur zunächst im Zeichen des sozialist. Realismus. Viele Autoren gaben das Schreiben auf. Die Umgestaltung auf dem Lande, beschrieben etwa von Chao Shu-li und Chou Li-po, wurde ein offiziell gefördertes Thema, die Verherrlichung der ›Volkssoldaten‹ und der Arbeiterschaft gesellte sich dem zu. Neue Formen, Reportagen und Bildgeschichten, sollten der Propagierung der neuen Ideen dienen. In sich abwechselnden Kampagnen wurden Autoren wie Ai Ch'ing und Ts'ao Yü verfemt. Endgültig versiegte die Literatur in den Jahren der ›Kulturrevolution‹ (ab Herbst 1965) bis zum Sturz der ›Viererbande‹ (1976), durch die Zurückdrängung ausländ. literar. Einflüsse schon vorher verflacht. Als ›bürgerlich‹ kritisierte Autoren erhielten Publikations- und Schreibverbote. Ihre Rehabilitierung nach 1976 setzte neue literar. Kräfte frei: Chang Chieh, Ch'en Jo-hsi, Hao Jan, Pei Tao, Shih T'o, Wang Meng sind altvertraute oder neu begegnende Namen. In neuer Hinwendung zum Individuum, mit politisch-sozialer Kritik, durch eine anschaul. Schreibweise und neue Themen, z. B. die Liebe der Geschlechter und die Rolle der Frau, gelang es ihnen, wieder Leser zu gewinnen. Manche erregten bereits weltweites Aufsehen. Nach dem Juni 1989 (blutige Niederschlagung der chin. Protestbewegung in Peking) kam es durch Säuberungen im kulturellen Bereich zum Stillstand dieser Entwicklung.

Literatur: GRUBE, W.: Die Gesch. der ch. Litteratur. Lpz. ²1909. – WILHELM, R.: Die ch. L. Potsdam 1930. – Chinese literature. Peking 1951 ff. – HIGHTOWER, J. R.: Topics in Chinese literature. Cambridge (Mass.) Neuaufl. 1953. – FEIFEL, E.: Gesch. der ch. L. Hildesheim ²1960. – KALTENMARK-CHÉQUIER, O.: Die ch. L. Dt. Übers. Hamb. 1960. – CH'EN, S.-Y.: Chinese literature. New York 1961. – Studien zur modernen ch. L. Hg. v. J. PRŮŠEK. Dt. Übers. Bln. 1964. – LIU, W.-CH.: An introduction to Chinese literature. Bloomington (Ind.) 1966. Nachdr. Westport (Conn.) 1990. – HSIA, T. A.: Gate of darkness. Studies in the leftist literary movement in China. Seattle (Wash.) 1968. – HSIA, CH.-T.: A history of modern Chinese fiction. New Haven (Conn.) ²1971. – Literature of the People's Republic of China. Hg. v. K.-Y. HSU u. T. WANG. Bloomington (Ind.) 1980. – Moderne chin. Erzählungen. Dt. Erstausg. Ffm. 1980. 2 Bde. – Essays in modern Chinese literature and literary criticism. Hg. v. W. KUBIN u. RUDOLF G. WAGNER. Bochum 1982. – FEIFEL, E.: Gesch. der ch. L. Darmst. ⁴1982. – Moderne ch. L. Hg. v. W. KUBIN. Ffm. 1985. – Nachr. von der Hauptstadt der Sonne. Moderne chin. Lyrik 1919–80. Hg. v. W. KUBIN. Ffm. 1985. – SCHMIDT-GLINTZER, H.: Gesch. der ch. L. Bern u. a. 1990. – ZHANG, D.: Seelentrauma. Die Psychoanalyse in der modernen ch. L. (1919–1949). Ffm. u. a. 1994.

chinesisches Theater [çi...], bereits in ältester Zeit wirkten bei Opferfeiern Musik, Mimik und Wort zusammen. Vorführungen von Gauklern und Possenrei-

ßern sind für die Chou- (11. Jh.–256) und Han-Zeit (206 v. Chr.–220 n. Chr.) bezeugt, Tanz und eine Art Oper mit maskierten Mimen für die Zeit 420–588. – Die T'ang-Zeit (618–906) kannte Possenspiele, das Ballett und gesungene Geschichten zur Umrahmung von Tänzen. Aus der Sung-Zeit (907–1280) sind Aufzeichnungen über öffentl. Schauspiele überliefert, aber erst in der Yüan-Zeit (1280–1367) gewann das chin. Drama seine vollendete Form: Improvisationen spielten eine wichtige Rolle, der Zusammenhang mit der Musik blieb erhalten, die Bühneneinrichtung war einfach. Zwei Gattungen des Yüan-Dramas bildeten sich heraus, eine nördl. und eine südliche. Die erste ließ auf den Prolog vier Akte mit einigen Zwischenaufzügen folgen. Jeder Akt bestand aus mehreren Arien mit stets gleichem Reim. Sie wurden von nur einer Person gesungen. Ausländ. Melodien und Rhythmen dienten als Vorlage. Berühmt sind ›Das Westzimmer‹ von Wang Shih-fu, ›Der Wu-t'ung-Baum im Regen der Herbstnacht‹ von Po P'u (um 1300) und ›Der Herbst des Han-Palastes‹ von Ma Chih-yüan (* 1265 ?, † 1325 ?). Das Südl. Drama kam gegen Ende der Yüan-Zeit auf und wurde in der Ming-Zeit (1368–1644) viel gespielt. Die Zahl der Akte ist nicht begrenzt, die Reime dürfen wechseln. Der erste läßt ein Prolog, der in einer Folge von Arien den Ablauf der Handlung erklärt. Als Schauspiele von hohem Rang gelten ›Die Laute‹ in 42 Aufzügen von Kao Ming und ›Die Päonienlaube‹ von T'ang Hsien-tsu. – Die Mandschu-Zeit (1644 bis 1911) pflegte das Drama der Ming. Li Yü genoß als Autor von 16 viel gespielten Stücken und als Theoretiker seiner Kunst großes Ansehen. ›Der Fächer mit den Pfirsichblüten‹ von K'ung Shang-jen und ›Der Palast des langen Lebens‹ von Hung Sheng (* 1659, † 1704) sind als Meisterwerke anerkannt.

Gegen Ende der Mandschu-Zeit wurde die **Pekingoper** populär. Sie ist für das Volk geschrieben; Musik und Melodie folgten dem Geschmack der Zeit. Die Fabel – stets leicht moralisierend mit zivilem (›wen‹) oder militär. (›wu‹) Inhalt – ging fast immer auf histor. Begebenheiten zurück. Das militär. Spiel zeigt ruhmreiche Kaiser, loyale Generale und weise Beamten im Kampf mit verräterischfeindl. Kräften. Das zivile Spiel stellt häusl. Ereignisse der Freude und der Trauer dar, der ehel. Treue und der Pietät. Die Rollen stehen fest, sind typisiert und werden nur von Männern gespielt, die stets auch über gesangl. und akrobat. Fertigkeiten verfügen. Frauen sind seit Ch'ien Lungs Regierungszeit (1736–96) von der Bühne verbannt. Die Schauspielkunst ist hochgradig stilisiert (der Auftritt auf die Bühne findet immer von links statt; der Unterlegene im Kampf verläßt die Bühne zuerst). Die atmosphär. Stimmung (Mondschein, Wolken, strahlende Sonne) wird durch Schwenken von Tüchern versinnbildlicht. Die Bühne, auf der auch das Orchester postiert ist, verzichtet auf Vorhang, Kulissen und Dekor.

Das moderne chin. Drama hat unter westl. Einfluß mit den alten Formen gebrochen. Es will Sprachrohr der sozialen und polit. Reform sein. Die Themenwahl ist gesellschaftskritisch orientiert; ihr entspricht das realist. Bühnenbild. Der Aufbau des Spiels richtet sich nach abendländ. Mustern. Erst jetzt wieder werden entsprechende Rollen auch von Frauen gespielt. Als beste Dramatiker gelten allgemein Lao She, Ts'ao Yü, auch Kuo Mo-jo.

Literatur: ARLINGTON, L. C.: The Chinese drama from the earliest times until today. Schanghai 1930. – ROY, C.: L'opéra de Pékin. Paris 1955. – SCOTT, A. C.: The classical theatre of China. London u. New York 1957. – SHIH, C. W.: The golden age of Chinese drama: Yüan Tsa-chü. Princeton (N. J.) 1976. – DOLBY, W.: A history of Chinese drama. London 1976. – CRUMP, J. I.: Chinese theater in the days of Kublai Khan. Tucson (Ariz.) 1980. – EBERSTEIN, B.: Das ch. Th. im 20. Jh. Wsb. 1983. – † chinesische Literatur.

Chinh-phu ngâm-khúc [vietnames. tʃiɲ fu ŋəm xuk = Klage einer Kriegersfrau], von der Dichterin Ðoan-Thi-Diêm (* 1705, † 1748) nach der gleichnamigen chin. Vorlage von Ðăng-Trân-Côn († um 1750) verfaßtes, 409 Verse enthaltendes Langgedicht, das neuerdings auch dem Literaten Phan-Huy-Ich (* 1750, † 1822) zugeschrieben wird; gilt als ein Meisterwerk der klass. vietnames. Nationalliteratur.

Chin-ku ch'i-kuan (Jingu qiguan) [chin. dzɪngutɕiguan = Sonderbare Geschichten aus alter und neuer Zeit], chin. Sammlung von 40 Erzählungen, von einem anonymen Autor Anfang des 17. Jh. kompiliert. Die Erzählungen sind meist Werke des † Feng Meng-lung. Sie berichten von Liebeshändeln, Heldentaten und Geisterbegegnungen junger Gelehrter und Angehöriger des Mittelstandes und kamen so deren Sehnsüchten in einer polit. Umbruchsituation entgegen. Frühe Übersetzungen im 18. und 19. Jh. prägten europ. Vorstellungen über chin. Erzählstil, weitere finden sich in zahlreichen Anthologien chin. Erzählungen.

Ausgaben: Kin Ku Ki Kuan. Wundersame Geschichten aus alter u. neuer Zeit. Dt. Übers. v. F. KUHN. Zü. 1952. – Kin-ku-ki-Kuan. Goldamsel flötet am Westsee. Dt. Übers. v. F. KUHN. Freib. 1953.

Chin-p'ing-mei (Jinpingmei) [chin. dzɪnpɪŋmɛi = Pflaumenblüten in goldener Vase], anonymer chin. Roman. Der 1617 veröffentlichte Roman, der dem bed. Staatsmann Wang Shih-chen (* 1526, † 1590) zugeschrieben wurde, knüpft an eine Episode im ›Shui-hu chuan‹ des † Shih Nai-an an. Am Beispiel des Emporkömmlings Hsi-men Ch'ing und dessen ausufernden Liebeslebens zeichnet er detailliert die Dekadenz des Bürgertums im 16. Jahrhundert. In China lange verboten, auch in Europa als pornographisch geschmäht, zeigt er Anfänge einer psychologisch differenzierten Erzählkunst.

Ausgaben: Wang Shih-Chen. Chin P'ing Mei. The adventurous history of Hsi Men and his six wives. Engl. Übers. Gekürzte Ausg. London 1939. – Djin Ping Meh. Schlehenblüten in goldener Vase. Dt. Übers. v. A. u. O. KIBAT. Hg. v. H. FRANKE. Hamb. 1967–72. 6 Bde. – King Ping Meh oder Die abenteuerl. Gesch. von Hsi Men u. seinen sechs Frauen. Dt. Übers. v. F. KUHN. Ffm. 1984. 4 Bde.

Literatur: FASTENAU, F.: Die Figuren des Chin Ping Mei und des Yü Huan Chi. Diss. Mchn. 1971.

Chionides (tl.: Chiōnídēs), griech. Komödiendichter der 1. Hälfte des 5. Jh. v. Chr. aus Athen. – Siegte bei den Dionysien des Jahres 486 im ersten staatl. Komödienagon; seine (sämtlich nicht erhaltenen) Stücke, in denen die ›Hauptrolle‹ dem Chor zufiel, dürften nur aus einigen kom. Einzelszenen, kaum aber aus einer durchkomponierten Handlung bestanden haben.

Chirico, Andrea De [italien. 'ki:riko], italien. Schriftsteller, Musiker und Maler, ↑ Savinio, Alberto.

Ch'iu Chin (Qiu Jin) [chin. tɕiǫudzın], * Shan-yin (Tschekiang), † 1907, chin. Dichterin. – Nach Aufenthalten in Japan von 1904 bis 1906 wurde sie wegen revolutionärer Aktivitäten hingerichtet. Ihre Werke in volkstüml. Formen, die histor. und polit. Themen behandeln, erschienen postum. In dt. Übersetzung liegt ›Die Steine des Vogels Jingwei‹ (dt. 1977) vor.

Chivers, Thomas Holley [engl. 'tʃɪvəz], * bei Washington (Ga.) 18. Okt. 1809, † Decatur (Ga.) 18. Dez. 1858, amerikan. Schriftsteller. – V. a. bekannt wegen seiner Verbindung zu E. A. Poe (1840–49), dessen Biographie er schrieb (hg. 1952). Auch Gedichte und Dramen.
Weitere Werke: Conrad and Eudora (Vers-Dr., 1834), The lost Pleiad (Ged., 1845), Eonchs of ruby, a gift of love (Ged., 1851), Virginalia (Ged., 1853).
Ausgabe: The unpublished plays of Th. H. Ch. Hg. v. CH. M. LOMBARD. Delmar (N. Y.) 1980.
Literatur: DAMON, S. F.: Th. H. Ch., friend of Poe, with selections from his poems. New York u. London 1930. – LOMBARD, CH. M.: Th. H. Ch. Boston (Mass.) 1979.

Chlebnikow (tl.: Chlebnikov), Welimir (eigtl. Wiktor Wladimirowitsch) [russ. 'xljɛbnikɐf], * Malyje Derbety (Gouv. Astrachan) 9. Nov. 1885, † Santalowo (Gouv. Nowgorod) 28. Juni 1922, russ.-sowjet. Lyriker. – Anfangs symbolist. Dichtung, dann Wendung zum Futurismus; 1912 Mitunterzeichner des futurist. Manifests; 1921 mit der Roten Armee in Persien; experimentierte mit einer nicht an Verstand und Wortsinn gebundenen Sprache (›zaumnyj jazyk‹ = transmentale Sprache), einer Kombination von Lauten, Klängen, Worten und Satzverbindungen, die neue Gehalte und Bedeutungen ausdrücken sollen. Ch.s Prosa ist dagegen semantisch klar; Einfluß auf andere futurist. Dichter.
Werke: Noč' v okope (= Die Nacht im Schützengraben, Poem, 1921), Zangezi (Poem, 1922).
Ausgaben: V. Chlebnikov. Sobranie sŏcinenij. Leningrad u. Moskau 1928–40. 6 Bde. Nachdr. Mchn. 1968–72. 4 Bde. – V. Chlebnikov. Werke.

Hg. v. P. URBAN. Dt. Übers. Neuausg. Rbk. 1985. – V. Chlebnikov. Tvorenija. Moskau 1986. **Literatur:** MARKOV, V.: The longer poems of V. Chlebnikov. Berkeley (Calif.) u. Los Angeles 1962. – STEPANOV, N.: V. Chlebnikov. Žizn' i tvorčestvo. Moskau 1975. – STOBBE, P.: Utop. Denken bei V. Chlebnikov. Mchn. 1982. – WESTSTEIN, W. G.: V. Chlebnikov and the development of poetical language in Russian symbolism and futurism. Amsterdam 1983. – V. Chlebnikov. 1885–1985. Mchn. 1986.

Chłędowski, Kazimierz Ritter von [poln. xu̯ɛn'dɔfski], * Lubatówka (Galizien) 28. Febr. 1843, † Wien 26. März 1920, poln. Schriftsteller. – Ministerialbeamter und Minister im österr. Dienst; Verfasser kulturhistor. Darstellungen aus dem italien. Raum; hinterließ als Zeitdokumente bedeutende Tagebücher; schrieb auch Romane.
Werke: Siena (1904, dt. 1905), Der Hof von Ferrara (1907, dt. 1910), Rom (2 Bde., 1909–12, dt. 1912–15), Neapolitan. Kulturbilder (1917, dt. 1918).

Chlumberg, Hans von ['klʊm...], eigtl. Hans Bardach Edler von Ch., * Wien 30. Juni 1897, † Leipzig 25. Okt. 1930, österr. Dramatiker. – Offizier, früher Tod durch Unglücksfall bei einer Bühnenprobe; schrieb unter Einfluß H. Ibsens, L. Pirandellos und der Expressionisten die seinerzeit erfolgreichen Dramen ›Die Führer‹ (1919), ›Eines Tages‹ (1926), ›Das Blaue vom Himmel‹ (1929) und ›Wunder um Verdun‹ (postum 1931), eine visionäre Bilderfolge.

Chmelnizki (tl.: Chmel'nickij), Nikolai Iwanowitsch [russ. xmɪlj'nitskij], * Petersburg 22. Aug. 1789, † ebd. 20. Sept. 1845, russ. Dramatiker. – Verfasser von Komödien und Singspielen nach frz. Mustern; auch freie Bearbeitungen frz. Vorlagen; Pflege des witzigen, epigrammat. Stils; Ablehnung der Empfindsamkeit und der Lehrhaftigkeit; Zusammenarbeit mit A. S. Gribojedow; übersetzte Molière.

Chocano, José Santos [span. tʃo'kano], * Lima 14. Mai 1875, † Santiago de Chile 13. Dez. 1934 (ermordet), peruan. Lyriker. – Zeitweise Diplomat, schloß sich der mex. Revolution an, Freund und Berater des guatemaltek. Diktators M. Estrada Cabrera. Nach dem Vorbild V. Hugos und W. Whitmans suchte er mit seinen Dichtungen ein monumentales Gemälde von Geschichte, Natur und Menschen Lateinamerikas zu entwerfen. Früh gefeiert als bedeutendster modernist. Lyriker Perus, galt sein deklamator. Pathos schon in den 20er Jahren als unzeitgemäß.

Werke: Iras santas (Ged., 1895), La epopeya del Morro (Ged., 1899), Cantos del Pacífico (Ged., 1904), Alma América (Ged., 1906), Primicias de oro de Indias (Ged., 1934), Poemas del amor doliente (Ged., hg. 1937).

Ausgabe: J. S. Ch. Obras completas. Hg. v. L. A. SÁNCHEZ. Mexiko 1954.

Chocholoušek, Prokop [tschech. 'xɔxɔlɔuʃɛk], *Sedlec 18. Febr. 1819, †Nadějkov 5. Juli 1864, tschech. Schriftsteller und Journalist. – 1848 radikaler Demokrat (Haft); schrieb nach dem Vorbild W. Scotts romantisch-histor. Romane und Erzählungen aus der Vergangenheit seiner Heimat; in Novellen Schilderung der südslaw. Menschen und der Natur, Darstellungen des Freiheitskampfes gegen die Türken.

Chodassewitsch (tl.: Chodasevič), Wladislaw Felizianowitsch [russ. xɐda'sjevitʃ], *Moskau 28. Mai 1886, †Paris 14. Juni 1939, russ. Lyriker. – Ab 1922 im Exil in Paris. Beeinflußt von der symbolist. Dichtung und der Lyrik der Puschkin-Epoche; Ch.s esoter., oft fein iron. Lyrik hat häufig psych. Erleben des Emigranten zum Motiv; auch Auseinandersetzung mit der Revolution; bed. Literaturkritiker.

Werke: Molodost' (= Jugend, Ged., 1908), Putem zerna (= Auf dem Weg des Korns, Ged., 1920), Tjaželaja lira (= Die schwere Lyra, Ged., 1922), Evropejskaja noč' (= Europ. Nacht, Ged., 1927), Nekropol' (Memoiren, 1939), Europ. Nacht (Ged., dt. Ausw. 1985).

Ausgabe: V. F. Chodasevič. Sobranie sočinenij. Ann Arbor (Mich.) 1983 ff. 5 Bde.

Literatur: SCHMID, WILHELMINE S.: Studien zu V. F. Chodasevič. Diss. Wien 1973. – BETHEA, D. M.: Khodasevich. Princeton (N. J.) 1983. – GÖBLER, F.: Vladislav F. Chodasevič. Dualität u. Distanz als Grundzüge seiner Lyrik. Mchn. 1988.

Choderlos de Laclos, Pierre Ambroise François [frz. ʃɔdɛrlodla'klo], frz. Schriftsteller, †Laclos, Pierre Ambroise François Choderlos de.

Chodschandi, pers. Lyriker und Mystiker, †Kamal Chodschandi.

Chodziesner, Gertrud [xɔtsi'ɛsnər], dt. Lyrikerin, †Kolmar, Gertrud.

Ch'oe Namsŏn [korean. tʃhwe namsʌn], Pseudonym Yuktang, *Seoul 1890, †1957, korean. Dichter und Historiker. – Gilt zusammen mit dem Novellisten I Kwangsu als Vorkämpfer der modernen korean. Literatur; setzte sich für eine neuzeitl., in der Umgangssprache geschriebene und von den starren Banden des Formalismus der klass. Literatur befreite Poesie ein.

Literatur: KAROW, O.: Die korean. Lit. In: Die Literaturen der Welt ... Hg. v. W. v. EINSIEDEL. Zü. 1964.

Choirilos ['çɔʏ...] (tl.: Choirílos), griech. Tragiker des 6./5. Jh. v. Chr. aus Athen. – Nach antiken Lexikographen fiel seine erste Aufführung in die 64. Olympiade (523–520); in der 70. (499–496) bestritt er einen Agon mit Pratinas und Aischylos; von seinen angeblich 160 Stücken sollen ihm 13 einen Sieg eingebracht haben; bekannt ist nur der Titel der Tragödie ›Alópē‹, die Dramatisierung einer att. Ortssage.

Choirilos von Samos ['çɔʏ...] (tl.: Choirílos), griech. Epiker der 2. Hälfte des 5. Jh. v. Chr. – Verbrachte seine letzten Lebensjahre am Hof des Makedonenkönigs Archelaos; sein Hauptwerk, im Aufbau bekannt, ist ein Epos über die Perserkriege. Es wurde mit seiner Thematik beispielgebend für die spätere Epik, da Ch. als erster einen histor. Vorwurf – gegenüber den bis dahin übl. Stoffen aus Heldensage und Mythologie – episch behandelte.

Choliambus [ço...; griech. = Hinkjambus], antiker jamb. †Trimeter, dessen vorletztes Element eine Länge statt der zu erwartenden Kürze trägt, so daß der jamb. Gang dort verzerrt ist (daher **Hinkjambus**): ⏑–⏑–/⏑–⏑–/⏑––⏓. Der Ch. findet sich zuerst in den Spottgedichten des Hipponax von Ephesus (6. Jh. v. Chr.), in hellenist. Zeit begegnet er bei Kallimachos, Phoinix von Kolophon und in den ›Mimiamben‹ des Herondas; Eingang in die röm. Dichtung fand er durch die †Neoteriker und durch Catull, dessen acht in Choliamben abgefaßte Gedichte immer wieder zu Nachahmungen anregten (u. a. Vergil, Petronius, Martial). In der dt. Dichtung ist der

Ch. sehr selten; A. W. Schlegel und F. Rückert benutzten ihn manchmal.

Cholodenko, Marc [frz. ʃɔlɔdɛ'ko], * Paris 11. Febr. 1950, frz. Schriftsteller. – Autor, der in seinen lyr. Texten (u.a. ›Parcs‹, 1972; ›Le prince. Portrait de l'artiste en enfant‹, 1974; ›Dem folgt deutscher Gesang. Tombeau de Hölderlin‹, 1979; ›La tentation du trajet Rimbaud‹, 1980) und in seinen psycholog. Romanen (u.a. ›Les états du désert‹, 1976; ›Les pleurs. Ou le grand œuvre d'Andréa Bajarski‹, 1979; ›Meurtre‹, 1982; ›Mordechai Schamz‹, 1982; ›Histoire de Vivant Lanon‹, 1985) in eigentüml., z.T. preziöser, z.T. iron. Mischung, literar. Tradition und Avantgarde verbindet, so daß die Kritik ihn ebenso in die Nachfolge M. Prousts wie die S. Becketts einordnet.

Weitere Werke: Bela Jai (1989), Metamorphoses (1992).

Chomjakow (tl.: Chomjakov), Alexei Stepanowitsch [russ. xɐmɪ'kɔf], * Moskau 13. Mai 1804, † Iwanowskoje (Gebiet Lipezk) 5. Okt. 1860, russ. Schriftsteller. – Bed. Theoretiker der Slawophilen; in theolog. Schriften Verteidigung der Ostkirche und Kritik an den übrigen abendländ. Konfessionen; beeinflußt durch F. W. J. von Schelling, schätzte G. W. F. Hegel; Verfasser religiöser und politischnat. Lyrik; auch Dramen.

Ausgaben: Λ. S. Chomjakov. Polnoe sobranie sočinenij. Moskau 1900–07. 8 Bde. – A. S. Ch. Ausw. der Schrr. Dt. Übers. In: Östl. Christentum. Hg. v. N. Bubnoff u. H. Ehrenberg. Mchn. 1923–25. 2 Bde.
Literatur: Gratieux, X. A.: A. S. Khomiakov et le mouvement slavophile. Paris 1939. 2 Bde. – Christoff, P. K.: An introduction to 19th century Russian slavophilism. Bd. 1: A. S. Xomjakov. Den Haag 1961. – Bezwiński, A.: Twórczość poetycka A. Chomiakowa. Breslau 1976.

Chŏng Ch'ŏl [korean. tʃʌŋtʃhʌl], Pseudonym Songgang (= Kiefernfluß), * Hanyang 1536, † Kanghwa 1593, korean. Dichter und Staatsmann. – War der bedeutendste Dichter des ›Sijo‹ (Kurzgedicht), insbes. des ›Kasa‹ (Erzählgedicht) während des 16. Jahrhunderts. Sein Werk ›Songgang-kasa‹ (= Erzählgedichte des Songgang) ist stark autobiographisch bestimmt.

Ausgaben: The Songgang Kasa of Chong Ch'ol. Engl. Übers. Hg. v. P. H. Lee. In: T'oung pao 49 (1961/62), S. 149. – Lee, P. H.: Korean literature; topics and themes. Tucson (Ariz.) 1965. S. 40.

Choniates, Niketas [çɔ...] (tl.: Chōniátēs; der Name Akominatos ist griech. nicht belegt), * Chonai (Kleinasien) etwa 1150, † Nizäa etwa 1213/14, byzantin. Geschichtsschreiber und Theologe. – Schrieb u.a. eine berühmte Geschichte des Oström. Reiches der Zeit von 1118 bis 1206 und ein dogmat. apologet. Werk (›Thesaurus orthodoxae fidei‹ = Schatzkammer der Rechtgläubigkeit). Daneben hinterließ er geschichtlich bedeutsame Reden und Briefe.

Chopin, Kate [engl. 'ʃoʊpæn], * Saint Louis 8. Febr. 1851, † ebd. 22. Aug. 1904, amerikan. Schriftstellerin. – Tochter angloir. Einwanderer, lernte durch Heirat das Leben der ›Southern Belle‹ in New Orleans und auf Plantagen im Norden Louisianas am Cane River kennen; nach dem Tod ihres Mannes kehrte sie 1884 nach Saint Louis zurück und wurde Schriftstellerin. Beeinflußt von G. de Maupassant, den sie übersetzte, beschrieb sie im realist. Stil der ›local color school‹ das Leben der Kreolen in dem Roman ›At fault‹ (1890) und in Kurzgeschichten (›Bayou folk‹, 1894; ›A night in Acadie‹, 1897). Die in diesen Erzählungen anklingende Problematik der Psyche der Frau, d.h. der leidenschaftl. Konflikt mit der patriarchal. Gesellschaft, wird zum zentralen Anliegen in Ch.s bedeutendstem Werk ›Das Erwachen‹ (R., 1899, dt. 1980), in dem weibl. Sexualität affirmiert und das Bild der emanzipierten ›neuen Frau‹ gezeichnet wird.

Ausgaben: The complete works of K. Ch. Hg. v. P. Seyersted. Baton Rouge (La.) 1969. 2 Bde. – A K. Ch. miscellany. Hg. v. P. Seyersted u. E. Toth. Oslo 1979.
Literatur: Seyersted, P.: K. Ch. A critical biography. Oslo 1969. – American women writers. Bibliographical essays. Hg. v. M. Duke u.a. Westport (Conn.) 1983.

Chopinel, Jehan [frz. ʃɔpi'nɛl], frz. Dichter, † Rosenroman.

Chor [ko:r; griech.], ursprünglich Bez. für die zur Aufführung kult. Tänze abgegrenzte Fläche, dann auf den mit Gesängen verbundenen Tanz, auf die Gesamtheit der an Gesang und Tanz beteiligten Personen und den Text des beim Tanz vorgetragenen Gesangs übertragen (↑ Chorlied). – Der altgriech. Ch. bestand aus einem Ch.führer und den ↑ Choreuten. Bei der Aufführung war der Ch. im Viereck oder im Kreis aufgestellt; letzteres ist v. a. für den ↑ Dithyrambus bezeugt. Älteste Form einer chor. Aufführung war der Vortrag durch den Ch.führer, unterbrochen durch die refrainartigen Rufe des Chors. Darin liegt die Wurzel des griech. Dramas, das seine endgültige Form durch die Einführung des Schauspielers (der Überlieferung nach durch Thespis) gewann. Bei Aischylos noch fest in die Handlung integriert, steht der Ch. bei Sophokles außerhalb des dramat. Geschehens und hat nur noch deutend-betrachtende und allenfalls mahnende, warnende und bemitleidende Funktion, bei Euripides schließlich sind die Lieder des Ch.s zu lyr. Intermezzi geworden. In den Komödien des Aristophanes ist der Ch. weitgehend in die Handlung einbezogen, wendet sich jedoch in den ↑ Parabasen unmittelbar an das Publikum; in der jüngeren Komödie, die meist auf den Ch. verzichtet, haben dessen Gesänge den Charakter lyr. Einlagen; dies gilt auch für die röm. Komödie. – Im geistl. Spiel des MA ist der Ch. Bestandteil des festl. liturg. Rahmens. Die Chöre im Drama des 16. Jh. (↑ Humanistendrama) dienen, nach dem Vorbild der Tragödien des Seneca, den Aktgliederung und sind oft durch Zwischenchmusiken ersetzt. Shakespeare und in seiner Nachfolge die engl. Komödianten in Deutschland bezeichnen als ›Chorus‹ den kommentierenden Prolog- und Epilogsprecher. Der Ch. wurde teilweise auch vom klass. Drama (F. Schiller, J. Racine) übernommen. Im Drama des 20. Jh. wird er, meist mit kommentierender Funktion, u. a. von B. Brecht, P. Weiss, Heiner Müller, J.-P. Sartre und T. S. Eliot eingesetzt. – ↑ auch Sprechchor.

Literatur: STACHEL, P.: Seneca u. das dt. Renaissancedrama. Bln. 1907. Nachdr. New York 1967. – HELMRICH, E. W.: The history of the chorus in the German drama. New York 1912. – UHSADEL, CH. A.: Der Ch. als Gestalt. Köln-Sülz 1969. – WEBSTER, TH. B. L.: The Greek chorus. London 1970.

Chorege [ço..., ko...; griech. = Chorführer], im antiken Griechenland begüterter Bürger, der bei der Einstudierung einer Theateraufführung die [hohen] Kosten für die Aufstellung, Ausbildung, Ausstattung und Unterhaltssicherung des ↑ Chores bestritt. Der Ch. war zuständig für die organisator. Abwicklung der Theateraufführung und konnte auch die Leitung des Chores übernehmen. Jedem Dichter, der sich an einem Wettkampf (↑ Agon) beteiligte, stand ein Ch. zur Seite. Bei siegreichem Abschneiden wurde dem Ch.n die gleiche Ehrung zuteil wie dem Dichter.

Choreuten [ço...; griech.], Chorsänger oder -tänzer mit Masken im altgriech. ↑ Chor; bei Tragödien 12, seit Sophokles 15, bei Komödien 24, bei Satyrspielen 12 Choreuten.

Choriambus [ço...; griech.], antiker Versfuß der Form –◡◡–, von antiken Metrikern als Zusammensetzung aus einem Choreus (= ↑ Trochäus; –◡) und einem ↑ Jambus (◡–) gedeutet. – Der Ch. ist neben der ↑ äolischen Basis der wichtigste Baustein der ↑ äolischen Versmaße.

Chorlied [ko:r], als Kultlied, Arbeitslied, Marschlied, Hochzeitslied oder Totenklage bei fast allen Völkern schon auf primitiver Stufe vorkommender Liedertext; erste literar. Gestaltung im antiken Griechenland; kult. Ursprungs, begann die kunstmäßige Ausbildung im 7. Jh. v. Chr. und war im wesentl. das Werk ion. Dichter (u. a. Terpandros, Tyrtaios, Alkman, Stesichoros, Ibykos). Sie erlebte ihren Höhepunkt im 5. Jh. v. Chr. (Simonides, Bakchylides, Pindar). Die Pflege des Ch.es dauerte in hellenist. Zeit fort. Die röm. Chorlyrik schloß sich, von den altlat. Kultgesängen des ›Carmen Arvale‹ und ›Carmen Saliare‹ abgesehen, an die hellenist. Tradition an.

Choromański, Michał [poln. xɔrɔ-'maĭski], * Jelisawetgrad (Kirowograd) 22. Juni 1904, † Warschau 24. Mai 1972, poln. Schriftsteller. – Lebte 1939–58 v. a. in Kanada. Seine realist. Romane zeichnen sich durch techn. und strukturelle Neuerungen bei der Handlungsführung (Rückblende u. a.) aus; Hauptwerk ist der psycholog. Roman ›Eifersucht und Medizin‹ (1933, dt. 1934, 1964 u. d. T.

›Die Eifersüchtigen‹); auch Novellen und Dramen; Übersetzungen ins Russische.

Weitere Werke: Die weißen Brüder (R., 1931, dt. 1935), Eine verrückte Geschichte (1934, dt. 1935), Die Affären des Leutnants Z. (R., 1966, dt. 1979), Schodami w górę, schodami w dół (= Treppauf, treppab, R., 1967), Die blaßgrüne Loge (R., 2 Bde., 1971, dt. 1975).
Literatur: WYSŁOUCH, S.: Proza M. Ch. ego. Breslau 1977. – KONKOWSKI, A.: M. Ch. Warschau 1980.

Chortatzis (tl.: Chortatsēs), Georgios, * auf Kreta Ende des 16. Jh., † Rethimnon (Kreta) Anfang des 17. Jh., neugriech. Dramatiker. – Gilt als Verfasser des Liebesdramas ›Erōphilē‹ (hg. 1637), der Komödie ›Katzurbos‹ (hg. 1964) und des Schäferdramas ›Panōria‹ (hg. 1975, früher u. d. T. ›Gyparis‹, hg. 1879), die – zusammen mit ›Erōtokritos‹ von V. Kornaros – die berühmte Blüte der kret. Literatur des 17. Jh. mitbegründeten.
Ausgaben: G. Ch. Erōphilē. Hg. v. N. BEES. Athen 1926. – G. Ch. Erōphilē. Hg. v. S. XANTHUDIDES. Athen 1928. – G. Ch. Erōphilē. Hg. v. K. N. SATHAS. Athen ²1963. – G. Ch. Katzurbos. Hg. v. L. POLITIS. Athen 1964.
Literatur: MANUSSAKAS, M.: Kritikē bibliographia tu kretiku theatru. Athen ²1964.

Chossitaschwili (tl.: Chositašvili), Irodion Issakijewitsch, georg. Dichter, † Jewdoschwili, Irodion Issakijewitsch.

Chotjewitz, Peter O[tto] [ˈkɔtjəvɪts], * Berlin 14. Juni 1934, dt. Schriftsteller. – Malerlehre, dann u. a. Studium der Philosophie, Geschichte und Jura. Wurde bekannt durch seine z. T. provozierenden Prosatexte, in denen er, sprachlich experimentierend, parodistisch oder auch humorvoll und ironisch die verschiedensten literar. Stilmittel einsetzt. Seit Mitte der 70er Jahre benutzt Ch. teilweise auch die traditionellen Formen des Romans, des Berichts, der Reportage, die seinem Anliegen, über die vorgefundene gesellschaftl. und polit. Wirklichkeit zu berichten, eher entsprechen; auch Hörspiele und Übersetzungen.
Werke: Hommage à Frantek (R., 1965), Die Insel. Erzählungen auf dem Bärenauge (1968), Abschied von Michalik (En., 1969), Vom Leben und Lernen, Stereotexte (1969), Die Trauer im Auge des Ochsen (En., 1972), Malavita. Mafia zwischen gestern und morgen (1973), Durch Schaden wird man dumm. Erzählungen aus 10 Jahren (1976), Der dreißigjährige Friede. Ein

Peter
O. Chotjewitz

biograph. Bericht (R., 1977), Die Herren des Morgengrauens (R.-Fragment, 1978), Saumlos (R., 1979), Die mit Tränen säen. Israelisches Reisejournal (1980; mit Renate Ch.-Häfner), Mein Mann ist verhindert (E., 1985), Tod durch Leere (R.-Studien, 1986), Die Rückkehr des Hausherrn. Monolog einer Fünfzigjährigen (1991).

Chou Li-po (Zhou Libo) [chin. dʒəu-libo], * I-yang (Hunan) 9. Aug. 1908, † Peking 25. Sept. 1979, chin. Schriftsteller. – Als Vertreter des sozialist. Realismus beschrieb er ab 1949 die Umbruchsituation auf dem Lande nach Gründung der VR China; war während der Kulturrevolution verfemt; in dt. Übersetzungen erschienen u. a. die Romane ›Orkan‹ (dt. 1953), ›Der Strom‹ (dt. 1959), ›Frühling kommt in die Berge‹ (dt. 1960).

Chrabar (tl.: Chrabär) [bulgar. ˈxrabər], bulgar. Mönch und Schriftsteller zu Beginn des 10. Jahrhunderts. – Als Zeitgenosse jüngerer Schüler der Slawenlehrer Kyrillos und Methodios verfaßte er eine apologetisch-polem. Schrift, in der er geschickt die slaw. Schrift (die Glagoliza) und Sprache verteidigt. Sein Werk über ›die Buchstaben‹ gehört zu den bedeutendsten Denkmälern der altbulgar. Literatur.

Chraibi, Driss [frz. ʃrajˈbi], * El-Jadida 15. Juli 1926, marokkan. Schriftsteller. – Nach anfängl. Ausbildung in einer Koranschule vom 10. Lebensjahr an in frz. Bildungseinrichtungen; ab 1945 Studium in Paris, 1950 Chemieingenieur; danach Studium der Neuropsychiatrie, das er kurz vor dem Doktorat abbrach; hekt. Reisetätigkeit, vorübergehend Journalist, dann Lehrtätigkeit in Kanada; lebt heute in Frankreich. Beschreibt in seinen in frz. Sprache geschriebenen Romanen (u. a. ›Le passé simple‹, 1954; ›Boucs‹, 1955; ›L'âne‹, 1956; ›Succession ouverte‹, 1962; ›Die Zivilisation, Mutter!‹, 1972, dt. 1982; ›Ermittlungen im Landesinnern‹, 1981, dt. 1992; ›La mère du printemps‹, 1982; ›Naissance à l'aube‹, 1986; ›Une place au soleil‹, 1993) aus der Sicht des zwischen arabisch-islam. und frz.-christl. Kultur Lebenden Prozesse sozialer Erstarrung und schwieriger Selbstfindung, von unbeirrbarer Wahrheitssuche und Sehnsucht nach individueller Wandlung und stetiger Regeneration.

Literatur: SEIDENFADEN, E.: Ein krit. Mittler zw. zwei Kulturen. Der marokkan. Schriftsteller. D. Ch. u. sein Erzählwerk. Bonn 1991.

Chrestomathie [kres...; griech.; eigtl. = das Erlernen von Nützlichem], für den Unterricht bestimmte Sammlung ausgewählter Texte oder Textauszüge aus den Werken bekannter Autoren (↑ Anthologie, ↑ Florilegium). Solche Sammlungen für die Schule erwähnt als erster Platon, der Begriff Ch. taucht jedoch erst in der röm. Kaiserzeit auf.

Chrétien de Troyes (C[h]restien) [frz. kretjɛ̃dəˈtrwa], * Troyes (?) um 1140, † vor 1190, altfrz. Epiker. – Hochgebildet, lebte vermutlich am Hofe Heinrichs I. von Champagne und später des Grafen Philipp von Flandern. Ch. verfaßte die bedeutendsten höf. Versepen, deren Stoff er dem breton. Sagenkreis entnahm und mit höf. und phantast. Elementen sowie mit Themen aus dem provenzal. Frauendienst verband. Er gilt als ›Begründer‹ des nachantiken Romans‹ (W. Brand). Von den fünf höf. Romanen ›Érec et Énide‹ (entst. um 1170, dt. 1977), ›Cligès‹ (um 1176), ›Lancelot‹ (um 1177–81, dt. 1974), ›Yvain‹ (um 1177–81, dt. 1962) und ›Perceval‹ (1181–88, dt. 1929) ist ›Perceval‹, dessen bedeutendste Bearbeitung von Wolfram von Eschenbach stammt, unvollendet. Psychologisch bes. gut motiviert ist ›Érec‹, dessen Held über dem Minnedienst seine Ritterpflicht vergißt. In beiden Romanen geht Ch. über die höf. Ideale hinaus, im ›Perceval‹ dadurch, daß der Dienst am Gral als Dienst am Christentum, also jenseits des weltl. Lebens stehend, zu verstehen ist. Die Zuweisung des Abenteuerromans ›Guillaume d'Angleterre‹ (nach 1176, dt. 1987) an Ch. de T. bleibt weiterhin umstritten. Nur zwei Kanzonen von Ch. sind erhalten, sie lassen ihn als einen der ersten Trouvères erkennen. Von Übersetzungen Ch.s aus dem Lat. ist mit einiger Wahrscheinlichkeit nur die ›Philomena‹ aus Ovids ›Metamorphosen‹ überliefert. Ch. fand mit seinen Werken starken Anklang, viele Bearbeitungen und Übersetzungen zeugen von seinem Einfluß (u. a. Hartmann von Aues ›Erec‹ und ›Iwein‹).

Ausgaben: Christian von T. Sämtl. erhaltene Werke. Hg. v. W. FOERSTER u. A. HILKA. Halle/Saale 1884–1932. 5 Bde. Nachdr. Bd. 1–4. Amsterdam 1965. Dazu: FOERSTER, W.: Wörterb. zu Kristian v. T.' sämtl. Werken. Neu bearb. v. H. BREUER. Tüb. [5]1973. – Ch. de T. Cligès. Neufrz. Übers. Hg. v. A. MICHA. Paris 1957. – Chrestien de T. Yvain. Altfrz. u. dt. Hg. v. I. NOLTING-HAUFF. Mchn. 1962. Nachdr. 1983. – Ch. de T. Erec et Enide. Erec und Enide. dt. Übers. u. hg. v. A. GIER. Stg. 1987. – Ch. de T. Le roman de Perceval ... Der Percevalroman ... Dt. Übers. u. hg. v. F. OLEF-KRAFFT. Stg. 1991.

Literatur: BEZZOLA, R. R.: Le sens de l'aventure et de l'amour. Paris 1947. Gekürzte dt. Ausg. u. d. T.: Liebe u. Abenteuer im höf. Roman. Rbk. 1961. – COHEN, G.: Un grand romancier d'amour et d'aventure au XIIe siècle. Ch. de T. et son œuvre. Paris [2]1948. – HOFER, S.: Ch. de T. Leben u. Werke des altfrz. Epikers. Wien 1954. – MICHA, A.: La tradition manuscrite des romans de Ch. de T. Genf [2]1966. – KÖHLER, E.: Ideal u. Wirklichkeit in der höf. Epik. Tüb. [2]1970. – FRAPPIER, J.: Ch. de T. et le mythe du graal. Paris [2]1972. – BRAND, W.: Ch. de T. Zur Dichtungstechnik seiner Romane. Mchn. 1972. – SCHMOLKE-HASSELMANN, B.: Der arthur. Versroman von Ch. bis Froissart. Tüb. 1980. – König Artus u. seine Tafelrunde. Hg. v. K. LANGOSCH u. W.-D. LANGE. Stg. 1980. – TOPSFIELD, L.: Ch. de T. London 1981. – TRIMBORN, K.: Syntaktisch-stilist. Unters. zu Ch.s ›Yvain‹ u. Hartmanns ›Iwein‹. Bln. 1985. – DIRSCHERL, U.: Ritterl. Ideale in Ch.s ›Yvain‹ u. im mittelengl. ›Ywain and Gawain‹. Ffm. u. a. 1991. – MADDOX, D.: The Arthurian romances of Ch. de T. Once and future fiction. Cambridge 1991.

Christ, Lena, verh. Benedix, * Glonn bei Rosenheim 30. Okt. 1881, † München 30. Juni 1920, dt. Schriftstellerin. Aus ärml. Verhältnissen, erwarb sich ihr Wissen als Novizin eines schwäb. Klosters. Lebte in 1. Ehe (6 Kinder) in großer Armut; ihr 2. Mann, der Schriftsteller P. Benedix (* 1877, † 1954), förderte ihr schriftsteller. Talent. Sie nahm sich das Leben, als ihr wegen Betrugs im Kunsthandel die Festnahme drohte. In ihren Romanen, die stark autobiographisch geprägt sind, beschreibt sie in populärer Art den sozialen Aufstieg Besitzloser.

Werke: Erinnerungen einer Überflüssigen (Autobiogr., 1912), Lausdirndlgeschichten (1913), Mathias Bichler (R., 1914), Die Rumplhanni (R., 1916), Bauern (En., 1919), Madam Bäuerin (R., 1920). **Ausgabe:** L. Ch. Ges. Werke. Mchn. 1981. **Literatur:** ADLER, G.: Heimatsuche u. Identität. Das Werk der bair. Schriftstellerin L. Ch. Ffm. 1988. – GOEPFERT, G.: Das Schicksal der L. Ch. Mchn. ⁴1993.

Christaller, Helene, geb. Heyer, * Darmstadt 31. Jan. 1872, † Jugenheim a. d. Bergstraße 24. Mai 1953, dt. Schriftstellerin. – Lebte zuerst im Schwarzwald, seit 1903 in Jugenheim; schrieb eine große Zahl meist religiös gestimmter Unterhaltungs- und Eheromane, in denen sie auch soziale Fragen behandelte; außerdem lebensnahe Schilderungen des Schwarzwälder Volkslebens.

Werke: Magda (R., 1905), Meine Waldhäuser (En., 1906), Gottfried Erdmann und seine Frau (R., 1907), Heilige Liebe (R., 1911), Mutter Maria (R., 1917), Der Spielmann Gottes (Nov.n, 1925), Als Mutter ein Kind war (E., 1927), Berufung (R., 1928), Das blaue Haus (E., 1934), Christine (R., 1942).

Christen, Ada, eigtl. Christiane von Breden, geb. Friderik, * Wien 6. März 1844, † ebd. 19. Mai 1901, österr. Lyrikerin und Erzählerin. – Schauspielerin einer Wandertruppe; später Förderung durch F. von Saar. Mit ihrer erot. und sozialen Lyrik übte sie auf den frühen Naturalismus bed. Einfluß aus; auch Romane, Erzählungen und Dramen.

Werke: Lieder einer Verlorenen (Ged., 1868), Ella (R., 1869), Aus der Asche (Ged., 1870), Aus dem Leben (Skizzen, 1876), Unsere Nachbarn (Skizzen, 1884), Jungfer Mutter (R., 1892). **Literatur:** LEBNER, M.: A. Ch. Diss. Wien 1933.

Christensen, Hjalmar [norweg. 'kristənsən], * Førde (Sunnfjord) 5. Mai 1869, † Bergen 29. Dez. 1925, norweg. Kritiker und Schriftsteller. – Bed. ist sein literarhistor. Hauptwerk, ›Det nittende aarhundredes kulturkamp i Norge‹ (1905), in dem Ch. eine vortreffl. kultur- und geistesgeschichtl. Darstellung des 19. Jh. in Norwegen gibt; von literar. Interesse

sind auch seine Novellen und Romane, weniger bed. seine Dramen.

Weitere Werke: Nordiske kunstnere (Abh., 1895), Vort litterære liv (Abh., 1902), Et liv (R., 1909), Den gamle bygd (R., 1913), Den nye bygd (R., 1914).

Christensen, Inger [dän. 'kresdənsən], * Vejle 16. Jan. 1935, dän. Schriftstellerin. – Analysiert in ihrer experimentellen Lyrik, v. a. in ihrem Hauptwerk ›Det‹ (1969), die bedeutungschaffende Funktion der Sprache. Das Spannungsfeld zwischen dem einzelnen und der Gesellschaft, das Verhältnis zwischen Wirklichkeit und Kunst sind die wichtigsten Themen ihrer Romane; auch Prosa, Hör- und Fernsehspiele.

Weitere Werke: Lys (Ged., 1962), Evighedsmaskinen (R., 1964), Azorno (R., 1967, dt. 1972), Das gemalte Zimmer (E., 1976, dt. 1989), Brief im April (Ged., 1979, dt. 1990), Alfabet (Ged., 1981, dt. 1988), Del af labyrinten (Essays, 1982), Sommerfugledalen: et requiem (Essays, 1991). **Literatur:** GLIENKE, B., u. a.: I. Ch.s ›Det‹. In: Skandinavistik 5 (1975), S. 97.

Christgeburtsspiel, svw. ↑ Krippenspiel.

Christiansen, Sigurd Wesley [norweg. 'kristiansən], * Drammen 17. Nov. 1891, † ebd. 23. Okt. 1947, norweg. Schriftsteller. – Behandelt das Problem der menschl. Schuld in psychologisch unterbauten Romanen und Dramen von drückender Schwere.

Werke: Zwei Lebende und ein Toter (R., 1931, dt. 1932), Drømmen og livet, Det ensomme hjerte, Menneskenes lodd (R.-Trilogie, 1935–45). **Ausgabe:** S. W. Ch. Samlede verker. Oslo 1949–50. 9 Bde. **Literatur:** KJELLAND, E.: S. Ch. i liv og diktning. Oslo 1982.

Christie, Dame (seit 1971) Agatha [engl. 'krıstı], geb. Miller, * Torquay 15. Sept. 1890, † Wallingford (Oxfordshire) 12. Jan. 1976, engl. Schriftstellerin. – Vater Amerikaner; studierte Musik und Gesang in Paris; in zweiter Ehe ∞ mit dem Archäologen Sir Max Mallowan (*1904, †1978). Verfaßte zahlreiche erfolgreiche Detektivromane, häufig um den belg. Detektiv Hercule Poirot oder die altjüngferl. Amateurkriminalistin Miss Marple; auch Kurzgeschichten und Dramen. Beweis für Ch.s gelungene Übertragung des Genres auf die Bühne

ist u. a. die unverminderte Popularität der Dramatisierung ihres Romans ›Die Mausefalle‹ (R., 1949, dt. 1963; Dr., 1952, dt. 1953 u. d. T. ›Die Fuchsjagd‹).
Weitere Werke: Das geheimnisvolle Verbrechen in Styles (R., 1920, dt. 1929, 1959 u. d. T. Das fehlende Glied in der Kette), Der Mord auf dem Golfplatz (R., 1923, dt. 1927), Tod auf dem Nil (R., 1937, dt. 1959), Letztes Weekend (R., 1939, dt. 1944, als Dr. 1943 u. d. T. Zehn kleine Negerlein, dt. 1951), Zeugin der Anklage (Dr., 1956, dt. 1959), Das Schicksal in Person (R., 1971, dt. 1972), Alter schützt vor Scharfsinn nicht (R., 1973, dt. 1978), Meine gute alte Zeit. Die Autobiographie einer Dame (hg. 1977, dt. 1978).
Literatur: EGLOFF, G.: Detektivroman und engl. Bürgertum. Konstruktionsschema und Gesellschaftsbild bei A. Ch. Düss. 1974. – OSBORNE, C.: The life and crimes of A. Ch. London 1982. – MORGAN, J.: A. Ch. Eine Biographie. Dt. Übers. v. V. EIGENHERZ. Hamb. 1986. – GRIPENBERG, M.: A. Ch. Rbk. 1994.

Christie, Erling [norweg. 'kristi], * 1928, norweg. Lyriker. – Wichtig als Vermittler europ. modernist. Lyrik.
Werke: Tendenser og profiler (Essays, 1955), Mens vi venter. Av en dagbok fra femtitallet (Essays, 1958), Minus (Ged., 1959), Tegnene slukner (Ged., 1960).

Christine de Pisan [frz. kristindəpi-'zã], * Venedig um 1365, † Poissy (?) nach 1429, frz. Dichterin. – Tochter des Hofastrologen Karls V., Tommaso da Pizzano († 1385), lebte am Hof von Paris, verlor nach 10jähriger Ehe ihren Mann, widmete darauf ihre Gedichte Fürsten (u. a. Ludwig von Orléans und dem Herzog von Burgund), um sich und ihre drei Kinder zu ernähren; ab 1418 im Kloster. Erste frz. Humanistin. Sie schrieb eine dem Zeitgeschmack entsprechende, anmutige, an Allegorien und Visionen reiche Dichtung in höf. Stil: Balladen, Rondeaus, sentimentale Verserzählungen, Briefe sowie politisch-histor. und Moraltraktate. Neben persönl. Bereichen behandelte sie allgemeine Zeitfragen. In der ›Épistre au Dieu d'amours‹ (1399) und in dem sehr persönl. Werk ›Dit de la rose‹ (1402) wandte sie sich gegen die frauenfeindl. Tendenz im 2. Teil des ›Rosenromans‹; sie schrieb auch eine Biographie König Karls V.; der ›Ditié de Jeanne d'Arc‹ (1429), ihr letztes Werk, feiert die Jungfrau von Orléans.
Weitere Werke: La pastoure (Ged., 1403), Chemin de long estude (Ged., 1403), Das Buch von

der Stadt der Frauen (Prosa, 1405, dt. 1986), La vision Christine (Prosa, 1405).
Ausgaben: Œuvres poétiques de Ch. de P. Hg. v. M. ROY. Paris 1886–96. 3 Bde. – Ch. de P. Ballades, rondeaux, virelais. Hg. v. K. VARTY. Leicester 1965.
Literatur: SOLENTE, S.: Ch. de P. Paris 1970. – McLEOD, E.: The order of the rose. The life and ideas of Ch. de P. London 1976. –BORNSTEIN, D.: Ideals of women in the works of Ch. de P. Detroit 1981. – SCHOCK, M.-D.: La souffrance et la joie dans les cent ballades et rondeaux de Ch. de P. Rice University Houston (Tex.) 1981. – FAVIER, M.: Ch. de P. Muse des cours souverains. Genf 1984. – WILLARD, CH. C.: Ch. de P., her life and works. A biography. New York 1984. – PERNOUD, R.: Ch. de Pizan. Dt. Übers. Mchn. ⁴1994. – ZÜHLKE, B.: Ch. de Pizan in Text u. Bild. Stg. 1994.

christlich-arabische Literatur ['krıst...], die Literatur, deren Autoren christl. Araber sind oder Christen, die die arab. Sprache verwenden, insbes. jedoch die Literatur, die christl. Gepräge trägt und in arab. Gewand erscheint. – Die religiöse Literatur begann mit Übersetzungen, in ältester Zeit aus dem Griechischen, Syrischen und Koptischen, später aus verschiedenen europ. Sprachen, v. a. aus dem Französischen und Englischen. Im Mittelpunkt stand die Bibel, deren Übertragungen bis zum 16. Jh. jedoch fragmentarisch blieben und nur teilweise überkommen sind. Berühmt sind bes. die Übersetzung der amerikan. Missionare (Beirut 1865) und die der Jesuiten (Beirut 1876–80), an denen namhafte Schriftsteller und Gelehrte aus verschiedenen Ländern beteiligt waren. – Berühmte Autoren sind u. a. Bischof Severus Ibn Al Mukaffa (2. Hälfte des 10. Jh.), der Nestorianer Abu Al Faradsch Abd Allah Ibn At Taijib († 1043), Bischof Dschirmanus Farhat (* 1670, † 1732), Pater Butrus Mubarak (* 1663, † 1742) und die Vertreter der Gelehrtenfamilie Assemani, die sich große Verdienste um die Verbindung ihrer Heimat mit Rom und um die Erschließung oriental. Quellen erworben haben. – ↑ auch arabische Literatur.
Literatur: GRAF, G.: Gesch. der christl.-arab. Lit. Vatikanstadt 1944–53. 5 Bde. = Catalogue des manuscrits du Liban. Hg. v. J. NASRALLAH. Paris 1958–70. 4 Bde. – KHOURY, R. G.: Bibliographie raisonnée des traductions publiées au Liban à partir des langues étrangères de 1840 jusqu'aux environs de 1905. Diss. Paris 1966. – KHOURY, R. G.: Analyt. Bibliogr. der Überset-

zungen in das Arab. im Libanon zw. 1905 u. 1920. In: Islam 44 (1968), S.196. – KHOURY, A.-TH.: Les théologiens byzantins et l'Islam. Löwen u. Paris ²1969 (mit Bibliogr.). – PLATTI, E.: Yaḥyā Ibn 'Adī, théologien chrétien et philosophe arabe. Löwen 1983. – ↑auch arabische Literatur.

Christlich-Deutsche Tischgesellschaft, konservativer Dichterkreis der Romantik, der 1810 von A. von Arnim ins Leben gerufen wurde und dem u.a. H. von Kleist, J. von Eichendorff, A. von Chamisso, F. de la Motte Fouqué und C. Brentano angehörten.
Literatur: SCHOEPS, H.-J.: Aus den Jahren preuß. Not u. Erneuerung. Bln. 1966.

christlich-orientalische Literaturen, das Christentum bediente sich in seiner hl. Schrift der griech. Sprache, und in den oriental. Provinzen des Römischen Reiches wurde von den Theologen das Griechische als Koinesprache verwendet. Die Mission an der autochthonen Bevölkerung und die Ausbreitung des Evangeliums über die Ostgrenze des Reiches hinaus führten zur Bildung von Nationalliteraturen in den jeweiligen Landessprachen. Das gilt in Ägypten für die Entstehung der ↑koptischen Literatur. In Syrien und Mesopotamien setzte sich als Kirchensprache die aram. Kanzleisprache des Königreichs von Edessa durch; es entstand die ↑syrische Literatur. In Afrika schloß sich an die kopt. Literatur im Süden die nubische Literatur und die ↑äthiopische Literatur an. Seit der Schaffung einer eigenen Schrift (um 400) gab es auch in Armenien eine ↑armenische Literatur, der in Georgien vom 5.Jh. an eine eigene ↑georgische Literatur mit eigener Schrift folgte. Nach der arab. Eroberung und der immer weiter fortschreitenden Arabisierung trat im Orient an die Stelle des Griechischen das Arabische, die Amtssprache seit Abd Al Malik (685–705). Mit der zunehmenden Islamisierung ging ein Schrumpfungsprozeß gewisser ch.-o. L. einher, so daß die Übersetzung vieler Schriften ins Arabische nötig wurde; zugleich wurde aber auch eine christlich-arab. Originalliteratur geschaffen. Trotz der Vielzahl ch.-o. L. ist in ihnen ein einheitl. Kern enthalten, der zum großen Teil aus dem Griechischen übersetzt ist, insbes. patrist.

Schriften. Es wurde aber auch von einer christlich-oriental. Sprache in eine andere übersetzt. So sind z. B. auch gewisse ursprünglich griech. Schriften nur mehr in einer oder mehreren oriental. Sprachen erhalten, oder selbst griechisch überlieferte Texte haben eine oriental. Urfassung. Neben geistl. Übersetzungsliteratur steht eine Fülle von Originalliteratur. Der Umfang weltl. Literatur ist in den einzelnen Gebieten verschieden. Maßgebend ist hierfür, wie lange die jeweilige Sprache schöpferisch war und wann sie ausstarb. Die armen. und die georg. Bevölkerung haben in ihrem polit. und kulturellen Selbstbewußtsein hierbei viel geleistet und sind auch in der Gegenwart noch tätig, während Kopten und Syrer sich heute nur des Arabischen bedienen. Die Äthiopier haben bis in die Gegenwart alte Texte tradiert, z. T. sogar eingebettet in Sammlungen der Gegenwartssprache.

Christmas Pantomimes [engl. 'krısməs 'pæntəmaımz], in England zur Weihnachtszeit aufgeführte burleske Ausstattungsstücke, Harlekinaden nach Themen aus Märchen, Sage und Geschichte. Die Blütezeit der Ch.P. liegt im 18. und beginnenden 19.Jh., sie sind jedoch noch heute weithin beliebt.

Christophoros Mytilenaios (tl.: Christophóros Mytilēnaîos), *um 1000, †um 1050, byzantin. Schriftsteller. – Kaiserl. Sekretär und oberster Richter; verfaßte v. a. Epigramme und Gelegenheitsgedichte in jamb. Trimetern und Hexametern. Erhalten sind auch ein metr. Kalender für das Kirchenjahr und ein Synaxarion in Versen.

Christow (tl.: Christov), Kiril [bulgar. 'xristof], *Stara Sagora 7. Juli 1875, †Sofia 7. Nov. 1944, bulgar. Schriftsteller. – Lehrer und Bibliothekar; 1923 Emigration nach Deutschland; 1930–38 Lektor für bulgar. Literatur in Prag; 1938 Rückkehr nach Bulgarien. Ch. schrieb bed. emotionale Lyrik, anfangs mit epikureischer, freier Moralauffassung, die erst später in seinen erzählenden und dramat. Werken eine Wendung erfährt; bed. Übersetzer, u.a. von Dante, Shakespeare, Schiller, A. S. Puschkin und Lord Byron, auch aus der tschech. Literatur.

Werk: Čeda na Balkana (= Kinder des Balkan, Versepos, 1930).
Ausgabe: K. Christov. Säbrani säčinenija. Sofia 1966–68. 5 Bde.

Christus und die Samariterin, kurzes ahd. ep. Gedicht (31 Zeilen), um 900 auf der Reichenau entstanden; schildert in einer dichter. Paraphrase Joh. 4, 6 ff. schlicht und knapp mit z. T. volkstüml. Redewendungen; abgefaßt in der Otfriedzeile; überliefert in einer Handschrift des 10. Jahrhunderts.

Chrobák, Dobroslav [slowak. 'xrɔba:k], *Hybe 16. Febr. 1907, † Preßburg 16. Mai 1951, slowak. Schriftsteller. – Elektroingenieur, dann Redakteur und Regionaldirektor des Rundfunks in Preßburg; veröffentlichte lyr. Erzählungen (›Kamarát Jašek‹, 1937; ›Der Drache kehrt wieder‹, 1943, dt. 1964), Essays und eine Geschichte der slowak. Literatur (1932).
Literatur: BOB, J.: Moderný tradicionalista D. Ch. Preßburg 1964. – Poézia Ch.ovej prózy. Preßburg 1977.

Chronica Minora ['kro:...; lat.], zusammenfassende Bez. für acht syr. Chroniken: 1. die Chronik von Edessa (6.Jh.) mit vielen Angaben über die Kirche von Edessa; 2. eine anonyme nestorian. Chronik des 7.Jh. mit Angaben über die späte Sassanidenzeit; 3. eine maronit. Chronik (8./9.Jh.); 4. die ›gemischte‹ Chronik (8.Jh.), in der drei Chroniken kompiliert sind (bis 629, 636 und 641); 5. die anonyme Chronik von Kartamin, ursprünglich bis 784/785 reichend, später bis 848/849 erweitert; 6. eine Chronik, deren Autor vielleicht Theodosius von Edessa (9.Jh.) ist und die über die Zeit von 754 bis 813 berichtet; 7. die Chronik des Jakob von Edessa (†708), die in das Werk des Michael Syrus eingearbeitet ist; 8. eine anonyme Chronik, die im wesentl. Herrscherlisten aufführt, gegen Ende dann ausführlicher wird und bis 775 reicht.
Ausgabe: Ch. M. Hg. v. E. W. BROOKS u. a. Syr. u. lat. Löwen Neuaufl. 1955–60. 6 Bde.

Chronik (Bücher der Ch.) ['kro:nɪk, zu griech. chrónos = Zeit] ↑ Bibel.

Chronik ['kro:nɪk; zu griech. chrónos = Zeit], Form der Geschichtsschreibung, bes. im MA und im 16./17. Jh. verbreitet. Im Unterschied zu den ↑ Annalen mit ih-

rer Notierung der Ereignisse in Jahresfolgen fassen die Ch.en größere Zeitabschnitte zusammen und versuchen, Zusammenhänge zwischen den Ereignissen und chronolog. Phasen herzustellen. Diese Tendenz prägt die Ch.en in zweifacher Hinsicht: sie gehen oft von den Anfängen (der Welt, des bestimmten Klosters, der bestimmten Stadt) aus und ordnen die Geschehnisse in den Rahmen der Heilsgeschichte ein, so sind z. B. Welt-Ch.en gewöhnlich nach dem Schema der 6 Weltzeitalter gegliedert. Die histor. Dokumentation ist meist durchwuchert von allerlei Merkwürdigkeiten und der Neigung zur Fabulistik: Die Einschiebsel bieten sich oft als selbständige poet. Formen an (↑ Anekdote, ↑ Novelle). – Die Grenzen zwischen den verschiedenen Formen mittelalterl. Geschichtsschreibung, den Annalen, der ↑ Historie und der Ch. sind fließend, die Begriffe wurden über das MA hinaus häufig synonym verwendet, die ›Annales‹ des Tacitus (1. Hälfte des 2.Jh.) wurden z. B. erst im 16.Jh. so betitelt, Lampert von Hersfelds ›Annales‹ (um 1078/79) tendieren stark zur Ch. und Historie. – Nach den Anfängen in der Spätantike (Eusebios von Caesarea, Isidor von Sevilla) erlebte die chronist. Geschichtsschreibung eine erste Blütezeit im Hoch-MA, z. B. durch Ekkehard von Aura, ›Chronicon universale‹ (11./12.Jh.), Otto von Freising, ›Chronica sive historia de duabus civitatibus‹ (1143–46); in dt. Sprache: Eike von Repgow (?), ›Sächs. Welt-Ch.‹ (um 1230). Die Autoren waren meist Mönche. Im Spät-MA traten bes. Städte-Ch.en hervor. Die Fülle der überlieferten Ch.en läßt sich ordnen: 1. nach der Sprache (lat. und volkssprachl. Ch.en), 2. nach der Form (Prosa- oder Reim-Ch.en) und v. a. 3. nach dem Inhalt: Welt-Ch.en, z. B. von Rudolf von Ems (1240/50), Jansen Enikel (um 1280), Hartmann Schedel (1493); Kaiser-Ch.en, z. B. die anonyme ↑ ›Kaiserchronik‹ (um 1150); Landes-Ch.en, z. B. die ›Österr. Reim-Ch.‹ (Anfang des 14.Jh.) Ottokars von Steiermark, Nikolaus von Jeroschin, ›Kronike von Pruzinlant‹ (Deutschordens-Ch., vollendet etwa 1335–41); Kloster-Ch.en, z. B. Eberhards ›Gandersheimer Reim-Ch.‹ (1216/18); Städte-Ch.en, z. B. Got-

Chronik. ›Kaiserchronik‹, in einer
Sammelhandschrift des 12. Jahrhunderts

frid Hagen, ›Boich van der stede Colne‹
(1270), ›Magdeburger Schöppen-Ch.‹
(Ende des 14. Jh.), und Geschlechter-
Ch.en, z. B. die ›Zimmerische Ch.‹
(1564–66).

Literatur: BRINCKEN, A.-D. VON DEN: Studien
zur lat. Weltchronistik bis in das Zeitalter Ottos
von Freising. Düss. 1957. – SCHMIDT, HEINRICH:
Die dt. Städte-Ch.en als Spiegel des bürgerl.
Selbstverständnisses im Spätmittelalter. Gött.
1958. – GRUNDMANN, H.: Geschichtsschreibung
im MA. Gött. 1965. – WENZEL, H.: Höf. Gesch.,
literar. Tradition u. Gegenwartsdeutung in den
volkssprachigen Ch.en des hohen u. späten
MA. Bern u. a. 1980. – WIRTH, G., u. a.: Ch. In:
Lex. des MA. Bd. 2. Mchn. u. Zü. 1983.

chronikale Erzählung [kro...;
griech.; dt.], meist in Novellen- oder Ro-
manform gestaltete Erzählung eines in
der Vergangenheit spielenden Geschehens. Sie ist, im Gegensatz zur ↑ historischen Erzählung, so verfaßt, als stamme
sie aus der Feder eines zeitgenöss. Chronisten. Dieser fingierte ›Chronist‹ übernimmt die Rolle des Erzählers. Der Autor selbst stellt sich in einer Rahmenhandlung oft als Herausgeber dieser
Chronik vor und greift bisweilen erklä-
rend in den Handlungsfortgang ein. Fiktive Briefe, Urkunden, Tagebuch- und
Chronikauszüge verstärken die Illusion
der zeitl. Unmittelbarkeit ebenso wie die
gezielte Verwendung von ↑ Archaismen.
Die ch. E. erfreute sich zur Zeit der Romantik und im Realismus besonderer Beliebtheit. Typ. deutschsprachige Beispiele sind: E. T. A. Hoffmann, ›Die Elixiere des Teufels‹ (1815/16); C. Bren-

tano, ›Aus der Chronika eines fahrenden
Schülers‹ (1818); W. Meinhold, ›Maria
Schweidler, die Bernsteinhexe‹ (1843);
C. F. Meyer, ›Das Amulett‹ (1873).

Literatur: LEPPLA, R.: Wilhelm Meinhold u. die
ch. E. Bln. 1928. Nachdr. Nendeln 1967. –
KNOBLOCH, E.: Die Wortwahl in der archaisie-
renden ch. E. Göppingen 1971.

Chronik von Arbela ['kro:nɪk], alt-
christl. Schrift, die eine Kirchengeschichte des ostsyr. Königreichs Adia-
bene enthält; in syr. Sprache von Me-
schichaseka im 6. Jh. verfaßt; führt die
Anfänge der dortigen Christentums auf
sehr alte Zeit zurück. Der erste Bischof
soll vom Apostel Addai geweiht worden
sein, auf den sich auch die Kirche von
Edessa beruft. Der histor. Wert der Ch.
v. A. ist umstritten, zumal die handschriftl. Überlieferung schon Rätsel bietet.

Literatur: SACHAU, E.: Die Ch. v. A. In: Abhh.
der königl. preuss. Akademie der Wiss. Bln.
1915. – FIEY, J. M.: Assyrie chrétienne. Bd. 1.
Beirut 1965. S. 41. – ASSFALG, J.: Zur Textüber-
lieferung der Ch. v. A. In: Oriens Christianus 50
(1966), S. 19.

Chronique scandaleuse [frz. krɔ-
nikskãda'lø:z], Sammlung von Skandalgeschichten einer Epoche oder eines bestimmten Milieus; wesentl. Bestandteil
der Sensationsjournalistik. Zuerst Titel
einer von Jean de Roy (* 1425, † 1495) um
1490 verfaßten Schrift über Ludwig XI.
von Frankreich.

Chronogramm [kro...; griech.], lat.
Merkspruch, oft in Form einer Inschrift,
in dem einzelne durch Großbuchstaben
hervorgehobene Buchstaben die Jahreszahl eines bestimmten histor. Ereignisses
ergeben, auf das sich der Satz direkt oder
indirekt bezieht, z. B. IesVs nazarenVs
reX IVDaeorVM: M = 1000, D = 500,
X = 10, 4mal V = 20, 2mal I = 2 = 1532,
das Jahr des Religionsfriedens in Nürnberg. Oft in Versform (meist in Hexametern) als **Chronostichon** (ein Vers) oder
als **Chronodistichon** (zwei Verse).

Chrysostomos [çr...], griech. Kirchenlehrer, ↑ Ioannes Chrysostomos.

Chuang Tzu (Zhuang Zi) [chin. dʒu-
aŋdzi], Sammlung von Schriften des
Chuang Chou (Zhuang Zhou) und aus
seiner Schultradition. Über Chuang
Chou (um 300 v. Chr.) ist fast nichts be-

kannt. Seine Schriften über Kosmos, Natur, Freiheit, Erkenntnis, ›Nicht-Tun‹ bilden die umfassendste Darstellung des frühen Taoismus. Ihre Sprachgewalt, kühnen Bilder und anschaul. Parabeln prägten die spätere chin. Dichtung; 742 durch den Kaiser als ›Wahres Buch vom Südlichen Blütenland‹ kanonisiert.
Ausgaben: The complete works of Ch. T. Engl. Übers. v. B. WATSON. New York u. London 1968. – Dschuang Dsi. Das Wahre Buch v. Südl. Blütenland. Dt. Übers. v. R. WILHELM. Einf. v. S. SCHUHMACHER. Köln 30. Tsd. 1982.
Literatur: CHANG, T.-T.: Metaphysik, Erkenntnis u. prakt. Philosophie im Ch. T. Ffm. 1982.

Chuci, chin. Anthologie, ↑ Ch'u-tz'u.

Chudschandi, pers. Lyriker und Mystiker, ↑ Kamal Chodschandi.

Chu Hsi (Zhu Xi) [chin. dʒuɕi], * Yühsi (Fukien) 1130, † ebd.1200, chin. Philosoph, Historiker und Dichter. – War im Staatsdienst tätig, zeitweise Lehrer und Erzieher am kaiserl. Hof, wurde 1197 in Ungnade entlassen, 1199 rehabilitiert. Bedeutendster Systematiker des Neokonfuzianismus, der alle wichtigen Strömungen des chin. Denkens vor seiner Zeit in seinem Werk zu einer Einheit zusammenfaßte. Seine Werke erlangten kanon. Geltung und blieben bis ins 20. Jh. wirksam. Sein umfangreiches Werk, das in der Nachfolge solcher Denker wie Chang Tsai, Chou Tun-i, Ch'eng Hao und Ch'eng I steht, läßt sich einteilen in Kommentarschriften zu den konfuzian. Klassikern, in solche über die Begründer der neokonfuzian. Schule und schließlich in historiograph. Bücher. – Als Dichter schrieb er Gedichte mit philosoph. Gehalt in alter Form.
Literatur: BRUCE, J. P.: Chu Hsi and his masters. London 1923. – Chu Hsi, Djin-si-lu. Die sungkonfuzian. Summa mit dem Kommentar v. YA TSAI. Übers. u. erl. v. O. GRAF. Tokio 1953. – CHU HSI/LÜ, T. C.: Reflections on things at hand. New York 1967.

Ch'un-ch'iu (Chunqiu) [chin. tʃuəntɕiɔu = Frühling und Herbst], Annalen des Heimatstaates von Konfuzius, über die Zeit zwischen 722 und 481. Angeblich von Konfuzius selbst geschrieben, der in ihnen ›Lob und Tadel‹ über histor. Personen und Vorgänge verschlüsselt ausdrückte, gehörte es zu den fünf ›klass.‹ Werken des Konfuzianismus. Das ihm angehängte ›Tso-chuan‹ (= Überlieferungen des Tso) ist die wichtigste Quelle zur Geschichte des alten China. Seit dem 2. Jh. v. Chr. existieren exeget. Werke.
Ausgaben: LEGGE, J.: The Chinese classics. Chin. u. engl. Bd. 5: The Ch'un-Ts'ëw, with the Tso Chuen. Oxford ²1893. – La chronique de la principauté de Lòu. Tch'ouen ts'iou et Tso tchowan. Chin. u. frz. Hg. v. S. COUVREUR. Paris. Neuaufl. 1951. 3 Bde.

Chung-yung (Zhongyong) [chin. dʒʊŋjʊŋ = Maß und Mitte], chin. Traktat zur konfuzian. Ethik. K'ung Chi, einem Enkel des Konfuzius, zugeschrieben und in das kanon. ›Li-chi‹ aufgenommen, galt es bes. dem Neokonfuzianismus des Chu Hsi als wichtige Abhandlung über Grundlagen einer prakt. Ethik.
Literatur: WEBER-SCHÄFER, P.: Der Edle u. der Weise. Mchn. 1963.

Ch'unhyangjön [korean. tʃhunhjaŋdʒʌn = Die Erzählung von Fräulein Frühlingsduft], zwischen 1725 und 1801 verfaßter anonymer korean. Roman. Er behandelt die Liebesromanze zwischen I Toryŏng, dem Sohn eines hohen Staatsbeamten, und der schönen Ch'unhyang, der Tochter einer Kisaeng (Sängerin). Beachtenswert sind die für die damalige Zeit unerhörten sozialkrit. Tendenzen des Werkes: die Anprangerung der Mißwirtschaft und Korruption der privilegierten Aristokratie, das Eintreten des Autors für die Gleichberechtigung der sozial verachteten Stände und seine Forderung nach freier Gattenwahl zur Überwindung der diskriminierenden Klassenschranken.
Ausgaben: The fragrance of spring. Engl. Übers. Hg. v. E. J. URQUHART. Seoul 1948. – Fragrance of spring. Engl. Übers. Hg. v. CHAI HONG SIM. Seoul 1956.
Literatur: LEE, P. H.: Korean literature. Topics and themes. Tucson 1965. S. 77 u. 81.

Church, Richard [engl. tʃɔːtʃ], * London 26. März 1893, † Cranbrook (Kent) 4. März 1972, engl. Schriftsteller. – Naturlyriker in der Nachfolge von W. Wordsworth; schrieb auch psycholog. Romane, in denen er Existenzprobleme sensibler Menschen darstellt, sowie drei Bände Autobiographien.
Werke: Das Bollwerk (R., 1939, dt. 1939), Die Nacht der Bewährung (R., 1942, dt. 1944), Über die Brücke (Autobiogr., 1955, dt. 1956), Die gefährl. Jahre (R., 1956, dt. 1957), The golden sovereign (Autobiogr., 1957), Little Miss Moffatt (R., 1969).

Churchill, Caryl [engl. 'tʃə:tʃɪl], * London 3. Sept. 1938, engl. Dramatikerin. – Verbindet polit. Engagement mit feminist. Bewußtsein in ihren Analysen ehel. Zwänge in ›Besitzer‹ (Dr., 1973, dt. 1975) und ›Objections to sex and violence‹ (Dr., UA 1975, dt. 1975), in der Dramatisierung der Hexenverfolgung im 17. Jh. in ›Vinegar Tom‹ (Dr., 1978) sowie in der vergleichenden Darstellung der Zusammenhänge von sexueller und ökonom. Unterdrückung in Viktorianismus und Gegenwart in dem Erfolgsstück ›Siebter Himmel‹ (Dr., 1979, dt. 1980).
Weitere Werke: Top girls (Dr., 1982), Fen (Dr., 1983), Softcops (Dr., 1984), Serious money (Dr., 1987), Icecream (Dr., 1989), Mad forest (Dr., 1991).
Literatur: RANDALL, PH. R.: C. Ch.: a casebook. New York 1989. – KRITZER, A. H.: The plays of C. Ch. London 1991.

Churchill, Charles [engl. 'tʃə:tʃɪl], * London im Febr. 1731, † Boulogne-sur-Mer 4. Nov. 1764, engl. Satiriker. – Geistlicher, lebte zunächst in Armut, bis ihn die Schauspielersatire ›Rosciad‹ (1761) berühmt und finanziell unabhängig machte; verfaßte bittere, erbarmungslose Satiren auf Personen des öffentl. Lebens; stark zeitgebunden; zu seinen Vorbildern gehörte A. Pope.
Ausgabe: Ch. Ch., Poetical works. Hg. v. D. GRANT. Oxford 1956.

Churchill, Winston [engl. 'tʃə:tʃɪl], * Saint Louis 10. Nov. 1871, † Winter Park (Fla.) 12. März 1947, amerikan. Schriftsteller. – Verfasser von erfolgreichen Romanen mit Stoffen aus der amerikan. Geschichte um die Jahrhundertwende; sein bekanntestes Werk ist ›The crisis‹ (R., 1901).
Weitere Werke: Richard Carvel (R., 1899), The crossing (R., 1904), A modern chronicle (R., 1910), The uncharted way (Autobiogr., 1940).
Literatur: WALCUTT, C. C.: Romantic compromise in the novels of W. Ch. Ann Arbor (Mich.) 1951. – TITUS, W. I.: W. Ch. New York 1963.

Churchill, Sir (seit 1953) Winston [Leonard Spencer] [engl. 'tʃə:tʃɪl], * Blenheim Palace, Woodstock (Oxford) 30. Nov. 1874, † London 24. Jan. 1965, engl. Politiker und Schriftsteller. – Aus der Familie der Herzöge von Marlborough; war 1895–99 Kavallerieleutnant, dann u. a. 1906 Unterstaatssekretär für

die Kolonien, 1908 Handelsminister, 1910 Innenminister und 1911–15 Lord der Admiralität; 1917–22 weitere Ministerämter, 1924–29 Schatzkanzler; 1940 bis 1945 und 1951–55 Premierminister. Die Vielfalt seiner Talente als Kriegsführer, Parlamentarier, Redner, Schriftsteller und Maler machte ihn zu einer der herausragenden Gestalten der brit. Geschichte. 1953 erhielt er für seine histor., biograph. und polit. Schriften den Nobelpreis für Literatur.
Werke: Die Weltkrisis (6 Bde., 1923–31, dt. 3 Bde., 1924–28), Marlborough (Biogr., 4 Bde., 1933–38, dt. gekürzt in 2 Bden., 1968/69), Der Zweite Weltkrieg (6 Bde., 1948–54, dt. 1948–54).
Literatur: CHURCHILL, R. S.: W. S. Ch. London 1966–76. 5 Bde. – ASHLEY, M.: Ch. as historian. London 1968. – Ch., four faces and the man. Hg. v. A. J. P. TAYLOR u. a. London 1969. – HAFFNER, S.: W. Ch. Rbk. 53.–55. Tsd. 1993.

Churi, Al (tl.: Al-Ḫūrī), Bischara Abdallah, * Beirut 19. März 1885, † ebd. 31. Juli 1968, libanes. Dichter. – Zählt zu den bedeutendsten Lyrikern und Ghasel-Dichtern der modernen arab. Poesie.
Werke: Al-Hawā wa-š-šabāb (= Leidenschaft und Jugend, 1. Diwan, 1952), Al-Watar al-ǧarīḥ (= Die verletzte Saite, 2. Diwan, 1961).
Literatur: JAYYUSI, S. KH.: Trends and movements in modern Arabic poetry. Leiden 1977. S. 246.

Ch'u-tz'u (Chuci) [chin. tʃutsɨ = Gesänge aus dem Süden], chin. Anthologie von lyr. und rhapsod. Dichtungen, im 2. Jh. n. Chr. zusammengestellt. Ein Teil dieser Dichtungen, die vom 3. bis zum 1. Jh. v. Chr. im Königreich Ch'u in Südchina entstanden, wird ↑ Ch'ü Yüan zugeschrieben. Aus schamanist. Beschwörungsgesängen entwickelt, künden sie vom Glück der Weltüberwindung, andere üben polit. Kritik. Bilderreichtum und strenge Form ließen sie zum Vorbild späterer Prosagedichte werden.
Ausgaben: Ch'ü Yüan. The nine songs. Hg. v. A. WALEY. London 1955. – Ch'u tz'u. Engl. Übers. Hg. v. D. HAWKES. Oxford 1959.

Ch'ü Yu (Qu You) [chin. tɕyjou], * Hangtschou 1341 (?), † ebd. 1428, chin. Dichter. – Lebte 1408–25 in der Verbannung an der mongol. Grenze. Sein Hauptwerk ›Chien-teng hsin-hua‹ (= Neue Gespräche beim Putzen der Lampe) enthält 21 Novellen in der Tradition der T'ang-Novelle (↑ chinesische Literatur). Wegen seines Stils, sozialkrit. Züge und buddhistisch-konfuzian. Moral wurde es in ganz Ostasien nachgeahmt. Li Ch'ang-ch'i (* 1376, † 1452) schrieb eine Fortsetzung. Eine dt. Übersetzung aus beiden Sammlungen enthält ›Die Goldene Truhe‹ (1959).

Ch'ü Yüan (Qu Yuan) [chin. tɕyÿæn], chin. Dichter um 300 v. Chr. – Entstammte der Königsfamilie des Staates Ch'u; bekleidete hohe Ämter, wurde aufgrund von Verleumdungen verbannt und beging Selbstmord. Sein rhapsod. Langgedicht ›Li-sao‹ (= Trennung von Leid) in den ↑›Ch'u-tz'u‹ beschreibt sprachgewaltig eine Jenseitsreise aus den Enttäuschungen dieser Welt. Schicksal und Werk des Ch. Y. dienten noch im 20. Jh. chin. Dichtern als Anregung.

Ciardi, John [engl. 'tʃɑ:dɪ], * Boston (Mass.) 24. Juni 1916, † Edison (N. J.) 30. März 1986, amerikan. Lyriker. – Prof. für Englisch, u. a. 1954–61 an der Rutgers University, New Brunswick; 1956 bis 1973 verantwortlich für die Lyrik-Sektion der ›Saturday Review‹. Seine Gedichte zeichnen sich durch Humor und volkstüml. Diktion aus; daneben auch Gedichte für Kinder (u. a. ›The reason for the pelican‹, 1959; ›I met a man‹, 1961) und Essays (›Dialogue with an audience‹, 1963). Bekannt wurde v. a. seine Übersetzung von Dantes ›Divina Commedia‹ (›The Inferno‹, 1954; ›The Purgatorio‹, 1961; ›The Paradise‹, 1970).
Weitere Werke: Homeward to America (Ged., 1940), As if (Ged., 1955), In the stoneworks (Ged., 1961), An alphabestiary (Ged., 1966), Lives of X (autobiograph. Ged., 1971), For instance (Ged., 1979), A browser's dictionary (1980), A second browser's dictionary (1983), Selected poems (Ged., 1984).
Literatur: KRICKEL, E.: J. C. Boston (Mass.) 1980.

Cibber, Colley [engl. 'sɪbə], * London 6. Nov. 1671, † ebd. 12. Dez. 1757, engl. Dramatiker. – Zunächst Soldat, dann Schauspieler, 1710–33 Direktor des Drury Lane Theatre. Schrieb bühnenwirksame Lustspiele ohne hohes literar. Niveau, die Stilelemente der Comedy of manners und des moralisierenden, empfindsamen Dramas verbinden. Wurde nach seiner Ernennung zum ›poet laure-

ate‹ 1730 in der revidierten Ausgabe von A. Popes ›Dunciad‹ (1743), ferner von S. Johnson und H. Fielding erbarmungslos verspottet.
Werke: Love's last shift (Dr., 1696), The careless husband (Kom., 1705), The lady's last stake (Kom., 1708), Apology for the life of Mr. C. C., comedian (Autobiogr., 1740).
Ausgabe: C. C. Dramatic works. London 1777. 5 Bde. Neudr. New York 1966.
Literatur: ASHLEY, L. R. N.: C. C. New York 1965. – KOON, H.: C. C. A biography. Lexington (Ky.) 1986.

Cibulka, Hanns [tsi...], * Jägerndorf (heute Krnov, Nordmähr. Gebiet) 20. Sept. 1920, dt. Schriftsteller. – Im 2. Weltkrieg Soldat, Kriegsgefangenschaft in Sizilien; lebt als Bibliothekar in Gotha. Schreibt knappe, meist reimlose Verse, oft mit Bildern aus seiner böhm. Heimat, später Erinnerungen an die italien. Landschaft; auch Tagebücher, Berichte, Reisebücher und Übersetzungen.
Werke: Märzlicht (Ged., 1954), Sizilian. Tagebuch (1960), Arioso (Ged., 1962), Umbr. Tage (Tageb., 1963), Windrose (Ged., 1968), Sanddornzeit (Tageb., 1971), Lichtschwalben (Ged., 1973), Lebensbaum (Ged., 1977), Das Buch Ruth. Aus den Aufzeichnungen des Archäologen Michael S. (1978), Der Rebstock (Ged., 1980), Swantow. Die Aufzeichnungen des Andreas Flemming (1982), Seedorn (Tagebuch-E., 1985), Dornburger Blätter. Briefe und Aufzeichnungen (1992).

Cicellis, Kay [engl. 'sɪslɪs], * Marseille 22. Sept. 1926, engl. Schriftstellerin griech. Abstammung. – Jugend in Frankreich und England, später in Griechenland, dann wieder in Westeuropa. Schrieb Kurzgeschichten und Romane, oft aus der Welt der Fischer und Bauern; subtile Psychologie und Neigung zum Visionären zeichnen ihre Werke aus.
Werke: Flut und Ebbe (Kurzgeschichten, 1950, dt. 1952), Kein Name bei den Leuten (R., 1952, dt. 1953), Tod einer Stadt (R., 1954, dt. 1956), Noch zehn Sekunden (R., 1957, dt. 1964), The way to Colonos (En., 1960), Der Tag, an dem die Fische kamen (R., 1967, dt. 1968).

Cicero, Marcus Tullius, * Arpinum (heute Arpino) 3. Jan. 106, † bei Caieta (heute Gaeta) 7. Dez. 43, röm. Staatsmann, Redner und Philosoph. – Vielseitig gebildet, erwarb gründl. Kenntnis der griech. und röm. Literatur, der griech. Philosophie, der Geschichte und des röm. Rechts und wurde so zum ersten

Redner seiner Zeit. Als erfolgreicher Anwalt schuf er die Voraussetzungen für seine polit. Karriere, die ihn zur Prätur (66) und zum Konsulat (63) führte. Durch die Abwehr demagog. Vorstöße, bes. aber durch die Aufdeckung und energ. Unterdrückung der Verschwörung des Catilina (bekannt sind seine vier Catilinarischen Reden) gelang es ihm, den Führungsanspruch des Senats ein letztes Mal durchzusetzen. Er glaubte sich zu einer führenden Rolle im Staat berufen, die ihm weder die Vertreter der alten Adelsfamilien noch die wahren Machthaber, Pompeius, Caesar und Crassus (1. Triumvirat, 60), zugestehen wollten. 59 leistete er vergebl. Widerstand gegen die Maßnahmen des Konsuls Caesar, mit dessen Einverständnis ihn der Volkstribun Clodius Pulcher im März 58 zwang, ins Exil zu gehen. Zwar durfte er bald zurückkehren (Sept. 57), mußte sich aber der Politik des in Luca (Lucca) erneuerten Triumvirats einordnen (Mai 56). Sein polit. Scheitern führte C. zu literar. Tätigkeit. Es entstanden seine Hauptwerke ›De oratore‹ (= Über den Redner, 55; eine Lehrschrift über die Theorie und Praxis der Rhetorik), ›De re publica‹ (= Über den Staat, 54–51; mit dem bekannten ›Somnium Scipionis‹ [= Scipios Traum]; eine aus monarch., aristokrat. und demokrat. Elementen bestehende Mischverfassung wird als Ideal hingestellt) und ›De legibus‹ (= Über die Gesetze; erst postum veröffentlicht; eine Theorie des Rechts und der Gesetze mit der stoischen Grundlegung des Naturrechts im 1. Buch). Trotz des Werbens Caesars schloß sich C. im Bürgerkrieg Pompeius an (Juni 49), blieb aber passiv und wartete in Brundisium auf die Begnadigung durch Caesar, die ihm in zuvorkommender Weise zuteil wurde (25. Sept. 47). Nach kurzer Bereitschaft zur Zusammenarbeit suchte C., auch angesichts von Caesars Alleinherrschaft enttäuscht, seine Zuflucht im geistigen Bereich; es entstanden: ›Brutus‹ (46; eine Geschichte der lat. Redekunst), ›Tusculanae disputationes‹ (= Gespräche in Tusculum, 45; eine popularphilosoph. Erörterung, u.a. über Tod, Schmerz, Leidenschaften), ›De natura deorum‹ (= Über das Wesen der Götter;

Ende 45; Darstellung und Kritik epikureischer, stoischer und skept. Sicht von Existenz, Natur und Wirkungsweise der Götter), ›De finibus bonorum et malorum‹ (= Von den Grenzen im Guten und Bösen; Darlegung und Kritik eth. Theorien Epikurs, der Stoa und der älteren Akademie). An der Verschwörung gegen Caesar war er nicht beteiligt, begrüßte aber freudig dessen Ermordung (15. März 44), da er nun auf die Wiederherstellung der alten Verfassung hoffte. Nach einer Phase der Zurückhaltung vom polit. Geschehen, in der u. a. ›De officiis‹ (= Vom pflichtgemäßen Handeln; Herbst 44; Abhandlung über Sittlichkeits-, Erkenntnis- und Nützlichkeitspflichten sowie über die Kardinaltugenden) entstand, wurde C. im Kampf gegen Marcus Antonius noch einmal zum Führer des Senats (seit Dez. 44; 14 Philippische Reden gegen Antonius nach dem Vorbild des Demosthenes). Nach dem Staatsstreich Oktavians (Aug. 43) und dessen Verständigung mit Antonius wurde C. geächtet und bei dem Versuch, zu Brutus und Cassius in den Osten zu entkommen, im Auftrag des Antonius ermordet.

C.s meisterhafte Beherrschung des Lateinischen machte dieses erst zu einer Literatursprache, in der auch die subtilen Gedankengänge der griech. Philosophie dargestellt werden konnten. Deren Verbreitung in der röm. Welt und ihre Verbindung mit den Überlieferungen der von den Vorfahren überkommenen Res publica ist die eigtl. Leistung seiner zahlreichen philosoph. Schriften, die das Denken der christl. Spätantike (Hieronymus; Augustinus) und des Abendlandes (seit F. Petrarca) nachhaltig beeinflußten. C. trat für den Primat des Handelns (Vita activa) ein. Sein Ideal war die Verbindung von Philosophie und Beredsamkeit im Dienst des Staates, wobei er die Philosophie als Kontrollinstanz für polit. Entscheidungen und rhetor. Beeinflussung ansah. Seine in eleganter, schwungvoller Diktion rhythmisch durchgeformte Prosa mit kunstvoll gebauten Perioden wurde seit der Renaissance für die lateinischsprechenden Gebildeten anerkanntes stilist. Muster. Die erhaltenen Briefsammlungen (z. B. ›Ad familiares‹, Briefe an seinen Bekanntenkreis; ›Ad Quintum fratrem‹, Briefe an seinen Bruder Quintus; ›Ad Atticum‹, Briefe an seinen Freund Atticus; nahezu 800 Briefe sind bekannt) lassen uns seine Persönlichkeit mit ihren Schwächen und Vorzügen mehr als die irgendeines anderen antiken Menschen lebendig werden und sind zugleich kultur- und zeitgeschichtl. Dokumente von unschätzbarem Wert.

Ausgaben: M. T. C. Rhetorica. Hg. v. A. S. WILKINS. London 1902–03. 2 Bde. – M. T. C. Orationes. Hg. v. A. C. CLARK u. a. London ¹⁻²1905–18. 6 Bde. – M. T. C. Epistulae. Hg. v. W. S. WATT u. D. R. S. BAILEY. London 1958–82. 3 Bde. in 4 Tlen. – M. T. C. De officiis. Lat. u. dt. Hg. v. K. BÜCHNER. Zü. ²1964. – M. T. C. Ad familiares. Ad Atticum. Ad Quintum fratrem etc. Lat. u. dt. Hg. v. H. KASTEN. Mchn. ¹⁻³1965–80. 3 Bde. – M. T. C. Sämtl. Reden. Eingel., übersetzt u. erl. v. M. FUHRMANN. Zü. u. Mchn. ¹⁻²1970–83. 7 Bde. – M. T. C. De oratore. Lat. u. dt. Hg. v. H. MERKLIN. Stg. 1976. – M. T. C. Cato. Laelius. Lat. u. dt. Hg. v. M. FALTNER. Zü. u. Mchn. ²⁻³1980. 2 Bde. – M. T. C. Gespräche in Tusculum. Lat. u. dt. Hg. v. O. GIGON. Zü. u. Mchn. ⁵1984. – M. T. C. De re publica. Lat. u. dt. Hg. v. K. BÜCHNER. Mchn. ⁵1993.

Literatur: PLASBERG, O.: C. in seinen Werken u. Briefen. Lpz. 1926. Nachdr. Darmst. 1962. – MICHEL, A.: Rhétorique et philosophie chez Cicéron. Paris 1960. – GRAFF, C.: C.s Selbstauffassung. Hdbg. 1963. – BÜCHNER, K.: C. Bestand u. Wandel seiner geistigen Welt. Hdbg. 1964. – SÜSS, W.: C. Eine Einf. in seine philosoph. Schrr. Mainz u. Wzb. 1966. – SEEL, O.: C. Wort, Staat, Welt. Stg. ³1967. – GELZER, M.: C. Ein biograph. Versuch. Wsb. 1969. Nachdr. 1983. – BRINGMANN, K.: Unterss. zum späten C. Gött. 1971. – GÖRLER, W.: Unterss. zu C.s Philosophie. Hdbg. 1974. – STROH, W.: Taxis u. Taktik. Die advokat. Dispositionskunst in C.s Gerichtsreden. Stg. 1975. – BERGER, D.: C. als Erzähler. Forens. u. literar. Strategien in den Gerichtsreden. Ffm. u. a. 1978. – RÜEGG, W.: C. in MA u. Humanismus. In: Lex. des MA. Bd. 2. Mchn. u. Zü. 1983. – GRIMAL, P.: Cicéron. Paris 1986. – ROCHLITZ, S.: Das Bild Caesars in C.s ›Orationes Caesarianae‹. Ffm. u. a. 1993.

Ciceronianismus [tsitse...; lat.], in der Rhetorik Verwendung der lat. Sprache im Stile Ciceros; meist auf die italien. Humanisten der Renaissance bezogen.

Cicognani, Bruno [italien. tʃikoɲ'ɲaːni], * Florenz 10. Sept. 1879, † ebd. 16. Nov. 1971, italien. Schriftsteller. – Jurist; schrieb, nach anfängl. Beeinflussung durch G. D'Annunzio, naturalist. Romane, Novellen und Theaterstücke,

später zeitweise mit spiritualist. Zügen. Als seine Hauptwerke gelten der Roman ›La Velia‹ (1923), dessen Schauplatz Florenz ist, und die Autobiographie ›L'età favolosa‹ (1940).

Weitere Werke: Gente di conoscenza (R., 1918), Belinda e il mostro (Dr., 1927), Villa Beatrice (R., 1931, dt. 1941), Drei Kerne in einer Schale (R., 1954, dt. 1955), Le novelle (2 Bde., 1955–58), Il teatro (1960), Le prose (1963).

Literatur: B. C. Documenti, autografi, opere (Ausstellung Mai–Juni 1980). Profilo biografico e catalogo. Hg. v. J. SOLDATESCHI. Florenz 1980.

Cicognini, Giacinto Andrea [italien. tʃikoɲ'ɲiːni], * Florenz 1606, † Venedig 1660, italien. Dramatiker. – Zu seiner Zeit sehr erfolgreicher Autor zahlreicher Dramen, Komödien, Melodramen usw., für die er v. a. span. Quellen benutzte, deren phantast. und wunderbare Elemente er z. T. ins Possenhafte und Triviale umsetzte. Zu seinen bekanntesten Werken gehören: ›Il convitato di pietra‹, ›La forza del fato‹ und ›La vita è in sogno‹.

Cid, el [tsiːt, siːt; span. εl θi∂; frz. sid; von arab. tl.: sayyid = Herr], genannt el Campeador (= der Kämpe), eigtl. Rodrigo (Ruy) Díaz de Vivar, * Vivar del Cid bei Burgos um 1043, † Valencia 10. Juni 1099, span. Ritter und Nationalheld. – Wurde als Sohn eines kastil. Adligen zus. mit dem späteren König Sancho II. erzogen, dem er im Kampf um das Erbteil des Bruders, Alfons VI. von León, diente; nach der Ermordung Sanchos II. (1072) von dessen Nachfolger Alfons VI. dennoch in seine Dienste genommen und mit einer Verwandten, Jimena Díaz, vermählt; trat 1081 auf die Seite des maur. Fürsten von Zaragoza und kämpfte u. a. auch gegen die Christen, wobei er hohen Ruhm und seinen Ehrennamen erwarb. Eroberte 1094 Valencia, das er bis zu seinem Tod gegen die Almoraviden behauptete. Die Figur des C. wird von den Historikern sehr unterschiedlich beurteilt, er scheint jedoch bestrebt gewesen zu sein, dem ursprüngl. Lehnsherrn, Alfons VI., die Treue zu bewahren. – Das älteste erhaltene span. Heldenepos um die Gestalt des C. ist das (nach R. Menéndez Pidal) um 1140, nach neueren Arbeiten erst 1200 oder später entstandene, nur in einer einzigen Kopie von 1307 überlieferte ›Poema del C.‹ (auch ›Cantar de mío C.‹, hg. 1779, dt. 1850 u. d. T. ›Das Gedicht vom C.‹), verfaßt in unregelmäßigen Langzeilen (insgesamt 3730 Verse), die durch Assonanz zu Tiradengruppen zusammengeschlossen sind, eines der glanzvollsten Epen des roman. Sprachbereichs. Die Jugendtaten des C. behandelt das Epos ›Cantar de Rodrigo y el Rey Fernando‹ oder ›Mocedades de Rodrigo‹ aus der 2. Hälfte des 14. Jh. (hg. 1846). Daneben entstand eine Reihe von Romanzen über den C. (erstmals gesammelt in dem ›Romancero‹ des Lorenzo de Sepúlveda, 1551). Der C. wurde außerdem Gegenstand zahlreicher weiterer Dichtungen. Aus dem 17. Jh. sind v. a. die Dramen von G. de Castro y Bellvís (›Las mocedades del C.‹, 1618), P. Corneille (›Der C.‹, 1637, dt. 1811, erstmals dt. 1650) und J. B. Diamante (›El honrador de su padre‹, 1658) zu nennen, aus der Zeit der Romantik die bedeutendste dt. Gestaltung, J. G. von Herders Romanzenzyklus ›Der C.‹ (1805). Im 19. und zu Beginn des 20. Jh. wurde der nat. Stoff in Spanien mehrere Male behandelt, u. a. in Dramen von J. E. Hartzenbusch (›La jura en Santa Gadea‹, 1844), J. Zorrilla y Moral (›La leyenda del C.‹, 1882), E. Marquina (›Las hijas del C.‹, 1908) und in dem histor. Roman ›El C. campeador‹ (1851) von A. de Trueba y de la Quintana, in Frankreich von P. A. Lebrun (›Le C. d'Andalousie‹, Dr., 1825) und C. Delavigne (›La fille du C.‹, Dr., 1839).

Ausgaben: Cantar de Mío C.; texto, gramática y vocabulario. Hg. v. R. MENÉNDEZ PIDAL. Madrid ³1954–56. 3 Bde. – El cantar de mío C. Span. u. dt. Hg. v. H.–J. NEUSCHÄFER. Mchn. 1964. – Poema de mío C. Eingel. u. Anmerkungen v. I. MICHAEL. Madrid 1976. – Cantar de Mío C. Hg. v. F. LÓPEZ. Madrid 1988.

Literatur: MATULKA, B.: The C. as a courtly hero; from the Amadis to Corneille. New York 1928. – MENÉNDEZ PIDAL, R.: Das Spanien des C. Dt. Übers. Mchn. 1936–37. 2 Bde. – CHASCA, E. DE: Estructura y forma en el ›Poema de mío C.‹. Mexiko 1955. – RUBIO GARCÍA, L.: Realidad y fantasía en el Poema de mío C. Murcia 1972. – HORRENT, J.: Historia y poesía en torno al Cantar del C. Barcelona 1974. – MAGNOTTA, M.: Historia y bibliografía de la crítica sobre el ›Poema de mío C.‹ (1750–1971). Chapel Hill (N. C.) 1976. – Mío C. Studies. Hg. v. A. DEYERMOND. London 1977. – LACARRA, M. E.: El Poema de mío C.: Realidad histórica y ideolo-

gía. Madrid 1980. – LÓPEZ ESTRADA, F.: Panorama crítico sobre el Poema del C. Madrid 1982. – SMITH, C.: The making of the Poema de mío C. Cambridge 1983. – DEYERMOND, A.: El ›Cantar de Mío C.‹ y la épica medieval española. Barcelona 1987. – DUGGAN, J. J.: The ›Cantar de Mío C.‹. Poetic creation in its economic and social context. Cambridge u. a. 1989.

Cieco d'Adria, il [italien. 'tʃɛ:ko 'da:drịa], italien. Dichter, ↑ Groto, Luigi.

Cienfuegos, Nicasio Álvarez de [span. θịen'fụeɣɔs], * Madrid 14. Febr. 1764, † Orthez (Pyrénées-Atlantiques) 30. Juni 1809, span. Dichter. – Studierte in Salamanca; Freund J. Meléndez Valdés' und M. J. Quintanas; Antibonapartist, starb in der Verbannung in Frankreich. Begann als Lyriker im Stil der Schule von Salamanca, entwickelte sich in der Folge jedoch zu einem Vorläufer der Romantik; seine heute vergessenen Dramen (u. a. ›Zoraida‹) orientieren sich am frz. Klassizismus.

Ausgabe: N. A. de C. Poesías. Madrid 1875.
Literatur: MORO, V.: L'opera poetica di N. C. Florenz 1936. – MAS, A.: C. et le préromantisme européen. In: Mélanges à la mémoire de Jean Sarailh. Bd. 2. Paris 1966. S. 121.

Čietek, Ján [slowak. 'tʃịɛtjɛk], slowak. Lyriker, ↑ Smrek, Ján.

Cíger Hronský, Jozef [slowak. 'tsi:gɛr 'hrɔnski:], * Zvolen 23. Febr. 1896, † Luján (Argentinien) 13. Juli 1960, slowak. Schriftsteller. – Lehrer; 1945 Emigration; löste sich in seiner Dorfprosa (Erzählungen, Romane) als Impressionist vom Realismus.

Werke: Jozef Mak (R., 1933), Andreas Búr majster (= Meister Andreas Búr, R., 1948).
Literatur: MATUŠKA, A.: J. C. H. Preßburg 1970.

Cihlar, Milutin [serbokroat. 'tsihlar], kroat. Schriftsteller, ↑ Nehajev, Milutin.

Čilingirov, Stilijan, bulgar. Schriftsteller, ↑ Tschilingirow, Stilijan.

Cingria, Charles-Albert [frz. sɛ̃gri'a], * Genf 10. Febr. 1883, † ebd. 1. Aug. 1954, schweizer. Schriftsteller. – Bruder des Malers Alexandre C. (* 1879, † 1945); 1904 Mitbegründer der Zeitschrift ›La Voile latine‹, Mitarbeiter der ›Cahiers Vaudois‹; schrieb in frz. Sprache Prosaskizzen, Essays, Feuilletons sowie kulturhistor. Abhandlungen, u. a. ›La civilisation de Saint-Gall‹ (1929), ›Pendeloques alpestres‹ (1929), ›Florides helvètes‹ (1944), ›Bois sec, bois vert‹ (1948). **Ausgaben:** Unterwegs zu Freunden u. Landschaften. Übers. v. H. HINDERBERGER. Zü. 1979. – Dieses Land, das ein Teil ist. Prosa. Hg. v. F. KEMP. Zü. 1985. **Literatur:** Ch.-A. C. Hg. v. J. CHESSEX. Paris 1967. – Ch.-A. C. 1883–1954. Exposition du centenaire. Bern 1983. – Les C. Pour le centenaire de la naissance de Ch.-A. C. Pully 1983.

Cinna, Gaius Helvius, † Rom 44 v. Chr., röm. Dichter. – Als Mitglied des Neoterikerkreises mit Catull befreundet; im Tumult bei der Leichenfeier für Caesar irrtümlich ermordet; behandelte in seinem in 9jähriger Arbeit entstandenen Gedicht ›Zmyrna‹ unter dem Einfluß des Parthenios das Inzestmotiv (Liebe zwischen Vater und Tochter); bekannt ist auch ein Propemptikon für Asinius Pollio; vollständig erhalten ist ein dem Kallimachos nachgedichtetes Epigramm.

Cino da Pistoia [italien. 'tʃiːno dappis-'toːi̯a], eigtl. Guittoncino de' Sighibuldi (Sigisbuldi), * Pistoia um 1270, † ebd. Ende 1336/Anfang 1337, italien. Dichter. – Jurastudium in Bologna; Ghibelline; einer der angesehensten Rechtsgelehrten seiner Zeit in Siena, Neapel, Perugia; als Lyriker Vertreter des Dolce stil nuovo; seine ausdrucksstarken Gedichte (meist Liebeslieder) rücken ihn in die Nähe seines jüngeren Freundes F. Petrarca. **Ausgabe:** C. da P. In: Poeti del Duecento. Hg. v. G. CONTINI. Mailand 1960. 2 Bde. **Literatur:** C. da P. nel VI centenario della morte. Pistoia 1937. – LIBERTINI, V.: C. da P. Lanciano 1974. – BOGGS, E. L.: C. da P. A study of his poetry. Diss. Johns Hopkins University Baltimore 1977. – CHIAPELLI, L.: Vita e opere giuridiche di C. da P. Sala Bolognese 1978. – WEIMAR, P., u. a.: C. da P. In: Lex. des MA. Bd. 2. Mchn. u. Zü. 1983.

Cinquecento [tʃiŋkve'tʃɛnto; italien.], Kultur und Kunst des 16. Jh. in Italien (Hochrenaissance, Manierismus, Frühbarock).

Cintulov, Dobri, bulgar. Lyriker, ↑ Tschintulow, Dobri.

Cinzio [italien. 'tʃintsi̯o], italien. Dichter, ↑ Giraldi, Giambattista.

Cioran, É. M. [frz. sjɔ'rã, rumän. tʃo-'ran], eigtl. Émile Michel C., * Răşinari (Kreis Sibiu) 8. April 1911, Essayist rumän. Herkunft. – Sohn eines griechisch-

orthodoxen Priesters; kam 1937 als Stipendiat nach Frankreich; lebt in Paris. Verfaßte u. a. unter dem Einfluß B. Pascals und Ch. Baudelaires (seit 1949 Veröffentlichungen in frz. Sprache) philosoph. und geistesgeschichtl. Essays, in denen er in eleganter, an klass. Modellen orientierter Sprache seinem radikalen Skeptizismus Ausdruck gibt. Die Absurdität der Geschichte stellt er in seinem Werk ›Geschichte und Utopie‹ (1960, dt. 1965) heraus. **Weitere Werke:** Auf den Gipfeln der Verzweiflung (1934, dt. 1989), Das Buch der Täuschungen (1936, dt. 1990), Gedankendämmerung (1940, dt. 1993), Lehre vom Zerfall (1949, dt. 1953), Syllogismen der Bitterkeit (1952, dt. 1969), Dasein als Versuchung (1956, dt. 1983), Der Absturz in die Zeit (1964, dt. 1972), Die verfehlte Schöpfung (1969, dt. 1973), Vom Nachteil, geboren zu sein (Aphorismen, 1973, dt. 1977), Gevierteilt (1979, dt. 1982), Widersprüchl. Konturen. Literar. Portraits (1986, dt. 1986), Der zersplitterte Fluch (Aphorismen, 1987, dt. 1987). **Literatur:** BONDY, F.: C. In: Akzente 27 (1980), S. 5. – SCHOETER, U.: É. M. C. In: Krit. Lex. zur fremdsprachigen Gegenwartsliteratur. Hg. v. H. L. ARNOLD. Losebl. Mchn. 1983 ff. – HELL, C.: Skepsis, Mystik u. Dualismus. Eine Einführung in das Werk E. M. C.s. Bonn 1985.

Ćipiko, Ivo [serbokroat. ˌtɕipikɔ], * Kaštel Novi bei Trogir (Dalmatien) 13. Jan. 1869, † ebd. 23. Sept. 1923, serb. Schriftsteller. – Förster; Berichterstatter im Balkankrieg; schilderte in kunstvoll stilisierten, realist. Romanen (›Pauci‹ [= Die Spinnen], 1909) und Erzählungen die harten Lebensbedingungen der Bauern; Betonung des psycholog. Elemente; Verherrlichung der Natur und des Meeres.

Circlaere, Thomasin von [tsɪr'klɛ:rə], mhd. Dichter, ↑ Thomasin von Circlaere.

Circumlocutio [lat. = Umschreibung] ↑ Periphrase.

Čirikov, Evgenij Nikolaevič, russ. Schriftsteller, ↑ Tschirikow, Jewgeni Nikolajewitsch.

Ciris, ein unter Vergils Namen überliefertes ep. Gedicht, das im ›Appendix Vergilliana‹ (↑ Vergil) enthalten ist; C. behandelt die Sage von Skylla, die aus Liebe zu dem Feind Nisos ihre Heimatstadt Megara zugrunde richtet.

Cîrlova, Vasile [rumän. kir'lova, 'kɨrlova], * Buzău 1809, † bei Craiova im

Sept. 1831, rumän. Dichter. - Frühvollendeter, bes. von I. Heliade-Rădulescu und der frz. Romantik beeinflußter Dichter, von dem bed., vorwiegend elegisch und patriotisch gestimmte Gedichte erhalten sind.

Werke: Înserarea (= Abenddämmerung, 1826), Ruinurile Tîrgoviştei (= Die Ruinen von Tîrgovişte, 1828), Marşul oştiri române (= Der Marsch des rumän. Heeres, 1830).

Cisek, Oskar (Oscar) Walter ['tsi:zɛk], *Bukarest 6. Dez. 1897, †ebd. 29. Mai 1966, rumän. deutschsprachiger Schriftsteller. - War viele Jahre im diplomat. Dienst in Wien, Prag, Berlin und Bern tätig. Stellte in seinen Erzählungen und Romanen v.a. das Leben in Rumänien dar. Den Hintergrund für seinen Doppelroman ›Reisigfeuer‹ (›Das Buch Crisan‹, 1960; ›Das Buch Horia‹, 1963) bildet der rumän. Bauernaufstand von 1784. Übersetzungen aus dem Rumänischen.

Weitere Werke: Die Tatarin (En., 1929), Unbequeme Liebe (R., 1932), Die andere Stimme (Ged., 1934), Der Strom ohne Ende (R., 1937), Vor den Toren (R., 1950), Am neuen Ufer (R., 1960).

Čišinski, Jakub, obersorb. Dichter, †Bart-Čišinski, Jakub.

Cisiojanus [tsizio'ja:nʊs; lat.], zwischen dem 13. und 16.Jh. v.a. im Osten und Norden Deutschlands, in Polen, Böhmen und Skandinavien gebräuchl. kalendar. Merkverse, in denen die meist nur durch Anfangssilben angedeuteten Namen der unbewegl. kirchl. Festtage und der Kalenderheiligen festgehalten waren. Die Silbenzahl der zwei für einen Monat bestimmten Verse entsprach der Zahl der Tage dieses Monats. Die Stelle der Anfangssilbe eines Heiligen- oder Festnamens im Vers zeigte den Tag seiner Verehrung an. So bedeutet ›cisio‹ (= Beschneidung) in Anfangsstellung vor Janus (Januarius), daß das Fest Christi Beschneidung auf den 1. Jan. fällt.

Cixous, Hélène [frz. sik'sus], *Oran 5. Juni 1937, frz. Schriftstellerin. - Kam 1955 nach Frankreich; Dozentin für Englisch an der Univ. Vincennes; seit 1970 Mit-Hg. der Zeitschrift ›Poétique‹. Verfasserin formal bemerkenswerter, vielschichtiger Prosawerke und Dramen (Zusammenarbeit mit Ariane Mnouchkine und dem †Théâtre du Soleil); enga-

Hélène Cixous

gierte Vertreterin des frz. Feminismus; versucht, einen neuen Bezug zwischen Psychoanalyse und Literatur herzustellen (›Portrait du soleil‹, R., 1974).

Weitere Werke: Innen (R., 1969, dt. 1971; Prix Médicis 1969), Le troisième corps (R., 1970), Les commencements (R., 1970), Neutre (R., 1972), Tombe (R., 1973), Souffles. Méditations et psaume sur la passion d'une femme (1975), Le portrait de Dora (Dr., 1976), Là (Prosa, 1976), Angst (R., 1977), Ananké (Prosa, 1979), Illa (R., 1980), Limonade tout était si infini (Bericht, 1982), Das Buch von Promethea (Prosa, 1983, dt. 1990), Die schreckl. aber unvollendete Geschichte von Norodom Sihanuk, König von Kambodscha (Stück, UA 1985, dt. 1988), Der ind. Traum (Stück, UA 1987, dt. EA 1993), L'ange au secret (Prosa, 1991), La ville parjure (Stück, UA 1994).

Literatur: Lendemains, 7 (1982). - CONLEY, V. A.: H. C. Writing the feminine. Lincoln u. London 1984. - †auch Chawaf, Chantal.

Cladel, Léon [frz. kla'dɛl], *Montauban 13. März 1835, †Sèvres 20. Juli 1892, frz. Schriftsteller. - Anwalt; schrieb einen realist. Roman über das Leben der Boheme (›Les martyrs ridicules‹, 1862; Vorwort von Ch. Baudelaire); trat dann bes. mit Romanen und Novellen hervor, in denen er in eigentüml. Mischung, romantisch und parnassisch, brutal und bukolisch, die Bauern seiner Heimat, des Quercy, schildert (u.a. ›Mes paysans‹, R., 1869-72; ›Les va-nu-pieds‹, Nov.n, 1873; ›L'homme de la Croix-aux-Bœufs‹, R., 1878).

Literatur: CLADEL, J.: La vie de L. C. Paris 1905. - INGERSOLL, J. D.: Les romans régionalistes de L. C. Toulouse u. Paris 1931.

Claes, Ernest André Jozef [niederl. kla:s], Pseudonym G. van Hasselt, *Zichem bei Diest 24. Okt. 1885, †Brüssel

2. Sept. 1968, fläm. Schriftsteller. – Schrieb eine sehr gemütsbetonte, kleinmalerisch-realist. Prosa. Seine Themen entnahm er der eigenen Jugendbiographie, der Familiengeschichte, dem Kleinstadtleben sowie der fläm. Bauernwelt; neben S. Streuvels und F. Timmermans der meistübersetzte fläm. Autor.

Werke: Flachskopf (R., 1920, dt. 1930), Die wenig erbaul. Geschichte von Karlchen Dop (E., 1923, dt. 1950), Hannes Raps (E., 1926, dt. 1932), Die Heiligen von Sichem (E., 1931, dt. 1936), Der Pfarrer aus dem Kempenland (R., 1935, dt. 1939), Jugend (R., 1940, dt. 1942), Die alte Uhr (Autobiogr., 1947, dt. 1950), Das Leben und der Tod des Victalis van Gille (E., 1951, dt. 1953).
Literatur: HAGELAND, A. VAN (d. i. A. RUTGEERTS): E. C. Brügge 1960. – VANDEVOORT, P.: Postscriptum. Aan vullende bio- en bibliographische gegevens over E. C. Zichem 1978.

Claesson, Stig [schwed. 'klɑ:sɔn], Pseudonym Slas, * Stockholm 2. Juni 1928, schwed. Schriftsteller, Zeichner und Maler. – Hinter dem nonchalanten Ton seiner zahlreichen Romane verbirgt sich exaktes Milieustudium; illustriert viele seiner Bücher, darunter auch Kurzprosa, Reiseberichte und Märchen, selbst.

Werke: Wer liebt Yngve Frej? (R., 1968, dt. 1979), På palmblad och rosor (R., 1975), En vandring i solen (R., 1976), Henrietta ska du också glömma (R., 1977), Allt står i lågor (R., 1979), Om vänskap funnes (R., 1981), Utsikt från ett staffli (R., 1983), Dagarna före lunch (R., 1984).

Clairvaux, Bernhard von, Mystiker, ↑ Bernhard von Clairvaux.

Clajus, der Jüngere, dt. Schriftsteller, ↑ Klaj, Johann, der Jüngere.

Clancier, Georges Emmanuel [frz. klã'sje], * Limoges 3. Mai 1914, frz. Schriftsteller. – Journalist; in leitender Stellung am frz. Rundfunk tätig; 1976 bis 1979 Präsident des frz. PEN-Clubs. Schreibt Gedichte, Romane und literar. Essays. Erhielt 1971 den Großen Preis der Académie française für sein Gesamtwerk.

Werke: Une voix (Ged., 1956), Le pain noir (R., 1956), La fabrique du roi (R., 1957; zus. mit Le pain noir dt. 1959 u. d. T. Mein Acker, die Zeit), Les drapeaux de la ville (R., 1959), La dernière saison (R., 1961), Les arènes de Vérone (Nov.n, 1965), Das Haus auf der Insel (R., 1970, dt. 1972), L'éternité plus un jour (R., 1970), Oscil-

lante parole (Ged., 1978), L'enfant double (Erinnerungen, 1984), L'écolier des rêves (Erinnerungen, 1986), Un jeune homme au secret (Erinnerungen, 1989).
Ausgabe: G. E. C. Hg. v. M. G. GERNARD. Paris 1967.
Literatur: Colloques Poésie – Cerisy. Bd. I: C., Guillevic, Tortel. Hg. v. G. E. CLANCIER. Marseille 1983.

Clancy, Tom [engl. 'klænsi], eigtl. Thomas L. C., Jr., * Baltimore (Md.) 1947, amerikan. Schriftsteller. – Verfasser spannender Politthriller über die ideolog. Auseinandersetzung zwischen der Sowjetunion und den USA. Die erfolgreichen Bestseller verherrlichen die militär. Technologie, die Marine, und die Überlegenheit des Westens (›Jagd auf Roter Oktober‹, 1984, dt. 1986; verfilmt 1990), ›Red storm rising‹ (1986), ›Der Kardinal im Kreml‹ (1988, dt. 1989). Nach dem Ende des kalten Krieges dienen die Aktivitäten terrorist. Organisationen wie der IRA in London (›Die Stunde der Patrioten‹, 1987, dt. 1988) und der Drogenmafia in Kolumbien (›Der Schattenkrieg‹, 1989, dt 1990) als Beispiel für den beständigen Kampf zwischen Gut und Böse.

Claque [frz. klak], bestellte, mit Geld oder Freikarten bezahlte Gruppe von Beifallklatschern **(Claqueure)** im Theater oder auf anderen Veranstaltungen; heute im Fernsehen bes. entwickelt (die erwünschte Reaktion des Studiopublikums wird oft auf Leuchttafeln angegeben).

Clare, John [engl. klɛə], * Helpston bei Peterborough 13. Juli 1793, † Northampton 20. Mai 1864, engl. Dichter. – Lebte trotz Unterstützung von Gönnern fast immer in Armut; starb in geistiger Umnachtung. Verfaßte reizvolle, beschreibende romant. Naturlyrik mit bäuerl. Thematik (›Poems, descriptive of rural life and scenery‹, 1820).
Ausgaben: J. C. Selected letters. Hg. v. M. STOREY. Oxford 1988. – The early poems of J. C. Hg. v. E. ROBINSON u. D. POWELL. Oxford 1989. 2 Bde.
Literatur: MARTIN, F.: The life of J. C. London ²1964. – STOREY, M.: The poetry of J. C. London 1974.

Claretie, Jules [frz. klar'ti], eigtl. Arsène Arnaud, * Limoges 3. Dez. 1840, † Paris 22. Dez. 1913, frz. Schriftsteller. – Ab 1885 Direktor der Comédie-Française; schrieb Romane, Theaterstücke

(u. a. ›Monsieur le ministre‹, 1883) und histor. Werke, u. a. über die Frz. Revolution und den Dt.-Frz. Krieg 1870/71, daneben Kunst- und Theaterkritiker. 1888 Mitglied der Académie française.

Clarín [span. kla'rin], Pseudonym des span. Schriftstellers Leopoldo García de las ↑ Alas y Ureña.

Clark, Brian [engl. kla:k], * Bournemouth 2. Juni 1932, engl. Dramatiker. – Als Schul- und Schauspiellehrer sowie als Verleger tätig. Weltbekannt wurde sein Drama ›Ist das nicht mein Leben?‹ (1974, dt. 1983), eine offene dramat. Auseinandersetzung mit dem Euthanasieproblem.

Weitere Werke: Can you hear me at the back? (Dr., 1979), Kipling (Dr., 1984), Offener Brief (Dr., 1986, dt. 1986).

Clark, John Pepper [engl. kla:k], * Kiagbodo 6. April 1935, nigerian. Schriftsteller. – Journalist, Gründer der literar. Zeitschrift ›The horn‹; Prof. für engl. Literatur an der Univ. von Lagos; verwendet in seinen Dramen myth. Themen.

Werke: Song of a goat (Dr., 1961), Poems (1962), America, their America (Bericht, 1964), Three plays (1964), A reed in the tide (Ged., 1965), Ozidi (Dr., 1966), Casualties (Ged., 1970), The Ozidi saga (Epos, 1977), A decade of tongues (Ged., 1981).

Clark, Walter van Tilburg [engl. kla:k], * East Orland (Maine) 3. Aug. 1909, † Reno (Nev.) 10. Nov. 1971, amerikan. Schriftsteller. – Englischstudium an der University of Nevada; Lehrtätigkeit an der Ostküste (1931–46), dann an verschiedenen Universitäten im Westen; ab 1962 an der University of Nevada in Reno. Schrieb zuerst Gedichte, dann Kurzgeschichten und Romane über den mit dem amerikan. Westen verbundenen Mythos des American Dream. Bekannt wurde v. a. der psycholog. Roman ›Ritt zum Ox-Bow‹ (1940; verfilmt 1943, dt. 1966), der einen Fall von Lynchjustiz in Nevada behandelt.

Weitere Werke: The city of trembling leaves (autobiograph. R., 1945), Der schwarze Panther (R., 1949, dt. 1951), The watchful gods (Kurzgeschichten, 1950).

Literatur: WESTBROOK, M. R.: W. van T. C. New York 1969. – LEE, L. L.: W. van T. C. Boise (Id.) 1973. – W. van T. C. Critiques. Hg. v. CH. LAIRD. Reno (Nev.) 1983.

Clarke, Arthur Charles [engl. kla:k], * Minehead (Somerset) 16. Dez. 1917, engl. Schriftsteller. – Studierte Physik und Mathematik; war Radarspezialist im 2. Weltkrieg, später Meeresforscher in Australien und Sri Lanka sowie Radio- und Fernsehsprecher, der u. a. das Apollo-Raumfahrtprogramm kommentierte. Schreibt (seit den 60er Jahren verstärkt) Sachbücher über die Raumfahrt sowie wissenschaftlich fundierte Science-fiction-Romane und -Erzählungen, die gleichzeitig die Faszination des Autors mit dem mystisch-religiösen Bereich durchscheinen lassen. C.s bekanntester Roman, ›2001 – Odyssee im Weltraum‹ (1968, dt. 1969), entstand nach dem zusammen mit dem Regisseur S. Kubrick verfaßten Drehbuch zum gleichnamigen Film (1968).

Weitere Werke: Die letzte Generation (R., 1953, dt. 1960), Die sieben Sonnen (R., 1956, dt. 1960), In den Tiefen des Meeres (R., 1957, dt. 1957), The nine billion names of God (gesammelte En., 1967), Rendezvous mit 31/439 (R., 1973, dt. 1975), Fahrstuhl zu den Sternen (R., 1979, dt. 1979), Das Lied der fernen Erde (R., 1986, dt. 1987), Futura orbit (R., 1991).

Ausgabe: The best of A. C. 1937–1971. Hg. v. A. WELLS. London 1973–77. 2 Bde.

Literatur: A. Ch. C. Hg. v. J. D. OLANDER u. M. H. GREENBERG. New York 1977. – SLUSSER, G. E.: The space Odysseys of A. C. San Bernardino (Calif.) 1978. – RABKIN, ERIC S.: A. Ch. C. San Bernardino (Calif.) ²1980. – WELFARE, S./FAIRLEY, J.: A. Ch. C.'s mysterious worlds. London 1980.

Clarke, Austin [engl. kla:k], * Dublin 9. Mai 1896, † ebd. 12. März 1974, ir. Schriftsteller. – War 1917–21 Dozent für engl. Literatur in Dublin, war als Journalist tätig, dann freier Schriftsteller; gründete 1944 die Irish Lyric Theatre Company. Seine frühen Dichtungen behandeln gälische Sagenstoffe; die spätere, ebenfalls an gälischer Dichtung geschulte Lyrik ist teils religiös-introspektiv, teils satirisch-sinnl. Auseinandersetzung mit den sozialen Verhältnissen im zeitgenöss. Irland. Daneben verfaßte er auch mehrere Versdramen sowie autobiograph. Werke.

Werke: The vengeance of Fionn (Ged., 1917), Twice round the black church (Autobiogr., 1962), Collected plays (Dramen, 1963), A penny in the clouds (Autobiogr., 1968), Collected poems (Ged., 1974).

Ausgabe: Selected poems. Hg. v. H. MAXTON. Dublin 1991.
Literatur: HALPERN, S.: A C. Dublin 1974.

Clarke, Marcus Andrew Hislop [engl. klɑːk], * London 24. April 1846, † Melbourne 2. Aug. 1881, austral. Schriftsteller. – Emigrierte1863 nach Australien. Als Journalist, freier Schriftsteller und Hg. mehrerer erfolgloser Zeitschriften lebte er meist in bedrückenden wirtschaftl. Verhältnissen. Sein bedeutendster Roman ›Deportiert auf Lebenszeit‹ (1874, dt., 3 Tle., 1877, 1963 u. d. T. ›Lebenslänglich‹) geht auf seine Untersuchung der Sträflingsakten Tasmaniens zurück. Erzählerisch setzen sein am frz. Realismus geschulter Stil und sein Einfühlungsvermögen für die psycholog. Zusammenhänge des Verhaltens seiner Romanfiguren neue, auf die ›Bulletin‹-Schule vorausweisende Akzente. Seine Kurzgeschichten ›Old tales of a young country‹ erschienen 1871.
Literatur: ELLIOTT, B. R.: M. C. Oxford 1958.

Claudel, Paul [frz. klo'dɛl], * Villeneuve-sur-Fère (Aisne) 6. Aug. 1868, † Paris 23. Febr. 1955, frz. Schriftsteller. – Studierte Jura und Politik, war ab 1898 für rund 40 Jahre im diplomat. Dienst im Ausland (Europa, Fernost, Nord- und Südamerika). Als Dichter spät anerkannt; 1946 Mitglied der Académie française. Wesentl. persönl. Erlebnisse waren seine Entdeckung A. Rimbauds und seine Rückkehr zum kath. Glauben, aus dem sein dichter. Werk lebt. C. verbindet christl. und kosm. Weltgefühl, findet seine Vorbilder in der Bibel, bei Aischylos, Thomas von Aquin, Dante, Shakespeare, P. Calderón de la Barca und im ostasiat. Sinnbild-Denken. Einfluß Rimbauds; C. kommt vom Symbolismus her, doch ist er keiner literar. Gruppe zuzurechnen. Sein Werk ist, außer in den Prosaschriften, lyrisch, auch wenn die Form dramatisch ist. Strömende Lyrismen, großartige Bilder, mehrzeilige reimlose Prosa in freien Rhythmen kennzeichnen seinen Stil. Hauptthema ist der Konflikt zwischen Materie und Geist, der in der als Neuschöpfung der Welt durch das Wort verstandenen Dichtung als ›conaissance‹ allen Lebens gestaltet wird. Das Werk C.s umfaßt im wesentl. Lyrik (in unpersönl. Aussage und leidenschaftl. Engagement), Dramen, Essays und Prosaschriften (bes. krit. und dichtungstheoretische). Das Hauptwerk des Dichters des Renouveau catholique ist ›Der seidene Schuh‹ (Dr., 2 Bde., 1929, dt. 1939), das die Grenzen des Dramas durch Einbeziehung von Musik und Tanz, eine Vielzahl von Personen und Orten sprengt und im dargestellten Marienwunder die Idee der kath. Kirche verkörpert.

Paul Claudel

Weitere Werke: Goldhaupt (Dr., 1891, dt. 1915), Aus der Erkenntnis des Ostens (1900, dt. 1914), Mittagswende (Dr., 1906, dt. 1908), Ars poetica mundi (1907, dt. 1926), Fünf große Oden (1910, dt. 1939), Der Bürge (Dr., 1911, dt. 1926), Verkündigung (Dr., 1912, dt. 1913), Das harte Brot (Dr., 1918, dt. 1926), Der erniedrigte Vater (Dr., 1920, dt. 1927), Johanna auf dem Scheiterhaufen (dramat. Oratorium, dt. EA 1938, frz. 1939, Musik von A. Honegger), Die Geschichte von Tobias und Sara (Prosa, 1939, dt. 1953), Mémoires improvisés (Gespräche, 1954), Journal 1904–1932 (hg. 1969), Journal 1933–1955 (hg. 1969).
Ausgaben: P. C. Œuvres complètes. Paris 1950–78. 28 Bde. – P. C. Ges. Werke. Dt. Übers. Hg. v. E. M. LANDAU. Hdbg. u. a. 1958–63. 6 Bde.
Literatur: Bulletin de la Société P. C. 1 (1958) ff. – Cahiers P. C. Paris 1959 ff. – MADAULE, J. PH.: Le drame de P. C. Brügge u. Paris ⁵1964. – LESORT, P.-A.: P. C. Dt. Übers. Rbk. 1964. – CURTIUS, E. R.: Frz. Geist im 20. Jh. Bern ³1965. – ESPIAU DE LA MAËSTRE, A.: Das göttl. Abenteuer. P. C. u. sein Werk. Dt. Übers. Salzburg 1968. – C. Studies 1972 ff. – MALICET, M.: Lecture psychanalytique de l'œuvre de C. Paris 1978–79. 3 Bde. – BARRÈRE, J.-B.: C., le destin et l'œuvre. Paris 1979. – Fuss, A.: P. C. Darmst. 1980. – BLANC, A.: C., un structura-

lisme chrétien. Paris 1982. – KNAPP, B.: C. New York 1982. – ANTOINE, G.: P. C. ou l'enfer du génie. Paris 1988 – AMOROSO, V.: P. C. et la recherche de la totalité. Paris 1994.

Claudianus, Claudius (Claudian), * Alexandria um 375, † nach 404, röm. Schriftsteller. – Letzter bed. Dichter des heidn. Rom. Schrieb zunächst in griech. Sprache; kam etwa 394 nach Rom und bald darauf an den Kaiserhof nach Mailand; hatte großen Erfolg mit seinen zeitgeschichtl. Epen (Panegyrik, Invektiven), die ganz im Dienste der Politik seines Gönners Stilicho standen. An die Dichter des 1. Jh. n. Chr., insbes. an Statius, anknüpfend, verherrlichte er Rom und seine große Vergangenheit, wobei die Pracht der heidn. Götterwelt noch einmal dazu dient, die Wirklichkeit zu überhöhen.
Ausgaben: Claudii Claudiani carmina. Hg. v. TH. BIRT. In: Monumenta Germaniae historica. Scriptores. Auctores antiquissimi. Bd. 10. Bln. 1892. Nachdr. Köln u. a. 1961. – Claudian. Lat. u. engl. Hg. v. M. PLATNAUER. Cambridge (Mass.) ²1956. 2 Bde. – C. C. Carmina. Hg. v. J. B. HALL. Lpz. 1985.
Literatur: CAMERON, A.: Claudian. Poetry and propaganda at the court of Honorius. Oxford 1970. – SCHMIDT, PETER L.: Politik u. Dichtung in der Panegyrik Claudians. Konstanz 1976. – DÖPP, S.: Zeitgeschichte in Dichtungen Claudians. Wsb. 1980.

Claudius, Eduard, eigtl. E. Schmidt, weiteres Pseudonym Edy Brendt, * Buer (heute zu Gelsenkirchen) 29. Juli 1911, † Potsdam 13. Dez. 1976, dt. Schriftsteller. – Maurer, 1929–32 Wanderungen durch das südl. Europa, 1932 KPD-Mitglied, 1933–45 in der Emigration (Teilnahme am Span. Bürgerkrieg, Internierung in verschiedenen Arbeitslagern der Schweiz), ging 1947 in die DDR, in deren Dienst er 1956–61 diplomatisch tätig war; v. a. bekannt durch den autobiograph. bestimmten, im Span. Bürgerkrieg spielenden Roman ›Grüne Oliven und nackte Berge‹ (1945); später schrieb C. Romane über den ›sozialist. Aufbau‹ in der DDR und – angeregt durch seine Diplomatenjahre in Syrien und Vietnam – Märchen und Erzählungen.
Weitere Werke: Das Opfer (E., 1938), Vom schweren Anfang (E., 1950), Menschen an unserer Seite (R., 1951), Früchte der harten Zeit (En., 1953), Von der Liebe soll man nicht nur sprechen (R., 1957), Das Mädchen ›Sanfte Wolke‹

(En., 1962), Wintermärchen auf Rügen (E., 1965), Ruhelose Jahre (Autobiogr., 1968), Mit Netz und Winsch auf hoher See (Reportage, 1973).
Literatur: PILTZ, G.: E. C. Bln. 1952. – UHSE, B.: E. C. Bln. 1961.

Claudius, Hermann, * Langenfelde bei Hamburg 19. Okt. 1878 (wegen verspäteter Anmeldung amtl. Geburtsdatum: 24. Okt. 1878), † Hamburg 8. Sept. 1980, dt. Schriftsteller. – Urenkel von M. Claudius; bis 1934 Volksschullehrer; Lyriker und Erzähler auch in niederdt. Mundart. Seine Verse haben volksliedhafte Schlichtheit (›Wann wir schreiten Seit' an Seit'‹, entst. 1913, ›Jeden Morgen geht die Sonne auf‹, 1938). C. begann mit niederdt. Großstadtlyrik; als ›Arbeiterdichter‹ an sozialen Fragen interessiert; erreichte die ihm gemäße Art aber erst mit von tiefer Frömmigkeit erfüllter, heiter verstehender Lyrik; im 1. Weltkrieg sind seine Gedichte von nationalist. Pathos erfüllt; während der Zeit des Nationalsozialismus und später erhielt er mehrere Literaturpreise. Er schrieb auch Epen, Märchen- und Laienspiele, Kinderlieder und Biographien sowie Hörspiele.
Weitere Werke: Mank Muern (Ged., 1912), Hörst Du nicht den Eisenschritt (Ged., 1914), Hamborger Kinnerbok (Ged., 1920), Lieder der Unruh (1920), Das Silberschiff (R., 1923), Heimkehr (Ged., 1924), Meister Bertram von Mynden (R., 1927), Armantje (En., 1935), Daß dein Herz fest sei (Ged., 1935), Mein Vetter Emil (En., 1938), Eschenhuser Elegie (1942), Aldebaran (Sonette, 1944), Ulenbütteler Idylle (Ged., 1948), Min Weg na Huus (Ged., 1958), Skizzenbuch meiner Begegnungen (1966), Töricht und weise (Ged., 1968), Meine Laterna magica (En., 1973).
Ausgabe: H. C. Jubiläumsausg. Mchn. 1978. 2 Bde. u. 1 Erg.-Bd.

Claudius, Matthias, Pseudonym Asmus, * Reinfeld (Holstein) 15. Aug. 1740, † Hamburg 21. Jan. 1815, dt. Schriftsteller. – Pfarrerssohn, studierte zuerst Theologie, dann Jura; war Mitglied der Jenaer Dt. Gesellschaft; schrieb zunächst nach dem Vorbild H. W. von Gerstenbergs anakreont. Gedichte. Unter dem Eindruck des Todes seines Bruders wandte er sich religiös-moral. Themen zu. 1764/65 war er Sekretär des Grafen Holstein in Kopenhagen. 1768 wurde er Redakteur bei der ›Hamburgischen Neuen Zeitung‹. 1771 übernahm er die

Herausgabe des ›Wandsbecker Bothen‹, der ersten dt. Volkszeitung, die in ihrer Mischung von polit., wiss. und literar. Neuigkeiten sowie belehrenden Beiträgen in Landboten und Volkskalendern später reiche Nachahmung fand und für die er so bekannte Mitarbeiter wie F. G. Klopstock, G. E. Lessing, J. G. von Herder u. a. gewann. Als Rezensent förderte er Strömungen des Sturm und Drang (Göttinger Hain). Der Stil seiner Zeitung setzte sich von den älteren aufklärer. moral. Wochenschriften durch einen volkstüml. naiven Ton ab, durch eine liebenswerte Einfalt und Bescheidenheit, durch einen verstehenden Humor. 1776 ging die Zeitung wieder ein; kurz vorher war noch eine Sammlung der Beiträge Claudius' unter dem Titel ›Asmus omnia sua secum portans oder Sämmtl. Werke des Wandsbecker Bothen‹ (1775) mit beigefügten eigenen Holzschnittillustrationen erschienen. Von 1776 bis 1777 war C. durch Vermittlung Herders Oberlandeskommissar in Darmstadt und übernahm 1777 auch die Leitung der ›Hessen-Darmstädt. Privilegierten Landzeitung‹. Er schrieb im Stil des Wandsbecker Bothen unter dem Pseudonym ›Invalide Görgel‹. Noch 1777 kehrte er aus gesundheitl. Gründen wieder nach Wandsbeck zurück; 1778 wurde er Revisor bei der Schleswig-Holsteinischen Bank in Altona. Er führte fortan ein zurückgezogenes und rückgewandtes Leben; seit 1814 lebte er bei seinem Schwiegersohn F. Ch. Perthes in Hamburg. Mit zunehmendem Alter gewannen seine pietist. Neigungen die Oberhand, immer weniger verstand er die polit. Entwicklung

Matthias
Claudius

seiner Zeit. Von bleibendem, kostbarem Wert sind v. a. seine Gedichte im Volkston, wie ›Der Mond ist aufgegangen‹, ›Stimmt an mit hellem Klang‹, ›Der Tod und das Mädchen‹.

Ausgaben: M. C. Werke. Hg. v. U. ROEDL (d. i. BRUNO ADLER). Stg. [7]1966. – M. C. Sämtl. Werke. Hg. v. H. GEIGER. Wsb. 1973. – M. C. Sämtl. Werke. Mchn. [5]1984.

Literatur: ROEDL, U. (d. i. BRUNO ADLER): M. C. Hamb. [3]1969. – BERGLAR, P.: M. C. Rbk. 1972. – KROLOW, K.: Von literar. Unschuld. M. C. Darmst. 1977. – STOLTE, H.: M. C. Leben u. Werk. Husum 1988. – ROWLAND, H.: M. C. Mchn. 1990. – M. C. 250 Jahre Werk u. Wirkung. Hg. v. F. DEBUS. Gött. 1991.

Clauren, H[einrich], eigtl. Karl Gottlieb Heun, * Dobrilugk (heute Doberlug-Kirchhain, Niederlausitz) 20. März 1771, † Berlin 2. Aug. 1854, dt. Schriftsteller. – Studierte Jura in Leipzig und Göttingen, Schriftleiter der ›Preuß. Staatszeitung‹; vielgelesener Unterhaltungsschriftsteller, der dem Geschmack des breiten Publikums mit pseudoromant., sentimentallüsternen Erzählungen sehr weit entgegenkam; mit W. Hauff, der unter dem Pseudonym H. Clauren den Roman ›Der Mann im Mond‹ als Parodie geschrieben hat, in einen Prozeß verwickelt.

Werke: Mimili (R., 1816), Lustspiele (2 Bde., 1817), Erzählungen (6 Bde., 1818–20).

Literatur: LIEBLING, H.: Die Erzählungen H. C.s als Ausdruck der bürgerl. Welt- u. Lebensanschauung in der beginnenden Biedermeierzeit. Diss. Halle/Saale 1931.

Claus, Hugo Maurice Julien [niederl. kl̦o̦us], * Brügge 5. April 1929, fläm. Schriftsteller. – Wurde in den fünfziger Jahren zu einer der repräsentativsten Figuren der niederl. Literatur in den Gattungen Roman (›De metsiers‹, 1950), Lyrik (›De oostakkerse gedichten‹, 1955), Drama (›Die Reise nach England‹, 1955, dt. 1960). Seine stark visuelle, assoziative und experimentelle Poesie gehört zu den bedeutendsten Erzeugnissen der niederl. Lyrik nach dem 2. Weltkrieg. Seine Romane zeichnen sich durch einen starken Realismus und eine kräftige Sprache aus. Hier wie in seinen Dramen werden manchmal psychoanalyt. Themen behandelt. Mehrere Kurzerzählungen und Drehbücher.

Weitere Werke: Kleine reeks (Ged., 1947), De hondsdagen (R., 1952), De koele minnaar (R., 1956), Zucker (Dr., 1958, dt. 1958), Mama kijk zonder handen (Dr., 1959), Een geverfde ruiter (Ged., 1961), Die Verwunderung (R., 1962, dt. 1979), De dans van de reiger (Dr., 1962), Das Sakrament (R., 1963, dt. 1989), Gedichten (1965), Vrijdag (Dr., 1969), Van horen zeggen (Ged., 1970), Heer Everzwijn (Ged., 1970), Het leven en de werken van Leopold II (Dr., 1970), Schaamte (R., 1972), Jakobs Verlangen (R., 1978, dt. 1993), Der Kummer von Flandern (R., 1983, dt. 1986), Die Leute nebenan (En., 1985, dt. 1993), Een zachte vernieling (R., 1988), Der Schwertfisch (Nov., 1989, dt. 1992). **Literatur:** WILDEMEERSCH, G.: C., of Oedipus in het paradijs. In: Triagnose van een mythe. Den Haag 1974. – DUPUIS, M.: H. C. Antwerpen 1976. – CLAES, P.: Claus-reading. Antwerpen 1984.

Clausen, Sven Christian [dän. 'klau̯'sən], * Holsted 30. Okt. 1893, † Kopenhagen 19. Nov. 1961, dän. Dramatiker. – Jurist (seit 1950 Prof. für Rechtsgeschichte in Kopenhagen); verfaßte in den zwanziger Jahren neorealist. Ideendramen von hohem intellektuellem Niveau, aber ohne dramat. Aussagekraft. **Werke:** Bureauslaven (Dr., 1922), Paladsrevolutionen (Dr., 1923), Nævningen (Dr., 1929), Kirfuglen (Dr., 1933), I rosenlænker og andre komedier (Komödien, 1933), Skuespillets teknik (Essay, 1949).

Claussen, Sophus [dän. 'klau̯'sən], * Helletofte (Langeland) 12. Sept. 1865, † Gentofte bei Kopenhagen 11. April 1931, dän. Dichter. – Mitarbeiter der radikal-liberalen Zeitung ›Politiken‹ und der symbolist. Zeitschrift ›Tårnet‹. Seine symbolist. Lyrik ist durch Ch. Baudelaire und P. Verlaine beeinflußt. C. verfaßte außerdem Novellen und schrieb Reiseberichte; auch Übersetzer P. B. Shelleys und Baudelaires. **Werke:** Unge bander (En., 1894), Frøken Regnvejr (Spiel, 1894), Kitty (En., 1895), Antonius i Paris (Reisebericht, 1896), Valfart (Reisebericht, 1896), Pilefløjter (Ged., 1899), Djævlerier (Ged., 1904), Danske vers (Ged., 1912), Fabler (Ged., 1917), Heroica (Ged., 1925). **Literatur:** FRANDSEN, E.: S. C. Kopenhagen 1950. 2 Bde.

Clavel, Bernard [frz. kla'vɛl], * Lons-le-Saunier 29. Mai 1923, frz. Schriftsteller. – War u. a. Maler und Journalist; Mitglied der Résistance; 1971–77 Mitglied der Académie Goncourt. Schildert in seinen Romanen realistisch v. a. das Leben der Menschen seiner burgund. Heimat, oft aus der Erinnerung der Kriegs- und Nachkriegszeit. Im 17. Jh.

spielt der Romanzyklus ›Les colonnes du ciel‹ (5 Bde.: ›La saison des loups‹, 1976; ›La lumière du lac‹, 1977; ›La femme de guerre‹, 1978; ›Marie bon pain‹, 1980; ›Compagnons du nouveau-monde‹, 1981). **Weitere Werke:** L'ouvrier de la nuit (R., 1956), Tochter des Stroms (R., 1957, dt. 1959), Das offene Haus (R., 1958, dt. 1961), Der Fremde im Weinberg (R., 1959, dt. 1961), La grande patience (R.-Zyklus, 4 Bde.: La maison des autres, 1962; Celui qui voulait voir la mer, 1963; Le cœur des vivants, 1964; Les fruits d'hiver, 1968; Prix Goncourt 1968), Le royaume du Nord (R.-Zyklus: Wo der Ahorn Früchte trägt, 1983, dt. 1988; Goldene Wildnis, 1984, dt. 1990; Miserere, 1985; Amarok, 1987). **Literatur:** RAGON, M.: B. C. Paris 1975. – MAINZER, G. G.: L'amour de la terre chez B. C. Diss. University of Southern California Los Angeles 1982. – Qui êtes-vous, B. C.? Hg. v. A. RIVARD. Paris 1985.

Clavel, Maurice [frz. kla'vɛl], * Frontignan (Hérault) 10. Nov. 1920, † Asquins bei Vézelay 23. April 1979, frz. Schriftsteller. – Mitglied der Résistance; bis 1968 Gymnasiallehrer für Philosophie; Journalist (Mitarbeiter von ›Combat‹ und ›Le Nouvel Observateur‹); arbeitete auch für Rundfunk und Fernsehen; schrieb Bühnenwerke, in denen er die Erneuerung des klass. frz. und des Shakespeare-Dramas erstrebte, auch gesellschaftskrit. Romane, Essays sowie Filmdrehbücher; zahlreiche Übersetzungen ausländ. Dramatiker; begründete 1947 mit dem Regisseur Jean Vilar (* 1912, † 1971) das Festival d'Avignon. **Werke:** Les incendiaires (Dr., 1947), La terrasse de midi (Dr., 1947), Pas d'amour (Dr., 1949), La Maguelonne (En., 1951), Balmaseda (Dr., 1954), Une fille pour l'été (R., 1957), Le temps de Chartres (R., 1960), Saint Euloge de Cordoue (Dr., 1965), La perte et le fracas (R., 1971), Le tiers des étoiles (R., 1972), Ce que je crois (Essay, 1976), Dieu est Dieu, nom de Dieu! (Essay, 1976), Deux siècles chez Luzifer (Essay, 1978), Critique de Kant (Essay, hg. 1980). **Literatur:** SCHIWY, G.: Kulturrevolution u. ›Neue Philosophen‹. Rbk. 1978. – GACHOUD, F.: M. C. Du glaive à la foi. Paris 1982. – BEL, M.: M. C. Paris 1992.

Clavell, James [engl. klə'vɛl], * Sydney 10. Okt. 1924, † Vevey (Schweiz) 6. Sept. 1994, amerikan. Schriftsteller austral. Herkunft. – Kam 1955 in die USA (1963 naturalisiert); Verfasser erfolgreicher

realist. Unterhaltungsromane, deren Schauplatz v. a. der Ferne Osten ist.
Werke: Rattenkönig (R., 1962, dt. 1964), Tai-Pan. Der Roman Hongkongs (1966, dt. 1967), Shogun. Der Roman Japans (1975, dt. 1976), Noble House Hongkong (R., 1981, dt. 1982), Wirbelsturm (R., 1986, dt. 1988), Gai-Jin (R., 1993, dt. 1993).

Clavijo y Fajardo, José [span. kla-'βixo i fa'xarðo], * auf Lanzarote 19. März 1727, † Madrid 3. Nov. 1806, span. Schriftsteller und Gelehrter. – In Frankreich erzogen; Vizedirektor des Naturhistor. Kabinetts; 1762–67 Hg. der aufklärer. Zeitschrift ›El Pensador‹ (dt. Teilübersetzung 1781 u. d. T. ›Der Denker‹). Setzte mit L. Fernández de Moratín das Aufführungsverbot für Autos sacramentales durch; befreundet mit Voltaire und Buffon, dessen ›Histoire naturelle‹ er ins Spanische übersetzte (›Historia natural, general y particular‹, 1785–91). Sein Liebesverhältnis mit der Schwester von P. A. C. de Beaumarchais, der ihn wegen der Lösung zum Duell forderte, regte Goethe zu seiner Tragödie ›Clavigo‹ an.
Literatur: ESPINOSA, A.: Don J. C. y F. Las Palmas 1970.

Clavis [lat. = Schlüssel], lexikograph. Werk, bes. zur Erläuterung antiker und mittelalterl. Schriften oder der Bibel (z. B. ›C. Novi Testamenti‹ von Ch. A. Wahl, 1843).

Cleaver, Eldridge [engl. 'kli:və], * Wabbaseka (Ariz.) 31. Aug. 1935, amerikan. Politiker und Schriftsteller. – Wuchs in den Gettos von Phoenix (Ariz.) und Los Angeles auf. 1954–66 mit kurzen Unterbrechungen im Gefängnis. Während der Haft verfaßte er den autobiograph. Bericht ›Seele auf Eis‹ (1968, dt. 1970). Anhänger von Malcolm X, Beitritt zur Black Panther Party und ›Informationsminister‹ der Partei. Nach erneuter Haftandrohung Flucht in den Untergrund, lebte 1969–75 in Algier, seit 1975 wieder in den USA. Konversion zum Christentum, die zus. mit anderen Lebensereignissen Gegenstand eines zweiten autobiograph. Berichts ist (›Soul on fire‹, 1978).
Weitere Werke: Nach dem Gefängnis (1969, dt. 1970), Gespräche in Algier (1971, dt. 1975; mit L. Lockwood).

Cleland, John [engl. 'klɛlənd], * 1709, † London 23. Jan. 1789, engl. Schriftstel-

ler. – War u. a. Konsul in Smyrna (heute İzmir); schrieb Romane und Dramen, darunter den klassischen Roman der erotischen Literatur ›Die Memoiren der Fanny Hill‹ (2 Bde., 1748/49, dt. 1906).

Clemens, Samuel Langhorne [engl. 'klɛmənz], amerikan. Schriftsteller, ↑ Mark Twain.

Clemens, Titus Flavius C. Alexandrinus (Klemens von Alexandria), * Athen (?) um 150, † in Kappadokien zw. 211 und 216, griech. Kirchenschriftsteller. – Gründete in Alexandria die christl. Katechetenschule; zu seinen Schülern gehörte Origenes. Bemüht um eine Verbindung zwischen antiker Philosophie (bes. der Ethik) mit dem christl. Glauben, die er in einer ›wahren Philosophie‹ vereinigen wollte; dieses Anliegen behandelt er in seinem Hauptwerk ›Strōmateīs‹ (= Teppiche), durch das viele Fragmente alter griech. Philosophen überliefert sind.
Ausgabe: C. A. Hg. v. O. STÄHLIN. Lpz. u. Bln. 1-3 1934–72. 4 Bde. in 5 Tlen.

Clercq, René de [niederl. klɛrk], * Deerlijk (W-Flandern) 14. Nov. 1877, † Bussum 12. Juni 1932, fläm. Dichter. – Schrieb volksliedhafte Gedichte, in denen sich Lebensfreude, das bäuerl. Leben und soziales Empfinden mit der Not der Armen spiegeln; von vaterländ. Gesinnung zeugen seine polit. Kampflieder (›Das Nothorn‹, 1916, dt. 1917), später wandte er sich mytholog. Themen zu.
Weitere Werke: Natuur (Ged., 1903), Gedichten (1907), Maria Magdalena (Ged., 1919), Meidoorn (Ged., 1925).

Clerihew [engl. 'klɛrihju:], von Edmund Clerihew Bentley (* 1875, † 1956) erfundene, dem ↑ Limerick nahestehende Form des Vierzeilers, in dem Gestalten der Welt- und Kulturgeschichte auf kom., groteske, iron. oder unsinnige Weise charakterisiert werden. Spätere Sonderformen sind C.s mit ↑ Augenreim oder der Short-C., bei dem zwei Zeilen aus nur je einem Wort bestehen, von denen eines der Name des ›Opfers‹ ist.

Cloete, [Edward Fairley] Stuart [engl. kloʊ'i:tɪ, 'klu:tɪ], * Paris 23. Juli 1897, † Kapstadt 19. März 1976, südafrikan. Schriftsteller. – Sohn südafrikan. Eltern; ließ sich nach 1945 endgültig in Transvaal nieder. Schrieb nat. geprägte Abenteuerliteratur. Bereits sein erster Roman ›Wandernde Wagen‹ (1937, dt. 1938), ein Epos über den ›Großen Treck‹ der Buren ins unbekannte Innere Südafrikas, wurde in 23 Sprachen übersetzt.

Weitere Werke: Wetterleuchten (R., 1939, dt. 1946), The hill of Doves (R., 1941), The young men and the old (Ged., 1941), Afrikanische Ballade (R., 1952, dt. 1957), Mamba (R., 1956, dt. 1965), Der Jäger mit der Maske (R., 1957, dt. 1964), Gazella (R., 1958, dt. 1966), The soldier's peaches (R., 1959), Das glühende Herz (R., 1960, dt. 1961), Fetzen des Ruhms (R., 1963, dt. 1965), The abductors (R., 1970), Three white swans (En., 1971), Canary pie (R., 1976).
Literatur: KLIMA, V.: South African prose writing in English. Prag 1971.

Clopinel, Jehan [frz. klɔpi'nɛl], frz. Dichter, ↑ Rosenroman.

Clough, Arthur Hugh [engl. klʌf], * Liverpool 1. Jan. 1819, † Florenz 13. Nov. 1861, engl. Dichter. – Student, dann Dozent in Oxford; nach Reisen auf dem Kontinent Dozent in London, schließlich Beamter im Erziehungsministerium. Stand anfangs der Oxfordbewegung nahe, kam aber immer mehr zu einem ausweglosen Skeptizismus, dem er in seiner Dichtung Ausdruck gab.
Werke: The bothie of Tober-na-Fuosich (Idylle, 1848), Ambarvalia (Ged., 1849), Dipsychus (Dr., 1850).
Ausgaben: The poems of A. H. C. Hg. v. F. L. MULHAUSER. Oxford 1974. – The Oxford diaries of A. H. C. Hg. v. A. KENNY. Oxford 1990. – A. H. C. Selected poems. Hg. v. J. McCUE. London 1991.
Literatur: HOUGHTON, W.: The poetry of C. New Haven (Conn.) u. London 1963. Neudr. New York 1979. – GREENBERGER, E. B.: A. H. C., the growth of a poet's mind. Cambridge (Mass.) 1970.

Clown [klaʊn; engl. (wohl zu lat. colonus = Bauer, Siedler)], ursprünglich die kom. Rolle des ›Bauerntölpels‹ im elisabethan. Theater Englands. Der C. trat nicht nur in Komödien, sondern auch in Tragödien auf, zunächst in kom. Zwischenspielen, später als Kontrastfigur zum hohen Pathos des Helden. Im 18. Jh. wurde die C. vom Theater verbannt; später mit der Figur des Pierrot und Harlekin vermischt, v. a. auch in der ↑ Pantomime; heute hpts. noch als sog. ›dummer August‹ im Zirkus eine Figur, der H. Miller mit seiner Erzählung ›Das Lächeln

am Fuße der Leiter‹ (1948, dt. 1954) ein literar. Denkmal setzte.
Literatur: Harlekin. Bilderb. der Spaßmacher. Hg. v. W. JÄGGI. Basel 1959. – USINGER, F.: Die geistige Figur des C.s in unserer Zeit. Wsb. 1964. – BARLOEWEN, C. VON: C. Königstein i. Ts. 1981. – RÉMY, T.: C.nummern. Dt. Übers. v. W. KILLMAYER u. T. DORST. Köln 1982.

Cobla ['ko:bla; katalan. 'kobblə], in der Troubadourdichtung Bez. für: 1. die Strophe, 2. die isolierte Einzelstrophe (›cobla esparsa‹), die bes. in der 2. Hälfte des 13. Jh. als epigrammatisch verkürztes ↑ Sirventes eine eigene Gattung gnomisch-didakt., politisch-histor. oder persönl. Inhalts darstellt.
Literatur: LEUBE, CH.: C. In: Grundr. der roman. Literaturen des MA. Bd. 2, 1, 5: Les genres lyriques. Hg. v. E. KÖHLER. Hdbg. 1979.

Cocai, Merlin, italien. Schriftsteller, ↑ Folengo, Teofilo.

Coccioli, Carlo [italien. 'kɔttʃoli], * Livorno 15. Mai 1920, italien. Schriftsteller. – Wuchs in Afrika auf, lebte dann in Rom, Neapel, (als freier Schriftsteller) bei Florenz und in Mexiko; wurde bekannt durch eine Reihe psycholog. Romane, v. a. aus dem Italien der Nachkriegszeit; schreibt seit 1951 auch in frz. Sprache.
Werke: Himmel und Erde (R., 1950, dt. 1951), Fabrizio Lupo (R., 1952), Manuel der Mexikaner (R., 1956, dt. 1958), La pietra blanca (R., 1958), Ein Selbstmord (R., 1959, dt. 1970), Sonne (R., 1961, dt. 1966), L'erede di Montezuma (R., 1964), Le corde dell' arpa (1967), Mondhügel (Dr., 1969, dt. EA 1969), Uomini in fuga (R., 1973), Mémoires du roi David (R., 1976), Requiem per un cane (En., 1977), Le case del lago (R., 1980), La casa di Tacubaya (R., 1982).

Cockney [engl. 'kɔknɪ], volkstüml., weithin als ungebildet geltende engl. Mundart der alteingesessenen Londoner Bevölkerung, v. a. im East End; im engeren Sinn die für diese Mundart typ. Aussprache.

Cocteau, Jean [frz. kɔk'to], * Maisons-Laffitte bei Paris 5. Juli 1889, † Milly-la-Forêt bei Paris 11. Okt. 1963, frz. Schriftsteller, Filmregisseur und Graphiker. – Der in verschiedenen Stilrichtungen experimentierende, radikalen literar. Strömungen aufgeschlossene Künstler fand in den 20er Jahren seinen eigenen Stil. Freundschaft verband ihn mit R. Radiguet, A. Gide, R. M. Rilke, M. Proust, P. Picasso u. a. An einer Fülle von Romanen, Gedichten, Dramen, an Operntexten, Ballettlibretti, Filmstoffen und Kritiken läßt sich seine Entwicklung aus neuromant. Anfängen über futurist. und dadaist. Versuche zum Surrealisten ablesen, der in einer eigentümlich unentschiedenen Form immer Traditionalist blieb. C. empfing von allen avantgardist. Strömungen der Kunst entscheidende Impulse; dichter. Virtuosität, Leichtigkeit, blendend-eleganter Stil, die Brillanz seines ständig suchenden Geistes machten ihn für Jahrzehnte zu einer der schillerndsten Gestalten des literar. Frankreich. Zeitweilig stand er auch unter dem Einfluß A. Rimbauds. In seinem verrätselten Werk ist der Tod stets gegenwärtig, vielfach schöpfte er aus der Mythologie. Die Romane ›Der große Sprung‹ (1923, dt. 1956) und ›Kinder der Nacht‹ (1929, dt. 1953) gehören mit den Dramen ›Orpheus‹ (1927, dt. 1951) und ›Die Höllenmaschine‹ (1934, dt. 1951) zu seinen bedeutendsten Werken. Auch als Filmregisseur leistete C. Bedeutendes. Sein erstes Filmwerk ›Le sang d'un poète‹ (1930) ist ein Meisterwerk des Surrealismus. Berühmt wurden u. a. die Filme ›La belle et la bête‹ (dt. auch u. d. T. ›Es war einmal‹, 1946) und ›Orphée‹ (1950). C. schrieb auch Libretti und Ballette für A. Honegger, I. Strawinski und D. Milhaud. Er war ein brillanter Illustrator und betätigte sich als Maler und Bildhauer. Seit 1955 war er Mitglied der Académie française.

Weitere Werke: Hahn und Harlekin (Schr., 1918, dt. 1958), Le Potomak (R., 1919), Le bœuf sur le toit (Ballett, 1920; mit D. Milhaud), Poésies 1917–1920 (1920), Thomas der Schwindler (R., 1923, dt. 1954), Les mariés de la Tour Eiffel (Ballett-Dr., 1924), König Ödipus (Dr., 1928, dt. 1927), Antigone (Dr., UA 1922, gedr. 1928), Roméo et Juliette (Dr., 1928), Die geliebte Stimme (Dr., 1930, dt. 1933), Nein, diese Eltern (Dr., 1938, dt. 1946), Die Schreibmaschine (Dr., 1941, dt. 1947), Der Doppeladler (Dr., 1946, dt. 1947), Bacchus (Dr., 1952, dt. 1952), Der Lebensweg eines Dichters (Autobiogr., 1953, dt. 1953), Hell-Dunkel (Ged., 1954, dt. 1993), Requiem (Ged., 1962), Le passé défini: journal (Tageb., hg. 1983 ff. Auf mehrere Bde. berechnet; bisher 3 Bde. erschienen. Dt.: Vollendete Vergangenheit Bd. 1: Tagebücher 1951–1952, 1989).

Ausgaben: Œuvres complètes de J. C. Lausanne 1946–51. 11 Bde. – Leben u. Werk des J. C. Ausgew. u. hg. v. F. HAGEN. Mchn. u. a. 1961. 2 Bde. – J. C. Werkausg. in 12 Bden. Hg. v. REINHARD SCHMIDT Ffm. 1988.
Literatur: FRAIGNEAU, A.: J. C. Dt. Übers. Rbk. 1961. – GEORGEL, P.: C. et son temps, 1889–1963. Catalogue de l'exposition C. Paris 1965. – Cahiers J. C. Paris 1969 ff. – KIHM, J.-J., u. a.: J. C. Sein Leben, ein Meisterwerk. Dt. Übers. Mchn. u. a. 1970. – CROWSON, L.: The esthetics of J. C. Hanover (N. H.) 1978. – BROWN, F.: Ein Skandal fürs Leben. J. C. Dt. Übers. Mchn. 1980. – POPKIN, M. CH.: The Orpheus story and the films of J. C. Diss. Columbia University New York 1980. – MÖLLER, D.: J. C. u. I. Strawinsky. Unterss. zur Ästhetik u. zu ›Oedipus rex‹. Hamb. 1981. 3 Bde. – Magazine Littéraire, Nr. 199 (Okt. 1983), Sondernummer J. C. – KLÜPPELHOLZ, H.: J. C. In: Krit. Lex. zur fremdsprachigen Gegenwartslit. Hg. v. H. L. ARNOLD. Losebl. Mchn. 1983 ff. – MIOMANDRE, PH. DE: Moi, J. C. Paris 1985. – LANGE, M.: J. C. – Prinz ohne Reich. Biographie. Dt. Übers. Freib. 1991. – WINTER, S.: J. C.s frühe Lyrik. Bln. 1994.

Coda ↑ Koda.

Codex ↑ Kodex.

Coelho, José Francisco de Trindade [portugies. 'kuɐʎu], portugies. Schriftsteller, ↑ Trindade Coelho, José Francisco de.

Coelho Neto, Henrique Maximiano da Fonseca [brasilian. 'kuɐʎu 'nɛtu], * Caxias (Maranhão) 21. Febr. 1864, † Rio de Janeiro 28. Nov. 1934, brasilian. Schriftsteller. – Studierte Medizin und Jura; Abgeordneter; Gymnasialprofessor; gestaltete in zahlreichen Romanen und Erzählungen phantasievoll die verschiedenartigsten Stoffe aus Bibel, ind. Mythologie, brasilian. Legende usw.; auch Dramatiker.

Werke: Praga (R., 1894), Wildnis (En., 1896, dt. 1913), Inverno em flor (R., 1897), O Rajá do Pendjab (R., 1898), Tormenta (R., 1901), Esfinge (R., 1908), Banzo (En., 1913), Rei negro (R., 1914), O mistério (R., 1920), O povo (R., 1924).
Literatur: COELHO NETO, P.: C. NETTO. Rio de Janeiro 1942.

Coetzee, J[ohn] M. [afrikaans ku'tse;], * Kapstadt 9. Febr. 1940, südafrikan. Schriftsteller. – Sucht literar. Konfrontation mit dem menschlich Unfaßbaren und politisch Ungesagten. In ›Dusklands‹ (En., 1974) rekonstruiert er den Völkermord an den Khoi-Khoi-Stämmen der Kapprovinz; ›Im Herzen des Landes‹ (R., 1977, dt. 1987) und ›Warten auf die Barbaren‹ (R., 1980, dt. 1984) zeigen die Realitätsferne und Auswegsicht traditioneller liberal-patriarchal. Positionen, während ›Leben und Zeit des Michael K.‹ (R., 1983, dt. 1986; Booker-Preis 1983) Südafrika im Bürgerkrieg schildert. C. erhielt 1987 den Jerusalem-Preis.

Weitere Werke: Mr. Cruso, Mrs. Barton und Mr. Foe (R., 1986, dt. 1990), White writing: on the culture of letters in South Africa (Essays, 1988), Age of iron (R., 1990), The master of Petersburgh (R., 1994).
Literatur: PENNER, D.: Countries of the mind. The fiction of J. M. C. New York 1989. – GALLAGHER, S. V.: A story of South Africa. J. M. C.'s fiction in context. Cambridge (Mass.) 1991.

Cohen, Albert [frz. kɔ'ɛn], * auf Korfu 16. Aug. 1895, † Genf 17. Okt. 1981, frz. Schriftsteller. – War internat. Beamter des Völkerbundes und der Vereinten Nationen in Genf; verfaßte v. a. Romane, schrieb auch für das Theater; für ›Die Schöne des Herrn‹ (R., 1968, dt. 1983) erhielt er 1968 den großen Romanpreis der Académie française.

Weitere Werke: Solal. Drei Masken (R., dt. 1932), Eisenbeißer (R., 1938, dt. 1984), Ézéchiel (Dr., 1956), Das Buch meiner Mutter (Bericht, 1959, dt. 1971), Les valeureux (R., 1969), O vous, frères humains (Bericht, 1972), Carnets 1978 (Tageb., 1979).
Literatur: VALBERT, G.: A. C. ou le pouvoir de vie. Lausanne 1981. – BLOT, J.: A. C. Paris 1986. – COHEN, B.: Autour d'A. C. Paris 1990.

Cohen, Edvard [dän. 'ko:hɛn], dän. Schriftsteller, † Brandes, Edvard.

Cohen, Leonard [Norman] [engl. 'koʊɪn], * Montreal 21. Sept. 1934, kanad. Schriftsteller, Komponist und Sänger. – Seine Gedichte wie auch seine Lieder sprachen mit Themen wie Liebe, Verlassenheit und Verweigerung gegenüber der Gesellschaft v. a. in den 1960er Jahren ein meist jugendl. Publikum an. Seit ›Blumen für Hitler‹ (1964, dt. 1971) wirkt seine Dichtung experimenteller. Hervorzuheben ist sein montagehafter, provokativer Roman ›Schöne Verlierer‹ (1966, dt. 1970).

Weitere Werke: Let us compare mythologies (Ged., 1956), The spice-box of earth (Ged., 1961), Das Lieblingsspiel (R., 1963, dt. 1972), Parasites of heaven (Ged., 1966), Die Energie von Sklaven (Ged., 1972, dt. 1975), Letzte Prü-

fung (Songs, 1978, dt. 1982), Wem sonst als Dir/ Book of Mercy (Ged., 1984, dt. und engl. 1985).
Literatur: ONDAATJE, M.: L. C. Toronto u. Montreal 1971.

Cohen, Morris [dän. 'ko:hɛn], dän. Literarhistoriker, Kritiker und Biograph, † Brandes, Georg.

Cohn, Clara, dt. Schriftstellerin, † Viebig, Clara.

Cohn, Emil, dt.-schweizer. Schriftsteller, † Ludwig, Emil.

Coleridge, Hartley [engl. 'koʊlrɪdʒ], * Clevedon 19. Sept. 1796, † Grasmere (Westmorland) 6. Jan. 1849, engl. Dichter. – Sohn von Samuel Taylor C.; Journalist; Alkoholiker; beruflich wenig erfolgreich. Seine Sonette sicherten ihm Nachruhm; sein lyr. Drama ›Prometheus‹ blieb Fragment.

Coleridge, Mary Elizabeth [engl. 'koʊlrɪdʒ], * London 23. Sept. 1861, † Harrogate (Yorkshire) 25. Aug. 1907, engl. Schriftstellerin. – Urgroßnichte von Samuel Taylor C.; schrieb bemerkenswerte schwermütige Gedichte, die sie anonym oder unter einem Pseudonym veröffentlichte (›Poems‹, 5 Bde., 1896–98; ›Poems old and new‹, hg. 1907; ›Gathered leaves‹, hg. 1910), außerdem [histor.] Romane (›The seven sleepers of Ephesus‹, 1893; ›The king with the two faces‹, 1897) und Biographien.

Coleridge, Samuel Taylor [engl. 'koʊlrɪdʒ], * Ottery Saint Mary (Devonshire) 21. Okt. 1772, † London 25. Juli 1834, engl. Dichter. – Sohn eines Geistlichen; studierte in Cambridge; nach der Bekanntschaft mit R. Southey gemeinsamer Plan einer Pantisokratie nach radikal-demokrat. Prinzipien. Dann brachte die enge Freundschaft mit W. Wordsworth wechselseitige Anregungen. Während eines Aufenthaltes in Deutschland (1798/99) Studium der dt. Literatur und Philosophie, bes. I. Kants und F. W. J. von Schellings; war auch von Schiller, dessen ›Wallenstein‹ er übersetzte, und G. A. Bürger beeindruckt. Er verfiel durch ein Nervenleiden der Rauschgiftsucht. Während eines Genesungsaufenthaltes in Italien Bekanntschaft u. a. mit L. Tieck und W. von Humboldt. C. hielt seit 1808 in London Vorlesungen, u. a. über Shakespeare. Später wurden ihm hohe Ehrungen zuteil. C. gab der engl. Romantik sowohl durch seine – oft bruchstückhaften – Dichtungen als auch durch seine Literaturkritik entscheidende Impulse. Nach frühen revolutionären Dichtungen trachten seine Beiträge zu den zus. mit Wordsworth 1798 veröffentlichten ›Lyrical ballads‹, bes. ›Der alte Matrose‹ (dt. 1844), sowie weitere balladenhafte und visionäre Gedichte (›Christabel‹, entst. 1797, erschienen 1816; ›Kubla Khan‹, entst. 1798, erschienen 1816), mit suggestiver Klang- und Bildmagie das Übersinnliche in die Erfahrungswirklichkeit hineinzuholen. Er schrieb auch meditative Landschaftsgedichte und Oden. Seine der Philosophie der dt. Romantik verpflichtete Dichtungsauffassung, theoretisch am umfassendsten in ›Biographia literaria‹ (1817, dt. 1927 in Auszügen u. d. T. ›Engl. Besuch in Hamburg im Jahre 1798‹) dargelegt, betont die gestaltende Kraft der Imagination gegenüber der reinen Phantasieschöpfung. Aus seiner Spätzeit stammen z. T. erst postum veröffentlichte philosophisch-theolog. Schriften.

Samuel Taylor Coleridge (Ausschnitt aus einem Gemälde von Pieter van Dyke, entstanden 1795/96)

Weitere Werke: The fall of Robespierre (Dr., 1794; mit Southey), Poems on various subjects (Ged., 1803), Aids to reflection in the formation of a manly character (Prosa, entst. 1825, hg. 1839), Table talk (hg. 1835).
Ausgaben: Complete works of S. T. C. Hg. v. E. H. COLERIDGE. Oxford 1912. 2 Bde. – S. T. C. The complete poems. Hg. v. M. BISHOP. London 1954. – S. T. C. Collected letters. Hg. v. E. L. GRIGGS. Oxford 1956–71. 6 Bde. – C. on Shakespeare. Hg. v. T. HAWKES. Hermondsworth 1969. – Collected works of S. T. C. Hg. v. K. Co-

BURN u. a. London u. Princeton (N. J.) 1969 ff. Auf 20 Bde. berechnet (bisher 12 Bde. ersch.).
Literatur: CHAMBERS, E. K.: S. T. C. Oxford 1938. – LOWES, J. L.: The road to Xanadu, a study in the ways of imagination. Neuausg. New York 1959. – WATSON, G. G.: C., the poet. London 1966. – HOUSE, H. C.: C. London [4]1969. – JACKSON, J. R. DE: Method and imagination in C.'s criticism. London 1969. – BRETT, R. L.: S. T. C. London 1971. – LENZ, G. H.: Die Dichtungstheorie S. T. C.s. Ffm. 1971. – BADAWI, M. M.: C. critic of Shakespeare. Cambridge 1973. – PARKER, R.: C.'s meditative art. London 1975. – HAVEN, R./ HAVEN, J.: C. An annotated bibliography of criticism and scholarship. Boston (Mass.) 1976. – BEER, J. B.: C.'s poetic intelligence. London 1977. – HOLMES, R.: C. Oxford 1982. – HILL, J. S.: C. companion. London 1984. – JASPER, D.: C. as poet and religious thinker. Allison Park 1984. – HOLMES, R.: C. Early visions. London 1989. – DAVIDSON, G.: C.'s career. London 1990.

Coleridge, Sara [engl. 'koʊlrɪdʒ], * Greta Hall bei Keswick 22. Dez. 1802, † London 3. Mai 1852, engl. Schriftstellerin. – Tochter von Samuel Taylor C.; ab 1829 ∞ mit ihrem Vetter Henry Nelson C.; wurde v. a. bekannt als Verfasserin von Gedichten für Kinder (›Pretty lessons in verse for good children‹, 1834) und eines romant. Märchens (›Phantasmion‹, 1837) sowie als Herausgeberin der Werke ihres Vaters. Bed. ihre ›Memoires and letters‹ (2 Bde., hg. 1873).
Literatur: GRIGGS, E. L.: C. fille; a biography of S. C. London 1940. – MUDGE, B. K.: S. C., a Victorian daughter: her life and essays. New Haven (Conn.) 1989.

Colerus, Egmont, eigtl. E. C. von Geldern, * Linz 12. Mai 1888, † Wien 8. April 1939, österr. Schriftsteller. – War in erster Linie Erzähler, schrieb auch Dramen sowie unterhaltende, allgemeinverständliche Bücher aus dem Bereich der Mathematik; außerdem behandelte er aktuelle, biographische und historische Stoffe.
Werke: Antarktis (R., 1920), Sodom (R., 1920), Weiße Magier (R., 1922), Zwei Welten (R., 1926), Die neue Rasse (R., 1928), Kaufherr und Krämer (R., 1929), Leibniz (R., 1934), Geheimnis um Casanova (Nov., 1936), Archimedes in Alexandrien (E., 1939).

Colet, Louise [frz. kɔ'lɛ], geb. Révoil, * Aix-en-Provence 15. Aug. 1810, † Paris 8. März 1876, frz. Schriftstellerin. – Freundin u. a. von V. Cousin, G. Flaubert, A. de Vigny und A. de Musset, verfaßte sie, von diesen biographisch und intellektuell inspiriert, Versdichtungen (›Fleurs du Midi‹, 1836; ›Penserosa‹, 1840), Dramen und Prosa (›Lui‹, R., 1860). Wichtig als Briefpartnerin Flauberts im Zusammenhang mit dessen Entwurf einer ästhet. Theorie.

Literatur: BELLET, R.: Femmes de lettres au XIXᵉ siècle. Autour de L. C. Lyon 1982.

Colette [frz. kɔ'lɛt], eigtl. Sidonie Gabrielle C., * Saint-Sauveur-en-Puisaye (Yonne) 28. Jan. 1873, † Paris 3. Aug. 1954, frz. Schriftstellerin. – In Burgund aufgewachsen, durch ihren ersten Mann, den Schriftsteller Willy (eigtl. Henri Gauthier-Villars [* 1859, † 1931]), zu den erfolgreichen ›Claudine‹-Romanen (4 Bde., 1900 bis 1903) veranlaßt. Nach der Scheidung (1906) Tätigkeit als Artistin, Kritikerin, Schriftleiterin; 1912–24 verheiratet mit dem Journalisten H. de Jourvenal, ab 1935 mit dem Schriftsteller Maurice Goudeket (* 1889, † 1977); 1935 Mitglied der Belg. Akademie und 1944 Mitglied der Académie Goncourt. Ihre Werke tragen z.T. autobiograph. Züge (›Komödianten‹, 1913, dt. 1931; ›Mein Elternhaus‹, 1922, dt. 1929; ›Paris aus meinem Fenster‹, 1944, dt. 1945). Berühmt wurde sie durch ›Mitsou‹ (R., 1919, dt. 1927) und ›Chéri‹ (R., 1920, dt. 1927). Glänzende Stilistin, die ihre Themen (v. a. Begegnung, Entfremdung und Abschied) nuancenreich mit Charme und Esprit behandelt, deren Liebe den kleinen Dingen, der Sinnenwelt, den Tieren (›Sieben Tiergespräche‹, 1905, dt. 1928) gilt.

Weitere Werke: Geträumte Sünden (R., 1909, dt. 1949), Erwachende Herzen (R., 1923, dt. 1952, 1928 u. d. T. Phil und Vinca), Chéris Ende (R., 1926, dt. 1927), Die Andere (R., 1929, dt. 1930), Gigi (R., 1944, dt. 1953), Contes des mille et un matin. Chroniques 1911–14 (hg. 1970), Frauen (En., dt. Ausw. 1986).

Ausgaben: C. Œuvres complètes. Paris 1973–76. 16 Bde. – Œuvres de C. Hg. v. C. PICHOIS. Paris 1984 ff. Auf 4 Bde. berechnet.

Literatur: BEAUMONT, G./PARINAUD, A.: C. in Selbstzeugnissen u. Bilddokumenten. Dt. Übers. Rbk. 1958. – HARRIS, E.: L'approfondissement de la sensualité dans l'œuvre romanesque de C. Paris 1973. – RESCH, Y.: Corps féminin, corps textuel. Paris 1973. – PERCHE, L.: C. Paris 1976. – MITCHELL, Y.: C. Biogr. Dt. Übers. Tüb. 1977. – SARDE, M.: C., libre et entravée. Paris 1978. – HOLLANDER, P. DE: C., ses apprentissages. Montreal u. Paris 1978. – LACH-

GAR, L.: C. Paris 1983. – ANDRY, M.: Chère C. Biogr. Paris 1983. – RICHARDSON, J.: C. Leidenschaft u. Sensibilität. Dt. Übers. Mchn. 1985. – LOTTMAN, H.: C. Eine Biographie. Dt. Übers. Wien 1991.

Colin Muset [frz. kolɛ̃my'zɛ], frz. Dichter des 13. Jahrhunderts. – Stammt wahrscheinlich aus dem Grenzgebiet von Burgund, Lothringen und der Champagne (heute Dep. Haute-Marne); stand u. a. mit den Herzögen von Lothringen in Verbindung. Die Zeit seiner literar. Aktivität dürfte zwischen 1220 und 1240 liegen. Einer der eigenwilligsten Trouvères, der mit genauer Beobachtung und hoher formaler wie sprachl. Begabung Genrebilder von erfahrenen Wirklichkeiten und ersehnten Evasionen entwirft. Von seinen 21 überlieferten Texten sind sieben mit Melodien erhalten.

Ausgabe: Les chansons de C. M. Hg. v. J. BÉDIER. Paris ²1938.

Literatur: FRAPPIER, J.: La poésie lyrique en France aux XIIᵉ et XIIIᵉ siècles. Paris 1952. – ZUMTHOR, P.: Essai de poétique médiévale. Paris 1972.

Collage [kɔ'la:ʒə; frz. = das Leimen, das Ankleben], aus dem Bereich der bildenden Kunst übernommener Begriff 1. für die Technik der zitierenden Kombination (↑ Zitat) von oft heterogenem vorgefertigtem sprachl. Material; 2. für derart entstandene literar. Produkte. Der Begriff der C. wurde anfänglich meist synonym zu ↑ Montage gebraucht; seit Ende der 1920er Jahre setzte er sich v. a. für größere literar. Gebilde zunehmend durch.

Die Geschichte der literar. C. datiert seit der sog. ↑ Literaturrevolution. Die ästhet. Voraussetzungen sind markiert durch Lautréamonts Formel von der Schönheit als der zufälligen Begegnung einer Nähmaschine und eines Regenschirms auf einem Seziertisch (›Die Gesänge des Maldoror‹, 1869, dt. 1954) bzw. M. Ernsts Verallgemeinerung dieser Formel. Im Gefolge kubist. Bild-C.n entstanden erste literar. C.n als ausgesprochene Mischformen im Futurismus, Dadaismus und Surrealismus. – Wie die Zitate von Realitätsfragmenten in der kubist. Bild-C. sind auch die Collagenelemente in Romanen zu werten, die oft futuristisch-dadaist. Techniken verpflichtet sind (z. B. J. Dos

Passos, ›Manhattan Transfer‹, 1925, dt. 1927; A. Döblin, ›Berlin Alexanderplatz‹, 1929; J. Joyce, ›Ulysses‹, 1922, dt. 1927 und ›Finnegans wake‹, 1939, Teilausg. dt. 1970 u. d. T. ›Anna Livia Plurabelle‹).

Literatur: TZARA, T.: Le papier collé au le proverbe en peinture. In: Cahiers d'art 6 (1931). – Prinzip C. Nw. u. Bln. 1968.

Colletet, Guillaume [frz. kɔl'tɛ], * Paris 12. März 1598, † ebd. 10. Febr. 1659, frz. Dichter. – Gehörte zu den fünf Autoren (F. Le Métel de Boisrobert, P. Corneille, Claude de L'Estoile [* 1597, † 1652], J. de Rotrou), die gemeinsam für Kardinal Richelieu Theaterstücke schrieben; C. verfaßte außerdem Fabeln, Romane und v. a. zahlreiche, von P. de Ronsard beeinflußte Gedichte, die 1651–56 in vier Sammlungen veröffentlicht wurden; er war seit 1634 Mitglied der Académie française.

Literatur: POMPEJANO NATOLI, V.: Verso una biografia di G. C. Fasano 1989.

Collett, Jacobine Camilla [norweg. ‚kɔlət], * Kristiansand 23. Jan. 1813, † Christiania (heute Oslo) 6. März 1895, norweg. Schriftstellerin. – Schwester Henrik Arnold Wergelands. Als erste Frauenrechtlerin Norwegens stellte sie ihre Tendenzromane, bes. gegen soziale Not und Ungerechtigkeit, in den Dienst ihrer kämpfer. Absichten; gilt als Begründerin des norweg. Realismus.

Werke: Die Amtmanns-Töchter (R., 2 Bde., 1855, dt. 1864), Sidste blade (Erinnerungen, 5 Bde., 1868–73), Fra de stummes leir (Essays, 1877), Mod strømmen (Essays, 2 Bde., 1879–85), Studenteraar (Autobiogr., hg. 1934). Ausgabe: J. C. C. Skrifter. Kristiania 1892–94. 11 Bde.

Literatur: BENTERUD, A.: C. C. Oslo 1947.

Colliander, Tito [schwed. kɔli'andər], * Petersburg 10. Febr. 1904, † Helsinki 21. Mai 1989, schwedischsprachiger finn. Schriftsteller. – Die Eindrücke seiner Kindheit, die er als Sohn eines Obersten der zarist. Armee in Rußland verlebte, übten auf sein literar. Schaffen einen großen Einfluß aus; von Dämonen gepeinigte und besessene Menschen stehen im Mittelpunkt seines Werkes, das z. T. von griech.-orthodoxer Religiosität bestimmt ist.

Werke: Der Versprengte (R., 1937, dt. 1939), Erbarme Dich (R., 1939, dt. 1945), Die Höhle (R.,

1942, dt. 1960), Fenster (Nov.n, 1956, dt. 1961), Nära (R., 1971), Måltid (R., 1973), Motiv (Nov.n, 1977–78), Blick (Essays, 1981).

Collier, Jeremy [engl. 'kɔlɪə], * Stow (Cambridgeshire) 23. Sept. 1650, † London (?) 26. April 1726, engl. Schriftsteller. – Geistlicher; erregte durch sein Pamphlet ›Short view of the immorality and profaneness of the English stage‹ (1698) Aufsehen; es geißelte im Namen bürgerl. Geschmacks die Sittenlosigkeit des engl. Theaters der Restaurationszeit und attackierte dessen Autoren, v. a. W. Congreve und J. Vanbrugh, was einen heftigen Meinungsstreit auslöste. C. war auch in andere Kontroversen verwickelt und ist Verfasser einer ›Ecclesiastical history of Great Britain‹ (2 Bde., 1708–14).

Collin, Heinrich Joseph von (seit 1803), * Wien 26. Dez. 1771, † ebd. 28. Juli 1811, österr. Dichter. – Studierte Jura, war zeitweise Offizier; schrieb patriot. Lyrik und Balladen, kämpfte in seinen Landwehrgedichten gegen Napoleon, von dem er geächtet wurde; seine Dramen sind vom frz. Klassizismus beeinflußt; zu seinem Trauerspiel ›Coriolan‹ (1804) schrieb Beethoven die Ouvertüre.

Weitere Werke: Scheinverbrechen (Dr., 1794), Regulus (Dr., 1802), Balboa (Dr., 1806), Mäon (Dr., 1808), Lieder Oesterr. Wehrmänner (1809), Gedichte (hg. 1812).

Collin, Matthäus von (seit 1803), * Wien 3. März 1779, † ebd. 23. Nov. 1824, österr. Lyriker und Dramatiker. – Prof. in Krakau und Wien, seit 1815 Erzieher des Herzogs von Reichstadt; stand als Dichter im Schatten seines Bruders Heinrich Joseph von C.; bedeutender als seine Gedichte und Dramen sind die literaturkrit. Schriften; Vorkämpfer der Romantik in Wien.

Werke: Dramat. Dichtungen (4 Bde., 1813–17), Nachgelassene Gedichte (2 Bde., hg. 1827).

Collin d'Harleville, Jean François [frz. kɔlēdarlə'vil], eigtl. Jean François Collin, * Maintenon (Eure-et-Loir) 30. Mai 1755, † Paris 24. Febr. 1806, frz. Schriftsteller. – Verfasser seinerzeit mit großem Beifall aufgeführten Charakterkomödien ›Der Optimist‹ (1788, dt. 1927) und ›Le vieux célibataire‹ (1792). Mitglied der Académie française seit 1803.

Literatur: TISSIER, A.: C. d'H., chantre de la vertu souriante, 1755–1806. Paris 1964–65. 2 Bde.

Collins, Tom [engl. 'kɔlɪnz], Pseudonym des austral. Schriftstellers Joseph † Furphy.

Collins, [William] Wilkie [engl. 'kɔlɪnz], * London 8. Jan. 1824, † ebd. 23. Sept. 1889, engl. Schriftsteller. – Jurist, dann freier Schriftsteller; Freund von Ch. Dickens, an dessen Zeitschriften ›Household Words‹ und ›All the Year Round‹ er mitarbeitete; Verfasser spannender, mit Schauereffekten angereicherter Romane (z. T. neu übersetzt von Arno Schmidt); gilt als erster erfolgreicher Vertreter des engl. Detektivromans.

Wilkie Collins

Werke: The dead secret (R., 2 Bde., 1857), Die Frau in Weiß (R., 3 Bde., 1860, dt. 4 Bde., 1861, Neuübers. 1965), Der rote Schal (R., 2 Bde., 1866, dt. 1967), Der Monddiamant (R., 3 Bde., 1868, dt. 1949, 1869 u. d. T. Der Mondstein), Lucilla (R., 3 Bde., 1872, dt. 1969, 1874 u. d. T. Die Blinde).
Ausgabe: W. C. Works. New York Neuaufl. 1970. 30 Bde.
Literatur: DAVIS, N. P.: The life of W. C. Urbana (Ill.) 1956. – MARSHALL, W. H.: W. C. New York 1970. – W. C.: The critical heritage. Hg. v. N. PAGE. Boston (Mass.) 1974. – BEETZ, K. H.: W. C. An annotated bibliography 1889–1976. Metuchen (N. Y.) 1978. – TAYLOR, J. B.: In the secret theatre of home. W. C., sensation narrative and nineteenth-century psychology. London 1988.

Collins, William [engl. 'kɔlɪnz], * Chichester 25. Dez. 1721, † ebd. 12. Juni 1759, engl. Dichter. – Lebte als Schriftsteller in London in Armut; zeitweilig Schwermut und Wahnsinnsanfälle. Trat, nachdem er bereits als Schüler zu Winchester seine ›Persian eclogues‹ (1742, 1757 u. d. T. ›Oriental eclogues‹) geschrieben hatte, 1747 mit ›Odes on several descriptive and allegorical subjects‹ hervor, die sich durch Phantasie und Wohlklang, Schlichtheit und Formvollendung auszeichnen. Erst die Nachwelt schätzte seine Dichtung und erkannte ihn als Wegbereiter der Romantik.

Weiteres Werk: An ode on the popular superstitions of the Highlands of Scotland (1788).
Ausgabe: W. C. The works. Hg. v. R. WENDORF. Oxford 1929.
Literatur: SIGWORTH, O. F.: W. C. New York 1965.

Collodi, Carlo, eigtl. Carlo Lorenzini, * Florenz 24. Nov. 1826, † ebd. 26. Okt. 1890, italien. Schriftsteller. – Journalist; begründete die satir. Zeitschriften ›Il ›lampione‹ und ›La scaramuccia‹; wurde weltberühmt durch sein in viele Sprachen übersetztes Kinderbuch ›Le avventure di Pinocchio‹ (1883, dt. 1905 u. d. T. ›Hippeltitsch's Abenteuer‹, seit 1948 oft u. d. T. ›Die Abenteuer des Pinocchio‹, auch u. d. T. ›Die Geschichte vom hölzernen Bengele‹).
Literatur: LORENZINI, P.: C. e Pinocchio. Florenz 1954. – SANTUCCI, L.: C. Brescia ²1962. – BALDACCI, V./RAUCH, A.: Pinocchio e la sua immagine. Florenz 1981. – VOLPICELLI, L.: Bibliografia collodiana (1883–1980). Pescia 1981. – PETRINI, E.: Dalla parte del C. Bologna 1982. – MARCHESE, P.: Bibliografia pinocchiesca. Florenz 1983.

Colman, George [engl. 'koʊlmən], d. Ä., * Florenz 18. April 1732, † London 14. Aug. 1794, engl. Dramatiker. – Jurist, u. a. Mitbesitzer des Covent-Garden-Theaters und Leiter des Haymarket-Theaters; Freund D. Garricks. Als Übersetzer, Kommentator und Hg. tätig; schrieb mehr als 30 bühnenwirksame (oft parodist.) Stücke gegen die empfindsame Literatur.
Werke: Polly Honeycombe (Dr., 1760), Die eifersüchtige Ehefrau (Kom., 1761, dt. 1764), The clandestine marriage (Kom., 1766; mit D. Garrick).
Ausgabe: Dramatick works of G. C. London 1777. 4 Bde. Nachdr. Hildesheim 1976.
Literatur: PAGE, E. R.: G. C. the elder. New York 1935.

Colman, George [engl. 'koʊlmən], d. J., * London 21. Okt. 1762, † ebd. 17. Okt. 1836, engl. Schriftsteller. – Sohn von George C. d. Ä.; war als Theaterleiter tätig. Schrieb Schauspiele, oft nach literarischen Vorlagen, darunter Possen und Komödien; war auch Opernlibrettist.

Werke: Inkle und Yarika (Kom., 1787, dt. 1797), The heir at law (Kom., 1797), John Bull (Kom., 1803). **Ausgabe:** Dramatic works of G. C. the younger. Paris 1827. 4 Bde. **Literatur:** COLLINS, J. F. B.: G. C. the younger, 1762–1836. Morningside Heights 1946.

Colmarer Liederhandschrift, aus Colmar stammende, jetzt in der Bayer. Staatsbibliothek München aufbewahrte Handschrift, die um 1460 in Mainz geschrieben wurde und über 900 Nummern enthält, davon 105 mit Melodien; sie beginnt mit dem frühen höf. Minnesang, enthält u. a. Werke von Walther von der Vogelweide, Wolfram von Eschenbach, Konrad von Würzburg, Frauenlob und führt bis zu den bürgerl. Meistersingern (u. a. Muskatplüt).

Ausgabe: Die Sangesweisen der C. Hs. u. die Liederhs. Donaueschingen. Hg. v. P. RUNGE. Lpz. 1896. Nachdr. Hildesheim 1965. **Literatur:** Der dt. Meistersang. Hg. v. B. NAGEL. Darmst. 1967.

Coloma, Luis, * Jerez de la Frontera 9. Jan. 1851, † Madrid 11. Juni 1915, span. Schriftsteller. – Jesuit; erregte Aufsehen durch den in fast alle europ. Sprachen übersetzten realist. Roman ›Pequeñeces‹ (1890, dt. 1897 u. d. T. ›Lappalien‹), eine Satire auf die frivole Lebensführung der Madrider Aristokratie; schrieb auch histor. Biographien (über Juan d'Austria u. a.); 1908 Mitglied der Span. Akademie.

Weitere Werke: Retratos de antaño (En., 1895), Boy (R., 1910, dt. 1910). **Ausgabe:** L. C. Obras completas. Madrid 1941–51. 20 Bde.

Colombina ↑ Kolombine.

Colon [engl. 'koʊlən], Pseudonym des amerikan. Schriftstellers und Journalisten Joseph ↑ Dennie.

Colonna, Vittoria, * Castello di Marino bei Rom um 1492, † Rom 25. Febr. 1547, italien. Dichterin. – Aus altem röm. Adelsgeschlecht, lebte nach dem Tod ihres Gatten, des Marchese von Pescara, bis 1537 auf Ischia, später im Kloster und ab 1544 im Kreise berühmter Gelehrter und Künstler, deren gefeierter Mittelpunkt sie war, in Rom; befreundet mit

Michelangelo. Schrieb Sonette und Kanzonen im Stil F. Petrarcas. Ihre ›Rime‹ (1538) bestehen aus zwei Teilen, der erste enthält Liebeslyrik, in der sie ihren verstorbenen Gatten anspricht, ihre Angst um ihn und ihre Sehnsucht nach ihm ausdrückt, der zweite geistl. Gedichte, die vom Glauben an die Notwendigkeit einer religiösen und sittl. Läuterung durchdrungen sind.

Ausgaben: Rime e lettere di V. C. Hg. v. G. E. SALTINI. Florenz 1860. – V. C. Carteggio. Hg. v. E. FERRERO u. G. MILLER. Turin ²1892. – V. C. Rime scelte. Ausgew. Sonette. Italien. u. dt. Umdichtungen v. H. MÜHLESTEIN. Celerina (Schweiz) ³1951. **Literatur:** PFISTER, K.: V. C. Werden u. Gestalt der frühbarocken Welt. Mchn. 1950. – THÉRAULT, S.: Un cénacle humaniste de la Renaissance autour de V. C., châtelaine d'Ischia. Florenz u. Paris 1968. – McAULIFFE, D. J.: V. C. Her formative years 1492–1525 as a basis for an analysis of her poetry. Diss. University of New York 1978.

Colum, Padraic [engl. 'kɔləm], * Longford (Irland) 8. Dez. 1881, † Enfield (Conn.) 11. Jan. 1972, ir. Schriftsteller. – Lebte ab 1939 in den USA; stand den Hauptvertretern der modernen ir. Literatur, u. a. W. B. Yeats und J. M. Synge, nahe. Erfolgreicher Dramatiker; folkloristt. Studien wirkten auf seine schlichte Naturlyrik. C. entnahm viele Stoffe und Themen seiner Kenntnis ir. Bauernlebens; er schrieb auch Kinderbücher, sammelte ir. Volkserzählungen (›Der Königssohn von Irland‹, 1920, dt. 1960) und arbeitete über hawaiische Folklore.

Weitere Werke: Broken soil (Dr., 1903, 1907 umgearbeitet u. d. T. The fiddler's house), Wild earth (Ged., 1907), The desert (Dr., 1912), My Irish year (Autobiogr., 1912), The story of Lowry Maen (Ged., 1937), Ziehende Schwäne (R., 1957, dt. 1960), Arthur Griffith (Ged., 1959), Moytura (Dr., 1963). **Ausgabe:** Selected poems of P. C. Hg. v. S. STERNLICHT. Syracuse (N. Y.) 1989. **Literatur:** BOWEN, Z. R.: P. C. A biographical-critical introduction. Carbondale (Ill.) u. Edwardsville 1970.

Columbus, Samuel [schwed. ku'lʊmbʊs], * Husby (Kopparberg) 1642, † Stockholm 8. Juli 1679, schwed. Dichter. – Unternahm 1674–79 eine Studienreise nach Deutschland, den Niederlanden, England und Frankreich, wo er die frz. Literatur der Klassik kennenlernte; seine von G. Stiernhielm beeinflußte, oft für Vertonung (Gustaf Düben) vorgesehene Lyrik behandelt im Stile des Barock meist Themen wie Vergänglichkeit und Tod, Unbeständigkeit der Welt. In seiner sprachtheoret. Abhandlung ›En swensk ordeskötsel‹ (1674, gedruckt 1881) geht er, im Gegensatz zu seiner Zeit, von der Umgangssprache als Norm aus.

Weitere Werke: Den bibliske werlden (Ged., 1674), Odæ sveticæ (Ged., 1674), Rådrijk oder Anweiser zur Tugend (Ged., schwed.-dt., 1676).
Literatur: DANIELSON, S.: S. C.' språkprogram i en swensk ordeskötsel (mit dt. Zusammenfassung). Umeå 1976.

Columẹlla, Lucius Iunius Moderatus, lat. Schriftsteller des 1. Jh. aus Gades (heute Cádiz, Spanien). – Schrieb als prakt. Landwirt (er bewirtschaftete Güter in Italien) u. a. ein umfangreiches Werk in 12 Büchern über die Landwirtschaft (›De re rustica‹), das zu den bedeutendsten Zeugnissen der röm. Fachschriftstellerei gehört.

Comẹdia [span.], typ. Form des span. Theaters im ausgehenden 16. und 17. Jh.: ein dreiaktiges Versdrama ernsten oder heiteren Inhalts mit überraschendem, meist glückl. Ende. Konfliktstoffe sind vorwiegend Liebe, Ehre, Glaube, Königstreue. Kennzeichnend ist die bunte Vielfalt der Stoffe aus dem gesellschaftl. Leben, aus Geschichte, Sage, Legende und auch aus der Bibel. Dramaturgisch bedeutsam ist die Vernachlässigung der ↑ drei Einheiten (v. a. von Ort und Zeit). Bes. verbreitet war der Typus des ↑ Mantel-und-Degenstücks. Als Hauptvertreter der C. gelten (nach Anfängen im 15./16. Jh.) Lope F. de Vega Carpio, der nicht nur eine Dramenpoetik (›Arte nuevo de hacer comedias en este tiempo‹, 1609), sondern u. a. auch weit mehr als 400 C.s verfaßte, Tirso de Molina und P. Calderón de la Barca. – Die span. C. beeinflußte im 17. Jh. Portugal (F. M. de Melo), Frankreich (P. Corneille) und Italien, im 19. Jh. bes. Deutschland (Romantiker) und Österreich (F. Grillparzer, H. von Hofmannsthal). – ↑ auch Commedia.

Literatur: CHAYTOR, H. J.: Dramatic theory in Spain. Cambridge 1925. – NEWELS, M.: Die dramat. Gattungen in den Poetiken des Siglo de Oro. Wsb. 1959. – REICHENBERGER, A. G.: The uniqueness of the C. In: Hispanic Review 27

(1959), S. 303. – SCHÜLER, G.: Die Rezeption der span. C. in Frankreich in der 1. Hälfte des 17. Jh. Diss. Köln 1966.

Comédie [frz. kɔme'di], in der frz. Literatur Bez. für die ↑ Komödie, aber auch für Schauspiele ernsten Inhalts, die nicht tragisch enden. – ↑ auch Commedia.

Comédie de mœurs [frz. kɔmedid-'mœrs], in Frankreich seit dem 19. Jh. für ↑ Sittenstück.

Comédie-Française [frz. kɔmedifrã-'sɛ:z], das frz. Nationaltheater; 1680 durch Zusammenschluß der verschiedenen frz., damals alle Molières Witwe und Kompagnon unterstehenden Schauspieltruppen von Ludwig XIV. gegründet. Es wurde 1804 unter Napoleon I. neu organisiert. Er gab der C.-F. auch ihr teilweise heute noch geltendes Statut (Okt. 1812). Versuche, das Repertoire (klass. frz. Tragödien, Komödien von Molière, P. Carlet de Chamblain de Marivaux u. a.) und den pathet., deklamator. Inszenierungs- und Spielstil zu modernisieren, wurden vom ›Cartel‹, einer Vereinigung frz. Regisseure (J. Copeau, L. Jouvet, G. Pitoëff u. a.), unternommen, ferner von J.-L. Barrault und P. Dux.

Literatur: ALASSEUR, C.: La C.-F. au 18ᵉ siècle. Den Haag u. Paris 1967. – SURGERS, A.: La C. F. Un théâtre audessus de tout soupçon. Paris 1982. – DEVAUX, P.: La C.-F. Paris 1993.

Comédie larmoyante [frz. kɔmedilarmwa'jã:t], frz. Spielart der in der 1. Hälfte des 18. Jh. verbreiteten Aufklärungskomödie mit bes. Betonung des Gefühls unter Zurücknahme der kom. Elemente (von G. E. Lessing als ›weinerl. Lustspiel‹ übersetzt). Die im bürgerl. Milieu spielende C. l. ist ein wichtiger Vorläufer des ↑ bürgerlichen Trauerspiels. Als Vorbild diente die engl. ›sentimental comedy‹ (R. Steele); nach den Vorläufern P. Carlet de Chamblain de Marivaux und Ph. N. Destouches erreichte sie ihren Höhepunkt mit P. C. Nivelle de La Chaussée (›Mélanide‹, 1741; ›La gouvernante‹, 1747). Ihr Einfluß erstreckte sich auch auf Stücke von Voltaire und D. Diderot.

Literatur: TRAHARD, P.: Les maîtres de la sensibilité française au XVIIIᵉ siècle (1715–1789). Bd. 2. Paris 1932.

Comédie rosse [frz. kɔmedi'rɔs = freches Lustspiel], naturalist. Schauspiel, wie es am ↑ Thêatre-Libre von A. Antoine zwischen 1887 und 1894 aufgeführt wurde, bes. gegen die Werke H. Becques gerichtet.

Comedy of humours [engl. 'kɔmɪdɪ əv 'hju:məz = Komödie der Verrücktheiten], engl. Komödientypus des 16. und frühen 17. Jh., der die Entwicklung zur satir. Komödie einleitete; als Hauptvertreter gilt B. Jonson (›Everyman in his humour‹, 1600; ›Volpone oder der Fuchs‹, 1607, dt. 1912, erstmals dt. 1798), der in seinen Komödien mit drast. Schilderungen von Sitten und Charakteren die Mißstände seiner Zeit satirisch verspottete.

Comedy of manners [engl. 'kɔmɪdɪ əv 'mænəz = Sittenkomödie], beliebter Komödientyp der engl. Restaurationszeit (17. Jh.), in dem zeitgenöss. Sitten und Anschauungen satirisch dargestellt wurden; die C. of m. steht damit in der Tradition des europ. ↑ Sittenstücks; Hauptvertreter waren u. a. W. Congreve, G. Etherege, J. Dryden, im 18. Jh. wurde sie von O. Goldsmith und R. B. Sheridan zur Darstellung unterschiedl. Lebensformen (weltoffene, frivole, witzige Figuren im Kontrast zu bürgerl. Kaufleuten u. a.) wiederbelebt, so auch im 19. Jh. von O. Wilde, z. B. in ›Eine Frau ohne Bedeutung‹ (1894, dt. 1902), und von G. B. Shaw.
Literatur: HIRST, D.-L.: The c. of m. London 1979.

Comenius, Johann Amos, eigtl. Jan Amos Komenský, * Nivnice (Südmähr. Gebiet) 28. März 1592, † Amsterdam 15. Nov. 1670, tschech. Schriftsteller, Theologe und Pädagoge. – Studierte ev. Theologie; Lehrer, 1616 Prediger, 1632 Bischof der Böhm. Brüder; unternahm als Ratgeber in pädagog. Fragen Reisen, lebte lange im Ausland. Sein Ruhm beruht v. a. auf den pädagog. Schriften, in denen er u. a. allgemeine Schulpflicht und Ausnutzung aller Bildungsmöglichkeiten forderte; Vertreter eines Bildungsoptimismus; verfaßte ferner religiöse Traktate, oft mit myst. Einflüssen, und Schriften philosoph. und philolog. Inhalts. Seine Bemühungen um eine Systematisierung des Wissens seiner Zeit blieben, der Universalität des Unternehmens entsprechend, großenteils fragmenta-

risch; pflegte den literar. Stil des Barocks in tschech. und lat. Sprache.
Werke: Das Labyrinth der Welt und das Paradies des Herzens (allegor. Reisebeschreibung, tschech. 1631, dt. 1908), Informatorium der Mutterschul (dt. 1633), Das Testament der sterbenden Mutter (tschech. 1650, dt. 1886), Große Didaktik (lat. 1657, dt. 1954, erstmals dt. 1871), Orbis sensualium pictus ... (1658), Unum necessarium (Laienbrevier, 1668, dt. 1690, 1904 u. d. T. Das einzig Notwendige).

Johann Amos Comenius (Lithographie aus dem 19. Jh. nach einem zeitgenössischen Bildnis)

Ausgaben: J. A. Komenský. Opera omnia. Prag 1970 ff. 45 Bde. – J. A. C. Ausgew. Werke. Hg. v. K. SCHALLER u. D. TSCHIŽEWSKIJ. Hildesheim u. New York 1973–77. 3 Bde. in 4 Tlen.
Literatur: SCHALLER, K.: Die Pädagogik des J. A. C. u. die Anfänge der pädagog. Realismus im 17. Jh. Hdbg. ²1967. – PATOČKA, J.: Die Philosophie der Erziehung des J. A. C. Paderborn 1971. – SCHALLER, K.: C. Darmst. 1973. – HOFMANN, F.: J. A. C. Köln 1976. – POKORNÝ, Z.: Bibliografie knižních komenian 1945–75. Prag 1976. – PATOČKA, J.: J. A. Komenský. Sankt Augustin 1981–84. 2 Bde. – FISCHER, MICHAEL: Die Unterrichtsmethode des C. Köln 1983.

Comfort, Alex[ander] [engl. 'kʌmfət], * London 10. Febr. 1920, engl. Schriftsteller. – Arzt; als Wissenschaftler durch bed. gerontolog. Forschungen renommiert; verfaßte auch zahlreiche naturwiss. und sozialpsycholog. Studien und Essays sowie populäre sexualkundl. Bücher (z. B. ›Joy of Sex = Freude am Sex‹, 1973, dt. 1976; ›More joy of Sex = Noch mehr Freude am Sex‹, 1974, dt. 1978). Unter dem Eindruck des 2. Weltkrieges verfocht er in Romanen (u. a. ›The power house‹, 1944; ›On this side nothing‹, 1949), Dramen und Gedichten einen anarcho-pazifist. Standpunkt, der sich gegen staatl. Unterdrückung und für individuelles Engagement einsetzt. Seine Liebesgedichte deuten zärtlich bis leidenschaftlich den sexuellen Impuls.

Weitere Werke: France and other poems (Ged., 1941), Cities of the plain (Dr., 1943), The song of Lazarus (Ged., 1945), Come out to play (R., 1961), Haste to the wedding (Ged., 1962), Der aufgeklärte Eros (Essays, 1963, dt. 1964), Imperial patient. The memoirs of Nero's doctor (R., 1987).
Literatur: SALMON, A. E.: A. C. Boston (Mass.) 1978.

Comics [engl. 'kɔmɪks; amerikan. = drollige Streifen], mit Texten gekoppelte Bilderfortsetzungsgeschichten (›stories told graphically‹); die Bildkästchen werden als ›panels‹, die Sprechblasen als ›balloons‹ bezeichnet.

Auch wenn man die Tradition textbegleitender Illustrationen bzw. bebilderter Texte bis in die Anfänge der Schriftlichkeit zurückverfolgen kann, auch wenn hierzu gerade das MA herausragende Beispiele liefert (z. B. der Wandteppich von Bayeux), so beginnt die Vorgeschichte der C. im 19. Jh. mit R. Toepffers Bildergeschichten (›Histoire de M. Jabot‹, 1833; ›Les amours de M. Vieux Bois‹, 1837; ›Voyages et aventures du docteur Festus‹, 1840, u. a.) und den Anregungen, die von ihnen nach Frankreich (Nadar, eigtl. F. Tournachon [* 1820, † 1910], ›Vie publique et privée de Mossieur Reac‹, 1848) und Deutschland (W. Busch, ›Max und Moritz‹, 1865 u. a.) ausgingen. Bes. die frz. Beispiele der ›bande dessinée‹ – so um 1929 die für weitere inhaltliche Möglichkeiten offene frz. Übersetzung von C. – wie ›La famille Fenouillard‹ (1889), ›Les facéties du sapeur Camember‹ (1890) und ›Vie et mésaventures du savant Cosinus‹ (1893) haben wesentlich mit zur Herausbildung der Gattungsspezifika der C. beigetragen, die zuerst in den Sonntagsbeilagen und dann auch in den Wochentagsausgaben der amerikan. Tageszeitungen auftauchten, als deren Unterhaltungsteile um 1900 unter dem zunehmenden Konkurrenzdruck expandierten.

Als erster amerikan. Comic gilt R. F. Outcaults ›The Yellow Kid‹ von 1896, eine sozialkrit. Lausbubengeschichte; die erste große Erfolgsserie kreierte R. Dirks mit ›The Katzenjammer Kids‹ (1897 ff.), einer vergröbernden Nachahmung von W. Buschs ›Max und Moritz‹. In der Mehrzahl der frühen ›Kid strips‹ bzw. ›Animal strips‹ zeigte sich eine starke Tendenz zum Absurden, Phantast. und Grotesk-Kom., am deutlichsten ausgeprägt in W. McCays ›Little Nemo‹ (1905 ff.) und G. Herrimans ›The Krazy Kat‹ (1913 ff.). Mit ›Mickey Mouse‹ (1930 ff.), ›Donald Duck‹ (1938 ff.) und ähnl. Tier-C. fußt W. Disney auf dieser Tradition, kommerzialisiert sie aber und kommt – u. a. auch über den Zeichentrickfilm – zu weltweitem Erfolg.

Zunächst als Werbegeschenke großer Industriefirmen, dann als eigenständig auf den Markt drängende Druckerzeugnisse eroberten seit den frühen 30er Jahren Comic-Books (Comic-Hefte) ein Massenpublikum. Die Veränderungen, denen die Bildstreifen auf der neuen Produktionsbasis unterlagen, sind ablesbar an den Titelhelden, die nun auftreten: ›Tarzan‹, ›Phantom‹, ›Superman‹ und ›Batman‹ sind Personifikationen unterströmiger Wunschbilder, aufgeladen durch Zukunftsvision oder dunkle, myth. Vergangenheit. Die zeichner. Präsentation ist pseudorealistisch; die Inhalte offerieren spannende Handlungen mit klaren Schwarzweißkontrasten, reduziert auf ein eingespieltes System von Kürzeln. Zahllose Abenteuer-, Kriminal- und Wildwestserien wurden gezielt auf bestimmte Leserschichten angesetzt; in den 50er und 60er Jahren gelang auf breiter Front der Anschluß an die Horrorwelle des Films und die Science-fiction-Literatur. – Parallel zur Entwicklung der C. nach 1930 ist zu beobachten, daß sie ein mehr und mehr gebrauchtes Mittel der Werbung wurden; die Verfahrensweisen von Werbung ihrerseits sind speziell in den C. vom ›Superman‹ verinnerlicht.

Als moderne Mythen – unheimlich in ihrer phrasenhaften Leere und ikonenhaften Starre – rückten nach 1960 amerikan. Pop-Maler wie Roy Lichtenstein die C. ins Interessenfeld der Kunst und offerierten sie dem krit. Bewußtsein. Umgekehrt drangen z. B. in G. Peellaerts und P. Bartiers ›Jodelle‹ (1966) und in J. C. Forests ›Barbarella‹ Pop-Elemente in den Comic ein. Die kulturelle Undergroundszene nach 1968 entwickelte den parodist. ›Anti-Comix‹ (R. Crumb) und unternahm den Versuch, das Trivialgenre durchlässig zu machen für revoltierende Selbstdarstellung und polit. Satire (z. B. die Undergroundserien ›Head Comix‹ und ›Fritz the Cat‹ von R. Crumb, andererseits die historisierenden ›Asterix‹-Serien von R. Goscinny und A. Uderzo). Liebenswürdig und psychologisch orientiert sind die ›Peanuts‹ von C. M. Schulz.

Literatur: BECKER, S.: Comic art in America. New York 1959. – The Funnies. Hg. v. D. M. WHITE u. R. H. ABEL. New York 1963. – BAUMGÄRTNER, A. C.: Die Welt der C. Bochum 1965. – Bande dessinée et figuration narrative. Hg. v. P. COUPERIE u. a. Paris 1967. – The Penguin Book of C. Hg. v. G. PERRY u. A. ALDRIDGE. Erw. Ausg. Harmondsworth 1967. – RIHA, K.: Zok, Roarr, Wumm. Zur Gesch. der Comic-Lit. Steinbach 1970. – METKEN, G.: C. Ffm. u. Hamb. 1970. – LACASSIN, F.: Pour un 9ᵉ art: La bande dessinée. Paris 1971. – FUCHS, WOLFGANG/REITBERGER, R. C.: C. Anatomie eines Massenmediums. Mchn. 29.–33. Tsd. ²1974. – KEMPKES, W.: Bibliogr. der internat. Lit. über C. Mchn. ²1974. – BAUMGÄRTNER, A. C.: Die Welt der Abenteuer-C. Bochum 1979. – HOLTZ, CH.: C., ihre Entwicklung u. Bedeutung. Mchn. u. a. 1980. – MESSMER, M./LINDNER, D.: Dt. Comic-Katalog: 1945–80; f. dt.sprachige C. Ffm. 1981. 2 Bde. – HAVLIK, E.: Lex. der Onomatopöien. Die lautimitierenden Wörter im Comic. Ffm. 1981. – BOURGEOIS, M.: Erotik u. Pornographie im Comicstrip. Linden 1982. – GRÜNEWALD, D.: C. – Kitsch oder Kunst? Whm. 1982. – GROENSTEEN, TH.: La bande dessinée depuis 1975. Paris 1985. – DOLLE-WEINKAUFF, B.: C. Gesch. einer populären Lit.-Form in Deutschland seit 1945. Whm. 1990. – KUNZLE, E. D.: The history of the comic strip. Berkeley 1990. – C. zw. Zeitgeschehen u. Politik. Hg. v. T. HAUSMANNINGER u. a. Mchn. u. a. 1994.

Comisso, Giovanni, * Treviso 3. Okt. 1895, † ebd. 21. Jan. 1969, italien. Schriftsteller. – Nach dem 1. Weltkrieg an G. D'Annunzios Zug nach Fiume beteiligt; Rechtsanwalt; Journalist und Korrespondent, u. a. in Afrika und Asien; bed. durch seine realist. Erzählungen und Romane von Mensch und Landschaft am Meer.

Werke: Il porto dell'amore (En., 1925), Gente di mare (En., 1928), I due compagni (R., 1936), Viaggi felici (Reisebericht, 1949), Gioventù che muore (R., 1949), Capricci italiani (En., 1952; Premio Viareggio 1952), Un gatto attraversa la strada (En., 1954; Premio Strega 1954), Attraverso il tempo (1968), Diario 1951–1964 (Tageb., hg. 1969), Il sereno dopo la nebbia (R., hg. 1974), Kinderspiele (E., hg. 1987, dt. 1988).

Literatur: PULLINI, G.: C. Florenz 1969. – AC-CAME-BOBBIO, A.: G. C. Mailand 1973. – G. C. Hg. v. G. PULLINI. Florenz 1983.

Commedia [italien.], in der mittelalterl. italien. Literatur jede Dichtung in der Volkssprache (Ggs.: Latein) mit positivem Ende, z. B. Dantes ›Divina Commedia‹ (entst. nach 1313 bis 1321, gedr. 1472, erstmals dt. 1767–69, 1814–21 u. d. T. ›Die Göttl. Komödie‹). Später Einengung auf das Drama allgemein und auf die ↑ Komödie im besonderen. – ↑ auch Comedia.

Commedia dell'arte [italien.], um die Mitte des 16. Jh. in Italien entstandene Stegreifkomödie, für die im ↑ Szenarium (↑ auch Argument) nur Handlungsverlauf und Szenenfolge festgelegt waren. Das Attribut ›dell'arte‹ (arte = Gewerbe) weist darauf hin, daß die Darsteller im Unterschied zu den Laienschauspielern des Renaissancetheaters Berufsschauspieler waren.

Dialog- und Spieldetails: Tanz- und Musikeinlagen, Akrobatenakte, Zauberkunststücke und v. a. eine ausdrucksstarke Gebärdensprache wurden von den Schauspielern improvisiert; Monologe und Dialoge mit mim. Effekten und Scherzen (›lazzi‹), kom. Zornausbrüchen, Wahnsinns- und Verzweiflungsszenen in den ›zibaldoni‹, einer Art Hilfsbücher zur Dialogimprovisation, gesammelt; sie lieferten ein weit gefächertes Repertoire typ. Spielmomente und kehrten, in den Aufführungen vielfältig variiert, immer wieder. Die Schauspieler verkörperten Typen. Den ernsten unter ihnen, v. a. dem jungen Liebespaar (›amorosi‹), standen in den Hauptrollen die kostümierten und maskierten kom. Figuren gegenüber, in denen sich menschl. Schwächen widerspiegelten, karikiert und fixiert in den Bewohnern bestimmter italien. Landschaften. Zu unterscheiden sind vier Grundtypen, die z. T. den Masken der röm. ↑ Atellane entsprechen: in den Rollen der Alten der ↑ Dottore, ein eher daherschwatzende gelehrte Pedant aus Bologna, und ↑ Pantalone, der geizige Kaufmann und unermüdl. Schürzenjäger aus Venedig, in den Rollen der Diener, der erste und der zweite ↑ Zanni, beide aus Bergamo stammend, der eine ein Ausbund an Schlauheit und ein Meister der Intrige (↑ Brighella), der andere, anfangs naiv-tölpelhaft und unverschämt angelegt, wurde später zu einem geistreichen und gerissenen Typ entwickelt (Arlecchino, ↑ Harlekin). Zu ihnen gesellen sich der prahlsüchtige Militär ↑ Capitano und die kokette Dienerin Colombina (↑ Kolombine). Zwischen der ernsten und der kom. Typengruppe bewegte sich singend und tanzend die Canterina, die v. a. die musikal. Zwischenspiele bestritt.

Geschichte: Zur Entstehung der C. d. a. haben das italien. Karnevalsspiel (Masken, Kostüme, Mimik, Akrobatik), die Stegreifwettkämpfe der sich im rhetor. Improvisieren übenden höfisch-akadem. Laiendarsteller der ↑ Commedia erudita und die von Ruzzante (eigtl. Angelo Beolco [* um 1502, † 1542]) und Andrea Calmo (* 1510?, † 1571) geprägte italien. Mundartkomödie beigetragen. Eine erste C.-d.-a.-Truppe, die ›Compagnia di Maffio‹, ist 1545 in Padua belegt. Ihr folgten eine Vielzahl weiterer Wandertruppen von Berufsschauspielern, unter denen die Gelosi, die Confidenti, die Uniti und die Fedeli in ganz Europa Berühmtheit erlangten. Mit C. Goldonis Reform des italien. Theaters, die die Masken und improvisierten Späße sowie die Akrobatik und Phantastik des Stegreifspiels von der Bühne verbannte und an ihre Stelle volkstüml. Charaktere in realem Milieu setzte, begann der Niedergang der C. d. a., den C. Gozzi mit den von der C. d. a. inspirierten Märchenkomödien (›fiabe‹) vergeblich aufzuhalten suchte. Die letzten C.-d.-a.-Gesellschaften sind 1782 belegt. Seit 1947 setzt sich der Piccolo Teatro in Mailand erfolgreich für eine Wiederbelebung der C. d. a. ein.

Verbreitung und Einfluß: Das europ. Lustspiel des 16., 17. und 18. Jh. wurde nachhaltig von der italien. Stegreifkomödie beeinflußt. Italien. Wanderbühnen gastierten in ganz Europa, von Spanien bis Rußland. Paris besaß von 1653 bis 1697 und von 1716 bis 1793 in der Comédie-Italienne ein eigenes italien. Ensemble, das nicht nur auf seine Autoren J.-F. Regnard und Ch. Dufresny, sondern auch auf Molière einwirkte, dessen Theatergruppe von 1661 an jahrelang dieselbe Bühne (Palais-Royal) mit den ›Italienern‹ teilte. – Das span. Theater übernahm aus der C. d. a. Handlungsmotive, Dialogimprovisationen, ›lazzi‹ und Teile der Inszenierungstechnik, die sich bes. in den Entremeses, z. T. auch in den Comedias wiederfinden. – Im Schauspiel des elisabethan. England legen die den ›lazzi‹ verwandten Scherze in den kom. Zwischenspielen und das Auftreten des Dottore, des Pantalone und der Zanni einen Zusammenhang mit der C. d. a. nahe. Auch Shakespeares Stücke bieten Figuren und Stilelemente der Commedia dell'arte. – Im dt. Sprachraum wirkte sich der Einfluß der C. d. a. zunächst v. a. auf A. Gryphius aus, der in seiner Komödie ›Horribilicribrifax‹ (1663) die Capitanomaske übernahm. Weiter lassen sich Impulse im österr. Theater nachweisen, bes. bei J. A. Stranitzky, E. Schikaneder, F. Raimund und J. N. Nestroy, in F. Grillparzers Komödie ›Weh dem, der lügt‹ (1840) und in H. von Hofmannsthals ›Rosenkavalier‹ (1911). Genauso lebte ihre Tradition auch in Goethes Masken- und Singspielen weiter (›Das Jahrmarktsfest zu Plundersweilern‹, 1774; ›Scherz, List und Rache‹, 1784/85) sowie in seiner Farce ›Hanswursts Hochzeit oder der Lauf der Welt‹ (1773), in L. Tiecks Lustspiel ›Verkehrte Welt‹ (1798), C. Brentanos Singspiel ›Die lustigen Musikanten‹ (1802); auch in Novellen, z. B. in E. T. A. Hoffmanns ›Prinzessin Brambilla‹ (1821) oder P. Ernsts ›Komödiantengeschichten‹ (1920).

Literatur: Kindermann, H.: Die c. d. a. u. das dt. Volkstheater. Lpz. 1938. – La C. d. a. Storia e testo. Hg. v. V. Pandolfi. Florenz 1957–61. 6 Bde. – Nicoll, A.: The world of Harlequin. A critical study of the c. d. a. Cambridge 1963. – C. d. a. Harlekin auf den Bühnen Europas. Hg. v. R. Rieks u. a. Bamberg 1981. – Das Ende des Stegreifspiels – Die Geburt des Nationaltheaters. Hg. v. R. Bauer u. J. Wertheimer. Mchn. 1983. – C.d.a. Hg. v. D. Esrig. Nördlingen ⁴1987. – Krömer, W.: Die italien. C. d. a. Darmst. ³1990. – Riha, K.: C.d.a. Ffm. ⁸1993.

Commedia erudita [italien. = gebildetes Lustspiel], italien. höf. Intrigen- und Verwechslungskomödie des 16. Jh. in der Volkssprache, in Prosa und mit streng geschlossenem regelmäßigem Bau. Nach antiken Vorbildern geschaffen, sind Personen und Sittenschilderungen aus dem zeitgenöss. Leben gegriffen. Die C. e. wurde von Gelehrten im bewußten Gegensatz zu den an den Höfen vergröberten Terenz- oder Plautusnachahmungen entwickelt. Berühmte Verfasser waren L. Ariosto, P. Aretino und v. a. N. Machiavelli. – Zu gleicher Zeit entwickelte sich die populäre ↑Commedia dell'arte, die bewußt den schriftlich fixierten Texten der C. e. die freie Improvisation entgegenstellte.

Commines, Philippe de [frz. kɔ'min], frz. Geschichtsschreiber, ↑Commynes, Philippe de.

Commodianus, christl. lat. Dichter der Spätantike (3., 4. oder 5. Jh.). – Ursprünglich Heide; schrieb nach seiner Bekehrung christl. Spruch- und Lehrdichtung in vulgärlat. Hexametern, denen der Wortakzent zugrunde liegt: die ›Instructiones‹ (2 Bücher: Belehrung der Heiden und Juden; Anweisungen an die Christen) und das ›Carmen apologeticum‹ (Darstellung der christl. Heilslehre, an die Adresse der Heiden und Juden). **Ausgabe:** Commodiani carmina. Hg. v. J. MARTIN. Turnholt 1960.

Commonwealth-Literatur [engl. 'kɔmɔnwɛlθ], wenig glückl., aber eingebürgerter Begriff (neuerdings oft durch ›postkoloniale Literatur‹ ersetzt), der die anglophonen Literaturen außerhalb der Brit. Inseln und der USA bezeichnet: im wesentlichen die Literaturen Australiens, Neuseelands, Kanadas (ohne Quebec), Westindiens, Südafrikas (obwohl die Republik Südafrika nicht mehr Mitglied des Commonwealth ist), Ost- und Westafrikas (v. a. Nigerias) und Indiens. Die literar. Emanzipation dieser Gebiete, in denen z. T. (Afrika, Indien) Englisch nur Zweitsprache einer gebildeten Oberschicht ist, schreitet fort, so daß sich Probleme wie Abhängigkeit von der literar. Tradition Englands, Nationalliteraturanspruch und Überlagerung kultureller Areale ergeben. **Literatur:** C.-L. Hg. v. J. SCHÄFER. Düss. u. a. 1981. – Critical approaches to the new literatures in English. Hg. v. D. RIEMENSCHNEIDER. Essen 1989.

Communis, Meta, Pseudonym des österr. Schriftstellers Johann Gabriel ↑Seidl.

Commynes (Comines, Commines), Philippe de [frz. kɔ'min], *Schloß Commynes bei Hazebrouck (Nord) um 1447, †Schloß Argenton (heute zu Argenton-Château, Deux-Sèvres) 18. Okt. 1511, frz. Geschichtsschreiber. – Aus altem Adel; Diplomat, diente ab 1464 Karl dem Kühnen von Burgund, ab 1472 Ludwig XI. von Frankreich. Erhalten sind einige Briefe und seine 1489–98 verfaßte Autobiographie (›Memoiren‹, 2 Tle., hg. 1524 und 1528, dt. 1952, erstmals dt. 1551), in der C. präzise und engagiert die Psychologie der polit. Handelnden, deren geheime Motive und manifesten Willkürakte analysiert und quasi moralistisch auf die Grundbegriffe von Haß, Leiden und Lust auf Veränderung reduziert; auch als (weitverbreitetes) Brevier für das Verhandeln in der damals beginnenden Diplomatie rezipiert. **Ausgaben:** Ph. de C. Mémoires. Hg. v. J. CALMETTE u. G. DURVILLE. Paris 1924–25. 3 Bde. – Ph. de Comines. Memoiren. Dt. Übers. Hg. v. F. ERNST. Stg. 1952. **Literatur:** DUFOURNET, J.: Études sur Ph. de C. Paris 1975. – LINIGER, J.: Ph. de C. Paris 1978. – BAUMANN, H.: Der Geschichtsschreiber Ph. de C. und die Wirkung seiner polit. Vorstellungen in Frankreich um die Mitte des 16. Jh. Mchn. 1981. – DUFOURNET, J.: Sur Ph. de C. Paris 1982.

Complainte [frz. kõ'plɛ̃:t = Klage(lied)], lyr. Gattung der frz. Dichtung des MA; Klage über ein allg. oder persönl. Unglück (z. B. Tod einer bed. Persönlichkeit, eines Gönners, Freundes oder der Geliebten). Die C. lebte in der Renaissancepoesie fort. Daneben waren volkstüml., aggressiv-burleske C.s anonymer Verfasser, bes. in den Religionskriegen und in der Frz. Revolution, weit verbreitet. – In die engl. Literatur im 14. Jh. von G. Chaucer mit Übersetzungen aus dem Französischen eingeführt, wurden die C.s früh ins Satirische gewendet. **Literatur:** PETER, J. D.: Complaint and satire in early English literature. Oxford 1956. – PATTERSON, W. F.: Three centuries of French poetic theory. A critical history of the chief arts of poetry in France (1328–1630). Nachdr. New York 1966. 3 Bde. – A. KLAGELIED. In: Grundr. der roman. Literaturen des MA. Hg. v. H. R. JAUSS u. E. KÖHLER. Bd. 6, 1. Hdbg. 1968. S. 288.

Compton-Burnett, Dame (seit 1967) Ivy [engl. 'kʌmptənbə:'nɛt], *London

5. Juni 1884, †ebd. 27. Aug. 1969, engl. Schriftstellerin. – Stellt in ihren Romanen, deren Handlung meist im viktorian. England oder in der Zeit vor dem 1. Weltkrieg liegt, Probleme menschl. Existenz mit erbarmungsloser Offenheit dar; vielfach kriminalist. Motive; stilisierte Dialoge und subtile Stimmungsnuancen machen den Reiz ihres Erzählwerkes aus.

Werke: Pastors and masters (R., 1924), Männer und Frauen (R., 1931, dt. 1987), Eine Familie und ein Vermögen (R., 1939, dt. 1966), Hoch und heilig (R., 1944, dt. 1991), Darkness and day (R., 1951), The present and the past (R., 1953), The mighty and their fall (R., 1961), Ein Gott und seine Gaben (R., 1963, dt. 1989), The last and the first (R., hg. 1971).

Literatur: The art of I. C.-B. A collection of critical essays. Hg. v. CH. BURKHART. London 1972. – SPRIGGE, E.: The life of I. C.-B. London 1973. – SPURLING, H.: Secrets of a woman's heart. The life of I. C.-B. London 1984. – GODDEN, J.: I. C.-B. London 1992.

Computerdichtung [kɔm'pjuːtər], auf der Grundlage der informationstheoret. Ästhetik M. Benses begannen Ende der 60er Jahre Informatiker, mit Hilfe von Rechenanlagen literar. Texte zu erzeugen. Bense bestimmte das Ästhetische als unwahrscheinl. Ordnung, genauer: als eine ›statist. Zustandsfunktion der Textmaterialität‹ und betonte die Rolle des Zufalls für die Herstellung ästhet. Ordnungen. 1959 entwickelte Theo Lutz an der Techn. Hochschule Stuttgart das erste Computerprogramm, mit dessen Hilfe sich Wörter nach einfachen syntakt. Regeln grammatisch richtig verbinden ließen. 1963 veröffentlichte Rul Gunzenhäuser das computererzeugte Gedicht ›Weihnacht‹. Gerhard Stickel stellte seit 1966 an der Techn. Hochschule Darmstadt seine ›Monte-Carlo-Texte‹ her, bei denen ein mitgelieferter Pseudo-Zufallsgenerator die im Programm vorgesehenen Auswahl- und Kombinationsabläufe für Wörter und Satzmuster künstlich störte und damit unerwartbare Ergebnisse hervorbrachte. Manfred Krause und Götz Friedemann erweiterten in München die Programme durch die Eingabe von Reim- und Metrumregeln. Der textherstellende Rechner arbeitet mit einem vom Programmierer vorausgewählten Repertoire von lexikal., syntakt. und stilist. Einheiten, die ohne Rücksicht auf die noch nicht programmierbare Semantik ausgewählt und aneinandergereiht werden. Überraschende Wendungen, Bilder oder Metaphern, die sich dabei ergeben, sind Zufallsprodukte. Texterzeugende Rechenanlagen sind keine Dichtungsautomaten, die den menschl. Schriftsteller ersetzen. Ihnen kommt die Rolle leistungsfähiger Versuchsgeräte zu, die die Skala intuitiver Dichtungsmöglichkeiten durch umfangreiche Kombinationsreihen und Montageserien erweitern können. Außerdem hofft man, durch versuchte Simulation natürl. Produktionsprozesse Einsichten in das Funktionieren dieser Prozesse zu erhalten. Schließlich eröffnet die Entwicklung leistungsfähigerer Rechner und Programme die Möglichkeit, in komplexen Mensch-Maschine-Interaktionen neue literar. Texttypen zu entwickeln, die traditionelle Vorstellungen von Autorschaft, künstler. Absicht und ästhet. Wert verändern können.

Literatur: LUTZ, TH.: Über ein Programm zur Erzeugung stochastisch-logist. Texte. In: Grundlagenstudien aus Kybernetik und Geisteswissenschaft 1 (1960), S. 11. – LEVON, S. R.: On automatic production of poetic sequences. In: Texas studies in literature and language 5 (1963/64), S. 1. – STICKEL, G.: Computer-Dichtung – Zur Erzeugung von Texten mit Hilfe datenverarbeitender Anlagen. In: Der Deutschunterricht 18 (1965), H. 2. – STICKEL, G.: Monte-Carlo-Texte. Automat. Manipulation von sprachl. Einheiten. In: Exakte Ästhetik 5 (1967), H. 5. – KRAUSE, M./SCHAUDT, G. F.: Computer-Lyrik. Düss. ²1969. – BENSE, M.: Einführung in die informationstheoret. Ästhetik. Rbk. ²1969. – SCHMIDT, SIEGFRIED J.: Computerlyrik: Eine Aufforderung zur Kooperation v. Ästhetik, Linguistik u. Informatik. In: SCHMIDT: Elemente einer Textpoetik. Mchn. 1974.

Conceptismo [span. kɔnθep'tismo] (Konzeptismus), Epochenstil des span. Barocks; kennzeichnend ist die gesuchte und äußerst raffinierte Verwendung des ↑Concetto; Hauptvertreter B. Gracián y Morales, F. G. de Quevedo y Villegas.

Concetto [kɔn'tʃeto; italien.] (span. Concepto, engl. Conceit, dt. Sinnfigur oder ›Schimmerwitz‹), paralog. Metapher, die aus der Verbindung von Inspiration und Intelligenz, von Intuition und Scharfsinn erwächst und durch ihren irrationalen Inhalt und ihre rhetor. Irregularität die ästhet. Magie des Schönen in seiner Komplexität enthüllen soll. Literar. Technik im ↑Conceptismo, ↑Euphuismus, ↑Marinismus, in der Preziosität und im dt. ↑Barock. – ↑auch Manierismus.

Literatur: TESAURO, E.: Il cannocchiale aristotelico. Hg. u. eingl. v. A. BUCK. Bad Homburg u. a. 1968. Neudr. der Ausg. Turin 1670.

Conchon, Georges [frz. kõˈʃõ], * Saint-Avit (Puy-de-Dôme) 9. Mai 1925, † Paris 29. Juli 1990, frz. Schriftsteller. – Geht in seinen Romanen von gespannten sozialen Situationen, polit. oder Rassenproblemen aus und gibt so ein Zeugnis seiner Epoche; für seinen Roman ›Wilde Zustände‹ (1964, dt. 1965) erhielt C. 1964 den Prix Goncourt.

Weitere Werke: Les grandes lessives (R., 1953), Les chemins écartés (R., 1954), Les honneurs de la guerre (R., 1955), Tous comptes faits (R., 1956), Die Asche des Sieges (R., 1959, dt. 1961), L'Esbroufe (R., 1961), L'apprenti gaucher (R., 1967), L'amour en face (R., 1972), Le sucre (R., 1977), Le bel avenir (R., 1983), Colette Stern (R., 1987).

Conde, Carmen, * Cartagena 15. Aug. 1907, span. Schriftstellerin. – Verfasserin von Frauenromanen, Erzählungen, Essays und leidenschaftl. Lyrik, die den Einfluß von G. Miró Ferrer und G. Mistral zeigt. Wurde 1978 als erste Frau in die Span. Akademie gewählt.

Werke: Pasión del verbo (Ged., 1944), Mujer sin Edén (Ged., 1947), Mi libro de El Escorial (Ged., 1949), Cobre (En., 1954), Las oscuras raíces (R., 1954), Derribado arcángel (Ged., 1960), En un mundo de fugitivos (Ged., 1960), Jaguar puro inmarchito (Ged., 1963), Obra poética 1929–1966 (Ged., 1967), Menéndez Pidal (Biogr., 1969), Gabriela Mistral (Biogr., 1970), Corrosión (Ged., 1975), Días por la tierra (Ged., 1977), Creció espesa la yerba (Nov.n, 1979).

Conegliano, Emanuele [italien. koneʎˈʎaːno], italien. Schriftsteller, ↑Da Ponte, Lorenzo.

Congé [frz. kõˈʒe = Abschied], bes. Art des Abschiedsgedichtes, vielleicht geschaffen von dem Trouvère Jean Bodel, als um 1205 als Aussätziger seine Freunde und seine Vaterstadt Arras verlassen mußte. C.s sind u. a. auch von Adam de la Halle überliefert. Grundsätzlich dürfte die Gattung von den ›Vers de la mort‹ (entst. 1194–97) des Hélinand de Froidmont zumindest formal beein-

flußt worden sein. – ↑auch Apopemptikon.

Congreve, William [engl. ˈkɔŋgriːv], ≈ Bardsey bei Leeds 24. Jan. 1670, † London 19. Jan. 1729, engl. Dramatiker. – Studierte in Dublin, hatte bereits als 23jähriger mit der Komödie ›The old bachelor‹ (1693) seinen ersten Bühnenerfolg. Er war der Geliebte der Herzogin von Marlborough und Liebling bei Hofe. In weiteren Lustspielen, die die Prunkentfaltung und den Glanz der Gesellschaft Ende des 17. Jh. schildern, wie ›Der Arglistige‹ (1694, dt. 1771) und das bühnenwirksame ›Love for love‹ (1695), zeigt sich seine Begabung für die Sittenkomödie. Als ihm ›Der Lauf der Welt‹ (1700, dt. 1757), seine heute bestbeurteilte Komödie, scharfe Angriffe einbrachte, gab er seine literar. Tätigkeit auf. C. bekleidete hohe Staatsämter, war mit R. Steele, A. Pope, J. Swift u. a. befreundet und förderte junge Talente. Meister des geistreichen Dialogs, des witzig-frivolen Humors, der klaren abgewogenen Sprache. Sein Werk ist ein Höhepunkt der engl. ↑Comedy of manners.

Ausgaben: W. C. Complete works. Hg. v. M. SUMMERS. London 1923. 4 Bde. Neudr. New York 1964. – Complete plays of W. C. Hg. v. H. DAVIS. Chicago u. London 1967. – Der Lauf der Welt. Eine lieblose Komödie. Dt. Übers. v. W. HILDESHEIMER. Ffm. 1986.

Literatur: SCHMID, DAVID: W. C., sein Leben u. seine Lustspiele. Wien 1897. Nachdr. New York 1964. – DOBRÉE, B.: W. C. London 1963. – NOVAK, H. M. E.: W. C. New York 1971. – LOVE, H.: C. Oxford 1974. – THOMAS, D.: W. C. London 1992.

Connecticut wits [kəˈnɛtɪkət ˈwɪts; engl.], erster nordamerikan. Dichterkreis, ↑Hartford wits.

Connelly, Marc[us Cook] [engl. ˈkɔnəlɪ], * McKeesport (Pa.) 13. Dez. 1890, † New York 21. Dez. 1980, amerikan. Dramatiker. – Arbeitete zeitweilig als Reporter; schrieb satir. Komödien (oft in Zusammenarbeit mit G. S. Kaufman); bekannt durch ›The green pastures‹ (1930), eine Darstellung bibl. Szenen aus der Sicht des Schwarzen (Pulitzerpreis 1930).

Connolly, Cyril Vernon [engl. ˈkɔnəlɪ], Pseudonym Palinurus, * Coventry (Warwick) 10. Sept. 1903, † London 26. Nov. 1974, engl. Schriftsteller. – Journalist, Mitarbeiter u. a. der ›Sunday Times‹ und des ›New Statesman‹; 1939 Mitbegründer und bis 1949 Hg. der angesehenen Literaturzeitschrift ›Horizon‹. Verfasser literaturkrit. Essays, v. a. über die frz. Literatur; als sein Hauptwerk gilt das Tagebuch ›Das Grab ohne Frieden‹ (1944, dt. 1952).

Weitere Werke: The rock pool (R., 1935), Enemies of promise (Essays, 1938), The condemned playground (Essays, 1945), The evening colonnade (Essays, 1973).

Literatur: PRYCE-JONES, D.: C. C. Journal and memoir. London 1983.

Conon de Béthune [frz. kɔnõdbe'tyn],

* um 1160, † Konstantinopel (heute Istanbul) 17. Dez. 1219 oder 1220, altfrz. Minnesänger. – Aus pikard. Adel; nahm 1189 am 3. und 1202–04 am 4. Kreuzzug im Dienst Graf Balduins I. von Flandern teil; wurde 1217 Seneschall und 1219 Reichsverweser des Byzantin. Reiches. Von den zahlreichen Liedern, die er verfaßte, überliefern die Handschriften nur 14 unter seinem Namen. Nach dem Stand der Forschung sind ihm davon jedoch höchstens 10 mit Sicherheit zuzuschreiben. Gattungsmäßig handelt es sich dabei um Tenzonen, Kreuzzugs- und Minnelieder; 10 Texte sind mit Melodien versehen. Unter den Trouvères nimmt C. de B. einen der hervorragendsten Plätze ein.

Ausgabe: Chansons de C. de B., trouveur artésien de la fin du XIIᵉ siècle. Krit. Ausg. Hg. v. A. WALLENSKÖLD. Helsinki 1891.

Literatur: DIXON, J. M.: A stilistic appreciation of the lyric poetry of C. de B. Diss. Nottingham 1962. – BECKER, PH. A.: Zur roman. Literaturgesch. Ausgew. Studien u. Aufss. Mchn. 1967.

Conquest, [George] Robert [Acworth] [engl. 'kɔŋkwɛst], * Great Malvern

(Worcestershire) 15. Juli 1917, engl. Schriftsteller. – Nach dem Studium in Oxford im diplomat. Dienst (1946–56); lehrte dann an brit. und amerikan. Universitäten. Brachte als Lyriker und v. a. als Hg. der Anthologien ›New lines I‹ (1956) und ›New lines II‹ (1963), die junge engl. Dichter der fünfziger Jahre vorstellten, eine sprachlich präzise, formal traditionelle empir. Lyrik zur Geltung (↑ Movement). Themen seiner eigenen Gedichte sind Liebe, Landschaft und Reflexionen über Poesie (›Poems‹, 1955; ›Between Mars and Venus‹, 1962;

›Arias from a love opera‹, 1969; ›Forays‹, 1979; ›New and collected poems‹, 1986). Befaßte sich auch mit Science-fiction, schrieb Romane (›A world of difference‹, 1955; ›The egyptologists‹, 1965; mit K. Amis) sowie Bücher über sowjet. Politik (u. a. ›Stalin‹, 1991).

Conrad, C., Pseudonym des dt. Literaturkritikers und Schriftstellers Walter

† Benjamin.

Conrad, Joseph [engl. 'kɔnræd], eigtl. Teodor Józef Konrad Korzeniowski,

* Berditschew 3. Dez. 1857, † Bishopsbourne (Kent) 3. Aug. 1924, engl. Schriftsteller poln. Abkunft. – Wuchs in Rußland als Waise bei Verwandten auf, ging dann auf die Marineschule nach Marseille und diente zuerst bei der frz., dann bei der engl. Handelsmarine; ab 1884 brit. Staatsbürger, wurde Kapitän und befuhr bis 1894 die Meere Südamerikas und des Fernen Ostens. C. schrieb in engl. Sprache, die er erst mit 19 Jahren lernte, in der er gleichwohl meisterhafte stilist. Präzision erreichte. Viele seiner 13 Romane und 7 Bände Kurzgeschichten (zuerst ›Almayers Wahn‹, R., 1895, dt. 1935) handeln von Seefahrten und verarbeiten autobiograph. Erfahrungen. Sie unterwerfen ihre Helden Bewährungsproben in elementarer Natur und in der farbig geschilderten, symbolhaft wirkenden Umwelt fremder Kulturen. Die von H. James beeinflußte, impressionist. und multiperspektiv. Erzählweise registriert das Leben als Bewußtseinsinhalt und legt diesen, etwa in ›Lord Jim‹ (R., 1900, dt. 1927) am Fall eines Seeoffiziers, der in entscheidender Situation versagt hat, schichtweise bloß. Dem dient auch die Erzählerfigur Marlow, die in mehreren Werken, z. B. ›Das Herz der Finsternis‹ (E., 1902, dt. 1933), wiederkehrt. C.s komplexester Roman ›Nostromo‹ (1904, dt. 1927), der auch polit. Dimensionen annimmt, schildert an Auseinandersetzungen um ein südamerikan. Silberbergwerk die Verführbarkeit durch materielle Interessen. Breiten Erfolg erzielte C. erst mit ›Spiel des Zufalls‹ (R., 1913, dt. 1926). Heute gilt er als wichtiger Wegbereiter der modernen engl. Romankunst.

Weitere Werke: Der Verdammte der Inseln (R., 1896, dt. 1934), Der Nigger vom Narzissus (R.,

1897, dt. 1912), Jugend (E., 1902, dt. 1926), Im Taifun (Kurzgeschichte, 1903, dt. 1908), Der Geheimagent (R., 1907, dt. 1927), Mit den Augen des Westens (R., 1911, dt. 1913), Die Rettung (R., 1920, dt. 1931), Der Freibeuter (R., 1923, dt. 1930), Geschichten vom Hörensagen (postum 1925, dt. 1938).

Ausgaben: J. C. Collected edition of the works. Uniform edition. London 1946–54. 21 Bde. – J. C. Ges. Werke in Einzelbden. Dt. Übers. Ffm. 1963 ff. (bisher 19 Bde. erschienen). – The collected letters of J. C. Hg. v. F. R. KARL u. L. DAVIES. Cambridge u. a. 1983 ff. – The Cambridge edition of the works of J. C. Hg. v. B. HARKNESS u. a. Cambridge u. a. 1990 ff. Auf mehrere Bde. berechnet.

Joseph Conrad

Literatur: STRESAU, H.: J. C. Der Tragiker des Westens. Hann. 1947. – KARL, F. R.: A reader's guide to J. C. London u. New York 1960. – HERGET, W.: Unterss. zur Wirklichkeitsdarstellung im Frühwerk J. C.s. Diss. Ffm. 1964. – SHERRY, N.: C.'s Eastern world. Cambridge 1966. – PALMER, J. A.: J. C.'s fiction. A study in literary growth. New York 1968. – ALLEN, J.: J. C. Die Jahre zur See. Dt. Übers. Wuppertal 1969. – SHERRY, N.: C.'s Western world. London 1971. – COX, C. B.: J. C.: The modern imagination. London 1974. – SCHUNCK, F.: J. C. Darmst. 1979. – WEIAND, H. J.: J. C.: Werk u. Leben. Düss. 1979. – GILLON, A.: J. C. Boston (Mass.) 1982. – WATTS, C.: A preface to C. London 1982. – KARL, F. R.: J. C. Eine Biographie. Dt. Übers. Hamb. 1983. – HAWTHORN, J.: Narrative technique and ideological commitment. London u. a. 1990. – MEYERS, J.: J. C., a biography. London 1991.

Conrad, Michael Georg, * Gnodstadt bei Ochsenfurt 5. April 1846, † München 20. Dez. 1927, dt. Schriftsteller. – Stammte aus einer Bauernfamilie, studierte in Genf, Neapel und Paris, Bekanntschaft mit É. Zola; Vertreter und Förderer des frühen Naturalismus, Hg.

der naturalist. Zeitschrift ›Die Gesellschaft‹. C. schrieb Romane in der Technik Zolas, die in ihrem wirren Durcheinander eine Wiedergabe des ungeordneten Lebens sein sollen; von dem geplanten zehnteiligen Münchner Romanzyklus ›Was die Isar rauscht‹ (2 Bde., 1888) erschienen nur zwei weitere Teile: ›Die klugen Jungfrauen‹ (3 Bde., 1889) und ›Die Beichte des Narren‹ (1893). C. verfaßte auch Dramen, Biographien (›Emile Zola‹, 1906) sowie einige Aufsätze zur zeitgenössischen Literatur.

Weitere Werke: Parisiana (Essays, 1880), Totentanz der Liebe (Nov.n, 1885), In purpurner Finsternis (R., 1895), Salve Regina (Ged., 1899), Von Emile Zola bis Gerhart Hauptmann (Essays, 1902), Majestät (R., 1902), Der Herrgott am Grenzstein (R., 2 Tle., 1904).

Literatur: STUMPF, G.: M. G. C. Ideenwelt, Kunstprogrammatik, literar. Werk. Ffm. 1986.

Conradi, Hermann, * Jeßnitz 12. Juli 1862, † Würzburg 8. März 1890, dt. Schriftsteller. – Begabter und radikaler Vorkämpfer des Naturalismus, neigte in seinem v. a. von F. M. Dostojewski, É. Zola und F. Nietzsche beeinflußten Werk zur entblößenden Selbstkritik seiner zerrissenen Natur; nach Erscheinen des Romans ›Adam Mensch‹ (1889) wurde er des Vergehens gegen die öffentl. Sittlichkeit angeklagt und erst nach seinem Tod freigesprochen.

Weitere Werke: Brutalitäten (R., 1886), Lieder eines Sünders (Ged., 1887), Phrasen (R., 1887).

Ausgabe: H. C. Ges. Schrr. Hg. v. P. SSYMANK u. G. W. PETERS. Mchn. 1911. 3 Bde.

Literatur: WITT, K.: Erlebnis u. Gestalt in den Dichtungen H. C.s. Diss. Kiel 1932.

Conrart, Valentin [frz. kõ'ra:r], * Paris 1603, † ebd. 23. Sept. 1675, frz. Schriftsteller. – Berühmter Kritiker und Kompilator (Kollektaneen in 42 Bden.); ab 1629 Mittelpunkt eines literar. Kreises, aus dem auf Veranlassung Kardinal Richelieus 1635 die Académie française hervorging, deren erster ständiger Sekretär C. wurde.

Literatur: MABILLE DE PONCHEVILLE, A.: V. C., le père de l'Académie française. Paris 1935.

Conscience, Hendrik [frz. kõ'sjã:s], * Antwerpen 3. Dez. 1812, † Brüssel 10. Sept. 1883, fläm. Schriftsteller. – Sohn eines Franzosen und einer fläm. Mutter, nahm 1830 am Aufstand der Belgier gegen die Niederlande teil und war aktiv in der fläm. Sprachbewegung. Sein Roman ›Das Wunderjahr (1566)‹ (1837, dt. 1846) ist das erste Werk der neueren fläm. Literatur; mit dem Roman ›Der Löwe von Flandern‹ (1838, dt. 1916), in dem er den Sieg der fläm. Stadtmilizen über das frz. Adelsheer 1302 darstellt, wollte er die Flamen zum Selbstbewußtsein und zum Kampf um ihre Rechte anregen. C. schuf damit eines der beliebtesten Bücher des fläm. Volkes, das ihm die Unterstützung des Königs einbrachte. 1841 Sekretär der Kunstakademie zu Antwerpen, 1856 hoher Verwaltungsbeamter (›arrondissements-commisaris‹) in Kortrijk, seit 1869 Konservator des Museums Wiertz in Brüssel. C. ist der bedeutendste Romanautor Flanderns im 19. Jh. und Begründer der fläm. Romantik. Er verfaßte mehr als 100 Romane, darunter romantisierende histor. Romane in der Art von W. Scott, wie ›Jacob van Artevelde‹ (1849, dt. 1849) und ›Der Bauernkrieg‹ (1853, dt. 1853). Mit ›Wie man Maler wird‹ (1843, dt. 1845) begann er eine Reihe von packenden und gefühlvoll erzählten kleinen Geschichten und idyll. Schilderungen der Landschaft um Antwerpen und des fläm. Volkslebens, darunter ›Siska von Roosemael‹ (E., 1844, dt. 1846), ›Der Rekrut‹ (E., 1850, dt. 1850), ›Rikke-tikke-tak‹ (E., 1851), ›Der arme Edelmann‹ (E., 1851, dt. 1851), ›Das Glück reich zu sein‹ (E., 1855, dt. 1855).

Weitere Werke: Geschichte des Grafen Hugo von Craenhove und seines Freundes Abulfaragus (E., 1845, dt. 1846), Baas Gansendonck (E., 1850, dt. 1850).
Ausgabe: H. C. Slg. ausgew. Schrr. Dt. Übers. Münster (Westf.) 1846–84. 75 Bde. Teilweise Neuaufl. 1852–1928.
Literatur: JOSTES, F.: H. C. Mönchengladbach 1917. – BOCK, E. DE: H. C. en opkomst van de Vlaamsche romantiek. Antwerpen ²1943. – HAGELAND, A. VAN: H. C. en het volksleven. Löwen 1953.

Consolatio [lat.], antike literar. Gattung der Trostschrift, die entweder zu einem aktuellen Trauerfall geschrieben wurde oder allgemein Trost und Hilfe bieten sollte. Von großer Wirkung während des ganzen MA war die spätantike, im Gefängnis verfaßte Schrift ›De consolatione philosophiae‹ (entst. um 520) von A. M. S. Boethius.

Literatur: KASSEL, R.: Unterss. zur griech. u. röm. Konsolationslit. Mchn. 1958. – JOHANN, H. TH.: Trauer und Trost. Mchn. 1968. – MOOS, P. VON: C. Studien zur mittelalterl. Trostlit. über den Tod u. zum Problem der christl. Trauer. Mchn. 1971–72. 4 Bde.

Consolatio ad Liviam [lat.], ein fälschlich Ovid zugeschriebenes, aus 237 eleg. Distichen bestehendes Trostgedicht, in dem sich der unbekannte Autor an Livia, die Gattin des Augustus, nach dem Tod ihres Sohnes Drusus (9 v. Chr.) wendet; möglicherweise stammt das Werk erst aus der Zeit Domitians.

Conspectus siglorum [lat. = Übersicht über die Abkürzungszeichen], in der Textkritik Übersicht über die Überlieferung eines literar. Werkes, geordnet nach den Siglen der Handschriften.

Constant de Rebecque, Benjamin Henri [frz. kõstãdrə'bɛk], * Lausanne 25. Okt. 1767, † Paris 8. Dez. 1830, frz. Schriftsteller. – Aus schweizer. Hugenottenfamilie, studierte in England und Deutschland, machte Auslandsreisen, war Kammerherr am Hof zu Braunschweig. Von der Frz. Revolution begeistert, wurde er 1794 Franzose, hatte seit 1799 einen Sitz im Tribunat; 1802 von Napoleon verbannt, reiste er mit Madame de Staël nach Deutschland und hielt sich in Weimar, später in Coppet und ab 1816 wieder in Paris auf. Abgeordneter der liberalen Opposition, 1830 Staatsrat. C. de R. setzte sich, auch in Abhandlungen, für eine konstitutionelle Monarchie nach engl. Muster ein. Sein literar. Hauptwerk ist der Roman ›Adolphe‹ (1816, dt. 1898), in dem er seine Beziehung zu Madame de Staël dichterisch gestaltete. Der Roman ›Cécile‹ (hg. 1951, dt. 1955) behandelt seine Stellung zwischen Madame de Staël und seiner späteren Frau Charlotte von Hardenberg. Beide Romane gelten als Vorläufer des psycholog. Romans des 19. Jahrhunderts. Sprachlich sind die Werke C. de R.s kühl, prägnant und von klass. Klarheit; auch Übersetzer und Bearbeiter von Schillers ›Wallenstein‹.

Weitere Werke: Über den Eroberungsgeist und die Usurpation im Verhältnis zur europ. Bildung (1814, dt. 1814, 1942 u. d. T. Über die Gewalt), Die Religion nach ihrer Quelle, ihren Gestalten und ihren Entwicklungen (Abh., 5 Bde., 1824–31, dt. 3 Bde., 1824–29), Journaux intimes (hg. 1895, vollständig 1952, dt. Ausw. 1919 u. d. T. Reise durch die dt. Kultur), Le cahier rouge (Tageb., hg. 1907).

Ausgaben: B. C. Sämtl. polit. Werke. Dt. Übers. Bearb. v. F. J. Buss. Bd. 1 u. 4. Freib. 1834–35 (m. n. e.). – B. C. Œuvres. Hg. v. A. Roulin. Paris 1957. – B. C. Écrits et discours politiques. Hg. v. O. Pozzo di Borgo. Paris 1964. 2 Bde. – B. C. Werke. Dt. Übers. Hg. v. A. Blaeschke u. L. Gall. Bln. 1970–72. 4 Bde.

Benjamin Henri Constant de Rebecque (zeitgenössischer Kupferstich)

Literatur: Gall, L.: B. C. Seine polit. Ideenwelt u. der dt. Vormärz. Wsb. 1963. – Bastid, P.: B. C. et sa doctrine. Paris 1966. 2 Bde. – B. C. par lui-même. Hg. v. G. Poulet. Paris 1968. – Delbouille, P.: Genèse, structure et destin d'›Adolphe‹. Paris 1971. – Verhoeff, H.: ›Adolphe‹ et C., une étude psychocritique. Paris 1976. – Bibliographie analytique des écrits sur B. C. Hg. v. E. Hofmann u. a. Lausanne u. Oxford 1980. – Kloocke, K.: B. C. Une biographie intellectuelle. Genf 1984. – Winkler, M.: ›Décadence actuelle‹. B. C.s Kritik der frz. Aufklärung. Ffm. u. a. 1984. – B. C. et la Révolution française: 1789–1799. Hg. v. D. Verrey u. a. Genf 1989. – Fontana, B.: B. C. and the postrevolutionary mind. New Haven (Conn.) u. London 1991. – Woods, D.: B. C. A biography. London 1993.

Conte [frz. kõ:t = Erzählung, Märchen], seit 1080 belegter frz. Begriff für ep. Kurz- und Langformen, vor allen Dingen durch D. Diderot Erzählform, die zwischen Roman und Novelle steht und oft erst durch Attribute näher bestimmt wird, z. B. ›Contes moraux‹ (J.-F. Marmontel, 1761, dt. 1762–70 u. d. T. ›Moral. Erzählungen‹) oder ›Contes drôlatiques‹ (H. de Balzac, 1832–37, dt. 1908, 1926 u. d. T. ›Die tolldreisten Geschichten‹).

Literatur: Simonsen, M.: Le c. populaire. Paris 1984.

Contessa (Salice-Contessa), Karl Wilhelm, * Hirschberg i. Rsgb. 19. Aug. 1777, † Berlin 2. Juni 1825, dt. Schriftsteller. – Jurastudium, lebte in Weimar, Berlin und bei seinem Freund Ch. E. Frhr. von Houwald in Neuhaus bei Lübben; in Berlin Mitglied der Serapionsbrüder (E. T. A. Hoffmanns Sylvester der ›Serapionsbrüder‹). Schrieb Märchen, Lustspiele in Prosa und Alexandrinern sowie Novellen im Stil E. T. A. Hoffmanns; auch Landschaftsmaler. Die ›Dramat. Spiele und Erzählungen‹ (2 Bde., 1812–14) verfaßte er zusammen mit seinem Bruder Christian Jacob C. (* 1767, † 1825).

Weitere Werke: Das Räthsel (2 Lsp.e, 1808), Erzählungen (2 Bde., 1819).

Literatur: Meyer, Hans: Die Brüder C. Bln. 1906. – Pankalla, G.: K. W. C. u. E. T. A. Hoffmann. Diss. Wzb. 1938.

Conti, Antonio, * Padua 22. Jan. 1677, † ebd. 6. April 1749, italien. Schriftsteller. – Weltgeistlicher; machte ausgedehnte Reisen nach England, Frankreich, Deutschland, wo er mit I. Newton, G. W. Leibniz und anderen zusammentraf; vorwiegend Philosoph, Ästhetiker und Übersetzer (bes. engl. und frz. Literatur, auf deren Bedeutung er hinweis); daneben Dramatiker nach dem Vorbild Shakespeares (u. a. ›Giulio Cesare‹, postum 1751).

Ausgaben: A. C. Prose e poesie. Venedig 1739–56. 2 Bde. – A. C. Le quattro tragedie. Florenz 1751.

Literatur: Moffa, F.: Le teorie filosofiche di A. C. Neapel 1902. – Wolff, H.: A. C. in seinem Verhältnis zu Shakespeare. In: J. of English and German Philology 37 (1938). – Ariani, M.: Drammaturgia e mitopoiesi. A. C. scrittore. Rom 1977.

Conti, Haroldo, * Chacabuco (Prov. Buenos Aires) 25. Mai 1925, verschleppt im April 1976, † 1977 (ermordet), argentin. Schriftsteller. – Gymnasiallehrer; veröffentlichte neben Erzählungen v. a. die preisgekrönten Romane ›Sudeste‹ (1962), ›Alrededor de la jaula‹ (1966), ›En vida‹ (1971) und ›Mascaró, der amerikan. Jäger‹ (1975, dt. 1985), deren Helden, zumeist Angehörige sozialer Randgruppen, gegenüber einer in Konventionen erstarrten Gesellschaft ihre Freiheit und Identität zu bewahren suchen.

Literatur: BENASSO, R.: El mundo de H. C. Buenos Aires 1969.

Contradictio in adjecto [lat. = Widerspruch im Hinzugefügten], rhetor. Figur; Widerspruch zwischen der Bedeutung eines Substantivs und dem zugeordneten Adjektiv, z. B. ›armer Krösus‹, ›schwarze Milch‹ (P. Celan, Gedicht ›Todesfuge‹); bes. bei C. F. Meyer (›matte Gluten‹, ›düsterer Triumph‹ u. a.); Sonderform des ↑ Oxymorons.

Contrasto [italien. = Gegensatz, Streit], im wesentlichen italien. Spielart des mittelalterl. ↑ Streitgedichts, bei der die Dialoge zweier Personen oder allegor. Figuren auf einzelne Strophen (oft Sonette) verteilt sind. Berühmtes Beispiel ist der Cielo d'Alcamo oder dal Camo (fälschlich Ciullo d'Alcamo) zugeschriebene C. ›Rosa fresca aulentissima‹ (entst. zw. 1231 und 1250). Im Bereich des italien. Bänkelsangs hat sich die Gattung mit ausgeweiteter Thematik bis ins 20. Jh. fortgesetzt.

Literatur: HELLER, D.: Studien zum italien. C. Ffm. u. a. 1991. – ↑ auch Tenzone.

Conz, Karl Philipp, * Lorch (Württ.) 28. Okt. 1762, † Tübingen 20. Juni 1827, dt. Gelehrter und Schriftsteller. – Jugendfreund Schillers und Lehrer J. Ch. F. Hölderlins; seit 1804 Prof. für klass. Philologie in Tübingen, 1812 Prof. der Eloquenz; Verbindung zu den schwäb. Romantikern; veröffentlichte neben philolog. Abhandlungen hervorragende Übersetzungen v. a. antiker Autoren sowie von F. G. Klopstock und Schiller beeinflußte Lyrik und Dramen nach klass. Vorbildern.

Werke: Conradin von Schwaben (Dr., 1782), Nicodemus Frischlin (Abh., 1791), Gedichte (1792), Nachrichten von dem Leben und den Schriften Rudolph Weckherlins (Abh., 1803), Kleinere prosaische Schriften vermischten Inhalts (2 Bde., 1821/22).

Literatur: MEYER, HERBERT: K. Ph. C. Dichter, Philolog. In: Schwäb. Lebensbilder 5 (1950), S. 107.

Cooke, John Esten [engl. kʊk], * Winchester (Va.) 3. Nov. 1830, † Clarke County (Va.) 27. Sept. 1886, amerikan. Schriftsteller. – Kämpfte im Bürgerkrieg als Offizier auf seiten der Südstaaten; in seinen Gesellschafts- und Geschichtsromanen beschrieb er, J. F. Cooper nach-

ahmend, verklärend das Leben des Südens; Biographien über S. Jackson (1863, dt. 1968) und Robert E. Lee (1871).

Weitere Werke: Lederstrumpf und Seide (R., 1854, dt. 4 Bde., zw. 1854–58), The Virginia comedians (R., 1854), Surry of eagle's nest (R., 1866), The heir of Gaymount (R., 1870), My lady Pokahontas (R., 1885).

Coolen, Antonius Franciscus [niederl. 'ko:lə], * Wijlre (Limburg) 17. April 1897, † Eindhoven 9. Nov. 1961, niederl. Erzähler. – Seine Romane und Erzählungen sind lebensnah, oft tragisch überschattet und schildern das Leben der Bauern seiner Heimat; kath. Heimatschriftsteller.

Werke: Brabanter Volk (R., 1928, dt. 1933), Das Dorf am Fluß (R., 1935, dt. 1936), Die drei Brüder (R., 1936, dt. 1937), Das Wirtshaus zur Zwietracht (R., 1938, dt. 1941), Die Frau mit den sechs Wächtern (R., 1953, dt. 1955).

Cooper, Anthony Ashley [engl. 'ku:pə], engl. Philosoph, ↑ Shaftesbury, Anthony Ashley C., 3. Earl of.

Cooper, James Fenimore [engl. 'ku:pə], * Burlington (N. J.) 15. Sept. 1789, † Cooperstown (N. Y.) 14. Sept. 1851, amerikan. Schriftsteller. – Wuchs auf dem Landsitz seines Vaters in Cooperstown am Lake Otsego auf; nach abgebrochenem Studium 1806–11 Dienst in der Marine; 1826–33 Reisen in Europa (als nomineller Konsul der USA für Lyon), bes. in Frankreich, England, Italien, der Schweiz und Deutschland, über die er später in ›Erinnerungen aus Europa‹ (2 Bde., 1837, dt. 1837) berichtete. C. war der bekannteste amerikan. Schriftsteller seiner Zeit; seine 32 Romane wurden in mehr als 30 Sprachen übersetzt. Geschätzt als Schöpfer des ›Lederstrumpf‹, als Verfasser von Indianer- und Grenzer-, von See- und von histor. Romanen. Nach der weithin unverstandenen Satire ›Die Monikins‹ (1835, dt. 1835) übte er zunehmend Kritik an amerikan. Sitten und Zuständen. Der Wert seiner Romane liegt v. a. im Material: in den Schilderungen aus der amerikan. Geschichte, aus dem Leben der Indianer und in den Landschaftsbeschreibungen.

Weitere Werke: ›Lederstrumpf‹-Romane (Bd. 1: Der Hirschtöter, 2 Bde., 1841, dt. 1841; Bd. 2: Der Letzte der Mohikaner, 2 Bde., 1826, dt. 1826; Bd. 3: Der Pfadfinder, 2 Bde., 1840, dt.

1840; Bd. 4: Die Ansiedler, 2 Bde., 1823, dt. 1824; Bd. 5: Die Prairie, 2 Bde., 1827, dt. 1827), Lionel Lincoln (R., 1825, dt. 1828), Conanchet (R., 1829, dt. 1829), Die Wassernixe (R., 2 Bde., 1830, dt. 1830),The chronicles of Cooperstown (histor. Schrift, 1838), Geschichte der Nordamerikan. Seemacht und ihrer Kriegstaten (1839, dt. 1840), Ned Myers (See-R., 1843, dt. 1844), Littlepage-Trilogie (Satanszehe, 2 Bde., 1845, dt. 1846; Der Kettenträger, 2 Bde., 1845, dt. 1846; Ravensnest, 2 Bde., 1846, dt. 1846), Das Marcus-Riff oder der Krater (E., 2 Bde., 1848, dt. 1848). **Ausgaben:** J. F. C. Sämtl. Werke. Dt. Übers. Hg. v. CHRISTIAN AUGUST FISCHER. Ffm. 1826–50. 258 Tle. in 86 Bden. – J. F. C. Novels. New York 1859–61. 32 Bde. – The works of J. F. C. Mohawk edition. New York u. London 1912. 32 Bde. – J. F. C. Letters and journals. Hg. v. J. F. BEARD. Cambridge (Mass.) 1960–68. 6 Bde. **Literatur:** SPILLER, R. E.: F. C., critic of his times. New York 1963. – MCWILLIAMS, J.: Political justice in a republic: J. F. C.'s America. Berkeley (Calif.) 1972. – RAILTON, S.: F. C. A study of his life and imagination. Princeton (N. J.) 1978. – KELLY, W. P.: Plotting America's past: F. C. and the Leatherstocking tales. Carbondale (Ill.) 1984. – J. F. C. His country and his art. Hg. v. G. A. TEST. Oneonta u. Cooperstown 1985.

Cooplandt, A., niederl. Schriftsteller, ↑ Prins, Ary.

Coopman, Theophiel, * Gent 24. Nov. 1852, † Schaerbeek 4. Juni 1915, fläm. Dichter und Literarhistoriker. – Wurde v. a. bekannt als Liederdichter; gründete 1878 mit Victor Alexis de la Montagne (* 1854, † 1915) die einflußreiche Zeitschrift ›Nederlandsche Dicht- en Kunsthalle‹ und veröffentlichte neben einer ›Bibliographie van den Vlaamschen taalstrijd‹ (10 Bde., 1904–14; zus. mit J. Broeckaert) eine Geschichte der fläm. Literatur (›Geschiedenis der Vlaamsche letterkunde van het jaar 1830 tot heden‹, 1904; mit L. Scharpé).

Coornhert, Dirck Volckertszoon, * Amsterdam 1522, † Gouda 29. Okt. 1590, niederl. Dichter und Gelehrter. – Als Gegner J. Calvins kämpfte er für religiöse Toleranz; Wegbereiter der klass. niederl. Literatur; der Inhalt seines dichter. Werkes war ihm wichtiger als jede künstler. Zielsetzung; ›Dolinghe van Ulysse‹ (1561) ist das erste bed. Epos der niederl. Literatur; sein Hauptwerk ist die Sittenlehre ›Zedekunst, dat is wellevenskunste‹ (1586); auch Übersetzer der

›Odyssee‹, Ciceros, Senecas d. J., G. Boccaccios u. a. **Literatur:** BONGER, H.: De motivering van de godsdienstvrijheid bij D. V. C. Arnheim 1954.

Coover, Robert [engl. 'ku:və], * Charles City (Iowa) 4. Febr. 1932, amerikan. Schriftsteller. – Studium an der University of Chicago, verschiedene längere Aufenthalte in Europa, bes. in Spanien und England, seit 1979 Prof. an der Brown University in Providence (R.I.). In seinen postmodernen Erzählungen und Romanen nimmt C. mit beißender Ironie zu Problemen der menschl. Existenz Stellung. Die fatalen Auswirkungen des Festhaltens an erdachten Vorstellungswelten zeigt C. in Satiren auf Religion (›The origin of the Brunists‹, R., 1966), Mythen, Kunst und Spiel (›The Universal Baseball Association Inc., J. Henry Waugh, Prop.‹, R., 1968), literar. und kulturelle Stereotypen (›Schräge Töne. Stories‹, 1969, dt. 1994) und auf Geschichte und Politik in seinem wichtigsten, kontrovers rezipierten Roman ›Die öffentl. Verbrennung‹ (1977, dt. 1983). Die Bewußtmachung fiktionaler Techniken des Films bestimmt seine neueren Erzählungen, die thematisch die Relation von Sex und Gewalt aufnehmen, den Aspekt des Wandels betonend (›Spiel mit der Magd‹, 1981, dt. 1991). **Weitere Werke:** A theological position (Dr., 1972), A political fable (E., 1980), Charlie in the House of Rue (E., 1980), Geralds Party (R., 1986, dt. 1987), The plot of the mice and other stories (En., 1986), Casablanca, Spätvorstellung (En., 1987, dt. 1990), Pinocchio in Venedig (R., 1991, dt. 1994). **Literatur:** ANDERSON, R.: R. C. Boston (Mass.) 1981. – MCCAFFERY, L.: The metafictional muse. Pittsburgh 1982. – GORDON, L.: R. C. The universal fictionmaking process. Carbondale (Ill.) 1983.

Cope, Jack [engl. koʊp], eigtl. Robert Knox C., * Mooi River (Natal) 3. Juni 1913, südafrikan. Schriftsteller. – C. schildert oft anhand eindrucksvoller Tiersymbolik den Konflikt zwischen nihilist. Grundtendenzen der menschl. Psyche und dem Überlebensmut und der Willensstärke des Individuums. **Werke:** Marie. A South African satire (Ged., 1948), Lyrics and diatribes (Ged., 1948), Inkosana (R., 1955, dt. 1963, 1966 u. d. T. Aufstand der Speere), Albino (R., 1964), The rainmaker (R., 1971), The student of Zend (R., 1972), Recorded in the sun (Ged., 1979).

Copeau, Jacques [frz. kɔ'po], * Paris 4. Febr. 1879, † Beaune 20. Okt. 1949, frz. Regisseur und Kritiker. – 1909 im Gründerkreis der ›Nouvelle Revue Française‹ und 1912–14 ihr Direktor; 1913–24 in Paris Direktor des von ihm gegründeten Théâtre du Vieux-Colombier, 1940 der Comédie-Française; Urheber glanzvoller, moderner Inszenierungen, in denen er sich um eine neue Einfachheit bemühte; zu seinem ›starlosen‹ Ensemble gehörte u. a. Louis Jouvet; auch Dramatiker (›Les frères Karamazov‹, 1911, mit Jacques Croué; ›La maison natale‹, 1924).
Literatur: KURTZ, M.: J. C. Biographie d'un théâtre. Paris 1950. – BORGAL, C.: J. C. Paris 1960.

Čopić, Branko [serbokroat. 'tɕɔːpitɕ], * Hašani 1. Jan. 1915, † Belgrad 26. März 1984, serb. Schriftsteller. – Schrieb außer Jugendbüchern und lyr. Dichtungen Erzählungen – oft humorist. –, in denen er die harten Lebensbedingungen in Bosnien darstellt; auch Schilderungen des bosn. Befreiungskampfes.
Werke: Freunde, Feinde und Verräter (R., 1952, dt. 1964), Die ungewöhnl. Abenteuer des Nikola Bursać (E., 1956, dt. 1961), Gluvi barut (= Taubes Pulver, R., 1957), Sei nicht traurig, eherner Wachtposten (R., 1958, dt. 1968).

Čopikašvili, Aleksandr Michajlovič, georg. Schriftsteller, ↑ Kasbegi, Alexandr Michailowitsch.

Copla [span. = Strophe], seit dem MA variantenreiche Strophenform der span. Kunstdichtung (z. B. C. de arte menor; C. de arte mayor); wichtige Textvorlage für die höf. Musik seit der 2. Hälfte des 15. Jahrhunderts.
Literatur: BAEHR, R.: Span. Verslehre auf histor. Grundlage. Tüb. 1962.

Coppée, François [frz. kɔ'pe], * Paris 12. Jan. 1842, † ebd. 23. Mai 1908, frz. Lyriker. – Bibliothekar, dann Archivar am Théâtre-Français. Vorübergehend den Parnassiens zugehörig, wurde er zuerst als Dramatiker bekannt, verdankt jedoch seine Popularität seinen Gedichten (v. a. dem Band ›Les intimités‹, 1868), deren Thema die Kleinbürger (bes. die Pariser) sind. 1884 wurde er Mitglied der Académie française.

Weitere Werke: Le reliquaire (Ged., 1866), Der Wandrer (Dr., 1869, dt. 1921), Les poèmes modernes (1869), Les humbles (Ged., 1872), Der Schatz (Dr., 1878, dt. 1880), Les Jacobites (Dr., 1885), Souvenirs d'un Parisien (postum 1910), Poèmes d'amour et de tendresse (hg. 1927).
Ausgabe: Œuvres complètes de F. C. Paris 1888–1909. 17 Bde.
Literatur: LE MEUR, L.: La vie et l'œuvre de F. C. Diss. Paris 1932.

Coppard, Alfred Edgar [engl. 'kɔpəd], * Folkestone (Kent) 4. Jan. 1878, † London 13. Jan. 1957, engl. Lyriker und Erzähler. – Seit 1919 freier Schriftsteller. Gilt als Meister der Short story; schrieb kraftvolle, realist. Darstellungen ländl. Lebens; auch Lyrik.
Werke: Adam and Eve and pinch me (Kurzgeschichten, 1921), Silver circus (En. 1928), Collected poems (1928), The dark-eyed lady (Kurzgeschichten, 1947).

Copyright ['kɔpiraɪt; engl. = Vervielfältigungsrecht], das Urheberrecht des brit. und des amerikan. Rechts. – Nach dem brit. *C. Act* von 1956 wird das C. ohne Förmlichkeiten (wie Registrierung) für die Dauer bis 50 Jahre nach dem Tod des Urhebers geschützt. In den USA genießen unveröffentlichte Werke gleichfalls ohne Förmlichkeiten Urheberschutz, veröffentlichte Werke [aufgrund des *C. Law* von 1947] dagegen nur, wenn sie den C.vermerk tragen und mindestens ein Exemplar beim *C. Office* hinterlegt ist. Die Schutzdauer beträgt 28 Jahre; sie kann um weitere 28 Jahre verlängert werden. Für die Rechte ausländ. Urheber sind maßgebend: in Großbritannien die *Revidierte Berner Übereinkunft* und das *Welturheberrechtsabkommen,* in den USA lediglich das Welturheberrechtsabkommen. Nach beiden Vertragswerken stehen Staatsangehörige von Vertragsstaaten den brit. oder amerikan. Urhebern grundsätzlich gleich (Prinzip der Inländerbehandlung). Wegen der Förmlichkeiten des amerikan. Rechts kann aber ein ausländ. Urheber den Urheberschutz an veröffentlichten Werken in den USA nur geltend machen, wenn auf allen Werkexemplaren an geeigneter Stelle das Schutzzeichen © mit dem Namen des Berechtigten und der Jahreszahl der Erstveröffentlichung angebracht, das Werk beim C. Office, Library of Congress, Washington (D. C.), angemeldet und dort ein Werkexemplar hinterlegt ist.

Coq-à-l'âne [frz. kɔka'lɑ:n; von dem seit dem Spät-MA belegten Sprichwort ›sauter du coq à l'asne‹ = vom Hahn auf den Esel springen = unzusammenhängendes Gerede], satir. Gattung der frz. Renaissancedichtung, die teils offene, teils versteckte Anspielungen auf die Mißstände der Zeit, Laster berühmter Personen sowie auf aktuelle polit. u. a. Ereignisse aneinanderreiht. Als ihr Begründer gilt C. Marot, dessen erstes C.-à-l'â. unter dem Titel ›L'epistre du coq en l'asne à Lyon‹ Jamet de Sansay en Poictou‹ auf das Jahr 1531 datiert wird. Die Gattung fand während des ganzen 16. Jh. zahlreiche Nachahmer und wurde noch vereinzelt im 17. Jh. verwandt.
Literatur: MEYLAN, H.: Épîtres du C.-à-l'â. Genf 1955. – BRABANT, L. VAN: Analyse analogique de quelques extraits du ›L'épistre du coq à l'asne à Lyon‹ de Clément Marot. In: Revue des langues vivantes 32 (1966), S. 567.

Coraï, Adamantios [frz. kɔ'rɑ'i], neugriech. Schriftsteller, ↑Korais, Adamantios.

Corazzini, Sergio, * Rom 6. Febr. 1886, † ebd. 18. Juni 1907, italien. Dichter. – Gehört mit seinen schlichten, melanchol. Gedichten (›Libro per la sera della domenica‹, 1906, u. a.; gesammelt hg. 1909, endgültige Ausgabe 1922), die den Einfluß G. Pascolis, P. Verlaines, M. Maeterlincks, F. Jammes' u. a. zeigen, zu den ersten und bedeutendsten Vertretern der Gruppe der ↑Crepuscolari, deren Zeitschrift ›Cronache latine‹ er 1905 mitbegründete.
Ausgabe: S. C. Poesie edite e inedite. Hg. v. S. JACOMUZZI. Turin 1968.
Literatur: JACOMUZZI, S.: S. C. Mailand ²1970. – ALLANIC, G.: La vie et l'œuvre du poète S. C. Genf 1973. 2 Bde. – PAPINI, M. C.: S. C. Florenz 1977. – NOZZOLI, A./SOLDATESCHI, J.: I crepuscolari. Florenz 1978.

Čorbadžijski, Dimităr Christov, bulgar. Schriftsteller, ↑Tschudomir.

Corbière, Tristan [frz. kɔr'bjɛ:r], eigtl. Édouard Joachim C., * Schloß Coatcon gar bei Morlaix (Bretagne) 18. Juli 1845, † Morlaix 1. März 1875, frz. Schriftsteller. – Lebte meistens in der Bretagne; F. Villon verwandter Lyriker, der erst nach seinem Tod von P. Verlaine ent-

deckt wurde; Vorbild für Verlaine und viele moderne Lyriker; geißelte in seinen Gedichten, deren Hauptthemen die Bretagne und das Meer sind, Tradition und Konvention.
Werke: Die gelben Liebschaften (Ged., 1873, vollständig 1891, dt. Ausw. 1948), Casino des trépassés, L'Américaine (Prosa, hg. 1941), Choix de poèmes (hg. 1949).
Ausgabe: Ch. Cros u. T. C. Œuvres complètes. Hg. v. O. WALZER u. a. Paris 1970.
Literatur: SONNENFELD, A.: L'œuvre poétique de T. C. Paris 1960. – MITCHELL, R. L.: T. C. Boston (Mass.) 1979. – MITCHELL, R. L.: C., Mallarmé, Valéry. Preservations and commentary. Saratoga (Calif.) 1981. – DANSEL, M.: T. C. Thématique de l'inspiration (mit Bibliogr.). Lausanne 1985.

Cordan, Wolfgang, eigtl. Heinrich Horn, weiteres Pseudonym Hendrik van Hoorn, * Berlin 3. Juni 1909, † Chichicastenango (Guatemala) 29. Jan. 1966, dt. Schriftsteller und Archäologe. – Stand dem Kreis um Stefan George nahe, emigrierte 1933 in die Niederlande; lebte seit 1953 in mittelamerikan. Ländern, wo er sich v. a. mit der Geschichte der Maya-Kultur beschäftigte. Schrieb formstrenge Gedichte, Romane, Erzählungen, Reisebücher und kulturgeschichtl. Berichte, war daneben auch Dramatiker und Übersetzer.
Werke: Verwandlungen (Ged., 1947), Julian der Erleuchtete (R., 1950), Ernte am Mittag (Ged., 1951), Medea oder das Grenzenlose (R., 1952), Mexiko (Bericht, 1952; veränderte Ausgabe 1967), Geheimnis im Urwald (Bericht, 1959), Tod auf Haiti (E., 1961), Tigerspur (Bericht, 1964).

Cordas, Léon [okzitan. 'kɔrdɔs], frz. Léon Cordes, * Siran 30. März 1913, † Montpellier 19. Okt. 1987, okzitan. Schriftsteller. – Bis 1952 selbst als Weinbauer tätig, war C. tief in volkstüml. Kultur verwurzelt. In liedhaften Gedichten und durch unermüdl. Engagement für das okzitan. Theater (als Schauspieler, Autor, Regisseur) suchte er der bodenständigen ›okzitan. Stimme‹ unter den Bedingungen der Moderne Gehör zu verschaffen. So evoziert ›Menèrba 1210‹ (1983) in collageartigen Szenen die Verheerungen des Albigenserkreuzzugs aus einem refrainhaft anklingenden Volkslied. Krieg und Gewalt erscheinen als Ursache einer Umwertung der alten Werte, in der Menschen zu Unschuldig-

Schuldigen werden (›La font de Bonas-Gracias‹, 1955).

Weitere Werke: Aquarèla (Ged., 1946), La banda nègra (Dr., 1961), Branca tòrta (Ged., 1964), Théatre et littérature populaires d'oc (Essay, 1964), Los Macarèls (E., 1974), Se conti que conte (En. u. Ged., 1980).

Cọrdes, Alexandra, eigtl. Ursula Schaake, verh. Horbach, * Bonn 16. Nov. 1935, † Châteauneuf-du-Pape 27./28. Okt. 1986 (von ihrem Mann, dem Schriftsteller M. Horbach [* 1924], der dann Selbstmord beging, getötet), dt. Schriftstellerin. – Veröffentlichte seit 1963 Kriminalromane und eine große Zahl von Unterhaltungsromanen mit hohen Auflagen.

Werke: Die entzauberten Kinder (R., 1963), Die Nacht der Katzen (R., 1970), Wenn die Drachen steigen (R., 1974), Sag mir Auf Wiedersehen (R., 1975), Das Haus im Marulabaum (R., 1977), Liebe kennt keine Jahre (R., 1980), Die Umarmung (R., 1981), Einmal noch nach Hause (R., 1983), Die Lady (R., 1986).

Cordes, Léon [frz. kɔrd], okzitan. Schriftsteller, ↑ Còrdas, Léon.

Cordovero (tl.: Qôrdôvᵉrô), Mose Ben Jacob, * 1522, † 1570, jüd. Mystiker und Kabbalist. – Lebte in Zefat (Palästina) als Zeitgenosse von Joseph Karo und Isaak Luria. In seinem Hauptwerk ›Pardes rimmônîm‹ (= Granatäpfelgarten) systematisierte er Grundlehren der Kabbala.

Cọrdus, Euricius, eigtl. Heinrich (Ritze) Solde, * Simtshausen bei Marburg a. d. Lahn um 1486, † Bremen 24. Dez. 1535, dt. Humanist, Arzt und Schriftsteller. – Jüngstes von 13 Kindern (daher der lat. Humanistenname C. = der Spätgeborene); Anhänger Luthers, den er 1521 nach Worms begleitete; 1527 Prof. der Medizin in Marburg; ab 1534 Stadtarzt und Prof. an einem Gymnasium in Bremen. In seinen exakt-pointierten, bes. an Persius und Martial geschulten nlat. Epigrammen (›Epigrammata‹, 1520) bekannte sich C. zu den Ideen und Prinzipien des Humanismus und bekämpfte mit bissigem Spott die rückständigen Vertreter der Scholastik. Durch Bestimmungsübungen im eigenen botan. Garten und durch Exkursionen wurde er einer der Begründer der dt. Botanik als Wissenschaft.

Literatur: E.C. (1486–1535). Humanist, Dichter, Arzt. Hg. v. P. DILG. Amsterdam 1988.

Corelli, Marie [engl. kə'rɛlı], eigtl. Mary Mackay, * London 1. Mai 1855, † Stratford-upon-Avon 21. April 1924, engl. Schriftstellerin. – Italienischschott. Abstammung; schrieb zahlreiche im viktorian. England überaus populäre Romane, oft mit antikath. Tendenz; neigte zu melodramat. Ausgestaltung erot. Themen, mit einer Vorliebe für das nebulös Phantastische und Mystische.

Werke: Ein Roman aus zwei Welten (R., 1886, dt. 1904), Barabbas (R., 1893, dt. 1899), The sorrows of satan (R., 1895).

Literatur: MASTERS, B.: Now Barabbas was a rotter. The extraordinary life of M. C. London 1977.

Corẹsi, Diaconul, rumän. Drucker und Übersetzer des 16. Jahrhunderts. – War in Tîrgovişte ansässig und veröffentlichte zwischen 1556 und 1583 in Kronstadt zahlreiche Bücher, darunter Übersetzungen der vier Evangelien (1561), der Psalmen (1577) und anderer bibl. und liturg. Texte; wurde damit zum Wegbereiter der rumän. Schriftsprache.

Corippus, Flavius Cresconius, lat. Epiker des 6. Jh. aus Nordafrika. – Hofbeamter in Byzanz; schilderte in dem Epos ›Iohannis‹ den maur. Feldzug des byzantin. Generals Johannes; in seinem Alterswerk, dem Epos ›In laudem Iustini‹, suchte er die Gunst des Kaisers Iustinus II. zu gewinnen, der ihm in der Not helfen sollte, als C. durch die Mauren seinen Besitz verloren hatte.

Cornazzạno, Antonio, * Piacenza 1429, † Ferrara 1484, italien. Hofmann und Dichter. – Stand als Hofdichter im Dienste der Sforza, des B. Colleoni und der Este; schrieb, neben zahlreichen Sonetten, Kanzonen u. a., als Huldigung auf Francesco Sforza in italien. Sprache das Epos ›La Sforzeide‹ (1466) sowie das religiöse Gedicht in Terzinen ›Santissima vita di Nostra Donna‹ (1471); ferner eine lat. Komödie, eine Abhandlung über Sprichwörter (›De proverbiorum origine opus‹, hg. 1503) und zu deren Erläuterung 16 gewagte ›Sprichwortnovellen‹ (hg. 1525, dt. 1906). Bemerkenswert ist auch seine Schrift ›Libro dell'arte del danzare‹ (1455).

Corneille, Pierre [frz. kɔr'nɛj], * Rouen 6. Juni 1606, † Paris 1. Okt. 1684, frz. Dramatiker. – Entstammte einer alten normann. Familie, studierte Rechtswiss. und wurde Advokat; ging bald nach Paris und schloß sich der Autorengruppe um den Kardinal Richelieu an. C. begann mit Komödien, in denen der dramat. Konflikt meist durch Eifersucht ausgelöst wird, und Tragödien, bei denen komplizierte Intrigen und Theatereffekte im Vordergrund stehen. Seinen ersten großen Erfolg hatte er 1637 mit der Tragikomödie ›Le Cid‹ (dt. 1650, 1811 u. d. T. ›Der Cid‹), die einen Markstein in der Entwicklung des klass. frz. Dramas und einen Höhepunkt in der frz. Literatur des 17. Jh. bildet. ›Der Cid‹ spiegelt im Rahmen der span. Geschichte die polit. Kämpfe in frühabsolutist. Zeit und fand als eine heroische Apotheose des absolutist. Königtums großen Beifall, zumal hier zugleich erstmalig die Idealvorstellung des klass. Theaters in Übereinstimmung mit dem Geschmack des Publikums und den Bestrebungen Richelieus zur gesellschaftl. Hebung des Bühnenwesens verwirklicht wurde. Wenngleich C. in der berühmten, lange währenden ›Querelle du Cid‹ u. a. inkonsequente Benutzung der drei Einheiten sowie psycholog. Unwahrscheinlichkeit vorgeworfen wurden, so fand er doch eine Bestätigung seines Schaffens. In den folgenden Tragödien, u. a. ›Horatius‹ (1641, dt. um 1875, erstmals dt. 1662), ›Cinna‹ (1643, dt. 1666) und ›Polyeukt‹ (1643, dt. um 1878), trug C. den drei Einheiten in vermehrtem Maße Rechnung. Er verbannte den Zufall aus der Handlung, die sich nunmehr aus innerer und äußerer Notwendigkeit und aus den Charakteren der handelnden Personen ergab. Die Helden sind heroische Willensmenschen, sie tragen den Konflikt zwischen Pflicht und Leidenschaft in sich, der stets zugunsten einer idealen sittl. Ordnung entschieden wird. Die späteren Stücke C.s entfernen sich vom Höhepunkt seines trag. Werkes und werden romanesk-kompliziert. Von diesen späteren Schauerstücken wurde ›Rodogune‹ (1647, dt. 1691) einer der größten Bühnenerfolge Corneilles. 1647 wurde C. Mitglied der Académie française. 1651 begann er mit der Übersetzung der ›Imitatio Christi‹ des Thomas

a Kempis ins Französische; er schrieb auch mehrere Abhandlungen zur Dramenlehre (›Discours de l'utilité et des parties du poème dramatique‹, 1660; ›Discours de la tragédie‹, 1660; ›Discours des trois unités‹, 1660). Seine letzten Jahre wurden verdunkelt durch den Konflikt mit J. Racine, dessen Tragödie ›Bérénice‹ im Nov. 1670 bei einem Wettstreit den Sieg über C.s ›Tite et Bérénice‹ davontrug.

Weitere Werke: Mélite (Kom., 1629), Clitandre (Tragikom., 1632), L'illusion comique (Kom., 1639), Der Lügner (Kom., 1644, dt. 1762), Héraclius (Trag., 1647), Die errettete Unschuld oder Andromeda... (Trag., 1651, dt. 1679), Sophonisbe (Trag., 1663), Suréna (Trag., 1675).

Ausgaben: Œuvres de P. C. Hg. v. M. CH. MARTY-LAVEAUX. Paris 1862–68. 12 Bde. – Ausgew. Dramen v. P. C. Dt. Übers. Hg. v. F. STREHLKE. Bln. 1877. 4 Bde. – P. C. Œuvres complètes. Hg. v. A. STEGMANN. Paris u. New York 1963. – P. C. Œuvres complètes. Hg. v. G. COUTON. Paris 1980–87. 3 Bde.

Literatur: KLEMPERER, V.: P. C. Mchn. 1933. – BÉNICHOU, P.: Morales du grand siècle. Paris 1948. – DESCOTES, M.: Les grands rôles du théâtre de C. Paris 1962. – MAURENS, J.: La tragédie sans tragique. Le néo-stoïcisme dans l'œuvre de P. C. Paris 1966. – MULLER, C.: Étude de statistique lexicale. Le vocabulaire du théâtre de P. C. Paris 1967. – STEGMANN, A.: L'héroisme cornélien. Paris 1968. 2 Bde. – EDER, K.: P. C. u. Jean Racine. Dt. Übers. Velber 1969. – DORT, B.: C. dramaturge. Paris 1972. – MONGRÉDIEN, G.: Recueil des textes et documents du XVIIᵉ siècle, relatifs à C. Paris 1972. – VERHOEFF, H.: Les comédies de C. Paris 1979. – VERHOEFF, H.: Les grandes tragédies de C. Paris 1982. – BARNWELL, H. T.: The tragic drama of C. and Racine. Oxford u. New York 1982. – RITTER, A.: Bibliographie zu P. C. von 1958 bis 1983. Erftstadt-Lechenich 1983. – MALLINSON, G. J.: The comedies of C. Manchester 1984. – P. C. Hg. v. A. NIDERST. Paris 1986. – FUMAROLI, M.: Héros et orateurs. Rhétorique et dramaturgie cornéliennes. Genf 1990.

Corneille, Thomas [frz. kɔr'nɛj], * Rouen 20. Aug. 1625, † Les Andelys (Eure) 8. Dez. 1709, frz. Dramatiker. – Bruder Pierre C.s; Advokat; 1684 Mitglied der Académie française; schrieb zahlreiche Komödien, Tragödien und Tragikomödien, von denen ›Timocrate‹ (1656) mit 80 aufeinanderfolgenden Aufführungen das erfolgreichste Stück des Jh. war; im Ggs. zum heroischen Drama seines Bruders bevorzugte er das publikumswirksamere romaneske, vielfach von der span. Comedia beeinflußte Genre.

Weitere Werke: Don Bertrand de Cigarral (Kom., 1650), Ariane (Trag., 1672), Don Juan (Kom., 1677), Der Graf von Essex (Trag., 1678, dt. 1747), Observations de l'Académie sur les remarques de Vaugelas (Abh., 1687), Dictionnaire des termes d'art et de sciences (1694).
Ausgabe: Th. C. Œuvres. Paris 1758. 9 Bde. Nachdr. Genf 1970.
Literatur: GOSSIP, C.J.: The Roman tragedies of Th. C. Diss. Edinburgh 1972. – FISCHLER, E. H.: La dramaturgie de Th. C. Paris 1977.

Cornelius Gallus, Gaius, röm. Politiker und Schriftsteller, ↑Gallus, Gaius Cornelius.

Cornelius Nepos, röm. Geschichtsschreiber, ↑ Nepos, Cornelius.

Cornwall, Barry [engl. 'kɔ:nwəl], Pseudonym des engl. Schriftstellers Bryan Waller ↑ Procter.

Cornwell, David John Moore [engl. 'kɔ:nwəl], engl. Schriftsteller, ↑le Carré, John.

Čorny, Kuz'ma, weißruss.-sowjet. Schriftsteller, ↑Tschorny, Kusma.

Corominas, Pere [katalan. kuru'minəs], * Barcelona 6. Mai 1870, † Buenos Aires 1. Dez. 1939, katalan. Schriftsteller und Politiker. – Sozialist, Aktivist in der Linken (Esquerra) der Katalanischen Bewegung, war kurzfristig Präsident des Staatsrates der Republik; schrieb, neben zahlreichen polit. und histor. Schriften, Romane, Gedichte und Dramen.
Werke: Les hores d'amor serenes (Ged., 1912), Elogi de la civilització catalana (Essay, 1922), Les dites i facècies de l'estrenu filantrop en Tomás de Bajalta (R.-Trilogie, 1925–34), Putxinellis (Dr., 1927), La mort d'En Joan Apòstol (R., 1928).
Ausgabe: P. C. Obres completes. Barcelona 1972.

Čorović, Svetozar [serbokroat. 'tɕɔrɔvitɕ], * Mostar 29. Mai 1875, † ebd. 17. April 1919, serb. Schriftsteller. – Schrieb anfangs v. a. patriot. Lyrik, wandte sich dann der Prosa zu und gestaltete in realist. Dramen und Romanen soziolog. und religiöse Probleme seiner Heimat, der Herzegowina, an deren Gesellschaft er z. T. scharfe Kritik übte; Beiträge zur Kinderliteratur. Dt. erschien 1906 die Erzählungsauswahl ›Liebe und Leben im Herzogland‹.
Weiteres Werk: Stojan Mutikaša (R., 1907).

Correctio [lat. = Verbesserung], in der antiken Rhetorik unmittelbare Berichtigung einer Äußerung durch den Autor selbst; sie dient meist nicht zur Abschwächung der Aussage, sondern zur pathet. Steigerung.

Correia, Natália [portugies. ku'rɾɐiɐ], * Ponta Delgada (Azoren) 13. Sept. 1923, † Lissabon 16. März 1993, portugies. Schriftstellerin. – War in den 1950er Jahren eine der ersten Frauen in den literar. Zirkeln der Kaffeehäuser. Wegen ihrer Herausgebertätigkeit (›Antologia de poesia erótica portuguesa e satírica‹, 1965) und ihrer krit. Theaterstücke (›O encoberto‹, 1969) von der Diktatur verfolgt. Setzte sich später als unabhängige Abgeordnete im Parlament für Frauenrechte und gegen den Konservativismus ein. In der Öffentlichkeit wie in ihrem literar. Schaffen eine Außenseiterin. Schrieb in den 1960er Jahren Lyrik unter dem Einfluß des Surrealismus, später bewußt in der Tradition der Romantik, wandte sich zuletzt mit ihren ›Sonetos românticos‹ (1990) gegen die ›Erosion des Dionysischen‹ in der zeitgenöss. Lyrik, der sie das ›Apollinische‹ des Sonetts entgegensetzte; auch Essayistin und Chronistin.
Weitere Werke: Rio de nuvens (Ged., 1947), Descobri que era europeia (Reiseber., 1951), O progresso de Edipo (Dr., 1957), Cântico do país emerso (Ged., 1968), A madona (R., 1968), Poemas a rebate (Ged., 1975), O dilúvio e a pomba (Ged., 1979), O armistício (Ged., 1985), Somos todos hispanos (Essays, 1988).

Correia, Raimundo da Mota de Azevedo [brasilian. ku'rɾeiɐ], * an Bord eines Schiffes, amtlich in Magúncia (Maranhão) 13. Mai 1859, † Paris 13. Sept. 1911, brasilian. Dichter. – Jurist und Diplomat; Mitglied der Brasilian. Akademie; einer der bedeutendsten Vertreter des brasilian. Parnaß. Nach seiner Frühphase, in der auch gesellschaftl. und polit. Themen behandelt werden, sind seine formstrengen, sprachlich ausgefeilten Dichtungen ab ›Versos e versões‹ (1887) v. a. Stimmungsbilder und sinnl. Eindrücke eines Ich, das seinen grundsätzl. Pessimismus durch Zuwendung zu einer Ästhetik des Schönen zu überwinden sucht.
Weitere Werke: Primeiros sonhos (Ged., 1879), Sinfonias (Ged., 1883), Aleluias (Ged., 1891), Poesias (1898).

Ausgabe: R. C. Poesias completas. Hg. v. M. LEÃO. São Paulo 1948. 2 Bde.

Correia Botelho, Visconde de [portugies. kuˈrɐiɐ βuˈtɐʎu], portugies. Schriftsteller, † Castelo Branco, Camilo.

Correia de Oliveira, António [portugies. kuˈrɐiɐ ðə oliˈβɐiɐ], portugies. Schriftsteller, † Oliveira, António Correia de.

Corrodi, August, * Zürich 27. Febr. 1826, † ebd. 15. Aug. 1885, schweizer. Dichter und Zeichner. – Studierte Theologie in Zürich und Basel; Besuch der Kunstakademie München, Zeichenlehrer, Kinderbuchillustrator. Schrieb Idyllen, Märchen, Lieder und Dramen in Mundart; Übersetzungen ins Schweizerdeutsche.
Werke: Lieder (1853), Dur und Moll (Märchen, 1855), Waldleben (R., 1856), De Herr Professer (Idylle, 1858), Robert Burns Lieder (Übers., 1870), Blühendes Leben (R., 1870).

Corsari, Willy (Ly), eigtl. Wilhelmina Angela Douwes-Schmidt, * Sint-Pieters-Jette bei Brüssel 26. Dez. 1897, niederl. Schriftstellerin. – Wurde bekannt als Verfasserin zahlreicher Mädchenbücher, Erzählungen, Unterhaltungs- und Kriminalromane (u.a. ›Mord und Marionetten‹, 1955, dt. 1962; ›Der Mann, den es nicht gab‹, 1959, dt. 1961).
Weitere Werke: Der Mann ohne Uniform (R., 1933, dt. 1938), Heimkehr zu Thera (R., 1934, dt. 1939), Herz ohne Hafen (R., 1938, dt. 1943), Nie vergessenes Land (R., 1951, dt. 1958), Spelen met de dood (1983).

Corso, Gregory [engl. ˈkɔːsoʊ], * New York 26. März 1930, amerikan. Lyriker. – Sohn italien. Einwanderer; schwierige, mutterlose Jugend, Kriminalität und Gefängnisaufenthalte; angeregt durch die Lektüre von P. B. Shelley, begann er in der Haft, eigene Gedichte zu schreiben; zus. mit A. Ginsberg und J. Kerouac, mit denen er reiste, einer der bedeutendsten Dichter der Beat generation in San Francisco. Seine oft bewußt schockierende, destruktive Lyrik enthält Satire und scharfe Zeitkritik. C. sieht in der poet. Imagination eine moral. Kraft, die einen Wandel in der Gesellschaft bewirken kann. Dichtung ist deshalb notwendig für das eigene Leben (›The vestal lady of Brattle‹, 1955; ›Gasoline‹, 1958), erfüllt eine quasi-religiöse Funktion (›The

happy birthday of death‹, 1960; ›Long live men‹, 1962) und wirkt stabilisierend in Krisenzeiten (›Herald of the autochthonic spirit‹, autobiograph. Ged., 1981). Neben Gedichten schrieb C. auch ein Drama (›This hung-up age‹, 1955) und einen Roman (›The American express‹, 1961).
Weitere Werke: Selected poems (1962), The geometric poem (1966), Elegiac feelings American (Ged., 1970), Gregory Corso (1971), Mindfield (Ged., 1989).
Literatur: COOK, B.: The Beat Generation. New York 1971. Nachdr. Westport (Conn.) 1983.

Cort, Frans de, * Antwerpen 21. Juni 1834, † Ixelles bei Brüssel 18. Jan. 1878, fläm. Schriftsteller. – Schrieb außer stimmungsvoller, volksliedhafter Lyrik aus dem Themenkreis der Familie als Anhänger des Liberalismus auch polit. Gedichte mit satir. Einschlag.
Ausgabe: F. de C. Liederen. Groningen u. Antwerpen 1868.

Cortázar, Julio [span. kɔrˈtasar], * Brüssel 26. Aug. 1914, † Paris 12. Febr. 1984, argentin. Schriftsteller. – Sohn argentin. Eltern; kam im Alter von 4 Jahren nach Buenos Aires; Gymnasiallehrer und Prof. bis 1946; ab 1951 als Übersetzer in Paris; erhielt 1981 die frz. Staatsbürgerschaft. Mit seinen ersten Erzählungsbänden und dem Roman ›Die Gewinner‹ (1960, dt. 1966) reihte er sich unter die bedeutendsten Autoren Lateinamerikas ein. Ausgangspunkt dieser Werke ist zumeist eine konkrete, alltägl. Situation, die durch ein phantast. Element allmählich in eine irreale Dimension überführt wird. Sein Hauptwerk, der Roman ›Rayuela. Himmel-und-Hölle‹ (1963, dt. 1981), steigert das Spiel der Verfremdungen durch den souveränen Einsatz experimenteller Erzähltechniken, wobei das Erzählte einer ständigen humorist. und iron. Desillusionierung ausgesetzt wird. Der Roman ›Album für Manuel‹ (1973, dt. 1976) bringt in seiner handlungstragenden polit. Komponente C.s Engagement für die lateinamerikan. Befreiungsbewegungen zum Ausdruck.
Weitere Werke: Bestiarium (En., 1951, dt. 1971), Ende des Spiels (En., 1956, dt. 1977), Die geheimen Waffen (En., 1956, dt. 1981), Geschichten der Cronopien und Famen (En., 1962, dt. 1965), Das Feuer aller Feuer (En., 1966, dt. 1976), Reise um den Tag in 80 Welten (Prosa, 1967, dt.

1980), 62/Modellbaukasten (R., 1968, dt. 1993),
Letzte Runde (R., 1969, dt. 1984), Ein gewisser
Lukas (Prosastücke, 1979, dt. 1987), Alle lieben
Glenda (En., 1980, dt. 1994), Unzeiten (En.,
1983, dt. 1990), Nicaragua, so gewaltsam zärtlich (Bericht, 1984, dt. 1984), Geschichten, die
ich mir erzähle (En., dt. Ausw. 1985).
Literatur: BRODIN, B.: Criaturas ficticias y su
mundo, en ›Rayuela‹ de C. Lund 1975. –
BOLDY, S.: The novels of J. C. Cambridge
1980. – IMO, W.: Wirklichkeitsauffassung u.
Wirklichkeitsdarstellung im Erzählwerk J. C.s.
Ffm. 1981. – MORA VALCÁRCEL, C. DE: Teoría y
práctica del cuento en los relatos de C. Sevilla
1982. – ALAZRAKI, J.: En busca del unicorno, los
cuentos de J. C. Madrid 1983. – BERG, W. B.:
Grenz-Zeichen C. Leben u. Werk eines argentin. Schriftstellers der Gegenwart Ffm. 1991.

Corte-Real, Jerónimo [portugies.
'kortə 'rrịal], * um 1530, † Évora 1590 (?),
portugies. Schriftsteller. – Kämpfte in
Afrika und Indien; von ihm sind drei
Versepen über zeitgeschichtliche Ereignisse erhalten, davon zwei in portugiesi-
scher (›Sucesso do segundo cerco de
Dio‹, 1574; ›Naufrágio e lastimoso sucesso perdição de Manuel de Sousa Sepúlveda‹, hg. 1594) und eines in spani-
scher Sprache (›Felicíssima victoria con-
cedida del cielo al señor Don Juan
d'Austria en el golfo de Lepanto...‹,
1578), das die Schlacht von Lepanto zum
Thema hat.

Cortês, Alfredo [portugies. kur'teʃ],
* Estremoz 29. Juli 1880, † Oliveira de
Azeméis 7. April 1946, portugies. Dramatiker. – Jurastudium in Coimbra; schrieb
v. a. bühnenwirksame realist. Milieustu-
dien, auch regionalist. Stücke.
Werke: Zilda (Dr., 1921), O lodo (Dr., 1923), Á
la fé (Dr., 1924), Domus (Dr., 1931), Saias (Dr.,
1938), Baton (Dr., 1939), Lá-lás (Dr., 1944).
Literatur: LISBOA, E.: O teatro de A. C. In:
Bulletin d'histoire du Théâtre Portugais 4
(1953), S. 1.

Cọrti, Egon Cäsar Conte, * Zagreb
2. April 1886, † Klagenfurt 17. Sept. 1953,
österr. Schriftsteller. – Aus lombard. Geschlecht, Offizier, seit 1919 als freier
Schriftsteller in Wien; schrieb viel gele-
sene, populär-histor. Biographien aufgrund eingehender Quellenstudien, u. a.
die Trilogie um Kaiser Franz Joseph I.:
›Vom Kind zum Kaiser‹ (1950), ›Mensch
und Herrscher‹ (1952), ›Der alte Kaiser‹
(hg. 1955).

Weitere Werke: Maximilian und Charlotte von
Mexiko (2 Bde., 1924), Das Haus Rothschild
(2 Bde., 1927/28), Elisabeth, die seltsame Frau
(1934), Ludwig I. von Bayern (1937), Untergang
und Auferstehung von Pompeji und Hercula-
neum (1940), Nelsons Kampf um Lady Hamilton (1947), Metternich und die Frauen (2 Bde.,
1948/49), Wenn ... Sendung und Schicksal einer
Kaiserin (hg. 1954).

Corvinus, Jakob, Pseudonym des dt.
Schriftstellers Wilhelm ↑ Raabe.

Coşbuc, George [rumän. koʒ'buk],
* Hordou (heute George Coşbuc, Sieben-
bürgen) 20. Sept. 1866, † Bukarest 9. Mai
1918, rumän. Dichter. – War Beamter in
Bukarest; Mitbegründer mehrerer Zeitschriften. Beeinflußt von der dt. Neuklassik, war er in Leben und Dichtung
mit der bäuerl. Welt seiner Heimat verbunden; sein Werk ist gekennzeichnet
durch eine optimist. Grundhaltung und
einen eleganten, graziösen Stil; schrieb
auch Balladen mit sozialer Tendenz;
bed. Übersetzer (Dante, Lord Byron
u. a.). Dt. erschienen u. a.: ›Ausgewählte
Gedichte‹ (dt. 1955, 2. verbesserte Aufl.
1962), ›Gedichte‹ (dt. Ausw. 1968).
Ausgabe: G. C. Opere alese. Hg. v. G. SCRIDON.
Bukarest 1966–72. 2 Bde.
Literatur: MICU, D.: G. C. Bukarest 1966. –
POANTĂ, P.: Poezia lui G. C. Klausenburg ²1979.

Ćosić, Dobrica [serbokroat. 'tɕɔːsitɕ],
* Velika Drenova 29. Dez. 1921, serb.
Schriftsteller. – Partisan im 2. Weltkrieg;
der Partisanenkampf ist ein wesentl.
Thema seiner Romane. 1992/93 Staats-
präsident der Bundesrepublik Jugosla-
wien.
Werke: Die Sonne ist fern (R., 1951, dt. 1957),
Der Herd wird verlöschen (R., 1954, dt. 1958),
Deobe (= Teilungen, R.-Trilogie, 1961), Vreme
smrti (= Zeit des Todes, R., 4 Tle., 1972–79),
Grešnik (= Der Sünder, R., 1985), Otpadnik
(= Der Abtrünnige, R., 1986).

Cosinus, Pseudonym des niederl.
Schriftstellers Johan Adriaan ↑ Heuff.

Cosmạd, Dimitrie, rumän. Dichter,
↑ Bolintineanu, Dimitrie.

Cọsmas von Prạg, * um 1045, † Prag
21. Okt. 1125, böhm. Geschichtsschreiber. – Aus tschech. Priesterfamilie; Angehöriger des Prager Kapitels, wurde
1099 Priester und Domdekan; verfaßte
1119/22–25 unter Verwendung älterer
Quellen, bes. der sagenhaften Überlieferung zur böhm. Frühgeschichte, die erste

zusammenfassende ›Chronik von Böhmen‹ (mlat. hg. 1607, dt. 1885), die mehrere Fortsetzer fand.

Ausgabe: Die Chronik der Böhmen des C. v. P. Hg. v. B. BRETHOLZ u. W. WEINBERGER. In: Monumenta Germaniae historica. Scriptores rerum Germanicarum. N. S. 2. Bln. ²1955.

Cossa, Pietro, * Rom 20. Jan. 1830, † Livorno 30. Aug. 1881, italien. Dichter. – Jesuitenerziehung; zeitweilig in Amerika (dort Sänger); begann mit lyr. Gedichten, erlangte jedoch nur als Dramatiker Bedeutung; mit seinen histor. Versdramen (bedeutendstes: ›Nerone‹, 1871) knüpfte er an das romant. Schauspiel an, das er jedoch realistischer gestaltete.

Weitere Werke: Mario e i Cimbri (Dr., 1862), Cleopatra (Dr., 1876).
Literatur: BLASI, J. DE: P. C. e la tragedia italiana. Florenz 1911. – MONACO, G.: P. C. Vercelli 1932.

Cọsta, Isaac da, * Amsterdam 14. Jan. 1798, † ebd. 28. April 1860, niederl. Dichter. – Stammte aus einer portugiesischjüd. Adelsfamilie, trat 1822 zum Kalvinismus über; begrüßte zunächst die Emanzipierung der Juden, trat jedoch später wieder für deren Isolierung ein; gehörte der Réveil-Bewegung an, die sich gegen die Ideen der Frz. Revolution und den Rationalismus wandte; die Dichtung muß nach Meinung da C.s dem Gefühl entspringen, der Phantasie gewisse Rechte einräumen und Heldentaten verherrlichen; den Höhepunkt seines literar. Schaffens bilden die Dichtungen ›Hagar‹ (1847) und ›De slag bij Nieuwpoort‹ (1859); verfaßte auch theolog. sowie histor. Schriften (u. a. ›Bezwaren tegen den geest der eeuw‹, 1823) und gab die Werke W. Bilderdijks heraus.

Weitere Werke: Vijf en twintig jaren, een lied in 1840 (Ged., 1840), Wachter! wat is er van den nacht? (Ged., 1847).
Ausgabe: Da C.'s kompleete dichtwerken. Hg. v. J. P. HASEBROEK. Arnheim ²1870–71. 4 Bde.
Literatur: MEIJER, J.: I. da C.'s weg naar het Christendom. Amsterdam 1946. – Isaäc da C. Op 28 april 1960, 100 jaar na zijn overlijden herdacht. Festschr. Amsterdam 1960.

Costa, Maria Velho da [portugies. 'kɔ-ʃta], eigtl. Maria de Fátima Bivar, * Lissabon 26. Juni 1938, portugies. Schriftstellerin. – Veröffentlichte 1972 zus. mit Maria Teresa Horta (* 1937) und Maria Isabel Barreno (* 1939) die linksfeminist. ›Neuen portugies. Briefe‹ (dt. 1976), die einen literar. Skandal auslösten. Thematisiert in ihren Romanen die Situation der Frau in der portugies. Gesellschaft; kennzeichnend sind Techniken der experimentellen Literatur, graduelle Fokussierung des Geschehens, vielfältige Perspektivenwechsel, in dem Roman ›Casas pardas‹ (1977) auch die Mischung literar. Gattungen, stilist. Minimalismus zur Hinterfragung der bürgerl. Kultur.

Weitere Werke: O lugar comum (En., 1966), Maina Mendes (R., 1969), Desescrita (R., 1973), Cravo (R., 1975), Corpo verde (Ged., 1979, portugies. und dt. Ausw. 1989 u. d. T. Corpo Verde – Körper grün), Missa in Albis (R., 1988).

Costa i Llobera, Miguel [katalan. 'kɔstə i ʎu'βɛrə], * Pollensa (Mallorca) 4. Febr. 1854, † Palma de Mallorca 16. Okt. 1922, katalan. Lyriker. – Priester, zuletzt in Palma de Mallorca; einflußreicher, an den antiken Klassikern geschulter Lyriker Kataloniens; schrieb spanisch und katalanisch.

Werke: Poesíes (Ged., 1885), Del agre de la terra (Ged., 1897), Horacianes (Ged., 1906).
Ausgabe: C. i L. Obres completes. Barcelona ²1947.
Literatur: TORRES, B.: C. i L., assaig biogràfic. Mallorca 1936.

Costanzo, Angelo di [italien. kos-'tantso], * Neapel um 1507, † ebd. 1591, italien. Dichter und Historiker. – Aus adeliger neapolitan. Familie; schrieb vielbewunderte Sonette und lat. Lieder (›Rime‹, hg. 1709) sowie eine Geschichte des Königreiches Neapel von 1250 bis 1486 (›Istoria del regno di Napoli‹, erste vollständige Ausgabe 1581).

Ausgabe: A. di C. Poesie italiane e latine e prose. Hg. v. A. GALLO. Palermo 1843 (mit Biogr.).
Literatur: CROCE, B.: A. di C. poeta e storico. In: CROCE: Uomini e cose della vecchia Italia. Bari 1927. – BALDACCI, L.: Il petrarchismo nel cinquecento. Mailand 1957. – CREMANTE, R.: Per il testo delle ›Rime‹ di A. di C. In: Studi e Problemi di Critica Testuale 16 (1978), S. 81.

Coster, Charles De, belg. Schriftsteller, ↑ De Coster, Charles.

Cọster, Dirk, * Delft 7. Juli 1887, † ebd. 8. Okt. 1956, niederl. Schriftsteller. – Mitbegründer der Zeitschrift ›De

Stem‹, in der er der Kunstkritik eine eigenschöpfer. Leistung zuerkannte.

Werke: Wege zum Leben (Aphorismen, 1919, dt. 1923), Nieuwe geluiden (Ged., 1925), Het leven en sterven van Willem van Oranje (Dr., 1948).

Coster, Samuel, *Amsterdam 16. Sept. 1579, †ebd. 1665, niederl. Dramatiker. – Studierte Medizin, war Arzt in Amsterdam; Mitbegründer der ›Nederduytschen Academie‹; schrieb Lustspiele, Tragödien unter dem Einfluß Senecas d. J. und allegor. Spiele.

Werke: Teeuwis de boer (Lsp., 1612), Ithys (Dr., 1615), Iphigenia (Dr., 1617), Isabella (Dr., 1619).

Literatur: HAMMES, T.: Dr. S. C. en zijn betekenis voor de cultuurgeschiedenis van Amsterdam. Amsterdam 1950.

Costumbrismo [span.] ↑ Kostumbrismus.

Cota, Rodrigo, †Toledo nach 1504, span. Dichter. – Aus jüd. Familie, getauft; einer der letzten höf. span. Dichter, von dem der am Anfang des span. Dramas stehende ›Diálogo entre el Amor y un viejo‹ stammt; zeitweilig galt er u.a. auch als Verfasser des ersten Aktes der ↑›Celestina‹.

Cotin, Charles [frz. kɔ'tɛ̃], *Paris 1604, †ebd. 1682, frz. Prediger, Dichter und Philosoph. – Ab 1655 Mitglied der Académie française; verkehrte in den literar. Salons von Paris, wo er wegen seiner Briefe und galanten Verse bewundert wurde; er schrieb ferner theologisch-philosoph. Abhandlungen (›Vie du philosophe chrétien‹, 1654; ›Traité de l'âme immortelle‹, 1655) und die ›Oraison funèbre d'Abel Servien‹ (1659), die ihn als sprachgewaltigen Kanzelredner auswies; N. Boileau-Despréaux verspottete ihn in seinen Satiren, Molière in seinen ›Femmes savantes‹.

Literatur: KUNCKEL, L.: Ch. C. Ffm. 1913.

Coucy, Kastellan von [frz. ku'si] (Chastelain de C.), wahrscheinlich Gui de Thourotte et de Ponceaux, *um 1160, †1203, altfrz. Dichter. – Unter seinem Namen sind handschriftlich 30 Minnelieder überliefert, von denen ihm 13 mit Sicherheit zuzuschreiben sind. – Der gegen 1285 entstandene ›Roman du Chastelain de C. et de la dame Fayel‹ von Jakemés, der die Sage vom gegessenen

Herzen aufgreift, verweist auf die frühe Legendenbildung um diesen Trouvère.

Literatur: Chansons attribuées au Chastelain de C. Hg. v. A. LEROND. Paris 1964.

Couperus, Louis [niederl. ku'peːrɔs], *Den Haag 10. Juni 1863, †De Steeg bei Arnheim 16. Juli 1923, niederl. Schriftsteller. – Lebte in seiner Jugend auf Java; war viel im Ausland, meist in Italien und Südfrankreich, später auch in Indien und Japan. C. verfaßte Romane über Stoffe aus Gegenwart, Altertum und Mythologie, Novellen, Gedichte, Reiseerzählungen und autobiograph. Schriften. Stilistisch zunächst von É. Zola und G. Flaubert beeinflußt, wandte er sich später einer lyrisch-myst. und historisierenden Darstellungsweise zu. Wiederkehrendes Thema ist die Dekadenz in Vergangenheit und Gegenwart.

Werke: Een lent van vaerzen (Ged., 1884), Schicksal (R., 1890, dt. 1892), Novellen (1892, dt. 1897), Majestät (R., 1893, dt. 1895), Psyche (E., 1898, dt. 1924), Stille Kraft (R., 2 Bde., 1900, dt. 1902), De boeken der kleine zielen (R., 4 Bde., 1901–03), Heliogabal (R., 3 Bde., 1905/1906, dt. 1916), Iskander (R., 1920, dt. 1926).

Ausgabe: L. C. Verzamelde werken. Amsterdam 1952–57. 12 Bde.

Literatur: SIMONS, W. J.: L. C. Brügge u. Utrecht 1963.

Couplet [ku'ple:; frz. zu lat. copula = Verbindung],
1. vom MA bis zum 17. Jh. allgemein für Strophe.
2. Reimpaar, das seit dem 16. Jh. ›C. de deux vers‹ näher definiert ist.
3. durch ungereimte Refrainzeilen gegliederte Abschnitte im ↑Rondeau.
4. das meist kurze pointierte Lied in ↑Vaudeville, kom. Oper, Singspiel, Operette, Posse, Kabarett mit witzigem oder satir. Inhalt, der häufig auf aktuelle polit., kulturelle oder gesellschaftl. Ereignisse anspielt. Freier Vortrag in gleichgebauten Strophen (bestehend aus Vorstrophe und Refrain) nach derselben Melodie. Der Schlußrefrain ist oft durch Wortveränderungen oder -umstellungen ins Gegenteil zum Vorhergehenden verkehrt und gipfelt meist in einer Schlußpointe.

Cour, Paul [de] la, dän. Lyriker, ↑la Cour, Paul Arvid Dornonville [de].

Courier, Paul-Louis [frz. ku'rje], *Paris 4. Jan. 1772, †Véretz (Indre-et-Loire)

10. April 1825 (ermordet), frz. Schriftsteller. – War 1793–1809 Offizier; kam als Teilnehmer an verschiedenen Kriegszügen mehrere Male nach Italien und ließ sich 1809 in Florenz nieder; begeistert von der griech. Sprache, widmete er sich dem Studium der griech. Literatur; kehrte 1812 nach Frankreich zurück und wandte sich, ein Meister des geschliffenen iron., an Voltaire geschulten Stils, seit 1816 in verschiedenen ›Lettres‹ und zahlreichen Pamphleten gegen die Regierung (u. a. mit ›Simple discours‹, 1821). C. ist u. a. der Entdecker eines Fragments von Longos' Roman ›Daphnis und Chloe‹, den er auch übersetzte. Bed. ist seine Korrespondenz.

Ausgaben: P.-L. C. Œuvres complètes. Hg. v. M. ALLEM. Paris 1965. – P.-L. C. Correspondance générale. Hg. v. G. VIOLLET-LE-DUC. Paris 1976–78. 2 Bde.
Literatur: GASCHET, R.: P.-L. C. et la Restauration. Paris 1913. – GASCHET, R.: Les aventures d'un écrivain, P.-L. C. (1772–1825). Paris 1928. – DESTERNES, L.: P.-L. C. et les Bourbons. Moulins 1962.

Courouble, Léopold [frz. ku'rubl], Pseudonym Maître Chamaillac, * Brüssel 3. Febr. 1861, † ebd. 24. März 1937, belg. Schriftsteller. – War u. a. 1889–1903 Richter in Belgisch-Kongo; sein in frz. Sprache geschriebenes Werk umfaßt außer Reisebeschreibungen und Memoiren v. a. eine Serie von Familienromanen, in denen er humorvoll die Brüsseler Volkssprache wiedergibt.

Werke: La famille Kaekebroeck (R., 1901), La maison espagnole (Erinnerungen, 1904), Le mariage d'Hermance (R., 1905), Madame Kaekebroeck à Paris (R., 1910), L'étoile de Prosper Claes (R., 1930).
Literatur: L. C. In: CULOT, J.-M.: Bibliographie des écrivains français de Belgique (1881–1950). Bd. 1. Brüssel 1958. S. 209.

Cours d'amour [frz. kurda'mu:r = Liebes-, Minnehöfe], aus dem Kreis mittelalterl. Hofgesellschaften gebildete ›Minnegerichtshöfe‹ (im Sinne der aristokrat. Salons späterer Jahrhunderte), auf denen unter dem Vorsitz adliger Frauen Streitfragen um normgerechtes Minneverhalten entschieden worden sein sollen. Musterbeispiele für Minneurteile liefert der Traktat ›De amore‹ (zw. 1174 und 1186, dt. 1482) von Andreas Capellanus.

Literatur: POIRION, D.: Le poète et le prince. Paris 1965. Nachdr. Genf 1982. – LAFITTE-HOUSSAT, J.: Troubadours et C. d'a. Paris ³1966.

Courteline, Georges [frz. kurtə'lin], eigtl. G. Moinaux, * Tours 25. Juni 1858, † Paris 25. Juni 1929, frz. Dramatiker. – Begann mit satir. Humoresken und Novellen aus seiner Militärzeit, die ihn rasch berühmt machten: ›Les gaîtés de l'escadron‹ (1886), ›Le train de 8 h 47‹ (1888) und ›Lidoire‹ (1891); schrieb dann eine große Anzahl bühnenwirksamer Komödien, meist Ein- oder Zweiakter, u. a. ›Boubouroche‹ (1893, dt. 1901; sein Meisterwerk), ›Messieurs les Ronds-de-cuir‹ (1893), ›Le gendarme est sans pitié‹ (1899), ›L'article 330‹ (1900), ›Der häusl. Frieden‹ (1903, dt. 1961). Zielscheibe seines Spotts sind v. a. Militär, Polizei, Justiz, das Beamten- und Kleinbürgertum. C. wurde 1926 Mitglied der Académie Goncourt.

Ausgaben: G. C. Œuvres complètes. Paris 1947–49. 11 Bde. – Œuvres de G. C. Hg. v. R. CARLIER. Paris 1990.
Literatur: RICHARDS, M. L.: Le comique de C. Montreal 1950. – DUBEUX, A.: La curieuse vie de G. C. Paris ²1958. – BORNECQUE, P.: Le théâtre de G. C. Paris 1969. – HAYMANN, E.: C. Paris 1990.

Courths-Mahler, Hedwig ['kʊrts-'ma:lər], geb. Mahler, * Nebra/Unstrut 18. Febr. 1867, † Tegernsee 26. Nov. 1950, dt. Schriftstellerin. – War Verkäuferin, Vorleserin und Dienstmädchen in Halle/Saale, Leipzig und Chemnitz; schrieb seit ihrem 17. Lebensjahr mehr als 200 Unterhaltungsromane, in denen sie den Märchentraum von Aufstieg, Reichtum und Glück sozial Niedriggestellter stets

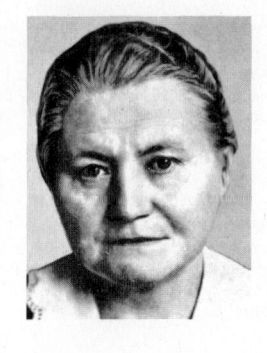

Hedwig
Courths-
Mahler

nach dem gleichen Klischee realisierte.
Bes. erfolgreich waren die Romane ›Die
wilde Ursula‹ (1912), ›Griseldis‹ (1916),
›Ich will‹ (1916), ›Meine Käthe‹ (1917),
›Eine ungeliebte Frau‹ (1918), ›Die
schöne Unbekannte‹ (1918) und ›Der
Scheingemahl‹ (1919). Ihre Werke errei-
chen bis heute immer wieder hohe Auf-
lagen.
Literatur: RIESS, C.: Kein Traum blieb unge-
träumt. Der märchenhafte Aufstieg der H.
C.-M. Mchn. 1974. – MÜLLER, INGRID: Unterss.
zum Bild der Frau in den Romanen H. C.-M.s.
Bielefeld 1978. – SICHELSCHMIDT, G.: H. C.-M.
Bonn ²1985. – PISTORIUS, S. M.: H. C.-M. Ihr Le-
ben. Bergisch-Gladbach 1992.

Courtilz de Sandras, Gatien de [frz.
kurtilsdəsã'dra:s], * um 1644, † Paris
8. Mai 1712, frz. Schriftsteller. – War ursprünglich Offizier; von ihm stammt
(z. T. unter dem Pseudonym Montfort)
eine große Zahl geistreicher, vielgelesener pseudohistor. Schriften und Pamphlete, in denen er die Mißstände im
Frankreich seiner Zeit anprangerte und
die ihm (v. a. als Folge der als skandalös
empfundenen ›Annales de la cour et de
Paris‹) u. a. eine 9jährige Gefängnisstrafe
in der Bastille eintrugen. Am bekanntesten wurden die ›Mémoires de M.
d'Artagnan‹ (1700), denen A. Dumas
d. Ä. den Stoff für ›Die drei Musketiere‹
entnahm.
Literatur: LOMBARD, J.: C. de S. et la crise du roman à la fin du grand siècle. Paris 1980.

Courtmans-Berchmans, Johanna
Desideria [niederl. 'ku:rtmɑns'bɛrx-
mɑns], * Auderghem 6. Sept. 1811, † Mal-
degem 22. Sept. 1890, fläm. Schriftstellerin. – Verfasserin einer großen Zahl von
Romanen und Erzählungen, die v. a. wegen ihrer genauen Beobachtung und rea-
listisch-nüchternen Beschreibung des
Dorflebens jener Zeit von Interesse sind;
am bekanntesten ist der Roman ›Das Ge-
schenk des Jägers‹ (1864, dt. 1866).

Cousin Jacques, Le [frz. ləkuzɛ̃-
'ʒɑ:k], Pseudonym des frz. Schriftstellers
Louis Abel † Beffroy de Reigny.

Cowan, Peter [engl. 'kaʊən], * Perth
(Western Australia) 1914, austral.
Schriftsteller. – Beschreibt in seinen Romanen und Kurzgeschichten die soziale
und kulturelle Isolation des einzelnen in
der Gesellschaft.

Werke: Drift (Kurzgeschichten, 1944), The un-
ploughed land (Kurzgeschichten, 1958), Summer (R., 1964), The empty street (Kurzgeschichten, 1965), Seed (R., 1966), The tins and other
stories (Kurzgeschichten, 1973), New critical essays (1992).

Coward, Sir (seit 1970) Noël [Pierce]
[engl. 'kaʊəd], * Teddington (heute zu
London) 16. Dez. 1899, † Port Maria
(Jamaika) 26. März 1973, engl. Dramatiker. – Erfolgreich als Dramatiker, Librettist und Komponist von Musicals und
Revuen, als Regisseur und Schauspieler.
V. a. bekannt als Verfasser bühnenwirksamer Gesellschaftskomödien mit geist-
reich-witzigem Dialog (u. a. ›Heufieber‹,
1925, dt. 1926; ›Intimitäten‹, 1930, dt.
1931; ›Unter uns Vieren‹, 1933, dt. 1952;
›Geisterkomödie‹, 1941, dt. 1949; ›Present laughter‹, 1942; ›Quadrille‹, 1952,
dt. 1953; ›Waiting in the wings‹, 1960).
Schrieb auch einige ernste Stücke (u. a.
›Brief encounter‹, 1950; ›Shadows of the
evening‹, 1967) sowie Gedichte, Kurzgeschichten (›Eine Klasse für sich‹, 1951,
dt. 1962, 1952 u. d. T. ›Theater, Theater‹)
und einen Roman (›Palmen, Pomp und
Paukenschlag‹, 1960, dt. 1961).

Sir Noël
Coward

Ausgaben: N. C. Play parade. 1934–62. 6 Bde. –
N. C. Plays. New York 1981–83. 5 Bde. – N. C.
Diaries. Hg. v. G. PAYN u. SH. MORLEY. London
1982. 2 Bde.
Literatur: LESLEY, C.: The life of N. C. London
1976. Neuaufl. 1978. – LAHR, J.: C. the playwright. London 1982. – GRAY, F.: N. C. London
1987.

Cowley, Abraham [engl. 'kaʊlɪ],
* London 1618, † Chertsey (Surrey)
28. Juli 1667, engl. Dichter. – Stand lange
im Dienst des engl. Königshauses; galt

seinen Zeitgenossen als größter Dichter neben Shakespeare und E. Spenser, dessen Werk seine metaphys., preziöse Dichtung anregte. Unter Berufung auf Pindar schuf er eine neue, später nach ihm benannte Odenform, die er mit gelehrtem Gehalt erfüllte; daneben veröffentlichte er eleg. und anakreont. Gedichte, ein nach dem Muster der ›Äneis‹ gestaltetes unvollendetes Epos (›Davideis‹, 1656) sowie bed. Essays.

Weitere Werke: Poeticall blossomes (Ged., 1633), The mistress (Ged., 1647), Poems (1656), Verses lately written upon several occasions (Ged., 1663).
Ausgaben: A. C. Complete works in verse and prose. Hg. v. A. B. GROSART. Edinburgh 1881. 2 Bde. Nachdr. Hildesheim 1969. – The collected works of A. C. Hg. v. TH. O. CALHOUN u. a. Newark (Del.) 1989 ff.
Literatur: LOISEAU, J.: A. C., sa vie, son œuvre. Paris 1931. – NETHERCOT, A. H.: A. C., the muse's Hannibal. London 1931. – TAAFFE, J. G.: C. New York 1972.

Cowley, Malcolm [engl. 'kaʊlɪ], *bei Belsano (Pa.) 24. Aug. 1898, † New Mitford (Conn.) 28. März 1989, amerikan. Schriftsteller. – Während des 1. Weltkriegs erste Kontakte zu den Vertretern der Lost generation in Paris; freier Schriftsteller, Publizist, Gastdozent für Literatur, Übersetzer frz. Autoren, Hg. und Verlagsberater. Schrieb außer Lyrik und Prosawerken teils autobiograph. Inhalts v. a. histor. und literaturkrit. Essays, die die soziolog., ökonom. und intellektuellen Bedingungen bes. der amerikan. Schriftsteller behandeln.

Werke: Blue Juniata (Ged., 1929), Exile's return (autobiograph. Bericht, 1934, Neufassung 1951), Literatur in Amerika (Abh., 1954, dt. 1963; mit D. P. Mannix), Black cargoes (Abh., 1962), Think back on us (Essays, 1967), A many-windowed house (Essays, 1970), A second flowering. Works and days of the Lost Generation (Essay, 1973), And I worked at the writer's trade. Chapters of literary history, 1918–1978 (1979), The dream of the golden mountains. Remembering the 1930's (1980), The view from 80 (1981).
Ausgabe: The portable M. C. Hg. v. D. W. FAULKNER. New York 1990.

Cowper, William [engl. 'kaʊpə], *Great Berkhampstead (Hertford) 26. Nov. 1731, † East Dereham (Norfolk) 25. April 1800, engl. Dichter. – Studierte Jura; mußte, da er an Depressionen litt, seine Tätigkeit im öffentl. Dienst aufge-

ben. Steht an der Schwelle zur Romantik; schrieb für den Prediger Newton die sentimental-religiösen ›Olney hymns‹ (1779), von denen zahlreiche als Kirchenlieder lebendig geblieben sind, sowie schwermütige Versdichtungen (›The task‹, 1785); bed. sind seine Homerübersetzungen (2 Bde., 1791) sowie die Briefe.

Ausgaben: The correspondence of W. C. Hg. v. TH. WRIGHT. London u. New York 1904. 4 Bde. – W. C. Poetical works. Hg. v. H. S. MILFORD. London ⁴1967.
Literatur: RYSKAMP, CH.: W. C. of the Inner Temple, Esq. Cambridge 1959. – HARTLEY, L. CH.: W. C. The continuing revaluation. Chapel Hill (N. C.) 1960. – QUINLAN, M.: W. C. A critical life. Westport (Conn.) Neuausg. 1970. – KING, J.: W. C. A biography. London 1986.

Cox, William Trevor [engl. kɔks], angloir. Schriftsteller, ↑ Trevor, William.

Cozzani, Ettore, *La Spezia 3. Jan. 1884, † Mailand 22. Juni 1971, italien. Schriftsteller. – Gründer der literar. Zeitschrift ›L'Eroica‹ (1911), in der er unter dem Einfluß G. D'Annunzios für held. Ideale eintrat; veröffentlichte neben zahlreichen Biographien (u. a. ›Pascoli‹, 5 Bde., 1937–55) Gedichte (›Il poema del mare‹, 1928), literar. Essays, Erzählungen (so ›Leggende della Lunigiana‹, 1931) und Romane ›Marmor und Erde. Roman eines Mannes‹, 1934, dt. 1940; ›Luci nella notte‹, 1953), in denen die Landschaft, v. a. seiner Heimat, eine bed. Rolle spielt.
Literatur: BOSCARINO, V.: Gli scrittori de ›L'Eroica‹. Perugia 1929.

Cozzens, James Gould [engl. kʌznz], *Chicago 19. Aug. 1903, † Stuart (Fla.) 9. Aug. 1978, amerikan. Schriftsteller. – Enstammte einer alten amerikan. Familie, studierte an der Harvard University, kurze Lehrtätigkeit in Kuba und Europa (1925–27); behandelt in seinen Romanen meist dramat. Situationen, die sich aus dem Gegensatz zwischen privilegierten Standesvertretern und gesetzlosen Außenseitern der Gesellschaft ergeben und in denen die handelnden Personen vor eth. Entscheidungen gestellt sind. In Anlehnung an H. James wahrt er kühle Distanz zum Geschehen, das auf der See, im Krieg, in der Großstadt oder in kleinen Städten des Ostens spielt.
Werke: Confusion (R., 1924), Ein Schiff geht unter (R., 1931, dt. 1933), Ask me tomorrow (R.,

1940), Die Gerechten und die Ungerechten (R., 1942, dt. 1946), Guard of honor (R., 1948; Pulitzerpreis 1949), Von Liebe beherrscht (R., 1957, dt. 1959), Kinder und andere Leute (En., 1964, dt. 1966), Morning, noon and night (R., 1968), A flower in her hair (En., 1975).
Literatur: MOONEY, H. J.: J. G. C.: Novelist of intellect. Pittsburgh 1963. – MICHEL, P.: J. G. C. New York 1974. – BRUCCOLI, M. J.: J. G. C. A descriptive bibliography. Pittsburgh 1981. – BRUCCOLI, M. J.: J. G. C. A life apart. New York 1983.

Crabbe, George [engl. kræb], * Aldeburgh (Suffolk) 24. Dez. 1754, † Trowbridge (Wiltshire) 3. Febr. 1832, engl. Dichter. – War 1782–85 Hauskaplan des Herzogs von Rutland; später in verschiedenen Pfarrstellen tätig. Formal noch der klassizist. Richtung, durch nüchterne und realist., manchmal auch satirischpessimist. Schilderung des dörfl. und kleinstädt. Lebens jedoch einer neuen literar. Epoche zugehörig.
Werke: The library (Ged., 1781), The village (Ged., 1783), The parish register (Vers-En., 1807), The borough (Ged., 1810), Tales of the hall (Dichtung, 2 Bde., 1819).
Ausgaben: G. C. Poems. Hg. v. A. W. WARD. Cambridge 1905–07. 3 Bde. – G. C. The complete poetical works. Hg. v. N. DALRYMPLE-CHAMPNEUS u. A. POLLARD. Oxford 1988. 3 Bde.
Literatur: NEW, P.: G. C.'s poetry. London 1976. – BAREHAM, T.: G. C. London 1977. – BAREHAM, T.: A bibliography of G. C. Folkestone 1978.

Craddock, Charles Egbert [engl. 'krædək], eigtl. Mary Noailles Murfree, * Murfreesboro (Tenn.) 24. Jan. 1850, † ebd. 31. Juli 1922, amerikan. Schriftstellerin. – Zeitlebens gelähmt, lebte sie immer im Kreis ihrer Familie. Schrieb außer Romanen aus der Geschichte der Südstaaten Kurzgeschichten über die Bergbevölkerung; führte den schwerfälligen Tennesseedialekt in die Literatur ein.
Werke: In the Tennessee mountains (Kurzgeschichten, 1884), Where the battle was fought (R., 1884), The frontiersmen (Kurzgeschichten, 1904), The storm centre (R., 1905), The amulet (R., 1906).
Literatur: PARKS, E. W.: Ch. E. C. Chapel Hill (N. C.) 1941.

Crainic, Nichifor [rumän. 'krajnik], eigtl. Ion Dobre, * Bulbucata (Judeţ Ilfov) 24. (nicht 22.) Dez. 1889, † Bukarest 21. Aug. 1972, rumän. Schriftsteller. – Prof. der Theologie in Bukarest, 1941–44

Propagandaminister; nach dem Krieg wegen antikommunist. Haltung 20 Jahre in Haft. Übte als Leiter der Zeitschrift ›Gindirea‹ (= Das Denken) bed. Einfluß auf die rumän. Literatur aus; traditionsbewußter Vertreter des Ostchristentums.
Werke: Şesuri natale (= Ebenen der Heimat, Ged., 1916), Darurile pămîntului (= Geschenke der Erde, Ged., 1920), Nostalgia paradisului (= Das Heimweh nach dem Paradies, Essays, 1940).

Cramer, Heinz [Tilden] von, * Stettin 12. Juli 1924, dt. Schriftsteller. – Studierte u. a. bei B. Blacher in Berlin Musik, 1946–53 Dramaturg und Regisseur beim Rundfunk, Hörspielautor; seit 1953 freier Schriftsteller. Wurde bekannt durch den vielschichtigen, die dt. Intellektuellen leidenschaftlich kritisierenden Roman ›Die Kunstfigur‹ (1958). Auch die folgenden, stilistisch immer wieder voneinander abweichenden Romane sind zeitkritisch. C. ist ferner Verfasser von Operntexten (u. a. für B. Blacher und H. W. Henze); auch Fernsehfilme und Übersetzungen.
Weitere Werke: San Silverio (R., 1955), Die Konzessionen des Himmels (R., 1961), Leben wie im Paradies (En., 1964), Der Paralleldenker (R., 1968).

Cramer, Johann Andreas, * Jöhstadt 27. Jan. 1723, † Kiel 12. Juni 1788, dt. Theologe und Schriftsteller. – Studium der ev. Theologie in Leipzig, Mitarbeiter der ›Bremer Beiträge‹, befreundet mit Ch. F. Gellert und F. G. Klopstock; Hofprediger, seit 1774 Prof. der Theologie in Kiel. C. schrieb geistl. Oden und Kirchenlieder, verfaßte Predigten, übersetzte und bearbeitete Psalmen, schrieb die erste Gellert-Biographie (›Christian Fürchtegott Gellerts Leben‹, 1774). In der von ihm hg. moral. Wochenschrift ›Der Nord. Aufseher‹ (1758–61) trat er als Literaturkritiker hervor.
Werke: Poet. Übersetzung der Psalmen (4 Bde., 1755–64), Vermischte Schriften (1757), Neue geistl. Oden und Lieder (1775), Sämtl. Gedichte (3 Bde., 1782/83).

Cranach-Presse † Keßler, Harry Graf.

Crane, [Harold] Hart [engl. kreɪn], * Garrettsville (Ohio) 21. Juli 1899, † im Golf von Mexiko 27. April 1932, amerikan. Lyriker. – Unglückl. Kindheit durch zerrüttetes Familienleben in Ohio, ab

1916 ausschweifendes Leben in New York und Ohio, zwischendurch verschiedene Tätigkeiten, u. a. bei Zeitschriften; Reisen nach Europa (1928) und Mexiko (1931/32), auf der Heimfahrt stürzte er sich ins Meer. Beeinflußt durch E. Pounds und T. S. Eliots offene Form der Dichtung, Identifikation mit Außenseitern wie Ch. Marlowe und A. Rimbaud. Sein erstes Werk ›Weiße Bauten‹ (1926, dt. 1960), dunkle, gedrängte Gedichte ohne einheitl. Thematik, besteht aus Ketten von Assoziationen; es zeigt C.s formale Begabung und dichter. Kraft. Der Gedichtband ›The bridge‹ (1930) stellt in der hymn. Schilderung der Großstadt New York eine ›Symphonie mit ep. Thema‹ über den ›Mythos Amerika‹ dar. Intendiert als positive Antwort auf Eliots Dichtung ›Das wüste Land‹, evoziert C. histor. und literar. Figuren der amerikan. Vergangenheit (Ch. Kolumbus, Rip van Winkle, die Wright-Brüder, Pokahontas, W. Whitman, E. A. Poe, E. Dickinson), um sie mit der materialist. synästhetisch-technolog. Gegenwart zu verbinden. Symbol dieser Einheit ist die Brooklyn Bridge, die von einer zykl. Erneuerung der poet. Schaffenskraft kündet. Die teils in traditionellen Formen, teils in freien Versen gebauten Strophen werden durch Bildassoziationen der übergeordneten ›Logik der Metapher‹ zusammengehalten.

Ausgaben: H. C. The collected poems. Hg. v. W. Frank. New York Neuausg. 1946. – H. C. Letters 1916–1932. Hg. v. B. Weber. New York 1952. – The complete poems and selected letters and prose of H. C. Hg. v. B. Weber. New York 1979.

Literatur: Unterecker, J.: Voyager. A life of H. C. New York 1969. – Ickstadt, H.: Dichter. Erfahrung u. Metaphernstruktur. Eine Unters. der Bildersprache H. C.s. Hdbg. 1970. – Uroff, M. D.: H. C. The patterns of his poetry. Urbana (Ill.) 1974. – Sugg, R. P.: H. C.'s ›The bridge‹. A description of its life. University of Alabama 1977. – Combs, R.: Vision of the voyage. H. C. and the psychology of romanticism. Memphis 1978. – Critical essays on H. C. Hg. v. D. R. Clark. Boston (Mass.) 1982. – H. C.: A collection of critical essays. Hg. v. A. Trachtenberg. Englewood Cliffs (N. J.) 1982.

Crane, Stephen [engl. krɛin], * Newark (N. J.) 1. Nov. 1871, † Badenweiler 5. Juni 1900, amerikan. Schriftsteller. – Nach dem frühen Tod des Vaters (1880) entbehrungsreiche Kindheit und Jugend; ab 1891 journalist. Tätigkeit in New York und nach ersten literar. Erfolgen Zeitungskorrespondent in Texas und Mexiko; Kriegsberichterstatter in Kuba und Griechenland. Gefördert von H. Garland und W. D. Howells, befreundet mit J. Conrad, H. James und H. G. Wells während seiner Aufenthalte in England; starb in Deutschland, wo er Heilung von seinem Tuberkuloseleiden suchte. C. schrieb vom Naturalismus beeinflußte Erzählungen sowie symbolist. Kurzgedichte. ›Maggie, das Straßenkind‹ (Kurz-R., 1892, dt. 1897) schildert die unausweichl. Entwicklung der Titelheldin zum Straßenmädchen in den Slums von New York. Am erfolgreichsten war der naturalist. Roman ›Das Blutmal‹ (1895, dt. 1954, 1962 auch u. d. T. ›Das rote Siegel‹), der ironisch und mit impressionist. Technik die psycholog. Auswirkungen einer Schlacht des Bürgerkriegs auf einen jungen Rekruten zeigt. Angesichts der kosm. Indifferenz dem Schicksal des Menschen gegenüber entwickelt der Erzähler eine iron. Distanz, z. B. in der Kurzgeschichte ›Im Rettungsboot‹ (1898, dt. 1948), die zum Kennzeichen existentieller Ambivalenz in der Moderne wird.

Stephen Crane

Weitere Werke: The black riders (Ged., 1895), Active service (R., 1899), Das Monstrum (Kurzgeschichte, 1899, dt. 1962), War is kind (Ged., 1899), Whilomville stories (Kurzgeschichten, 1900), Men, women and boats (Kurzgeschichten, hg. 1921), Das blaue Hotel (En., dt. Ausw. 1964).

Ausgabe: S. C. The works. Hg. v. F. Bowers. Charlottesville (Va.) 1969–75. 10 Bde. – S. C.

Meistererzählungen. Dt. Übers. Neuausg. Zü. 1993.
Literatur: STALLMAN, R.: S. C. A critical bibliography. Ames (Iowa) 1972. – CADY, E. H.: S. C. Boston (Mass.) ²1980. – NAGEL, J.: S. C. and literary impressionism. University Park (Pa.) u. London 1980. – POENICKE, K.: Der amerikan. Naturalismus. C., Norris, Dreiser. Darmst. 1982. – WOLFORD, CH. L.: The anger of S. C. Fiction and the epic tradition. Lincoln (Nebr.) 1983.

Crashaw, Richard [engl. 'kræʃɔ:], * London um 1613, † Loreto (Italien) 21. Aug. 1649, engl. Dichter. – Verließ während der Religionswirren 1643 England, konvertierte in Frankreich zum Katholizismus. Schrieb formal an J. Donne und G. Herbert geschulte, ekstat., sich in Bildfülle auflösende Liebeslyrik und religiöse Dichtung, letztere von kath. Geisteswelt beeinflußt (›Epigrammata sacra‹, 1634; ›Steps to the temple‹, 1646, vermehrt 1648).
Ausgabe: The complete poetry of R. C. Hg. v. G. W. WILLIAMS. New York 1972.
Literatur: WALLERSTEIN, R. C.: R. C. A study in style and poetic development. Madison (Wis.) 1935. Nachdr. New York 1972. – WILLIAMS, G. W.: Image and symbol in the sacred poetry of R. C. Columbia (S. C.) 1963. – PETERSSON, R. T.: The art of ecstasy. Teresa, Bernini and C. London 1970. – ROBERTS, J. R.: R. C. An annotated bibliography of criticism, 1632–1980. Columbia (Mont.) 1985.

Craûn, Moriz von, mhd. Versnovelle, † Moriz von Craûn.

Crawford, Francis Marion [engl. 'krɔ:fəd], * Bagni di Lucca (Italien) 2. Aug. 1854, † Sorrent 9. April 1909, amerikan. Schriftsteller. – Sohn eines Bildhauers, studierte german., roman. und oriental. Sprachen; schrieb in gewandtem Stil mehr als 40 Unterhaltungsromane, die ein romantisiertes Bild der von ihm bereisten Länder entwerfen: Indien (›Mr. Isaacs‹, 1882, dt. 1892), Italien (›Saracinesca‹, 3 Bde., 1887, dt. 1892, mit zahlreichen Fortsetzungen), Deutschland (›Greifenstein‹, 3 Bde., 1889, dt. 2 Bde., 1893), USA (›An American politician‹, 1884). Daneben verfaßte er eine Reihe histor. Romanzen (›Via crucis‹, 1898), phantast. Kurzgeschichten (›Wandering ghosts‹, postum 1911), verschiedene Dramen (›Francesca da Rimini‹, 1902, für Sarah Bernhardt) und ein literaturkrit. Werk (›The novel – what it is‹,

1893), in dem C. den Unterhaltungswert der Literatur herausstellte.
Literatur: MORAN, J. C.: Seeking refuge in Torre San Nicola. An introduction to F. M. C. Nashville (Tenn.) 1980.

Crayencour, Marguerite de [frz. krɛjä'ku:r], frz. Schriftstellerin, † Yourcenar, Marguerite.

Crayon, Geoffrey [engl. 'krɛiən], Pseudonym des amerikan. Schriftstellers Washington † Irving.

Creacionismo [span. kreaθio'nizmo], span. literar. Bewegung, begründet von dem Franzosen P. Reverdy und dem Chilenen V. Huidobro, die eine schöpferisch-naturhafte Erneuerung der Dichtung forderten: ohne Rücksicht auf literar. und geistige Traditionen oder auf die reale Wirklichkeit solle Dichtung entstehen, wie die Natur Bäume hervorbringe. Vertreter des C. waren u. a. G. Diego Cendoya, J. Torres Bodet und Juan Larrea.

Creangă, Ion [rumän. 'kreaŋgə], * Humuleşti (Moldau) 10. Juni 1839, † Jassy 31. Dez. 1889, rumän. Schriftsteller. – Bauernsohn, besuchte das Priesterseminar und wirkte einige Zeit als Diakon; wurde 1872 aus dem Kirchendienst entlassen und lebte ab 1874 als Volksschullehrer in seiner moldauischen Heimat. Durch die Freundschaft mit M. Eminescu kam er zur literar. Junimea-Gruppe und begann zu schreiben. Seine Märchen (u. a. ›Harap Alb‹, 1877, dt. 1910, u. a. auch 1952 u. d. T. ›Der weiße Mohr u. a. Märchen und Erzählungen‹, 1954 u. d. T. ›Prinz Stutensohn. Märchen und Geschichten‹) sind die originellsten Rumäniens, ohne Vorbild und von größter Spontaneität, durch den eigenwilligen Dialekt und die innere Nähe zum Volksmärchen sehr populär, gleichzeitig schlicht und in den Dialogen sehr subjektiv geprägt. Ebenso lebendig und humorvoll sind seine Jugenderinnerungen (›Der Lausejunge aus Humuleşti‹, 1892, dt. 1958). Ohne selbst literarisch beeinflußt zu sein, hatte C. eine starke Ausstrahlung auf die rumän. Prosa; viele seiner faszinierenden Erzählungen sind Allgemeinbesitz geworden.
Ausgabe: I. C. Opere. Hg. v. I. IORDAN u. E. BRÂNCUS. Bukarest 1970. 2 Bde.

Literatur: DUMITRESCU-BUŞULENGA, Z.: I. C. Bukarest 1963. – BÎRLEA, O.: Poveştile lui C. Bukarest 1967. – BRATU, S.: I. C. Bukarest 1968. – CĂLINESCU, G.: I. C., viaţă şi operă. Bukarest ³1973. – APOSTOLESCU, M.: I. C. între marii povestitori ai lumii. Bukarest 1978. – REZUŞ, P.: I. C. Mit şi adevăr. Bukarest 1981.

Crébillon, Claude Prosper Jolyot de [frz. krebi'jõ], d. J., * Paris 14. Febr. 1707, † ebd. 12. April 1777, frz. Schriftsteller. – Sohn von Prosper Jolyot de C.; schrieb seinerzeit sehr beliebte, frivole kleine Romane, die die moral. Freizügigkeit seiner Zeit spiegeln. C. wird wegen seines witzigen, zeitweilig zyn., doch immer brillanten Stils als Vorläufer Voltaires, wegen seiner Darstellungsmethode als Vorläufer des analyt. Romans angesehen.

Werke: Tanzai und Neadarne oder Der Schaumlöffel (R., 1733, dt. 1926), Das Sopha (R., 1742, dt. 1904), Die Verführung (R., 1755, dt. 1948), Das Spiel des Zufalls am Kaminfeuer (R., 1763, dt. 1905).

Ausgabe: C. P. C. der Jüngere. Das Gesamtwerk in 8 Bden. Dt. Übers. Hg. v. E. LOOS. Bln. 1968–70.

Literatur: FUNKE, H.-G.: C. fils als Moralist u. Gesellschaftskritiker. Hdbg. 1972. – WAGNER, H.: C. fils. Die erzähler. Struktur seines Werkes. Mchn. 1972. – FORT, B.: Le langage de l'ambiguité dans l'œuvre de C. fils. Paris 1978. – SIEMEK, A.: La recherche morale et esthétique dans le roman de C. fils. Oxford 1981.

Crébillon, Prosper Jolyot de [frz. krebi'jõ], d. Ä., eigtl. P. J. Sieur de Crais-Billon, * Dijon 13. Jan. 1674, † Paris 17. Juni 1762, frz. Dramatiker. – Sohn eines Notars, Advokat in Paris, wandte sich dann jedoch dem Theater zu. Schrieb pathet. Horrortragödien mit antiken und mytholog. Stoffen, in denen er äußerst verwickelte, undramat. Handlungen, Helden ohne psycholog. Entwicklung auf die Bühne stellte (Beiname ›le Terrible‹). C. war sehr erfolgreich, wenn auch Sprache und Verse seiner Stücke mittelmäßig waren; 1731 Mitglied der Académie française.

Werke: Idomeneus (Trag., 1705, dt. 1752), Atrée et Thyeste (Trag., 1707), Orest und Elektra (Trag., 1709, dt. 1774), Rhadamist und Zenobia (Trag., 1711, dt. 1756), Xerxes (Trag., 1714), Catilina (Trag., 1749, dt. 1775).

Literatur: DUTRAIT, M.: Étude sur la vie et le théâtre de C. 1674–1762. Bordeaux 1895. – LANGEFELD, J.: Das Theater C.s. P. J. de C. 1674–1762. Diss. Köln 1967. – MARKGRAF, H.: Das Schreckliche in den Tragödien C.s. Gerbrunn 1982.

Creeley, Robert [White] [engl. 'kri:lı], * Arlington (Mass.) 21. Mai 1926, amerikan. Lyriker. – Studierte an der Harvard University, Freundschaft mit Ch. Olson, mit dem er die Black Mountain School begründete, und mit A. Ginsberg in San Francisco; lebt in Kalifornien; Dozent am Black Mountain College (N. C.) und verschiedenen Universitäten, Mit-Hg. der ›Black Mountain Review‹ (1954–57), in der er die beiden Dichtungsschulen des amerikan. Ostens und Westens verbindet. In seinen geschliffen formulierten Gedichten und Romanen verschmelzen Empfindung und Anschauung bei der Verarbeitung der persönl. Erfahrungen seiner beiden Ehen. Seine Essays und Interviews kommentieren die Entwicklung der Lyrik der beiden Dichtungsschulen.

Werke: Le fou (Ged., 1952), Mister Blue (En., 1954, erweitert 1965, dt. 1964), For love (Ged., 1962), Die Insel (R., 1963, dt. 1965), Die Goldgräber (En., 1965, dt. 1992), Words (Ged., 1967), Gedichte (amerikan. und dt. Ausw. 1967), The charm. Early and uncollected poems (1967), Selected poems (1976), Mabel. Eine Geschichte (1976, dt. 1989), Away (Ged., 1976), Later (Ged., 1978), Was that a real poem and other essays (1979), Mirrors (Ged., 1983), Gedichte (dt. Ausw. 1984), The company (Ged., 1988), Autobiography (1990), Windows (Ged., 1990), Selected poems 1945–1990 (1991).

Ausgaben: R. C. A quick graph. Collected notes and essays. Hg. v. D. ALLEN. San Francisco 1970. – Charles Olson/R. C. The complete correspondence. Hg. v. G. F. BUTTERICK. Santa Barbara (Calif.) 1980–83. 5 Bde. – The collected poems of R. C. Berkeley (Calif.) 1983. – The collected prose of R. C. Neudr. Berkeley (Calif.) 1988

Literatur: EDELBERG, C. D.: R. C.'s poetry. A critical introduction. Albuquerque (N. Mex.) 1978. – FORD, A. L.: R. C. Boston (Mass.) 1978. – FAAS, E.: Towards a new American poetics. Essays and interviews. Santa Barbara (Calif.) 1979. – R. C.'s life and work. A sense of increment. Hg. v. J. WILSON. Ann Arbor (Mich.) 1987.

Crémazie, Octave [frz. krema'zi], * Quebec 16. April 1827, † Le Havre 16. Jan. 1879, kanad. Schriftsteller. – War ab 1847 Inhaber einer Buchhandlung in Quebec, die zum Mittelpunkt eines romant. literar. Kreises wurde; mußte 1862 wegen geschäftl. Mißerfolgs nach Frankreich fliehen, wo er in Armut unter dem Namen Jules Fontaine lebte. Wurde v. a.

bekannt durch seine in frz. Sprache verfaßte patriot. Lyrik (›Chant du vieux soldat canadien‹, 1855; ›Le drapeau de Carillon‹, 1858) sowie durch das unvollendete Gedicht ›Promenade des trois morts‹.

Cremer, Jacobus Jan, *Arnheim 1. Sept. 1827, †Den Haag 5. Juni 1880, niederl. Erzähler. – Anfangs Maler; schrieb zahlreiche Romane und Novellen, z. T. mit sozialkrit. Tendenz, aus dem bäuerl. Milieu Gelderns.
Werke: Holländ. Novellen (1856, dt. 1875), Anna Rooze (R., 3 Bde., 1868), Die Arbeiterprinzessin (R., 1873, dt. 1875), Von der Bretterwelt (En., 1875, dt. 1882).
Literatur: SANDERS, H.: J. C. Haarlem 1952 (mit Bibliogr.).

Cremer, Jan, *Enschede 20. April 1940, niederl. Schriftsteller. – Erwarb große Popularität durch seinen Roman ›Ich Jan Cremer‹ (1964, dt. 1968), eine chaot. Mischung von Sex, Gewalt und Wunschträumen in aggressiver Sprachform.
Weitere Werke: Ik, Jan Cremer. Tweede boek (1966), Logboek (1978), De Hunnen (R., 3 Tle., 1984).

Crenne, Hélisenne de [frz. krɛn]̣ eigtl. Marguerite Briet, *in der Picardie um 1510, †nach Aug. 1552, frz. Schriftstellerin. – War hochgebildet; veröffentlichte neben einer Übersetzung der ersten vier Gesänge der ›Äneis‹ u. a. die ›Épîtres familières et invectives‹ (1539) und mit dem autobiograph. Roman ›Les angoisses douloureuses qui procèdent d'amours...‹ (1538), der aus den Erfahrungen ihrer eigenen unglückl. Ehe entstand, den ersten sentimentalen Roman der frz. Literatur.
Literatur: FRICKE, D.: Wiedergeburt in Lieben u. Schreiben. Jeanne Flore – H. de C. – Marguerite de Navarra. In: Die frz. Autorin vom MA bis zur Gegenwart. Hg. v. D. FRICKE u. R. BAADER. Wsb. 1979. S. 63.

Crepuscolari [italien. krepusko'la:ri; zu crepuscolare = dämmerig, zwielichtig], italien. Lyriker zu Beginn des 20. Jh., die in ihren Gedichten (auch in Novellen und Romanen) die Welt der kleinen Dinge gestalteten und dabei absichtlich oft das Banale streiften, sowohl in den Themen als auch in der bewußt unrealist. prosanahen Form; charakteristisch ist ferner eine müde, resignierend-melanchol. Stimmung. – Die Poesie der C. entstand als Reaktion gegen die dionysischfieberhaften und rhetorisch ausgefeilten Dichtungen G. D'Annunzios und seiner Anhänger; den C. stehen G. Pascoli und die frz. und belg. †Décadents nahe. – Ursprünglich war der Ausdruck ›poesia crepuscolare‹ 1911 von dem Turiner Kritiker G. A. Borgese nur für die Dichtungen von M. Moretti, F. M. Martini und Carlo Chiaves (*1883, †1919) geprägt worden; der daraus gebildete Begriff C. wurde dann von der Literaturwiss. auch auf andere Dichter dieser Stilhaltung angewandt, so bes. auf S. Corazzini, G. Gozzano, C. Govoni und A. Palazzeschi.
Literatur: PANARO, O.: I poeti c. Livorno 1962. – BALDACCI, L.: I c. Turin ²1967. – VALLONE, A.: I c. Palermo ⁴1973. – BARTOCCINI, F., u. a.: Il decadentismo e Roma. Rom 1980. – GHIDETTI, E.: Il decadentismo. Materiali e testimonianze critiche. Rom 1984. – QUATELA, A.: Invito a conoscere il crepuscolarismo. Mailand 1988.

Crescimbeni, Giovan[ni] Mario [italien. kreʃʃim'bɛːni], *Macerata bei Ancona 9. Okt. 1663, †Rom 8. März 1728, italien. Dichter und Gelehrter. – 1690 einer der Gründer der Accademia dell'Arcadia; von ihm stammt der erste Versuch einer allgemeinen Geschichte der italien. Dichtung (›Istoria della volgar poesia‹, 1698), zu der er 1702–11 noch ›Commentari‹ verfaßte; er schrieb außerdem den Dialog ›La bellezza della volgar poesia‹ (1700), die Pastoraldichtung ›Arcadia‹ (1709) und Gedichte (›Rime‹, 1695 und 1723), in denen er u. a. F. Petrarca nachahmte.
Literatur: PIROMALLI, A.: L'Arcadia. Palermo 1963. – GAYE, V. M.: L'opera critica e storiografica del C. Parma 1970.

Crestien de Troyes [frz. kretjɛ̃də'trwa], altfrz. Dichter, †Chrétien de Troyes.

Creticus †Kretikus.

Crétin, Guillaume [frz. kre'tɛ̃], *Paris um 1460, †ebd. 1525, frz. Schriftsteller. – Historiograph Franz' I. von Frankreich; Vertreter der Schule der Grands Rhétoriqueurs; Freund von F. Rabelais und C. Marot; zu seinem umfangreichen Werk (hg. 1525 und 1526) gehört, neben Episteln, Complaintes u. a., auch eine aus 5 Büchern bestehende, nicht vollendete ›Chronique française‹ in 20 000 Versen.

Ausgabe: G. C. Œuvres poétiques. Hg. v. K. Chesney. Paris 1932.

Literatur: Zumthor, P.: Le masque et la lumière. La poétique des Grands Rhétoriqueurs. Paris 1976.

Creutz, Gustaf Philip Graf [schwed. krɔjts], *Anjala (Finnland) 1. Mai 1731, † Stockholm 30. Okt. 1785, schwed. Dichter. – Schrieb Hirtengedichte in formvollendeten, klangvollen Alexandrinern; bed. auch seine Landschaftsgedichte; seine Dichtung, die nur wenige Gedichtsammlungen, das Hirtenidyll ›Atis och Camilla‹ (1761) und die Versnovelle ›Daphne‹ (1762) umfaßt, war lange Zeit populär.

Literatur: Castrén, G.: G. Ph. C. Stockholm 1949.

Creuzé de Lesser, Augustin François Baron [frz. krøzedlɛ'sɛːr], *Paris 2. Okt. 1771, † ebd. 14. Aug. 1839, frz. Schriftsteller. – Schrieb eine Reihe von Komödien, ist jedoch v. a. wegen seiner Übersetzung von Schillers ›Räubern‹ (1796) und des ›Romancero del Cid‹ (1814) sowie mit seinen Bearbeitungen mittelalterl. Dichtungen für die Verbreitung romant. Gedankengutes in Frankreich von Bedeutung.

Crèvecœur, Michel Guillaume Jean de [frz. krɛv'kœːr], Pseudonym J. Hector Saint John, *Caen 31. Jan. 1735, † Sarcelles bei Paris 12. Nov. 1813, amerikan. Schriftsteller frz. Herkunft. – Diente in der frz. Armee in Kanada, ließ sich 1765 naturalisieren und lebte als Farmer im Staat New York; die Revolution gegen die brit. Monarchie zwang ihn 1780 zur Heimkehr nach Frankreich, 1783 kehrte er als frz. Konsul nach Amerika zurück, das er jedoch 1790 endgültig verließ. Seinen Nachruhm begründeten die als ›Letters from an American farmer‹ 1782 pseudonym erschienenen Essays, lebhafte, unterhaltende und informative Schilderungen aus der Zeit des Entstehens der amerikan. Nation.

Weitere Werke: Voyage dans la Haute Pennsylvanie et dans l'état de New York (Reisebericht, 3 Bde., 1801, engl. 1963), Sketches of 18th century America (Skizzen, hg. 1925).

Literatur: Eisermann, D.: C. oder die Erfindung Amerikas. Rheinbach-Merzbach 1985.

Crevel, René [frz. krə'vɛl], *Paris 10. Aug. 1900, † ebd. 18. Juni 1935, frz.

Schriftsteller. – Gehörte mit R. Vitrac und M. Arland einer dadaistisch-surrealist. Gruppe an, ab 1924 zum Kreis um A. Breton; verfaßte Romane gegen die bürgerl. Gesellschaft, den heraufkommenden Faschismus und den Konformismus sowie kunstkrit. und philosoph. Abhandlungen. Auch auf der Ebene der Sprache artikulierte C. den Aufstand gegen die Literatur und die log. Ordnung der Grammatik.

Werke: Détours (R., 1924), Mein Körper und ich (R., 1925, dt. 1992), Der schwierige Tod (R., 1926, dt. 1930), Babylon (R., 1927, dt. 1969), Seid Ihr verrückt? (R., 1929, dt. 1991), Salvador Dalí ou l'antiobscurantisme (Essay, 1931), Le clavecin de Diderot (R., 1932), Les pieds dans le plat (R., 1933).

Literatur: Courtot, C.: R. C. Paris 1969. – Dossier R. C. In: Masques 17 (1983). – R. C. Sonderheft der Zeitschrift Europe (Nov./Dez. 1985). – Carassou, M.: R. C. Paris 1989. – Schöneborn, D.: R. C. Romancier zw. Surrealismus, Psychoanalyse u. Revolution. Münster 1990.

Crijević, Ilija [serbokroat. 'tsrijɛvitɕ], ragusan. Humanist und Dichter, † Cervinus, Aelius Lampridius.

Criollismo [kriɔl'jismo; span.; zu criollo = Kreole] (Americanismo), literar. Strömung in Lateinamerika mit der Tendenz, eine Synthese indian., iber. und europ. Kultur zu schaffen.

Literatur: Vasconcelos, J.: Indología. Barcelona ²1931. – Rodó, J. E.: Ariel. Hg. v. O. F. Ríos. Montevideo ³1941.

Crisóstomo, Pseudonym des italien. Dichters frz. Abkunft Giovanni † Berchet.

Crispin [frz. kris'pɛ̃; italien.-frz.], Typenfigur der frz. Komödie des 17. und 18. Jh.; Mitte des 17. Jh. von dem Schauspieler Raymond Poisson aus der Commedia dell'arte übernommen; der witzig-einfallsreiche, oft skrupellose Diener.

Criterion, The [engl. ðə kraɪ'tiərɪən], einflußreiche engl. literar. Zeitschrift, 1922–39 von T. S. Eliot herausgegeben; veröffentlichte bed. Gedichte und Prosaarbeiten führender Autoren, u. a. E. Pound, W. Empson, W. H. Auden, S. Spender.

Crnjanski, Miloš [serbokroatisch tsr̩,njanski:], *Csongrád (Ungarn) 26. Okt. 1893, † Belgrad 30. Nov. 1977, serb. Schriftsteller. – Jugoslaw. Presseattaché in Berlin, Rom, Lissabon und London; lebte bis 1965 in London, danach in Belgrad; begann als avantgardistisch-expressionist. Lyriker (›Lirika Itake‹ [= Lyrik Ithakas], 1920); schuf mit ›Seobe‹ (= Auswanderungen, 2 Tle., 1929–62, dt. 1963 u. d. T. ›Panduren‹) einen der bedeutendsten serb. Romane.

Weiteres Werk: Tagebuch über Čarnojević (R., 1921, dt. 1993).

Ausgabe: M. C. Sabrana dela. Belgrad 1966. 10 Bde.

Literatur: PALAVESTRA, P.: Književno delo M. Crnjanskog. Belgrad 1972.

Croce, Benedetto [italien. 'kro:tʃe], * Pescasseroli (L'Aquila) 25. Febr. 1866, † Neapel 20. Nov. 1952, italien. Philosoph, Historiker, Literaturwissenschaftler und Politiker. – 1910 Senator, 1920/21 Unterrichtsminister, verfaßte 1925 ein antifaschist. Manifest, 1943 Neubegründer der Liberalen Partei (bis 1947 deren Vorsitzender), 1944 Minister, 1948 Rückzug aus der Politik. Gründete 1903 die Zeitschrift ›La Critica‹, die er bis 1944 herausgab. C. behandelte in seinen ersten Schriften die Ästhetik als eine Theorie der Intuition. Ihr stellte er später in Auseinandersetzung mit J. F. Herbart, G. W. F. Hegel und K. Marx und in Anlehnung an den Historismus G. B. Vicos einen prakt. Teil der Philosophie gegenüber. C. wandte sich bes. gegen den italien. Positivismus des 19. Jh. und faßte die prakt. und theoret. Leistungen des Geistes in einem universalen wissenschaftsmethod. Aufbau zusammen. In ihm stehen sich einerseits ›Logik‹ und ›Ästhetik‹, zu der im weitesten Sinne auch Sprache, Literatur und Geschichte zählen, und andererseits ›Ökonomik‹ und ›Ethik‹ als die theoret. und prakt. Seite gegenüber. Unter dem Einfluß Hegels verstand C. die Dualität von Theorie und Praxis als durch die Geschichte vermittelt: Geschichte und Philosophie sind identisch. Die Philosophie, zum einen Methodologie zur Geschichte, führt andererseits die individuellen histor. Taten auf die vier universalen Kategorien des Schönen, Wahren, Nützlichen und Sittlichen zurück. C. ist durch seine ästhet. Schriften und als bedeutendster Vertreter des italien. Neuidealismus auch über Italien hinaus bekannt geworden.

Werke: Ästhetik als Wiss. des Ausdrucks und allgemeine Linguistik (1902, dt. 1905), Logik als Wiss. vom reinen Begriff (1905, dt. 1912), Lebendiges und Totes in Hegels Philosophie (1907, dt. 1909), Philosophie der Praxis, Oekonomik und Ethik (1909, dt. 1930), Die Philosophie Giambattista Vicos (1911, dt. 1927), Zur Theorie und Geschichte der Historiographie (1917, dt. 1930), Goethe (1919, dt. 1920), Ariost, Shakespeare, Corneille (1920, dt. 1922), Dantes Dichtung (1921, dt. 1921), Grundlagen der Politik (1922, dt. 1924), Geschichte Europas im 19. Jh. (1932, dt. 1935), Die Geschichte als Gedanke und als Tat (1938, dt. 1944).

Ausgaben: B. C. Scritti di storia letteraria e politica. Bari 1911–54. 44 Bde. – B. C. Ges. philosoph. Schrr. in dt. Übertragung. Hg. v. H. FEIST. Tüb. [1-6]1927–30. 7 Bde.

Literatur: OSTERWALDER, TH.: Die Philosophie B. C.s als moderne Ideenlehre. Bern 1954. – COMOTH, R.: Introduction à la philosophie politique de B. C. Lüttich 1955. – CIONE, E.: Bibliografia crociana. Rom 1956. – CARACCIOLO, A.: L'estetica e la religione di B. C. Arona 1958. – ORSINI, G. N. G.: B. C. Philosopher of art and literary critic. Carbondale (Ill.) 1961. – NICOLINI, F.: B. C. Turin 1962. – MAGER, W.: B. C.s literar. u. polit. Interesse an der Gesch. Köln 1965. – LÖNNE, K. E.: B. C. als Kritiker seiner Zeit. Tüb. 1967. – CASERTA, E. G.: C. critico letterario (1882–1921). Neapel 1972. – PUPPO, M.: B. C. e la critica letteraria. Florenz 1974. – DE FEO, I.: C., l'uomo e l'opera. Mailand 1975. – SGROI, C.: B. C. Svolgimento storico della sua estetica. Messina [2]1976. – BOULAY, CH.: B. C. jusqu'en 1911. 30 ans de vie intellectuelle. Genf 1981. – WELLEK, R.: Four critics: C., Valéry, Lukács and Ingarden. Seattle (Wash.) 1981. – COLI, D.: C., Laterza e la cultura europea. Bologna 1983.

Croisset, Francis de [frz. krwa'sɛ], eigtl. Franz Wiener, * Brüssel 28. Jan. 1877, † Neuilly-sur-Seine 8. Nov. 1937, frz.-belg. Schriftsteller. – Lebte in Paris; schrieb, meist in Zusammenarbeit mit anderen, eine Reihe sehr erfolgreicher leichter Boulevardkomödien: ›Chérubin‹ (1901), ›Le paon‹ (1904), ›Paris – New York‹ (1907), ›Arsène Lupin‹ (1909; mit M. Leblanc) u. a.; verfaßte auch Romane, Reisebücher und Essays.

Ausgabe: F. de C. Théâtre. Paris 1918–38. 8 Bde.

Crommelynck, Fernand [frz. krɔm-'lɛ̃:k], * Paris 19. Nov. 1886, † Saint-Germain-en-Laye (Yvelines) 17. März 1970, belg. Dramatiker. – Stammte aus einer Komödiantenfamilie, nur kurz regelmäßige Schulbildung, seit dem 14. Lebensjahr Schauspieler. Schrieb phantasiereiche, farbige Theaterstücke mit derben und poet., heiteren und trag., realist., symbolist. und irrealen Elementen. Berühmt wurde die lyr. Farce ›Der Hahnrei‹ (1921, dt. 1922), die die Eifersucht zum Thema hat, eines der erfolgreichsten Stücke der Zwischenkriegszeit.

Weitere Werke: Nous n'irons plus au bois (Dr., 1906), Der Maskenschnitzer (Dr., 1908, dt. 1920), Le marchand de regrets (Dr., 1913), Carine ou la jeune fille folle de son âme (Dr., 1930), Tripes d'or (Dr., 1930), Chaud et froid ou l'idée de Monsieur Dom (Dr., 1941).
Ausgaben: F. C. Théâtre. Paris 1967–68. 3 Bde. – Textes inconnus et peu connus de F. C. Hg. v. J. MOULIN. Brüssel 1974.
Literatur: FÉAL, G.: Le théâtre de C. Paris 1976. – MOULIN, J.: F. C. ou le théâtre du paroxysme. Neuausg. Brüssel 1978.

Cronegk, Johann Friedrich Frhr. von ['kro:nɛk], * Ansbach 2. Sept. 1731, † Nürnberg 1. Jan. 1758, dt. Schriftsteller. – Studierte Rechtswissenschaft, Bekanntschaft u. a. mit Ch. F. Gellert, G. W. Rabener und J. F. W. Zachariae; gab 1754–56 mit J. P. Uz die moral. Wochenschrift ›Der Freund‹ heraus. Begann mit Lustspielen nach frz. Vorbildern, später Alexandrinertragödien, die stoisches Heldentum verherrlichen; auch Lyrik und Satiren.

Werke: Der Krieg (Oden, 1756), Einsamkeiten (Ged., 1758), Codrus (Trag., hg. 1760), Olint und Sophronia (Tragödienfragment, hg. 1764).
Literatur: ROTH, S.: Die Dramen J. F. v. C.s. Diss. Ffm. 1964.

Cronin, Archibald Joseph [engl. 'kroʊnɪn], * Cardross (Dumbarton) 19. Juli 1896, † Montreux 6. Jan. 1981, engl. Schriftsteller. – War Arzt (u. a. im walis. Bergbaugebiet; später in London), ehe er als freier Schriftsteller in den USA und zuletzt in der Schweiz lebte. Das Ärztemilieu bildet auch den bevorzugten Hintergrund seiner gemäßigt sozialkrit., zuweilen melodramat. Erfolgsromane wie ›Die Zitadelle‹ (1937, dt. 1938).

Weitere Werke: Der Tyrann (R., 1931, dt. 1932, 1941 auch u. d. T. James Brodie, der Hutmacher und sein Schloß), Das Haus der Schwäne (R., 1933, dt. 1934), Die Sterne blicken herab (R., 1935, dt. 1935), Die Dame mit den Nelken (R., 1939, dt. 1940), Die Schlüssel zum Königreich (R., 1941, dt. 1942), Die grünen Jahre (R., 1944, dt. 1945), Dr. Shannons Weg (R., 1948, dt. 1949), Der span. Gärtner (R., 1950, dt. 1951), Abenteuer in zwei Welten (Autobiogr., 1952, dt. 1952), Später Sieg (R., 1956, dt. 1961), Ein Prof.

aus Heidelberg (Nov., 1971, dt. 1971), Ein Held im Schatten (R., 1978, dt. 1980).

Cros, Charles [frz. kro], * Fabrezan (Aude) 1. Okt. 1842, † Paris 9. Aug. 1888, frz. Dichter. – Philologie- und Medizinstudium; erfand 1877 vor Th. A. Edison einen Phonographen (›Paléophone‹) und 1869 ein Farbphotographieverfahren; seine witzigen ›Monologe‹ (›Le hareng saur‹, 1867, u. a.) trug er im Pariser Kabarett ›Chat-Noir‹ mit großem Erfolg selbst vor; nach seiner Lösung vom Parnasse symbolist. Lyriker: ›Le coffret de santal‹ (Ged., 1873, erweitert 1879).

Ausgabe: Ch. C. Œuvres complètes. Hg. v. P. PIA und L. FORESTIER. Paris 1964.
Literatur: KRANZ, D.: Zw. Tradition u. Moderne. Der Lyriker Ch. C. in seiner Zeit. Wsb. u. Ffm. 1973. – MITCHELL, R. L.: The poetic voice of Ch. C. Mississippi University 1976. – DARDANI, E.: Ch. C., l'inventeur d'un monde nouveau. Bologna 1981.

Cross-reading [engl. 'krɔsri:dɪŋ; = Querlesen], aus dem spieler. Umgang mit der Zeitung entwickelte Vorform moderner Textmontage und Textcollage. Danach werden die Artikel der Zeitung gegen die Druckordnung über die Kolumnengrenzen hinweg ›quergelesen‹, so daß sich durch die Verquickung möglichst kontrastierender Mitteilungen kom. Verfremdung und satir. Zuspitzungen ergeben. Im Englischen literarisiert durch Caleb Whiteford, z. B.: ›This day his Majesty will go in state to/sixteen notorious common prostitutes‹; von G. Ch. Lichtenberg aufgenommen und nachgeahmt, z. B.: ›Die Vermählung des Grafen von P. ... ist glücklich vollzogen worden/Er hat aber gottlob! nicht gezündet‹. – Von einer festen Gattungstradition des C.-r. über das 18. Jh. hinaus kann man nicht sprechen, doch bestehen überraschende Analogien zur Verfahrensweise der modernen Zitatsatire (z. B. bei K. Kraus) und der experimentellen Literatur (u. a. simultanist. Schreibweise).

Literatur: LIEDE, A.: Dichtung als Spiel. Bln. 1963. 2 Bde. – RIHA, K.: C.-R. u. Cross-Talking. Stg. 1971.

Crotus Rubianus (C. Rubeanus), eigtl. Johannes Jäger (bis 1509 Venator[ius]), * Dornheim bei Arnstadt um 1480, † Halberstadt um 1545, dt. Humanist. – Nach dem Studium in Erfurt übernahm er 1510 die Leitung der Stiftsschule

der Reichsabtei Fulda. Als Hauptverfasser des 1. Teils der † Epistolae obscurorum virorum stand C. R. auf der Seite J. Reuchlins im Streit gegen die Kölner Theologen. Leitete als Rektor der Univ. Erfurt den begeisterten Empfang, den die Univ. dem nach Worms reisenden Luther bereitete; seit 1521 zog er sich aber allmählich von Luther zurück; 1530 holte ihn Markgraf Albrecht II. von Brandenburg als Rat und Kanoniker an die Stiftskirche zu Halle, wo er sich wieder dem kath. Glauben zuwandte, den er in seiner ›Apologia‹ (1531) verteidigte.
Literatur † Epistolae obscurorum virorum.

Crudeli, Tommaso [italien. kru'dɛ:li], * Poppi (Toskana) 1703, † ebd. 27. März 1745, italien. Dichter. – Studierte Jura in Pisa, ging dann nach Florenz; wurde 1739 unter der Anklage der Freimaurerei von der Inquisition gefangengehalten, danach nach Poppi verbannt; als Lyriker zeichnet er sich durch inhaltl. Freizügigkeit und elegante Form aus (›Poesie‹, hg. 1746); schrieb auch an J. de La Fontaine geschulte Fabeln.

Crusenstolpe, Magnus Jacob [schwed. ˌkrʉːsənstɔlpə], * Jönköping 11. März 1795, † Stockholm 18. Jan. 1865, schwed. Schriftsteller. – 1825–34 Hofgerichtsassessor, 1838 wegen Majestätsbeleidigung zu 3jähriger Festungshaft verurteilt; verfaßte pamphletist. Tendenzschriften gegen das Königshaus und oppositionelle Schriften zu polit. Tagesfragen; wenig zuverlässig sind seine histor. Romane, die Authentisches und Erfundenes verquicken.
Werke: Der Mohr (R., 6 Bde., 1840–44, dt. 1842–44), Carl Johan und die Schweden (R., 3 Bde., 1845/46, dt. 1845–47), Das Haus Tessin zur Zeit der Alleinherrschaft und der Freiheit (R., 5 Bde., 1847–50, dt. 1847–53).

Crux [lat. = Kreuz], in krit. Ausgaben durch ein Kreuz (†) markierte unerklärbare Textstelle; in übertragener Bedeutung daher auch: unlösbare Frage.

Cruz, Juan de la, span. Mystiker, † Juan de la Cruz.

Cruz, Sor Juana Inés de la, mex. Dichterin, † Juana Inés de la Cruz, Sor.

Cruz Cano y Olmedilla, Ramón de la [span. 'kruθ 'kano i ɔlme'ðiʎa], * Madrid 28. März 1731, † ebd. 5. März 1794,

span. Dramatiker. – Schrieb über 300 Bühnenstücke, meist Sainetes voll lebendiger Szenen und drast. Sittenbilder aus dem Madrider Volksleben; durch die erfolgreiche Weiterentwicklung spezifisch span. Formen (Sainete, Zarzuela) in einer Zeit, da der Einfluß des frz. Klassizismus seinen Höhepunkt erreichte, wirkte er nachhaltig auf die nationalspan. Bühne.
Ausgaben: R. de la C. C. y O. Teatro. Madrid 1786–91. 10 Bde. – R. de la C. C. y O. Sainetes. Hg. v. J. M. CASTRO Y CALVO. Zaragoza ²1948.
Literatur: PALAU CASAMITJANA, F.: R. de la C. u. der frz. Kultureinfluß im Spanien des 18. Jh. Bonn 1935. – VEGA, J.: Don R. de la C. El poeta de Madrid. Madrid 1945.

Cruz de Moraes, Marcus Vinícius [brasilian. 'kruz di mo'rai̯s], brasilian. Lyriker, † Moraes, Vinícius de.

Cruz e Silva, António Dinis da, portugies. Dichter, † Dinis da Cruz e Silva, António.

Cruz e Sousa, João da [brasilian. 'kruz i 'suza], * Destêrro (heute Florianópolis) 24. Nov. 1861, † Estação de Sítio (Minas Gerais) 19. März 1898, brasilian. Lyriker. – Sohn von schwarzen Sklaven, studierte klass. Philologie; Symbolist, dessen Gedichte myst. Züge aufweisen.
Werke: Missal (Prosa-Ged., 1893), Broquéis (Ged., 1893), Faróis (Ged., hg. 1900), Últimos sonetos (Ged., hg. 1905).
Literatur: MONTENEGRO, A. F.: C. e S. e o movimento simbolista no Brasil. Fortaleza 1954. – ALMEIDA TORRES, A. DE: C. e S., aspectos estilísticos. Rio de Janeiro 1975.

Cszezmiczey, János [ungar. 'tʃɛzmitsɛi], ungar. Humanist, † Janus Pannonius.

Csiky, Gergely [ungar. 'tʃiki], * Pankota (heute Pîncota, Rumänien) 8. Dez. 1842, † Budapest 19. Nov. 1891, ungar. Dramatiker. – Kath. Priester, 1870 Prof. der Theologie in Temesvar, seit 1878 in Budapest, trat 1881 zur ev. Kirche über und widmete sich ganz der Literatur. Er verfaßte die erfolgreichsten ungar. Dramen seiner Zeit, die v. a. Konflikte aus der ungar. Gesellschaft behandeln.
Werke: Schmarotzer (Dr., 1880, dt. 1952), Buborékok (= Blasen, Lsp., 1887), Großmama (Lsp., 1891, dt. 1892).

Csokonai Vitéz, Mihály [ungar. 'tʃokonɔi 'vite:z], * Debrecen 17. Nov. 1773, † ebd. 28. Jan. 1805, ungar. Dichter. – Aus armer Kleinbürgerfamilie; Theologiestudium am Debrecener Kollegium, wegen aufklärer. Anschauungen 1795 relegiert. Er gilt als der erste moderne Lyriker der ungar. Literatur, dessen Gedichte unter dem Einfluß dt. und italien. Dichtungsformen in sprachl. und gedankl. Reichtum fein nuancierte Empfindungen wiedergeben. In dt. Übersetzung liegen das Epos ›Dorothea‹ (1804, dt. 1814) und ›Gedichte‹ (dt. Auswahl, 1984) vor.

Ausgaben: M. C. V. Összes művei. Hg. v. J. Horváth. Budapest 1942. – M. C. V. Minden munkája. Hg. v. B. Vargha. Budapest 1981. 3 Bde. **Literatur:** Katona, A.: M.V.C. Boston (Mass.) 1980.

Csokor, Franz Theodor ['tʃɔkɔr], * Wien 6. Sept. 1885, † ebd. 5. Jan. 1969, österr. Schriftsteller. – Studium der Kunstgeschichte, Dramaturg und Regisseur in Wien, 1938–46 in verschiedenen Ländern im Exil, Rückkehr nach Wien; ab 1947 Präsident des österr. PEN-Clubs. Von A. Strindberg beeinflußter expressionist. Dramatiker, der aus humanist. Grundhaltung heraus zu aktuellen Daseinsproblemen Stellung nahm und zugleich Zeitgeschehen symbolisch sublimierte. Auch Lyrik, Novellen, Romane, Hörspiele, Memoiren sowie Übersetzungen.

Werke: Die rote Straße (Dr., 1918), Die Sünde wider den Geist (Dr., 1918), Gesellschaft der Menschenrechte (Dr., 1929), Gottes General (Dr., 1939), Europ. Trilogie (Dramen, 1952; einzeln: 3. November 1918, 1936; Besetztes Gebiet, 1930; Der verlorene Sohn, 1947), Olymp und Golgatha (Dramentrilogie, 1954), Der Schlüssel zum Abgrund (R., 1955), Auf fremden Straßen 1939 bis 1945 (Autobiogr., 1955), Hebt den Stein ab! (Dr., 1957), Der zweite Hahnenschrei (En., 1959), Das Zeichen an der Wand (Dr., 1962), Die Kaiser zwischen den Zeiten (Dr., 1965), Ein paar Schaufeln Erde (E., 1965), Alexander (Dr., 1969). **Literatur:** Wimmer, P.: Der Dramatiker F. Th. C. Innsb. 1981. – Klauhs, H.: F. T. C. Leben u. Werk bis 1938 im Überblick. Stg. 1988. – Lebensbilder eines Humanisten. Ein F.-T.-C.-Buch. Hg. von U. N. Schulenburg. Wien 1992.

Csoóri, Sándor [ungar. 'tʃoːri], * Zámoly 3. Febr. 1930, ungar. Lyriker und Essayist. Von traditionellen folklorist. Anfängen führte der Weg seiner Poesie zu – auch von der Beat-Literatur beeinflußten – freien Rhythmen. In den Prosawerken behandelt er mit seltener Offenheit die brennenden gesellschaftl.

Probleme seiner Heimat; 1984 erschien eine zweisprachige Gedichtauswahl u. d. T. ›Prophezeiung für deine Zeit‹.

Weitere Werke: Menekülés a magányból (= Flucht aus der Einsamkeit, Ged., 1962), Párbeszéd, sötétben (= Dialog, im Dunklen, Ged., 1973), Nomád napló (= Nomadentagebuch, Essays und Skizzen, 1974), A félig bevallott élet (= Das halb eingestandene Leben, Essays, 1982).

Csurka, István [ungar. 'tʃurkɔ], * Budapest 27. März 1934, ungar. Schriftsteller. – Veröffentlicht seit 1954 Erzählungen und Romane, die durch kühle Objektivität gekennzeichnet sind und v. a. Probleme der jungen Intelligenz behandeln; schrieb auch Hörspiele, Filmdrehbücher und Bühnenstücke.

Werke: Tüzugratás (= Sprung über das Feuer, Nov., 1956), Hamis tanú (= Der falsche Zeuge, R., 1959), Wenn wir alle reich sind (R., 1971, dt. 1984), Házmestersirató (= Klagelied über einen Hausmeister, Dramen, 2 Bde., 1980), Wer setzt schon auf Fortuna (En., dt. Ausw. 1982), Létezéstechnika (= Technik der Existenz, Nov., 1983).

Cuadra, José de la [span. 'ku̯aðra], * Guayaquil 3. Sept. 1903, † ebd. 26. Febr. 1941, ecuadorian. Schriftsteller. – Jurist, Prof. und zeitweise Diplomat; gehörte zur sozial-engagierten ›Gruppe von Guayaquil‹, die ab 1930 die Entwicklung der Prosaliteratur in Ecuador entscheidend beeinflußte. Sein Hauptwerk, der Roman ›Los Sangurimas‹ (1934), ist eine außergewöhnlich handlungsreiche, mit Distanz und makabrem Humor erzählte Chronik einer Bauerndynastie. C.s heimatl. Küstenregion ist meist Schauplatz seiner Erzählungen und Gegenstand des umfassenden soziologisch-historiograph. Essays ›El montuvio ecuatoriano‹ (1937). **Ausgabe:** J. de la C. Obras completas. Hg. v. J. E. Adoum. Quito 1958.

Cube, Hellmut von, * Stuttgart 31. Dez. 1907, † München 29. Sept. 1979, dt. Schriftsteller. – Hielt sich u. a. in den Niederlanden, Italien, Frankreich und der Schweiz auf. C., der in seinen literar. Werken die kleine Form bevorzugte, schrieb Lyrik, Feuilletons, Erzählungen und Hörspiele sprachlich genau, sehr amüsant, mitunter surrealistisch.

Werke: Tierskizzenbüchlein (1935), Das Spiegelbild (E., 1937), Reisen auf dem Atlas (Ged., 1950), Flügel trugen uns davon. Eine Romanze (1957), Pilzsammelsurium (1960), Mein Leben bei den Trollen (E., 1961), Mürßl-Gedichte (1967), Im Rückspiegel (En., 1973), Mitleid mit den Dingen u. a. Prosa (hg. 1982).

Čubranović, Andrija [serbokroat. tʃu͜bra"novite], genannt Zlatar, zwischen 1480 und 1530 in Ragusa (Dubrovnik) lebender Dichter der Renaissance. – Außer Liebesgedichten blieb ein nach dem Muster des italien. Canto carnascialesco gebautes Faschingsgedicht, ›Jeđupka‹ (= Die Zigeunerin, gedr. 1599), erhalten, eine Liebesdichtung.

Čuchoncev, Oleg Grigor'evič, russ. Lyriker, ↑Tschuchonzew, Oleg Grigorjewitsch.

Cúchulainn [engl. kuˈkʊlɪn], Held und zentrale Figur des nordir. Sagenzyklus (Ulsterzyklus). Den Namen C. (Hund des Culann) bekam er, als er den Bluthund des Schmiedes Culann getötet und sich ihm selbst als Hund verdingt hatte. Den Mittelpunkt des Zyklus bildet die Erzählung ›Táin bó Cuailnge‹ (= Der Raub der Rinder von Cuailnge). Darin verteidigt C. allein das von König Conchobar beherrschte Ulster gegen dessen Erbfeinde, König Ailill und seine Frau Medb von Connacht.
Ausgaben: Táin bó Cúalnge. Die altir. Heldensage. Hg. v. E. WINDISCH. Lpz. 1905. – Cuchulain, the hound of Ulster. Hg. v. E. HULL. London 1909. – Die ir. Helden- u. Königssage bis zum 17.Jh. Hg. v. R. THURNEYSEN. Halle/Saale 1921. Nachdr. Hildesheim u. New York 1980. – La geste de C., le héros de l'Ulster. Frz. Übers. Hg. v. G. ROTH. Paris ⁴1927.
Literatur: Cuchulain of Muirthemne. Hg. v. LADY GREGORY. Oxford ⁵1970.

Čudomir, bulgar. Schriftsteller, ↑Tschudomir.

Cueva, Juan de la [span. ˈku͜eβa], *Sevilla um 1550(?), †ebd. um 1610, span. Dichter. – War 1574–77 mit seinem Bruder Claudio, dem Inquisitor, in Mexiko; lebte später in Sevilla, Ubeda und Cuenca. Schrieb Liebesgedichte im Stile F. Petrarcas, satir., mytholog. und allegor. Dichtungen, in denen autobiograph. Material verarbeitet ist. In seinen dramat. Werken (für die ersten span. Theater in Sevilla) verwendete er erstmals volkstüml. Romanzen und Stoffe aus der span. Geschichte und der Antike. Bed. war seine Reform des span. Theaters.
Werke: Tragedia de los siete infantes de Lara (Dr., entst. 1579, erschienen 1588), Comedia del infamador (Dr., UA 1581, erschienen 1588), Obras (Ged., 1582), Coro febeo de romances historiales (Ged., 1587), Exemplar poético (Poetik, entst. 1606, bearbeitet 1609, hg. 1774).
Ausgabe: J. de la C. Comedias y tragedias. Madrid 1917. 2 Bde.
Literatur: GUERRIERI CROCETTI, C.: J. de la C. e le origini del teatro nazionale spagnuolo. Turin 1936. – WATSON, A.: J. de la C. and the Portuguese succession. London 1971. – GLENN, R. F.: J. de la C. New York 1973. – REYES CANO, J. M.: La poesía lírica de J. de la C. Sevilla 1980.

Čukovskaja, Lidija Korneevna, russ. Schriftstellerin, ↑Tschukowskaja, Lidija Kornejewna.

Čukovskij, Kornej Ivanovič, russ.-sowjet. Kinderbuchautor und Literarhistoriker, ↑Tschukowski, Kornei Iwanowitsch.

Cullen, Countee [engl. ˈkʌlɪn], *New York 30. Mai 1903, †ebd. 9. Jan. 1946, amerikan. Lyriker. – Einer der sich auf ihr kulturelles Erbe berufenden Vertreter der afroamerikan. Kunstbewegung der ›Harlem Renaissance‹ in den 20er Jahren; Verfasser formal konventioneller, idealisierender Gedichte mit Stoffen aus dem Leben der Farbigen.
Werke: Color (Ged., 1925), Copper sun (Ged., 1927), The black Christ and other poems (Ged., 1929), One way to heaven (R., 1932).
Ausgabe: On these I stand. An anthology of the best poems of C. C. New York u. London 1947.
Literatur: FERGUSON, B. E.: C. C. and the Negro renaissance. New York 1966. – BAKER, H. A., JR.: A many-colored coat of dreams. C. C. Detroit (Mich.) 1974. – SHUCARD, A. R.: C. C. Boston (Mass.) 1984.

Culteranismo [span.] ↑Gongorismus.

Cultismo [span.] ↑Gongorismus.

Čumandrin, Michail Fedorovič, russ.-sowjet. Schriftsteller, ↑Tschumandrin, Michail Fjodorowitsch.

Cumberland, Richard [engl. ˈkʌmbələnd], *Cambridge 19. Febr. 1732, †Royal Tunbridge Wells 7. Mai 1811, engl. Schriftsteller. – Sohn eines Bischofs, ging in den diplomat. Dienst und lebte schließlich als freier Schriftsteller. Verfaßte von Sheridan angegriffene rührselige Lustspiele, oft auch farcenhafte Komödien.
Werke: The brothers (Dr., 1769), The West Indian (Dr., 1771), The Jew (Dr., 1794), The wheel of fortune (Kom., 1795).

Literatur: WILLIAMS, S. T.: R. C., his life and dramatic works. New Haven (Conn.) 1917 (mit Bibliogr.).

Cummings, E[dward] E[stlin] [engl. 'kʌmɪŋz], *Cambridge (Mass.) 14. Okt. 1894, † North Conway (N. H.) 2. Sept. 1962, amerikan. Schriftsteller. – Frühzeitige Förderung künstler. Talente durch die Eltern und das kulturelle Umfeld in Cambridge; erste Gedichte während des Studiums an der Harvard University, formulierte in seiner Abschlußrede ›The new art‹ (1916) seine von Kubismus, Futurismus und der neuen Musik I. Strawinskis inspirierte moderne Kunstkonzeption; im 1. Weltkrieg freiwilliger Frontsanitäter; die wegen Spionageverdacht in Frankreich erlittene Haft schilderte der leidenschaftl. Individualist und Kriegsgegner in dem schockierend brutalen Roman ›Der endlose Raum‹ (1922, dt. 1954, 1961 u. d. T. ›Der ungeheure Raum‹) in surrealist. Bildern. 1921–23 Studium der Malerei in Paris, ab 1924 in New York als Maler und Dichter. Bed. wurde C. durch die Schöpfung einer exzentr. Dichtkunst, die inhaltlich zwar auf traditionelle Themen wie Liebe, Wechsel der Jahreszeiten, Natur zurückgreift, formal aber neue Dimensionen eröffnet. Schon der erste Gedichtband, ›Tulips and chimneys‹ (1923, vollständige Fassung 1937), spiegelt C.' Bestreben, die traditionelle Sprachlogik in Anlehnung an die Spontaneität des Jazz und der kubist. Malerei durch asyntakt. Fügungen und ungewöhnl. Wortschöpfungen zu unterlaufen. C. verwendet seine innovative Lyrik auch als Mittel der Satire und wurde durch seine typograph. Experimente zum Vorläufer der Pop-art. Daneben schrieb er auch Dramen, wie das expressionist. ›Ihm‹ (1927, dt. um 1970), über Liebe und Kunst sowie die moderne Moralität ›Santa Claus‹ (1946), verfaßte einen krit. Bericht über seine negativen Reiseeindrücke in der Sowjetunion (›Eimi‹, 1933) und veröffentlichte einen Bildband mit Zeichnungen und Gemälden (›CIOPW‹, 1931) sowie die autobiograph. Vorträge seiner Gastprofessur in Harvard (›i: Six nonlectures‹, 1953).

Weitere Werke: Is 5 (Ged., 1926), Vi Va (Ged., 1931), 1 x 1 (Ged., 1944), Gedichte (dt. Ausw. 1958), 73 poems (Ged., hg. 1963).

Ausgaben: E. E. C. Complete poems (1910–1962). Hg. v. G. J. FIRMAGE. London ²1981. – ETCETERA. The unpublished poems. Hg. v. G. J. FIRMAGE u. R. S. KENNEDY. New York 1983.

Literatur: WEGNER, R. E.: The poetry and prose of E. E. C. New York 1965. – E. E. C. A collection of critical essays. Hg. v. N. FRIEDMAN. Englewood Cliffs (N. J.) 1972. – DUMAS, B. K.: E. E. C.: A remembrance of miracles. London 1974. – KIDDER, R.-M.: E. E. C. An introduction to the poetry. New York 1979. – ROTELLA, G. L.: E. E. C. A reference guide. Boston (Mass.) 1979. – KENNEDY, R. S.: Dreams in the mirror: A biography of E. E. C. New York 1982. – Critical essays on E. E. C. Hg. v. G. ROTELLA. – Boston (Mass.) 1984.

Cunha, Euclides da [brasilian. 'kuɲa], *Santa Rita do Rio Negro 20. Jan. 1866, † Rio de Janeiro 15. Aug. 1909 (ermordet), brasilian. Schriftsteller. – Zunächst Militäringenieur, später im Außenministerium; nahm 1896 als Journalist am Feldzug gegen die Stadt Canudos teil, wo sich halbverhungerte, religiös fanatisierte Bewohner gegen die Regierung erhoben hatten. Seine Eindrücke, die er soziologisch und geographisch vertiefte, schilderte er in dem Buch ›Krieg im Sertão‹ (1902, dt. 1994), mit dem er einen wesentl. Beitrag zur brasilian. Literatur leistete; schrieb weitere, auch literarisch bed. Abhandlungen über Probleme seines Landes (›Contrastes e confrontos‹, 1907; ›À margem da história‹, 1909).

Literatur: RABELLO, S.: E. da C. Rio de Janeiro 1948. – ABREU, M. DE: Estilo e personalidade de E. da C. Rio de Janeiro 1963.

Cunningham, E. V. [engl. 'kʌnɪŋəm], Pseudonym des amerikan. Schriftstellers Howard † Fast.

Cunqueiro, Álvaro [span. kuŋ'keiro], *Mondoñedo (Prov. Lugo) 22. Dez. 1911, † Vigo 28. Febr. 1981, span. Schriftsteller. – Lyriker, Dramatiker und Erzähler, schrieb meist in Galicisch. Sein Werk konzentriert sich einerseits auf die Verbindung von bodenständigen galic. Traditionen mit den Formen und Erkenntnissen der modernen, auf sich selbst gerichteten Dichtung (z. B. der Poésie pure) und verwendet andererseits mittelalterl. und klass. Erzählstoffe der Weltliteratur, die er seiner kühnen und eleganten Dichtersprache modellbildend anverwandelt.

Werke: Cantiga nova que se chama Riveira (Ged., 1934), Elegías y canciones (Ged., 1940),

In Gesellschaft des Zauberers (R., 1955, dt. 1992), As crónicas do sochantre (En., 1956), O incerto señor Don Hamlet (Dr., 1959), Un hombre que se parecía a Orestes (R., 1968; Premio Nadal 1968), Vida y fugas de Fanto Fantini della Gherardesca (R., 1972).
Literatur: MARTÍNEZ TORRÓN, D.: La fantasía lúdica de A. C. La Coruña 1980.

Curel, François de [frz. ky'rɛl], * Metz 10. Juni 1854, † Paris 26. April 1928, frz. Dramatiker. – Aus lothring. Adels- und Industriellenfamilie; Verfasser von sozialen, psycholog. und philosoph. Ideendramen, in denen er oft Ausnahmemenschen in wenig alltägl. Situationen darstellte. Wurde 1918 Mitglied der Académie française.
Werke: Sauvé des eaux (Dr., 1889), La nouvelle idole (Dr., 1899), L'âme en folie (Dr., 1920), Terre inhumaine (Dr., 1922), Orage mystique (Dr., 1927).
Ausgabe: F. de C. Théâtre complet. Paris 1919–24. 6 Bde.
Literatur: BRAUNSTEIN, E.: F. de C. et le théâtre d'idées. Paris u. Genf 1962.

Currimbhoy, Asif Ebrahim [engl. 'tʃʌrımbhɔı], * Bombay 15. Aug. 1928, ind. Dramatiker. – Legte ein bislang zwischen absurder Farce und polit. Allegorie weitgespanntes Werk von über 30 Stücken in engl. Sprache vor, deren Erfolge auch in Indien ein neues Interesse am englischsprachigen Drama geweckt haben.
Werke: The doldrummers (Dr., 1960), The dumb dancer (Dr., 1961), The hungry ones (Dr., 1961), Goa (Dr., 1964), Monsoon (Dr., 1965), The great Indian bustard (Dr., 1970), Sonar Bangla (Dr., 1972), This alien ... native land (Dr., 1975).

Curros Enríquez, Manuel [span. 'kurrɔs en'rikeθ], * Celanova (Prov. Orense) 1851, † Havanna 7. März 1908, span. Dichter. – Gewandter Journalist und Kritiker; exkommuniziert; 1904 in La Coruña zum Dichter gekrönt; zuletzt in Kuba; gilt neben R. de Castro als bedeutendster Dichter Galiciens; schrieb spanisch und galicisch.
Werke: Aires d'a miña terra (Ged., 1880), O divino sainete (Ged., 1888).
Literatur: CARRÉ ÁLVARELLOS, L.: M. C. E. Buenos Aires 1953. – VILANOVA RODRÍGUEZ, A.: Vida y obra de M. C. E. Buenos Aires 1953.

Cursus [mlat.; eigtl. – Lauf], rhythm. Formeln, durch die Akzentfolge und Wortzäsuren am Schluß von Sätzen oder Satzteilen festgelegt werden. Die C.formeln lösten in der Spätantike nach dem Akzentwandel im Lateinischen und der damit verbundenen Verwischung der Quantitätsunterschiede die durch Silbenquantitäten geregelten Klauseln der antiken Kunstprosa ab.

Curtis, Jean-Louis [frz. kyr'tis], eigtl. Louis Laffitte, * Orthez (Basses-Pyrénées) 22. Mai 1917, frz. Schriftsteller. – Gymnasiallehrer; veröffentlichte Romane, deren Hintergrund zeitgeschichtl. Themen bilden, Novellen, Essays und Übersetzungen; außerdem zahlreiche Adaptationen für das Theater und Arbeiten für das Fernsehen; erhielt für sein Gesamtwerk den Großen Literaturpreis der Académie française 1972. Seit 1987 ist er Mitglied der Académie française.
Werke: Les jeunes hommes (R., 1946), Labyrinthe der Nacht (R., 1947, dt. 1948; Prix Goncourt 1947), Les justes causes (R., 1954), Un jeune couple (R., 1967), La Chine m'inquiète (Essays, 1972), Questions à la littérature (Essays, 1973), L'étage noble (Berichte, 1976), L'horizon dérobé (R.-Zyklus, Bd. 1: L'horizon dérobé, 1979; Bd. 2: La moitié du chemin, 1980; Bd. 3: Le battement de mon cœur, 1981), La France m'èpuise (Essay, 1982), Le mauvais choix (R., 1984), Une éducation d'écrivain (Autobiogr., 1985), Le temple de l'amour (R., 1989), Lectures en liberté (Essays, 1991), Le comble du chic (En., 1994).
Literatur: ROY, P.: J.-L. C., romancier. Paris 1971.

Curtius, Ernst Robert, * Thann (Elsaß) 14. April 1886, † Rom 19. April 1956, dt. Romanist. – Schüler von G. Gröber; wurde 1919 Prof. in Bonn, ab 1920 in Marburg, 1924 in Heidelberg und ab 1929 wieder in Bonn; bed. Mittler frz. Geistesart und Literatur; hervorragender Interpret v. a. wegweisender moderner Dichter (u. a. A. Gide, M. Proust, P. Valéry, T. S. Eliot), für die er in Deutschland Verständnis erweckte, und einer der großen Literarhistoriker des 20. Jahrhunderts. In seinem Standardwerk ›Europ. Literatur und lat. MA‹ (1948, [10]1984) spürte er antiken Formen nach, die in allen europ. Literaturen weiterleben. – E.-R.-C.-Preis ↑ Essay.
Weitere Werke: Die literar. Wegbereiter des neuen Frankreich (1919, [3]1923), Maurice Barrès und die geistigen Grundlagen des frz. Nationalismus (1921, [2]1962), Balzac (1923, [3]1985), Frankreich (Bd. 1: Die frz. Kultur. Eine Einfüh-

rung, 1930, [2]1975), Dt. Geist in Gefahr (1932), Krit. Essays zur europ. Literatur (1950, [2]1954), Büchertagebuch (hg. 1960), Gesammelte Aufsätze zur roman. Philologie (hg. 1960).

Ernst Robert Curtius

Literatur: Freundesgabe für E. R. C. zum 14. April 1956. Hg. v. M. RYCHNER u.a. Bern 1956 (mit Bibliogr.). – Toposforschung. Eine Dokumentation. Hg. v. P. JEHN. Ffm. 1972. – Toposforschung. Hg. v. M. L. BAEUMER. Darmst. 1973. – RICHARDS, E. J.: Modernism, medievalism and humanism. A research bibliography on the reception of the works of E. R. C. Tüb. 1983. – WELLEK, R.: E. R. C. als Literaturkritiker. In: Frz. Lit. des 20.Jh. Gestalten u. Tendenzen. Hg. v. W.-D. LANGE. Bonn 1986. S. 11. – CHRISTMANN, H. H.: E. R. C. u. die dt. Romanisten. Wsb. 1987. – ›In Ihnen begegnet sich das Abendland‹. Bonner Vorträge zur Erinnerung an E. R. C. Hg. v. W.-D. LANGE. Bonn 1990. – HOEGES, D.: Kontroverse am Abgrund. E. R. C. u. Karl Mannheim. Ffm. 1993.

Curtius Rufus, Quintus, röm. Geschichtsschreiber der Kaiserzeit. – Über sein Leben ist nichts bekannt; er verfaßte eine ›Geschichte Alexanders d. Gr.‹ (›Historiae Alexandri Magni Macedonis‹) in 10 Büchern (erhalten 3–10, Lükken in 3, 5, 6). C. R. schreibt in rhetorisch-dramatisierendem Stil und verwendet die bereits in der frühen Alexanderhistoriographie übl. Topik. Auffallend an der Darstellung sind gute histor. Detailkenntnisse und psycholog. Einfühlungsvermögen. Die Abfassungszeit des Werkes ist unbekannt, sie wird vermutet für die Zeit von Caesar bis ins 4.Jh. n.Chr. **Ausgabe:** Qu. C. R. Gesch. Alexanders d. Gr. Lat. u. dt. Mchn. 1954. **Literatur:** TARN, W. W.: Alexander the Great. Bd. 2. Cambridge 1948. – KORZENIEWSKI, D.: Die Zeit des Qu. C. R. Diss. Köln 1959. – IN-STINSKY, H. U.: Zur Kontroverse um die Datierung des C. R. In: Hermes 90 (1962), S. 379 ff.

Cusack, Ellen Dymphna [engl. 'kju:sæk], *Wyalong (Neusüdwales) 1902, †Sydney 9. Okt. 1981, austral. Schriftstellerin. – Nach dem Studium in Sydney Gymnasiallehrerin, 1943 Pensionierung aus gesundheitl. Gründen. Schrieb eine Reihe von Dramen, u.a. ›Morning sacrifice‹ (1943), eine bittere Satire auf die Erziehungsvorstellungen an höheren Mädchenschulen in Neusüdwales. Bed. sozialkrit. und einfühlsame Romane seit den fünfziger Jahren (›Und jeden Morgen neue Hoffnung‹, 1951, dt. 1961; ›Wie ein schwarzer Blitz‹, 1964, dt. 1973; ›Der halbverbrannte Baum‹, 1971, dt. 1972).

Cvetaeva, Marina Ivanovna, russ.-sowjet. Lyrikerin, ↑Zwetajewa, Marina Iwanowna.

Cvirka, Petras [litauisch 'tsvɪrka], *Klangiai (Bezirk Jurbarkas) 12. März 1909, †Wilna 2. Mai 1947, litauisch-sowjet. Schriftsteller. – Trat zuerst 1924 mit Gedichten und Erzählungen an die Öffentlichkeit, gewann Popularität und bed. Einfluß auf die jüngere Generation litauischer Schriftsteller mit seiner künstlerisch hochwertigen Prosa, Romanen (am erfolgreichsten ›Frank Kruk arba graborius Pranas Krukelis‹ [= Frank Kruk oder der Leichenbestatter Pranas Krukelis], 1934) mit bitterer Gesellschaftskritik, aber auch Jugend- und Kinderbüchern.

Cynddelw Brydydd Mawr [engl. kən'ðelu 'brɪdɪð 'mɔ: = C., der große Dichter], *um 1155, †1200, walis. Dichter. – Bedeutendster walis. Hofdichter des MA; schrieb über 40 z.T. sehr lange Gedichte, Elegien und Eulogien, die er bes. den walis. Fürsten von Powys in Ostwales, aber auch von Gwynedd in Nordwestwales und Deheubarth in Südwales widmete; seine Werke, die religiöse und Naturdichtung einschließen, sind durch Realismus und Härte gegenüber dem Tod in der Schlacht charakterisiert. **Ausgabe:** Poetry by medieval Welsh bards. Hg. v. J. G. EVANS. Bd. 2. Llanbedrog 1926. **Literatur:** VENDRYES, J.: Trois poèmes de Cynddelw. In: Études Celtiques 4 (1941/48).

Cynewulf ['ky:nəvʊlf, engl. 'kɪnɪwʊlf] (Kynewulf), altengl. Dichter der 2. Hälfte des 8. oder der 1. Hälfte des 9. Jahrhunderts. – Vermutlich Geistlicher; über sein Leben ist nichts bekannt. Vier Dichtungen, in deren Schlüsse sein Name in Runen eingefügt ist, können ihm sicher zugeschrieben werden: ›Christ II‹ (eine hymn. Homilienparaphrase über Christi Himmelfahrt), ›The fates of the Apostles‹ (eine Aufzählung der Martyrien der 12 Apostel) und die Heiligenlegenden ›Elene‹ und ›Juliane‹. Die Stoffe sind nach lat. Vorlagen im Stil der altengl. held. Stabreimdichtung gestaltet, in den Legenden mit heroisierten Heiligenfiguren und kräftigen Schlachten- und Seefahrtschilderungen.

Literatur: SCHAAR, C.: Critical studies in the C. group. Lund u. Kopenhagen 1949. – SISAM, K.: C. and his poetry. Neuausg. Folcroft (Pa.) 1975. – ANDERSON, E. R.: C.: Structure, style and theme in his poetry. London u. Rutherford (N. J.) 1983.

Cyprianus, Thascius Caecilius, hl., * Karthago um 200, † ebd. 14. Sept. 258, Bischof von Karthago und Kirchenschriftsteller. – C. wurde 248/249 Bischof von Karthago und leitete die Kirche in zwei schweren Verfolgungen (unter Decius und Valerian). Zentrales Anliegen seiner Lehre sind die Einheit der Kirche, deren Garant das Bischofsamt ist, und die absolute Heilsnotwendigkeit der Kirche. Seine Entscheidungen in der Bußfrage (Wiederaufnahme der in der Verfolgung Abgefallenen in die Kirche) geben ihm einen wichtigen Platz in der Geschichte der Bußdisziplin. – In seinen Schriften (Abhandlungen und Briefe) zeigt C. eine starke Anlehnung an Tertullianus, bleibt jedoch – entsprechend seiner vor allem praktischen Intention – in seiner Sprache leichter verständlich. C.' Einfluß als Kirchenschriftsteller wurde erst durch Augustinus abgelöst.

Ausgabe: C. von Karthago. Werke. Dt. Übers. In: Bibliothek der Kirchenväter. Bd. 34 u. 60. Kempten u. a. Neuaufl. 1918–28.

Cyrano de Bergerac, Savinien de [frz. siranodbɛrʒə'rak], eigtl. Hector Savinien de Cyrano, * Paris 6. März 1619, † ebd. 28. Juli 1655, frz. Schriftsteller. – Stammte aus einer Adelsfamilie, nahm an den flandr. Feldzügen teil und wurde 1640 verwundet, lebte seitdem in Paris, wo er mit Molière zus. Schüler P. Gas-

sendis war. Schrieb Gedichte, ›Lettres‹ im zeitgenöss. Geschmack, zwei Theaterstücke (›La mort d'Agrippine‹, Trag., 1653; ›Le pédant joué‹, Kom., 1654), eine physikal. Abhandlung und zwei utopisch-satir. Romane (hg. 1657 bzw. 1662), die 1913 u. d. T. ›Mondstaaten und Sonnenreiche‹ ins Dt. übersetzt wurden. Barock, libertinistisch, freiheitsliebend und gegen alle Autoritäten gewandt, kleidete er seine Satiren, mit denen er das Ideengut der frz. Aufklärung vorbereitete, in das Gewand scheinbar nur burlesker Phantasie. – Held von E. Rostands Versdrama ›C. von B.‹ (1897, dt. 1898).

Ausgabe: S. de C. de B. Œuvres complètes. Hg. v. J. PRÉVOT. Paris 1977.
Literatur: MONGRÉDIEN, G.: C. de B. Paris 1964. – HARTH, E.: C. de B. and the polemics of modernity. New York u. London 1970. – CARRÉ, R.-M.: C. de B. Voyages imaginaires à la recherche de la vérité humaine. Paris 1977. – PRÉVOT, J.: C. de B. romancier. Paris 1977. – PRÉVOT, J.: C. de B. poète et dramaturge. Paris 1978. – ALCOVER, M.: C. relu et corrigé. Genf 1990.

Cyrill von Alexandria (tl.: Kýrillos), hl., † 27. Juni 444, Patriarch von Alexandria (412), Kirchenlehrer. – Starke Persönlichkeit mit nachhaltiger Wirkung auf dem Gebiet der Kirchenpolitik und Theologie in den christolog. Streitigkeiten des 5. Jh. (maßgebender Einfluß auf dem Konzil von Ephesus 431 mit Verurteilung des Nestorius). Verfasser zahlreicher theolog. Schriften, von denen weite Teile auch in oriental. Übersetzungen vorhanden sind (↑ Kerellos).

Ausgabe: Patrologiae cursus completus. Series graeca. Bd. 68–77. Hg. v. J.-P. MIGNE. Paris 1859.
Literatur: ALTANER, B./STUIBER, A.: Patrologie. Freib. ⁹1978.

Cyrillus, Lehrer und Apostel der Slawen, ↑ Kyrillos und Methodios.

Czaczkes, Samuel Josef ['tʃatʃkəs], israel. Schriftsteller, ↑ Agnon, Samuel Josef.

Czajkowski, Michał [poln. tʃaj'kɔfski], genannt Sadyk Pasza, * Halczyniec (Wolynien) 1804, † Borki (Ukraine) 4. Jan. 1886, poln. Schriftsteller. – Emigrierte nach dem poln. Aufstand 1831 nach Paris, dann in die Türkei, wo er zum Islam übertrat; Kampf gegen Rußland; 1872 Niederlassung in der Ukraine und

Annahme des griechisch-orthodoxen Glaubens; schrieb leidenschaftlich-patriot. Romane und Erzählungen aus der Welt der ukrain. Kosaken.

Werke: Wernyhora (R., 1838, dt. 1841), Kirdschali (E., 1839, dt. 1957), Der Kosakenhetmann (R., 1841, dt. 1843).
Literatur: CHUDZIKOWSKA, J.: Dziwne życie Sadyka Paszy. Warschau 1971.

Czechowicz, Józef [poln. tʃɛ'xɔvitʃ], *Lublin 15. März 1903, †ebd. 9. Sept. 1939, poln. Schriftsteller. – Lehrer, dann Journalist und Leiter des poln. Rundfunks in Warschau, starb bei einem Bombenangriff; schrieb, vom russ. Imaginismus und von G. Apollinaire beeinflußt, expressive und von der Intonation her bestimmte Lyrik; bed. für die moderne poln. Versifikation; auch Übersetzer aus dem Russischen, Tschechischen, Englischen und Französischen.

Ausgabe: J. C. Wybór wierszy. Lublin 1974.
Literatur: KŁAK, T.: C., mity i magia. Krakau 1973.

Czechowski, [Karl] Heinz [tʃɛ-'çɔfski], *Dresden 7. Febr. 1935, dt. Schriftsteller. – Geprägt von der sächs. Landschaft, in der er aufgewachsen ist, versucht er in seinen Gedichten, z. T. mit freien Rhythmen, eine Synthese von Natur- und Gedankenlyrik. Auch Märchenstücke ein Libretto, Essays über die Gegenwartsliteratur der DDR, Übersetzungen; Hg. von Lyrikanthologien.

Werke: Nachmittag eines Liebespaares (Ged., 1962), Wasserfahrt (Ged., 1967), Schafe und Sterne (Ged., 1974), Was mich betrifft (Ged., 1981), Von Paris nach Montmartre (Reiseessay, 1981), Herr Neithardt geht durch die Stadt. Landschaften und Porträts (1983), Ich und die Folgen (Ged., 1987). Auf die im Feuer versunkene Stadt (Ged. u. Prosa, 1990), Nachtspur (Ged. u. Prosa, 1993).

Czepiel, Adam [poln. 'tʃɛpjɛl], poln. Kritiker und Schriftsteller, ↑ Brzozowski, Stanisław.

Czepko, Daniel ['tʃɛpko] (seit 1656 D. C. von Reigersfeld), *Koischwitz bei Liegnitz 23. Sept. 1605, †Wohlau 8. Sept. 1660, dt. Dichter. – Sohn eines prot. Pfarrers; studierte Medizin in Leipzig und Jura in Straßburg; unternahm zahlreiche Reisen. Bed. Lyriker, Epigrammatiker und Dramatiker des Barocks in der Nachfolge von M. Opitz; religiös-myst. Gedanken bestimmten sein dichter.

Werk; prägnant in der Sprache, vermeidet er Schwulst und rhetor. Pathos; seine Dichtungen wurden fast nur handschriftlich verbreitet.

Ausgaben: D. v. C. Weltl. Dichtungen. Hg. v. W. MILCH. Breslau 1932. Nachdr. Darmst. 1963. – D. C. Sämtl. Werke. Hg. v. M. SZYROCKI u. H. G. ROLOFF. Bln. 1980ff.
Literatur: FÖLLMI, H.: C. und Scheffler. Zü. 1968. – MEIER, ANNEMARIE: D. C. als geistl. Dichter. Bonn 1975.

Czernichowski, Saul, hebr. Schriftsteller, ↑ Tschernichowski, Saul.

Czeszko, Bohdan [poln. 'tʃɛʃkɔ], *Warschau 1. April 1923, poln. Schriftsteller. – Teilnahme am Warschauer Aufstand 1944; Auslandskorrespondent, Redakteur; Kritiker und Erzähler; auch Maler; schrieb moralisch engagierte Prosawerke über den Krieg in dichter., bildhafter Sprache.

Werke: Lehrjahre der Freiheit (R., 1951, dt. 1953), Makatka z jeleniem (= Hirsch auf der Zielscheibe, E., 1961), Tren (= Klagelied, E., 1961), Marginałki (= Marginalien, Feuilletons, 2 Bde., 1971–79), Sygnaturki (= Signaturen, En., 1975).
Literatur: MAKOWIECKI, A. Z.: C. Warschau 1972.

Czibulka, Alfons Frhr. von ['tʃi:-bʊlka, tʃi'bʊlka], *Schloß Radborsch in Böhmen 28. Juni 1888, †München 22. Okt. 1969, österr. Schriftsteller. – Lebte seit 1918 in München. In seinen zahlreichen volkstüml. Romanen, Erzählungen und Biographien gestaltete er mit liebenswürdigem Humor v. a. Stoffe aus der Geschichte der Donaumonarchie.

Werke: Prinz Eugen (Biogr., 1927), Der Kerzelmacher von St. Stephan (R., 1937), Das Abschiedskonzert (R., 1944), Die Brautfahrt nach Ungarn (R., 1953), Reich mir die Hand, mein Leben (R., 1956), Der Tanz ums Leben (En., 1958), Mozart in Wien (Biogr., 1962), Maria Drei Eichen (En., 1964).

Czyżewski, Tytus [poln. tʃi'ʒɛfski], *Berdychów bei Limanowa 28. Dez. 1880, †Krakau 5. Okt. 1945, poln. Schriftsteller und Maler. – Sammelte die Künstlergruppe der ›Formisten‹ um sich; bedeutendster Krakauer Futurist; unternahm Versuche einer Dichtung ohne log. Beziehungen, verarbeitete auch volkstüml. Elemente (›Pastorałki‹, Ged., 1925).
Literatur: POLLAKÓWNA, J.: T. C. Warschau 1971.

D

Dabit, Eugène [frz. da'bi], * Paris 21. Sept. 1898, † Sewastopol 21. Aug. 1936, frz. Schriftsteller. – Aus Arbeiterfamilie; Handwerker; starb auf einer Reise, die er mit A. Gide und L. Guilloux in die UdSSR unternommen hatte. Sein Roman ›Hotel du Nord‹ (1929, dt. 1931), der ein Großstadtschicksal behandelt, gilt als Meisterwerk der naturalist. Arbeiterliteratur.

Weitere Werke: Der Kleine (R., 1930, dt. 1932), Faubourgs de Paris (R., 1933), Un mort tout neuf (R., 1934), Journal intime 1928–36 (Tageb., hg. 1939).
Literatur: Hommage à E. D. Hg. v. M. ARLAND u. a. Paris 1939. – DUBOURG, M.: E. D. et A. Gide. Paris 1953.

Dąbrowska, Maria [poln. dɔm'brɔfska], geb. Szumska, * Russów bei Kalisz 6. Okt. 1889, † Warschau 19. Mai 1965, poln. Schriftstellerin. – Aus einer Adelsfamilie, studierte in Brüssel, Lausanne und London; setzte die Tradition des poln. realist. Romans im einen einfachen, lebensechten Darstellungen des poln. Alltags in Familien- und Bauernromanen fort; Vertreterin einer kath.-humanitären Richtung in der poln. Literatur.
Werke: Die Landlosen (R., 1926, dt. 1937), Nächte und Tage (R., 4 Bde., 1932–34, dt. 1938),

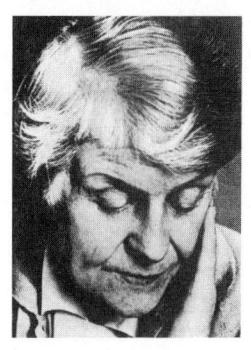

Maria Dąbrowska

Der dritte Herbst (En., dt. Ausw. 1961, die einen Teil der Sammlung Gwiazda zaranna [= Der Morgenstern], 1955, enthält), Przygody człowieka myślącego (= Abenteuer eines denkenden Menschen, R.-Fragment, hg. 1970).
Ausgaben: M. D. Wybór pism. Warschau ⁵1974-75. 10 Bde. – M. D. Dzienniki. Warschau 1988. 5 Bde. – M. D. Tagebücher 1914–1965. Dt. Übers. Ffm. 1989.
Literatur: LIBERA, Z.: M. D. Warschau 1975. – BADEGRUBER, R.: M. D. Diss. Wien 1978 [Masch.]. – DREWNOWSKI, T.: Rzecz russowska. O pisarstwie M. Dąbrowskiej. Krakau 1981.

Dąbrowski, Ignacy [poln. dɔm'brɔfski], * Warschau 21. April 1869, † ebd. 4. Febr. 1932, poln. Schriftsteller. – Gymnasial-Prof. in Warschau; gab in subtilen psycholog. Novellen und Romanen Darstellungen bes. des Warschauer Lebens; aufsehenerregenden Erfolg hatte er mit seiner 1893 erschienenen Novelle ›Der Tod‹ (dt. 1896).

Dach, Simon, * Memel 29. Juli 1605, † Königsberg (Pr) 15. April 1659, dt. Schriftsteller. – 1633 Lehrer an der Domschule, 1639 Prof. für Poesie in Königsberg. Anfangs von M. Opitz beeinflußt, schrieb D. geistl. und weltl. Lieder und Gedichte ohne barocke Manierismen sowie Gelegenheitsgedichte zu Taufen, Trauungen und ähnl. Anlässen. D. überrascht bes. da, wo er persönl. Gefühle ausdrückt oder die Natur schildert, durch die Unmittelbarkeit, Innigkeit und leichte Melancholie seiner Aussage. Das Lied ›Anke van Tharaw‹ wird heute meist nicht mehr D., sondern H. Albert zugeschrieben.

Ausgaben: S. D. Poet. Werke. Königsberg (Pr) 1696. Nachdr. Hildesheim 1970. – S. D. Werke. Hg. v. H. OESTERLEY. Tüb. 1896. Nachdr. Hildesheim 1977. – S. D. Gedichte. Hg. v. W. ZIESEMER. Halle/Saale 1936–38. 4 Bde.
Literatur: DOSTAL, F.: Studien zur weltl. Lyrik S. D.s. Diss. Wien 1958 [Masch.]. – SCHÖNE, A.: Kürbishütte u. Königsberg: Modellversuch einer sozialgeschichtl. Entzifferung poet. Texte,

am Beispiel S. D.s. Mchn. ²1982. – S. D. u. der Königsberger Dichterkreis. Hg. v. A. KELLETAT. Stg. 1986.

Dacier, Anne [frz. da'sje], geb. Tanneguy-Lefebvre, * Saumur im März 1654, † Paris 17. Aug. 1720, frz. Schriftstellerin. – Lebte ab 1692 in Paris; berühmt durch ihre Klassikerausgaben, -übersetzungen und -kommentare (Anakreon, Aristophanes, Plautus, Terenz, ›Ilias‹ und ›Odyssee‹). Beteiligt an der ›Querelle des anciens et des modernes‹ auf seiten der Vertreter der alten Literatur mit dem Vorwort zu ihrer ›Ilias‹-Übersetzung: ›Des causes de la corruption du goût‹ (1714, erweitert 1716).
Literatur: MAZON, P.: Mme D. et les traductions d'Homère en France. Oxford 1936. – MALCOVATI, E.: Madame D. Una gentildonna filologa del gran secolo. Florenz 1953.

da Costa, Isaac, niederl. Dichter, † Costa, Isaac da.

Dadaismus [frz.; nach dem kindersprachl. Stammellaut bzw. nach ›dada‹ = Pferdchen], internat. Kunst- und Literatur- bzw. Antikunstbewegung; 1916 in Zürich in bewußter Reaktion auf den 1. Weltkrieg als Synthese aus kubist., futurist. und expressionist. Tendenzen entstanden und zugleich gegen sie gerichtet. Der D. ist deshalb seiner Entwicklung nach mehr als lediglich das obligate ›Satyrspiel nach der Tragödie‹ (A. Soergel) oder bloßes Anhängsel des † Expressionismus, wie er in der literatur- und kunstgeschichtl. Forschung häufig dargestellt wurde. – Keimzelle des D. war das Züricher ›Cabaret Voltaire‹, das ursprünglich als literar. Kabarett im traditionellen Sinn – als ›Künstlerkneipe im Simplizissimusstil‹ – geplant und von H. Ball gemeinsam mit E. Hennings begründet wurde. Das am 5. Febr. 1916 eröffnete Kabarett bot zunächst ein uneinheitl., gemischtes, auf unterschiedl. Publikumswirksamkeit berechnetes, teilweise chaot. Programm. Etwa seit März 1916 eskalierte das ›Cabaret Voltaire‹ zu einer ›Experimentierbühne aller derjenigen Probleme, die die moderne Kunst bewegten‹ (R. Huelsenbeck). Um diesen Kristallisationspunkt schlossen sich der Schweizer H. Arp und die im Exil lebenden Künstler H. Ball, Huelsenbeck, M. Janco und T. Tzara enger zusammen;

in zunehmender Abgrenzung gegen den Kubismus, den italien. † Futurismus und den dt. Expressionismus kam es zu einer Gruppenbildung mit wechselnden Konstellationen. Bereits im April 1916 wurde die Proklamierung der neuen Kunst- bzw. Antikunstrichtung diskutiert; die Anfang Juni 1916 erschienene Publikation ›Cabaret Voltaire‹ dokumentierte diese Zielsetzung, die zunächst auf die ›Synthese der modernen Kunst- und Literaturrichtungen‹ abzielte, um dann – über sie hinaus – zum neuen Gruppensymbol ›Dada‹ vorzustoßen.

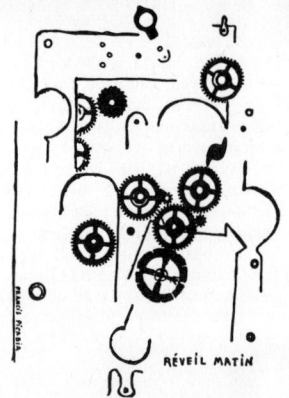

Dadaismus. Titelblatt der Zeitschrift ›Dada‹, Nr. 4–5 (1919)

Zur Namensfindung gibt es verschiedene Erklärungen: authentisch scheint die Tatsache, daß man durch zufälliges Blättern in Lexika auf das Wort ›Dada‹ stieß und es als ›objet trouvé‹ aufnahm. Tzara gebrauchte ›Dada‹ als Schlagwort für ›dernière nouveauté‹ in seiner ›Chronique Zurichoise‹ schon am 26. Febr. 1916. Ball nennt ›Dada‹ am 18. April

1916 in seinem Tagebuch ›Die Flucht aus der Zeit‹ und Anfang Juni 1916 in seinem Vorwort zu ›Cabaret Voltaire‹ als Titelvorschlag für eine noch zu gründende Zeitschrift, die dann Tzara ab Juli 1917 herausgab. Ball definierte ›Dada‹ als ›Narrenspiel aus dem Nichts‹, in das ›alle höheren Fragen verwickelt sind‹. Die Züricher Dadaisten intendierten keinen gemeinsamen Gruppenstil, sondern korrespondierten in ihrer künstlerisch-polit. Haltung: Das Kabarett wurde dabei zum Ort des künstler. Widerstandes und der künstler. Neufindung, zum Podium des Protestes gegen den ›Wahnsinn der Zeit‹ (Arp), wobei man speziell auch gegen das Bildungsbürgertum opponierte, das man für ›die grandiosen Schlachtfeste und kannibalist. Heldentaten‹ (Ball) verantwortlich machte. Das führte zur Negation nicht nur des traditionellen Kunstideals, sondern gerade auch zur Konfrontation mit jüngsten – modernen – Kunstrichtungen wie dem Kubismus oder Futurismus. Deren Prinzipien des Bruitismus, der Simultaneität und des neuen Materials in der Malerei – so Huelsenbeck im ›Dadaist. Manifest‹ von 1918 – sollten zwar aufgegriffen, aber radikal verschärft werden. Zum bildner. Ausdrucksmittel wurde deshalb die Collage und Montage; in der Lyrik tendierte man zu Simultan- und Lautgedichten; der Zufall entwickelte sich zu einem wichtigen gestalter. Prinzip. Alle bisher geltenden ästhet. Wertmaßstäbe und Spielregeln wurden für ungültig erklärt und die absolute Freiheit der künstler. Produktion gefordert: Das führte zur Radikalisierung des Programms, zugleich aber zum Zerfall der Gruppe. Die Intentionen ihrer Mitglieder erwiesen sich als zu divergent: Tzara ging es z. B. von Anfang an nur um die ›Erfindung‹ einer ›neuen Kunstrichtung‹, deren nimmermüder Propagandist er wurde; Arp sah in ›Dada‹ eine Entscheidung für den ›Ohne-Sinn der Kunst‹, den er dem ›Wahnsinn der Zeit‹ konfrontierte; während für Huelsenbeck die Kunst mehr und mehr ästhet. Mittel zum polit. Zweck wurde, bildete ›Dada‹ für Ball (der sich früh aus der Gruppe löste) eine weltanschaulich-kulturelle, eine kulturpolit. Entscheidung; Janco schließlich wollte

eine Kunst, die ›keine individuelle und isolierte Erfahrung mehr‹ war, sondern allen gehören sollte: ›Die Wiedergeburt der Volkskunst als der sozialen Kunst‹. Das Spektrum der Konturen erweiterte sich noch durch Persönlichkeiten wie W. Serner u. a., die sich der Bewegung anschlossen und ihr Kolorit gaben. – Der Zusammenhalt der Züricher Dadaisten wurde trotz derart unterschiedl. Intentionen durch das ›Cabaret Voltaire‹ und später durch die ›Galerie Dada‹ mit ihrem festen Veranstaltungsprogramm an Dada-Soireen sowie durch die politisch-sozialen Gegebenheiten des gemeinsamen Exils gewährleistet: Nach dem Ende des Krieges löste sich die Bewegung – an unterschiedl. Ort – in ihre einzelnen Tendenzen und in unterschiedl. Gruppierungen mit jeweils spezif. Physiognomie auf. Eine scharfe – teilweise anarchistisch-kommunist. – Richtung nahm der von Huelsenbeck initiierte Berliner D. (1918–1920/21) um die Brüder Herzfeld (Künstlernamen: Wieland Herzfelde, Begründer des Malik-Verlages, sowie John Heartfield) und G. Grosz, die sich mit F. Jung bereits um die Zeitschriften ›Die freie Straße‹ und ›Neue Jugend‹ zu einer losen Gruppe zusammengeschlossen hatten, u. a. mit R. Hausmann und dem Oberdada J. Baader, H. Höch, W. Mehring. Das ›Dadaist. Manifest‹ von 1918 ist jedoch von der Mehrzahl der Züricher und Berliner Dadaisten gemeinsam unterzeichnet. Der Berliner ›Club Dada‹, dessen Mitglieder sich ›Dadaphilosoph‹, ›Monteurdada‹, ›Pipidada‹ usw. titulierten, täuschte eine organisierte Vereinigung vor, die in Wirklichkeit gar nicht bestand. Die Zeitschriften (›Jedermann sein eigner Fußball‹, ›Der Dada‹) tendierten zu Bluffparolen und agierten mit provokativen Aufrufen wie: ›Legen Sie Ihr Geld in dada an!‹. Mit seinen Öffentlichkeits-Aktionen – der Unterbrechung des Hofpredigers Ernst von Dryander im Berliner Dom und dem Abwurf des Flugblattes ›Die grüne Leiche‹ in der Nationalversammlung von Weimar – erregte Baader die größte publizist. Aufmerksamkeit. Den Höhepunkt des Berliner D., der mit Dadatourneen nach Dresden, Hamburg, Leipzig und Prag auch über Berlin hinauszugreifen suchte, und zugleich sein Ende bildet die ›Erste Internationale Dada-Messe‹ (Eröffnung 5. Juni 1920), die einen Prozeß wegen ›Beleidigung der Reichswehr‹ nach sich zog. – Dem Kölner D. (1919/20) mit M. Ernst und A. F. Gruenewald (Künstlername: J. Th. Baargeld) war von Zürich her H. Arp verbunden. Auch hier konstituierte sich die Bewegung zunächst in Zeitschriften (›Der Ventilator‹, ›schamade‹) und gipfelte in der provokativen Ausstellung ›Dada-Vorfrühling‹ (eröffnet im April 1920, polizeilich geschlossen, wieder eröffnet mit der Parole ›Dada siegt‹). – Tzara wechselte Ende 1919 von Zürich nach Paris, wo er jetzt zum ›Mittelpunkt der Aufmerksamkeit der avantgardist. Kreise‹ und zum Wortführer einer neuen ›Dada‹-Formation mit L. Aragon, A. Breton, P. Éluard, F. Picabia, G. Ribemont-Dessaignes u. a. wurde, die sich später – in äußerst heftigen Auseinandersetzungen zwischen Tzara und Breton – in den ↑ Surrealismus auflöste; ihr gehörten zeitweise auch Man Ray und M. Duchamp an, die 1921 ›Dada‹ nach New York transferierten. Sogar in Japan kam es zu einem ›Dada-Wetterleuchten‹. – Von den Berliner Dadaisten abgelehnt, später durchaus in engem Kontakt etwa zu R. Hausmann, begründete K. Schwitters in Hannover seine eigene ›Dada‹-Variante, die er (satirisch abgeleitet aus ›Kommerz‹) ›Merz‹ nannte (**Merzdichtung**); unter diesem Titel publizierte er seit 1923 eine eigene Zeitschrift, mit der er für die Prinzipien der abstrakten Kunst eintrat. In seinem ›Manifest Proletkunst‹, das 1923 von Th. von Doesburg (dem Hauptvertreter der ›Dada‹-Revolte in Holland), Arp, Tzara und Ch. Spengemann mitunterzeichnet wurde, erklärte er Bürgertum und Proletariat für überwundene ›Zustände‹ und forderte das ›Gesamtkunstwerk‹, ›welches erhaben ist über alle Plakate, ob sie für Sekt, Dada oder Kommunist. Diktatur gemacht sind‹. Gemeinsam mit R. Hausmann versuchte Schwitters nach dem 2. Weltkrieg durch die gemeinsame Schrift ›PIN and the story of PIN‹ (entst. 1946/47, veröffentlicht 1962) die Erinnerung an die radikalen Bestrebungen der ›Dada‹-Bewegung lebendig zu halten; zu wirklich neodadaistischen Anknüpfungen ist es jedoch erst im Zuge neuerer avantgardistischer Kunst- und Literaturtendenzen, wie der ↑ Wiener Gruppe, der ↑ konkreten Poesie, der Pop-art und der ↑ Happenings gekommen.

Dokumentationen und Erinnerungen: Dada Almanach. Hg. v. R. HUELSENBECK. Bln. 1920. Nachdr. Hamb. 1987. – The Dada painters and poets. Hg. v. R. MOTHERWELL. New York 1951. – Die Geburt des Dada. Dichtung u. Chronik der Gründer. Hg. v. P. SCHIFFERLI u. a. Zü. 1957. – HAUSMANN, R.: Courrier Dada. Paris 1958. – Dada. Hg. v. K. H. HERING u. E. RATHKE. Düss. 1958. – MEHRING, W.: Berlin-Dada. Zü. 1959. – RICHTER, H.: Dada-Profile. Zü. 1961. – Das war Dada. Hg. v. P. SCHIFFERLI. Mchn. 1963. – Documenti e periodici dada. Hg. v. A. SCHWARZ. Mailand u. Rom 1970. 5 Bde. – RICHTER, H.: Begegnungen von Dada bis heute: Briefe, Dokumente, Erinnerungen. Köln 1973. – RICHTER, H.: Dada – Kunst u. Antikunst. Neuaufl. Köln 1973. – New York Dada. Hg. v. A. ZWEITE. Mchn. 1973. – SCHIPPERS, K.: Holland Dada. Amsterdam 1974. – Dada in Europa, Werke u. Dokumente. Hg. v. K. GALLWITZ. Bln. 1977. – Dada in Europa. Werke und Dokumente. In: Tendenzen der Zwanziger Jahre. Ausstellungskatalog. Bln. 1977. – Dada Berlin. Texte, Manifeste, Aktionen. Hg. v. K. RIHA. Stg. 1977. Nachdr. Stg. 1991. – ADES, D.: Dada and surrealism. London 1978. – BALL, H./BALL-HENNINGS, E.: Damals in Zürich. Briefe aus den Jahren 1915–1917. Zü. 1978. – Dada-Zss. Nachdr. Hamb. 1978. – 113 dada-Gedichte. Hg. v. K. RIHA. Bln. 1982. – Dada in Japan. Jap. Avantgarde 1920–1970. Hg. v. Y. SHIRAKAWA u. a. Düss. 1983. – Dada. Eine literar. Dokumentation. Hg. v. R. HUELSENBECK. Rbk. 1984. – HUELSENBECK, R.: En avant dada. Die Geschichte des D. Hamb. [3]1984. – Dada in Zürich. Hg. v. H. BOLLIGER u. a. Zü. 1985. – RIHA, K.: Tatü-Dada u. nochmals Dada bis heute. Aufss. u. Dokumente. Hofheim 1987. – The Dada painters and poets. Hg. v. R. MOTHERWELL. Neuausg. Cambridge (Mass.) 1989. – BALL, H.: Die Flucht aus der Zeit. Neuausg. Zü. 1992. – HAUSMANN, R.: Am Anfang war Dada. Gießen [3]1992. – HUELSENBECK, R.: Mit Witz, Licht u. Grütze. Auf den Spuren des D. Neuausg. Hamb. 1992.

Literatur: Dada. Monographie einer Bewegung. Hg. v. W. VERKAUF. Teufen/Ar [3]1965. – Dada, surrealism and today. An exhibition by the Museum of Modern Art. New York 1967. – DÖHL, R.: Das literar. Werk Hans Arps, 1903 bis 1930. Zur poet. Vorstellungswelt des D. Stg. 1967. – PROSENC, M.: Die Dadaisten in Zürich. Bonn 1967. – GROSSMANN, M. L.: Dada; Paradox, mystification and ambiguity in European literature. New York 1971. – LAST, R. W.: German Dadaist literature. New York 1973. – RUBIN, W. S.: Dada u. Surrealismus. Stg. 1973. – KEM-

PER, H.-G.: Vom Expressionismus zum
Kronberg 1974. – ADES, D.: Dada und Surrea-
lismus. Mchn. u. Zü. 1975. – RUBIN, W. S.:
Dada. Dt. Übers. v. H. FRANK. Stg. 1978. –
Dada-Spectrum. The dialecties of revolt. Hg. v.
S. FORSTER u. R. E. KUENZLI. Iowa City 1979. –
Da Dada da war ist Dada da. Hg. v. K. RIHA.
Mchn. u. Wien 1980. – PHILIPP, E.: D. Einfüh-
rung in den literar. D. u. die Wortkunst des
›Sturm‹-Kreises. Mchn. 1980. – Dada. Studies
of a movement. Hg. v. R. SHEPPARD. Chalford
St. Giles 1980. – Das Tempo dieser Zeit ist keine
Kleinigkeit. Zur Lit. um 1918. Hg. v. J. DREWS.
Mchn. 1981. – New Studies in Dada. Essays
and documents. Hg. v. R. W. SHEPPARD. Hutton
1981. – WALDBERG, P.: Dada, surréalisme. Paris
1981. – Sinn aus Unsinn. Dada International.
Hg. v. W. PAULSEN u. H. G. HERMANN. Bern u.
Mchn. 1982. – FÜLLNER, K.: Richard Huelsenbeck. Texte u. Aktionen eines Dadaisten. Hdbg.
1983. – SANOUILLET, M.: Dada à Paris. Neuausg.
Paris 1993.

Dadaloğlu [türk. daˈdalɔːlu], * 1785
(?), † 1865 (?), legendärer türk. Volksdichter. – Wirkte als Âşık (= fahrender
Sänger; ↑ Aschug) unter turkmen. Noma-
den und Bauern im Taurus und in der
südostanatol. Ebene Çukurova; besang
in seinen vielfach nur mündlich tradierten, bis heute populären Balladen und
Liedern u. a. soziale Mißstände und die
unter der einfachen Bevölkerung verbreiteten Wünsche und Hoffnungen auf ein
gerechteres Dasein.

Dadié, Bernard Binlin [frz. daˈdje],
* Assinie (Elfenbeinküste) 1916, afrikan.
Schriftsteller. – 1936–47 Mitarbeiter am
Institut français d'Afrique noire in Dakar (Senegal); hatte dann in seiner Heimat mehrere polit. Funktionen inne, zuletzt als Kultusminister der Elfenbeinküste; basiert mit dem Thema seiner lyr., erzähler. und dramat. Werke (in frz. Sprache) auf der mündl. Überlieferung seiner
Heimat.
Werke: Afrique debout (Ged., 1950), Légendes
africaines (En., 1954), Le pagne noir (En., 1955),
Climbié (autobiograph. R., 1956), La ronde des
jours (Ged., 1956), Un nègre à Paris (R., 1959),
Das Krokodil und der Königsfischer (Prosa,
1966, dt. Ausw. 1975), Monsieur Thôgô-Gnini
(Dr., 1970), Béatrice du Congo (Dr., 1970), Les
voix dans le vent (Dr., 1970), Îles de tempête
(Dr., 1973), Papassidi, maître-escroc (Dr., 1975),
Commandant Taureault et ses nègres (R., 1980),
Opinions d'un nègre (Abh., 1980).

Dafydd ap Gwilym [walis. ˈdaviθ ab
ˈgwilɪm], * Bro Gynin (Cardiganshire)

zw. 1320 und 1340, † zw. 1380 und 1400,
walis. Dichter. – Stammte aus adliger Familie und lebte lange am Hof seines Gönners Ifor Hael in Glamorgan. Er brach
mit der damals übl. archaischen Schreibweise, verwendete freiere Metren, dichtete in der gebildeten Umgangssprache
seiner Zeit und wurde so zum Wegbereiter der neuzeitl. walis. Poesie. Er vollendete die Form des ›cywydd‹ (durch
Strophen nicht unterbrochenes Gedicht
mit je 2 gereimten 7silbigen Versen und
Alliteration, die für das lyr. Gedicht besser geeignet war als die traditionellen
Versformen. Den eng begrenzten The-
menkanon der klass. Barden erweiterte
er bes. um die Themen Liebe und Natur.
Teilweise wird Einfluß provenzal. Troubadourlyrik angenommen. D. zählt zu
den großen Dichtern des europ. Mittelalters.
Ausgaben: D. ap G. Fifty poems. Engl. Übers.
Hg. v. H. I. u. D. BELL. London 1942. – D. ap G.
Hg. v. TH. PARRY. Cardiff ²1963.
Literatur: STERN, L. CH.: D. ab G., ein walis.
Minnesänger. In: Zs. f. celt. Philologie 7 (1910),
S. 1. – CHOTZEN, TH. M.: Recherches sur la
poésie de D. ap. G. Amsterdam 1927. – GRUF-
FYDD, W. J.: D. ap G. An account of his life and
works. Cardiff 1935.

Dagerman, Stig Halvard, eigtl. Jans-
son, * Älvkarleby bei Uppsala 5. Okt.
1923, † Danderyd bei Stockholm 4. Nov.
1954 (Selbstmord), schwed. Schriftsteller. – Studierte in Stockholm, war ab
1941 Journalist; bed. Repräsentant der
schwed. Literatur der 40er Jahre (›40-
tal‹). Seine ersten Werke spiegeln die
Themen der Epoche: Schuld, Angst und
Verzweiflung in einer unmenschlichen
Welt, die mit Hilfe eines symbolist., von
F. Kafka und W. Faulkner beeinflußten
Stils dargestellt werden; später wandte er
sich einer stärker realistisch orientierten,
psycholog. Darstellungsweise zu. Mit
seiner traumhaft-visionären Prosa, seinem satir., tagespolit. Probleme aufgrei-
fenden Artikeln und nicht zuletzt mit seiner Dramatik wirkte D. als Erneuerer der
jüngeren schwed. Literatur.
Werke: Die Schlange (R., 1945, dt. 1985), Die
Insel der Verdammten (R., 1946, dt. 1956), Im
Schatten des Bruders (Dr., 1947, dt. 1962), Tysk
höst (Reportage, 1947), Der zum Tod Verurteilte (Dr., 1947, dt. 1947), Spiele der Nacht
(Nov.n, 1947, dt. 1961), Schwed. Hochzeits-

nacht (R., 1949, dt. 1965), Den yttersta dagen (Dr., 1952), Die Kälte der Mittsommernacht (En., dt. Auswahl 1986).
Literatur: LAGERCRANTZ, O. G. H.: S. D. Stockholm Neuausg. 1967. – THOMPSON, L.: S. D. Boston (Mass.) 1983.

Daghighi (tl.: Daqīqī; Dakiki), Abu-Mansur Mohammad [pers. dæɣi'ɣi:], * wahrscheinlich Tus zwischen 930 und 940, † zwischen 976 und 981 (ermordet), pers. Dichter. – War mit 20 Jahren Panegyriker an mittelasiat. Höfen, u. a. an der Residenz des Samaniden Mansur ibn Nuh (961–76). Als Verfasser von 998 erhaltenen Doppelversen eines ›Königsbuches‹, bei denen es sich um den Abschnitt über die Einführung der zoroastr. Religion unter Hystaspes, dem Förderer Zarathustras, handelt, wurde er zum Vorläufer Ferdousis, der diese Verse später in sein Epos ›Šāhnāmah‹ (= Königsbuch) aufnahm. Vermutungen, D. sei Zoroastrier gewesen, werden heute zurückgewiesen.
Literatur: SCHAEDER, H. H.: War Daqīqī Zoroastrier? In: Festschr. Georg Jacob zum 70. Geburtstag. Hg. v. TH. MENZEL. Lpz. 1932. – RYPKA, J.: Iran. Literaturgesch. Lpz. 1959. S. 153.

Dağlarca, Fazıl Hüsnü [türk. dɑ:lɑr-'dʒɑ], * Istanbul 26. Aug. 1914, türk. Dichter. – Gilt als einer der erfolgreichsten türk. Lyriker der Gegenwart; behandelt in seinem umfangreichen Werk vielfältige Themen. 42 seiner Gedichte erschienen 1958 u. d. T. ›Choix de poèmes de D.‹ in frz. Übersetzung; 1970 wurde ein Auswahlband (engl.-türk.) in den USA veröffentlicht; in den 80er Jahren kamen auch ausgewählte Gedichte in deutsch heraus: ›Komm endlich her nach Anatolien‹ (1981) und ›Brot und Taube‹ (1984).

Dahl, Roald [engl. dɑ:l], * Llandaff (Glamorgan) 13. Sept. 1916, † Oxford 23. Nov. 1990, engl. Schriftsteller norweg. Abstammung. – Begann mit realist. Erzählungen über seine Erlebnisse als Pilot während des Krieges (›... steigen aus ... maschine brennt‹, 1946, dt. 1966), wurde jedoch v. a. bekannt als Meister des Makabren und des schwarzen Humors durch die Kurzgeschichtensammlungen wie ›... und noch ein Küßchen‹ (1953, dt. 1963), ›Küßchen, Küßchen‹ (1960, dt.

1962), ›Twenty-nine kisses‹ (1969), ›Kuschelmuschel‹ (1974, dt. 1975), ›Tales of the unexpected‹ (1979), ›More tales of the unexpected‹ (1980), ›Hexen hexen‹ (1983, dt. 1986); schrieb auch Gedichte, Kinderbücher (u. a. ›James und der Riesenpfirsich‹, 1961, dt. 1968; ›Sophiechen und der Riese‹, 1982, dt. 1984), Drehbücher und die Autobiographie ›Im Alleingang‹ (1986, dt. 1988).
Ausgabe: R. D. Ges. Erzählungen. Dt. Übers. Rbk. 1970. – The collected short stories of R. D. London 1991.

Dahl, Tora (Armida), * Stockholm 9. Juni 1886, † Södertälje 30. Jan. 1982, schwed. Schriftstellerin. – Schrieb Romane, die sich durch einen nüchternen Stil und psychologisch genaue Menschenschilderung auszeichnen. Verfaßte später eine Reihe autobiographischer Werke, in denen sie ihr eigenes Leben ohne jegliche Prätenziösität beschreibt.
Werke: Generalsgatan 8 (R., 1935), Avdelning II, sal 3 (R., 1948), Fosterbarn (R., 1954), Dörrar som öppnas (R., 1958), Vargar och får (Essays, 1961), Inte riktig kärlek (R., 1963), ... när du kommer ut i livet (R., 1966), En bit på väg (Autobiogr., 1968), När jag var var sjuk (Autobiogr., 1973), Förvandlingar (Autobiogr., 1976), Återseende (Autobiogr., 1971).
Literatur: WESTERLUND, O.: Karl XII. i svensk litteratur från D. till Tegnér. Lund 1951. – RAFTEGÅRT, B.: D:s kunga skald. Göteborg 1971.

Dahlgren, Fredrik August, * Taberg (Värmland) 20. Sept. 1816, † Djursholm bei Stockholm 16. Febr. 1895, schwed. Schriftsteller. – Schrieb realist. Lustspiele und sangbare Lieder in värmländ. Mundart; übte mit seinen Dialektgedichten starken Einfluß auf spätere Mundartdichter (v. a. G. Fröding) aus; großen Erfolg hatte er mit dem Volksstück ›Wermlänningarne‹ (1846); übersetzte Shakespeare, P. Calderón de la Barca und G. E. Lessing.

Dahlquist-Ljungberg, Ann Margret [schwed. .jʊŋbærj], * Ulricehamn (Västergötland) 8. Jan. 1915, schwed. Schriftstellerin. – Schrieb sowohl Lyrik als auch Prosa, die sich jeweils durch eine feinsinnige, reiche Bild- und Symbolsprache auszeichnen. Hauptthemen sind der Sinn des Lebens und die Zukunftsperspektiven der Welt, die D. in eindringl. Schreckensvisionen als von Umweltzerstörung und atomarer Katastrophe bedroht dar-

Dal 263

stellt. Bedeutend auch als Graphikerin und Zeichnerin.

Werke: Jungfrun i berget (Ged., 1947), Djävulsdans (Ged., 1950), Brudbuketten (Ged., 1954), Rapport om öar (Ged., 1957), Strålen, koreografisk vision (R., 1958), Anaphe (Ged., 1964), Ja eller nej – en kärlekssaga (R., 1966), Döda fåglar (Ged., 1973), Isöga dikter 1964–1978 (Ged., 1978), Homo atomicus (Bild- und Prosaband, 1980), Barnen i stenen (Ged., 1983).

Dahlstierna (nach Erhebung in den Adelsstand), Gunno [schwed. ‚dɑ:lʃæːrna], ursprünglich G. Eurelius, *Ör (Dalsland) 7. Sept. 1661, †in Pommern vor dem 19. Juli 1709, schwed. Dichter. – Wichtigster Vertreter der Literatur des Manierismus in Schweden. Als sein Hauptwerk gilt das großangelegte, zum Tod Karls XI. geschriebene Grablied ›Kunga skald‹ (1698). Aus heutiger Sicht erscheint dieses Werk vor allem aufgrund der darin enthaltenen Naturschilderungen bemerkenswert.

Ausgabe: Samlade dikter ab G. E. D. Hg. v. E. NORÉEN. Stockholm 1920–28.
Literatur: LAMM, M.: G. D. Stockholm 1946.

Dahn, Felix, *Hamburg 9. Febr. 1834, †Breslau 3. Jan. 1912, dt. Schriftsteller, Geschichtsforscher und Rechtsgelehrter. – Prof. für Rechtswissenschaft in Würzburg, Königsberg (Pr) und Breslau. Die Themen seiner pathetisch-patriot. Romane entnahm er v. a. der altnord. Göttersage und der Völkerwanderungszeit, u. a. ›Kleine Romane aus der Völkerwanderung‹ (13 Bde., 1882–1901); sein größter Erfolg war die Darstellung vom Untergang des Ostgotenreiches, ›Ein Kampf um Rom‹ (4 Bde., 1876); verfaßte auch Gedichte und Dramen sowie Abhandlungen über Recht und german. Geschichte (›Die Könige der Germanen‹, 12 Bde., 1861–1909).

Dainos [litauisch = Lieder], altlitauische Volkslieder, die in Form und Stil altertüml. Züge zeigen; je nach Thematik werden Arbeitslieder, Jahreszeitenlieder, Brautlieder, Totenklagen u. a. unterschieden. – Erste Veröffentlichungen im 18. Jh. (Ph. Ruhig, ›Litauisches Wörterbuch‹, 1745), aufgegriffen durch G. E. Lessing (33. Literaturbrief), J. G. von Herder (›Volkslieder‹), Goethe (›Die Fischerin‹). Den D. verwandt sind die lett. **Dainas.**

Daisne, Johan [frz. dɛn], eigtl. Herman Thiery, *Gent 2. Sept. 1912, †ebd. 9. Aug. 1978, fläm. Schriftsteller. – Debütierte mit Reportagen und Gedichten; begann 1942 Prosawerke zu schreiben, mit denen er zum Schöpfer des fläm. mag. Realismus wurde. Seine Romane und Novellen spielen in einer Traumwirklichkeit und empfangen aus Traum und Realität entscheidende Impulse. D. verfaßte auch Dramen und eine Reihe von Essays über den Film, sog. ›Filmatiken‹, außerdem ein Lexikon, in dem er dem Ursprung von Filmen nach literar. Vorlagen nachgeht; auch Übersetzungen russ. Literatur.

Werke: Die Treppe von Stein und Wolken (R., 1942, dt. 1960), Die Fahrt ins Jenseits (Nov.n, 1947, dt. 1968), Der Mann, der sein Haar kurz schneiden ließ (R., 1948, dt. 1959), Lago Maggiore (R., 1957, dt. 1957), De nacht komt gauw genoeg (Ged., 1961), Wie schön war meine Schule (R., 1961, dt. 1962), De engelse groetenis (Ged., 1967).
Literatur: SCHEPENS, J.: J. D. Antwerpen 1946. – DEMEDTS, A.: J. D. Brügge 1962.

Dakiki, pers. Dichter, ↑Daghighi.

Daktyloepitrit [...o-e..., griech.], von A. Roßbach und R. Westphal (›Griech. Metrik‹, 1856) eingeführter Begriff für bestimmte griech. Verse, die sich v. a. in der Chorlyrik und bes. bei Pindar und Bakchylides finden. Grundlegend neben den daktyl. Kola (–⌣⌣–⌣⌣–) sind dabei allerdings nicht die epitrit. Kola (↑Epitrit), sondern trochäische (–⌣–⌣–).

Daktylus [griech. = Finger (wegen der Aufeinanderfolge von lang – kurz – kurz, die sich in den Elementen dieses Versfußes wie in den drei Gliedern eines Fingers findet)], antiker Versfuß der Form –⌣⌣; wichtige daktyl. Versmaße der griech. und lat. Dichtung sind der daktyl. ↑Hexameter und der daktyl. ↑Pentameter, die in der Verbindung das ↑Distichon ergeben.

Dal (tl.: Dal'), Wladimir Iwanowitsch [russ. dalj], Pseudonym Kasak Luganski, *Lugansk 22. Nov. 1801, †Moskau 4. Okt. 1872, russ. Schriftsteller und Folklorist. – Dän. Abstammung; nach dem Dienst in der Marine Ausbildung zum Militärarzt; schließlich Beamter; literarisch tätig als Verfasser folklorist. Skizzen und Darstellungen des Volkslebens,

die pseudonym erschienen; Hg. einer
Sammlung von etwa 30 000 Sprichwörtern (1861/62) und des ersten erläutern-
den Wörterbuchs der russ. Sprache
(4 Bde., 1863–66).
Literatur: BAER, J. T.: V. I. D. as a belletrist. Den
Haag 1972.

Dalai Lama, der Fünfte, eigtl.
Ngag-dbang blo-bzang rgya-mc'o,
* 1617, † 1682. – Zu den 17 Bänden seiner
Schriften gehören histor. Abhandlungen,
darunter eine Chronik (›deb-t'er‹), Traktate über ind. Poetik und Astrologie, über
religiöse Fragen wie die Inkarnations-
lehre, ein Verzeichnis (›dKar-č'ag‹) der
heiligen Stätten von Lhasa und eine Autobiographie (bis 1681).
Literatur: SCHULEMANN, G.: Gesch. der Dalai-
Lamas. Lpz. 1958.

Dalčev, Atanas Christov, bulgar. Lyriker, † Daltschew, Atanas Christow.

Daley, Victor James William Patrick
[engl. 'dɛɪlɪ], Pseudonym Creeve Roe,
* Navan (Grafschaft Meath, Irland)
5. Sept. 1858, † Waitara (Sydney) 29. Dez.
1905, austral. Schriftsteller ir. Herkunft. – Nach Tätigkeit als Eisenbahnan-
gestellter 1878 Emigration nach Australien; Journalist und Lyriker in Melbourne und Sydney; Verfasser von elitär.-ästhetizist., liedhaften Gedichten
und radikal-sozialkrit. Versen. In seinen
besten Gedichten (›At dawn and dusk‹,
1898; ›Wine and roses‹, hg. 1911) romantisierende, träumer. Züge und Anklänge
an W. B. Yeats, J. Keats und A. Ch. Swinburne sowie themat. Nähe zu seinen
austral. Vorbildern Ch. Harpur und
Th. H. C. Kendall.
Ausgaben: Poetry by V. D. Hg. v. M. HOLBURN
u. M. PIZER. Sydney 1947. – V. D. Hg. v. H. J.
OLIVER. Sydney 1963.
Literatur: LINDSAY, N.: V. D. In: Bohemians of
the Bulletin. Sydney 1965.

Dalimilchronik, alttschech. Reimchronik aus dem 14. Jh., als deren Verfasser fälschlich ein gewisser Dalimil angenommen wurde. Die Darstellung, die
durch nationaltendenziösen Charakter
und eine staatsrechtl. Haltung gekennzeichnet ist, beginnt nach Art mittelalterl.
Weltchroniken mit dem Turmbau zu Babel und reicht bis zum Jahr 1314 (hg.
1620, bereits im 14. Jh. ins Deutsche
übersetzt).

Ausgabe: Die alttschech. Reimchronik des sog.
Dalimil. Hg. im Jahre 1620 v. P. J. v. BEZDĚZÍ.
Nachdr. eingel. v. J. DAŇHELKA. Mchn. 1981.

Dalin, Olof von (seit 1751), * Vinberg
(Halland) 29. Aug. 1708, † Drottning-
holm bei Stockholm 12. Aug. 1763,
schwed. Schriftsteller und Geschichtsschreiber. – D. gilt als erster moderner
Dichter Schwedens und Hauptanführer
der älteren schwed. Aufklärung, die entscheidende Impulse vom frz. Klassizis-
mus empfing; 1732–34 Hg. der ersten
schwed. moral. Wochenschrift ›Then
swänska Argus‹. Er schrieb witzige
Gelegenheitspoesie, Dramen nach frz.
Vorbildern, daneben Dichtungen im
Volkston und verfaßte im Auftrag der
Reichsstände eine ›Geschichte des
Reiches Schweden‹ (3 Bde., 1747–62, dt.
1756–63), die erste bed. Darstellung der
schwed. Geschichte in schwed. Sprache.
Weitere Werke: Sagan om hästen (Epos, 1740),
Svenska friheten (Ged., 1742), Den avundsjuke
(Kom., 1748), Brynilda (Dr., hg. 1783).
Literatur: LAMM, M.: O. D. En litterarhistorisk
undersökning av hans verk. Uppsala 1908. –
DYBERG, N. O.: O. D. och tidsidéerna. Uppsala
1946.

Dall'Ongaro, Francesco, * Mansuè
bei Treviso 19. Juni 1808, † Neapel
10. Jan. 1873, italien. Schriftsteller. – Ur-
sprünglich Priester, nahm lebhaften An-
teil an den polit. Umwälzungen in Ita-
lien, 1849–59 im Exil (Schweiz, Belgien);
Prof. für italien. Literatur in Florenz und
Neapel; schrieb liberal-patriot. Dramen,
Komödien, Gedichte und Erzählungen,
z. T. in venezian. Dialekt.
Werke: Poesie (2 Bde., 1840/41), Il fornaretto
(Dr., 1848), Stornelli italiani (Ged., 1848), Fan-
tasie drammatiche e liriche (Dramen, 1866),
Racconti (1869).
Literatur: TRABAUDI FOSCARINI, M.: F. Dall'O.
Florenz 1925.

Dalmatin, Jurij, * Gurkfeld (heute
zu Videm-Krško) um 1547, † Ljubljana
31. Aug. 1589, slowen. Schriftsteller. –
Nach Studium in Tübingen von 1572 an
Prediger und Organisator der dt. und slowen. Protestantengemeinde in Ljubljana.
Seine vollständige Bibelübersetzung erschien 1584 in Wittenberg (Nachdr.
1968) und wurde zur Basis der slowen.
Literatursprache; mit P. Trubar Schöpfer
des slowen. Kirchenlieds; Verfasser
theolog. Abhandlungen.

Đalski, Ksaver Šandor [serbokroat. 'dza:lski:], kroat. Schriftsteller, ↑ Gjalski, Ksaver Šandor.

Dalton, Roque, *San Salvador 14. Mai 1935, † bei San Salvador 10. Mai 1975 (ermordet), salvadorian. Schriftsteller. – Kämpfte ab 1961 im Untergrund gegen die Militärregierung seines Landes. Wurde mehrfach für seine Lyrik ausgezeichnet. Kennzeichen seiner Gedichte ist die Kombination verschiedener Textarten, der die Absicht unterliegt, gesellschaftl. Strukturen sichtbar zu machen. Sein einziger Roman ›Armer kleiner Dichter, der ich war‹ (hg. 1976, dt. 1986) verbindet autobiograph. Elemente mit erzähltheoret. Reflexionen.
Weitere Werke: La ventana en el rostro (Ged., 1961), El turno del ofendido (Ged., 1963), César Vallejo (Essay, 1963), Los testimonios (Ged., 1964), Taberna y otros lugares (Ged., 1969, span. und dt. 1981 u. d. T. Y otros lugares/und andere Orte), Los pequeños infiernos (Ged., 1970), Las historias prohibidas de Pulgarcito (En., 1974).

Daltschew (tl.: Dalčev), Atanas Christow, *Saloniki 12. Juni 1904, † Sofia 17. Jan. 1978, bulgar. Lyriker. – Redakteur; im Schuldienst; Ministerialbeamter; wandte sich gegen den Symbolismus und versuchte, alltägl. und gegenständl. Dinge lyrisch darzustellen; philosoph. Haltung mit anfänglich pessimistisch-resignativen Zügen; bed. Übersetzer aus dem Französischen, Spanischen, Deutschen und Russischen.
Werke: Prozorec (= Fenster, Ged., 1926), Angelät na Šartär (= Der Engel von Chartres, Ged., 1943), Fragmente (Ged. und Prosa, dt. Ausw. 1980).

Damas, Léon-Gontran [frz. da'mɑ:s], *Cayenne (Frz.-Guayana) 28. März 1912, † Washington (D. C.) 22. Jan. 1978, guayan. Schriftsteller. – Kam in den 30er Jahren nach Paris, Jurastudium; gehört mit L. S. Senghor und A. Césaire zu den Begründern der Dichtung der ↑ Négritude; schrieb in frz. Sprache Gedichte, Erzählungen und Essays; nahm als erster afrikan. Tanz- und Jazzrhythmen in seine Lyrik auf.
Werke: Pigments (Ged., 1937), Retour de Guyane (Bericht, 1938), Veillées noires (En., 1943), Poèmes nègres sur des airs africains (Ged., 1948), Graffiti (Ged., 1952), Névralgies (Ged., 1966).

Literatur: PIQUION, R.: Les trois grands de la négritude. Port-au-Prince 1964. – Critical perspectives on L.-G. D. Hg. v. K. G. WARNER. Washington (D. C.) 1988.

Damen, Hermann, norddt. Dichter des 13./14. Jahrhunderts. – 1302 und 1307 in Rostock urkundlich bezeugt, seine Dichtungen entstanden vor 1287; Lehrer Frauenlobs; religiöse Sprüche und ein religiöser Leich in der Tradition Walthers von der Vogelweide zeugen von der einfachen Frömmigkeit des Verfassers.

Damiri, Ad (tl.: Ad-Damīrī), Muhammad Kamal Ad Din, *Kairo 1341, † ebd. 1405, islam. Theologe und arab. Schriftsteller. – Bekannt durch sein alphabetisch angeordnetes Werk ›Hayā' al-hayawān‹ (= Tierleben), in dem er fast 1000 Tiere behandelt, die in der religiösen arab. Literatur vorkommen. Das schon im 17. Jh. in Europa bekanntgewordene Werk ist eine reiche Quelle für die Volkskunde des Vorderen Orients.
Ausgabe: Muhammad Ibn Mūsā Al-Damīrī. Hayāt al Hayawān. A zoological lexicon. Engl. Übers. v. A. S. G. JAYAKAR. London u. Bombay 1906.
Literatur: Enc. Islam Bd. 2, ²1965, S. 107.

Dana, Richard Henry [engl. 'dεɪnə], *Cambridge (Mass.) 1. Aug. 1815, † Rom 6. Jan. 1882, amerikan. Schriftsteller und Jurist. – Studierte an der Harvard University; später Experte für Seerecht; machte 1834 als Matrose eine Seereise um das Kap Hoorn nach Kalifornien und hielt seine Erlebnisse in ›Zwei Jahre vor'm Mast‹ (1840, dt. 1987) fest. Das Buch wurde zum Vorbild für ähnl. Werke, etwa H. Melvilles. D. trat auch für die Rechte der schwarzen Sklaven ein.
Literatur: ADAMS, CH. F.: R. H. D., A biography. Boston (Mass.) u. New York 1890. 2 Bde.

Dancourt [frz. dã'ku:r], eigtl. Florent Carton, Sieur d'Ancourt, *Fontainebleau 1. Nov. 1661, † Courcelles-le-Roi (Gâtinais) 6. Dez. 1725, frz. Dramatiker. – Advokat; 1685–1718 Schauspieler an der Comédie-Française; vertrat in der Zeit nach Molière die Sittenkomödie und das possenhafte Lustspiel, die sich durch scharfe Beobachtung und geistvollen Dialog auszeichnen.

Werke: Le chevalier à la mode (Kom., 1688), Les bourgeoises à la mode (Kom., 1693), Les bourgeoises de qualité (Kom., 1700). **Ausgaben:** D. Œuvres de théâtre. Paris 1760. 12 Bde. Nachdr. 1968. 3 Bde. – D. Théâtre choisi. Hg. v. F. SARCEY. Paris 1939. **Literatur:** CLEARY, C.: Aspects of the life and works of D. University of Durham 1974. – BLANC, A.: Le théâtre de D. Lille 1977. 2 Bde.

Daṇḍin ['dandin], ind. Dichter des 7./8. Jahrhunderts. – In seinem Roman ›Daśakumāracarita‹ (= Leben der 10 Prinzen) schildert D. in kunstvollem Sanskrit die oft mit märchenhaften Zügen ausgestatteten Abenteuer und Streiche von 10 Prinzen, wobei viel kulturgeschichtlich Interessantes in die Erzählung einfließt. In der Poetik ›Kāvyādarśa‹ (= Spiegel der Dichtkunst) legt D. v. a. die äußerl. Schmuckmittel einer Dichtung wie Vergleich und Metapher dar.

Ausgaben: D. The Daśakumāracarita. Neu hg. nach der Ausg. v. G. BÜHLER u. P. PETERSON v. G. J. AGASHE. Bombay ²1919. – D. Die zehn Prinzen. Dt. Übers. v. J. HERTEL. Mchn. 1985. **Literatur:** RUBEN, W.: Die Erlebnisse der zehn Prinzen. Eine Erzählung Dandins. Bln. 1952. – GUPTA, D. K.: A critical study of D. and his works. Delhi 1970.

Dandin [frz. dã'dɛ̃; = Einfaltspinsel], in der Literatur als **Perrin D.** bei F. Rabelais (›Gargantua und Pantagruel‹, 3. Buch, Kap. 42 [1546]) ein Bauer, der den Schiedsrichter spielt, bei J. Racine (›Die Kläger‹, 1669, dt. 1956, 1752 u. d. T. ›Die Rechtenden oder die Prozeßsüchtigen‹) ein prozeßwütiger Richter, bei J. de La Fontaine mit ähnl. Zügen in seiner Fabel ›L'huître et les plaideurs‹; als **George D.** Titelheld in Molières Komödie (1669, dt. 1670), ein reicher Bauer, der durch seine Heirat mit einer Adligen in allerlei Schwierigkeiten gerät; sein Ausruf ›Vous l'avez voulu, George D., vous l'avez voulu...‹ wurde für selbstverschuldete Widerwärtigkeiten sprichwörtlich.

Dandyismus [dɛndi...], gegen Ende des 18. Jh. in England entstandener extravaganter, elitär-exklusiver Lebensstil, geprägt von bewußter Ziellosigkeit, Zynismus und Ästhetisierung aller Lebensbereiche; berühmtester und zugleich vollendetster Vertreter: G. B. Brummell. Literar. Relevanz erhielt der D. in den ↑Fashionable novels. – Eine geistesge-schichtl. Deutung erfuhr der D. etwa seit 1830 durch frz. Romantiker (grundlegend: J. A. Barbey d'Aurevilly, ›Vom Dandytum und von George Brummell‹, 1845, dt. 1909). Eine Anzahl von Dandys wurden bed. Schriftsteller und entwickelten einen literar. D. (auch von Nicht-Dandys gepflegt: Symbolisten, P. Merimée, z. T. H. de Balzac, G. Flaubert), der sich vielfach mit den Ausprägungen anderer romant. Strömungen (↑Byronismus, ↑Dekadenzdichtung) berührt. In Großbritannien vertraten den D. etwa B. Disraeli, E. G. Bulwer-Lytton, T. G. Wainewright, O. Wilde (›Dorian Gray‹, 1890, dt. 1901, 1907 u. d. T. ›Das Bildnis des Dorian Gray‹), in Frankreich z. T. Ch. Baudelaire, J.-K. Huysmans, A. de Musset, M. Barrès, P. Bourget, A. Gide u. a. In Deutschland ist der D. eine seltene Erscheinung; er wird hier gesehen im Leben und Werk S. Georges und im Werk E. Jüngers.

Literatur: KÖHLER, G.: Der D. im frz. Roman des 19. Jh. In: Zs. für roman. Philologie. Beiheft 33. Halle/Saale 1911. – SCHUBEL, F.: Das engl. Dandytum als Quelle einer Romangattung. Uppsala u. Cambridge (Mass.) 1950. – HINTER-HÄUSER, H.: Der Dandy in der frz. Lit. des 19. Jh. In: Weltlit. u. Volkslit. Hg. v. A. SCHAEFER. Mchn. 1972. S. 168.

Dane, Clemence [engl. dɛin], eigtl. Winifred Ashton, *Greenwich (heute zu London) 21. Febr. 1888, †London 28. März 1965, engl. Schriftstellerin. – Verfasserin lebendiger und bildhafter Romane, bes. Familien- und Generationsromane (›Regiment of women‹, 1917; ›Broome stages‹, 1931, dt. 1958 u. d. T. ›Der Zauber der Broomes‹, 1959 u. d. T. ›Das Königreich der Broomes‹) und bühnenwirksamer Dramen; ›A bill of divorcement‹ (1921), ›Will Shakespeare‹ (1921) ›Wild Decembers‹ (1932), ›The lion and the unicorn‹ (1943), ›Eighty in the shade‹ (1959).

Daněk, Oldřich [tschech. 'danjɛk], *Ostrau 16. Jan. 1927, tschech. Schriftsteller. – Regisseur; schreibt Romane und v. a. Theaterstücke über histor. und Zeitthemen.

Werke: Der Heiratsschwindler heiratet (Kom., UA 1961, dt. 1962), König ohne Helm (R., 1971, dt. 1977), Mord in Olmütz (R., 1972, dt. 1980), Die Herzogin der Wallensteinschen Truppen (Stück, 1981, dt. 1982).

Danel-Epos ↑ Akhat-Epos.

Danella, Utta, eigtl. U. Schneider, geb. Denneler, * Berlin, dt. Schriftstellerin. – Zunächst Journalist. Tätigkeit. 1956 erschien ihr erster Roman ›Alle Sterne vom Himmel‹; schreibt Erzählungen, Unterhaltungsromane, die hohe Auflagen erreichen; auch Jugendbücher und Übersetzungen aus dem Englischen.

Weitere Werke: Regina auf den Stufen (R., 1957), Vergiß, wenn du leben willst (R., 1966), Jovana (R., 1969), Der blaue Vogel (R., 1973), Gespräche mit Janos (R., 1975), Flutwelle (R., 1980), Eine Heimat hat der Mensch (R., 1981), Jacobs Frauen (R., 1983), Die Jungfrau im Lavendel (R., 1984), Die Unbesiegte (R., 1986), Das Hotel im Park (R., 1989), Ein Bild von einem Mann (R., 1992), Wo hohe Türme sind (R., 1993).

Đăng-Trân-Côn [vietnames. daiŋ trən kon], * im Dorf Nhân Muc (Prov. Ha Dông), † um 1750, vietnames. Dichter und Gelehrter. – Von seinen literar. Werken hat ihm seine chin. geschriebene Elegie ›Chinh-phu ngâm-khuc‹ (= Klage einer Kriegersfrau) den Ruhm der Nachwelt eingetragen.

Daniel (tl.: Daniėl'), Juli Markowitsch [russ. dɛni'elj], Pseudonym Nikolai Arschak, * Moskau 15. Nov. 1925, † ebd. 30. Dez. 1988, russ.-sowjet. Schriftsteller. – Übersetzer aus dem Ukrainischen, Armenischen und den kaukas. Sprachen. Seine satirisch-grotesken Erzählungen widersprechen mit ihrer Absurdität den Prinzipien des sozialist. Realismus; Veröffentlichung außerhalb der Sowjetunion führte 1965 zur Verhaftung. Wurde mit A. D. Sinjawski 1966 zu Lagerhaft (bis 1970) verurteilt.

Werke: Hier spricht Moskau (En., 1962–64, dt. 1967), Berichte aus dem sozialist. Lager (Ged., Amsterdam 1971, dt. 1972).

Literatur: ↑ Sinjawski, Andrei Donatowitsch.

Daniel, Samuel [engl. 'dænɪəl], * bei Taunton (Somerset) 1562 (?), † Beckington (Somerset) im Okt. 1619, engl. Dichter. – Gehörte zum Dichterkreis um die Gräfin Pembroke (der Schwester Sir Philip Sidneys); schrieb den Sonettzyklus ›Delia‹ (1592), Tragödien im Stil Senecas d. J. ›Cleopatra‹, 1594; ›Philotas‹, 1605), Pastoralstücke und Maskenspiele für das Hoftheater (u. a. ›The Queen's Arcadia‹, 1606; ›Hymen's triumph‹, 1615) sowie das histor. Epos in 8 Büchern ›The civil wars between the houses of Lancaster and York‹ (1595, revidiert 1609).

Ausgabe: S. D. The complete works in verse and prose. Hg. v. A. B. GROSART. London 1885–96. 5 Bde. Nachdr. New York 1963. **Literatur:** REES, J.: S. D. A critical and bibliographical study. Liverpool 1964. Nachdr. Philadelphia (Pa.) 1980. – SPRIET, P.: S. D. Sa vie, son œuvre. Paris 1968. – HARNER, J. L.: S. D. and Michael Drayton A referende guide. Boston (Mass.) 1980.

Daniel-Rops [frz. danjɛl'rɔps], eigtl. Jean Charles Henri Petiot, * Épinal 19. Jan. 1901, † Chambéry 27. Juli 1965, frz. Schriftsteller. – Gymnasiallehrer; ab Kriegsende freier Schriftsteller. Kath. Romancier und Essayist, auch Historiker; Vertreter des Renouveau catholique; schrieb u. a. ›Tod, wo ist dein Sieg?‹ (R., 1934, dt. 1935), ›Das flammende Schwert‹ (R., 1939, dt. 1948), ›Geschichte des Gottesvolkes‹ (1943, dt. 1950), eine Kirchengeschichte (14 Bde., 1954–68, dt. 2 Bde., 1952/53) sowie Essays über die ihm geistesverwandten Publizisten Ch. Péguy (1933) und E. Psichari (1942). 1955 wurde er Mitglied der Académie française.

Literatur: DOURNES, P.: D.-R. ou Le réalisme de l'esprit. Paris 1949. – FEUERWERKER, D.: D.-R. et le peuple de Dieu. Paris 1951.

Daniels, Sarah [engl. 'dænjəlz], * London, 21. Nov. 1956, engl. Dramatikerin. – Verfasserin feministisch engagierter Stücke u. a. über Pornographie (›Masterpieces‹, Dr., UA 1983), die histor. Entwicklung der Geburtshilfe (›Byrthrite‹, Dr., UA 1986), die Arbeitsbedingungen viktorian. Frauen (›The gut girls‹, Dr., UA 1988) oder das Problem des sexuellen Mißbrauchs (›Beside herself‹, Dr., UA 1990).

Weitere Werke: Ripen our darkness (Dr., UA 1981), The devil's gateway (Dr., UA 1983).

Danilewski (tl.: Danilevskij), Grigori Petrowitsch [russ. dɛni'ljefskij], * Gut Danilowka bei Charkow 26. April 1829, † Petersburg 18. Dez. 1890, russ. Schriftsteller. – Archivuntersuchungen vermittelten ihm die kulturhistor. Kenntnisse für seine Romane, die den Niedergang des Adels und das Leiden der Bauern darstellen; ferner histor. Romane und spannende Abenteuerromane.

Werk: Mirovič (R., 1879).

Danilewski (tl.: Danilevskij), Nikolai Jakowlewitsch [russ. dɐni'ljɛfskij], *Oberez (Gouv. Orel) 10. Dez. 1822, † Tiflis 19. Nov. 1885, russ. Schriftsteller, Kulturhistoriker und Naturforscher. – Wegbereiter des jüngeren, militanten Panslawismus durch sein aufsehenerregendes Werk ›Rußland und Europa‹ (1869, dt. 1920), in dem er, ausgehend von einer biologistisch begründeten Kulturtypenlehre, Rußland die Aufgabe der polit. Vereinigung aller Slawen und dem slaw. Kulturtyp unter russ. Führung die welthistor. Mission der Bekämpfung und Ablösung des alternden, vom germanisch-romanischen Kulturtyp bestimmten Europa zuwies.
Literatur: McMaster, R. E.: Danilevsky, a Russian totalitarian philosopher. Cambridge (Mass.) 1967.

Danilo, *um 1270, † 18. Dez. 1337, serb. Chronist. – Ab 1323 Erzbischof der unabhängigen serb. Kirche; begann die später weitergeführte Chronik der weltl. und geistl. Herrscher, das umfangreichste Zeugnis der altserb. Literatur (hg. 1866).

Daniłowski, Gustaw [poln. dani'uɔfski], Pseudonym Władysław Orwid, *Ziwilsk (Gouv. Kasan) 12. Juli 1871, † Warschau 21. Okt. 1927, poln. Schriftsteller. – An der Revolution 1905 beteiligt; schrieb Romane unter dem Einfluß von S. Żeromski; Wegbereiter des sozialist. Realismus; stellte den revolutionären Helden vor, etwa in ›Yaskółka‹ (= Die Schwalbe, R., 2 Bde., 1907).
Weiteres Werk: Z minionych dni (= Aus vergangenen Tagen, R., 1902).

Daninos, Pierre [frz. dani'no:s], *Paris 26. Mai 1913, frz. Schriftsteller. – Journalist; während des 2. Weltkrieges Verbindungsmann bei der brit. Armee; wurde v. a. bekannt durch seine witzigen, gesellschaftskrit. Romane ›Major Thompson entdeckt die Franzosen‹ (1954, dt. 1955) und ›Das Geheimnis des Major Thompson‹ (1956, dt. 1957).
Weitere Werke: Ferien um jeden Preis (R., 1959, dt. 1959), Un certain M. Blot (R., 1960), Snobissimo (1964, dt. 1964), Ludovic Morateur ou le plus que parfait (R., 1970), Les nouveaux carnets du Major Marmaduke Thompson (R., 1973), Le veuf joyeux (R., 1981), La galérie des glaces... (Porträts, 1983), Profession: écrivain (1988), 40 ans de vacances (1993).

dänische Literatur, die schriftl. Überlieferung der d. L. des **Mittelalters (1150–1550)** beginnt mit lat. Chroniken und geistl. Lehrgedichten, z. B. dem ›Hexaëmeron‹ des Bischofs A. Suneson. Mündl. Vorstufen altdän. Heldenlieder über die Sagengestalten Bjarki, Ingjald sowie Hagbard und Signe im Stil der in der altnord. Literatur überlieferten Eddagedichte lassen sich aus den lat. Umsetzungen in den ›Gesta Danorum‹ (um 1200) des Saxo Grammaticus, später auch aus den von Anders Sörensen Vedel (*1542, †1616) gesammelten *Folkeviser* rekonstruieren, die als nord. Variante der europ. Ritterdichtung auch andere Stoffe behandeln. Gesetzeswerke (Jütisches Recht von 1241) sowie eine Reimchronik aus dem 15. Jh. (gedr. 1495; älteste Inkunabel des Nordens) sind, abgesehen von Runeninschriften, die ersten literar. Zeugnisse in dän. Sprache.
Reformation und Barock (1550–1720): Als Begründer der dän. Schriftsprache gilt der Reformator Ch. Pedersen mit seiner vollständigen Bibelübersetzung von 1550, der ebenso wie die zeitgenöss. Verfasser von Streitschriften, Psalmen und Schulkomödien wesentlich von dt. Vorbildern wie Luther u. a. abhängig war. Eigenständige Züge finden sich erst in einer Schöpfungsdichtung von A. Ch. Arrebo, im Tagebuch ›Jammersminde‹ der Königstochter Eleonora Christina Ulfeldt (*1621, †1698) und in der Hof- und Psalmendichtung von Anders Bording (*1619, †1677) und Th. Kingo.
Aufklärung und Empfindsamkeit (1720 bis 1802): Die Zentralfigur der frühen Aufklärung, der universale Dichter und Historiker L. Baron von Holberg, begründete unter dem Einfluß des frz. und engl. Rationalismus die dän. Komödie und erhob in seinen histor., satir. und moral. Werken das Dänische zur Literatursprache. Während die norweg. Dichter N. K. Bredal, C. Fasting und J. N. Brun in Nachahmung des frz. Klassizismus noch um 1770 die dän. Tragödie begründeten, formierte sich bereits um 1740 der Pietismus mit seinem Hauptvertreter H. A. Brorson als Gegenbewegung zu Rationalismus und Deismus. Um 1760 entwickelte sich in Kopenhagen im Kreis um F. G. Klopstock und H. W. von Ger-

stenberg eine an der Ästhetik der dt. Empfindsamkeit orientierte Literatur, die durch die extrem deutschfreundl. Haltung J. F. Graf von Struensees gefördert wurde. Durch den Klopstockschüler J. Ewald gelangte die d. L. in allen Gattungen zu neuen Höhepunkten, wobei die von ihm intendierte Verbindung von Literatur, nat. Geschichte und Mythologie als sog. *nord. Renaissance* eine literar. Kontinuität bis zum Ausklang der Romantik einleitete. Als Vertreter eines nationaldän. empfindsamen Rationalismus bildeten P. A. Heiberg und der tonangebende Kritiker K. L. Rahbek vor der Jahrhundertwende den Mittelpunkt eines literar. Zirkels, dem die führenden Vertreter der nachfolgenden Generation, u. a. H. Steffens, A. G. Oehlenschläger, die Brüderpaare Mynster und Ørsted angehörten. Der kosmopolit. J. I. Baggesen blieb als Dichter der Empfindsamkeit, ebenso wie A. Schack von Staffeldt, außerhalb dieser nat. Bewegung und bekämpfte auch später polemisch in seinen Werken die neue romant. Literatur.

Romantik (1802–1830): Die epochale Wendung der d. L. zur Romantik wurde durch den Philosophen und Naturforscher H. Steffens veranlaßt, der in seinen Kopenhagener Vorlesungen von 1802/03 die junge Generation, v. a. seinen Freund Oehlenschläger, mit F. W. J. von Schellings Naturphilosophie und den Ideen der Jenaer Romantik bekannt machte. Diese neue Ästhetik fand v. a. in Oehlenschlägers Frühwerken bed. Niederschlag und wurde dem später nach Norwegen (ab 1814 von Dänemark politisch getrennt) und Schweden vermittelt. Auf der Basis eines von der altnord. Vergangenheit durchdrungenen, gemeinskand. und religiös gefärbten Geschichtsbewußtseins wandelte N. F. S. Grundtvig später die Universalromantik zur Nationalromantik, die als Epochenstil auch die Romane von B. S. Ingemann und C. Hauch prägte.

Realismus (1830–1871): Der rasche Verfall der Romantik, begünstigt durch Oehlenschlägers Hinwendung zum oftmals, trotz altnord. Stoffwahl, sterilen klassisch-humanist. Dramentyp Schillerscher Prägung, hatte eine neue Ästhetik zur Folge, deren Hauptvertreter, der He-gelianer J. L. Heiberg, mit seinen Schriften die literar. Strömungen der folgenden Jahrzehnte maßgeblich bestimmte. Zusammen mit H. Hertz belebte er das dän. Theater durch die neue Gattung des Vaudevilles. Gleichzeitig entwickelten P. M. Møller, S. S. Blicher, C. Bagger, H. E. Schack und M. A. Goldschmidt eine bed. realist. Prosakunst, die in den Märchen und Romanen H. Ch. Andersens und in den sich vielfach romanhaft-fiktiver Formen bedienenden dialekt. Schriften des Existenzphilosophen S. Kierkegaard weltliterar. Bedeutung erreichte. Im Bereich der Lyrik gelang Ch. Winther, E. Aarestrup und Ludwig Bødtcher (* 1793, † 1874) eine bis dahin ungeahnte Sensibilisierung der dän. Sprache, während der nachromant. F. Paludan-Müller ebenso wie Kierkegaard und Grundtvig seine Werke als Abrechnung mit dem nihilist. Zeitgeist verstanden wissen wollte.

Naturalismus, Impressionismus und Symbolismus (1871–1920): Mit seinen epochemachenden Vorlesungen von 1871 übernahm schließlich G. Brandes Heibergs Funktion als richtungweisender Literaturästhetiker der jungen Generation, die durch das Debakel der Niederlage im Dt.-Dän. Krieg von 1864 den Anschluß an die geistigen Strömungen in Europa verloren hatte. Als Vertreter einer vom frz. Positivismus und dem Darwinismus herrührenden Dichtungstheorie forderte er, zusammen mit seinem Bruder E. Brandes, eine Einheit von Gesellschaft und Wirklichkeit in der Literatur und verschaffte damit der skand. Dichtung (H. Ibsen) zum erstenmal eine führende Rolle in der Weltliteratur. Bei den dän. Dichtern dieses Kreises vollzog sich allerdings rasch ein stilist. Wandel vom Naturalismus zum Impressionismus und Symbolismus, der, in der Prosa schon bei J. P. Jacobsen erkennbar, bei H. J. Bang, dem Hauptvertreter der Dekadenz, gipfelte und von K. A. Gjellerup bis zum Jugendstil weitergeführt wurde. In der Nachfolge von H. Drachmann und unter dem Einfluß der frz. Symbolisten entwickelte sich auch eine neue Lyrik, die, vertreten durch J. Jørgensen, V. Stuckenberg und S. Claussen, in der Zeitschrift ›Taarnet‹ (1893/94) ihr viel beachtetes Sprachrohr fand. Neue psycholog. Erkenntnisse und das Bewußtsein von einer geistig gespaltenen Zeit manifestierten sich schließlich in den Romanen von H. Kidde und H. Pontoppidan und in den Mythen J. V. Jensens sowie in den Schauspielen von G. Wied und H. Rode, während eine von Jütland ausgehende subtile Heimatdichtung vor allem in Th. Larsen und J. Aakjær ihre wichtigsten Vertreter hatte.

Expressionismus und Neorealismus (1920–1945): Unter dem Eindruck der materiellen und kulturellen Krise nach dem Ersten Weltkrieg konnten sich kaum noch einheitl. literar. Strömungen oder gar Epochenstile entwickeln. Weltanschauungsdebatten prägten die Literaturinhalte der zwanziger Jahre, und in einem losen Nebeneinander von Tendenzen und Meinungen fanden die Expressionisten und Surrealisten E. Bønnelycke, T. Kristensen, P. la Cour, H. Lütken, J. A. Schade und N. Petersen ebenso zu eigenen Formen wie der an den Naturalismus anknüpfende sozialist. Arbeiterdichter M. Andersen-Nexø oder der Neorealist K. Becker, der, wie auch der Färinger W. Heinesen, den Typ des dän. Kollektivromans erweiterte. Die Aufspaltung der Kultur in zusammenhanglose Einzelrichtungen, die J. Paludan in seinen Romanen kritisierte, prägte in divergierenden Tendenzen, die von der Sexualpsychologie bis zur Erneuerung des Christentums reichen, auch die neuere dän. Dramatik von K. Abell, C. E. M. Soya und K. Munk, dessen Schlüsseldramen als bed. Beitrag zur dän. Widerstandsliteratur gelten. Relativ unberührt von den Erschütterungen der beiden Weltkriege entwickelte die zunächst englisch schreibende T. Blixen eine psychologisch überfeinerte, aber an klass. Erzählstilen orientierte Prosakunst.

Gegenwartsdichtung: Die zeitgenöss. Literatur nach dem Zweiten Weltkrieg spiegelte in erster Linie gesamteurop. Tendenzen wider, so daß nur bei der Bewältigung der Besatzungszeit, etwa in den Romanen von H. Ch. Branner und H. Scherfig, auch bei M. A. Hansen, das spezifisch dän. Element zum Ausdruck kam. Mit bed. Talenten debütierte eine junge Lyrikergeneration, u. a. O. Sarvig, E. Knudsen, O. Wivel, J. G. Brandt und

F. Jæger, die in ihrer Zeitschrift ›Heretica‹ (1948–53) avantgardistisch die Leere der konventionellen Dichtung bekämpften. Eine neue, die Grenzen von Literatur und gesellschaftl. Wirklichkeit teilweise mit Collageverfahren sprengende Stilrichtung wird seit den sechziger Jahren von vielen jungen Autoren vertreten, deren profilierteste V. Sørensen und K. Rifbjerg sind, die jedoch, wie auch etwa C. S. Bødker, zugleich eine traditionellere Erzählkunst pflegen.

In den späten sechziger und siebziger Jahren erlebte der Neorealismus mit Ch. Kampmann und A. Bodelsen eine neue Blüte. Der Dokumentarismus, vertreten von Th. Hansen, der histor. Quellenmaterial zu Fiktionsdichtung verarbeitet, und D. Trier Mørch (Gegenwartsdokumentarismus), verkörpert die Tendenz zu größerer Sachlichkeit und engerem Wirklichkeitsbezug innerhalb der neuesten Literatur. Modernist. Dichtung und reine Bekenntnisliteratur (bevorzugt von den Vertreterinnen der Frauenbewegung) erweitern das literar. Spektrum. In jüngster Zeit erlangte v. a. P. Høeg internat. Ansehen.

Literatur: ERSLEW, TH. H.: Almindeligt forfatterlexicon for kongeriget Danmark med tilhørende bilande fra 1814 til 1840. Kopenhagen 1843–68. 6 Bde. – ANDERSEN, V. R. A.: Guldhornene. Et bidrag til den danske romantiks historie. Kopenhagen 1896. – OLRIK, A.: Danmarks heltedigtning. Kopenhagen 1903–10. 2 Bde. – MAGON, L.: Ein Jh. geistiger u. literar. Beziehungen zw. Deutschland u. Skandinavien 1750–1850. Bd. 1: Die Klopstockzeit in Dänemark. Johannes Ewald. Do. 1926 (m.n.e.). – EATON, J. W.: The German influence in Danish literature in the eighteenth century. Cambridge 1929. – WOEL, C. M.: Dansk litteraturhistorie, 1900–1950. Odense 1956. 2 Bde. – MITCHELL, P. M.: A history of Danish literature. Kopenhagen 1957. – DAHL, S./ENGELSTOFT, P.: Dansk skønlitterært forfatterleksikon, 1900–1950. Kopenhagen 1959–64. 3 Bde. – BRUUN, CH. V.: Bibliotheca danica. Systematisk fortegnelse over den danske litteratur fra 1482 til 1830. Kopenhagen Neuausg. 1961–63. 5 Bde. – BRØNDSTED, M./MØLLER KRISTENSEN, S.: Danmarks litteratur. Kopenhagen ³1963. – BILLESKOV JANSEN, F. J.: Danmarks digtekunst. Kopenhagen ²1964. 3 Bde. – SVENDSEN, H. M./SVENDSEN, W.: Gesch. der d.L. Übers. v. G. Götz. Neumünster 1964. – Dansk litteraturhistorie. Hg. v. G. ALBECK u. a. Kopenhagen 1964–66. 4 Bde. – FRIESE, W.: Nord. Barockdichtung. Mchn. 1968. – SØNDERHOLM, E.: Dansk barokdigtning,

1600–1750. Kopenhagen 1969–71. 2 Bde. –
FRIESE, W.: Nord. Lit. im 20. Jh. Stg. 1971. –
SCHMITZ, V. A.: Dän. Dichter in ihrer Begegnung mit dt. Klassik und Romantik. Ffm.
1974. – Dansk litteraturhistorie. Ny udvidet ud-
gave. Hg. v. P. H. TRAUSTEDT. Kopenhagen
1976–77. 6 Bde. – JØRGENSEN, J. CH.: Den sande
kunst. Studier i dansk 1800-tals realisme. Kopenhagen 1980. – Danske digtere i det 20. år-
hundrede. Hg. v. T. BROSTRØM u. M. WINGE. Kopenhagen 1980–82. 5 Bde. – BROSTRØM, T.: Den
ny åbenhed: 1970 'ernes brugslitteratur. Kopenhagen 1981. – Nord. Literaturgesch. Bearbeitet
v. M. BRØNDSTED. Dt. Übers. v. H.-K. MUELLER.
Mchn. 1982–84. 2 Bde. – KASPERSEN, S., u. a.:
Dansk litteraturhistorie. Kopenhagen 1983–84.
6 Bde. – A history of Danish literature. Hg. v.
S. H. ROSSEL. Lincoln (Nebr.) 1992.

Dannenberger, Hermann, dt.
Schriftsteller und Journalist, ↑Reger,
Erik.

D'Annunzio, Gabriele, seit 1924
Principe di Montenevoso, *Pescara
12. März 1863, †Cargnacco bei Gardone
Riviera 1. März 1938, italien. Dichter. –
Aus reicher Bauernfamilie; 1881–89
Journalist in Rom; führte ein luxuriöses,
affärenreiches Leben; am bekanntesten
wurde seine Beziehung zu der Schauspielerin Eleonora Duse (*1858, †1924).
1897 begann er seine polit. Tätigkeit,
1898–1900 Abgeordneter. Schulden trie-
ben ihn 1910 nach Frankreich (Freundschaft mit M. Barrès), 1915 Rückkehr;
propagierte Italiens Kriegseintritt und
nahm als Flieger am 1. Weltkrieg teil; besetzte 1919 als Anführer einer Freischar
Fiume (heute Rijeka) im Widerspruch
zum Waffenstillstandsabkommen und
räumte die Stadt erst nach 16 Monaten.
In Mussolini sah er den Erfüller seiner
polit. Ideen. Der Höhepunkt von D'A.s
literar. Tätigkeit liegt zwischen 1900 und
1910. Sein lyr. Hauptwerk sind die drei
ersten Bücher der ›Laudi‹ (›Maia‹, ›Elet-
tra‹, ›Alcione‹, 1903/04), die zugleich einen Höhepunkt der italien. Lyrik darstellen; das vierte Buch erschien 1911 u. d. T.
›Merope‹, das fünfte 1933 u. d. T. ›Canti
della guerra latina‹. In D'A.s Lyrik stehen Geschmeidigkeit und Wohlklang neben hohem Pathos. Seine Dramen ver-
dankten ihren Erfolg v. a. der Schauspielkunst der Duse (›Francesca da Rimini‹,
1902, dt. 1903; der Duse gewidmet); am
bedeutendsten ist ›La figlia di Iorio‹
(1904), ein in der Gegenwart spielendes

trag. Mysterienspiel, das auf der Schilderung primitiven Hirtenlebens in den
Abruzzen fußt. D'A.s Romane sind gekennzeichnet durch morbide Sinnlichkeit und Verherrlichung des Übermen-
schentums. In ›Feuer‹ (1900, dt. 1900)
stellte er die Duse durch die Schilderung
ihrer beider Beziehung bloß. D'A. begann als Realist, unter vielfältigen Anregungen und Einflüssen (u. a. von
Ch. Baudelaire, F. M. Dostojewski,
F. Nietzsche) wurde er zum vollkommenen Vertreter der Neuromantik und Dekadenzdichtung. Er wirkte seinerseits auf
die europ. Dichtung (S. George u. a.).
Seine Schwächen waren die Schwächen
seiner Zeit. Lebensgier und Egozentrik,
Eitelkeit und Prunksucht brachten sein
virtuoses Werk ins Zwielicht, ebenso
seine Nähe zum Faschismus.

Gabriele
D'Annunzio

Weitere Werke: Primo vere (Ged., 1879), Terra
vergine (Nov.n, 1882), Lust (R., 1889, dt. 1898),
Der Unschuldige (R., 1892, dt. 1896), Triumph
des Todes (R., 1894, dt. 1899), Die tote Stadt
(Dr., 1898, dt. 1901), Die Gioconda (Dr., 1899,
dt. 1899), Das Schiff (Dr., 1908, dt. 1910), Viel-
leicht, vielleicht auch nicht (R., 1909, dt. 1910),
Das Martyrium des hl. Sebastian (Dr., in frz.
Sprache geschrieben, 1911, dt. 1913, Musik von
C. Debussy), Notturno (R., 1921, dt. 1925).
Ausgaben: G. D'A. Tutte le opere. Edizione na-
zionale. Hg. v. A. SODINI. Verona 1927–36.
49 Bde. – G. D'A. Tutte le opere. Hg. v. E. BIAN-
CHETTI. Verona ¹⁻⁶1954–56. 9 Bde. – G. D'A.
Opere scelte. Mailand 1965–66. 7 Bde. – Scritti
politici di G. D'A. Eingel. u. hg. v. P. ALATRI.
Mailand 1980. – G. D'A. Versi d'amore e di glo-
ria. Hg. v. L. ANCESCHI. Mailand 1982–84.
2 Bde. – G. D'A. Prose di romanzi. Hg. v. E. RAI-
MONDI. Mailand 1988–89. 2 Bde.
Literatur: ANTONGINI, T.: Der unbekannte D'A.
Dt. Übers. Lpz. 1939. – GARGIULO, A.: G. d'A.

Florenz 1941. – MAZZALI, E.: D'A. artefice solitario. Mailand 1962. – GOUDET, J.: D'A. romanziere. Florenz 1976. – D'A. e il simbolismo europeo. Hg. v. E. MARIANO. Mailand 1976. – MARABINI MOEVS, M. T.: G. d'A. e le estetiche della fine del secolo. L'Aquila 1976. – BALDAZZI, A.: Bibliografia della critica dannunziana nei periodici italiani dal 1880 al 1938. Rom 1977. – PETRONIO, G.: D'A. Palermo 1977. – DE FELICE, R.: D'A. politico, 1918–1938. Rom u. Bari 1978. – CHIARA, P.: Vita di G. d'A. Mailand 1978. – ANNONI, C.: Il decadentismo. Brescia 1982. – BORGESE, G. A.: G. d'A. Mailand 1983. – ANDREOLI, A. M.: G. d'A. Florenz 1984. – GAZZETTI, M.: G. d'A. Rbk. 1989. – *Zeitschriften:* Quaderni dannunziani. Brescia 1955–76. – Quaderni del Vittoriale. Mailand 1983 ff.

Dansa [provenzal. = Tanz, Reigen], Tanzlied in der Troubadourlyrik; entspricht formal und inhaltlich weitgehend der †Balada, Unterschiede nur in der Refraingestaltung. Dichter: Guiraut D'Espanha, Cerveri de Girona und einige Anonymi.

Dantas, Júlio [portugies. 'dɐntɐʃ], * Lagos (Algarve) 19. Mai 1876, † Lissabon 25. Mai 1962, portugies. Schriftsteller. – Arzt, später Politiker, u. a. Außen- und Erziehungsminister; vielseitiger, gewandter und geistvoller Dramatiker, der seine größten Erfolge mit dem spezifisch portugies. naturalist. Vierakter ›A severa‹ (1901) und dem elegant-graziösen Einakter in Alexandrinern ›Das Nachtmahl der Kardinäle‹ (1902, dt. 1904) erzielte; schrieb auch Essays, Romane, Erzählungen und Gedichte (›Nada‹, 1896; ›Sonetos‹, 1916).

Weitere Werke: Rosas de todo o ano (Dr., 1907), Antigone (Dr., 1946), Frei António das chagas (Dr., 1947).
Ausgabe: Julio D. Dramat. Dichtungen in Prosa u. Versen. Hg. v. L. EY. Hdbg. 1920.
Literatur: GUIMARÃES, L. DE OLIVEIRA: J. D. Uma vida, uma obra, uma época. Lissabon 1963. – NEMÉSIO, V.: Elógio histórico de J. D. In: Memórias da Academia das Ciências de Lisboa/Classe de Letras. Lissabon 1966. S. 7.

Dante da Maiano, * um 1290, italien. Dichter. – Über sein Leben ist wenig bekannt; lebte wohl Ende des 13. Jh. in Florenz. Schrieb zahlreiche Gedichte in italien. und provenzal. Sprache, darunter eine Tenzone, in der er mit Dante Alighieri über den Liebesschmerz disputiert. Als Vertreter der von südfrz. Modellen inspirierten höf. Lyrik aus der Toskana ist er pedantisch und profillos.

Ausgabe: D. da M. Rime. Hg. v. R. BETTARINI. Florenz 1969.
Literatur: BLOMME, R.: La tenzone dantesca del Duol d'Amore. In: Romanica Gandensia 16 (1976), S. 205. – BLOMME, R.: D. da M. In: Lex. des MA. Bd. 3. Mchn. u. Zü. 1986.

Dante Alighieri [italien. 'dante ali-'giɛːri], * Florenz im Mai 1265, † Ravenna 14. Sept. 1321, italien. Dichter. – Von Kindheit und Jugend D.s ist wenig bekannt, nur zwei Namen tauchen auf: 1274 Beatrice (Beatrice dei Portinari [?], † 1290), zu der den Dichter eine spirituelle Passion erfaßt, die sich in seinem ganzen Werk ausdrücken sollte, und B. Latini, enzyklopädisch gebildeter Lehrer des früh verwaisten Kindes, der ihm die Basis zu vielseitigen mus. Fertigkeiten und zu ausgedehnten Lektürekenntnissen lieferte. Werke Vergils, Ovids und die Poetik des Horaz scheint D. bevorzugt zu haben; Aristoteles lernte er aus den vorhandenen lat. Übersetzungen kennen, ebenso Platons ›Timaïos‹. D. nahm am öffentl. Leben seiner Vaterstadt teil, wurde 1296 Mitglied des Rates der Hundert und 1300 einer der sechs Priori. Er widersetzte sich den Bestrebungen Papst Bonifaz' VIII., Florenz und die ganze Toskana dem Kirchenstaat einzuverleiben. Als Karl von Valois vom Papst als Friedensstifter nach Florenz berufen wurde, verlor D. als Führer der Ghibellinen Ämter und Güter und wurde 1302 aus Florenz verwiesen. Als Verbannter lebte er u. a. in Verona am Hof der Scaliger. 1310 begrüßte er König Heinrich VII. als Befreier, doch der frühe Tod Heinrichs zerschlug D.s Hoffnung auf Rehabilitierung und Rückkehr nach Florenz. Er lebte zuletzt mit seinen Kindern in Ravenna. – D.s literar. Werk reflektiert in einzigartiger Weise Konzentration und Sublimierung individueller Leiden, Verwicklung in zeitgenöss. polit. Geschehen sowie Bildungshorizont und geistige Ordnung des späten MA. Seine kleineren Werke (Opere minori) sind teils italien., teils lat. geschrieben und umfassen: (in italien. Sprache) ›Fiore‹ (Zuweisung nicht unumstritten, entst. 1286/87, hg. 1881), eine Komposition aus 232 Sonetten, ebenso wie der ›Detto d'amore‹ (Zuweisung nicht unumstritten, entst. vor 1290, hg. 1888) vom ›Roman de

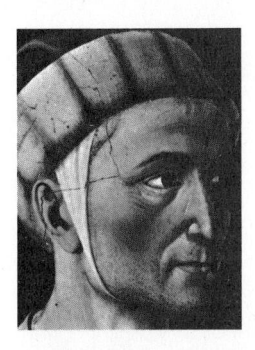

Dante
Alighieri

la Rose‹ angeregt, ›La vita nuova‹ (entst. zw. 1292 und 1295, gedr. 1576, dt. 1824 u. d. T. ›Das neue Leben‹), eine Sammlung seiner Jugendlyrik, in der der Autor, inspiriert von der prosimetr. Form von ›De consolatione Philosophiae‹ des Boethius und von altprovenzal. Texterklärungen (›razos‹), 31 Gedichte (Sonette, Kanzonen, eine Stanze) im Zusammenhang mit seiner vergeistigten Liebe zu Beatrice erläutert; vor dem Hintergrund einer auf Vollkommenheit zielenden Zahlensymbolik (neunmal taucht z. B. die Zahl 9 in dem Werk auf) verschmelzen Traum, Vision und Wirklichkeit zu einer ersten Ausgestaltung des neuen, außerordentl. Lebens im Zeichen der Stilisierung der Geliebten; ›Le rime‹ (auch: ›Il canzoniere‹, dt. 1827 u. d. T. ›Lyr. Gedichte‹); zu diesen Texten gehören die vieldiskutierten, u. a. von Arnaut Daniel beeinflußten ›Petrosen‹ (›le rime pietrose‹), die ihren Namen jener Donna Pietra verdanken, an die sie gerichtet sind. Diese spätestens 1305 abgeschlossenen Gedichte haben sich von den literar. Konventionen des Dolce stil nuovo weitgehend befreit und bereiten damit die Abfassung der ›Divina Commedia‹ vor; ›Il convivio‹ (entst. zw. 1303 und 1308, gedr. 1490, dt. 1845 u. d. T. ›Das Gastmahl‹), eine unvollendete Enzyklopädie des Gesamtwissens der Zeit, ein frühes Beispiel wiss. italien. Prosa; (in lat. Sprache) ›De vulgari eloquentia‹ (entst. um 1304, gedr. 1529, dt. 1845 u. d. T. ›Über die Volkssprache‹), ein Lehrbuch der Poetik, vom Ursprung und Wesen der Sprache; ›De monarchia‹

(entst. um 1310, gedr. 1559, erstmals dt. 1559, 1845 u. d. T. ›Über die Monarchie‹), D.s polit. Bekenntnis; ›Epistolae‹, Briefe unterschiedl. Abfassungszeit; ›Eclogae‹ (entst. um 1319); ›Quaestio de aqua et terra‹ (entst. 1320), eine naturphilosoph. Abhandlung. D.s Hauptwerk ist die toskanisch geschriebene ›Divina Commedia‹ (dt. 1767–69, 1814–21 in 2 Bden. u. d. T. ›Die Göttl. Komödie‹), wohl seit 1290 geplant und vorbereitet, nach 1313 in der jetzigen Form bearbeitet und 1321 vollendet (gedr. 1472; das von G. Boccaccio stammende Beiwort ›divina‹ erschien erstmals 1555 im Titel der Ausgabe von L. Dolce). Das Epos ist in dem von D. geschaffenen Dreireim der Terzine geschrieben. Es besteht aus 100 Gesängen: drei Teile (›Inferno‹, ›Purgatorio‹, ›Paradiso‹) mit je 33 Gesänge und ein einleitender Gesang. Es ist ein Lehrgedicht, das ›Epos der Erlösung‹, die Schilderung einer visionären Wanderung des Dichters als eines sündigen Menschen durch die drei nach dem ptolemäischen Weltbild angeordneten und gegliederten Reiche des Jenseits: Hölle (Inferno), Fegefeuer (Purgatorio) und Himmel (Paradiso). Dabei findet er Hilfe in Vergil, Vertreter von Vernunft, Philosophie und antiker Bildung, der ihn durch Hölle und Läuterungsberg begleitet, und in Beatrice, Sinnbild der Offenbarung, des Glaubens und der Theologie, die die Führung des Dichters bis zur unmittelbaren Schau Gottes übernimmt. Im Verlauf der Wanderung ergeben sich viele Begegnungen und Gespräche, die ein vielfältiges Bild der damaligen Zeit ergeben: Lokal- und Zeitgeschichte stehen neben Erörterungen zu Mythologie, Philosophie, Theologie, Mystik, Kultur, Geschichte, Astronomie u. a. Alte Vorstellungen wetteifern mit umstrittenen neuen. D. steht in einer literar. Tradition, die mit der Sizilian. Dichterschule zu Beginn des 13. Jh. in Italien einsetzt. Er verbindet die Höhe mittelalterl. Wissens mit neuen philosoph. Konzeptionen und der poet. Formvollendung des Dolce stil nuovo. Als ein Mensch, der alle künstler. und geistigen Bestrebungen seiner Zeit in sich zusammenfaßt, gestaltet D. den Text mit ungeheurer formaler, zeichenhaft bedeutsamer Strenge, aus der deutlich wird, daß bei ihm ›die techn. Probleme des künstler. Schaffens unlösbar an die seel. und geistigen gebunden‹ sind (E. R. Curtius). Die universale Nachwirkung des Werkes, das die Traditionen, auf denen es fußt, zugleich überwindet, hat vielleicht G. W. F. Hegel am schlüssigsten damit erklärt, daß ›das Gedicht die Totalität des objektivsten Lebens‹ umfasse und daß die ›Verewigung durch die Mnemosyne des Dichters ... hier objektiv als das eigene Urteil Gottes‹ gelte.

Ausgaben: D. A. Poet. Werke. Italien. u. dt. Hg. v. R. ZOOZMANN. Freib. 1908. 4 Bde. – D. A. Le opere. Nach dem Text v. P. TOYNBEE. Hg. v. E. MOORE. Oxford ⁴1924. – D. A. Opere. Nuova edizione migliorata nel testo e largamente commentata. Hg. v. M. BARBI u. a. Florenz, später Mailand 1932 ff. Auf 12 Bde. berechnet (bisher 4 Bde. erschienen). – D. A. Opere. Testo critico della Società dantesca italiana. Hg. v. M. BARBI u. a. Florenz ²1960. – D. A. Das neue Leben. Italien. u. dt. Nachwort v. U. LEO. Ffm. u. Hamb. 1964. – La Divina Commedia. Nach der Ausg. v. G. PETROCCHI hg. v. T. DI SALVO. Bologna 1987. – Die göttl. Komödie. Italien. u. dt. Hg. v. A. VEZIN. Mit einer Einl. v. M. HARDT. Basel u. Rom 1989.

Literatur: Allgemeines: Jb. der dt. D.-Gesellschaft. Bd. 1–4 Lpz. 1867–77, fortgeführt u. d. T. Dt. D.-Jb. Bd. 5 ff. 1920 ff. – Studi Danteschi. Hg. v. M. BARBI. Florenz 1920 ff. – OSTERMANN, TH.: Dante in Deutschland. Bibliogr. der dt. Dante-Lit. 1416–1927. Heidlbg. 1929. – AUERBACH, E.: D. als Dichter der ird. Welt. Bln. 1929. Nachdr. 1969. – BARBI, M.: D. Vita, opere e fortuna. Florenz ³1952. (Dt. Übers. u. d. T.: D. Leben, Werk u. Wirkung. Regensburg 1943). – LEO, U.: Sehen u. Wirklichkeit bei D. Ffm. 1957. – SCHNEIDER, FRIEDRICH: D. Sein Leben u. sein Werk. Weimar ⁵1960. – VII centenario della nascita di D. Collana di studi storici. Florenz 1963 ff. – Dante nella critica d'oggi. Hg. v. T. DI SALVO. Florenz 1965. – D. A. Mit Beitrr. v. H. RHEINFELDER u. a. Wzb. 1966. – RHEINFELDER, H.: D.-Studien. Köln 1975. – Enciclopedia dantesca. Hg. v. U. BOSCO. Rom 1970–78. 6 Bde. – ACCARDO, S.: Capitoli danteschi. Rom 1976. – CONTINI, G.: Un' idea di D. Saggi danteschi. Turin 1976. – GUTMANN, R. A.: D. et son temps. Paris 1977. – FALLANI, G.: D. moderno. Ravenna 1979. – MIGLIORINI FISSI, R.: D. Florenz 1979. – HOLLANDER, R.: Studies in D. Ravenna 1980. – LEONHARD, K.: D. Rbk. 22.–24. Tsd. 1981. – BINNI, W.: Inconu con D. Ravenna 1983. – PETROCCHI, G.: Vita di D. Rom u. Bari 1983. – TOOK, J. F.: L'etterno piacer. Aesthetic ideas in D. New York 1984. – WEHLE, W.: Dichtung über Dichtung. D.s ›Vita nuova‹. Mchn. 1986. – ALTOMONTE, A.: D. Eine Biogr. Dt. Übers. Rbk. 1987. – **Göttliche Komö-** die: FAY, E. A.: Concordance of the Divina Commedia. Oxford 1888. Nachdr. Graz 1966. – VOSSLER, K.: Die Göttl. Komödie. Entwicklungsgesch. u. Erklärung. Hdbg. ²1925. 2 Bde. – RÜEGG, A.: Die Jenseitsvorstellungen vor D. u. die übrigen literar. Voraussetzungen der Divina Commedia. Ein quellenkrit. Kommentar. Eins. u. Köln. 1945. 2 Bde. – Concordance to the Divine Comedy of D. A. Hg. v. E. H. WILKINS u. Th. G. BERGIN. Cambridge (Mass.) 1965. – D. A. Die Göttl. Komödie. Kommentar. Übers. v. H. GMELIN. Stg. ²1966–70. 3 Bde. in 6 Tlen. – D. A. Aufss. zur Divina Commedia. Hg. v. H. FRIEDRICH. Darmst. 1968. – PALGEN, R.: Mittelalterl. Eschatologie in D.s Komödie. Graz 1975. – PETROCCHI, G.: L'Inferno di D. Mailand 1978. – PETROCCHI, G.: Il Purgatorio di D. Mailand 1978. – PETROCCHI, G.: Il Paradiso di D. Mailand 1978. – MAZZOTTA, G.: D., poet of the desert. History and allegory in the Divine Comedy. Princeton (N. J.) 1979. – BATTAGLIA RICCI, L.: D. e la tradizione letteraria medievale. Una proposta per la Commedia. Pisa 1983. – GIANNANTONIO, P.: Endiadi. Dottrina e poesia nella ›Divina Commedia‹. Florenz 1983. – RODDEWIG, M.: D. A. ›Die Göttl. Komödie‹. Vergleichende Bestandsaufnahme der Commedia-Hss. Stg. 1984.

Dante-Gesellschaften, Vereinigungen zur Förderung des Verständnisses der Dichtung Dante Alighieris. Die von K. Witte, L. G. Blanc und E. Böhmer 1865 in Dresden gegründete und von König Johann von Sachsen (Pseudonym: Philalethes) protegierte ›Dt. Dante-Gesellschaft‹ (Organ: ›Jb. der Dt. Dante-Gesellschaft‹, 4 Bde., 1867–77) stellte 1878 ihre Tätigkeit ein. 1914 wurde sie als ›Neue Dt. Dante-Gesellschaft‹ neu gegründet, nahm ihre Arbeit jedoch erst 1920 auf; Sitz wurde Weimar (Publikationsorgan: ›Dt. Dante-Jahrbuch‹, 1920 ff.). D.-G. in anderen Ländern sind u. a. die 1881 in Cambridge (Mass.) von H. W. Longfellow and A. Norton initiierte ›Dante Society‹, seit 1954 ›Dante Society of America‹ (Zs.: ›Annual report of the Dante Society‹, 1883 ff.), die ›American Dante Society‹ in New York (gegr. 1890; Organ: ›Yearbook of the American Dante Society‹, 1892 ff.), die 1888 in Florenz gegründete ›Società Dantesca Italiana‹, die zudem mit der Edition einer krit. Dante-Ausgabe hervortrat (Zs.: ›Bullettino della Società Dantesca Italiana‹, 1890 ff., seit 1920 ›Studi Danteschi‹), und die engl. ›Dante Society‹ in London (gegr. 1896).

Dantyszek, Jan [poln. dan'tiʃɛk], latin. Dantiscus, eigtl. von Höfen, * Danzig 1. Nov. 1485, † Heilsberg (Ostpreußen) 27. oder 28. Okt. 1548, poln. Bischof und Dichter dt. Herkunft. – Im höf. und diplomat. poln. und kaiserl. Dienst, ab 1532 Bischof und Fürstbischof von Ermland; schrieb nlat. Dichtungen, fast nur höf. Gelegenheitsdichtung, sowie Polemiken und Epigramme gegen Luther und Aufrufe zum Türkenkrieg; allmähl. Abkehr von heiterer, erot. Dichtung und Zuwendung zur Büßer- und Mariendichtung. Sein Werk ist durch auffallende sprachl. Klarheit und Reinheit gekennzeichnet. Er wurde 1516 von Maximilian I. zum Poeta laureatus gekrönt.
Literatur: SKIMINA, S.: Twórczość poetycka J. Dantyszka. Krakau 1948.

Da Ponte, Lorenzo, eigtl. Emanuele Conegliano, * Ceneda (heute zu Vittorio Veneto) 10. März 1749, † New York 17. Aug. 1838, italien. Schriftsteller. – Stammte aus jüd. Familie, konvertierte und wurde Priester; in Venedig Freundschaft mit G. Casanova, wurde wegen seines freien Lebenswandels 1779 verurteilt, floh nach Görz; dann Spion in venezian. Diensten, ging nach Dresden, schließlich 1781 als kaiserl. Theaterdichter nach Wien (bis 1791); schrieb Libretti, von denen bes. seine Texte zu Mozarts Opern ›Die Hochzeit des Figaro‹, ›Don Giovanni‹, ›Così fan tutte‹ überlebten. Da P. gründete nach wechselvollem Geschick (1792–1805 in London, ab 1805 in den USA) eine italien. Oper in New York und lehrte ab 1825 am Columbia College Sprache und Literatur seines Landes. Memoiren: ›Denkwürdigkeiten‹ (4 Bde., 1823–27, dt. 3 Bde., 1924/1925, 1969 [Teilausg.] u. d. T. ›Geschichte meines Lebens‹).
Literatur: RUSSO, J. L.: L. da P., poet and adventurer. New York 1922. Nachdr. 1966. – HERNANDEZ, S.: Una musa vergine. Quasi una biografia dalle Memorie di L. da P. Mailand 1980. – GOERTZ, H.: Mozarts Dichter L. Da P. Wien 1985.

Daqiqi, Abū-Manṣur Muḥammad, pers. Dichter, ↑Daghighi, Abū-Mansur Mohammad.

Darbaud, Joseph [frz. dar'bo], provenzal. Schriftsteller, ↑Arbaud, Joseph d'.

D'Arcy, Margaretta [engl. 'dɑːsɪ], engl. Schauspielerin und Schriftstellerin, ↑Arden, John.

Dares Phrygius, fiktiver Name des Verfassers einer zweiten ›Ilias‹. – Benannt nach dem Priester Dares der Homer. ›Ilias‹ (5,9 ff.), schilderte D. P. in seinem im 2. Jh. n. Chr. bekannten Werk die Ereignisse aus trojan. Sicht. Eine erhaltene lat. Bearbeitung aus dem 5. Jh. (›Historia de excidio Troiae‹) wird in der Einleitung als eine von Cornelius Nepos stammende Übersetzung, die Sallust gewidmet war, hingestellt. Sie ist neben Diktys von Kreta die Hauptquelle für die Behandlung der Trojasage im Mittelalter.
Literatur: STOHLMANN, J.: Anonymi Historia Troyana Daretis Frigii. Unterss. u. krit. Ausg. Wuppertal u. a. 1968.

Darío, Rubén [span. da'rio], eigtl. Félix Rubén García y Sarmiento, * Metapa (heute Ciudad Darío, Nicaragua) 18. Jan. 1867, † León (Nicaragua) 6. Febr. 1916, nicaraguan. Lyriker. – Entstammte kleinbürgerl. Familie; frühe dichter. Versuche und 1880 erste Veröffentlichungen; ab 1886 in Chile und Argentinien als freier Mitarbeiter mehrerer lateinamerikan. Zeitungen; u. a. 1893–98 kolumbian. Konsul in Buenos Aires; 1908–10 nicaraguan. Botschafter in Madrid; 1914 bei einer Vortragstournee in New York schwer erkrankt, kehrte er kurz vor seinem Tod in die Heimat zurück. Angeregt von den frz. Parnassiens und Symbolisten (v. a. P. Verlaine), gelang ihm in seiner Lyrik eine vortreffl. Synthese der vielfältigsten Elemente, die er zu vollendeter Einheit verschmolz. Als Hauptvertreter des Modernismo hat er die gesamte span. und hispanoamerikan. Dichtung nachhaltig beeinflußt. Bemüht um klassisch reine Formen, um plast. Wirkung der Sprache und um neue techn. Ausdrucksmittel, bereicherte er die span. Dichtung um neue metrisch-rhythm. und melod. Elemente. Thematisch verließ er nach 1896 den früheren Exotismus, um sich den Problemen Lateinamerikas zuzuwenden.
Werke: Rimas (Ged., 1888), Azul (Prosa und Ged., 1888), Prosas profanas (Ged., 1896), Los raros (Essays, 1896), España contemporánea (Prosa, 1901), Cantos de vida y esperanza (Ged.,

1905), El canto errante (Ged., 1907), Poema del otoño y otros poemas (Ged., 1910), Canto a la Argentina y otros poemas (Ged., 1910), La vida de Rubén Darío escrita por él mismo (Autobiogr., 1915).
Ausgabe: R. D. Poesías completas. Hg. v. A. MÉNDEZ PLANCARTE. Madrid ¹¹1968.
Literatur: SALINAS, P.: La poesía de R. D. Buenos Aires 1948. – PANTORBA, B. DE (d. i. JOSÉ LÓPEZ JIMÉNEZ): La vida y el verbo de R. D. Ensayo biográfico y crítico. Madrid. 1967. – RAMA, A.: R. D. y el modernismo (Circunstancia socioeconómica de un arte americano). Caracas 1970.

Dark, Eleanor [engl. dɑ:k], geb. O'Reilly, Pseudonym Patricia O'Rane, * Burwood (Sydney) 26. Aug. 1901, † Katoomba (Sydney) 11. Sept. 1985, austral. Schriftstellerin. – Ihr Romanwerk, aus dem die auf sorgfältigem Quellenstudium beruhende histor. Trilogie ›Der erste Gouverneur (1941, dt. 1954), ›Storm of time‹ (1948) und ›No barrier‹ (1953) 1980 verfilmt wurde, offenbart ihre Liebe zum Land, ihr Interesse an der Frühgeschichte Australiens, ihren Respekt vor der Ureinwohnerkultur sowie ihren Blick für die zerstörer. Wirkung der westl. Zivilisation. Schrieb auch Gedichte, Kurzgeschichten und Reiseberichte.
Weitere Werke: Slow dawning (R., 1932), Prelude to Christopher (R., 1934), Return to Coolami (R., 1936), Sun across the sky (R., 1937), Waterway (R., 1938), The little company (R., 1945), Lantana Lane (Kurzgeschichten, 1959).
Literatur: DAY, A. G.: E. D. Boston (Mass.) 1976.

Darmstädter Kreis,
1. ein etwa 1769–73 in Darmstadt bestehender ›empfindsamer‹ Freundeskreis (↑Empfindsamkeit), der sich regelmäßig in den Häusern von A. P. von Hesse und J. H. Merck, einem Freund Goethes, traf. Der D. K. stand mit vielen Vertretern des zeitgenöss. Geisteslebens in Verbindung, so u. a. mit J. G. von Herder und Goethe. Goethe trug hier eine Reihe seiner Dichtungen zuerst vor und wurde zu anderen angeregt (z. B. zu ›Wanderers Sturmlied‹, ›Der Wanderer‹, ›Elysium‹). Später distanzierte sich Goethe jedoch in satir. Schriften (›Das Jahrmarktsfest in Plundersweilern‹, 1774) von dem Gefühls- und Freundschaftskult des D. K.es. Unter den weiteren Mitgliedern ist u. a. C. Flachsland, Herders spätere Frau, zu nennen.

Literatur: RAHN-BECHMANN, L.: Der Darmstädter Freundeskreis. Diss. Erlangen 1934. – GUNZERT, W.: Darmstadt u. Goethe. Darmst. 1949. – GUNZERT, W.: Darmstadt zur Goethezeit. Darmst. 1982.
2. ein Freundeskreis internat. Künstler in Darmstadt 1957–59, dem u. a. C. Bremer, D. Spoerri und E. Williams angehörten. Der D. K. versuchte, das experimentelle Theater (Stücke von J. Tardieu, E. Ionesco, G. Schéhadé) in den dt. Theaterspielplan einzuführen.

Darvas, József [ungar. 'dɔrvɔʃ], * Oroszháza 10. Febr. 1912, † Budapest 3. Dez. 1973, ungar. Schriftsteller und Politiker. – Zunächst Lehrer und Journalist; 1945 Vizepräsident der Nat. Bauernpartei, schloß sich später den Kommunisten an; 1947–56 Minister in verschiedenen Ressorts; 1951–53 und seit 1959 Vorsitzender des Ungar. Schriftstellerverbandes; erhielt 1956 und 1960 den Kossuthpreis für seine soziograph. Arbeiten über das ungar. Dorf. Er veröffentlichte ›A legnagyobb magyar falu‹ (= Das größte ungar. Dorf, 1936), ›Egy parasztcsalád története‹ (= Die Geschichte einer Bauernfamilie, 1939).
Weitere Werke: Verdingt bis Silvester (R., 1934, dt. 1964), Der Türkenbezwinger (R., 1938, dt. 1961), Stadt auf Sumpfboden (R., 1945, dt. 1980).

Darwin, Erasmus [engl. 'dɑ:wɪn], * Elton (Nottinghamshire) 12. Dez. 1731, † Derby 18. April 1802, engl. Arzt, Naturforscher und Dichter. – Großvater von Charles Robert D., lebte ab 1756 als prakt. Arzt in Lichfield, seit 1781 in Derby. Er war Präsident eines der bedeutendsten gelehrten Zirkel des 18. Jh., der Lunar Society of Birmingham. Seine botan. Studien fanden Niederschlag in einem berühmten Gedicht, in welchem er das Linnésche Pflanzensystem besang (›The loves of the plants‹, 1789). Sein bedeutendstes wissenschaftl. Werk war ›Zoonomia oder Gesetze des organ. Lebens‹ (2 Bde., 1794–96, dt. 3 Bde., 1795–99), in welchem er die Veränderlichkeit der Arten vertrat und eine Theorie der Evolution der Organismen entwickelte.
Ausgabe: The essential writings of E. D. Hg. v. D. KING-HELE. New York 1969.
Literatur: KING-HELE, D.: E. D. New York 1963.

Das, Kamala, * Punnayurkulam (Kerala) 31. März 1934, ind. Dichterin. – Bricht in ihrem Werk mit der traditionellen Zurückhaltung ind. Frauen; ihre wortkarge Lyrik in engl. Sprache beschreibt äußerste Einsamkeit und Entfremdung; schreibt außerdem Kurzgeschichten (v. a. in Malayalam).

Werke: Summer in Calcutta (Ged., 1965), The descendants (Ged., 1967), The old playhouse and other poems (Ged., 1973), A drak skashi (Kurzgeschichten, 1973, in Malayalam), Running away from home (Kurzgeschichten, 1986).

Dasai (tl.: Dazai), Osamu, eigtl. Tsuschima Schudschi, * Kanagi 19. Juni 1909, † 13. Juni 1948, jap. Schriftsteller. – Sohn eines Großgrundbesitzers, studierte in Tokio frz. Literatur; ungeordnetes Leben, mehrere Selbstmordversuche, nur nach seiner Heirat (1939) einige Jahre der inneren Ruhe. In seinen Werken, die viel Autobiographisches enthalten, behandelt er v. a. soziale Themen.

Werke: Wiyon no tsuma (= Villons Frau, Nov., 1947, engl. 1956 u. d. T. Villon's wife), Die sinkende Sonne (R., 1947, dt. 1958), Ningen shikkaku (= Der Verlust des Menschen, R., 1948, engl. 1957 u. d. T. No longer human).

Daschkowa (tl.: Daškova), Jekaterina Romanowna [russ. 'daʃkɐvɐ], * Petersburg 28. März 1743 oder 1744, † Moskau 16. Jan. 1810, russ. Fürstin und Schriftstellerin. – Bestimmte das literar. Leben am Hofe Katharinas der Großen; Direktorin der Petersburger Akademie der Wiss. und Präsidentin der von ihr gegründeten ›Russ. Akademie‹; schrieb selbst Dramen und ›Memoiren‹, die postum erschienen (engl. 2 Bde. 1840, dt. 1857, Neuausg. 1970, frz. 1859, russ. 1859).

Literatur: LOZINSKAJA, L. J.: V glave dvuch akademij. Moskau 1978.

Daskalow (tl.: Daskalov), Stojan Zekow [bulgar. daska'lɔf], * Liljatsche (Okrag Wraza) 22. Aug. 1909, † Sofia 18. Mai 1985, bulgar. Erzähler. – Lehrer, Redakteur. In Romanen und Erzählungen stellte D. nach den Prinzipien des sozialist. Realismus die durch den Weltkrieg verursachten ökonom., sozialen und polit. Umwälzungen dar; auch Drehbücher und ein Drama.

Daškova, Ekaterina Romanovna, russ. Fürstin und Schriftstellerin, † Daschkowa, Jekaterina Romanowna.

Dass, Petter, * Nord-Herøy 1647, † Alstahaug (Nordland) im Aug. 1707, norweg. Dichter. – Sohn eines schott. Kaufmanns; Pfarrer, seit 1689 in Alstahaug tätig; bedeutendster norweg. Dichter des 17. Jh., der sein poet. Werk oft in den Dienst seines seelsorger. Wirkens stellte. D. schrieb ep., lyr. und religiöse Gedichte; am bekanntesten ist die realist., humorvolle Schilderung des Lebens der nordnorweg. Fischer in seinem Werk ›Die Trompete des Nordlandes‹ (hg. 1739, dt. 1897).

Ausgaben: P. D. Samlede skrifter. Hg. v. A. E. ERIKSEN. Christiania 1874–77. 3 Bde. (mit Biogr.). – P. D. Samlede verker. Oslo 1980. 3 Bde.

Literatur: MIDBØE, H. L.: P. D. Oslo 1947.

Dathenus, Petrus, eigtl. Pieter van Daeten, * Mont-Cassel (Flandern) etwa 1531, † Elbing 17. März 1588, niederl. Reformator und Dichter. – War zunächst Karmelit und trat dann zum Kalvinismus über. Nach einem Konflikt mit Wilhelm von Oranien und Gefangenschaft (1578–83) emigrierte er nach Deutschland. Seine Psalmendichtung ›De Psalmen Davids‹ (1566) setzte sich bei den niederl. Protestanten durch. Er übersetzte auch den Heidelberger Katechismus und bearbeitete andere religiöse Texte.

Datta, Maikel Madhusūdan (engl. Michael Madhusudan Dutt), * Sagardari (Ost-Bengalen) 25. Jan. 1824, † Kalkutta 29. Juni 1873, ind. Dichter und Dramatiker. – Unter westl. Einfluß stehend (D. trat 1843 zum Christentum über und nahm den Namen Michael an), schrieb D. nach wenig erfolgreichen Versuchen mit engl.-sprachiger Lyrik (›The captive lady‹, 1849) die ersten bengal. Epen in Blankversen (›Tillottamā‹, 1859) und die ersten Dramen nach westl. Vorbild (›Śarmiṣṭhā‹, 1858). Damit öffnete er beiden Literaturgattungen den Weg aus der Erstarrung in traditionsgebundenen Formen und Inhalten.

Ausgabe: M. M. D. Madhusūdanagranthābalī. Kalkutta 1943–46. 2 Bde.

Literatur: GHOSH, J. C.: Bengali literature. London 1948.

d'Aubigné, Théodore Agrippa, frz. Schriftsteller, † Aubigné, Théodore Agrippa d'.

Däubler, Theodor, * Triest 17. Aug. 1876, † Sankt Blasien 13. Juni 1934, dt. Schriftsteller. – Jugendzeit in Triest und Venedig, zweisprachige Erziehung; 1898 Beginn des unsteten Wanderlebens; Aufenthalt in Berlin, Wien, mehrere Jahre in Italien, Paris, Dresden, seit 1916 in Berlin, 1921 Einladung nach Griechenland, Reisen zu den Ägäischen Inseln, nach Kleinasien und Ägypten; 1926, schwer erkrankt, Rückkehr nach Berlin; 1928–32 Präsident des dt. PEN-Clubs; seit 1933 im Sanatorium Sankt Blasien. Rückbezüge auf klass. und hochromant. Ausdrucksweisen kennzeichnen das Gesamtwerk, bes. das lyr. Riesenepos ›Das Nordlicht‹ (3 Bde., 1910; veränderte Fassung 2 Bde., 1921/22), ein kosmisch-mytholog. Lehrgedicht mit lyr. und ep. Einschüben; stilprägend war seine Bewunderung des Mediterranen; in Essays war D. um eine wiss. Fundierung des expressionist. Kunst bemüht.

Weitere Werke: Ode und Gesänge (1913), Wir wollen nicht verweilen (autobiograph. Prosa, 1914), Hesperien (Ged., 1915), Der sternhelle Weg (Ged., 1915; erweitert 1919), Hymne an Italien (Ged., 1916), Der neue Standpunkt (Essays, 1916), Das Sternenkind (Ged., 1916), Im Kampf um die moderne Kunst (Essay, 1919), Sparta (1923), Bestrickungen (Nov.n, 1927), Die Göttin mit der Fackel (R., 1931), Griechenland (Prosa, hg. 1946).
Ausgaben: Th. D. Dichtungen u. Schrr. Hg. v. F. KEMP. Mchn. 1956. – Th. D. Der sternhelle Weg u. a. Gedichte. Hg. v. H. KAAS. Mchn. 1985.
Literatur: WEGENER, H.: Gehalt u. Form von Th. D.s dichter. Bilderwelt. Diss. Köln 1962. – Th. D. 1876–1934. Bearb. v. F. KEMP u. F. PFÄFFLIN. Marbach 1984. – T. D. Eine Collage seiner Biogr. Hg. v. T. RIETZSCHEL. Lpz. 1988.

Daudet, Alphonse [frz. do'dɛ], * Nîmes 13. Mai 1840, † Paris 16. Dez. 1897, frz. Schriftsteller. – Wuchs nach Verarmung der Familie in Lyon auf; Lehrer, dann Journalist in Paris, 1860–65 Privatsekretär des Herzogs von Morny, nach dessen Tod freier Schriftsteller. Freund F. Mistrals und dem Kreis der Félibres nahestehend, wurde er zum Erzähler seiner Heimat, der Provence, v. a. mit einem Hauptwerk, den ›Briefen aus meiner Mühle‹ (En., 1869, dt. 1892). D. gilt als einer der wenigen bed. Humoristen der frz. Literatur; trotz realist. Wiedergabe des Milieus scheiden ihn ein liebevoller Humor, eine deutl. Lebensbeja-

hung, eine heitere Ironie und die persönl. Art der Darstellung von den strengen Naturalisten.

Weitere Werke: Les amoureuses (Ged., 1857), Der kleine Dingsda (autobiograph. R., 1868, dt. 1877), L'Arlésienne (Dr., 1872, Musik von G. Bizet; dt. 1880 u. d. T. Neue Liebe), Wundersame Abenteuer des edlen Tartarin von Tarascon (R., 1872, dt. 1882), Montags-Geschichten (1873, dt. 1880), Fromont junior und Risler senior (R., 1874, dt. 1874), Numa Roumestan (R., 1881, dt. 2 Bde., 1882), Sappho (R., 1884, dt. 1884), Tartarin in den Alpen (R., 1885, dt. 1886).
Ausgaben: A. D. Ges. Werke. Dt. Übers. Lpz. 1928. 7 Bde. in 6 Bden. – A. D. Œuvres complètes. Edition Ne varietur. Paris 1929–31. 20 Bde. – A. D. Werke. Dt. Übers. Mchn. 1972. – A. D. Œuvres. Hg. v. R. RIPOLL. Paris 1986 ff.
Literatur: DAUDET, L. A.: Vie d'A. D. Paris [2]1949. – DOBIE, G. V.: A. D. London u. a. 1949. Nachdr. Folcroft (Pa.) 1974. – HARE, G. E.: A. D. A critical bibliography. London 1979. 2 Bde. – JOUVEAU, M. TH.: A. D., F. Mistral, la Provence et le Félibrige. Aix-en-Provence 1980. 2 Bde. – ROURÉ, J.: A. D. Paris 1982. – CLÉBERT, J.-P.: Les Daudet: 1840–1940. Une famille bien française. Paris 1988.

Alphonse Daudet

Daudet, Léon [frz. do'dɛ], Pseudonym Rivarol, * Paris 16. Nov. 1867, † Saint-Rémy-de-Provence 1. Juli 1942, frz. Schriftsteller und Politiker. – Sohn von Alphonse D.; radikaler Monarchist und Antisemit, einer der einflußreichsten Vertreter der Action française, für deren Tageszeitung er 1908–17 Chefredakteur, danach neben Ch. Maurras Mit.-Hg. war; 1919–24 Abgeordneter; 1927–30 im polit. Exil in Belgien; unterstützte ab 1940 das Regime Pétains. Seine Romane zeugen von sozialem und psychoanalyt. Interesse, seine autobiograph. Schriften gewähren polemisch verzerrte Einblicke in die literar. und polit. Strömungen seiner Zeit.

Werke: Alphonse Daudet (1898), Les deux étreintes (R., 1909), L'entre-deux-guerres (Autobiogr., 1915), Écrivains et artistes (8 Bde., 1927 bis 1929), Paris vécu (Autobiogr., 2 Bde., 1929/1930), Panorama de la IIIᵉ République (1936), Clemenceau, ein kämpfer. Leben (1938, dt. 1939).
Literatur: DOMINIQUE, P.: L. D. Paris 1964. – MARQUE, J.-N.: L. D. Paris 1971.

Daulatābādī, Mahmūd, pers. Schriftsteller, ↑ Doulatabadi, Mahmud.

Daulatšāh Samarqandī, pers. Literat, ↑ Doulatschah Samarkandi.

Daumal, René [frz. do'mal], * Boulzicourt (Ardennes) 16. März 1908, † Paris 21. Mai 1944, frz. Schriftsteller. – Philologiestudium; Lyriker und Prosaist; wandte sich in Abkehr vom modernen Intellektualismus mystisch-esoter. Gedankengut des Fernen Ostens zu (›Das große Besäufnis‹, Prosadichtung, 1938, dt. 1981). Traum und Unterbewußtsein liefern den Stoff zu seinen Romanen. Mit-Hg. der Zeitschrift ›Le Grand Jeu‹ (1927–32); Übersetzer E. Hemingways.
Weitere Werke: Der Analog (R., hg. 1952, dt. 1964), Poésie noire, poésie blanche (Ged., hg. 1954), Essais et notes (2 Bde., hg. 1972).
Literatur: RANDOM, M.: Les puissances du dedans. Paris 1966. – RANDOM, M.: Le Grand Jeu. Paris 1970. 2 Bde. – POWRIE, P.: R. D., étude d'une obsession. Genf 1990.

Daumer, Georg Friedrich, * Nürnberg 5. März 1800, † Würzburg 13. Dez. 1875, dt. Religionsphilosoph und Schriftsteller. – Studierte Theologie und Philosophie, Prof. am Gymnasium in Nürnberg, zeitweise Erzieher Kaspar Hausers; lebte seit 1830 zurückgezogen seinen religiös-philosoph. Spekulationen und der Poesie; nach seinem Übertritt zur kath. Kirche schrieb er unter dem Pseudonym Eusebius Emmeran; verfaßte von oriental. Formkunst bestimmte Gedichte und Erzählungen.
Werke: Mittheilungen über Kaspar Hauser (2 Bde., 1832), Züge zu einer neuen Philosophie der Religion und Religionsgeschichte (1835), Hafis (2 Bde., 1846–52; Hg.), Die Geheimnisse des christl. Alterthums (2 Bde., 1847), Mahomed und sein Werk (Ged., 1848), Die Religion des neuen Weltalters (3 Bde., 1850), Marian. Legenden und Gedichte (1859), Meine Conversion

(1859), Schöne Seelen (Nov.n, 1862), Das Christentum und seine Urheber (1864).
Literatur: KLUNCKER, K.: G. F. D. Bonn 1984.

Dauthendey, Max[imilian] ['daʊtəndaɪ], * Würzburg 25. Juli 1867, † Malang (Java) 29. Aug. 1918, dt. Schriftsteller. – Zunächst Maler, ab 1891 freier Schriftsteller; unternahm Reisen durch Europa, nach Amerika und Asien, wurde zu Beginn des 1. Weltkrieges auf Java interniert, wo er starb. D. begann mit formstrenger Lyrik im Stil S. Georges; dann Wendung zu sinnenhaft-impressionist. Lyrik, die in klangl. Malerei alle Schranken zwischen Wirklichkeit und überwirkl. Phantasiewelt aufhebt; in lebendigen Farben sind auch in seinen Romanen und Novellen mit Vorliebe exotische Stoffe gestaltet; seine Dramen sind von geringer Bedeutung.
Werke: Ultra-Violett (Ged., 1893), Reliquien (Ged., 1899), Bänkelsang vom Balzer auf der Balz (1905), Singsangbuch (Ged., 1907), Lingam (Nov.n, 1909), Lusamgärtlein (Ged., 1909), Die geflügelte Erde (Versepos, 1910), Die acht Gesichter am Biwasee (Nov.n, 1911), Raubmenschen (R., 1911), Gedankengut aus meinen Wanderjahren (Autobiogr., 2 Bde., 1913), Geschichten aus den vier Winden (1915).
Ausgaben: M. D. Ges. Werke in 6 Bden. Mchn. 1925. – M. D. Sieben Meere nahmen mich auf. Hg. v. H. GERSTNER. Mchn. 1957.
Literatur: WENDT, H. G.: M. D., poet-philosopher. New York 1936. – Bll. der D.-Gesellschaft. Wzb. 1957 ff. – OSTHOFF, D.: M. D. Eine Bibliogr. Wzb. 1991. – GEIBIG, G.: Der Würzburger Dichter M. D. (1867–1918). Wzb. 1992.

Dautzenberg, Johan (Jean) Michel [niederl. 'dɔʊtsənbɛrx], * Heerlen (Niederlande) 6. Dez. 1808, † Ixelles bei Brüssel 4. Febr. 1869, fläm. Dichter. – Schrieb, obwohl der romant. Generation angehörend, als Bewunderer A. von Platens und F. Rückerts formstrenge Gedichte (u. a. Natur- und vaterländ. Lyrik, Volkslieder) mit realist. Zügen.
Werke: Gedichten (1850), Beknopte prosodia der nederduitsche tael (Abhandlung, 1851), Verspreide en nagelatene gedichten (hg. 1869).
Literatur: BEUGHEM, A. E. VAN: J. M. D. Brüssel 1935.

Davanzati, Chiaro, * Florenz, † vor 1280 (?), italien. Dichter. – Über sein Leben ist fast nichts bekannt; nahm 1260 an der Schlacht von Montaperti teil. Sein etwa 200 Gedichte (v. a. polit., moral. und Liebeslyrik) umfassendes Werk steht

zu Beginn noch unter dem Einfluß der provenzal. Troubadours; Vorläufer des Dolce stil nuovo.
Ausgabe: Ch. D. Rime. Hg. v. A. MENICHETTI. Bologna 1964.
Literatur: VUOLO, E.: Sulle ›Rime‹ di Ch. D. In: Studi Medievali 10 (1969), S. 310. – BU-SETTO, G.: Ch. D. In: Lex. des MA. Bd. 3. Mchn. u. Zü. 1986.

Davenant (D'Avenant, D'avenant), Sir (seit 1643) William [engl. 'dævɪnənt], ≈ Oxford 3. März 1606, † London 7. April 1668, engl. Dichter und Dramatiker. – Gab sich als unehel. Sohn Shakespeares aus; studierte in Oxford, stand dem Hof Karls I. nahe, wurde 1638 ›poet laureate‹, war unter O. Cromwell als Royalist zeitweise eingekerkert. D. rettete die engl. Theatertradition über die Zeit des puritan. Theaterverbots durch musikal. Privataufführungen. Mit ›The siege of Rhodes‹ (heroisches Musik-Dr., 1656) begründete er die engl. Oper. Nach der Restauration gelangte er zu neuen Ehren, leitete eines der beiden öffentl. Londoner Monopoltheater, in das er Szenenbilder, Bühnenmaschinerie und erstmals in England weibl. Schauspieler einführte. Viele seiner Dramen und Operntexte sowie das Epos ›Gondibert‹ (1651) behandeln heroische Liebes- und Ehrenkonflikte. D. bearbeitete auch (z. T. mit J. Dryden) Shakespeare-Dramen für die Restaurationsbühne.
Weitere Werke: Albovine (Trag., 1629), The wits (Kom., 1636), Madagascar (Ged., 1638), The unfortunate lovers (Dr., 1643), Love and honour (Dr., 1649).
Ausgabe: The dramatic works by Sir W. D. Edinburgh 1872–74. 5 Bde.
Literatur: HÖNNIGHAUSEN, L.: Der Stilwandel im dramat. Werk Sir W. D.s. Köln 1965. – NETHERCOT, A. H.: Sir W. D'Avenant, poet laureate and playwright manager. New York ²1967. – BLAYDES, S. B./BORDINAT, PH.: Sir W. D., an annotated bibliography 1629–1985. New York 1986. – EDMOND, M.: Rare Sir W. D. Manchester 1987.

Davey, Norris Frank [engl. 'dɛɪvɪ], neuseeländ. Schriftsteller, ↑ Sargeson, Frank.

Davičo, Oskar [serbokroat. 'davitʃo], * Šabac 18. Jan. 1909, † Belgrad 1. Okt. 1989, serb. Lyriker und Erzähler. – 1932 als Kommunist aus dem Lehramt entlassen und verurteilt; Partisan im 2. Weltkrieg; Redakteur der literar. Zeitschrift ›Delo‹; richtete sich nach surrealist. Anfängen zunehmend nach den Prinzipien des sozialist. Realismus; in frühen Werken kühne Metaphorik; Einfluß des lyr. Subjektivismus auf seine Erzähldichtung; übersetzte Th. Manns ›Buddenbrooks‹.
Werke: Die Libelle (R., 1952, dt. 1958), Rituali umiranja jezika (= Die Rituale des Sterbens der Sprache, 1974), Nežne priče (= Zärtl. Geschichten, Nov., 1984).

David der Unbesiegte (D. anyaght', D. aus Hark) ['da:fɪt, 'da:vɪt], * 630, † 730, armen. Philosoph und Schriftsteller. – Von ihm stammen viele Übersetzungen aus dem Griechischen ins Armenische, die nach der Methode der hellenist. Schule vorgenommen sind; typisch sind Übersetzungen und Kommentare der Grammatik des Dionysios Thrax, der Kategorien des Aristoteles und der ›Eisagögé‹ (= Einführung) des Porphyrios von Tyros, sowie eigene Abhandlungen zur Philosophie; lieferte auch Übersetzungen patrist. Werke; widmete sich in eigenen Schriften dogmat. Fragen und apologet. Zwecken.
Ausgabe: Koriun, Mambrê, D. Werke (in armen. Sprache). Venedig 1833.
Literatur: AKINIAN, N.: D. d. U. u. David aus Hark. In: Handes Amsorya 70 (1956), S. 123, 301 (armen. Text). – AKINIAN, N.: Der Philosoph aus Hark u. seine Schriften. In: Handes Amsorya 71 (1957), S. 131, 267 (armen. Text). – INGLISIAN, V.: Die armen. Literatur. In: Hbd. der Orientalistik. Hg. v. B. SPULER. Abt. 1, Bd. 7. Leiden u. Köln 1963. S. 163 u. 170. – Bibliographie: Jerewan 1980 (armen., im Anhang auch westeurop. Literatur).

David von Augsburg ['da:fɪt, 'da:vɪt], * Augsburg (?) um 1200, † ebd. 19. (15.?) Nov. 1272, dt. Schriftsteller und Prediger. – Franziskaner; Novizenmeister in Regensburg, dann in Augsburg; Lehrer Bertholds von Regensburg; bed. Volksprediger; Verfasser meist lat. asketischmyst. Schriften. Seine zur Mystik neigenden dt. Predigten (nicht erhalten) und die Traktate über die göttlichen Tugenden sind für die Entwicklung der dt. geistlichen Prosa vor Meister Eckhart von großer Bedeutung.
Ausgaben: Die sieben Vorregeln der Tugend u. a. dt. Schriften. In: Dt. Mystiker des 14. Jh. Hg. v. F. PFEIFFER. Bd. 1. Lpz. 1845. Neudr. Aalen 1962. – D. v. A. Die sieben Staffeln des Gebetes. Hg. v. K. RUH. Mchn 1965.

Literatur: RÜEGG, C.: D. v. A. Histor., theolog. u. philosoph. Schwierigkeiten zu Beginn des Franziskanerordens in Deutschland. Bern u. a. 1989.

David, Jakob Julius ['da:fɪt, 'da:vɪt], * Mährisch-Weißkirchen (heute Hranice) 6. Febr. 1859, † Wien 20. Nov. 1906, österr. Schriftsteller. – Studierte in Wien, war als Journalist tätig; schrieb schwermütige, düstere, eindrucksvolle Erzählungen, die meist in seiner mähr. Heimat spielen, von sozialkrit. Thematik bestimmte Romane und Dramen in der Nachfolge L. Anzengrubers.
Werke: Das Höfe-Recht (R., 1890), Das Blut (R., 1891), Hagars Sohn (Dr., 1891), Probleme (En., 1892), Frühschein (Nov.n, 1896), Am Wege sterben (R., 1900), Die Troika (En., 1901), Der Übergang (R., 1903), Die Hanna (En., 1904).
Ausgabe: J. J. D. Ges. Werke. Hg. v. E. HEILBORN u. E. SCHMIDT. Mchn. 1908–09. 7 Bde.
Literatur: KLOOS, H.: J. J. D. als Novellist. Diss. Freib. 1930. – GOLDAMMER, P.: J. J. D., ein vergessener Dichter. In: Weimarer Beitrr. 5 (1959).

David, Janina [engl. 'dɛɪvɪt], eigtl. J. Dawidowicz, * Kalisch (poln. Kalisz) 19. März 1930, austral. Schriftstellerin poln. Herkunft. – Entkam 1943 dem Warschauer Getto; gelangte nach dem Kriegsende über Paris nach Australien; lebt heute in London. Über ihre vom Terror des Naziregimes geprägte Kindheit und Jugend berichtet sie in ihrer dreiteiligen Autobiographie ›Ein Stück Himmel‹ (1964, dt. 1981), ›Ein Stück Erde‹ (1966, dt. 1982), ›Ein Stück Fremde‹ (1983, dt. 1983), die z. T. für das Fernsehen verfilmt wurde.
Weiteres Werk: Ein Teil des Ganzen (R., 1969, dt. 1986).
Ausgabe: Die Perle der Weisheit. Erzählungen (1994).

Davidsohn, Hans ['da:fɪt..., 'da:vɪt...], dt. Schriftsteller, † Hoddis, Jakob van.

Davidson, John [engl. 'dɛɪvɪdsn], * Barrhead (Renfrew) 11. April 1857, † Penzance (Cornwall) 23. März 1909, schott. Dichter. – Studierte in Edinburgh, bis 1889 Lehrer, dann freier Schriftsteller; verfaßte zuerst Dramen (›Bruce‹, 1886; ›Smith‹, 1888; ›Scaramouche in Naxos‹, 1890), kraftvoll-eigenwillige Balladen und Naturgedichte, schilderte später in Satiren Not und Großstadtelend.

Weitere Werke: Diabolus amans (Ged., 1885), The north wall (R., 1885), Perfervid (R., 1890), Fleet Street eclogues (Ged., 2 Bde., 1893–96), Ballads and songs (Ged., 1894), The last ballad (Ged., 1899), God and mammon (Dichtung, 1907), The testament of John Davidson (Epos, 1908).
Ausgabe: The poems of J. D. Hg. v. A. TURNBULL. London 1973. 2 Bde.
Literatur: PETERSON, C. V.: J. D. New York 1972. – TOWNSEND, J. B.: J. D., poet of Armageddon. New Haven (Conn.) 1961. Nachdr. Westport (Conn.) 1978. – O'CONNOR, M.: J. D. Edinburgh 1987.

Davie, Donald [engl. 'dɛɪvɪ], * Barnsley (Yorkshire) 17. Juli 1922, engl. Lyriker. – Studierte in Cambridge, lehrte an brit., seit 1968 an amerikan. Universitäten. Gehörte zunächst zur Gruppe der Movement-Dichter und schrieb im Einklang mit deren Programm disziplinierte, an traditionellen Formen orientierte Lyrik, über die er später, angeregt durch die Auseinandersetzung u. a. mit E. Pound und B. Pasternak (den er übersetzte), zugunsten experimentellerer und komplexerer Auslotungen der Spannungen von Erfahrung und Ausdrucksform hinausging. Auch literaturkrit. Arbeiten.
Werke: Ezra Pound. Poet as sculptor (Kritik, 1964), Collected poems 1950–1970 (Ged., 1972), Collected poems 1970–1983 (Ged., 1983), Selected poems (Ged., 1985), To scorch or freeze (Ged., 1988), Under Briggflatts: a history of poetry in Great Britain 1960–1988 (Abh., 1989), Collected poems (1990).

Davies, Rhys [engl. 'dɛɪvɪs], * Porth (Glamorganshire) 9. Nov. 1903, † London 21. Aug. 1978, walis. Schriftsteller. – Lebte einige Zeit in Paris, wo er mit D. H. Lawrence befreundet war; schrieb neben einem Schauspiel (›No escape‹, 1954) v. a. Romane und Erzählungen, die Land und Leute seiner walis. Heimat zum Thema haben.
Weitere Werke: The withered root (R., 1927), The red hills (R., 1932), My Wales (En., 1937), Jubilee blues (R., 1938), The black Venus (R., 1944), Der Junge mit der Trompete (En., 1949, dt. 1960), Collected stories (En., 1955), The perishable quality (R., 1957), Print of hare's foot (R., 1969).
Literatur: ADAM, G. F.: Three contemporary Anglo-Welsh novelists. Bern 1950.

Davies, [William] Robertson [engl. 'dɛɪvɪs], * Thamesville (Ontario) 28. Aug. 1913, kanad. Schriftsteller. – War nach Studien an kanad. Hochschulen und in

Oxford Schauspieler und Theaterregisseur, kunstsinniger und kulturkrit. Journalist (bes. unter dem Pseudonym Samuel Marchbanks), Hg. des ›Examiner‹ in Peterborough und Prof. für engl. Literatur in Toronto. Er trug zur Entwicklung des kanad. Theaters bei, v. a. als intellektueller, witziger Dramatiker (›Four favourite plays‹, 1968; ›Hunting Stuart and other plays‹, 1972). Am wichtigsten ist sein Romanschaffen, das v. a. zwei jeweils nach ihrem Schauplatz benannte Zyklen umfaßt: die satirisch-romant., komödiant. ›Salterton‹-Romane (›Tempest-tost‹, 1951; ›Leaven of malice‹, 1954; ›Glanz und Schwäche‹, 1958, dt. 1960) und die autobiographischere, diskursivere, auch tiefenpsychologisch geprägte ›Deptford‹-Trilogie (›Der Fünfte im Spiel‹, 1970, dt. 1984; ›Das Fabelwesen‹, 1972, dt. 1985; ›Welt der Wunder‹, 1975, dt. 1986).
Weitere Werke: Rebell. Engel (R., 1982, dt. 1987), Was du ererbt von deinen Vätern (R., 1985, dt. 1990), The papers of Samuel Marchbanks (R., 1986), The lyre of Orpheus (R., 1988).
Literatur: GRANT, J. S.: R.D. Toronto 1978.

Davies, William Henry [engl. 'deɪvɪs], * Newport (Monmouth) 20. April 1871, † Nailsworth (Gloucester) 26. Sept. 1940, walis. Schriftsteller. – Früh verwaist, geringe Schulbildung, 1893–1901 abenteuerl. Leben in den USA; von G. B. Shaw entdeckt und unterstützt; auf dessen Anregung hin verfaßte D. ›Supertramp. Die Autobiographie eines Vagabunden‹ (1908, dt. 1985); außerdem schrieb er schlichte, sehr persönl. Naturlyrik, Romane und Essays.
Weitere Werke: The soul's destroyer (Ged., 1905), Nature poems (Ged., 1908), A weak woman (R., 1911), Songs of joy (Ged., 1911), Love poems (Ged., 1935), Young Emma (Biogr., hg. 1980).
Ausgaben: Complete poems of W. H. D. Middleton (Conn.) 1965. – W. H. D. Selected poems. Hg. v. J. BARKER. Oxford 1985.
Literatur: STONESIFER, R.: W. H. D. London 1963.

Davignon, Henri Vicomte de [frz. davi'ɲõ], * Saint-Josse-ten-Noode bei Brüssel 23. Aug. 1879, † Woluwe-Saint-Pierre 14. Nov. 1964, belg. Schriftsteller. – Kath.-konservativer Romanschriftsteller und Essayist, behandelte vorzugsweise Volkstumsfragen seines Landes.

Werke: Un Belge (R., 1913), Un pénitent de Furnes (R., 1925), Paelinc et Beauvais (R., 1951).
Ausgabe: H. D. Les meilleures pages. Hg. v. G. SION. Brüssel 1961.
Literatur: INIAL, M. F.: H. D., écrivain belge. Washington (D.C.) 1948.

Daviot, Gordon [engl. 'deɪvɪət], Pseudonym der engl. Schriftstellerin Elizabeth ↑ MacKintosh.

Davis, Arthur Hoey [engl. 'deɪvɪs], austral. Schriftsteller, ↑ Rudd, Steele.

Davis, Richard Harding [engl. 'deɪvɪs], * Philadelphia (Pa.) 18. April 1864, † Mount Kisco (N.Y.) 11. April 1916, amerikan. Schriftsteller. – Bekannter Journalist und Kriegsberichterstatter; Verfasser zahlreicher Kurzgeschichten, von denen ›Gallegher and other stories‹ (1891) und ›Van Bibber and others‹ (1892) am erfolgreichsten waren; schrieb auch Romane (›Soldaten des Glücks‹, 1897, dt. 2 Bde., 1900; ›The white mice‹, 1909), Reisebücher und 25 Dramen (›Miss Civilization‹, 1905; ›The dictator‹, 1906).

Dawydow (tl.: Davydov), Denis Wassiljewitsch [russ. da'vɨdəf], * Moskau 27. Juli 1784, † Gut Werchnjaja Masa (Gebiet Simbirsk) 4. Mai 1839, russ. Schriftsteller. – Aus Adelsfamilie; Soldat, Reiterführer im Krieg gegen Napoleon. Schrieb außer kriegshistor. Aufsätzen unkonventionelle, kraftvolle Husarenliede und Liebeslyrik mit zum Teil elegischen Zügen.

Day, Clarence Shepard [engl. deɪ], * New York 18. Nov. 1874, † ebd. 28. Dez. 1935, amerikan. Schriftsteller. – Studierte an der Yale University; schrieb v. a. humorvolle Familienromane mit autobiograph. Zügen, u. a. ›Unser Herr Vater‹ (R., 1935, dt. 1936; 1939 dramatisiert von H. Lindsay und Russel Crouse [* 1893, † 1966]), ›Unsere Frau Mama‹ (R., hg. 1937, dt. 1938), ›Father and I‹ (R., hg. 1940).

Day, Thomas [engl. deɪ], * London 22. Juni 1748, † Wargrave (Berkshire) 28. Sept. 1789, engl. Schriftsteller. – Anhänger J.-J. Rousseaus, bemühte sich um moral. und soziale Reformen; schrieb (mit Alexander Bicknell [† 1796]) ›The dying negro oder Gedicht des sterbenden

Negers‹ (1773, dt. 1798), ein Gedicht gegen die Sklaverei; bekannt v. a. als Verfasser des Erziehungsromans für Kinder ›Die Geschichte des Sandfort und Merton‹ (3 Bde., 1783–89, dt. 1846).
Literatur: SADLER, M. E.: Th. D., an English disciple of Rousseau. Cambridge 1928.

Day-Lewis (Day Lewis), Cecil [engl. 'deɪ'luːɪs], * Ballintogher (Irland) 27. April 1904, † London 22. Mai 1972, engl. Schriftsteller ir. Herkunft. – Studierte in Oxford, zuerst Lehrer, ab 1935 freier Schriftsteller; 1950–55 Prof. für Dichtkunst in Oxford und 1964/65 an der Harvard University; ab 1967 Poet laureate. Vielseitiger Autor, dessen frühe Lyrik unter dem Einfluß von W. H. Auden und S. Spender steht. Schrieb gedanklich tiefe, z. T. politisch engagierte Lyrik und Versepen, später bes. auch Naturgedichte, in denen er Motive der Georgian poets wieder aufnahm und v. a. die Schönheiten der engl. Landschaft verherrlichte, ferner Romane (›Child of misfortune‹, 1939), krit. Essays, Detektivromane (unter dem Pseudonym Nicholas Blake) und Jugendbücher; übersetzte u. a. Vergils ›Georgica‹ (1940).
Weitere Werke: Transitional poem (Ged., 1929), The magnetic mountain (Ged., 1933), A hope for poetry (Essay, 1934), A time to dance (Ged., 1935), The loss of Nabara (Epos, 1936–39), Overtures to death (Ged., 1938), Word over all (Ged., 1943), The poetic image (Essay, 1947), Poems 1943–1947 (Ged., 1948), Pegasus (Ged., 1957), The whispering roots (Ged., 1970), Never look back (Autobiogr., hg. 1974), The complete poems (hg. 1992).
Literatur: HANDLEY-TAYLOR, G./D'ARCH SMITH, T.: C. D.-L., the poet laureate. A bibliography. Chicago 1968. – RIDDEL, J. N.: D. L. New York 1971. – DAY-LEWIS, S.: C. D.-L. An English literary life. London 1980.

Dazai, Ozamu, jap. Schriftsteller, ↑ Dasai, Osamu.

d'Azeglio, Massimo Taparelli, Marchese, italien. Schriftsteller, ↑ Azeglio, Massimo Taparelli, Marchese d'.

De Amicis, Edmondo [italien. de a'miːtʃis], * Oneglia (heute zu Imperia) 21. Okt. 1846, † Bordighera 11. März 1908, italien. Schriftsteller. – Offizier, später Redakteur; wurde um 1890 aktiver Sozialist; veröffentlichte in der von ihm geleiteten Zeitschrift ›L'Italia militare‹ seine ›Skizzen aus dem Soldatenleben‹

(1868, dt. 1897), die neben seinen ›Novellen‹ (1872, dt. 1877) zu den meistgelesenen Erzählungen Italiens gehörten; nach 1870 unternahm er zahlreiche Reisen, die ihm den Stoff zu seinen Reiseschilderungen lieferten: ›Spanien‹ (1873, dt. 1880), ›Olanda‹ (1874), ›Marokko‹ (1879, dt. 1883), ›Konstantinopel‹ (2 Bde., 1877/78, dt. 1882) u. a.; polit. Hintergrund haben die ›Ricordi del 1870‹ (1872); mit der sozialen Frage befaßte er sich in dem Roman ›Il romanzo di un maestro‹ (1890). Charaktere und Schicksale von Schülern und Lehrern einer Volksschulklasse schildert er in seiner bekanntesten Erzählung ›Herz‹ (1886, dt. 1889), die in viele Sprachen übersetzt wurde.
Weitere Werke: Unsere Freunde (R., 2 Bde., 1883, dt. 1889), La maestrina degli operai (R., 1895).
Literatur: Nel centenario della nascita di E. De A. Turin 1947. – GIGLI, L.: E. de A. Turin 1962. – BARONE, L.: Rievocazione deamicisiana. Sorrent 1963. – MARCHESE, G.: De A. poeta della fraternità. Palermo 1963. – LIFFREDO, F., u. a.: Il Controcuore. Analisi per ›Cuore‹ di E. De A. Mailand 1977. – E. De A. Hg. v. F. CoTORBIA. Imperia 1985.

Dean, Martin R[alph] [diːn], * Menziken (Aargau) 17. Juli 1955, schweizer. Schriftsteller. – Studierte Germanistik und Philosophie, lebt als freier Schriftsteller in Basel; gehört der literar. Gruppe Olten 82 an. Sein Erzählstil tendiert deutlich zum Surrealistischen und Rätselhaften.
Werke: Die verborgenen Gärten (R., 1982), Die gefiederte Frau. Fünf Variationen (1984), Der Mann ohne Licht (R., 1988), Der Guayanaknochen (R., 1994).

Débat [frz. de'ba = Streit, Wortwechsel], frz. Bez. für die im MA verbreitete Form des ↑ Streitgedichts (Altercatio, Contrasto, Tenzone); überliefert sind u. a. Dialoge über theolog., didakt. und liebeskasuist. Themen; vielfach anonym, finden sich D.s u. a. auch bei Rutebeuf (13. Jh.) und F. Villon (15. Jh.).

Debeljanow (tl.: Debeljanov), Dimtscho [bulgar. dɛbɛ'ljanof], * Kopriwschtiza 28. März 1887, ✕ bei Demir Chisar (Griechenland) 2. Okt. 1916, bulgar. Lyriker. – Mit N. Liliew und D. Podwarsatschow Hg. einer Anthologie bulgar. Dichtung seit I. Wasow (1910); Übersetzungen aus dem Französischen;

D.s eigene, euphon. Dichtung verbindet Einflüsse der Romantik mit symbolist. Stilkennzeichen.

Ausgabe: D. Debeljanov. Săčinenija. Sofia 1968–69. 2 Bde.

De Bosis, Adolfo, * Ancona 3. Jan. 1863, † Pietralacroce (Ancona) 28. Aug. 1924, italien. Schriftsteller. – Enger Freund G. D'Annunzios; veröffentlichte 1895–1907 die ästhetisierende Zeitschrift ›Il convito‹, an der auch G. Pascoli mitarbeitete. De B.' Gedichte (u. a. ›Amori ac silentio sacrum‹, 1900; ›Le rime sparse‹, 1914) zeigen seine Bewunderung für P. B. Shelley, den er auch übersetzte.

Debroey, Steven [niederl. də'bru:i], * Jesseren (Prov. Limburg) 20. Nov. 1913, fläm. Schriftsteller. – Schrieb v. a. Biographien, u. a. 1950 die Thomas-More-Biographie ›De Lord-kanselier‹, in jüngster Zeit über führende Gestalten Afrikas, v. a. ›Nyerere, fakkeldrager in Afrika‹ (1972) und ›Kenneth Kaunda: grondlegger van een christelijk humanisme in Zambia‹ (1975).

Debrọt, Cola, eigtl. Nicolaas D., * Kralendijk (auf Bonaire) 4. Mai 1902, † Amsterdam 2. Dez. 1981, niederl. Schriftsteller. – War Arzt, 1962–70 Gouverneur der Niederl. Antillen; verbindet in seinen Gedichten und Romanen rationale und irrationale Elemente.

Werke: Mijn zuster de negerin (R., 1935), Bekentenis in Toledo (Ged., 1945), Bid voor Camille Willocq (R., 1946), De afwezigen (Ged., 1952), Dagboekbladen uit Genève (1963).

Décadents [frz. deka'dã], Gruppe frz. Schriftsteller, die sich um die literar. Zeitschrift ›Le Décadent‹ (1886–89) sammelten; sie ging im ↑Symbolismus auf. – ↑auch Dekadenzdichtung.

De Cạrlo, Andrea, * Mailand 11. Dez. 1952, italien. Schriftsteller. – Nach Literaturstudium und mehrjährigen Auslandsaufenthalten (u. a. in den USA) gelang ihm 1981 mit seinem ersten, die Amerikaerfahrungen in iron. und bewußt oberfläch. Sprache verarbeitenden Roman ›Creamtrain‹ (dt. 1985) ein großer Publikumserfolg, der ihn zu einem führenden Vertreter der jungen Autorengeneration (›giovani scrittori‹) Italiens werden ließ. Daneben auch Arbeit als Regieassistent bei Federico Fellini und journalist. Tätigkeit.

Weitere Werke: Vögel in Käfigen und Volieren (R., 1982, dt. 1984), Macno (R., 1984, dt. 1987), Yucatan (R., 1986, dt. 1988), Zwei von zwei (R., 1989, dt. 1991), Techniken der Verführung (R., 1991, dt. 1993).

Literatur: JACOBS, H. C.: A. De C. In: Krit. Lex. der roman. Gegenwartsliteraturen. Hg. v. W.-D. LANGE. Losebl. Tüb. 1984 ff.

De Chirico, Andrea [italien. de 'ki:riko], italien. Schriftsteller, Musiker und Maler, ↑Savinio, Alberto.

Deckungsauflage, in der Verlagskalkulation die Auflage eines Verlagswerkes, die verkauft werden muß, damit die Einzelkosten und die anteiligen Gemeinkosten gedeckt werden. Übersteigt die verkaufte Auflage die D., so erwirtschaftet der Verlag einen Gewinn.

Decorte, Bert [Albert] [niederl. də-'kɔrtə], * Retie 2. Juli 1915, fläm. Dichter. – Bedeutendster Vertreter des niederl. Vitalismus in der fläm. Literatur; bekannt sind auch seine Übersetzungen von L. Labé, F. Villon und Ch. Baudelaire.

Werke: Germinal (Ged., 1937), Orfeus gaat voorbij (Ged., 1940), Refreinen (Ged., 1943), Kruis of munt (Ged., 1970), Kortom (Autobiogr., 1971), Per vers door Vlaanderen (Essay, 1974), Kop of letter (Ged., 1985).

De Coster, Charles [niederl. də 'kɔstər], * München 20. Aug. 1827, † Ixelles 7. Mai 1879, belg. Schriftsteller. – Studierte Jura in Brüssel, lehrte später Literatur; 1856–64 Mit-Hg. der Zeitschrift ›Uylenspiegel‹, zeitweilig Bankangestellter, Tätigkeit beim Staatsarchiv und Lehrer an der Militärschule in Brüssel. Sein meisterhaftes, farbenprächtig gezeichnetes Prosaepos ›Tyll Ulenspiegel und Lamm Goedzak. Legende von ihren heroischen, lustigen und ruhmreichen Abenteuern im Lande Flandern und andern Orts‹ (1867, dt. 1909) greift auf flandr. Erzählgut zurück. Mit dieser historisch-symbolistischen Darstellung aus dem Freiheitskampf der Niederlande gegen das Spanien Philipps II. begründete De C. die moderne französischsprachige Literatur Belgiens.

Weitere Werke: Fläm. Legenden (1858, dt. 1911), Brabanter Geschichten (1861, dt. 1917), Die Hochzeitsreise (R., 1872, dt. 1916).

Ausgabe: Ch. de C. Die Gesch. v. Ulenspiegel u. Lamme Goedzak u. ihren heldenmäßigen, fröhl. u. glorreichen Abenteuern im Lande Flandern u. anderwärts. Dt. Übers. Mchn. 1960.

Charles De
Coster

Literatur: SOSSET, L. L.: La vie pittoresque et malheureuse de Ch. de C. Brüssel u. Paris 1937. – GERLO, A.: C. en Vlanderen. Antwerpen 1959. – KLINKENBERG, J.-M.: Style et archaïsme dans la ›Légende d'Uylenspiegel‹ de Ch. de C. Brüssel 1973. 2 Bde.

De Crescenzo, Luciano [italien. de kreʃˈʃentso], * Neapel 20. Aug. 1928, italien. Schriftsteller und Philosoph. – War bis 1978 als Ingenieur bei IBM tätig. Schrieb unkonventionelle philosophisch-erzähler. Werke: ›Also sprach Bellavista‹ (1977, dt. 1986, 1987 Verfilmung mit De C. als Drehbuchautor, Regisseur und Hauptdarsteller), ›Geschichte der griech. Philosophie. Die Vorsokratiker‹ (1983, dt. 1985), ›Geschichte der griech. Philosophie. Von Sokrates bis Plotin‹ (1986, dt. 1988), ›oi dialogoi. Von der Kunst, miteinander zu reden‹ (1985, dt. 1987). Die leitmotivisch miteinander verknüpften Texte entwickeln anekdotisch eine moderne epikureische ›Philosophie der Dialektik von Liebe und Freiheit‹. Zentrale Figur der aktuellen Alltagsgeschichten und philosoph. Diskussionen ist Bellavista, ein fiktiver Weiser aus Neapel, der wie Sokrates im antiken Athen den Dialog als ›Kunst, miteinander zu reden‹ zur wesentl. Maxime moderner Existenzerfüllung im Sinne einer spezifisch ›neapolitanisch-epikureischen Lebenseinstellung‹ propagiert und exemplifiziert.
Weitere Werke: Zio Cardellino. Der Onkel mit dem Vogel (R., 1981, dt. 1988), Helena, Helena, amore mio (R., 1991, dt. 1991), Im Bauch der Kuh. Das Leben des L. De C. von ihm selbst erzählt (1989, dt. 1992), Meine Traviata (R., 1993, dt. 1994).

Dedęcius, Karl, * Łódź 20. Mai 1921, dt. Übersetzer und Schriftsteller. – Bed. Übersetzer und Vermittler poln. Literatur (u. a. C. Miłosz, T. Różewicz, Z. Herbert, S. J. Lec); Untersuchungen zur Literatur und Kultur Polens; seit 1979 Leiter des Dt. Polen-Instituts Darmstadt; Begründer und Hg. der ›Poln. Bibliothek‹ (seit 1982). Erhielt den Friedenspreis des Börsenvereins des Dt. Buchhandels 1990.
Werke: Deutsche und Polen (1971), Poln. Profile (1975), Zur Literatur und Kultur Polens (1981), Vom Übersetzen (1986), Poetik der Polen. Frankfurter Vorlesungen (1992), Wörterbuch des Friedens (1993, Hg.).
Literatur: Suche die Meinung. K. D., dem Übersetzer u. Mittler, zum 65. Geburtstag. Hg. v. E. GRÖZINGER u. A. LAWATY. Wsb. 1986.

Dędekind, Friedrich, * Neustadt am Rübenberge um 1525, † Lüneburg 27. Febr. 1598, dt. Schriftsteller. – Studierte Theologie in Wittenberg, war Pastor, zuletzt Superintendent in Lüneburg; bekannt durch sein in lat. Distichen geschriebenes satir. Jugendwerk ›Grobianus. De morum simplicitate libri duo‹ (1549, erweitert 1552), eine Verspottung der Derbheit seines Zeitalters und zugleich ein Hauptwerk der ↑ grobianischen Dichtung; ins Deutsche übersetzt, vergröbert und erweitert von K. Scheidt (1551), dann von D. selbst erweitert und umgearbeitet: ›Grobianus et Grobiana. De morum simplicitate libri tres‹ (1554); seine geistl. Spiele gegen die Gegenreformation ›Der christl. Ritter‹ (1576) und ›Papista conversus‹ (1596) bleiben hinter seinem Jugendwerk zurück.
Ausgabe: F. D. Grobianus. Übers. v. C. SCHEIDT. Darmst. 1979.

Dedę Korkųt (tl.: Dihdih Qurqūd; Dede Ḳorḳud), legendenumwobener ogusisch-türk. Dichter, dem ein Epos aus 12 mit Verspassagen bereicherten Prosaerzählungen zugeschrieben wird. Das ›Kitāb-i Dede Ḳorḳud‹ (= Das Buch des D. K.) ist für die frühe ogus., d. h. die südwesttürk. Literatur von großer Bedeutung und wurde wahrscheinlich im 16. Jh. schriftlich fixiert. Der Stoff basiert auf mündlich tradierten Reminiszenzen des nomad. Lebens türk. Stämme in ihrer Heimat Zentralasien wohl im 9. oder 10. Jahrhundert.
Ausgaben: Das Buch des D. K. Dt. Übers. Hg. v. J. HEIN. Zü. 1958. – D. K. kitabi. Hg. v. M. ER-

286 Dedikation

GIN. Faksimile der Vatikan-Hs. u. der Dresdener Hs. Text in Transkription u. Kommentar. Ankara 1958–63. 2 Bde.

Dedikation [lat. = Weihung], bei den Römern ursprünglich die Zueignung einer Sache, v. a. einer Kultstätte, an eine Gottheit. Der Begriff wurde in der Spätantike christianisiert und bezeichnet seitdem auch die Widmungsinschrift (Widmungs-, Zueignungs-, *D.stitel*) in einem Buch (meist auf einer bes. Seite hinter dem Haupttitel).

Dedinac, Milan [serbokroat. dɛ‚di:nats], *Kragujevac 27. Sept. 1902, †Opatija 26. Sept. 1966, serb. Schriftsteller. – Veröffentlichte seine ersten modernist. Gedichte in den 20er Jahren, wandte sich dann dem Surrealismus zu, schrieb nach dem 2. Weltkrieg v. a. Gedichte über seine Kriegserlebnisse, in denen er den Menschen als Teil eines pantheist. Dramas der Welt sieht.

Deeping, [George] Warwick [engl. 'di:pɪŋ], *Southend-on-Sea 28. Mai 1877, †Weybridge 20. April 1950, engl. Schriftsteller. – War zuerst Arzt, dann freier Schriftsteller. Schrieb über 60 Unterhaltungsromane, die sich durch geschickte Charakterdarstellung und lebendige Handlung auszeichnen, u. a. ›Die goldenen Äpfel‹ (1923, dt. 1936), ›Hauptmann Sorrell und sein Sohn‹ (1925, dt. 1927), ›Der Schicksalshof‹ (1927, dt. 1928), ›Außenseiter der Gesellschaft‹ (1929, dt. 1930).

Deffand, Marie Anne Marquise Du [frz. dɛ'fã], frz. Adelige, ↑Du Deffand, Marie Anne Marquise.

De Filippo, Eduardo, *Neapel 24. Mai 1900, †Rom 29. Okt. 1984, italien. Dramatiker. – Aus neapolitan. Schauspielerfamilie; wurde Schauspieler und begründete 1932 mit seinem Bruder Peppino (*1903, †1980) und seiner Schwester Titina (*1898, †1963) eine Schauspieltruppe, die er ab 1944 allein leitete; in den 30er Jahren zeitweilig Zusammenarbeit mit L. Pirandello; 1954–74 Leiter des Teatro San Ferdinando in Neapel; 1981 Senator auf Lebenszeit. Verfaßte zahlreiche vielgespielte neapolitan. Dramen und Komödien, auch mit gesellschaftskrit. Unterton, ferner Gedichte in neapolitan. Dialekt.

Werke: Millionärin Neapel (Dr., 1946, dt. 1953), Filumena Marturano (Dr., 1947, dt. 1952), Il paese di Pulcinella (Ged., 1951), Il sindaco del rione Sanità (Kom., 1960), Ogni anno punto e da capo (Kom., 1971). **Ausgaben:** E. De F. Cantata dei giorni dispari. Turin ²1957–58. 2 Bde. – E. De F. Cantata dei giorni pari. Turin 1959. – E. De F. Komödien. Dt. Übers. Hg. v. J. MEINERT. Bln. 1972. **Literatur:** PRASSE, J.: E. de F. In: Italien. Literatur der Gegenwart. In Einzeldarstt. Hg. v. J. HÖSLE. Stg. 1974. S. 142. – GIAMMATTEI, E.: E. de F. Florenz 1983.

Defoe, Daniel [de'fo:, engl. dɪ'foʊ], eigtl. D. [De] Foe, *London Ende 1659 oder Anfang 1660, †ebd. 26. April 1731, engl. Schriftsteller. – Sohn eines Fleischers, versuchte sich in den verschiedensten Berufen, wurde Journalist, griff mit zahlreichen Pamphleten und Flugschriften in aktuelle polit. und religiöse Fragen ein (u. a. mit ›The shortest way with Dissenters‹, 1702), was ihn 1703 an den Pranger und zuweilen ins Gefängnis brachte; gründete die Zeitschrift ›The Review‹ (1704–13); war danach auch Geheimagent der Regierung. Mit 60 Jahren veröffentlichte er seinen ersten Roman, ›The life and strange surprising adventures of Robinson Crusoe of York, mariner ...‹ (3 Tle., 1719/20, dt. 3 Tle., 1720/21, 1947 u. d. T. ›Robinson Crusoe‹ [Teil 1 und 2]), in dem er, angeregt durch Berichte über den schott. Abenteurer Alexander Selkirk, das Leben des auf einsamer Insel auf sich selbst gestellten Menschen erzählt, das dieser tätig meistert und im Sinne puritan. Selbstkontrolle reflektiert. Der Erfolg des Romans machte D. berühmt und löste eine bis in die Gegenwart reichende Welle von Nachahmungen, Jugendbuchadaptationen und motivähnl. Werken (Robinsonaden) aus. D. selbst schrieb dann weitere, von moralisch-didakt. Absicht geprägte Romane, teils nach dem fingierten Muster des Reiseberichtes (z. B. ›Leben und Abenteuer des Kapitäns Singleton‹, R., 1720, dt. 1842), teils der Autobiographie (z. B. ›Leben Moll Flanders‹, R., 1722, dt. 1723), teils des Tatsachenberichtes (›Die Pest zu London‹, R., 1722, dt. 1925). D.s fiktionale Verarbeitung empir. Wirklichkeit markiert den Beginn

der Geschichte der neueren engl. Romankunst.
Weitere Werke: An essay upon projects (1697, dt. 1890 u.d.T. Sociale Fragen vor 200 Jahren), The trueborn Englishman (Verssatire, 1701), Leben und Begebenheiten des Obristen Jacque (R., 1722, dt. 1740), Roxana (R., 1724, dt. 1968, 1736 u.d.T. Die glückl. Maitresse...), A tour through the whole island of Great Britain (Reiseführer, 3 Bde., 1724–27), The complete English tradesman (2 Bde., 1725–27), The political history of the Devil (Traktat, 1726), Memoirs of Captain George Carleton (R., 1728).
Ausgaben: D. D. The Shakespeare head edition of the novels and selected writings. Oxford 1927–28. 14 Bde. – D. D. Letters. Hg. v. G. H. HEALEY. Oxford 1955. – D. D. Romane in 2 Bden. Dt. Übers. Hg. v. N. MILLER. Mchn. ²1974.
Literatur: DOTTIN, P.: D. De Foe et ses romans. Paris u. London 1924. 3 Bde. – STAMM, R.: Der aufgeklärte Puritanismus D. D.s. Zü. 1936. – MOORE, J. R.: D. D., citizen of the modern world. Chicago 1958. – WEIMANN, R.: D. D. Halle/Saale 1962. – STARR, G. A.: D. and spiritual autobiography. Princeton (N.J.) 1965. – MOORE, J. R.: A checklist of the writings of D. D. Hamden (Conn.) ²1971. – SUTHERLAND, J.: D. D. A critical study. Boston (Mass.) 1971. – EARLE, P.: The world of D. London 1976. – DEGERING, K.: D.s Gesellschaftskonzeption. Amsterdam 1977. – BLEWETT, D.: D.'s art of fiction. Buffalo (N.Y.) u. Toronto 1979. – PACHE, W.: Profit und delight. Didaktik und Fiktion als Problem des Erzählens. Dargestellt am Beispiel des Romanwerks v. D. D. Hdbg. 1980. – STOLER, J. A.: D. D., an annotated bibliography of modern criticism 1900–1980. New York 1984. – KALB, G.: D. D. Hdbg. 1985. – BACKSCHEIDER, P. R.: D. D., his life. Baltimore 1989.

De Forest, John William [engl. də-ˈforɛst], * Humphreysville (heute Seymour, Conn.) 31. März 1826, † New Haven (Conn.) 17. Juli 1906, amerikan. Schriftsteller. – Begann mit der um Objektivität bemühten ›History of the Indians of Connecticut‹ (1851); dieses realist. Prinzip bestimmt auch seine Romane, die eigene Erlebnisse während seines Aufenthalts in Syrien und im Amerikan. Bürgerkrieg, das Leben im Süden während der Reconstruction, polit. Korruption in Washington sowie die Bewährung an der Frontier im Westen behandeln. De F. schuf mit seinem bekanntesten Werk ›Miss Ravenel's conversion from secession to loyalty‹ (1867), in dem er Detailtreue mit melodramat. Handlung verband, einen der ersten realist.

Romane in Amerika und beeinflußte den Schriftsteller W. D. Howells.
Literatur: BERGMANN, F.: The worthy gentleman of democracy. J. W. De F. and the American dream. Hdbg. 1971. – Critical essays on J. W. De F. Hg. v. J. W. GARGANO. Boston (Mass.) 1981.

Defresne, August [frz. dəˈfrɛn], * Maastricht 6. Nov. 1893, † Amsterdam 2. April 1961, niederl. Schriftsteller. – Regisseur und Theaterleiter in Amsterdam; schrieb zunächst expressionist. Dramen und Romane und trat in Essays für die neue literar. Richtung ein; die späteren Werke sind psychologisch bestimmt und verraten den Einfluß S. Freuds.
Werke: Koningen (Dr., 1923), De woonschuit (Dr., 1924), De opstandigen (Dr., 1929), De wonderlijke familie (R., 1937), De naamloozen van 1942 (Dr., 1945), Een avond in Amsterdam (R., 1946), Het eeuwige toeval (Dr., 1958).

Degener, Volker W., * Berlin 12. Juni 1941, dt. Schriftsteller. – Polizeibeamter, Fachlehrer an einer Polizeischule, heute Polizeipressesprecher in Bochum. In seinen Kinderbüchern (›Jens geht nicht verloren‹, 1973; mit G. Werner) sowie seiner Prosa und Lyrik für Erwachsene (›Kehrseiten und andere Ansichten‹, 1973) versucht D., basierend auf seinen Berufserfahrungen, Sprachrohr für die am Rande der Gesellschaft stehenden Menschen zu sein. Schrieb auch Hörspiele.
Weitere Werke: Du Rollmops (R., 1972), Katja fragt sich durch (Kinder-R., 1975), Heimsuchung (R., 1976), Einfach nur so leben (En., 1978), Geht's uns was an (Kinderb., 1981), Gefährliche Kundschaft u.a. Kriminalerzählungen (Jugendb., 1982), Katrin, Fünfzehn: Und eigentlich gehör' ich mir (Jugend-R., 1985), Froschkönig soll leben! Eine Umweltgeschichte (1991).

Degenhardt, Franz Josef, * Schwelm 3. Dez. 1931, dt. Schriftsteller, Musiker und Sänger. – Rechtsanwalt; wurde in den 1960er Jahren durch selbstgeschriebene gesellschaftskrit. Chansons, durch Hörspiele und Features bekannt; neben vielen Schallplatten erschienen u.a. die Sammlungen ›Spiel nicht mit den Schmuddelkindern‹ (Balladen, Chansons, Grotesken, Lieder, 1967), ›Da habt ihr es‹ (Stücke und Lieder, 1968; Mitverfasser), ›Im Jahr der Schweine‹ (Lieder mit Noten, 1970). In seinem 1973 erschienenen ersten Roman ›Zündschnüre‹ beschäftigt er sich mit Jugendlichen im antifaschist. Widerstand in Deutschland. **Weitere Werke:** Laßt nicht die roten Hähne flattern ehe der Habicht schreit. Lieder mit Noten (1974), Brandstellen (R., 1975), Kommt an den Tisch unter Pflaumenbäumen. Alle (126) Lieder (1979), Die Mißhandlung oder ... (R., 1979), Der Liedermacher (R., 1982), Die Abholzung (R., 1985), Reiter wieder an der schwarzen Mauer (Lieder, 1987), August Heinrich Hoffmann, genannt von Fallersleben (R., 1991).

Deggwa (Degwa) [amhar. dəggwa], liturg. Buch der äthiop. Kirche, das die Antiphonen für die Offizien der Feste und Zeiten des Kirchenjahres sowie bibl. Texte und Gesangsstücke enthält. Zum D. gehören auch das *Semmare* (Psalmodien), *Soma deggwa* (D. für die Fastenzeit), *Mäwaseet* (Antiphonar für bestimmte Feste) und *Meeraf* (Commune des Offiziums). Als den Verfasser des Werkes sieht die äthiop. Tradition den hl. † Jared (6. Jh.) an. Das D. kann aber kaum vor dem Anfang des 15. Jh. zusammengestellt worden sein; im 16. und 17. Jh. erfuhr es je eine Revision. **Ausgaben:** D. Frz. Übers. In: VELAT, B.: Études sur le Me'eräf, commun de l'office divin éthiopien. Paris 1966. – D. In: Me'eräf, commun de l'office divin éthiopien pour toute l'année. Texte éthopien avec variantes. Hg. v. B. VELAT. Paris 1966. – Mäṣehäfä degwa. Addis Abeba 1966–67. **Literatur:** GUIDI, I.: Storia della letteratura etiopica. Rom 1932. S. 66. – Mémorial du Cinquantenaire de l'École des langues orientales anciennes (1914–1964). Paris 1965. S. 159. – CERULLI, E.: La letteratura etiopica. Florenz u. Mailand ³1968. S. 162.

Deguy, Michel [frz. də'gi], * Paris 23. Mai 1930, frz. Schriftsteller. – Bis 1968 Gymnasiallehrer, seitdem Dozent für frz. Literatur an der Univ. Paris-VIII (Vincennes); 1964–71 Redaktionsmitglied der Zeitschrift ›Critique‹, Mit-Hg. der ›Revue de Poésie‹, seit 1977 Chefredakteur der Zeitschrift ›PO&SIE‹. Lyriker, Essayist und Übersetzer. Sucht in seiner Zeiten und Räume verbindenden Dichtung nach den unterschwelligen Verknüpfungen zwischen den Denk- und Lebensformen verschiedenster Epochen. Sein lyr. Ausdruck verwandelt sich so in Sprachreflexion, in Zitatencollage als Imitation und Metapher, in Wettstreit mit und Annäherung an vergangene Formen poet. Weltsicht und wird zur Reise

in die Geheimnisse der Existenz, die das Spiel mit dem Wortschatz – Neologismen bes. aus dem Griechischen – abbildet. Seine Essays zu Sappho, J. Ch. F. Hölderlin, Ch. Baudelaire, Lautréamont, S. Mallarmé u. a. und seine Übersetzungen weisen ihn als Modellfall des ›poeta doctus‹ von der intellektuellen Brillanz J. Derridas und der Sensibilität R. Barthes' im zeitgenöss. Frankreich aus. **Werke:** Fragment du cadastre (Ged., 1960), Poèmes de la presqu'île (Ged., 1961), Biefs (Ged., 1964), Actes (Ged., 1966), Oui-dire (Ged., 1966), Figurations (Ged., 1969), Tombeau de Du Bellay (Ged., 1973), Coupes (Ged., 1974), Interdiction de séjour (Ged., 1975), Reliefs (Ged., 1975), Abréviations usuelles (Ged., 1977), Jumelages (Ged., 1979), Made in U.S.A. (Ged., 1979), Donnant, donnant (Ged., 1981), Gisants (Ged., 1985), Brevets (Essays, 1986), Arrêts fréquents (Ged., 1990). **Literatur:** QUIGNARD, P.: M. D. Paris 1975. – SALGAS, J.-P.: Les ›attelages‹ de M. D. In: La Quinzaine Littéraire 444 (1985), S. 8. – BISHOP, M.: M. D. Amsterdam 1988.

Dehhânî, Hoca [türk. dɛhha:'ni], anatol. Dichter des 13. Jh. aus Chorasan (Iran). – Einer der frühesten Repräsentanten der türk. höf. Poesie; sein umfangreiches ›Şāhnāme‹ (= Königsbuch) ist nicht erhalten; überliefert sind lediglich zehn Poeme, in denen er, anders als seine Zeitgenossen, weniger myst. oder religiös-didakt. Themen als vielmehr die weltl. Liebe, den Wein u. a. besang.

Dehmel, Richard, * Wendisch-Hermsdorf 18. Nov. 1863, † Blankenese (heute zu Hamburg) 8. Febr. 1920, dt. Schriftsteller. – Studium in Berlin und Leipzig; nach journalist. Anfängen Sekretär eines Versicherungsverbandes; ab 1895 freier Schriftsteller, Freundschaft mit D. von Liliencron, Reisen (u. a. nach Griechenland), seit 1901 in Blankenese; 1914 Kriegsfreiwilliger. Leidenschaftl. Pathetiker eines sozial betonten Naturalismus, zugleich geprägt vom Impressionismus und Vorläufer sowie Wegbereiter des Expressionismus. Seine Ablehnung der klassisch-romant. Tradition ließ gereimte oder ungereimte freie Rhythmen mit starker Bildkraft entstehen. D. begann mit sozialer Lyrik; zentrales Thema seines Werkes ist jedoch die unbändige Macht des Eros, bes. in seiner leidenschaftl. Lyrik und in seinem Roman in

Romanzen ›Zwei Menschen‹ (1903). D. schrieb außerdem Dramen, Prosa, Kindergedichte und Kindergeschichten (mit seiner Frau Paula D. [* 1862, † 1918], u. a. ›Fitzebutze‹, 1900, und ›Rumpumpel‹, 1903).

Weitere Werke: Erlösungen (Ged., 1891, erweitert 1898), Aber die Liebe (Ged. und Nov.n, 1893), Weib und Welt (Ged., 1896), Lebensblätter (Nov.n, 1909), Schöne wilde Welt (Ged., 1913, erweitert 1918), Volksstimme – Gottesstimme (Kriegs-Ged., 1914), Die Menschenfreunde (Dr., 1917), Zwischen Volk und Menschheit (Kriegstageb., 1919).
Ausgaben: R. D. Ges. Werke. Bln. ¹⁻³1906–09. 9 Bde. – R. D. Dichtungen, Briefe, Dokumente. Hg. v. P. SCHINDLER. Hamb. 1963.
Literatur: BAB, J.: R. D. Lpz. 1926. – HAGEN, P. VOM: R. D. Die dichter. Komposition seines lyr. Gesamtwerkes. Bln. 1932. – SCHIEFLER, G.: R. D. Hamb. 1961. – FRITZ, H.: Literar. Jugendstil u. Expressionismus. Zur Kunsttheorie, Dichtung u. Wirkung R. D.s. Stg. 1969.

Deichsel, Wolfgang, * Wiesbaden 20. April 1939, dt. Schriftsteller. – Schauspieler und Theaterleiter; Dramatiker, Hör- und Fernsehspielautor; schreibt grotesk-kom. bis aggressive Volksstücke in hess. Mundart über die Absurdität des Alltags.

Werke: Agent Bernd Etzel (2 Possen, 1967), Bleiwe losse (Stück, 1971), Frankenstein. Aus dem Leben der Angestellten (Stück, 1972), Zelle des Schreckens (Stück, 1974), Loch im Kopf (Kom., 1977), Marschkörper und Angestellte. 9 Telefonate (1981).

Deicke, Günther, * Hildburghausen 21. Okt. 1922, dt. Schriftsteller. – Bevorzugt in seiner Lyrik die volksnahe Liedform; greift traditionelle poet. Topoi in Gehalt und Form auf und verbindet sie mit sozialist. Weltanschauung. Schreibt auch Libretti (›Esther‹, 1966; ›Das Chagrinleder‹, 1981), Hörspiele (›Ein Sommertag‹, 1979), Drehbücher.

Weitere Werke: Liebe in unseren Tagen (Ged., 1954), Traum vom glückl. Jahr (Ged., 1959), Du und dein Land und die Liebe. Gedichte und Tagebuchblätter (1959), Die Wolken (Ged., 1965), Ortsbestimmung (ausgewählte Ged., 1972).

Deighton, Len [engl. deɪtn], eigtl. Leonard Cyril D., * London 18. Febr. 1929, engl. Schriftsteller. – Schreibt anspruchsvolle Spionageromane mit zyn. Antihelden als Geheimagenten, z. B. ›Ipcress – streng geheim‹ (1962, dt. 1965), sein erster Roman und zugleich ein Welterfolg; verfaßt auch Antikriegs-

romane, Reiseführer, Kochbücher und populäre Werke zur Kriegsgeschichte, z. B. ›Unternehmen Adler‹ (1977, dt. 1978) und ›Luftschlacht über England‹ (1980, dt 1982). Einige Romane wurden verfilmt.

Weitere Werke: Das Milliarden-Dollar-Gehirn (R., 1966, dt. 1968), Bomber (R., 1970, dt. 1971), Eiskalt (R., 1974, dt. 1975), Romantrilogie: Brahms View (R. 1984, dt. 1984), Mexico Poker (1984, dt. 1985), London-Match (1985, dt. 1986), Goodbye für einen Helden (R., 1985, dt. 1986), City of gold (R., 1992).

Deinhardstein, Johann Ludwig, * Wien 21. Juni 1794, † ebd. 12. Juli 1859, österr. Dramatiker. – 1829–48 Bücherzensor, 1832–41 Vizedirektor des Wiener Burgtheaters. Schrieb zahlreiche bühnenwirksame, effektvolle Stücke, die jedoch literar. und künstler. Ansprüchen nicht genügen. Erster Vertreter des sog. Künstlerdramas.

Werke: Hans Sachs (Dr., 1829), Der Streitsüchtige (Lsp., 1829), Garrick in Bristol (Lsp., 1834), Gedichte (1844).
Literatur: TREICHLINGER, W.: J. L. D. Diss. Wien 1926.

Deißinger, Hans, * Mies (heute Stříbro, Westböhm. Gebiet) 19. Juli 1890, † Salzburg 28. Febr. 1986, österr. Schriftsteller. – Studierte dt. und klass. Philologie, bis 1936 Lehrer in Salzburg, ab 1936 freier Schriftsteller; schrieb Gedichte von barocker Bewegtheit und Musikalität, die wie seine Prosa Liebe zu Natur und Landschaft zeigen; auch Dramatiker und Erzähler.

Werke: Erde, wir lassen dich nicht! (Ged., 1932), Geschwister (Schsp., 1936), Das ewige Antlitz (R., 1937), Alpennovelle (1939), Der Menschenhai (R., 1939), Das Zaubermal (R., 1952), Zeichen im Abend (Ged., 1961).

Dekabristen [zu russ. tl.: dekabr' = Dezember] (Dezembristen), die Teilnehmer des am 26. Dez. 1825 in Petersburg versuchten und gescheiterten Militärputsches gegen die Selbstherrschaft des Zaren. – Zu den D. zählen auch eine Reihe von revolutionär-romant. Dichtern, wie der zum Tod verurteilte K. F. Rylejew, W. K. Kjuchelbeker, A. A. Bestuschew und A. I. Odojewski. A. S. Puschkin und A. S. Gribojedow sympathisierten mit ihnen.

Dekadenzdichtung, Sammelbegriff für eine von spezif. existentiellen und

ästhetisch-philosoph. Konstituenten bestimmte Spielart der europ. Literatur gegen Ende des 19. Jh., die sich auf die vielfältige, semantisch von Historie und Literaturgeschichte geprägte Entwicklung des Begriffs ›Dekadenz‹ stützt. Dieser bildet sich im wesentlichen im Zusammenhang mit der historist. Erörterung der Gründe für den Untergang des Röm. Reiches heraus (Montesquieu, ›Betrachtungen über die Ursachen der Größe und des Verfalls der Römer‹, 1734, dt. 1786; E. Gibbon, ›Gesch. des Verfalls und Untergangs des Röm. Reiches‹, 6 Bde. 1776–78, dt. 19 Bde., 1779–1806). Allerdings finden sich ältere, allgemein ästhet. Bedeutungsschichten von ›Dekadenz‹ nicht nur in N. Boileau-Despréaux' ›Réflexions sur Longin‹ (1693 und 1713), sondern in genereller Weise bereits in der humanist. Ablehnung der mittelalterl. gegenüber der klass. Latinität. Diese Verwendung des Wortes verweist gleichzeitig auf die enge Verknüpfung von ›Dekadenz‹ mit der literaturgeschichtlich vielfach zu beobachtenden Auseinandersetzung zwischen Alten und Neuen (›antiqui et moderni‹; ›Querelle des anciens et des modernes‹).
Seine spezielle, die D. prägende, auch darwinistisch inspirierte begriffl. Nuancierung erfährt das Wort ›Dekadenz‹ durch F. Nietzsche (›Der Antichrist‹, 1895) und H. Bahr (›Studien zur Kritik der Moderne‹, 1894), seine reaktionäre, naiv-dümml. Popularisierung ist bes. M. Nordau (›Entartung‹, 2 Bde., 1892/93) zuzuschreiben. Die D. im eigentl. Sinn verabsolutiert auf der Suche nach einer neuen, weltimmanenten Totalität die Welt des Sinnlich-Schönen, das moralisch freie Kunsthafte gegenüber einer Welt normierter bürgerl. Moral- und Wertvorstellungen, das Traumhaft-Unbestimmte, Sensibilität, Exotismus und Morbidität. Vorbereitet wurde sie durch Lord Byron, z. T. auch durch H. Heine, N. Lenau, A. de Musset, G. Leopardi, von E. A. Poe, Ch. Baudelaire (›Die Blumen des Bösen‹, 1857, dt. 1901) und Th. De Quincey (›Bekenntnisse eines Opiumessers‹, 1822, erweitert 1856, dt. 1886). Die eigtl. D. entstand in den 1880er Jahren zunächst in Frankreich in Auseinandersetzung mit dem Naturalismus É. Zo-

las. Gegen diesen richtete sich J.-K. Huysmans (›Gegen den Strich‹, 1884, dt. 1897), der dazu wie sein Zeitgenosse R. de Gourmont (›Le latin mystique‹, 1892) die Dekadenzvorstellung auf Spätantike und MA ausdehnte. Von anderen zeitgenöss. Stilrichtungen läßt sich die D. nur schwer trennen; z. B. wird M. Maeterlinck auch dem Impressionismus zugeordnet, ebenso der österr. Beitrag zur D. (P. Altenberg, A. Schnitzler, R. Beer-Hofmann, R. von Schaukal u. a., der frühe H. von Hofmannsthal und der junge R. M. Rilke). Die ›dekadente‹ Stilrichtung ist in Prosa und Lyrik ausgeformt, so bei S. Mallarmé, J. Laforgue, A. Rimbaud, H. de Régnier und P. Verlaine. Auch in anderen europ. Ländern werden einzelne Autoren oder Werke der D. zugerechnet, so A. P. Tschechow (Rußland), H. J. Bang und als Vorläufer J. P. Jacobsen (Dänemark), O. Wilde u. a. (England), M. Maeterlinck und É. Verhaeren (Belgien) sowie G. D'Annunzio (Italien). In Deutschland sind u. a. H. Mann und Th. Mann (›Buddenbrooks‹, 2 Bde., 1901; ›Der Tod in Venedig‹, 1912) und Friedrich Huch zu nennen. – Gegen die D. wenden sich J. Moréas und École romane (1891), Saint-Georges de Bouhélier mit seinem ›Manifeste naturiste‹ (1897) und nach 1900 die ↑ Heimatkunst sowie innerhalb der Avantgardebewegungen ↑ Literaturrevolution, ↑ Futurismus und ↑ Expressionismus.

Literatur: SYDOW, E. VON: Die Kultur der Dekadenz. Dresden 1921. – CARTER, A. E.: The idea of decadence in French literature, 1830–1900. Toronto 1958. – FRODL, H.: Die dt. D. der Jahrhundertwende. Wurzeln, Entfaltung, Wirkung. Diss. Wien 1963. – GEISSLER, R.: Dekadenz u. Heroismus. Stg. 1964. – JAUSS, H. R.: Ästhet. Normen und geschichtl. Reflexion in der ›Querelle des anciens et des modernes‹. Mchn. 1964. – MEINECKE, F.: Die Entstehung des Historismus. Hg. v. C. HINRICHS. Mchn. ⁴1965. – MAYER, HANS: Über Realismus u. Dekadenz. In: Gesellschaft, Recht und Politik. Hg. v. H. MAUS. Nw. u. Bln. 1968. – BUCK, A.: Die ›Querelle des anciens et des modernes‹ in der Renaissance. In: BUCK: Die Rezeption der Antike in den roman. Literaturen der Renaissance. Bln. 1976. S. 228. – LARUELLE, F.: Le déclin de l'écriture. Paris 1977. – Histor. Prozesse. Hg. v. K.-G. FABER u. CH. MEIER. Mchn. 1978. – PIERROT, J.: L'imaginaire décadent. 1880–1900. Paris 1978. – HOEGES, D.: Lit. u. Evolution. Studien zur frz. Literaturkritik im 19. Jh. Hdbg.

1980. – Aspekte der Lit. des Fin-de-siècle in der Romania. Hg. v. A. Corbineau-Hoffmann u. A. Gier. Tüb. 1983. – Horstmann, U.: Ästhetizismus u. Dekadenz Mchn. 1983. – Timmons, B. K.: Decadent style. Studies of the French, Italian and Spanish novel of the Fin-de-siècle. Diss. Michigan 1983. – Zeitschrift ›Romantisme‹ 13 (1983) H. 42, S. 3. – Demandt, A.: Der Fall Roms. Die Auflösung des röm. Reiches im Urteil der Nachwelt. Mchn. 1984. – Binni, W.: La poetica del decadentismo italiano. Neuausg. Florenz 1988.

Dekastichon [griech.], Gedicht oder Strophe von 10 Verszeilen.

Dekasyllabus [griech. = zehnsilbig], in der griechisch-röm. Metrik der 4. Vers einer ↑ alkäischen Strophe; in der roman. Verskunst (frz. ›décasyllabe‹) zehnsilbiger Vers mit fester Zäsur nach der 4. Silbe und männl. Reim, 4. und 10. Silbe sind dabei regelmäßig betont; Nebenform: elfsilbiger Vers mit weibl. Reim. In dieser strengen Form (↑ Vers commun) ist der frz. D. neben dem ↑ Alexandriner der wichtigste Vers der altfrz. ↑ Chanson de geste.

Deken, Agatha (Aagje) [niederl. 'de:kə], * Amstelveen 10. Dez. 1741, † Den Haag 14. Nov. 1804, niederl. Schriftstellerin. – Schrieb religiöse Gedichte, zusammen mit ihrer Freundin E. Wolff-Bekker realist. Briefromane aus dem Leben des wohlhabenden holländ. Bürgertums.

Dekker, Eduard Douwes, niederl. Schriftsteller, ↑ Multatuli.

Dekker, Maurits Rudolph Joel, Pseudonyme Martin Redeke und Boris Robazki, * Amsterdam 16. Juli 1896, † ebd. 7. Okt. 1962, niederl. Schriftsteller. – Bekämpfte in seinen Romanen, Erzählungen und Dramen v. a. die soziale Ungerechtigkeit.
Werke: Doodenstad (R., 1923), Amsterdam (R., 1931), Brood (R., 1933), Oranje (R.-Trilogie, 1935–38), De laars op de nek (R., 1945), Die Welt hat keinen Wartesaal (Dr., 1950, dt. 1956). Literatur: Jong, D. de: M. D., zijn persoon en zijn werk. Leiden 1946.

Dekker, Thomas [engl. 'dɛkə], * London um 1572, † ebd. 25. Aug. 1632 (?), engl. Dramatiker und Schriftsteller. – D.s (z. T. zus. mit J. Webster, Th. Middleton, William Rowley [* 1585 (?), † 1642 (?)] u. a. verfaßte) Dramen behandeln teils das Leben kleiner Leute (›The shoe-

maker's holiday‹, Kom., 1600; ›Westward ho!‹, Kom., UA 1604, gedr. 1607; mit J. Webster), teils märchenhafte Stoffe (›Fortunatus und seine Söhne‹, Dr., 1600, dt. 1819). Die Tragödie ›The honest whore‹ (2 Tle., UA 1604/05, gedr. 1604 [Tl. 1] und 1630 [Tl. 2]) ist ein Vorläufer des bürgerl. Trauerspiels. D. schrieb auch zahlreiche Prosapamphlete und satir. Schilderungen des Londoner Alltagslebens und kleinbürgerl. Daseins; in ›The gull's hornbook‹ (1609) zeichnet er Bilder vom Leben Londoner Snobs.
Ausgaben: Th. D.: Nondramatic works. Hg. v. A. B. Grosart. London 1884–86. Nachdr. New York 1963. 5 Bde. – Th. D.: Dramatic works. Hg. v. F. Bowers. Cambridge 1953–61. 4 Bde. Literatur: Jones-Davies, M. T.: Un peintre de la vie londonienne: Th. D. Paris 1958. 2 Bde. – Price, G. R.: Th. D. New York 1969. – Shirley, P. F.: Serious and tragic elements in the comedy of Th. D. Salzburg 1974. – Champian, L. S.: Th. D. and the traditions of the English drama. Ffm. u. a. ²1987. – Gasper, J.: The dragon and the dove. The plays of Th. D. Oxford 1990.

Dekonstruktivismus, ein im Anschluß an die um wissenschaftl. Objektivität bemühten Theorien des Strukturalismus (F. de Saussure, R. Jakobson, C. Lévi-Strauss, L. Althusser, R. Barthes) entstandenes Verfahren, das auf der Basis des Poststrukturalismus (Gilles Deleuze [* 1925], M. Foucault, J.-F. Lyotard, R. Barthes) ein radikales Gegen-den-Strich-Lesen auf allen Gebieten der Kultur und Wissenschaft praktiziert. Unter Berufung auf die ikonoklast. Philosophie F. Nietzsches, die Hermeneutik M. Heideggers und die Psychoanalyse S. Freuds lehnen die Vertreter des D. die Vorstellungen formalist.-werkimmanenter Interpretationsmethoden wie Geschlossenheit, formale Einheit, textuelle Autorität, metaphys. Präsenz und eine eindeutig gegebene Bedeutung als Illusion ab und betonen statt dessen die Offenheit, dynam. Prozeßstruktur, den Spiel- und Performancecharakter. Hauptvertreter des v. a. in den USA und auf den Postmodernismus angewandten D. sind der Philosoph J. Derrida (›Die Schrift und die Differenz‹, 1967, dt. 1972; ›Grammatologie‹, 1967, dt. 1974), der Psychoanalytiker Jacques Lacan (* 1901, † 1981; ›Schriften‹, 1966, dt. 3 Bde., 1973–80) und die Literaturkritiker der sog. ›Yale School of

Criticism< (Harold Bloom [* 1930], Geoffrey H. Hartman [* 1929], Paul de Man [* 1919(?), † 1983], J. Hillis Miller [* 1928]).

Literatur: LENTRICCHIA, F.: After the New Criticism. London 1980. – CULLER, J.: On deconstruction. Theory and criticism after structuralism. Ithaca (N. Y.) 1982. – HORSTMANN, U.: Parakritik und Dekonstruktion. Eine Einf. in den amerikan. Poststrukturalismus. Wzb. 1983. – NORRIS, CH.: Deconstruction. London 1983. – The Yale critics. Deconstruction in America. Hg. v. J. ARAC u. a. Minneapolis 1983. – BUTLER, CH.: Interpretation, deconstruction, and ideology. Oxford 1984. – FRANK, M.: Was ist Neostrukturalismus? Ffm. 1984. – BLOOM, H., u. a.: Deconstruction and criticism. New York 41985. – STURROCK, J.: Structuralism. London 1986. – LEHMANN, D.: Signs of the times. Deconstruction and the fall of Paul de Man. New York 1991.

Delafield, E. M. [engl. 'dɛləfi:ld], eigtl. Edmée Elizabeth Monica Dashwood, geb. de la Pasture, * Steyning (Sussex) 9. Juni 1890, † Cullompton (Devonshire) 2. Dez. 1943, engl. Schriftstellerin. – Schrieb vielgelesene, unterhaltende Frauenromane und Kurzgeschichten, auch Dramen; verfaßte literaturkrit. Abhandlungen und Essays.

Werke: Women are like that (R., 1929), Diary of a provincial lady (R., 1930), The provincial lady in America (R., 1934), The provincial lady in wartime (R., 1940).

de la Mare, Walter John [engl. dɛlə-'mɛə], Pseudonym W. Ramal, * Charlton (Kent) 25. April 1873, † Twickenham (heute zu London) 22. Juni 1956, engl. Schriftsteller. – Schott. und hugenottisch-frz. Abstammung; Formalist, ohne enge Beziehung zu den zeitgenöss. literar. Strömungen; gestaltete in phantastisch-visionären Gedichten, Romanen und Erzählungen sowie in phantasievollen Kinder- und Nonsensversen eine stimmungsvolle Traumwelt jenseits der sinnl. Erfahrung.

Werke: The return (R., 1910), The listeners (Ged., 1912), Peacock pie (Ged. für Kinder, 1913), Memoiren der Miss M. (R., 1921, dt. 1974), Broomsticks (Kurzgeschichten, 1925), Stuff and nonsense (Ged., 1927), The burning glass (Ged., 1945), Collected stories for children (1947, dt. Teilausg. 1962 u. d. T. Seltsame Geschichten), Die Orgie – eine Idylle u. a. Erzählungen (dt. Ausw. 1965).

Ausgaben: W. de la M. Collected rhymes and verses. London 21970. Nachdr. 1989. – W. de la

M. Collected poems. Winchester (Mich.) 1979. **Literatur:** DUFFIN, H. C.: W. de la M. A study of his poetry. London 1949. Nachdr. Brooklyn (N.Y.) 1970. – CLARK, L.: W. de la M. London 1960. – CECIL, D.: W. de la M. Belfast 1978.

de la Motte Fouqué, Friedrich Baron [dəlamɔtfu'ke:], dt. Schriftsteller, ↑ Fouqué, Friedrich Baron de la Motte.

Delaney, Shelagh [engl. də'lɛɪnɪ], * Salford (Lancashire) 25. Nov. 1938, engl. Dramatikerin. – Stammt aus einer Arbeiterfamilie; war u. a. Fabrikarbeiterin; wurde 19jährig durch das in der Nachfolge J. Osbornes verfaßte, im nordengl. Slummilieu angesiedelte Drama ›Bitterer Honig< (1959, dt. 1961) bekannt, das unter J. Littlewoods Regie uraufgeführt und 1962 von T. Richardson verfilmt wurde. Weitere Bühnenstücke (›The lion in love<, 1961; ›Charlie Bubbles<, 1968), ein autobiograph. Text (›Wodka und kleine Goldstücke<, 1963, dt. 1966) sowie Spiele für Hörfunk und Fernsehen.

Delany, Samuel R[ay] [engl. də'lɛɪnɪ], * New York 1. April 1942, amerikan. Schriftsteller. – Literaturstudium am City College in New York; gelegentlich Gastprofessuren. Thema seiner Romane, Kurzgeschichten und krit. Schriften ist die Science-fiction, in der er die Grenzen der menschl. Wahrnehmung zu ergründen sucht am Beispiel eines jugendl. Helden in ›Empire star< (R., 1966) bzw. über die mit Sprachbeherrschung verbundene Weltanschauung in ›Babel 17< (R., 1966, dt. 1975). In ›Einstein, Orpheus und andere< (R., 1967, dt. 1972) und ›Nova< (R., 1968, dt. 1973) verbindet er antike Mythen mit dem Rationalismus der Moderne.

Weitere Werke: The jewels of Aptor (R., 1962, revidiert 1968), Toromon-Trilogie (R., 3 Bde.: Sklaven der Flamme, 1963, dt. 1971; Die Türme von Toron, 1964, dt. 1978; Stadt der tausend Sonnen, 1965, dt. 1979), Die Ballade von Beta 2 (R., 1965, dt. 1985), Dhalgren (R., 1975, dt. 1980), Triton (R., 1976, dt. 1981), Das Land Nimmerya (R., 1982, dt. 1984), In meinen Taschen die Sterne wie Staub (R., 1984, dt. 1985). **Literatur:** SLUSSER, G. E.: The D. intersection. San Bernardino (Calif.) 1977. – BARBOUR, D.: World out of words. The Science fiction novels of S. R. D. Saint Clair Shores (Mich.) 1979. – Coordinates. Placing Science fiction and fantasy. Hg. v. G. E. SLUSSER u. a. Carbondale (Ill.) 1983. – McEVOY, S.: S. R. D. New York 1984.

de la Roche, Mazo [engl. dɛlə'rɔːʃ], * Newmarket (Ontario) 15. Jan. 1879, † Toronto 12. Juli 1961, kanad. Schriftstellerin. – Wandte sich nach anfänglich realist. Tendenzen mit ›Jalna‹ (1927, dt. 1932 u.d.T. ›Die Brüder und ihre Frauen‹) in insgesamt 16 Romanen (bis 1960) der internat. populär gewordenen Familienchronik der Whiteoaks zu, deren Lebensstil auf ihrem Landsitz Jalna in Süd-Ontario ein romantisch-rustikales Kanadabild schuf.

Literatur: HENDRICK, G.: M. de la R. New York 1970.

Delarue-Mardrus, Lucie [frz. dəlarymar'dry], geb. Delarue, * Honfleur (Calvados) 3. Nov. 1880, † Château-Gontier (Mayenne) 26. April 1945, frz. Schriftstellerin. – Ab 1900 ∞ mit dem Orientalisten Joseph Charles Mardrus (* 1868, † 1949); befreundet mit G. D'Annunzio u. a.; trat mit sehr persönl., geständnishaften Gedichten hervor, später mit romantischgefühlsbetonter Lyrik über ihre normann. Heimat, mit Romanen, Dramen, Essays, Erinnerungen.

Werke: Occident (Ged., 1901), Horizont (Ged., 1904), Marie, fille mère (R., 1908), Le roman de six petites filles (R., 1909), Deux amants (R., 1917), Mes mémoires (Autobiogr., 1938).

Literatur: HARRY, M.: Mon amie L. D.-M. Paris 1946.

Delavigne, [Jean François] Casimir [frz. dəla'viɲ], * Le Havre 4. April 1793, † Lyon 11. Dez. 1843, frz. Schriftsteller. – Befreundet mit E. Scribe, Bibliothekar am Palais Royal. Berühmt durch seine Elegiensammlung ›Messenische Lieder‹ (1818–30, dt. 1832), in denen er seinem Schmerz über den verletzten Nationalstolz nach dem Sturz Napoleons I. Ausdruck gab; später beschäftigte er sich mit dem Freiheitskampf in Griechenland und der Julirevolution. Wie diese Gedichte, so sollten auch viele seiner Dramen, die ebenfalls den Freiheitsgedanken feiern, Weckrufe an das Gewissen der Franzosen sein. 1825 Mitglied der Académie française.

Weitere Werke: Die Sicilian. Vesper (Dr., 1819, dt. 1845), Der Paria (Trag., 1821, dt. 1823), Die Schule der Alten (Kom., 1823, dt. 1824), Marino Faliero (Dr., 1829), König Eduards Söhne (Trag., 1833, dt. 1835).

Ausgabe: C. D. Œuvres complètes. Neuaufl. Paris 1874. 4 Bde.

Delavrancea, Barbu [rumän. dela'vrantʃea], eigtl. B. Ştefănescu, * Bukarest 12. April 1858, † Jassy 29. Mai 1918, rumän. Schriftsteller. – Zunächst Anwalt, später politisch tätig. Schrieb unter mehreren Pseudonymen romant. Dramen und realist. Novellen, die aber starke Einflüsse von Phantastik und Romantik aufweisen; in deutscher Sprache erschienen ›Novellen und Erzählungen‹ (1955).

Literatur: SĂNDULESCU, A.: D. Bukarest 1970. – MILICESCU, E. Ş.: D. Klausenburg 1975.

Delblanc, Sven, * Swan River (Kanada) 25. Mai 1931, † Uppsala 16. Dez. 1992, schwed. Schriftsteller und Literarhistoriker. – Schrieb neben wissenschaftl. Abhandlungen vorwiegend Prosa, die sich durch bes. Fabulierfreudigkeit und phantast. Darstellung auszeichnet und bisweilen groteske Züge aufweist; wandte sich seit Mitte der 60er Jahre nach histor. und spekulativ-philosoph. Romanen verstärkt sozialkrit. Themen zu. Seine Stellung als klass. Erzähler der schwed. Gegenwartsliteratur verdankt er wesentlich seinem Romanzyklus ›Hedebyborna‹ mit den Teilen ›Åminne‹ (1970), ›Stenfågel‹ (1973), ›Vinteride‹ (1974) und ›Stadsporten‹ (1976), der die 30er und 40er Jahre in der mittelschwed. Provinz zum Thema hat.

Sven
Delblanc

Weitere Werke: Eremitkräften (R., 1962), Waldstein (R., 1963, dt. 1981), Homunculus (R., 1965), Nattresa (R., 1967), Åsnebrygga. Dagboksroman (R., 1969), Primavera (R., 1973), Kastraten (R., 1975, dt. 1983), Grottmannen (R., 1977), Kära Farmor (R., 1979), Speranza (R., 1980, dt. 1982), Samuels Buch (R., 1981, dt. 1984), Samuels Töchter (R., 1982, dt. 1986), Jerusalems Nacht (E., 1983, dt. 1989), Kanaans land (R., 1984), Maria ensam (R., 1985), Änkan (R., 1988), Livets ax (Erinnerungen, 1991), Sluttord (1991), Agnar (Erinnerungen, 1993). **Literatur:** FRITZDORF, B.: Symbolstudier i. S. D.s Hedebysvit. Stockholm 1980. – AGRELL, B.: Frihet och fakticitet. Göteborg 1982 ff. Auf 2 Bde. geplant (bisher 1 Bd. erschienen).

del Campo, Estanislao, argentin. Dichter, ↑ Campo, Estanislao del.

del Castillo, Michel, frz. Schriftsteller span. Herkunft, ↑ Castillo, Michel del.

Deledda, Grazia, * Nuoro (Sardinien) 30. Sept. 1871, † Rom 15. Aug. 1936, italien. Schriftstellerin. – Begann früh zu schreiben; war schon berühmt, als sie 1900 nach Rom ging. Beeinflußt von G. Verga, schilderte sie in Romanen und Novellen mit plast. Anschaulichkeit in leidenschaftlich-dramat. Sprache das einfache Leben der Menschen ihrer sard. Heimat; dieses in ihren Werken immer wieder variierte Thema ist meist von eleg. Stimmung, Traurigkeit und Schwermut erfüllt; mit großer Offenheit werden die oft trag. Geschehnisse realistisch dargestellt und urwüchsig-natürl. Menschen im Widerstreit ihrer Leidenschaften gezeigt. Erhielt 1926 den Nobelpreis für Literatur.
Werke: Fior di Sardegna (R., 1892), Il tesoro (R., 1897), Elias Portolu (R., 1903, dt. 1906, 1989 u. d. T. Die Maske des Priesters), Asche (R., 1904, dt. 1907), Canne al vento (R., 1913, dt. 1930 u. d. T. Schilfrohr im Winde, 1987 u. d. T. Schweres Blut), Marianna Sirca (R., 1915, dt. 1938), Die Mutter (R., 1920, dt. 1922), Das Geheimnis (R., 1921, dt. 1929), Il Dio dei viventi (R., 1922), Annalena Bilsini (R., 1927, dt. 1944), Cosima (Autobiogr., hg. 1937, dt. 1943).
Ausgabe: G. D. Romanzi e novelle. Hg. v. E. CECCHI. Mailand 1–6 1954–55. 4 Bde.
Literatur: BUZZI, G.: G. D. Mailand 1952. – TOBIA, A.: G. D. Rom 1971. – BRANCA, R.: Il segreto di G. D. Cagliari 1971. – MASSAIU, M.: La Sardegna di G. D. Mailand 1972. – BALDUCCI, C.: A self-made woman. Biography of Nobel-prize-winner G. D. Boston (Mass.) 1975. – MICCINESI, M.: D. Florenz 1975. – DOLFI, A.: G. D. Mailand 1979.

del Encina, Juan, span. Dichter und Komponist, ↑ Encina, Juan del.

Delgado, Francisco [span. dəl'ɣaðo], span. Schriftsteller, ↑ Delicado, Francisco.

Delgado, Rafael [span. dɛl'ɣaðo], * Córdoba (Veracruz) 20. Aug. 1853, † Orizaba (Veracruz) 20. Mai 1914, mex.

Schriftsteller. – Sein Œuvre als Romancier, Lyriker und Dramatiker bezeichnet den Übergang vom romant. Kostumbrismus zum Realismus. Bes. seine mit nüchterner Eleganz geschriebenen Romane überzeugen wegen der Plastizität ihrer Beschreibungen des mex. Provinzlebens.
Werke: La Calandria (R., 1890), Angelina (R., 1893), Cuentos y notas (En., 1902), Los parientes ricos (R., 1903), Historia vulgar (R., 1904).
Ausgabe: Obras completas de R. D. Jalapa (Veracruz) 1953. 5 Bde.

Del Giudice, Daniele [italien. 'dʒu:-ditʃe], * Rom 11. Jan. 1949, italien. Schriftsteller. – Sein erster, mehrfach preisgekrönter Roman ›Das Land vom Meer aus gesehen‹ (1983, dt. 1986), der die vergebl. Suche eines jungen Mannes nach Spuren des Triestiner Literaten Roberto Bazlen (›der Dichter, der nie schrieb‹) beschreibt, kreist v. a. um die Frage nach dem Verhältnis von Leben und Literatur. Im Mittelpunkt des Romans ›Der Atlas des Westens‹ (1985, dt. 1987) steht dagegen das Problem der Verantwortung des modernen Naturwissenschaftlers, das in der Begegnung eines jungen Kernphysikers mit einem alternden Schriftsteller dargestellt wird. D. G., der auch als Literaturkritiker hervorgetreten ist, gilt als der intellektuell anspruchsvollste Vertreter der jungen Autorengeneration (›giovani scrittori‹) Italiens.
Weiteres Werk: Nel museo di Reims (R., 1988).

Delharpe, Jean François [frz. də'larp], frz. Schriftsteller, ↑ La Harpe, Jean François de.

Delibes, Miguel [span. de'liβes], * Valladolid 17. Okt. 1920, span. Schriftsteller. – Jurist, dann Journalist; Prof. für Handelsrecht in Valladolid; 1973 Mitglied der Span. Akademie. Schreibt vielbeachtete, meist in der span. Provinz spielende poet. Romane und Erzählungen, die durch feinen Humor und Menschlichkeit gekennzeichnet sind und eindringl. Analysen der span. Gesellschaft geben. 1993 wurde er mit dem Premio Miguel de Cervantes ausgezeichnet.
Werke: La sombra del ciprés es alargada (R., 1948; Premio Nadal 1947), Und zur Erinnerung Sommersprossen (R., 1950, dt. 1960), Tagebuch eines Jägers (R., 1955, dt. 1964), Das rote Blatt (R., 1959, dt. 1988, 1961 u. d. T. Wie der Herr be-

fehlen), Die Ratten (R., 1962, dt. 1992), Fünf Stunden mit Mario (R., 1966, dt. 1976), Parábola del náufrago (R., 1969), Las guerras de nuestros antepasados (R., 1974), El disputado voto del señor Cayo (R., 1978), Die heiligen Narren (R., 1981, dt. 1987), Das Holz, aus dem die Helden sind (R., 1987, dt. 1990).
Ausgabe: M. D. Obra completa. Barcelona 1964–75. 5 Bde.
Literatur: BARTOLOMÉ PONS, E.: M. D. en su guerra constante. Barcelona 1979. – GULLÓN, A.: La novela experimental de M. D. Madrid 1981. – ALVAR, M.: El mundo novelesco de M. D. Madrid 1987.

Delicado, Francisco [span. deli-'kaðo], auch F. Delgado, * Córdoba um 1480, † nach 1533, span. Schriftsteller. – War Geistlicher, Schüler von E. A. de Nebrija, lebte 1523–27 in Rom, dann in Venedig. Verfasser des in Dialogform verfaßten Schelmenromans ›Die schöne Andalusierin‹ (1528, dt. 2 Bde., 1919, 1989 u. d. T. ›Lozana die Andalusierin‹), in dem er realistisch und freizügig ein farbiges Sittenbild der Gesellschaft im Rom seiner Zeit gibt.
Literatur: HERNÁNDEZ ORTIZ, J. A.: La génesis artística de La Lozana Andaluza. El realismo literario de F. D. Madrid 1974. – DAMIANI, B. M.: F. D. New York 1974.

Delille, Jacques [frz. də'lil], * Aigueperse (Puy-de-Dôme) 22. Juni 1738, † Paris 1. Mai 1813, frz. Dichter. – Prof. für lat. Dichtung am Collège de France; Abt von Saint-Séverin; verlor in der Revolution alle Stellungen, emigrierte zuerst in die Schweiz, dann nach Deutschland und England; 1802 Rückkehr nach Paris; schrieb klassizistisch-formvollendete Gedichte, die nach antiken Vorbildern das Landleben kunstvoll beschreiben; Übersetzer Vergils; 1774 Mitglied der Académie française.
Werke: Les jardins ou l'art d'embellir les paysages (Ged., 1782), Les trois règnes de la nature (Ged., 2 Bde., 1808).
Literatur: KLEMPERER, V.: D.s Gärten. Bln. 1954. – GUITTON, E.: J. D., 1738–1813, et le poème de la nature en France de 1750 à 1820. Paris 1974. – BECKER, U.-M.: J. D., ›L'imagination‹. Ein Beitr. zu einer Imaginationstheorie des ausgehenden 18. Jh. Diss. Bonn 1987.

DeLillo, Don [engl. də'lɪloʊ], * New York 20. Nov. 1936, amerikan. Schriftsteller. – D. erfaßt in seinen Romanen und Kurzgeschichten die vielfältigen Aspekte des amerikan. Gegenwartslebens in Form von Subkulturen, Sport, Rockmusik, Film, Terrorismus, elektron. Medien, Narzißmus und Paranoia. In seinen weitgehend realist. Erzählungen parodiert er bekannte Romanmuster und ist um sprachl. Präzision bemüht. Vor dem Hintergrund der amerikan. Football-Begeisterung behandelt er in ›End zone‹ (R., 1972) gesellschaftl., linguist. und religiöse Themen. Postmoderne Techniken bestimmen den enzyklopäd. Roman ›Ratner's star‹ (1976), in dem in der Verbindung von Science-fiction-Mustern und mathemat. Erkenntnissen Kurt Gödels (* 1906, † 1978) der fiktionale Charakter alles menschl. Wissens beleuchtet wird.
Weitere Werke: Americana (R., 1971), Great Jones Street (R., 1973), Players (R., 1977), Running dog (R., 1978), The names (R., 1982), Weißes Rauschen (R., 1985, dt. 1987), Sieben Sekunden (R., 1988, dt. 1991), Mao II (R., 1991, dt. 1992).
Literatur: Introducing D. D. Hg. v. F. LENTRICCHIA. Durham u. a. 1991.

Delius, F[riedrich] C[hristian], * Rom 13. Feb. 1943, dt. Schriftsteller. – Studium der Germanistik in Berlin; danach u. a. Tätigkeit als Verlagslektor, seit 1978 freier Schriftsteller. Schreibt gesellschaftskritisch engagierte Lyrik, Prosa und Dokumentarliteratur, z. T. auch satirisch provokativ.
Werke: Kerbholz (Ged., 1965), Wir Unternehmer (Satiren, 1966), Wenn wir, bei Rot (Ged., 1969), Der Held und sein Wetter (Abh., 1971), Unsere Siemens-Welt (Satire, 1972), Ein Bankier auf der Flucht (Ged. und Reisebilder, 1975), Ein Held der inneren Sicherheit (R., 1981), Mogadischu Fensterplatz (R., 1987), Die Birnen von Ribbeck (E., 1991), Himmelfahrt eines Staatsfeindes (R., 1992), Der Sonntag, an dem ich Weltmeister wurde (E., 1994).
Literatur: CLASSEN, L.: Satir. Erzählen im 20. Jh. H. Mann, B. Brecht, M. Walser, F. C. D. Mchn. 1985.

Dell, Floyd [engl. dɛl], * Barry (Ill.) 28. Juni 1887, † Bethesda (Md.) 23. Juli 1969, amerikan. Schriftsteller. – Reporter und Redakteur verschiedener sozialist. Zeitungen (›The Masses‹, 1914–17; ›The Liberator‹, 1918–24); sein Interesse für Erziehung und Psychoanalyse zeigt sich in vielen Artikeln über diese Themen. In seinen Romanen schildert er oft die enttäuschte Jugend nach dem 1. Weltkrieg; schrieb auch Kurzgeschichten (›Love in Greenwich Village‹, 1926), Essays

(›Women as worldbuilders‹, 1913) und Einakter (›Sweet-and-twenty‹, 1921). **Weitere Werke:** Moon-calf (R., 1920), The briary-bush (R., 1921), Janet March (R., 1923), Upton Sinclair (Biogr., 1927), An unmarried father (R., 1927, dramatisiert 1928 u. d. T. Little accident [mit Th. Mitchell]), Love without money (R., 1931), Homecoming (Autobiogr., 1933).

Della Casa, Giovanni, * La Casa del Mugello 28. Juni 1503, † Montepulciano (Prov. Siena) 14. Nov. 1556, italien. Dichter. – War Nuntius Papst Pauls III. in Venedig, Erzbischof von Benevent, zuletzt Staatssekretär unter Paul IV.; zählte zu seiner Zeit zu den vorzüglichsten italien. Prosaisten; sein bekanntestes Werk ist ›Galateus‹ (hg. 1558, dt. 1597), ein Lehrbuch des gesellschaftl. Anstandes, das in viele Sprachen übersetzt wurde; schrieb auch verschiedene Reden, lyr. Gedichte in der Nachfolge F. Petrarcas, jedoch originär, sowie lat. Gedichte.
Literatur: SANTOSUOSSO, A.: Vita di G. d. C. Rom 1979. – SANTOSUOSSO, A.: The bibliography of G. d. C. Books, reports and critics 1537–1975. Florenz 1979. – LEY, K.: G. d. C. (1503–56) in der Kritik. Ein Beitr. zur Erforschung von Manierismus u. Gegenreformation. Hdbg. 1984. – LEY, K.: Die ›Scienza civile‹ des G. d. C. Lit. als Gesellschaftskunst in der Gegenreformation. Hdbg. 1984.

della Mirandola, Giovanni Pico, italien. Humanist und Philosoph, ↑ Pico della Mirandola, Giovanni.

Dellarosa, Ludwig, Pseudonym des österr. Schriftstellers Joseph Alois ↑ Gleich.

Della Valle, Federico, * Asti um 1560, † Mailand 1628, italien. Dramatiker. – Über sein Leben ist wenig bekannt; lebte 1586–99 am Hofe von Savoyen in Turin und zuletzt in Mailand. Gilt heute als einer der bedeutendsten italien. Tragiker. Schrieb neben einigen kleineren Werken und einer Tragikomödie (›Adelonda di Frigia‹, UA 1595, hg. 1629) drei Tragödien: ›La reina di Scozia‹ (1628), ›Judith‹ (1628) und ›Esther‹ (1628), die durch tiefe Religiosität und pessimist. Lebensauffassung gekennzeichnet sind.
Ausgabe: F. D. V. Tragedie. Hg. v. C. FILOSA. Bari 1939.
Literatur: CROCE, F.: F. d. V. Florenz 1965. – RAFFAELLI, S.: Semantica tragica di F. d. V. Padua 1973. – RAFFAELLI, S.: Aspetti della lingua e dello stile di F. d. V. Rom 1974.

delle Grazie, Marie Eugenie, österr. Schriftstellerin, Grazie, Marie Eugenie delle.

Deloney, Thomas [engl. də'looni], * London (?) um 1543, † Norwich um 1600, engl. Schriftsteller. – Seidenweber; Verfasser zahlreicher ›broadside ballads‹ (Straßenballaden). Schilderte in seinen Romanen, die sich durch realist. Charakterdarstellungen und kraftvoll-natürl. Sprache auszeichnen, humorvoll-liebenswürdig das Leben der Kleinbürger: ›Jack of Newbury‹ (1597) ist den Webern, ›The gentle craft‹ (2 Tle., 1597/98) den Schuhmachern, ›Thomas of Reading‹ (1600) den Tuchmachern gewidmet.
Ausgabe: The novels of Th. D. Hg. v. M. E. LAWLIS. Bloomington (Ind.) u. London 1961. Nachdr. Westport (Conn.) 1978.
Literatur: LAWLIS, M. E.: Apology for the middle class. Bloomington (Ind.) 1960. – WOLTER, J.: Das Prosawerk Th. D.s. Studien zu Erzählkunst, Weltbild u. Geschichtlichkeit. Bonn 1976.

Delorko, Olinko, * Split 30. Jan. 1910, kroat. Schriftsteller. – Schuf formvollendete, musikal. Lyrik und Prosa; übersetzte Michelangelo, Dante und F. Petrarca; edierte kroat. Balladen und Romanzen; schrieb über kroat. Volksdichtung (1979).

Delteil, Joseph [frz. dɛl'tɛj], * Villaren-Val (Aude) 20. April 1894, † Montpellier 12. April 1978, frz. Schriftsteller. – Begann mit phantast., dem Surrealismus nahestehender Lyrik (›Le cœur grec‹, 1923; ›Le cygne androgyne‹, 1924), hatte dann großen Erfolg mit seinen farbig geschriebenen Romanen (u. a. ›An den Ufern des Amur‹, 1923, dt. 1988; ›Choléra‹, 1925) und episch breiten, in der Verwendung der sprachl. Mittel bisweilen an F. Rabelais erinnernden Darstellungen histor. Persönlichkeiten wie Jeanne d'Arc (1925), La Fayette (1928), Napoleon (1929), Don Juan (1930), Franz von Assisi (1960).
Weitere Werke: Jésus II (R., 1947), François d'Assise (1960), La cuisine paléolithique (1964), La Delteillerie (Autobiogr., 1968), Alphabet (1973).
Literatur: TESQUET, P.: Portrait de J. D. Paris 1978. – DROT, J.-M.: J. D.: prophète de l'an 2000. Montpellier 1990.

del Valle-Inclán, Ramón María, span. Schriftsteller, ↑Valle-Inclán, Ramón María del.

del Valle Rossi, Adriano, span. Lyriker, ↑Valle Rossi, Adriano del.

Delwig (tl.: Del'vig), Anton Antonowitsch Baron [russ. 'djeljvik], * Moskau 17. Aug. 1798, † Petersburg 26. Jan. 1831, russ. Lyriker. – Aus einer ins Baltikum eingewanderten dt. Familie; Schulfreund A. S. Puschkins, später der Puschkinschen Plejade zugerechnet; Dichter des L'art pour l'art; pflegte Sonett, Ode, Elegie, Idylle, heitere anakreont. Lyrik; Anregungen durch die griech. Antike und die russ. Volksdichtung (Nachahmungen russ. Volkslieder).
Werk: Konec zolotogo veka (= Das Ende des Goldenen Zeitalters, Idylle, 1829).
Ausgabe: A. A. Del'vig. Polnoe sobranie stichotvorenij. Hg. v. B. V. TOMAŠEVSKIJ. Leningrad 1959.
Literatur: KOEHLER, L.: A. A. Del'vig. Den Haag 1970.

De Marchi, Emilio [italien. 'marki], * Mailand 31. Juli 1851, † ebd. 6. Febr. 1901, italien. Schriftsteller. – In der mailänd. Tradition eines A. Manzoni und C. Porta wurzelnd, schuf De M. mit seinem bekanntesten Roman vom Lebensschicksal eines kleinen Angestellten ›Demetrio Pianelli‹ (1890) eines der Meisterwerke des italien. Realismus.
Weitere Werke: Don Cirillos Hut (R., 1888, dt. 1894), Arabella (R., 1892), Giacomo l'idealista (R., 1897), Col fuoco non si scherza (R., hg. 1901).
Ausgabe: E. De M. Tutte le opere. Hg. v. G. FERRATA. Verona 1959.
Literatur: SPINAZZOLA,V.: E. De M. Romanziere popolare. Mailand 1971.

Demędts, André, * Sint-Baafs-Vijve (Westflandern) 8. Aug. 1906, † Oudenaarde 4. Nov. 1992, fläm. Schriftsteller. – Schrieb melanchol. Lyrik, Dramen, Novellen, Essays und v. a. psycholog. Romane auf der Grundlage einer christl. Weltanschauung. Lebensoptimismus und Wirklichkeitssinn ließen ihn moderner Problematik aufgeschlossen gegenübertreten; mit M. Matthijs Begründer eines reh. Realismus in Flandern.
Werke: Das Leben treibt (R., 1936, dt. 1939), Abrechnung (R., 1938, dt. 1941), Vaarwel (Ged., 1940), Niemals wieder (R., 1941, dt. 1948), Die Herren von Schoendaele (R., 3 Bde., 1947–51,

dt. 1957), Die Freiheit und das Recht (R., 1959, dt. 1960), Eine Nußschale voll Hoffnung (R., 1961, dt. 1962), Na jaar en dag (Ged., 1986).
Literatur: WILDERODE, A. VAN: A. D. Brügge 1965. – Huldeboek A. D. Hg. v. A. VAN WILDERODE u. a. Kortrijk 1977.

Demeter, Dimitrije, * Zagreb 21. Juli 1811, † ebd. 24. Juni 1872, kroat. Schriftsteller. – Griech. Abstammung; Mediziner; Redakteur, zeitweise Leiter des von ihm geschaffenen kroat. Nationaltheaters. Verfechter der Ideen des Illyrismus; von der Romantik beeinflußt; schrieb in kroat. und griech. Sprache bed. Lyrik; trug zum Spielplan des kroat. Nationaltheaters außer Opernlibretti und dem ersten Trauerspiel der modernen kroat. Bühne (›Teuta‹, 1844) v. a. Übersetzungen von Goethe, A. von Kotzebue, J. N. Nestroy, R. B. Sheridan u. a. bei; auch erzählende Werke.

Demetrios (tl.: Dēmétrios), jüd.-hellenist. Schriftsteller des 3. Jh. v. Chr. – Lebte während der Regierungszeit Ptolemaios' IV. (221–204); schrieb eine kurze Geschichte Israels u. d. T. ›Peri tōn en tē Ioudaía basiléōn‹ (= Über die Könige in Judäa), die nur fragmentarisch erhalten ist.

Deml, Jakub [tschech. 'dɛml], * Tasov (Südmähr. Gebiet) 20. Aug. 1878, † Třebíč (Südmähr. Gebiet) 10. Febr. 1961, tschech. Schriftsteller. – Kath. Priester; beeinflußt von der ›kath. Moderne‹, bes. von L. Bloy, schrieb er außer Polemiken und Verteidigungsschriften Dichtungen, die vom Ideal franziskan. Demut geprägt sind; Freundschaft mit O. Březina; Übersetzer R. M. Rilkes.
Werke: Miriam (Prosa, 1916), Šlépěje (= Spuren, Ged., 26 Bde., 1917–41), Hlas mluví k slovu (= Die Stimme spricht zum Wort, Prosa, 1926), Mé svědectví o O. Březinovi (= Mein Zeugnis über O. Březina, 1933), Solitudo (dt. Ged., 1934), Unheilige Visionen aus Tasov (Prosa, Dichtungen, dt. Ausw. 1993).

Democritus Junior [engl. dɪ'mɔkrɪtəs 'dʒu:njə], Pseudonym des engl. Schriftstellers Robert ↑Burton.

Demokritos (tl.: Dēmókritos; Demokrit), * Abdera (Thrakien) um 460, † 370, griech. Philosoph. – Soll nach Diodor um, nach anderen über 100 Jahre alt geworden sein (noch im 4.Jh. bezeugt); mit seinem Lehrer Leukippos Begründer des antiken Atomismus, der auf der Grundlage philosoph. Spekulationen beruhenden Lehre von der atomaren Grundstruktur der Welt. D. erwarb durch weite Reisen und umfassende Studien Kenntnisse auf allen Wissensgebieten und verfaßte grundlegende, späteren Philosophen als Quellen dienende Werke über Physik, Mathematik, Technik, Ethik, Musik, Poesie, Grammatik, Phonetik, Malerei, Medizin u.a., die jedoch nur fragmentarisch erhalten sind. Sein Sprachstil wird von Cicero gelobt und dem Platons gleichgestellt.

Literatur: LÖWENHEIM, L.: Die Wiss. Demokrits u. ihr Einfluß auf die moderne Lit.wiss. Bln. 1914.

Demolder, Eugène [frz. dəmɔl'dɛ:r, niederl. də'mɔldər], * Molenbeek-Saint-Jean 16. Dez. 1862, † Corbeil (heute Corbeil-Essonnes) 9. Okt. 1919, belg. Schriftsteller. – Bemühte sich in seinem durch maler. Anschaulichkeit bestimmten Erzählwerk, in farbenreichen, minutiösen Beschreibungen die niederl. und fläm. Malerei nachzuahmen.

Werke: Die Legenden von Yperdamme (1897, dt. 1920), Der Weg der Dornen (R., 1899, dt. 1916), Le jardinier de la Pompadour (R., 1904). **Literatur:** CALLEWAERT, C.: E. D. Brüssel 1943. – E. D. In: CULOT, J.-M.: Bibliographie des écrivains français de Belgique (1881–1950). Bd. 1. Brüssel 1958. S. 274.

Demophilos (tl.: Dēmóphilos), griech. Schriftsteller des 4. oder 3.Jh. v.Chr. (?). – Vertreter der neuen Komödie, dessen ›Onagós‹ Plautus (nach eigener Angabe im Prolog) seiner ›Asinaria‹ zugrunde legte.

De Morgan, William Frend [engl. də-'mɔ:gən], * London 16. Nov. 1839, † ebd. 15. Jan. 1917, engl. Schriftsteller. – Studierte in London; war Keramiker und Kunstgewerbler; mit D. G. Rossetti und W. Morris befreundet; begann erst in vorgerücktem Alter zu schreiben und verfaßte an Ch. Dickens orientierte realist. Romane (›Joseph Vance‹, 1906; ›When ghost meets ghost‹, 1914).

Demosthenes (tl.: Dēmosthénēs), * Paiania (Attika) 384, † auf Kalaureia (heute Poros) 322, att. Rhetor und Staatsmann. – Der früh verwaiste D., Sohn eines Waffenfabrikanten und einer thrak. Mutter, überwand mit großer Willenskraft Sprechschwierigkeiten und machte sich einen Namen als Verfasser von Gerichtsreden. Seit etwa 355 als Politiker auftretend, war D. etwa ab 350 der Hauptgegner der Machtausdehnung Philipps II. von Makedonien (Philipp. Reden [Philippiká]: 1. Rede 349, 2. Rede 343, 3. und 4. Rede 341; Olynth. Reden 349/348). Als athen. Gesandter 346 notgedrungen am ›Frieden des Philokrates‹ mit Makedonien beteiligt, begann D. durch Anklage seiner Mitgesandten Aischines und Philokrates sofort erneut den Kampf. Die Politik des D. nach der Eingliederung Athens in den Korinth. Bund zielte auf bewußte Isolierung, zugleich auch auf innere Stärkung ab und wurde nach dem vergebl. Versuch zur Abschüttelung der makedon. Hegemonie, an dem D. 335 maßgebend beteiligt war, weitgehend auch von Alexander dem Großen gebilligt. 324 in einen Bestechungsprozeß verwickelt und aus Athen geflohen, kehrte er nach dem Tod Alexanders des Großen zurück und trug wesentlich zur Bildung einer neuen antimakedon. Front in Griechenland bei. 322 erneute Flucht vor den Makedonen; seiner Festnahme auf der Insel Kalaureia kam er durch Freitod zuvor. – Unabhängig von der Beurteilung seiner polit. Tätigkeit bleibt die Kunst der Rede bestehen, die er, von Isokrates ausgehend, verfeinerte und variierte; die Sprache ist klar und verständlich, hervorragend die rhythm. Gestaltung. Seine Leidenschaftlichkeit läßt ihn als den größten aller griech. Redner erscheinen. Unter den überlieferten 61 Reden befinden sich etl. Fälschungen. Biograph. Material liefern neben Plutarch bes. Libanios und Zosimos.

Demosthenes (Kopf einer Marmorstatue)

Ausgaben: D. Orationes. Hg. v. S. H. BUTCHER. Oxford 1903–31. 3 Bde. in 4 Bden. – D. Orationes. Hg. v. C. FUHR u. SYKUTRIS. Bd. 1 u. 2,1. Lpz. 1923–37 (m.n.e.). **Literatur:** SCHAEFER, A.: D. u. seine Zeit. Lpz. ²1885–87. 3 Bde. Nachdr. Hildesheim 1966. – LUCCIONI, J.: Démosthène et le panhellénisme. Paris 1961. – JAEGER, W.: D. Bln. ²1963. – WOLFF, H. J.: D. als Advokat. Bln. 1968. – PEARSON, L.: The art of D. Meisenheim 1976.

Demski, Eva, * Regensburg 12. Mai 1944, dt. Schriftstellerin. – Bis 1977 Journalistin, seitdem freie Schriftstellerin; lebt in Frankfurt am Main. In ihren Romanen gelingt es ihr, ein Bild der dt. Nachkriegsgeschichte zu zeichnen, das bis zur Zeit der Terroristenprozesse Mitte der 1970er Jahre reicht.
Werke: Goldkind (R., 1979), Karneval (R., 1981), Scheintod (R., 1984), Hotel Hölle, guten Tag (R., 1987), Unterwegs (Essays, 1988), Afra (R., 1992).

Denham, Sir (seit 1661) John [engl. 'dɛnəm], * Dublin 1615, † London 10. März 1669, engl. Dichter ir. Herkunft. – Sohn eines ir. Richters, Studium in Oxford, 1642 Sheriff von Surrey, Royalist; Architekt in London. Bekannt durch sein naturbeschreibendes, reflektierendes Gedicht ›Cooper's hill‹ (1642); er verfaßte außerdem das histor. Trauerspiel in Blankversen ›The Sophy‹ (1642), ferner eine ›Aeneis‹-Paraphrase und eine Art Poetik; gilt als Vorläufer des englischen Klassizismus.
Ausgabe: Poetical works of Sir J. D. Hg. v. T. H. BANKS. Hamden (Conn.) ²1969.

Denis, Michael, * Schärding 27. Sept. 1729, † Wien 29. Sept. 1800, österr. Schriftsteller. – Jesuit, Prof. für Philosophie in Wien, dann Kustos der Hofbibliothek; Briefwechsel mit F. G. Klopstock. Schrieb nlat. Jesuitendramen sowie nlat. und dt. Lyrik; übersetzte die Gesänge Ossians in Hexametern (›Die Gedichte Ossian's...‹, 3 Bde., 1768/69); ahmte als ›Sined der Barde‹ die Bardendichtung Klopstocks nach und verfaßte zahlreiche patriot. Gesänge und religiöse Gedichte, auch bed. bibliograph. Werke (u. a. ›Einleitung in die Bücherkunde‹, 2 Bde., 1777/78) sowie Unterrichtsbücher.
Weitere Werke: Poet. Bilder... (1760), Die Lieder Sineds des Barden (1772), Zurückerinnerungen (1794).

Literatur: EHRMANN V. FALKENAU, E.: M. D. Diss. Innsb. 1948. – REISINGER, F.: Die dramat. Dichtungen des M. D. Diss. Wien 1962.

Denkart (Dēn-kart, Dēn-kard) [mittelpers. = Werk über die Religion], das wichtigste und umfangreichste erhaltene Werk der mittelpers. zoroastr. Literatur, eine Enzyklopädie des Zoroastrismus, von dessen Lehren und Gebräuchen, Traditionen, Geschichte und Literatur. Das im 9. Jh. n. Chr. etwa gleichzeitig mit dem ↑Bundahischn entstandene Sammelwerk ist aus den zeitlich und räumlich unterschiedlichsten Quellen kompiliert, seine handschriftl. Überlieferung in schlechtem Zustand; von den ursprünglich neun Büchern sind nur sieben (Buch 3–9) erhalten: in den beiden letzten finden sich ausführl. Inhaltsangaben der im sassanid. Zeit erhaltenen (für uns großenteils verlorenen) Abschnitte des ›Awesta‹. Der sprachlich schwierige und in seiner Interpretation deshalb oft dunkle Text hat enzyklopäd. Charakter nur nach seinem weiten Inhalt, er besteht oft lediglich aus Stichwörtern, die ohne ersichtl. Ordnung und log. Abfolge aneinandergereiht sind. Den Inhalt bilden apologet. Abschnitte, eine Sentenzensammlung, Berichte über die Awestaüberlieferung, ein Abriß der Weltgeschichte und vieles andere.
Ausgaben: Pahlavi texts. Engl. Übers. v. E. W. WEST. Bd. 4 u. 5. Oxford 1892–97. Nachdr. Delhi 1965. – D. A. Pahlavi text. Facsimile edition of the manuscript B of the K. R. Cama Oriental Institute Bombay. Hg. v. M. J. DRESDEN. Wsb. 1966. – Le troisième livre du D. Traduit du pehlevi. Übers. v. J. DE MENASCE. Paris 1973. – Wisdom of the Sasanian sages: Dēnkard Book VI. Übers. v. SH. SHAKED. Delmar 1979.
Literatur: TAVADIA, J. C.: Die mittelpers. Sprache u. Lit. der Zarathustrier. Lpz. 1956. S. 45. – MENASCE, P. DE: Une encyclopédie mazdéenne, le D. Paris 1958. – BOYCE, M.: Middle Persian literature. In: Hdb. der Orientalistik. Hg. v. B. SPULER. Abt. 1. Bd. 4. 2. Lfg. 1. Leiden 1968. S. 43.

Denkspruch, eine in einen Satz gefaßte Lebensweisheit meist einer bekannten Persönlichkeit (↑Apophthegma); dabei soll der Denkspruch als Wahlspruch (↑Devise, ↑Maxime, ↑Sentenz) Richtschnur des Handelns sein; auch als Wappenspruch verwendet.

Denneborg, Heinrich Maria, * Gelsenkirchen 7. Juni 1909, † Neggio (Tes sin) 1. Nov. 1987, dt. Puppenspieler und Schriftsteller. – Hatte ab 1955 in der Künstlerkolonie Halfmannshof bei Gelsenkirchen-Buer ein ›Atelier-Theater für Puppenspiel‹. Schrieb außer zahlreichen Kinder- und Jugendbüchern sowie Puppenspielen auch Gedichte, Erzählungen, Hör- und Fernsehspiele. Für sein Kinderbuch ›Jan und das Wildpferd‹ (1957) erhielt er den Dt. Jugendbuchpreis 1958.

Weitere Werke: Das Eselchen Grisella (Kinder-R., 1956), Das Wildpferd Balthasar (Kinderb., 1959), Denneborgs Geschichtenbuch (1969), Die singende Säge (Kinder-R., 1971), Kasper und der Teufel Ampelschreck (Bilderb., 1972), Kasperle ist wieder da (Spiele, En., Ged., 1978).

Dennery (später d'Ennery), Adolphe Philippe [frz. dɛn'ri], eigtl. Adolphe Philippe, * Paris 17. Juni 1811, † ebd. 25. Jan. 1899, frz. Dramatiker. – War zunächst journalistisch tätig; gehörte mit seinen über 200 Melodramen, Vaudevilles und Zauberstücken lange Zeit zu den beliebtesten frz. Bühnenautoren; schrieb fast sämtl. Stücke in Zusammenarbeit mit anderen.

Werke: Gaspard Hauser (Dr., 1838), Si j'étais roi (Opernlibretto für A. Adam, 1852), Le tour du monde en 80 jours (Dr. nach J. Verne, 1875), Michel Strogoff (Dr., 1883; mit J. Verne), Le Cid (Opernlibretto für J. Massenet, 1885).

Dennie, Joseph [engl. 'dɛnɪ], * Boston (Mass.) 30. Aug. 1768, † Philadelphia 7. Jan. 1812, amerikan. Schriftsteller und Journalist. – Galt zu seiner Zeit als einer der führenden amerikan. Schriftsteller; Hg. bed. literar. Zeitschriften wie ›The Tablet‹ (1795), ›The Farmer's Weekly Museum‹ (1796–99) und ›The Port Folio‹ (1801–12), zu deren Mitarbeitern u. a. Th. Moore, J. H. L. Hunt und Th. Campbell gehörten, Verfasser der bekannten ›Farrago‹- und der proföderalist. ›Lay-preacher‹-Essays, die ihm den Ruf eines ›amerikan. Addison‹ einbrachten und 1796 bzw. 1816 in Buchform erschienen. Unter dem Pseudonym Colon schrieb er zus. mit R. Tyler auch satir. Prosa und Gedichte.

Weitere Werke: Desultory reflections on the political aspects of public affairs (Abh., 1800), The letters (hg. 1936).

Literatur: ELLIS, H. M.: J. D. and his circle. Austin (Tex.) 1915.

Dennis, John, * London 1657, † ebd. 6. Jan. 1734, engl. Kritiker und Dramati-

ker. – Anhänger der Whigs, für die er scharfe Flugschriften verfaßte; schrieb erfolglose Dramen. Seine literar. Kritik bezeugt feines künstler. Empfinden.

Werke: Miscellany poems (Ged., 1693), Letters on Milton and Congreve (Essays, 1696), Rinaldo and Armida (Dr., 1699), Liberty asserted (Trag., UA 1704), Appius and Virginia (Dr., 1709), An essay on the genius and writings of Shakespeare (Essay, 1712).

Ausgabe: The critical works of J. D. Hg. v. E. N. HOOKER. Baltimore (Md.) 1939–43. 2 Bde.

Dennis, Nigel, * Bletchingley (Surrey) 16. Jan. 1912, † in Hertfordshire 19. Juli 1989, engl. Schriftsteller. – Wuchs in Rhodesien und in Deutschland auf, in England als Journalist und Literaturkritiker tätig. Wurde bes. durch seinen Roman ›Cards of identity‹ (1955, dramatisiert 1956) bekannt, der sich in Fallstudien, die von einer Rahmenhandlung zusammengehalten sind, satirisch und parodistisch mit individuellen und kulturellen Identitätskrisen auseinandersetzt und brit. Selbstgefälligkeit der Zeit um 1950 bloßstellt.

Weitere Werke: Boys and girls come out to play (R., 1949, 1949 auch u. d. T. A sea change), The making of Moo (Kom., 1958), A house in order (R., 1966), Exotics (Ged., 1970).

Denotation ↑ Konnotation.

Déon, Michel [frz. de'õ], * Paris 4. Aug. 1919, frz. Schriftsteller. – Journalist; war u. a. Mitarbeiter der Zeitschrift ›L'Action française‹, später u. a. literar. Direktor von ›La Table ronde‹; lebt abwechselnd in Irland und auf einer griech. Insel. Schreibt stilistisch ausgefeilte, leicht melanchol. Romane traditioneller Form, Berichte, [polit.] Essays, Reisebücher und Hörspiele. Seit 1978 Mitglied der Académie française.

Werke: Olivia (R., 1950, dt. 1982, auch u. d. T. Flammen, die der Wind nicht löscht), Tout l'amour du monde (Bericht, 2 Bde., 1955–60), Les gens de la nuit (R., 1958), Die wilden Ponys (R., 1970, dt. 1973), Ir. Intermezzo (R., 1973, dt. 1981; Großer Romanpreis der Académie française 1973), Jean oder die Lust zu leben (R., 1975, dt. 1977), Die List zu überleben (R., 1977, dt. 1978), Mes arches de Noé (Autobiogr., 1978), Alles geben die Götter (R., 1981, dt. 1985), Louis XIV par lui-même (Essay, 1983), Je vous écrie d'Italie... (R., 1984), Bagages pour Vancouver (Bericht, 1985), La montée du soir (R., 1987), Un souvenir (R., 1990), Le prix de l'amour (Nov.n, 1992), Pages grecques. Récits (1993).

Literatur: WILHELM, A.: D., ein Epikureer in der Moderne. Saarbrücken 1990.

Deotyma, Pseudonym der poln. Dichterin Jadwiga ↑ Łuszczewska.

Depauw, Valère [niederl. dəˈpɔːu̯], *Ronse 7. April 1912, fläm. Schriftsteller. – Schrieb eine Reihe histor., sozialer und Volksromane, meist autobiograph. Inhalts; Mitbegründer des christl. Sozialromans in Flandern. Lebensoptimismus zeichnet sein meist humorvolles Werk aus.
Werke: Tavi (R., 1935, dt. 1941), ›...und Friede auf Erden‹ (Nov., 1943, dt. 1953), Die Tuchweber von Flandern (R.-Trilogie, 1947–49, dt. 1952, 1949 u. d. T. Die Wieringer), Die himmelblaue Gasse (R., 1949, dt. 1950), Alle Vögel haben ihr Nest (R., 1951, dt. 1960), Nebel über dem Moor (R., 1955, dt. 1958), Auftrag in Guernika (R., 1965, dt. 1967), Op weg naar Montségur (R., 1976), Bijwijlen lief bijwijlen leed (R., 1981), Ik ben zo wijd (R., 1982), Bevrijd van alle nood (R., 1984), Ter wille van Andriy (R., 1988).
Literatur: DEMEDTS, A.: V. D. Nimwegen u. Brügge 1978.

Deprecatio [lat. = Abbitte, Fürbitte], rhetor. Figur, Bitte an eine Person, an das Publikum (↑ Apostrophe), Nachsicht, Verzeihung zu üben.

De Quincey, Thomas [engl. dəˈkwɪnsɪ], *Manchester 15. Aug. 1785, †Edinburgh 8. Dez. 1859, engl. Schriftsteller. – Sohn eines wohlhabenden Kaufmanns; lief von Haus und Schule fort und führte ein unstetes Wanderleben in Wales und London; studierte in Oxford und lebte dann, mit philosoph. Studien und journalist. Arbeiten beschäftigt, zunächst in Grasmere (Lake District) im Kreise von W. Wordsworth, S. T. Coleridge und R. Southey, später in London und Edinburgh; sein bekanntestes Werk, ›Bekenntnisse eines Opiumessers‹ (1822, erweitert 1856, dt. 1886), ist eine sensible autobiograph. Studie. Eine Art Fortsetzung dazu bieten die traumhaftphantasievollen ›Suspiria de profundis‹ (1856, dt. 1962) und ›Autobiographical sketches‹ (2 Tle., 1853/54); bemerkenswert ist De Qu.s meisterhafter Essay ›Der Mord als eine schöne Kunst betrachtet‹ (2 Tle., 1827–39, dt. 1913).
Weitere Werke: Über das Klopfen an die Pforte in Shakespeares ›Macbeth‹ (Essay, 1823, dt. 1863), Die letzten Tage des Immanuel Kant (Essay, 1827, dt. 1984), Klosterheim, or the

masque (R., 1832), The logic of political economy (Essay, 1844).
Ausgaben: The collected writings of Th. De Qu. Hg. v. D. MASSON. Neuaufl. Edinburgh 1896–97. 14 Bde. – Th. de Qu. Bekenntnisse eines engl. Opiumessers. Suspiria de profundis. Die engl. Postkutsche. Der Mord als eine schöne Kunst betrachtet. Dt. Übers. Stg. 1962. – The works of Th. De Qu. Hg. v. G. LINDOP u. a. London 1994 ff. Auf 16 Bde. berechnet.
Literatur: EATON, H. A.: Th. de Qu. New York 1936. – SACKVILLE-WEST, E.: A flame in sunlight. The life and work of Th. de Qu. London u. a. 1936. – METCALF, J. C.: De Qu. A portrait. New York ²1963. – PROCTOR, S. K.: Th. De Qu.'s theory of literature. New York 1966. – LINDOP, G.: Th. the opium-eater. A life of Th. De Qu. London 1981.

De Rada, Jeronim, *S. Demetrio Corone 2. Dez. 1814, †ebd. 28. Febr. 1903, alban. Dichter. – Bildet mit G. Fishta und N. Frashëri das Trio der Klassiker der alban. Literatur; war aktiv politisch tätig gegen die bourbon. Herrschaft; 1883–89 Hg. der Zeitschrift ›Fiamuri Arbërit‹ (= Fahne Albaniens); sammelte Volkslieder in den alban. Siedlungen Süditaliens und ließ sie drucken; schrieb außer Lyrik und Epen auch Abhandlungen über die alban. Geschichte und Sprache. Seine albanisch geschriebenen Werke wurden zusammen mit ihren italien. Übersetzungen veröffentlicht.
Werke: Milosao (Romanze, 1836), Anmarie Kominate (Dichtung, 1848, dt. 1856), Skanderbeccu e pa-faan (= Der glücklose Skanderbeg, Epos, 5 Bde., 1873–79).
Literatur: GUALTIERI, G.: Girolamo De R. Palermo 1930. – PIPA, A.: Hieronymus De R. Mchn. 1978.

Derème, Tristan [frz. dəˈrɛm], eigtl. Philippe Huc, *Marmande (Lot-et-Garonne) 13. Febr. 1889, †Oloron-Sainte-Marie (Pyrénées-Atlantiques) 24. Okt. 1941, frz. Lyriker. – War schon früh u. a. mit F. Carco Mitglied der Gruppe der Poètes fantaisistes und besang in graziösen und schlichten Versen, nicht ohne eine gewisse Melancholie und Sensibilität verbergende Ironie, Liebe und Jugend, den Montmartre und die Boheme.
Werke: La verdure dorée (Ged., 1922), Poèmes des colombes (Ged., 1929), Le poisson rouge (Prosa, 1934), Le violon des muses (Prosa, 1935), Poème des griffons (Ged., 1938), Tourments, caprices et délices (Prosa, 1941).
Literatur: MARTINEAU, H.: T. D. Paris 1927. – Les poètes fantaisistes. Hg. v. M. DÉCAUDIN. Paris 1982.

Derennes, Charles [frz. də'rɛn], * Villeneuve-sur-le-Lot (Lot-et-Garonne) 4. Aug. 1882, † Paris 28. April 1930, frz. Schriftsteller. – Schrieb Gedichte in frz. (›Perséphone‹, 1920; ›La fontaine Jouvence‹, 1923) und provenzal. Sprache (›Romivatge‹, 1925) sowie Romane (u. a. ›L'amour fessé‹, 1906; ›Les caprices de Nouche‹, 1909) und Tiergeschichten (›Bestiaire sentimental. Vie de grillon‹, 1921; ›La chauve-souris‹, 1922; ›Emile et les autres‹, 1924).

Derleth, Ludwig [...lɛt], * Gerolzhofen 3. Nov. 1870, † San Pietro di Stabio (Tessin) 13. Jan. 1948, dt. Lyriker und Epiker. – Gymnasiallehrer in München (Bekanntschaft mit S. George), lebte ab 1935 im Tessin. Mit religiös-philosoph. Lyrik und Epik bemüht um ein neues, geläutertes Christentum; sein Hauptwerk, das 15 000 Verse umfassende myst. Epos ›Der Fränk. Koran‹ (1. Teil 1933) schildert die Pilgerfahrt der menschl. Seele auf ihrem Weg von Gott über das ird. Dasein zurück zu Gott; die weiteren Teile dieses Epos erschienen 1971/1972 als Bde. 3–6 der Gesamtausgabe.

Weitere Werke: Proklamationen (1904; erweitert 1919), Seraphin. Hochzeit (Dichtung, 1939), Der Tod des Thanatos (Dichtung, 1945).

Ausgabe: L. D. Das Werk. Hg. v. CH. DERLETH u. D. JOST. Gladenbach 1971–72. 6 Bde.

Literatur: L.-D.-Gedenkbuch. Amsterdam 1958. – JOST, D.: L. D. Stg. 1965. – JOST, D.: Die Dichtung L. D.s. Gladenbach 1975.

Dermoût, Maria [niederl. 'dɛrmɔut], eigtl. Helena Anthonia Maria Elisabeth Ingerman, * Pekalongan (Java) 15. Juni 1888, † Den Haag 27. Juni 1962, niederl. Schriftstellerin. – Schauplatz ihrer Werke ist die exot. Welt ihrer Jugendjahre, deren Erlebnisse sie suggestiv zu schildern weiß.

Werke: Erst gestern noch (R., 1951, dt. 1957), Die Harfe Amoret (R., 1956, dt. 1958), De juwelen haarkam (En., 1956), De sirenen (E., 1963).

Dèr Mouw, Johan Andreas [niederl. dɛr'mɔu], * Westervoort 24. Juli 1862, † Den Haag 8. Juli 1919, niederl. Dichter. – Schrieb philosoph. Studien, in denen er den Hegelianismus ablehnte und die Zulässigkeit metaphys. Systeme angriff; erst in seinen letzten Lebensjahren schrieb er unter dem Pseudonym Adwaita eine Reihe philosoph. Gedichte,

v. a. Sonette, die an der myst. Philosophie Indiens orientiert sind und erst nach seinem Tod veröffentlicht wurden. Einen bes. Reiz bildet der Kontrast zwischen Inhalt und humorist. Darstellung.

Werke: Brahman (2 Bde., hg. 1919/20), Nagelaten verzen (hg. 1934), Verzamelde werken (6 Bde., hg. 1947–51).

Déroulède, Paul [frz. deru'lɛd], * Paris 2. Sept. 1846, † Montboron (heute zu Nizza) 30. Jan. 1914, frz. Schriftsteller und Politiker. – Nahm am Dt.-Frz. Krieg 1870/71 und der Niederschlagung der Pariser Kommune teil. Militanter Nationalist und unversöhnl. Chauvinist; 1882 Gründer der Ligue des patriotes; Antisemit und Antirepublikaner, war D. während der Dreyfusaffäre 1899 an einem Versuch beteiligt, Truppen zum Putsch zu überreden (1900 deshalb bis 1905 verbannt); verfocht den Revanchekrieg gegen Deutschland. Schrieb patriot. Kriegs- und Soldatenlieder (u. a. ›Les chants du soldat‹, 2 Bde., 1872–75), die in hohen Auflagen verbreitet waren, polit. Schriften und Dramen.

Literatur: DUCRAY, C.: P. D., 1846–1914. Paris 1914. – THARAUD, JÉRÔME/THARAUD, JEAN: La vie et la mort de P. D. Paris [20]1925.

Derrida, Jacques [frz. dɛri'da], * El-Biar bei Algier 15. Juli 1930, frz. Sprach- und Kulturphilosoph. – Schüler M. Foucaults, der unter dem Einfluß M. Heideggers und S. Mallarmés der Schrift (›écriture‹) die ihr zustehende zentrale Bedeutung zurückgewinnen will, die ihr die ›Metaphysik‹, d. h. im Sinne D.s die abendländ. philosoph. Tradition von Platon bis zu F. de Saussure, vorenthalten hat: Wie dem Sinn das Wort dient, so dem Wort als seinem Abbild die Schrift. Die ständigen Hierarchisierungsprozesse zwischen Form und Inhalt drücken jedoch gleichzeitig auch moral. und polit. Abhängigkeitssysteme aus. Für die Essays D.s ergibt sich daraus ein am Rande traditionellen Philosophierens angesiedeltes interpretatives Verfahren von Offenheit und Uneindeutigkeit, das sich ebenso glanzvoll in seinen literaturkrit. Schriften (u. a. ›Die Schrift und die Differenz‹, 1967, dt. 1972) wie in seinen Überlegungen zu den Zusammenhängen zwischen Bild- und Schriftzeichen (›Die Wahrheit in der Malerei‹, 1978, dt. 1992) ausdrückt. Während D.s Wirkung in Frankreich seit Ende der 70er Jahre zurückzugehen scheint, weist ihn seine internat. Rezeption z. B. im Zusammenhang mit den Diskussionen über ↑ Dekonstruktivismus und ↑ Postmodernismus (Amerika, Deutschland, Italien usw.) als einen der anregendsten Denker der letzten Jahrzehnte des 20. Jh. aus.

Weitere Werke: Die Stimme und das Phänomen. Ein Essay über das Problem des Zeichens in der Philosophie Husserls (1967, dt. 1979), Grammatologie (1967, dt. 1974), La dissémination (1972), Randgänge der Philosophie (1972, dt. 1976), Glas (1974), Des articulations (1975), Die Postkarte. Von Sokrates bis an Freud und jenseits. Sendungen (1980, dt. 1982–87, 2 Lfgg.), Parages (1986), Gesetzeskraft (1990, dt. 1991), Das andere Kap. Die vertagte Demokratie (Essays, 1991, dt. 1992).
Literatur: THOMAS, J.: J. D. In: Frz. Lit.kritik der Gegenwart in Einzeldarstt. Hg. v. W.-D. LANGE. Stg. 1975. S. 234. – Les fins de l'homme. A partir du travail de J. D. Colloque de Cerisy 1980. Paris 1981. – KOFMAN, S.: Lecture de D. Paris 1984. – STATEN, H.: Wittgenstein and D. Oxford 1985. – KIMMERLE, H.: D. zur Einführung. Hamb. 1988. – VÖLKNER, P.: D. u. Husserl. Wien 1993. – BENNINGTON, G./DERRIDA, J.: J. D. Ein Portrait. Dt. Übers. Ffm. 1994.

Derschawin (tl.: Deržavin), Gawrila Romanowitsch [russ. dır'ʒavin], * im Gouv. Kasan 14. Juli 1743, † Gut Swanka (Gebiet Nowgorod) 20. Juli 1816, russ. Schriftsteller. – Aus kleiner Gutsbesitzersfamilie; 1762–74 Militärdienst, 1784 Gouverneur von Olonez, dann von Tambow; Sekretär Katharinas II., der Großen, 1802 Justizminister; gilt als bedeutendster russ. Dichter des 18. Jh.; er schrieb vorwiegend Oden; berühmt ist die Ode ›Gott‹ (1784, dt. 1845); außerdem panegyr. Oden auf Katharina die Große und ihre Heerführer; das traditionelle feierl. Preisgedicht erschien bei D. um neue Züge erweitert; Humor, Satire und Ironie fehlen trotz des Pathos nicht; neben ird. Prunk steht, wie in der dt. Barockdichtung, die Allgewalt des stets drohenden Todes, die Vergänglichkeit und Eitelkeit alles Irdischen.
Ausgabe: G. R. Deržavin. Sočinenija. Petersburg 1864–83. 9 Bde.
Literatur: CHODASEVIČ, V. F.: Deržavin. Paris 1931. Nachdr. Mchn. 1975. – CLARDY, J. V.: G. R. Derzhavin. Den Haag u. Paris 1967. – HART, P. R.: G. R. Derzhavin. Columbus (Ohio) 1978.

Gawrila Romanowitsch Derschawin (nach einem Gemälde von Tontschi)

Derviş, Suat [türk. dɛr'viʃ], * Istanbul 1905, † ebd. 23. Juli 1972, türk. Erzählerin. – Studium in Berlin, nach Rückkehr in die Türkei 1932 journalist. Tätigkeit, veröffentlichte seit 1920 mehr als ein Dutzend Romane (u. a. ›Ankara Mahpusı‹ [= Gefängnis in Ankara], 1968), in denen sie in realistisch-unprätentiösem Stil soziale Antagonismen in der türk. Gesellschaft beschreibt, aber auch ihre in Europa gewonnenen Erfahrungen verarbeitet.

Déry, Tibor [ungar. 'de:ri], * Budapest 18. Okt. 1894, † ebd. 18. Aug. 1977, ungar. Schriftsteller. – Aus bürgerl. Familie; studierte Volkswirtschaft, 1919 Mitglied der KP der Räterepublik Béla Kuns, lebte nach deren Zusammenbruch bis 1937 im Ausland. Nach seiner Rückkehr trug ihm seine Übersetzung von A. Gides ›Retour de l'USSR‹ eine Gefängnisstrafe ein. Nach 1945 wurde er gefeiert und mit dem Kossuth-Preis ausgezeichnet, geriet aber bald in Gegensatz zur herrschenden doktrinär-marxist. Richtung, erhielt Publikationsverbot und wurde später auch aus der KP ausgeschlossen; während des Aufstandes 1956 setzte er sich für Gerechtigkeit ein und wirkte beschwichtigend. 1957 wurde er als Repräsentant des Petőfi-Kreises zu 9 Jahren Gefängnis verurteilt, 1961 begnadigt. D. begann mit Erzählungen und Gedichten, die er 1919 veröffentlichte; nach expressionist. Versuchen gelangte er in den 30er Jahren zu einer realistischeren Darstellungsweise. Sein Hauptwerk, der Roman ›Der unvollendete Satz‹ (1947, dt. 1954), schildert vor dem Hintergrund der sozialen

Gegensätze im Budapest der 30er Jahre, nicht frei von autobiograph. Zügen, die psycholog. Entwicklung und den weltanschaul. Wandel eines jungen Mannes, dessen Weg aus dem großbürgerl. Haus zu den Kommunisten führt. Satirisch zu verstehen sind D.s utop. Roman ›Herr G. A. in X.‹ (1964, dt. 1966) wie auch ›Ambrosius‹ (R., 1966, dt. 1968).

Tibor Déry

Weitere Werke: Der Riese (R., 1948, dt. 1958), Die Antwort (R., 2 Bde., 1950–52, dt. 1952), Niki oder die Geschichte eines Hundes (Nov., 1956, dt. 1958), Die portugies. Königstochter (En., dt. Ausw. 1959), Kein Urteil (Erinnerungen, 1969, dt. 1972), Erdachter Report über ein amerikan. Pop-Festival (R., 1971, dt. 1974), Lieber Schwiegervater (R., 1973, dt. 1976), Sirályháton. Dr. Nikodémusz Lázár hires útikalandjai (= Auf dem Rücken eine Möwe. Die berühmten Reiseabenteuer des Dr. Lázár Nikodémusz, En., hg. 1993). **Literatur:** HÄDECKE, W.: Der Erzähler T. D. In: Neue Rundschau 77 (1966), H. 4, S. 638. – T. D. Eingel. v. G. LUKÁCS u. T. UNGVÁRI. Hamb. 1969. – SZENESSY, M.: T. D. Stg. 1970.

Deržavin, Gavrila Romanovič, russ. Schriftsteller, † Derschawin, Gawrila Romanowitsch.

Desai, Anita [engl. dɛ'saɪ], * Mussoorie 24. Juni 1937, ind. Schriftstellerin. – Tochter eines Bengalen und einer Deutschen; schildert in ihren Romanen in symbol- und bilderreichem Stil Probleme der ind. Gegenwart v. a. im familiären Zusammenleben. Schreibt auch Erzählungen und Kinderbücher. **Werke:** Cry, the peacock (R., 1963), Voices in the city (R., 1965), Bye-bye, blackbird (R., 1971), Berg im Feuer (R., 1977, dt. 1986), Games at twilight and other stories (En., 1978), Im hellen Licht des Tages (R., 1980, dt. 1992), Das

Dorf am See (R., 1982, dt. 1987), Where shall we go this summer? (R., 1982), Der Hüter der wahren Freundschaft (R., 1984, dt. 1987), Baumgartners Bombay (R., 1988, dt. 1989). **Literatur:** BELLIAPPA, M.: A. D. Kalkutta 1971. – JAIN, J.: Stairs to the attic. The novels of A. D. Jaipur 1987.

De Sanctis, Francesco, * Morra Irpina (heute Morra De Sanctis bei Avellino) 28. März 1817, † Neapel 29. Dez. 1883, italien. Literarhistoriker. – 1856–59 Prof. für italien. Literatur in Zürich, nach seiner Rückkehr nach Italien (1860) 1861/62, 1878 und 1879–81 Minister für Erziehung; ab 1871 Prof. für vergleichende Literaturwiss. in Neapel. Verfaßte, beeinflußt von den ästhet. Ideen G. W. F. Hegels und v. a. von G. B. Vico eine Reihe bed. Arbeiten zur italien. Literatur. Mit seinem aus dem Geist des Risorgimento entstandenen Hauptwerk, der epochemachenden ›Geschichte der italien. Literatur‹ (2 Bde., 1870/71, dt. 2 Bde., 1941–43), leitete er die moderne italien. Literaturkritik ein. **Weitere Werke:** Saggi critici (1866), Saggio sul Petrarca (1869), Nuovi saggi critici (1872, [2]1881), La giovinezza (Autobiogr.-Fragment, hg. 1889), La letteratura italiana nel secolo XIX (hg. 1897), Lezioni inedite sulla ›Divina Commedia‹ (hg. 1938). **Ausgaben:** F. de S. Opere complete. Hg. v. N. CORTESE. Neapel 1930–41. 14 Bde. (m.n.e.). – F. de S. Opere. Hg. v. N. GALLO. Mailand 1951–65. 21 Bde. **Literatur:** CROCE, B.: Gli scritti di F. de S. e la loro varia fortuna. Bari 1917. – RUSSO, L.: F. de S. et la cultura napoletana. Bari [3]1950. – WELLEK, R.: F. de S. e la critica dell'ottocento. In: Convivium N. S. 25 (1957), S. 308. – BIONDI-LILLO, F.: L'estetica e la critica di F. de S. Rom [2]1957. – ROMAGNOLI, S.: Studi sul de S. Turin 1962. – ANTONETTI, P.: F. de S. (1817–83). Aix-en-Provence 1964. – RAYA, G.: F. de S. Rom [3]1969. – MUSCETTA, C.: F. de S. Rom u. Bari 1975. – MUSCETTA, C.: Studi sul De S. e altri scritti di storia della critica. Rom 1980.

Desani, G[ovindas] V[ishnoodas] [engl. dɛ'sɑ:nɪ], * Nairobi (Kenia) 8. Juli 1909, ind. Schriftsteller. – War journalistisch in England tätig; lebte nach dem 2. Weltkrieg jahrelang in ind., burmes. und jap. Klöstern; seit 1969 Philosophiedozent in den USA. Dem in seiner Prosadichtung in dramat. Form, ›Hali‹ (Dr., 1950), beschworenen Bild des idealen Menschen stellt er in dem Roman ›All about Mr. Hatterr‹ (1948) eine Jedermannsfigur gegenüber, deren absurde und phantast. Abenteuer er mit sprachspieler. Brillanz verfolgt.

Desbordes-Valmore, Marceline [frz. debɔrdval'mɔ:r], geb. Desbordes, *Douai 20. Juni 1786, †Paris 23. Juli 1859, frz. Lyrikerin. – Tochter eines Malers; Schauspielerin und Sängerin (1815 große Erfolge als Rosine in G. Rossinis ›Barbier von Sevilla‹ in Brüssel); heiratete den Schauspieler Valmore. Ihre Lyrik ist vom Leid einer einsamen Frau, ihrer trostlosen Jugend, der Enttäuschung durch die Liebe, einer unglückl. Ehe und eines vereinsamten Alters geprägt. Ihre ergreifende Sprache ist von hoher Musikalität. Die verdiente Beachtung fand sie erst nach ihrem Tod durch die Romantiker (bei Ch. A. Sainte-Beuve bereits 1842), mehr noch durch P. Verlaine und A. Rimbaud.

Werke: Élégies et romances (Ged., 1818), L'atelier d'un peintre (R., 1833), Les pleurs (Ged., 1833), Pauvres fleurs (Ged., 1839), Ausgewählte Gedichte (frz. und dt. 1947).
Ausgaben: Les Œuvres poétiques de M. D.-V. Hg. v. M. BERTRAND. Grenoble 1973. 2 Bde. – M. D.-V. Poésies. Hg. v. Y. BONNEFOY. Paris 1983.
Literatur: ZWEIG, S.: M. D.-V. Das Lebensbild einer Dichterin. Lpz. 1927. – JASENAS, E.: M. D.-V. devant la critique. Paris 1962. – JASENAS, E.: Le poétique. D.-V. et G. de Nerval. Paris 1975. – AMBRIÈRE, F.: Le siècle des Valmore. M. D.-V. et les siens. Paris 1987. 2 Bde.

Descalzo, José Luis Martín, span. Schriftsteller, ↑Martín Descalzo, José Luis.

Descaves, Lucien [frz. de'ka:v], * Paris 18. März 1861, †ebd. 6. Sept. 1949, frz. Schriftsteller. – Extremer Naturalist, unterzeichnete jedoch 1887 das ›Manifeste des cinq‹ gegen die Auswüchse dieser Richtung; wurde bekannt mit Militärsatiren (›La caserne‹, E., 1887; ›Misères du sabre‹, E., 1887; bes. ›Sous-offs‹, R., 1889); verfaßte weitere Erzählungen, Romane und erfolgreiche Dramen (z. T. zus. mit M. Donnay) mit oft sozialer Thematik.
Literatur: DEFFOUX, L.: L. D. Paris 1940.

Deschamps, Antony [frz. de'ʃã], eigtl. Antoine François Marie D. de Saint-Amand, * Paris 12. März 1800, †Passy (heute zu Paris) 29. Okt. 1869, frz. Lyriker. – Bruder von Émile D.; gehörte

zum engsten Kreis der Romantiker; schrieb eine metr. Übersetzung von Teilen der ›Divina Commedia‹ Dantes (1829), schwermütige lyr. Gedichte (›Résignation‹, 1839, u. a.), in denen sich die Wirkung einer sich seit Ende der 30er Jahre vorbereitenden psych. Erkrankung niederschlug, ›Satires‹ (1834) und ›Études sur l'Italie‹ (1835).
Ausgabe: A. D. Poésies. Paris 1841. Nachdr. Genf 1973.

Deschamps, Émile [frz. de'ʃã], eigtl. É. D. de Saint-Amand, * Bourges 20. Febr. 1791, †Versailles 22. April 1871, frz. Dichter und Kritiker. – War mit seinem Bruder Antony D. einer der ersten und eifrigsten Anhänger der frz. Romantik und Mitbegründer der Zeitschrift ›La Muse française‹ (1824, mit V. Hugo); durch seine ›Études françaises et étrangères‹ (1828) trug er wesentlich zur Einbürgerung fremder dichter. Formen in Frankreich bei; auch Übersetzer, u. a. Shakespeares, Goethes, Schillers und Uhlands.
Ausgabe: É. D. Œuvres complètes. Paris 1872–74. Nachdr. Genf 1973. 6 Bde.
Literatur: GIRARD, H.: É. D. (1791-1871). É. D. dilettante. Paris 1921. 2 Bde. Nachdr. Genf 1977.

Deschamps, Eustache [frz. de'ʃã], * Vertus (Marne) um 1344, †1404, frz. Dichter. – Studium an der Kathedralschule Reims und an der Univ. Orléans; im diplomat. Dienst der Valois; einflußreiche Ämter. Bedeutendster frz. Dichter der 2. Hälfte des 14. Jh., schrieb über 1000 Balladen höf. und belehrenden Inhalts, außerdem Gelegenheitsgedichte, die zu allen Fragen, die den Dichter und seine Generation bewegten, Stellung nahmen; daneben Lais, Dits, Rondeaus, Satiren auf das Hofleben und auf Modetorheiten; unvollendet blieben das umfangreiche Gedicht vom Löwen ›Fiction du lyon‹ gegen Karl VI. und der ›Miroir de mariage‹, eine Auseinandersetzung mit den Vor- und Nachteilen der Ehe; die theoret. Abhandlung ›L'art de dictier et de fere chançons‹ (entst. 1392, hg. 1891) ist die älteste frz. Poetik.

Weiteres Werk: Dit des quatre offices de l'ostel du roy (1360).
Ausgabe: Œuvres complètes d'E. D. Hg. v. MARQUIS DE QUEUX DE SAINT-HILAIRE u. G. RAYNAUD. Paris 1878–1903. 11 Bde.

Literatur: DICKMANN, A.: E. D. als Schilderer der Sitten seiner Zeit. Bochum 1935. – PENOT, D.: Études littéraire et stylistique du ›Miroir de mariage‹ d'E. D. Ann Arbor (Mich.) 1974. – POIRION, D.: Le poète et le prince. L'évolution du lyrisme courtois de Guillaume de Machaut à Charles d'Orléans. Paris 1965. Nachdr. Genf 1978. – POIRION, D.: E. D. et la société de la cour. In: Littérature et société au moyen âge. Hg. v. D. BUSCHINGER. Paris 1978. S. 89.

Deschner, Karlheinz, * Bamberg 23. Mai 1924, dt. Schriftsteller. – Studierte nach Teilnahme am 2. Weltkrieg Jura, Theologie, dann Philosophie, Geschichte und Literaturgeschichte; Verfasser von stark autobiograph., zeitkrit. Romanen, von literaturkrit. Essays, in denen er sich in polem. Weise u. a. mit den Autoren der Gruppe 47 auseinandersetzt, sowie von ebenso polem. Werken zur Kirchengeschichte; umfangreiche Herausgebertätigkeit.

Werke: Die Nacht steht um mein Haus (R., 1956), Kitsch, Konvention und Kunst (Streitschrift, 1957), Florenz ohne Sonne (R., 1958), Abermals krähte der Hahn. Eine krit. Kirchengeschichte (1962), Talente, Dichter, Dilettanten (Essays, 1964), Mit Gott und den Faschisten (1965), Kirche und Faschismus (1968), Das Kreuz mit der Kirche (1974), Ein Jahrhundert der Heilsgeschichte (2 Bde., 1982/83), Die beleidigte Kirche (1986), Kriminalgeschichte des Christentums (3 Bde., 1986–90), Nägel mit Köpfen. Aphorismen (1994).

Descort [provenzal. = Zwiespalt, von lat. discordia = Mißklang, ´Zwiespalt], Gattung des provenzal. Minnesangs, in der die innere Zerrissenheit des nicht erhörten Troubadours durch formale Unregelmäßigkeiten (in Aufbau, Versart, Sprache), inhaltl. Ungereimtheiten und dem jeweiligen Kontext konträre Vertonungen zum Ausdruck gebracht wird. Im Provenzalischen sind 28 solcher Texte, davon drei mit Melodien überliefert. Die Gattung ist in Abwandlungen ebenso in den mittelalterl. Literaturen der Iber. Halbinsel wie in denen Italiens und Deutschlands anzutreffen.

Literatur: VUIJLSTEKE, M.: D. In: Lex. des MA. Bd. 3. Mchn. u. Zü. 1986.

Desfontaines, Abbé [frz. defõ'tɛn], eigtl. Pierre François Guyot, * Rouen 22. Mai 1685, † Paris 16. Dez. 1745, frz. Schriftsteller. – Mußte 1715 den Jesuitenorden verlassen, war Pfarrer in der Normandie, lebte dann in Paris. Über-

nahm 1724 die Leitung des ›Journal des Savants‹, das er einer breiteren Leserschicht öffnete. Wegen Homosexualität gefangengesetzt, wurde er durch Vermittlung Voltaires befreit. Trotzdem griff D. danach Voltaire literarisch scharf an. Auf Voltaires Schrift ›Le préservatif‹ (1738) antwortete er mit zwei Pamphleten (›La Voltairomanie‹, 1738, und ›Le médiateur‹, 1739), die ihm die endgültige Feindschaft Voltaires eintrugen. D. übersetzte J. Swifts ›Gulliver‹ (2 Bde., 1727) und schrieb eine Fortsetzung dazu (›Le nouveau Gulliver‹, 1730); er trat auch als Sprachreiniger hervor (›Dictionnaire néologique‹, 1726).

Literatur: MORRIS, TH.: L'Abbé D. et son rôle dans la littérature de son temps. Genf 1961. – NYOMA, P.: La critique littéraire de l'abbé D. Diss. Grenoble 1973.

Déshoulières, Antoinette [frz. dezu-'ljɛːr], geb. Du Ligier de La Garde, * Paris 1. Jan. 1638, † ebd. 17. Febr. 1694, frz. Dichterin. – War u. a. Schülerin P. Gassendis; beherrschte Latein, Italienisch und Spanisch; galt wegen ihrer preziösen Lyrik (Idyllen, Eklogen u. a.) bei ihren Zeitgenossen als ›zehnte Muse‹ bzw. als ›frz. Kalliope‹; engagierte sich gegen J. Racines ›Phèdre‹ und für Ch. Perrault und die Sache der ›Modernen‹ in der ↑ Querelle des anciens et des modernes.

Ausgabe: A. D. Œuvres choisies de Mme D. Hg. v. M. DE LESCURE. Paris 1882.

Literatur: Les derniers libertins. Hg. v. F. LA-CHÈVRE. Paris 1924.

des Loges, François [frz. de'lɔːʒ], frz. Dichter, ↑ Villon, François.

Desmarets de Saint-Sorlin, Jean [frz. demarɛdsɛsɔr'lɛ̃], * Paris 1595, † ebd. 28. Okt. 1676, frz. Dichter. – Günstling Richelieus, Freund des Hauses Rambouillet, erster Kanzler der Académie française; Gegner des Jansenismus. Schrieb zahlreiche Dramen, deren bedeutendstes die Sittenkomödie ›Les visionnaires‹ (1637) ist; das in christl. Geist verfaßte heroische Epos ›Clovis ou la France chrétienne‹ (1657) betont des Dichters Opposition gegen die heidn. Antike. Sein Gesamtwerk bereitete die ↑ Querelle des anciens et des modernes vor.

Weitere Werke: Ariane (R., 1632), Mirame (Dr., 1640), Les délices de l'esprit (1658), La compa-

raison de la langue et de la poésie française avec la grecquet et la latine (1670).
Literatur: DRYHURST, J.: Les idées de D., Sieur de Saint-Sorlin (1595–1676). Diss. Liverpool 1963/64.

Desnica, Vladan [serbokroat. ˌdεsnitsa], *Zadar 17. Sept. 1905, †Zagreb 4. März 1967, kroat. Schriftsteller. – Gestaltete in seinem psychologisch vertieften, dem italien. und frz. Realismus nahestehenden Erzählwerk Themen aus dem Dorf- und Kleinstadtleben seiner Heimat (›Die Geschichte vom Mönch mit dem grünen Bart‹, En., 1959, dt. 1964); Hauptwerke sind die Romane ›Zimsko ljetovanje‹ (= Sommerferien im Winter, 1950) und ›Proljeća Ivana Galeba‹ (= Die Frühlinge des Ivan Galeb, 1957); auch krit. und kunstästhet. Essays und Übersetzungen (u. a. U. Foscolo, G. Carducci, I. Silone, A. Gide).

Desnos, Robert [frz. dεs'no:s], *Paris 4. Juli 1900, †Theresienstadt 8. Juni 1945, frz. Lyriker. – Wurde als konsequenter Anhänger des Surrealismus (bis um 1930) schon früh bekannt durch seine Gedichte, die aus seinen hypnotisch beeinflußten Experimenten mit der Écriture automatique hervorgingen; schrieb während des Krieges eine Reihe von Widerstandsgedichten in Argot. Kam als Mitglied der Résistance ins KZ, starb kurz nach der Befreiung.
Werke: Deuil pour deuil (Ged., 1924), Die Abenteuer des Freibeuters Sanglot (Ged., 1927, dt. 1973), Corps et biens (Ged., 1930), Fortunes (Ged., 1942), Le vin est tiré (R., 1943), Domaine public (Ged., Hg. 1953), Nouvelles Hébrides 1922–1930 (Prosatexte, hg. 1978.
Ausgabe: R. D. Dt. Übers. Eingel. v. P. BERGER. Nw. 1968. – R. D. Gegenrichtung. Übers. v. J. SIESS. Bielefeld 1989.
Literatur: BUCHOLE, R.: L'évolution poétique de R. D. Brüssel 1956. – CAWS, M.-A.: The surrealist voice of R. D. Amherst (Mass.) 1977. – POHL, R. J. A.: Die Metamorphosen des negativen Helden. Imagination u. Mythologie im Werk R. D.' Diss. Hamb. 1977. – LAROCHE DAVIS, H. L.: R. D., une voix, un chant, un cri. Paris 1981. – Zs. Textuel 16 (1985): Sondernummer R. D. – R. D. Hg. v. M.-C. DUMAS u. a. Cahiers de L'Herne 54 (1987). – MURAT, M.: R. D. Paris 1988.

Despériers (Des Périers), Bonaventure [frz. depe'rje], *Arnay-le-Duc (Côted'Or) um 1500, †in SW-Frankreich Winter 1543/44, frz. Schriftsteller. – Kam-

merdiener der Margarete von Valois; schrieb im Geiste F. Rabelais' und der mittelalterl. Fabliaux das erst im Jahr 1558 gedruckte Novellenbuch ›Nouvelles récréations et joyeux devis‹, das 90 meist aus mündl. Überlieferung oder persönl. Beobachtung geschöpfte Schwänke enthält sowie vier freigeistige, kirchenfeindl. Dialoge, ›Cymbalum mundi en français, contenant quatre dialogues poétiques, fantastiques, joyeux et facétieux‹ (um 1537), die ihm die Feindschaft sowohl von Protestanten als auch von Katholiken einbrachte. Arbeitete zusammen mit P. R. Olivetanus an der Übersetzung der Bibel ins Französische.
Ausgaben: Œuvres françoises de B. Des Périers. Hg. v. M. L. LACOUR. Paris 1856. 2 Bde. – Bonaventura des Périers. Die neuen Schwänke u. lustigen Unterhaltungen, gefolgt v. der Weltbimmel. Dt. Übers. Hg. v. H. FLOERKE. Mchn. 1910. 2 Bde.
Literatur: HASSELL, J. W.: Sources and analogues of the ›Nouvelles récréations et joyeux devis‹ of B. Des Périers. Chapel Hill (N. C.) 1957–69. 2 Bde. – NEIDHARDT, D.: Das ›Cymbalum mundi‹ des B. Des Périers. Forschungslage u. Deutung. Genf 1959. – SOZZI, L.: Les contes de B. Des Périers. Contributions à l'étude de la nouvelle française de la Renaissance. Turin 1965. – BOERNER, W.: Das ›Cymbalum mundi‹ des B. Des Périers. Eine Satire auf die Redepraxis im Zeitalter der Glaubensspaltung. Mchn. 1980.

Desportes, Philippe [frz. de'pɔrt], *Chartres 1546, †Bonport (Eure) 5. Okt. 1606, frz. Dichter. – Hofdichter Karls IX., Heinrichs III. und Heinrichs IV.; Abt in Bonport; seine Dichtungen stehen im Zeichen P. de Ronsards und der Pléiade sowie italien. und span. Dichter; begann mit Nachahmungen L. Ariostos und schrieb zahlreiche Liebeslieder, Oden, Sonette (u. a. ›Les amours de Diane‹ und ›Les amours d'Hippolyte‹, erschienen in ›Premières œuvres‹, 1573), ferner eine Psalmenübersetzung (1603). Mit ausführlichen krit. Anmerkungen zu seinem Werk (1606) markiert F. de Malherbe den Beginn eines Sprachpurismus, der die frz. Klassik mitprägt.
Literatur: LAVAUD, J.: Un poète de cour au temps des derniers Valois. Ph. D. (1546–1606). Paris 1936. – RAPPAPORT, P.: Ph. D. A study in late Petrarchan style. Diss. Columbia University New York 1964.

Dessì, Giuseppe [italien. des'si], * Cagliari 7. Aug. 1909, † Rom 6. Juli 1977, italien. Schriftsteller. – Lehrer; veröffentlichte von der Eigenart seiner sard. Heimat inspirierte psycholog. Erzählungen und Romane sowie einige Theaterstücke.
Werke: La sposa in città (En., 1939), San Silvano (R., 1939), Michele Boschino (R., 1942), I passeri (R., 1955; dramatisiert u.d.T. Qui non c'è guerra), La giustizia (Dr., 1959), Das Lösegeld (R., 1961, dt. 1962), Paese d'ombre (R., 1971; Premio Strega 1972).
Literatur: DE LORENZI, A.: D. Florenz 1971. – MICCINESI, M.: Invito alla lettura di G. D. Mailand 1976. – DOLFI, A.: La parola e il tempo. Saggio su G. D. Florenz 1977.

Destouches, Louis Ferdinand [frz. de'tuʃ], frz. Schriftsteller, ↑ Céline, Louis-Ferdinand.

Destouches, Philippe [frz. de'tuʃ], eigtl. Ph. Néricault, * Tours 9. April 1680, † Schloß Fortoiseau bei Villiers-en-Bière (Seine-et-Marne) 4. Juli 1754, frz. Dramatiker. – Frz. Gesandter in London; 1723 Mitglied der Académie française. Begann mit Charakterlustspielen, wandte sich dann unter engl. Einfluß dem moralisierenden Lustspiel zu, das infolge allzu lehrhafter Tendenz und ausgeprägter Schwarzweißmalerei seinen ursprüngl. Charakter als erheiterndes Bühnenstück mehr und mehr verlor. Von seinen Dramen sind am bekanntesten ›Der verehelichte Philosoph‹ (1727, dt. 1765), ›Der Ruhmredige‹ (1732, dt. 1745) und ›Der Verschwender‹ (1736, dt. 1742).
Ausgabe: Ph. D. Œuvres dramatiques. Neuaufl. Paris 1822. 6 Bde.
Literatur: HANKISS, J.: Ph. Néricault D., l'homme et l'œuvre. Debreczin 1920. – JONAS, D.: Unterss. zu den Komödien von Ph. D. Diss. Köln 1969.

Detektiverzählung ↑ Kriminalliteratur.

Detektivroman ↑ Kriminalliteratur.

Detxepare, Bernart (Dechepare, Etxepare) [bask. detʃepare], * Ende des 15. Jahrhunderts, bask. Schriftsteller. – Priester; Autor des ersten gedruckten Buches in bask. Sprache, ›Linguae vasconum primitiae‹ (– Erstlinge der Sprache der Basken, 1545); besteht aus religiösen und weltl., v. a. Liebesgedichten.

Deus ex machina [lat. = der Gott aus der Maschine], Mittel der Lösung eines dramat. Konfliktes, das unmotiviert von außen herangetragen wird, sich also nicht aus der Konsequenz der dramat. Handlung ergibt. So wird schon in der antiken griech. Tragödie, z. B. bei Euripides, eine zur Katastrophe führende dramat. Situation durch das Eingreifen eines Gottes, der mittels einer kranähnl. Flugmaschine (griech. ›mēchanḗ‹, lat. ›machina‹) von oben auf die Bühne herabgesenkt wird, gewendet.

Deus Ramos, João de [portugies. 'deuʒ 'rrɐmuʃ], * São Bartolomeu de Messines (Algarve) 8. März 1830, † Lissabon 11. Jan. 1896, portugies. Lyriker. – Erste dichter. Versuche bereits während der Zeit seines Rechtsstudiums in Coimbra (1849–59); dann Hg. verschiedener Zeitungen, 1868 Mitglied des Parlaments; zog sich jedoch bald von der Politik zurück. Schrieb neben musikal. Lyrik in meist einfachen, aber auch kunstvoll variierten Formen Fabeln, Epigramme und Satiren.
Werke: Flores do campo (Ged., 1868), Ramo de flores (Ged., 1870), Folhas soltas (Ged., 1875), Campo de flores (ges. Ged., 1893).
Literatur: OULMONT, CH.: J. de D. L'homme-poète, sa vie et son œuvre. Lissabon 1948. – SÁFADY, N.: O sentido humano do lirismo de J. de D. São Paulo 1961.

Deuteragonist, zweiter Schauspieler in der griech. Tragödie. – Erst die Einführung des D.en neben dem ↑ Protagonisten durch Aischylos (bezeugt bei Aristoteles) ermöglichte den Dialog in der Tragödie.

Deutsch, Babette [engl. dɔitʃ], * New York 22. Sept. 1895, † ebd. 13. Nov. 1982, amerikan. Schriftstellerin. – Erregte schon mit ihren Erstlingsgedichten ›Banners‹ (1919), in denen sie strengste Sonettform und freie Rhythmen mit gleicher Meisterschaft handhabte, Aufsehen. Ihre Lyrik ist gefühlsbetont und zugleich gedankentief. Zusammen mit ihrem Mann, Abraham Yarmolinsky, gab sie russ. Dichtung heraus; verfaßte auch Essays über moderne Dichtung und schrieb Romane.
Weitere Werke: Honey out of the rock (Ged., 1925), A brittle heaven (R., 1926), Fire for the night (Ged., 1930), Poetry in our time (Essay, 1952), Animal, vegetable, mineral (Ged., 1954), Coming of age (Ged., 1959), Collected poems (Ged., 1969).

Deutsch, Niklaus Manuel, schweizer. Maler und Schriftsteller, ↑ Manuel, Niklaus.

Deutsche Akademie für Sprache und Dichtung, Vereinigung dt. Schriftsteller, Sprach- und Geisteswissenschaftler zur Förderung und Pflege, zur Repräsentation und Vermittlung der dt. Sprache und Literatur; gegr. am 28. Aug. 1949 in der Paulskirche in Frankfurt am Main in der Nachfolge der ›Sektion für Dichtkunst‹ der ehem. ›Preuß. Akademie der Künste‹ in Berlin. Sitz Darmstadt; Präsident (seit 1984): H. Heckmann. Die Zahl der ordentl. und außerordentl. Mitglieder ist beschränkt. Jährlich finden zwei Arbeitstagungen (mit geladenen Gästen) statt, die jeweils unter einem bestimmten Rahmenthema stehen. Die D. A. f. S. u. D. verleiht folgende Preise: 1. jährlich den ↑ Georg-Büchner-Preis als höchste literar. Auszeichnung; 2. Preise für Germanistik im Ausland, für literar. Kritik (Johann-Heinrich-Merck-Preis), für wiss. Prosa (Sigmund-Freud-Preis), für Essays (Karl-Hillebrand-Preis) und einen Übersetzerpreis. Kommissionen der D. A. f. S. u. D. widmen sich u. a. Fragen der Rechtschreibung, Grammatik usw., der Erarbeitung neuer Lehr- und Lesebücher, Fragen der Buchkritik, der Förderung wichtiger Veröffentlichungen (z. B. aus Nachlässen von Dichtern und Gelehrten). Seit 1954 gibt es die ›Veröffentlichungen der D. A. f. S. u. D.‹. Die Reihe ›Jahrbuch ...‹ (seit 1954) enthält u. a. die wichtigsten der auf den Jahrestagungen gehaltenen Vorträge und Reden.

Deutsche Bewegung, Bez. für die dt. Geistesgeschichte zwischen 1770 und 1830, geprägt von Herman Nohl, erstmals in ›Die D. B. und die idealist. Systeme‹ (Logos II, 1911); in der Idee vorgebildet bei W. Dilthey (Basler Antrittsvorlesung 1867: ›Die dichter. und philosoph. Bewegung in Deutschland 1770 bis 1800‹). Im Unterschied zu der übl. Gliederung dieser Zeit in eine philosoph. Epoche des dt. Idealismus und die literar. Perioden Sturm und Drang, Klassik, Romantik betont der Begriff D. B. die Einheit der literar., pädagog., polit. und religiösen Strömungen dieser Zeit, in der (nach W. Dilthey) die Systeme F. W. von

Schellings, G. W. F. Hegels, F. D. E. Schleiermachers als logisch und metaphysisch begründete Durchführungen der von G. E. Lessing, Schiller und Goethe ausgebildeten Lebens- und Weltansicht erscheinen.
Literatur: NOHL, H.: Die D. B. Hg. v. O. F. BOLLNOW u. F. RODI. Gött. 1970.

Deutsche Bibliographie ↑ Deutsche Nationalbibliographie.

Deutsche Bibliothek, Die (seit 1990), 1947 auf Initiative des dt. Buchhandels in Frankfurt am Main gegründete zentrale Archivbibliothek. Ursprünglich Provisorium für die damaligen Westzonen neben der ↑ Deutschen Bücherei (Leipzig), wurde sie dann für die BR Deutschland zu einer festen Einrichtung. Seit 1969 ist sie eine rechtsfähige bundesunmittelbare Anstalt des öffentl. Rechts. Ihre Aufgabe ist es, die nach dem 8. Mai 1945 in Deutschland verlegten und die im Ausland erschienenen deutschsprachigen Veröffentlichungen, die Übersetzungen dt. Druckwerke in andere Sprachen und fremdsprachige Druckwerke über Deutschland sowie die Arbeiten dt. Emigranten im Ausland von 1933–45 zu sammeln und bibliographisch zu verzeichnen, ebenso Musiknoten und -tonträger in gleichem Umfang durch ihre Außenstelle, das Dt. Musikarchiv in Berlin. Im Okt. 1990 erfolgte die Vereinigung der D. B. in Frankfurt am Main (mit dem Dt. Musikarchiv) und der Dt. Bücherei in Leipzig unter dem Namen ›Die D. B.‹, Frankfurt am Main und Leipzig‹. Sitz der Generaldirektion ist Frankfurt am Main. Ebenfalls zusammengefaßt wurden die zuvor eigenständigen bibliograph. Verzeichnisse zur ↑ Deutschen Nationalbibliographie. Die D. B. ist eine Präsenzbibliothek; Bestand 1993: etwa 5,6 Mill. Medieneinheiten in Frankfurt, etwa 9,8 Mill. in Leipzig.
Literatur: Die D. B. Gesamtarchiv u. nationalbibliograph. Informationszentrum. Hg. v. der D. B. Ffm. u. a. 1991.

Deutsche Bücherei, 1912 als Einrichtung des Börsenvereins der Dt. Buchhändler in Leipzig eröffnetes Gesamtarchiv des deutschsprachigen Schrifttums (Präsenzbibliothek), zu dessen Hauptaufgaben die bibliograph. Verzeichnung der Neuzugänge gehört. Sammelgebiet:

das gesamte seit 1913 in Deutschland erscheinende Schrifttum, das im Ausland erscheinende deutschsprachige Schrifttum, die Übersetzungen dt. Werke (seit 1941) sowie die fremdsprachigen Werke über Deutschland, die seit 1943 in Deutschland erscheinenden Musikalien und die mit dt. Titeln und Texten versehenen Musikalien des Auslands, die Literatur des Buch- und Bibliothekswesens, die seit 1913 erscheinenden Druck-Erzeugnisse der Kartographie, die dt. Patentschriften (seit 1945) und die dt. literar. Schallplatten (seit 1959). Bestand 1993: 9,8 Mill. Medieneinheiten. Eingegliedert ist seit 1950 das Dt. Buch- und Schriftmuseum. – 1990 mit der Deutschen Bibliothek in Frankfurt am Main und dem Deutschen Musikarchiv in Berlin vereinigt zur rechtsfähigen, bundesunmittelbaren Anstalt des öffentl. Rechts.

Literatur ↑ Deutsche Bibliothek.

Deutsche Gesellschaften, literar. Vereine zur Pflege der Literatur und Sprache; entstanden Anfang des 18. Jh. im Gefolge der erzieher. Impulse der dt. Aufklärung (z. T. auf den älteren Traditionen der Sprachgesellschaften fußend). Richtunggebend war die Leipziger Dt. Gesellschaft (gegr. 1717 als ›Deutschübende poet. Gesellschaft‹), 1724–38 durch J. Ch. Gottsched nach dem Muster der Académie française organisiert (Plan eines Wörterbuches, feste Regeln und Normen für eine einheitl. dt. Hochsprache, deren Orthographie und für die literar. Produktion). Die meisten D. G., v. a. die Neugründungen, folgten Gottscheds Satzungen, so die D. G. in Jena (1728), Nordhausen (1730), Weimar (1733), Halle/Saale (1736), Göttingen (1738), Königsberg (Pr) (1741), Erlangen (1755) und Wien (1760). In Widerspruch zu Gottscheds Bestrebungen entwickelte sich die Dt. Gesellschaft Mannheim (1775; Mitglieder u. a.: F. G. Klopstock, Ch. M. Wieland, G. E. Lessing, J. G. von Herder, Schiller).

deutsche Literatur, der Begriff ›d. L.‹ umfaßt in der Frühzeit der dt. Literaturgeschichte, in der auch bescheidenste schriftl. Notizen von Interesse sind, alles in dt. Sprache Geschriebene. Mit der Zunahme der literar. Zeugnisse wird im Zusammenhang mit der Herausbildung des modernen Literaturbegriffs (↑ Literatur) auch die Bedeutung von d. L. mehr und mehr eingeschränkt auf die drei ›klass.‹ Gattungen (Lyrik, Epik, Dramatik) der Dichtung. Aus der nichtpoet. Literatur (Theologie, Philosophie, Geistes- und Naturwissenschaften usw.; ↑ Essay) werden nach dem MA meist nur noch jene Schriften herausgehoben, die in unmittelbarem oder mittelbarem Bezug zu dichter. Werken oder deren Autoren stehen, selbst wenn diese Werke (z. B. Zweckformen wie Brief oder Predigt) aufgrund ihrer sprachl. Eleganz oder Ausdruckskraft ebenfalls Zeugnisse eines originalen sprachl. Schöpfertums sind. In der mittelalterl. dt. Literaturgeschichte werden gelegentlich auch Werke aufgeführt, die von dt. Verfassern in lat. Sprache geschrieben sind.

Für die Gliederung der mittelalterl. Literatur finden sich in der Literaturgeschichtsschreibung verschiedene Kriterien, die sich häufig durchdringen: neben einer Aufteilung entsprechend den sprachgeschichtl. Epochen (ahd.: 750 bis 1050; frühmhd.: 1050–1150; mhd.: 1150–1300; spätmhd.: 1300–1500, wobei die zeitl. Grenzen jeweils verschieden gesetzt sein können) stehen Gliederungen im Anschluß an mittelalterl. Herrschergeschlechter (Karolinger: 750–900; Ottonen: 900–1050; Salier: 1050–1150; Staufer: 1150–1250), nach kulturellen Epochen (vorhöf., [hoch-]höf., späthöf. Literatur) oder nach den Literaturträgern (Geistlichkeit, Adel, frühes Bürgertum). Häufig wird die neutrale Einteilung nach Jahrhunderten gewählt.

Voralthochdeutsche Zeugnisse: Von den german. Stämmen, die seit der Spätantike innerhalb der heutigen Sprachgrenzen siedelten, gibt es bis zum 8. Jh. n. Chr. nur wenige direkte sprachl. Zeugnisse. Als ältestes Denkmal gilt die Inschrift auf einem Helm (von Negau, Steiermark). Umstritten sind bis heute jedoch die Datierung (vom 2. Jh. v. Chr. bis zum 1. Jh. n. Chr.?), die Bestimmung der Schrift (nordetrusk. Alphabet?), die Lesung des Textes und die Deutung. Die frühesten german. *Runeninschriften*, z. B. die nur noch teilweise lesbare Ritzung auf einer versilberten Scheibe in Liebenau (Mittelweser), reichen auf dt. Boden nicht einmal über das 5. Jh. n. Chr. zurück. Das älteste Runenzeugnis (7. Jh). der ahd. Sprache ist die Inschrift auf dem Speerblatt von Wurmlingen bei Tuttlingen: Idorih (rīh < german. rīk). Die ältesten dt. Sprachzeugnisse im *lat. Alphabet* sind dt. Rechtswörter in lat. Texten (z. B. die Malbergischen Glossen in der ›Lex Salica‹, 8. Jh.) oder ahd. Namen in lat. Urkunden (z. B. in einer Schenkungsurkunde des ›Adalbert‹ und der ›Irminswind‹ vom 24. Jan. 751). Mehr als aus diesen spärl. Funden erfährt man über dichter. Formungen in der german. Frühzeit durch indirekte Widerspiegelungen in der antiken Literatur, so bei Tacitus, der in der ›Germania‹ (und ähnlich auch in seinen ›Annales‹) von Mythen- und Heldenliedern sowie Schlachtgesängen der Germanen berichtete. Der byzantin. Geschichtsschreiber Priskos (* um 415, † nach 472) bezeugte den Vortrag von Preisliedern durch german. Sänger am Hofe Attilas. Im selben Jh. erwähnten Sidonius Apollinaris ein german. Hochzeitslied, Jordanes (* um 550, † um 555/560) in seiner Gotengeschichte ›De origine actibusque Getorum‹ einen Trauergesang zu Ehren eines gefallenen Königs, im 6. Jh. Papst Gregor I., der Große, in seinen ›Dialogi‹ (578) einen kult. Gesang und Venantius Fortunatus german. Preislieder. German. Merkdichtung scheint sich in der Königsreihe in dem langobard. Gesetzbuch ›Edictus Rothari‹ (643) abzuzeichnen. Auf german. Heldensagen könnten bestimmte Abschnitte bei Fredegar (fränk. Weltchronik, 7. Jh.) und Paulus Diaconus (›Historia Langobardorum‹, nach 787) basieren. Die german. Dichtungen hatten eine rein mündl. Existenz. Die germanist. Forschung hat seit dem 19. Jh. versucht, durch Rückschlüsse aus dem seit dem 9. Jh. überlieferten altengl., altsächs., ahd. und v. a. aus dem erst aus dem 13. Jh. überlieferten altnord. Stabreimgedichten genauere Vorstellungen von der verlorenen german. Dichtung (Helden- und Götterlieder) zu entwickeln, dabei aber z. T. ein überhöhtes und idealisiertes Bild der german. Dichtung entworfen. Aus vorahd. Zeit findet sich als singuläre Li-

teraturleistung in einer german. Sprache nur die Übersetzung der Bibel aus dem Griechischen ins Gotische durch den westgot. Bischof Ulfilas (4. Jh., noch vor der ›Vulgata‹ des Hieronymus). Ulfilas' Text hat wohl Theoderich zu Beginn des 6. Jh. abschreiben lassen (sog. Codex argenteus). Davon abgesehen war in den Reichen der Ostgoten und Merowinger das Lateinische die herrschende Litratursprache; auch in den Klöstern auf dt. Boden (Sankt Gallen, Reichenau, Fulda) ist lateinisch geschrieben worden.

Karolingerzeit (750–900): In der 2. Hälfte des 8. Jh. setzte durch die umfassende Bildungs- -und Missionierungspolitik Karls des Großen im Rahmen der von ihm angestrebten Renovatio imperii eine Änderung ein. In den Klöstern trat neben die bislang gepflegten Gelehrtenstudien die Aufgabe, das Christentum in der Volkssprache zu vermitteln und somit eine *ahd. Literatur* zu schaffen. Karl selbst gab den Anstoß zur Anfertigung einer ahd. Grammatik, die jedoch nicht erhalten ist. Für die Verbreitung der neuen Bildungsgüter sorgte eine einheitl. Buchschrift, die karolingische Minuskel, die noch vor 1200 durch die got. Buchschriften abgelöst wurde. Geistiges Zentrum dieser Bildungspolitik war die Gelehrtenrunde um Karl den Großen mit Alkuin, dem Leiter der Hofschulen in Aachen und Tours, dem Historiker Paulus Diaconus, Karls Biographen Einhard u. a. Sie schrieben ihre Werke in lat. Sprache (›karoling. Renaissance‹), und an lat. Literatur war auch die aus Karls Regierungszeit erhaltene d. L. orientiert: es sind Werke, die den Zugang zur lat. Literatur erleichtern sollten. Entsprechend diesen schul. Zwecken steht am Anfang der dt. Literaturgeschichte ein dt. glossiertes lat. Wörterbuch, das nach dem ersten Stichwort der ›Abrogans‹ genannt wird. Für die kirchl. und präkt. Schulung entstanden lat.-dt. Realglossare (z. B. ›Vocabularius Sancti Galli‹), phraseolog. Wörterbücher (›Kasseler Glossen‹), Gesprächsbüchlein (›Pariser Glossen‹, für einen Romanen) und Interlinearversionen (z. B. Benediktregel, Murbacher Hymnen). An selbständigen Übersetzungen finden sich kürzere Texte für den Gottesdienst in den verschiedenen ahd.

Dialekten; längere Übersetzungen sind selten (z. B. die des Traktates ›De fide catholica‹ des Bischofs Isidor von Sevilla, um 800). Als Dichtung steht in dieser Zeit isoliert das zum ostgot. Dietrichsagenkreis gehörende ›Hildebrandslied‹ (aufgezeichnet Anfang des 9. Jh. von zwei Fuldaer Mönchen), vermutlich ein Reflex der von Karl dem Großen angeregten verlorenen Sammlung altheim. Lieder (nach Einhards ›Vita Caroli Magni‹). – Nach Karls Tod gingen die literar. Impulse vornehmlich von den Klöstern aus. Zentrum war Fulda, dessen Abt Hrabanus Maurus eine weitreichende gelehrte theolog. Tätigkeit entfaltete. Er wurde zum ›Praeceptor Germaniae‹ in der Zeit der Regierung Ludwigs I., des Frommen (814–840), auf dessen Anregung das altsächs. Epos ›Heliand‹ in breit ausladenden Stabreimversen geschrieben worden sein soll. Die theolog. Grundhaltung des Werkes erweist den unbekannten Dichter als einen Schüler des Klosters Fulda; von Fulda soll auch die umfangreiche ostfränk. Prosaübersetzung der Evangelienharmonie des Syrers Tatian abhängen. – Ahd. Dichtungen mit christl. Stoffen sind erst aus der Zeit des ostfränk. Königs Ludwigs (II.), des Deutschen (843–876), erhalten, dem das Hauptwerk dieser Epoche gewidmet ist, die ›Evangelienharmonie‹ des Mönches Otfrid von Weißenburg, die in bewußtem Gegensatz zum unterliterar. ›cantus obscenus‹ der Laien und in der ausdrückl. Nachfolge antiker und spätantik-christl. Dichtungen geschrieben ist und v. a. durch ihre Form bedeutsam ist: vierzeilige Strophen aus binnen- und endgereimten Langzeilen, der Form, aus der dann der Vers der geistl. und höf. Dichtung entstand. In der Forschung wird Otfrids Reimvers meist als fundamentale Neuerung angesehen, bei der er sich an lat. Traditionen (den Hymnenvers) angeschlossen habe. Otfrid jedoch, der erste Poetologe der d. L., vermeldete darüber in seinen Äußerungen zur dichter. Form nichts, zudem gab es zu Otfrids Zeit kaum lat. Reimdichtungen, die eine solche fundamentale Formumwälzung (Endreim anstelle eines allein heim. Stabreims) hätten anregen können. Die karoling. lat. Autoren wie der Rei-

chenauer Mönch Walahfrid Strabo dichteten in klass. Versmaßen ohne Reim (abgesehen von dem Außenseiter Gottschalk von Orbais); dies gilt auch für den ersten Sequenzendichter, den Sankt Galler Notker Balbulus. Die Frage der Herkunft der ahd., altsächs., altengl. Vers- und Reimformen ist wohl komplizierter als die übl. Reduktion auf den schemat. Gegensatz: german. Stabreim – christlich-lat. Endreim, d. h., es hat vielleicht schon vor Otfrid Dichtungen mit Stabreim oder/und Endreim gegeben. Dafür sprechen auch die kleineren ahd. Dichtungen neben Otfrids Werk, in denen die Form meist nachlässiger behandelt ist: so die kleineren Reimdichtungen wie das ›Petruslied‹, das ›Georgslied‹, das ›Preislied auf Ludwig III.‹, der ›138. Psalm‹ oder die Stabreimdichtungen wie das ›Muspilli‹, das ›Wessobrunner Schöpfungsgedicht‹ (in dem auch Reimformen begegnen) und die gnom. Dichtungen, heidn. und christl. Zauber- und Segenssprüche (wie die ›Merseburger Zaubersprüche‹), in denen sich ebenfalls oft Alliteration und Reim mischen. – Mit dem Ende der Karolingerherrschaft (911) verebbte der Anstoß Karls des Großen und endete die erste Epoche dt. Literatur. Die Überlieferung dieser ahd. Literatur ist recht zufällig: nur die umfangreicheren Werke sind mehrfach und in bes. Handschriften überliefert, die kleineren sind gewöhnlich nur als anonyme Notierungen in lat. Kodizes erhalten.

In der **Zeit der Ottonen (900–1050)** erscheint als alleinige Dichtersprache wieder das Latein, in Fortführung der anspruchsvolleren lat.-christl. Klosterliteratur und mit betontem Rückgriff auf die Antike (›Otton. Renaissance‹). So nahm sich die Nonne Hrotsvit von Gandersheim, von der auch Heiligenlegenden und das Epos ›Carmen de gestis Oddonis I., imperatoris‹ erhalten sind, für ihre Märtyrerdramen den antiken Komödiendichter Terenz zum Vorbild. In antiker Tradition steht auch das Tierepos ›Ecbasis captivi‹. Volkssprachl. Stoffe bieten in lat. Hexameterepen der ›Waltharius‹, im MA dem Sankt Galler Mönch Ekkehart I. zugeschrieben, und der als erster mittelalterl. Roman geltende, fragmentarisch überlieferte ›Ruodlieb‹ (Mitte des 11. Jh.). In der Mitte dieser Epoche wirkte in Sankt Gallen Notker Labeo als Leiter der Klosterschule; er hat nicht nur lat. Schriften verfaßt, sondern elf Werke der lat. Schulliteratur ins Deutsche übertragen, was ihm den Beinamen ›Teutonicus‹ einbrachte.

Mit der **salischen Epoche (1050–1150)** brach eine Zeit verstärkter religiöser Auseinandersetzungen an; eine führende Rolle kam dabei der von dem frz. Kloster Cluny ausgehenden klösterlich-kirchl. Reformbewegung zu, die von dem schwäb. Kloster Hirsau weitergetragen wurde. Der Investiturstreit führte die Klöster aus ihrer otton. Isolierung heraus. Die verschiedenen religiösen Impulse riefen eine *frühmhd.* volkssprachl., geistlich-kirchl. *Zweckliteratur* hervor, meist anonym und (ähnl. den kleineren ahd. Gedichten) in kunstlosen Reimversen und bisweilen eindrucksvoll lapidarer Sprachfügung. Diese kleineren Gedichte sind nun nicht mehr nur als Notierungen in lat. Handschriften erhalten, sondern z. T. in eigenen Sammelhandschriften, wie z. B. der berühmten Vorauer Handschrift, überliefert. Das älteste dieser frühmhd. Gedichte ist ein Heilshymnus, das ›Ezzolied‹. Für Laienbelehrung und -erbauung entstanden dogmat. Dichtungen wie die ›Summa theologiae‹, bibl. Verserzählungen wie die ›Wiener Genesis‹ oder das ›Leben Jesu‹ der ältesten, namentlich bekannten Dichterin dt. Sprache, Frau Ava, sehr verslegenden wie das ›Annolied‹ und Mariendichtungen (›Melker Marienlied‹). Die Weltfluchttendenzen der Zeit fanden v. a. ihren Ausdruck in Bußgedichten wie dem ›Memento mori‹ des Zwiefalter Abtes Noker (um 1090), in Sündenklagen und asketisch-weltfeindl. Dichtung (Heinrich von Melk) sowie in gereimten Gebeten. Die Übersetzungsarbeit von Notker Labeo wurde fortgesetzt durch Abt Williram von Ebersberg mit einer lat.-dt. Paraphrase des Hohenliedes und durch das anonyme ›Sankt Trudperter Hohe Lied‹, das als ältestes Beispiel der Hohelied-Mystik in dt. Sprache gilt. In dieser Zeit entstanden auch die ältesten dt. *naturkundl. Werke* in Prosa, das zoolog. Lehrbuch ›Physiologus‹ und die nur in Bruchstücken überlieferte Schöp-

fungsgeschichte ›Merigarto‹ mit einer primitiven Geographiedarstellung. – Den Abschluß dieser Epoche bilden größere Geschichtsdichtungen, die über ihre Zeit hinausweisen, wie die ›Kaiserchronik‹ (vollendet um 1150), die noch im 13. Jh. abgeschrieben wurde und zur Nachahmung anregte; sie enthält die ältesten deutschsprachigen ›Novellen‹ (z. B. ›Lukrezia‹); weiter das ›Rolandslied‹ (um 1170) des Pfaffen Konrad, das ›Alexanderlied‹ (um 1150) des Pfaffen Lamprecht. Während die bisherige Literatur meist an lat. Vorbildern orientiert war, tauchten mit dem ›Rolandslied‹ und dem ›Alexanderlied‹ zum ersten Mal Werke auf, die frz. Vorbildern folgen. Dies weist bereits auf den fundamentalen Umschwung hin, der sich in der Kultur- und bes. der Literaturgeschichte in der Mitte des 12. Jh. anbahnte.

Zeit der Staufer (1150–1250): Bis zu dieser Zeit waren vornehmlich Klöster kulturelle Pflegestätten, Schul- und Bildungszentren; Mönche verwalteten und vermittelten die Bildungsgüter, die hpts. auf antiken und spätantik-christl. Traditionen ruhten. Der erste Einbruch in diese Bildungswelt erfolgte in Frankreich: an der Univ. in Paris, den geistl. Bischofshöfen blühte eine klerikale weltl. Literatur auf. Für die Entstehung der volkssprachl. Literatur spielte der von Frankreich geführte erste Kreuzzug (1096–99) eine wichtige Rolle: durch die Begegnung mit der kulturell progressiveren, reicheren und liberaleren Welt des Orients eröffnete sich für den Laien des Abendlandes eine bisher unbekannte Weltsicht. Gleichzeitig entstand an den Höfen eine neue Kultur, die vom Kriegeradel getragen wurde. Diese Entwicklung nahm wohl nicht von ungefähr ihren Ausgang an der Kontaktstelle mit dem span. Araberreich, in Südfrankreich. An provenzal. Höfen erklang zum ersten Mal die weltl. Kunst der Troubadours, deren erster Vertreter Herzog Wilhelm IX. von Aquitanien, war. In Nordfrankreich entstand mit der ›Chanson de Roland‹ das erste verschriftlichte Heldenlied. – Ein vergleichbarer Prozeß setzte auf dt. Boden erst nach dem zweiten Kreuzzug (1147–49) ein, an dem zum ersten Mal auch ein dt. Heer teilnahm.

Die Phasenverschiebung von einem halben Jh. ist kennzeichnend für das Verhältnis der frz. und dt. Literatur des Hoch-MA, in dem Frankreich die führende kulturelle Nation war und zum Umschlagplatz antiken und gemeineurop. Geistes- und Stoffgutes wurde. Die *geistl. Literatur* bestand das ganze MA hindurch neben der weltl. fort; sie war aber seit dem Ende des 12. Jh. nicht mehr repräsentativ für die Adelskultur. Auch die Moral- und Lebenslehre löste sich aus dem geistl. Bereich. Als symbol. Datum für die Etablierung der Hofkultur gilt das Mainzer Pfingstfest von 1184.

Im *Minnesang* schaffte sich die adlige Gesellschaft zum ersten Mal einen eigenen literar. Ausdruck. Für die Frage der Herkunft dieser eigenartigen Gesellschaftsdichtung wurde auf antike, mittellat., provenzal., arab. Vorbilder und den im 12. Jh. aufkommenden Marienkult neben heim. Traditionen verwiesen. Das Phänomen des Minnesangs ist jedoch zu vielschichtig, als daß seine Entstehung und Entwicklung aus einer Wurzel ableitbar wären. Der älteste dt. Lyriker, der von Kürenberg, zeigte sich in seiner Minnehaltung (Gegenseitigkeit der Liebe, die Frau als Werbende) in Vers- und Strophenform (die sich später auch im ›Nibelungenlied‹ findet) noch unberührt von der provenzal. Minnedichtung, die zur Zeit des von Kürenberg (um 1160) bereits in der 3. Generation gepflegt wurde. Zu dieser ersten Phase, dem sog. ›donauländ. Minnesang‹, gehören außerdem Meinloh von Sevelingen und die Burggrafen von Regensburg und Rietenburg. Eine Gestalt des Übergangs war Dietmar von Aist (Strophen aus Kurz- und Langzeilen; der Mann als Werbender). Mit den rhein. Minnesängern (Heinrich von Veldeke, Friedrich von Hausen, Bernger von Horheim u. a.) begann der eigentl. hohe Minnesang (oft in Stollenstrophen, der reine Reim wird zur Regel), in dem das Verhältnis des Ritters zu seiner Dame analog zu den sozialen Bedingungen der Feudalgesellschaft (Vasallität, Ministerialität) gestaltet ist: die ›vrouwe‹ als hoch über dem Mann stehende Minneherrin, Minnedienst als Herausforderung zu Bewährung und Läuterung. Hier sind provenzal. Einflüsse, formal und

motivlich, zu greifen. Während aber in der provenzal. Lyrik sich z. T. Rückspiegelungen wirkl. Geschehnisse vermuten lassen, ist der hohe Minnesang auf dt. Boden als Frauenpreis weitgehend abstraktes Werberitual, das in immer neuen Form- und Situationsvariationen und -kombinationen durchgespielt wird. Neben den zentralen Werbeliedern finden sich von Anfang an bes. Gattungen wie Wechsel, Tagelied, Kreuzlied, Leich.

Die Hochphase des Minnesangs wird repräsentiert durch die sensualist. Spiritualität Heinrichs von Morungen und perspektivenreiche Reflexivität Reinmars des Alten. Walther von der Vogelweide, der als Fahrender an den ober- und mitteldt. Höfen seine Minnelieder und polit. Lyrik (Spruchdichtung) vortrug, war der bedeutendste Rhetoriker unter den Sängern, der durch Rückgriff auf Formen und Themen der Vagantenlyrik das traditionelle Typenrepertoire bereicherte. In seiner polit. und religiösen Lyrik griff Walther in scharfzüngiger Polemik Themen der Reichs-, Kirchen- und Fürstenpolitik und des mittelalterl. Moralsystems auf. – Die Spätphase des Minnesangs wurde eröffnet durch Neidhart um 1210, der die Minnethematik in seinen Winter- und Sommerliedern in bäuerl. Kostüm präsentierte und damit ein Schule machendes Reizmittel etablierte. – Überliefert ist die mhd. Minnelyrik erst aus der Zeit ihres Niedergangs: um 1275 entstanden die ›Kleine Heidelberger Liederhandschrift‹, nach 1300 die ›Stuttgarter Liederhandschrift‹, die miniaturengeschmückte ›Große Heidelberger Liederhandschrift‹. Lat. Lyrik des Hoch-MA, sog. Vagantendichtung, sammelte eine Benediktbeurer Handschrift (Carmina Burana); der bedeutendste mittellat. dichtende dt. Lyriker, der Archipoeta, gehörte zum Umkreis Rainalds von Dassel, Kanzler Friedrichs I. Barbarossa.

Auch in der mhd. *Epik* nahm das Thema der Macht der Minne neben der ritterl. Bewährung einen zentralen Platz ein. Die Stoffe stammten aus der antiken Literatur, den breton. und german. Sagenkreisen, aus der Welt- und frühmittelalterl. Geschichte (Karlssagen) und aus den Legendentraditionen. Als Begründer der höf. Epik galt schon im MA der am Niederrhein geborene Heinrich von Veldeke, in dessen ›Eneit‹ Vergils Epos ›Äneis‹ nach dem Vorbild des frz. ›Roman d'Énéas‹ (um 1060) zu einem ritterl. Bewährungs- und Minneroman umgestaltet ist. Veldekes ›Eneit‹ begründete die Hinwendung mitteldt. Dichter zu antiken und spätantiken Stoffen (Herbort von Fritzlar, ›Liet von Troje‹, um 1210; Albrecht von Halberstadt, Versübersetzung der ›Metamorphosen‹ des Ovid, um 1215). Den Zugang zum Artussagenkreis eröffnete der alemann. Dichter Hartmann von Aue. Das große Vorbild war hierfür der Nordfranzose Chrétien de Troyes, der nach der Mitte des 12. Jh. die verschiedenen Heldengestalten der kelt. Artus-Sagentradition zum Mittelpunkt mustergültiger Epen machte (›Érec et Énide‹, ›Yvain‹, ›Cligès‹, ›Lancelot‹, ›Perceval‹). Hartmann, der ›gelêrte ritter‹, stellt in seinen beiden Artusepen ›Erec‹ und ›Iwein‹ zwei Gestalten heraus, die sich vom gesellschaftl. Ideal entfernen: Erec vergißt über der Ehe seine höf. Pflichten, Iwein versäumt dagegen seine rechtl. Verpflichtungen gegenüber seiner Frau. Beide müssen in einem Weg von Versagen und Bewährung die richtige Haltung lernen. Lehrdichtungen in diesem Sinne sind auch Hartmanns Legendenerzählungen ›Der arme Heinrich‹ und der ›Gregorius‹. – Höhepunkt der mhd. Epik ist der ›Parzival‹ Wolframs von Eschenbach, das am reichsten überlieferte Epos aus dieser Zeit. Der in einem verschränkten Kursus angelegte Roman um Parzival, den zum Gralskönig bestimmten Haupthelden, und Gawan, den vorbildl. Artusritter, folgt dem Aufbauschema aller Artusromane (Aufstieg – Scheitern – Bewährung). Neben dem ›Parzival‹ steht Gottfried von Straßburgs unvollendet gebliebenes Epos ›Tristan und Isolt‹, ein in ausgefeilter, rhetorisch-glänzender Sprachform gestaltetes Hohelied von der mag. Gewalt der Minne. Der weitere ep. Höhepunkt der Zeit um 1200 ist das anonym überlieferte ›Nibelungenlied‹, in dem zum ersten Mal seit dem frühen ›Hildebrandslied‹ (um 800) german. Sagentraditionen aus der Zeit der Völkerwanderung literarisiert sind, geformt zu einem höf. Heldenro-

man, dessen trag. Monumentalität in der angehängten ›Klage‹ einem höf. Publikum quasi interpretiert wird. Das **13. Jahrhundert** führte vor allem die in dieser Zeit augeprägten Dichtungsformen weiter: In der *Lyrik* wurden die Modelle des hohen Minnesangs und der Neidhartschen Typen weiter variiert (Ulrich von Singenberg, der Tannhäuser, Gottfried von Neifen, Burkhart von Hohenfels, Ulrich von Winterstetten u. a.); neue Töne finden sich in den Herbstliedern B. Steinmars [von Klingnau] und in den Ereignisliedern des Züricher Bürgers J. Hadlaub. Das didakt. Element, das auch der Minnelyrik eignet, emanzipierte sich in der Spruchdichtung des 13. Jh. (Reinmar von Zweter, der Marner, Bruder Wernher). Minnelyrik und Spruchdichtung vereinigten sich nochmals im Werk Heinrichs von Meißen, genannt Frauenlob, dessen Gedichte vorbildhaft für den ↑ Meistersang wurden. – Auch in der *Epik* wurde zunächst die Tradition des höf. Romans fortgeführt, z. T. durch Vollendung unvollendeter Romane der Blütezeit, wie Gottfrieds ›Tristan‹ durch Ulrich von Türheim und Heinrich von Freiberg, oder Wolframs ›Willehalm‹ durch Ulrich von dem Türlin und Ulrich von Türheim oder durch Werke wie der zum Moralexempel tendierende stroph. Roman ›Der Jüngere Titurel‹ Albrechts in der Nachfolge Wolframs von Eschenbach. In der Tradition der höf. Romankunst stehen Rudolf von Ems, der Stricker, Konrad von Würzburg u. a.; ihre Werke zeigen formale Perfektion sowie Spiel mit Motiven und Aufbauformen der Gattungstradition. Vereinzelt steht in diesem Rahmen der um 1230 aus dem Französischen übertragene erste dt. Prosaroman ›Lanzelot‹. Auch Heldenepik wurde im 13. Jh. breiter fortgeführt (›Kudrun‹, ›Wolfdietrich‹ u. a. Dietrichepen). Wie eine Parodie auf den Minnekult wirkt der als Rahmen um Minnelieder konzipierte ›Frauendienst‹ Ulrichs von Lichtenstein als fiktive Selbstbiographie. Belehrendes bieten der ›Meier Helmbrecht‹ von Wernher dem Gartenaere, die Zeitsatire ›Seifried Helbling‹, des Strickers Schwänke des ›Pfaffen Amis‹, die älteste dt. Schwanksammlung, sowie eine Fülle von Kleinepik, z. B. die

›Mären‹ des Strickers. Die Großform der Sitten- und Lebenslehre wird repräsentiert durch ›Der wälsche Gast‹ des Thomasin von Circlaere (1215/16); diesem folgten u. a. Freidanks Sprichwortsammlung ›Bescheidenheit‹; Abschluß und Höhepunkt war das pragmat. Moralkompendium ›Der Renner‹ des Bamberger Schulmeisters Hugo von Trimberg (um 1300), eines der verbreitetsten Werke des Spät-MA. – Eine eigene religiös-histor. Literatur entwickelte im 13. und 14. Jh. der Deutsche Orden, v. a. in Preußen. Einen beachtl. Aufschwung nahmen nun auch allgemein belehrende Werke, meist in *Prosa,* Werke einer weltl. Schulwissenschaft (Naturkunde: ›Lucidarius‹, um 1190; Recht: ›Sachsenspiegel‹, um 1224–31; ›Schwabenspiegel‹, um 1275/ 1276; Geschichte: ›Sächs. Weltchronik‹, um 1230). – Geistl. Prosa entstand im Rahmen der bereits im 12. Jh. sich ankündigenden geistl. Bewegung der Mystik (Hildegard von Bingen, ›Scivias‹), v. a. durch die niederdt. Nonne Mechthild von Magdeburg (›Das fließende Licht der Gottheit‹, 1250–80); eine wissenschaftlich-gelehrte dt. Prosasprache haben die Dominikaner Meister Eckhart und sein Schüler, Heinrich Seuse, im Gefolge der Scholastik ausgebildet, einen eigenen Predigtstil prägten der Franziskaner Berthold von Regensburg und der Dominikaner Johannes Tauler. Aus dem 13. Jh. ist auch das älteste dt. *Schauspiel* bezeugt, das ›Osterspiel von Muri‹, in Reimpaaren und in höf. Stil. Vorausgegangen war der lat. ›Ludus de Antichristo‹ (um 1160). Diese geistl. Spiele (so noch aus dem 13. Jh. das lat. ›Benediktbeurer Weihnachtsspiel‹, das lat.-dt. ›Benediktbeurer Osterspiel‹) hatten sich aus einem bereits im 10. Jh. in die Ostermesse eingefügten Wechselgesang neu entwickelt, nachdem die Tradition des antiken Dramas im Früh-MA völlig abgebrochen war, reduziert auf den Bereich der Schullektüre (Hrotsvit von Gandersheim). Diese Anfänge führten dann im Spät-MA zu einer reichen Entwicklung (neben Oster- und Weihnachtsspielen v. a. Fronleichnams- und Legendenspiele u. a.).

Aus **spätmittelhochdeutscher Zeit** ist eine Fülle an Literatur verschiedenster Art er-

halten: es wurden sowohl die höf. Traditionen weitergeführt als auch aus älteren Ansätzen neue Formen weltl. und geistl. Literatur entwickelt. Kennzeichnend sind v. a. ein didakt. Pragmatismus, die Tendenz zur Großform (›Summe‹) und zur Einbeziehung weiterer Erfahrungsbereiche von ekstat. Spiritualismus bis zu grell-obszönen Derbheiten. In der Nachfolge der höf. *Epik* reichte die Palette von Minneallegorien (Hadamar von Laber, ›Die Jagd‹, um 1340), Reimreden usw. bis hin zu Abenteuerkompilationen wie Ulrich Füetrers ›Buch der Abenteuer‹ (zw. 1473 und 1478), das er für den bayr. Hof verfaßte. Gleichzeitig erschien der erste Druck mhd. Epen (›Parzival‹ und ›Jüngerer Titurel‹, 1477). Einen Endpunkt der ›Ritterrenaissance‹ bildete die Handschrift des ›Ambraser Heldenbuchs‹, das zehn z. T. bedeutende mhd. Werke als einziges bewahrte. In der Erzählliteratur ragen heraus: die Werke Heinrich Wittenwilers (›Der Ring‹, nach 1400) und Hermanns von Sachsenheim (›Die Mörin‹, 1453, geschaffen für den schwäb. Musenhof der Erzherzogin Mechthild in Rottenburg). Eine neue Form der Rezeption ritterl. Literatur eröffneten die Prosafassungen junger frz. Chansons de geste von Elisabeth von Nassau-Saarbrücken, die zur Grundlage für die im Gefolge des Buchdrucks sich verbreitenden Volksbücher wurden, zu denen sich die im Spät-MA beliebten Schwanksammlungen (›Pfaffe vom Kalenberg‹, ›Eulenspiegel‹ u. a.) gesellten. – Die in der *Lyrik* immer stärker durchdringenden didaktisch-gelehrten Tendenzen (z. T. schon bei dem Meister des geblümten Stils, Heinrich von Mügeln, Mitte des 14. Jh. am Prager Hof, und bei Hugo von Montfort) führten auf den *Meistersang* hin, der sich im 15. Jh. in den Städten (Mainz, Nürnberg, Straßburg u. a.) voll entfaltete, gekennzeichnet durch Formschematismus und bürgerl. Lehrhaftigkeit (Muskatplüt, M. Beheim, H. Folz). 1450 soll die erste meisterl. Singschule in Augsburg gegründet worden sein. Daneben standen die lyr. Gesellschaftskunst des Mönchs von Salzburg und die adlig-repräsentativen Lieder Oswalds von Wolkenstein in ihrer elementar wirkenden Eigenart. – Bürgerlich-prakt. Denken kamen naturkundlich-medizin. Schriften aller Art, Erziehungsbücher (Tischzuchten) und Reisebeschreibungen entgegen. Im Spät-MA entstand überdies eine Flut von geistl. und populärtheolog. Literatur in Vers und Prosa; bedeutsam sind v. a. die ersten vollständigen Bibelübersetzungen in Prosa Ende des 14.Jh., so die Übersetzung des Alten (Wenzelbibel) und die des Neuen Testaments (Codex Teplensis), die mehr und mehr die gereimten Weltchroniken und Historienbibeln verdrängten. Das Erlebnis der Pest (Mitte des 14.Jh.) brachte neue Impulse für die seelsorger. Gebrauchsliteratur (Geißlerlieder, Totentänze). Neben den geistl. Spielen wurden seit dem Ende des 14.Jh. auch Fastnachtsspiele beliebt. Als Autoren sind im 15.Jh. H. Rosenplüt und H. Folz bekannt. Diese Entwicklung gipfelte im Werk des H. Sachs. – Als Höhepunkt der spätmittelalterl. *Prosa* gilt das Streitgespräch des Ackermanns mit dem Tod (›Der Ackermann aus Böhmen‹, um 1400) des Johannes von Tepl, in der Form der Disputation mit hoher rhetor. Kunst und existentiellem Gewicht. Er schöpfte wie andere Autoren der Zeit aus der lat. Literatur: Niklas von Wyle (›Translatzen‹, 1478), Heinrich Steinhöwel (›Apollonius von Tyros‹, 1471) und der Domherr Albrecht von Eyb (›Ehebüchlein‹, 1472).

Die dt. oder lat. Literatur des **16. Jahrhunderts** entsprach in ihrer Vielfalt den theolog., polit. und gesellschaftl. Konflikten, die bei der Loslösung aus mittelalterl. Bindungen entstanden. Sie war eng in die aktuelle histor. Situation verflochten: in die Glaubenskämpfe, die der mittelalterl. Glaubenseinheit ein Ende bereiteten, wobei in der ersten Jahrhunderthälfte die Reformation, in der zweiten die Gegenreformation für die Literatur kennzeichnend war. Alte und neue literar. Formen bestanden nebeneinander. Kräftige Impulse für neue Formen gingen vom Humanismus, von der Reformation, von den zunehmenden stadtbürgerl. Leserschichten aus, die im Zuge des wirtschaftl. Aufschwungs Ansätze zu kulturellem Selbstbewußtsein entwickelten. – Das erste Drittel des Jh. war geprägt durch den Kampf der Humanisten gegen Scholastik und Mönchswesen, gipfelnd in den ›Epistolae obscurorum virorum‹ (1515–17). Luther trug mit seiner Bibelübertragung, mit seinem Gemeindelied, in Predigten und Traktaten zur Durchsetzung einer gemeindeutschen, regionale und ständ. Grenzen durchbrechenden Sprache bei. Ihre Wirkungskraft reichte bis in die Literatur des 20.Jh. (z. B. bei B. Brecht). Dagegen blieb die Auswirkung des kosmopolit., ironisch-humanen Werkes des Erasmus von Rotterdam, der bed. Lyrik und Dramatik von H. E. Hessus, E. Cordus, Th. Naogeorgus oder N. Frischlin und der neuen polem. Sprachkunst U. von Huttens auf die deutschsprachige Literatur gering. Die Humanisten erstrebten die Erneuerung der Antike, sie lenkten mit kulturpatriot. Intention auch die Aufmerksamkeit auf die frühe dt. Geschichte (K. Celtis gab 1500 Werke des Tacitus heraus). Myst., gegen Luther opponierende Strömungen stützten sich auf Geschichtstheologie und -philosophie (S. Franck, ›Chronica, Zeytbuch und geschycht bibel‹, 1531; ›Germaniae Chronicon‹, 1538).

Um die Mitte des Jh. dominierte in der Literatur das prot. Bürgertum. Zwar brach die konfessionelle Polemik angesichts der Angriffe der Gegenreformation nicht ab, aber weltlich-gesellschaftl. Literaturinteressen gewannen zunehmend Gewicht. Das *Drama* war als satir., theologisch-moral. Spiel bes. öffentlichkeitswirksam und diente sowohl religiöser wie bürgerl. Erziehung. H. Sachs machte für seine zahlreichen Fastnachtsspiele humanist., reformator. und volkstümlich-schwankhafte Stoffe fruchtbar. Das Wortdrama löste das mim. Spiel ab. Der Basler N. Manuel bildete das Fastnachtsspiel zum reformator. und sozialen Kampfdrama um. Es ging allmählich in das Schuldrama über, das (Ausnahmen Naogeorgus, Frischlin) sich seit etwa 1535 vom Latein trennte (P. Rebhun, S. Birck u. a.). Die Stoffe wurden erweitert: das religiös-moral. Thema wurde um genrehafte Milieudarstellung und gesellschaftskrit. Realismus (J. Stricker, ›De düdesche Schlömer‹, 1584; G. Rollenhagen, ›Vom reichen Manne und armen Lazaro‹, 1590) bereichert; Frischlin verfaßte bereits histor. Dramen (›Hildegardis magna‹, aufgeführt 1579; in dt. Sprache ›Frau Wendelgard‹, aufgeführt 1579, gedr. 1580). Gegen Ende des Jh. trat neben das Schuldrama das festlichhöf. Spiel mit Anregungen durch die engl. Komödianten und die Commedia dell'arte. Die höf. Residenz (Heinrich Julius, Herzog von Braunschweig-Wolfenbüttel, mit elf eigenen Dramen) begann, Träger der Literatur, des Theaters zu werden. Eine eigene dramatisch-theatral. lat. Kultur, die auf Gehalt und Kunstform des barocken Dramas vorauswies, schufen die Jesuitenkollegs (seit 1567, bes. in München). Eine ähnlich intensive Ablösung von mittelalterl. Formen zeigt die Entwicklung der *Erzählliteratur*. 1494 veröffentlichte S. Brant mit seinem ›Narrenschiff‹ in Versen den letzten umfassenden Weltspiegel, zwar noch mit humanist. Grundierung, doch in Satire, Allegorie und Moral orientiert an dem seit dem 14. Jh. entwickelten Typus. Etwa gleichzeitig entstand ein eigenständiger Prosaroman, der ›Fortunatus‹ (1509 veröffentlicht), in dem sich Märchenmotive mit praktisch-bürgerl. Moral verknüpften. Die *Prosa* wurde hpts. im konfessionellen Streit bevorzugtes, mit volkstüml., derb-kom. Sprachgut gefülltes Kampfinstrument und Mittel zweier allegorischfabulierender Heldenautobiographien Kaiser Maximilians I.: ›Weißkunig‹ (entst. um 1516, gedr. 1775) und ›Theuerdank‹ (1517). Sie dauerte fort in der humoristisch-grobian. Satire, die v. a. von J. Fischart gepflegt wurde. Die Affinität von Prosa und bürgerl. Denken trat mit realist. Menschen-, Milieu- und Konfliktdarstellung und mit praktisch-lebensbezogener Moral deutlich in den Romanen von J. Wickram (u. a. ›Der Jungen Knaben Spiegel‹, 1554; ›Der Goldtfaden‹, 1557) zutage. Zu den alten Stoffen im Volksbuch trat die Eindeutschung des höf. Amadisromans (dt. 1569–94 in 24 Bden.), die Zusammenfassung volksläufiger Schwänke zu Zyklen (›Till Eulenspiegel‹, 1515; ›Die Schildbürger‹, 1598), und endlich die aus vielen Quellen und Anekdoten, aus Legenden und Schwänken zusammengesetzte ›Historia von D. Johann Fausten …‹ (1587). Auch in der beliebten Schwankliteratur löste die Prosa den Vers ab (J. Pauli, ›Schimpf

und Ernst …‹, 1522; J. Wickram, ›Rollwagenbüchlin‹, 1555, u. a.). – Die größte *lyr.* Leistung des Jh. liegt in dem durch Luther inaugurierten prot. Gemeindegesang. Daneben lebten bis gegen Ende des Jh. der Meistersang und das Gesellschaftslied, z. T. auf volkstüml. Grundlage, fort. Erst im letzten Viertel des Jh. wurde ein neuer Liedtypus, die sog. Villanelle, durch Jacob Regnarts (*um 1540, † 1599) ›Kurtzweilige teutsche Lieder‹ (1576–91) aus Italien in Deutschland eingeführt.

Für die Literatur des 17. Jh. hat sich die Bez. **Barock** eingebürgert, ein Begriff des 18. Jh., der zunächst in einem durchaus abwertenden Sinn auf die Kunst und den Geschmack angewendet wurde, um die Abweichung von der Norm, die Stilwidrigkeit und Unregelmäßigkeit zu bezeichnen. Die ältere Literatur und Kulturgeschichtsschreibung (u. a. G. E. Lessing, J. Burckhardt, W. Scherer) sah in der Literatur des Barock eine Literatur des Schwulstes, des übertriebenen Zierat- und Schnörkelwesens, der wuchernden Sprache, eine Literatur des Verfalls. Erst mit Beginn des 20. Jh. erfuhr sie eine historisch gerechtere Bewertung; neue Forschungen bekräftigen die eigenständige künstler. Gesetzmäßigkeit dieser Epoche, die durch das spannungsreiche Miteinander von Gegensätzen bestimmt wird. Gegensätze bestehen zwischen der kath. und prot. Konfession, der höfischabsolutist. und gegenhöfisch-bürgerl. Kultur; die Greuel des Dreißigjährigen Krieges, der mitleidlose Kampf gegen die Häresie mit Hexenprozessen und -verbrennungen stehen neben der Entdeckung der modernen Naturwiss. und Technik. Der politisch-geistige Raum ist bestimmt durch die Spaltung der Christenheit, die konfessionelle Dreiteilung Europas; der Zentralismus der frz. Entwicklung wird Modell, das kulturelle Leben versammelt sich an den Höfen, die höf. Kultur strahlt auf die bürgerl. aus. Die Ideologen des barocken Ordnungsgedankens waren die Gelehrten, die v. a. die lat. Sprache benutzten, nun aber mehr und mehr zur Volkssprache übergingen. Seit den deutsch geschriebenen Reformationsschriften Luthers konnte man von einer Breitenwirkung der ›Literatur‹ und einer Wendung zur dt. Sprache sprechen. Latein blieb die überregionale und überkonfessionelle Bildungssprache, war die Folie, auf der sich der neue dt. Sprachstil herausbildete. Das Bewußtsein einer Spracherneuerung war Grundlage der vielen Verteidigungen der dt. Sprache; der Wettstreit mit antiken Vorbildern wollte die als roh empfundene Volkssprache veredeln, die Dichtung wurde in Konkurrenz und Weiterbildung der nlat. Literatursprache entwickelt. Diese Tatsache bestimmte die *Poetiken* des Barock, wie sie von M. Opitz in seinem ›Buch von der Deutschen Poeterey‹ (1624), von A. Buchner und A. Tscherning, J. G. Schottel (›Teutsche Sprachkunst‹, 1641, erweitert 1651), Ph. von Zesen (›Hochdt. Helikon ...‹, 1640) und G. Ph. Harsdörffer (›Poet. Trichter ...‹, 3 Bde., 1647–53) dargestellt wurden: die Betonung der gleichberechtigten Würde und Geltung dt. Sprache und Dichtung; Poesie war lehrbar, Dichten ein Verfertigen nach Regeln, die man erlernen konnte. Die gesellschaftl. Wirkung von Opitz' Sprachreform läßt sich an den Bestrebungen der sog. Sprachgesellschaften fassen: Die ›Fruchtbringende Gesellschaft‹ (gegr. 1617 in Weimar), die ›Auffrichtige Tannengesellschaft‹ (gegr. 1633 in Straßburg), der ›Elbschwanenorden‹ (gegr. 1658, vermutlich in Wedel [Holstein]). Mit den Absichten der Sprachgesellschaften berührten sich die sog. ›Dichterkreise‹ oder ›Dichterschulen‹, die sich u. a. im Nürnberger Dichterkreis, den sog. ›Pegnitzschäfern‹ und dem Königsberger Dichterkreis (›Die musikal. Kürbishütte‹) zusammenfanden. Wichtig neben den Zielen Sprachreform, Spracherziehung, Schutz der Muttersprache vor fremden Einflüssen war v. a. die ›Übersetzungskunst‹ als Vorschule selbständiger Dichtung. M. Opitz schuf mit seinen Übersetzungen der ›Trojanerinnen‹ von Seneca d. J. (1625) und der ›Antigone‹ des Sophokles (1636) ein Muster für das Drama: die Tragödie übernahm die führende Rolle in der Dichtkunst, ihr moral. Zweck wurde betont; die Ständeklausel wurde von der Renaissancepoetik übernommen, der Alexandriner wurde das klass. Versmaß.

Im *Drama* suchte das Barockzeitalter seine poet. Repräsentation, das barocke Theater war zweckhaft zur Lustbarkeit, zur Huldigung, zur Glaubensverbreitung. Als seine Vorläufer gelten: das fast ausschließlich im kath. Süddeutschland zu lokalisierende geistl. Volksschauspiel mit seinen mittelalterl. Wurzeln im Oster-, Weihnachts-, Passionsspiel; das Schauspiel der sog. engl. Komödianten mit seiner Revolutionierung des Bühnenspiels durch den Vorrang des Mimischen; das traditionelle Meistersingerspiel des J. Ayrer; das prot. Schulspiel (M. Rinckart, H. Kielmann, J. V. Andreä), das Benediktinerdrama und v. a. das Jesuitendrama (J. Bidermann, J. Balde, N. Avancini). Zentrale Figur der dt. Barockdramatik ist A. Gryphius mit seinen Tragödien, ein schles. Protestant, der eine eigene Form des Märtyrerdramas fand, indem er für die prot. Glaubenszuversicht ein dem Jesuitendrama entsprechendes Werk entwickelte. Seine Trauerspiele leben aus dem ›Vanitas‹-Gedanken, der Klage über die Vergänglichkeit der Welt, aus der Dialektik des in seiner Hinfälligkeit so kostbaren Augenblicks: ›Leo Armenius‹ (1650), ›Cardenio und Celinde‹ (1657), ›Catharina von Georgien‹ (1657), ›Carolus Stuardus‹ (1657), ›Papinianus‹ (1659). Von der Dramatik Gryphius', der in seinen ›Scherz- und Schimpfspielen‹ ›Absurda Comica. Oder Herr Peter Squentz‹ (1658) und ›Horribilicribrifax‹ (1663) das neue dt. Lustspiel begründete, hebt sich die höf. Dramatik D. C. von Lohensteins ab; sie entlarvt die Welt und ihr Treiben aus der Sicht des Zynikers, wie es die Dramen ›Ibrahim Bassa‹ (entst. 1650, gedr. 1685), ›Cleopatra‹ (1661), ›Agrippina‹ (1665) zeigen. Unter dem Einfluß von Gryphius und Lohenstein stehen die Stücke von A. A. von Haugwitz; eine eher didaktisch ausgerichtete Linie des Barockdramas verfolgte Ch. Weise, auf Satire zielten die Komödien Ch. Reuters. Die barocke *Lyrik* fußt auf der volkssprachl. Lyrik des 16. Jh.: der Tradition des prot. Kirchenlieds, des Meistersangs, dem Komplex des sog. Volksliedes, dem Gesellschaftslied, das auf italien. Quellen, bes. das Madrigal und italien. Tanzformen, zurückgeht. Die Übersetzung und lyr. Bearbeitung des ›Hugenottenpsalters‹, des Gesangbuchs des Kalvinismus, wirkte auf sie, ebenso die Formen des nlat. Dichtens, das die antiken Muster erfüllte: die Ode für gehobene, v. a. religiöse Gefühle; die Elegie als Raum für die erot., auch geistl. Feier; die Ekloge für idyll. Stimmung; das Epigramm für die Polemik. Auch der Stil der Silbernen Latinität (P. P. Statius, C. Claudianus, Sidonius Apollinaris) wurde nachgeahmt und zum Keim des Manierismus; von größter Bedeutung war die Übernahme des Motivvorrats des Petrarkismus aus der italien. Dichtung des 15. Jahrhunderts. Die Liebeslyrik P. Flemings nutzte den Formen- und Formelkanon des petrark. Systems mit den Elementen des Frauenpreises und der Klage über die Unerfüllbarkeit der Liebe bis zum Todeswunsch, dargestellt in gedankl. Antithetik und metaphor. Sprache. Die Hirtendichtung wurde von Opitz eingeführt, von D. Czepko und G. Neumark variiert. G. R. Weckherlin brachte die frz. Ode nach Deutschland (›Oden und Gesänge‹, 2 Bde., 1618/19); er gilt als Schöpfer der dt. Odenform. Folgenreich war auch die Lyrik der kath. Ordensdichter; F. Spee von Langenfelds ›Trutz Nachtigal, Oder Geistlichs-Poetisch Lust-Waldlein‹ (hg. 1649) ist gedichtet in der affektgeladenen Symbolsprache der mittelalterl. Brautmystik, die aus den erot. Bildern des Hohenlieds lebt, und durchsetzt mit petrark. Formeln. Die geistl. Thematik und der Toposschatz eines spiritualisierten Petrarkismus, der sog. Jesusminne, findet sich auch bei Angelus Silesius in ›Heilige Seelen-Lust oder Geistige Hirten-Lieder Der in jhren Jesum verliebten Psyche‹ (1657); er stand in der Tradition der Eckhartschen Mystik, die mit den Vertretern der Pansophie (u. a. Valentin Weigel [* 1533, † 1588], Jacob Böhme [* 1575, † 1624; ›Aurora: das ist Morgenröthe im Aufgang‹, vollständig gedr. 1656]) offen gegen das offizielle Luthertum kämpfte. Seine berühmte Gedichtsammlung ›Cherubinischer Wanders-Mann ...‹ (1657; vollständig 1675) hängt eng mit den ›Monodisticha Sapientium‹ (entst. 1640 bis 1647) des D. Czepko zusammen. Die wichtige Rolle der Emblematik im Barock korrespondiert mit der pansoph. Betrachtung der Welt, die zum eigtl. Sinn und zur verbindenden Sinnkette alles Seienden zu gelangen trachtet. Andere von der Mystik beeinflußte Dichter waren J. Ch. Knorr von Rosenroth (›Neuer Helicon‹, 1684), Qu. Kuhlmann (›Kühlpsalter‹, 3 Tle., 1684–86) und C. R. von Greiffenberg. Eine Sonderform barocker Lyrik ist die poet. Buchstaben-, Silben- und Zahlenmystik. A. Gryphius dichtete aus der barocken Grunderfahrung der Vergänglichkeit und der Hilflosigkeit des Menschen in seiner ungetrösteten zeitl. Angst vor dem Tod. Er bediente sich des Sonetts als Idealform der antithet. Aussage (›Son- undt Feyrtags-Sonnete‹, 1639). Die Lyrik Ch. Hofmanns von Hofmannswaldau huldigte dem Ideal des eleganten Versflusses, einer Lyrik des Genusses mit weltlich-erot. Themen, die in der Tradition des Marinismus steht. Das prot. Kirchenlied wurde außer durch M. Rinckart, V. Herberger u. a. durch P. Gerhardt vertreten. F. von Logau war der Meister des Epigramms, (›Deutscher Sinn-Getichte Drey Tausend‹, 3 Bde., 1654); die Ständesatire in der Art S. Brants, J. Fischarts, Th. Murners, M. Luthers führte H. M. Moscherosch in seinem Hauptwerk ›Wunderliche und Warhafftige Gesichte Philanders von Sittewalt‹ (2 Tle., erstmals 1640) fort.

Die Geschichte des dt. *Barockromans* beginnt als Rezeptionsgeschichte fremdsprachiger Romane, die von Opitz, von Zesen, Harsdörffer, Moscherosch übersetzt wurden. Vorbilder waren der ›Amadisroman‹, Longos' ›Daphnis und Chloe‹, G. Petronius' ›Satiricon‹, Heliodoros' ›Aithiopiká‹ (10 Bücher, 3. Jh. n. Chr.), weiter die ›Argenis‹ von J. Barclay (1621; dt. von M. Opitz, 2 Tle., 1626–31) und Ph. Sidneys ›Arcadia‹ (2. Fassung 1590; dt. von M. Opitz, 1629). Der erste dt. Kunstroman des 17. Jh., Ph. von Zesens ›Ritterholds von Blauen Adriatische Rosemund‹ (1645), stand in betonter Opposition zur beliebten italien. und span. Liebesgeschichte. Auch A. H. Buchholtz' ›Des Christl. Teutschen Groß-Fürsten Herkules Und Der Böhm. Königl. Fräulein Valiska Wunder-Geschichte‹ (2 Tle., 1659/60) wandte sich gegen den als ›unsittlich‹ verstandenen ›Amadis‹, gegen Barclay und Sidney, die er in christl. Erbauung zu verbessern suchte. Anton Ulrich von Braunschweig-Wolfenbüttel veröffentlichte die Monumentalromane ›Die Durchleuchtige Syrerinn Aramena‹ (5 Bde., 1669–73), ›Octavia, Röm. Geschichte‹ (6 Bde., 1677–1707). Seit der Übersetzung der ›Astrée‹ des Honoré d'Urfé (dt. 1619) wurde der Schäferroman, anfangs in Mischung von Prosaerzählung, Dialog und Lyrik, Mode. Die realist. Korrektur am höf. Roman brachte der pikareske Roman, der span. und später auch frz. Schelmenroman (der anonyme ›Lazarillo de Tormes ...‹, 1554, dt. Übers. und Bearbeitung 1617; M. Alemáns ›Der Landstörtzer Gusman von Alfarache ...‹, 2 Tle., 1599–1604, dt. 1615 von Ä. Albertinus; Ch. Sorels ›Wahrhaftige und lustige Historie vom Leben des Francion‹, 7 Bücher, 1623, dt. 1647). Er beeinflußte das wirkungskräftigste Literaturwerk des 17. Jh., den 1669 erschienenen Roman ›Der Abentheurliche Simplicissimus Teutsch‹ von J. J. Ch. von Grimmelshausen. Dessen Reichtum an Anschauung, Phantasie, Witz und Wissen ließ viele Schriften in rascher Folge entstehen (›Continuatio ...‹, 1669; ›Der seltzame Springinsfeld‹, 1670; die ›... Lebensbeschreibung der Ertzbetrügerin und Landstörtzerin Courasche‹, 1670; ›Das wunderbarl. Vogel-Nest‹, 1672 u.a.). Sein Werk fand viele Nachahmer, die sog. Simpliziaden, die sich in der Nachahmung dem Erfolg von Grimmelshausens Werk anschließen wollten. Als ebenbürtig kann nur J. Beer mit seinen Schelmenromanen gelten, die mit einer diesseitsfreudigen, unpathet. Sicht der Welt den barocken Rahmen sprengten. Lohensteins ›Großmüthiger Feldherr Arminius ...‹ (2 Bde., 1689/90) ist der geschlossenste, systemstrengste Roman der Barockzeit, der eine erzieher. Absicht mit einer universalen geschichtstheolog. Konzeption verknüpft. Einer der erfolgreichsten Romane, der auch dramatisiert wurde, war H. A. von Zigler und Kliphausens ›Die Asiatische Banise...‹ (1689); Spätformen des höf. Romans brachte u.a. E. W. Happel. Im ›galanten Roman‹ trat das heroische Geschehen zugunsten der Darstellung von Liebesverwicklungen zurück; seine Verfasser waren A. Bohse, Menantes, J. G. Schnabel; den ›polit.‹ Roman vertraten Ch. Weise und Ch. Reuter (›Schelmuffskys Warhafftig Curiöse und sehr gefährliche Reisebeschreibung ...‹, 2 Tle., 1696/97). Die Utopie fand dichter. Gestaltung in Schnabels ›Wunderliche Fata einiger Seefahrer ...‹ (4 Bde., 1731–43); geistl. Kontrafakturen boten Laurentius von Schnüffis ›Philoteus ...‹ (1678) und J. V. Andreäs Rosenkreuzerroman ›Chymische Hochzeit‹ (1616). In J. Ch. Günther sieht man den Vorläufer einer Verschränkung von Biographie und Dichtung. Er erscheint als der jungverstorbene, hochbegabte Bekenntnisdichter, dessen Stärke im Erlebnis und dem Selbstbekenntnis des Künstlers seine erot. Lyrik, die die Emanzipation der Sinnlichkeit nicht mehr als Nachahmung der Affekte, sondern als Nachahmung der ›Sprache des Lebens‹ begreift, rückt den Dichter, der einer der meistgelesenen Lyriker der Aufklärungszeit war, in die Perspektive des 18. Jahrhunderts.

Im 18. Jh., dem Zeitalter der **Aufklärung,** gaben die Philosophen R. Descartes, B. Spinoza, G. W. Leibniz, Ch. Thomasius, I. Kant, Ch. Wolff und A. G. Baumgarten das theoret. Fundament für die Werke der Dichtung. In ihren Anfängen war die Aufklärung eine polem. Bewegung, sie verfocht die gesamtmenschl. Aufforderung zur Anwendung der Vernunft gegen Autoritäten und Begierden, das Postulat des Selbstdenkens und der Ablehnung jeder geistig-geistl. Vormundschaft. Es ging ihr um Prinzipien krit. Vernunft und befreiter Natur, im Stilistischen um das Ideal der Klarheit, Einfachheit, Leichtigkeit. Literatur war Bildungsmittel; einflußreich wurden daher die wiss. und unterhaltenden Zeitschriften und moral. Wochenschriften. Die Höfe verloren ihre Bedeutung für die Kultur; prot. Staaten übernahmen die literar. Führung. Zentren waren die Universitäten in Leipzig, Halle, Heidelberg sowie gesellige Kreise in weltoffenen Handelsstädten: Hamburg mit den Vertretern einer teils theologisch bezogenen Naturlyrik (B. H. Brockes' ›Irdisches Vergnügen in Gott‹, 9 Bde., 1721–48),

teils gesellig-heiteren ›anakreont.‹ Lyrik
(F. von Hagedorns ›Sammlung Neuer
Oden und Lieder‹, 1742–52); Zürich
durch J.J. Bodmer und J.J. Breitinger mit
ihren ›Discoursen‹ über Moral, Philosophie, Literatur und Kunst; Berlin und
Potsdam durch F. Nicolai und seine mit
M. Mendelssohn, G. E. Lessing, Ch. F.
Weiße herausgegebenen ›Briefe, die
neueste Litteratur betreffend‹ (24 Tle.,
1759–65). In dem ep. Gedicht ›Die Alpen‹ (1732) entdeckte A. von Haller den
ästhet. Reiz der monumentalen Gebirgs-
landschaft in einer Zeit, deren Natursinn
noch auf das Lieblich-Anmutige beschränkt war. Die arkad. Hirtenwelt als
ideale geistige Landschaft der heiteren
Harmonie besangen J. W. L. Gleim, J. P.
Uz und J. N. Götz; E. Ch. von Kleist beschrieb Natur in bezug auf sein persönl.
Empfinden; S. G. Lange und I. J. Pyra
rückten mit pietist. Gewissenhaftigkeit
und Gefühlstiefe das Erlebnis in das
Zentrum ihres Dichtens. In S. Geßners
›Idyllen‹ (1756) sammelten sich rokokohafte und empfindsame Elemente, die
gänzlich außerhalb von Raum und Zeit
das goldene Zeitalter Arkadiens be-
schworen. Die ›Anakreontik‹, die Aufnahme der antiken Odenform, und die
Idyllik Geßners waren Vorboten einer
Renaissance der Antike, die J. J.
Winckelmann in seinen kunsttheoret.
Schriften anregte.
Hauptort der Aufklärung wurde Leipzig,
ihr literar. Oberhaupt bis etwa 1740 J.Ch.
Gottsched, der sich auf Opitz' Poetologie
berief. Das Fundament seines ›Versuchs
einer Crit. Dichtkunst vor die Deutschen‹ (1730) entnahm er Ch. Wolffs log.
Systematisierung der Welt. Die Poesie ist
ihm vernünftige Ordnung, Spiegel der
universalen Harmonie. Für sie gelten
Prinzipien der Wahrscheinlichkeit und
Nützlichkeit, der Mimesis und der witzigen und anmutigen Belehrung durch
ein geistreiches Kombinationsvermögen.
Gottsched erwarb sich große Verdienste
um eine dt. Bühnenreform, die ein literar.
dt. Sprechtheater, gestützt auf Berufsschauspieler, für ein gebildetes Publikum
zu fördern bestrebt war. Sein Muster-
drama ›Der sterbende Cato‹ (1732), in re-
gelmäßigen Alexandrinern, richtete sich
nach dem exemplar. Vorbild des frz.

klass. Dramas. Als Schöpferin des dt.
Lustspiels, der sog. sächs. Typenkomö-
die, gilt seine Frau, L. A. V. Gottsched,
die Gottschedin, mit den ›Verlachkomö-
dien zur Besserung‹ (›Die Pietisterey im
Fischbein-Rocke ...‹, 1736). Gottsched
machte in der ›Grundlegung einer Deutschen Sprachkunst‹ (1748) die obersäch-
sisch-meißn. Literatursprache zur dt. Ge-
meinsprache. Eine Literaturfehde mit
den schweizer. Theoretikern Bodmer
und Breitinger kam durch Breitingers
›Critische Dichtkunst‹ (2 Bde., 1740)
zum Ausbruch; diese propagierte eine
neue Anschaulichkeit der Darstellung,
den Einbezug des Wunderbaren und der
Sprache der Empfindung gegen das ver-
nunfthafte Stilideal Gottscheds. Die Opposition zu Gottsched formierte sich in
den sog. Bremer Beiträgern, ein Übergang zur **Empfindsamkeit** zeichnete sich
auch bei den bedeutendsten Schülern
Gottscheds, Ch. F. Gellert und J. E.
Schlegel, ab. An Gellert zeigte sich die
Wandlung der bürgerl. Mentalität; der
Mischung von Aufklärung und Empfindsamkeit entsprach seine rokokohafte
Vorliebe für kleine Formen. Gellert kultivierte u. verf. Fabel und Erzählung
(›Fabeln und Erzählungen‹, 2 Bde.,
1746–48), Schäferspiele (›Das Band‹,
1744) und erreichte große Popularität in
allen Schichten. Er brachte der frz. Comédie larmoyante, die er in seiner lat.
verfaßten Universitätsschrift ›Pro co-
moedia commovente‹ (1751, dt. 1754 von
G. E. Lessing) beschrieb, in die dt. Literatur ein: eine Wandlung vom Typus der
Verlachkomödie zur Darstellung der zu
fördernden Tugenden des bürgerl. Pri-
vatlebens setzte ein. Wandlungsfähigkeit
und psycholog. Vertiefung der Charaktere zielten auf die Empfindungs- und
Mitleidsfähigkeit des Publikums (›Die
Betschwester‹, 1745; ›Die zärtl. Schwestern‹, 1747). Auch in der Gattung des
Romans wurde Gellert zum wichtigen
Anreger, sein Roman ›Das Leben der
schwedischen Gräfin von G ***‹ (2 Bde.,
1747/48) konzentrierte sich auf die seel.
Situation seiner Figuren. J. E. Schlegel
drang in seinen Lustspielen auf Stilisierung; seine ›Vergleichung Shakespears
und Andreas Gryphs‹ (1741; in: ›Bey-
träge zur Crit. Historie ...‹, hg. von Gott-

sched) stellte zum erstenmal die großen dramat. Qualitäten des engl. Dichters dar. F. G. Klopstock verstand den Dichter als religiös Berufenen und genial Schöpferischen, der die Welt über alle Vernunfterkenntnis deutet. Unter dem Einfluß Pyras und J. Miltons proklamierte er das Erhabene in seinem religiösen Epos ›Der Messias‹ (1748–73) und führte die Ausdrucksfähigkeit der deutschen Sprache zu einer bisher unbekannten Höhe. Seine umfangreiche Odendichtung verkündete die sittlichen Werte des Lebens, der Freundschaft und Liebe; die durch H. W. von Gerstenberg initiierte sogenannte Bardenlyrik erlebte bei Klopstock ihren Höhepunkt.

Um 1750 setzt die Phase der sog. **Vorklassik** ein. Repräsentativ für die neue Entwicklung waren neben Ch. M. Wieland G. E. Lessing, J. J. Winckelmann und J. G. Hamann. Wieland war zunächst, durch pietist. Erziehung und Einfluß, geprägt durch Klopstocks Dichtung. Sein Thema wurde die Desillusionierung des Schwärmers im Zusammenstoß mit der Wirklichkeit, erzählt in ironisch-spieler., erotisch-phantasiereichem Stil. Aufklärung, Rokoko, Empfindsamkeit gingen bei ihm von Werk zu Werk differenzierte Verbindungen ein. Neben den ›Comischen Erzählungen‹ (1765), der Versdichtung ›Oberon‹ (1780), der philosoph. Idylle ›Musarion ...‹ (1768), der Märchensammlung ›Dschinnistan‹ (3 Bde., 1786–89), dem Kleinepos ›Der Neue Amadis‹ (2 Bde., 1771) und zahlreichen ästhet., histor., populärphilosoph. und polit. Essays wurde der Roman die zentrale Gattung seines Werkes (›Der Sieg der Natur über die Schwärmerey, oder Die Abentheuer des Don Sylvio von Rosalva‹, 2 Bde., 1764). Seine schöngeistige Zeitschrift ›Der Teutsche Merkur‹ unternahm Geschmacksbildung im Sinn der Aufklärung; die ›Geschichte des Agathon‹ (2 Bde., 1766/67; endgültige Ausgabe 1794) steht am Beginn des dt. Bildungsromans: der Lebensgang eines Menschen erscheint nicht, wie in älteren Roman, als Vervollkommnung, sondern als Zusammenspiel komplexer Erfahrungen, bei dem das Ziel offenbleibt. Wieland übersetzte griech. und lat. Dichtungen, v. a. lieferte er Prosaübersetzungen

von 22 Shakespeare-Stücken, die den Beginn der dt. Shakespeare-Rezeption bildeten. Mit und neben Wieland begann der Aufstieg des *Romans* in Deutschland. In der Tradition des empfindsamen Reiseromans standen M. A. von Thümmel, J. G. Jacobi, G. Schummel und A. von Knigge; F. Nicolai schrieb seinen satir. Roman ›Das Leben und die Meinungen des Herrn Magister Sebaldus Nothanker‹ (3 Bde., 1773–76); J. Wezel näherte mit ›Herrmann und Ulrike‹ (4 Bde., 1780) den Roman dem Ideal der ›bürgerl. Epopoe‹ an. Den humorist. Roman vertraten J. K. A. Musäus und J. T. Hermes; bei Sophie von La Roches ›Geschichte des Fräulein von Sternheim‹ (2 Bde., 1771) bestimmten Briefe die Werkstruktur des optimist. Aufklärungsromans mit empfindsamen Partien, die den am Pietismus geschulten Blick der Verfasserin offenbaren. In seiner theoret. Abhandlung ›Versuch über den Roman‹ (1774) definierte Friedrich Ch. von Blankenburg (* 1744, † 1796) den Roman als die ep. Form der Moderne, welche die ›innere‹ Geschichte eines Menschen in seiner individuellen Besonderheit beschreibt.

Wie bei Blankenburg wurde auch in der zeitgenöss. *Dramaturgie* der Begriff der Handlung psychologisiert. G. E. Lessing trat in seiner Auffassung vom Wesen des Dramas für eine psychologisch motivierte Handlung ein, für die Auflösung des starren Kanons der drei Einheiten; für eine Tragödie, die im Zuschauer Furcht und Mitleid und damit seine tugendhafte Fertigkeit wecken soll; für eine einfache, natürl. Sprache. Dies bedeutete eine entschiedene Absage an Gottsched, dessen Einfluß er in dem 17. Literaturbrief vom 16. Febr. 1759 (›Briefe, die neueste Literatur betreffend‹) vollends brach. Lessings Tragödienwerk geriet früh unter den Einfluß des engl. bürgerl. Trauerspiels: ›Miß Sara Sampson‹ (1755) gilt als das erste dt. bürgerl. Trauerspiel. Seine ›Minna von Barnhelm‹ (1767) stellte in dem Ausgleich von Liebe und Ehre ein Lustspiel am Rande der Tragödie dar; der zeitgenöss. Stoff und die Individualisierung der Nebenfiguren verbanden die Forderung nach einer lebensnahen, Lachen und Weinen mischenden, wahren Komödie mit dem Anspruch ihrer Beziehung zum pragmat. Alltag. Die Familientragödie ›Emilia Galotti‹ (1772) spiegelt den Konflikt zwischen höf. und Bürgerwelt; das dramat. Gedicht ›Nathan der Weise‹ (1779) entfaltet eine Familiengeschichte, die in der Projektion ins Metaphysische auf die Utopie einer Menschheitsfamilie vorausweist, in der das Gebot der Humanität über aller Konfession steht. In den 104 Stücken der ›Hamburgischen Dramaturgie‹ (2 Bde., 1767–68) begleitete Lessing die Bemühungen um ein stehendes Nationaltheater mit literar. und kulturpolit. Anspruch, getragen von bürgerl. Gemeinsinn; ›Laokoon: oder Über die Grenzen der Mahlerey und Poesie‹ (1766) befreite die Literatur aus der stat. ›Schilderungssucht‹, indem er die dynam. Handlung ›als eigentlichen Gegenstand der Poesie‹ nachweist. Von der Idee der Vervollkommnung und des histor. Fortschritts sind Lessings ästhet. und krit., philosoph. und theolog. Schriften und Streitschriften bestimmt. Kritik an der Aufklärungskultur übte J. G. Hamann; sein Denk- und Sprachstil (›Sokratische Denkwürdigkeiten‹, 1759; ›Aesthetica in nuce‹, in: ›Kreuzzüge des Philologen‹, 1762) ist der traditionellen Wissenschaftsprosa radikal entgegengesetzt. Im Kontrast zu dem vorherrschenden rationalist. Ideal der Klarheit und Widerspruchslosigkeit verkörperte Hamann das Bestreben nach divinator. Weltdurchdringung, nach einer anti-intellektualist., aus der unmittelbaren Einheit von Mythologie und Religion hervorgegangenen Dichtung. Wie Hamann sah auch J. G. Herder in der Sprache den Zugang zum göttl. Geheimnis der Welt und des Menschen; sie ist jedoch nicht mehr unmittelbaren göttl. Ursprungs, sondern ein lebendig sich entwickelnder Organismus, der Dichter allein behält Zugang zu ihren Ursprüngen. Herder ging den Weg zurück zur Volkssprache und wurde für die nachfolgenden Generationen zum genialen Anreger und Vermittler. ›Volksdichtung‹, die auf einer Mystifikation beruhte, nämlich J. Macphersons ›Ossian‹-Dichtungen, J.-J. Rousseaus Naturoptimismus, neben Shakespeare

die kulturkrit. Texte von A. A. C. Shaftesbury und E. Young sowie der Pietismus als Form des modernen Individualismus, der als Empfindsamkeit die säkularisierte Form pietist. Erbes darstellt, beeinflußten die sich gegen die Vernunftherrschaft der Aufklärung stellende Bewegung des **Sturm und Drang**, die die Freiheit des Gefühls und der Phantasie, die schöpferische Kraft und Herrschaft des ›Genies‹ verkündete.
Eine Gruppenbildung des Sturm und Drang war der Göttinger Hain, dessen Name ein Bekenntnis zum Volkstümlichen beinhaltete; seine Mitglieder waren u. a. H. Ch. Boie, J. M. Miller, L. Ch. H. Hölty, J. H. Voß, J. A. Leisewitz, die beiden Grafen Ch. und F. L. zu Stolberg-Stolberg. Die Odenform Klopstocks wurde ins Intime abgewandelt, bed. wurden Balladen, Hymnen, Romanzen, Lyrik im Volksliedton; die in niederdt. Mundart verfaßten Idyllen von J. H. Voß enthalteten eine neue sozialkrit. Dimension; F. L. zu Stolberg-Stolbergs Dialogroman ›Die Insel‹ (1788) feierte das Idealbild naturhaften Lebens und die Abkehr von der Zivilisation. Dem Göttinger Hain verbunden waren G. A. Bürger, der die Sprache der Bibel und des Kirchenlieds auf weltl. Themen übertrug und Balladen mit der Tendenz zum Effekthaften schrieb (›Lenore‹, 1774), Ch. F. D. Schubart, der neben lyr. Veröffentlichungen v. a. als Publizist hervortrat, und M. Claudius mit seinen Lieddichtungen und dem ›Wandsbecker Bothen‹ (1775). Mit seinen Erzählungen und Gedichten in alemann. Mundart fand J. P. Hebel weiteste Resonanz. Kritik am Geniekult und an der Empfindsamkeit übte die Aphoristik G. Ch. Lichtenbergs. Die Autobiographie J. H. Jung-Stillings (6 Bde., 1777–1817) bot die Lebensgeschichte eines originellen Charakters aus dem Volk in pietistisch-erbaul. Absicht des Autors, der seinen Lebensgang als zunehmend bewußte Hingabe an eine göttl. Leitung darstellte. Religiöse Gewissenserforschung bildet auch die erzähler. Achse von U. Bräkers ›Lebensgeschichte und natürl. Ebentheuer des Armen Mannes im Tockenburg‹ (1789). K. Ph. Moritz' Romane ›Anton Reiser‹ (4 Bde., 1785–90) und ›Andreas

Hartknopf‹ (1786) zeigen den Übergang von der Autobiographie zum autobiograph. Roman, einer spiegelbildlich-negativen Variante zum Bildungsroman. J. J. W. Heinse propagierte das ›Lebensfest‹ des Dionysischen und mit ihm den Ausbruch aus der Winckelmann-Tradition in seinem Roman ›Ardinghello und die glückseeligen Inseln‹ (2 Bde., 1787); wesentl. Beiträge zur Entwicklung der Länder- und Völkerkunde leistete G. Forsters ›Reise um die Welt‹ (2 Tle., 1778–80); J. G. Seumes ›Spaziergang nach Syrakus im Jahre 1802‹ (1803) weist auf die künftige Reiseliteratur voraus. Den theoret. Auftakt für die *Dramatik* des Sturm und Drang gab H. W. von Gerstenberg in dem ›Versuch über Shakespeares Werke und Genie‹ (1766/67; in: ›Briefe über Merkwürdigkeiten der Litteratur‹), dem programmat. Schriften von J. M. R. Lenz und J. G. Herder folgten. Neben Shakespeare wurden Plautus, C. Goldoni und L. von Holberg als vorbildhaft empfunden. Dramen schrieben u. a. F. M. Klinger, H. L. Wagner, Maler Müller, J. A. von Leisewitz; Gerstenbergs ›Ugolino‹ (1768) zeichnete ein Kolossalgemälde menschl. Natur und Leidenschaft. Tragik wurde nicht mehr moralisch verstanden, sie liegt im Zwiespalt des Lebens selbst, im Konflikt von Freiheit und Notwendigkeit. Geschichte ist nicht nur dramat. Stoff, sie wird selbst als tragisch verstanden. Es folgte eine lange Epoche des ›histor. Dramas‹. Noch wichtiger wurde die Form des tragikom. Gesellschaftsdramas, die Lenz in seinen Dramen ›Der Hofmeister‹ (1774) und ›Die Soldaten‹ (1776) schuf. Es entstand das Drama der ›offenen Form‹, an das später G. Büchner, das expressionist. Drama und B. Brecht anknüpften. Anklänge an den Sturm und Drang finden sich bei dem jungen F. Schiller in der hyperbol. Steigerung seiner lyr. und dramat. Sprache, in der leidenschaftstrunkenen Metaphysik der ›Laura‹-Oden, in der Faszination durch Größe und Kraft dramat. Helden. Seine frühen Gedichte (›Der Spaziergang unter den Linden‹, 1782) zeigen aber auch seine Verwurzelung in der Aufklärung; im Gegensatz zu der Auffassung des Sturm und Drang, die den Menschen als ganzheitl. leiblich-

seel. Zentrum betrachtete, hatte Schiller eine dualist. Auffassung von Geist und Körper, Vernunft und Natur. Sein eigentl. Feld war das dramatische; von den ›Räubern‹ bis zum ›Wallenstein‹ zeigte Schiller Menschen, die am Anspruch ihrer Gottgleichheit scheitern und ihr Menschsein verfehlen. ›Die Räuber‹ (1781) spitzen den Stoff einer Familientragödie zur Welt- und Gesellschaftstragödie zu; das Motiv der feindl. Brüder, des verlorenen Sohnes, beides Lieblingsthemen des Sturm und Drang, werden miteinander verflochten; ›Die Verschwörung des Fiesco zu Genua‹ (1783) versetzt das Thema des erhabenen Verbrechers in den Raum der italien. Renaissance; das bürgerl. Trauerspiel ›Kabale und Liebe‹ (1784) entwickelt aus dem Sturm- und-Drang-Motiv der Liebe über Standesschranken hinweg das Bild der ständ. Gesellschaft eines dt. absolutist. Kleinstaates als Hort der Korruption und des Verfalls; ›Dom Karlos ...‹ (1787) zeigt Schillers veränderten poet. Ansatz, v. a. in einer neuen Sprache, dem erstmals angewandten Blankvers, der ein objektiviertes Sprechen auf dem Weg zum Klassizismus ankündigte. Auch J. W. von Goethe beschrieb in mehreren Dramenfragmenten und -plänen den Konflikt des ›großen‹ Menschen mit der Welt, des Eigentümlichen mit dem Allgemeinen. Ihre früheste geschlossene Darstellung fand die Tragödie des Individuums in der ›Geschichte Gottfriedens von Berlichingen‹ (entst. 1771, gedr. 1832), nach der Kritik Herders gestrafft und 1773 als ›Götz von Berlichingen mit der eisernen Hand. Ein Schauspiel.‹ veröffentlicht. ›Clavigo‹ (1774) zeigt den Menschen im Widerstreit mit der Problematik des Gefühls, das den Willen zu Macht und Selbstbestimmung konterkariert; ›Stella. Ein Schauspiel für Liebende‹ (1776; 2. Fassung entst. 1806; gedr. 1816) stellt das Rätsel der erot. Leidenschaft in den Mittelpunkt. Im Knittelvers verspottete Goethe Personen und literar. Zeiterscheinungen; im Drama griff er auf der Tradition des Puppen-, Fastnachts- und Jahrmarktsspiels zurück. Sein Briefroman ›Die Leiden des jungen Werthers‹ (1774; Neufassung 1787) hat die Tragödie der Unbedingtheit des Herzens im Mittelpunkt; der weltweite Erfolg dieses Romans hatte eine Fülle sentimentaler Nachahmungen im Gefolge.

Die **Weimarer Klassik**, die Zeit der Wirkungsgemeinschaft Goethes und Schillers von 1794 bis zu Schillers Tod 1805, nahm die griech. Antike mit ihrem Ideal von Maß und Mitte zum Vorbild. In Deutschland hatte Winckelmann die Griechen auf Kosten der Römer und der lat. Tradition als vorbildhaft herausgestellt und die ›Nachahmung der Alten‹, den künstler. Wettstreit mit den Griechen, als Ziel der Kunst verkündet. ›Griechenland‹ wurde das Symbol einer geistigen Wiedergeburt Deutschlands, wurde Vorbild für die Wiedergewinnung der ›goldenen‹, vergangenen Zeit, die über die ästhet. Erziehung fruchtbar gemacht werden sollte. Goethes und Schillers gemeinsames Kulturprogramm erschöpfte sich jedoch nicht in der Verkündigung des Griechenideals. Der Antike kam zwar eine bes. Rolle zu, da sie zeitlos gültige Musterbilder vollendeter Menschennatur und Kunstschönheit hervorgebracht hatte, aber auch eine Reihe von Tendenzen der Erneuerung aus dem geistigen Potential des 18. Jh. flossen hinzu. Goethes eigentl. Beitrag zu diesem kulturellen Reformprogramm war die Orientierung des neuen Menschenbildes an der Antike; das zweite Leitmotiv, der Gedanke der ästhet. Erziehung, ist Schillers Eigentum: seiner pädagog. Leidenschaft entstammte die Idee, den Menschen durch Kunst zu seiner Bestimmung zu führen. Goethe vertrat seine Linie – die Schönheit als metaphys. Prinzip des Seins, die griech. Kunst als Urbild des Schönen und Vollkommenen –, Schiller die seine – Schönheit als Instrument moral. Erziehung, die Antike als Thema werbender Verkündigung, aus allen Bindungen hinaus zur sittl. Freiheit zu gelangen. Auf beiden Seiten dieser Wirkungsgemeinschaft stand die Bereitschaft, die eigene Art an der des anderen zu klären und zu bereichern; die Zusammenarbeit blieb auf der Ebene des literar. Gesprächs zwischen zwei in allen Zügen ihrer geistigen Organisation völlig gegensätzl. Naturen. Goethes Wirkung auf Schillers Weltbild und Werk bestand v. a. darin, Gegengewichte gegen dessen spe-

kulative Natur zu schaffen, seiner Dichtung individuelle Züge zu geben; Schillers Bedeutung für Goethes Schaffen lag in der Belebung, der anspornenden Teilnahme, einer Bereicherung in den Formen des begriffl. Ausdrucks und in der Aktivierung Goethes, die eigene Autorität in Fragen der Kunst wieder in die Öffentlichkeit zu tragen. Das theoret. Zusammenwirken Goethes und Schillers dokumentierte sich außer in ihrem Briefwechsel in ihren Zeitschriftenunternehmungen ›Die Horen‹ (1795–97) und ›Propyläen‹ (1798–1800). Das spektakulärste, die heftigsten Gegenreaktionen auslösende Unternehmen der beiden waren die ›Xenien‹, erschienen im ›Musenalmanach auf das Jahr 1797‹ (1796), über 900 Distichen, die mit der literar. Öffentlichkeit abrechneten und die Kluft beschrieben, die Goethe und Schiller vom literar. Betrieb und dem bürgerl. Geschmack ihrer Zeit trennte.

Im Unterschied zu Goethe (›Der Groß-Cophta‹, 1792; ›Die Aufgeregten‹, Fragment, gedr. 1817; ›Der Bürgergeneral‹, 1793; ›Herrmann und Dorothea‹, 1797; ›Reineke Fuchs‹, 1794; ›Die natürl. Tochter‹, 1804) gibt es bei Schiller keinen direkten dramat. Reflex auf die Französische Revolution, sieht man von ihrer Spiegelung in der geschichtl. Ferne des ›Wilhelm Tell‹ (1804) ab; seine Antwort darauf liegt vielmehr in seiner Ästhetik, die schon früh von pädagogisch-polit. Ideen bestimmt war (›Über Anmut und Würde‹, 1793, in: ›Neue Thalia‹). Sein polit. Glaubensbekenntnis formulierte er in ›Ueber die ästhet. Erziehung des Menschen, in einer Reihe von Briefen‹ (1795, in: ›Die Horen‹). Krit. Analyse des Zeitalters verband sich mit philosoph. Deduktion und utop. Entwurf: Schiller bejahte die Revolution nicht, die er seit den Septembermassakern 1792 sogar ablehnte, er verwarf ihre Methoden, nicht aber das Ziel. ›Über ep. und dramat. Dichtung‹ (entst. 1797, gedr. 1827, in: ›Ueber Kunst und Alterthum‹) ist der wichtigste gemeinschaftlich formulierte Abschnitt im Briefwechsel Goethes und Schillers; der Essay zielt auf eine neue Gattungspoetik, die, im Gegensatz zu den gleichzeitigen Überlegungen der Romantiker, welche die Grenzen aufzuheben bestrebt waren, die ›Reinheit‹ der klass. Dichtarten zu bewahren suchte. Der von beiden verfaßte Essay ›Der Sammler und die Seinigen‹ (1799; in: ›Propyläen‹) machte den Versuch, die Winckelmannsche Kunstanschauung zu erweitern, indem nun das ›Charakteristische‹ als eigentl. Gegenstand griech. Kunstwerke hervorgehoben wurde. Im ›Musenalmanach auf das Jahr 1798‹ stellten Goethe und Schiller ihre Produktion unter die poet. Form der Ballade. Die bedeutendsten der im Balladenjahr 1797/98 und später entstandenen Balladen sind: bei Schiller ›Der Ring des Polykrates‹, ›Der Handschuh‹, ›Der Taucher‹, ›Die Kraniche des Ibykus‹, ›Die Bürgschaft‹, ›Kassandra‹, ›Der Graf von Habsburg‹; bei Goethe ›Der Schatzgräber‹, ›Die Braut von Korinth‹, ›Der Gott und die Bajadere‹, ›Der Zauberlehrling‹, ›Hochzeitslied‹, ›Der Totentanz‹ und die ›Ballade‹, die – wie auch Goethes ›Märchen‹ (1795), ›Sonett‹ (1820) und ›Novelle‹ (1828) – den Gattungsnamen als Titel erhielt, weil er auf die symbol. Reinheit der Gattung hindeuten sollte. Die Wechselwirkung von Imagination und gedankl. Abstraktion strukturierte Schillers philosoph. Gedichte (›Das Ideal und das Leben‹), die intime und atmosphär. Stimmung der Erlebnisgedichtes trat wenig in Erscheinung (›Der Pilgrim‹, ›Sehnsucht‹); zu seinen hymn. Dichtungen gehören: ›Die Macht des Gesangs‹, ›Dithyrambe‹, ›An die Freude‹, die Elegie ›Nänie‹. Auf lyr. Weise zeigen ›Der Spaziergang‹ und ›Das Lied von der Glocke‹ das Leben in exemplar. Urbildlichkeit. Goethes bedeutende Dichtungen der Weimarer Klassik sind die Elegien ›Euphrosyne‹ und ›Amyntas‹, das Lehrgedicht ›Die Metamorphose der Pflanzen‹ sowie die ep. Dichtung ›Alexis und Dora‹. Die dramat. Gattung der Klassik wird durch Schiller repräsentiert: Die ›Wallenstein‹-Trilogie (1800), ›Maria Stuart‹ (1801), ›Die Jungfrau von Orléans‹ (1802) und ›Wilhelm Tell‹ (1804).

Mit Schillers Tod 1805 ging die Epoche der Weimarer Klassik zu Ende. Neue Tendenzen und Gestalten traten in Goethes Blickfeld. Zu den Romantikern entwickelten sich lebhafte persönl. und lite-

rar. Beziehungen: Goethe öffnete sich der Romantik und ihren Kunstformen und Vorbildern, v. a. P. Calderón de la Barca, der altdt. und altniederl. Malerei, was wiederum sein Interesse an der Dichtung des MA, dem ›Nibelungenlied‹ förderte. Auch die altpers. Dichtung, die den ›West-östlichen Divan‹ anregte, wurde enthusiastisch aufgenommen. Goethes Anteilnahme an der europ. Literatur konzentrierte sich in seiner Idee der ›Weltliteratur‹. 1808 erschien der 1. Teil des ›Faust‹, 1809 der Roman ›Die Wahlverwandtschaften‹; 1809 machte sich Goethe in dem Bewußtsein einer Selbsthistorisierung an das Schema zu seiner Autobiographie ›Aus meinem Leben. Dichtung und Wahrheit‹ (1.–3. Teil 1811–14; der 4. Teil erschien 1833 postum). Roman und Lyrik bildeten den Hauptteil des Spätwerkes; die dramat. Dichtungen (›Pandora‹, 1808, vollständig 1810; ›Des Epimenides Erwachen‹, 1815; ›Paläofron und Neoterpe‹, 1801; in: ›Neujahrs Taschenbuch ... auf das Jahr 1801‹) sind allegorisch-symbol. Spiele von lyrisch-musikal. Gepräge. Die Zeitschrift ›Ueber Kunst und Alterthum‹ (1816–32), die Schriften zur Naturwiss. und Morphologie, die ›Maximen und Reflexionen‹ (erstmals vollständig gesammelt und hg. 1907) formulierten die Weisheit des Alters; zwei umfangreiche Gnomensammlungen wurden in den Altersroman ›Wilhelm Meisters Wanderjahre oder Die Entsagenden‹ (1. Fassung 1821, 2. Fassung 1829) aufgenommen. Romantisch inspiriert sind die ›Sonette‹ (entst. 1807/08, gedr. 1815 [I–XV], 1827 [XVI, XVII]), ein in zeitl. und gehaltl. Nachbarschaft zu der ›Pandora‹ entstandener Gedichtzyklus. Andere Zyklen sind ›Wilhelm Tischbeins Idylle‹ (1822; in: ›Ueber Kunst und Alterthum‹), der ›West-östliche Divan‹ (1819, erweitert 1827), die ›Chin.-Dt. Jahres- und Tageszeiten‹ (1830; in: ›Berliner Musenalmanach auf das Jahr 1830‹). Der 2. Teil des ›Faust‹ (hg. 1832) läßt alle wesentl. Formen der europ. Dramas wiederkehren, mit dieser Fülle verbindet sich seine lyrisch-metr. Komplexität. In dieser umfassenden Zusammenschau der vielfältigsten Kunstformen und -welten, die Goethe versiegelt der Nachwelt überantwortete, ist der ›Faust‹ das Zentralwerk der europ. Moderne.

Die **Romantik** ist eine europ. Bewegung, in deren Mittelpunkt lange Zeit Deutschland stand. Charakteristisch für diese Epoche ist der geistige Aufstand gegen die alte, im Rationalismus erstarrte Welt der Aufklärung; auf die Romantik hindeutende Strömungen, die sog. **Vorromantik,** existierten bereits innerhalb des Zeitalters der (Weimarer) Klassik; mit der Aufklärung hat die Romantik eine gemeinsame Basis: das enzyklopädist. Interesse, die Idee der Perfektibilität, der Primat von Theorie und Kritik vor der poet. Produktion, die Neigung zum Fragmentarischen, die Verbindung von Poesie und Wissenschaft. Der Umbruch von der klassizist. Nachahmungstheorie zur Geniedichtung lag in der Vorromantik. I. Kant, Schiller, J. G. Fichte, F. D. E. Schleiermacher, F. W. J. von Schelling und G. W. F. Hegel schufen der Romantik das philosoph. Fundament. Die strenge Beachtung der Gattungstrennung wurde durch den Einfluß des bürgerl. Trauerspiels und im Zusammenhang mit der Shakespeare- und Calderón-Rezeption hinfällig, das Prinzip der Stilmischung wieder entdeckt. Der Roman erschien für die moderne Dichtung prädestiniert, weil er in der traditionellen Poetik nicht berücksichtigt war; als Muster galt Goethes ›Wilhelm Meister‹. Die wesentl. Leistung der Romantik lag im Zurückgehen der Dichtung auf Mythos, Sage, Legende und Märchen, bei der Lyrik auf die Formen der Volkspoesie, in einer ›Repoetisierung‹ der Welt überhaupt. Die neue Dramentheorie der Brüder A. W. und F. Schlegel bestimmte das Schauspiel als ›angewandten Roman‹ und die Eigenart des ›romant. Schauspiels‹ in der Mischung der trag. und kom. Elemente. Als typisch für das Dramenschaffen der Zeit gelten das Schicksalsdrama mit Vorstufen bei Schiller (›Die Braut von Messina‹, 1803) und H. von Kleist (›Die Familie Schroffenstein‹, 1803) sowie das histor. Schauspiel. Die ›romant. Ironie‹ als ›unendl. Mobilität des Geistes‹ war als angewandtes Kunstmittel literar. Prinzip. Die romant. Kritik begründete eine dialekt. und symbolist. Dichtungsauffassung. Die Haupt-

vertreter der **Frühromantik** waren L. Tieck und W. H. Wackenroder (›Herzensergießungen eines kunstliebenden Klosterbruders‹, hg. 1797), Jena war das Zentrum, wo Schiller, Fichte und Schelling wirkten und die Brüder Schlegel sich polemisch mit den Vertretern und den Ideen der Klassik auseinandersetzten. Beide entwickelten zusammen mit Novalis die Theorie der Romantik (Zeitschrift ›Athenaeum‹, 1798–1800); die bedeutendsten dichter. Leistungen der älteren Romantik entstanden hier: ›Heinrich von Ofterdingen‹ des Novalis (1802 postum), C. Brentanos ›Godwi‹ (2 Bde., 1801), F. Schlegels ›Lucinde‹ (1799) als allegorisch-symbol. Umsetzung seiner Romantheorie. Die Jenenser Romantik endete im Unterschied zu ihren transzendental-philosoph. Anfängen im ästhet. Nihilismus des unter Pseudonym erschienenen Romans ›Nachtwachen. Von Bonaventura‹ (1804). Zur geistigen Insel eines geselligen Gesprächs zwischen Künstlern und Adligen, Militärs und Diplomaten wurden die Berliner Salons von Rahel Varnhagen von Ense, Henriette Julie Herz und Bettina von Arnim. Die zweite Phase der Romantik, die **Hochromantik,** zeigte eine Expansion der Bewegung. Sie änderte sich angesichts der dt. Niederlagen, des Napoleon. Imperiums: Das Historisch-Nationale erhielt starken Akzent. Sammlungspunkte wurden Heidelberg, Berlin, Marburg und Dresden. In Heidelberg trafen sich C. Brentano, A. von Arnim, J. von Görres; Freundschaft verband sie mit den Brüdern J. und W. Grimm, die eine mythisch-kollektivist. Anschauung von Poesie vertraten. Die Heidelberger pflegten neben eigener Produktion das erneuernde *Sammeln* historisch-volkstüml. Dichtung (Arnim und Brentano, ›Des Knaben Wunderhorn‹, 3 Bde., 1806–08; ihre ›Zeitung für Einsiedler‹, 1808). Görres hielt 1806 in Heidelberg die erste germanist. Vorlesung und gab 1807 eine Abhandlung über ›Die teutschen Volksbücher‹ heraus. Es folgten J. und W. Grimm mit den ›Kinder- und Hausmärchen‹ (2 Bde., 1812–15) und den ›Dt. Sagen‹ (2 Bde., 1816–18). F. Schlegel und Görres wandten sich Mythentraditionen zu, der geistigen Urgeschichte nachspürend

(Schlegel, ›Über die Sprache und Weisheit der Indier‹, 1808; Görres, ›Mythengeschichte der asiat. Welt‹, 2 Bde., 1810). Hinter diesem Geschichtsinteresse lag die romant. Idee des verlorenen goldenen Zeitalters. Die religiöse Erneuerung Europas aus dem Geist der Vergangenheit war das träumer. Geschichtsbild des Novalis (›Die Christenheit oder Europa‹, entst. 1799, gedr. 1826). Der Bezug auf das Unendliche verlieh romant. *Dichtung* eine religiöse und metaphys. Dimension. Die Melancholie wurde zum Quell der Inspiration, die ›romant. Ironie‹ konnte ins Groteske, Absurde umschlagen. Die Wirklichkeit wurde Symbol eines Höheren, das sich manifestierte im Glauben, in sakraler Idealität der Kunst, in der Sprache der Natur, in den Tiefen des Unbewußten, in Phantasie, Traum, Ekstase und Wahnsinn. Novalis feierte in den ›Hymnen an die Nacht‹ (1800) das Nächtliche in dialekt. Umkehrung als das eigentl., weil die Augen des Geistes öffnende Leben. Er reflektierte den Vorgang des Dichtens beim Dichten: Dichtung als willentl. Traum, als künstl. Paradies einer wiedergewonnenen Unschuld der Sprache, und beeinflußte damit Symbolismus und die moderne Literatur. Neben Novalis' symbolisch-esoter. Ernst (›Die Lehrlinge zu Sais‹, 1802) steht Brentanos heiter-geistreiches Fabulieren (›Die Rheinmärchen‹, hg. 1846), neben Tiecks Naturmagie (›Der blonde Eckbert‹; in: ›Volksmährchen‹, 1797) E. T. A. Hoffmanns Ausprägung des Doppelgängermotivs (›Die Elixiere des Teufels‹, 2 Bde., 1815/16); Weltgeborgenheit erfüllte J. von Eichendorffs späte Erzählung ›Aus dem Leben eines Taugenichts‹ (1826). Die *Novelle* gewann künstler. Gewicht; man bevorzugte den Zyklus, z. B. bei Tieck (›Phantasus‹, 3 Bde., 1812–16), bei E. T. A. Hoffmann (›Fantasiestücke in Callot's Manier‹, 4 Bde., 1814/15). Komplizierte Rahmengestaltungen boten die Novelle Brentanos ›Geschichte vom braven Kasperl und dem schönen Annerl‹ (entst. 1817, gedr. 1838) und Hoffmanns Roman ›Lebens-Ansichten des Katers Murr ...‹ (2 Bde., 1819–21). Im *Drama* versuchte Z. Werner, Legende und Geschichte, Schiller und Calderón, zu verbinden. Tieck

schrieb episierte Legendendramen in Versen (›Kaiser Octavianus‹, 1804), A. von Arnim wählte das Volks-, Singund Puppenspiel. Als restaurative Tendenzen erstarkten, zog man sich in eine mythisierte Geschichtswelt zurück (A. von Arnim, ›Die Kronenwächter‹, Bd. 1: 1817, Bd. 2: hg. 1854). J. Ch. F. Hölderlin, H. von Kleist und Jean Paul sind als große dichter. Individualitäten in keine literarhistor. Rubrik einzuordnen, obwohl sie im weitesten Sinn der romant. Bewegung zugehören. In Hölderlin hat man nicht nur den ›Seher‹, sondern auch einen formbewußten Dichter höchsten Ranges, in seinen Gedichten dem Gipfel der dt. Oden-, Elegien- und Hymnendichtung unter dem strengen Baugesetz antiker Versmaße und Formen anerkennen gelernt. Der Briefroman ›Hyperion oder der Eremit in Griechenland‹, (2 Bde., 1797–99) schlägt Hölderlins Grundthema an, den ›göttl. Augenblick‹ der ekstat. Zeitenthobenheit, das menschl. Leben in seiner dialekt. Bezogenheit auf das Göttliche zu erkennen. Das Versdrama ›Der Tod des Empedokles‹ (3 fragmentar. Fassungen, entst. 1798 bis 1800; gedr. 1826) blieb unvollendet; im Bild eines imaginierten ›griech.‹ Daseins feierte es eine erfüllte Lebensordnung, die auf dem rechten Verhältnis von Göttern und Menschen beruhte. Die Vision eines künftigen ›Göttertags‹, einer Erneuerung des Daseins aus dem Geist eines religiös gedeuteten Griechentums, bestimmte das Spätwerk Hölderlins.

Das Thema vom Verlust des Unbewußten durchzieht das Werk Kleists. Seine Dramen leben nicht aus dem Zusammenstoß verschiedener Individualitäten, nicht aus dem Konflikt der Pflichten im einzelnen Charakter, nicht aus dem Streit der Ideen, die dramat. Bewegung entwickelt sich vielmehr aus der Zweideutigkeit und Doppelsinnigkeit von Situationen, die der Mensch nicht mehr zu durchschauen vermag. Je mehr er sich auf die Sicherheit seines Gefühls, den einzigen Maßstab der Lebensbewältigung, verlassen möchte, um so tiefer ist die Möglichkeit einer Täuschung. So geht es auch in den Aufsätzen ›Über das Marionettentheater‹ (1810; in: ›Berliner Abendblätter‹) und ›Über die allmähl. Verfertigung der Gedanken beim Reden‹ (entst. 1805/ 1806) um das komplexe Verhältnis von Gefühl und Bewußtsein. Kleist entwikkelte seine ›expressionist.‹ Dramatik: krieger. und erot. Bilder wurden in der Tragödie der extremen Gegensätze ›Penthesilea‹ (1808) verknüpft; die unbeirrbare Sicherheit und Integrität des Gefühls zeigt das Ritterschauspiel ›Das Käthchen von Heilbronn‹ ... (1808; in: ›Phöbus‹), die Dialektik von Traum und Gesetz ›Prinz Friedrich von Homburg‹ (entst. 1809–11, gedr. 1821), das Lustspiel ›Der zerbrochene Krug‹ (UA 1808, gedr. 1811) einen Prozeß, in dem der Richter zum Angeklagten wird. Die Novelle ›Michael Kohlhaas‹ (1810; in: ›Erzählungen‹) erzählt die Tragödie des verabsolutierten Rechtsgefühls. Wie die Komödie der Souveränität von Liebe und Gefühl ›Amphitryon‹ (1807) variieren auch Kleists Erzählungen und Novellen (u.a. ›Die Marquise von O ...‹, 1808; ›Das Erdbeben in Chili‹, 1810, in: ›Erzählungen‹) das Grundthema von der Erkenntnis der paradoxen Struktur des Daseins.

Jean Paul beschränkte sich ausschließlich auf Prosa, auf Erzählung, Roman und verwandte Formen, und begründet dies in seiner Poetik (›Vorschule der Aesthetik ...‹, 3 Bde., 1804). Seine ›Charakterromane‹ wählen durchgehend bestimmte Figurenkonstellationen: den empfindsam-genial. Helden, die empfindsam-schwärmer. Geliebte, den Humoristen, Kauz und Sonderling; zentrales Thema ist der Dualismus zwischen Geist und Körper, Idealität und Wirklichkeit, Phantasie und Realität, Erhebung und Humor. Große Bedeutung für Jean Paul hatte der Pietismus, der für die Herausbildung des modernen Individualismus, für die Befreiung des Gefühlslebens und als Vermittler bei der Säkularisation christl. Sprachguts von großer Bedeutung war. Die Gefühlskultur der Empfindsamkeit bestimmte Jean Pauls Werk von der ›Unsichtbaren Loge‹ (2 Bde., 1793), bis zu den ›Flegeljahren‹ (4 Bde., 1804/05); im ›Titan‹ (4 Bde., 1800–03) wurde Kritik am religiös-myst. Spiritualismus laut, die sich in ›Levana, oder Erziehungslehre‹ (2 Bde., 1806) und

›D. Katzenbergers Badereise ...‹ (2 Bde., 1809) noch steigerte. Im Romanfragment ›Der Komet ...‹ (3 Bde., 1820–22) diente Empfindsamkeit lediglich noch als Anlaß zu Parodie. Sentimentalismus, humorist. Subjektivismus und Rationalismus in ihrer Vermischung machen die spezif. Eigenart Jean Pauls aus.

In der **Spätphase** der Romantik vollzog sich eine Wendung vom liberalen Kosmopolitismus der Frühromantik zum reaktionären Nationalismus. Eichendorff kämpfte in allen Lebensbereichen, der schöpfer. Impuls der Romantik mündete ins Biedermeierliche, wurde verstofflicht zu einem poet. Historismus (L. Uhland, J. Kerner, W. Hauff u. a.) oder ging in Wissenschaft über (sog. Histor. Schule). Die Literatur stand im Spannungsfeld zwischen Restauration und Konstitutionsbewegung, auch wo sie sich der aktuellen polit. Diskussion entzog, z. B. im Drama F. Grillparzers, in der Prosa von J. Gotthelf, A. Stifter, in der Lyrik von N. Lenau, E. Mörike, A. von Droste-Hülshoff. In allen Bereichen gab es tief eingreifende Veränderungen. Das literarisch-geistige Leben reagierte in der ersten Jahrhunderthälfte (bis zur bürgerl. Revolution 1848) mit konservativen (Biedermeier) und progressiven Tendenzen (Junges Deutschland, Vormärz).

In weiten Kreisen des Bürgertums lebte die Romantik in Form des **Biedermeier** weiter; charakteristisch für die Geisteshaltung der Metternichschen Ära war ein Zug zur Resignation. Für eine andere Gruppierung, das **Junge Deutschland** (H. Laube, K. Gutzkow, L. Wienbarg, H. Heine, Th. Mundt, L. Börne) wurde Gesellschafts- und Zeitkritik vorrangig (K. Gutzkows ›Wally, die Zweiflerin‹, 1835; ›Die Ritter vom Geiste‹, 9 Bde., 1850/51). Der histor. Lehre von Französischer Revolution, Napoleons Aufstieg und Fall, Metternichs Restaurationsepoche verdankte die Dichtung ihren Realitätsgehalt, außer in histor. Balladen und Romanen (Uhland, Hauff) v. a. im Geschichts*drama*, das in Deutschland und Österreich zu seiner größten Entfaltung kam. Das Drama G. Büchners und Ch. D. Grabbes stellte die geschichtl. Situation als Resultat von Prozeß und Ereignis dar,

F. Grillparzer betonte die Differenz von Tat und Geschehnis, das Nebeneinander von psycholog. und soziolog. Gesetzlichkeit und rational nicht erfaßbarer Geschehenswirklichkeit (›Sappho‹, 1819; ›Das goldene Vließ‹, 1822; ›König Ottokar's Glück und Ende‹, 1825; u. a.). In Wien blühte auch das kom. Volkstheater: zum Märchenhaften getönt bei F. Raimund, bei J. N. Nestroy mit virtuoser Szenen- und Dialogkunst zwischen Posse, aggressiver und parodierender Gesellschaftskritik (›Der böse Geist Lumpazivagabundus‹, 1835; ›Zu ebener Erde und erster Stock‹, 1838). Ein vaterländ. Geschichtspanorama nach dem Vorbild Shakespeares entwarf Grabbe (›Kaiser Friedrich Barbarossa‹, 1829). Geschichte wird negative Folie und Metapher menschl. Aktualität, der Mensch ist aus der Ordnung gerissen. Grabbes Beitrag zu einer neuen Dramaturgie beeinflußte das Drama des Expressionismus. Büchner brachte den neuen Dramentyp zur Entfaltung mit der radikalen Abkehr vom klass. Drama und vom klass. Helden, aus dem nunmehr ein in den Determinismus der Geschichte verstrickter Mensch wurde (›Dantons Tod‹, 1835; ›Woyzeck‹, entst. 1836, gedr. 1879). Im Bereich der *Lyrik* standen A. Graf von Platen und F. Rückert wie auch der jüngere N. Lenau ganz im Banne der klassisch-romant. Tradition. H. Heine (›Gedichte‹, 1822; ›Buch der Lieder‹, 1827) trug das reflexive Element des Romantischen, die pointierte Desillusionierung, in die Lyrik hinein. *Prosa* war der eigentl. Ausdruck der Zeit, z. B. die geistvoll-pointierte Sprache von L. Börne (›Briefe aus Paris‹, 6 Bde., 1832–34) und die sprachl. Versiertheit und Eleganz sowie die Vielfalt wechselnder Töne bei Heine (›Reisebilder‹, 4 Bde., 1826–31; ›Zur Geschichte der neueren schönen Litteratur in Deutschland‹, 2 Bde., 1833). Der vergangenen klassizist. ›Kunstperiode‹ wurde eine dem aktuellen Leben entsprechende Kunstauffassung entgegengesetzt: eine Wendung zur Politik, die Unterordnung der Künste unter einen sozialen Zweck, die Ablehnung einer spekulativen Ästhetik waren die Grundzüge der neuen literar. Bewegung. Das Junge Deutschland entwickelte eine

neue, zeitgemäß vornehmlich auf Prosa zielende Ästhetik (L. Wienbarg, ›Ästhet. Feldzüge‹, 1834; Th. Mundt, ›Die Kunst der dt. Prosa‹, 1837). Im **Vormärz** stand die polit. Lyrik hoch im Kurs. 1841 schrieb A. H. Hoffmann von Fallersleben das Deutschlandlied als revolutionäres Lied von der dt. Einheit. Es folgten G. Herwegh, F. Freiligrath, F. Dingelstedt, der junge G. Keller u. a. mit revolutionärer Lyrik, deren Pathos und vager Enthusiasmus zwar rhetorisch wirksam war, aber rasch zur Formel erstarrte.

Die lyr. Spannweite E. Mörikes reichte von Naturgedichten, geistl. Lyrik, volkstüml. Liedern und Balladen bis zum Dinggedicht (›Auf eine Lampe‹, 1846). Auch in seinem Künstlerroman ›Maler Nolten‹ (2 Bde., 1832) finden sich lyr. Einlagen (›Peregrina Lieder‹). Bei A. von Droste-Hülshoff äußerte sich die Distanz zwischen Innerlichkeit und detailliert beobachteter Außenwelt in einer rhythm. Sprödigkeit. Die Verserzählung wurde bevorzugte ep. Form, die mit Heine ihren Höhepunkt erreichte (›Deutschland. Ein Wintermärchen‹, 1844; ›Atta Troll. Ein Sommernachtstraum‹, 1847). Die *Novelle* erreichte hohen künstler. Rang (F. Grillparzer, ›Der arme Spielmann‹, 1848; G. Büchner, ›Lenz‹, 1842; A. Stifter, ›Abdias‹, 1843, 2. Fassung 1847; J. Gotthelf, ›Die schwarze Spinne‹, 1842; A. von Droste-Hülshoff, ›Die Judenbuche‹, 1842). Die *Dorfgeschichte* wurde populär (J. Gotthelf, B. Auerbach, G. Keller). Später stand in vielfacher Ausprägung der *Roman* im Mittelpunkt der Erzählkunst des **bürgerl. Realismus** (K. L. Immermann, F. Spielhagen, H. Laube, G. Freytag, W. Alexis, W. Raabe, Th. Fontane, G. Weerth und F. Reuter).

Die Vormärzjahre brachten in *Lyrik* und *Prosa* eine radikale republikan. Literatur hervor (G. Weerth, der Berliner Satiriker A. Glaßbrenner), v. a. auch Programmschriften, gipfelnd im ›Kommunistischen Manifest‹ (1848) von K. Marx und F. Engels. In der Frankfurter Nationalversammlung trafen sich mehrere Generationen (E. M. Arndt, L. Uhland, J. Grimm, F. Th. Vischer u. a.). Ihr Scheitern brachte Enttäuschung, Resignation, Absage an das Politische, Verstärkung der konservativen Tendenzen, Rückzug ins Private, Innerliche. Die oppositionelle, auf öffentl. Interessen zielende Literatur starb ab. Freiligrath wurde durch E. Geibel, den epigonalen Vertreter trivialer Romantik und Sänger des nationalen Aufstiegs (›Heroldsrufe‹, 1871) abgelöst. Lyr. Gedichte von Rang schrieben noch C. F. Meyer und Th. Storm, sonst hatte die Lyrik im bürgerl. Realismus wenig Gewicht.

Ch. F. Hebbel machte den Versuch einer Belebung des *bürgerl.* Trauerspiels (›Maria Magdalene‹, 1844); eine Tragödie der ›absoluten Notwendigkeit‹ ist ›Herodes und Mariamne‹ (1850). In seinen ›Tagebüchern‹ (entst. 1835–63; hg. 2 Bde., 1885–87) gab Hebbel eine Fülle von dramentheoret. Reflexionen. Sein Drama ist vorwiegend Geschichts- und Existenzdrama, das die trag. Schuld eines maßlosen Individualismus zeigt. Gegen den Ausbruch der Leidenschaften stellte A. Stifter in seiner Prosa das von ihm erzählte ›sanfte Gesetz‹ des natürl. und menschlich-innerl. Lebens (›Bunte Steine‹, 2 Bde., 1853). Im ›Nachsommer‹ (3 Bde., 1857) baute er den Bildungsroman in eine harmon. Seelen-, Sitten-, Natur- und Gesellschaftswelt ein, in der die Widersprüche der Zeit überwunden werden können. Anders ›Der grüne Heinrich‹ (4 Bde., 1854/55) von G. Keller; er zeigt das problemat. Verhältnis von Phantasie und Wirklichkeit, den Widerstreit von Selbstverwirklichung und Selbsterhaltung; in der zweiten Fassung 1879/80 wird der trag. Schluß in versöhnende Resignation gewendet.

W. Raabes umfangreiches Romanwerk steht in der Tradition des Bildungs- und Entwicklungsromans. Bei ihm wie bei Storm und Fontane war das Spätwerk der Gipfel ihres ep. Werkes.

Im letzten Jahrzehnt des 19. Jh. setzte eine neue Literaturphase ein, eingeleitet durch den **Naturalismus.** Diese stilist. Richtung war die realist. Tradition und der Aufklärung verpflichtet in dem Bestreben, den Kunst das Spekulative, Esoterisch-Rätselhafte zu nehmen. Die Kunst wurde der Gesellschaft verständlich gemacht und nach ihrer gesellschaftl. Funktion erläutert. Naturalist. *Prosa* – auch in dieser Epoche trat die Lyrik wenig hervor – forderte das Prinzip

der Klarheit, die eindeutige Sprache, die übersichtl. Form. Thematisch ging es v. a. um die neuen, im Gefolge des Kapitalismus entstandenen gesellschaftl. Probleme, um das Milieu der Unterdrückten und Unglücklichen; ein Interesse für Armut, Elend, Alkoholismus und Vererbung wurde deutlich; alle Gebrechen des Großstadtlebens wurden kraß geschildert. Themat. Mittelpunkt waren die Dirne mit dem guten Herzen, ledige Mütter, der Vater-Sohn-Konflikt, das Kind als Opfer sozialer und familiärer Mißstände; Geisteskrankheit und Anormalität wurden mit klin. Exaktheit dokumentiert. Der Militarismus geriet in das polemisierende Feuer der Naturalisten; ihre Tendenz zur Entlarvung, die Mahnung zur unbedingten Wahrheit, ›Gerichtstag‹ über sich zu halten, ist das Erbteil der Dramatik H. Ibsens. In der Skepsis gegenüber religiös-metaphys. Fragen schloß sich die Ästhetik des Naturalismus enger an die naturwissenschaftl. Betrachtungsweise an. Berlin wurde, in Konkurrenz mit München (›Die Gesellschaft‹, 1885–1901, hg. von M. G. Conrad), zum Zentrum. A. Holz (›Die Kunst, ihr Wesen und ihre Gesetze‹, 2 Bde., 1891/92) entwickelte die naturalist. Kunstdoktrin. Er schickte ihr die kurzen Erzählungen ›Papa Hamlet‹ (1889) und das Milieudrama ›Die Familie Selicke‹ (1890; beides zus. mit J. Schlaf) voraus. *Drama:* Naturalist. Stil war schon im Werk des Wieners L. Anzengruber (›Das vierte Gebot‹, 1878) vorgezeichnet. Das dramat. Werk Büchners, Grabbes, Hebbels wurde stilprägend, Dramatiker des Übergangs waren E. von Wildenbruch, R. Voß, K. Bleibtreu, H. Bahr. Gilt A. Holz als Theoretiker des Naturalismus, so fällt G. Hauptmann die Rolle des größten Praktikers naturalist. Ideen zu. Die Aufführung seines Dramas ›Vor Sonnenaufgang‹ (1889) eroberte die Bühne für die dt. Naturalisten. Weitere Beispiele seiner naturalist. Dramatik sind: ›Das Friedensfest‹ (1890), ›Einsame Menschen‹ (1891), ›Kollege Crampton‹ (1891), ›De Waber/Die Weber‹ (1892), ›Der Biberpelz‹ (1893), ›Rose Bernd‹ (1903), ›Die Ratten‹ (1911). Auch das Neoromantisch-Symbolische fand Eingang in sein Werk: ›Hanneles

Himmelfahrt‹ (1896), ›Die versunkene Glocke‹ (1897), ›Und Pippa tanzt‹ (1906). Eine Schlüsselrolle im zeitgenöss. Theater spielte die Freie Bühne, eine Vereinigung fortschrittlich gesinnter Literaten, die, von O. Brahm 1889 in Berlin gegründet, für die Belange der modernen Bühnen tätig wurde; die Zeitschrift ›Freie Bühne für modernes Leben‹ war (seit 1890, ab 1894 u. d. T. ›Neue dt. Rundschau‹, ab 1904 u. d. T. ›Die neue Rundschau‹) das wichtigste publizist. Organ der Naturalistengeneration. Ihre entscheidenden Leistungen lagen am Ende der Bewegung; die Aufhebung der Sozialistengesetze (1890) führte zu einer merkl. Schwächung der revolutionären Tendenzen, was den Übergang zu impressionist. Techniken förderte. H. Sudermann nutzte in seinen Stücken die Effekte der jeweils aktuellen literar. Strömung, und auch H. Bahr und D. von Liliencron wechselten zwischen den sich rasch ablösenden Kunstrichtungen und -bewegungen. Hauptmann-Epigonen waren E. Rosmer, G. Hirschfeld, M. Halbe. Ein Sonderfall innerhalb der Bühnendramatik sind die Stücke F. Wedekinds, der sich naturalist. Praktiken bediente, mit der naturalist. Wahrscheinlichkeitsnähe und dem sachl. Sekundenstil aber scharf ins Gericht ging und für das Theater Intensität, Ekstase und Aktion forderte. Seine Schauspiele ›Frühlings Erwachen‹ (1891), ›Der Erdgeist‹ (1895), ›Die Büchse der Pandora‹ (1904) bilden eine Brücke zwischen Naturalismus und Expressionismus.

Naturalist. Erzählen blieb vereinzelt, neben Hauptmanns Novelle ›Bahnwärter Thiel‹ (1892) und einigen ›Skizzen‹ und ›Studien‹ finden sich *Romane,* meist ›Großstadtromane‹, bei M. Kretzer, K. Bleibtreu, K. Alberti, O. E. Hartleben. Auch in der *Dorfliteratur* des 19. Jh. ist der Naturalismus verwurzelt, der wiederum nach seiner Blütezeit noch die Heimatdichtung des 20. Jh. prägte.

Charakteristisch für die literar. Entwicklung von der Jahrhundertwende bis etwa 1920 war das kurzfristige Aufblühen und Erlöschen der unterschiedlichsten Kunstauffassungen; damit verbunden eine Flut von theoret. Programmschriften, eine Vielzahl literar. Zeitschriften, literar. Vereinigungen und Kleinkunstbühnen. S. George begründete das Organ seines Kreises, ›Blätter für die Kunst‹ (1892–1919); repräsentative Zeitschriften waren außerdem: ›Die Insel‹ (1899 gegr. von O. J. Bierbaum, A. W. Heymel, R. A. Schröder), die in den gleichnamigen Verlag überging, ›Pan‹ (1895–1900), ›Ver Sacrum‹ (1898–1903), ›Jugend‹ (1896–1940).

Die gängigen Formeln für diesen Zeitabschnitt, den Beginn der **Moderne,** durchdringen sich und bestehen nebeneinander: Impressionismus, Symbolismus, Dekadenz, Fin de siècle, Neuklassik, Neuromantik, Neurokoko, Jugendstil, Expressionismus. Es war eine Zeit des Eklektizismus, die der Kompilation mehr zugeneigt war als dem Kreativen. In ihren Kunstprodukten blieb gesellschaftl. Wirklichkeit ausgespart, Dichtung bedeutete sprachl. Schöpfung einer schönen Überwirklichkeit, Sprache wurde Verzierung, Ornament. Der literar. **Jugendstil** bewegte sich in der Polarität von Vitalismus und Resignation, Lebensgier und extremer Vergeistigung, liebte das Exzentrische, die elegante Dunkelheit, das Interessante bis zum Exotischen, die Mythologie als Schutzschild für die uneingeschränkte Entfaltung der Innerlichkeit. Anreger waren Ch. Baudelaire, J. K. Huysmans, A. Ch. Swinburne, M. Maeterlinck, G. D'Annunzio; philosoph. Unterstützung boten L. Klages, G. Simmel, H. Bergson und F. Nietzsche, dessen ›Also sprach Zarathustra‹ (4 Bde., 1883–85) in seiner Bildhaftigkeit, Sensibilität und Sensualität bereits Elemente des Jugendstils zeigte. Die geometr. und florale Richtung von Georges Frühwerk ist Ingredienz des Jugendstils; H. von Hofmannsthal verschränkte in seinen frühen Werken (›Der Tod des Tizian‹, entst. 1892, Buchausg. 1901; ›Der Thor und der Tod‹, entst. 1894, Buchausg. 1900) Todessehnsucht und Lebensverherrlichung in der dialekt. Synthese, daß erst der Tod zur vollen Erkenntnis des Lebens führt. Die genialen Jugendgedichte Hofmannsthals sowie R. M. Rilkes frühe Gedichtzyklen ›Das Stunden-Buch‹ (1905) und die Novelle ›Die Weise von Liebe und Tod des Cornets Christoph Rilke‹ (1906) haben in der Polarität von Tod und Leben einen gemeinsamen Grundton. E. Lasker-Schüler zeigte den Weg von der Ornamentik des Jugendstils bis zur leidenschaftl. Ekstatik des Expressionismus. Weitere Autoren waren M. Dauthendey, Th. Däubler, R. Dehmel, H. Carossa, O. Kokoschka, A. Mombert, A. Schnitzler, G. Trakl, K. Wolfskehl, S. Zweig. 1899 gründete K. Kraus ›Die Fackel‹, eine literarisch-polem. Zeitschrift, die ein Aufgebot des kulturgeschichtl. Geistes sammelte, um für die geistige Reinheit der Sprache, gegen schlechten Journalismus und gegen die Psychoanalyse, wie sie S. Freud (›Die Traumdeutung‹, 1900) in die Wiss. einbrachte, einzutreten. Im *Roman* kombinierte H. Mann Ästhetizismus und Gesellschaftssatire (›Im Schlaraffenland‹, 1900), Th. Mann karikierte in der Erzählung ›Tristan‹ (1903) die poetolog. Theoreme der Jugendstilmotivik und damit seine eigenen Anfänge; noch in seinem Roman ›Der Zauberberg‹ (1924) scheint seine Affinität zu dieser Stilrichtung durch. Den Verfall einer Familie haben die ›Buddenbrooks‹ (1901) zum Thema. Rilkes ›Die Aufzeichnungen des Malte Laurids Brigge‹ (2 Bde., 1910) setzte sich als erstes dt. Werk radikal vom realist. Roman ab.

In der **Heimatkunstbewegung** sprach sich um 1900 ein Krisenbewußtsein gegen Industrialisierung, Kapitalismus und Sozialismus aus (F. Lienhard, A. Bartels); pessimist. Grundhaltung hatte bereits eine umfangreiche ideolog. Essayistik mit antimoderner Einstellung geprägt (H. von Treitschke, M. Scheler, O. Spengler, L. Klages, O. Weininger, H. Blüher). J. Langbehns Werk ›Rembrandt als Erzieher‹ (1890; zunächst anonym erschienen) hatte einen kaum zu überschätzenden Einfluß auf die kleinbürgerl. Ideologiebildung der Wilhelmin. Zeit in einem Wechselverhältnis von Kulturpessimismus und aggressiver Modernismuskritik. Die Heimatkunstbewegung, der im weitesten Sinn L. Ganghofer, R. Herzog, L. Thoma zuzurechnen sind, mündete nach 1900 in den Weltanschauungsroman, der eine Deutung der Welt aus dem Blickwinkel der unteren bürgerl. Schichten zu geben bestrebt war (G. Frenssen [›Jörn Uhl‹, 1901], W. von Polenz,

E. Strauß, C. Viebig, H. Böhlau). Die Provinzliteratur übernahm das fiktiv-ideale Bild des industriefernen Raums mit seiner tradiert natürl. Sozialform als Gegenbild zur problemzerrissenen Industriewelt und imaginierte den ›völk.‹ Lebensgrund, aus dem die Gemeinsamkeit des dt. Volkes wiederhergestellt werden sollte (O. Brües, H. Steguweit, H. Zerkaulen, J. Kneip, K. B. von Mechow, M. Jahn, G. Britting). Die **Blut-und-Boden-Dichtung** gilt in der Propagierung der völkisch-national-konservativen Vorstellung vom mythisch-transgeschichtl. ›Bauerntum‹ als identisch mit der Literatur des Dritten Reichs (E. Strauß, W. Pleyer, R. Billinger, F. Griese, P. Dörfler, J. Behrens-Totenohl).

Während der Jugendstil neben München v. a. in Wien (H. von Hofmannsthal, A. Schnitzler, R. Beer-Hofmann, P. Altenberg, K. Kraus, H. Bahr) sein Zentrum hatte, verlegte es der **Expressionismus** nach Berlin zurück. Entscheidende Anstöße gab K. Hiller 1909 mit seinem ›Neopathet. Cabaret‹ (mit E. Lasker-Schüler, G. Heym, J. van Hoddis u. a.); führende Zeitschriften waren ›Der Sturm‹ (hg. von H. Walden, ab 1910) – Sammelpunkt der expressionist. Bewegung in der Symbiose von Dichtung, Malerei und Musik – und ›Die Aktion‹ (hg. von F. Pfemfert, ab 1911). Trotz der Negation der älteren Traditionen im Expressionismus sind die Übergänge fließend, hinzu kommt der Einfluß des italien. Futurismus (F. T. Marinetti 1912 in Berlin), der eine Kunst der Bewegung proklamierte, die Verehrung der Technik predigte und die Entwicklung eines maschinellen künstler. Stils verlangte. Expressionismus ist nicht nur künstler. Form, sondern auch Ausdruck eines neuen Lebensgefühls, verkündet am Vorabend des 1. Weltkriegs, der dann viele junge Vertreter der Bewegung zu seinen Opfern zählte (G. Trakl, E. Stadler, H. Lotz, A. Lichtenstein, A. Stramm). Der Protest gegen Bürgerlichkeit, Naturalismus und Ästhetizismus wurde vom Glauben an ein neues Menschentum, einem Pathos der Zukunft getragen, das die Mahnung zu Empörung, Rechenschaft, Erneuerung formulierte und dazu aufrief, die inneren Kräfte des Menschen ge-

gen Technik, Industrie, Handel, Militarismus zu aktivieren. Die Qualität der Bewegung liegt in der Intensität, mit der sie den Neubeginn der Künste, das alle Menschen Einende und allen Menschen Gemeinsame forderte. Der Expressionismus bediente sich übersteigerter Ausdrucksmittel; der Schrei des Erwachens oder Erweckens zum Wesentlichen prägte die Sprache, deren Ausdrucksmittel radikalisiert wurden. Ausdrucksgebärden und Bilder ersetzten die Logik; stammelnde Rede, Worthäufungen, Wortwiederholungen, extreme Freiheit von Vers- und Satzstruktur kennzeichnen den expressionist. Stil. Die *Lyrik* hat die Zeit überdauert; nicht behauptet hat sich auf der Bühne das expressionist. *Drama,* mit Ausnahme der satir. Gesellschaftskomödie C. Sternheims. Folgenreich jedoch blieb der abstrahierende, konzentrierte Bühnenstil. Im *Erzählen* war lange die zur Kurzgeschichte verknappte Novelle bevorzugte Form (C. Sternheim, G. Heym, A. Döblin, G. Benn, K. Edschmid; daneben G. Trakls lyr. Prosa); der bed. expressionist. Roman (A. Döblin, ›Die drei Sprünge des Wang-lun‹, 1915) erschien kurz nach Kriegsausbruch. C. Einsteins Prosa (›Bebuquin ...‹, 1912) geht so wenig im Begriff ›expressionistisch‹ auf wie das eigengeprägte Erzählen von F. Kafka (›Betrachtung‹, 1912; ›Das Urteil‹, 1913; ›Die Verwandlung‹, 1915). Polit. Dramatiker waren nach Kriegsende 1918 neben G. Kaiser u. a. E. Toller (›Die Wandlung‹, 1919; ›Masse Mensch‹, 1921), E. Barlach, W. Hasenclever, F. Werfel, F. von Unruh, R. Goering.
Nach 1920 erloschen die schöpfer. Impulse; in der Lyrik markierte die Anthologie ›Menschheitsdämmerung‹ (1920) von K. Pinthus einen Endpunkt; C. Zuckmayers Lustspiel ›Der fröhl. Weinberg‹ (UA 1925, gedr. 1926), das ihm 1925 den als progressiv geltenden Kleist-Preis brachte, signalisierte das Ende des expressionistisch geprägten Theaterstils. Trotzdem wirkte der Expressionismus fort (G. Kaiser, A. Döblin), er wurde nach 1945 erneut fruchtbar. Neben die seit 1914 deutlich polit. Komponente trat mit dem Sturmkreis eine Tendenz zu konstruktivist. Lyrik mit

größter Reduktion von Inhalt, Grammatik und Vokabular (A. Stramm [›Du‹, hg. 1915], Gedichte von K. Heynicke und K. Schwitters); vom sog. **Dadaismus,** der von Zürich ausging (›Cabaret Voltaire‹, 1916) und vertreten wurde durch H. Ball, R. Huelsenbeck, H. Arp, W. Serner, T. Tzara, W. Mehring, J. Baader und R. Hausmann, führen Entwicklungslinien bis zur konkreten Poesie. K. Schwitters im Hinblick auf die Malerei formulierte poetolog. Absichten formten auch seine skurrilen Sprachgebilde und visuellen Gedichte (›Anna Blume‹, 1919; ›Ursonate‹, 1932; das Kinderbuch ›Familie Hahnepeter‹, 1924).
Mit dem Schlagwort **Neue Sachlichkeit** setzte sich ein betont nüchternes Verhältnis zur Wirklichkeit durch, das im Gegenzug zum Expressionismus Genauigkeit statt Pathos, Exaktheit statt Ekstase forderte. Der Reportagestil, die neue Gattung des Hörspiels, aktuelle Themen und biograph. Interesse bestimmten die ep. und dramat. Produktion, histor. Persönlichkeit und Geschichte als Medium für die Deutung der eigenen Gegenwart griffen F. Werfel, L. Feuchtwanger, M. Brod, H. Kesten und A. Döblin auf; die Berlin-Romane Döblins (›Wadzeks Kampf mit der Dampfturbine‹, 1918; ›Berlin Alexanderplatz‹, 1929) verzichten auf Beschreibung und Psychologie; alles wird in Handlung aufgelöst, das Bild Berlins entsteht in Montage und Collage von zahllosen Wirklichkeitsausschnitten. Die futurist. Montage wurde nicht nur konstruktiv, sondern auch ironisch angewandt, die Objektivität des realist. Romans ist durch ein Verfahren aufgehoben, das B. Brecht später als ›Verfremdungseffekt‹ seines ep. Theaters definierte. A. Seghers, H. Fallada, Erich Kästner verarbeiteten aktuelle Themen; Krieg und Kriegserlebnis bildeten das Zentrum der Romane A. Zweigs (›Der Streit um den Sergeanten Grischa‹, 1927), E. M. Remarques (›Im Westen nichts Neues‹, 1929), E. Jüngers, Th. Plieviers, L. Renns. Für das Theater schrieb Brecht seine Zeit- und Lehrstücke ›Mann ist Mann‹ (1926), ›Die Maßnahme‹ (1931), ›Die hl. Johanna der Schlachthöfe‹ (1932), ›Die Dreigroschenoper‹ (1929), ›Aufstieg und Fall der Stadt Ma-

hagonny‹ (1929, beide zus. mit K. Weill). Die Tradition des österr. Volksstücks griff Ö. von Horváth auf. Parallel zur Neuen Sachlichkeit entstanden aber auch die Gedichte R. M. Rilkes (›Duineser Elegien‹, 1923; ›Die Sonette an Orpheus‹, 1923) und S. Georges (›Das neue Reich‹, 1928), H. von Hofmannsthals Erzählung ›Die Frau ohne Schatten‹ (1919), die Komödie ›Der Schwierige‹ (1921), das Trauerspiel ›Der Turm‹ (1925), das Moralitätenspiel ›Das Salzburger Große Welttheater‹ (1922); H. Hesse machte den Versuch einer Bewahrung des klass. Bildungserbes in ›Demian‹ (1919), ›Siddharta‹ (1922), bekannte sich in ›Steppenwolf‹ (1927) zu dem individuellen Recht des Außenseiters. Neben F. Kafka (›Der Prozeß‹, 1925; ›Das Schloß‹, 1926; ›Amerika‹, 1927) veröffentlichten J. Roth, H. Broch, E. Penzoldt, R. Walser, R. Schickele, O. Flake, O. M. Graf, H. H. Jahnn. Das christl. Fundament der dt. Kultur betonten R. Borchardt, F. G. Jünger, G. von Le Fort, R. G. Binding, H. Carossa, R. A. Schröder, W. Bergengruen, I. Seidel, A. Kolb, E. Wiechert. R. Musil konfrontierte in seinem fragmentar. Roman ›Der Mann ohne Eigenschaften‹ (Buch 1 und 2, Teil 1 1930 und 1933, Buch 2, Teil 2 1943) mit den Problemen seiner Zeit, mit den Widersprüchen zwischen Logik und Gefühl, Wissenschaftsgläubigkeit und Kulturpessimismus in einem weitverzweigten System von Spiegelungen und Variationen. Die Neue Sachlichkeit führte in der Lyrik zur ironisch-satirisch-melanchol. Kurzform des Chansons (Erich Kästner, J. Ringelnatz); sie gipfelte in Brechts ›Hauspostille‹ (1927).

Ein großer Teil der Literatur, die in der **Zeit des Nationalsozialismus** als vorbildhaft galt, entstand bereits während der Weimarer Republik, ein beträchtl. Teil vor 1918. Die wichtigsten Vertreter waren A. Bartels, W. Bloem, H. Johst, Frenssen, E. G. Kolbenheyer, H. Stehr und P. Ernst. Beliebt waren Heimatgedichte und Balladen von A. Miegel, B. von Münchhausen, L. von Strauss und Torney, Kriegsgedichte von W. Flex, F. Lienhard, Zerkaulen und I. Seidel. Die völk. Richtung der Literatur vor 1918 war teilweise in ihrem irrationalen Romantizis-

mus noch wenig artikuliert, jedoch Schriftsteller wie H. S. Chamberlain, Bartels, A. Dinter vertraten schon dezidiert rassist. und antisemit. Positionen. Der histor. Roman erfüllte eine wichtige Funktion bei der ideolog. Artikulation der antimodernen Kräfte in der Beschreibung heroischer Leitbilder (W. Schäfer, Kolbenheyer, H. F. Blunck, W. Vesper, M. Jelusich, B. Brehm). Lange vor der nationalsozialist. ›Machtergreifung‹ wurde der Krieg zum gesellschaftl. Idealzustand stilisiert, der antirepublikan. Kriegsroman (W. Beumelburg, E. E. Dwinger, J. M. Wehner) und eine heroisierende Bürgerkriegsliteratur (K. A. Schenzinger, H. H. Ewers, Johst) florierten nach 1929; die emphat. Bejahung von ›Kampf‹ und ›Opfer‹ stand dann im Zentrum nationalsozialist. Ideologie. Seit 1929/30 bildete sich die Reihe genuin nationalsozialist. Autoren heraus (Heinrich Anacker [* 1901, † 1971], Herbert Böhme [* 1907, † 1971], Richard Euringer [* 1891, † 1953], Herybert Menzel [* 1906, † 1945], Baldur von Schirach [* 1907, † 1974]), die bes. als Verfasser von Marschliedern und polit. Kampflyrik auftraten. H. Grimms kolonialer Heimatroman ›Volk ohne Raum‹ (2 Bde., 1926) machte die Dialektik klein- und mittelbürgerl. Geschichtserfahrung deutlich, die in faschist. Sinn zur aggressiven Expansionsideologie eines J. Ponten (›Volk auf dem Wege‹, 6 Bde., 1930–42) ausschlug. Aus der Kritik an der wertindifferenten Geisteshaltung des Liberalismus entwickelte G. Benn eine gewisse Vorliebe für die neue Ideologie; an die Stelle der entwickelten, zersplitterten Geschichte setzte er den naturmyth. Urzustand, der in strenger Intellektualität und radikalem Formbewußtsein in die Moderne überführt werden müsse; ähnlich wie Benn erkannte E. Jünger das Ende des klass. bürgerlich-liberalen Geistes des 19. Jh.; sein auf die ›Tat‹ gegründeter regressiver Modernismus beeinflußte die Theoriebildung eines ›soldat. Nationalismus‹ in den frühen 1920er Jahren. In einem gegenseitig positiven Verhältnis zum Nationalsozialismus stand die formstrenge, existentiell getönte Dichtung J. Weinhebers (›Adel und Untergang‹, 1934). Das neue Drama des Dritten

Reichs beerbte das realist. Drama des 19. Jh. (Johst [›Schlageter‹, 1933], Friedrich Bethge [* 1891, † 1963], Werner Deubel [* 1894, † 1949], Thilo von Trotha [* 1909, † 1938], Hellmuth Unger [* 1891, † 1953], Kolbenheyer, Zerkaulen) und die Tragödienform; es betrieb den Lobpreis der german. Rasse, ihres imperialen Herrschaftsanspruchs, die Rechtfertigung des 1. Weltkrieges und des Ostkolonialismus (Curt Langenbeck [* 1906, † 1953], E. Bacmeister, Eberhard Wolfgang Möller [* 1906, † 1972]). Das Thingspiel als theatral. Analogon zu den Großveranstaltungen der nationalsozialist. Massenorganisationen wurde nach 1933 propagiert.

Den polit. Ereignissen des Jahres 1933 (›Machtergreifung‹ durch Hitler und die NSDAP, Verbot und Auflösung anderer Parteien, Beseitigung der Gewerkschaften, ›Gleichschaltung‹ des gesellschaftl. Lebens, Bücherverbrennung am 10. Mai und Einrichtung der ›Reichskulturkammer‹) folgten Maßnahmen und Verordnungen, die über Werk und Existenz dt. Autoren entschieden. Die nationalsozialist. Kulturpolitik änderte das Bezugsfeld der Literatur, sie wurde durch eine Reihe von unterdrückenden Maßnahmen zur Manipulation und Beeinflussung der Massen mißbraucht; es gab Vor- und Nachzensur, Negativlisten, Förderungsverweigerung, Verkaufsbehinderung, Berufsverbote, Verhaftung, Verschleppung, Ausbürgerung und Ermordung mißliebiger Autoren; Empfehlungslisten, Auszeichnungen, Aufträge und Ämterverteilung sollten genehme Autoren fördern. Eine Verschiebung im Mediengefüge wies der Literatur wegen der wachsenden Bedeutung von Zeitung, Illustrierten, Rundfunk, Film und Schulungseinrichtungen allerdings eine weniger bedeutende Rolle zu. Krit. Denken wurde als ›zersetzend‹, ›intellektuell‹, ›jüdisch‹, ›kommunistisch‹ gebrandmarkt; nicht nur jüd. Bürger verließen das Land, Künste und Wissenschaften verloren ihre besten Vertreter; die beispiellose Emigration dt. Intellektueller umfaßte allein anderthalbtausend namentlich bekannte Schriftsteller. Viele begingen Selbstmord (E. Toller, K. Tucholsky, W. Benjamin, E. Weiß, S. Zweig, J. Klepper, W. Hasen-

clever), andere wurden ermordet oder hingerichtet (C. von Ossietzky, A. Haushofer, E. Mühsam, P. Kornfeld, Th. Lessing, G. Kolmar).

Exilliteratur: Die aus Deutschland, Österreich, der Tschechoslowakei und anderen besetzten Ländern ins Exil getriebenen dt. Schriftsteller setzten, sofern es die existentiellen Umstände erlaubten, ihre vor 1933 eingeschlagenen Richtungen im großen und ganzen fort. Zentren der Exilliteratur wurden Wien, Prag, Amsterdam und Paris, wo Exilverlage und -zeitschriften gegründet wurden. Mit Ausbruch des Zweiten Weltkrieges begann eine zweite Phase: Flucht aus Internierungslagern und vor der Auslieferung in die USA, nach Südamerika, nach Mexiko, sogar nach Neuseeland (K. Wolfskehl). E. Lasker-Schüler, A. Zweig, M. Brod u. a. gingen nach Palästina. Für einige wurde das Exil Höhepunkt ihres Schaffens (Th. und H. Mann, A. Döblin, H. Broch, A. Seghers, F. Werfel, Brecht). Jene, die, wie z. B. Th. Mann oder Werfel, Breitenwirkung erreichten, wurden zu einer geistigen Macht, zu Repräsentanten des ›wahren‹ Deutschland. Sie knüpften Kontakte zwischen dem internat. Publikum und der deutschsprachigen Literatur, sie führten einen die Weltöffentlichkeit beschwörenden Kampf gegen den Nationalsozialismus.

Für die im Herrschaftsbereich des Nationalsozialismus verbliebenen nichtkonformen Autoren ergab sich die Notwendigkeit der **inneren Emigration,** des Widerstands, der geistigen Kompromißlosigkeit in der Weiterverfolgung ihres poet. Programms. Die Zeitschrift ›Das innere Reich‹ (1934–44) repräsentierte mit der durch den faschist. Terror gebotenen Einschränkung v. a. bewahrende Kräfte innerhalb der damaligen ›reichsdt.‹ Literatur in einer durchaus ambivalent zu nennenden Haltung. Die Front der ›inneren Emigration‹ als erkennbarer Gegenhaltung, das ›Emigrantenleben im eigenen Vaterland‹, führte quer durch die verschiedenen weltanschaul. und polit. Lager. Sie umfaßte Christen beider Konfession (R. Schneider, J. Klepper, R. A. Schröder), Kommunisten, Liberale und Konservative (J. Petersen, E. Niekisch, R. Pechel, F. Reck-

Malleczewen), ehemalige Irrläufer wie Benn, E. Jünger. Im Medium vielfältiger Camouflage, im getarnten Sprechen durch Allegorie, Parabel und Legende schrieben S. Andres (›El Greco malt den Großinquisitor‹, 1936), Klepper (›Der Vater‹, 1937), R. Schneider (›Las Casas vor Karl V.‹, 1938), W. Bergengruen, G. von Le Fort, E. Jünger, G. Weisenborn, E. Barlach, Th. Haecker und W. Krauss. Der nichtfaschist. Literatur der ›jungen Generation‹ im nationalsozialist. Deutschland (G. Eich, P. Huchel, W. Koeppen, M. L. Kaschnitz, M. Fleißer, F. Lampe, A. Goes, G. Britting, E. Langgässer, H. E. Nossack) stand die polit. Realität nicht zur Diskussion, sie bekannte sich zum konservativen Geist Europas und pflegte einen um Ausgleich bemühten Stil, der nach 1945 unter dem Einfluß des Existentialismus weiter entwickelt wurde. E. Welk hielt mit seiner Sicht niederdt. Dorflebens (›Die Heiden von Kummerow‹, 1937) Abstand zur offiziellen ›Blut-und-Boden-Dichtung‹, O. Loerke und W. Lehmann pflegten das Naturgedicht, der populäre Romancier H. Fallada stieß auf offizielle Ablehnung.

Die Aufteilung Deutschlands in Besatzungszonen nach dem Kriege vollzog die Trennung in zwei dt. Literaturen mit einer jeweils eigenständigen Entwicklung.

Die **Literatur der DDR** war geprägt von der Aufgabe, gemäß dem Programm des sozialist. Realismus sowohl die Realität als auch deren Veränderung über das Bewußtsein widerzuspiegeln. In den Jahren nach der Niederlage des Nationalsozialismus stellte die DDR ideologisch und kulturpolitisch die Behauptung auf, die Entwicklung einer dt. antifaschist. Literatur gefördert zu haben. In der Tat waren viele ins Exil getriebene Schriftsteller in die sowjetisch besetzte Zone gekommen. Die in und außerhalb Deutschlands entstandene antifaschist. Literatur wurde gedruckt, ebenso die linksbürgerl. oder kommunist. neu aufgelegt: A. Seghers (›Transit‹, span. 1944, dt. 1948), A. Zweig (›Das Beil von Wandsbek‹, hebr. 1943, dt. 1947), G. Weisenborn (›Memorial‹, 1948), die Exildramen B. Brechts und F. Wolfs, Bücher und Erzählungen von A. Döblin, H. Mann, Th. Mann, L. Frank,

L. Feuchtwanger, B. Uhse, B. Kellermann, L. Renn, W. Bredel, B. Apitz. *Prosa:* Literarische Abrechnung mit Krieg und Faschismus war das Hauptanliegen von W. Bredel und A. Seghers, deren immer wiederkehrendes Thema die utop. Hoffnung war, die sogar in den schlimmsten Momenten der Geschichte und des persönl. Leides den unzerstörbaren menschl. Kern bestimmt (Seghers: ›Die Toten bleiben jung‹, 1949). Der 3. Parteikongreß der SED leitete 1950 eine Entwicklung ein, die die Aufmerksamkeit der DDR-Autoren auf die Errungenschaften des sozialist. Aufbaus lenken sollte. Für die neue Gesellschaft war nun eine Auseinandersetzung mit der Frage der persönl. Verantwortung des einzelnen für den Faschismus weder erwünscht noch aktuell. In den autobiograph. Romanen von D. Noll, M. W. Schulz und G. de Bruyn entsprach die Krise im Lebensweg des einzelnen Menschen dem Umbruch einer ganzen Gesellschaft. Im Zuge des kalten Krieges und mit dem Versuch, einen Sozialismus dt. Prägung zu entwickeln, wurde auf kultureller Ebene das sowjet. Muster des sozialist. Realismus und die Orientierung an der Aufbauliteratur der 30er Jahre propagiert. ›Arbeiterschriftsteller‹ (O. Gotsche, H. Marchwitza, E. Claudius) stellten Bedürfnis und Bewußtsein des Arbeiters in das Zentrum ihres Schreibens, der positive Held agierte nach didakt. Vorgaben der Modellvorstellung. Enthusiastisch strebte er zu immer höheren Leistungen. Eine Neigung zu revolutionärer Romantik und stilisierter Wirklichkeit kennzeichnete dieses literar. Modell einer vorweggenommenen Harmonie, an dem die 1. Bitterfelder Konferenz von 1959 Kritik übte. Eine Lösung versprach man sich von der gegenseitigen Annäherung des Künstlers und Arbeiters, die die Entfremdung von Kunst und Leben überwinden sollte. In Hinblick auf diese neue Konzeption schrieben v. a. K.-H. Jakobs, B. Reimann, Ch. Wolf (›Der geteilte Himmel‹, 1963), E. Neutsch zur 2. Bitterfelder Konferenz (1964) vorgelegter Roman ›Spur der Steine‹ entwickelte aus den dargestellten Konflikten auch eine Wandlung der Figuren. Mit dem Mauerbau in Berlin von 1961 und der Einführung des neuen Ökonom. Systems 1963 änderte sich auch das literar. Konzept. Eine Folge der ideolog. Umstellung war die Abkehr von der Arbeitswelt als Thema, von dem Arbeiter als Helden, und die Konzentration auf repräsentative wichtigere Mitglieder der sozialist. Gesellschaft wie Planer und Leiter. Konflikte wurden nicht mehr von ihrer Widersprüchlichkeit aus gestaltet, sondern vom Stadium ihrer Überwindung aus; nur H. Kant (›Die Aula‹, 1965; ›Das Impressum‹, 1972) widmete sich mit iron. Untertönen dem Arbeiter als widerspruchsvoller Figur. V. Braun und K.-H. Jakobs machten die Realität zum Objekt einer problemreichen Erkundung; ihr Versuch, die Vielfalt gesellschaftl. und persönl. Widersprüche in Konflikten auszutragen, stellte dem Leser die Aufgabe, selbst vernünftiges Handeln zu entwerfen. Die Schwierigkeit der Persönlichkeitsbildung in der neuen Gesellschaft war Thema für F. Fühmann (›Kabelkran und Blauer Peter‹, 1961); G. de Bruyn (›Buridans Esel‹, 1968) gab die große histor. Perspektive preis und beschrieb nunmehr die Konflikte im Individuum selbst. Die ›neue Subjektivität‹ prägte die Selbstverwirklichungsversuche im Roman der 70er Jahre. Besonders Schriftstellerinnen gestalteten die Wechselbeziehungen zwischen privatem Glück und gesellschaftl. Anspruch. B. Reimanns Romanfragment ›Franziska Linkerhand‹ (hg. 1974), S. Kirschs dokumentar. Erzählungen ›Die Pantherfrau‹ (1973) formulierten das Recht, die vorgegebenen Rollen zugunsten einer schöpfer. Unabhängigkeit aufzugeben. Eine Auseinandersetzung mit einer über die gewohnten Vorstellungen hinausgehenden, imaginierten phantast. Wirklichkeit lieferten M. Bieler, F. R. Fries und G. Kunert, Jurek Becker, K. Schlesinger und v. a. I. Morgner mit ihren Romanen ›Leben und Abenteuer der Trobadora Beatriz nach Zeugnissen ihrer Spielfrau Laura‹ (1974) und ›Amanda‹ (1983), die die Abkehr von der Abbildfunktion der Kunst, die den sozialist. Realismus der DDR beherrschte, vollzogen. Erwin Strittmatter (›Ole Bienkopp‹, 1963) stellte durch subjektive Erfahrungen gesellschaftl. Ideale auf die Probe und lie-

ferte das in der DDR seltene Beispiel eines trag. Romans. Ch. Wolfs ›Nachdenken über Christa T.‹ (1968) brachte in der sensiblen Darstellung und Selbstreflexion der Heldin, in der Ablehnung eines linearen Erzählstils einen Wendepunkt innerhalb der Literatur. In den 70er Jahren stellte die Prosa konsequent die Frage nach der Fähigkeit der Gesellschaft, den Wünschen ihrer einzelnen Mitglieder gerecht zu werden. U. Plenzdorfs sowohl in ep. als auch dramat. Form vorgelegter Text ›Die neuen Leiden des jungen W.‹ (1972, in: ›Sinn und Form‹, H. 2, Buchausg. 1973) kritisierte die fehlende Toleranz gegenüber der Freiheit des Individuums und forderte den Abbau gesellschaftl. Schranken. E. Loest (›Etappe Rom‹, 1975) und Ch. Wolf (›Kindheitsmuster‹, 1976) lösten neue Versuche aus, die Vergangenheit zu bewältigen. Die historisierenden Romane S. Heyms (›Der König David Bericht‹, 1972; ›Collin‹, 1979; ›Ahasver‹, 1981; ›Schwarzenberg‹, 1984) nahmen mehr oder weniger verschlüsselt zu aktuellen Entwicklungen Stellung; Ch. Wolfs produktive Vorbilder in der Geschichte (›Kein Ort. Nirgends‹, 1979; ›Kassandra‹, 1983) behandeln die Frage nach dem gesellschaftl. Auftrag der Kunst. Familienromane wurden zum Schauplatz erlebter Geschichte. Eine Mischung aus autobiograph. Bekenntnisprosa und gesellschaftl. Parabel brachte Erzählungen von E. Günther und F. Fühmann sowie Romane von H. Schütz.

Lyrik: Charakteristisch für die Lyrik der DDR, die in formaler Hinsicht als konservativ gilt, war zunächst – außer bei E. Arendt – der durchweg traditionelle Formelkanon und eine tradierte Lyriksprache; für die poet. Produktion waren die proletar. revolutionäre Lyrik (u. a. W. W. Majakowski), Brecht und die Rezeption von Klopstock und Hölderlin vorbildhaft (J. R. Becher, S. Hermlin, G. Maurer). Die in den verschiedenen Lyrikdebatten (1956, 1966, 1977) vorherrschende Dogmatisierung eines auf den Arbeitsvorgang eingestellten sozialist. Realismus wich im Laufe der 60er und 70er Jahre der individuellen Sicht, die auch die sog. spätbürgerl. Schreibweise einschloß. Brecht und die Nachkriegslyrik Bechers prägten die lyr. Entwicklung; Arendt zeigte in späteren Gedichten eine Neigung zu hermet. Sprachgebilden und zur Mythologisierung seiner Dichtung, die nur vermittelt Mitteilung von der DDR-Wirklichkeit machte (›Ägäis‹, 1967). Auch für P. Huchel war der Aufbau der DDR nicht Gegenstand lyr. Schaffens; seine Gedichte sind durch Naturerlebnis und -schilderung bestimmt. Ebenso setzte sich J. Bobrowski mit einer historisierten Landschaft auseinander; sein Generalthema war die dt. Schuld gegenüber den Völkern Osteuropas (›Sarmat. Zeit‹, 1961; ›Schattenland Ströme‹, 1962). Hermlin suchte den sozialist. Fortschritt in einer klassizist. Hölderlinnachahmung zu beschreiben. Vorbild für polit. Agitationspoesie war E. Weinert, dem sich Kuba und L. Fürnberg, Max Zimmering (* 1909, † 1973), Helmut Preißler (* 1925) und P. Wiens als Parteidichter anschlossen. Gegen jegl. Funktionalisierung des Gedichts wandte sich G. Kunert; R. Kunzes Gedichte dokumentierten die Schwierigkeit, in einem System zu leben, das Kritik an der herrschenden Orthodoxie nicht zuließ, aber auch die Einsamkeit eines isolierten Widerstandes (›Zimmerlautstärke‹, 1972). W. Biermanns immer wieder umspieltes Thema war die Diskrepanz zwischen den tatsächl. Zuständen in der DDR und der Darstellung dieser Zustände durch die SED, seine Lieder (›Die Drahtharfe‹, 1965, ›Mit Marx- und Engelszungen‹, 1968) stehen in der Tradition F. Villons, Heines und Brechts. Als repräsentativster Lyriker der DDR gilt V. Braun, dessen Werk eng mit der Entwicklung des Landes verknüpft ist. In den Gedichten S. Kirschs wurde die Liebe zum Sinnbild für das Ideal-Menschliche überhaupt, die Frau fungiert in dem patriarchal. Leistungssystem als utop. Instanz. Das lyr. Werk K. Mickels nutzte die humorist. Nuance zu Tarn- und Entlastungsspielen in seiner Kritik am Sozialismus (›Eisenzeit‹, 1975) und beschäftigte sich eingehend mit dem Leben der Frau in der DDR. Seit der Ausbürgerung W. Biermanns 1976, der spektakuläre Ausweisungen bzw. Ausreisen zahlreicher weiterer Autoren folgten, zeigte sich die Tendenz, persönl. Belange in den literar.

Mittelpunkt zu stellen und gesellschaftl. Themen zu meiden. Lakonismus und Resignation verraten Gedichte von Richard Pietraß (* 1946) und Bernd Wagner (* 1948); sprachkrit. Impulse zeigten sich bei K. Mickel; Naturlyrik wandelte sich zu Beschreibung der Industrielandschaft, ein Gespür für die bizarre Mischung von Natur und Industrie bewiesen Jürgen Reinhart Rennert (* 1943), H. Czechowski und V. Braun, eine sog. Müllhaldenpoesie entstand, ökolog. Motive verbanden sich im Gedicht mit moral. Apell, u. a. bei Walter Werner (* 1922) und H. Cibulka.

Im *Drama* als dem öffentlichsten Genre der Literatur förderte die SED-Ideologie Stücke, die das Konzept der geschlossenen Form, der Volksverbundenheit, des positiven Helden vertraten; gegen die bürgerlich-westl. Einflüsse des Existentialismus, des absurden Theaters und der Dekadenz wurde eine DDR-Dramatik entwickelt, die ein wirksames Mittel zur gesellschaftl. Umwälzung darstellen sollte. Die unmittelbaren Nachkriegsstücke demonstrierten die histor. Berechtigung und polit. Notwendigkeit der neuen sozialist. Gesellschaft. Die Revision durch die Ereignisse von 1953 übte Einfluß auf das Gegenwartsdrama aus, das nunmehr das gesellschaftlich Neue nicht mehr postulierte, sondern als Ergebnis der Aktivitäten des sich emanzipierenden Menschen darstellte (Erwin Strittmatter, H. Kipphardt). Den ›Bitterfelder Weg‹ schlugen H. Baierl, V. Braun, Hartmut Lange, P. Hacks, Heiner Müller ein, die sich wieder der Dramaturgie Brechts verpflichtet fühlten. U. Plenzdorf radikalisierte die Konflikte der Jugend, die Absage an die gesellschaftl. Wirklichkeit, eine psycholog., realist. Aufarbeitung des modernen Bewußtseins, das aus der DDR-Prosa, v. a. der Ch. Wolfs, auf die Dramatik ausstrahlte. Die Gleichberechtigung von Privatsphäre und geschichtl. Prozeß vertraten Theaterstücke von H. Baierl, C. Hammel, Rainer Kerndl (* 1928). Durch die poet. Zutat von Märchen, Parabel und Traum wurde der Abbildcharakter sozialist. Dramatik erweitert. Eine Auseinandersetzung mit der Leistungsgesellschaft, die Schwierigkeit, ein individuelles Leben zu führen, bestimmten die Stücke der 70er und 80er Jahre; Zeugnisse des Ausbruchs, der Abrechnung mit Enge und Stagnation des DDR-Alltags lieferten Th. Brasch, S. Schütz und Ch. Hein; zu ihrem Thema wurde die erhoffte und zerstörte Selbstverwirklichung des einzelnen. In der Nachfolge Brechts ging Heiner Müller von den Schwierigkeiten, nicht von den Lösungen aus, seine Stücke stellen die Frage nach dem Preis, den geschichtl. Größe und gesellschaftl. Erfolg kosten (›Zement‹, 1974; ›Mauser‹, 1978), geben einen Rückblick auf die Schrecken dt. Vergangenheit (›Die Schlacht‹, 1975; ›Germania Tod in Berlin‹, 1977). P. Hacks argumentierte für den Aufbau des Sozialismus von der Utopie aus, erklärte die Rückkehr des Ästhetischen zum Programm. Seine Stücke zogen sich von konkreten gesellschaftl. Inhalten zurück (›Moritz Tassow‹, 1965); nach Hacks' Theorie einer nachrevolutionären sozialist. Klassik muß sich die Kunst nicht mehr mit Problemen beschäftigen, weil diese durch den Sozialismus als gelöst angesehen werden dürfen.

Die DDR-Literatur der 80er Jahre war noch einmal durch einschneidende Veränderungen gekennzeichnet. V. a. galt jetzt mehr denn je, daß sie eine in sich gespaltene Literatur war. Zum einen im örtl. Sinne: Eine erhebl. Zahl von Autoren hatte im Gefolge der Ausbürgerung W. Biermanns 1976 und der Ausschlüsse einiger Schriftsteller aus dem Deutschen Schriftstellerverband 1979 die DDR verlassen (u. a., neben Biermann, Th. Brasch, B. Jentzsch, Uwe Schacht [* 1951], S. Kirsch, R. Kunze, H. J. Schädlich, J. Fuchs, J. Becker, E. Loest, G. Kunert, R. Schneider, K. Schlesinger, K. Bartsch, K.-H. Jakobs). Nach 1985 kamen jüngere Autoren hinzu (u. a. W. Hilbig, Sascha Anderson [* 1953], Uwe Kolbe [* 1957], M. Maron). Außerdem konnten wichtige Werke in der DDR gebliebener Autoren nur in der Bundesrepublik erscheinen, gehörten also nicht zur in der DDR gelesenen Literatur (u. a. S. Heym, ›Collin‹, 1979, ›Schwarzenberg‹, 1984; U. Plenzdorf, ›kein runter, kein fern‹, 1978; Gert Neumann [* 1942], ›Die Schuld der Worte‹, 1979; L. Rathenow, ›Boden 411‹, 1984; Theaterstücke

von V. Braun und Heiner Müller). – Zum andern schritt der Prozeß der internen weltanschaul. und ästhet. Zerklüftung der DDR-Literatur voran: Nach wie vor schrieben zumal einige ältere Autoren nach Maßgabe der Doktrin des sozialist. Realismus, als ob es nie eine literar. Moderne gegeben hätte (u. a. J. Brežan; Günter Görlich [* 1928]; E. Neutsch, ›Der Friede im Osten‹, 4 Bde., 1974–87; D. Noll, ›Kippenberg‹, 1979; H. Sakowski; Harry Thürk [*1927]). Doch die Emanzipationsbewegung einer Literatur, die sich aus der angestammten Haltung des Verdrängens und Verschweigens löste und denkt. Gestus der frühen DDR-Literatur aufgab, wurde immer stärker. Viele Autoren verfügten nun im Wege der ›nachholenden Modernisierung‹ über die in westl. Ländern geläufigen Gestaltungsmittel einer ästhet. Moderne. Diese Literatur löste sich mit zunehmender Radikalität vom polit. Offizialdiskurs und entwarf Literatur als ›Gegentext‹. Das bislang sakrosankte ›klass. Kulturerbe‹ (die Literatur Goethes und Schillers sowie des bürgerl. Realismus von G. Keller bis Th. Mann) samt den damit verknüpften traditionell-realist. Schreibhaltungen verlor seinen Vorbildcharakter. An seine Stelle traten die Romantik, H. von Kleist, J. Ch. F. Hölderlin, Jean Paul, G. Büchner sowie große Teile der Avantgardeliteratur seit Ch. Baudelaire und A. Rimbaud als Projektionsräume und -figuren, die eine Artikulation der eigenen Sehnsüchte und Träume, Zerrissenheit und Melancholie möglich machen, nun auch in einer korrespondierenden modernen Formensprache. In der *Prosa* konnten sich von der Norm abweichende, ›verrückte‹ Erzählhaltungen durchsetzen, bereits Jahrzehnte vorher erreichte Standards der Moderne (z. B. Autoreflexivität, Diskontinuität oder Fabellosigkeit) wurden nun wieder eingeholt. Erzähler wählten Genres wie z. B. die phantast. Erzählung, die Groteske oder die Warnutopie, die noch bis Mitte der 60er Jahre dem Verdikt des ›Formalismus‹ verfallen waren (z. B. bei U. Plenzdorf, ›Die neuen Leiden des jungen W.‹, 1972; I. Morgner, ›Leben und Abenteuer der Trobadora Beatriz ...‹, 1974; Ch. Wolf, ›Kassandra‹, 1983; F. R.

Fries, ›Verlegung eines mittleren Reiches‹, 1984). Gleichzeitig entstand ein neuer Alltagsrealismus, der Ersatzöffentlichkeit herstellte und gesellschaftl. bzw. polit. Tabus brach – so z. B. das des verdrängten NS-Erbes (Ch. Wolf, E. Loest, Jurek Becker), des Stalinismus in der DDR (Ch. Hein, ›Horns Ende‹, 1985) und andauernder autoritärer, feudalsozialist. Strukturen (G. de Bruyn, ›Neue Herrlichkeit‹, 1984; V. Braun, ›Hinze-Kunze-Roman‹, 1985; Th. Brasch; R. Kunze, ›Die wunderbaren Jahre‹, 1976; H. J. Schädlich, ›Versuchte Nähe‹, 1977; Uwe Saeger [* 1948]). Einige Autoren schrieben über das entfremdete Leben in einer innovationslosen Industriezivilisation ohne Perspektiven (F. Fühmann, ›Saiäns-Fiktschen‹, 1981; K. Schlesinger; Ch. Hein, ›Der fremde Freund‹, 1982, u. a.). Der gemeinsame Nenner der unangepaßten neuen DDR-Literatur hieß Zivilisationskritik, wobei der zivilisator. Entwurf des ›realen Sozialismus‹ immer weniger im Zeichen von E. Blochs ›Prinzip Hoffnung‹ und immer häufiger im Gegenzeichen der Apokalypse oder wenigstens einer ›Dialektik der Aufklärung‹ gesehen wurde. In diesem Kontext fand auch eine erstaunlich breite Rezeption alter Mythen, insbes. der griech., statt. So unterschiedl. Autoren wie E. Arendt, F. Fühmann, I. Morgner, Ch. Wolf sowie P. Hacks u. Heiner Müller lasen die Mythen als Urbilder einer widersprüchlichen abendländ. Zivilisationsgeschichte. So offenbarten sich für Ch. Wolf in den Vorgängen um Kassandra die Anfänge des bis heute dominanten männlich-krieger., zweckrationalen Zivilisationstypus, die Ursprünge unserer Welt von heute als einer ›Megamaschine‹ von zerstörer. Irrationalität. – Auch die neuen *Theatertexte* verwarfen das klassizist. Erbe einer auf Totalität zielenden Fabel mit rationaler Idee zugunsten einer Fragmentarisierung von Vorgängen, die über Brechts Konzept des ep. Theaters weit hinausging – so v. a. Heiner Müller (am krassesten in ›Hamletmaschine‹, 1978, UA 1979); V. Braun (u. a. ›Die Übergangsgesellschaft‹, 1987); Th. Brasch und S. Schütz. – Vielleicht realisierte die jüngere *Lyrik,* zumal die der Volker-Braun-

Generation, am stärksten Literatur als subversiven Gegendiskurs, indem sie neue Sprachweisen, Redevielfalt, Dialogizität und Intertextualität praktizierte und damit das monosemisch-affirmative Sprachmilieu unterlief.

In den 80er Jahren begann zudem eine neue Autorengeneration – die in den 50er und 60er Jahren Geborenen – zu schreiben, die den ›realen Sozialismus‹ nur noch als ›deformierte Realität‹ und nicht mehr als ›Hoffnung auf das Andere‹ (Heiner Müller) kennengelernt hatte. Die experimentellen Texte dieser ›jungen Wilden‹ (u. a. Uwe Kolbe [* 1957], Bert Papenfuß-Gorek [*1956], Rainer Schedlinski [* 1956]), bis 1989 nur in minimaler Auflage in Samisdat-Zeitschriften vervielfältigt, haben einen entscheidenden Beitrag zum Abbau von Gesinnung und vermeintl. Sinn im ›realen Sozialismus‹ geleistet und das ideolog. Sprachmaterial poetisch zersetzt und verballhornt.

Literatur der BR Deutschland: Am Beginn der westdt. Nachkriegsliteratur stand der existentiell und moralisch motivierte Impuls, sich Rechenschaft zu geben über die Vergangenheit und die Möglichkeiten der Sprache, die, von der Diktatur mißbraucht, nun wieder in den Dienst der Wahrheitsfindung treten sollte. Diese Konfrontation mit der Sprache, die Einsicht in ihre Geschichtlichkeit und die Schwierigkeit beim Schreiben der Wahrheit prägte das Literatur dieser Zeit. Die Bezeichnungen ›Nullpunkt‹ und ›Kahlschlag‹ bedeuten Metaphern im Sinn einer existentialist. Umkehr, eines Neubeginns.

Prosa: Die Zeit nach Kriegsende knüpfte an die literar. Traditionen vor 1933 an (mit G. Gaiser, W. Koeppen, H. E. Nossack, R. Hagelstange, E. Wiechert, E. Langgässer); man folgte zumeist einer der bürgerl. Literatur des 19. Jh. verpflichteten Ästhetik oder schloß sich neueren Strömungen an, die entweder die Sprache der internat. Moderne (J. Joyce, W. Faulkner, R. Musil, J.-P. Sartre, A. Camus, F. Kafka, T. S. Eliot) aufnahmen oder eine Art gemäßigten Expressionismus pflegten, den Mischstil der ›Neuen Sachlichkeit‹ oder den Realismus der als vorbildlich empfundenen

amerikan. Kurzgeschichte (H. Böll, S. Lenz, W. Schnurre, H. W. Richter). Einem ›mag. Realismus‹ verpflichtet waren E. Langgässer, H. Kasack, H. Broch, der surrealist. Tradition H. Arp, E. Canetti, I. Aichinger, E. Kreuder. Arno Schmidts ›Leviathan‹ (1949) galt neben dem Werk W. Borcherts und E. Langgässers Roman ›Das unauslöschl. Siegel‹ (1946) als exemplar. Beitrag zur neueren dt. Literatur. Die Mischung aus Wortcollagen, Reflexionen und Bildfetzen war konstitutiv für die Romane Schmidts bis zu seinem Spätwerk ›Zettels Traum‹ (1970). G. Gaiser (›Schlußball‹, 1958) übte Kritik an der dt. Wirtschaftswundergesellschaft; W. Koeppen (›Tauben im Gras‹, 1951) brach mit den traditionellen Normen des Erzählens in dem Verzicht auf eine einsinnig durcherzählte Geschichte. H. E. Nossack (›Spätestens im November‹, 1955) deutete den seel. Leere eines Daseins in dieser Zeit, H. Bölls Kurzgeschichten und Romane griffen das Heimkehrermotiv auf und schilderten das Elend des Menschen in Kriegs- und Nachkriegszeit (›Wo warst du, Adam?‹, 1951; ›Und sagte kein einziges Wort‹, 1953; ›Haus ohne Hüter‹, 1954). Bis zu dem Erfolg des Romans ›Deutschstunde‹ (1968) thematisierte S. Lenz immer wieder die Notwendigkeit erinnernden Erzählens. M. Walsers ›Ehen in Philippsburg‹ (1957) und ›Das Einhorn‹ (1966) nahmen die bundesdt. Wohlstandsgesellschaft ins Visier, während U. Johnson das Problem der Wahrheitsfindung umkreiste. Sein Roman ›Mutmaßungen über Jakob‹ (1959) bedeutete den Wendepunkt in der dt. Erzählkunst, die sich nun an sprachl. und konzeptionelle Neuerungen wagte und neue Stoffgebiete erschloß. Mit G. Grass' ›Die Blechtrommel‹ (1959) gewann der dt. Roman internat. Ansehen.
Mitte der 60er Jahre zeichnete sich ein Generationswechsel ab, der sich v. a. in einer allmähl. Desintegration der Gruppe 47 bemerkbar machte. Die Entwicklung führte von der allgemeinen Politisierung der Literatur zu einer neuen Innerlichkeit, von der Außenwelt zur Innenwelt. Auch die Erzählhaltung änderte sich, eine Verwischung der Grenze zwischen Autor und Erzähler, von privater

und öffentl. Selbsterfahrung kennzeichnete G. Grass' Romane ›Aus dem Tagebuch einer Schnecke‹ (1972), ›Der Butt‹ (1977) und U. Johnsons ›Jahrestage‹ (4 Bde., 1970–83). P. Weiss bot mit ›Die Ästhetik des Widerstands‹ (3 Bde., 1975–81) einen Bildungsroman neuerer Art. In der Mischung von realer und fiktiver Dokumentation schrieben H. Böll (›Gruppenbild mit Dame‹, 1971) und A. Kluge; W. Hildesheimer bemühte sich um die Wechselwirkung von Biographie und Fiktion (›Mozart‹, 1977; ›Marbot‹, 1981); H. Heißenbüttel dehnte sprachl. Experimente auf den Roman aus (›Projekt Nummer 1; d'Alemberts Ende‹, 1970). Seit 1971 hatte W. Kempowski mit seinen autobiograph. Romanen Erfolg; existentielle Themen verdrängten die politisch-sozialen (H. Kipphardt, G. Steffens, K. Struck, G. Wohmann, H. Achternbusch, R. D. Brinkmann), E. Runge nahm Abschied von den ›Bottroper Protokollen‹ (1968) und damit von der dokumentar. Beschreibung der Arbeitswelt, wie sie die Gruppe 61 initiiert hatte. P. Schneiders ›Lenz ...‹ (1973) transponierte Büchners gleichnamige Erzählung in das polit. Milieu der Studentenbewegung von 1968. Auch andere suchten einen Weg in der Geschichte: P. Härtling (›Hölderlin‹, 1976), D. Kühn (›Ich, Wolkenstein‹, 1977), K. Reschke (›Verfolgte des Glücks‹, 1982), Sibylle Knauss (* 1944) (›Ach Elise ...‹, 1981), G. Köpf (›Innerfern‹, 1983); H. Bienek, Ralph Giordano (* 1923) und A. Kühn setzten die Reihe der Familiengeschichten fort. Autobiographisches schrieben W. Koeppen, E. Canetti, E. Jünger, M. Sperber sowie E. Plessen (›Mitteilung an den Adel‹, 1976). Innerhalb der autobiograph. Bekenntnisliteratur spielte auch eine inzwischen umfangreiche Frauenliteratur eine Rolle (K. Struck, Ch. Reinig, R. Rasp, Svende Merian [* 1955]), in der V. Stefans ›Häutungen‹ (1975) die Qualität eines literar. Katechismus zukam. Das Interesse einiger Autoren konzentrierte sich auf die Lebensgeschichte ihrer Väter, u. a. bei P. Härtling (›Nachgetragene Liebe‹, 1980), R. Rehmann (›Der Mann auf der Kanzel‹, 1979), Ch. Meckel (›Suchbild‹, 1980) und B. Bronnen (›Die Tochter‹, 1980); kollektive Familiengeschichte aus der Perspektive der Frau erzählte K. Behrens (›Die dreizehnte Fee‹, 1983). M. Endes phantast. Bücher (›Momo‹, 1973; ›Die unendl. Geschichte‹, 1979) vereinten den kindl. mit dem erwachsenen Leser. Vom Ende der Studentenbewegung sprachen H. J. Frick und B. Vesper (›Die Reise‹, 1977). Auch N. Born (›Die erdabgewandte Seite der Geschichte‹, 1976) brachte literar. Introspektion und Retrospektive. M. Walsers Novelle ›Ein fliehendes Pferd‹ (1978) und sein Roman ›Brandung‹ (1985) pflegten den Stil des zeitkrit. Psychologismus; B. Strauß (›Paare, Passanten‹, 1981; ›Der junge Mann‹, 1984) stellte Episoden, kulturkrit. Erörterungen, Visionen und Gedanken in einem artist. Kaleidoskop der Sprache zusammen.

Lyrik: Verbindlich für die westdt. Nachkriegslyrik waren die Jahre der Weimarer Republik, in denen sich klass. und revolutionäre Elemente der poet. Sprache zu einer ›Modernen Klassik‹ zusammengeschlossen hatten. G. Benns Rückzug auf Maß und Form (›Stat. Gedichte‹, 1948; ›Aprèslude‹, 1955) wirkte stilbildend; Einfluß übte weiterhin die Formensprache des Expressionismus aus. Auch die frühen Gedichte G. Eichs (›Abgelegene Gehöfte‹, 1948) und P. Celans (›Der Sand aus den Urnen‹, 1948), die hermet. Dichtung E. Meisters (›Unterm schwarzen Schafspelz‹, 1953) waren entscheidend durch die Bildsprache der 30er Jahre geprägt. Die sog. Trümmerlyrik orientierte sich an neoklassizist. und anakreont. Formen; Erbauungsliteratur, Gebrauchsdichtung, Kantatenform und Sonettmode bestimmten die lyr. Tonart. K. Krolow löste das Magische der Natur bukolisch auf, arbeitete dann mit Materialien des frz. und span. Surrealismus und öffnete sich später dem amerikan. Einfluß. Für das literar. Klima der 50er Jahre galt es vor allem, das dt. Gedicht in den weltliterar. Kontext einzugliedern. Beliebt wurde die Spielart von Assoziation, Montage, abstrakter Metaphorik. Die experimentelle Literatur bzw. konkrete Poesie (H. Heißenbüttel, M. Bense, E. Gomringer, F. Mon) arbeitete einer rationalen Wirklichkeitserfahrung entgegen, betonte den technologisch-linguist. Charakter des Textmaterials. G. Eich

(›Anlässe und Steingärten‹, 1966) und P. Celan (›Atemwende‹, 1967; ›Fadensonnen‹, 1968), H. Domin und R. Ausländer schufen dagegen eine auf das Subjekt konzentrierte Lyrik und bemühten sich um den Einbezug autobiograph. und zeitgeschichtl. Erfahrungen. In den 60er Jahren schwächte sich, durch die Verlagerung des Interesses auf soziale und ökonom. Themen, der metaphys. Impuls ab; das Gedicht gab realist. Handlungs- und Lebensanweisungen, gesellschaftspolitisch engagierte Lyrik setzte sich durch, Epigramm und Aphorismus wurden neu belebt (H.-J. Heise, Dieter Leisegang [* 1942, † 1973], E. Fried). Politische Songs, Protestgedichte machten Front gegen Atombewaffnung, unterstützten die Studentenbewegung von 1968. H. M. Enzensberger, P. Rühmkorf, R. D. Brinkmann lehnten das Dekorative des ›absoluten‹ Gedichts der Benn-Nachfolge vehement ab. Brinkmann forderte im Gegenzug zu einer Sakralisierung der Form eine ›Poesie der Oberfläche‹ (›Die Piloten‹, 1968) und orientierte sich an der realist. Lyrik in den USA. Der Abschied von der Pop-art bedingte eine radikale Selbst- und Umwelterfahrung; G. Herburger reihte Beschreibung, Erinnerung, Reflexion und umgangssprachl. Partikel aneinander und trat für eine Vermischung der Gattungen ein; W. Höllerer forderte das ›lange‹ Gedicht; Jürgen Becker formte Elemente der Wirklichkeit konstruktivistisch durch (›Schnee‹, 1971). Das Ende der Theoriegläubigkeit und die Rückkehr zum Ich leiteten die 70er Jahre ein (N. Born, M. Krüger, F. C. Delius, J. Schenk, L. Fels). Das Gedicht brachte statt Aufklärung Empfindung zur Sprache, Natur wurde wieder als Stimmungsträger eingesetzt. Anstelle der Aufbruchsstimmung bezeichneten Orientierungslosigkeit und Depression das Klima nach 1968. J. Theobaldy verneinte die Rückkehr zu gebundenen Formen, G. Herburger nahm die seit 50 Jahren verbannten Reim wieder auf, P. Rühmkorf empfahl ihn als ›archaisches‹ Beschwörungsmittel. H. M. Enzensberger (›Der Untergang der Titanic‹, 1978), K. Konjetzky griffen auf das Versepos zurück. Die Autoren der ›Neuen Subjektivität‹ gingen in die Schule des

Kinos und der Photographie (W. Wondratschek, Christoph Derschau [* 1938]). Die Ohnmacht angesichts zunehmender Bedrohung der Welt artikulierten Gedichtbände von E. Fried (›Lebensschatten‹, 1981), F. C. Delius (›Die unsichtbaren Blitze‹, 1981), K. Krolow (›Herbst sonett mit Hegel‹, 1981), W. H. Fritz (›Wunschtraum, Alptraum‹, 1981), G. Kunert (›Stilleben‹, 1983), K. Kiwus (›39 Gedichte‹, 1981). In W. Biermanns Gedichten (›Verdrehte Welt, das seh' ich gerne‹, 1982) geht das Persönliche mit dem Politischen eine untrennbare Verbindung ein, auch S. Kirsch (›Katzenleben‹, 1984), L. Fels (›Der Anfang der Vergangenheit‹, 1984), R. Kunze (›auf eigene hoffnung‹, 1981; ›Gespräch mit der Amsel‹, 1984) verbanden die Innenwelt der persönl. Erfahrungen mit polit. Interessen. Liedhaft konzentriert erschienen die Gedichte U. Hahns; die Bänkelsongs und Moritaten von P. Maiwald (›Balladen von Samstag auf Sonntag‹, 1984), B. Strauß' hymn. Langgedicht ›Diese Erinnerung an einen, der nur einen Tag zu Gast war‹ (1985) zeigten die Vielfalt lyr. Sprechens.

Spiegelbild der Nachkriegszeit war auch das *Hörspiel,* das, wie in seiner ersten Blütezeit 1929–34, noch nicht zwischen reinem Wortkunstwerk und der Information und Wissen vermittelnden Form des Features trennte. Produktivster Autor der 1950er Jahre war G. Eich, der zunächst das neue Medium als Instrument der Erziehung zu krit. Wachsamkeit verstand (›Träume‹, UA 1951), später als ein dichter. Gleichnis der Welt (›Zeit und Kartoffeln‹, UA 1972). I. Bachmann pflegte den Typus des verinnerlichten Hörspiels (›Der gute Gott von Manhattan‹, 1958). Themenkomplexe des Hörspiels waren bes. die Sinnlosigkeit des Krieges, Probleme der Identität, die Wohlstandsgesellschaft, Schuld- und Sühnekomplex. Neben Eich schrieben W. Hildesheimer, L. Ahlsen, D. Wellershoff, W. Weyrauch (in der DDR v. a. S. Hermlin, M. Bieler und Rolf Schneider). In den 70er Jahren wandelte sich das Hörspiel zum Sprechspiel (W. Wondratschek, H. Heißenbüttel, D. Kühn), das Neue Hörspiel orientierte sich an sprachkritisch-sprachspieler. Elementen,

das Interesse an einer in Erzähl- und Handlungsfolge sich darstellenden Wirklichkeit trat zurück hinter dem Interesse an der Sprache, deren Zerstörung Zeichen war für die Veränderung der Welt. *Drama:* Für die dt. Nachkriegsdramatik blieb Brecht das Vorbild; seine direkten Nachfolger waren die Schweizer M. Frisch und F. Dürrenmatt. Unmittelbares Kriegserlebnis gestaltete W. Borcherts Heimkehrerdrama ›Draußen vor der Tür‹ (1947; zuerst als Hörspiel); M. Walser (›Der Abstecher‹, UA 1961, gedr. 1967; ›Eiche und Angora‹, 1962) vermied die revolutionäre Komponente der Dramaturgie Brechts und verlegte sich auf die volkstüml. Parabelform. W. Hildesheimer diskutierte in seinen Stücken das Verhältnis des Intellektuellen zur Macht; T. Dorsts ›Große Schmährede an der Stadtmauer‹ (1962) galt einem radikalen Pazifismus. Auf die Ebene der Phantasmagorie begab sich P. Weiss mit seinem Stück ›Die Verfolgung und Ermordung Jean Paul Marats ...‹ (1964, revidiert 1965), ›Die Ermittlung. Oratorium in 11 Gesängen‹ (1965) brachte die dokumentar. Darstellung des Auschwitzprozesses; den Stil revolutionären Agitationstheaters nahmen ›Gesang vom Lusitan. Popanz‹ (1967) und der ›Diskurs über ... Viet Nam ...‹ (1968) auf. H. Kipphardt (›In der Sache J. Robert Oppenheimer‹, 1964) und R. Hochhuth (›Der Stellvertreter‹, 1963) behandelten aktuelle moral. Themen; G. Grass (›Die Plebejer proben den Aufstand‹, 1966) bekannte sich zu dem realist. Stil auf dem Theater. Expressionistisch-visionären Charakter hatten die lyr. Dramen von N. Sachs (›Eli‹, 1951); dem Theater des Absurden sind einige Stücke von W. Hildesheimer und G. Grass verpflichtet, dem Surrealen folgten Stücke von P. Weiss. Auf die Darstellung des histor. Befundes folgte die der Gegenwart, nach dem ausgreifenden Geschichts- und Revolutionsschauspiel waren es nun Alltagsausschnitte, Kleinbürger, Randgruppen und die Verhältnisse in der Provinz, die Interesse weckten: M. Sperrs ›Jagdszenen aus Niederbayern‹ (1966), ›Koralle Meier‹ (1970), R. W. Fassbinders ›Katzelmacher‹ (1970), F. X. Kroetz' ›Stallerhof‹ (1972),

›Wildwechsel‹ (1973), ›Nicht Fisch, nicht Fleisch‹ (1981), H. Achternbuschs ›Ella‹ (1978) und H. W. Muellers ›Stille Nacht‹ (1974) und ›Strandgut‹ (1975). Die Arbeitswelt kam durch H. Henkel, K. O. Mühl auf die Bühne; Straßentheatergruppen entwickelten Alternativen zum herkömml. Theater, eine neue Spielform, die Szenencollage (z. B. nach Romanwerken von H. Fallada, H. und Th. Mann), bereicherte den Spielplan, die Probleme kleiner Leute spiegelten Komödien (R. Hochhuths ›Die Hebamme‹, 1971; ›Lysistrate und die Nato‹, 1973). Der schrittweise Übergang von polit. zu existentieller Dramatik zeigte sich an der Vielzahl dramatisierter Dichterfiguren und histor. Personen: Dorsts ›Toller‹ (1968), Hochhuths Hemingway-Stück ›Tod eines Jägers‹ (1976), P. Weiss' ›Hölderlin‹ (1971), G. Salvatores ›Büchners Tod‹ (1972) und Dorsts ›Eiszeit‹ (1973) mit dem alten K. Hamsun im Mittelpunkt, Hartmut Langes ›Trotzki in Coyoacan‹ (1971), D. Fortes ›Martin Luther & Thomas Münzer oder die Einführung der Buchhaltung‹ (1971). Nach der Politisierung von Bühne und Drama leitete der Rückzug auf die subjektive und künstler. Innenwelt eine Phase erneuter Ästhetisierung ein, deren Protagonisten P. Handke und B. Strauß (›Die Hypochonder‹, 1972; ›Trilogie des Wiedersehens‹, 1976; ›Groß und klein‹, 1978; ›Der Park‹, 1983) sind. G. Reinshagen (›Sonntagskinder‹, 1975; ›Das Frühlingsfest‹, 1980) gestaltete Abschnitte neuerer deutscher Geschichte und zeigte das Leiden an der Geschichte als individuelle Verstümmelung. Die Welt auf zynische, verrückte oder gewalttätige Weise zeigen Stücke von H. Achternbusch, Peter Greiner (* 1939), K. Pohl und F. X. Kroetz.

Die neue **gesamtdeutsche Literaturszene:** Mit dem Ende der DDR (damit auch des ›realen Sozialismus‹) und der Wiederherstellung der staatl. Einheit Deutschlands am 3. Okt. 1990 zeichnet sich auch ein Paradigmenwechsel in der Literatur – der ehedem ostdt. wie der westdt. – ab. Auf dem Gebiet der ehemaligen DDR ist die Literatur ihres privilegierten Sonderstatus als volkserzieher., sozialaktivist. Medium im Sinne des Systems einerseits und als Ersatzöffentlichkeit einer autoritären verkrusteten Gesellschaft anderseits verlustig gegangen. Die im Lande gebliebenen Autoren wie Ch. Wolf, Heiner Müller, V. Braun u. a. haben nicht nur ihre sozialist. Utopie, sondern auch ihre hypertrophe Rolle, Gewissen der sozialist. Nation zu sein, endgültig verloren. Dieser doppelte Verlust – in wenigen Fällen vermehrt durch den Nachweis der Verstrickung mit dem Staatssicherheitsdienst – hat zu Melancholie, Ressentiment und einer forcierten Unsicherheit über die künftige Rolle als Schriftsteller geführt, die noch dadurch vermehrt wird, daß die öffentl. Debatte fast nur noch die Autor*personen* diskutiert, kaum je die *Werke* der DDR-Literatur. – Aber auch die ältere westdt. Literatur von Böll und Andersch, Grass und Lenz, Jens und Walser – sie ebenfalls Gedächtnis und Gewissen eines Teils der Nation – ist in die Krise geraten. Über Jahrzehnte hin hatte sie das Verdienst, sich als fast einzige gesellschaftl. Kraft (begründet in der Gruppe 47) mit der dt. Schuld in Nationalsozialismus und Krieg kritisch auseinandergesetzt zu haben und den Geist des Nonkonformismus geweckt und wachgehalten zu haben. Die polit. Entwicklungen der 70er und 80er Jahre (Vietnamkrieg, Rechtsputsch in Chile; Rüstungseskalation und zeitweises Anwachsen der Weltkriegsgefahr) haben einer dominant oder ausschließlich politisch-moral. Funktionsbestimmung der Literatur in der Bundesrepublik im Sinne ihrer Gründerväter immer wieder großes Gewicht gegeben, aber eigentlich begann das Altern der dominant moralisch motivierten Nachkriegsliteratur schon 1968. Zwanzig Jahre später, nach der Wende und dem Zusammenbruch der ›zweiten‹ Welt, ist dieses Ende nicht mehr zu leugnen. Mit anderen Worten: Mit dem Ende der DDR und der Wiedervereinigung ist auch das *Ende der Nachkriegsliteratur* gekommen. Die westdt. Literatur war bereits in den 80er Jahren – ausgespannt zwischen dem Konzept ›Gewissen der Nation‹ und ›postmodernem Boulevard‹ – sehr vielfältig geworden. Jetzt – mit dem Hinzukommen der Autoren aus der ehem. DDR, die ›jungen Wilden‹ vom Prenzlauer Berg inbegriffen – ist die dt. Gegenwartsliteratur endgültig kein homogenes Feld mehr und entbehrt auch klar definierbarer, gar institutionalisierter Richtungen und Gruppen. Gewiß gibt es übergreifende Gemeinsamkeiten wie die zivilisationskrit. Grundhaltung, die Skepsis gegenüber simplen Sinnkonstruktionen und die Verweigerung des einst so geläufigen Fortschrittsglaubens angesichts einer Geschichte, die sich als unberechenbar, sprunghaft und vieldimensional erwiesen hat. Doch diesem Gemeinsamen steht eine Vielfalt der ästhet. Konzepte und Schreibpraxen, der literar. Regionen und gesellschaftl. Funktionen, der Autorengenerationen und ihrer polit. Standorte gegenüber, die zu erkennen und anzuerkennen Gewinn bedeutet, nicht Verlust.

↑ auch österreichische Literatur, ↑ schweizerische Literatur, ↑ niederdeutsche Literatur, ↑ rumäniendeutsche Literatur.

Literatur: Handbücher: Dt. Philologie im Aufriß. Hg. v. W. STAMMLER. Bln ²1957–62. 3 Bde. Nachdr. Bln. 1978–79. Reg.-Bd. 1969. – Reallex. der d. L.gesch. Begr. v. P. MERKER u. W. STAMMLER. Hg. v. W. KOHLSCHMIDT u. a. Bln. ²1958–84. 4 Bde. – KOSCH, W.: D. L.-Lex. Biograph.-bibliograph. Hdb. Bern ³1968 ff. (bisher 15 Bde. erschienen). – Lex. dt.-sprachiger Schriftsteller. Hg. v. G. ALBRECHT. Neuausg. Kronberg/Ts. 1974. 2 Bde. – Hdb. zur dt. Arbeiterlit. Hg. v. H. L. ARNOLD. Mchn. 1977. 2 Bde. – Lit.-Lex. Autoren u. Werke dt. Sprache. Hg. v. W. KILLY. Güt. u. a. 1988–93. 15 Bde. – WILPERT, G. VON: Dt. Dichterlex. Stg. ³1988. – D. L. in Schlaglichtern. Hg. v. B. BALZER u. a. Mhm. 1990. – Neues Hdb. der dt. Gegenwartslit. seit 1945. Begr. v. H. KUNISCH. Hg. v. D.-R. MOSER u. a. Mchn. 1990. – Dt. Dichter. Hg. v. G. E. GRIMM u. a. Neuausg. Darmst. 1993. – MEID, V.: Metzler-Lit.-Chronik. Stg. 1993. – Metzler-Autoren-Lex. Dt.-sprachige Dichter und Schriftsteller vom MA bis zur Gegenwart. Hg. v. B. LUTZ. Stg. u. Weimar ²1994. – **Literaturgeschichten:** Gesch. der d. L. Hg. v. K. GYSI u. H.-G. THALHEIM. Bln. ¹⁻³1963 ff. (bisher 15 Tle. erschienen). – MANN, O.: D. L.gesch. Güt. 1964. – D. L.gesch. in Grundzügen. Hg. v. B. BOESCH. Bern u. Mchn. ³1967. – Annalen der d. L. Hg. v. H. O. BURGER. Stg. ²1971. – BÖCKMANN, P.: Formgesch. der dt. Dichtung. Bd. 1. Hamb. ⁴1973. – Gesch. der d. L. von den Anfängen bis zur Gegenwart. Begr. v. H. DE BOOR u. R. NEWALD. Mchn. ¹⁻¹¹1973 ff. (bisher 10 Tle. erschienen). – D. L. – eine Sozialgesch. Hg. v. H. A. GLASER. Rbk. 1980 ff. (bisher 9 Bde. erschienen). – Gesch. der d. L. vom 18. Jh. bis zur Gegenwart. Hg. v. V. ŽMEGAČ. Königstein i. Ts. ¹⁻²1983–85. 3 Bde. in 4 Tlen. –

FRICKE, G./SCHREIBER, M.: Gesch. der d. L. Paderborn ²⁰1988. – MARTINI, F.: D. L.gesch. Stg. ¹⁹1991. – ROTHMANN, K.: Kleine Gesch. der d. L. Stg. ¹²1992. – FRENZEL, H. A./FRENZEL, E.: Daten dt. Dichtung. Mchn. ²⁷1993. – GLASER, H., u. a.: Wege der d. L. Neuausg. Ffm. 1993. – RÖTZER, H. G.: Gesch. der d. L. Neuausg. Bamberg 1993. – **Mittelalter:** EHRISMANN, G.: Gesch. der d. L. bis zum Ausgang des MA. Mchn. ¹⁻²1922–35. Nachdr. Mchn. 1959–66. 4 Bde. – SCHWIETERING, J.: Die dt. Dichtung des MA. Darmst. ²1957. – NEUMANN, F.: Gesch. der altdt. Lit. (800–1600). Bln. 1966. – BERTAU, K.: D. L. im europ. MA. Mchn. 1972–73. 2 Bde. – Die d. L. des MA. Verfasserlex. Begr. v. W. STAMMLER. Hg. v. K. RUH u. a. Bln. ²1978. (auf 10 Bde. berechnet, bisher 9 Bde. erschienen. – WEHRLI, M.: Gesch. der d. L. vom frühen MA bis zum Ende des 16. Jh. Stg. ²1984. – Ältere d. L. Eine Einf. Hg. v. A. EBENBAUER u. a. Wien 1990. – WAPNEWSKI, P.: D. L. des MA. Gött. ⁵1990. – NUSSER, P.: D. L. im MA. Stg. 1992. – BUMKE, J.: Gesch. der d. L. im hohen MA. Mchn. ²1993. – **Humanismus, Reformation, Barock:** MÜLLER, GÜNTHER: Dt. Dichtung von der Renaissance bis zum Ausgang des Barock. Potsdam 1927. Nachdr. Darmst. 1957. – STAMMLER, W.: Von der Mystik zum Barock (1400–1600). Stg. ²1950. – HANKAMER, P.: Dt. Gegenreformation u. dt. Barock. Stg. ⁴1976. – SZYROCKI, M.: Die d. L. des Barock. Stg. 1979. Nachdr. Stg. 1987. – Dt. Dichter der frühen Neuzeit. (1450–1600). Ihr Leben u. Werk. Hg. v. S. FÜSSEL. Bln. 1993. – **Aufklärung, Klassik, Romantik:** HAYM, R.: Die romant. Schule. Bln. 1870. Nachdr. Hildesheim 1977. – WALZEL, O.: Dt. Dichtung v. Gottsched bis zur Gegenwart. Potsdam 1927–29. 2 Bde. – SCHNEIDER, FERDINAND J.: Die dt. Dichtung der Aufklärungszeit. Stg. ²1948. – SCHULTZ, F.: Klassik u. Romantik der Deutschen. Stg. ³1959. 2 Bde. – ERMATINGER, E.: Dt. Dichter. 1750–1900. Ffm. ²1961. – STRICH, F.: Dt. Klassik u. Romantik oder Vollendung u. Unendlichkeit. Mchn. ⁵1962. – KORFF, H. A.: Geist der Goethezeit. Versuch einer ideellen Entwicklung der klass.-romant. Lit.gesch. Darmst. ⁶⁻¹⁰1977. 4 Bde. u. Reg.-Bd. – HETTNER, H.: Gesch. d. d. L. im 18. Jh. Neuausg. Bln. 1979. 2 Bde. – **Biedermeier, Junges Deutschland, Realismus:** ALKER, E.: Gesch. der d. L. von Goethes Tod bis zur Gegenwart. Stg. 1949–50. 2 Bde. – GREINER, M.: Zw. Biedermeier u. Bourgeoisie. Gött. 1953. – SENGLE, F.: Biedermeierzeit. Stg. 1971–80. 3 Bde. – Begriffsbestimmung des literar. Realismus. Hg. v. R. BRINKMANN. Darmst. ²1974. – Dt. Dichter des 19. Jh. Hg. v. B. VON WIESE. Bln. ²1979. – MARTINI, F.: D. L. im bürgerl. Realismus. 1848–1898. Stg. ⁴1981. – **Naturalismus bis 1945:** Die d. L. im 20. Jh. Hg. v. H. FRIEDMANN u. O. MANN. Hdbg. ⁴1961. – SOERGEL, A./HOHOFF, C.: Dichtung u. Dichter der Zeit. Neuausg. Düss. 1961–63. 2 Bde. – DUWE, W.: Dt. Dichtung des 20. Jh. Zü. 1962.

2 Bde. – Schriftsteller der Gegenwart. D. L. Hg. v. K. NONNENMANN. Olten u. Freib. 1963. – STERNFELD, W./TIEDEMANN, E.: Dt. Exil-Lit. 1933–1945. Hdbg. ²1970. – HERMAND, J.: Der Schein des schönen Lebens. Ffm. 1971. – Neues Hdb. der Literaturwiss. Bd. 18 u. 19.: Jahrhundertende, Jahrhundertwende. Hg. v. H. KREUZER u. H. HINTERHÄUSER. Wsb. 1976. – PREISENDANZ, W.: Wege des Realismus. Mchn. 1977. – FISCHER, J. M.: Fin de siècle. Mchn. 1978. – HERMAND, J./TROMMLER, F.: Die Kultur der Weimarer Republik. Mchn. 1978. – BRINKMANN, R.: Expressionismus. Stg. 1980. – JOST, D.: Literar. Jugendstil. Stg. ²1980. – LOEWY, E.: Lit. unterm Hakenkreuz. Ffm. 1983. – RAABE, P.: Die Autoren u. Bücher des literar. Expressionismus. Stg. 1985. – HILLESHEIM, J.: Lex. nat.-soz. Dichter. Wzb. 1993. – Dt. Klassiker im Nationalsozialismus. Hg. v. C. ALBERT. Stg. u. a. 1994. – **Gegenwart:** RÜHLE, J.: Das gefesselte Theater. Köln u. Bln. 1957. – JENS, W.: D. L. der Gegenwart. Mchn. 1961. – Literaturlex. 20.Jh. Hg. v. H. OLLES. Rbk. 1971. – Tendenzen der d. L. seit 1945. Hg. v. TH. KOEBNER. Stg. 1971. – FRANKE, K.: Die Lit. der Dt. Demokrat. Republik. Mchn. u. Zü. ⁴1974. – Einf. in Theorie, Gesch. u. Funktion der DDR-Lit. Hg. v. HANS-JÜRGEN SCHMITT. Stg. 1975. – Die d. L. der Gegenwart. Hg. v. M. DURZAK. Stg. ³1976. – Lit. der Dt. Demokrat. Republik. Hg. v. H. J. GEERDTS. Bln. (Ost) 1976–87. 3 Bde. – RADDATZ, F. J.: Traditionen u. Tendenzen. Materialien zur Lit. der DDR. Neuausg. Ffm. 1976. 2 Bde. – FROMMLER, F.: Sozialist. Lit. in Deutschland. Stg. 1976. – SCHÜTZ, E. H./VOGT, J.: Einf. in die d. L. des 20.Jh. Opladen 1977–80. 3 Bde. – Krit. Lex. zur dt.-sprachigen Gegenwartslit. Hg. v. H. L. ARNOLD. Losebl. Mchn. 1978 ff. – Kindlers Literaturgesch. der Gegenwart. Ffm. 1980. 12 Bde. – Dt. Gegenwartslit. Hg. v. M. DURZAK. Stg. 1981. – LENNARTZ, F.: Dt. Schriftsteller des 20.Jh. im Spiegel der Kritik. Stg. 1984. 3 Bde. – Dt. Dichter der Moderne. Hg. v. B. VON WIESE. Bln. ⁴1985. – MAYER, HANS: Die umerzogene Lit. Dt. Schriftsteller u. Bücher. 1945–1967. Bln. 1988. – EMMERICH, W.: Kleine Literaturgesch. der DDR. 1945–1988. Ffm. ⁵1989. – MAYER, HANS: Die unerwünschte Lit. Dt. Schriftsteller u. Bücher. 1968–1985. Bln. 1989. – Autorenlex. dt.-sprachiger Lit. des 20.Jh. Hg. v. M. BRAUNECK. Neuausg. Rbk. 24.–33. Tsd. 1991. – MAYER, HANS: D. L. nach zwei Weltkriegen. Bln. 1992. – Die d. L. Hg. v. TH. GEY. Stg. 1993. – SCHNELL, R.: Gesch. der dt.-sprachigen Lit. seit 1945. Stg. 1993. – Verrat an der Kunst? Rückblicke auf die DDR-Lit. Hg. v. K. DREIRITZ u. a. Bln. 1993. – BAUMGART, R.: D. L. der Gegenwart. Mchn. 1994. – EMMERICH, W.: Die andere d. L. Aufss. zur Lit. aus der DDR. Opladen 1994. – Poetik der Autoren. Beitrr. zur dt.-sprachigen Gegenwartslit. Hg. v. P. M. LÜTZELER. Ffm. 1994. **Bibliographien:** GOEDEKE, K.:

Grundriß zur Gesch. der dt. Dichtung. Dresden u. Bln. (Ost) ¹⁻²1884 ff. (bisher 16 Bde. erschienen) – KÖRNER, J.: Bibliograph. Hdb. des dt. Schrifttums. Bern u. Mchn. ³1949. Nachdr. 1966. – Bibliogr. der d. L.wiss. Hg. v. H. W. EPPELSHEIMER. Ffm. 1957–69. – Forts.: Bibliogr. der d. Sprach- u. Literaturwiss. Hg. v. C. KÖTTELWELSCH. Ffm. 1969 ff. – WIESNER, H. u. a.: Bibliogr. der Personalbibliogrr. zur dt. Gegenwartslit. Mchn. 1970. – HANSEL, J.: Personalbibliogr. zur d. L.gesch. Bln. ²1974. – Internat. Germanist. Bibliogr. Hg. v. H. A. u. W. KOCH. Mchn. 1981–84. 3 Bde. – H. JACOB: Lit. in der DDR. Bibliograph. Annalen 1945–1962. Bln. 1986. 3 Bde. – HANSEL, J.: Bücherkunde für Germanisten. Bln. ⁹1991. – WILPERT, G./GÜHRING, A.: Erstausg. dt. Dichtung. Stg. ²1992. – RAABE, P.: Einf. in die Bücherkunde zur d. L.wiss. Stg. ¹¹1994.

Deutsche Literaturzeitung für Kritik der internationalen Wissenschaft, Abk. DLZ, Rezensions-Zeitschrift zu wesentl. Veröffentlichungen aus allen Wissenschaftsgebieten. 1880 als ›Dt. Litteraturzeitung‹ gegründet (Wochenblatt bis 1939, bis 1943/44 halbmonatlich, ab 1947/48 monatlich); 1971–91 hg. im Auftrag der Akademie der Wissenschaften der DDR; 1993 eingestellt.

Deutsche Merkur, Der ↑ Teutsche Merkur, Der.

Deutsche Nationalbibliographie,
1. von der Deutschen Bücherei in Leipzig 1931 bis 1945 herausgegebene Bibliographie des in Deutschland erschienenen sowie des im Ausland verlegten deutschsprachigen Schrifttums. Die Verzeichnung der Literatur erfolgte in zwei Reihen: A, Neuerscheinungen des Buchhandels (wöchentlich), B, Neuerscheinungen außerhalb des Buchhandels (halbmonatlich).
2. von 1945 bis 1990 Bibliographie der DDR, hervorgegangen aus dem gleichnamigen Vorgängerverzeichnis von 1931 bis 1945, in gesamtdt. Anlage erarbeitet von der Deutschen Bücherei in Leipzig aufgrund einer Pflichtablieferung für Verleger der DDR sowie freiwilliger Ablieferung westdt. Verlage. Zu den Reihen A und B trat ab 1968 die monatlich herausgegebene Reihe C, Dissertationen und Habilitationsschriften.
3. seit 1991 Titel der aus der Zusammenlegung der getrennten und eigenständigen nat. Bibliographien der beiden dt. Staaten hervorgegangenen neuen Natio-

nalbibliographie der BR Deutschland. Vorgängerverzeichnisse waren die ›Deutsche Bibliographie‹, 1947–90 herausgegeben von der Deutschen Bibliothek in Frankfurt am Main sowie das unter der Bez. D. N. geführte Verzeichnis der DDR, herausgegeben 1945–90 von der Deutschen Bücherei in Leipzig. Hg. der neuen D. N. ist die ebenfalls aus der Vereinigung der Vorgängereinrichtungen hervorgegangene bundesunmittelbare Anstalt des öffentl. Rechts Die Deutsche Bibliothek, Frankfurt am Main und Leipzig. Die ›D. N. und Bibliographie der im Ausland erschienenen deutschsprachigen Veröffentlichungen‹ (1991 ff.) erscheint in 11 Reihen: A, Monographien und Periodika des Verlagsbuchhandels (wöchentlich); B, Monographien und Periodika außerhalb des Verlagsbuchhandels (wöchentlich); C, Karten (vierteljährlich); D, Halbjahresverzeichnis (Monographien und Periodika); E, Fünfjahresverzeichnis (Monographien und Periodika); G, fremdsprachige Germanica und Übersetzungen deutschsprachiger Werke (vierteljährlich); H, Hochschulschriften (monatlich); M, Musikalien und Musikschriften (monatlich); N, Vorankündigungen (Monographien und Periodika, ›CIP-Dienst‹, wöchentlich); T, Musikontoträger (monatlich). Daneben erscheint eine ›Bibliographie der Bibliographien‹, ein Verzeichnis selbständig und unselbständig erschienener Literaturzusammenstellungen.

Deutscher Jugendliteraturpreis, vom Bundesminister für Jugend, Familie und Gesundheit der BR Deutschland gestifteter Literaturpreis, der seit 1956 jährlich von einer vom ›Arbeitskreis für Jugendliteratur‹ (München) eingesetzten Jury vergeben wird; hieß bis 1980 ›Deutscher Jugendbuchpreis‹; die Preissumme beträgt seit 1991 60 000 DM (jeweils 15 000 DM auf die Bereiche ›Bilderbuch‹, ›Kinderbuch‹, ›Jugendbuch‹ und ›Sachbuch‹).

Deutsche Rundschau, kulturpolit. Monatsschrift, die 1874 von J. Rodenberg u. a. als Organ seines poet. Realismus in Berlin gegründet wurde. Von 1919 bis zu ihrer Auflösung 1942 wurde sie von R. Pechel geleitet, der auch 1945–61

ihr Herausgeber war; sie stellte 1964 ihr Erscheinen ein.

Deutsches Buch- und Schriftmuseum der Deutschen Bücherei, die älteste dt. Sammlung zur Geschichte und zur künstler. und formalen Entwicklung des Buches; gegr. 1884 in Leipzig vom ›Centralverein für das gesamte Buchgewerbe‹, eigenes Gebäude seit 1900 (ab 1917 Dt. Museum für Buch und Schrift), das 1943 zerstört wurde; 1950 der Dt. Bücherei eingegliedert. Teil der Sammlung ist der Bestand des ehem. Dt. Papiermuseums (Greiz).

Deutsche Schillergesellschaft ↑ Schillergesellschaft.

Deutsche Shakespearegesellschaft ↑ Shakespearegesellschaft.

Deutsches Literaturarchiv ↑ Schiller-Nationalmuseum/Deutsches Literaturarchiv.

Deutsches Museum, Titel mehrerer dt. Zeitschriften, u. a. der 1776 von Ch. K. W. von Dohm (* 1751, † 1820) und H. Ch. Boie in Leipzig gegründeten Kulturzeitschrift, die 1789–91 als ›Neues Dt. Museum‹ erschien (zu ihren Mitarbeitern gehörten u. a. G. A. Bürger, F. M. Klinger und J. H. Voß), und der 1812/13 in Wien erschienenen, von F. Schlegel begründeten Monatsschrift, die sich mit Geschichte, Philosophie, Literatur und Kunst beschäftigte.

Deutsche Staatsbibliothek, Bibliothek in Berlin, die, zurückgehend auf die Gründung einer ›Churfürstl. Bibliothek zu Cölln an der Spree‹ 1661, aus den seit 1940 kriegsbedingt in Berlin sowie in Mittel- und Ostdeutschland ausgelagerten Beständen der Preußischen Staatsbibliothek erwuchs. Sie war maßgeblich an bibliothekar. Gemeinschaftsunternehmen beteiligt, u. a. Berliner Titeldrucke (1892), Gesamtkatalog der preuß. (später: dt.) Bibliotheken (1899), Gesamtkatalog der Wiegendrucke (1904), Zentrale für den internat. Leihverkehr (1937). 1946–54 führte sie die Bez. ›Öffentl. Wissenschaftl. Bibliothek‹. Mit rd. 7,1 Mill. Bänden war die D. S. die bedeutendste zentrale wiss. Bibliothek der ehem. DDR. Sie erwirbt und sammelt wiss. Literatur ohne geographische und sprachl. Begrenzung. In ihren Spezialabteilungen finden sich Bestände zu Handschriften, Inkunabeln, Musik, Asien, Afrika, Karten, Kinder- und Jugendbüchern. Die D. S. war zentrale Leitstelle für den gesamten auswärtigen und den internat. Leihverkehr der ehem. DDR. 1992 wurde die D. S. mit der Staatsbibliothek Preußischer Kulturbesitz (ehem. West-Berlin) oganisatorisch zur **Staatsbibliothek zu Berlin – Preußischer Kulturbesitz** vereinigt.

Deutsche Viertel-Jahrsschrift, 1838 von J. G. Frhr. Cotta von Cottendorff in Stuttgart begründete und herausgegebene allgemein-wiss. Zeitschrift, die mit ihren Aufsätzen v. a. zu aktuellen Forschungsproblemen der damaligen Zeit Stellung nahm.

Deutsche Vierteljahrsschrift für Literaturwissenschaft und Geistesgeschichte, 1923 von P. Kluckhohn und E. Rothacker begründete, bis 1944 in Halle/Saale erschienene philolog. Fachzeitschrift, die nach einer Unterbrechung 1949 in der BR Deutschland fortgesetzt wurde und seit 1956 unter der Leitung von R. Brinkmann steht.

Deutschordensdichtung, mhd. und lat. Dichtungen in Versen oder Prosa von Angehörigen des Dt. Ordens oder ihm nahestehenden Verfassern; Blüte Ende des 13. Jh. bis etwa 1400. Zur glorifizierenden Geschichtsdichtung gehört die ›Livländische Reimchronik‹ (Ende des 13. Jh.) und v. a. die ›Kronike von Pruzinlant‹ des Nikolaus von Jeroschin (vollendet etwa 1335–41). Die erbaul. und unterrichtende religiöse Dichtung bevorzugt bestimmte Glaubenshelden des AT (›Daniel‹, ›Hiob‹, ›Esra und Nehemia‹, alle 1. Hälfte des 14. Jh.). An Umfang und Bedeutung ragen die ›Makkabäer‹ hervor (1. Hälfte des 14. Jh.) und Heinrich von Heslers ›Apokalypse‹ (Anfang des 14. Jh.). Rein allegorisch sind das myst. Gedicht ›Der Sünden Widerstreit‹ (Ende des 13./Anfang des 14. Jh.) und Tilo von Kulms Abriß der Heilsgeschichte, ›Von siben ingesigeln‹ (1. Hälfte des 14. Jh.). Ende des 13. Jh. entstand die ›Martinalegende‹ des Hugo von Langenstein (* um 1245/50, † um 1300).

Literatur: HELM, K./ZIESEMER, W.: Die Lit. des Dt. Ritterordens. Gießen 1951.

Deval, Jacques [frz. də'val], eigtl. Jacques Boularan, * Paris 27. Juni 1890, † ebd. 18. Dez. 1972, frz. Schriftsteller. – D. begann mit Lyrik, wandte sich dann aber dem Theater zu, für das er zahlreiche Boulevardkomödien schrieb; verfaßte auch Romane.
Werke: Une faible femme (Kom., 1920), Une tant belle fille (Kom., 1925), Tovaritch (Kom., 1933), Simone, der Hummer und die Ölsardine (Kom., 1946, dt. 1956), Heute nacht in Samarkand (Kom., 1950, dt. 1952), Demeure chaste et pure (Kom., 1953), Et l'enfer, Isabelle (Kom., 1963), Die lange Reise der jungen Couronne (R., 1964, dt. 1967).
Literatur: LALOU, R.: Le théâtre en France depuis 1900. Paris 1951.

Devise [frz., urspr. = abgeteiltes Feld eines Wappens (in dem ein Sinnspruch stand)], allgemein Wahlspruch, Losung; in der Heraldik als Wort- oder Bilddevise gebräuchlich. Wort-D.n (Wahlspruch, Sentenz, Motto) sind Sinnsprüche mit religiösem, moral., heroischem oder polit. Inhalt.

Devlin, Denis [engl. 'dɛvlɪn], * Greenock (Schottland) 15. April 1908, † Dublin 21. Aug. 1959, ir. Dichter. – War zuerst Lehrer, dann im diplomat. Dienst, zuletzt Botschafter in Rom. Schrieb intelltuell-spekulative Lyrik von komplexer Sensibilität und sprachl. Reichweite.
Ausgabe: D. D. Collected poems. Hg. v. J. C. C. MAYS, Dublin 1989.

Deyssel, Lodewijk van [niederl. 'dɛisəl], eigtl. Karel Johan L. Alberdingk Thijm, * Hilversum 22. Sept. 1864, † Haarlem 26. Jan. 1952, niederl. Schriftsteller. – Sohn von J. A. Alberdingk Thijm; einer der führenden Vertreter der literar. Bewegung der ↑Tachtigers; Mitbegründer der Zeitschrift ›De Nieuwe Gids‹; realist. detaillierende Darstellung in den beiden Romanen ›Een liefde‹ (1887) und ›De kleine republiek‹ (1889); später Abwendung vom Naturalismus und Hinwendung zu den großen Mystikern; auch bed. als Kritiker (Eintreten für die zeitgenöss. niederl. Literatur) und Rembrandt-Forscher.

Dezime [mlat.; zu lat decem = zehn], span. Strophenform, die aus 10 trochäischen Vierhebern besteht; gängiges Reimschema: abbaa ccddc. Die D. wird

v. a. in der Glosse verwandt. Dt. Nachbildungen v. a. in der Romantik (L. Tieck, L. Uhland).

Dežman, Milivoj [serbokroat. ‚dɛʒman], Pseudonym Ivanov, * Zagreb 30. Aug. 1873, † ebd. 24. Juni 1940, kroat. Schriftsteller. – Arzt; Hg. literar. Zeitschriften und Vertreter der kroat. Moderne; Erzähler, Dramatiker, Publizist und Kritiker unter dem Einfluß der frz. Symbolisten.

Dhammapada [Pāli; wohl = Worte der Lehre], buddhist. Spruchsammlung von 423 Strophen in Pāli (hg. von V. Fausbøll 1855). Erhalten sind auch Fragmente eines D. in Präkrit mit 342 Strophen. – † auch Tripiṭaka.
Ausgaben: The D. Neu hg. v. SŪRIYAGODA SUMANGALA THERA. London 1914. – FRANKE, R. O.: Dhamma-Worte. D. des südbuddhist. Kanons. Dt. Übers. Jena 1923.
Literatur: The Gāndhārī Dharmapada. Hg. v. J. BROUGH. London u. New York 1962. – BERNHARD, F.: Zum Titel des sog. Udānavarga. In: Zs. der Dt. Morgenländ. Gesellschaft, Suppl.-Bd. 1 (1969), S. 3.

Dhlomo, Herbert Isaac Ernest [engl. 'dloʊmoʊ], * Natal 1903, † 23. Okt. 1956, südafrikan. Lyriker und Dramatiker. – Wurde von Missionaren erzogen und suchte zwischen europ. und afrikan. Erbe zu vermitteln; 1935 verfaßte er als erster schwarzer Schriftsteller ein Drama in engl. Sprache, das Xhosa-Epos ›A girl who killed to save: Nongquase the liberator‹, das von der trag. Weissagung der Seherin ›Nongquase‹ handelt, die fast ihren ganzen Stamm der Vernichtung preisgibt.
Ausgabe: H. I. E. D. Collected works. Johannesburg 1985.
Literatur: COUZENS, T.: The new African. A study of the life and work of H. I. E. D. Athens (Ohio) 1985.

Dhôtel, André [frz. do'tɛl], * Attigny (Ardennes) 1. Sept. 1900, † Paris 22. Juli 1991, frz. Schriftsteller. – Gymnasiallehrer; zeitweilig auch am Frz. Institut in Athen tätig; schrieb zahlreiche Romane unter Bevorzugung märchen- und legendenhafter Motive, auch Novellen, Gedichte, Dramen und literaturkrit. Studien (›Rimbaud et la révolte moderne‹, 1952). Für sein Gesamtwerk und im besonderen für den Roman ›Le couvent des pinsons‹

(1974) erhielt er 1974 den Grand prix de littérature der Académie française.
Weitere Werke: David (R., 1948, dt. 1950), L'homme de la scierie (R., 1950), Das Land, in dem man nie ankommt (R., 1955, dt. 1957), Pays natal (R., 1966), Un jour viendra (R., 1970), L'honorable Monsieur Jacques (R., 1972), Les disparus (R., 1976), Bonne nuit, Barbara (R., 1978), Terres de mémoire (Erinnerungen, 1979), Des trottoirs et des fleurs (R., 1981), Je ne suis pas d'ici (R., 1982), Rhétorique fabuleuse (Essays, 1983), Vaux étranges (R., 1986), Lorsque tu reviendras (R., 1986).
Literatur: CORNUZ, J.-L.: A. D. Paris 1982.

Diagoras von Melos (tl.: Diagóras), griech. Schriftsteller der 2. Hälfte des 5. Jh. v. Chr. – Folgte der Lehre Demokritos'; bekannt v. a. durch seine Angriffe auf die Religion, weniger als Dichter von Dithyramben; wegen Verspottung der Eleusin. Mysterien mußte er aus Athen fliehen.

Dialektdichtung   † Mundartdichtung.

Dialog [frz., von griech. diálogos, eigtl. = Unterredung, Gespräch], schriftl. oder mündl. Zwiegespräch, eine Hauptform direkter zweiseitiger Kommunikation in Frage und Antwort, Rede und Gegenrede. Den D. gibt es als selbständige literar. Form, er ist jedoch v. a. – in unterschiedl. Weise – Bestandteil der drei literar. Grundgattungen Drama, Epik und Lyrik. Im Drama ist der D. bestimmendes, wesentl. Element; in den ep. Gattungen ist der D. wichtiges Element der personalen † Erzählsituation. Die Lyrik kennt den D. in der Regel nur in Formen, die der Epik nahestehen, wie Ekloge, Volkslied, Ballade. In der Gattung des philosoph. oder literar. D.s wird die Grundsituation der Wechselrede auf verschiedene Weise und mit unterschiedlicher Zielsetzung genutzt. Der Schwerpunkt kann im Erkenntnisprozeß selbst liegen (didakt. D.), in der Vermittlung von Lehrinhalten (protrept. D.), in der Darstellung des Überredungsvorgangs (Disputation), schließlich in der Gestaltung der redenden Personen oder der Situation, aus der oder über die sie sprechen.
Die **Geschichte** des D.s als Kunstform beginnt mit dem sokrat. D.en Platons, der das Wechselspiel von Frage, Antwort und Widerlegung als Methode philo-

soph. Erkenntnis demonstriert. Aus ihnen entwickelte sich seit Aristoteles der bes. von Cicero entfaltete peripatet. D., dessen Partner jeweils verschiedene Denkpositionen und philosoph. Schulen vertraten, und das Lehrgespräch aus längeren, nur gelegentlich von Zwischenfragen unterbrochenen Abhandlungen (bes. im MA). Lukian schrieb satir. D.e und Totengespräche. Die christl. D.autoren waren formal an Cicero geschult; Inhalt ihrer D.e ist neben dem apologet. Anliegen die Auseinandersetzung um das rechte Verständnis der Schrift, ihr Argument das Schriftzitat (Minucius Felix, Augustinus, Gregor I., Hugo von Sankt Viktor, P. Abälard). Die beherrschende volkssprachige D.form des MA ist das ↑Streitgedicht, bekanntestes Beispiel ist das Gespräch zwischen dem Ackermann und dem Tod im ›Ackermann aus Böhmen‹ von Johannes von Tepl (um 1400). – Die reiche D.literatur der Humanisten knüpfte an Cicero (F. Petrarca, Leo Hebräus, G. Galilei, Erasmus von Rotterdam) und an Lukian an (P. Aretino); von ihm wurde auch U. von Hutten zu seinen zunächst lat., dann auch ins Deutsche übertragenen D.en angeregt (›Gesprächsbüchlein‹), die eine Flut von polem. Streitschriften in Gesprächsform im Gefolge der Reformation hervorriefen (H. Sachs, J. Wickram, J. Vadianus). Die europ. Aufklärung setzte den D. als Instrument der argumentativen Auseinandersetzung ein (N. Malebranche, D. Diderot, G. Berkeley, D. Hume, F. Galiani, M. Mendelssohn, G. E. Lessing, Ch. M. Wieland). Im 19. Jh. wurde der D. seltener, im 20. Jh. erfuhr er in Form des Essays eine gewisse Wiederbelebung in Frankreich (A. Gide, P. Valéry, P. Claudel) und Deutschland (R. Borchardt, P. Ernst, H. von Hofmannsthal). Essayistische D.e schrieben nach 1945 im deutschsprachigen Bereich G. Benn (›Drei alte Männer‹, 1949) und Arno Schmidt (›Dya na sore‹, 1958), politischsatir. B. Brecht (›Flüchtlingsgespräche‹, entst. 1940/41, gedr. 1961). – Weitere dialog. Literaturformen sind ↑ Synkrisis und ↑ Totengespräche.

Literatur: HIRZEL, R.: Der D. Lpz. 1895. 2 Bde. Nachdr. Hildesheim 1963. – MUKAŘOVSKY, J. M.: D. u. Monolog. In: MUKAŘOVSKY: Kapitel aus der Poetik. Dt. Übers. Ffm. 1.–6. Tsd. 1967. – GUNDERT, H.: Der platon. D. Hdbg. 1968. – LUCAS, L.: D.strukturen u. ihre szen. Elemente im deutschsprachigen Drama des 20. Jh. Bonn 1969. – BAUER, G.: Zur Poetik des D.s. Darmst. ²1977. – EICHLER, R.: Poetic drama. Die Entdeckung des D.s bei Byron, Shelley, Swinburne und Tennyson. Hdbg. 1977. – ZIMMER, R.: Dramat. D. u. außersprachl. Kontext. Gött. 1982. – GRUBER, J., u. a.: D. In: Lex. des MA. Bd. 3. Mchn. u. Zü. 1986.

Dialogisierung [griech.],
1. Umformung ep. Texte für eine szen. Darbietung, z. B. G. Bernanos Drama ›Die begnadete Angst‹ (1948, dt. 1951) nach G. von Le Forts Novelle ›Die Letzte am Schafott‹ (1931). – ↑ auch Bühnenbearbeitung, ↑ Adaptation.
2. Aufteilung eines fortlaufenden essayist. Textes auf mehrere Sprecher zum Zweck der Belebung des Vortrags, bes. im Rundfunk (↑ Feature). Zur eigenständigen literar. Form entwickelt von Arno Schmidt (›Dya na sore‹, 1958).

Dialogroman, Roman, der ganz oder überwiegend aus Dialogen besteht, so daß die Handlung allein aus dem Gespräch der Romanfiguren erschlossen werden muß. Beliebt im 18. Jh., z. B. Crébillon der Jüngere, ›Die Verführung‹ (1755, dt. 1948), D. Diderot, ›Jakob und sein Herr‹ (2 Bde., hg. 1796, dt. 1792, 1967 u. d. T. ›Jacques der Fatalist‹), Ch. M. Wieland, ›Geheime Geschichte des Philosophen Peregrinus Proteus‹ (1791). Die Fruchtbarkeit des Genres erweist sich in jüngster Zeit an den Werken L. De Crescenzos (z. B. ›Also sprach Bellavista‹, 1977, dt. 1986).

Diamante, Juan Bautista, * Madrid 29. Aug. 1625, † ebd. 2. Nov. 1687, span. Dramatiker. – Studierte in Alcalá de Henares; schrieb über 60 Stücke, z. T. in Zusammenarbeit mit A. Moreto y Cavana u. a.; bearbeitete mit Vorliebe Stoffe aus der nat. Geschichte in volkstüml. Weise: ›El honrador de su padre‹ (1658; eine Bearbeitung von P. Corneilles ›Cid‹).
Literatur: HABICHT, J.: Die Dramen des Don J. B. D. Ein Beitr. zur Spät-Comedia. Diss. Köln 1971.

Diaphora [griech. = Verschiedenheit],
1. in der antiken Rhetorik der betonte Hinweis auf die Verschiedenheit zweier Dinge.

2. als rhetor. Figur die Wiederholung von Worten oder Satzteilen, wobei in der Regel mit unterschiedl. Bedeutungen und Verwendungsnuancen gespielt wird, um dadurch eine Steigerung bzw. Verstärkung zu erreichen. – ↑ auch Anaklasis.

Diärese (Diäresis) [griech. = Trennung, Teilung], in der griechisch-röm. Verslehre Verseinschnitt, der mit dem Ende eines Versfußes, einer ↑ Dipodie oder einer anderen metr. Einheit zusammenfällt. – Ggs. ↑ Zäsur.

Dias, Antônio Gonçalves, * Caxias (Maranhão) 10. Aug. 1823, † an der brasilian. Küste 3. Nov. 1864, brasilian. Dichter. – Studierte in Coimbra, Tätigkeit im Ministerium für Außenhandel, 1856–64 in Europa; kam bei einem Schiffsunglück ums Leben. Erster bed. Dichter der brasilian. Romantik; seine volkstüml. Lyrik, die der brasilian. Dichtung eine bewußt nat. Tendenz gab, war von großem Einfluß auf die Folgezeit und gab der literar. Entwicklung des Landes neue Impulse.

Werke: Primeiros cantos (Ged., 1846), Leonor de Mendonça (Dr., 1847), Segundos cantos (Ged., 1848), Últimos cantos (Ged., 1851), Os Timbiras (Epos, 1857).
Ausgabe: A. G. D. Poesias completas. Eingel. v. M. DA SILVA BRIT. São Paulo 1950.
Literatur: ACKERMANN, F.: Die Versdichtung des Brasilianers A. G. D. Hamb. 1938. – BANDEIRA, M.: Poesia e vida de G. D. São Paulo 1962.

Dias, Baltasar [portugies. 'diɐʃ], * auf Madeira um 1500, † nach der Mitte des 16. Jh., portugies. Dichter. – Zählt nach G. Vicente zu den Begründern des portugies. Dramas, dessen volkstüml. Seite er vertritt; so hat sein ›Auto de Santo Aleixo‹ über 20 Auflagen erlebt und wurde noch im 20. Jh. nachgedruckt. Der blinde Dichter erhielt 1537 eine Druckerlaubnis für seine Werke und wurde auch durch Prosa- und Versfassungen von Volksbüchern, wie z. B. der ›História da Imperatriz Porcina‹, populär.

Literatur: ROCHA, A. C.: O auto de Santo Aleixo de B. D. Coimbra 1952. – GOMES, A. F.: Autos e trovas de B. D. Funchal 1961. – ESPADINHA, M. A. N.: O ›Auto de Santo Aleixo‹ de B. D. Diss. Salzburg 1976.

Diaskeuast [griech.], Bearbeiter eines literar. Werkes; nach der durch F. A. Wolf für die Homerischen Epen aufge-

stellten, von K. Lachmann, W. Grimm u. a. für das ›Nibelungenlied‹ und die anderen dt. Heldenepen übernommenen (inzwischen differenzierten) ›Liedertheorie‹ (↑ Cantilène, ↑ Chanson de geste) sollen die Heldenepen der Antike und des MA von D.en durch Addition einzelner kleinerer Lieder entstanden sein.

Diastole [griech. = das Auseinanderziehen, Ausdehnen], in der antiken Metrik Bez. für die metrisch bedingte Dehnung einer kurzen Silbe am Wortanfang.

Diatessaron [griech. = das (Evangelium) aus den vier (Evangelien)], im 2. Jh. geschriebene Evangelienharmonie von ↑ Tatian dem Syrer.

Diatribe [griech. = Zeitvertreib, Unterhaltung], literar. Gattung in der Antike, die in unsystemat., witziger Weise ein breites Publikum ermahnen und belehren will; im wesentlichen aus der Popularphilosophie der kyn. Wanderredner des Hellenismus entstanden; literarisch geformt wahrscheinlich zuerst durch Bion von Borysthenes (3. Jh. v. Chr.). Die aggressive D. beeinflußte wahrscheinlich die Ausbildung der röm. ↑ Satire; popularphilosoph. D.n oder diatribenähnl. Abhandlungen verfaßten später u. a. Philon von Alexandria, Seneca d. J., Plutarch, auch die frühchristl. Predigtliteratur zeigt Elemente der D.; eine Erneuerung erfuhr die D. in den Moralpredigten des Abraham a Santa Clara.

Díaz, Jorge [span. 'dias], * Rosario (Argentinien) 20. Febr. 1930, chilen. Dramatiker. – Lebt seit 1965 in Spanien. Seine frühen Theaterstücke wie ›La paloma y el espino‹ (1956) stehen unter dem Einfluß des absurden Theaters von E. Ionesco. Schockeffekte und phantast. Elemente sind auch in späteren Stücken vorhanden, die allerdings konkreter um Konflikte und Probleme Lateinamerikas kreisen. Methoden und Moral kommerzieller Werbung behandelt ›Variaciones para muertos en percusión‹ (1964), Korruption und Zynismus der Mächtigen ›Topografía de un desnudo‹ (1967). Auch Hörspiele.

Weitere Werke: El lugar donde mueren los mamíferos (Dr., 1963), El cepillo de dientes (Dr., 1967), La pancarta (Dr., 1970), Americaliente (Dr., 1971), El paraíso ortopédico (Dr., 1975), Tóte deinen Nächsten wie dich selbst (Dr.,

1977, dt. EA 1983), Glanz und Tod des Pablo Neruda (Dr., 1981, dt. 1983), Narben der Erinnerung (Dr., 1985, dt. 1988). **Ausgabe:** Teatro. Ceremonias de la soledad. Santiago de Chile 1978.

Díaz Loyola, Carlos [span. 'diaz lo-'jola], chilen. Dichter, ↑ Rokha, Pablo de.

Díaz Mirón, Salvador [span. 'diaz mi-'rɔn], * Veracruz (Mexiko) 14. Dez. 1853, † ebd. 12. Juni 1928, mex. Dichter. – Abgeordneter; zeitweilig aus polit. Gründen im Exil; 1892–96 im Gefängnis wegen Totschlags; Lehrer und Journalist; begann als begeisterter Romantiker mit Gedichten wie ›A Byron‹, ›A Víctor Hugo‹, ›Voces interiores‹ u. a., wandte sich später jedoch einer ausgewogen-beschreibenden Lyrik von äußerster formaler Präzision zu (›Lascas‹, 1901). **Ausgabe:** S. D. M. Poesías completas. Mexiko ⁵1966. **Literatur:** CASTRO LEAL, A.: S. D. M. Su obra y su carácter. Mexiko 1954. – MONTERDE GARCÍA ICAZBALCETA, F.: D. M., el hombre, la obra. Mexiko 1956.

Díaz Rodríguez, Manuel [span. 'diar rro'ðriyes], * Chacao (Caracas) 28. Febr. 1871, † New York 24. Aug. 1927, venezolan. Schriftsteller. – Lebte lange Zeit in Paris; bekleidete in den letzten Lebensjahrzehnten höhere Staatsämter. Gilt als einer der hervorragendsten modernist. Prosaautoren Hispanoamerikas. Gestaltet in seinen stilistisch vollendeten Romanen ›Ídolos rotos‹ (1901) und ›Sangre patricia‹ (1902) die Problematik künstler. Kreativität in einem institutionell und sozial unterentwickelten Land. Schrieb außerdem krit. Essays (›Camino de perfección‹, 1908), Reiseberichte und Erzählungen (›Peregrina o el pozo encantado‹, 1922). **Ausgabe:** M. D. R. Obras completas. Caracas 1964. 2 Bde. **Literatur:** DUNHAM, L.: M. Días R., vida y obra. Mexiko 1959. – ARAUJO, O.: La palabra estéril. Maracaibo 1966.

Díaz Sánchez, Ramón [span. 'dias 'sant∫es], * Puerto Cabello 14. Aug. 1903, † Caracas 8. Nov. 1968, venezolan. Schriftsteller. – Entstammte einer Arbeiterfamilie, Autodidakt; Journalist; Kulturattaché in Spanien. Mit nüchterner Präzision und zugleich ausdrucksstarker Szenerie und Personendarstellung hat er in seinem literar. Werk Vergangenheit und Gegenwart seines Landes analysiert und interpretiert. Den durch Entdeckung und Ausbeutung der venezolan. Erdölvorkommen bewirkten kulturellen und sozialen Wandel behandeln seine Romane ›Mene‹ (1936) und ›Casandra‹ (1957). Die historisch verankerte Feudalstruktur und die Rassenproblematik in der heimatl. Küstengegend sind Themen der Romane ›Cumboto‹ (1948) und ›Borburata‹ (1960). **Weitere Werke:** Guzmán, eclipse de una ambición de poder (Essay, 1950), La virgen no tiene cara (En., 1951), Diez rostros de Venezuela (Essay, 1964), El Líbano (R., 1969). **Ausgabe:** R. D. S. Obras selectas. Madrid u. Caracas 1967.

Dib, Mohammed, * Tlemcen 21. Juli 1920, alger. Schriftsteller. – Stammt aus einer verarmten bürgerl. Familie, übte verschiedene Tätigkeiten aus, dann Lehrer und Journalist; lebt seit 1959 in Frankreich. Wurde bekannt durch seine in frz. Sprache geschriebene alger. Romantrilogie ›Das große Haus‹ (1952, dt. 1956), ›Der Brand‹ (1954, dt. 1956) und ›Der Webstuhl‹ (1957, dt. 1959), in der mit der Entwicklung eines jungen Algeriers zugleich das Erwachen des alger. Volkes geschildert wird. Verfaßte neben weiteren Romanen Novellen und Essays, deren Hauptthemen der Algerienkrieg und die Probleme im neuen Staat sind, ferner Lyrik. **Weitere Werke:** Au café (Nov.n, 1956), Un été africain (R., 1959), Und ich erinnere mich an das Meer (R., 1962, dt. 1992), Ombre gardienne (Ged., 1963), La danse du roi (R., 1968), Formulaires (Ged., 1970), Dieu en barbarie (R., 1970), Le maître de chasse (R., 1973), L'histoire du chat qui boude (R., 1974), Habel (R., 1977), Feu, beau feu (Ged., 1979), Mille hourras pour une gueuse (Dr., 1980), Die Terrassen von Orsol (R., 1985, dt. 1991), Neiges de marbre (R., 1992), L'infante maure (R., 1994). **Literatur:** DÉJEUX, J.: M. D., écrivain algérien. Sherbrooke 1977. – BRYSON, J. TH. S.-A.: La pierre et l'arabesque. Rets et réseau thématiques dans l'œuvre de M. D. Diss. Los Angeles 1979. – DANINOS, G.: ›Dieu en Barbarie‹ de M. D. ou La recherche d'un nouvel humanisme. Sherbrooke 1985 – DEJEUX, J.: M. D. Philadelphia 1987.

Dibdin, Charles [engl. 'dɪbdɪn], ≈ Southampton 4. März 1745, † London 25. Juli 1814, engl. Dichter, Komponist und Schauspieler. – Dichtete und komponierte v. a. volkstüml. Seelieder (u. a.

›Tom Bowling‹), schrieb neben zahlreichen Opern und Theaterstücken (u.a. ›The shepherd's artifice. A dramatic pastoral‹, 1765) drei Romane, eine Geschichte des engl. Theaters (5 Bde., 1800), Gedichte und eine Autobiographie (›The professional life of Mr. D.‹, 4 Bde., 1803). Auch seine Söhne Charles D. (*1768, †1833) und Thomas John D. (*1771, †1841) traten als Verfasser von Songs und Dramen hervor.

Di Benedetto, Antonio [span. di βene'ðeto], *Mendoza 2. Nov. 1922, †Buenos Aires 10. Okt. 1986, argentin. Schriftsteller. – Journalist; wurde 1976 inhaftiert, lebte 1978–84 in Spanien. Schrieb Romane und Erzählungen, in denen er ähnl. Techniken entwickelte wie gleichzeitig die Autoren des frz. Nouveau roman. Die Absurdität menschl. Existenz gestaltet er in ›Und Zama wartet‹ (R., 1956, dt. 1967) und ›Stille‹ (R., 1964, dt. 1968). Weitgehend autobiographisch ist sein letzter Roman ›Sombras, nada más‹ (1985).

Weitere Werke: Mundo animal (En., 1953), El pentágono (R., 1955), Los suicidas (R., 1969), Cuentos claros (En., 1969), Anabella (Nov.n, 1974), Caballo en el salitral (En., 1981), Cuentos del exilio (En., 1983), El juicio de Dios (En., 1984).

Dibrachys [griech.], in der griechischröm. Metrik Folge zweier kurzer Silben ($\smile\smile$). – ↑auch Pyrrhichius.

Dicenta y Benedicto, Joaquín [span. di'θenta i βene'ðikto], ≈ Calatayud (Aragonien) 3. Febr. 1863, †Alicante 20. Febr. 1917, span. Schriftsteller. – Journalist in Madrid; schrieb neben Lyrik und Romanen v.a. Dramen, in denen er erstmalig die sozialen Probleme der Arbeiterschaft auf die Bühne brachte; ›Juan José‹ (1895, dt. 1919) war eines der meistgespielten Stücke seiner Zeit.

Weitere Werke: El señor feudal (Dr., 1896), El crimen de ayer (Dr., 1904), Daniel (Dr., 1906), Los bárbaros (R., 1912), El lobo (Dr., 1914). **Literatur:** MAINER, J.-C.: Literatura y pequeña burguesía en España. Madrid 1972. S. 29.

Dichter, Verfasser von Sprachkunstwerken (↑Dichtung). – Das Wort Dichter im heutigen Sinne findet sich in der Lautform ›tihtære‹ erstmals im 12.Jh. in den Versepen ›König Rother‹ (um 1150, Vers 4859) und ›Liet von Troye‹ (zw. 1190 und 1210) von Herbort von Fritzlar (Vers 17880, 18455). Im 13.Jh. bezeichneten sich selbst als ›tihtære‹ u.a. Rudolf von Ems (›Der guote Gerhard‹ [um 1220–25], Vers 6915) und Wernher der Gartenaere (›Meier Helmbrecht‹, Vers 933). Daneben finden sich im Mittelhochdeutschen v.a. die Bezeichnungen ›Meister‹ (z.B. Meister Heinrich von Veldeke), außerdem ›Singer‹, ›Minnesinger‹, ›Meistersinger‹ oder ›Poet‹ (nach lat. ›poeta‹). Im ahd. ›Abrogans‹ (entst. zw. 765 und 770) sind ferner noch belegt: ›scaffo‹ (= Schöpfer) und ›liudâri‹ (zu ahd. ›liod‹ = Lied). Im Spät-MA wird ›tihtære‹ mehr und mehr durch ›Poet‹ in den Hintergrund gedrängt; im 16.Jh. steht D. gelegentlich auch für ›Verfasser von Zweckliteratur‹. Erst im 18.Jh. wurde das Wort D. durch J.Ch. Gottsched, J.J. Bodmer und J.J. Breitinger im ursprüngl. Sinne wieder gebräuchlicher anstelle des nun abgewerteten Wortes ›Poet‹. Heute besteht von neuem eine Tendenz, das Wort D. zu meiden zugunsten von Bezeichnungen wie ›Autor‹, ›Schriftsteller‹ (im 18.Jh. eingeführt), ›Verfasser‹, ›Texter‹, ›Stückeschreiber‹ (B. Brecht).

Der Begriff des D.s war im Laufe der Geschichte den verschiedensten Wandlungen unterworfen. Am Anfang der antiken und german. Traditionen steht der D.mythos: der griech. D.-Sänger Orpheus, angeblich Sohn Apollons und der Muse Kalliope, bezwang mit seinem Gesang Menschen, Tiere, Bäume, Felsen, sogar die Unterwelt. Nach der nord. Mythologie soll Bragi, ein Sohn Wodans, der in manchen Überlieferungen mit dem ältesten Skalden (9.Jh. n.Chr.) gleichgesetzt wird, den Menschen die Dichtkunst gebracht haben. Auch die frühzeitl. D. gehörten als gottbegnadete, priesterlichprophet. Sänger noch in eine archaische Vorstellungswelt, so der ›blinde‹ Homer oder die sagenumwobene Gestalt des Lyrikers Arion (7./6.Jh. v.Chr.). Auch die ältesten D. german. Stämme galten als unmittelbar von Gott Erleuchtete, so der angelsächs. Hirte Caedmon (2. Hälfte des 7.Jh.) oder selbst noch der altsächs. D. des ›Heliand‹ (9.Jh.). – Mit den historisch greifbaren Gestalten differenzierte sich dann das Bild des Dichters. Die erste faßbare D.persönlichkeit des Abendlandes ist der Epiker Hesiod, der im Gegensatz zu dem hinter seinem Werk noch verborgenen Homer sich mit seiner Dichtung bereits sozial engagierte. Beginn und Auftrag seines Dichtertums hat er indes selbst noch mythisch stilisiert. Die frühen griech. D. stammten nicht nur aus verschiedenen sozialen Schichten, sie stellten sich auch von Anfang an unterschiedlich zur herrschenden Gesellschaft: neben Autoren mit fester Funktion in Staat und Polis (so der Staatsmann Solon oder Sophokles) fanden sich in höf. Diensten stehende D. wie der Lyriker Anakreon, daneben begegneten fahrende Sänger wie Ibykos (6. Jh.) und der Rhapsode und Wanderphilosoph Xenophanes oder soziale Außenseiter wie der aus polit. Gründen vertriebene Bettelpoet Hipponax. Neben Epiker wie Hesiod traten Hymniker wie Pindar, epikureische Sänger wie Anakreon, der Spötter Archilochos, der Didaktiker Solon, der ↑ Poeta doctus Euripides. Auch in der röm. Literatur sind Autoren aller Stände und Herkunft vertreten: der Komödien-D. Terenz war ein freigelassener Sklave aus Karthago, Vergil ein Bauernsohn aus Mantua, Horaz der Sohn eines apul. Freigelassenen. Als bed. Förderer der Dichtung wurde G. C. Maecenas für immer zu einem Begriff (Mäzen, Mäzenatentum). – Im frühen MA traten die D. wieder hinter ihrem Werk zurück. Die Autoren der erhaltenen lat. und volkssprachl., zumeist geistl. Dichtung waren gewöhnlich Mönche, so auch der erste namentlich bekannte deutschsprachige D., Otfrid von Weißenburg. Ausnahmen bilden im Nordgermanischen der ↑ Skalde, der D.-Sänger im Gefolge eines Fürsten, der Sagaerzähler auf dem isländ. Thing oder am norweg. Königshof, im Westgermanischen der ↑ Skop, der Berufs- und Volkssänger, bei den Kelten der ↑ Barde, ferner in allen Literaturen der anonyme, sozial schwer faßbare ↑ Spielmann. – Während die religiöse Literatur des frühen MA in der Regel von den Vertretern des geistl. Standes stammte, erscheinen bei der weltl. höf. Standespoesie (nach 1100) wieder Mitglieder aller sozialen Schichten. Troubadours z. B. sind im 12. Jh. nicht nur Wilhelm IX., Herzog von Aquitanien und Graf von Poitou, sondern u. a. auch das Findelkind Marcabru und Bernart de Ventadour, der Sohn eines Ofenheizers. Über die sozialen Verhältnisse der dt. D. des Hoch-MA ist nicht so viel überliefert wie über provenzal. Dichter. Dem Ministerialenadel haben angehört Wolfram von Eschenbach, Hartmann von Aue, bürgerl. Standes waren vermutlich Gottfried von Straßburg, Konrad von Würzburg. Bei Walther von der Vogelweide, Reinmar dem Alten u. a. ist eine soziale Zuordnung auf Spekulation angewiesen. Die Vaganten-D. blieben weitgehend anonym. Eine der ersten mittelalterl. D.gestalten, zu der es außerhalb ihres Werkes genauere biograph. Daten gibt, ist Oswald von Wolkenstein. Ähnlich wie in der Antike lebten die mittelalterl. D. entweder an einem Hof, waren in städt. Diensten oder zogen als Fahrende von Hof zu Hof, von Stadt zu Stadt; z. T. sind in den Werken Auftraggeber und Gönner genannt (z. B. bei Heinrich von Veldeke). Eine Standesdichtung, in der Publikum und Verfasser weitgehend derselben sozialen Schicht angehörten, war der v. a. von Handwerkern betriebene ↑ Meistersang, der auf der bis ins 18. Jh. fortdauernden Vorstellung von der Erlernbarkeit der Dichtung gründete. Auch noch in der Renaissance, im Barock und im 18. Jh. übten die D. meist einen (bürgerl.) Beruf aus (häufig vertreten sind Gelehrte und Theologen) oder standen als Hof-D. in höf. Diensten. Als erste (zeitweilige) Berufs-D. gelten G. E. Lessing und F. G. Klopstock. Erst seit der Mitte des 19. Jh. konnten einzelne D. ausschließlich von den Einkünften aus ihren Werken leben. – Im Sturm und Drang wurde die dann v. a. im 19. Jh. herrschende Vorstellung vom D. als eines Originalgenies geprägt; Goethe bezeichnete den D. im ›Wilhelm Meister‹ als Lehrer, Wahrsager, Freund der Götter und der Menschen. Der naive D.typus wurde von Schiller dem sentimentalischen gegenübergestellt. Neben diesen Vorstellungen finden sich im 19. und 20. Jh. auch die anderen, in früheren Zeiten verkörperten Auffassungen vom D., so der D., der das Bleibende stiftet (J. Ch. F. Hölderlin), der geistige Führer (S. George), der Sozialkritiker (v. a. im Naturalismus) oder (bes. im 20. Jh.) der Intellektuelle.

Literatur: KLUCKHOHN, P.: D.beruf u. bürgerl. Existenz. Tüb. u. Stg. 1949. – MUSCHG, W.: D.typen. In: Weltlit. Hg. v. W. MUSCHG u. E. STAIGER. Bern 1952. – SCHNEIDER, REINHOLD: Über D. u. Dichtung. Köln u. Olten 1953. – NEUMEISTER, S.: Der D. als Dandy. Mchn. 1973. – DALFEN, J.: Polis u. Poiesis. Die Auseinandersetzung mit der Dichtung bei Platon u. seinen Zeitgenossen. Mchn. 1974. – CANETTI, E.: Der Beruf des D.s. In: Akzente 23 (1976). – D. über D. Hg. v. P. GOLDAMMER. Mchn. 1976. – ENGELSING, R.: Arbeit, Zeit u. Werk im literar. Beruf. Bd. 1. Gött. 1976. – SCHRIMPF, H. J.: Der Schriftsteller als öffentl. Person. Bln. 1977. – Die Rolle des Autors. Hg. v. IRMELA SCHNEIDER. Stg. 1981. – HAUSER, A.: Sozialgesch. der Kunst u. Lit. Mchn. Neuausg. Zü. 1991. – NIGG, W.: Heilige u. D. Neuausg. Zü. 1991.

Dichterakademie, Vereinigung zur Pflege der Sprache und Literatur. Frühe Gründungen waren u. a. die Académie française in Paris (1635) und die Accademia dell'Arcadia in Rom (1690). Die erste dt. D. entstand 1926 in Berlin als Abteilung für Dichtung der Preuß. Akademie der Künste (bis 1945; ↑ Akademie). Als westdt. Nachfolgeinstitution entstand die ↑ Deutsche Akademie für Sprache und Dichtung.

Dichterfehde, literar. Auseinandersetzungen in Form von Parodie und Polemik zwischen mittelalterl. Dichtern, erschließbar aus ihren Werken. Berühmt ist die D. zwischen Reinmar dem Alten und Walther von der Vogelweide um die rechte Art des Frauenpreises (um 1200, ↑ Minnesang), in die auch Heinrich von Morungen und Wolfram von Eschenbach verwickelt scheinen. In der provenzal. Dichtung stand für D.n eine eigene Dichtungsgattung zur Verfügung, die ↑ Tenzone. – Neben diesen offenen, realen Formen der D. findet sich auch der poetisierte, fiktive Sängerwettstreit, z. B. das mhd. Gedicht ›Der Wartburgkrieg‹ (13. Jh.). Solche fiktiven Auseinandersetzungen haben Vorläufer in der Antike (z. B. ↑ Agon Homers und Hesiods).

dichterische Freiheit, bewußte Abweichung vom übl. Sprachgebrauch in einem literar. Werk. Diese Abweichung erfolgt oft aus Rücksicht auf Rhythmus oder Versmaß, auch aus stilist. Gründen oder zur Steigerung der Ausdruckskraft.

Von d. F. spricht man auch, wenn sich ein Autor über geschichtl. Fakten hinwegsetzt, um eine literar. Idee zu verwirklichen (z. B. Schillers ›Dom Karlos ...‹, 1787).

Dichterkreis, Bez. für die unterschiedlichsten Gruppierungen und Zusammenschlüsse von Dichtern: für Freundeskreise, für Zirkel an einem bestimmten Ort, um eine zentrale Persönlichkeit (Dichter, Mäzen, Verleger), oft auch zusammen mit anderen Künstlern, mit Kritikern, Wissenschaftlern usw. Wichtig wurden einige D.e, deren Mitglieder aus weltanschaul. Haltung zusammenfanden, die neue dichtungstheoret. Programme, meist in eigenen Zeitschriften, publizierten und in ihren Werken realisierten und damit der Literaturentwicklung neue formal-ästhet. oder stofflich-inhaltl. Bereiche erschlossen. Für solche ›schulemachenden‹ Keimzellen neuer Entwicklungen wurde in der Literaturwissenschaft auch die Bez. ›Dichterschule‹ verwendet (heute wegen der Schwierigkeiten ihrer sachl. Abgrenzung vermieden). – D.e sind schon aus der Antike bekannt, z. B. die Pleias in Alexandria (3. Jh. v. Chr.) oder der D. um Maecenas (Vergil, Horaz). Bemerkenswert sind z. B. die Pléiade in Frankreich (16. Jh.), im Barock der Nürnberger D. und der Königsberger D.; die Bremer Beiträger und der Göttinger Hain (18. Jh.), die romant. D.e wie der Heidelberger D., die engl. Lake school, die frz. Cenacles, ferner die D.e des Tunnels über der Spree oder des Münchner D.es, der frz. Parnasse, ferner der naturalist. Friedrichshagener D., die dagegen gerichteten D.e um S. George und der Charonkreis, eine Fülle von D.en des Expressionismus (Sturmkreis, Dadaismus usw.). In ihrer Bedeutung z. T. noch ungeklärt sind die vielen neuen, jeweils avantgardist. D.e seit 1945, z. B. die Gruppe 47, die Wiener Gruppe, der Darmstädter Kreis, die Stuttgarter Schule, das Grazer Forum Stadtpark, die Gruppe 61 oder der Werkkreis Literatur der Arbeitswelt.

Dichterkrönung, seit dem 14. Jh. offizielle Auszeichnung eines Dichters ohne festes Ritual, meist Krönung mit Lorbeer und Ernennung zum ›poeta laureatus‹, ›poeta caesareus‹, ›poeta imperialis‹. Die Ursprünge von D.en sind wahrscheinlich in der Antike zu suchen. Die erste offizielle D. war die von A. Mussato 1315 in Padua, aber erst F. Petrarcas D. durch einen röm. Senator auf dem Kapitol 1341 knüpfte programmatisch an die Antike an und machte die D. zu einer humanist. Institution, die zunächst nur Papst oder Kaiser vornahmen: D. von Zanobi da Strada († 1361)

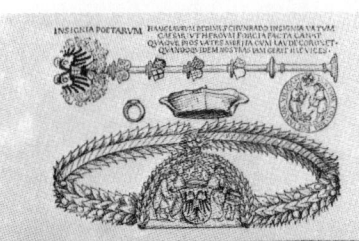

Dichterkrönung. Der als erster deutscher Dichter gekrönte Konrad Celtis mit den Insignien des gekrönten Hofdichters

1355 in Pisa durch Karl IV., von Enea Silvio Piccolomini (später Papst Pius II.) durch Friedrich III. in Frankfurt am Main 1442, von K. Celtis in Nürnberg 1487 (durch Friedrich III.), von J. Locher 1497, U. von Hutten 1517 u. a. durch Maximilian I. Die dt. D.en waren nicht wie in England (seit Eduard IV.) mit einem dotierten Hofpoetenamt verbunden, hatten aber den Wert eines akadem. Grades, da sie zu Vorlesungen über Dichtkunst und Rhetorik an einer Univ. berechtigten. Seit der Mitte des 16. Jh. kam die D. in Mißbrauch. Dennoch gab es auch weiterhin noch gekrönte Dichter von Rang, z. B. 1625 M. Opitz, 1644 J. Rist. Obwohl der Brauch der D. bis zum Ende des Kaiserreichs fortbestand, war sie seit dem Ende des Humanismus ohne Bedeutung. Die engl. Institution des ↑ Poet laureate besteht bis heute.

Literatur: SPECHT, R.: D.en bis zum Ausgang des MA. Zerbst 1928. – TRAPP, J. B.: D. In: Lex. des MA. Bd. 3. Mchn. u. Zü. 1986.

Dichterschule ↑ Dichterkreis.

Dichtung, der *Begriff* umfaßt allgemein: die Dichtkunst, speziell: das einzelne Sprachkunstwerk. In diesem doppelten Sinne erscheint das Substantiv (zum Verbum ›tihten‹ = dichten) zum ersten Mal in Glossaren des 15. Jh., neben ›Poeterei‹, ›Poesie‹, ›Poema‹. Das Wort ›dichten‹ findet sich bereits in ahd. Zeit (›tihtôn‹), im Gegensatz zu den Substantivableitungen wie ›tihtære‹ (↑ Dichter) und ›getihte‹. Die german. Grundbedeutung ›ordnen‹, ›herrichten‹ änderte sich im Althochdeutschen unter dem Einfluß von lat. ›dictare‹ (= diktieren) in ›schreiben‹, ›schriftlich abfassen‹, erweitert zu ›darstellen in poet. Form‹, so z. B. bei Otfrid von Weißenburg in der Vorrede an Ludwig den Deutschen (Vers 87). Dazu traten in mhd. Zeit noch die Bedeutungen ›ersinnen‹, ›ausdenken‹. Die mhd. Bez. für D. war ›getihte‹: in dieser allgemeinen Bedeutung fand sie sich auch später noch in ›Lehrgedicht‹ oder ›dramat. Gedicht‹. Erst im 18. Jh. wurde das Wort D. gebräuchlicher, zunächst in der Bedeutung ›Erfindung‹, ›Fiktion‹, die geläufigere Verdeutschung von ›Poesie‹ war damals noch ›Dichtkunst‹ (nach ›ars poetica‹). Der Begriff ›Poesie‹ wurde im 19. Jh. mehr und mehr auf lyr. Werke eingeschränkt. In der Neuzeit werden neben ›D.‹ verwendet: ›Dichtkunst‹, ›Sprachkunst[werk]‹, ›Wortkunst[werk]‹, ›literar. Kunstwerk‹, ›Poesie‹ (z. B. Poésie pure, konkrete Poesie), ›schöne Literatur‹ nach frz. ›belles lettres‹ (↑ Belletristik). Von den anderen Künsten *unterscheidet* sich D. dadurch, daß sie an ein sowohl begriffl. wie sinnl., rationales wie ästhet. Medium, die Sprache, gebunden ist, weshalb sie im Unterschied zur bildenden Kunst und Musik auch stärker kulturspezifisch und national vorgeprägt sein kann. Die philosoph. und literaturwissenschaftl. Überlegungen über das Dichterische können immer nur Annäherungen erbringen. Jedes dichter. Werk setzt neue oder modifiziert überkommene Kategorien und Dimensionen, die vom musiknahen, stimmungsgetragenen Klangbereich (↑ Reim, ↑ Rhythmus) bis ins Philosophische und Spirituelle reichen können. Zur D. gehört die Metaphorik, die Ambiguität, die Vieldimensionalität, die Vieldeutigkeit sprachl. Strukturen, so daß jedes Werk eine unbestimmte Zahl von Interpretationen zuläßt. Nach idealist. Auffassung schafft D. eine eigene Welt (Jean Paul: ›die einzige zweite Welt in der hiesigen‹), eine souveräne Realität, ein bes. Sein mit einer spezif. Logik und eigenen Gesetzen, die inhaltlich oder strukturell mit der Wirklichkeit konvergieren, aber auch divergieren können, während andere ästhet. Theorien ihre Verflochtenheit in außerkünstler. Wirklichkeit noch in ihren Strukturen behaupten. Auch wo D. als Naturnachahmung erscheint, ist sie nicht bloße Spiegelung, sondern im aristotel. Sinne ↑ Mimesis, d. h. Widerspiegelung, neugeschaffene, neu zusammengesetzte Wirklichkeit. – Seit dem 18. Jh. (J. Ch. Gottsched) unterscheidet man im allgemeinen *drei Grundgattungen:* Lyrik, Epik, Dramatik. Neben diese Einteilung tritt eine Unterscheidung nach ontolog. Begriffen: das Lyrische, das Epische, das Dramatische. Der Versuch, D. auf diese ›Naturformen‹ (Goethe) oder ›Grundbegriffe‹ (E. Staiger) zurückzuführen, geht von der Erkenntnis aus, daß es gattungstyp. Reinformen nicht gebe, sondern immer nur Mischungen verschiedener Grundhaltungen: neben einem lyr. oder

ep. Drama begegnen dramat. oder lyr. Romane oder dramat. Lyrik. – Nach dem Verständnis von D. als fiktionaler Sprachschöpfung sind von D. die reinen Zweckformen der Didaktik, Rhetorik (Predigt, Rede) und Kritik ausgeschlossen, auch wenn sie sprachlich ebenfalls höchsten ästhet. Ansprüchen genügen. Die Unterscheidung von D. und Literatur (z. B. den philosoph. Schriften A. Schopenhauers oder F. Nietzsches, den krit. Werken eines K. Kraus oder der wiss. Prosa S. Freuds) hat die Literaturwissenschaft immer wieder irritiert, zumal es auch in diesem Bereich schwer einzuordnende Grenzformen gibt, wie z. B. die Werke der Mystiker. Bis zum 18. Jh. bestimmte meist äußerlich die Versform (die ›gebundene Rede‹ gegenüber der ungebundenen, der Prosa) die Grenze zwischen D. und Literatur. Für Schiller war der Romanschreiber noch der Halbbruder des Dichters (›Über naive und sentimentale. D.‹, 1795). Durch die Entwicklung des Prosaromans im 18. und 19. Jh. wurde aber schließlich die Erweiterung des D.sbegriffs notwendig: seit dem 19. Jh. werden Prosaromane selbstverständlich zur D. gezählt. Die einzelnen Gattungen der D. wurden zu unterschiedl. Zeiten in ihrem Wert unterschiedlich eingeschätzt. Im MA z. B. galt das Epos v. a. in Gestalt des höf. Romans als höchste Form der D., im frühen 18. Jh. wurde der Prosaroman als reine Unterhaltungsgattung eingestuft, im 19. Jh. galt dem Drama, um 1900 der Lyrik die größte Wertschätzung. Bei J. G. von Herder und in der Romantik wurde die Volks-D. (Volkslied, Volksmärchen), als den Urformen der Poesie näherstehend, oft höher eingeschätzt als die Kunstdichtung. – Horaz prägte für die *Funktion* der D. die Formel ›aut delectare aut prodesse‹ (= Vergnügen und Nützen bzw. Belehren); zwischen diesen beiden Bezugspunkten finden sich die verschiedensten Spielarten. Die Wirkung einer D. kann sich zudem innerhalb dieses Spannungsbogens je nach Zeit und Publikum verlagern (z. B. die Jugenddramen Schillers, deren gesellschaftskrit. Impetus je nach der Interpretation sekundär erscheinen kann, oder die sozial engagierte Lehr-D. B. Brechts, die auch nur ›kulinarisch‹ erfaßt werden kann). Die Tendenzen können von der absolut zweckfreien D. des L'art pour l'art bis zur didakt. D. reichen (verbreitet bes. im MA, in der Neuzeit z. B. Goethes ›Versuch, die Metamorphose der Pflanzen zu erklären‹, 1790). D. kann weltanschaulich mehr oder weniger gebunden sein, ihr Verhältnis zur Wirklichkeit kann von ›Naturnachahmung‹ bis zur Konstruktion († Dadaismus, † experimentelle Dichtung) reichen. – Zeiten mit einer bes. geprägten *Dichtersprache* (mhd. Blütezeit, Barock, Goethezeit) wurden von Zeiten abgelöst, in denen die möglichst nahe Anlehnung an die Umgangssprache, an Dialekte als literar. galt († Naturalismus). Verschiedene Stilschichten wurden seit den antiken Rhetoriken unterschieden: hohe, mittlere, niedere Stilart († Rhetorik, † Stilistik, † Genera dicendi). Das *Entstehen* von D. wurde in verschiedenen Zeiten unterschiedlich erklärt. Sahen Sturm und Drang oder die Romantik die Inspiration als eigtl. Impuls, so verstanden u. a. Barock und Aufklärung die D. als mittels bestimmter Regeln lehr- und lernbar. D. wird auch nach den Anlässen ihrer Entstehung unterschieden in Gelegenheits-, Erlebnis-, Bekenntnisdichtung. Sie kann stark gesellschafts- und schichtenspezifisch geprägt sein, z. B. die höf. D., ebenso bestimmte Formen der bürgerl. D. (z. B. Meistersang oder im 18. Jh. Aufklärungsliteratur, Empfindsamkeit) und die humanist. Gelehrten-D., oder sich von sozialen und ideolog. Kontexten bewußt abwenden. – Das Verhältnis der Dichter zu ihrem Werk läßt sich ebensowenig auf einen Nenner bringen wie das Wesen der D. oder ihre gesellschaftl., kulturellen und psycholog. Bedingtheiten und Hintergründe. – † auch Ästhetik, † Literatur, † Poetik.

Literatur: HEFELE, H.: Das Wesen der D. Stg. 1923. – WALZEL, O.: Gehalt u. Gestalt im Kunstwerk des Dichters. Bln. 1923. Nachdr. Darmst. 1957. – ERMATINGER, E.: Das dichter. Kunstwerk. Lpz. ³1939. – PETERSEN, J.: Die Wiss. von der D. Bd. 1: Werk u. Dichter. Bln. 1939 (m. n. e.). – STORZ, G.: Gedanken über die D. Ffm. 1941. – STORZ, G.: Sprache u. D. Mchn. 1957. – DUFRENNE, M.: Le poétique. Paris 1963. – SEIDLER, H.: Die D. Stg. ²1965. – PFEIFFER, J.: Umgang mit D. Hamb. ¹¹1967. – SENGLE,

F.: Vorschläge zur Reform der literar. Formenlehre. Stg. ²1969. – HEISE, H.-J.: Formprobleme u. Substanzfragen der D. Waldbrunn 1972. – INGARDEN, R.: Das literar. Kunstwerk. Tüb. ⁴1972. – WIEGMANN, H.: Gesch. der Poetik. Stg. 1977. – EMRICH, W.: Poet. Wirklichkeit. Königstein i. Ts. 1979. – VERWEYEN, TH.: D. u. Wahrheit. Konstanz 1979. – ASSMANN, A.: Die Legitimität der Fiktion. Mchn. 1980. – ENZENSBERGER, CH.: Lit. u. Interesse. Ffm. 1981. – PLEBE, A.: Gibt es eine Logik in der Poesie? In: Semiosis 7 (1982), H. 1/2. – SUERBAUM, U.: D. als ambivalente Rede. In: Poetica 14 (1982), S. 293. – BALTZ, U.: Theologie u. Poesie. Ffm. 1983. – BRAUN, G.: Norm u. Geschichtlichkeit der D. Bln. 1983. – Funktionen des Fiktiven. Hg. v. D. HENRICH u. W. ISER. Mchn. 1983. – STAIGER, E.: Grundbegriffe der Poetik. Mchn. ⁵1983. – WELLEK, R./WARREN, A.: Theorie der Lit. Dt. Übers. Königstein i. Ts. 1985. – JENS, W./ KÜNG, H.: D. u. Religion. Neuausg. Mchn. 1988. – ADORNO, T. W.: Noten zur Lit. Ffm. ⁵1991. – DILTHEY, W.: Das Erlebnis u. die D. Neuausg. Lpz. ²1991. – KAYSER, W.: Das sprachl. Kunstwerk. Tüb. u. a. ²⁰1992. – HAMBURGER, K.: Die Logik der D. Stg. ⁴1994.

Dichtungsgattungen † Gattung.

Dichtungswissenschaft, eine v. a. nach dem 2. Weltkrieg vertretene Richtung innerhalb der umfassenderen † Literaturwissenschaft, die sich bewußt auf die wiss. Analyse dichter. Werke beschränkt; Dichtung soll als Sprachkunstwerk (nicht als Sprach- oder Geschichtsdokument) unter ästhet. Aspekten und mit dichtungsadäquaten Methoden (werkimmanente † Interpretation) erforscht werden.

Literatur: KLUCKHOHN, P.: Literaturwiss., Literaturgesch., D. Bemerkungen zu Fragen der Terminologie. In: Dt. Vjschr. f. Literaturwiss. u. Geistesgesch. 26 (1952), S. 112.

Dick (tl.: Dîq), Eisik Meir, eigtl. Isaac Meir D., *Wilna 1814, †ebd. 24. Jan. 1893, jidd. Schriftsteller. – Schrieb, zuerst in hebr., dann in jidd. Sprache, rund 400 vielgelesene Romane, Märchen und Erzählungen, in denen er, teils sentimental, teils humoristisch, Darstellungen des jüdischen Volkslebens gibt. D. gilt als erster bedeutender Vertreter der weltlichen jiddischen Literatur.

Dickens, Charles [engl. 'dɪkɪnz], *Landport bei Portsmouth 7. Febr. 1812, †Gadshill Place bei Rochester 9. Juni 1870, engl. Schriftsteller. – Aus anglikan. Familie des mittleren Bürgertums; wegen finanzieller Schwierigkeiten des Vaters

Charles
Dickens

mußte D. zeitweise die Schule verlassen; Gehilfe in einer Anwaltskanzlei, Gerichtsreporter, Parlamentsstenograph, schließlich Reporter des ›Morning Chronicle‹. D. schrieb ausgezeichnete Reportagen; 1836 erschienen seine feuilletonist. Skizzen von London als ›Sketches by Boz‹. Berühmt machten ihn die ›Pickwick papers‹ (1836/37 in Fortsetzungen erschienen, 1837 in 2 Bden., dt. 1837/38 in 5 Bden. u. d. T. ›Die Pickwickier, oder Herrn Pickwick's ... Kreuz- und Querzüge, Abentheuer und Thaten‹). Anschließend arbeitete D. fast pausenlos an vielen Romanen, die zuerst in Fortsetzungslieferungen erschienen. Zeitweilig leitete er eine Theatergruppe. 1849 gründete er die Zeitschrift ›Household Words‹ (1859 abgelöst von ›All the Year Round‹). Ab 1858 hielt er theatralisch effektvolle öffentl. Lesungen ab (1867/68 auch in Amerika). Die frühen Romane, die D. rasch zu einem der gefeiertsten Schriftsteller seiner Zeit machten, wie ›Oliver Twist‹ (3 Bde., 1838, dt. 3 Tle., 1838), ›Leben und Schicksale Nikolas Nickelby's und der Familie Nickelby‹ (1838/39, Buchausg. 3 Bde., 1839, dt. 6 Tle., 1838–40) und ›Der Raritätenladen‹ (1841, dt. 2 Bde., 1852), sowie die jährl. Weihnachtsgeschichten (z. B. ›Ein Weihnachtsgesang in Prosa‹, 1843, dt. 1844, 1963 u. d. T. ›Ein Weihnachtslied‹) erzählen humorvoll melodramat. Handlungen aus der Londoner Lebenswelt der niederen und mittleren Stände, zeichnen teils in rührender Beschaulichkeit, teils in grotesker Übersteigerung originelle Charaktere und geißeln Unterdrückung und soziale Mißstände. Eindrücke einer

Amerikareise (1841) schlugen sich in ›Leben und Abenteuer Martin Chuzzlewits‹ (R., 3 Bde., 1843, dt. 2 Bde., 1843/ 1844) und in ›American notes‹ (Essays, 1842) nieder. Autobiographisches ist zudem in ›David Copperfield‹ (R., 1849/50, Buchausg. 1850, dt. 1909, erstmals dt. 1849–51) verarbeitet. Die späten Romane klagen in symbolhafterer Darstellung herrschende Institutionen an, so ›Bleakhaus‹ (1852, dt. 1853) das Gerichtswesen, ›Schwere Zeiten‹ (1854, dt. 1855, 1880 u. d. T. ›Harte Zeiten‹) die Industriewelt, ›Klein Dorrit‹ (1855–57, Buchausg. 3 Bde., 1857, dt. 2 Bde., 1856/ 1857) den Verwaltungsapparat, ›Große Erwartungen‹ (3 Bde., 1861, dt. 3 Bde., 1862) Ideologien des sozialen Aufstiegs, ›Unser gemeinschaftl. Freund‹ (2 Bde., 1865, dt. 1867) die Geldherrschaft. Der histor. Roman ›Zwei Städte‹ (1859, dt. 3 Bde., 1859/60) schildert London und Paris zur Zeit der Frz. Revolution.

Weitere Werke: Barnaby Rudge (R., 1841, dt. 2 Bde., 1852), Dombey und Sohn (R., 1847/48, Buchausg. 1848, dt. 10 Tle., 1847/48), The mystery of Edwin Drood (R., 6 Tle., 1870 [unvollendet], dt. 1870 u. d. T. Edwin Drood. Eine geheimnisvolle Geschichte, 1955 u. d. T. Das Geheimnis um Edwin Drood).
Ausgaben: The nonesuch D. Hg. v. A. Waugh u. a. London 1937–38. 23 Bde. – The new Oxford illustrated D. Hg. v. Th. Holme u. a. London 1948–58. 21 Bde. – Ch. D. Werke. Dt. Übers. Darmst. u. Mchn. 1958–75. 16 Bde. – The speeches of Ch. D. Hg. v. K. J. Fielding. Oxford 1960. – The letters of Ch. D. Hg. v. M. House u. a. New York 1965–81. 5 Bde. – Ch. D. Ges. Werke in Einzelausgg. Bln. [1–2]1966 ff. Auf mehrere Bde. berechnet. – The Clarendon D. Hg. v. J. Butt u. K. Tillotson. Oxford 1966 ff. Auf mehrere Bde. berechnet.
Literatur: Forster, J.: Ch. D.' Leben. Dt. Übers. Bln. 1872–75. 3 Bde. – The Dickensian (Zeitschrift). 1905 ff. – Johnson, E.: Ch. D., his tragedy and triumph. London 1952. – Ford, G. H.: D. and his readers. Princeton (N. J.) 1955. – Miller, J. H.: Ch. D. The world of his novels. Cambridge (Mass.) 1958. – Fielding, K. J.: Ch. D. London [2]1965. – D. Studies. 1965 ff. (seit 1970 D. Studies Annual). – Leimberg, I./Cerny, L.: Ch. D. Darmst. 1978. – Mackenzie, J./Mackenzie, N.: D. – Ein Leben. Dt. Übers. v. E. Jacobi. Ffm. 1983. – Page, N.: A D. companion. New York 1984. – Wilson, A.: The world of Ch. D. Chicago (Ill.) 1984. – Hardy, B.: The moral art of D. Dover (N.H.) 1985. – Goetsch, P.: D. Zü. 1986. – Ackroyd, P.: D. London 1990. – Reinhold, H.:

Ch. D. u. das Zeitalter des Naturalismus u. der ästhet. Bewegung. Hdbg. 1990.

Dickens, Monica [Enid] [engl. 'dıkınz], * London 10. Mai 1915, † Reading 25. Dez. 1992, engl. Schriftstellerin. – Urenkelin von Charles D.; ihre Romane, in denen sie auf eigene Beobachtungen und Erfahrungen in verschiedenen Berufen zurückgreift, zeichnen sich durch treffende Charakterisierung und humorvoll satir., später auch düster groteske Darstellung aus; schrieb auch Jugendbücher und autobiograph. Texte.

Werke: One pair of hands (Autobiogr., 1939), Mariana (R., 1940, dt. 1966), Schwester Dickens (Autobiogr., 1942, dt. 1953), Zwölf um ein Bett (R., 1946, dt. 1951), My turn to make the tea (Autobiogr., 1951), Immer wehte der Wind (R., 1955, dt. 1958), An Land ist alles anders (R., 1958, dt. 1959), Auch Pferde brauchen Liebe (R., 1963, dt. 1964), Das Geheimnis um Peter Clive (R., 1968, dt. 1969), The listeners (R., 1970), Follyfoot, die Pferdefarm (Jugend-R., 1971, dt. 1972), Die Kinder auf Follyfoot (Jugend-R., 1972, dt. 1972), Frühling im Haus am Ende der Welt (R., 1973, dt. 1982), Last year when I was young (R., 1974), An open book (Autobiogr., 1978), The hauntings of Bellamy 4 (R., 1986), Tims Zauberwelt (R., 1989, dt. 1991), Closed at dusk (R., 1990), One of the family (R., hg. 1993).

Dickey, James [engl. 'dıkı], * Atlanta 2. Febr. 1923, amerikan. Schriftsteller. – Luftwaffenpilot im 2. Weltkrieg und in Korea; seit 1969 Prof. für Englisch an der University of South Carolina. Die die Technologie ablehnende Südstaatenkultur sowie seine Kriegserlebnisse bilden die Basis seiner autobiograph. Gedichte; in seiner typ. Vermischung von Realität und Traumwelt sucht er in späteren Gedichten nach geistigen Mitteln, um die destruktiven Kräfte zu bekämpfen. Seit den 70er Jahren auch Prosa (›Flußfahrt‹, R., 1970, dt. 1971), Drehbücher, Prosagedichte und Literaturkritik.

Weitere Werke: Poems 1957–1967 (1967), The eye-beaters, blood, victory, madness, buckhead and mercy (Ged., 1970), Self-interviews (1970), Jericho (Prosa-Ged., 1974), The zodiac (Prosa-Ged., 1976), God's images (Prosa-Ged., 1977), Puella (Ged., 1982), Night hurdling (Prosa, 1983), The central motion. Poems 1968–1979 (1983), Alnilam (R., 1987), The eagle's mile (Ged., 1990).

Literatur: J. D. The expansive imagination. Hg. v. R. J. CALHOUN. DeLand (Fla.) 1973. – CALHOUN, R. J./HILL, H. W.: J. D. Boston (Mass.)

1983. – BANGHAM, R.: Understanding J. D. Columbia (S. C.) 1985. – J. D. Hg v. H. BLOOM, New York 1987.

Dickinson, Emily [Elizabeth] [engl. 'dıkınsn], * Amherst (Mass.) 10. Dez. 1830, † ebd. 15. Mai 1886, amerikan. Lyrikerin. – Tochter eines Anwalts, akadem. Bildung, lebte seit 1856 zurückgezogen im väterl. Hause, hatte aber lebhaftes Interesse am Weltgeschehen (reger Briefwechsel). Bed. Einfluß auf ihr Werk übten die religiöse Dichtung der Metaphysical poets sowie Ideen der Transzendentalisten aus; als wichtigste literar. Quellen müssen v. a. die Bibel und Shakespeare genannt werden. Ihre Ehrfurcht vor dem Wort Gottes bestimmt auch ihre nahezu sakrale Einstellung zu den Wörtern der Sprache; viele schöpfer. Anregungen empfing sie aus Naturbeobachtung und puritan. Selbstanalyse. Zentrales Thema ihrer Dichtung ist die Angst vor dem Phänomen des Todes, die sie durch die Koppelung des Todes an Alltagsereignisse (‹I heard a fly buzz when I died›), durch seine Verbindung mit dem Thema der Liebe (›Because I could not stop for death‹) bzw. durch seine poet. Antizipation (›After great pain, a formal feeling comes‹) zu überwinden versucht. Trotz der ästhet. Versöhnung bleiben Isolation, Skepsis und Verzweiflung bestehen und konstituieren das Paradoxon einer existentialist. Lebenseinstellung. Dieser typisch moderne Zug zeigt sich auch an den ungewöhnl. Sprach- und Versexperimenten, bei denen metr. und rhythm. Einheiten von Hymnen und Psalmen übernommen werden und eindringl. Bildketten an die Stelle syntakt. Gliederung treten. Als Bindeglied zwischen dem 17. Jh. und der Moderne wurde D. als Vorläuferin der Imagisten gesehen und gilt als bedeutendste amerikan. Lyrikerin; nur sieben ihrer insgesamt 1775 Gedichte, die zum großen Teil erst nach ihrem Tod entdeckt wurden, erschienen zu ihren Lebzeiten (postum: ›Poems‹, 3 Bde., hg. 1890, 1891 und 1896; ›The single hound‹, hg. 1914; ›Further poems‹, hg. 1929; ›Unpublished poems‹, hg. 1932; ›Bolts of melody‹, hg. 1945). Ausgewählte Gedichte in dt. Übersetzung: ›Der Engel in Grau‹ (1956), ›Gedichte‹ (engl. und dt. 1959), ›Gedichte‹

(engl. und dt. 1970), ›Ich bin niemand, bist auch du niemand?‹ (engl. und dt. 1983), ›Guten Morgen, Mitternacht. Gedichte und Briefe‹ (engl. und dt. 1987).

Literatur: LUBBERS, K.: E. D., the critical revolution. Ann Arbor (Mich.) 1968. – SEWALL, R. B.: The life of E. D. New York 1974. 2 Bde. – MUDGE, J. M.: E. D. and the image of home. Amherst (Mass.) 1975. – DUCHAC, J.: The poems of E. D.: An annotated guide to commentary published in English, 1890–1977. Boston (Mass.) 1979. – LINK, F. H.: Zwei amerikan. Dichterinnen: E. D. u. Hilda Doolittle. Bln. 1979. – WEISBUCH, R.: E. D.'s poetry. Chicago (Ill.) 1981. – KIMPEL, B.: E. D. as philosopher. Lewiston (N. Y.) 1982. – THOTA, A. N.: E. D. The metaphysical tradition. Atlantic Highlands (N. J.) 1982. – Feminist critics read E. D. Hg. v. S. JUHASZ. Bloomington (Ind.) 1983. – E. D. Hg. v. H. BLOOM. New York 1985. – WOLFF, C. G.: E. D. New York 1986.

didaktische Dichtung ↑ Lehrdichtung.

Didaskalien [griech. = Unterweisung, Lehre],
1. in der antiken Dramaturgie das Einstudieren eines Chores.
2. szen. Anweisungen der antiken Dramatiker zur Aufführung ihrer Werke.
3. seit dem 5. Jh. v. Chr. übl. amtl. Listen, in denen in chronolog. Reihenfolge die Aufführungen von Dramen und Chordichtungen verzeichnet waren. Die D. informierten über den Zeitpunkt der Aufführung, den Titel des Werkes, das Urteil der Preisrichter, über die Preise und Honorare. Neben dem Namen des Autors nannten sie auch den ↑ Choregen und namhafte beteiligte Schauspieler. Aristoteles veröffentlichte in seinem fragmentarisch erhaltenen Werk ›Didaskalia‹ als erster die D. Athens. Dieses Werk wurde zur bevorzugten Quelle alexandrin. Gelehrter, die sich später mit der Herausgabe griech. Dramen befaßten. Seit dem 3. Jh. v. Chr. wurden in Griechenland in Stein gemeißelte D. in den Theatern aufgestellt. Lat. D. sind zu den Komödien des Terenz und zu zwei Werken des Plautus erhalten.

Diderot, Denis [frz. di'dro], * Langres 5. Okt. 1713, † Paris 31. Juli 1784, frz. Schriftsteller und Philosoph. – Sohn eines Messerschmieds, Autodidakt, der sich ein umfangreiches Wissen aneignete; spielte als Hg. und Autor der frz.

›Encyclopédie‹ (1751–72) neben J. Le Rond d'Alembert, der jedoch 1758 aus der wiss. Redaktion ausschied, eine bed. Rolle in der Genese der Aufklärung. Von D. stammen einige der wichtigsten programmat. Artikel (z. B. ›Encyclopédie‹, ›Philosophie‹, ›Art‹). Eher enzyklopädisch als systematisch war auch sein Denken. Es war ursprünglich stark beeinflußt durch engl. Traditionen (A. A. C. Shaftesbury, J. Locke), später durch den krit. Skeptizismus P. Bayles und materialist. Positionen, deren Übernahme zugleich eine deist. Phase in seinem Denken ablöste. Neben ästhet. und literaturtheoret. Schriften (u. a. ›Versuch über die Malerei‹, entst. 1766, hg. 1796, dt. 1797; ›Discours sur la poésie dramatique‹, 1758; ›Das Paradox über den Schauspieler‹, hg. 1830, dt. 1964) schrieb D. zahlreiche philosoph. Abhandlungen, z. B. die ›Pensées philosophiques‹ (1746, gegen B. Pascal), die ›Pensées sur les aveugles‹ (1749), die ›Gedanken zur Interpretation der Natur‹ (1754, dt. 1961) und den 1796 postum erschienenen ›Nachtrag zu Bougainvilles Reise ...‹ (dt. 1965); daneben die philosoph. Dialoge ›Gespräche mit d'Alembert‹ (entst. 1769, hg. 1830, dt. 1961), ›Der Traum d'Alemberts‹ (entst. 1769, hg. 1830, dt. 1923) und ›Suite de l'entretien‹ (entst. 1769, hg. 1830). Für Katharina II., die er 1773 besuchte, entwarf D. 1775 einen ›Plan d'une université pour le gouvernement de Russie‹.

Denis Diderot

D. war auch ein Meister der Erzählkunst in kleinen, von ihm als ›petits papiers‹ bezeichneten Genrebildern und in [erot.]

Romanen (u. a. ›Die indiskreten Kleinode‹, R., 2 Bde., 1748, dt. 1965, erstmals dt. 1776; ›Moral. Erzählungen‹, 1773, dt. 1925; ›Die Nonne‹, R., hg. 1796, dt. 1797; ›Jakob und sein Herr‹, R., entst. 1773–75, 2 Bde., hg. 1796, dt. 2 Bde., 1792, 1967 u. d. T. ›Jacques, der Fatalist‹; ›Rameau's Neffe‹, E., entst. um 1762–74, dt. 1805 von Goethe, 1821 ins Französische rückübersetzt). Er strebte außerdem Reformen auf dem Gebiet des Dramas an; mit seinen im bürgerl. Milieu spielenden Schauspielen (›Der natürl. Sohn‹, 1757, dt. 1760 von G. E. Lessing; ›Der Hausvater‹, 1758, dt. 1760 von Lessing) schuf er in Frankreich die Gattung des Rührstücks und des bürgerl. Trauerspiels. Als Schriftsteller wie als Denker, der mit seinen Arbeiten das aufklärer. Bild des ›philosophe‹ wesentlich mitprägte, übte D. insbes. in Deutschland einen großen Einfluß aus. Sein weniger physikalist. als biologist. Weltbild, das Formen eines pantheist. Naturalismus zeigt, fand eine Fortsetzung in der Naturphilosophie des 19. Jahrhunderts.

Ausgaben: Œuvres complètes de D. Hg. v. J. Assézat. Paris 1875–77. 20 Bde. – D. D. Lettres à Sophie Volland. Hg. v. A. Babelon. Paris 1930. 3 Bde. – Correspondance complète de D. Hg. v. G. Roth u. J. Varloot. Paris 1955–70. 16 Bde. – D. D. Œuvres philosophiques. Hg. v. P. Vernière. Paris 1956. – D. D. Salons. Hg. v. J. Seznec u. J. Adhémar. Oxford 1957–67. Bisher 3 Bde. erschienen. – D. D. Œuvres politiques. Hg. v. P. Vernière. Paris 1963. – D. D. Das erzähler. Gesamtwerk. Dt. Übers. Hg. v. H. Hinterhäuser. Bln. 1966–67. 4 Bde. – D. D. Œuvres esthétiques. Hg. v. P. Vernière. Paris 1968. – D. D. Œuvres complètes. Hg. v. H. Dieckmann u. a. Paris 1975 ff. Auf 33 Bde. berechnet. – D. D. Œuvres romanesques. Hg. v. H. Bénac. Paris 1981. – D. D. Ästhet. Schrr. Dt. Übers. v. F. Bassenge u. Th. Lücke. Hg. v. F. Bassenge. Bln. 1984. 2 Bde. – D. D. Philosoph. Schrr. Dt. Übers. u. hg. v. Th. Lücke. Bln. 1984. 2 Bde.

Literatur: Thomas, J.: L'humanisme de D. Paris ²1938. – D. Studies. Hg. v. O. Fellows u. a. Genf 1949 ff. – Hinterhäuser, H.: Utopie u. Wirklichkeit bei D. Hdbg. 1957. – Kempf, R.: D. et le roman, ou le démon de la présence. Paris 1964. – Mornet, D.: D. D. Neuausg. Paris 1966. – Roy, M.-L.: Die Poetik D.s. Mchn. 1966. – Mortier, R.: D. in Deutschland 1750–1850. Dn. Stg. 1972. – Proust, J.: Lectures de D. Paris 1974. – Spear, F. A.: Bibliographie de D. Genf 1980. – Bukdahl, E. M.: D., critique d'art. Kopenhagen 1980–82.

2 Bde. – Proust, J.: D. et l'Encyclopédie. Paris 1982. – Bremner, G.: Order and chance. The pattern of D.'s thought. New York 1983. – Insel-Almanach auf das Jahr 1984. D. Hg. v. H. Günther. Ffm. 1983. – Stackelberg, J. von: D. Eine Einf. Zü. u. Mchn. 1983. – Groh, R.: Ironie u. Moral im Werk D.s. Mchn. 1984. – Wilson, A. M.: D., sa vie et son œuvre. Paris 1985. – Daniel, G.: Le style de D.: légende et structure. Genf 1986. – Lepape, P.: D. D. Eine Biogr. A. d. Frz. Ffm. u. a. 1994.

Didion, Joan [engl. ˈdɪdɪən], * Sacramento (Calif.) 5. Dez. 1934, amerikan. Schriftstellerin. – Übt in ihren sehr erfolgreichen Romanen und Essays Kritik an den Auswüchsen der amerikan. Gegenwartskultur. Ausweg aus der sinnentleerten, korrupten Welt des ›American dream‹ sieht D. für ihre von Angst, Verzweiflung und Isolation geprägten weibl. Helden in der an H. James und J. Conrad erinnernden Wiederherstellung eines moral. Standpunktes (›Run River‹, R., 1963; ›Spiel dein Spiel‹, R., 1970, dt. 1980; ›Wie die Vögel unter dem Himmel‹, R., 1977, dt. 1978; ›Demokratie. Ein Roman‹, 1984, dt. 1986). Neben kulturkrit. Essays (›Slouching towards Bethlehem‹, 1968; ›Das weiße Album‹, 1979, dt. 1983) auch polit. Engagement (›Salvador‹, Reisebericht, 1983, dt. 1984; ›Miami‹, Prosa, 1987).

Weitere Werke: Überfall in Central Park. Eine Reportage (1991, dt. 1991), After Henry (Essays, 1992).

Literatur: Winchell, M. R.: J. D. Boston (Mass.) 1980. – Henderson, K. U.: J. D. New York 1981. – J. D. Hg. v. E. G. Friedman. Princeton (N. J.) 1984.

Didring, Ernst, * Stockholm 18. Okt. 1868, †ebd. 13. Okt. 1931, schwed. Schriftsteller. – Schrieb erfolgreiche realist. Dramen; in seinen Romanen schildert er mit Vorliebe die industrielle Entwicklung in Norrland.

Werke: Arvtagarna (Dr., 1894), Malm (R.-Trilogie, 1914–19, dt. 3 Tle.: Hölle im Schnee, 1924; Der Krater, 1924; Die Weltspinne, 1925), Elna Hall (Dr., 1917).

Diederichs, Helene, dt. Schriftstellerin, ↑ Voigt-Diederichs, Helene.

Diego Cendoya, Gerardo [span. ˈdjeγo θenˈdoja], * Santander 3. Okt. 1896, † Madrid 8. Juli 1987, span. Lyriker. – Philologiestudium in Salamanca und Madrid; Prof. der Literaturwiss.; 1947 Mitglied der Span. Akademie. Einer

der maßgebenden Vertreter der modernen span. Lyrik; gehörte mit J. Guillén, R. Alberti, P. Salinas zur Generation von 1927; war, beeinflußt vom Creacionismo des Chilenen V. Huidobro, einer der Hauptvertreter des Ultraismo (›Manual de espumas‹, Ged., 1924). Erhielt 1979 (gemeinsam mit J. L. Borges) den Premio Miguel de Cervantes.
Weitere Werke: Imagen (Ged., 1922), Versos humanos (Ged., 1925), Alondra de verdad (Sonette, 1941), Paisaje con figuras (Ged., 1956), El jándalo (Ged., 1959), Gedichte (span. und dt. Ausw. 1965), Versos escogidos (Ged., 1970), Carmen jubilar (Ged., 1975), El poeta Manuel Machado (Essay, 1975).
Literatur: GALLEGO MORELL, A.: Vida y poesía de G. D. Barcelona 1955. – MANRIQUE DE LARA, J. G.: G. D. Madrid 1970. – VILLAR, A. DEL: La poesía total de G. D. Madrid 1984.

Dierx, Léon [frz. djɛrks], * Saint-Denis (Réunion) 20. Okt. 1838, † Paris 11. Juni 1912, frz. Lyriker. – Lebte in Paris; nach dem Tod S. Mallarmés zum ›Prince des poètes‹ erklärt, da sein Werk z. T. den Symbolismus ankündigte; schloß sich früh den Parnassiens an, suchte seinen Gedichten jedoch mehr persönl., pessimistischen Gehalt zu geben als sein Vorbild Ch. M. Leconte de Lisle.
Werke: Poèmes et poésies (1864), Les lèvres closes (Ged., 1867), Les amants (Ged., 1879).
Ausgabe: L. D. Œuvres complètes. Paris ²1925. 2 Bde.
Literatur: CAMUS-CLAVIER, M.-L.: Le poète L. D. 1838–1912. Paris 1942.

Diesel, Eugen, * Paris 3. Mai 1889, † Rosenheim 22. Sept. 1970, dt. Schriftsteller. – Sohn des Ingenieurs Rudolf D.; studierte in München und Berlin; unternahm ausgedehnte Reisen; ab 1925 freier Schriftsteller; schrieb meist kulturphilosoph. und volkskundl. Werke, daneben auch Essays, eine Biographie seines Vaters (›Diesel‹, 1937), Dramen und Erzählungen.
Weitere Werke: Der Weg durch das Wirrsal (1926), Die dt. Wandlung (1929), Wir und das Auto (1933), Das Pergament aus Norica (Kom., 1937), Das gefährl. Jahrhundert (1950), Philosophie am Steuer (Reiseb., 1952), Menschheit im Katarakt (Abh., 1963).

Diesthemius, Petrus [dɪs'te:...], niederl. Dichter, † Dorlandus, Petrus.

Dietmar von Aist (Eist), mhd. Minnesänger des 12. Jahrhunderts. – Gedichte sind überliefert in der Stuttgarter Lieder-

handschrift (16 Strophen unter dem Namen D. von Aste) und in der Großen Heidelberger Liederhandschrift (40 Strophen unter dem Namen D. von Ast), beide um 1310 aufgezeichnet. Die Namensform ›D. von Eist‹ stammt aus Heinrich von dem Türlins ›Der aventiure crône‹ (um 1230). In welcher Beziehung der Dichter zu dem oberösterr. Frhr. Dietmarus de Agist steht, der im 12. Jh. verschiedentlich beurkundet ist, läßt sich nicht klären. Das überlieferte Werk umfaßt sowohl archaische Reimpaar- oder Langzeilenstrophen als auch Stollenstrophen; es reicht thematisch von für den frühen Minnesang charakterist. Typen (Wechsel, Frauenklage) bis zu höf. Werbestrophen des hohen Minnesangs. Die Forschung (C. von Kraus) hat die Uneinheitlichkeit des Werkes wegen nur 13 Strophen als echt gelten lassen, alle anderen, darunter auch das älteste dt. Tagelied, als spätere Schreiberzusätze aus D.s Werk ausgeschieden.
Literatur: JUNGBLUTH, G.: Zu D.s Tagelied. In: Festgabe f. Ulrich Pretzel. Hg. v. W. SIMON u. W. BACHOFER. Bln. 1963. – GRIMMINGER, R.: Poetik des frühen Minnesangs. Mchn. 1969. – WAPNEWSKI, P.: Zwei altdt. Frauenlieder. In: WAPNEWSKI: Waz ist minne. Mchn. ²1979.

Dietrichs Drachenkämpfe † Virginal.

Dietrichs erste Ausfahrt † Virginal.

Dietrichson, Lorentz Henrik Segelcke [norweg. 'di:trikson], * Bergen 1. Jan. 1834, † Christiania (heute Oslo) 6. März 1917, norweg. Kunsthistoriker und Schriftsteller. – 1869 Prof. an der Kunstakademie in Stockholm, 1875 Prof. in Christiania; zahlreiche Arbeiten zur skand. bildenden Kunst und Dichtung; verfaßte auch Schauspiele und Gedichte sowie seine für die Kulturgeschichte sehr wichtigen Lebenserinnerungen (›Svundne tider‹, 4 Bde., 1896–1917).

Dietrich und seine Gesellen † Virginal.

Diettrich, Fritz, * Dresden 28. Jan. 1902, † Kassel 19. März 1964, dt. Schriftsteller. – Studierte Germanistik, Kunst-, Theaterwissenschaft, Philosophie; in Gedichten, Dramen, Essays, Nachdichtungen und im Erzählwerk der abendländ. Tradition von Antike und Christentum verpflichtet.

Werke: Stern überm Haus (Ged. und Legenden, 1932), Der attische Bogen (Ged., 1934), Myth. Landschaft (Ged., 1936), Die Flügel des Daidalos (Trag., 1941), Sonette (1948), Gesänge der Einkehr (Ged., 1949), Philemon und Baucis (Epos, 1950), Denkzettel (Aphorismen, 1953), Adams Nachfahr (Ged., 1959), Im glückl. Dresden (Autobiogr., 1962).
Ausgabe: F. D. Werke. Hamb. 1963–66. 3 Bde.

Dietzenschmidt, Anton, ursprünglich Schmidt, * Teplitz (Teplice) 21. Dez. 1893, † Esslingen am Neckar 17. Jan. 1955, dt. Schriftsteller. – Begann mit Erzählungen und Dramen im Stile A. Strindbergs, die meist erot. Probleme behandeln; dann Hinwendung zu bibl. und religiösen Themen; auch Volksstücke und Lustspiele.
Werke: Die Vertreibung der Hagar (Dr., 1916), Kleine Sklavin (Tragikom., 1918), Christofer (Legendenspiel, 1920), Vom lieben Augustin (Volksstück, 1925), Der Verräter Gottes (Trag., 1930).

Díez Canedo, Enrique [span. 'dieθ ka'neðo], * Badajoz 7. Jan. 1879, † Mexiko 6. Juni 1944, span. Dichter. – Prof. und Direktor der Escuela Central de Idiomas; 1935 Mitglied der Span. Akademie; lebte nach dem Span. Bürgerkrieg in Amerika; formgewandter, sehr persönl., gemäßigt-modernist. Lyriker; erlangte großen Einfluß durch seine literaturkrit. Schriften.
Werke: Versos de las horas (Ged., 1906), La sombra del ensueño (Ged., 1910), Epigramas americanos (Ged., 1928), Juan Ramón Jiménez en su obra (Studie, 1944), Artículos de crítica teatral. El teatro español 1914–1936 (Aufsätze, 5 Bde., hg. 1968).

Digenís Akrítas (tl.: Digenēs 'Akrítas), Held des nach ihm benannten byzantin. volkstüml. Versromans aus dem 11./12. Jh.; Schauplätze der Sage, in der die Heldentaten des Markgrafen (= Akritas) Basileios (Digenis = der ›Zweistämmige‹, da er Sohn einer Griechin und eines Syrers war) geschildert werden, sind die von Arabern heimgesuchten Reichsgrenzen in Kappadokien und im Euphratgebiet; die Handlung spielt im 10. Jh.; während die Urfassung verlorenging, sind verschiedene Handschriften (5 Fassungen) und viele Volkslieder bekannt, in denen die Heldentaten des D. A. besungen werden. D. A. ist in der griech. Dichtung der erste Volksheld seit homer. Zeit.

Diggelmann, Walter Matthias, * Zürich 5. Juli 1927, † ebd. 29. Nov. 1979, schweizer. Schriftsteller. – Uhrmacherlehre, ging 1944 nach Italien, von dort als Fremdarbeiter nach Deutschland gebracht; 1945 Rückkehr in die Schweiz, dort für sechs Monate in eine Heil- und Pflegeanstalt eingewiesen; verschiedene Berufe, u. a. Regieassistent und Werbetexter, ab 1962 freier Schriftsteller; schrieb v. a. zeit- und gesellschaftskrit. Romane oft mit autobiograph. Zügen, auch Erzählungen, Hör- und Fernsehspiele.
Werke: Geschichten um Abel (R., 1960), Das Verhör des Harry Wind (R., 1962), Die Rechnung (En., 1963), Die Hinterlassenschaft (R., 1965), Freispruch für Isidor Ruge (R., 1967), Die Vergnügungsfahrt (R., 1969), Ich und das Dorf (En., 1972), Ich heiße Thomy (R., 1973), Reise durch Transdanubien (En., 1974), Aber den Kirschbaum, den gibt es (R., 1975), Der Reiche stirbt (R., 1977), Filippinis Garten (R., 1978), Schatten. Tagebuch einer Krankheit (1979), Spaziergänge auf der Margareteninsel (En., hg. 1980), Tage von süßl. Wärme (En., hg. 1982).

Dighanikāya [digani'ka:ja; Pāli = Gruppe der langen (Lehrtexte)], erster Abschnitt des ›Suttapitaka‹ (= Korb der Lehrreden) des Kanons des Theravāda-Buddhismus; enthält u. a. das ›Sutta vom Nirvāna‹ (Schilderung von Buddhas Tod). – ↑auch Tripitaka.
Ausgaben: FRANKE, O.: D. Gött. 1913. – Suttapitaka: Die Reden Gotamo Buddhos. Aus der längeren Slg. Dīghanikāyo des Pāli-Kanons. Übers. v. K. E. NEUMANN. Zü. 3-41956–57.

Di Giacomo, Salvatore [italien. di 'dʒa:komo], * Neapel 12. März 1860, † ebd. 4. April 1934, italien. Dichter. – War Journalist und Bibliothekar in Neapel; 1929 Mitglied der Accademia reale d'Italia; bed. neapolitan. Dialektdichter, schilderte als Lyriker, Erzähler und Dramatiker meisterhaft das neapolitan. Volksleben; auch Veröffentlichungen zur Folklore und Geschichte Neapels (›Storia del teatro di San Carlino‹, 1891; ›La prostituzione a Napoli durante i secoli XVI, XVII e XVIII‹, 1905; ›Napoli, figure e paesi‹, 1908).
Weitere Werke: Novelle napolitane (1883), Sonetti (Ged., 1884), San Francisco (Dr., 1895), Ariette e sunette (Ged., 1898).
Ausgabe: Opere di S. di G. Hg. v. F. FLORA u. M. VINCIGUERRA. Mailand 31955. 2 Bde.

Literatur: VOSSLER, K.: S. di G., ein neapolitan. Volksdichter in Wort, Bild u. Musik. Festgabe f. Fritz Neumann. Hdbg. 1908. – RUSSO, L.: S. di G. Neapel 1921. – MAURINO, F. D.: S. di G. and Neapolitan dialectal literature. New York 1951. – SCHLITZER, F.: S. di G. Ricerche e note bibliografiche. Florenz 1966. – PISCOPO, U.: S. Di G.: dialetto, impressionismo, antiscientismo. Neapel 1984.

Digression [zu lat. digredi, digressum = weggehen], bes. im Roman Abschweifung vom eigentl. Thema, zur Auflockerung einer Darstellung oder zur Illustration des Gesagten; eine Form der ↑ Amplifikation.

Dikaiarchos aus Messene (tl.: Dikaíarchos), *um 370 (?) v.Chr., griech. Philosoph und Schriftsteller. – Schüler von Aristoteles und Theophrast; befaßte sich mit Geographie, Kultur-, Literatur- und Verfassungsgeschichte, behauptete die Kugelförmigkeit der Erde; sprach sich gegen die Unsterblichkeit der Seele aus; schrieb die erste (krit.) Kulturgeschichte Griechenlands (›Bíos Helládos‹).

Dikolon [zu griech. dis (di-) = zweimal, doppelt und ↑ Kolon],
1. in der Metrik eine aus zwei verschiedenen Kola (↑ Kolon) bestehende Einheit.
2. in der Rhetorik eine zweigliedrige ↑ Periode.

Dikretikus [zu griech. dis (di-) = zweimal, doppelt und Kretikus], moderne Bez. für einen doppelten ↑ Kretikus (–⌣–/–⌣–) in den Kolonschlüssen lat. Prosa (↑ Klausel), in verschiedenen Varianten die häufigste Klauselform bei Cicero und seinen Nachfolgern.

Diktion [lat., eigtl. = das Sagen], bildungssprachlich für: Ausdrucksweise; Rede-, Schreibstil.

Diktonius, Elmer Rafael [schwed. ...'tu:niʊs], * Helsinki 20. Jan. 1896, † ebd. 23. Sept. 1961, schwedischsprachiger finn. Schriftsteller. – Führender Vertreter des Modernismus in Finnland, dessen Literatur er mit seiner revolutionären, z.T. sozialkrit. Lyrik entscheidende Impulse verlieh. Seine Sprache, die (wie die E. I. Södergrans) im Gegensatz zur finnlandschwed. Tradition freie Rhythmen und Verse bevorzugt, beeindruckt durch kühne Wortbildungen und eine innovative Interpunktion; sie versucht musikal.

und bildl. (van Gogh) Eindrücke wiederzugeben. In seinen späteren Werken werden die revolutionären Tendenzen z.T. von einer ruhigeren Sachlichkeit und einer eher meditativen Stimmung abgelöst. Zahlreiche Gedichte sind ins Deutsche übersetzt.

Werke: Min dikt (Ged., 1921), Hårda sånger (Ged., 1922), Taggiga lågor (Ged., 1924), Stark men mörk (Ged., 1930), Janne Kubik (R., 1932), Opus 12 (Essays, 1933), Medborgare i republiken Finland (Nov., 1935), Gräs och granit (Ged., 1936), Jordisk ömhet (Ged., 1938), Medborgare i republiken Finland II (Nov., 1940), Varsel (Ged., 1942), Annorlunda (Ged., 1948), Novemberår (Ged., 1951), Ringar i stubben. Dikter och småprosa 1918–1953 (Ged. und Prosa, 1954).
Literatur: ENCKEL, O.: Den unge D. Helsinki 1946. – D. En bok på 60-års dagen den 20. januar 1956. Hg. v. S. CARLSON u.a. Stockholm 1956. – HENRIKSON, TH.: Romantik och marxism. Estetik och politik hos Otto Ville Kuusinen och D. Helsinki 1971. – ROMEFORS, B.: Expressionisten E. D. En studie i hans lyrik 1921–1930. Stockholm 1978.

Diktys von Kreta (tl.: Díktys), angebl. Verfasser eines fingierten Tagebuchs über den Trojan. Krieg. – D. will an diesem Kriege teilgenommen haben; nach dem ›Prologus‹ ist das Tagebuch, in phönik. Sprache abgefaßt, zur Regierungszeit Kaiser Neros gefunden und damals ins Griechische übersetzt worden. Neben ↑ Dares Phrygius war die Lucius Septimus zugeschriebene erhaltene Fassung, eine aus dem 4. Jh. stammende lat. Übersetzung (›Ephemeris belli Troiani‹ [= Tagebuch des Trojan. Krieges]) des verlorengegangenen griech. Originals, von dem erst 1907 ein Papyrusfragment wiederentdeckt wurde, eine Hauptquelle der mittelalterl. Trojaromane.
Ausgabe: Dictys Cretensis Ephemeridos belli Troiani libri. Hg. v. W. EISENHUT. Lpz. 1958.

Dilas (Djilas), Milovan [serbokroat. 'dzilas], * Podbišče (Montenegro) 12. Juni 1911, jugoslaw. Politiker, serb. Schriftsteller. – Ab 1932 in der KPJ, 1938 ZK- und 1940 Politbüromitglied, im 2. Weltkrieg Partisan, engster Mitarbeiter Titos. 1945 Minister und 1953 Vizepräsident des Politbüros, wurde Đ. maßgebl. Theoretiker des Titoismus. 1954 Haft und Verlust aller Ämter wegen öffentl. Kritik am kommunist. System. Schrieb im Gefängnis (1954/55 und erneut ab 1957) die polit. Bücher ›Die neue Klasse‹ (engl. 1957, dt. 1958) und ›Gespräche mit Stalin‹ (engl. 1962, dt. 1962); nach Freilassung, erneuter Verhaftung und Verurteilung (1961) 1966 begnadigt, aber Publikationsverbot; keine Bewilligung von Auslandsreisen etwa von 1969 bis 1986. Zu seinen literar. Werken sind u. a. das autobiograph. Buch ›Land ohne Recht‹ (engl. 1958, dt. 1958), Erzählungen (›Die Exekution‹, engl. 1964, dt. 1966) und die Biographie ›Njegoš oder Dichter zwischen Kirche und Staat‹ (engl. 1966, dt. 1968) mit der montenegrin. Heimat des Autors als Hintergrund der Geschehnisse zu rechnen.

Milovan Ðilas

Weitere Werke: Verlorene Schlacht (R., dt. 1971), Der Wolf in der Falle (En., engl. 1972, dt. 1973), Der junge Revolutionär (Erinnerungen, engl. 1973, dt. 1976), Der Krieg der Partisanen (Erinnerungen, engl. 1977, dt. 1978), Tito. Eine krit. Biographie (dt. 1980), Jahre der Macht (Erinnerungen, dt. 1983, engl. 1985), Ideen sprengen Mauern (autobiograph. Prosa, dt. 1984), Menschenjagd. Vier Romane (dt. 1985), Welten und Brücken (R., dt. 1987).
Literatur: HETZER, A.: Spontaneität u. Gewalt. M. Djilas' histor. Prosa 1930–1970. Bremen 1980.

Dilong, Rudolf [slowak. 'diloŋk], * Trstená 1. Aug. 1905, † Pittsburgh (Pa.) 17. April 1986, slowak. Lyriker. – Kath. Priester; ab 1945 im Exil in Argentinien; Vertreter der kath. Moderne, dessen Werk v. a. vom Surrealismus beeinflußt ist.
Werke: Budúci ľudia (= Künftige Menschen, Ged., 1931), Mesto s ružou (= Die Stadt mit der Rose, Ged., 1939), Somnambul (= Der Schlafwandler, Ged., 1941), V záb]esku vekov (= Im

Glanze der Jahrhunderte, Ged., 1959), Gorazd (Dr., 1963), Vidím otvorené nebo (= Ich sehe den geöffneten Himmel, Ged., 1976).

Dilthey, Wilhelm, * Biebrich (heute zu Wiesbaden) 19. Nov. 1833, † Seis bei Bozen 1. Okt. 1911, dt. Philosoph. – 1866 Prof. in Basel, 1868 in Kiel, 1871 in Breslau und seit 1882 in Berlin. D.s wichtigster Beitrag war seine Ausarbeitung einer Erkenntnistheorie der Geisteswiss. (dieser Terminus geht auf ihn zurück), die heute meist als (philosoph.) Hermeneutik bezeichnet wird. In ihrem Mittelpunkt steht das Verstehen (im Ggs. zum Erklären der Naturwiss.), d. h. das Rückschließen vom Mitgeteilten (z. B. einem Gedicht) auf den inneren Zustand des Mitteilenden (also des Dichters). Verstehen läßt sich nicht intersubjektiv vollständig verifizieren, denn es enthält stets einen irrationalen Kern, nämlich den kongenialen Nachvollzug seitens des Interpreten. D. legte damit den Grundstein für die moderne Hermeneutik, wie sie u. a. durch M. Heidegger und H.-G. Gadamer bekannt wurde.
Werke: Einleitung in die Geisteswissenschaften (1883), Das Erlebnis und die Dichtung (1906), Von dt. Dichtung und Musik (hg. 1933), Die große Phantasiedichtung (hg. 1954).

Dimeter [von griech. dímetros = aus zwei Maßen bestehend], Vers der griechisch-röm. Metrik, der aus zwei metr. Einheiten gebildet ist. Als Metrum gilt bei jamb., trochäischen und anapäst. Versen die ↑ Dipodie (z. B. ein doppelter Jambus: $\cup - \cup -$), bei daktyl. Versen der Fuß; z. B. jamb. D. ›Der Nebel steigt, es fällt das Laub‹ (Th. Storm, ›Oktoberlied‹).

Dimitri Rostowski (tl.: Dimitrij Rostovskij) [russ. di'mitrij ras'tɔfskij], russ. Kleriker und Schriftsteller ukrain. Herkunft, † Dmitri Rostowski.

Dimitrowa (tl.: Dimitrova), Blaga Nikolowa, * Bjala Slatina 2. Jan. 1922, bulgar. Schriftstellerin. – Behandelt in Lyrik und Prosa engagiert Ereignisse des 2. Weltkriegs, des Vietnamkriegs und der bulgar. Gegenwart mit autobiograph. Zügen; Übersetzerin.
Werke: Osădeni na ljubov (= Zur Liebe Verurteilte, Ged., 1967), Liebe auf Umwegen (R., 1967, dt. 1969), Prostranstva (= Räume, Ged., 1980), Lice (= Gesicht, R., 1981).

Dimov, Leonid, *Ismail (heute Ukraine) 11. Jan. 1926, rumän. Lyriker. – Versponnen-phantast. Autor, der in seinen Texten Zeit und Raum zu überschreiten versucht.
Werke: Poezii (1967), 7 poeme (1968), Pe malul Stixului (= Auf dem Styxufer, Ged., 1968), Cartea de vise (= Träumebuch, Ged., 1969), Semne cereşti (= Himml. Zeichen, Ged., 1970), La capăt (= Das Ende, Ged., 1974), Litanii pentru Horia (= Litaneien für Horia, Ged., 1975).
Literatur: SIMION, E.: L. D.: Prelungirile curbe. In: Revista de istorie şi teorie literară 31 (1983), S. 81.

Dimow (tl.: Dimov), Dimitar Todorow [bulgar. 'dimof], *Lowetsch 25. Juni 1909, †Bukarest 1. April 1966, bulgar. Schriftsteller. – Prof. für Anatomie der Haustiere in Sofia. D. schrieb vielgelesene Gesellschaftsromane; auch Theaterstücke.
Werke: Verdammte Seelen (R., 1945, dt. 1971), Tabak (R., 1951, dt. 1957).
Ausgabe: D. Dimov. Săčinenija. Sofia 1974–75. 5 Bde.

Dimt, Christine, österr. Lyrikerin, †Busta, Christine.

Dinamo, Hasan Izzettin, *Akçaabat (Anatolien) 1909, türk. Schriftsteller. – Veröffentlichte seit 1931 sechs Gedichtbände und mehrere Romane, in denen als ein bevorzugtes literar. Thema der türk. Unabhängigkeitskrieg 1919–22 behandelt wird. Seine Lyrik ist durch sozialkrit. Thematik gekennzeichnet.

Dinescu, Mircea, *Slobozia 11. Dez. 1950, rumän. Schriftsteller und Bürgerrechtler. – D.s Lyrik zeugt für die Sprengkraft des dichter. Wortes unter der Diktatur einer totalitären Fortschrittsideologie. Ironisierende Blickwinkel, verkehrende Metaphern, unerhörte Träume konterkarieren das geschönte Weltbild und öffnen den Blick für eine groteske, Menschlichkeit erstickende Wirklichkeit. 1985 erhielt D. in Rumänien Publikationsverbot, 1989 folgte der Verlust seiner Redakteursstelle, ab März 1989 stand er unter Hausrarrest. Doch am 22. Dez. 1989 wurde er von den Revolutionären herbeigeholt, um den Sturz N. Ceauşescus im Fernsehen zu verkünden. Mitglied im Rat der Front der Nat. Rettung, lehnte D. ein Staatsamt jedoch ab, um krit. Distanz zu wahren. 1990–93

war er Präsident des rumän. Schriftstellerverbandes.
Werke: Invocaţie nimănui (= Anrufung an niemand, Ged., 1971), Elegii de cînd eram mai tînăr (= Elegien aus einer Zeit, da ich jünger war, Ged., 1973), La dispoziţia dumneavoastră (= Zu Ihrer Verfügung, Ged., 1979), Unter der billig gemieteten Sonne (Ged., dt. Ausw. 1980), Democraţia naturii (= Die Demokratie der Natur, Ged., 1981), Exil im Pfefferkorn (Ged., 1983, dt. 1989), Moartea citeşte ziarul (= Der Tod liest Zeitung, Ged., Amsterdam 1989), Ein Maulkorb fürs Gras (Ged., dt. Ausw. 1990).
Literatur: M. D. Lyrik, Revolution und das neue Europa. Hg. v. I. CONSTANTINESCU u. a. Augsburg 1991.

Dinesen, Isak, Pseudonym der dän. Schriftstellerin Tania †Blixen.

Dingelstedt, Franz Frhr. von (seit 1876), *Halsdorf (Hessen) 30. Juni 1814, †Wien 15. Mai 1881, dt. Theaterleiter und Schriftsteller. – War Lehrer, Korrespondent in Paris und London, 1851–57 Intendant des Münchner, 1857–67 des Weimarer Hoftheaters, 1867–70 Direktor der Hofoper und seit 1870 des Burgtheaters in Wien. D. entwickelte in Zusammenarbeit mit W. von Kaulbach als Bühnenbildner einen prunkvoll-maler. Historienstil. Er schrieb formal elegante, politisch-satir. Lyrik, z. T. mit sozialrevolutionärer Tendenz; Verspottung des engstirnigen dt. Kleinbürgertums in den ›Liedern eines kosmopolit. Nachtwächters‹ (anonym 1841); auch Romane, Novellen, Dramen; Verfasser dramaturg. Schriften.
Weitere Werke: Gedichte (1838), Licht und Schatten in der Liebe (Nov.n, 1838), Unter der Erde (R., 2 Bde., 1840), Sieben friedl. Erzählungen (2 Bde., 1844), Das Haus der Barneveldt (Dr., 1850), Nacht und Morgen (Ged., 1851), Novellenbuch (1856), Die Amazone (R., 2 Bde., 1868), Münchener Bilderbogen (Autobiogr., 1879).
Ausgabe: F. D. Lieder eines kosmopolit. Nachtwächters. Hg. v. H. P. BAYERDÖRFER. Tüb. u. Mchn. 1978.
Literatur: CHALAUPKA, CH.: F. D. als Regisseur. Diss. Wien 1957. – Zum 100. Todestag von F. D. 1814–1881. Bearb. v. E. SINDERMANN. Rinteln 1981.

Dinggedicht, bes. Typus der Lyrik, bei dem ein Gegenstand (Kunstgegenstand, Lebewesen, Pflanzen) durch objektivierende, distanzierte Beschreibung im Gedicht dargestellt wird; durch die Auswahl, Anordnung und sprachl. Struk-

tur der beschriebenen Einzelzüge wird der Gegenstand in seinen wesentl. Bestandteilen symbolisch gedeutet. – Das D. ist eine typ. Spätform innerhalb der Entwicklung der Lyrik, ausgeprägt zum ersten Mal bei E. Mörike (›Auf eine Lampe‹), dann bei C. F. Meyer (›Der röm. Brunnen‹), R. M. Rilke (in den ›Neuen Gedichten‹, z. B. ›Der Panther‹, ›Das Karussell‹ u. a.) und – mit Auswirkungen auf den ↑ Nouveau roman – bei F. Ponge. – Zu unterscheiden ist das D. von beschreibender Stimmungslyrik oder den nach G. E. Lessings Laokoontheorie beschreibenden Gedichten (in denen der Gegenstand im Entstehen gezeigt wird), ebenso von dem deutlich zweigeteilten Epigramm, in dem der (oft nur im Titel genannte) Gegenstand Anlaß deutender Erklärung ist.
Literatur: OPPERT, K.: Das D. In: Dt. Vjschr. f. Literaturwiss. u. Geistesgesch. 4 (1926), S. 747.

Ding Ling, chin. Schriftsteller, ↑ Ting Ling.

Dingsymbol, ein Gegenstand von zentraler, zum ↑ Symbol erhöhter Bedeutung in Ballade und Novelle (↑ Falkentheorie). Dieser Gegenstand erscheint wiederholt an wichtigen Stellen des Textes, z. B. die Kraniche in der Ballade ›Die Kraniche des Ibykus‹ von Schiller, die Buche in der Erzählung ›Die Judenbuche‹ (1842) von A. von Droste-Hülshoff, die zwei Rappen in der Erzählung ›Michael Kohlhaas‹ (1810) von H. von Kleist.

Đinh-Hung [vietnames. dịn huŋ], * Trung Phung (Hanoi) 3. Juli 1920, † 1967, vietnames. Dichter. – Vertreter des vietnames. Symbolismus; emigrierte 1954 nach Süd-Vietnam; Mitarbeiter verschiedener Zeitschriften, u. a. von ›Da-Đai‹ (= Unterwelt), dem Organ der vietnames. Symbolisten.
Werke: Mê hôn ca (= Lieder der Verirrungen, Ged., 1954), Đu'o'ng vao tinh-su' (= Wege der Liebe, Ged., 1961).

Dinis [portugies. də'niʃ] ↑ Dionysius, König von Portugal

Dinis, Júlio [portugies. də'niʃ], eigtl. Joaquim Guilherme Gomes Coelho, * Porto 14. Nov. 1839, † ebd. 12. Sept. 1871, portugies. Schriftsteller. – Prof. für Medizin in Porto; schrieb eine Reihe

bürgerl. Romane, die unter dem Einfluß des engl. Realismus stehen; auch [weniger bed.] Gedichte und Dramen.
Werke: As pupilas do senhor Reitor (R., 1866), Uma família inglesa (R., 1867), A morgadinha dos Canaviais (R., 1868).
Ausgabe: Obras completas de J. D. Porto 1946–51. 11 Bde.
Literatur: WOISCHNIK, H.: J. Diniz als Romandichter u. Liebespsychologe. Diss. Köln 1940. – MONIZ, E.: J. D. e a sua obra. Porto 6 1946. 2 Bde. – SIMÕES, J. G.: J. D. – A obra e o homem. Lissabon 1963. – SANTILLI, M. A.: J. D., romancista social. São Paulo 1979.

Dinis da Cruz e Silva, António [portugies. də'niʒ ðɐ 'kruz i 'silvɐ], * Lissabon 4. Juli 1731, † Rio de Janeiro 5. Okt. 1799, portugies. Dichter. – Richter; lebte ab 1776 (mit Unterbrechungen) in Rio de Janeiro; Mitbegründer der literar. Gesellschaft ›Arcádia Ulissiponense‹ (oder ›Arcádia Lusitana‹), die eine Lösung der Nationalpoesie vom span. Gongorismus anstrebte; schrieb das heroisch-kom. Epos ›O hissope‹ (hg. 1802; nach N. Boileau-Despréaux' Epos ›Le lutrin‹), eine Komödie, über 300 Sonette, ferner Eklogen, Elegien, Kanzonen, Epigramme, Episteln und pindar. Oden.
Ausgaben: Poesias de A. D. da C. e S. Lissabon 1807–33. 6 Bde. – A. Diniz da C. e S. O hissope. Hg. v. J. PEREIRO TAVARES. Lissabon 1950.
Literatur: BRAGA, T.: Os Arcades. Porto 1918.

Diniz (Dinis), Dom [portugies. də'niʃ] ↑ Dionysius, König von Portugal.

Diodoros (tl.: Diódōros; Diodor, Diodorus Siculus), griech. Geschichtsschreiber des 1. Jh. v. Chr. aus Sizilien. – Verfasser einer 40 Bücher umfassenden Weltgeschichte (›Bibliothēkē‹), von der vollständig nur die Bücher 1–5 und 11–20 erhalten sind; von den verlorengegangenen Teilen existieren Exzerpte. Das Gesamtwerk reichte von der Frühzeit bis zur Britannienexpedition Caesars (54 v. Chr.). D.' Geschichtswerk ist – chronologisch bisweilen ungenau – auf eigene Kritik verzichtet, hat seinen Wert als im großen und ganzen unverfälschte Kompilation seiner größtenteils nicht mehr erhaltenen Vorlagen, die sich meist herauslösen lassen.
Ausgabe: Diodorus Siculus. Library of history. Hg. v. CH. H. OLDFATHER u. a. Griech. u. engl. New York u. London 1933–67. 12 Bde.
Literatur: PALM, J.: Über Sprache u. Stil des D. v. Sizilien. Ein Beitr. zur Beleuchtung der helle-

nist. Prosa. Lund 1955. – SPOERRI, W.: Späthellenist. Berr. über Welt, Kultur u. Götter. Unterss. zu Diodor v. Sizilien. Hg. v. B. WYSS. Basel 1959. – REID, C. I.: D. and his sources. Diss. Cambridge (Mass.) 1969.

Diodoros von Tarsus (tl.: Diódōros; Diodor), † um 394, antiochen. Theologe, Bischof von Tarsus (seit 378). – Mönch; berühmter Lehrer der antiochen. Schule; führte eine methodische Schriftexegese ein, durch die sein Schüler Theodoros von Mopsuestia beeinflußt wurde. Als Schriftsteller außerordentlich vielseitig; verfaßte neben philosoph. und naturwiss. Arbeiten exeget., dogmat. und polemisch-apologet. Schriften; trat für den nizän. Glauben ein; bezog Stellung gegen den Apollinarismus, wurde dennoch 499 als Nestorianer verurteilt. Von seinen Werken sind nur Reste, z. T. auch in syr. Sprache, erhalten.
Literatur: ALTANER, B./STUIBER, A.: Patrologie. Freib. ⁹1980.

Diogenes Laertios (tl.: Diogénēs Laértios), griech. Philosoph des 2./3. Jh. – Sein Hauptwerk ›Über Leben und Meinungen berühmter Philosophen‹ (10 Bücher), die einzige erhaltene Geschichte der Philosophie in der Antike, bildet trotz des anekdot. Charakters, der unkrit. Kompilationen und mancher Fehler eine wichtige Quelle für die Kenntnis der antiken Philosophie. Gab außerdem eine Sammlung von Epigrammen heraus.
Ausgabe: D. Laertius. Leben u. Meinungen berühmter Philosophen. Dt. Übers. Hg. v. K. REICH u. H. G. ZEKL. Hamb. ²1967.
Literatur: JANÁČEK, K.: Zur Würdigung des D. L. In: Helikon 8 (1968), S. 448.

Dion Cassius (Dio Cassius), griech. Geschichtsschreiber, ↑Cassius Dio Cocceianus.

Dion Chrysostomos (tl.: Diōn Chrysóstomos; D. Cocceianus, D. von Prusa), *Prusa um 40, †Rom nach 113, griech. Rhetor und Schriftsteller. – Wegen seiner Beredsamkeit mit dem Beinamen Ch. (= Goldmund) ausgezeichnet; begann seine Laufbahn als Rhetor, wurde von Musonius Rufus, dem Lehrer Epiktets, für die stoische Philosophie gewonnen; 82 von Domitian verbannt, lebte bis zum Tode des Kaisers auf Wanderschaft als kyn. Philosoph; unter Nerva und Trajan wieder in hohen Ehren

(mit Trajan befreundet); seine von kynisch-stoischer Philosophie bestimmten Reden, von denen 78 erhalten sind, sind bed. kulturhistor. Dokumente.
Ausgabe: D. Ch. Sämtl. Reden. Dt. Übers. Hg. v. W. RÜEGG. Zü. u. Stg. 1967.
Literatur: ARNIM, H. V.: Leben u. Werk des Dio v. Prusa. Bln. 1898. – MOLES, J. L.: The career and conversion of Dio Chrysostom. In: Journal of Hellenic Studies 98 (1978), S. 79.

Dionysien, Kultfeste zu Ehren des griech. Gottes des Weines und der Fruchtbarkeit, Dionysos, der ein Gott der Verwandlung ist. Bei den D., seit dem 6. Jh. v. Chr. in Athen viermal im Jahr mehrtägig veranstaltet, wurden v. a. auch Tragödien und Komödien aufgeführt; sie waren so von bes. Bedeutung für die Entwicklung des Theaters. – ↑auch Agon.

Dionysios Bar Salibi, *Melitene, †1171, jakobit. Priester und Schriftsteller. – Diakon in Melitene, Bischof von Marasch, Mabbug und Amida. Verfaßte in syr. Sprache zahlreiche Kommentare zu AT, NT und zu Kirchenvätern sowie Schriften zur Verteidigung des Monophysitismus. Außerdem beschäftigte er sich literarisch mit der Liturgie und der Kirchenordnung. Briefe und Reden von ihm sind in einem eigenen Buch zusammengefaßt; als philosoph. Autor Kommentator der Aristotel. Logik.
Ausgaben: Expositio liturgiae. Hg. v. H. LABOURT. CSCO 13, 14 (1903). – Commentarii in evangelia. Hg. v. I. SEDLÁČEK u. In: CSCO 15, 16 (1906), 77 (1915), 85 (1922), 95 (1931), 98 (1933), 113 (1939), 114 (1940). – Apocalypsim, Actus et Epistulas catholicas. Hg. v. I. SEDLÁČEK. In: CSCO 53 (1909), 60 (1910).
Literatur: BAUMSTARK, A.: Gesch. der syr. Lit. ... Bonn 1922. Nachdr. Bln. 1968. – ORTIZ DE URBINA, I.: Patrologia syriaca. Rom ²1965. S. 220.

Dionysios der Perieget (tl.: Dionýsios) [pɛrie'ge:t], griech. Schriftsteller der 1. Hälfte des 2. Jh. n. Chr. aus Alexandria. – In den 1187 Hexametern seiner ›Erdbeschreibung‹ sind aus zwei eingefügten Akrosticha Herkunft aus Alexandria und Tätigkeit unter Hadrian (76–138) zu entnehmen; das kleine Werk, das mittelbar auf Poseidonios als Quelle zurückgeht und nicht ohne geograph. Irrtümer ist, erfreute sich großer Beliebtheit, wurde oft übersetzt und kommentiert und war noch im MA als

Schulbuch in Gebrauch; lat. Fassungen des Avienus und Priscianus sind erhalten.

Dionysios von Halikarnassos (tl.: Dionýsios), griech. Rhetor und Geschichtsschreiber des 1.Jh. v.Chr. – Lebte seit 30 v.Chr. in Rom und schrieb bis 7 v.Chr. seine ›Röm. Altertumskunde‹ (›Rhōmaïkḕ archaiología‹), eine auf nicht immer zuverlässigen Quellen beruhende, für Griechen bestimmte Geschichte Roms von der Frühzeit bis zum 1. Pun. Krieg in 20 Büchern, von denen nur 1–10 vollständig erhalten sind; in kleineren, meist rhetor. Schriften und stilist. Unterweisungen trat er für den Attizismus ein, wobei Demosthenes sein großes Vorbild war.

Ausgabe: The Roman antiquities of Dionysius of Halicarnassus. Engl. Übers. v. E. CARY. Cambridge u. London 1947–61. 7 Bde.
Literatur: HALBFAS, F.: Theorie u. Praxis in der Geschichtsschreibung bei Dionys von Halikarnaß. Münster 1910. – BONNER, S.F.: The literary treatises of Dionysius of Halicarnassus. Cambridge 1939. – HILL, H.: Dionysius of Halicarnassus and the origins of Rome. In: Journal of Roman Studies 51 (1961), S. 68.

Dionysios Areopagites (tl.: Dionýsios Areopagítēs; Dionysios Areopagita), sog. Pseudo-D. A., christl. Schriftsteller des 5./6.Jh. – Schrieb in griech. Sprache unter dem Namen des von Paulus bekehrten, angeblich ersten Bischofs von Athen (1.Jh.), mehrere Bücher, Abhandlungen und Briefe, die christl. und neuplaton. Gedankengut vereinen und auf die christl. Philosophie des MA, bes. die Mystik, großen Einfluß hatten.

Literatur: RIEDINGER, N.: Pseudo-D. A., Pseudo-Kaisarios u. die Akoimeten. In: Byzantin. Zs. 52 (1959), S. 276.

dionysisch ↑ apollinisch-dionysisch.

Dionysius (Dom Diniz, Dom Dinis), * Lissabon 9. Okt. 1261, † Santarém (Estremadura) 7. Jan. 1325, König von Portugal (seit 1279). – Sohn Alfons' III.; seine Regierung war gekennzeichnet durch zahlreiche Reformen und Förderungsmaßnahmen. Er begründete die Freundschaft mit England und entschärfte das Verhältnis zu Kastilien und León, förderte Rechtspflege und Wiss. (Stiftung der Univ. Lissabon 1290; 1308 nach Coimbra verlegt) und schuf, Minnesang und Dichtung auch durch reiches, 138 Lieder umfassendes eigenes Schaffen verbunden, die Grundlagen für Festigung und Anerkennung der Nationalsprache (veranlaßte die Abfassung von Gesetzen und Dokumenten in portugies. Sprache, ließ Übersetzungen aus dem Arabischen anfertigen).

Ausgaben: Das Liederbuch des Königs Denis von Portugal. Hg. v. H. R. LANG. Halle/Saale 1894. Nachdr. Hildesheim 1972. – PINA, R. DE: Chrónica d'el-rei D. Diniz. Lissabon 1907. 2 Bde. – PINA, R. DE: Crónica de D. Dinis. Segundo o códice inédito n° 891 da Biblioteca pública municipal do Pôrto. Porto 1945. – Crónicas dos sete primeiros reis do Portugal. Hg. v. C. DA SILVA TAROUCA. Bd. 2. Lissabon 1953. – Cancioneiro d'el-rei D. Diniz. Hg. v. A. J. DA COSTA PIMPÃO. Coimbra 1960.
Literatur: PELLEGRINI, S.: Studi su trove e trovatori della prima lirica ispano-portoghese. Bari ²1959. – TAVANI, G.: La lyrique galicienne et portugaise. In: Grundr. der roman. Literaturen des MA. Bd. 2: Les genres lyriques. Hg. v. E. KÖHLER. Hdbg. 1979–83.

Dionysius I. von Tellmachre, † 845, jakobit. Patriarch. – Mönch in Kenneschrin, dann Patriarch. Beendete mit Hilfe der muslim. Obrigkeit das innerjakobit. Schisma. Seine guten Beziehungen zu den islam. Herrschern Al Mamun (813–833) und Al Mutasim (833–842) ließen ihn zum Helfer gegen die Unterdrückung der Christen werden. Sein bed. histor. Werk, das die Zeit der Kaiser Maurikios bis Theophilos beschreibt (582/583 bis 842/843), wurde ausgiebig von Michael Syrus verwendet. Nur wenige Fragmente sind direkt überliefert (ein Teil vom Verfasser der anonymen Chronik von 1234). Die Chronik von 774/775 ist ihm fälschlich zugewiesen worden.

Literatur: BAUMSTARK, A.: Gesch. der syr. Lit. ... Bonn 1922. Nachdr. Bln. 1968. S.275. – ABRAMOWSKI, R.: D. v. Tellmahre, jakobit. Patriarch v. 814–845. Lpz. 1940. – ORTIZ DE URBINA, I.: Patrologia syriaca. Rom ²1965. S. 220.

Diop, Birago [frz. djɔp], * Ouakam bei Dakar 11. Dez. 1906, † Dakar 25. Nov. 1989, senegales. Schriftsteller. – Tierarzt, zeitweilig im diplomat. Dienst (1960 Botschafter in Tunesien), lebte ab 1964 wieder in Dakar; verwendet in seinen Erzählungen scheinbar traditionelle Stoffe, die er im Stil der mündlich überlieferten Literatur darbietet, wobei er aber gleichzeitig moderne Erzähltechniken befolgt.

Werke: Les contes d'Amadou Koumba (En., 1947), Les nouveaux contes d'Amadou Koumba (En., 1958, dt. Ausw. aus beiden Bänden 1974 u.d.T. Aus den Geschichten des Amadou Koumba), Leurres et lueurs (Ged., 1960), Contes et lavanes (En., 1963), Contes d'Awa (En., 1977), L'os de Mor Lam (Dr., 1977), La plume raboutée (Autobiogr., 1978), À rebrousse-temps (Autobiogr., 1982), À rebrousse-gens (Autobiogr., 1985), Et les yeux pour me dire (Autobiogr., 1989).
Literatur: BATTISTA, P.: Présence de B. D., conteur africain. Neapel 1979. – KANE, M.: Essai sur les contes d'Amadou Coumba. Du conte traditionnel au conte moderne d'expression française. Abidjan 1981.

Dioskurides von Alexandria (tl.: Dioskourídes; Dioskorides), griech. Epigrammatiker um 230 v. Chr. – Der bedeutendste Epigrammatiker des späteren Hellenismus; neben (z. T. recht eindeutigen) Liebesgedichten schrieb er u. a. Epigramme, die die Verdienste großer Dichter würdigen und das alte Sparta verherrlichen.

Diphilos (tl.: Díphilos), *Sinope (heute Sinop, Nordtürkei) zwischen 360 und 350, † Smyrna (heute İzmir) nach 289, griech. Schriftsteller. – Kam um 340 nach Athen; neben Menander und Philemon bed. Vertreter der neuen Komödie; schrieb zahlreiche Lustspiele, z. T. mit mytholog. Thematik, auch solche, in denen er seine Beziehungen zu der Hetäre Gnathaina schildert; nach Vorlagen des D. verfaßte Plautus ›Casina‹ und ›Rudens‹. Von etwa 100 Komödien des D. sind nur Fragmente erhalten.
Ausgabe: D. Werke. In: EDMONDS, J. M.: The fragments of Attic comedy. Bd. 3 A: New comedy, except Menander. Griech. u. engl. Leiden 1961.

Dipodie [griech., eigtl. = Doppelfüßigkeit], D. liegt vor in Versen, deren Metren (↑ Metrum) in zwei gleiche Versfüße geteilt werden können, ohne daß jedoch die Hälften tatsächlich kongruent sind, z. B.: ◡–◡– statt ◡–/◡– (↑ Monopodie); sie gilt in der griech. Metrik (und bei den strengen Nachbildungen griech. Verse in lat. Dichtung) bei jamb., trochäischen und anapäst. Versen als Maßeinheit.

Dirae [lat. = Verwünschungen], literar. Form der Verfluchung einer Person oder Sache, z. T. als selbständiges Gedicht; bedeutet im Ggs. zu ↑ Arai auch ›Unheilzeichen‹.

Dirceu [brasilian. dir'seu], Pseudonym des portugiesisch-brasilian. Dichters Tomás António ↑ Gonzaga.

direkte Rede, wörtl. Rede, im Ggs. zur ↑ indirekten Rede unveränderte Wiedergabe der Aussage eines Sprechenden. Sie wird durch Anführungszeichen gekennzeichnet, z. B.: Mutter fragte mich: ›Wann kommst du zurück?‹.

Dirge [engl. dɔːdʒ], engl. Bez. für einen Grabgesang, eine Totenklage; gebildet aus dem ersten Wort einer beim Totenamt gesungenen Antiphon: ›Dirige, Domine, Deus meus, in conspectu tuo viam meam‹; wird auch allgemein für Klagelieder jegl. Art gebraucht.

Diseur [di'zøːr; frz.], Sprecher, Vortragskünstler für Texte und Gesang, bes. im Kabarett und an der Kleinkunstbühne; weibl. Form: **Diseuse.**

Diskurs [lat. = das Umherlaufen, das Sichergehen (über einen Gegenstand)], bes. seit den 1970er Jahren durch den Einfluß zeitgenöss. frz. Philosophen und Schriftsteller auch in Deutschland vielverwandter Begriff, der historisch und systematisch drei verschiedene Bedeutungen mit den entsprechend zugeordneten Konzeptionen und Kontexten besitzt: 1. Als grammatisch-rhetor. Terminus ist D. die Rede als gesprochener und geschriebener Text, ›der Ort wahrhafter, aufrichtiger, sachlicher, unemotioneller sprachl. Kommunikation‹ (H. Röseler) und setzt in dieser Funktion die aus der Tradition der klass. Rhetorik bekannte lat. ›oratio‹ (= Sprache, Beredsamkeit, Äußerung) fort (lat. ›partes orationis‹, dt. ›Redeteile‹, frz. ›parties du discours‹). 2. Aus der der Rede inhärenten Ordnung ergibt sich die engere Bedeutung von D. als schriftl., methodisch aufgebaute Abhandlung über ein bestimmtes, zumeist wiss. Thema, deren Aussagen faktisch und ideologisch verifizierbar sind. 3. Die Rationalität von Grammatik, Rhetorik und Wiss. bedingt schließlich die metaphor. Verwendung von D. als Ausdruck eines Vorgehens, das von stringenter Verstandeslogik geprägt ist und damit den Freiheitsanspruch des Individuums, sein Recht auf Intuition, Spontaneität und Phantasie einschränkt oder sogar zerstört. Dieser auch philosoph. Wortgebrauch mit den zugeordneten Begriffen ›Cogito‹ und ›Logozentrismus‹ ist im wesentl. auf den Einfluß der Schriften R. Barthes', J. Derridas und M. Foucaults zurückzuführen.

Literatur: LAUSBERG, H.: Hdb. der literar. Rhetorik. Mchn. 1960. 2 Bde. – SANDERS, W.: Linguist. Stiltheorie. Gött. 1973. – FOUCAULT, M.: Die Ordnung des D.es. Mchn. 1974. – FRANKLIN, J.: Le discours du pouvoir. Paris 1975. – SCHIWY, G.: Kulturrevolution und ›Neue Philosophen‹. Rbk. 1978. – HOTTOIS, G.: L'inflation du langage dans la philosophie contemporaine. Brüssel 1979. – BARTHES, R.: Leçon/Lektion. Ffm. 1980. – GENETTE, G.: Nouveau discours du récit. Paris 1983. – MACDONELL, D.: Theories of discourse: an introduction. Oxford 1986. – Modèles du discours. Hg. v. CH. RUBATTEL. Bern 1989.

Dispondeus [griech. = Doppelspondeus], ein aus vier langen Silben bestehender Vers oder Versteil; auch ↑ Klausel bei Cicero.

Disraeli, Benjamin [engl. dız'rɛılı], Earl of Beaconsfield, * London 21. Dez. 1804, † ebd. 19. April 1881, engl. Staatsmann und Romancier. – Entstammte einer reichen Familie sephard. Herkunft, 1817 anglikanisch getauft; seit 1837 als Konservativer Mitglied des Unterhauses, mehrfach Schatzkanzler, 1868 und 1874–80 Premierminister; Vertreter Englands auf dem Berliner Kongreß. Sein schriftsteller. Schaffen stand im Dienst seiner polit. Anschauungen, die er in einer Reihe von Tendenzromanen zum Ausdruck bringen wollte; aktuelle polit. Tagesfragen, Auseinandersetzung mit allzu selbstsüchtiger Politik und Kampf gegen soziale Ungerechtigkeit gehörten zu seinen Hauptthemen.

Werke: Vivian Grey (R., 5 Bde., 1826/27), Contarini Fleming (R., 4 Bde., 1832, dt. 1909), Der tolle Lord (R., 1837, dt. 1930), Coningsby oder die neue Generation (R., 1844, dt. 1845), Sybil oder die beiden Nationen (R., 1845, dt. 1846), Tankred oder der neue Kreuzzug (R., 1847, dt. 1847), Endymion (R., 3 Bde., 1880, dt. 1981). Literatur: MONYPENNY, W. F./BUCKLE, G. E.: The life of B. D., Earl of B. London u. New York 1910–20. 6 Bde. Neuaufl. 1929. 2 Bde. – MAUROIS, A.: B. D., Lord B. Dt. Übers. v. E. KLOSSOWSKI. Bln. 26–31 1931. Neudr. Ffm. u. Hamb. 1952. – BLOOMFIELD, P.: D. London 1961. – BLAKE, R. N. W.: D. London 1969. – ROOKE, P. J.: Gladstone and D. London 1970. – JANIESCH, U. C.: Satire u. polit. Roman. Unterss. zum Romanwerk B. D.'s. Amsterdam 1975. –

SCHWARZ, D. R.: D.'s fiction. London 1979. – BRAUN, T.: D. as a novelist. London 1981.

D'Israeli, Isaac [engl. dız'rɛılı], * Enfield 11. Mai 1766, † Bradenham House (Buckingham) 19. Jan. 1848, engl. Schriftsteller. – Vater von B. Disraeli; veröffentlichte histor. Werke, Essays, Romane und v.a. verschiedene Sammlungen histor. und literar. Anekdoten (u.a. ›Curiosities of literature‹, 5 Bde., 1791–1817; 2. Serie: 3 Bde., 1823).

Weitere Werke: An essay on the manners and genius of the literary character (1795), Calamities of authors (2 Bde., 1812), Quarrels of authors (3 Bde., 1814).

Distichon [griech. = Zweizeiler], Gedicht oder Strophe von zwei Zeilen; bekannteste Form ist das **eleg. Distichon,** die Verbindung eines daktyl. ↑ Hexameters mit einem daktyl. ↑ Pentameter zu einer zweizeiligen Strophe: ›Im Hexámeter stéigt des Springquells flüssige Säule, Im Pentámeter dráuf fällt sie melódisch heráb‹ (Schiller, ›Das D.‹). – Das eleg. D. ist mit der griechisch-röm. ↑ Elegie auch entstehungsgeschichtlich verbunden; es wird später auch zur Strophenform des ↑ Epigramms. Dt. Nachbildungen des eleg. D.s gibt es seit dem 16./17. Jh., zuerst bei J. Fischart, dann bei J. Klaj u J., S. von Birken und Ch. Weise. Mit J. Ch. Gottsched und G. F. Klopstock setzt sich das nun reimlose eleg. D. in der nhd. Dichtung durch, v.a. durch die Elegien Goethes, Schillers und J. Ch. F. Hölderlins.

Literatur: STRAUSS, L.: Zur Struktur des dt. D.s. In: Trivium 6 (1948), S. 52. – BEISSNER, F.: Gesch. der dt. Elegie. Bln. 3 1965. – LAUSBERG, M.: Das Einzel-D. Mchn. 1982.

Distrophon [griech.], Gedicht aus zwei Strophen oder zwei Zeilen.

Dit [di:; frz.], kurze Erzählung mit belehrender Tendenz, verbreitet in der frz. Literatur vom 13.–15. Jh., zunächst in Versen, vom Ende des 13. Jh. an auch in Mischformen von Vers und Prosa, bisweilen als Dialog bzw. Disput gestaltet, nicht immer gegen den ↑ Débat abzugrenzen. – Viele D.s sind anonym überliefert, Verfasser von D.s sind im 13. Jh. Rutebeuf und Baudouin de Condé, im 14. Jh. u.a. J. Froissart, Guillaume de Machault, Christine de Pisan (›D. de la rose‹, 1402), Eustache Deschamps.

Literatur: JUNG, M.-R.: D. In: Lex. des MA. Bd. 3. Mchn. u. Zü. 1986.

Dithyrambus [griech.], enthusiastisch-ekstat. Chorlied, verbunden mit dem Kult des Dionysos; das älteste Zeugnis stammt aus dem 7. Jh., die kunstmäßige Ausbildung fällt in das 6. Jh.; die klass. Form des D. wird auf Arion zurückgeführt. Die Erweiterung des ursprünglich ausschließlich auf Dionysos bezogenen D. durch Stoffe aus dem Bereich der griech. Heldensage ermöglichte die breite Entfaltung der D.dichtung. Damit war zugleich die Vorform der Tragödie erreicht. Neben dieser als einer Fortentwicklung des D. wurden jedoch auch rein chor. Dithyramben aufgeführt. Bed. Dithyrambendichter waren Bakchylides, Pindar und Melanippides. Dt. Nachbildungen des griech. D. im engeren Sinne gibt es nicht, als ›dithyrambisch‹ in einem weiteren Sinne lassen sich auf Grund des hymnisch-ekstat. Tones einige aus freien Rhythmen komponierte Gedichte F. G. Klopstocks, des jungen Goethe (›Wanderers Sturmlied‹) u. a. bezeichnen.

Literatur: PICKARD-CAMBRIDGE, A. W.: Dithyramb, tragedy, comedy. Oxford ²1962. – FRONING, H.: Dithyrambos u. Vasenmalerei in Athen. Wzb. 1971. – ZIMMERMANN, B.: Dithyrambos. Gesch. einer Gattung. Gött. 1992.

Ditlevsen, Tove Irma Margit [dän. 'didleusən], * Kopenhagen 14. Dez. 1917, † ebd. 7. März 1976, dän. Schriftstellerin. – Stammte aus dem Arbeitermilieu; gab einfühlsame Analysen der heranwachsenden Jugend, bes. der erot. Erfahrungen der weibl. Großstadtjugend; z. T. satir., sozialkrit. Züge.

Werke: Man gjorde et barn fortræd (R., 1941), Straße der Kindheit (R., 1943, dt. 1953), Flugten fra opvasken (Essays, 1959), Wilhelms Zimmer (Erinnerungen, 1975, dt. 1981), En sibylles bekendelser (Essays, 1976), Sucht (Erinnerungen, 1976, dt. 1980). **Literatur:** Om T. D. Hg. v. H. MOGENSEN. Kopenhagen 1976.

Ditrochäus [griech. = Doppeltrochäus] (Dichoreus), Verbindung zweier trochäischer Versfüße zu einer metr. Einheit.

Dittberner, Hugo, * Gieboldehausen (Landkreis Göttingen) 16. Nov. 1944, dt. Schriftsteller. – Studium der Germanistik, Geschichte und Philosophie in Göttingen; seit 1977 freier Schriftsteller; erregte gleich mit seinem ersten (autobiograph.) Roman ›Das Internat. Papiere vom Kaffeetisch‹ (1974) die Aufmerksamkeit der Kritik; auch Gedichte (›Passierscheine‹, 1973; ›Ruhe hinter Gardinen‹, 1980).

Weitere Werke: Der Biß ins Gras (Ged., 1976), Kurzurlaub (R., 1976), Draußen im Dorf (En., 1978), Jacobs Sieg (R., 1979), Die gebratenen Tauben (En., 1981), 3 Tage Unordnung (En., 1983), Wie man Provinzen erobert (En., 1986), Geschichte einiger Leser (R., 1990), Über Wohltäter. Essays und Rezensionen (1992).

Dittographie [griech. = Doppelschreibung],
1. fehlerhafte Wiederholung eines Buchstabens, einer Silbe oder eines Wortes in handschriftl. oder gedrucktem Text.
2. doppelte Lesart oder Fassung einzelner Stellen in antiken Texten.

Ditzen, Rudolf, dt. Schriftsteller, ↑ Fallada, Hans.

Diverbia [lat. = Dialoge], gesprochene, in ↑ Senaren abgefaßte Dialogpartien des röm. Dramas; Ggs. die zur Flötenbegleitung gesungenen ↑ Cantica.

Diviš, Ivan [tschech. 'djiviʃ], * Prag 18. Sept. 1924, tschech. Lyriker. – Verlagsredakteur; verließ 1969 seine Heimat, lebt heute in der BR Deutschland; schrieb formstrenge, durch konzentrierte Metaphorik gekennzeichnete Gedichte, die u. a. das trostlose Leben des Menschen in der Großstadt zum Thema haben.

Werke: První hudba bratřím (= Erste Musik den Brüdern, Ged., 1947), Morality (= Moralitäten, Ged., 1962), Deník molekuly (= Tagebuch eines Moleküls, Ged., 1963), Přece jen ... (= Und doch, Ged., 1977), Beránek na sněhu (= Das Lamm auf dem Schnee, Ged., 1981).

Diwan [durch roman. Vermittlung von pers. dīwān = Schreib-, Amtszimmer, eigtl. Sammlung beschriebener Blätter], Sammlung oriental. lyr. und panegyr. Gedichte. Seit dem 7. Jh. sind sie meist durch von arab. Philologen vorgenommene Sammlungen überliefert, in denen entweder Gedichte eines bestimmten Autors oder der Autoren eines bestimmten Stammes zusammengefaßt wurden. Der bekannteste D. ist der des pers. Dichters Hafes, auf den Goethe in seinem ›West-östl. Divan‹ (1819) Bezug nimmt.

Dixelius, Hildur Emma Eufrosyne, * Nederkalix (Prov. Norrbotten) 14. Okt. 1879, † Finja (Prov. Schonen) 19. Aug. 1969, schwed. Schriftstellerin. – Ihr bis 1916 unter dem Namen ihres ersten Mannes, **Brettner,** veröffentlichtes Erzählwerk aus der bäuerl. Welt ihrer nordschwed. Heimat ist in der Schilderung ländl. Volkstums z. T. von kulturhistor. Interesse; ihr späteres Werk ist von der Psychoanalyse beeinflußt; das Drama ›Mördaren‹ (1928) weist sozialkrit. Tendenz auf.

Weitere Werke: Das Kind (R., 1909, dt. 1936), Sara Alelia (R.-Trilogie, 1920–22, dt. 1930), Die Pflegegeschwister (R., 1924, dt. 1937), Die Sünderin (Nov., 1925, dt. 1935).

Dixon, Richard Watson [engl. dıksn], * London 5. Mai 1833, † Warkworth (Northumberland) 23. Jan. 1900, engl. Dichter und anglikan. Theologe. – Studierte Theologie in Oxford; seit 1873 Pfarrer in Hayton, seit 1883 in Warkworth; schrieb Naturlyrik und histor. Oden; gründete 1856 mit D. G. Rossetti und W. Morris das Hauptorgan der präraffaelit. Bewegung ›The Oxford and Cambridge Magazine‹, war Lehrer und Freund von G. M. Hopkins und R. Bridges.

Werke: Christ's company (Ged., 1861), Historical odes (1864), History of the Church of England from the abolition of Roman jurisdiction (6 Bde., 1877–1902), Lyrical poems (Ged., 1887).

Dixon, William Hepworth [engl. dıksn], *Manchester 30. Juni 1821, † London 27. Dez. 1879, engl. Schriftsteller. – War 1853–69 Hg. des ›Athenaeum‹; unternahm ausgedehnte Reisen; schrieb u. a. die Biographien ›John Howard‹ (1849), ›William Penn‹ (1851, dt. 1854), ›Lord Bacon‹ (1862); in ›Seelenbräute‹ (2 Bde., 1868, dt. 1868) wendet er sich gegen die nordamerikan. Sekten; verfaßte außerdem populärhistor. Werke, Reisebücher und Romane.

Dizain [frz. di'zɛ̃] (Dixain), Strophe oder Gedicht von 10 Verszeilen, das sich v. a. in der frz. Lyrik des 16. Jh. findet (C. Marot, M. Scève, die Vertreter der Pléiade).

Dj... ↑Ð..., ↑Dsch...

Djian, Philippe [frz. dʒiã], * Paris 1949, frz. Schriftsteller. – Abgebrochenes Literaturstudium, journalist. Versuche, Gelegenheitsjobs. D.s Nonkonformismus, der sich in einer dem Jugendjargon nahestehenden Sprache niederschlägt, findet literar. Vorbilder in der amerikan. Beat generation. Doch die treibende Unruhe eines J. Kerouac ist in D.s Ich-Erzählern, meist selbst Schriftsteller, durch eine iron. Gelassenheit gedämpft, die um den utop. Charakter der erträumten Selbstverwirklichung weiß und sich bedauernd mit möglichst intensivem Auskosten der ›guten Momente‹ des Lebens bescheidet.

Werke: 50 contre un Histoires (En., 1981), Blau wie die Hölle (R., 1982, dt. 1990), Erogene Zone (R., 1984, dt. 1987), Betty blue. 37,2° am Morgen (R., 1985, dt. 1986), Verraten und verkauft (R., 1986, dt. 1988), Rückgrat (R., 1988, dt. 1991), Krokodile. Sechs Geschichten (En., 1989, dt. 1993), Lent dehors (R., 1991), Sotos (R., 1993), Assassins (R., 1994).

Literatur: BOUDJEDRA, M.: Ph. D. Monaco 1992.

Djilas, Milovan, jugoslaw. Politiker, serb. Schriftsteller, ↑Ðilas, Milovan.

Długosz, Jan [poln. 'duugɔʃ], * Brzeźnica 1415, † Krakau 19. Mai 1480, poln. Geschichtsschreiber. – Aus dem Kleinadel, Sekretär beim Krakauer Bischof, Domherr (seit 1436), Erzieher der königl. Prinzen; in diplomat. Mission in Preußen, Ungarn und Böhmen; zuletzt designierter Erzbischof von Lemberg; Verfasser histor. Abhandlungen, die auf Quellenstudien beruhen, darunter einer 12bändigen, 1455–80 entstandenen ›Historia polonica‹ (erstmals vollständig hg. 1711), deren Quellenwert bes. für das 15. Jh. bed. ist; Heraldiker.

Ausgabe: J. D. Opera omnia. Warschau 1961 ff.
Literatur: MITKOWSKI, J.: J. D. Warschau 1976. – Dlugossiana. Red.: S. GAWĘDA. Krakau 1980.

Dmitrijew (tl.: Dmitriev), Iwan Iwanowitsch [russ. 'dmitrijɪf], * Bogorodskoje (Gouv. Simbirsk) 21. Sept. 1760, † Moskau 15. Okt. 1837, russ. Lyriker. – War unter Zar Alexander I. Justizminister; Freund N. M. Karamsins, mit dem er für eine einfache und natürl., von kirchenslaw. Elementen freie russ. Schriftsprache eintrat. Vertreter der Empfindsamkeit; wandte sich in satir. Versen gegen die Klassizisten und die Odendichterei seiner Zeit, schrieb Elegien, Balladen, witzige Fabeln und versuchte als einer der ersten, Elemente der Volksdichtung in die Literatur einzuführen.

Literatur: SWIDZINSKA, H.: I. I. Dmitriev. Diss. Pittsburgh (Pa.) 1972.

Dmitri Rostowski (tl.: Dmitrij Rostovskij) [russ. 'dmitrij ras'tofskij], auch Dimitri R., ukrain. Dymytrij Rostowsky, eigtl. Danylo Sawytsch Tuptalo, * Makarow bei Kiew Dez. 1651, † Rostow 8. Nov. 1709, russ. Kleriker und Schriftsteller ukrain. Herkunft. – 1668 Eintritt ins Kloster; ab 1702 Metropolit in Rostow; verfaßte eine bed. Sammlung von Heiligenviten (12 Bde., 1684–1705), geistl. Dramen und Predigten.

Literatur: BERNDT, M.: Die Predigt D. Tuptalos. Bern u. Ffm. 1975.

Dmochowski, Franciszek Ksawery [poln. dmɔ'xɔfski], * Oprawczyki 2. Dez. 1762, † Błonie bei Warschau 20. Juni 1808, poln. Dichter. – Mönch, wandte sich nach Befreiung von den Mönchsgelübden publizist. Tätigkeit zu; Mitarbeiter des Politikers und radikalen Publizisten H. Kołłątaj; zeitweise im Exil in Paris; Theoretiker des poln. Klassizismus durch die freie Bearbeitung von N. Boileau-Despréaux' ›L'art poétique‹ (›Sztuka rymotwórcza‹ [= Reimkunst], 1788); klassizist. Übersetzer Homers, ferner J. Miltons, E. Youngs, später auch Vergils, Horaz' u. a.

Đoan-Thi-Điêm [vietnames. dưan θi diəm], Pseudonym Hông-Ha nư'-si (= Autorin vom Roten Fluß), * Hiên Pham (Prov. Bắc Ninh) 1705, † Nghê An 1748, vietnames. Dichterin. – Ihre meisterhafte vietnames. Übertragung des von Đăng-Trân-Côn verfaßten chin. Langgedichts ›Chinh-phu ngâm-khúc‹ (= Klage einer Kriegersfrau) gilt als Meisterwerk der vietnames. Nationalliteratur.

Ausgabe: Chinh Phu Ngâm. Complainte de la femme d'un guerrier. Frz. Übers. v. BUI-VAN-LANG. Hanoi 1943.

Dobles, Fabián [span. 'doβles], * San Antonio de Belén 1918, costarican. Schriftsteller. – Seine Romane und Erzählungen behandeln v. a. das Leben der Bauern und des Landproletariats von Costa Rica, wobei sich in der Erzählweise mit dem Roman ›Una burbuja en el limbo‹ (1946) durch den Einsatz grotesker und phantast. Elemente die Ab-

wendung vom früheren Naturalismus vollzog.

Weitere Werke: Ese que llaman pueblo (R., 1942), El sitio de las abras (R., 1950), Historias de Tata Mundo (En., 1955), Los leños vivientes (R., 1962), En el San Juan hay tiburón (R., 1967), Cuentos (En., 1972).

Döblin, Alfred, * Stettin 10. Aug. 1878, † Emmendingen 26. Juni 1957, dt. Schriftsteller. – Stammte aus einer jüd. Kaufmannsfamilie; Studium der Medizin; hatte seit Ende 1911 eine Kassenpraxis, seit 1931 eine Privatpraxis als Neurologe und Psychiater in Berlin. Mitbegründer und Mitarbeiter der expressionist. Zeitschrift ›Der Sturm‹. Bis 1920 Mitglied der USPD, 1921–30 Mitglied der SPD. Eine Reise nach Polen (1924) präzisierte sein Bild von Juden- und Christentum. 1933 Flucht nach Frankreich (1936 frz. Staatsbürger), 1940 Flucht in die USA; 1941 Konversion zum Katholizismus. 1945 im Auftrag der frz. Militärregierung Literaturinspekteur in Baden-Baden. Gründer und Hg. der Monatsschrift ›Das goldene Tor‹ (1946–51). Bei nur geringem Anklang als Autor kehrte D., von der geistigen und gesellschaftl. Entwicklung in der BR Deutschland enttäuscht, bereits 1951 nach Paris zurück. Seit 1956 Patient in Sanatorien des Schwarzwaldes. Obwohl seit 1910 Mitarbeiter der Zeitschrift ›Der Sturm‹, läßt sich D. weder dem Sturmkreis noch einer anderen Stilrichtung der Zeit eindeutig zuordnen. Den wechselnden Stilphasen seit Beginn des Jh., aber auch Autoren wie J. Joyce und J. Dos Passos zwar nahestehend, blieb er stets krit. Zeitgenosse in eigener Sache. D. setzte diesen verschiedenen Richtungen gemäße Techniken ein (z. B. Perspektivenwechsel, Simultantechnik, Stream of consciousness, Reportage, Montage) und fügte sie zur eigenständigen Komposition einer ›Romanprosa mit dem Prinzip: der Gegenstand des Romans ist die entseelte Realität‹ zusammen. So wurde ›Berlin Alexanderplatz‹ (1929) zu einem der bedeutendsten Romane des 20. Jh., nicht zuletzt gerade wegen seiner Vielfalt der Stilformen und -elemente, der Mischung von Zeitbezüglichem bis zu alttestamentl. Allusionen, der Vielschichtigkeit dieser ›Geschichte vom Franz Biberkopf‹. Auch die anderen

Alfred
Döblin

Romane D.s lassen sich nur schwer inhaltlich definierten Romantypen zuordnen. Dem Entwicklungsroman (›Die drei Sprünge des Wang-lun‹, 1915), dem histor. (›Wallenstein‹, 2 Bde., 1920), dem psychologisch-gesellschaftskrit. Roman (›Pardon wird nicht gegeben‹, 1935) hat D. ebenso wie dem Großstadt- (›Berlin Alexanderplatz‹) oder dem Heimkehrerroman (›Hamlet oder Die lange Nacht nimmt ein Ende‹, 1956)†eine Neudeutung und individuelle Ausprägung gegeben, deren volle Bedeutung sich nur aus der Betrachtung des Werkganzen erschließt. Dieses umfaßt außerdem literaturtheoret. Essays (›Der Bau des ep. Werkes‹, 1929), Tageskritik, polit. Glossen sowie eine Anzahl, seit der Konversion zunehmend theologisch orientierter, philosoph. Niederschriften, ohne daß sich D. auch hier auf ein Dogmenschema festlegt. Weitgehend unbekannt geblieben sind seine dramat. Versuche, sein theoret. wie prakt. Interesse an den neuen Ausdrucksmedien Rundfunk und Film (z. B. die Hörspiel- [1930] und Filmadaption [1931] von ›Berlin Alexanderplatz‹).
Weitere Werke: Die Ermordung einer Butterblume (En., 1913), Dt. Maskenball (Essays, 1921), Berge, Meere und Giganten (R., 1924, Neufassung 1932 u. d. T. Giganten), Reise in Polen (Bericht, 1926), Manas (ep. Dichtung, 1927), Land ohne Tod (R.-Trilogie, 1937=48), November 1918 (R.-Trilogie, 1948–50), Schicksalsreise (Erinnerungen, 1949).
Ausgabe: A. D. Ausgew. Werke in Einzel-Bden. Begr. v. W. MUSCHG. Fortgef. v. A. W. RILEY. Freib. 1960 ff. (auf 30 Bde. berechnet; bisher 24 Bde. erschienen).

Literatur: KREUTZER, L.: A. D. Stg. u. a. 1970. – WEYEMBERGH-BOUSSART, M.: A. D. Bonn 1970. = HUGUET, L.. Bibliogr. A. D. Bln. u. Welmar 1972. – A. D. im Spiegel der zeitgenöss. Kritik. Hg. v. I. SCHUSTER u. I. BODE. Bern u. Mchn. 1973. – WICHERT, A.: A. D.s histor. Denken. Stg. 1978. – KELLER, O.: D.s Montageroman als Epos der Moderne. Mchn. 1980. – LINKS, R.: A. D. Mchn. 1981. – KOBEL, E.: A. D. Erzählkunst im Umbruch. Bln. 1985. – KIESEL, H.: Literar. Trauerarbeit. Das Exil- u. Spätwerk A. D.s. Tüb. 1986. – MÜLLER-SALGET, K.: A. D. Werk u. Entwicklung. Bonn ²1988. – Internat. A.-D.-Kolloquium. Hg. v. W. STAUFFACHER. Bern u. a. 1993. – SCHRÖTER, K.: A. D. Rbk. 24.–26. Tsd. 1993.

Dobraczyński, Jan [poln. dɔbra'tʃı̃i̯ski], * Warschau 20. April 1910, † ebd. 5. März 1994, poln. Schriftsteller. – Teilnahme am Warschauer Aufstand, Kriegsgefangener in Deutschland; nach 1945 Chefredakteur kath. Zeitschriften; schrieb v. a. Romane über verschiedene bibl. Themen.
Werke: Die Botschaft der Sterne (R., 1948, dt. 1955), Das heilige Schwert (R., 1949, dt. 1956), Die Gewalttätigen (Essays, 1951, dt. 1961), Gib mir deine Sorgen. Die Briefe des Nikodemus (R., 1952, dt. 1955), Die Wüste (R., 1955, dt. 1957), Kreuz und Bajonett (R., 1956, dt. 1960), Elisabeth von Thüringen (R., 1959, dt. 1965), Die unüberwindl. Armada (R., 1960, dt. 1963), Die Überflüssigen (R., 1964, dt. 1969), Vor den Toren Leipzigs (R., 1976, dt. 1985), Nimm das Kind und seine Mutter. Ein Joseph-Roman (1977, dt. 1978), Samson i Dalila (= Samson und Dalila, R., 1979), Magdalena (1988).
Literatur: ROGALSKI, A.: J. D. Dt. Übers. Bln. 1970.

Dobre, Ion, rumän. Schriftsteller, ↑ Crainic, Nichifor.

Dobroljubow (tl.: Dobroljubov), Nikolai Alexandrowitsch [russ. dɐbra'lju-bɐf], * Nischni Nowgorod 5. Febr. 1836, † Petersburg 29. Nov. 1861, russ. Literaturkritiker. – Mitarbeiter, dann Leiter des literaturkrit. Teils der Zeitschrift ›Sovremennik‹. Ursprünglich tief religiös, wandelte er sich unter dem Einfluß des dt. philosoph. und naturwiss. Materialismus (L. Feuerbach, E. Haeckel, G. Büchner, J. Moleschott) zu einem radikal revolutionären Denker und Nihilisten. Wie N. G. Tschernyschewski forderte er eine radikal sozialkrit. Literatur und Literaturkritik als Spiegel der Wirklichkeit und lieferte dafür selbst Beispiele durch ›Rezensionen‹ von hundert und mehr Seiten in ›figürl. Sprache‹, so über I. A. Gontscharows ›Oblomow‹, A. N. Ostrowskis Dramen (›Das finstere Reich‹, 1859, dt. 1953) und die Werke I. Turgenjews.

Ausgabe: N. A. Dobroljubov. Sobranie sočinenij. Hg. v. B. I. BURSOV u. a. Moskau u. Leningrad 1961–64. 9 Bde.

Literatur: SOLOV'EV, G.: Ėstetičeskie vozzrenija Černyševskogo i Dobroljubova. Moskau 1974. – KRUŽKOV, V. S.: N. A. Dobroljubov. Moskau 1976.

Dobson, Henry Austin [engl. dɔbsn], * Plymouth 18. Jan. 1840, † Ealing (heute zu London) 2. Sept. 1921, engl. Dichter und Kritiker. – Seine anmutigen, stilistisch und metrisch vollendeten Gedichte sind oft in alten frz. Versmaßen geschrieben; bed. Essays über das 18. Jh. (›Eighteenth century vignettes‹, 3 Bde., 1892–96), Biographien über H. Fielding (1883), O. Goldsmith (1888) u. a.

Weitere Werke: Vignettes in rhyme (Ged., 1873), Proverbs in porcelain (Ged., 1877), W. Hogarth (Biogr., 1879), H. Walpole (Biogr., 1890).

Ausgabe: H. A. T. A. D. The complete poetical works. Hg. v. A. T. A. DOBSON. London 1923.

Literatur: DOBSON, A. T. A.: A. D. London 1928. – HASENCLEVER, E.: Das 18. Jh. in A. D.s Dichtung. Diss. Gött. 1939.

Dochmius [griech., eigtl. = der Krumme, der Schiefe], antiker Vers[fuß] der Form ⌣−−⌣−; Bildung zahlreicher Varianten durch Spaltung der Längen in je zwei Kürzen, die dann wieder zu neuer Längenbildung führen können: −− zu ⌣⌣⌣⌣ oder zu ⌣−⌣; die wichtigsten dieser Varianten sind der ↑ Hypodochmius und der ↑ Adoneus.

Doctorow, E[dgar] L[aurence] [engl. 'dɔktəroʊ], * New York 6. Jan. 1931, amerikan. Schriftsteller. – Verbindet in seinen Romanen postmoderne Techniken mit konkreten sozialkrit. und polit. Anliegen. Im Stil des ›nonfiction novel‹ mischt er histor. Fakten und Figuren mit fiktionalen Elementen in parodist. Manier und satir. Intention; so parodiert ›Willkommen in Hard Times‹ (1960, dt. 1987) in der Form des Western die amerikan. Fortschrittsgläubigkeit, während ›Big as life‹ (1966) eine Satire auf Science-fiction-Visionen ist; seine Romane ›Das Buch Daniel‹ (1971, dt. 1974) und ›Ragtime‹ (1975, dt. 1976) behandeln den Spionagefall von J. und E. Rosenberg in den 50er Jahren bzw. die Geschichte Amerikas Anfang des 20. Jh.; schreibt auch Dramen und Kurzgeschichten.

Weitere Werke: Sterntaucher (R., 1980, dt. 1982), Das Leben der Dichter (En., 1984, dt. 1985), Weltausstellung (R., 1985, dt. 1987), Billy Bathgate (R., 1989, dt. 1990).

Literatur: LEVINE, P.: E. L. D. London 1985. – E. L. D.: a democracy of perception. A symposium with and on E. L. D. Hg. v. H. FRIEDL u. D. SCHULZ. Essen 1988. – MORGEN, R. VON: Die Romane E. L. D.s im Kontext des postmodernism. Ffm. u. a. 1993.

Document humain [frz. dɔkymāy'mē = menschl. Dokument], von dem Geschichtsphilosophen H. Taine 1866 (›Nouveaux essais de critique et d'histoire‹) geprägter Begriff für die Romane H. de Balzacs. Wurde zum Schlagwort für die von den Brüdern E. und J. de Goncourt schon 1864 (›Journal‹) umrissene Forderung, der moderne Romanschriftsteller müsse seinen Stoff mit naturwissenschaftl. Methoden analysieren und darstellen. – ↑ auch Naturalismus.

Dóczi, Lajos [ungar. 'do:tsi], eigtl. Ludwig Frhr. von Dux, * Sopron 29. Nov. 1845, † Budapest 27. Aug. 1919, ungar. Schriftsteller. – Jurastudium in Wien, zeitweilig Pressechef im Außenministerium, 1900 geadelt. Verfasser erfolgreicher neuromant. Dramen; als Übersetzer von Goethes ›Faust‹ und von Schiller-Gedichten bed. Vermittler dt. Literatur in Ungarn. Deutsch liegt u. a. vor das Schauspiel ›Letzte Liebe‹ (1880, dt. 1887).

Doderer, Heimito von, * Weidlingau bei Wien 5. Sept. 1896, † Wien 23. Dez. 1966, österr. Schriftsteller. – 1916–20 in russ. Kriegsgefangenschaft (Sibirien), Studium der Geschichte und Psychologie. Erste Veröffentlichungen (›Gassen und Landschaft‹, Ged., 1923; ›Die Bresche‹, E., 1924) in inhaltl. und formaler Tradition v. a. des Expressionismus. Freundschaft mit A. P. Gütersloh (›Der Fall Gütersloh‹, Essay, 1930). 1933–39 Mitglied der (bis 1938) illegalen nationalsozialist. Partei, 1940 Konversion zum Katholizismus. Nach Teilnahme am 2. Weltkrieg Verlagslektor, freier Schriftsteller in Wien. D.s später dichter. Durchbruch erfolgte 1951 mit dem Roman ›Die Strudlhofstiege oder ...‹, dem sich themenverwandt der auch internat. anerkannte Roman ›Die Dämonen‹ (1956) anschließt. In ihnen wird ein detailfreudiges Bild des gesellschaftl. und polit. Lebens in Wien in den ersten 30 Jahren des 20.Jh. gezeichnet. Mehr als nur eine kom. Nebenlinie von D.s Werk stellt der umstrittene, farcenhafte Roman ›Die Merowinger oder Die totale Familie‹ (1962) mit seiner Tendenz zur Absurdität, zu Sprachspiel und grotesker Überzeichnung dar. Der auf vier Teile konzipierte ›Roman No 7‹ (Teil 1: ›Die Wasserfälle von Slunj‹, 1963; Teil 2: ›Der Grenzwald‹, als Fragment hg. 1967) schließt wieder an die beiden großen Wiener Romane an. Man hat sie als Beispiele einer neuen Möglichkeit des Realismus verstanden, als dessen Prinzipien D. u. a. den ›Eros zum Objektiven‹, eine ›restlose Zustimmung zum erfahrbaren Leben‹, hervorhebt. Von Bedeutung für die Entstehungsgeschichte wie zum Verständnis von D.s Romanganzem, das – in mancher Hinsicht das Werk eines literar. Außenseiters – eine ›vom Pro-Contra freie Synopsis des Lebens in seinen verwobenen Erkrankungs- und Selbstheilungsprozessen‹ geben sollte, sind seine Tagebücher (›Tangenten‹, 1964; ›Commentarii 1951 bis 1966‹, 2 Bde., hg. 1976–86). 1957 erhielt D. den Großen Österr. Staatspreis.

Weitere Werke: Das Geheimnis des Reichs (R., 1930), Ein Mord, den jeder begeht (R., 1938), Ein Umweg (R., 1940), Die erleuchteten Fenster oder... (R., 1950), Das letzte Abenteuer (E., 1953), Ein Weg im Dunkeln (Ged., 1957), Die Posaunen von Jericho (E., 1958), Grundlagen und Funktion des Romans (Essay, 1959), Die Peinigung der Lederbeutelchen (En., 1959), Unter schwarzen Sternen (En., 1966), Repertorium (hg. 1969).
Ausgabe: H. v. D. Die Erzählungen. Hg. v. W. SCHMIDT-DENGLER. Mchn. ²1976.
Literatur: WOLFF, L.-W.: Wiedereroberte Außenwelt. Studien zur Erzählweise H. v. D.s am Beispiel des Romans No 7. Göppingen 1969. – KUCHER, G.: Thomas Mann und H. v. D. Mythos u. Gesch. Nbg. 1981. – HOROWITZ, M.: Begegnung mit H. v. D. Wien 1983. – L'actualité de D. Actes du colloque ... Hg. v. P. GRAPPIN u. a. Paris 1986. – WEBER, D.: H. v. D. Mchn. 1987.

Dodgson, Charles Lutwidge [engl. dɔdʒsn], engl. Schriftsteller, ↑Carroll, Lewis.

Dodsley, Robert [engl. 'dɔdzlɪ], *bei Mansfield 13. Febr. (?) 1703, †Durham 23. Sept. 1764, engl. Dichter. – Wurde von A. Pope gefördert, bed. als Buchhändler und Verleger, u. a. für Pope, S. Johnson, O. Goldsmith; begründete mit E. Burke das ›Annual register‹, veröffentlichte Sammlungen älterer engl. Dichter (›A select collection of old plays‹, 12 Bde., 1744; ›A collection of poems by several hands‹, 6 Bde., 1744). D. verfaßte zahlreiche Dramen (›The toyshop‹, 1735; ›The king and the miller of Mansfield‹, 1737; ›The blind beggar of Bethnal Green‹, 1741; ›Cleone‹, 1758) und Gedichte (›Servitude‹, 1729).
Literatur: STRAUS, R. S.: R. D., poet, publisher, and playwright. London u. New York 1910.

Đô Gan [vietnames. do gan], Pseudonym des vietnames. Dichters ↑ Bang-Ba-Lân.

Döhl, Reinhard, *Wattenscheid 16. Sept. 1934, dt. Schriftsteller und Literaturwissenschaftler. – Verzichtet, ausgehend von Versuchen mit tendenziös-experimentellen Schreibweisen in Gedicht, Prosa und Hörspiel, seit Mitte der 1960er Jahre zunehmend auf die traditionellen Publikationsformen; den Textbildern, Mischformen zwischen Literatur und bildender Kunst, entsprechen Textpartituren, Mischformen zwischen Literatur und akust. Kunst (Musik), die konzertant und/oder im Hörfunk realisiert werden. Auch Kunstkritiker.

Werke: missa profana (1962), Prosa zum Beispiel (1965), Das Buch Es Anna (1966), bedepequ (1967), poem structures through the looking glass (1969; mit K. Burkhardt), aus den botnanger sudelheften (1982), Ansichtssachen & Klerri-juhs aus der kleinen Stuttgarter Versschule (1985; mit W. Ehehalt), wie man so sagt (1985), Das neue Hörspiel (Abh., 1988), Das Hörspiel zur NS-Zeit (Abh., 1992).

Doină [rumän. 'doinə], rumän. lyrisch-ep. Volkslied; auf einen schwermütig-getragenen Teil folgt oft ein heiterer von tanzliedartigem Charakter.

Dokumentarliteratur, Sammelbegriff für gesellschaftskritisch und politisch orientierte Theaterstücke, Hör- und Fernsehspiele, auch Prosa und Gedichte, die auf Dokumente und Fakten zurückgreifen und fakt. Geschehen nahebleiben. Vorstufen der D. finden sich in G. Büchners ›Dantons Tod‹ (1835, mit wörtl. Zitaten aus den Verhandlungsprotokollen), im Umkreis der Neuen Sachlichkeit, v. a. in E. Piscators Versuch und Konzept eines ›dokumentar. Theaters‹ (1919–31), und in der Reportage der 20er Jahre, v. a. E. E. Kischs und der speziellen Hörspielform ›Aufriß‹ der Berliner Funkstunde, an die nach 1945 das ↑ Feature anknüpfte. D. als eigene Gattung kam jedoch erst in den 60er Jahren zum Durchbruch (A. Kluge, ›Lebensläufe‹, 1962, ›Schlachtbeschreibung‹, 1964). In den USA entwickelte sich eine ↑ Faction-Prosa (u. a. T. Capote, ›Kaltblütig‹, 1966, dt. 1966). Im Umkreis der ↑ Gruppe 61 wurden Reportage und Protokoll bevorzugt (u. a. E. Runge, ›Bottroper Protokolle‹, 1968; G. Wallraff, ›13 unerwünschte Reportagen‹, 1969, ›Ganz unten‹, 1985). Auch Gedicht und Hörspiel montieren dokumentar. Material, z. T. als Collagen von ausschließlich authent. Text- und Tonzitaten (u. a. F. Kriwet, ›Apollo Amerika‹, Hsp., 1969). – ↑ auch Dokumentartheater.

Literatur: KOEBNER, TH.: Die dokumentar. Methode. In: Tendenzen der dt. Lit. seit 1945. Hg. v. TH. KOEBNER. Stg. 1971. – MILLER, N.: Prolegomena zu einer Poetik der D. Mchn. 1982.

Dokumentarspiele, Theaterstücke, Hör- und Fernsehspiele, deren Handlungsablauf authent. Material zugrunde liegt (↑ Dokumentarliteratur, ↑ Dokumentartheater).

Dokumentartheater, Stilrichtung des modernen Theaters, die, beeinflußt vom russischen Revolutionstheater, im Deutschland der späten 1920er Jahre in E. Piscators Inszenierungen ihren Höhepunkt erreichte. Das D. will in erster Linie gesellschaftskritisch und politisch wirken. Es wählt daher meist historisch-authent. und politisch relevante Stoffe, die oft in Form eines Prozesses oder einer Untersuchung gestaltet werden. Durch die Verwendung von dokumentar. Material – Akten, Protokollen, zeitgenöss. Presseberichten, Einblendungen von Filmszenen, Photos, Tonbändern usw. – soll größtmögl. Authentizität und Glaubwürdigkeit erreicht werden. Einen neuen Aufschwung erlebte das D. mit R. Hochhuts Welterfolg ›Der Stellvertre-

ter‹ (1963, Regie: E. Piscator). Ihm folgten zahlreiche Dokumentarstücke im europ. und außereurop. Sprachraum, u. a. ›In der Sache J. Robert Oppenheimer‹ (1964, Regie: E. Piscator) und ›Joel Brand‹ (1965) von H. Kipphardt, ›Die Ermittlung‹ (1965) und ›Diskurs über ... Viet Nam‹ (1968) von P. Weiss, ›US‹ (1966) von P. Brook, ›Soldaten‹ (1967) von Hochhuth, ›Toller‹ (1968) von T. Dorst und ›Das Verhör von Habana‹ (1970) von H. M. Enzensberger.

Literatur: ZIPES, J. D.: Das dokumentar. Drama. In: Tendenzen der dt. Lit. seit 1945. Hg. v. TH. KOEBNER. Stg. 1971. – SALLOCH, E.: Peter Weiss: ›Die Ermittlung‹. Zur Struktur des D.s. Wsb. 1972. – HILZINGER, K. H.: Die Dramaturgie des dokumentar. Theaters. Tüb. 1976. – BLUMER, A.: Das dokumentar. Theater der sechziger Jahre in der BR Deutschland. Meisenheim 1977. – BARTON, B.: Das D. Stg. 1987.

Dolce, Ludovico [italien. 'doltʃe], *Venedig 1508, †ebd. 1568, italien. Dichter und Gelehrter. – Studierte in Padua; Hauslehrer und Schreiber; befaßte sich mit Übersetzungen und Bearbeitungen antiker Werke, mit Philosophie, Geschichte, Kunst, Sprache und Dichtung; am bekanntesten wurden sein Epos ›Le prime imprese del conte Orlando‹ (postum 1572), seine Komödien (u. a. ›La Fabrizia‹, 1549) und seine Tragödie ›La Marianna‹ (1565).

Literatur: SALZA, A.: Delle commedie di L. D. Melfi 1899. – BONI, M.: ›Le prime imprese del conte Orlando‹ di L. D. e l'Aspromonte quattrocentesco in ottave. In: Studi di varia umanità in onore di Francesco Flora. Mailand 1963. S. 67. – TERPENING, R. H.: Topoi tragici del '500: La figura del capitano nella Rosmunda del Rucellai e nella Marianna del D. In: Il rinascimento. Aspetti e problemi attuali. Hg. v. V. BRANCA. Florenz 1982. S. 651.

Dolce stil nuovo [italien. 'doltʃe 'stil 'nuɔːvo = süßer neuer Stil, eigtl.: dolce stil novo, auch: stilnovismo], von Dante in der ›Divina Commedia‹ (entst. 1321, gedr. 1472; erstmals dt. 1767–69, 1814–21 in 2 Bden. u. d. T. ›Die Göttl. Komödie‹: Purgatorio XXIV, 57) geprägte Bez., die die Literaturgeschichtsschreibung des 19. Jh. auf die von Guido Guinizelli in Bologna, sowie Guido Cavalcanti, Lapo Gianni, Dino Frescobaldi, Gianni Alfani, Guido Orlandi, Cino da Pistoia und dem jungen Dante in Florenz zwischen 1270 und etwa 1310 gepflegte

Gruppenlyrik übertragen hat. Den D. s. n. kennzeichnet sozialhistorisch die Lösung von den Modellen der höf. Aristokratie, die die provenzal. Liebeslyrik auch in ihrer oberitalien. Variante vorgegeben hatte, und geistesgeschichtlich die Einbeziehung philosoph. und theolog. Gedanken in die Darstellung der Wirkungsweisen der Liebe. Bes. in den lyr. Formen des *Sonettes* – gruppenspezifisch des Adressaten- und des Antwortsonettes – und der *Ballata* entsteht so das Bild einer in der Idealität angesiedelten Liebe, die nicht mehr aristotelisch die körperl. Anschauung als Ausgangspunkt sinnl. Zuneigung begreift, sondern mit Thomas von Aquin die geistige Anschauung des Schönen zum Fundament spiritueller Liebe erklärt. Die Übersteigung des Konkreten ist schon an den vielfältigen Bedeutungsnuancen der Begriffe ›dolce‹ und ›novo‹ erkennbar: Während der erste seine Konnotationen aus der Rhetorik als Bez. eines leichten, anmutigen, ›mittleren‹ Stils und aus der Mystik als Beschreibung des Zustands ekstat. Überwältigung durch die einströmende Gnade Gottes erhält, gewinnt der zweite seinen semant. Reichtum aus der heidn. Vorstellung der Erneuerung des Individuums durch den Frühlingsanfang (z. B. die sog. Frühlingseingänge in der provenzal. Troubadourdichtung) und aus dem christl. Glauben an die Auferstehung. Die Autoren des D. s. n. verstehen sich daher auch in Anlehnung an die Gläubigen Christi als Gläubige Amors (›fedeli d'Amore‹), die in ihrer Lyrik eine Amortheologie mit rituellen Zügen entwerfen und die ideal. Qualität der engelhaft verklärten Frau (›donna angelicata‹) in der Nachfolge Platons nicht nach dem Maß ihrer Herkunft (›nobilitas corporis‹), sondern nach dem ihrer Gesinnung (›nobilitas mentis‹) mit den Begriffen ›gentilezza‹ bzw. ›gentile‹ zu erfassen suchen. Die hochartifizielle, sensitiv-musikal. Dichtung des D. s. n., durch die das Toskanische mit zur italien. Literatursprache schlechthin wird, ist das Werk einer im wesentl. aus Juristen bestehenden Bildungselite, die sich bewußt von den südfrz. Vorbildern sowie deren Vermischung mit Elementen der sizilian. Dichtung bei Guittone d'Arezzo gelöst hat;

damit erfüllt sie ein wesentl. Postulat des modernen Begriffs der Avantgarde, was nicht zuletzt noch in diesem Jh. die ›Cantos‹ von E. Pound erkennen lassen.

Ausgabe: D. s. n. Hg. v. C. CORDIÈ. Mailand. 1942.
Literatur: VOSSLER, K.: Die philosoph. Grundlagen zum ›süßen neuen Stil‹ des Guido Guinicelli, Guido Cavalcanti u. Dante Alighieri. Hdbg. 1904. – FIGURELLI, F.: Il d. s. n. Neapel 1933. – FRIEDRICH, H.: Epochen der italien. Lyrik. Ffm. 1964. – SAVONA, E.: Repertorio tematico del d. s. n. Bari 1973. – MARTI, M.: Storia dello s. n. Lecce 1974. 2 Bde. – FAVATI, G.: Inchiesta sul d. s. n. Florenz 1975. – BERTELLI, I.: Esperienze poetiche del Duecento e del primo Trecento. Studi sul d. s. n. e sulla letteratura dell'età communale. Mailand 1980. – SOLIMENA, A.: Repertorio dello s. n. Rom 1980. – GORNI, G.: Il nodo della lingua e il verbo d'amore. Studi su Dante e altri Duecentisti. Florenz 1981. – BERTELLI, I.: La poesia di G. Guinizzelli e la poetica del d. s. n. Florenz 1983. – BERTELLI, I.: I fondamenti artistici e culturali del d. s. n. Mailand 1987. – EISERMANN, T.: Cavalcanti oder die Poetik der Negativität. Tüb. 1992.

Dolet, Étienne [frz. dɔ'lɛ], * Orléans 1509, † Paris 3. Aug. 1546, frz. Humanist und Buchdrucker. – 1538 Gründer einer Druckerei in Lyon, brachte Werke u. a. von C. Marot und F. Rabelais, denen er nahestand, und des Kalvinismus heraus. Übersetzer u. a. Ciceros und Platons; forderte eine volkssprachl. Bibelübersetzung. Setzte sich in scharfer Polemik mit seinen Zeitgenossen auseinander (so u. a. in dem ›Dialogus de imitatione Ciceroniana‹, 1535, mit Erasmus von Rotterdam). Neben philosoph. Werken (insbes. Kommentare) veröffentlichte D. Arbeiten zur lat. und frz. Philologie und Linguistik (›Commentarii linguae latinae‹, 2 Bde., 1536–38), ein bed. Werk zur lat. Lexikologie, und eine Abhandlung zur Übersetzungstechnik ›La manière de bien traduire d'une langue en autre‹ (1540). Von der Pariser Fakultät zum Häretiker erklärt, wurde D. auf Parlamentsbeschluß verbrannt.

Literatur: CARY, E.: Les grands traducteurs français. Genf 1963. – LONGEON, C.: Bibliographie des œuvres de D., écrivain, éditeur et imprimeur. Genf 1980. – Études sur D. Hg. v. C. LONGEON. Genf 1993.

Doležal, Augustin [slowak. 'dɔlɛʒal], * Skalica (Westslowak. Gebiet) 27. März 1737, † Sučany (Mittelslowak. Gebiet)

21. März 1802, slowak. ev. Geistlicher und Dichter. – Durch J. Milton, F. G. Klopstock, T. Tasso und G. W. Leibniz beeinflußt, schuf er in seinem religiös-philosoph. Hauptwerk ›Pamĕtná celému svĕtu tragoedia‹ (= Eine für alle Welt denkwürdige Tragödie, 1791) eine Versdichtung in Dialogform über den Sündenfall und den Sinn des menschl. Lebens; von großer Bedeutung für das beginnende slowak. Geistesleben.

Dolmatowski (tl.: Dolmatovskij), Jewgeni Aronowitsch [russ. dɐlmaˈtɔf-skij], * Moskau 5. Mai 1915, russ. Schriftsteller. – Im 2. Weltkrieg Kriegsberichterstatter; schrieb patriot. Lyrik, oft in Anlehnung an den Stil der satir. Pamphlete W. W. Majakowskis; ›Das Lied vom morgigen Tag‹ (Ged., 1949, dt. 1951) zeigt antiwestl., bes. antiamerikan. Tendenz.

Weitere Werke: Bylo (= So war es, Aufzeichnungen, 2 Bde., 1973–79), Ja vam dolžen skazat' (= Ich soll euch sagen, Ged., 1984).

Domanig, Karl, * Sterzing 3. April 1851, † Sankt Michael bei Bozen 9. Dez. 1913, österr. Numismatiker und Schriftsteller. – War seit 1910 Direktor des kaiserl. Münz- und Antikenkabinetts in Wien; schrieb in christlich-kath. Tradition verwurzelte, z. T. patriot. Dramen und Epen; Erzählungen und Romane aus dem Tiroler Volksleben.

Werke: Der Tyroler Freiheitskampf (Dramentrilogie, 3 Bde., 1885–97), Der Abt von Fiecht (Vers-E., 1887), Der Gutsverkauf (Dr., 1890), Die Fremden (R., 1898), Der Idealist (Schsp., 1902), Die dt. Medaille in kunst- und kulturhistor. Hinsicht (1907), Um Pulver und Blei (Epos, 1909).
Literatur: DÖRRER, A.: K. D. Hamm 1911.

Domanović, Radoje [serbokroat. dɔ-ˌmanɔvitɕ], * Ovsište 4. Febr. 1873, † Belgrad 4. Aug. 1908, serb. Schriftsteller. – Als Gymnasiallehrer wegen oppositioneller Tätigkeit entlassen; Journalist. Begann mit Dorf- und Kindererzählungen, wandte sich dann der humorist., bes. politisch-aktuellen, satir. Dichtung zu; ›Stradija‹, eine Satire (1902), ist der Name eines fiktiven Landes, in das D. die von ihm angeprangerten sozialen Mißstände verlegte; ferner die Erzählung ›Danga‹ (= Das Zeichen, 1899).
Ausgabe: R. D. Sabrana dela. Belgrad 1964. 3 Bde.

Domaškojc, Marjana [niedersorb. ˈdomaʃkɔjts], * Zahsow (heute zu Kolkwitz bei Cottbus) 28. Febr. 1872, † ebd. im Aug. 1946, niedersorb. Dichterin. – Schrieb von der Volksdichtung beeinflußte Naturlyrik und veröffentlichte 1929 ein realist. Drama über die Lage der Dorfbevölkerung.

Domenchina, Juan José [span. domenˈtʃina], * Madrid 18. Mai 1898, † Mexiko 1959, span. Dichter. – Lehrer und Journalist; ging nach dem Span. Bürgerkrieg nach Mexiko; vom Modernismo ausgehender intellektualist. Lyriker unter dem Einfluß von J. R. Jiménez und P. Valéry; auch Romancier.

Werke: Del poema eterno (Ged., 1917), Las interrogaciones del silencio (Ged., 1918), La corporeidad de lo abstracto (Ged., 1929), La túnica de Neso (R., 1929), Dédalo (R., 1932), Destierro (Ged., 1942), La sombra desterrada (Ged., 1950).
Literatur: BELLVER, C. G.: El mundo poético de J. J. D. Madrid 1979.

Domentijan, * um 1210, † nach 1264, serb. Mönch und Historiograph. – Schrieb um 1253 auf dem Athos eine prunkvolle, theologisch-gelehrte Biographie des hl. Sava und um 1263 eine Biographie des hl. Simeon, die als Musterbeispiele serb. Herrscherviten gelten und beide von Đura Daničić (* 1825, † 1882) ediert wurden (Belgrad 1865). Die einfachere Sava-Vita von Teodosije (um 1290–92) benutzt Elemente Domentijans.

Domin, Hilde, verh. H. Palm, * Köln 27. Juli 1912, dt. Schriftstellerin. – Ab 1933 Exil in Italien, England, der Dominikan. Republik; längere Aufenthalte in den USA. 1954 Rückkehr in die BR Deutschland, längere Aufenthalte in Spanien; lebt in Heidelberg. Schrieb seit 1951 Gedichte, veröffentlicht, u. a. in den Gedichtbänden ›Nur eine Rose als Stütze‹ (1959), ›Rückkehr der Schiffe‹ (1962), ›Hier‹ (1964), ›Höhlenbilder‹ (1968), ›Ich will dich‹ (1970), die, ausgehend von der Erfahrung des Exils als Extremsituation menschl. Existenz, sich immer neu engagieren, mit dem Vertrauen in die befreiende Kraft des Wortes. Der Rückkehrerroman ›Das zweite Paradies‹ (1968, Neufassung 1980) thematisiert die Erneuerung der zerbrochenen Bilder von

Liebe und Heimat. Begriffprägend war ihr für die Lyrik der Nachkriegszeit wichtiger Essay ›Wozu Lyrik heute?‹ (1968).

Hilde Domin

Weitere Werke: Doppelinterpretationen (1966; Hg.), Die andalus. Katze (E., 1971), Von der Natur nicht vorgesehen (autobiograph. Prosa, 1974), Abel steh auf. Gedichte, Prosa, Theorie (1979), Aber die Hoffnung (autobiograph. Prosa und Ged., 1982), Das Gedicht als Augenblick von Freiheit. Frankfurter Poetik-Vorlesungen (1988).
Literatur: WANGENHEIM, B. VON: Heimkehr ins Wort. Materialien zu H. D. Ffm. 1982. – BRAUN, M.: Exil und Engagement. Unterss. zur Lyrik u. Poetik H. D.s. Ffm. u. a. 1994.

Domínguez Bastida, Gustavo Adolfo [span. do'miŋgeɵ βas'tiða], span. Dichter, ↑ Bécquer, Gustavo Adolfo.

Dominik, Hans, * Zwickau 15. Nov. 1872, † Berlin 9. Dez. 1945, dt. Schriftsteller. – Elektroingenieur bei verschiedenen Firmen in Deutschland und den USA; 1904 selbständig, später freier Schriftsteller. Schrieb populärwiss. techn. Bücher; großen Erfolg hatte er mit seinen Zukunftsromanen nach dem Vorbild J. Vernes, z. T. mit nationalistischen und rassistischen Tendenzen, z. B. in ›Die Spur des Dschingis Khan‹ (R., 1923), ›Der Wettflug der Nationen‹ (R., 1933); auch Jugendbücher.
Weitere Werke: Atlantis (R., 1925), Der Brand der Cheopspyramide (R., 1926), Kautschuk (R., 1930), Atomgewicht 500 (R., 1935), Treibstoff SR (R., 1940), Vom Schraubstock zum Schreibtisch (Autobiogr., 1942).

Domjanić, Dragutin Milivoj [serbokroat. ˌdɔmjanitɕ], * Krče 12. Sept. 1875, † Zagreb 7. Juni 1933, kroat. Lyriker. –

Aus verarmter kroat. Landadelsfamilie; Richter; wandte sich nach pessimistisch gestimmten Gedichten naiver und graziöser Dichtung in kajkav. Dialekt zu; viele seiner Naturgedichte, die die Landschaft bei Zagreb besingen, wurden vertont. 1943 erschien die Lyrikauswahl ›Heiden blüht‹ in dt. Übersetzung.

Domostroi (tl.: Domostroj) [russ. dʲema'strɔj = Hausordnung], schriftl. Denkmal des 16. Jh., vermutlich von dem Protopopen Silwestr zur Regierungszeit Iwans IV. (1547–84) nach älteren Vorlagen zusammengestellt; regelt als Lehrbuch das religiöse, polit., soziale und häusl. Leben der vermögenderen Stadtbevölkerung. Der D. besteht aus drei Teilen mit 63 Kapiteln. Die Sprache ist lebendige russ. Umgangssprache mit Redensarten und Sprichwörtern, fast ganz ohne Kirchenslawismen.

Donatus, Aelius, * um 310, † um 380, röm. Grammatiker. – Lehrer des Hieronymus, Verfasser von im MA vielbenutzten lat. Grammatiken (›Ars minor‹ für Anfänger, ›Ars maior‹ für Fortgeschrittene). Sein vorzügl. Terenzkommentar ist größtenteils erhalten (mit fremden Zusätzen); von seinem Vergilkommentar sind nur noch Präliminarien (Vergilvita, Einführung in die ›Bucolica‹) überliefert.
Literatur: JEUDY, C.: D. In: Lex. des MA. Bd. 3. Mchn. u. Zü. 1986.

Dončević, Ivan [serbokroat. ˌdɔːntʃɛvitɕ], * Trnava 8. Nov. 1909, † Zagreb 13. März 1982, kroat. Schriftsteller. – Nahm am 2. Weltkrieg auf der Seite der Partisanen teil; Redakteur; Lyriker und Erzähler; Themen seiner Werke sind das bäuerl. und kleinstädt. Leben in Nordkroatien, gesehen unter sozialen Aspekten.

Donelaitis, Kristijonas [litauisch doːnæ'laːitɪs] (K. Duonelaitis, Christian Donalitius), * Lasdinehlen (Ostpreußen) 1. Jan. 1714, † Tollmingkehmen bei Gumbinnen 18. Febr. 1780, litauischer Dichter. – Erster bed. Dichter der litauischen Kunstpoesie; Schöpfer der litauischen Kunstpoesie; sein in Hexametern geschriebenes Hauptwerk ›Die Jahreszeiten‹ (gedr. 1818, dt. 1869) mit den 4 Teilen ›Frühlingsfreuden‹, ›Sommermühen‹, ›Herbstesfülle‹ und ›Wintersorgen‹

ist eine Darstellung des einfachen Volkslebens; schrieb ferner Fabeln und einige Gedichte in dt. Sprache.

Literatur: GINEITIS, L.: K. D. Wilna 1954. – GINEITIS, L.: K. D. ir jo epocha. Wilna 1964.

Dong Zhongshu, chin. Philosoph, ↑ Tung Chung-shu.

Doni, Anton Francesco, * Florenz 16. Mai 1513, † Monselice bei Padua im Sept. 1574, italien. Schriftsteller. – Entfloh 1540 dem Kloster, wurde Weltgeistlicher und durchwanderte Italien; von seinen zahlreichen Schriften sind neben einer Sammlung zeitgeschichtlich interessanter Dialoge (bes. ›I marmi‹, 1553) v. a. ›Prima libraria‹ (1550) und ›Seconda libraria‹ (1551) wegen der literar. Notizen und als erster Entwurf einer italien. Bibliographie zu erwähnen.

Ausgaben: Antonio F. D./Pietro Aretino. Scritti scelti. Hg. v. G. G. FERRERO. Turin 1951. – Folengo, Aretino, D. Hg. v. L. CORDIÈ. Mailand 1976–77. 2 Tle.

Literatur: CROCE, B.: Antonio F. D. In: CROCE: Poeti e scrittori del pieno e del tardo rinascimento. Bd. 1. Bari ²1958. S. 260. – GRENDLER, P. F.: Critics of the Italian world, 1530–1560. A. F. D., N. Franco, O. Lando. Madison (Wis.) 1969.

Donker, Anthonie, eigtl. Nicolaas Anthonie Donkersloot, * Rotterdam 8. Sept. 1902, † Amsterdam 26. Dez. 1965, niederl. Literarhistoriker und Schriftsteller. – Bed. Kritiker, Hg. der Zeitschriften ›Critisch Bulletin‹ und ›De Nieuwe Stem‹, Prof. für niederl. Literatur in Amsterdam. Keiner literar. Strömung angehörend, gilt D. mit seiner z. T. wehmütigen Lyrik als einer der bedeutendsten niederl. Dichter des 20. Jh.; übersetzte 1931 Goethes ›Faust‹.

Werke: Grenzen (Ged., 1928), Kruistochten (Ged., 1929), Fausten en faunen (Essay, 1930), Schaduw der bergen (R., 1935), Karaktertrekken der vaderlandsche letterkunde (Essay, 1945), Westwaarts (1956), De groene wandeling (Ged., 1962), V in vers (Ged., 1965).

Donleavy, James Patrick [engl. dɔn-'li:vɪ], * New York 23. April 1926, ir. Schriftsteller amerikan. Herkunft. – Seit 1967 ir. Staatsbürger. In seinen Romanen, Erzählungen und Dramen schildert er, oft satirisch und mit schwarzem Humor, den Menschen als Außenseiter auf der Suche nach einem besseren Leben in einer feindseligen Umwelt.

Werke: Ginger Man (R., 1955, dt. 1965, dramatisiert 1959), Fairy tales of New York (Dr., 1961, 1973 als Roman u. d. T. A fairytale of New York), A singular man oder Ein ängstl. Held (R., 1963, dt. 1968), Das tollgewordene Molekül. Verrückte Geschichten (1964, dt. 1970), Schlimmer Sommer für Samuel S. (R., 1966, dt. 1970), Die bestial. Seligkeiten des Balthasar B. (R., 1968, dt. 1971), The onion eaters (R., 1971), The destinies of Darcy Dancer, gentleman (R., 1977), Schultz (R., 1979), Leila (R., 1983), J. P. D.'s Ireland (Prosa, 1986), A singular country (Prosa, 1989).

Ausgabe: The plays of J. P. D. New York 1972.

Literatur: MASINTON, CH. G.: J. P. D. The style of his sadness and humor. Bowling Green (Ohio) 1975.

Donnadieu, Marguerite [frz. dɔna-'djø], frz. Schriftstellerin, ↑ Duras, Marguerite.

Donnay, Maurice [frz. dɔ'nɛ], * Paris 12. Okt. 1859, † ebd. 31. März 1945, frz. Dramatiker. – Debütierte beim Kabarett ›Chat-Noir‹ am Montmartre und wandte sich danach ganz dem Theater zu; schrieb geistvolle, witzig-iron. Stücke, meist leichte Komödien, von denen ›Liebesleute‹ (1895, dt. 1906) der erfolgreichsten war; arbeitete u. a. mit L. Descaves (›La clairière‹, 1900; ›Oiseaux de passage‹, 1904), J. Lemaître (›Le mariage de Télémaque‹, 1910) und H. Duvernois (›Le geste‹, 1924) zusammen; verfaßte auch autobiograph. Werke (›Mes débuts à Paris‹, 1937; ›Mon journal‹, hg. 1953, u. a.). 1907 Mitglied der Académie française.

Donne, John [engl. dʌn, dɔn], * London 1572 oder 1573, † ebd. 31. März 1631, engl. Dichter. – Sohn eines wohlhabenden Kaufmanns; wurde kath. erzogen; Sekretär des Lordsiegelbewahrers Thomas Egerton, dessen Nichte er heimlich heiratete, wodurch er alle Aussichten auf eine hohe Staatsstellung verlor. Übertritt zur Staatskirche, in der er Geistlicher und von 1621 bis zu seinem Tod Dekan an der Saint Paul's Cathedral in London war. Seine Gedichte wurden erst 1633 postum veröffentlicht. D. gilt als Hauptvertreter der Metaphysical poets. Seine Lyrik verbindet in intellektueller Präzisierung der Gefühle heterogene Vorstellungen zu überraschenden Bildern (›conceits‹). Liebesgedichte ironisieren die Motive petrarkist. Renaissancelyrik und entfalten eine breite Skala sinnl. und geistiger Empfindungen. Religiöse Sonette und Hymnen meditieren eindringlich über Sünde, Erlösung und das Paradoxon des Todes. D. war auch einer der bedeutendsten Prediger seiner Zeit.

John Donne

Ausgaben: The poems of J. D. Hg. v. H. J. C. GRIERSON. London ²1953. 2 Bde. – J. D. Sermons. Hg. v. G. R. POTTER u. E. M. SIMPSON. Berkeley (Calif.) 1953–62. 10 Bde. – J. D. The elegies and the songs and sonnets. Hg. v. H. GARDNER. Oxford 1965. – J. D. Divine poems. Hg. v. H. GARDNER. Oxford 1978. – J. D. Zwar ist auch Dichtung Sünde. Gedichte engl. u. dt. Lpz. 1985. – J. D. Alchimie der Liebe. Ged. Dt. Übers. v. W. V. KOPPENFELS. Bln. 1986. **Literatur:** LEISHMAN, J. B.: The monarch of wit. An analytical and comparative study of the poetry of J. D. London ⁷1965. – ANDREASEN, N. J. C.: J. D. Conservative revolutionary. Princeton (N.J.) 1967. – BALD, R. C.: J. D. A life. Ergänzt u. hg. v. W. MILGATE. Oxford 1970. – DEUBEL, V.: Tradierte Bauformen und lyr. Struktur. Die Veränderung elisabethan. Gedichtsschemata bei J. D. Stg. u. a. 1971. – SANDERS, W.: J. D.'s poetry. Cambridge 1971. – KEYNES, SIR G.: A bibliography of Dr. J. D., dean of Saint Paul's. Oxford ⁴1973. – ROSTON, M.: The soul of wit. A study of J. D. New York 1974. – CAREY, J.: J. D. New York u. London 1981. – DOCHERTY, TH.: J. D. undone. London 1986. – PARFITT, G.: J. D.: a literary life. London 1989.

Dọnner, Jörn, * Helsinki 5. Febr. 1933, schwedischsprachiger finn. Filmregisseur und Schriftsteller. – Seit 1962 Filmregisseur und -produzent, 1972–75 Leiter des Schwed. Filminstituts in Stockholm. Bekannt als Schriftsteller v. a. durch seine dokumentarischen Reisebücher, eine Ingmar-Bergman-Studie (›Djävulens ansikte‹, 1962) und einen großangelegten Familienroman um einen finn. Industriekonzern.
Weitere Werke: Rapport från Berlin (Reisebericht, 1958), Rapport från Donau (Reisebericht, 1962), Nu måste du (R., 1974), Angelas krig (R., 1976), Jakob och friheten (R., 1978), Angela och kärleken (R., 1980), Gabriels dag (R., 1982), Presidenten (R., 1986), Frihetens fångar (R., 1989).

Donọso, José, * Santiago de Chile 5. Okt. 1925, chilen. Schriftsteller. – Lebte seit 1967 mit Unterbrechungen in Spanien, kehrte 1981 nach Chile zurück. Einer der Hauptvertreter der sog. Generation von 1950, die die Ablösung vom nat. bzw. regionalen Realismus vollzieht. In Romanen wie ›Krönung‹ (1957, dt. 1980) und ›Este domingo‹ (1966) entwikkelt er vor dem Hintergrund spätfeudalist. Dekadenz das Drama einer von Absurdität und chaot. Kräften bedrohten Menschheit. Sein Hauptwerk ›Der obszöne Vogel der Nacht‹ (1970, dt. 1975) verlagert diese Problematik in eine halluzinatorisch deformierte Phantasiewelt, in der Mythos, Traum und Wirklichkeit ununterscheidbar verfließen.
Weitere Werke: Veraneo (En., 1955), El charlestón (En., 1960), Ort ohne Grenzen (R., 1966, dt. 1976), Historia personal del ›boom‹ (Essay, 1972), Tres novelitas burguesas (Nov.n, 1973), Die Marquesita (R., 1980, dt. 1991), El jardin de al lado (R., 1981). In den allegor., z. T. karikaturesk verfremdeten Romanen ›Das Landhaus‹ (1978, dt. 1986) und ›Die Toteninsel‹ (1986, dt. 1987) wird ein breites Bild des zeitgenöss. Chile entfaltet.
Literatur: SWANSON, P.: J. D.: the ›boom‹ and the beyond. Liverpool 1988.

Donquichote, Marguerite Marie [frz. dõki'ʃɔt], frz. Schriftstellerin, ↑ Audoux, Marguerite.

Donquichottiade [dõkiʃoti'a:də; span.-frz.], parodist. Roman in der Tradition von Miguel de Cervantes Saavedras ›El ingenioso hidalgo Don Quixote de la Mancha‹ (2 Tle., 1605–15, dt. 1621, 1965 u. d. T. ›Der sinnreiche Junker Don Quijote von der Mancha‹); wurde noch vor Erscheinen des zweiten Teils von A. Fernández de Avellaneda (1614) nachgeahmt. Die D.n folgen dem Vorbild nicht so sehr in stoffl. Hinsicht als vielmehr in der parodist. Grundtendenz.

Dons, Aage [dän. dɔn's], * Svanholm 19. Aug. 1903, dän. Schriftsteller. – Schildert in seinen psychologisch motivierten

Romanen meist das Schicksal vereinsamter Menschen, deren Seelenleben schonungslos bloßgelegt wird. Der Grundton seiner Werke ist pessimistisch, der einzige Ausweg die Resignation. Gescheiterte Existenzen und verlorene Illusionen sind seine Themen.

Werke: Soldaterbrønden (R., 1936), Her mødes alle veje (R., 1941), Umweg nach Paris (R., 1952, dt. 1955), Holz für meinen Scheiterhaufen (R., 1965, dt. 1967), Febertræet (Nov., 1975), Uden at vide hvorhen (Erinnerungen, 1976), Rosa og det bizarre liv (R., 1979).

Doolaard, A. den, eigtl. Cornelis Spoelstra, * Zwolle 7. Febr. 1901, niederl. Schriftsteller. – Reisen in Europa, Nordafrika, den USA und Vorderindien; Tätigkeit als Journalist und Rundfunksprecher; schrieb außer Lyrik auch Abenteuerromane und Reiseberichte.

Werke: De verliefde betonwerker (Ged., 1926), De druivenplukkers (R., 1931), Orientexpreß (R., 1934, dt. 1935), Herberge zum Hufeisen (R., 1934, dt. 1955), Am Fuße des Himmels (R., 1936, dt. 1962), Die Hochzeit der schwarzen Zigeuner (R., 1938, dt. 1956), Besiegtes Wasser (R., 1947, dt. 1949), Kleine Menschen in der großen Welt (R., 1954, dt. 1954), Das Land hinter Gottes Rücken (R., 1956, dt. 1957), De goden gaan naar huis (R., 1966), Ontsporingen (Kurzgeschichten, 1967), Ogen op de rug (Autobiogr., 1971), Samen is twee keer alleen (R., 1976), Ik ben fegen (Artikel-Slg., 1983).

Doolittle, Hilda [engl. 'du:lɪtl], bekannt unter den Initialen H. D., * Bethlehem (Pa.) 10. Sept. 1886, † Zürich 27. Sept. 1961, amerikan. Lyrikerin. – Befreundet mit E. Pound, dem sie 1911 nach Europa folgte, schloß sie sich den Imagisten an; 1913–37 ∞ mit R. Aldington, für den sie die Zeitschrift ›The Egoist‹ während des 1. Weltkrieges herausgab; lebte ab 1923 in der Schweiz. In ihren meist sehr persönlich gehaltenen Gedichten, in denen sie die Rolle der Frau und des Dichters in einer zerstückelten Welt untersucht, benutzt sie die klass. Mythologie als Strukturierungselement für die moderne Existenz. Mit der Suche nach dem präzisen Wort, der Präsentation klarer Bilder und der Schaffung neuer Versrhythmen verwirklicht sie die Dichtungsprinzipien des Imagismus. Reisen nach Griechenland, Ägypten und in die USA bilden den Hintergrund ihrer meist autobiographisch gefärbten Romane (›Palimpsest‹, 1926; ›Hedylus‹, 1928; ›Bid me to

Hilda
Doolittle

live‹, 1960); postum veröffentlichte Romane behandeln explizit lesb. Themen (›Pilate's wife‹, ›Asphodel‹ und ›HERmione‹, hg. 1981, dt. 1987). Autobiographisch sind auch der Bericht über ihre psychoanalytische Behandlung 1933/34 durch S. Freud (›Huldigung an Freud‹, 1956, dt. 1976), die Darstellung ihrer Beziehung zu E. Pound (›Das Ende der Qual‹, 1958, dt. 1985) sowie das lange Gedicht (›Helen in Egypt‹, 1961). Ihre Trilogie von Gedichten über den 2. Weltkrieg (›The walls do not fall‹, 1944; ›Tribute to the angels‹, 1945; ›The flowering of the rod‹, 1946) knüpfte an ihre frühen Gedichte an.

Weitere Werke: Sea garden (Ged., 1916), Hymen (Ged., 1921), Heliodora (Ged., 1924), Red roses for bronze (Ged., 1929), Avon (Ged., 1949, dt. 1955).

Ausgabe: H. D. collected poems 1912–1944. Hg. v. L. L. Martz. New York 1983.

Literatur: Swann, Th. B.: The classical world of H. D. Lincoln (Nebr.) 1962. – Quinn, V.: H. D. New York 1967. – Friedman, S. S.: Psyche reborn. The emergence of H. D. Bloomington (Ind.) 1981. – Robinson, J. S.: H. D.: The life and work of an American poet. Boston (Mass.) 1982. – H. D., woman and poet. Hg. v. M. King. Orono (Maine) 1986.

Doorlant of Dorlant, Pieter, niederl. Dichter, ↑ Dorlandus, Petrus.

Doppelreim, Reimbindung aus zwei aufeinanderfolgenden, selbständig reimenden Wortpaaren, z. B. ›lind wiegt : wind schmiegt‹ (S. George); eine Sonderform des D.s ist der ↑ Schüttelreim.

Doppeltitel, zweigliedriger, durch ›oder‹ verbundener Titel, z. B. ›Don Juan oder Die Liebe zur Geometrie‹ (M. Frisch, 1953, Neufassung 1961).

Literatur: ROTHE, A.: Der literar. Titel. Ffm. 1986.

Dor, Milo, eigtl. Milutin Doroslovac, * Budapest 7. März 1923, österr. Schriftsteller serb. Herkunft. – Jugend in Belgrad, 1942 wegen Verbindungen zu Widerstandskämpfern verhaftet, 1943 als Zwangsarbeiter nach Wien gebracht, dann bis 1949 Studium der Theaterwiss.; lebt als Journalist und freier Schriftsteller in Wien; schreibt ab 1945 in dt. Sprache. Die Themen seiner Romane, Novellen und Dramen sind anfangs der Krieg, die Besatzungszeit und der organisierte Terror. Später wandte er sich histor. Stoffen zu (›Alle meine Brüder‹, R., 1978) und gestaltete Erinnerungsbilder seiner serb. Heimat. Gemeinsame Veröffentlichungen mit R. Federmann; Herausgebertätigkeit, ferner Übersetzungen aus dem Serbischen und Russischen (I. Andrić, I. E. Babel).

Milo Dor

Weitere Werke: Unterwegs (En., 1947), Tote auf Urlaub (R., 1952), Der unterird. Strom (Essays, 1953; mit R. Federmann), Internationale Zone (R., 1953; mit R. Federmann), Othello in Salerno (R., 1956; mit R. Federmann), Nichts als Erinnerung (autobiograph. R., 1959), Salto mortale (En., 1960), Die weiße Stadt (R., 1969), Menuett (Dr., 1972), Meine Reisen nach Wien (1974), Der letzte Sonntag (R., 1982), Auf dem falschen Dampfer (Autobiogr., 1988), Leb wohl Jugoslawien (Essays, 1993).

Dorat, Claude Joseph [frz. dɔ'ra], * Paris 31. Dez. 1734, † ebd. 29. April 1780, frz. Schriftsteller. – Schrieb in gefälliger, jedoch überwiegend manierierter Form zahlreiche Fabeln in Ch. F. Gellerts Art sowie Episteln, Lieder, Tragödien (›Théagène et Chariclée‹, 1763) und

Komödien (›Les prôneurs ou le Tartufe littéraire‹, 1777).

Dorat, Jean [frz. dɔ'ra] (Daurat), latin. Auratus Lemovicis, eigtl. J. Dinemandi, * Limoges 1508, † Paris 1. Nov. 1588, frz. Humanist. – Wurde von dem Archäologen Lazare de Baïf (* um 1496, † 1547) als Erzieher seines Sohnes Jean Antoine nach Paris geholt; unterrichtete, ab 1547 Leiter des Collège de Coqueret, auch P. de Ronsard und J. Du Bellay und wurde damit der geistige Vater der Dichtergruppe der Pléiade; 1555 Prinzenerzieher, 1556 Prof. des Griechischen am Collège Royal; seine griech., lat. und frz. Gedichte veröffentlichte er 1586 u. d. T. ›Poemata‹; einflußreich durch seine Kommentare zu lateinischen und griechischen Dichtern.

Ausgabe: J. D. Les odes latines. Hg. v. G. DEMERSON. Clermont-Ferrand 1979.

Literatur: CHAMARD, H.: Histoire de la Pléiade. Paris 1939–40. 4 Bde. Neuausg. 1961–63.

Đordić, Ignjat [serbokroat. 'dʒɔːr-dzite], ragusan. Schriftsteller und Historiker, † Đurđević, Ignjat.

Doren, Carl Van, amerikan. Literaturkritiker, † Van Doren, Carl.

Doren, Mark [Albert] van, amerikan. Schriftsteller und Kritiker, † Van Doren, Mark [Albert].

Dorfgeschichte, Erzählgattung des 19. Jh., in der das Dorf und seine Bewohner im Mittelpunkt der Handlung stehen. Hierbei lassen sich zwei Arten unterscheiden: die eine, bei der es um ein Erfassen der bäuerl. eigenständigen Welt geht, wie etwa in den Romanen von J. Gotthelf ›Wie Uli der Knecht glücklich wird‹ (1841, 1846 u.d.T. ›Uli der Knecht‹) und ›Uli der Pächter‹ (1849), der Novelle von G. Keller ›Romeo und Julia auf dem Dorfe‹ (1856) oder den Dorfromanen L. Anzengrubers (u. a. ›Der Sternsteinhof‹, 1885) († auch Bauerndichtung). Die andere Art, die D. im engeren Sinne, stellt einem städt. Publikum das einfache Dorfleben als eine Welt der Traditionsverbundenheit und als heilende Zufluchtstätte vor. Dabei wird die Wirklichkeit zur Kulisse eines Edelbauerntums, bei dem Milieuechtheit durch realist. Detailschilderungen, durch Bindung an eine bestimmte Landschaft und durch einen entsprechend mundartlich gefärbten Stil weitgehend ersetzt wird. Diese Spielart der D. beginnt mit den ›Schwarzwälder Dorfgeschichten‹ (4 Bde., 1843–54) von B. Auerbach, der die Gattung prägte und eine unübersehbare Anzahl von D.n einzelner Landschaften hervorrief (z. B. die böhm. D.n von J. Rank, 1842 [erweitert 3 Bde., 1852], die ›Erzählungen aus dem Ries‹ von M. Meyr, 1856, weitere von F. M. Felder, H. von Hopfen u. a.). Die D. wurde im Naturalismus verdrängt und ging in der ↑Heimatkunst auf.

Literatur: HEIN, J.: Die D. Stg. 1976. – BAUR, U.: D. Mchn. 1978. – KIM, Z. G.: Volkstümlichkeit u. Realismus. Unterss. zu Gesch., Motiven u. Typologien der Erzählgattung ›D.‹. Bielefeld 1991.

Dörfler, Anton, * München 2. Aug. 1890, † Seeshaupt (Landkreis Weilheim-Schongau) 12. März 1981, dt. Schriftsteller. – Lehrer, Redakteur, Schauspieler, Zeichner, Theaterkritiker, ab 1941 freier Schriftsteller. In seinen heimatverbundenen Romanen, die oft Familien- und Eheprobleme schildern, ist D. den Realisten des 19. Jh. verpflichtet; auch Lyrik und Hörspiele.

Werke: Gedichte (1925), Der Weg aus der Brunnenstube (R., 1927), Der tausendjährige Krug (R., 1935), Die schöne Würzburgerin (R., 1941), Morgenwind rüttelt am Fenster (Autobiogr., 1944), Niemandsland der Ehe (R., 1949), Geliebtes Würzburg (E., 1961), Jugend nach der Sonnenuhr. Heitere Erinnerungen (1969), Der Torso (E., 1972), Gedichte und lyr. Szenen (1976).

Dörfler, Peter, * Untergermaringen bei Kaufbeuren 29. April 1878, † München 10. Nov. 1955, dt. Schriftsteller. – Entstammte einer schwäb. Bauernfamilie; kath. Priester; ab 1915 Leiter eines Münchner Kinderheimes. Schrieb neben großen, weniger erfolgreichen histor. Romanen aus Antike und Frühchristentum eine große Zahl heimatverbundener Romane mit realist. Zeichnung des bäuerl. Lebens; die Darstellung ist von lebendiger Kraft; schrieb auch schlichte Kalendergeschichten in der Art J. P. Hebels und Dramen.

Werke: Der Kinderkreuzzug (Dr., 1905), Als Mutter noch lebte (E., 1912), Erwachte Steine (Nov.n, 1916), Der Roßbub (E., 1917), Der ungerechte Heller (R., 1920), Die Papstfahrt durch Schwaben (R., 1923), Die Apollonia-Trilogie

(R.-Trilogie: Die Lampe der törichten Jungfrau, 1930; Apollonias Sommer, 1931; Um das kommende Geschlecht, 1932), Die Allgäu-Trilogie (R.-Trilogie: Der Notwender, 1934; Der Zwingherr, 1935; Der Alpkönig, 1936), Das Gesicht im Nebel (E., 1936), Die Wessobrunner (R., 1941), Die Gesellen der Jungfer Michline (R., 1953).

Literatur: HEUSCHELE, O.: Gedenkwort f. P. D. In: Dt. Akademie f. Sprache u. Dichtung. Jb. (1955), S. 131.

Dorfprosa (russisch Derewenskaja prosa), in den 1960er Jahren geprägte Bez. für einen Zweig der russ. Prosa seit den 50er Jahren (↑russische Literatur).

Dorgelès, Roland Maurice [frz. dɔrʒə'lɛs], eigtl. R. Lécavelé, * Amiens 15. Juni 1885, † Paris 18. März 1973, frz. Schriftsteller. – Lebte über ein Jahrzehnt unter den Künstlern am Montmartre; Journalist; Kriegsfreiwilliger im 1. Weltkrieg; schilderte in seinen Kriegsromanen (bes. bekannt: ›Die hölzernen Kreuze‹, 1919, dt. 1930, lose aneinandergereihte realist., reportagehaft gestaltete Szenen) das Grauen des Krieges aus der unmittelbaren Sicht des einfachen Soldaten; den Hauptteil seines Werkes widmete er jedoch dem Bohemeleben der Künstler des Montmartre; auch Reisebücher.

Weitere Werke: Das Wirtshaus zur schönen Frau (R., 1919, dt. 1930), Le réveil des morts (R., 1923), Geschichten vom Montmartre (1933, dt. 1952), Das Paradies öffnet seine Pforten (R., 1934, dt. 1948), La drôle de guerre (R., 1958), Zum Teufel mit dem Geld (R., 1965, dt. 1967), Le marquis de la Dèche (R., 1971).

Literatur: DUBEUX, A.: R. D. Paris 1930. – Les Amis de R. D. (Zeitschrift). Paris 1974 ff. – JOHNSTON, J. L.: The cultural legacy of World War I. A comparative study of selected war novels. Diss. Stanford University 1975.

Döring, Fritz, Pseudonym des dt. Schriftstellers Carl ↑Busse.

Dorlandus, Petrus, eigtl. Pieter Doorlant of Dorlant, auch Petrus Diesthemius genannt, * Walcourt 1454, † Zelem bei Diest 1507, niederl. Dichter. – Kartäusermönch; schrieb in lat. Sprache neben einer Reihe religiöser Schriften ein Geschichtswerk (›Corona Carthusiana‹, gedr. 1608) und eine ›Vita Sanctae Annae‹. Ob er auch der Verfasser des Volksstückes ›Elckerlijc‹ ist, das am Beginn der ›Jedermann‹-Schauspiele steht, ist umstritten.

Dörmann, Felix, eigtl. F. Bieder-
mann, *Wien 29. Mai 1870, †ebd.
26. Okt. 1928, österr. Schriftsteller. –
Schauspieler, Dramaturg und Regisseur;
vom Geist des Fin de siècle geprägte Lyrik neben Sittenkomödien, Schauspielen,
naturalist. Erzählungen und Romanen,
ferner Operettentexte (›Ein Walzertraum‹, 1907; ›Der unsterbl. Lump‹,
1910).

Weitere Werke: Neurotica (Ged., 1891), Ge-
lächter (Ged., 1895), Ledige Leute (Kom., 1898),
Zimmerherren (Kom., 1900), Der Herr von Aba-
dessa (Abenteurerstück, 1902), Jazz (R., 1925).

Dorn, Gertrud, österr. Schriftstellerin,
† Fussenegger, Gertrud.

Dorosch (tl.: Doroš), Jefim Jakowlewitsch [russ. 'dɔrɐʃ], *Jelisawetgrad
(Kirowograd) 25. Dez. 1908, †Moskau
20. Aug. 1972, russ.-sowjet. Schriftsteller. – Gehörte ab den 50er Jahren zu
den Vertretern der krit. Dorfprosa
(›Derevenskij dnevnik‹ [= Dorftage-
buch], entst. 1954–70, Buch-Ausg. 1963);
schrieb auch über Kunst, altruss. Kultur.

Doroslovac, Milutin [serbokroat.
dɔrɔ'slɔːvats], österr. Schriftsteller serb.
Herkunft, † Dor, Milo.

dörperliche Poesie [zu mhd. dörper
= Bauer, roher Mensch, Tölpel], Formen
mhd. Lyrik, in denen bäuerl. Liebes-,
Zank-, Prügelszenen u. a. realistisch, aber
auch grotesk verzerrt als Gegenbilder zur
verfeinerten höf. Kultur, insbes. zum
Minnekult, gestaltet sind. Der Bauer
wird dabei nicht nur als Tölpel verspottet, sondern dient auch als Kontrastfigur
zum höf. Ritter. Die d. P. wurde begründet durch Neidhart (von Reuental;
1. Hälfte des 13. Jh., ›Sommer- und Win-
terlieder‹) und im 13. Jh. von Gottfried
von Neifen, Burkhart von Hohenfels, Ulrich von Winterstetten u. a. z. T. vergrö-
bernd nachgeahmt. Sie erlosch in ihrer
typ. Ausprägung mit dem höf. Minnesang (Ende des 13. Jh.). Die Stoffwelt
und die Motive wirkten indes weiter bis
ins 15. Jh., etwa in Schwänken, die sich
z. T. um Neidhart gruppierten (Schwank-
buch ›Neidhart Fuchs‹), aber auch in ep.
Werken wie ›Meier Helmbrecht‹ von
Wernher dem Gartenaere (2. Hälfte des
13. Jh.), wenn auch mit anderer Grundtendenz, oder im ›Ring‹ Heinrich Wittenwilers (um 1400).

Literatur: MOHR, F.: Das unhöf. Element in der
mhd. Lyrik von Walther an. Diss. Tüb. 1913. –
GÜNTHER, J.: Die Minneparodie bei Neidhart.
Diss. Halle/Saale 1931.

Dorst, Tankred, *Sonneberg 19. Dez.
1925, dt. Schriftsteller. – 1944 Soldat,
Kriegsgefangenschaft (USA, Großbritannien), Studium der Germanistik und
Theaterwiss. in München; seit 1960 freier
Schriftsteller. Schrieb seine ersten Stücke
für ein Marionettentheater, an dem er
selbst mitspielte; wurde internat. bekannt mit seinem Antikriegsstück ›Große
Schmährede an der Stadtmauer‹ (1962),
dem Revolutionsdrama ›Toller‹ (1968)
und dem Drama ›Merlin oder das wüste
Land‹ (1981), auch Übersetzungen und
Bühnenbearbeitungen (Molière, D. Diderot, S. O'Casey), Filme (u. a. ›Mosch‹,
1980; ›Eisenhans‹, 1983), Hörspiele und
Opernlibretti. Mehrere seiner Werke erschienen in verschiedenen Fassungen,
als Buch, als Theaterstück, in Hörspiel-,
Film- oder Fernsehfassungen. Zu einer
(z. T. autobiograph.) bürgerl. Familienchronik, die er mit Ursula Ehler (*1946)
verfaßt hat, fügen sich folgende Werke
zusammen: ›Auf dem Chimborazo‹ (Dr.,
1975), ›Dorothea Merz‹ (R., 1976), ›Kla-
ras Mutter‹ (E., 1978), ›Die Villa‹
(Schsp., 1980) und ›Die Reise nach Stettin‹ (Szenen, 1984; als Schsp. UA 1985
u. d. T. ›Heinrich oder Die Schmerzen
der Phantasie‹). Erhielt 1990 den Georg-
Büchner-Preis.

Tankred
Dorst

Weitere Werke: Die Kurve (Farce, 1962), Die
Mohrin (Dr., 1964), Sand. Beschreibung eines
Attentäters. Ein Szenarium (1971), Eiszeit (Dr.,
1973), Goncourt oder Die Abschaffung des

Todes (Dr., 1978), Der verbotene Garten. Fragmente über d'Annunzio (Szenen, 1982), Ich, Feuerbach (Dr., 1986; mit U. Ehler), Korbes (Dr., 1988), Karlos (Dr., 1990), Herr Paul. Ein Stück (1993).
Ausgaben: T. D. Stücke. Hg. v. G. MENSCHING. Ffm. 1978. 2 Bde. – T. D. Werkausg. Ffm. 1985 ff. (bisher 4 Bde. erschienen).
Literatur: Werkbuch über T. D. Hg. v. H. LAUBE. Ffm. 1974. – T. D. Hg. v. G. ERKEN. Ffm. 1989.

d'Ors y Rovira, Eugenio, span. Philosoph und Schriftsteller, ↑ Ors i Rovira, Eugeni d'.

Dosfel, Lodewijk, * Dendermonde 15. März 1881, † ebd. 27. Dez. 1925, fläm. Schriftsteller. – War leitend in der kath. fläm. Bewegung tätig; schrieb neben zahlreichen Essays unter dem Pseudonym Godfried Hermans von A. Rodenbach und C. Verschaeve beeinflußte Gedankenlyrik (›Gedichten‹, 1900) und Schauspiele (›Wereldeinde‹, 1908; ›Joas‹, 1908).
Literatur: BRUYNE, A. DE: L. D., 1881–1925. Wilrijk 1967.

Dos Passos, John [Roderigo] [engl. dɔs 'pæsoʊs], * Chicago (Ill.) 14. Jan. 1896, † Baltimore (Md.) 28. Sept. 1970, amerikan. Schriftsteller. – Sohn eines Rechtsanwalts portugies. Abstammung; Reisen u. a. nach Zentralamerika, Europa und in die Sowjetunion; Studium an der Harvard University; anschließend kurzes Architekturstudium in Spanien, dann Sanitätsfreiwilliger im 1. Weltkrieg; in Paris im Kreis um Gertrude Stein; zeitweise Zeitungskorrespondent; bis 1934 aktiver Kommunist, danach zunehmende Neigung zum Konservativismus. D. P. wurde nach wenig beachteten Anfängen durch den desillusionierenden Weltkriegsroman ›Drei Soldaten‹ (1921, dt. 1922) berühmt. Sein zweites bed. Werk, ›Manhattan Transfer‹ (R., 1925, dt. 1927), gibt ein umfassendes Querschnittbild aller New Yorker Gesellschaftsschichten durch Darstellung repräsentativer Typen und unter Verwendung verschiedener, aus den neuen Kunstformen (wie Impressionismus, Expressionismus) entnommener Techniken (wie Montage, Collage und Reportage), die ein kaleidoskopartiges Bild ermöglichen. Diesen Techniken angepaßt ist der virtuose, mitunter verwirrende Stilwechsel; Einbeziehung von Assoziationen und Reflexionen. Trotz seiner modernen Darstellungsart, die auch auf europ. Romanciers (u. a. J.-P. Sartre und A. Döblin) gewirkt hat, blieb D. P. durchaus Individualist. Einen noch umfassenderen Versuch der Gesamtdarstellung amerikan. Lebens bietet die Romantrilogie ›U.S.A.‹ (›Der 42. Breitengrad‹, 1930, dt. 1930; ›Auf den Trümmern‹, 1932, dt. 1932, 1962 u. d. T. ›1919‹; ›Der große Schatten‹, 1936, dt. 1962 u. d. T. ›Die Hochfinanz‹). Die späteren Werke erreichen oft nicht das Niveau der genannten Romane. Seine zahlreichen Reiseberichte, Reportagen vom Prozeß gegen die Anarchisten Sacco und Vanzetti (›Facing the chair‹, 1927) sowie von Kriegen und den Nürnberger Prozessen, seine Darstellungen der amerikan. Geschichte (›The ground we stand on‹, 1941; ›The men who made the nation‹, 1957; ›The shackles of power 1801–1926‹, 1966) und seine Erinnerungen (›Die schönen Zeiten. Jahre mit Freunden und Fremden‹, 1966, dt. 1969) dokumentieren seinen polit. Werdegang vom kommunist. Kritiker zum Verteidiger des amerikan. Systems; schrieb auch Drehbücher und Dramen.

John Dos Passos

Weitere Werke: One man's initiation – 1917 (R., 1920, 1945 u. d. T. First encounter), District of Columbia (R.-Trilogie mit den Teilen: Adventures of a young man, 1939; Number one, 1943; The grand design, 1949, dt. 1950 u. d. T. Das hohe Ziel), Die großen Tage (R., 1958, dt. 1960), Jahrhundertmitte (R., 1961, dt. 1963), Century's end (R., hg. 1975).
Ausgabe: The fourteenth chronicle. Letters and diaries of J. D. P. Hg. v. T. LUDINGTON. Boston (Mass.) 1973.

Literatur: ASTRE, G.-A.: Thèmes et structures dans l'œuvre de J. D. P. Paris 1956. 2 Bde. – BRANTLEY, J. D.: The fiction of J. D. P. Den Haag u. Paris 1968. – BECKER, G. J.: J. D. P. New York 1974. – D. P. A collection of critical essays. Hg. v. A. HOOK. Englewood Cliffs (N. J.) 1974. – COLLEY, I.: D. P. and the fiction of despair. Totowa (N.Y.) 1978. – WAGNER, L. W.: D. P. Artist as American. Austin (Tex.) 1979. – LUDINGTON, T.: J. D. P.: A twentieth-century odyssey. New York 1980. – ISERNHAGEN, H.: Ästhet. Innovation u. Kulturkritik: Das Frühwerk von J. D. P. 1916–1938. Mchn. 1983. – SCHILLER, M.: Gesch. als Erinnerung bei J. D. P. Hdbg. 1983.

Dossi, Carlo, eigtl. C. Alberto Pisani Dossi, *Zenevredo (Provinz Pavia) 27. März 1849, †Cardina bei Como 16. Nov. 1910, italien. Schriftsteller. – War zeitweilig im diplomat. Dienst in Bogotá, Athen u. a.; schrieb die beiden autobiograph. Romane ›L'altrieri‹ (1868) und ›Vita di Alberto Pisani‹ (1870), den utop. Roman ›La colonia felice‹ (1874) u. a.; origineller Stilist mit scharfer Beobachtung und Neigung zu Ironie und Satire (in seinen gesellschaftskrit. Skizzen ›Ritratti umani. Dal calamaio di un medico‹, 1873); seine Grundanschauung ist pessimistisch.

Ausgaben: D. Opere. Hg. v. C. LINATI. Mailand 1944. – C. D. Note azzurre. Hg. v. D. ISELLA. Mailand 1964. 2 Bde.
Literatur: SCHIRA, R.: D. Mailand 1949. – ISELLA, D.: La lingua e lo stile di C. D. Mailand u. Neapel 1958. – NARDI, P.: C. D. In: Letteratura italiana: I minori. Bd. 4. Mailand 1962 (mit Bibliogr.). S. 3147. – La critica e D. Hg. v. L. AVELLINI. Bologna 1978.

Dostojewski (tl.: Dostoevskij), Fjodor Michailowitsch [russ. dəstaˈjɛfskij], *Moskau 11. Nov. 1821, †Petersburg 9. Febr. 1881, russ. Schriftsteller. – Sohn eines despot. Arztes, verbrachte seine Jugend v. a. in Moskau, studierte an der Militäringenieurschule in Petersburg; gab eine Anstellung im Ingenieurdepartement jedoch auf. W. G. Belinski erregte D.s Interesse für den atheist. Sozialismus und förderte D., der mit seinem Erstlingswerk, dem Briefroman ›Arme Leute‹ (1846, dt. 1887), sofort Erfolg hatte; wegen Teilnahme an den Treffen des Petraschewski-Kreises, einer dem utop. Sozialismus anhängenden Gruppe, zum Tode verurteilt, kurz vor der Hinrichtung zu vierjähriger Verbannung

Fjodor
Michailo-
witsch
Dostojewski

nach Sibirien begnadigt; nach der Strafverbüßung zunächst Soldat, dann Offizier in Sibirien; 1857 Heirat, 1859 Rückkehr nach Petersburg; lernte N. A. Dobroljubow, I. A. Gontscharow, A. N. Ostrowski, M. J. Saltykow-Schtschedrin und N. G. Tschernyschewski kennen. D. trennte sich von seiner Frau; mit seinem Bruder Michail gab er 1861–65 die Zeitschriften ›Vremja‹ (= Die Zeit) und ›Èpocha‹ (= Die Epoche) heraus. D. unternahm Reisen nach Westeuropa, u. a. nach England, wo er A. Herzen aufsuchte, und Deutschland. Diese Reisen hinterließen in ihm negative Eindrücke; er begab sich wegen Schulden nach seiner 2. Heirat (1867) erneut ins Ausland, lebte bis 1871 nach Aufenthalten in der Schweiz und in Italien v. a. in Dresden. Nach seiner Rückkehr größere wirtschaftl. Unabhängigkeit; Kontakt mit W. S. Solowjow und der Slawophilie. 1873–81 erschien das ›Tagebuch eines Schriftstellers‹ (dt. 4 Bde., 1921–23) mit publizist. Beiträgen; 1880 Rede anläßlich des Puschkin-Jubiläums in Moskau. Die zeitgenöss. Kritik verhielt sich gegenüber D. verständnislos. Er wurde als Dichter zweiten Ranges abgetan. – In seinem Frühwerk lassen sich Einflüsse v. a. N. W. Gogols, aber auch A. S. Puschkins, E. T. A. Hoffmanns und H. de Balzacs feststellen. So knüpft D. in den ›Armen Leuten‹ bewußt an die ›natürl. Schule‹ und Gogol an, teilweise in parodist. Form. Bezüge zu Gogol sind auch im ›Doppelgänger‹ (Nov., 1846, dt. 1889) vorhanden. Doch tritt hier bereits die psycholog. Schilderung stärker hervor als das soziale Problem. Wie auch in der folgenden Novelle ›Die Wirtin‹ (1847, dt. 1911) tritt die Entwicklung einer Handlung in den Hintergrund. Die Darstellung der Geschehnisse der äußeren Welt wird zugunsten der Darstellung seel. Erlebnisse reduziert. Die großen Romane D.s gehören in die Tradition der didakt. Romane. D. gab neue Impulse durch die Schaffung des ›polyphonen Romans‹. Das Didaktische ergibt sich aus der Handlung, den Äußerungen der handelnden Personen und aus den didakt. Einschüben. Ein Merkmal der Romane D.s ist, daß die handelnden Personen mit den von ihnen dargelegten Ideen völlig verwachsen, verkörperte Idee sind, jedoch gleichzeitig als lebendige Menschen dargestellt werden. Dabei sind weltanschaulich alle Ideen gleichberechtigt. So verkörpert der Held in ›Raskolnikow‹ (R., 1866, dt. 3 Bde., 1882, 1960 u. d. T. ›Schuld und Sühne‹, 1993 u. d. T. ›Verbrechen und Strafe‹) den ›starken Menschen‹, der zu allem berechtigt ist. Der Roman ähnelt äußerlich dem Kriminalroman. Im Unterschied dazu liegt die Problematik bei D. nicht in der äußeren Welt, den Indizien, sondern in der Psyche Raskolnikows. ›Der Idiot‹ (R., 1868/ 1869, dt. 3 Bde., 1889) der sich mit dem Ideal des ›positiven schönen Menschen‹ und dessen Verhältnis zur Wirklichkeit auseinandersetzt, enthält Bezüge zu M. de Cervantes Saavedra. Teilweise als Pamphlet ist der Roman ›Die Dämonen‹ (1873, dt. 1906, 1888 u. d. T. ›Die Besessenen‹) aufzufassen, in dem D. sich mit Zeitfragen der revolutionären Bewegung auseinandersetzt. Ebenso wie dieses Werk trägt auch der unvollendete Roman ›Die Brüder Karamasow‹ (4 Bücher und ein Epilog, 1879/80, dt. 4 Bde., 1884; darin ›Die Legende vom Großinquisitor‹) Züge des Kriminalromans; er enthält didakt. Elemente, die die Handlung oft ganz verdrängen. Dabei spielt der Einfluß Schillers (bes. Briefe ›Über die ästhet. Erziehung des Menschen ...‹) eine große Rolle. Ein Hauptthema ist die psycholog. Typologie; die Brüder Karamasow verkörpern drei Menschentypen. In dem kompliziert aufgebauten, vielschichtigen Roman sind auch zahlreiche Nebenpersonen wesentlich, v. a. Frauen. Die Unterschiede der Menschentypen werden v. a. in ihrem Handeln deutlich. Am Ende der Handlung steht jeweils die Katastrophe. Der in den Romanen oft eingeführte fiktive Erzähler ist nicht immer vom Verfasser zu scheiden. D. verwendet vorwiegend den Gesprächsstil, oft abgerissen und stockend, den psych. Vorgängen entsprechend. Epitheta spielen eine große Rolle; Ausbau von Symbolen (z. B. das Symbol der im Nebel zerfließenden Großstadt Petersburg); Naturschilderungen erscheinen nur als Symbole. Zentralproblem D.s ist der Mensch als Doppelwesen, Kampfstätte von Gut und Böse, und seine Existenz, die nur durch den religiösen Glauben getragen werden kann. Neben dem Problem der Schönheit, die mehrdeutig und fragwürdig ist, spielt auch das der Freiheit und ihres Wertes eine Rolle. D. hatte große Wirkung auf die Weltliteratur, bes. auf die russ. Symbolisten, den dt. Naturalismus, auf F. Nietzsche und K. Barth.

Weitere Werke: Ein schwaches Herz (Nov., 1848, dt. 1888), Weiße Nächte (E., 1848, dt. 1888, 1911 u. d. T. Helle Nächte), Netotschka Njeswanowa (E., 1849, dt. 1920, erstmals dt. 1889), Das Gut Stepantschikowo und seine Bewohner (R., 1859, dt. 1909, erstmals dt. 1890), Onkelchens Traum (E., 1859, dt. 1960, erstmals dt. 1889), Aufzeichnungen aus einem Totenhause (R., 1861/62, dt. 1921, erstmals dt. 1864), Erniedrigte und Beleidigte (R., 1861, dt. 1885), Winterl. Aufzeichnungen über sommerl. Eindrücke (Reisebericht, 1863, dt. 1962, erstmals dt. 1958), Aufzeichnungen aus einem Kellerloch (E., 1865, dt. 1962, erstmals dt. 1895), Das Krokodil (E., 1865, dt. 1909), Der Spieler (R., dt. 1890), Der ewige Gatte (E., 1871, dt. 1910, erstmals dt. 1888), Der Jüngling (R., 1875, dt. 1922, erstmals dt. 1886), Die Sanfte (E., 1876, dt. 1961, erstmals dt. 1887), Der Traum eines lächerl. Menschen (Nov., 1877, dt. 1907).
Ausgaben: F. M. Dostoevskij. Polnoe sobranie chudožestvennych proizvedenij. Leningrad 1926–30. 13 Bde. – F. M. Dostojewskij. Sämtl. Werke in 8 Einzel-Bden. Dt. Übers. Mchn. [1-10]1965–80. – F. M. D. Ges. Briefe 1833–1881. Dt. Übers. u. hg. v. F. Hitzer. Mchn. 1966. Neuaufl. 1986. – F. M. Dostoevskij. Polnoe sobranie sočinenij. Leningrad 1972 ff. Bisher 30 Bde. erschienen. – F. M. Dostojewskij. Sämtl. Werke. Dt. Übers. v. E. K. Rahsin. Mchn. 1980. 10 Bde. (Nachdr. der Ausg. [1-2]1906–19 in 22 Bden.). – F. M. D. Sämtl. Romane u. Erzählungen. Dt. Übers. Ffm. 1986. 16 Bde. (Nachdr. der Ausg. Lpz. 1921 in 25 Bden.). – F. D. Sämtl. Romane u. Erzählungen. Dt. Übers. Bln. u. Weimar 1994. 13 Bde.

Literatur: ROSANOW, W. W.: D. u. seine Legende vom Großinquisitor. Dt. Übers. v. A. RAMM. Bln. 1924. – NÖTZEL, K.: Das Leben Dostojewskijs. Lpz. 1925. – MEIER-GRAEFE, J.: Dostojewskij, der Dichter. Bln. 1926. – LAUTH, R.: Die Philosophie Dostojewskijs. Mchn. 1950. – Bibliografija proizvedenij F. M. Dostoevskogo i literatury o nem. 1917–1965. Moskau 1968. – Dostoevskij i ego vremja. Hg. v. V. G. BAZANOV u. G. M. FRIDLENDER. Leningrad 1971. – BRAUN, M.: D. Gött. 1976. – KRAG, E.: Dostoevsky. Oslo u. New York 1976. – FRANK, J.: Dostoevsky. Princeton (N. J.) 1976–83. 2 Bde. – NEUHÄUSER, R.: Das Frühwerk D.s. Hdbg. 1979. – Dostoevsky Studies. Journal of the International Dostoevsky Society. Jg. 1, 1980 ff. – MAURINA, Z.: D. Memmingen ⁴1981. – MÜLLER, LUDOLF, u. a.: F. M. Dostojewskij. Sein Leben, sein Werk, sein Vermächtnis. Mchn. 1982. – JONES, J.: Dostoevsky. Oxford 1983. – Dostoevsky as revolutionary. Hg. u. engl. Übers. v. L. KNAPP. New York 1985. – BACHTIN, M. M.: Probleme der Poetik Dostojevskijs. Übers. v. A. SCHRAMM. Bln. 1985. – LAVRIN, J.: F. M. Dostojevskij. Dt. Übers. v. R.-D. KEIL. Rbk. 85.–88. Tsd. 1985. – KJETSAA, G.: Dostojewskij. Dt. Übers. Gernsbach 1986. – HARRES, B.: Mensch u. Welt in Dostoevskijs Werk. Köln u. a. 1993. – NEUHÄUSER, R.: F. M. Dostoevskij. Die großen Romane u. Erzählungen. Wien u. a. 1993. – VOLGIN, I.: La dernière année de Dostoïevski. Frz. Übers. Paris 1994. – ↑auch Tschernyschewski, Nikolai Gawrilowitsch.

Dottore [italien. = Doktor], kom. Figur der ↑ Commedia dell'arte, der pedant. Gelehrte (Jurist, Arzt, Philosoph) aus Bologna, dessen leeres, mit lat. Zitaten gespicktes Geschwätz den Widerspruch zwischen Sein und Schein aufzeigt. Seine Aufmachung: das zeitgemäße schwarze Professoren- oder Advokatengewand mit weißem Kragen und Gürtel, weiße Perücke; als Arzt meist noch mit großem hochgekremptem Hut.

Doughty, Charles Montagu [engl. 'daʊti], *Theberton Hall (Suffolk) 19. Aug. 1843, †Sissinghurst (Kent) 20. Jan. 1926, engl. Forscher und Schriftsteller. – Verfaßte nach einer zweijährigen Reise durch Arabien den Reisebericht ›Travels in Arabia deserta‹ (2 Bde., 1888). Das Werk gilt als eines der besten Reisebücher der Weltliteratur und beeinflußte W. Morris und T. E. Lawrence. Weniger erfolgreich war D. mit oft dunklen und schwer verständl. Gedichten (u. a. ›The dawn in Britain‹, 6 Bde., 1906) und Versdramen (u. a. ›Adam cast forth‹,

1908), die er selbst höher einschätzte als sein Reisebuch.
Literatur: HOGARTH, D. G.: The life of Ch. M. D. London 1928. – TABACHNICK, S. E.: Ch. D. Boston (Mass.) 1981.

Douglas, Alfred Bruce Lord [engl. 'dʌgləs], *Ham Hill bei Worchester 22. Okt. 1870, †Hove (Sussex) 20. März 1945, engl. Schriftsteller. – Freund O. Wildes; diese Freundschaft, die Wilde ins Gefängnis brachte, schilderte D. u. a. in ›Freundschaft mit Oscar Wilde‹ (1914, dt. 1929) und ›Oscar Wilde. A summing up‹ (1940); D. schrieb ferner Essays, Satiren und Gedichte (u. a. den Sonettenzyklus ›In excelsis‹, 1924, und ›Lyrics‹, 1935). Er übersetzte Wildes ›Salome‹ aus dem Französischen ins Englische (1894).
Literatur: STOPES, M. CH. C.: Lord A. B. D. His poetry and his personality. London 1949.

Douglas, Gavin (Gawin) [engl. 'dʌgləs], *Tantallon Castle (Schottland) um 1474, †London im Sept. 1522, schott. Dichter. – 1514 Bischof von Dunkeld; starb an der Pest. Bekannt durch seine Übersetzung von Vergils ›Äneis‹ (›Aeneid‹, hg. 1553) mit eigenem Prolog und Ergänzungen, die erste vollständige engl. Übersetzung einer antiken Dichtung. Außerdem Verfasser von allegor. akadem. Dichtungen im Stile G. Chaucers (›The palice of honour‹, hg. 1533 [?]; ›King Hart‹, hg. 1716).
Ausgaben: The poetical works of G. D. Hg. v. J. SMALL. Edinburgh 1874. Nachdr. Hildesheim 1970. 4 Bde. – Virgil's Aeneid, translated into Scottish verse by G. D. Hg. v. D. F. C. COLDWELL. Edinburgh u. London 1957–64. 4 Bde. – Selections from G. D. Hg. v. D. F. C. COLDWELL. Oxford 1964.
Literatur: BAWCUTT, P. J.: G. D. A critical study. Edinburgh 1976.

Douglas, George Norman [engl. 'dʌgləs], *Schloß Tilquhillie (Schottland) 8. Dez. 1868, †Capri 9. Febr. 1952, schott. Schriftsteller. – 1894–96 in Petersburg im diplomat. Dienst; weite Reisen nach Kleinasien, Indien, Ceylon; lebte zuletzt auf Capri, eng vertraut mit der südl. Landschaft. Hatte großen Erfolg mit ›Sirokko‹ (R., 1917, dt. 1937, 1966 u. d. T. ›Südwind‹); verfaßte Reisebücher, witzig-beißende Romane und Kurzgeschichten, kulturkrit. und naturwissenschaftl. Schriften sowie zwei Autobiographien.

Weitere Werke: Siren land (Reisebericht, 1911), Reisen in Süditalien (Reisebericht, 1915, dt. 1969), They went (R., 1920), Good bye to western culture (Essay, 1930), Looking back (Autobiogr., 2 Bde., 1933), Late harvest (Autobiogr., 1946).
Literatur: DAWKINS, R. M.: N. D. London ²1952. – HOLLOWAY, M.: N. D. London 1976.

Douglas, Keith [engl. 'dʌgləs], *Royal Tunbridge Wells 24. Jan. 1920, ✕ in der Normandie 9. Juni 1944, engl. Dichter. – Studierte in Oxford, war dort Hg. der Zeitschrift ›Augury‹ (1938–40); schrieb schon mit 15 Jahren sprach- und formsichere Gedichte; beeinflußte mit seiner schwermütigen Lyrik die neoromant. Bewegung dieser Zeit. Nahm am 2. Weltkrieg teil; seine Kriegsgedichte sind zuweilen satirisch bitter.
Ausgaben: K. D. Collected poems. Hg. v. J. WALLER u. G. S. FRASER. London 1951. – Complete poems of K. D. Hg. v. D. GRAHAM. Oxford 1978.

Douglas, Lloyd Cassel [engl. 'dʌgləs], *Columbia City (Ind.) 27. Aug. 1877, †Los Angeles (Calif.) 13. Febr. 1951, amerikan. Schriftsteller. – Sohn eines Pfarrers, wurde selbst luth. Geistlicher, widmete sich aber ab 1933 nur noch der Schriftstellerei. Verfasser sehr erfolgreicher und fesselnder Romane mit christlich-eth. Hintergrund.
Werke: Wunderbare Macht (R., 1929, dt. 1938), Weißes Banner (R., 1936, dt. 1938), Rauhe Laufbahn (R., 1939, dt. 1947), Das Gewand des Erlösers (R., 1942, dt. 1946), Der große Fischer (R., 1948, dt. 1949).

Douglass, Frederick [engl. 'dʌgləs], eigtl. F. Augustus Washington Bailey, *Tuckahoe (Md.) im Febr. 1817, †Washington (D.C.) 20. Febr. 1895, amerikan. Schriftsteller und Abolitionist. – Nach der Flucht in den Norden 1838 schilderte D. in seiner bed. Autobiographie ›Sklaverei und Freiheit‹ (1845, dt. 1860, 1986 u.d.T. ›Aus dem Leben des F. D. als Sklave in Amerika, von ihm selbst erzählt‹) das Leben in der Sklaverei. Er wurde unter Anleitung weißer Freunde einer der Wortführer der Abolitionistenbewegung. Durch seine Zeitschrift ›The North Star‹ (1847–64) sowie durch zahlreiche Vortragsreihen durch die Nordstaaten der USA und durch Großbritannien machte D. die Öffentlichkeit auf die Lage der Negersklaven aufmerksam und bereitete dadurch den Boden für die Sklavenbefreiung von 1863 vor. Im Bürgerkrieg kämpfte er mit zwei von ihm aufgestellten schwarzen Regimentern und diente Präsident Abraham Lincoln als Berater; später versah er verschiedene polit. Ämter, zuletzt als Minister in Haiti (1889–91). Seine polit. Karriere ist in zwei weiteren autobiograph. Schriften (›Ein Stern weist nach Norden‹, 1855, dt. 1965; ›Life and times of F. D.‹, 1881, überarbeitet 1892) dargestellt.
Literatur: BUTTERFIELD, S.: Black autobiography in America. Amherst (Mass.) 1974. – The art of the slave narrative. Original essays in criticism and theory. Hg. v. J. SEKORA. Macomb (Ill.) 1982. – MARTIN, W. E., JR.: The mind of F. D. Chapel Hill (N.C.) 1984. – The slave's narrative. Hg. v. CH. T. DAVIS u. H. L. GATES, JR. New York u. Oxford 1985.

Doulatabadi (tl.: Daulatābādī), Mahmud, *bei Sabsewar (Ost-Iran) 1940, pers. Schriftsteller. – Ging zunächst verschiedenen handwerkl. Berufen nach; wurde dann Schauspieler; gab acht Novellensammlungen, drei Romane und einige Bühnenstücke heraus; wegen regimekrit. Inhalte seiner Stücke und Inszenierungen Gefängnishaft (1974); sozialkrit. Schilderungen des ländl. Lebens. Einige Werke liegen in dt. Übersetzung vor (in: ›Die beiden Ehemänner. Prosa aus Iran‹, hg. 1984, und ›Im Atem des Drachens. Moderne pers. Erzählungen‹, hg. 1981).

Doulatschah Samarkandi (tl.: Daulatšāh Samarquandī), *Samarkand, †um 1495 (?), pers. Literat. – Verfasser einer berühmten Sammlung von Dichterbiographien und Anthologie ›Taẕ-kerato š-šo 'arā‹ (hg. 1901), einer wichtigen Quelle für die pers. Literaturgeschichte, die viele sonst kaum erhaltene Nachrichten, aber auch wenig belegte Gedichte älterer pers. Poeten enthält.
Literatur: RYPKA, J.: Iran. Literaturgesch. Lpz. 1959. S. 303.

Dourado, Autran [brasilian. do'radu], *Patos de Minas 18. Jan. 1926, brasilian. Schriftsteller. – Jurist, Journalist; gestaltet in seinen streng strukturierten Romanen, Novellen und Erzählungen psychische Konflikte, die zumeist durch eine ungewöhnliche Situation oder den

Druck der Umwelt dramatisch zum Ausbruch kommen. **Werke:** Teia (Nov., 1947), Sombra e exílio (R., 1950), Tempo de amar (R., 1952), Tres histórias na praia (En., 1955), Brandung (R., 1961, dt. 1964), Ein Leben im Verborgenen (Nov., 1964, dt. 1967), Oper der Toten (R., 1967, dt. 1986), Solidão solitude (En., 1972), O risco do bordado (R., 1973), Uma poética do romance (Essay, 1973), Os sinos da agonia (R., 1974), Novelário de Donga Novais (Essay, 1976), Armas e corações (R., 1978), A serviço del-Rei (R., 1984), Lucas Procópio (R., 1985), Um artista aprendiz (R., 1989).

Doutiné, Heike [duti'ne:], *Zeulenroda 3. Aug. 1945, dt. Schriftstellerin und Journalistin. – Verfasserin von gesellschaftskrit. Gedichten, Erzählungen und Romanen; beschreibt mit genauer Beobachtung Alltagssituationen in ungewöhnlich reflexiver, bilderreicher Sprache. **Werke:** In tiefer Trauer. Lyrik und Prosa (1965), Das Herz auf der Lanze. Notizen und Gedichte (1967), Wanke nicht, mein Vaterland (R., 1970), Dt. Alltag (En., 1972), Berta (R., 1974), Wir zwei (R., 1976), Iß ein Buch (Prosa, 1977), Die Meute (R., 1979), Der Hit (R., 1982), Blumen begießen, bevor es regnet (Ged., 1986).

Douwes Dekker, Eduard [niederl. 'dɔu̯wəs 'dɛkər], niederl. Schriftsteller, ↑ Multatuli.

Douwes-Schmidt, Wilhelmina Angela [niederl. 'dɔu̯wəs'smɪt], niederl. Schriftstellerin, ↑ Corsari, Willy.

Douzain [frz. du'zɛ̃], Strophe oder Gedicht von 12 Verszeilen; als Grenzform des Epigramms v. a. in der frz. Lyrik des 16. Jh. bei C. Marot und seiner Schule und bei den Dichtern der Pléiade.

Dove, Rita [engl. dʌv], *Akron (Ohio) 28. Aug. 1952, amerikan. Lyrikerin. – Studierte u. a. in Tübingen (1974/75) und an der University of Iowa; Professorin an der University of Virginia; ∞ mit dem dt. Schriftsteller Fred Viebahn (*1947). D. gehört zur neuen Generation emanzipierter afroamerikan. Schriftstellerinnen. In ihren Gedichtbänden (›The yellow house on the corner‹, 1980, und ›Museum‹, 1983, dt. Ausw. aus beiden Bden. 1989 u. d. T. ›Die gläserne Stirn der Gegenwart‹; ›Grace notes‹, 1989) thematisiert sie das Afroamerikanern eigene doppelte Bewußtsein einer schwarzen Existenz in einer weißen Gesellschaft durch die Mischung von persönl. Erfahrung, afrikan. Erbe und Erinnerungen. Für den Gedichtband ›Thomas and Beulah‹ (1986, dt. Ausw. 1988 u. d. T. ›Die morgenländ. Tänzerin‹), der die Lebensgeschichte ihrer vom ländl. Süden in den industriellen Norden gewanderten Großeltern schildert, erhielt sie den Pulitzerpreis für Lyrik 1987. **Weitere Werke:** Ten poems (1977), The only dark spot in the sky (Ged., 1980), Mandolin (Ged., 1982), Fifth sunday (Kurzgeschichten, 1985), Through the ivory gate (R., 1992).

Dovizi, Bernardo [italien. do'vittsi], italien. Staatsmann, Kardinal und Dichter, ↑ Bibbiena, il.

Dowschenko (tl.: Dovženko), Olexandr Petrowytsch [ukrain. dɔu̯'ʒɛnkɔ], russ. Alexandr Petrowitsch D., *Sosniza (Gebiet Tschernigow) 11. Sept. 1894, †Moskau 25. Nov. 1956, ukrain.-sowjet. Filmregisseur und Schriftsteller. – Zunächst Maler; erlangte als Regisseur von Spiel- und Dokumentarfilmen Weltruf; auch Schauspieler, Drehbuchautor und Verfasser von Novellen und Erzählungen (›Verzauberte Desna‹, postum 1957, dt. 1959).

Dowson, Ernest Christopher [engl. dau̯sn], *Belmont Hill (Kent) 2. Aug. 1867, †Catford 23. Febr. 1900, engl. Dichter. – Lebte mehrere Jahre in Frankreich. Bed. Dekadenzdichter, bekannt durch seine lyr., in Stil und Bau gelungenen Gedichte, zu denen er von den frz. Symbolisten angeregt wurde. Übersetzer von Voltaire, H. de Balzac, É. Zola u. a. frz. Schriftstellern; schrieb daneben Romane und Kurzgeschichten; mit W. B. Yeats und L. P. Johnson befreundet. **Werke:** Dilemmas (R., 1895), Verses (Ged., 1896), The pierrot of the minute (Dr., 1897), Adrian Rome (R., 1899). **Ausgabe:** E. Ch. D. Poems. Hg. v. M. Longaker. Philadelphia (Pa.) 1963. **Literatur:** Longaker, M.: E. D. Philadelphia (Pa.) u. London ²1945.

Doyle, Sir Arthur Conan [engl. dɔɪl], *Edinburgh 22. Mai 1859, †Crowborough (Sussex) 7. Juli 1930, engl. Schriftsteller. – Arzt in Southsea; verfaßte in der Nachfolge E. A. Poes für die Entwicklung des Detektivromans maßgebende Geschichten um den exzentr. Meisterdetektiv Sherlock Holmes und seinen Freund Dr. Watson; schrieb auch Ro-

Sir Arthur
Conan Doyle

manzen, histor. Romane sowie im hohen Alter Studien über den Spiritismus.

Werke: Späte Rache (R., 1887, dt. 1931, 1961 u. d. T. Studie in Scharlachrot), Abenteuer des Doktor Holmes (R., 1892, dt. 1895), Rodney Stone (R., 1896), Der Hund von Baskerville (R., 1902, dt. 1903), Die Rückkehr des Sherlock Holmes (R., 1905, dt. 1985), History of spiritualism (Studie, hg. 1936).

Ausgaben: Sir A. C. D. Ges. Werke in Einzelausgg. Dt. Übers. Hg. v. N. ERNÉ. Bln. 1967–87. 13 Bde. – The annotated Sherlock Holmes. Hg. v. W. S. BARING-GOULD. London ²1968. 2 Bde. – Sämtl. Sherlock-Holmes-Geschichten. Dt. Übers. Zü. 1990. 5 Bde. – Sämtl. Sherlock-Holmes-Romane. Dt. Übers. Zü. Neuausg. 1990.

Literatur: PEARSON, H.: C. D. New York 1961. – PEARSALL, R.: C. D. A biographical solution. London 1977. – HALL, T. H.: Sherlock Holmes and his creator. New York 1978. – LINDENSTRUTH, G.: A. C. D. Eine illustrierte Bibliogr. der Veröff. im dt. Sprachraum. Amsterdam 1994.

Drabble, Margaret [engl. dræbl], * Sheffield 5. Juni 1939, engl. Schriftstellerin. – Schreibt formal an die literar. Tradition des 19. Jh. anknüpfende Romane um Fragen von Gerechtigkeit und Gleichheit oft am Beispiel der Rebellion weibl. Zentralfiguren gegen persönl. Zwänge und gesellschaftl. Konventionen. Das Problem der unglückl. Ehe sowie deren Auflösung behandelt sie in ›Der Sommervogel‹ (R., 1983, dt. 1988), ›The Garrick year‹ (R., 1964, dt. 1988 u. d. T. ›Das Jahr der Entscheidung‹) und ›The needle's eye‹ (R., 1972). Die schwierige Beziehung zwischen Mann und Frau ist auch Thema von ›Jerusalem – goldene Stadt‹ (R., 1967, dt. 1988), ›The waterfall‹ (R., 1969) und ›Gold unterm Sand‹ (R.,

1975, dt. 1978). Mit dem Thema Mutterschaft befassen sich die Romane um eine ungewollte Schwangerschaft (›Der Mühlstein‹, 1965, dt. 1987), um die Sorge für ein behindertes Kind (›The ice age‹, 1977) und einen wegen einer Mißbildung notwendig erachteten Schwangerschaftsabbruch (›Porträt einer Tüchtigen‹, 1980, dt. 1982). ›Die Elite nach dem Fest‹ (R., 1987, dt. 1988) zeichnet am Schicksal dreier Frauen ein Bild des zeitgenöss. England; Fortsetzungen dazu bilden ›Die Begierde nach Wissen‹ (R., 1989, dt. 1990) und ›Die Tore aus Elfenbein‹ (R., 1991, dt. 1993). D. ist auch Verfasserin literaturkrit. Arbeiten, einer Biographie (›Arnold Bennett‹, 1974) sowie Herausgeberin der 1985 erschienenen 5. Auflage von ›The Oxford companion to English literature‹.

Margaret
Drabble

Literatur: MYER, V. G.: M. D. Puritanism and permissiveness. London 1974. – ROSE, E. C.: The novels of M. D. London u. Totowa (N. J.) 1980. – ROXMAN, S.: Guilt and glory. Studies in M. D.'s novels 1963–80. Stockholm 1984. – SADLER, L. V.: M. D. Boston (Mass.) 1986. – PACKER, J. G.: M. D.: an annotated bibliography. New York 1988.

Drach, Albert, * Wien 17. Dez. 1902, österr. Schriftsteller. – Jurastudium in Wien; 1938 Emigration nach Frankreich, 1947 Rückkehr und Wiederaufnahme der Berufstätigkeit als Rechtsanwalt; lebt in Mödling bei Wien. Bereits mit 16 Jahren veröffentlichte er Gedichte, schrieb Erzählungen und 1939 den Roman ›Das große Protokoll gegen Zwetschkenbaum‹, der 1964 erschien und D. als Schriftsteller bekannt machte. Unter Verwendung der altösterr. Kanzleisprache erzählt er die tragikom. Geschichte des galiz. Juden Schmul Leib Zwetschkenbaum, der in die Maschinerie von Justiz und Behörden gerät und sich immer mehr darin verfängt. Von seinem Exil, das D. zeitweise mit L. Feuchtwanger und W. Hasenclever in frz. Internierungslagern verbrachte, berichtet die ›Unsentimentale Reise‹ (1966). Die Dramen und Spiele, z. T. mehrfach überarbeitet, entstanden ebenfalls schon in den 1920er Jahren und wurden erst später veröffentlicht. D. greift dabei barocke Stilmittel auf, verwendet Traditionen des Volkstheaters (J. N. Nestroy), die er bis ins Absurde steigert, weswegen er oft F. von Herzmanovsky-Orlando und E. Ionesco zur Seite gestellt wird. D. erhielt 1988 den Georg-Büchner-Preis.

Weitere Werke: Kinder der Träume (Ged., 1919), Marquis de Sade (Dr., 1929), Das Spiel vom Meister Siebentot und weitere Verkleidungen (Dramen, 1964), Die kleinen Protokolle und das Goggelbuch (En., 1965), Das Aneinandervorbeispiel und die inneren Verkleidungen (Drama, 1966), ›ZZ‹, das ist die Zwischenzeit (R., 1968), Untersuchung an Mädeln. Kriminal-Protokoll (1971), Gottes Tod ein Unfall und die Entblößungen (Dramen und Ged., 1972), In Sachen de Sade (Essays, 1974), Ia und Nein. Drei Fälle (1992), Das Beileid (autobiogr. R., 1993), Ironie vom Glück. Kleine Protokolle und Erzählungen (1994).
Ausgabe: A. D. Ges. Werke. Mchn. [1-2]1965–72. 8 Bde.

Drachmann, Holger [dän. 'dragman'], * Kopenhagen 9. Okt. 1846, † Hornbæk (Seeland) 14. Jan. 1908, dän. Dichter. – Sohn eines Marinearztes, studierte in Kopenhagen, wurde Maler; Reisen durch Europa; ein Aufenthalt in London machte ihn mit sozialen Problemen bekannt. Nach der Rückkehr schloß er sich G. Brandes und dessen Bewegung an. D. begann mit Prosaschriften und Gedichten. Unstet im Leben wie in seiner Gesinnung wechselte er oft Tendenz und Formen seiner Dichtung, die zunächst demokratisch, in der Abkehr von Brandes radikal nationalistisch gestimmt war. D. schrieb v. a. Natur- und Liebeslyrik. Die Verse sind von rhythm. Musikalität und weisen neue sprachl. Formen auf. Die Prosa (Erzählungen und Skizzen), wenngleich flüssig in Sprache und Ausdruck, tritt in den Hintergrund. Übersetzer Lord Byrons.

Werke: Digte (Ged., 1872), Sange ved havet (Ged., 1877), Dybe strenge (Ged., 1884), Es war einmal (Märchenspiel, 1885, dt. 1894), Verschrieben (R., 1890, dt. 1904), Unge viser (Ged., 1892), Hr. Oluf han rider (Dr., 1906).
Ausgabe: H. D. Samlede poetiske skrifter. Kopenhagen 1906–09. 12 Bde.
Literatur: RUBOW, P. V.: H. D.s ungdom. Kopenhagen 1940. – RUBOW, P. V.: H. D., 1878–1897. Kopenhagen 1945. – RUBOW, P. V.: H. D. sidste aar. Kopenhagen 1950. – URSIN, J.: H. D.; liv og værker. Kopenhagen 1953. 2 Bde. – URSIN, J.: Bibliografi over litteraturen om H. D. Kopenhagen 1959. – LOERGES, M.: D.s muser. Elskov som døden er jernhaard og blind. Kopenhagen 1981.

Dracontius, Blossius Aemilius, christl. lat. Dichter, Ende des 5. Jh. aus Karthago. – Wurde vom Vandalenkönig Gundamund (484–496) aus polit. Gründen zeitweilig eingekerkert; schrieb in der Haft außer der in eleg. Distichen abgefaßten ›Satisfactio‹ (= Buße), mit der er seine Begnadigung zu erwirken suchte, sein ansprechendstes Werk, das hexametr. Gedicht ›De laudibus Dei‹ (= Lobpreisungen Gottes). Neben der Sammlung ›Romulea‹, kleineren Gedichten nichtchristl. Inhalts, geht auch das anonym überlieferte Kleinepos ›Orestis tragoedia‹ (= Tragödie von Orestes) auf ihn zurück.

Ausgaben: Merobaudis reliquiae. Blossi Aemilii Dracontii carmina. Hg. v. F. VOLLMER. Bln. 1905. Nachdr. Bln. u. Zü. 1961. – Draconzio. Orestes tragoedia. Lat. u. italien. Hg. v. E. RARISARDA (mit Kommentar). Catania 1964. – Diaz de Bustamente. D. y sus carmina profana. Estudio biografico, introducción y edición critica. Santiago de Compostela 1978.

Drai-Chmara (tl.: Draj-Chmara), Mychailo Opanassowytsch [ukrain. 'draj'xmara], * Malyje Kanowzi (Podolien) 10. Okt. 1889, † Kolyma 19. Jan. 1939, ukrain.-sowjet. Schriftsteller und Kritiker. – Starb in der Verbannung im Fernen Osten; Angehöriger des neoklass. Literaturkreises in Kiew; ausdrucksstarker Lyriker; bed. Literarhistoriker, Kritiker und Übersetzer aus dem Französischen und Weißrussischen.

Drake, Joseph Rodman [engl. drɛɪk], * New York 7. Aug. 1795, † ebd. 21. Sept. 1820, amerikan. Dichter. – Studierte Medizin; unternahm weite Reisen durch Europa; schrieb mit seinem Freund F.-G. Halleck, mit dem er Anhänger der in An-

lehnung an den Chronisten in W. Irvings ›History of New York‹ so bezeichneten ›Knickerbocker Group‹ war, soziale und polit. Satiren, die 1819 u. d. T. ›Poems, by Croaker, Croaker and Co., and Croaker jun.‹, 1860 als ›The Croakers‹ veröffentlicht wurden. Zu seinen bekanntesten Gedichten gehören ›The American flag‹ (1819) und ›The culprit fay‹ (hg. 1835).
Ausgabe: The life and works of J. R. D. (1795–1820). A memoir and complete text of his poems and prose. Hg. v. F. L. PLEADWELL. Boston (Mass.) 1935.

Drake-Brockman [engl. 'dreɪk 'brɔkmən], Henrietta, * Perth (Western Australia) 27. Juli 1901, † ebd. 9. März 1968, austral. Schriftstellerin. – In ihren Romanen und Kurzgeschichten beschäftigt sie sich bevorzugt mit Ereignissen aus der Entdeckungs- und Besiedlungsgeschichte Australiens. In ihren Theaterstücken gestaltet sie das Thema der Interaktion von Mensch und Natur sowie die gegensätzl. Wertnormen von Arm und Reich in Zeiten wirtschaftl. Rezession.
Werke: Blue horth (R., 1934), The man from the bush (Dr., 1934), Sheba Lane (R., 1936), Younger sons (R., 1937), The fatal days (R., 1947), The lion tamer (Kurzgeschichten, 1948), Sydney or the bush (Kurzgeschichten, 1948), The wicked and the fair (R., 1957), Voyage to disaster: The life of Francisco Pelsaert (Biogr., 1963), Katharine Susannah Prichard (Biogr., 1967).

Drama [griech. = Handlung], Sammelbegriff für sämtl. Spielarten von Bühnenstücken, die samt ihren vielfältigen Benennungen (u. a. Tragödie, Komödie, Tragikomödie, Trauerspiel, Lustspiel, Schauspiel; Farce, Posse; Rührstück, Volksstück, Lehrstück, Antistück; Sprechstück, Spiel) Ausdruck einer jahrhundertelangen, auch im Experiment immer wieder auf tradierte Formen zurückgreifenden Gattungsgeschichte sind, die in Europa im 5. Jh. v. Chr. mit dem griech. D. beginnt.
Allgemeinstes, von histor. Besonderheiten und Abwandlungen der verschiedenen Dramenformen abstrahierendes Kennzeichen des D.s ist die unmittelbar im Dialog dargestellte, in Szene gesetzte Handlung, deren Verlauf von der Entwicklung eines zentralen Konflikts bestimmt wird. Der *Konflikt*, d. h. das Aufeinanderprallen von Widersprüchen

oder der Widerstreit von Gegensätzen, kann als sog. innerer Konflikt einer einzigen Figur und dessen Folgen in seinen verschiedenen Stadien entwickelt werden (wobei neben dem Dialog der Monolog an Bedeutung gewinnt) oder als Konflikt zwischen verschiedenen Typen, Charakteren oder gesellschaftl. Kräften. Die Art und Weise, wie der Konflikt angelegt ist, ob lösbar oder unlösbar oder jenseits der Frage von Lösbarkeit und Unlösbarkeit, bestimmt im wesentlichen den ins Tragische, ins Komische oder ins Absurde bzw. Groteske weisenden Charakter eines Dramas. Im Hinblick auf die äußere Form ist die Aufteilung in einzelne Abschnitte (Akt, Szene, Bild, Episode oder ähnliches) charakteristisch. Im Unterschied zu den ep. und lyr. Formen der Literatur wendet sich das D. nicht nur an den Leser oder Zuhörer, sondern v. a. auch an den von der Lektüre des Textes unabhängigen Zuschauer; das D. kann gelesen und will gesehen werden. Das heißt: Dramatisches und Theatralisches bedingen einander, wenn auch, je nach Funktion und Reichweite des Theaters als öffentl. Institution in unterschiedl. Weise: Die griech. Dramen der Antike waren ursprünglich nur für jeweils eine Theateraufführung geschrieben worden, erst relativ spät kam es zu Wiederaufführungen. In der Geschichte des neuzeitl. D.s kennt z. B. das höf. Festtheater des frühen 17. Jh. im wesentlichen nur die ›Schauseite‹ des D.s; demgegenüber steht bes. das elisabethan. D. für die Einheit von dramat. Text und Aufführung, was sich, wie auch im span. Siglo de oro und in der frz. und dt. Klassik, mitunter im Personalunion von Dramatiker und Theatermann (Shakespeare, Molière, G. E. Lessing, Goethe, Schiller) ausdrückte.
Während sich im 19. Jh. die Kluft zwischen Bühne, die eine triviale und spektakuläre Unterhaltungsdramatik bevorzugte (u. a. ↑ Melodrama), und literarisch innovativer Dramatik, die mitunter nur als Lesedrama rezipiert wurde, vergrößerte, begann um die Jh.wende mit den Dramen von H. Ibsen ein neues Bündnis von Literatur und Bühne, G. Hauptmann, L. N. Tolstoi, M. Halbe, A. Schnitzler und v. a. A. Strindberg, ge-

folgt u. a. von F. Wedekind, M. Maeterlinck, G. B. Shaw, W. B. Yeats, J. M. Synge, H. von Hofmannsthal, gaben durch ihre dramat. Literatur dem Theater entscheidende Impulse. – Dem heutigen Theater gelten alle Formen als spielbar, v. a. auch die sog. Lesedramen; ›Die letzten Tage der Menschheit‹ (1922) von K. Kraus oder R. Musils ›Die Schwärmer‹ (1921) werden ebenso als Theaterstücke inszeniert wie z. B. E. Jandls Sprechoper ›Aus der Fremde‹ (1980) oder das dramat. Gedicht ›Über die Dörfer‹ (1981) von P. Handke. Die Frage, ob ein D. ›bühnengerecht‹ oder ›bühnenfremd‹ sei, hat sich in einer derzeit kaum zu überblickenden Vielfalt verloren.

Theorie des Dramas: Am Anfang steht in Europa die ›Poetik‹ von Aristoteles, dessen theoret. Aussagen über Wirkstruktur und Bauprinzipien der Tragödie in der Neuzeit z. T. in irrtüml. Interpretation wieder aufgegriffen und zu einem Kodex verbindl. Regeln umgestaltet wurden, so in den Poetiken des Humanismus (J. C. Scaliger), der italien. und der frz. Renaissance (L. Castelvetro), des dt. Barock (M. Opitz) und des Klassizismus (N. Boileau-Despréaux). Durch J. G. von Herder und den Sturm und Drang verlor die aristotel. Poetik zwar grundsätzlich an Vorbildcharakter, blieb aber weiter bis in die Gegenwart (W. Schadewaldt, B. Brecht) ein wichtiger Bezugspunkt der dramaturg. Diskussion. Eine geringere Rolle spielte dagegen die ›Ars poetica‹ von Horaz. Immer wieder erörtert wurden v. a. folgende Punkte der aristotel. ›Poetik‹: 1. Der Begriff der **Mimesis,** der in der Renaissance (auch teilweise in der heutigen Diskussion) als bloße ›Nachahmung‹ ausgelegt wurde, während Aristoteles Mimesis auch als bewußt vorweggenommene Darstellung idealer Situationen versteht. 2. Die **Katharsis** der aristotel. Wirkungsästhetik, deren Auslegung bis heute umstritten ist. Bei Aristoteles ist Katharsis, indem sie ›Jammer‹ (›éleos‹) und ›Schauder‹ (›phóbos‹) auslöst, eine ›Reinigung‹ des Zuschauers von derartigen ›Affekten‹. Jammer und Schauder werden bei ihm in erster Linie als psych. Erregungszustände aufgefaßt. Die übl. Wiedergabe von griech. ›éleos‹ und ›phóbos‹ durch lat. ›misericordia‹ und ›metus‹ (Mitleid und Furcht) bedeutet eine Umdeutung. Der Begriff wurde ethisch gedeutet als Reinigung von den Leidenschaften, die in der Tragödie dargestellt werden. Die Umdeutung wurde von P. Corneille aufgegriffen, von G. E. Lessing dagegen kritisiert. Für ihn ist der entscheidende Affekt, den die Tragödie beim Zuschauer auslöst, das Mitleid, dem die Furcht lediglich untergeordnet ist. Unter Katharsis versteht er die Verwandlung der durch die Tragödie erregten Affekte in ›tugendhafte Fertigkeiten‹. Die Moderne hat diverse Theorien des D.s hervorgebracht (teils illusionistische, teils antiillusionistische). In Deutschland beispielsweise forderte Brechts ›antiaristotel.‹ Theorie des ↑epischen Theaters die Ablösung der auf emotionaler Basis beruhenden Katharsis des einzelnen durch rationale und krit. Reaktionen, die an ein spezif. Klasseninteresse gebunden sind. 3. Die Regeln über Ausdehnung und Gliederung der dramat. **Handlung.** Auf die Forderung nach Geschlossenheit (Einheit) und äußerer Begrenztheit der dramat. Handlung durch Aristoteles geht der zuerst von L. Castelvetro formulierte, z. T. auf einem Mißverständnis beruhende Grundsatz der ↑drei Einheiten zurück. 4. Die Regeln über die Charaktere, die nach Aristoteles der Handlung untergeordnet sind. Seine Forderung der Darstellung des Schicksals hervorragender Persönlichkeiten, an denen die trag. ↑Fallhöhe sichtbar werden könne, führte zur ↑Ständeklausel der Poetik der Renaissance und des Klassizismus. Diese Forderung wurde im bürgerl. Trauerspiel überwunden. Wurden Widerstände gegen die Dramentheorien der Renaissance und des Klassizismus bereits im Sturm und Drang, später in der Romantik deutlich, so setzten sich die vor allem an H. Ibsens analytischen Gesellschaftsstücken orientierten Dramatiker des Naturalismus bewußt über alle in Poetiken festgeschriebenen Regeln hinweg (›Die Menschen auf der Bühne sind nicht der Handlung wegen da, sondern die Handlung der Menschen auf der Bühne wegen ...‹, A. Holz).

Geschichte des Dramas: Das griechisch-röm. Drama: ↑Tragödie, ↑Komödie, ↑Satyrspiel, ↑Mimus.

Das Drama des MA: Das ↑geistliche Spiel des MA entwickelte sich im Rahmen der kirchl. Liturgie. Der Ostertropus bildete den Ausgangspunkt für die Entstehung des ↑Osterspiels. Beide waren zugleich Vorbilder für einen Weihnachtstropus und das daraus entstehende ↑Weihnachtsspiel. Die wachsende Verselbständigung des Spiels innerhalb der liturg. Feier und die Zunahme burlesker Szenen (Wettlauf der Jünger zum Grabe) führten auch zur Verlagerung des geistl. Spiels aus der Kirche auf Marktplätze und in weltl. Säle; gleichzeitig setzte sich die Volkssprache anstelle des klerikalen Latein durch. Dies ermöglichte nat. Sonderentwicklungen des geistl. Spiels. Die typ. Form des dt. geistl. Spiels im Spät-MA war das ↑Passionsspiel. Mysterienspiele, wie sie in Frankreich begegnen, wurden in England in umfassenden Zyklen geboten; daneben bildete sich die ↑Moralität als eigene Form heraus. In Portugal entwickelte Gil Vicente den weltl. und geistl. Einakter (›auto‹, zu lat. actus), der seine bedeutendste Ausprägung im span. Fronleichnamsspiel, dem ↑Auto sacramental, fand, das bis ins 18. Jh. hinein lebendig war. Neben dem geistl. Spiel entwickelte sich im Spät-MA ein kurzes, possenhaft-satir. weltl. Lustspiel. Seine wichtigsten Ausprägungen wurden die dt. ↑Fastnachtsspiele, die niederl. ↑Kluchten und ↑Sotternien und die frz. ↑Sottien: Gattungen, die z. T. bis ins 17. Jh. fortlebten. Ansätze zu einem ernsten weltl. D. finden sich im Spät-MA nur in den Niederlanden (↑Abele spelen).

Das Drama von der Renaissance bis ins 18. Jh.: Parallel zum D. des MA begann die Entwicklung des neuzeitl. D.s Ende des 15. Jh. in Italien mit der Wiederentdeckung des antiken D.s und Theaters. Vorbilder waren dabei zunächst die Werke der röm. Dramatiker: Plautus, Terenz, Seneca d. J.; der Einfluß der griech. Autoren begann später (Euripides und Sophokles seit dem 17. Jh., Aischylos im wesentlichen erst im 20. Jh.). Unter dem Einfluß der Komödien von Plautus und Terenz entstand die *Renaissancekomödie* (L. Ariosto, il Bibbiena, N. Machiavelli, P. Aretino), nach dem Vorbild Senecas die *Renaissancetragödie* (G. G. Trissino,

›Sophonisbe‹, 1524, dt. 1888). Hier finden sich zum ersten Mal die Formelemente vereinigt, die das europ. D. bis ins 18. Jh. (und z. T. darüber hinaus) charakterisieren: Einteilung der Handlung in 5 (seltener 3) Akte, äußerl. Hervorhebung der Akteinteilung durch Chöre, allegor. Zwischenspiele (auch in Gestalt von Pantomimen) oder Zwischenaktmusiken (später nur durch den Vorhang), die drei Einheiten des Orts, der Zeit und der Handlung, die Ständeklausel. Neben Tragödie und Komödie trat in der 2. Hälfte des 16. Jh. das Schäferspiel (T. Tasso, ›Aminta‹, UA 1573, gedr. 1580, dt. 1742; G. B. Guarini, ›Der treue Schäfer‹, 1590, dt. 1619). Die auf den antiken Rhetorik fußende Renaissancepoetik bezog diese drei Gattungen (unter Einbeziehung der Ständeklausel) auf die drei Stilarten (niederer, mittlerer, hoher Stil; ↑Genera dicendi). Darüber hinaus hat das italien. D. des 16. Jh. die ↑Commedia dell'arte als Stegreiftheater hervorgebracht. Die Commedia dell'arte ist in die Theatergeschichte als Synonym für das Volks- und Straßentheater überhaupt eingegangen; ihre theatergeschichtl. Wirkung reicht quer durch die Jahrhunderte (u. a. Shakespeare, Molière, Goethe, L. Tieck, J. N. Nestroy) bis zum heutigen Theater (D. Fo, G. Strehler, A. Mnouchkine).

In Spanien kam im ausgehenden 16. Jh. parallel zur Tradition des Fronleichnamsspiels die ↑Comedia auf die Bühne. Lope F. de Vega Carpio, Tirso de Molina und P. Calderón de la Barca verkörperten das Nebeneinander von mittelalterl. Tradition und neuzeitl. Dramatik, sie waren die Dramatiker der neuen Comedias und sind gleichzeitig als die bekanntesten Autoren der Autos sacramentales in die Theatergeschichte eingegangen. – Als Blütezeit des span. Theaters gilt die Regierungszeit Philipps IV. (1621–65); allein in Madrid spielten rund 40 Theatertruppen, in ganz Spanien etwa 300 Truppen vor einem theaterbegeisterten Publikum. – In Deutschland und in den Niederlanden dominierten während des 16. Jh. die mittelalterl. Formen des D.s; die neuen Formen finden sich zunächst nur im akadem. und kirchl. Bereich (lat. ↑Humanistendrama, prot. ↑Schuldrama,

↑Jesuitendrama). Die eigtl. Rezeption des Renaissance-D.s fand in Deutschland erst im 17. Jh. statt, jedoch ohne breite Wirkung (↑schlesisches Kunstdrama). – Anders war die Situation in England; Truppen von Berufsschauspielern wirkten in der 2. Hälfte des 16. Jh. (↑elisabethanisches Theater); in London entstanden Theaterbauten (u. a. ↑Globe Theatre). Unmittelbar für die Aufführungen schrieben, oft im Kollektiv, Autoren wie G. Peele, R. Greene, Th. Kyd, Ch. Marlowe, B. Jonson und Shakespeare (wobei nicht alle namentlich überliefert sind) von Poetiken und Dramentheorien weitgehend unabhängige Stücke oft gemischter Gattung. London repräsentierte eine Theaterkultur, die das Theater mit einem breiten und engagierten Publikum bis 1642 zu einem wesentl. Teil des öffentl. Lebens machte. Namentlich wegen der dauerhaften Wirkung der Dramen Shakespeares, die für die nachfolgende Geschichte des D.s neben der antiken Dramatik zu einem weiteren Bezugspunkt wurden, kommt dem elisabethan. Theater herausragende Bedeutung zu.

In Frankreich entstand im 17. Jh. ein ebenfalls von Berufsschauspielern (u. a. Molières Theatertruppe) getragenes, von der ↑Académie française bestimmtes nat. Theater. Im Unterschied zur Entwicklung des D.s in England war die frz. Dramatik dem klass., an der griech. Tragödie orientierten Maß verpflichtet, d. h. in Hinsicht auf Einheit der Handlung, des Ortes und der Zeit, auf Stil, Vers (↑Alexandriner), auf Konzentration der Gedankenführung sowie Konzentration auf die inneren Konflikte der handelnden Personen bei entsprechend klarer Figurenkonstellation (Held – Heldin). Die ›tragédie classique‹ oder auch ›haute tragédie‹ war u. a. auch Ausdruck eines allgemeinen Kulturanspruchs, der sich in Begriffen wie Glaubwürdigkeit (›vraisemblance‹) und Angemessenheit (›bienséance‹) ausdrückte. Die Entwicklung zur klassizist. Tragödie P. Corneilles, J. Racines und später der – mit Ideen der Aufklärung verbundenen – Voltaires sowie zur Komödie Molières verlief nicht ohne Widersprüche und Konflikte. Die Auseinandersetzung um Corneilles Tragikomödie

(später erst als Tragödie bezeichnet) ›Der Cid‹ (1637, dt. 1811, zuerst dt. 1650) ist als ›Querelle du Cid‹ in die Dramengeschichte eingegangen. P. Corneille, der vorübergehend zu den Dramatikern gehörte, die für Richelieu im Kollektiv Dramen schrieben, entwickelte auch in seinen theoret. Schriften Kritik an der Ständeklausel, er schrieb nicht nur sog. klassizist. Tragödien, sondern auch bed. Komödien (u. a. ›Der Lügner‹, 1644, dt. 1762) und schuf eine neue Gattung, die heroische Komödie, in der die Hauptfiguren von hohem Stand waren.

Die Komödie fand in den Werken Molières ihre klass. Form; Molière nutzte die Situation der weniger geachteten Komödie, die als solche weniger streng den ›Regeln‹ unterworfen war: er nahm Elemente der röm. Komödie ebenso auf, wie er auf Farcen und Possen, die italien. Commedia dell'arte und die span. Comedia zurückgriff. Seine Komödien umfassen sowohl die Komödie in Prosa als auch die sog. ›haute comédie‹ in Versen, die unter Berücksichtigung der drei Einheiten in fünf Akte eingeteilt ist. Ebenso entwickelte er (in Zusammenarbeit mit dem Komponisten J.-B. Lully) die Gattung der ›Ballettkomödie‹ (›Comédieballet‹; u. a. ›Der eingebildete Kranke‹, 1673, dt. 1867, erstmals dt. 1694). Durchaus vergleichbar mit der Wirkung der Shakespeareschen Dramen gelten die Komödien Molières als Inbegriff der Komödie und gehören bis heute zum Repertoire des internat. Theaters. Die klass. frz. Tragödie, die ihre Vollendung in den Werken Racines fand, wirkte entscheidend auf das 18. Jh. ein, heute bleibt ihre Rezeption im wesentlichen auf Frankreich beschränkt. – In Deutschland dominierte auch zu Beginn des 18. Jh. das Theater des Barock in Form der italien. Oper. In dt. Sprache traten Wanderbühnen mit ↑Haupt- und Staatsaktionen auf. Demgegenüber machte Gottsched als Vertreter der Aufklärung Anfang des 18. Jh. erste, an der klassizist. frz. Dramentheorie orientierte Versuche, das dt. D. praktisch (›Der sterbende Cato‹, 1732) und theoretisch (›Versuch einer Critischen Dichtkunst vor die Deutschen‹, 1730) über seine Literarisierung zu reformieren. Lessing polemisierte in seiner ›Hamburgischen Dramaturgie‹ (1767/68) gegen die klassizist. Dramentheorie Gottscheds, was Goethe und Schiller nicht daran hinderte, in ihrer Weimarer Zeit Dramen zu schreiben, die an der klassizist. Tragödie orientiert waren (Goethe, ›Iphigenie auf Tauris‹, gedr. 1787, ›Torquato Tasso‹, 1790; Schiller, ›Die Braut von Messina‹, 1803). Den entscheidenden Durchbruch zu einer neuen Poetik brachte in Deutschland der ↑Sturm und Drang (J. M. R. Lenz, F. M. von Klinger, der junge Goethe) mit der Rezeption Shakespeares (Prosaübersetzung von Ch. M. Wieland), dessen Drama der offenen Form zum Inbegriff einer allein dem ›Originalgenie‹ verpflichteten Dramatik wurde. Die Geschichte des D.s im 18. Jh. ist in Deutschland ebenso wie in England (G. Lillo) und Frankreich (D. Diderot) an die Entstehung des ↑bürgerlichen Trauerspiels gebunden. Als eigentl. Schöpfer des dt. Nationaltheaters im 18. Jh. kann Lessing gelten, der mit ›Minna von Barnhelm‹ (1767), ›Emilia Galotti‹ (1772) und ›Nathan der Weise‹ (1779) je ein Musterbeispiel für ein Lustspiel, ein Trauerspiel und ein Schauspiel geschaffen hat.

Das Drama seit dem späten 18. Jh.: Seit dem Ausgang des 18. Jh. gibt es in der europ. Dramatik keine verbindl. Normen mehr. Alle Typen des europ. D.s seit der Antike sind frei verfügbar und werden, neben neu entstehenden Typen, bis in die jüngste Gegenwart immer wieder verwendet. Prototypisch für den Formenpluralismus in der Geschichte des europ. D.s der letzten beiden Jahrhunderte ist Goethes ›Faust‹ (Teil II vollendet 1832), dessen Formprinzip gerade auf der Fülle der verwendeten Formen beruht. – Seit dem 18. Jh. entwickelte sich das D., grob gesagt, vom Idealismus zum Realismus. Die Entwicklung verläuft vom ↑Ideendrama Goethes und Schillers über H. von Kleist, G. Büchner, F. Grillparzer, Ch. F. Hebbel bis zum ↑Milieudrama und zum sozialen D. des ↑Naturalismus (H. F. Becque, H. Ibsen, A. Strindberg, L. N. Tolstoi mit dem Bauerndrama ›Die Macht der Finsterniß‹, 1886, dt. 1887; G. Hauptmann, ›Vor Sonnenaufgang‹, 1889, ›Die Weber‹, 1892; A. Holz/ J. Schlaf, ›Die Familie Selicke‹, 1890).

In Rußland weist A. P. Tschechow als Vertreter des krit. Realismus mit seinen Theaterstücken, die impressionist. und symbolist. Züge tragen, in das 20. Jh.; in Frankreich tritt der Belgier M. Maeterlinck als herausragender Dramatiker des ↑Symbolismus hervor. Das D. im frühen 20. Jh. ist auch durch eine Reihe antirealist. und antinaturalist. Versuche gekennzeichnet, bei denen auch die soziale Thematik entsprechend zurückgenommen wird. Dabei spielen, neben der Wiederbelebung traditioneller Dramentypen wie der antiken Tragödie (P. Ernst), der mittelalterl. Moralität (H. von Hofmannsthal, ›Jedermann‹, 1911) oder des span. Auto sacramental (Hofmannsthal, ›Das Salzburger große Welttheater‹, 1922; P. Claudel, ›Der seidene Schuh‹, 1929, dt. 1939) und der Orientierung an außereurop. Formen des D.s wie das jap. No-Spieles (W. B. Yeats), die verschiedenen Arten der Aufnahme lyr. (Hofmannsthal, ›Der Thor und der Tod‹, 1900; F. García Lorca, ›Doña Rosita bleibt ledig oder Die Sprache der Blumen‹, hg. 1938, dt. 1954) und ep. Strukturen in das D. eine bed. Rolle. – Die Vielfalt der zeitgenöss. Dramatik hat keine weitere originale Form des D.s hervorgebracht. Seit Beginn des 20. Jh. sind neben dem expressionist. Stationenstück, das unter dem Einfluß der Stationentechnik des naturalist. D.s (v. a. A. Strindbergs) steht, das ↑epische Theater, die sozialkrit. und polit. ↑Volksstücke sowie das ↑Dokumentartheater zu nennen. Als reinste Form des Antitheaters steht das ↑absurde Theater für die Auflösung der Regeln der dramat. Form. – Heute sind die Überschneidungen der verschiedensten traditionellen und experimentellen Ausdrucksformen (↑auch Living Theatre) sowie die Fülle der Dramenproduktion kaum zu übersehen und insofern auch nicht, von zahlreichen einzelnen Untersuchungen und Analysen abgesehen, in einer allgemeinen Theorie darstellbar. Diese Entwicklung gilt für alle nat. Literaturen, wobei sich in jüngerer Zeit eine weitreichende Internationalisierung der Dramen der verschiedenen Nationalliteraturen abzeichnet; u. a. findet das jap. Theater, das neben klass. Formen (↑No-Spiel,

↑Kabuki, ↑Bunraku) auch ein avantgardist. Experimentiertheater entwickelt
hat, internat. Beachtung.

Literatur: VALBUENA PRAT, A.: Historia del
teatro español. Barcelona 1956. – Das frz. Theater. Vom Barock bis zur Gegenwart. Hg. v.
J. VON STACKELBERG. Düss. 1968. 2 Bde. – BOR-
CHERDT, H. H.: Das europ. Theater im MA u. in
der Renaissance. Rbk. 1969. – DIETRICH, M.:
Das moderne D. Stg. ³1974. – FRANZEN, E.: Formen des modernen D.s. Mchn. ³1974. – Moderne Dramentheorie. Hg. v. L. VAN KESTEREN
u. H. SCHMID. Ffm. 1975. – KELLER, W.: Beitrr.
zur Poetik des D.s. Darmst. 1976. – MENNE-
MEIER, F. N.: Das moderne D. des Auslandes.
Düss. ³1976. – ARNOTT, P.: An introduction to
the French theatre. London 1977. – KOOP-
MANN, H.: D. der Aufklärung. Mchn. 1979. –
Hdb. des dt. D.s. Hg. v. W. HINCK. Düss. 1980. –
APOLLONIO, M.: Storia del teatro italiano. Flo-
renz 1981. 2 Bde. – Dt. Dramentheorien. Hg. v.
R. GRIMM. Wsb. ³1981. 2 Bde. – LUKÁCS, G.: Ge-
samtausg. Bd. 15: Entwicklungsgesch. des mo-
dernen D.s. Nw. 1981. – Zum D. in der DDR:
Heiner Müller u. Peter Hacks. Hg. v. J. R.
SCHEID. Stg. 1981. – Einf. ins D. Hg. v. N. GREI-
NER u. a. Mchn. 1982. 2 Bde. – KNEVELS, W.:
Vom Expressionismus zum Existentialismus.
Hamb. 1982. – D. u. Theater im 20. Jh. Hg. v.
H. D. IRMSCHER u. W. KELLER. Gött. 1983. –
DOLL, H. P./ERKEN, G.: Theater. Eine illustrierte
Gesch. des Schauspiels. Stg. 1985. – BONKS,
R. A.: D. and theatre arts. London 1985. – KE-
STING, M.: Das ep. Theater. Zur Struktur des
modernen D.s. Stg. u. a. ⁶1989. – ASMUTH, B.:
Einf. in die Dramenanalyse. Stg. ³1990. – FI-
SCHER-LICHTE, E.: Gesch. des D.s. Tüb. 1990. 2
Bde. – D. u. Theater, Theorie – Methode –
Gesch. Hg. v. HERTA SCHMID u. a. Mchn. 1991. –
FUHRMANN, M.: Die Dichtungstheorie der An-
tike. Darmst. ²1992. – PFISTER, M.: Das D. Theo-
rie u. Analyse. Mchn. ⁷1992. – PLATZ-WAURY,
E.: D. u. Theater. Eine Einf. Tüb. ³1992. –
SZONDI, P.: Theorie des modernen D.s.
1880–1950. Ffm. ²⁰1992. – Bürgerlichkeit im
Umbruch. Studien zum dt.sprachigen D. 1750
bis 1800. Hg. v. H. KOOPMANN. Tüb. 1993. –
HOEFERT, S.: Das D. des Naturalismus. Stg.
⁴1993. – NEUBAUER, H.-J.: Judenfiguren. D. u.
Theater im frühen 19. Jh. Ffm. u. New York
1994.

Dramatik [griech.], dramat. Dichtung; in jüngerer Zeit versteht man unter
D. auch sämtl. Texte, die für eine Aufführung, Darstellung vor Publikum geschrieben, konzipiert worden sind (u. a.
Hörspiel, Sprechoper, auch Fernsehspiel
und Film). – ↑auch Drama.

dramatisch [griech.], das Drama betreffend, in Dramenform dargestellt. Das
Dramatische kann auch Bestandteil ep.

und lyr. Gattungen sein, es steht für das
Element des widerspruchsvollen, spannungsreichen Konflikts überhaupt; in
übertragener Bedeutung auch für außer-
literar. Bereiche (Musik, bildende Kunst)
verwendet.

Dramatisierung, Bearbeitung eines
meist ep. Stoffes für das Theater. Die D.
eines ep. Werkes fordert vom Dramatiker
die Anpassung des ep. Stoffes an die Gesetze der dramat. Gattung (↑Drama) und
der Bühne. Von der D. zu unterscheiden
ist die ↑Bühnenbearbeitung. – ↑auch
Adaptation, ↑Bearbeitung.

dramatis personae [lat.], die in einem Drama auftretenden Personen. Ein
Verzeichnis der d. p. wird seit den Editio-
nen antiker Dramen durch die Humanisten dem Text vorausgeschickt oder (seltener) nachgestellt.

Dramaturg [griech. = Schauspielma-
cher], literatur- und theaterwissenschaftl.
Berater am Theater. Seine wichtigsten
Aufgaben sind die Sichtung der Neuerscheinungen (Originalwerke, Übersetzungen und ↑Bearbeitungen), die Mitarbeit an der Aufstellung des Spielplans
und die ↑Bühnenbearbeitungen, ferner
die Redaktion der Programmhefte und
Theaterzeitschriften, die Beratung der
Regisseure, Bühnenbildner, Kostümbild-
ner usw. – Der Beruf des D.en wurde
durch J. E. Schlegel angeregt (Schreiben
von der Errichtung eines Theaters in Kopenhagen, 1747). 1767 wurde G. E. Lessing als ›D. und Konsulent‹ an das neu
gegründete Hamburger Nationaltheater
verpflichtet. Entfaltungsmöglichkeiten
für den D.en bot v. a. das Theater des
19. Jh.; in jüngerer Zeit ist die Bedeutung
des D.en im Verhältnis zur Regie
schwankend, dem D.en kommt gegenüber der Dominanz der Regie oft nur
noch eine untergeordnete Rolle (z. B.
Schwerpunkt Öffentlichkeitsârbeit) zu.
Unter den Dramatikern, die auch als
D.en tätig waren, sind in Deutschland
u. a. L. Tieck, B. Brecht, C. Zuckmayer,
H. Kipphardt und B. Strauß zu nennen.

Literatur: DÜRR, E.: Der Aufgabenkreis des
D.en. In: Bühne 2 (1936). – HANSMANN, W.: Der
D.enberuf. D.enamt u. D.enpersönlichkeiten
seit 1800. Diss. Köln 1955 [Masch.].

Dramaturgie [griech.],
1. Gesamtheit der an einem Theater oder

einer Rundfunk- und Fernsehanstalt tätigen ↑Dramaturgen; Büro des oder der Dramaturgen; Tätigkeit des Dramaturgen.
2. die spezif. ↑Struktur eines einzelnen Dramas.
3. die Theorie des ↑Dramas als Teilgebiet der Poetik und Ästhetik.

Dramolętt [frz.], kurzes Bühnenspiel, z. B. Schillers ›Huldigung der Künste‹ (1805).

Drapa [altnord.; zu drepa = (die Saiten eines Instruments) schlagen] (Mrz. altnord. Drapur) kunstvolle Form des skald. Preisliedes (↑Skaldendichtung), die aus drei Strophengruppen besteht: einem Eingangsteil (›upphaf‹), einem umfangreicheren Mittelteil (›stefjabálkr‹), gegliedert durch einen Refrain (›stef‹), der den zentralen Gedanken der D. zusammenfaßt, und einem Schlußteil (›slœmr‹), der in der Regel dieselbe Strophenzahl aufweist wie der Eingangsteil. Gängigste Strophenform ist das ↑Dróttkvætt. Berühmt ist die ›Höfuðlausn‹ (10. Jh.) von Egill Skallagrímsson.
Literatur: VRIES, J. DE: Altnord. Literaturgesch. Bd. 1. Bln. ²1964.

Drašković, Janko Graf [serbokroat. 'draʃkɔvitɕ], *Zagreb 20. Okt. 1770, †Radkersburg (Steiermark) 14. Jan. 1856, kroat. Politiker und Schriftsteller. – Einer der Führer der illyr. Bewegung, deren Ziele er als Publizist, Abgeordneter und patriot. Lyriker verfocht.

drawidische Literaturen ↑indische Literaturen.

Drayton, Michael [engl. drɛɪtn], *Hartshill (Warwickshire) 1563, †London 23. Dez. 1631, engl. Dichter. – Lebte als professioneller, von verschiedenen Mäzenen unterstützter Dichter; schrieb gelegentlich auch für das Theater. Sein Hauptwerk, ›Poly-olbion‹ (Tl. 1 1612, Tl. 1 und 2 1622), ist eine umfassende topograph. Beschreibung Englands in ep. Form (in Alexandrinern). D.s ausgefeilte, oft mehrfach revidierte Lyrik, bes. die pastoralen Gedichte ›Idea, the shepheards garland‹ (1593) und der Sonettzyklus ›Ideas mirrour‹ (1594, 1600 revidiert u. d. T. ›Idea‹), steht in der idealist. Tradition E. Spensers. D. schrieb auch histor. Dichtungen (u. a. ›Piers Gaveston‹,

1593; ›The barrons wars‹, 1603), Satiren, fiktive Versepisteln histor. Personen im Stil Ovids (›England's heroicall epistles‹, 1597), das kom. Feenepos ›Nimphidia‹ (1627) u. a. Seine ›Poems, lyrick and pastorall‹ (1606) enthalten die berühmte Ballade ›The battle of Agincourt‹.
Ausgaben: M. D. Poems. Hg. v. J. BUXTON. London 1953. 2 Bde. – The works of M. D. Hg. v. J. W. HEBEL u. a. Oxford ²1962. 5 Bde.
Literatur: BUCHLOH, P. G.: M. D. Barde u. Historiker, Politiker u. Prophet. Neumünster 1964. – BERTHELOT, J. A.: M. D. New York 1967. – HARDING, R. F.: M. D. and the passing of Elizabethan England. Lawrence (Kans.) 1973. – BRINK, J. R.: M. D. revisited. Boston (Mass.) 1990. – ↑auch Daniel, Samuel.

Drda, Jan [tschech. 'drda], *Příbram (Mittelböhm. Gebiet) 4. April 1915, †Dobříš (Mittelböhm. Gebiet) 28. Nov. 1970, tschech. Schriftsteller. – Nach 1945 lange Zeit Vorsitzender des tschech. Schriftstellerverbandes; Journalist und Redakteur kulturpolit. Zeitschriften. D. stellte in Romanen, Erzählungen und Dramen, die oft durch die Vermischung von Einflüssen der Märchendichtung und der naturalist. Dichtung gekennzeichnet sind, das Alltagsleben in Städten und Dörfern dar; Stellungnahme zu Kriegs- und Nachkriegsproblemen; ›Die stumme Barrikade‹ (En., 1946, dt. 1951) schildert den Kampf der Tschechen während der Besetzung durch die Deutschen; die Erzählungen der Sammlung ›Die schöne Tortisa‹ (1952, dt. 1956) setzen sich mit den sozialen Umwälzungen seit 1945 auseinander.
Weitere Werke: Das Städtchen Gotteshand (R., 1940, dt. 1950), Wasser des Lebens (R., 1941, dt. 1960), Spiel mit dem Teufel (Dr., 1945, dt. 1950).

Drehbuch, schriftlich fixierter Gesamtplan für die Herstellung eines Films. Es entsteht in einzelnen Phasen aus der in einem kurzen Exposé niedergelegten Filmidee über das sog. *Treatment,* in dem der Handlungsablauf bereits szenisch gegliedert ist und die wichtigsten opt. und akust. Vorstellungen aufgezeichnet sind, ferner über danach verfertigte gesonderte Regie- und Produktionsdrehbücher, die zunächst zu einem *Roh-D.* vereinigt und zum produktionsreifen D. verarbeitet werden: Dieses stellt in einer schemat. sog. Bildpartitur synchronistisch und synoptisch (linke Spalten opt., rechte akust. Elemente), in einzelne szen. Einheiten gegliedert, den Text, Angaben zu Bewegungen, Ton, Beleuchtung, Kulissen, Requisiten, Aufnahmetechnik usw. dar.

Literatur: WOLF, F., u. a.: Von der Filmidee zum D. Bln. 1949. – ZGLINICKI, F. VON: Der Weg des Films. Bln. 1956. – Kino-Debatte. Hg. v. A. KAES. Tüb. u. Mchn. 1978. – MONACO, J.: Film verstehen. Kunst, Technik, Sprache, Gesch. u. Theorie des Films. Rbk. 1980. – HANT, P.: Das D. Prakt. Filmdramaturgie. Waldeck 1992.

Drehbühne ↑ Bühne.

Dreiakter, Drama in drei ↑ Akten. Diese Gliederung entspricht der von Aristoteles (›Poetik‹) und dem röm. Terenz-Kommentator A. Donatus geforderten Dreiteilung der dramat. Handlung: 1. Darstellung der Umstände, die zum dramat. Konflikt führen (1. Akt), 2. Entfaltung des Konfliktes (2. Akt) und 3. Auflösung dieses Konfliktes (3. Akt). Da das klassizist. europ. Drama seit der Renaissance den ↑ Fünfakter bevorzugte, findet sich der Dreiakter im frz., engl. und dt. Drama relativ selten (Ch. F. Hebbel, ›Maria Magdalene‹, 1844). Große Bedeutung erlangte er in Italien und v. a. in Spanien und Portugal, wo er zur klass. Form des Dramas wurde (↑ Comedia).

drei Einheiten, die d. E. des Orts, der Zeit und der Handlung gehören seit dem Aristoteles-Kommentar L. Castelvetros (1570) zu den Grundforderungen für die Gattung ↑ Drama in den normativen Poetik der (italien.) Renaissance und des (frz.) Klassizismus (u. a. P. Corneille, ›Discours des trois unités‹, 1660; N. Boileau-Despréaux, ›Die Dichtkunst‹, 1674, dt. 1899, erstmals dt. 1745). **Einheit des Orts** bedeutet die Unverrückbarkeit des Schauplatzes einer dramat. Handlung (kein Szenenwechsel während eines Stückes), **Einheit der Zeit** die (angestrebte) Kongruenz von Spielzeit und gespielter Zeit (die Handlung eines Stückes darf höchstens einen Zeitraum von 24 Stunden umfassen), **Einheit der Handlung** die Geschlossenheit und Konzentration der dramat. Handlung selbst im Sinne einer strengen Funktionalität der Teile (keine Episoden oder Nebenhandlungen, die nicht mit der Haupthandlung kausal verknüpft sind, keine Nebenpersonen). – Während die Einheit der Handlung nie bestritten wurde, waren die Einheiten des Orts und der Zeit Gegenstand mannigfacher theoret. Auseinandersetzungen. Die Rückführung der Einheiten des Orts und der Zeit auf Aristoteles basierte auf einem philolog. Irrtum: von einer Einheit des Orts ist bei ihm nirgends die Rede. Aristoteles spricht auch nicht von der Einheit der Zeit im Sinne der Kongruenz von Spielzeit und gespielter Zeit, sondern von der notwendigen äußeren Begrenztheit der dramat. Handlung, im Ggs. zur ep. Handlung. – Die Einheiten des Orts und der Zeit bewirken im Drama der Renaissance (G. G. Trissino, ›Sophonisbe‹, 1524, dt. 1888) und des Klassizismus (P. Corneille, J. Racine) eine äußerste Konzentration des Geschehnisablaufs und eine Verinnerlichung der Handlung. In der dt. Dramaturgie fordert J. Ch. Gottsched als erster die d. E. nach dem Vorbild der frz. Klassizismus, G. E. Lessing wendet sich gegen Gottscheds mechan. Anwendung der drei Einheiten. Mit J. G. von Herder und der Dramaturgie des Sturm und Drang, die sich auf Shakespeare und dessen Drama der ↑ offenen Form beruft, verschwindet die Forderung nach den Einheiten des Orts und der Zeit aus den Poetiken. Sie werden jedoch, im Sinne ihrer ästhet. Funktion (Drama der ↑ geschlossenen Form), auch später immer wieder beachtet (Goethe, ›Iphigenie auf Tauris‹, gedr. 1787). Literatur: BRAY, R.: La formation de la doctrine classique en France. Neuausg. Paris 1978. – HAMBURGER, K.: Die Logik der Dichtung. Stg. ⁴1994. – ↑ auch Drama.

Dreikönigsspiel, Mysterienspiel von den Heiligen Drei Königen, das im 11. Jh. in Frankreich entwickelt wurde. Zunächst einfache szen. Gestaltungen von Teilen der Epiphanieliturgie (D. e von Limoges und Besançon, schon bald erweitert durch Hirten- und Botenszenen, den Bethlehemit. Kindermord usw. (D.e von Compiègne, Laon, Straßburg, 12. Jh.); z. T. wurde dadurch aus dem liturg. Magierspiel ein Herodesspiel (D. von Nevers, 12. Jh.). Größte dramat. Ausgestaltung in den D.en von Bilsen (11. Jh.), Freising, Orléans, Montpellier (12. Jh.). Bereits im 11. Jh. wurde das ausgeweitete D. aus der liturg. Feier herausgenommen. Wegen des Realismus (Herodes Prototyp des Theaterbösewichts) und der Komik wurden die D.e schon früh von geistl. Seite kritisiert. Sie gingen z. T. im ↑Weihnachtsspiel auf; D.e sind in England und Deutschland bis ins 16. Jh. bezeugt.

Dreireim, Reimbindung, die drei aufeinanderfolgende Verse zusammenfaßt, v. a. in mhd. Dichtung, in der Lyrik u. a. zur Kennzeichnung von Strophenschlüssen, in der Epik zur Markierung von Abschnittsgrenzen (so noch im Drama des Hans Sachs).

Dreiser, Theodore [engl. 'draɪzə], * Terre Haute (Ind.) 27. Aug. 1871, † Los Angeles (Calif.) 28. Dez. 1945, amerikan. Schriftsteller. – Entstammte einer dt. Einwandererfamilie; wuchs in ärml. Verhältnissen auf; Gelegenheitsarbeiten in Chicago, dann Journalist beim ›Chicago Globe‹ und in Saint Louis, bevor er sich 1895 in New York niederließ. D. gilt als Hauptvertreter des naturalist. Romans in Nordamerika. Die Veröffentlichung seines ersten, als unmoralisch abgelehnten Romans ›Schwester Carrie‹ (1900, dt. 1929) mußte von Frank Norris gegen zahlreiche Widerstände durchgesetzt werden. D. schildert objektiv und schonungslos in gesellschaftskrit. Romanen menschl. Existenzen, die – oft unschuldig – im modernen Leben der amerikan. Großstädte zu Fall kommen. Sein Hauptwerk dieser Richtung, das scharfe Kritik an der amerikan. Zivilisation übt, ist der Roman ›Eine amerikan. Tragödie‹ (1925, dt. 1927). Schließlich wandte er sich einem untheoret. Sozialismus zu. D. bediente sich einer wuchtigen, schwerfälligen, doch äußerst wirksamen Sprache. Er ist auch Verfasser von Novellen, Dramen, Gedichten und Essays.

Weitere Werke: Jennie Gerhardt (R., 1911, dt. 1928), The financier, The titan, The stoic (R.-Trilogie, 1912, 1914 und postum 1947, die ersten beiden Werke dt. 1928 u. d. T. Der Titan; letzteres dt. 1953 u. d. T. Der Unentwegte), Das ›Genie‹ (R., 1915, dt. 1929), Ton in des Schöpfers Hand (Dr., 1918, dt. 1928), Twelve men (Nov.n, 1919), Die Frau (Nov.n, 2 Bde., 1929, dt. 1930), Die Tragik Amerikas (Essays, 1931, dt. 1932), Solon der Quäker (R., postum 1946, dt. 1948, auch u. d. T. Das Bollwerk).

Ausgaben: Letters of Th. D. Hg. v. R. H. ELIAS. Philadelphia (Pa.) 1959. 3 Bde. – Th. D. Pennsylvania edition. Hg. v. J. L. W. WEST III u. N. WESTLAKE. Detroit (Mich.) u. New York 1977 ff. Auf mehrere Bde. ber. (bisher 3 Bde. erschienen). – Th. D. American diaries 1902–1926. Hg. v. TH. P. RIGGIO u. a. Philadelphia (Pa.) 1982.

Literatur: DREISER, H.: Mein Leben mit D. Dt. Übers. Hamb. 1952. – D. A collection of critical essays. Hg. v. J. LYDENBERG. Englewood Cliffs (N. J.) 1971. – WARREN, R. P.: Homage to Th. D. New York 1971. – LEHAN, R.: Th. D. His world and his novels. Carbondale (Ill.) 1974. – PIZER, D., u. a.: Th. D. A primary and secondary bibliography. Boston (Mass.) 1975. – PIZER, D.: The novels of Th. D. A critical study. Minneapolis (Minn.) 1976. – HAKUTANI, Y.: Young D. A critical study. Cranebury (N. J.) 1980. – Critical essays on Th. D. Hg. v. D. PIZER. Boston (Mass.) 1981. – HUSSMAN, L. E.: D. and his fiction. Philadelphia (Pa.) 1983.

Theodore Dreiser

Dreistillehre ↑Genera dicendi.

Drewitz, Ingeborg, * Berlin 10. Jan. 1923, † ebd. 26. Nov. 1986, dt. Schriftstellerin. – Vizepräsidentin des ›P.E.N.-Zentrums Bundesrepublik Deutschland‹ (1968/69 sowie ab 1972); Mitbegründerin des Verbandes Dt. Schriftsteller, dessen stellvertretende Vorsitzende bis 1980 sowie ab 1984. Gab in ihrem erzähler. Werk eine realist. Darstellung der Schwierigkeiten individueller Lebensgestaltung bei der Auseinandersetzung des einzelnen mit der Gesellschaft; setzte sich insbes. mit der Situation und Empfindungsweise der Frau auseinander, z. B. in ›Oktoberlicht‹ (R., 1969), ›Wer verteidigt Katrin Lambert?‹ (R., 1974), ›Gestern war heute‹ (R., 1978; Schsp., UA 1985). Auch Erzählungen, Bühnenwerke, Hörspiele

Ingeborg
Drewitz

sowie Essays zu literar., gesellschaftl.
und polit. Fragen.

Weitere Werke: Der Anstoß (R., 1958), Bettine
von Arnim (Biogr., 1968), Das Hochhaus (R.,
1975), Der eine, der andere (En., 1976), Zeitver-
dichtung. Essays, Kritiken, Porträts (1980),
Kurz vor 1984 (Essays, 1981), Eis auf der Elbe
(R., 1982), Mein ind. Tagebuch (1983), Unter
meiner Zeitlupe – Porträts und Panoramen
(1984), Eingeschlossen (R., 1986), Junge Menschen messen ihre Erwartungen aus, und die
Meßlatten stimmen nicht mehr – die Herausforderung: Tod (1986).
Literatur: I. D. Hg. v. T. HÄUSSERMANN. Neuausg. Stg. 1988. – BRÜGGEMANN ROGERS, G.:
Das Romanwerk von I. D. New York u. a. 1989.

Drewsen, Jette [dän. 'drɛu'sən],
* Hvejsel (Jütland) 10. Dez. 1943, dän.
Schriftstellerin. – Thema ihres Werkes,
das dem Neorealismus nahesteht, ist die
Situation der Frau in der sich ändernden
Gesellschaft, ihre Stellung zwischen Be-
ruf, Mann und Kind. Ihre mosaikartige
Schreibweise schließt größere reflektie-
rende Partien aus.

Werke: Hvad tænkte egentlig Arendse (R.,
1972), Fuglen (R., 1974), Pause (R., 1975), Tid
og sted (R., 1978), Midtvejsfester (R., 1980),
Hva drømmer du om? (Dr., 1981), En smuk
mand i farver (R., 1989).

Dreyer, Ernst-Jürgen, * Oschatz
20. Aug. 1934, dt. Schriftsteller. – Studierte Musikwiss. in Weimar, Jena und
Leipzig; übersiedelte 1959 in die BR
Deutschland; schrieb musikwiss. Werke
(›Versuch, eine Morphologie der Musik
zu begründen ...‹, 1976; ›Robert Gund
(Gound)‹, 1988), Romane (›Die Spaltung‹, 1979; ›Ein Fall von Liebes-
erschleichung‹, 1980) und ein Schauspiel
(›Die goldene Brücke‹, UA 1985).

Dreyer, Max, * Rostock 25. Sept.
1862, † Göhren auf Rügen 27. Nov. 1946,
dt. Schriftsteller. – Lehrer, dann Journalist in Berlin, freier Schriftsteller ebd.,
später auf Rügen. Beeinflußt von H. Ibsen und G. Hauptmann, schrieb z. T.
bühnenwirksame naturalist. Stücke, in
denen jedoch oft der Gehalt zugunsten
theatral. Effekte vernachlässigt wird; humorist., z. T. niederdt. Romane und Erzählungen mit realist. Schilderungen aus
seiner norddt. Heimat.

Werke: Liebesträume (Kom., 1898), Der Probe-
kandidat (Dr., 1900), Das Tal des Lebens
(Kom., 1902), Die Siebzehnjährigen (Dr., 1904),
Ohm Peter (R., 1908), Strand (En., 1910), Die
reiche Frau (Lsp., 1917), Nachwuchs (R., 1918),
Die Siedler von Hohenmoor (R., 1922), Das
Gymnasium von St. Jürgen (R., 1925), Das Rie-
senspielzeug (Nov., 1926), Der siegende Wald
(R., 1926), Das Sympathiemittel (Nov., 1927),
Erdkraft (R., 1941).

Drieu la Rochelle, Pierre [frz. driø-
laro'ʃɛl], * Paris 3. Jan. 1893, † ebd.
16. März 1945, frz. Schriftsteller. – Nahm
am 1. Weltkrieg teil; begann mit Kriegsgedichten, Novellen und Essays, in denen er Unruhe und Verwirrung seiner
Generation schildert; ergriff Partei für
den frz. Faschismus und wurde einer der
Wortführer der Kollaboration mit den dt.
Nationalsozialisten; in seinen Hoffnungen betrogen, beging er Selbstmord, nachdem er sein polit. Testament ›Le Français
d'Europe‹ (1944) veröffentlicht hatte.

Weitere Werke: Interrogation (Ged., 1917), Me-
sure de la France (Essays, 1923), Der Frauen-
mann (R., 1925, dt. 1972), Das Irrlicht (R., 1930,
dt. 1968), La comédie de Charleroi (Nov.n,
1934), Der bolivian. Traum (R., 1934, dt. 1981),
Beloukia (R., 1936), Verträumte Bourgeoisie
(R., 1937, dt. 1969), Die Unzulänglichen (R.,
1939, dt. 1966), Charlotte Corday (Dr., 1944),
Geheimer Bericht u. a. biograph. Aufzeichnungen (entst. 1944/45, hg. 1951, dt. 1986), Die Memoiren des Dirk Raspe (R., hg. 1965, dt. 1970),
Journal 1939–1945 (Tageb., hg. 1992).
Literatur: ANDREU, P./GROVER, F.: D. la R. Paris 1979. – ZIMMERMANN, M.: Die Lit. des frz.
Faschismus. Unterss. zum Werk P. D. la R.s
1917–42. Mchn. 1979. – BALVET, M.: Itinéraire
d'un intellectuel vers le fascisme: D. la R. Paris
1984. – LANSARD, J.: D. Là R. ou là passion tragique de l'unité. Paris 1985–91. 3 Bde. – DE-
SANTI, D.: D. La R.: du dandy au nazi. Paris
1992.

Drigo, Paola, * Castelfranco Veneto
4. Jan. 1876, † Padua 4. Jan. 1938, italien.

Schriftstellerin. – Veröffentlichte Erzählungen (›La fortuna‹, 1913; ›Codino‹, 1918; ›La signorina Anna‹, 1932; ›Fine d'anno‹, 1936) und einen Roman (›Maria Zef‹, 1936), in denen sie, beeinflußt vom Verismus G. Vergas, realistisch und mit psycholog. Feingefühl Schicksale vom Leben Benachteiligter (v. a. von Frauen) darstellt.

Drinkwater, John [engl. 'drɪŋkwɔ:tə], * Leytonstone (Essex) 1. Juni 1882, † London 25. März 1937, engl. Schriftsteller. – 12 Jahre Versicherungsbeamter, übernahm dann die Leitung der ›Pilgrim Players‹, aus denen sich die ›Birmingham Repertory Theatre Company‹ entwickelte, lebte ab 1919 in London. Begann mit Lyrik im Stile der Präraffaeliten, wandte sich dann dem ›chronicle play‹ zu, einer Form des histor. Schauspiels, das in aufgelockerter Folge – mit lyr. Zwischenteilen – histor. Persönlichkeiten charakterisiert; auch krit. Studien sowie Erzählungen und Stücke für Kinder.

Werke: Cophetua (Dr., 1911), Swinburne (Studie, 1913), Abraham Lincoln (Dr., 1918), Oliver Cromwell (Dr., 1921), Mary Stuart (Dr., 1921), Bird in hand (Kom., 1921), Collected poems (Ged., 1923), Inheritance (Autobiogr., 1931), Discovery (Autobiogr., 1932), Summer harvest (Ged., 1933).
Literatur: ROEDER, A. W.: J. D. als Dramatiker. Gießen 1927. – MORRIS, W.: J. D. Philadelphia (Pa.) 1977. – PEARCE, M. J.: J. D. A comprehensive bibliography of his works. London 1977.

Droguett, Carlos [span. dro'ɣɛt], * Santiago de Chile 15. Okt. 1912, chilen. Schriftsteller. – Studierte Jura und Anglistik; ging nach dem Putsch von 1973 ins Exil. In Romanen und Erzählungen gestaltet D., von konkreten oder imaginären Grenzsituationen menschl. Existenz ausgehend, mit modernen Erzähltechniken polit. und soziale Probleme seines Landes.

Werke: Sesenta muertos en la escalera (R., 1953), Eloy (R., 1960, dt. 1966), Patas de perro (R., 1965), El compadre (R., 1967), Los mejores cuentos (En., 1967), El hombre que había olvidado (R., 1968), Todas esas muertes (R., 1971), El cementerio de los elefantes (R., 1971), Después del diluvio (Dr., 1971), Escrito en el aire (Essays, 1972).
Literatur: NORIEGA, T. A.: La novelística de C. D. Aventura y compromiso. Madrid 1983. – LO-

MELí, F. A.: La novelística de C. D. Madrid ²1984.

Droogleever Fortuyn-Leenmans, Margaretha [niederl. 'dro:xle:vər fɔr-'tœÿn'le:nmɑns], niederl. Schriftstellerin, † Vasalis, Margaretha.

Droschschin (tl.: Drožžin), Spiridon Dmitrijewitsch [russ. 'drɔʒʒɨn], * Nisowka (Gebiet Twer) 18. Dez. 1848, † ebd. 24. Dez. 1930, russ. Schriftsteller. – Sohn eines Leibeigenen; wanderte über 30 Jahre durch Rußland, ließ sich dann als Bauer in seinem Heimatdorf nieder; Lyriker des bäuerl. Lebens und der Arbeit; schrieb einfache, liedhafte Verse; bekannt mit R. M. Rilke, der einige von D.s Gedichten übersetzte.

Drost, Aarnout, * Amsterdam 15. März 1810, † ebd. 5. Nov. 1834, niederl. Schriftsteller. – D. entnahm den Stoff zu seinem religiös bestimmten romant. Erzählwerk der niederl. Vergangenheit; schrieb den ersten bed. histor. Roman der niederl. Literatur, ›Hermingard van de Eikenterpen‹ (1832).

Droste, Georg [Ludwig], * Bremen 13. Dez. 1866, † ebd. 17. Aug. 1935, niederdt. Schriftsteller. – Mit 20 Jahren erblindet; seine Kindheits- und Jugenderlebnisse verarbeitete er zu Geschichten und Romanen in Bremer Platt. Mit dem autobiograph. Roman ›Ottjen Alldag‹ (3 Bde., 1913–16) gelang ihm der Bremer Kaufmannsroman schlechthin.

Weitere Werke: Jann von'n Moor un annere Geschichten ut Stadt un Land (1918), De Vorspannweert (R., 1919), Old-Bremer Toll- un Smuggelgeschichten un anner lustige Vertellsels (1932).

Droste-Hülshoff, Annette Freiin von, eigtl. Anna Elisabeth Freiin von D. zu H., * Schloß Hülshoff bei Münster 10. Jan. 1797, † Meersburg 24. Mai 1848, dt. Dichterin. – Entstammte altem westfäl. Adel, wuchs in konservativer kath. Tradition auf; wohnte lange im ›Rüschhaus‹ bei Münster, ab 1841 auf Schloß Meersburg am Bodensee; 1842/43 und 1844/45 Aufenthalte im ›Rüschhaus‹. Ihre Liebe zu dem Schriftsteller L. Schücking blieb unerfüllt. Dem nach außen ereignisarmen, gesellschaftl. Normen verhafteten Leben steht eine innere Leidenschaftlichkeit, ›die Spuren eines vielfach gepreßten und geteilten Gemüts‹ entgegen; ein Zwiespalt, der in ihrem Werk ausgetragen wird. Die auch musikalisch und zeichnerisch begabte Dichterin wurde 1812–19 von A. M. Sprickmann literarisch gefördert. Für die Brüder Grimm sammelte sie Märchen und Sagen, ebenso beteiligte sie sich an L. Uhlands Volksliedersammlung. Abgesehen von verschiedenen frühen Versuchen setzt die Dichtung D.-H.s um 1820 mit Gedichten für den Zyklus ›Das geistl. Jahr‹ ein (unterbrochen, 1839 vollendet, hg. 1851), in dem die Motive der Angst und der Schuld, des Gottvertrauens im Widerspruch mit Zweifel verarbeitet werden. Nachdem ein Bändchen ›Gedichte‹ (1838) nur wenig Beachtung gefunden hatte, wurde sie 1844 durch eine Sammlung ihrer wertvollsten Lyrik, ebenfalls u. d. T. ›Gedichte‹, bekannt, die u. a. die ep. Verserzählungen ›Das Hospiz auf dem Großen Sankt Bernhard‹ (entst. 1828–34), ›Des Arztes Vermächtnis‹ (entst. 1834), ›Die Schlacht im Loener Bruch‹ (entst. 1837/38) sowie die Ballade ›Der Spiritus familiaris des Roßtäuschers‹ (entst. 1842) enthielt. Lag die Problematik der Helden ihrer Jugenddichtungen (Romanfragment ›Ledwina‹, entst. 1819–24, u. a.) noch in der Auseinandersetzung mit der Gesellschaft, so rückte bald die Beziehung zur Natur in den Vordergrund. Die genaue Schilderung naturhafter Vorgänge wie die Gestaltung dunkler dämon. Mächte erscheinen als poet. Erprobungen eines neuen Wirklichkeitsverständnisses. Eine bes. Rolle spielt dabei die Novelle ›Die Judenbuche‹ (entst. 1837–41, gedr. 1842), eine auf histor. Tatsachen beruhende Analyse menschl. Schuldverstrickung und selbstvollzogener Sühne: ein Markstein der realist. Erzählkunst. Sprachl. Genauigkeit und Treffsicherheit, Weltaufgeschlossenheit selbst in der Einsamkeit, Hingabe an die Fülle des Details charakterisieren ihr Werk, das sie zu einer der bedeutendsten Persönlichkeiten der dt. Literatur macht.

Ausgaben: A. v. D.-H. Die Briefe. Gesamtausg. Hg. v. K. SCHULTE-KEMMINGHAUSEN. Jena 1944. 2 Bde. Nachdr. Darmst. 1968. – A. v. D.-H. Histor.-krit. Ausg. Hg. v. W. WOESLER. Tüb. 1978 ff. Auf 14 Bde. berechnet (bisher 16 Tle. erschienen). – A. v. D.-H. Sämtl. Werke. Hg. v.

G. WEYDT u. a. Mchn. ²⁻³1989. 2 Bde. – A. v. D.-H. Werke. Hg. v. C. HESELHAUS. Neuausg. Mchn. ⁴1989. – Sämtl. Werke. Hg. v. B. PLACHTA u. W. WOESLER. Ffm. 1994. 2 Bde.
Literatur: SCHÜCKING, L.: A. v. D. Stg. 1953. – STAIGER, E.: A. v. D.-H. Frauenfeld ²1962. – NETTESHEIM, J.: Die geistige Welt der Dichterin A. D. zu H. Münster 1967. – THIEKÖTTER, H.: A. v. D.-H. Münster ²1968. – SCHNEIDER, R.: Realismus u. Restauration. Unterss. zu Poetik u. ep. Werk der A. v. D.-H. Kronberg 1976. – SCHULTE-KEMMINGHAUSEN, K.: Annette im Rüschhaus. Münster ⁶1979. – Modellfall der Rezeptionsforschung. D.-Rezeption im 19. Jh. Hg. v. W. WOESLER. Ffm. 1980. 2 Bde. in 3 Tln. – SCHULTE-KEMMINGHAUSEN, K./WOESLER, W.: A. v. D.-H. Mchn. ⁴1981. – MAURER, D.: A. von D.-H. Bln. 1982. – GÖSSMANN, W.: A. v. D.-H. Ich u. Spiegelbild. Düss. 1985. – BERGLAR, P.: A. v. D.-H. Rbk. 70.–73. Tsd. 1992. – LAVATER-SLOMAN, M.: A. v. D.-H. Mchn. ⁸1993. – GÖDDEN, W.: A. v. D.-H. – Leben u. Werk. Bern u. a. 1994. – JAKOB, A.: Muß wandeln ohne Leuchte. A. v. D.-H. – eine poet. Biogr. Paderborn 1994.

Annette Freiin von Droste-Hülshoff (Ausschnitt aus einem Gemälde von Johann Sprick aus dem Jahr 1836)

Drottkvætt [...kvɛt; altnord.; auch dróttqvæðr háttr = Strophenform (›háttr‹) der in der (königl.) Gefolgschaft (›drótt‹) gesungenen Preisgedichte (›qvæði‹)], wichtigste und häufigste Strophenform der ↑ Skaldendichtung; äußerst kunstvoll: sie besteht aus 8 in der Regel 6silbigen Zeilen mit festem syntakt. Einschnitt nach der 4. Zeile; die 4 Zeilen der so entstehenden gleichgebauten Strophenhälften sind wiederum durch eine komplizierte Verteilung von ↑ Stabreim und Binnenreim (↑ Hending) in 2 und 2 gegliedert. Die einzelnen Verszeilen sind dreihebig (eine Nebenhebung kann hinzukommen) und durch eine feste Kadenz charakterisiert.

Literatur: KUHN, H.: Das Dróttkvaett. Hdbg. 1983.

Drožžin, Spiridon Dmitrievič, russ. Schriftsteller, ↑ Droschschin, Spiridon Dmitrijewitsch.

Druckvermerk ↑ Impressum.

Drumew (tl.: Drumev), Wassil, als Metropolit Kliment, * Schumen 1841 oder 1838 (?), † Tarnowo (heute Weliko Tarnowo) 10. Juli 1901, bulgar. Staatsmann und Schriftsteller. – Teilnahme an der antitürk. Befreiungsbewegung; Priesterweihe, glänzende polit. Laufbahn (Ministerpräsident); 1884 Metropolit von Tarnowo; später aus polit. Gründen vorübergehend in Haft; bed. durch seine vielgelesenen Novellen (›Neštastna familija‹ [= Unglückl. Familie], 1860); mit seinem histor. Drama ›Ivanko‹ (1872) Mitbegründer der bulgar. Theaterdichtung.
Literatur: LEKOV, D.: V. Drumev. Sofia 1976.

Drummond, William [engl. 'drʌmənd], genannt W. D. of Hawthornden, * Hawthornden bei Edinburgh 13. Dez. 1585, † ebd. 4. Dez. 1649, schott. Dichter. – Studium in Edinburgh, Bourges und Paris, umfassende klassische Bildung. Lebte ab 1610 zurückgezogen in Hawthornden. Sein Werk besteht aus zarten, formal vollendeten Sonetten nach italien. Vorbild und Gedichten in der Tradition der Elisabethan. Zeit und der Schule E. Spensers (›Flowers of Sion‹, 1623; ›The cypresse grove‹, 1623), Elegien, Satiren und Prosaschriften (›The history of Scotland, from the year 1423, until the year 1542‹, hg. 1655). Er war mit bed. Dichtern befreundet, u. a. mit B. Jonson und M. Drayton.
Weitere Werke: Tears on the death of Moeliades (Ged., 1613), The Muses welcome (Ged., 1618).
Ausgabe: W. D. Poetical works. Hg. v. L. E. KASTNER. Edinburgh u. London 1913. 2 Bde. Nachdr. 1968.
Literatur: FOGLE, F. R.: A critical study of W. D. of Hawthornden. New York 1952.

Drummond de Andrade, Carlos [brasilian. dru'mon di ɐn'dradi], brasilian. Lyriker, ↑ Andrade, Carlos Drummond de.

Druon, Maurice [frz. dry'õ], * Paris 23. April 1918, frz. Schriftsteller. – Studierte Jura an der École des sciences politiques; Résistancemitglied in London und Algier, danach Kriegsberichterstatter und Journalist; seit 1966 Mitglied der Académie française, seit 1985 ihr ständiger Sekretär. War 1973/74 Kulturminister, 1978–81 gaullist. Abgeordneter. D. erhielt für den gesellschaftskrit. naturalist. Roman ›Die großen Familien‹ (1948, dt. 1961, 1949 u. d. T. ›Wer goldene Ketten trägt‹), der den Romanzyklus ›La fin des hommes‹ (Bd. 2: ›Der Sturz der Leiber‹, 1950, dt. 1951; Bd. 3: ›Rendezvous in der Hölle‹, 1951, dt. 1952) einleitet, 1948 den Prix Goncourt.
Weitere Werke: Die Contessa (R., 1954, dt. 1963), Die unseligen Könige (histor. R.-Zyklus, 7 Bde., 1955–77, dt. 1958–79), Alexander, Eroberer der Welt (R., 1958, dt. 1962), Die Memoiren des Herrn Zeus (R., 2 Bde., 1963–68, dt. 1969), Une église qui se trompe de siècle (Essay, 1972), La parole et le pouvoir (Reden, 1974), Réformer la démocratie (Essay, 1982).
Ausgabe: M. D. Œuvres complètes. Genf 1972–74. 24 Bde.
Literatur: DRISSEN, K. D.: Lit. u. Politik. Der Gaullismus im Werk u. Wirken von M. D. Ffm. 1992.

Drury, Allen [Stuart] [engl. 'drʊərı], * Houston (Tex.) 2. Sept. 1918, amerikan. Schriftsteller. – Seine Arbeit als Journalist und Mit-Hg. von Zeitungen im polit. Washington ist die Basis seiner Romane und Prosaschriften. Durchgängiges Schema dieser zeitkrit. Schriften der 60er und 70er Jahre ist die ideolog. Spaltung der Welt in zwei Lager, denen die guten und schlechten Charaktere stereotyp zugeordnet werden. Bekanntester Roman ist ›Macht und Recht. Wo bleibt das Gewissen, Herr Präsident?‹ (1959, dt. 1961), für den D. 1960 den Pulitzerpreis erhielt.
Weitere Werke: A shade of difference (R., 1962; Fortsetzung von: Macht und Recht), Three kids in a cart (Essays, 1965), That summer (R., 1965), Macht und Ehre (R., 1966, dt. 1967), Come Nineveh, come Tyre (R., 1973), The promise of joy (R., 1975), Mark Coffin, U.S.S. (R., 1979), The hill of summer (R., 1981), Decision (Abh., 1983), The roads of earth (R., 1984), Pentagon (R., 1986), Toward what bright glory? (R., 1990).

Drury Lane Theatre [engl. 'drʊərı 'leın 'θıətə], ältestes noch existierendes Londoner Theater, am 7. Mai 1663 eröffnet, seitdem mehrfach umgebaut; Glanzzeiten unter der Leitung von D. Garrick (1746–76) und um 1900; seit 1947 vorwiegend Musicalbühne.

Druschinin (tl.: Družinin), Alexandr Wassiljewitsch [russ. dru'ʒinin], * Petersburg 20. Okt. 1824, † ebd. 31. Jan. 1864, russ. Schriftsteller. – Zeitweise Beamter im Kriegsministerium; verdankt seinen Erfolg v. a. der Novelle ›Polin'ka Saks‹ (1847), in der er nach dem Vorbild des Romans ›Jacques‹ von George Sand das Problem der Frauenemanzipation behandelt.

Druskin, Lew Saweljewitsch, * Petrograd (heute Petersburg) 8. Febr. 1921, russ. Lyriker. – Mußte 1980 die Sowjetunion verlassen; lebt in Tübingen; seine Gedichte und lyr. Prosa sind Bericht und Reflexion, geprägt von Humanität und Humor.
Werke: Mein Garten ist zerstört (Ged., dt. Ausw. 1983), Am Abend ging ich fort (Ged., russ. und dt. 1984), Der Neckar fließt nach Leningrad (Erinnerungen, 1984, dt. 1986), U neba na vidu (= Im Angesicht des Himmels, Ged., 1986), Ich werde weinen über meinen Unglauben (Ged., russ. u. dt. 1987), Licht im Fenster (Ged., russ. u. dt. 1990).

Druten, John William Van, amerikan. Schriftsteller niederl.-engl. Herkunft, ↑ Van Druten, John William.

Drużbacka, Elżbieta [poln. druʒ-'batska], * Pomorze um 1695, † Tarnów 14. März 1765, poln. Schriftstellerin. – Erste poln. Erzählerin; Hauptmotiv ihrer Erzählungen ist der Kampf sündiger Menschen gegen die Versuchung. 1752 gab J. A. Załuski eine Sammlung ihrer Werke heraus.

Družinin, Aleksandr Vasil'evič, russ. Schriftsteller, ↑ Druschinin, Alexandr Wassiljewitsch.

Dryden, John [engl. draɪdn], * Aldwinckle (Northamptonshire) 9. Aug. 1631, † London 1. Mai 1700, engl. Dichter, Dramatiker und Kritiker. – Stammte aus einer puritan. Familie, Erziehung in der Westminster School, Studium in Cambridge. Mit feierl. Dichtungen beklagte er den Tod Cromwells (›Heroic stanzas‹, 1659), huldigte dennoch wenig später der Restauration der Stuart-Monarchie (›Astraea redux‹, 1660). Wurde 1668 Poet laureate und königl. Historiograph, konvertierte 1686 zum Katholizismus, verlor nach der Revolution 1688 seine öffentl. Einkünfte, lebte zuletzt in Armut. D. betätigte sich in vielen Litera-

turgattungen. Für das Theater schrieb er sowohl Sittenkomödien, die einen neuen engl. Lustspieltyp (↑ Comedy of manners) mitbegründeten (z. B. ›Marriage-à-la-mode‹, 1673), als auch – unter dem Einfluß der frz. Klassik (P. Corneille) – heroische Dramen. Die Tragödie ›All for love‹ (1678) unterwirft die Handlung von Shakespeares ›Antonius und Cleopatra‹ klassizist. Einheitsprinzipien. Mit formvollendeten, bissigen Verssatiren griff D. in das polit. Geschehen ein (›Absalom and Achitophel‹, 1681) und fertigte literar. Gegner ab (›MacFlecknoe‹, 1682). Schrieb auch religiöse Lehrgedichte, Oden (letztere, z. B. ›Alexander's feast‹, 1697, u. a. von G. F. Händel vertont) sowie Übersetzungen und Imitationen klass. Dichtung. Als bed., zudem stilistisch brillanter Kritiker bereitete er der klassizistisch-rationalist. Literaturauffassung des 18. Jh. den Boden. D.s Schaffen gilt als Höhepunkt der engl. Literatur der Restaurationszeit.

John Dryden

Weitere Werke: The rival ladies (Dr., 1664), The Indian queen (Dr., 1665), Annus mirabilis (Dichtung, 1667), Of dramatic poesie, an essay (Kritik, 1668), The conquest of Granada by the Spaniards (Dr., 2 Tle., 1672), Aureng-Zebe (Dr., 1676), The hind and the panther (Dichtung, 1687), Love triumphant (Dr., 1694).
Ausgaben: The poems of J. D. Hg. v. J. KINSLEY. Oxford 1958. 4 Bde. – J. D. Of dramatic poesie and other critical essays. Hg. v. G. WATSON. London 1962. 2 Bde. – The works of J. D. (California Edition). Hg. v. E. N. HOOKER u. H. T. SWEDENBORG. Berkeley (Calif.) [1-3]1967–89. 20 Bde.
Literatur: WARD, CH.: The life of J. D. Chapel Hill (N.C.) 1961. – Essential articles for the

study of J. D. Hg. v. H. T. SWEDENBORG. London 1966. – HARTH, PH.: Contexts of D.'s thought. Chicago (Ill.) u. London 1968. – SPÄTH, E.: D. als Poeta Laureatus. Nbg. 1969. – HUME, R. D.: D.'s criticism. Ithaca (N.Y.) u. London 1970. – Writers and their background: J. D. Hg. v. E. MINER. London 1972. – PECHTER, E.: D.'s classical theory of literature. London 1975. – WYKES, D.: A preface to D. London 1977. – HUGHES, D.: D.'s heroic plays. Lincoln (Nebr.) 1981. – WINN, J. A.: J. D. and his world. New Haven (Conn.) 1987.

Držić, Džore [serbokroat. 'dr̝ʒite], * Ragusa (Dubrovnik) 6. Febr. 1461, † ebd. 26. Sept. 1501, ragusan. Lyriker. – Geistlicher; neben Š. Menčetić bedeutendster Vertreter der petrarkistisch beeinflußten religiösen kroat. Troubadourlyrik.

Držić, Marin [serbokroat. 'dr̝ʒite], * Ragusa (Dubrovnik) um 1508, † Venedig 2. Mai 1567, ragusan. Schriftsteller. – Geistlicher, studierte in Siena, wo er pastorale Stücke und die italien. Commedia dell'arte kennenlernte. Einige seiner Stücke sind erhalten. D. griff alte Motive auf, bearbeitete sie neu und gab ihnen ragusan. Kolorit.

Werke: Die verlorenen Dukaten (Kom., UA 1550, gedr. 1869, dt. 1942), Der gefoppte Stanac (Posse, 1551, dt. 1890), Skup (= Der Geizige, Kom., UA 1555, gedr. 1875).

Ausgabe: M. D. Djela. Zagreb 1979.

Literatur: BERK, C. A. VAN DEN: M. D. en de letterkunde van Dubrovnik. Den Haag 1955.

Dschabarly (tl.: Džabarly), Dschafar, * Chisy bei Baku 22. März 1899, † Baku 31. Dez. 1934, aserbaidschan.-sowjet. Schriftsteller. – Aus bäuerl. Familie, absolvierte die Univ. Baku; begann als satir. Dichter, behandelte in vielgespielten Dramen (u. a. ›Sevil'‹, UA 1928; ›Almas‹, UA 1931) Themen und Konflikte des Übergangs zu einer neuen Gesellschaftsordnung; auch bed. Übersetzer (Shakespeare, Schiller, L. N. Tolstoi).

Dschabran, libanes. Schriftsteller und Maler, † Dschubran.

Dschagarow (tl.: Džagarov), Georgi Georgiew [bulgar. 'dʒagarof], * Bjala (Okrag Sliwen) 14. Juli 1925, bulgar. Schriftsteller. – Redakteur; 1966–72 Vorsitzender des Schriftstellerverbandes; trat als Politiker hervor; schreibt Gedichte (u. a. ›Ponjakoga‹ [= Bisweilen], 1975) und Dramen (›Prokurorät‹

[= Der Staatsanwalt], 1965); auch Essays (›Ot Botev do Botev‹ [= Von Botew zu Botew], 1982).

Dschahis, Al (tl.: Al-Ğāḥiẓ), Abu Uthman Amr Ibn Bahr (genannt D.), * Basra um 776, † ebd. im Dez. 868 oder Jan. 869, arab. Schriftsteller. – Sein Werk stellt eine Enzyklopädie des Wissens seiner Zeit dar; am bedeutendsten sind: ›Risāla' at-tarbi' wa at-tadwir‹ (hg. 1903; 1955 frz. von Ch. Pellat; frz. Übers. ohne Titel in ›Arabica‹, Bd. 13 und 14, 1966/1967), ›Kitāb al-bayān wa at-tabyīn‹ (hg. 1926), das hpts. die arab. Literatur behandelt, ›Kitāb al-buḫalā'‹ (= Buch der Geizigen; frz. Übers. von Ch. Pellat u. d. T. ›Le livre des avares‹, 1951) und ›Kitāb al-ḥayawān‹ (= Das Tierbuch, hg. 1907).

Dschalal od-Din Rumi (tl.: Ğalālu'd-dīn Rūmī), Mohammad Moulana, in Iran genannt Moulawi (Maulawi), in der Türkei: Mevlana, in Afghanistan: Balchi, * Balch (Afghanistan) 30. Sept. 1207, † Konya (Türkei) 17. Dez. 1273, pers. Dichter und Mystiker. – Aus einer ostiran. Gelehrtenfamilie stammend, die um 1212 nach Kleinasien auswanderte und sich etwa 1222 in Konya niederließ, führte er ein bewegtes Leben, das Legendenbildungen begünstigte; Begründer des myst. Ordens der ›tanzenden Derwische‹ (Mewlewi-Orden [der Name rührt von ihrem von Musik begleiteten rituellen Tanz her]); gestaltete die myst. Identifizierung mit seinem Lehrer Schams od-Din aus Täbris, einem Wanderderwisch, mit dem er eng befreundet war, in einer Anzahl von Ghaselen, die leidenschaftl. Gefühle vermitteln. Seine Hauptwerke sind: das ›Masnawī-i ma'nawī‹ (= Das dem inneren Sinn aller Dinge zugekehrte Masnawi, hg. 1846, dt. Ausw. 1849, ²1913), eine Enzyklopädie des Sufismus in 6 Büchern, in denen philosoph. Betrachtungen, verschiedenartigste Legenden und Erzählungen vereinigt sind, und der ›Dīwān-e Šams‹ (›Dīwān-e kabīr‹, dt. Ausw. 1838), eine 10bändige Gedichtsammlung.

Literatur: SCHIMMEL, A.: Rumi. Köln ⁴1984.

Dschalil (tl.: Džalil'), Mussa Mustafijewitsch [russ. dʒa'lilj], * Mustafino (Gouv. Orenburg) 15. Febr. 1906, † Berlin

25. Aug. 1944, tatar.-sowjet. Schriftsteller. – Stammte aus einer armen Bauernfamilie, studierte in Moskau; Redakteur an verschiedenen Zeitschriften; geriet im 2. Weltkrieg in dt. Gefangenschaft, in Plötzensee hingerichtet; begann früh Gedichte zu schreiben, wurde v. a. durch das kurz vor seinem Tod geschriebene ›Moabit defteri‹ (russ. ›Moabitskaja tetrad‹ [= Moabiter Heft], Ged.-Zyklus, tatar. hg. 1953, russ. 1957, dt. 1957 u. d. T. ›Aus dem Moabiter Heft‹) bekannt.

Dschamalsade (tl.: Ǧamālzāde), Sejjed Mohammad Ali, * Isfahan 24. Jan. 1894, pers. Schriftsteller. – Studierte Jura in Lausanne und Dijon, 1916–30 Diplomat in Berlin, 1931–59 am Internat. Arbeitsamt in Genf, wo er weiterhin lebt; Begründer der modernen pers. Prosa, führte die Novelle als literar. Form in Iran ein; beschreibt liebevoll das Leben kleiner Leute in Iran vor dem Zweiten Weltkrieg; schrieb Romane, eine literar. Autobiographie, zeitgeschichtl. Studien, Übersetzungen und v. a. zahlreiche Kurzgeschichten. Die Erzählungen ›Im Garten des Hâdschis‹ erschienen dt. 1992. Dt. Übersetzungen liegen ferner vor in: ›Die beiden Ehemänner. Prosa aus Iran‹ (hg. 1984), ›Moderne Erzähler der Welt – Iran‹ (hg. 1978), ›Pers. Meistererzählungen der Gegenwart‹ (hg. 1961) und ›Im Atem des Drachens. Moderne pers. Erzählungen‹ (hg. 1981).
Literatur: ALAVI, B.: Gesch. u. Entwicklung der modernen pers. Lit. Bln. 1964. S. 134.

Dschambul Dschabajew (tl.: Džambul Džabaev), * Semiretsche 28. Febr. 1846, † Alma-Ata 22. Juni 1945, kasach. Dichter. – Bedeutendster moderner Vertreter des Dichtertyps des sog. Akyn, des improvisierenden kasach. [Volks]dichtersängers; schrieb enthusiast. Dichtungen über die Oktoberrevolution und ihre Führer.

Dschami (tl.: Ǧāmī), Nur od-Din Abd or-Rahman, * Chargerd bei Dscham (Ost-Iran) 7. Nov. 1414, † Herat 9. Nov. 1492, pers. Dichter und Mystiker. – Bedeutendster pers. Dichter der Timuridenzeit; Gelehrter und Dichter am Hof von Herat; gilt manchen als letzter großer Klassiker der pers. Dichtung; vielseitig und fruchtbar: drei lyr. Diwane (z. T. ins

Deutsche übersetzt), sieben Romanzen, darunter ›Joseph und Suleicha‹ (dt. 1825), die Prosadichtung ›Bahāristān‹ (dt. 1846 u. d. T. ›Der Frühlingsgarten‹), Lebensbeschreibungen von fast 600 Sufis und Abhandlungen über gelehrte Themen wie arab. Grammatik, Dogmatik, Musik u. a.
Literatur: RYPKA, J.: Iran. Literaturgesch. Lpz. 1959. S. 276.

Dschanggar-Epos, ein westmongol. Zyklus der Heldendichtung, dessen Entstehung im 16. Jh. anzusetzen ist. Bei ihrem Zug nach dem Westen an die Wolga nahmen im 16. Jh. die später als Kalmükken bezeichneten Teile der Westmongolen bereits Gesänge des Epos mit sich, während das Epos auch bei den im heutigen Sinkiang verbleibenden Teilen eine weitere Entwicklung fand. Die Heldentaten im Auftrage des Dschanggar Khan schildernden Gesänge sind durch eine gemeinsame Rahmenhandlung verbunden, in der dieser mit seinen Helden in fröhl. Tafelrunde sitzt und jedesmal einen seiner Helden aussendet, um eine Bedrohung durch fremde Feinde abzuwenden. Von den kalmück. Versionen sind heute 25 Gesänge bekannt und teilweise auch übersetzt, in den westmongol. Teilen der chin. Provinz Sinkiang hat man etwa 80 Varianten von 18 Gesängen in den letzten Jahren aufgezeichnet und publiziert. Auch im Westen der Mongolischen Volksrepublik sind Gesänge des D.-E. aufgezeichnet worden.
Ausgaben: Džangar. Kalmyckij narodnyj èpos. Russ. Übers. v. S. LIPKIN. Moskau 1958. – Mongol. Epen. Bd. 5. Dt. Übers. v. N. POPPE. Wsb. 1977. – Džangar. Kalmyckij geroičeskij épos / teksty / 25 pesen. Moskau 1978. 2 Bde. – Mongol. Epen. Bd. 11. Dt. Übers. v. N. POPPE. Wsb. 1985.
Literatur: BERGMANN, B.: Benjamin Bergmann's Nomad. Streifereien unter den Kalmücken in den Jahren 1802 u. 1803. Riga 1804–05. 4 Bde.

Dscharir Ibn Atijja (tl.: Ǧarīr Ibn 'Aṭiyyah), * um 650, † um 728, arab. Dichter. – Stand in der Gunst des strengen omaijad. Statthalters Al Haddschadsch, den er in Lobgedichten besang; Satiriker, der mit fast allen zeitgenöss. Dichtern in Fehden verwickelt war, aus denen er unbesiegt hervorging; schrieb Schmäh-, Lob- und Trauergedichte.
Literatur: Enc. Islam Bd. 2, ²1965, S. 479.

Dschauhari, Al (tl.: Al-Ğawharī), † 1002, arab. Lexikograph. – Verfaßte v.a. ein als Quelle für den klass. arab. Wortschatz wichtiges Lexikon (›Tāğ alluğaʰ‹ = Krone der Sprache).
Literatur: Enc. Islam Bd. 2, ²1965, S. 459.

Dschibran, libanes. Schriftsteller und Maler, ↑ Dschubran.

Dschippenscha Ikku (tl.: Jippensha Ikku), eigtl. Schigeta Sadakasu, * Sumpu (Schisuoka) 1765, † Edo (heute Tokio) 12. Sept. 1831, jap. Schriftsteller. – Hinterließ ein 38bändiges Opus; sein Hauptwerk, die kom. Reisegeschichten ›Tōkai dōchū-hizakurige‹ (= Unterwegs auf Schusters Rappen über die Ostmeerstraße) schrieb er in Fortsetzungen während der Jahre 1802–09, weitere Fortsetzungen bis 1822 (engl. Übers. 1929 u.d.T. ›Shank's Mare‹). Seines kräftigen Humors und seiner Erzählweise wegen hat man ihn sowohl mit F. Rabelais als auch mit Ch. P. de Kock verglichen; charakteristisch für seine Werke sind dialogorientierter Wortwitz und Situationskomik.

Dschiwani, eigtl. Serope Lewonjan, * Karzach bei Achalkalaki 1846, † Tiflis 1907, armen. Dichter. – Letzter großer armen. Troubadour; verfaßte einige Hundert Lieder.
Ausgaben: TCHOBANIAN, A.: D. Les plus belles chansons. Frz. Übers. Paris 1919. – D. Hg. v. M. S. HASRATIAN. Jerewan 1959.

Dschoruri [jap.] ↑ Bunraku.

Dschubran (tl.: Ğubrān; Dschibran, Dschabran), Chalil Dschubran, * Bscharri 6. Dez. 1883, † New York 10. April 1931, libanes. Schriftsteller und Maler. – Emigrierte im Alter von 12 Jahren mit seiner Familie in die USA; nach Rückkehr nach Beirut ab 1903 erneuter Aufenthalt in den USA, 1908–12 Studium der Malerei und Bildhauerei in Paris, bes. bei Auguste Rodin; lebte dann bis zu seinem Tode in New York. D. ist einer der fruchtbarsten Autoren der arab. Moderne, Begründer der bekanntesten symbolist. Schule. Schrieb u.a. in arab. Sprache: ›Damʿaʰ wa ibtisāmaʰ‹ (= Träne und Lächeln, Essay, 1913; engl. Übers. 1946 u.d.T. ›Tears and laughter‹), ›Alağnihaʰ al-mutakassiraʰ‹ (Essay, 1911, dt.

1985 u.d.T. ›Gebrochene Flügel‹), ›Alarwāh al-mutamarridaʰ‹ (Essay, 1922; engl. Übers. 1946 u.d.T. ›Spirits rebellious‹, dt. Übers. 1983 u.d.T. ›Rebellische Geister‹), in engl. Sprache: ›The prophet‹ (Essay, 1923, dt. 1925 u.d.T. ›Der Prophet‹), ›Jesus the son of man‹ (Essay, 1928), ›The earth gods‹ (Essay, 1931, dt. 1993 u.d.T. ›Die Götter der Erde‹) und ›The garden of the prophet‹ (Essay, hg. 1933, dt. 1986 u.d.T. ›Im Garten des Propheten‹).
Literatur: HAWI, K.: K. Gibran, his background, character and work. Beirut 1972. – Enc. Islam Bd. 2, ²1965, S. 364.

Dsjubin (tl.: Dzjubin), Eduard Georgijewitsch [russ. 'dzju...], russ.-sowjet. Lyriker, ↑ Bagrizki, Eduard Georgijewitsch.

Du Bartas, Guillaume de Salluste, Seigneur [frz. dybar'tɑ:s], * Montfort bei Auch 1544, † Paris im Juli 1590, frz. Dichter. – Hugenotte, in Diensten Heinrichs IV.; Schüler P. de Ronsards, verdankt seinen Ruhm dem großangelegten Schöpfungsepos in Alexandrinern ›La sepmaine ou création du monde‹ (1578, dt. 1631 u.d.T. ›Erste Woche, von Erschaffung der Welt ...‹), dessen 2. Teil ›La seconde semaine‹, 1584 begonnen, unvollendet blieb (dt. 1622 u.d.T. ›Die andere Woche ...‹). Das Werk war eine der meistgelesenen und -übersetzten Dichtungen des 16. Jh., die später auch J. Milton beeinflußte.
Ausgaben: The works of G. de S., sieur Du B. Hg. v. U. T. HOLMES u.a. Chapel Hill (N.C.) 1935–40. 3 Bde. – Die Schöpfungswoche des G. de Saluste Sieur Du B. Bd. 1. La sepmaine ou création du monde. Krit. Text der Genfer Ausg. v. 1581. Hg. v. K. REICHENBERGER. Tüb. 1963. – La sepmaine (Texte de 1581). Hg. v. Y. BELLENGER. Paris 1981. 2 Bde.
Literatur: TAYLOR, G. C.: Milton's use of Du B. Cambridge (Mass.) 1934. – REICHENBERGER, K.: Du B. u. sein Schöpfungsepos. Mchn. 1962. – DAUPHINÉ, J.: G. de S. Du B., poète scientifique. Paris 1983.

Du Bellay, Joachim [frz. dybɛ'lɛ], * Liré (Maine-et-Loire) um 1522, † Paris 1. Jan. 1560, frz. Dichter. – Entstammte einer berühmten, aber verarmten Adelsfamilie; studierte Rechtswissenschaft zusammen mit P. de Ronsard und J. A. de Baïf in Paris; 1553–57 Romaufenthalt. Mit Ronsard bedeutendster Vertreter der

Pléiade, deren Manifest ›Défense et illustration de la langue française‹ (1549) er, wahrscheinlich mit Ronsard und Jacques Peletier (* 1517, † 1582), verfaßte; seine eigenen dichter. Werke z. T. in Nachahmung F. Petrarcas, z. T. in der antiker Vorbilder zeigen Du B. als Verfasser anmutig-verspielter, oft schwermütiger, z. T. auch satir. Gedichte und als Meister des Sonetts.

Weitere Werke: L'Olive (Sonette, 1549), Les antiquités de Rome (Sonette, 1558), Les regrets (Sonette, 1558), Le poète courtisan (Satire, 1559).
Ausgaben: J. Du B. Œuvres poétiques. Hg. v. H. CHAMARD. Paris $^{1-5}$1931–85. 8 Bde. – J. Du B. Die röm. Sonette. Hg., übersetzt u. eingel. v. E. DEGER. Mchn. 1976.
Literatur: BOYER, F.: J. du B. Paris 1958. – DICKINSON, G.: Du B. in Rome. Leiden 1960. – SAULNIER, V.-L.: Du B. Paris ^{4}1968. – WELLS, M. B.: Du B., a bibliography. London 1974. – LEY, K.: Neuplaton. Poetik u. nat. Wirklichkeit. Die Überwindung des Petrarkismus im Werk Du B.s. Hdbg. 1975. – GADOFFRE, G.: Du B. et le sacré. Paris 1978. – COLEMAN, D. G.: The chaste muse: a study of J. Du B.'s poetry. Leiden 1980. – KATZ, R. A.: The ordered text: the sonnet sequences of Du B. New York u. a. 1985.

Dubitatio [lat. = Zweifel], rhetor. Figur; fingierte Unsicherheit eines Redners oder Erzählers, der seinem Publikum die Wahl zwischen mehreren Bezeichnungen einer Sache oder Person überläßt oder wegen Anlage oder Fortgang seiner Erzählung um Rat bittet.

Du Bois, William Edward Burghardt [engl. dju'bɔɪs], * Great Barrington (Mass.) 23. Febr. 1868, † Accra (Ghana) 27. Aug. 1963, amerikan.-ghanaischer Schriftsteller und Politiker. – Promovierte als erster Afroamerikaner 1895 in Harvard; leitete mit seinen auf liberalem Idealismus basierenden Studien einen Wandel in der Haltung der Schwarzen in den USA als Abkehr von der Anpassungsmentalität eines Booker T. Washington ein; als Prof. für Ökonomie und Geschichte an der Atlanta University (1897–1910) veröffentlichte Du B. bed. Studien über die afroamerik. Geschichte wie ›The suppression of the African slave-trade to the USA 1638–1870‹ (1896), ›The Philadelphia negro‹ (1899) sowie ›The souls of black folk‹ (1903); seine polit. Aktivitäten umfassen die Mitbegründung und leitende Tätigkeit in der

National Association for the Advancement of Colored People sowie seit 1919 in der panafrikan. Bewegung die Herausgeberschaft der Zeitschrift ›Crisis‹ (1910–34). 1961 trat er der KP der USA bei und siedelte auf Einladung des Präsidenten K. Nkrumah nach Ghana über, wo er 1963 Staatsbürger wurde. Seine wiss. Tätigkeit wird durch die fiktionale Darstellung der Rassendiskriminierung ergänzt: ›The quest of the silver fleece‹ (R., 1911), die Trilogie ›The black flame‹ (›The ordeal of Mansart‹, 1957; ›Mansart builds a school‹, 1959; ›Worlds of color‹, 1961).

Weitere Werke: The negro (1915), Darkwater (Autobiogr., 1920), Black reconstruction in America 1860–1880 (1935), Dusk of dawn (Autobiogr., 1940), Color and democracy: Colonies and peace (1945), The world and Africa (1947), In battle for peace (1952), Selected poems (Ged., 1965), The autobiography of W. E. B. Du Bois. A soliloquy on viewing my life from the last decade of its first century (1968, dt. 1965 gekürzt u. d. T. Mein Weg, meine Welt).
Ausgabe: The seventh son – The thoughts and writings of W. E. B. Du B. Hg. v. J. LESTER. New York 1971. 2 Bde.
Literatur: RAMPERSAD, A.: The art and imagination of W. E. B. Du B. Cambridge (Mass.) 1976. – MOORE, J. B.: W. E. B. Du B. Boston (Mass.) 1981. – Critical essays on W. E. B. Du B. Hg. v. W. L. ANDREWS. Boston (Mass.) 1985.

Du Bos (Dubos), Charles [frz. dy'bo:s, dy'bo], * Paris 27. Okt. 1882, † La Celle-Saint-Cloud bei Paris 5. Aug. 1939, frz. Schriftsteller. – Hielt sich zu Studien in Oxford, Berlin und Florenz auf. Er war befreundet mit P. Bourget, Henry James, F. Mauriac, E. R. Curtius und A. Gide; von H. Bergson beeinflußt; verfaßte bedeutende literaturkrit. Arbeiten sowie kunsttheoret. Schriften.

Werke: Notes sur Mérimée (1921), Approximations (literaturkrit. Studien, 7 Bde., 1922–37; dt. Auszug 1949 u. d. T. Der Weg zu Goethe), Dialog mit André Gide (1929, dt. 1961), F. Mauriac et le problème du romancier catholique (1933), Was ist Dichtung? (1938, dt. 1949), Journal (9 Bde., hg. 1946–61).
Literatur: GOUHIER, M.-A.: Ch. Du B. Paris 1951. = CURTIUS, E. R.: Ch. du B. In: CURTIUS. Krit. Essays zur europ. Lit. Bern ^{2}1954. S. 223. – DÉDÉYAN, CH.: Le cosmopolitisme littéraire de Ch. Du B. Paris 1965–71. 3 Bde. in 6 Bden. – Permanence de Ch. du B. Paris 1976. – CRÉPU, M.: Ch. Du B. ou la tentation de l'irréprochable. Paris 1990.